2014

广东建设年鉴

广东建设年鉴编纂委员会　编

南方出版传媒
广东人民出版社
·广州·

图书在版编目（CIP）数据

广东建设年鉴（2014）/ 广东建设年鉴编纂委员会编. —广州：广东人民出版社，2014.11
ISBN 978-7-218-09651-3

Ⅰ. ①广… Ⅱ. ①广… Ⅲ. ①城市建设—广东省—2014—年鉴 Ⅳ. ①F299.276.5-54

中国版本图书馆CIP 数据核字（2014）第 231766 号

GUANGDONG JIANSHE NIANJIAN（2014）
广东建设年鉴（2014）
广东建设年鉴编纂委员会 编

出 版 人：曾 莹

责任编辑：陈明明 柏 峰 陈其伟 陈财盛 李 勇
李展鹏 张贤明 周惊涛 林 冕
装帧设计：徐兴洋 张绮华
责任技编：周 杰 黎碧霞

出版发行：广东人民出版社
地 址：广州市大沙头四马路 10 号（邮政编码：510102）
电 话：（020）83798714
传 真：（020）83780199
网 址：http://www.gdpph.com
印 刷：中华商务联合印刷（广东）有限公司
书 号：ISBN 978-7-218-09651-3
开 本：787mm×1092mm 1/16
印 张：42 插 页：74 字 数：1449 千字
版 次：2014 年 11 月第 1 版 2014 年 11 月第 1 次印刷
定 价：260.00 元

《广东建设年鉴》编辑部
地 址：广州市豪贤路 102 号汇德大厦 6 楼 602 室
电 话：（020）87255508 87252984
网 址：www.gdcic.net
电子邮箱：gdjsnj@gdcic.net
邮政编码：510055
传 真：（020）87255234

编 辑 说 明

一、《广东建设年鉴》是广东省住房和城乡建设厅主办、广东建设年鉴编纂委员会组织编纂的资料性工具书，于2009年创办。其宗旨是及时、全面、系统、翔实地记录广东省住房和城乡建设事业发展状况，为各级领导决策和行业管理提供依据，为社会各界了解、研究广东省住房和城乡建设的历史发展风貌提供信息资料和数据。

二、《广东建设年鉴》采用分类编辑法，以篇目、分目、条目组成框架结构的主体部分。在少数分目中，增加子分目的层次。全书条目标题统一用黑体加【 】表示，个别包含多方面资料的条目则在段首加插楷体标题提示，方便读者阅读。

三、《广东建设年鉴》以出版年号为卷次名称，2014年卷主要载录2013年广东省住房和城乡建设事业发展的基本资料，设有21个篇目：(1)特辑；(2)大事纪要；(3)广东建设事业发展总述；(4)城乡规划；(5)城市基础设施建设与管理；(6)村镇建设；(7)重点工程建设；(8)勘察设计；(9)建筑业；(10)建设科技与建筑节能；(11)房地产业与住房保障；(12)教育培训与执业资格；(13)行政审批；(14)建设事业信息化；(15)法制建设与执法监察；(16)机关建设；(17)各市建设；(18)人物与荣誉；(19)统计资料；(20)领导讲话；(21)法规文件。

四、为提高全书质量，增加动态信息，增强可读性，2014年卷除了注重调整和充实框架结构体系，还注重以图片专辑和内文配图的形式收录图片资料。设置“广东城乡建设风采”“广东建设行业排头兵”“各市建设”图片专辑，以专题化、系列化的形式反映全省住房和城乡建设大事、要事及主要建设成就；内文加插配图和附表，形象、直观地反映相关内容。

五、全书所载内容均由广东省住房和城乡建设厅各部门、直属各单位、行业协会，以及各地级以上市住房和城乡建设管理部门负责撰写，并经撰稿单位和部门领导审核。

六、全书“统计资料”篇目内容由广东省统计局供稿。因统计口径原因，有关部门所用个别数据与“统计资料”篇目中的数据不尽一致，凡涉及广东省国民经济和社会发展全局性数据，概以广东省统计局提供的资料为准。

七、全书配有中英文目录和索引，具有双重检索系统。索引采用主题分类法，按照主题词首字汉语拼音字母顺序排列。

八、全书编纂得到广东省住房和城乡建设系统各有关单位及社会各界人士大力支持，谨表谢忱。疏漏和差错之处，敬请读者指正。

《广东建设年鉴》顾问

《广东建设年鉴》编纂委员会

《广东建设年鉴》编辑部

《广东建设年鉴》主要撰稿人

（按姓氏笔画为序）

总　　目

目 录

图片专辑

特 辑

大事纪要

广东建设事业发展总述

城乡规划

城市基础设施建设与管理

村镇建设

重点工程建设

勘察设计

建设科技与建筑节能

房地产业与住房保障

教育培训与执业资格

行政审批

建设事业信息化

法制建设与执法监察

机关建设

各市建设

人物与荣誉

统计资料

领导讲话

法规文件

2013·广东城乡建设数字

常住总人口 10644 万人
国家园林城市 18 个
国家级风景区名胜 8 个
国家级历史文化名城 7 座
中国历史文化名镇 10 个
中国历史文化名村 15 个
中国传统村落 91 个
全国特色景观旅游名镇 7 个
全国特色景观旅游名村 3 个
中国人居环境范例奖 1 个
中国建设工程鲁班奖 6 项
中国土木工程詹天佑奖 5 项
全国建筑工程装饰奖 52 项
广东省建设工程金匠奖 58 项
城镇化率 67.76%
城镇建设完成固定资产投资额 18877.46 亿元
城市建设完成固定资产投资额 750.70 亿元
珠江三角洲建成绿道 8298 千米
粤东西北建成省立绿道 1183 千米
城市道路长度 36761.96 千米
城市道路面积 64888.1 万平方米
城市人均道路面积 13.12 平方米
城市桥梁 6018 座
建成区绿化覆盖率 41.67%
城市人均公园绿地面积 15.94 平方米
城市供水综合生产能力 3496.53 万立方米/日
城市人均日生活用水量 242.02 升
城市自来水普及率 97.47%
城市液化石油气年供气总量 388.90 万吨
城市天然气年供气总量 123.17 亿立方米
城市燃气普及率 96.89%
城镇污水处理厂 383 座
城镇污水处理能力 2179.31 万立方米/日
城市污水集中处理率 92%
市县城区生活垃圾无害化处理规模 6.2 万吨/日
设市城市生活垃圾无害化处理率 84.62%
建筑企业 5391 家
建筑业总产值 7722.28 亿元
建筑企业实现利税总额 646.28 亿元
房屋施工面积 4.65 亿平方米
新增绿色建筑面积 1143 万平方米
房地产开发投资 6519.47 亿元
商品房销售面积 9836.39 万平方米
人均住房建筑面积 34.5 平方米
公积金实际缴存职工人数 1139.38 万人
保障性安居工程基本建成 143651 套

（湘君 辑）

2013·广东城乡建设要录

实施新型城镇化战略

2013年，广东省住房和城乡建设厅组织编制《广东省新型城镇化规划》，促成农业银行广东省分行、国家开发银行广东省分行与珠海、清远、梅州、汕尾等市签署城镇化合作框架协议。签约项目22个，贷款金额180亿元。

推动粤东西北扩容提质

2013年，广东省委、省政府办公厅印发《推动粤东西北地区地级市中心城区扩容提质工作方案》，明确粤东西北中心城区扩容提质任务，就中心城区统筹空间发展、重点项目建设等提出具体要求。是年，粤东西北地区地级市中心城区扩容提质现场会在清远召开。

推进珠江三角洲城际轨道站场TOD（公共交通导向系统）综合开发

2013年，广东省人民政府推进珠江三角洲城际轨道站场TOD（公共交通导向系统）综合开发规划，完成第二批7个站场公共交通导向系统综合开发规划编制，创新区域空间发展模式。

探索县域城乡发展一体化途径

2013年，广东省人民政府以珠海市斗门镇为全省镇域城乡发展一体化规划编制试点，组织编制《广东省县域城乡发展一体化规划编制指引》。是年，省财政安排专项资金支持试点，探索县域城乡发展一体化途径。

建设广东省智慧城乡空间信息服务平台

2013年，广东省住房和城乡建设厅推动信息化与城镇化协同发展，着手建设集智慧规划、智慧建造、智慧住房和智慧城乡基础设施于一体的广东省智慧城乡空间信息服务平台。

推进低碳生态城市建设

2013年11月，广东省人民政府与住房和城乡建设部签署《关于共建低碳生态城市建设示范省合作框架协议》，成为全国第一个省部合作创建低碳生态城市建设示范省。是年，深圳光明新区和肇庆新区在创新低碳生态规划管理机制，推进低碳生态试点示范项目建设方面取得显著成效。

推动绿道网规划建设向绿色基础设施升级

2013年，广东省人民政府出台《广东省绿道建设管理规定》，省住房和城乡建设厅制定《广东省（市域）绿色基础设施规划建设指引》，推进全省市域层面绿色基础设施规划建设和管理，逐步完善绿道网络体系，推动绿道网规划建设向绿色基础设施升级。

阳江、清远市被评定为"国家园林城市"

2013年，广东省人民政府推进创建园林城市活动，提升园林绿化水平。阳江、清远市被评定为"国家园林城市"；台山市被评定为"广东省园林城市"。在第九届中国（北京）国际园林博览会，广东参展项目岭南园获"室外展园综合大奖"。

宜居城乡创建见成效

2013年，广东省住房和城乡建设厅推动宜居城乡创建活动，创建925个宜居社区、11个宜居范例、53宜居示范城镇、142宜居示范村庄，新增51个村庄列入《中国传统村落名录》。全省村庄规划覆盖率54.9%，广州市被住房和城乡建设部确定为全国村庄规划编制试点城市。

创新农村生活垃圾处理模式

2013年，广东省人民政府推广县域统筹、整县推进农村生活垃圾处理模式，全省68个县（市）开工建设或建成生活垃圾无害化填埋场或焚烧厂，1049个建制镇全部建成1座以上生活垃圾转运站，14万个自然村全部建成1座以上生活垃圾收集点。

全省形成住房保障"建管并重"新局面

2013年，广东省人民政府推进住房制度改革创新，完善配套政策，开启全省住房保障"建管并重"新局面。《广东省城镇住房保障办法》自2013年5月1日起施行，标志着全省城镇住房保障进入有章可循、有法可依的新阶段。年内，重点完善住房保障分配、轮候、退出规定；建立保障性住房建设和运营动态监管系统，将立项、建成、分配、使用等列入全程不间断监管范围；创新后续管理，以招标方式实行统一物业服务。创新保障性住房建设和运营方式。

推动建筑业转型升级

2013年，广东省人民政府鼓励企业通过改组、联合、兼并、股份合作等形式做专做强，加快培育一批资产规模大、经济效益好、管理水平高、核心竞争力强的大型综合性企业集团；引导中小企业做专做强，培育一批经营特色强、科技含量高、市场前景好的专业企业；支持建筑业企业发挥优势，向上下游产业延伸，形成"突出主业、适度多元"的产业发展格局。广东省以部品化、集成化、智能化为研究方向，重构建筑业产业体系，推动全省建筑业向高新科技产业转型。

推进法制建设

2013年，广东省住房和城乡建设厅推进法制建设，营造良好法治环境。纳入广东省第十二届人大常委会年度立法规划项目6个，《广东省建设工程质量管理条例》经省人大修订后颁布。

（湘君　辑）

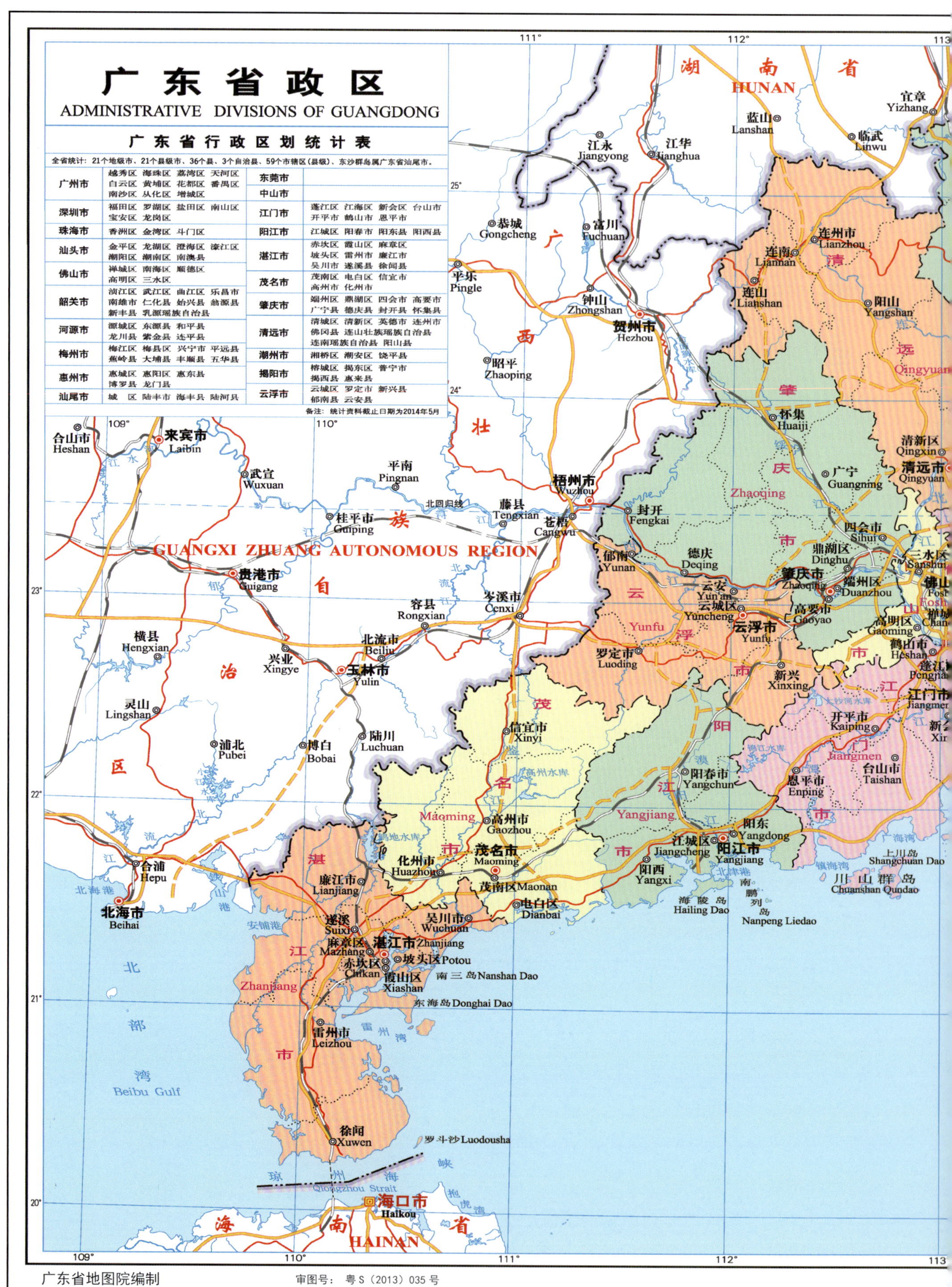

广东省政区

ADMINISTRATIVE DIVISIONS OF GUANGDONG

广东省行政区划统计表

全省统计：21个地级市、21个县级市、36个县、3个自治县、59个市辖区（县级）、东沙群岛属广东省汕尾市。

市	市辖区、县级市、县
广州市	越秀区 海珠区 荔湾区 天河区 白云区 黄埔区 花都区 番禺区 南沙区 从化区 增城区
深圳市	福田区 罗湖区 盐田区 南山区 宝安区 龙岗区
珠海市	香洲区 金湾区 斗门区
汕头市	金平区 龙湖区 澄海区 濠江区 潮阳区 潮南区 南澳县
佛山市	禅城区 南海区 顺德区 高明区 三水区
韶关市	浈江区 武江区 曲江区 乐昌市 南雄市 仁化县 始兴县 翁源县 新丰县 乳源瑶族自治县
河源市	源城区 东源县 和平县 龙川县 紫金县 连平县
梅州市	梅江区 梅县区 兴宁市 平远县 蕉岭县 大埔县 丰顺县 五华县
惠州市	惠城区 惠阳区 惠东县 博罗县 龙门县
汕尾市	城 区 陆丰市 海丰县 陆河县
东莞市	
中山市	
江门市	蓬江区 江海区 新会区 台山市 开平市 鹤山市 恩平市
阳江市	江城区 阳春市 阳东县 阳西县
湛江市	赤坎区 霞山区 麻章区 坡头区 雷州市 廉江市 吴川市 遂溪县 徐闻县
茂名市	茂南区 电白区 信宜市 高州市 化州市
肇庆市	端州区 鼎湖区 四会市 高要市 广宁县 德庆县 封开县 怀集县
清远市	清城区 清新区 英德市 连州市 佛冈县 连山壮族瑶族自治县 连南瑶族自治县 阳山县
潮州市	湘桥区 潮安区 饶平县
揭阳市	榕城区 揭东区 普宁市 揭西县 惠来县
云浮市	云城区 罗定市 新兴县 郁南县 云安县

备注：统计资料截止日期为2014年5月

广东省地图院编制

审图号：粤S（2013）035号

江　西　省
JIANGXI
福　建　省
FUJIAN
大余 Dayu
信丰 Xinfeng
安远 Anyuan
寻乌 Xunwu
龙南 Longnan
定南 Dingnan
全南 Quannan
武平 Wuping
上杭 Shanghang
永定 Yongding
龙岩市 Longyan
漳平市 Zhangping
华安 Hua'an
长泰 Changtai
南靖 Nanjing
漳州市 Zhangzhou
龙海市 Longhai
平和 Pinghe
漳浦 Zhangpu
云霄 Yunxiao
诏安 Zhao'an
东山 Dongshan
东山岛 Dongshan Dao
仁化 Renhua
南雄市 Nanxiong
始兴 Shixing
翁源 Wengyuan
新丰 Xinfeng
韶关市 Shaoguan
连平 Lianping
和平 Heping
龙川 Longchuan
河源市 Heyuan
东源 Dongyuan
源城区 Yuancheng
紫金 Zijin
焦岭 Jiaoling
平远 Pingyuan
梅江区 Meijiang
梅州市 Meizhou
梅县区 Meixian
兴宁市 Xingning
五华 Wuhua
丰顺 Fengshun
大埔 Dapu
潮州市 Chaozhou
湘桥区 Xiangqiao
饶平 Raoping
揭阳市 Jieyang
揭东区 Jiedong
榕城区 Rongcheng
揭西 Jiexi
潮安区 Chao'an
澄海区 Chenghai
南澳 Nan'ao
南澳岛 Nan'ao Dao
龙湖区 Longhu
汕头市 Shantou
金平区 Jinping
濠江区 Haojiang
潮阳区 Chaoyang
潮南区 Chaonan
普宁市 Puning
惠来 Huilai
陆河 Luhe
海丰 Haifeng
陆丰市 Lufeng
城区 Chengqu
汕尾市 Shanwei
龙门 Longmen
博罗 Boluo
惠城区 Huicheng
惠州市 Huizhou
惠东 Huidong
惠阳区 Huiyang
龙岗区 Longgang
东莞市 Dongguan
深圳市 Shenzhen
罗湖区 Luohu
盐田区 Yantian
福田区 Futian
宝安区 Bao'an
南山区 Nanshan
香港 Hong Kong
香港特别行政区 HONG KONG SAR.
珠海市 Zhuhai
澳门 Macau
南澎列岛 Nanpeng Liedao
勒门列岛 Lemen Liedao
担杆列岛 Dangan Liedao
万山群岛 Wanshan Qundao
大万山岛 Dawanshan Dao
佳蓬列岛 Jiapeng Liedao
红海湾
海门湾
神泉港
北回归线
北卫滩
南卫滩
东沙群岛 Dongsha Qundao
东沙岛
东沙礁
南海
SOUTH CHINA SEA
114°
115°
116°
117°
118°
25°
24°
23°
22°
21°
20°
图例 LEGEND
省级行政中心（香港、澳门同） Province-level Administrative Centre
地级行政中心 Prefecture-Level Administrative Centre
县级行政中心 County-level Administrative Centre
省级界 Province Boundary
香港特别行政区界 HongKongSAR. Boundary
地级市界 Prefecture Boundary
县、县级市界 County Boundary
(未建成) 铁路 Railway
(未建成) 高速公路 Expressway
国道 National Highway
机场 Airport
比例尺 1：2550000

广东省城镇体系规划（2012~2020年）

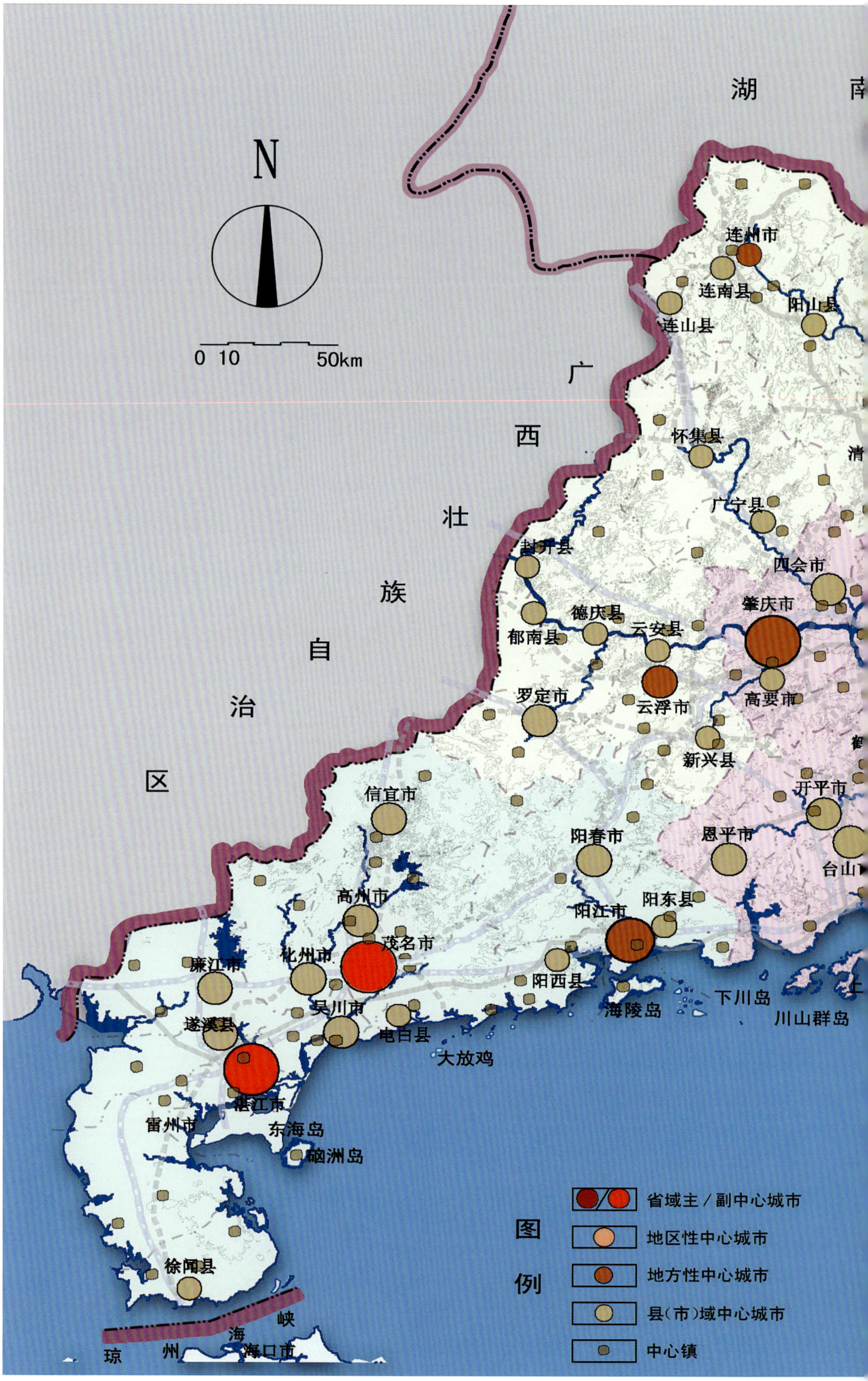

N

0 10 50km

湖南

广西壮族自治区

连州市
连南县
阳山县
连山县
怀集县
清
广宁县
封开县
四会市
肇庆市
德庆县
郁南县
云安县
云浮市
高要市
罗定市
新兴县
开平市
信宜市
阳春市
恩平市
台山
高州市
阳东县
阳江市
茂名市
化州市
廉江市
阳西县
海陵岛
下川岛
川山群岛
吴川市
遂溪县
电白县
大放鸡
湛江市
雷州市
东海岛
硇洲岛
徐闻县
琼州海峡
海口市

图例

省域主／副中心城市

地区性中心城市

地方性中心城市

县（市）域中心城市

中心镇

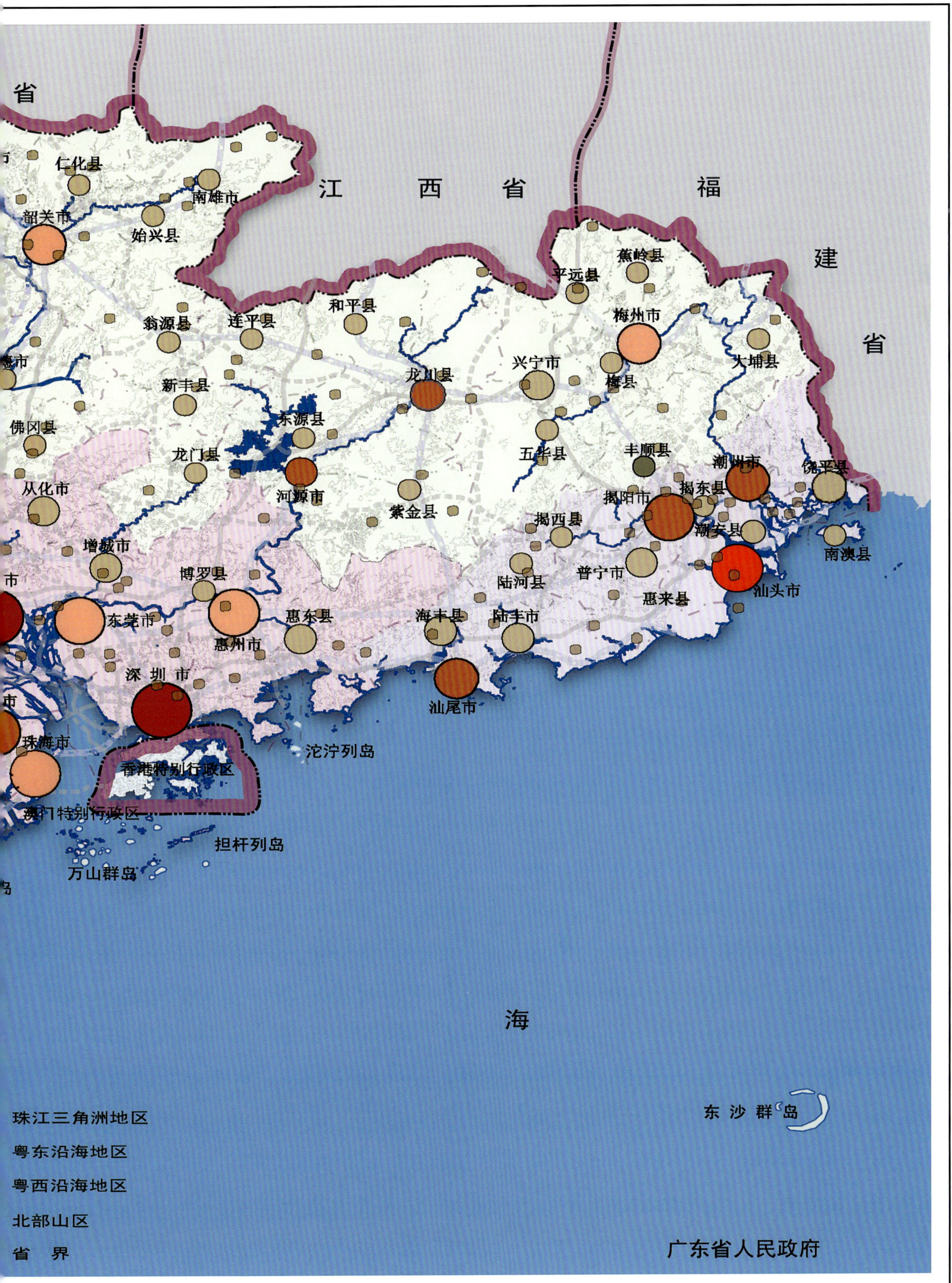

省
江 西 省
福
建
省
仁化县
南雄市
韶关市
始兴县
蕉岭县
平远县
梅州市
和平县
翁源县
连平县
兴宁市
大埔县
梅县
龙川县
新丰县
东源县
佛冈县
五华县
丰顺县
龙门县
潮州市
饶平县
从化市
河源市
紫金县
揭阳市
揭东县
揭西县
潮安县
增城市
南澳县
博罗县
陆河县
普宁市
汕头市
惠来县
东莞市
惠东县
海丰县
陆丰市
惠州市
深 圳 市
汕尾市
珠海市
沱泞列岛
香港特别行政区
澳门特别行政区
担杆列岛
万山群岛
海
东 沙 群 岛
珠江三角洲地区
粤东沿海地区
粤西沿海地区
北部山区
省 界
广东省人民政府

丹霞山

规划总图

风景名胜区总体规划 （2011~2025年）

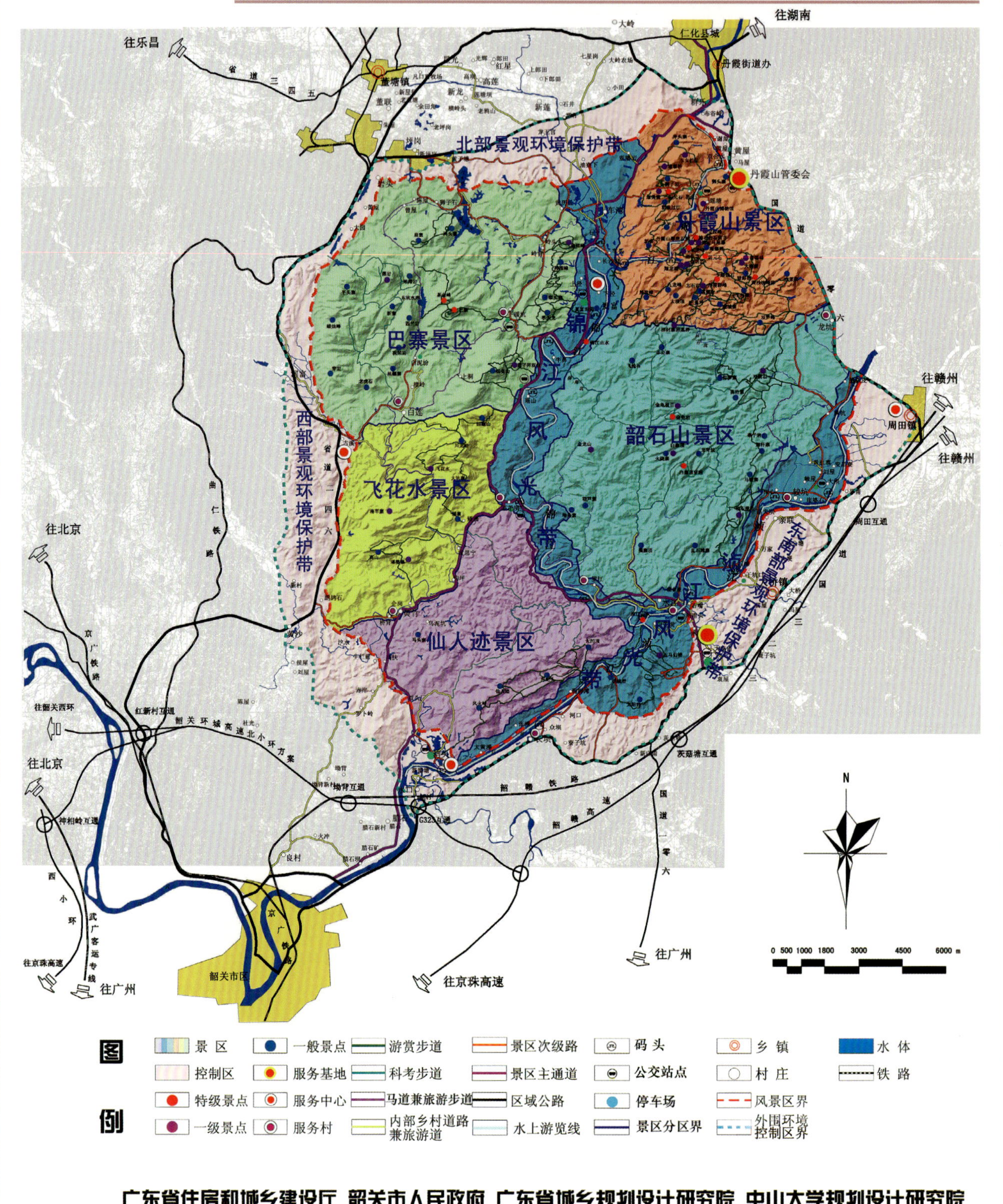

广东省住房和城乡建设厅 韶关市人民政府 广东省城乡规划设计研究院 中山大学规划设计研究院

广东城乡建设风采

2013年，广东省住房和城乡建设系统贯彻落实党的十八大精神、中共中央总书记习近平视察广东重要讲话精神，按照总书记对广东提出的实现“三个定位、两个率先”的目标，以提高全省城镇化发展水平为主线，以促进粤东西北地区振兴发展、加快珠江三角洲区域一体化发展为重点，探索绿色发展模式，加快推进住有所居，提高建筑业综合实力，努力开创“区域协调、城乡一体、集约高效、宜居适度、山清水秀”住房和城乡建设新局面。

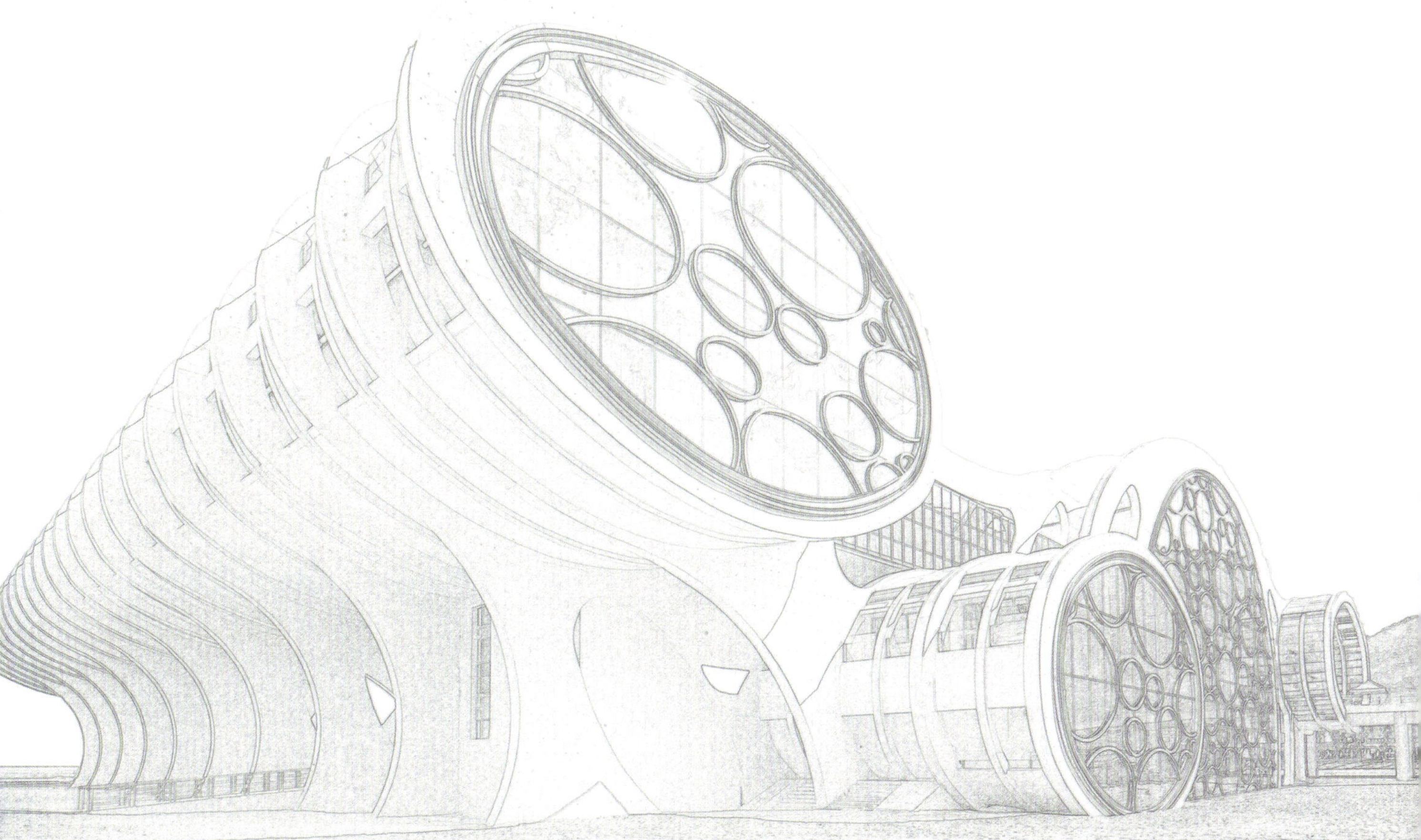

2013 年，根据国家新型城镇化规划，中共广东省委、省政府积极谋划广东省新型城镇化发展战略。广东省住房和城乡建设厅作为全省城镇化发展牵头单位，组建城乡规划设计研究技术团队，编制《广东省新型城镇化发展战略规划》，评估和整合全省各地城镇化发展优势，谋划广东省创建国家新型城镇化示范省；推进粤港澳合作，共建珠江三角洲世界级城镇群。是年，出台《关于进一步促进粤东西北地区振兴发展的决定》《推动粤东西北地区地级市中心城区扩容提质的实施方案》《粤东西北地区地级市中心城区扩容提质目标体系及实施要点》，联合金融机构与粤东西北地区地级市签署系列合作框架协议，引导各类资金支持广东省新型城镇化发展和粤东西北扩容提质建设。

1

2

1 2013年1月19日，中共中央政治局委员、广东省委书记胡春华（左二）视察云浮市新兴县簕竹镇良洞村建设情况，并与村民亲切交谈（刘烁 摄）

2 2013年9月25日，全国政协副主席董建华（右二）视察广州市城市规划情况（广州市规划局供稿）

3 2013年6月28日，广东省省长朱小丹（右一）在粤北地区调研，听取韶关市原曲仁矿棚户区改造试点一期工程建设情况汇报（章程 摄）

4 2014年1月13日，广东省副省长许瑞生（中）调研茅洲河（东莞和深圳交界段）整治情况（东莞市环境保护局供稿）

广东省人民政府 住房和城乡建设部
共建低碳生态城市建设示范省合作框架协议
签署仪式
广东省人民政府

5

广东省人民政府 国家开发银行
开发性金融合作备忘录
签署仪式

6

7

8

9

5 2013年11月25日，广东省省长朱小丹（前左一）与住房和城乡建设部部长姜伟新（前右一）在广州市签署《关于共建低碳生态城市建设示范省部合作框架协议》。省住房和城乡建设厅厅长王芃（后排左一）等出席（广东省住房和城乡建设厅城乡规划处供稿）

6 2013年8月15日，广东省人民政府和国家开发银行在广州市举行开发性金融合作备忘录签署仪式，广东省住房和城乡建设厅厅长王芃（前左）与国家开发银行广东省分行行长吴德礼（前右）签署《开发性金融合作备忘录》。省长朱小丹（后排左三）、副省长许瑞生（后排左一）等出席（广东省住房和城乡建设厅城市建设处供稿）

7 2013年12月5日，广东省住房和城乡建设厅厅长王芃（前中）、国家开发银行广东省分行行长吴德礼（前左）和梅州市市长谭君铁（前右）在广州市签署《"加快新型城镇化，推动梅州振兴发展"合作框架协议》。副厅长李台然（后排右一）等出席（广东省住房和城乡建设厅城乡规划处供稿）

8 2013年2月4日，广东省住房和城乡建设厅与中国城市规划设计研究院在广州市签署《战略合作备忘录》。党组书记王芃（右五）、厅长房庆方（右七），副厅长李台然（左八）、蔡瀛（左六）、杜挺（左五），总工程师陈天翼（右三）、副巡视员李运章（左四）等出席（广东省住房和城乡建设厅城乡规划处供稿）

9 2013年7月18日，国家开发银行广东省分行、中国农业银行广东省分行在广州市分别与广东省11个地级市签署《粤东西北地级市中心城区扩容提质金融合作第一批项目贷款协议》。副省长许瑞生（后排左三）、省住房和城乡建设厅厅长王芃等出席（广东省住房和城乡建设厅城市建设处供稿）

截至 2013 年底，广东省建成绿道 9481 千米，其中珠江三角洲建成绿道 8298 千米，粤东西北地区建成省立绿道 1183 千米。《广东省绿道建设管理规定》正式实施。随着绿道管护模式完善和绿道功能丰富，绿道成为展示城市形象的崭新名片。年内，省政府印发《关于在全省范围内开展生态控制线划定工作的通知》，在全国率先启动生态控制线划定；《广东省生态控制线管理条例》通过省人大立法项目论证，纳入立法计划；省住房和城乡建设厅制定《广东省生态控制线划定方案工作指引》，确立生态控制线管理制度框架，为全省各市生态控制性划定提供技术支撑。

1

2

3

4

5

6

7

1 2013年11月25日，广东省住房和城乡建设厅副厅长蔡瀛在绿道建设管理和生态控制线划定工作宣贯培训班开班仪式上致辞

2 3 英国伦敦大学城市设计系教授 Peter Bishop、荷兰代尔夫特理工大学教授 Martin de Jong 为参加绿道建设管理和生态控制线划定工作宣贯培训班的学员授课

4 5 2013年12月2日，绿道建设管理和生态控制线划定工作宣贯培训班的学员参观广州二沙岛绿道和东莞绿道

6 7 佛山市禅城区绿岛湖生态区绿道（2013）

（广东省住房和城乡建设厅城乡规划处供稿）

2013年，广东省推动粤港澳合作与对外交流。年内，广东省住房和城乡建设厅联合香港规划署、澳门运输工务司开展《环珠江口宜居湾区重点行动计划》第二轮公众咨询活动筹备，编制《澳门与珠江口西岸地区发展规划》《澳珠协同发展规划》，举办第六期粤澳城市规划研习班，启动与美国兰德公司联合开展的“评估生活质量指标，深化大珠江三角洲地区的可持续发展”研究，为实现大珠江三角洲区域一体化发展、提升区域竞争力奠定基础。

1

2

3

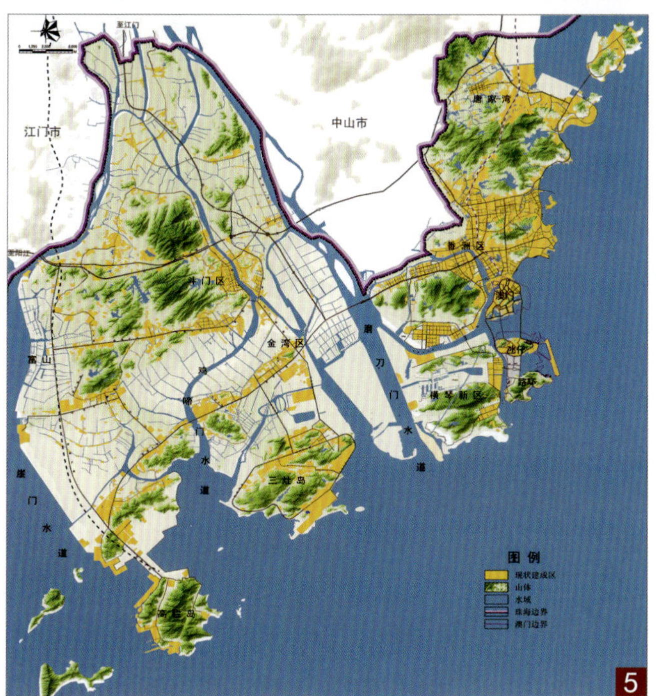

1 2013 年 9 月 8~27 日，应英国伦敦大学巴特雷特学院邀请，广东省住房和城乡建设厅副厅长蔡瀛率领规划建设部门管理人员参加在英国伦敦市举行的专题交流与培训

2 2013 年 9 月 14 日，广东省建设执业资格注册中心在深圳市举办香港建筑师和结构师法律法规测试
（广东省建设执业资格注册中心供稿）

3 2013 年 8 月 7 日，广东省住房和城乡建设厅与澳门运输工务司在香港举办港珠澳大桥通车后珠江西岸暨大广海湾地区粤港澳合作前景展望研讨会

4 2014 年 1 月 21 日，广东省住房和城乡建设厅在珠海市召开《澳门与珠江口西岸地区发展规划》与《澳珠协同发展规划》成果审查会

5 《环珠江口宜居湾区重点行动计划》规划图（2013）

6 《澳珠协同发展规划》规划图（2013）

（广东省住房和城乡建设厅城乡规划处供稿）

2013 年，广州市轨道交通 5 号线首期工程滘口至文冲段项目、深圳市盐田区餐厨垃圾（含厨余垃圾）无害化处理和资源化利用项目、惠州市金山河水清岸绿工程项目等 11 个项目获“广东省宜居环境范例奖”。获奖项目主要涉及全省各地政府在居民住房状况改善、社区公共管理与服务、水环境治理、水资源可持续利用、历史文化遗产保护、城市防灾与减灾、生态保护及城市绿化建设、推行建筑节能、建设节约型城镇、城市管理与市容环境治理建设、“三旧”改造等宜居环境建设方面 10 个主题。

1

2

3

1 获奖项目——广州南沙滨海湿地景区

2 获奖项目——广州市轨道交通5号线首期工程滘口文冲段。图为动物园站内景

3 获奖项目——深圳市仙湖植物园

4 获奖项目——深圳市设计之都创意产业园

5 获奖项目——佛山市禅城区南风古灶

6 获奖项目——佛山市顺德区容桂绿道

7 获奖项目——佛山市顺德区大良顺峰山公园绿道

（广东省住房和城乡建设厅城市建设处供稿）

2012 年 1 月，应北京市人民政府邀请，广东省人民政府组织珠江三角洲地区 9 个地级以上市参加第九届中国（北京）国际园林博览会，在展区建设一个具有岭南特色的园林建筑——“岭南园”，占地 1.46 万平方米。通过运用传统岭南园林造园手法，营造“九曜春晓、月照名堂、南国红豆、雨打芭蕉、粤韵风华、渔歌唱晚、洋塘荷风、妆台绮绣、虹云飞韵、秋水龙吟”十景，体现岭南水乡特色，传承岭南园林精髓和彰显岭南文化精神。2013 年，广东省参展项目岭南园获第九届中国（北京）国际园林博览会最高奖项——“室外展园综合大奖”。

1

2

3

4

5

1 岭南园之“九曜春晓”
2 岭南园之“月照名堂”
3 岭南园之“南国红豆”
4 岭南园之“雨打芭蕉”
5 岭南园之“粤韵风华”
6 岭南园之“渔歌唱晚”
7 岭南园之“妆台绮绣”
8 岭南园之“泮塘荷风”
9 岭南园之“虹云飞韵”
10 岭南园之“秋水龙吟”

（广东省住房和城乡建设厅城市建设处供稿）

2013 年，广东省积极推动园林城市（城镇）创建工作。清远、阳江市被住房和城乡建设部评定为“国家园林城市”；台山市被广东省住房和城乡建设厅评定为“广东省园林城市”。

1

2

1 阳江市东风一路城市花圃（2013） （林锦俏 摄）
2 阳江市金山植物公园茶花湖（2013）（阳江市城市综合管理局供稿）
3 清远市北江远眺（2013） （清远市城市综合管理局供稿）
4 清远市飞来湖公园荷花池（2013） （清远市城市综合管理局供稿）
5 台山市石花公园人工湖（2013） （梅健 摄）

2013 年 7 月，广东省住房和城乡建设厅组织开展第二届广东省岭南特色规划与建筑设计评优活动。评选出建筑奖金奖 1 项、银奖 3 项、铜奖 7 项；园林奖金奖 2 项、银奖 4 项、铜奖 6 项；规划奖银奖 2 项。

1

2

3

4

5

6

1 金奖项目——广州市气象监测预警中心（2013）（广东省住房和城乡建设厅建筑市场监管处供稿）
2 金奖项目——第九届中国（北京）国际园林博览会户外展园“岭南园”（2013）（广东省住房和城乡建设厅城市建设处供稿）
3 金奖项目——深圳市紫荆山庄环境设计（2013）（广东省住房和城乡建设厅城市建设处供稿）
4 银奖项目——顺德区北滘文化中心（2013）（佛山市顺德区国土城建和水利局供稿）
5 银奖项目——广州市中山六路骑楼街保护规划（2013）（广东省住房和城乡建设厅城乡规划处供稿）
6 银奖项目——广州国际金融城起步区岭南建筑特色城市设计专项研究（2013）（广东省住房和城乡建设厅城乡规划处供稿）

2013 年，广东省住房和城乡建设厅与广东省委农村工作办公室联合制定《广东岭南名镇、岭南名村审核认定标准》，部署开展第一批广东岭南名镇、岭南名村认定工作。经过审核，广州市番禺区沙湾镇等 37 个镇和广州市花都区炭步镇塱头村等 244 个村符合广东岭南名镇、岭南名村认定标准。年内，组织全省各地级以上市住房和城乡建设部门完成“中国传统村落档案”建档，逐步建立“一村一档”的传统村落档案。

1

2

3

1 2 岭南名村——梅州市大埔县百侯镇南村（2013）
3 岭南名村——梅州市梅县雁洋镇桥溪村（2013）
4 岭南名镇——佛山市南海区西樵山镇远眺（2013）
5 岭南名镇——清远连州市东陂镇（2013）
6 岭南名镇——韶关南雄市珠玑镇（2013）

（广东省住房和城乡建设厅村镇建设处供稿）

2013 年，广东省重点项目建设成效显著。全年安排重点项目 280 个、子项目 758 个。完成投资 4908 亿元，建成投产项目 59 个，新开工建设项目 110 个。获国家审批核准重大项目 14 个，总投资 1214 亿元。

1

2

1 2013年6月1日，广州市住房保障办公室举行白云区龙归项目限价房（拆迁安置房）钥匙交付仪式
（广州市国土资源和房屋管理局供稿）

2 2013年8月18日，深圳市保障性安居工程项目龙悦居交付使用（深圳市住房和建设局供稿）

3 2013年8月30日，中山市中心城区雨污分流工程金港路主干管项目竣工
（中山市住房和城乡建设局供稿）

4 2013年5月15日，贵阳至广州铁路永基站工程线路开通
（广东省铁路建设投资集团有限公司供稿）

5 2013年12月24日，东莞市轨道交通2号线西平站至蛤地站段右线盾构区间贯通（东莞市轨道交通建设办公室供稿）

6 2013年12月28日，厦门至深圳铁路开通运营
（广东省铁路建设投资集团有限公司供稿）

2013 年，广东省推进轨道交通建设。全年完成 103920 成桥米，隧道 58313 双延米，部分重点桥隧控制性工程合龙贯通。12 月 28 日，广州地铁 6 号线首段开通。截至年底，广州地铁开通 9 条线路，总长 260 千米，日均客流量超过 600 万人次；深圳市投入运营既有线路 5 条，总里程 178 千米；广佛线二期工程开展土建工程施工；东莞市在建城市轨道交通为 2 号线一、二期工程，全长 37.8 千米。

1 2 2013 年 12 月 28 日，广州地铁 6 号线首段开通（广州市地下铁道总公司供稿）

3 2013 年 5 月 31 日，深圳市轨道交通三期工程 11 号线盾构始发（深圳市轨道交通建设办公室供稿）

4 2013 年 12 月 26 日，深圳市轨道交通建设工程后亭站封顶（深圳市轨道交通建设办公室供稿）

5 2013 年 10 月 30 日，东莞市在轨道交通建设工程 R2 线 2305 标段举行盾构开仓作业突遇不明气体应急演练（东莞市轨道交通建设办公室供稿）

6 2013 年 12 月 26 日，东莞市轨道交通 2 号线首列车在南京市下线（东莞市轨道交通建设办公室供稿）

7 广州至佛山轨道交通控制中心（2013）（广东广佛轨道交通有限公司供稿）

8 2013 年 11 月 26 日，广州至佛山轨道交通南洲站右线盾构机刀盘下井（广东广佛轨道交通有限公司供稿）

9 广州至珠海城际轨道交通顺德站路段（2013）（顺德区国土城建和水利局供稿）

2013年，广东省建成城市道路总长度36761.96千米，道路总面积64888.1万平方米，城市桥梁6018座。年内，广州市轨道交通6号线浔峰岗停车场、深圳市北环大道路面修缮及交通改善工程、珠海市金凤路凤凰山隧道工程、珠海市丰华路和明达路市政工程、惠州大亚湾西四大道工程8个市政建设工程项目被评为2013年“全国市政金杯示范工程”；广州市兴丰生活垃圾卫生填埋场第六区工程施工总承包、深圳市地铁1号线机场站接驳设施工程等31个市政建设工程项目获2013年“广东省市政优良样板工程”。

2

3

4

5

6

1 广州市轨道交通 6 号线浔峰岗停车场工程（2013）
2 深圳市北环大道路面修缮及交通改善工程（2013）
3 深圳市沙河东路北延长段桥梁工程（2013）
4 珠海市金凤路凤凰山隧道工程（2013）
5 珠海市丰华路和明达路市政工程（2013）
6 惠州市大亚湾西四大道工程（2013）

（广东省市政行业协会供稿）

截至 2013 年底，广东省城市供水综合生产能力 3496.53 万立方米 / 日，城市用水人口 4567.73 万人，自来水普及率 97.47%，人均日生活用水量 242.02 升。全省 LPG（液化石油气）年供气总量 388.90 万吨，天然气年供气总量 123.17 亿立方米，城市燃气普及率 96.89%。

1

2

3

1 2013年6月26日，全省四大流域原水水质监测与污染预警系统建设工作总结暨动员会在河源市召开（广东省城镇供水协会供稿）

2 2013年8月24日，广州市水务部门邀请市民参观南洲水厂（广州市水务局供稿）

3 2013年6月28日，珠海市白藤水质净化厂完工并通过环保验收（珠海市海洋农渔局和水务局供稿）

4 2013年11月28日，佛山市举行天然气高压管线泄漏事故联合应急演习（佛山市住房和城乡建设管理局供稿）

5 2013年12月12日，梅州市首座天然气汽车加气站正式投产（梅州市城市综合管理局供稿）

6 惠州市数码工业园气化站（2013）（惠州市住房和城乡规划建设局供稿）

2013 年 10 月 26 日是“广东省环卫工人节”设立 20 周年纪念日。10 月 23 日，全省各地相继召开庆祝第二十个广东省环卫工人节暨全省环卫工作表扬会。弘扬环卫工人吃苦耐劳、无私奉献的精神，营造全社会关爱环卫工人、关心环卫事业、尊重环卫工作的良好氛围。

1

2

3

4

1 2013年10月23日，广东省住房和城乡建设厅巡视员陈承旗（前右）慰问广州环卫工人（冯育文 摄）

2 2013年10月23日，庆祝第二十个广东省环卫工人节暨全省环卫工作表扬会在广州市举行。图为参加会议的广东省环卫工作先进个人代表（广东省住房和城乡建设厅城市建设处供稿）

3 2013年10月25日，江门市人民政府召开庆祝广东省第二十个广东省环卫工人节暨侨乡环卫杯劳动竞赛表扬活动（江门市城市综合管理局供稿）

4 2013年10月24日，肇庆市人民政府召开庆祝广东省第二十个广东省环卫工人节暨表扬大会（肇庆市城市综合管理局供稿）

5 江门市开展城市环境卫生保洁（2013）（江门市新会区环境卫生管理处供稿）

6 广州市环卫工人进行珠江江面清洁作业（2013）（广东省环境卫生协会供稿）

7 肇庆市市容环境卫生道路洒水作业现场（2013）（肇庆市端州区城市综合管理局供稿）

2013 年，广东省政人民府将建设农村生活垃圾处理设施列入 10 件民生实事，提出“各县（市）全部开工建设生活垃圾无害化填埋场或焚烧厂，各建制镇建成一座生活垃圾转运站，各自然村建成一座以上生活垃圾收集点”目标任务。全省列入重点督办的 71 个县（市、区）中有 68 个开工建设或建成生活垃圾无害化处理场（厂），其中 35 个县（市、区）垃圾处理场建成。全省列入重点督办的 1049 个镇（街）全部建成“一镇一站”，14 万个自然村全部建成“一村一点”，全省完成生活垃圾处理设施从点到站、到场的科学布局，初步建成城乡生活垃圾收运处理设施体系。是年，全省污水处理平稳发展，有效控制污染物排放，污水处理规模居全国第一。

1

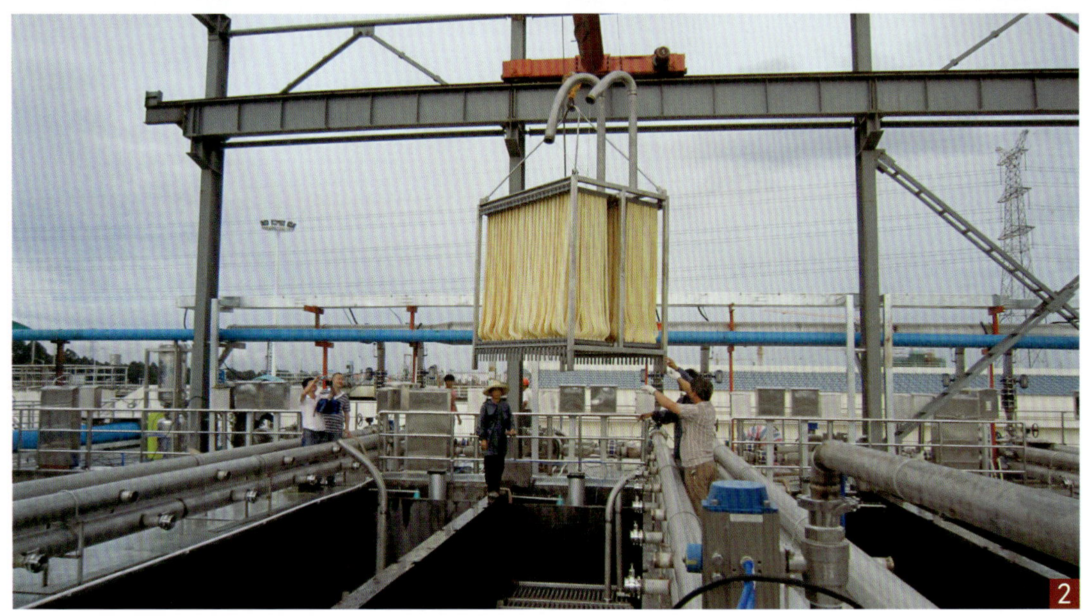
2

1 广州市猎德污水处理厂（2013） （田卓 摄）

2 2013 年 7 月 31 日，江门市江海污水处理厂技术改扩建工程投入试运行 （江门市城市综合管理局供稿）

3 2013 年 8 月 23 日，广东省农村生活垃圾处理工作现场会在云浮罗定市召开（广东省住房和城乡建设厅城市建设处供稿）

4 江门鹤山市桃源生活垃圾中转站（2013） （江门市城市综合管理局供稿）

5 湛江吴川市黄坡镇生活垃圾转运站（2013） （湛江市住房和城乡建设局供稿）

截至 2013 年底，全省建成国家生态市、国家生态区 6 个，全国环境优美乡镇 68 个，国家级生态村 6 个，广东省生态示范村镇 583 个，全省有自然保护区 369 个。全省有森林面积 0.11 亿公顷，森林覆盖率 58.2%。年内，省政府制定《关于推进低碳城市建设的若干意见》，探索具有时代特征和广东特色的低碳生态发展道路，确保广东省低碳城市建设走在全国前列。

1

2

3

4

1 2013 年 6 月 26 日，广州市南沙区环境监测中心开展应急监测行动 （广州市环境保护局供稿）

2 2013 年 6 月 2 日，广州市环境保护局举办“迎接 6 · 5 世界环境保护日”宣传活动。图为环境保护监测人员向市民介绍大气采样器等环保设备 （广州市环境保护局供稿）

3 2013 年 2 月 18 日，广东省开展新一轮《南粤水更清行动计划（2013~2020 年）》行动。图为环境监察执法人员查封违法经营的印染企业 （广东省环境保护厅办公室供稿）

4 2013 年 8 月 20 日，广东省环境保护厅联合省安全生产监督管理局开展环境安全检查督查专项行动。图为执法人员检查广州某化工厂环境安全 （广东省环境保护厅办公室供稿）

5 2013 年 6 月 15 日，广东省住房和城乡建设厅在广州天河体育中心举行广东省建筑节能科技和普法宣传活动 （广东省住房和城乡建设厅法规处供稿）

6 2013 年 6 月 17~18 日，深圳市举行首届深圳国际低碳城论坛 （深圳市规划和国土资源委员会供稿）

7 2013 年 4 月 27 日，酷中国项目“低碳生活进社区”系列巡展活动在深圳市宝安区新安街道举行。当地居民到现场体验低碳生活 （深圳市人居环境委员会供稿）

2013年，广东省21个地级以上市集中式饮用水源地水质全部达标，省控断面水质优良率78.2%，水环境功能区水质达标率85.5%，比上年增加0.8个百分点。

1

2

3

4

5

1 2013 年 12 月 31 日，广州市荔枝湾三期食养坊至大地涌 1.6 千米河段综合整治工程完成（广州市水务局供稿）

2 2013 年，广州市海珠区湿地公园成为广州地区第一个国家级湿地公园建设试点项目（广州市城乡建设委员会供稿）

3 河源市万绿湖（2013）（河源市住房和城乡规划建设局供稿）

4 韶关市丹霞山风景名胜区锦江观光带（2013）（刘加青 摄）

5 深圳市福田河人工湖（2013）（深圳市水务局供稿）

6 2013 年 1 月 28 日，惠州市金山河水清岸绿工程完工（张育保 摄）

7 2013 年 3 月 22 日是“世界水日”。市民在佛山新城东平河流域放养鱼苗（刘勇 摄）

8 东莞市万江龙湾湿地公园（2013）（东莞市城乡规划局供稿）

2013 年，广东省各地以推进新型城镇化建设为契机，推进绿色照明示范工程建设，着力打造集“低碳、智慧、幸福”于一体的城市光亮工程体系，逐步从试点到全面推广，降低“光污染”影响。是年，广州国际灯光节在广州珠江新城花城广场和荔湾区上下九步行街举行，现场展示高科技和节能环保照明技术，将岭南广州的西关元素融入灯光作品设计中，以彰显城市传统与现代之美。

1

2

3

1 2013年9月1日，经过修复后的广州海珠桥通车。图为海珠桥夜景 （广州市城乡建设委员会供稿）

2 2013年11月16日至12月14日，广州国际灯光节在广州市珠江新城花城广场和荔湾区上下九步行街举行。图为广州珠江新城花城广场夜景 （广州市城乡建设委员会供稿）

3 在广州市荔湾区上下九步行街现场展示的巨型灯画——“珠江情”（2013）（广州市城乡建设委员会供稿）

4 佛山新城夜景（2013） （佛山市国土资源和城乡规划局供稿）

5 佛山市顺德区陈村镇夜景（2013） （佛山市顺德区国土城建和水利局供稿）

6 肇庆市星湖夜景（2013） （肇庆市住房和城乡建设局供稿）

7 中山市岐江河畔夜景（2013） （中山市住房和城乡建设局供稿）

2013年，广东省新开工建设各类保障性安居工程住房89683套，新增基本建成各类保障性住房和棚户区改造143651套，新增租赁补贴8366户，完成保障性安居工程投资226亿元。全省各地贯彻落实《广东省城镇住房保障办法》，制定完善有关配套政策，开启广东省住房保障工作“建管并重”新局面。

1

2

3

4

1 2 2013年5月31日，广东省人民政府在揭阳市召开2012年度住房保障工作目标责任考核反馈会，并检查揭阳市保障性安居工程建设情况（揭阳市住房和城乡建设局供稿）

3 2013年9月25日，广州市住房保障办公室邀请部分市人大代表、政协委员、保障房轮候家庭和媒体代表参观广州市白云区龙归项目样板房，现场展示标准户型模型并收集意见（广州市国土资源和房屋管理局供稿）

4 2013年9月13~15日，广州市住房保障办公室在广州市举行广州住房博览会。图为工作人员在保障性住房展区接受群众咨询（广州市国土资源和房屋管理局供稿）

5 2013年7月30日，茂名市住房和城乡建设局协调组织房产管理局、银行等联合办公，为群众办理茂石化部分产权房改房补差价手续（茂名市住房和城乡建设局供稿）

6 2013年12月27日，江门市举行市区保障性住房公开摇珠分配活动（江门市住房和城乡建设局供稿）

7 2013年12月27日，中山市举行公租房分配抽签仪式（中山市住房和城乡建设局供稿）

8 东莞市廉租房住宅小区（2013）（唐立湖 摄）

2013 年，广东省有勘察设计企业 1826 家，年末工程勘察设计行业从业人员 37.57 万人，全年营业收入 2440.84 亿元。全年完成工程勘察设计合同额 372.37 亿元，工程设计完成合同额 321.01 亿元。全年施工图设计完成投资额 8629.61 亿元。全省企业获国家级、省部级奖项 3467 项，参与编制国家、行业、地方技术标准 726 项。获“全国优秀工程勘察设计行业奖”工程勘察组一等奖 5 项、建筑组一等奖 8 项、市政组一等奖 9 项。

1

2

3

4

5

6

7

1 2013年“全国优秀工程勘察设计行业奖”一等奖项目（建筑组）——广州珠江新城西塔
2 2013年“全国优秀工程勘察设计行业奖”一等奖项目（建筑组）——深圳2011年世界大学生运动会运动员村国际区
3 2013年“全国优秀工程勘察设计行业奖”一等奖项目（建筑组）——深圳大鹏地质博物馆
4 2013年“全国优秀工程勘察设计行业奖”一等奖项目（建筑组）——广州辛亥革命纪念馆
5 2013年“全国优秀工程勘察设计行业奖”一等奖项目（建筑组）——湖南韶山毛泽东遗物馆
6 7 2013年“全国优秀工程勘察设计行业奖”一等奖项目（市政组）——广州铁路新客站地区市政道路及附属工程

（广东省工程勘察设计行业协会供稿）

2013 年，广东省推进旧城镇、旧厂房、旧村庄改造工作，推动城镇低效用地再开发利用。全年对近 700 个需完善历史用地手续的“三旧”改造项目提出规划审查意见，确保“三旧”改造按照广东省城乡规划要求推进实施。截至年底，完成改造项目 3065 个，完成改造面积 1.05 万公顷，实现节约土地 0.47 万公顷；正在改造项目 3767 个，涉及改造面积 1.44 万公顷。

1

（改造前）

2

3

（改造前）

4

5

（改造前）

6

7

（改造前）

8

9

（改造前）

10

1 2 广州联合交易园区“三旧”改造项目（广州市“三旧”改造工作办公室供稿）
3 4 佛山国际家具博览城“三旧”改造项目（佛山市国土资源和城乡规划局供稿）
5 6 佛山创意产业园“三旧”改造项目（佛山市国土资源和城乡规划局供稿）
7 8 阳江凯逸湾假日酒店“三旧”改造项目（阳江市“三旧”改造工作办公室供稿）
9 10 都市丽人（东莞）工业园“三旧”改造项目（东莞市国土资源局供稿）

2013 年，广东省建设科技与建筑节能取得显著成效。全省住房和城乡建设系统获“华夏建设科学技术奖”23 项、“广东省科学技术奖”5 项、列入住房和城乡建设部科技计划项目 47 个，通过广东省建设科技成果鉴定 266 项，获得广东省绿色建筑评价标识项目 90 个。全年新增节能建筑面积 10818 万平方米，完成既有建筑节能改造面积 450.37 万平方米，新增绿色建筑面积 1143 万平方米，新型墙材应用面积总量 125 亿块标准砖，全年节约能源 344.97 万吨标准煤，减排二氧化碳 896.92 万吨。

1

2

3

4

5

6

7

8

9

10

1 2013 年 7 月 23 日，广东省建筑业新技术应用示范工程观摩会在广州周大福金融中心施工现场举行。省住房和城乡建设厅副厅长李台然(左五)出席 （韩庆文 摄）

2 2013 年 12 月 26 日，广东智能建筑论坛在广州市举行 （广东省建筑业协会供稿）

3 2013 年 8 月 26 日，广东省建筑业协会在广州市举办建筑业 10 项新技术推广应用及施工工法讲座班 （广东省建筑业协会供稿）

4 5 6 7 中国建筑第四工程局有限公司等单位完成的“三低三高低碳绿色混凝土的研究应用”获 2013 年“广东省科学技术奖”三等奖

8 广东省建筑设计研究院完成的“广州白云机场航站楼一期及一期扩建工程钢结构设计关键技术”获 2013 年“广东省科学技术奖”三等奖

9 2013 年，佛山市顺德区万科城市花园房地产有限公司完成的佛山万科沁园三期（3 ~ 5 号楼）项目获广东省一星 A 级绿色建筑评价标识

10 广东省建筑工程集团有限公司完成的“广州交易会综合楼超高层建筑主体结构综合施工技术”获 2013 年“华夏建设科学技术奖”三等奖

（广东省住房和城乡建设厅科技信息处供稿）

2013年，广东省住房和城乡建设信息化建设取得新进展。广东省智慧城乡空间信息服务平台集智慧规划、科研项目建造、智慧住房和智慧城乡基础设施于一体，使信息化与城镇化协同发展。截至年底，完成服务平台的总体框架和建设条目设计，实现与房地产、保障房、风景名胜区、散装水泥、能耗监督等信息系统对接。是年，"三库一平台"管理信息服务系统深化拓展，全面实施企业资质申办电子化管理；广东建设信息网获省政府网站评比省直部门第一名。全省房地产信息和建设工程交易信息实现全省联网、归集和21个功能点统计分析，为全省建设系统相关职能部门科学决策提供全面的行业管理数据支撑。

1

2

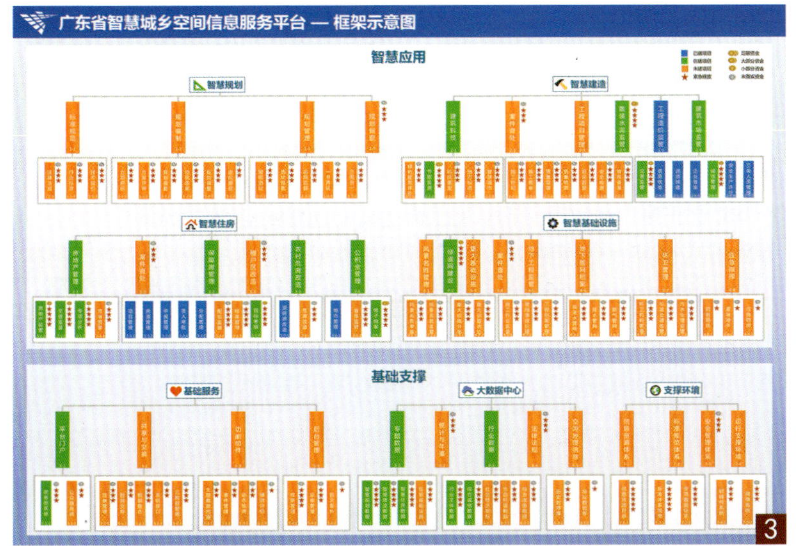

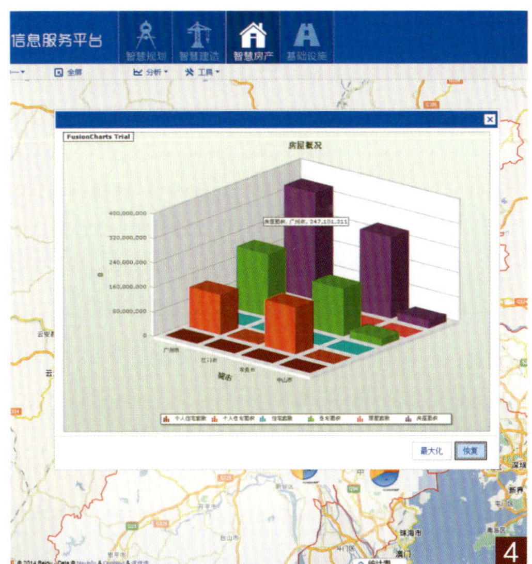

1 2013 年 6 月 8 日，广东省住房和城乡建设厅厅长王芃（左）、巡视员陈承旗（右）在省建设信息中心调研网上办事大厅建设情况

2 2013 年 6 月 25 日，广东省住房和城乡建设厅副厅长李台然（右二）、巡视员陈承旗（右一）出席在省建设信息中心召开的广东省智慧型信息平台建设座谈会

3 广东省智慧城乡空间信息服务平台——框架示意图（2013）

4 广东省智慧城乡空间信息服务平台统计柱状图（2013）

5 广东省智慧城乡空间信息服务平台系统操作界面（2013）

6 2013 年，广东建设信息网获“广东省政府网站评比省直部门第一名”

（广东省建设信息中心供稿）

2013 年，中共广东省委部署深入开展党的群众路线教育实践活动。年内，省住房和城乡建设厅以“反对形式主义、官僚主义、享乐主义和奢靡之风”为主要内容，以领导干部为重点，按照中共中央总书记习近平提出的要求和“学习教育、听取意见；查摆问题、开展批评；落实整改、建章立制”三个环节组织实施，受到挂点指导的广东省委常委、珠海市委书记李嘉和省委实践办、督导组充分肯定。是年，广东省委实践办向全省转发省住房和城乡建设厅教育实践活动经验材料。

1

2

3

1 2013年7月15日，广东省住房和城乡建设厅召开党的群众路线教育实践活动动员大会。厅长王芃（右）、中共广东省委督导组组长陈文杰（左）出席 （广东省住房和城乡建设厅人事处供稿）

2 2013年8月5日，中共广东省委常委、珠海市委书记李嘉（后排左一）挂点指导省住房和城乡建设厅党的群众路线教育实践活动 （广东省住房和城乡建设厅人事处供稿）

3 2013年8月14日，广东省住房和城乡建设厅厅长王芃（后排右二）在珠海市开展党的群众路线教育实践活动调研

4 2013年8月15日，广东省住房和城乡建设厅机关及直属单位党员重温入党誓词（广东省住房和城乡建设厅人事处供稿）

5 2013年10月25日，广东省住房和城乡建设厅召开党员领导干部专题民主生活会情况通报会。厅长王芃（后排中）、中共广东省委督导组组长陈文杰（后排左一）等出席 （广东省住房和城乡建设厅人事处供稿）

6 2013年8月1日，广东省住房和城乡建设厅厅长王芃（后排右一）检查指导厅对外办事窗口工作 （广东省住房和城乡建设厅行政许可管理处供稿）

2013年，广东省住房和城乡建设厅加大援藏和援疆工作力度。对口援建的西藏林芝八一镇福清河景观带建设及周边民族特色改造项目顺利通过竣工验收；开展智力援助新疆，加大农村富民安居工程和城市棚户区改造力度，完成新疆县城总体规划、村镇体系规划编制100余项，超额完成2010年新一轮对口援疆援建任务。

1

2

3

1 2014 年 3 月 24~25 日，广东省省长朱小丹（右二）在西藏林芝地区视察广东援藏工作

2 2013 年 9 月 20 日，广东省副省长许瑞生（中）在新疆喀什地区视察广东援疆工作

3 2013 年 4 月 22 日，广东省人大环境与资源保护委员会副主任房庆方（左）检查指导西藏林芝地区广东援藏工程建设

4 2013 年元旦，广东省援藏重点建设项目西藏林芝八一镇福清河景观带建设及周边民族特色改造主体工程完工

5 广东援建的西藏林芝地区八一镇全景（2013）

6 广东援建的新疆建设兵团第 50 团生活小区（2013）

7 广东援建的新疆建设兵团第 45 团生活小镇（2013）

（广东省住房和城乡建设厅人事处供稿）

2013 年，广东省住房和城乡建设系统深入学习十八大以来党中央加强党风廉政建设的新思想、新观点和新要求，贯彻落实党风廉政建设责任制，开展廉政风险防控，推进预防和惩治腐败。年内，投入各项扶贫开发资金 177 万多元，用于村道路灯、村庄环境卫生整治、危房改造、农作物种植技术培训等民生和产业帮扶，增加村集体经济收入，加强基层组织建设。

1 2013 年 5 月 7 日，广东省委常委、省纪委书记黄先耀（右）在省住房和城乡建设厅检查指导工作。厅长王芃（中）、巡视员陈承旗（左）陪同（广东省住房和城乡建设厅纪检、监察室供稿）

2 2013 年 11 月 7 日，中纪委派驻住房和城乡建设部纪检组长杜鹃（右二）督查广东省住房和城乡建设系统廉政风险防控工作（广东省住房和城乡建设厅纪检、监察室供稿）

3 2013 年 8 月 16 日，广东省住房和城乡建设厅副厅长杜挺（左二）在梅州市丰顺县埔西村开展群众路线教育实践“访贫问苦”主题活动（广东省住房和城乡建设厅机关党办供稿）

特辑

新型城镇化发展战略谋划

【简述】 2013年，中共广东省委、省政府推进具有广东特色的新型城镇化建设，省住房和城乡建设厅加大城乡规划综合统筹力度，以规划为先导，积极谋划新城镇化发展战略。一是主动对接国家新型城镇化规划，谋划全省新型城镇化发展战略，组织开展《广东省新型城镇化发展战略规划》研究，委托中国城市规划设计研究院、广东省城乡规划设计研究院等多个研究机构组成的技术团队开展规划编制研究，于2013年底完成规划纲要和中期成果。10月31日，厅长王芃、副厅长蔡瀛和有关专家听取规划成果汇报，对规划给予充分肯定。二是委托中山大学开展广东创建新型城镇化示范省专题研究，及时评估全省城镇化发展状况，整合发展优势，探索具有示范带动意义的新型城镇化发展道路，为提请省政府申请国家新型城镇化示范省夯实基础。三是多次为省委、省政府提供文字素材，将省住房和城乡建设厅新型城镇化工作思路体现在省政府工作报告、政策文件和领导讲话中。全年为省委、省政府提供各种素材60余次。

【城镇化规划评估】 2013年，广东省住房和城乡建设厅加强全省城镇化规划评价。一是开展“十二五”城镇化发展规划中期评估，总结评估规划实施绩效，提出政策建议。按照省政府部署，对《广东省城镇化发展十二五规划》执行和落实情况进行中期评估。在现有评估指标基础上，探索建立客观的、基于人口发展维度的城镇化发展水平指标体系，并进行持续动态跟踪和评估检讨。二是组织开展广东省新型城镇化评估指标体系研究和广州深圳建设国际化城市标准体系研究，完成研究报告，并将经济、社会、文化各方面工作内容转化为可评价指标，促进全省科学开展新型城镇化绩效考核。

【新型城镇化发展研究】 2013年，广东省住房和城乡建设厅积极开展新型城镇化系列研究。一是筹划组建城镇化智库机构，完成工作方案，为省委、省政府推进新型城镇化提供智力支持。二是借鉴国外大都市区划经验，结合广东省实际开展大都市区划研究，谋划跨区域城市发展协调新机制。三是组织开展城乡统一建设用地市场、构建空间规划体系、空间发展权转移、城市增长边界等专题研究，为省住房和城乡建设厅落实十八届三中全会和中央城镇化工作会议精神提供借鉴。

▲*2013年7月11日，广东省省长朱小丹（右一）视察湛江市海东新区规划建设情况*

（湛江市城市规划局供稿）

【新型城镇化建设】 2013年，广东省编制《广东省新型城镇化规划》，出台《推动粤东西北地区地级市中心城区扩容提质工作方案》。11月25日，省政府与住房和城乡建设部签署全国首个省部合作协议——《关于共建低碳生态城市建设示范省合作框架协议》。该协议在推动城乡规划创新转型、加强城市基础设施建设、实施绿色建筑行动计划、改革创新体制等领域全面深化省部合作。

【信息平台建设】 2013年，广东省住房和城乡建设厅加快推进全省智慧城乡空间信息平台立项，整合全省和各市基础地理、经济社会、建设现状和城乡规划等空间信息，对区域城乡发展建设现状和趋势准确研判和科学规划。充实完善项目可行性研究报告，并与省直有关部门协调沟通，为全省城镇化发展提供空间信息支持创造条件。

【城乡规划管理】 2013年，广东省住房和城乡建设厅切实履行指导全省城乡规划编制、实施和管理职能，探索与新型城镇化相适应的城乡规划工作机制。重点指导各市在制定和修改城市总体规划时落实中共中央总书记习近平讲话精神，有效提高全省城乡规划编制水平。借鉴国内外先进经验，优化城乡规划空间格局，加强对生产、生活、生态空间管制和资源配置的统筹作用，推动城乡规划由扩张性规划逐步转向限定城市边界、优化空间结构的规划，凸显城乡规划在合理构建全省新型城市化空间格局中的统筹先导作用。

【“三规合一”工作机制探索与创新】 2013年，广东省住房和城乡建设厅以广州、河源、云浮市为试点，探索开展“三规合一”机制，以城乡规划为平台统筹规划城乡空间布局，探索建立全省空间规划协调机制。在空间层面上实现国民经济和社会发展规划及主体功能区规划、土地利用规划、城乡规划之间有机融合的局面。广州市基本建立各部门良性互动的“以功能定项目、以项目定指标、以指标定控规”工作机制，确保国民经济和社会发展规划确定的重大建设项目在“城乡规划”平台上得到落实。 （苏西超）

【城乡规划督察覆盖全省】 2013年，在总结珠江三角洲规划督察工作经验做法的基础上，经广东省人民政府同意，将督察范围扩大至全省，采取巡察和派驻相结合的形式，实现对全省21个地级市及顺德区规划督察全覆盖。2013年12月26日，聘任第二届省城乡规划督察员，许瑞生副省长代表省政府向新聘任的省城乡规划督察员颁发聘书。

（钟伟良）

探索低碳生态建设新模式

【简述】 2013年，广东省积极探索低碳生态建设新模式。开展绿道网规划建设，启动全省生态控制线划定，促进低碳生态城市建设。

【绿道网规划建设】 绿道网是建设幸福广东的重要工程，是实现保护生态、发展经济和改善民生并举共赢的创新举措。自广东省委十届六次全会对珠江三角洲绿道网建设作出部署以来，省、市上下联动，多方合力，推动全省绿道网建设取得显著成效。一是超额完成珠江三角洲绿道网建设目标任务，并向粤东西北延伸。截至2013年底，全省建成绿道9481千米，其中珠江三角洲建成绿道8298千米、粤东西北地区建成省立绿道1183千米。二是逐步建立工作制度。2013年10月，《广东省绿道建设管理规定》正式实施，成为全国第一个关于绿道网建设管理的省级政府规章。珠江三角洲各市探索符合当地实际的管护模式，相继出台相关管理办法。省、市绿道网建设管理机构和专职人员逐步建立和充实。三是绿道综合功能日益丰富。全省各市在绿道网建设过程中，按照体现“生态化、本土化、多样化、人性化”要求，依托本地特有的自然和人文资源，提升绿道功能，丰富绿道内涵，使绿道成为展示城市形象的崭新名片。四是强化绿道网宣传。扩大绿道品牌影响力。为推动市民有效使用绿道，省、市相关部门加大宣传推介力度，使广东绿道的吸引力与日俱增。7月，省住房和城乡建设厅编辑出版《广东·珠三角绿道邮册》。绿道成为广东省一道亮丽的风景线，绿道品牌逐步形成。五是开展绿道网管理培训。11月25~28日，省住房和城乡建设厅举办广东省绿道建设管理和生态控制线划定工作宣贯培训班，邀请英国伦敦大学、荷兰代尔夫特理工大学以及国内相关领域9位专家授课，全省绿道网及生态控制线规划建设管理部门负责人和专业技术人员200余人参加。六是开展省立公园

·链接·

城市生态控制线

城市生态控制线是为保障城市生态安全，优化城市空间结构和布局，在尊重城乡自然生态系统和合理环境承载力的前提下，围绕保护重点生态要素划定的城市开发边界控制界线。根据住房和城乡建设部《城市绿线管理办法》《城市用地分类与规划建设用地标准》等相关规定，广东省结合城市总体规划、城市绿地系统规划、生态环境保护规划等相关规划要求，对城市生态保育、隔离防护、休闲游憩等有重要作用的生态区域和兼具生态、生产功能的农林渔业等垦殖生产用地纳入生态控制线范围，并划分为生态保育用地、休闲游憩用地、安全防护用地、垦殖生产用地4大类用地。同时，根据生态系统服务重要性和监管级别，将生态控制线范围分为一级管制区和二级管制区进行管控。

体制研究。根据打造绿道升级版工作安排，结合中共十八届三中全会关于建立国家公园体制指导精神，创造性地开展基于国家公园体制的省立公园建设研究。开展《广东省省立国家公园体系建设研究》，筹备举办以“基于生态文明的绿道与国家公园建设”为主题的广东绿道讲坛（第二期），探讨广东省建立省立国家公园的模式。

【生态控制线划定】 2013年，广东省启动生态控制线划定工作，构建与新型城镇化相适应的生态安全格局。省住房和城乡建设厅落实中共十八届三中全会提出的建立系统完整的生态文明制度体系、划定生态保护红线的战略部署以及省委关于建立生态红线保护制度的有关要求，推进全省生态控制线划定工作。一是印发省政府《关于在全省范围内开展生态控制线划定工作的通知》。是年，广东省在全国率先启动生态控制线划定工作。二是组织制订《广东省生态控制线管理条例》，基本确立生态控制线管理制度框架。三是组织编制《广东省生态控制线划定方案工作指引》，为全省各市生态控制性划定提供技术支撑。

【低碳生态城市建设】 2013年，广东省全面开展低碳生态城市建设，促进资源节约型、环境友好型社会建立。为深入贯彻落实中共十八届三中全会以及省委十一届三次全会关于生态文明建设的战略部署，省住房和城乡建设厅开展系列工作，一是牵头筹备省政府与住房和城乡建设部签署《关于共建低碳生态城市建设示范省合作框架协议》。11月25日，省政府与住房和城乡建设部在广州签署协议，广东省成为全国第一个省部合作创建低碳生态城市建设示范省。二是起草省政府关于推进低碳生态城市建设的政策文件，全面部署低碳生态城市建设工作。提出全省生态城市建设目标要求、工作任务、政策机制等，探索具有时代特征、广东特色的低碳生态发展道路，确保广东省在低碳生态城市建设走在全国前列。

（曹滢）

推进珠三角优化发展和粤东西北振兴发展

【珠江三角洲转型发展】 2013年，广东省推动珠江三角洲地区优化发展。一是促进粤港澳合作，谋划共建珠江三角洲世界级城镇群。根据粤港、粤澳合作框架协议和省委、省政府的部署，省住房和城乡建设厅联合港澳有关部门开展的项目规划进展顺利，支撑粤港、粤澳合作框架协议和有关宏观政策的制订实施。筹备《环珠江口宜居湾区重点行动计划》第二轮公众咨询活动，争取于2014年上半年提交三地政府审议；《澳门与珠江口西岸地区发展规划》和《澳珠协同发展规划》进展顺利，经与澳门运输工务司沟通，完成规划编制成果，并于2014年1月18日在珠海召开粤澳联合审查会，征求粤澳双方政府部门、顾问专家和民间社团代表意见；启动与美国兰德公司联合开展的《评估生活质量指标，深化大珠江三角洲地区的可持续发展》研究。二是推进珠江三角洲城际轨道站场TOD（公交导向型）开发模式。为贯彻落实省政府关于大力推行TOD（公交导向型）开发模式，创新城市空间组织方式的工作部署，强化交通发展和土地利用的衔接，提高城镇综合承载能力，走广东特色的新型城镇化道路，省住房和城乡建设厅经过近三年的努力，完成在珠江三角洲城际轨道主骨架网沿线50多个站点的土地利用普查；截至2013年底，由省住房和城乡建设厅牵头完成两批共13个站场的示范性规划，安排选取第三批规划站点，做好已编站场周边土地控制性详细规划的备案和经验总结，为统筹全省城乡区域发展、加快珠江三角洲一体化进程奠定基础。

【粤东西北地区地级市中心城区扩容提质】 为加大区域协调力度，促进粤东西北地区加快发展，中共广东省委、省政府于2013年7月出台《关于进一步促进粤东西北地区振兴发展的决定》，提出做大做强地级市中心城区，加快城镇化进程，打造区域发展增长极。按照省委、省政府部署，省住房和城乡建设厅印发《推动粤东西北地区地级市中心城区扩容提质的实施方案》（简称《实施方案》），作为《关于进一步促进粤东西北地区振兴发展的决定》的重要配套文件之一。《实施方案》针对粤东西北地区12个地级市中心城区扩容提质的关键环节，明确扩容提质的方向、空间发展战略、主要任务、进度安排、政策机制保障等。主要任务包括：统筹中心城区现有建成区和周边地区协调发展，促进区域协调和特色化发展，科学推进新区规划建设，推进低碳生态城市建设，培育壮大城市产业基础，积极吸引人口聚集，优化提升城市功能，不断改善人居环境等。《实施方案》在提高全省城乡规划设计水平和加强中心城区和新区管理方面取得新的突破，要求各市编制中心城区扩容提质建设规划、新区城市总体规划和低碳生态建设规划。

2013年，按照省委、省政府部署，广东省住房和城乡建设厅编制《粤东西北地区地级市中心城区扩容提质目标体系及实施要点》，结合粤东西北地区各地级市不同发展阶段和特点，明确各市中心城区扩容提质的地域范围、发展定位、目标任务、近期建设重点等内容；编制《粤东西北地级市中心城区扩容提质建设规划编制导则（含技术指引）》（简称《导则》），明确编制中心城区扩容提质建设规划的重要意义、总体要求、主要内容和成果要求，《导则》是科学指导各市中心城区扩容提质的规划建设的重要指引。

为落实中共广东省委、省政府关于进一步促进粤东西北地区振兴发展的决定，省住房和城乡建设厅联合国家金融机构与粤东西北地区地级市签署系列合作框架协议。2013年5月30日，省住房和城乡建设厅与清远市人民政府在清远签署《“加快中心城区扩容提质，建设幸福美丽新清远”合作框架协议》；2013年10月14日，省住房和城乡建设厅、国家开发银行广东省分行、汕尾市人民政府在广州签署《“加快中心城区扩容提质，建设幸福美丽新汕尾”新型城镇化开发性金融合作框架协议》；2013年12月5日，省住房和城乡建设厅、国家开发银行广东省分行、梅州市人民政府在广州签署《“加快新型城镇化，推动梅州振兴发展”合作框架协议》。

2013年，粤东西北各市新型投融资平台顺利搭建，农业银行广东省分行、国家开发银行广东省分行分别与各市开展城镇化金融合作，引导各类资金支持全省新型城镇化和粤东西北扩容提质建设，促成签约项目22个，贷款金额180亿元。粤东西北各地级市以扩容提质、承接产业转移为契机，以项目建设为核心，以民生工程和基础设施项目为重点、以产业项目为支撑，着力推进一批扩容提质重大项目建设。清远市投资近百亿元启动中心城区扩容提质首批38个重点项目，涵盖城市交通、基础设施、民生、教育、水利等工程；韶关市以交通路网为重点开展旧城区升级改造，提高市区交通畅达水平；茂名市加快推动33项交通设施建设。（苏西超）

农村生活垃圾处理设施建设取得新进展

【简述】 2013年，广东省人民政府把加快农村生活垃圾处理设施建设纳入省政府10件民生实事之一，明确提出“各县（市）全部开工建设生活垃圾无害化填埋场或焚烧厂，各建制镇建成一座生活垃圾转运站，各自然村建成一座以上生活垃圾收集点”目标任务。截至年底，全省列入重点督办的71个县（市、区）中有68个开工建设或建成生活垃圾无害化处理场（厂），其中35个建有生活垃圾无害化处理场。“一镇一（垃圾转运）站、一村一（垃圾收集）点”全部建成并投入运行，初步建成城乡生活垃圾收运处理设施体系。

【资金保障】 2013年，广东省住房和城乡建设厅、财政厅继续安排全省农村生活垃圾处理设施建设专项资金4503万元支持农村生活垃圾处理设施建设，安排全省治污保洁工程（垃圾清运处理设施）专项资金2295.3万元，公开采购69辆生活垃圾压缩运输车分发69个县（市、区）。5月，省物价局、住房和城乡建设厅联合印发《关于规范城乡生活垃圾处理价格管理的指导意见》，督促全省各地市、县城区全面开征生活垃圾处理费，凡具有生活垃圾集中处理设施并具备条件的镇可探索开征生活垃圾处理费，最大限度筹集资金，保证无害化处理场运营

▲*2013年8月23日，广东省农村生活垃圾处理工作现场会在云浮罗定市召开*

（广东省住房和城乡建设厅城市建设处提供）

经费。

【技术指导】 2013年3月，广东省住房和城乡建设厅向全省各市、县、镇印发《广东省农村生活垃圾处理设施“一镇一站，一村一点”建设要求》；4月，省住房和城乡建设厅组织省内行业专家组成4个宣讲小组分别到21个地级以上市和顺德区进行农村生活垃圾处理设施建设专题宣讲，全省各市、县、镇主管部门负责人参加；5~6月，经省住房和城乡建设厅同意，省环境卫生协会分片区召开全省城乡生活垃圾处理设施建设及机械设备使用技术交流会，介绍城乡生活垃圾处理设施设备选型，推广设施建设成功案例，帮助全省各市、县、镇主管部门解决设备选型和设施建设困难；8月，省住房和城乡建设厅在云浮罗定市召开全省农村生活垃圾处理工作现场会，推荐罗定市县域统筹、整县推进农村生活垃圾处理的做法和经验。

【农村清洁工程专项活动】 2013年，广东省住房和城乡建设厅印发《关于开展“美丽乡村，环卫先行”农村清洁工程专项活动的通知》。期间在全省范围内开展“美丽乡村，环卫先行”农村清洁工程专项活动，包括加快农村生活垃圾处理场（厂）、转运站、收集点等设施建设，建设一批环卫保洁示范带和示范片，完善保洁制度，形成“一县一条示范带”“一镇一个示范片”。是年，全省建成70多个环卫保洁示范带和1000多个环卫保洁示范片，覆盖4000多个行政村，覆盖率25%。

【强化督办】 2013年3月，广东省住房和城乡建设厅开展全省城乡生活垃圾处理督办，检查21个地级以上市和佛山市顺德区落实《城乡生活垃圾治理责任书》情况，并通报各地工作进展。年内，通过建立广东省城乡生活垃圾管理信息系统，对各地农村生活垃圾处理设施建设实施动态管理；5~6月，省住房和城乡建设厅配合省人大常委会环境与资源保护委员会对珠海、江门、湛江3市农村生活垃圾治理情况进行暗访，于6月10~12日在电视台曝光，并印发暗访督查通报；7月，省政府在广州召开督促加快农村生活垃圾处理设施建设进度会议，省住房和城乡建设厅、国土资源厅、环境保护厅等负责人出席，对农村生活垃圾处理设施建设工作滞后的17个县（市、区）政府主要负责人进行约谈，协调解决县（市、区）生活垃圾无害化处理场（厂）专项建设问题；9月，省十二届人大常委会第四次会议在广州召开联组会议，就全省农村垃圾管理向省政府开展专题询问；11月，省政府在汕头召开粤东地区农村生活垃圾处理设施建设现场督导会，省住房和城乡建设厅、国土资源厅、环境保护厅等有关单位负责人出席，对建设进度滞后的汕头市潮阳区、潮南区，潮州市潮安区、饶平县和揭阳普宁市进行现场督导；8~12月，省住房和城乡建设厅领导分组包干，带队分片区督查各地工作开展情况，安排专人落实每日电话督办制度，及时跟踪落实各地工作进度和协调省直有关部门加快审批进度。

【宣传引导】 2013年，广东省住房和城乡建设厅通过设立信息简报、组织媒体报道等方式加大城乡生活垃圾处理宣传力度，先后编印51期专题简报，宣传农村清洁工程。通过在省住房和城乡建设厅在官方网站广东建设信息网主页设立“农村清洁工程活动”宣传专栏，邀请媒体报道全省农村生活垃圾处理工作情况。全省各地在省、市、县媒体加大宣传力度，广州市通过《广州日报》《新快报》等媒体介绍生活垃圾处理知识，广泛宣传生活垃圾处理理念；清远市在《南方日报》清远版开设系列报道；河源市东源县义合镇大力宣传发动“卫生日”活动，调动村民主动参与农村生活垃圾处理。全年全省生活垃圾处理的宣传力度加大，生活垃圾处理工作得到广大市民的理解和支持，大家积极投身农村清洁工程建设，自觉投放生活垃圾，农村环境逐步改善。 *（伍琳瑛）*

保障性安居工程建设加快

【简述】 2013年1月，广东省颁布《广东省城镇住房保障办法》（简称《办法》），自5月1日起施行。全省各市、县级人民政府根据《办法》，完善机关配套制度；开展“十二五”中期评估，调整住房保障工作目标；深化住房保障制度改革创新，组织开展多层次住房供应体系研究，完善住房保障土地储备制度，创新引资模式，强化保障性住房建设和管理；围绕保障性安居工程目标责任，推进全省保障性安居工程。

【工作成效】 2013年，广东省保障性安居工程资金投入227.23亿元，新增入住保障性住房47379户，提高住房保障基本公共服务程度，减轻困难家庭的住房负担，改善基本居住条件，中低收入家庭住房困难切实得到缓解和解决，在维护社会公平、保障和改善民生等方面发挥重要作用。

【目标责任】 2013年，国家分配下达广东省住房保障任务包括新增开工建设保障性住房和棚户区改造78388套、新增廉租住房租赁补贴5028户，基本建成任务115837套。围绕目标责任的落实，广东省强化目标考核机制；2月，省政府与各地级以上市政府签订住房保障工作目标责任书；5月，省住房和城乡建设厅会同省保障性安居工程联席会议成员单位，完成对全省各地级以上市一年一考核，经省政府审定，通报考核情况，并作为各地级以上市党委、政府落实科学发展观年度政绩考核重要内容。强化巡查督查机制。省住房和城乡建设厅会同省国资委、侨办等部门，多次开展专项督查或重点检查，督促各地加快建设，加强工程建设过程和分配运营管理；强化通报督办机制。每月分析通报对全省工作进展情况，组织针对性的督查，确保住房保障工作顺利推进；强化信息公开机制。督促全省各地在政府网站公开本地2013年度保障性安居工程项目基本信息和轮候、分配信息，接受全社会监督。

截至2013年底，全省新开工建设保障性住房和棚户区改造89683套，发放租赁补贴8366户，基本建成143651套，全面超额完成年度任务。

【政策支持】 2013年，广东省保障性安居工程获得国家财政补助资金16.7亿元、省级财政补助资金3亿元。省住房和城乡建设厅会同省财政厅、发展改革委员会等部门制订分配方案，及时划拨补助资金。各地按照住房保障制度改革创新方案要求，调动社会力量，吸引社会资金投入134.5亿元，以多种方式参与保障房建设。省政府为各地政府提供政策支持，9个地级市、56个项目获得省国家开发银行政策性贷款184亿元，发放153亿元，缓解部分资金压力；完善土地储备制度。省住房和城乡建设厅会同省国土厅等部门落实优惠政策，编制保障性住房建设用地计划，实行新增用地计划指标单列，确保保障性安居工程用地需要。全省各地采取多种途径解决用地来源，2013年全省落实保障性安居工程建设用地215.16公顷。多个城市建立完善保障性安居工程土地储备制度，储备一批优质地块，为“十二五”推进保障性安居工程建设奠定基础；落实快速审批制度。全省各地加快建立健全项目审批“绿色通道”制度，通过并联审批、缩短审批时限等措施，加快前期手续办理进度，确保保障性安居工程项目按时建设。

【建管并重】 随着大量保障性住房的建成和交付使用，广东省逐步完善分配运营管理。一是完善考核机制。2013年，广东省针对原考核中存在的重建设、轻管理问题，总结近两年来实施考核工作情况，及时修订《广东省住房保障工作目标责任量化考核评分细则》，明确建管并重的考核导向，在推进保障性住房开工建设，强化项目规划、设计和建设过程管理、工程质量、执行绿色建筑标准、档案管理、信息公开等方面提出要求，将各级纪检、审计等部门对保障房建设管理全过程、全方位监督评价结果作为考核评价依据。二是落实审计问题整改。省住房和城乡建设厅配合审计署驻广州特派办、省审计厅完成全省落实中央住房保障政策情况专项审计。针对审计报告指出的保障性安居工程涉及的问题，省住房和城乡建设厅及时转发住房和城乡建设部要求落实审计发现问题的整改意见，按照《省审计厅关于落实审计整改责任及整改措施的函》要求，督促全省各地按照审计发现问题进行调查核实，并逐项整改。省住房和城乡建设厅组成专项督查组，对有关城市进行督查，分析存在问题的原因，提出整改意见和要

▲2013年4月18日，广东省住房和城乡建设厅副厅长陈英松（后排中）到湛江市调研住房保障工作情况，并主持召开湛江、茂名、阳江住房保障工作调研督查座谈会

（湛江市住房和城乡建设局供稿）

求，督促各地加快整改。各地完善制度建设，细化住房保障分配和退出管理，重新核查保障对象资格，启动行政处理和司法程序，追回违规享受租赁补贴，勒令腾退保障性住房，调整住房保障方式，取消违规保障对象资格等措施，规范住房保障各项工作。三是加强廉政风险防控。在全国率先出台《关于住房保障廉政风险防控工作的指导意见》，指导和督促全省各地围绕住房保障管理过程中可能发生的风险，重点防控资格审核、项目建设、房源分配、资金使用“四种风险”，在查找廉政风险内容、规范工作流程、完善工作措施上狠下功夫，从源头上预防腐败。四是强化信息公开工作。2013年9~11月，根据国务院、广东省人民政府关于加强重点领域信息公开的意见，省住房和城乡建设厅制订15个方面的住房保障信息公开检查细则，组织对全省100个市（县、区）逐一检查，对检查中发现的信息公开内容不完整、更新不及时等问题限时落实整改。通过完善信息公开机制，接受社会监督，促进保障性住房建设、分配和运营管理规范化。

【改革创新】 2013年，广东省各级政府按照《广东省住房保障制度改革创新方案》，重点发展公租房，完善相关制度建设，推进住房保障制度改革创新，取得阶段性成效。一是改革创新配套政策逐步完善。根据创新方案，各地出台具体实施方案，制定《公共租赁住房管理办法》等配套政策文件，推动住房保障制度改革创新。二是以公租房为主要保障方式的住房保障制度基本形成。截至年底，除批准立项的项目外，全省暂停新建经济适用住房，其供应对象纳入公租房供应范围。2012~2013年，在全省新开工建设的保障性住房中，公租房17.68万套，占保障性住房总数的68%。从总体上看，全省以公租房为主要保障方式的新型住房保障制度基本形成。三是以需定建的决策机制基本建立。2013年以来，全省各地基本完成对城镇户籍中低收入家庭、外来务工人员、新就业大学生和引进人才等群体进行需求调查分析，初步建立轮候册。2013年11月，省住房和城乡建设厅会同省发展和改革委员会，对《广东省国民经济和社会发展第十二个五年规划纲要》中保障性安居工程建设指标进行中期调整，由“新建180万套”调整为“完成国家下达76万套任务”，获省人大常委会审议通过。四是保障房建设模式呈现多样化。全省各地以住房保障制度改革创新为突破口，创新住房保障建设模式，多渠道筹集房源。各地推行房地产开发项目配建保障房模式，切实解决保障房土地、资金、生活配套问题；珠海市探索提供政策优惠，引导企业建设、运营保障房，缓解政府建设、管理、资金压力；深圳市坚持市场导向，推进保障性安居房建设。

【棚户区改造】 2013年7月，国务院印发《关于加快棚户区改造工作的意见》。广东省住房和城乡建设厅牵头制订《广东省人民政府关于加快棚户区改造工作的实施意见》（简称《实施意见》），12月18日，经省政府常务会议审议通过。

根据《实施意见》，2013~2017年广东省改造各类棚户区16万户，其中，城市棚户区7.9万户、国有工矿棚户区5.3万户、华侨农场危房改造2.8万户。《实施意见》明确棚户区改造范围、适用对象和建设标准，符合广东实际；提出“八个一点”(中央申请一点、省里补助一点、市县筹集一点、银行贷款一点、企业解决一点、个人自筹一点、政策减免一点、其他支援一点）多渠道筹集资金的办法；强化土地、税费等配套优惠政策和保障措施的落实，明确土地保障、税费减免和安置补偿的具体要求。

（卓云峰）

推进建筑业转型升级

【简述】 中国建筑业发展突飞猛进，在国民经济中支柱产业地位进一步巩固和加强。2013年，广东省建筑业企业完成建筑业总产值7722.28亿元，比上年增长19.5%，占全省GDP总量3.2%；建筑安装工程投资额15262.61亿元，占全省固定资产投资额的66.9%，比上年增长19.3%；实现利税646.28亿元，比上年增长18.9%。建筑业从业人数237.73万人，建筑业成为大量吸纳农村富余劳动力就业和拉动经济增长的产业。但是，广东省建筑业仍然面临深层次矛盾和问题。全省建筑业发展模式仍然停留在传统工业发展的基础上，建筑业产值增长主要依赖于高速增长的固定资产投资规模，发展模式粗放，生产方式和管理手段落后，技术工人培训远远不能适应生产发展需要。全省建筑产业化步履艰难，在建造和使用过程中资源耗费多，碳排放量突出，建筑企业始终处在低层面上的发展。为此推进建筑业转型升级迫在眉睫。

推进产业结构调整 2013年，广东省鼓励建筑企业通过改组、联合、兼并、股份合作等形式做大做强，逐步培育一批资产规模大、经济效益好、管理水平高、核心竞争力强的大型综合性企业集团；支持非公有制建筑企业发展，坚持权利平等、机会平等、规则平等，消除各种隐性壁垒，激发非公有制经济活力和创造力；支持地方优势龙头企业发展，形成多点多极（“多点”指要做强的经济梯队；“多极”指要做大区域经济板块，形成支撑广东发展新的增长极）发展格局；引导中小企业做专做精，培育一批经营特色强、科技含量高、市场前景好的企业。支持建筑业企业发挥优势，向上下游产业延伸，形成“突出主业、适度多元”的产业发展格局。交通运输、电力、水利等行业主管部门支持勘察、设计、施工、监理等企业实现多行业发展。

推行工程总承包 2013年，广东省探索推动施工总承包向工程总承包转变，形成设计、采购、施工一条龙的工程总承包服务能力。制定出台适应工程总承包模式的配套政策措施，并适时在政府投资的工程项目中推行工程总承包。

发展工程中介服务企业 2013年，广东省加强培育和完善建筑市场中介体系，规范建筑市场中介机构，清理和废除妨碍市场统一和公平竞争的各种规定和行政垄断，促进中介服务企业降低服务成本和提高服务质量。鼓励工程咨询、勘察、设计、施工图审查、监理、招标代理、造价咨询、检验检测等中介服务企业联合重组或互补合作，拓宽服务领域。探索创新工程项目管理模式，鼓励具备条件的政府投资项目率先推行全过程工程项目管理。鼓励符合条件的企业以代建方式参与政府投资项目建设和管理。

推进建筑工业化 2013年，广东省通过建材产品与建筑施工标准化结合，实现建材产品模块化设计、工厂化制造、集成化设计，形成建筑工业化生产和施工。支持建筑业企业提高装备水平，凡是建筑业企业引进大型专用先进设备，可享受与工业企业相同的贷款贴息等优惠政策。以节能环保为导向，加快核心、关键技术领域新技术推广应用，研发推广使用新工艺、新技术、新材料和绿色建材，大力发展绿色建筑。 *（李海强）*

【课题研究】 2013年6月，广东省住房和城乡建设厅与江门、惠州、韶关、河源市住房和城乡建设局赴江苏省进行建筑业转型升级调研，确定全省建筑业产业转型升级指导思想，明确主要任务和具体措施。经过开展系列调研，省住房和城乡建设厅与省建工集团、广州市建筑集团以及省社科院联合完成《新型城镇化背景下的广东建筑业转型发展研究》（简称《研究》）课题。《研究》通过对国际、国内建筑业发展的比较研究和省内情况的深入分析，明确建筑业在广东省工业化、城市化、现代化中发挥主力军作用，在未来加快经济社会转型发展、推进新型城镇化中发挥关键性作用。但是广东省建筑业却日显式微，无论规模质量、还是综合实力和走出去的竞争力，与其他建筑强省、强市的差距不断拉大，在全国建筑业中地位日趋下降，难以承担新的历史使命。《研究》提出“加快建筑业转型发展，建设美丽广东”战略，建议创新、调整建筑产业政策，重振建筑产业雄风；加强优化整合，实施创新战略，做强建筑企业；实施“走出去”战略，构建建筑业内外兼修的开放体系；实施人才战略，构建建筑产业人才队伍。

2013年，在课题研究的基础上，结合自身管理的实际情况，初步编制《广东省2013~2021年建筑业产业发展规划》《2013年广东省建筑市场管理体制改革实施方案》《2014~2015年广东省建筑市场管理体制创新工作思路》。 *（何志坚）*

【科技创新成果转换】 2013年，广东省住房和城乡建设主管部门督促全省建筑企业运用先进生产工艺和施工工法，深化工程项目精细化管理，全年评出208项省级工法，在此基础上推荐获评国家级工法17项，其中一级工法3项、二级工法14项。47项工程被列入《住房和城乡建设部2013年科学技术项目计划》、6项广东省建设行业地方标准发布，建筑业新技术应用示范工程评审立项73项，10项工程完成新技术应用示范工程专项验收。年内，广东省建筑企业省外有6项工程，以及广东省建筑企业在港澳地区有1项工程获“中国建设工程鲁班奖”(国家优质工程)。参加绿色施工示范工程申报评审工程33项，同意立项21项。

【建筑装饰企业做专做强】 2013年，广东省建筑装饰专业企业采用先进技术工艺和装备，以设计标准化、预构件部品化、施工机械化为特色的建筑生产方式，提高建筑业科技含量和生产效率，保障工程质量和安全，降低资源消耗。广东省获全国十大科技创新成果2项、全国十大优秀项目经验论文2篇、国家科技创新型企业23家。全省61家企业获“全国装饰百强企业”称号，其中深圳装饰企业占40%，建成集上下游产业链产品设计、加工的工业化产业园，并涉足房地产、材料供应、来料加工、半成品自产自销；实现产、学、研一体化的创新联合体，深圳广田装饰集团股份有限公司以“打造绿色装饰综合集成服务商”为发展战略，运用国家最高绿色建筑标准打造装饰产业园；深圳市中孚泰文化建筑建设股份有限公司聚焦文化建筑建设领域，定位文化建筑核心大剧院、音乐厅建设。 *(张兵)*

【市政行业发展新模式】 2013年，广东省积极推动机构和体制转型，实行多元化经营，大量吸收优秀专业技术人才，编制和完善公司各项管理制度。建筑市场拓展能力显著增强，通过发挥国资国企的协同优势，在多项领域取得重大突破。施工板块的盈利能力显著提升。江门市政集团有限公司规模从原来单一业务发展成为集工程施工、房地产开发、融资投资、新型建材生产、试验检测、建筑劳务等业务的8个子公司和2个材料购销部、10多个分公司的大型集团公司。公司资质从单一市政工程施工贰级总承包升级为市政公用工程施工总承包壹级；深圳市政工程总公司走出持续亏损低谷，注意发挥产业协同优势，创新经营模式，科学合理地扩大生产规模；从单一施工承包向工程总承包、代建管理和基础设施投资一体化经营模式转变。以精优的专业化为基础，快速向高端管理(代建管理、项目管理咨询、设计施工总承包)、高新技术（盾构施工、橡胶、高粘等改性沥青施工、桥梁检测加固、超高层建筑施工等)、高资本投入（BT/BOT等)等“三高”领域拓展，打造专业化、高端化、管理型工程承建商。 *(王宜静)*

【建筑智能化技术推广应用】 2013年，广东省在建设工程项目设计实践中综合应用计算机网络、通信、自动控制和音视频等现代技术手段，将信息技术与建筑科学有机融合，使传统建筑物向高效、绿色和节能的智能化建筑方向发展。智能化建筑技术属多学科、系统性的工程应用，是建筑节能的重要技术途径。年内，广州新白云国际机场航站楼、广州大学城、广州亚运城、广东省博物馆新馆、广州珠江城等重点公共项目的成功实践，为全省建筑智能化发展和节能政策的贯彻执行起到良好的推动和示范作用，取得良好的经济效益和社会效益，促进建筑技术的转型升级。

2013年，广东省建筑设计研究院通过推动建筑智能化关键技术科研攻关，将成果应用到具体项目的设计中，探索建筑智能化技术应用的先进性和适用性，创新应用面向管理和服务的功能配置、管理节能、操作使用人性化等技术，形成独具特色的技术路线，针对性、精细化、全过程的设计和服务，有效降低建筑物能耗和管理成本，提高建筑物的使用功能和商业价值。广州大学城区域集中供冷自控系统采取“分布式冰蓄冷区域供冷站群控系统”和“基于负荷预测的冰蓄冷区域供冷系统优化控制技术”实现分布式冰蓄冷区域供冷系统的优化控制，比传统空调节约能源35%，结合该项目开展的《广州大学城集约化建设中节能、环保、数字技术的集成应用》获2010年“广东省科学技术奖”一等奖；广州新白云国际机场航站楼建筑设备管理系统、能源管理系统和系统集成等技术的成功应用，15个变配电所全自动运行，使航站楼实现30%的节能率，该项目先后获“全国勘察设计金奖”、首届“全国绿色建筑科技创新综合奖”二等奖；广东省博物馆新馆智能化系统获2011年度“全国优秀工程勘察设计行业奖”建筑智能化二等奖；广州珠江城项目智能化系统专项设计获2013年度“广东省优秀工程勘察设计专项奖”一等奖；《建筑智能化技术招标研究汇编》获2006年“华夏建设科学技术奖”三等奖。 *(陈建飚)*

大事纪要

□ 全省住房城乡建设工作会议在广州市召开

□ 广东省成为全国第一个省部合作创建低碳生态城市建设示范省

□ 《新型城镇化发展开发性金融合作备忘录》签署

□ 《广东省城乡规划条例》施行

□ 清远、阳江市被评定为『国家园林城市』

2013年大事纪要

1月

14日　□《广东省城镇住房保障办法》获广东省人民政府第110次常务会议审议通过。

□广东省住房和城乡建设厅印发《关于加强建设工程交易中心规范化管理的意见》，要求全省加强建设工程交易中心规范化管理和强化建设工程招标投标活动监管，建立和健全信用机制，推进招标投标电子化，探索异地远程评标新办法。

17日　□广东省住房城乡建设厅组织全省建设系统负责人收看收听国务院召开的全国安全生产电视电话会议。总工程师陈天翼在广东省会场出席会议。

19日　□是日至21日，中共中央政治局委员、广东省委书记胡春华在珠海、阳江、云浮市调研，要求各市发挥自身优势，重点抓好中心城区扩容提质。

21日　□全省住房城乡建设工作会议在广州市召开。省副省长许瑞生代表省政府与各地级以上市、佛山市顺德区政府签署《2013年度住房保障目标责任书》。

23日　□由广东省监察厅副厅长张渝带领省安全生产第三考核组，对省住房和城乡建设厅党政领导班子、领导干部2011和2012年度履行安全生产责任情况现场考核。省住房和城乡建设厅党组书记王芃汇报，厅长房庆方、副厅长杜挺、纪检组长李锡洪、总工程师陈天翼出席。

25日　□广东省省长朱小丹代表省政府向省人大作政府工作报告时，将加强住房保障列入广东省10件民生实事之一。

□广东省住房和城乡建设厅厅长房庆方与珠海市市长何宁卡在广州市签署《"提高城市化发展水平，建设美丽宜居珠海"合作框架协议》，省委常委、珠海市委书记李嘉出席。

29日　□《广东省城镇住房保障办法》正式颁布，自2013年5月1日起实施。

2月

4日　□广东省住房和城乡建设厅、中国城市规划设计研究院在广州市签署《战略合作备忘录》。省住房和城乡建设厅党组书记王芃、厅长房庆方、副厅长蔡瀛出席。

7日　□广东省住房和城乡建设厅暂时停止办理4项行政审批事项，交由具备条件的行业协会实行自律管理。

3月

1日　□广东省住房和城乡建设厅公布2012年度广东省省级工法208项。

7日　□广东省人民政府办公厅印发《广东省城镇化发展"十二五"规划》。

8日　□广东省住房和城乡建设厅厅长房庆方、副厅长陈英松在广州市会见香港特区政府发展局局长陈茂波，就CEPA（关于建立更紧密经贸关系的安排）框架下的建筑市场准入、专业人员资格互认和注册、两地建筑业合作等事项进行交流。

11日　□广东省住房和城乡建设厅、公安厅联合印发《关于加强住房和城乡建设行政执法与公安刑事司法衔接工作的实施办法》。

22日　□按照住房和城乡建设部《关于开展美丽宜居小镇、美丽宜居村庄示范工作的通知》，广东省住房和城乡建设厅部署全省2013年美丽宜居小镇、美丽宜居村庄示范申报。

25日　□根据国务院办公厅《关于继续做好房地产市场调控工作的通知》，广东省住房和城乡建设厅提出落实政府稳定房价、抑制投资投机购房需求、增加中小套型普通商品住房供应、加快保障性安居工程建设、加强房地产市场监管5项措施。

□广东省住房和城乡建设厅印发《关于实施〈国有土地上房屋征收与补偿条例〉有关具体问题的通知》，就房屋征收补偿工作主体、优先给予住房保障、房地产价格评估机构确定、停产停业损失补偿、条例施行前拆迁项目衔接等提出要求，规范房屋征收行为。

26日 □是日至30日，住房和城乡建设部副部长陈大卫、广东省住房和城乡建设厅巡视员刘锦红到汕头、梅州、潮州、揭阳市调研住房公积金制度建设情况。

27日 □根据广东省普及法律工作办公室“六五”普法工作要求，省住房和城乡建设厅印发《关于在我省住房城乡建设系统开展联合普法活动方案的通知》，部署开展“六五”普法活动。

28日 □广东省第十二届人民代表大会常务委员会第一次会议任命王芃为广东省住房和城乡建设厅厅长。

□广东省住房和城乡建设厅实施网上办理企业外出经营介绍信和赴住房和城乡建设部领取证书有关事项。

□广东省住房和城乡建设厅印发《关于加强建筑用砂，防止在工程上违规使用海砂的通知》，加强全省房屋市政工程建筑用砂管理。

□广东省人民政府、中国农业银行在广州市签署《推进新型城镇化建设合作协议》。省长朱小丹，副省长陈云贤、许瑞生，省政府秘书长李锋，中国农业银行董事长蒋超良、副行长郭浩达，省住房和城乡建设厅厅长王芃、副厅长蔡瀛出席。

4月

1 日 □广东省城乡生活垃圾管理信息系统上线运行。

8 日 □广东省住房和城乡建设厅成立平安创建工作领导小组，厅长王芃任组长，总工程师、执法监察局局长陈天翼任副组长兼办公室主任。

9 日 □广州市人民政府召开村庄规划编制实施工作动员大会。计划在一年内完成1142个行政村村庄规划编制。市长陈建华向有关区县级市颁发《村庄规划编制实施工作责任书》。

12日 □广东省住房和城乡建设厅转发住房和城乡建设部《关于做好建筑企业跨省承揽业务监督管理工作的通知》，推动建立统一开放和公平竞争的建筑市场秩序。

15日 □广东省住房和城乡建设厅印发《2013年广东省住房和城乡建设系统党风廉政建设工作要点》，部署党风廉政建设任务。

16日 □广东省副省长许瑞生调研广佛跨界区域水污染状况，强调水污染防治必须务实苦干，确保实现广佛跨界区域水污染整治阶段性目标。

18日 □广东省住房和城乡建设厅副厅长陈英松到湛江市调研住房保障工作情况，并主持召开湛江、茂名、阳江市住房保障工作调研督查座谈会。

22日 □是日至5月15日，广东省住房和城乡建设厅组织开展全省在建工程施工安全季度监督巡查。

27日 □酷中国项目“低碳生活进社区”系列巡展活动在深圳市宝安区新安街道海裕社区举行，数百名社区居民到现场参观和体验低碳生活。

5月

1 日 □《广东省城乡规划条例》施行。

3 日 □广东省住房和城乡建设厅印发《关于下达2013年房屋建筑及市政工程事故控制指标的通知》，向全省各地级以上市下达2013年房屋建筑及市政工程事故控制指标。

7 日 □中共广东省委常委、省纪委书记黄先耀到省住房和城乡建设厅开展党风廉政建设专题调研，检查厅对外办事窗口工作开展情况，充分肯定窗口建设。厅长王芃、巡视员陈承旗陪同。

10日 □广东省常务副省长徐少华向全省通报表扬省住房和城乡建设厅响应落实省委、省政府决策部署，实现建设企业资质申报事项电子化办理率100%。

13日 □是日至16日，2013年世界地理信息论坛在荷兰鹿特丹市举行。深圳市规划和国土资源委员会开发的中国第一个城市地理信息系统——“城市地理信息技术应用项目”获2012年度“世界地理信息杰出(应用）奖”。

15日 □广东省住房和城乡建设厅会同省财政厅印发《关于组织申报2013年度广东省节能专项资金（建筑节能）项目的通知》，确保广东省财政设立的3000万元建筑节能专项资金有效使用。

□是日至31日，广东省保障性安居工程联席会议成员单位成立考核小组，全面考核各地级以上市2012年住房保障工作目标责任完成情况。

16日 □广东省住房和城乡建设厅印发《关于公布在资质申报中因弄虚作假行为被住房和城乡建设部通报企业的通知》，要求全省建设

▲2013年5月22日，广东省住房和城乡建设厅厅长王芃（左二）在云浮市调研城镇化和中心城区扩容提质建设情况　　（广东省住房和城乡建设厅城乡规划处供稿）

企业严格按照法规和标准申报资质。

20日　□广东省人民政府办公厅印发《内部情况通报》，向省政府各部门、各直属机构推广省住房和城乡建设厅网上办理建设企业资质申报经验。

22日　□是日至23日，广东省住房和城乡建设厅厅长王芃、巡视员陈承旗赴云浮市调研城镇化和中心城区扩容提质建设情况。

24日　□为推进全省施工图审查机构管理体制创新，广东省住房城乡建设厅在广州市召开广东省施工图审查机构管理工作座谈会。副厅长李台然主持。

□广东省人民政府印发《绿道网建设2013年工作要点》。

30日　□广东省副省长许瑞生、省住房和城乡建设厅副厅长杜挺到河源市调研农村生活垃圾治理情况，实地考察和平县合水镇丰洋村、兴径村，东源县义合镇下屯村垃圾收运体系、保洁机制、保洁队伍建设和垃圾分类情况。

□广东省住房和城乡建设厅与清远市人民政府在清远市签署《"加快中心城区扩容提质，建设幸福美丽新清远"合作框架协议》。

□是日至31日，广东省人民政府2012年度住房保障工作目标责任考核组到揭阳市考核。通过实地考察揭阳市区保障性住房建设和揭东区青岛啤酒（揭阳）公司公租房项目，考核组对揭阳市2012年度住房保障工作给予肯定。

31日　□是日至6月2日，2013年珠江三角洲房地产博览会在广州市举行。

是月　□是月至6月，广东省城乡生活垃圾处理设施建设及机械设备使用技术交流会分别在汕头、清远、台山市分片区召开。交流会向参会人员介绍城乡生活垃圾设施设备选型和设施建设要点，组织参观县垃圾处理场、乡镇垃圾转动站、垃圾收集点等项目，指导全省各市、县、镇城乡生活垃圾设备选型和设施建设。全省15个地级市的市、县、镇三级城乡生活垃圾管理部门领导和工作人员1000多人参加。

6月

4 日　□是日至8日，广东省住房和城乡建设厅派出4个督查组对广州、深圳、珠海、佛山、河源、惠州、东莞、中山市开展保障性安居工程和城市轨道交通工程质量安全监督执法检查进行督查，抽查工程20项，其中保障性安居工程16项、城市轨道交通工程4项，对检查发现质量安全问题的城市提出整改要求。

5 日　□广东省住房和城乡建设厅会同广东省建筑业协会、深圳市住房和建设局、深圳市建筑业协会对深圳嘉里建设广场二期工程等4项工程新技术应用成果进行专项验收，公布2013年"广东省建筑业新技术应用示范工程"和通过专项验收的项目名单。

7 日　□广东省住房和城乡建设厅在广州市召开全省保障性安居工程建设劳动竞赛表彰会议。副厅长陈英松、巡视员陈承旗出席。

8 日　□广东省住房和城乡建设厅厅长王芃，副厅长李台然、杜挺，巡视员陈承旗在省建设信息中心调研。

9 日　□广东省住房和城乡建设厅印发《广东省住房和城乡建设系统实施〈创建平安广东行动计划〉（2012~2022）工作方案》，在全省住房和城乡建设系统开展平安建筑工地、平安物业管理、平安市政公用设施、平安景区公园、平安房屋征收等平安创建工作。

13 日　□广东省住房和城乡建设厅印发《关于细化我省建筑市场各方主体不良行为信息公

布期限的意见》，自2013年8月1日起施行。

14日　□广东省住房和城乡建设系统企业信息库、人才信息库、法规标准信息库和行政服务平台管理信息服务系统（简称“三库一平台”）企业网上办事平台完成升级改造并上线运行。

15日　□广东省住房和城乡建设厅、科学技术厅在广州市举行以“绿色建筑、低碳生活”为主题的大型户外普法宣传活动。

16日　□广东省住房和城乡建设厅印发《住房保障信息公开指引》，统一住房保障信息公开的格式、内容和时间。

17日　□是日至18日，首届深圳国际低碳城论坛在深圳市举行，以“低碳发展——探索新型城镇化之路”为主题，立足建立深圳国际低碳城，为全国低碳发展服务。国内外低碳城市领导、专家和企业代表出席。

20日　□住房和城乡建设部建筑市场监管司在广州市召开建设企业资质审查工作座谈会。北京、广东、江苏、浙江、山东、辽宁、湖北、四川等省（市）主管部门代表参加。广东省住房和城乡建设厅副厅长李台然、巡视员陈承旗出席。

26日　□全省四大流域原水水质监测与污染预警系统建设工作总结暨动员会在河源市召开。广东省住房和城乡建设厅以及来自全省韩江、东江、西江和北江沿线的50多家单位150多人参加。

28日　□是日至7月15日，广东省住房和城乡建设厅在广东建设信息网开展广东省建筑施工安全知识有奖答题活动。省内外建筑行业从业人员和社会公众596人参加。

7月

5 日　□广东省住房和城乡建设厅组织开展第二届广东省岭南特色规划与建筑设计评优活动。

6 日　□肇庆市封开县境内的贺江段水质出现铊、镉超标，威胁贺江及下游西江流域群众饮用水安全。广东省住房和城乡建设厅副厅长杜挺率领专家前往应急处理。

10日　□广东省住房和城乡建设厅成立党的群众路线教育实践活动领导小组，全面开展厅机关和直属单位党的群众路线教育实践活动。党组书记、厅长王芃任组长。

11日　□是日至12日，广东省省长朱小丹到湛江市调研经济运行情况，视察重点项目第十四届广东省运动会主场馆工程施工现场。

12日　□广东省住房和城乡建设厅印发《深入开展党的群众路线教育实践活动的实施方案》，确立开展党的群众路线教育实践活动的指导思想、基本原则和目标任务。

15日　□广东省住房和城乡建设厅召开党的群众路线教育实践活动动员大会，厅长王芃作动员部署，省委第十三督导组组长陈文杰到会指导。

□广东省住房和城乡建设厅成立广东省第四届超限高层建筑工程抗震设防审查专家委员会。

□广东省住房和城乡建设厅印发《关于开展2013年纪律教育学习月活动的通知》，以“严纪律、正作风、促廉洁”为主题，开展纪律教育学习月活动。

□是日至16日，以“生态城镇、智慧发展”为主题的第八届城市发展与规划大会在珠海市召开。住房和城乡建设部副部长仇保兴作“共生理念与生态城市”开幕式主题报告。中共广东省委常委、珠海市委书记李嘉，副省长许瑞生，省住房和城乡建设厅厅长王芃、副厅长蔡瀛等出席。

18日　□国家开发银行广东省分行、中国农业银行广东省分行在广州市与全省11个地级市签署《粤东西北地级市中心城区扩容提质金融合作第一批项目贷款协议》。副省长许瑞生、国家开发银行广东省分行行长吴德礼、中国农业银行广东省分行行长袁明男、省住房和城乡建设厅厅长王芃出席。

19日　□是日至9月15日，经广东省质量技术监督局计量认证评审，省建设工程质量安全监督检测总站检测能力达到11个大类、228个项目、2668个参数，成为全国最大的建设工程质量检测机构之一。

22日　□经广东省机构编制委员会办公室批准，广东省住房和城乡建设厅“科技教育处”更名为“科技信息处”。

□广东省住房和城乡建设厅成立党的群众路线教育实践活动督导组，对厅机关和直属单位开展党的群众路线教育实践活动进行督促检查。

23日　□广东省住房和城乡建设厅与省发展和改革委员会、财政厅、国土资源厅、林业厅、侨务办公室、农垦总局在广州市召开会议，贯彻落实国务院关于加快棚户区改造工作意见和国家六部委电视电话会议精神，部署全省新一轮棚户区改造工作。

24日　□广东省住房和城乡建设厅、欧盟地区与城市政策总司签署《城镇化合作意向书》，广东建设信息网和欧盟城市网络相互链接，为双方深入合作提供信息化平台。

25日　□是日至26日，广东省住房和城乡建设厅联合省文化厅，组织省内专家对惠州市申报国家级历史文化名城进行初步技术审查，并组织符合条件的城市申报国家历史文化名城。

26日　□广东省住房和城乡建设厅转发住房和城乡建设部《关于印发〈工程勘察资质标准实施办法〉的通知》，要求全省工程勘察企业按照资质标准申报资质。

28日　□住房和城乡建设部部长姜伟新、副部长陈大卫到广东省调研行政审批制度改革情况，并在广州市召开调研座谈会。会议由广东省委常委、常务副省长徐少华主持，省机构编制委员会办公室、发展和改革委员会、住房和城乡建设厅、工商行政管理局，以及广州市负责优化工程项目审批工作各职能部门负责人参加。

8月

2日　□中共广东省委组织部批准，郭壮狮任广东省住房和城乡建设厅党组成员、副厅级干部。

5日　□中共广东省委常委、珠海市委书记李嘉挂点指导省住房和城乡建设厅开展党的群众路线教育实践活动，并参加厅召开的教育实践活动座谈会。

6日　□是日至9日，清远、阳江市通过住房和城乡建设部创建国家园林城市考核验收，被评定为“国家园林城市”。

7日　□广东省住房和城乡建设厅厅长、党的群众路线教育实践活动领导小组组长王芃主持召开党组扩大会议，征求厅各处室、直属单位及部分“两代表一委员”对厅领导班子成员加强作风建设的意见和建议。省委第十三督导组组长陈文杰出席。

8日　□《广东省绿道网建设管理规定》经广东省人民政府常务会议通过，自2013年10月1日起施行。

13日　□广东省建筑结构学术交流会在佛山市召开，全省600多位建筑结构专业人士参加。

14日　□广东省住房和城乡建设厅厅长王芃，省纪委派驻省住房和城乡建设厅纪检组长李锡洪到珠海市开展党的群众路线教育实践活动，听取珠海、中山、江门市对省住房和城乡建设厅领导班子及成员加强作风建设的建议。

15日　□广东省人民政府与国家开发银行签署《开发性金融合作备忘录》。省长朱小丹、国家开发银行广东省分行行长吴德礼、广东省住房和城乡建设厅厅长王芃出席。

□广东省住房和城乡建设厅厅长王芃以“接地气、扬正气、有底气”为题，向厅机关和直属单位党员干部讲授党课，全面深刻阐述在新的历史起点上深入贯彻落实党的群众路线。全体党员干部重温入党誓词，观看反腐倡廉教育片。

16日　□广东省住房和城乡建设厅转发住房和城乡建设部《关于实施房屋建筑和市政基础设施工程施工图设计文件审查管理办法》，要求全省各施工图审查机构按照文件要求上报重新整合的机构名单。

□广东省住房和城乡建设厅副厅长杜挺到梅州市丰顺县埔西村开展党的群众路线教育实践“访贫问苦”主题活动。

19日　□广东省住房和城乡建设厅副厅长李台然到深圳市前海深港现代服务业合作区开展建设管理体制创新专题调研，了解深圳市前海深港现代服务业合作区总体规划建设和工程管理情况。

23日　□广东省住房和城乡建设厅党组向全省住房和城乡建设系统及社会各界公开作出“八项承诺”，切实加强作风建设。

□是日起，广东省住房和城乡建设厅在广州市举办11场申报住房和城乡建设部审批施工企业资质培训交流会，涵盖设计、施工、设计与施工一体化、房地产开发、城市规划、园林绿化等11个行业。全省施工企业代表和各市行政主管部门约500人参加首场培训交流会。

□广东省农村生活垃圾处理工作现场会在云浮罗定市召开。会议要求全省各地加快建立县域农村垃圾收运处理体系，统筹垃圾处理设施建设资金使用，确保“一县一场”建设年内开工，“一镇一站”和“一村一点”建设年内完成。

27日　□是日至10月28日，广东省住房和城乡建设厅分4个片区组织开展全省住房城乡建设系统专业法律法规考试，全省780个单位、7655人参加考试。

□广东省住房和城乡建设厅厅长王芃参加由省纪律检查委员会、省政府纠正行业不

▲2013年8月27日，广东省住房和城乡建设厅厅长王芃出席省纪律检查委员会、省政府纠正行业不正之风办公室、广东电台、广东电视台主办的“行风评议面对面”民声热线现场直播 *（广东省住房和城乡建设厅办公室供稿）*

正之风办公室、广东电台、广东电视台主办的“行风评议面对面”民声热线现场直播活动，就广大市民普遍关注的住房保障、城乡规划、物业管理等问题接受省行风评议团、特邀观察团的评议，并现场回答提问。

□广东省住房和城乡建设厅执法监察局局长郭壮狮到江门市督办卫星图片违建图斑核查工作，落实住房和城乡建设部对江门市发出的督察建议。

28日 □广东省建材打假专项行动领导小组办公室印发《2013年度深入开展全省建材打假专项行动实施方案》，与公安、交通运输、水利、质监、工商等部门联动，以技术抽检形式依法查处生产、销售和工程建设中使用假冒伪劣建材违法行为，整顿和规范全省建材市场秩序。

29日 □上海市建筑业管理办公室到广东省住房和城乡建设厅考察，就建设工程企业整体改制、分立、合并和资质核定等情况开展课题调研，交流和探讨建设工程企业资质管理、无纸化审批等管理经验。

9月

1 日 □广东省住房和城乡建设系统企业信息库、人才信息库、法规标准信息库和行政服务平台管理信息服务系统（简称“三库一平台”）新版行业服务平台上线运行。

2 日 □广东省住房和城乡建设厅组织全体党员和干部参观广东省反腐倡廉教育基地，切实加强党风廉政建设和反腐倡廉教育。

4 日 □广东省住房和城乡建设厅印发《关于加强建设工程定额人工动态单价管理的通知》，由省建设工程造价管理总站开发的人工单价动态测算、发布和管理平台启用运行，对建设工程定额人工动态单价实施管理。

5 日 □广东省住房和城乡建设厅印发《广东省房屋市政工程安全生产约谈制度的通知》，督促指导全省房屋市政工程施工安全生产问题较突出的地区和责任主体加强安全生产。

8 日 □是日27日，应英国伦敦大学巴特雷特学院邀请，广东省住房和城乡建设厅副厅长蔡瀛率领部分规划建设部门管理人员和技术骨干赴英国伦敦市参加专题交流。

10日 □广东省住房和城乡建设厅厅长王芃到汕头市开展党的群众路线教育实践活动，深入了解汕头市潮南区灾后恢复重建情况，听取基层部门和环卫工人代表意见。

12日 □全省住房和城乡建设系统党风廉政建设工作座谈会在广州市召开。

14日 □广东省住房和城乡建设厅在广州市举办2013年度面向香港建筑师、结构工程师的法规测试，57名香港建筑师和结构工程师获得通过。

23日 □是日至10月31日，广东省住房和城乡建设厅开展全省在建工程施工安全季度监督巡查。

□是日至24日，首期《广东省城乡规划条例》宣传贯彻培训班在广州市举办。全省各地规划、建设主管部门180多人参加。

24日 □受广东省人民政府委托，广东省住房和城乡建设厅厅长王芃代表省政府在广东省十二届人大常委会第四次会议上作《关于加强我省农村垃圾管理情况的报告》。

□是日至25日，全省首次散装水泥发展应用技术交流会在梅州市召开。

25日 □广东省十二届人大常委会第四次会议召开联组会议，就全省农村垃圾管理问题首次向省政府开展专题询问。省委常委、省政府常务副省长徐少华出席并讲话，省住房和城乡建设厅厅长王芃回答相关询问。

□广州市住房保障办公室邀请部份市人大代表、政协委员、保障房轮候家庭和媒体代表参观广州市白云区龙归项目样板房，现场展示标准户型模型并收集相关意见。

27日　□《广东省建设工程质量管理条例》经广东省第十二届人民代表大会常务委员会第四次会议通过并颁布，自2014年3月1日起施行。

□广东省住房和城乡建设厅印发《关于开展2013年度全省工程勘察、设计和施工图审查检查的通知》。

29日　□广东省住房和城乡建设厅印发《关于公布近三年度建筑施工企业获省级以上工程质量奖排名情况的通知》，公布2011~2013年度建筑施工企业承建和参建广东省工程项目获“中国建设工程鲁班奖”“全国建筑工程装饰奖”“广东省建筑工程优质奖”“广东省优秀建筑装饰工程奖”情况。

30日　□广东省副省长许瑞生率领省政府办公厅、住房和城乡建设厅有关负责人检查东莞市“生态优先、以绿为基、以水为源”环境修复策略实施和历史建筑保护情况，并督促推进该市农村生活垃圾管理工作。

□广东省住房和城乡建设厅印发《关于开展房屋建筑和市政基础设施工程施工许可和竣工验收备案工作专项检查的通知》，在全省范围内开展施工许可、工程项目监管和竣工验收备案检查。

10月

10日　□广东省人民政府印发《关于在全省范围内开展生态控制线划定工作的通知》，要求全省各地级以上城市政府组织本地区开展生态控制线划定工作，确保在2014年底前完成生态控制线划定。

12日　□是日至13日，广东省住房和城乡建设厅党组召开党的群众路线教育实践活动党员领导干部专题民主生活会，以“为民、务实、清廉”为主题，查摆形式主义、官僚主义、享乐主义和奢靡之风问题，开展批评和自我批评。省委常委、珠海市委书记李嘉到会指导。

14日　□广东省住房和城乡建设厅、汕尾市人民政府、国家开发银行广东省分行在广州市签署《“加快中心城区扩容提质、建设幸福美丽新汕尾”新型城镇化开发性金融合作框架协议》。厅长王芃、汕尾市市长吴紫骊、国家开发银行广东省分行行长吴德礼出席。

□是日至11月29日，广东省住房和城乡建设厅联合省公安厅、交通运输厅、水利厅、质监局、工商局开展全省建材打假专项行动督查，分两批5个工作小组到受检建材生产厂家、交易市场和在建工程项目抽检建材产品。

15日　□广东省住房和城乡建设厅转发住房和城乡建设部办公厅《关于开展规范建筑企业跨省承揽业务监督管理专项检查工作的通知》，要求全省各地落实自查工作。

17日　□是日至18日，广东省住房和城乡建设厅在珠海市召开珠三角城市住房公积金管理工作座谈会，副厅长陈英松出席并讲话。

20日　□是日至11月10日，广东省住房和城乡建设厅抽查全省12个地级市、32个部门的建设行政执法规范化建设情况，并向全省通报。

21日　□广东省住房和城乡建设厅颁布《广东省建设工程概算编制办法》《广东省房屋建筑工程概算定额》，自2014年4月1日起施行。

23日　□庆祝第二十个广东省环卫工人节暨全省环卫工作表扬会、环卫工人代表座谈会在广州市召开。省住房和城乡建设厅、人力资源社会保障厅、总工会、财政厅等负责人，以及全省优秀环卫工人130人、环卫工作先进集体代表25人，各地环卫主管部门负责人220人参加。

□在庆祝第二十个广东省环卫工人节，省政府领导到广州市慰问环卫工人，省住房和城乡建设厅巡视员陈承旗陪同。

□广东省住房和城乡建设厅执法监察局与省公安厅经济犯罪侦查局签署《广东省打击侵权假冒工作信息共享合作备忘录》。

□是日至25日，广东省住房和城乡建设厅副厅长陈英松到广西考察棚户区改造工程，提出借鉴广西棚户区改造先进经验，完善广东省棚户区改造政策和规划。

□广东省住房和城乡建设厅印发《关于2013年度广东省建筑业新技术应用示范工程受理申报立项的通知》，促进全省建筑业新技术应用和更新。

25日　□广东省住房和城乡建设厅召开党员领导干部专题民主生活会情况通报会。厅长王芃通报情况，省委第十三督导组组长陈文杰出席并讲话。

11月

3 日　□中共中央政治局委员、广东省委书记胡春华在清远市视察企业、园区、农村和广清城际轨道建设，深入了解清远市经济发展、中心城市规划建设和交通基础设施建设情况。

4 日　□是日至8日，中纪委派驻住房和城乡建设部纪检组长杜鹃带队对广东省住房和城乡建设系统开展廉政风险防控工作调研督导。

5 日　□广东省人民政府常务会议审议通过《推动粤东西北地区地级市中心城区扩容提质工作方案》。

6 日　□广东省住房和城乡建设厅在广州市召开全省第四届超限高层建筑工程抗震设防审查专家委员会全体委员会议，完成广东省超限高层建筑工程抗震设防审查专家委员会换届。

8 日　□广东省住房和城乡建设厅主办，广东省城乡规划设计研究院、广州地理研究所承办的第五期“南粤沙龙”在广州市举行。省人大环境和资源保护委员会副主任房庆方，厅长王芃、副厅长蔡瀛，以及全省各市规划主管部门、研究院等120人参加。

11日　□广东省人民政府办公厅印发《关于广东省绿色建筑行动实施方案的通知》，确定全省发展绿色建筑10项重点任务。

15日　□即日起，广东省住房和城乡建设厅对工程勘察、工程设计企业资质、建筑业企业资质等实行电子化申报。

18日　□第九届中国（北京）国际园林博览会闭幕。广东省建造的“岭南园”获住房和城乡建设部、第九届中国（北京）国际园林博览会授予的“室外展园综合大奖”“展园设计大奖”“展园施工大奖”。

20日　□广东省住房和城乡建设厅印发《广东省房屋市政工程施工安全生产问题突出地区挂牌督办制度（暂行）》。

□是日至21日，广东省住房和城乡建设工会委员会会议传达贯彻中国工会十六大精神。省住房和城乡建设厅巡视员陈承旗出席并讲话。

25日　□广东省省长朱小丹与住房和城乡建设部部长姜伟新在广州市签署《关于共建低碳生态城市建设示范省的合作框架协议》，在推动城乡规划创新转型、加强城市基础设施建设、实施绿色建筑行动计划、改革创新体制机制等领域全面深化省部合作。

□广东省住房和城乡建设厅转发住房和城乡建设部办公厅《关于督促做好2014年春节前房屋建筑市政工程项目工程款和农民工工资支付工作的通知》。

□是日至28日，广东省住房和城乡建设厅在广州市举办全省绿道建设管理和生态控制线划定工作培训班，宣传贯彻《广东省绿道建设管理规定》，并邀请英国伦敦大学、荷兰代尔夫特理工大学和国内相关领域专家授课。

30日　□广东省住房和城乡建设厅组织前来办事的群众和企业对厅办事窗口进行服务满意度测评，满意率98.67%。

▲*2013年11月3日，中共中央政治局委员、广东省委书记胡春华（前右一）在清远市视察广清城际轨道大燕河特大桥施工现场*

（广东省铁路建设投资集团有限公司供稿）

12月

2 日　□即日起，广东省住房和城乡建设厅对向住房和城乡建设部申报工程监理企业资格、招标代理机构资格的新申请、升级、增项和重新核定事项实行网上申报。

□是日至10日，广东省住房和城乡建设厅派出5

个督查组对广州、深圳、珠海、韶关、惠州、东莞、中山、江门、清远市和佛山市顺德区预拌商品混凝土质量管理进行专项督查。抽查预拌商品混凝土生产企业20家、在建房屋建筑工程20项，对督查发现的问题提出整改要求。

5日　□广东省住房和城乡建设厅、国家开发银行广东省分行、梅州市人民政府在广州市签署《"加快新型城镇化，推动梅州振兴发展"合作框架协议》。

6日　□中共广东省委十一届第60次常委会议审议通过《推动粤东西北地区地级市中心城区扩容提质工作方案》。

7日　□是日至8日，中德金属生态城创新发展探求座谈会在揭阳市举行。广东省省长朱小丹，中联部副部长李进军，原建设部部长汪光焘，德国前国防部长、RSBK公司董事长沙尔平，德国驻广州领事高思范，经济学家马光远，省住房和城乡建设厅副厅长陈英松等出席。

11日　□是日至13日，2013年中国广州国际绿色建筑与节能展览会在广州市举办。

12日　□梅州市首座天然气汽车加气站正式投产。

16日　□是日至20日，广东省住房和城乡建设厅与中共广东省委组织部、省国土资源厅、环境保护厅在珠海市举办第十五期市长（书记）城建专题研究班，全省各地级以上市和部分县级市市长（书记）、部分地级以上市辖区区长（书记）39人参加。

18日　□国家发展和改革委员会批准《东莞市城市轨道交通近期建设规划（2013~2019年）》，其中东莞市地铁1号线一期工程、2号线三期工程和3号线一期工程纳入近期建设线路，线路总长126.9千米。

19日　□是日至20日，广东省第十五期市长(书记)城建专题研究班结业典礼暨全省社区体育公园规划建设现场会在珠海市召开。

20日　□深圳市规划和国土资源委员会副主任郭仁忠当选中国工程院院士。

25日　□广东省住房和城乡建设厅印发《广东省城乡规划督察工作办法》。

□广州南沙滨海湿地景区生态保护等11个项目获2013年度"广东省宜居环境范例奖"。

26日　□江门台山市被广东省住房和城乡建设厅评定为"广东省园林城市"。

□广东省住房和城乡建设厅在广州市召开第二届城乡规划督察员聘任会议。副省长许瑞生出席并讲话，随后向陈醒钟等11位督察员颁发聘书。

□东莞市轨道交通2号线首列车在南京市下线。

□中山市举行首批异地务工人员申请公租房抽签仪式。

28日　□中国西部沿海高铁首段茂名至湛江铁路开通运营。至此，茂湛铁路南接粤海通道，北连洛湛线，东接广茂线，构成粤西与珠江三角洲地区的快速客货运干线。

□广州地铁6号线首段开通。

□厦门至深圳铁路正式开通运营。

30日　□广东省住房和城乡建设厅官方网站广东建设信息网获2013年度"广东省人民政府网站公共服务程度评测省直部门网站第一名"。

31日　□截至是日，广东省71个县（市、区）有68个在建或建成的生活垃圾无害化处理场（厂），"一镇一站、一村一点"全部建成使用，全省城乡生活垃圾收运处理设施体系初步建成。　*（广东省住房和城乡建设厅办公室）*

▲*广州市南沙滨海湿地景区生态保护项目获2013年"广东省宜居环境范例奖"*

（广东省住房和城乡建设厅城市建设处供稿）

广东建设事业发展总述

省情概况

【建置沿革】 广东，《吕氏春秋》称“百越”，《史记》称“南越”，《汉书》称“南粤”，“越”与“粤”通，简称“粤”，泛指岭南一带地方。广东的先民很早就在这片土地上生息、劳动、繁衍。在历史长河中，广州、广东等地名次第出现，逐渐演化成广东省及其辖境。

先秦以前　距今12.9万年以前，岭南出现早期古人（马坝人）。商与西周时代，广东先民便与中原商、周王朝有经济文化往来。春秋战国时代，岭南与吴、越、楚国关系密切，交往频繁。历史上关于楚庭、南武城的传说，反映这一时期岭南与楚、越的关系。《国语·楚语上》有“抚征南海”的记载，可见当时岭南与楚国有军事、政治关系。

秦至南朝时期　公元前221年，秦王嬴政统一六国。随后，因南征百越之君派屠睢率领50万秦军攻打岭南；公元前214年，秦军占领岭南，秦始皇将岭南地区设“桂林、象、南海”3个郡。南海郡辖境是东南濒南海，西到今广西贺州，北连南岭，包括今粤东、粤北、粤中和粤西的一部分，辖番禺、龙川、博罗、四会4个县（《汉书》记载），郡治番禺。今广东省的大部分地区属南海郡。此外，湛江等地属象郡，粤西有一部分属桂林郡，粤北部分地区属长沙郡。这是广东历史上第一次划分行政区。

秦末，南海郡尉任嚣病危，委任龙川县令赵佗代职。任嚣死后，赵佗即起兵隔绝五岭通中原的道路。秦亡之际，赵佗武力攻并桂林、象郡，建立南越国（公元前204年至公元前111年），自称“南越武王”。当时，广东除今连州及乐昌北境属长沙郡管辖外，都属南越国地盘。南越国与汉朝一样实行郡县制。汉武帝平定南越后，汉朝将南越地划分为南海、苍梧、郁林、和浦、交趾、九真、日南、儋耳、珠崖9个郡。为了便于监督各郡官吏，汉朝又设立13个常驻监察机构，称为“十三部”，其中设在苍梧郡广信县（今封开）的交趾部，专门负责纠核岭南九郡。东汉末，交趾部改为交州，除监察权外，还拥有军政大权，成为郡上一级政府，地方行政制度也就从郡县二级变为州、郡、县三级。今广东省境包括交州辖下的整个南海郡(粤中、粤东)，包括苍梧郡、和浦郡、荆州贵阳郡和扬州豫章郡的一部分。其中南海郡较秦代增置3个县：揭阳、中宿（今清远）和增城。

东汉末，赤壁之战后逐渐形成魏、蜀、吴三国鼎立的局面。公元210年，吴国的孙权任命步骘为交州刺史，率兵抵番禺。217年，步骘把交州州治从广信东迁番禺。264年，东吴为便于治理，又把南海、苍梧、郁林、高梁4个郡（今广东、广西大部分地区）从交州划出，另设广州，州治番禺，广州由此得名。东吴时期，今广东省境除广州辖下的4郡外，还包括荆州始兴郡和海南岛。

西晋时，今广东省腹地属当时的广州，粤北属荆州，雷州半岛和海南岛属交州。

南北朝时期，中国政局南北分裂。北方战乱，南方人口大量增加。南朝统治者对俚人（越族）实行“羁縻”政策，在原地大量封官，导致州、郡数猛增。增设的州、郡、县多集中在粤中、粤西、粤北地区，粤东地区设置较少。因为当时粤东农业经济没有粤西发达，交通也没有粤西方便。粤西有著名的“湘桂走廊”,与中原相通。

隋、唐、五代十国时期　隋初，设广州、循州（今惠州）两个总管府统领诸州。隋炀帝废州为郡，改为郡、县两级，大加省并，今广东省境分属10郡74县。

唐初地方设州、县。岭南45州分属广州、桂州、容州、邕州、安南5个都督府（又称岭南五管）。655年以后，5府皆隶于广州，长官称为五府（管）经略使，由广州刺史兼任。756年，升五府经略使为岭南节度使。862年，岭南道划分为东、西道，东道治广州，广东属岭南东道，这是广东省名中“东”字的由来，也是两广分为东西的开始。

五代十国时期，岭南为南汉王朝（公元917~971年）刘氏占据，行政区划基本上继承唐朝的建制。南汉升广州为兴王府，在州县稀疏的粤东和粤北，增置1府4州。南汉后期，全境共辖60州214县。

宋、元、明、清时期　宋代地方行政制度分路、州（府、军）、县三级。今广东省境包括广南东路14州和广南西路境内7州，共61县。宋朝对唐制有所继承与调整。粤西及海南岛裁撤8个州，粤东、粤北除循唐制外，仍保留南汉所增置的4个州。997年，广南路分为广南东路和广南西路，东路治所在广州，西路治所在桂州，广东大部分属广南东路，“广东”即广南东路的简称。

元朝地方行政制度分省、路、府（州、军）、县四级，另有道，是省以下、路府之上的承转机构。今广东省境分为广东道和海北海南道。广东道道治在广州，海北海南道道治在今雷州市。

1369年，改广东道为广东等处行中书省，并将海北海南道改隶广东，广东成为明朝的十三行省之一。过去长期与广西同属一个大区的雷州半岛、海南岛划拨广东统辖，结束广东以往隶属不同政区的状况，广东省区域轮廓自此基本形成。终明之世，广东设10府1直隶州，统辖7州75县。其中，属明代新置的有顺德、从化、高明、饶平、惠来、大埔、普宁、澄海等22县。这些新置的县大多集中在粤东地区，基本形成当今县制的分布格局。

清初承袭明制，地方行政机关分省、道、府、县4级，但将明时的布政使司正式改称为省。“广东省”名称正式使用，所辖范围与明广东布政使司相同。清设总督管辖广东、广西两省，称“两广总督”，初驻肇庆，1746年移广州。清代广东省最南的辖境是南海诸岛的曾母暗沙。西沙群岛（时称“千里长沙”）和南沙群岛（时称“万里石塘”）属于广东省琼州府的万州管辖。南海诸岛自古以来就是中国的领土，北宋时期中国政府在此行使主权，清政府更是经常派水师巡视。

1841年，鸦片战争中清政府战败，被迫签订《中英南京条约》，香港（时属新安县）沦为英国殖民地。1887年，葡萄牙诱逼清政府签订《中葡和好通商条约》，侵占澳门（时属香山县）。

民国时期　1911年，辛亥革命后建立中华民国，广东省的名称和范围与清代相同，但将府直辖地及州、厅皆改为县，成为省、县二级制，并于省、县之间分区设置绥靖区。民国初年，市建置开始设置。1918年成立广州市政治公所，广州开始以省会设市。1921年，成立广州市政厅。1925年，中华民国国民政府在广州成立，7月改广州市政厅为广州市政府。国民政府的地方行政，分为省、行政区、县和市，实行委员制。广东省政府下设广州、北江、东江、西江、南路、海南6个行政区，每区设一行政委员，代表省政府处理本区事务。1938年10月，日本侵略者侵占广州，广东省府撤退到粤北（今连州市）；为适应战时需要，全省设4个行署。1940年全省改设为9个区（包括沦陷区），到1941年，复改设9个行政督察区。1945年抗战胜利后，民国政府把行政督察区分为省府直接督察区和专署行政督察区两种。省府直接督察的有南海、番禺等12个市县，专署行政督察区则分为11个区，共辖88个县。

中华人民共和国时期　1949年10月1日，中华人民共和国成立后，广东政区在继承历史传统的基础上，有所调整和变更，主要经历三个阶段：第一阶段是建国初期，全省设珠江、东江、西江、北江、粤中、南路、兴梅、潮汕、琼崖等9专区，2个地级市、5个县级市和98个县，广州市为中央直辖市。1952年，广东省和广州市由中南行政委员会领导，将北海市及钦州专区划归广西，广西的怀集县划入广东。1954年，广东省改由中央直接领导，原由中央直辖的广州市划归广东省管辖。1955年，广西的北海市和钦州专区所属各县划归广东省，并更名为合浦专区。第二阶段是1959年至1982年，其间全省政区不断调整。1965年，北海市及合浦专区所属各县划归广西壮族自治区。1979年，原属惠阳地区的宝安县改设深圳市，原属佛山地区的珠海县改设珠海市，均由省直辖。广东省直辖广州、海口、汕头、湛江、茂名、佛山、江门、深圳、珠海、韶关等10市，分设韶关、惠阳、梅县、汕头、佛山、湛江、肇庆等7地区和海南行政区及海南黎族、苗族自治州，管辖14市、92县、3自治县。1981年，设立西沙、南沙、中沙群岛办事处，由海南行政区直接领导。第三阶段是1983年以后，开始实行市管县、乡镇管村的新体制。1988年，中央政府将海南行政区从广东省划出，另设海南省；同年，广东开始取消地区设置，另设18个地级市（后增加到21个地级市），全面实行地级市管县体制、乡镇管村体制，一直沿用至今。

（黄淑娟）

【自然地理】　位置、范围和面积　广东省地处中国大陆最南部。东邻福建，北接江西、湖南，西连广西，南临南海，珠江口东西两侧分别与香港、澳门特别行政区接壤，西南部雷州半岛隔琼州海峡与海南省相望。全境位于北纬20°09′~25°31′和东经109°45′~117°20′之间。全省土地面积17.97万平方千米；其中岛屿面积1448平方千米，占全省土地面积的0.8%。

（广东省国土资源厅）

地貌　受地壳运动、岩性、褶皱和断裂构造以及外力作用的综合影响，广东省地貌类型复杂多样，有山地、丘陵、台地和平原，其面积分别占全省土地总面积33.7%、24.9%、14.2%和21.7%，河流和湖泊等只占全省土地总面积5.5%。地势总体北高南低，北部多为山地和高丘陵，最高峰石坑崆海拔1902米，位于阳山、乳源与湖南省的交界处；南部则为平原和台地。全省山脉大多与地质构造的走向一致，以北东—南西走向居多，如斜贯粤西、粤中和粤东北的罗平山脉和粤东的莲花山脉；粤北的山脉则多为向南拱出的弧形山脉，此外粤东和粤西有少量北西—南东走向的山脉；山脉之间有大小谷地和盆地分布。平原以珠江三角洲平原面积最大，潮汕平原次之，此外还有高要、清远、杨村和惠阳等冲积平原。台地以雷州半岛—电白—阳江一带和海丰—潮阳一带分布较多。构成各类地貌的基岩岩石以花岗岩最为普遍，砂岩和变质岩也较多，粤西北还有较大片的石灰岩分布，此外局部还有景色奇特的红色岩系地貌，如著名的丹霞山和金鸡岭等；丹霞山和粤西的湖光岩先后被评为世界地质公园。 *（陈俊鸿）*

气候　广东省属于东亚季风区，从北向南分别为中亚热带、南亚热带和热带气候，是全国光、热和水资源最丰富的地区之一，雨热同季，降水主要集中在4~9月。

全省年平均气温21.8℃。年平均气温分布呈南高北低，雷州半岛南端徐闻最高（23.8℃），粤北山区连山最低（18.9℃）。月平均气温最冷的1月为13.3℃，最热的7月为28.5℃。全省86个气象站中，历史极端最高气温42.0℃，出现在韶关；极端最低气温−7.3℃，出现在梅州。

年平均降水量1789.3毫米，最少年份为1314.1毫米，最多年份为2254.1毫米。年降水量分布不均，呈多中心分布。3个多雨中心分别是恩平—阳江、海丰和龙门—清远，其中年平均降水量恩平超过2500毫米、海丰接近2500毫米、龙门为2100毫米。暴雨最频繁的是海丰，年平均暴雨日数13.5天。月平均降水量以12月最少（32.0毫米），6月最多（313.5毫米）。最大日降水量640.6毫米，出现在清远。

年平均日照时数自北向南增加，由不足1500小时增加到2300小时以上；年太阳总辐射量在4200兆~5400兆焦耳/平方米之间。

广东省是各种气象灾害多发省份，主要灾害有暴雨洪涝、热带气旋、强对流天气、雷击、高温、干旱及低温阴雨、寒露风、寒潮和冰（霜）冻等低温灾害，灾种多，灾期长，灾害重，发生频率高。

（徐晓君）

【资源物产】 *土地资源* 根据2012年土地利用变更调查结果，2012年广东省土地面积17969269.10公顷。其中，农用地15049503.00公顷、建设用地1903519.71公顷、未利用地1016246.39公顷。农用地中耕地、园地、林地、草地和其他农用地面积分别为2614438.94公顷、1301700.59公顷、10066642.43公顷、3192.65公顷和1063528.39公顷；建设用地中城镇村及工矿用地、交通运输用地、水库与水工建筑面积分别为1551217.28公顷、158689.98公顷和193612.45公顷；未利用地中未利用土地和其他土地分别为458065.44公顷和558180.95公顷。

广东省是国内人多地少的省份之一。自然地理环境优越，土地复种指数高；地势北高南低、海陆兼备，适合多元化经营；地缘人缘优势明显，有利于土地发展外向型经济；人地关系矛盾突出，土地资源尚有一定潜力；土地资源分布与建设用地需求空间“错位”，保护耕地与保障发展难以协调。

（广东省国土资源厅）

水资源 广东省河流众多，以珠江流域（东江、西江、北江和珠江三角洲）及独流入海的韩江流域和粤东沿海、粤西沿海诸河为主，集水面积占全省面积99.8%，其余属于长江流域的鄱阳湖和洞庭湖水系。全省流域面积在100平方千米以上的各级干支流614条，其中集水面积在1000平方千米以上的有60条。独流入海河流93条，较大的有韩江、榕江、漠阳江、鉴江、九洲江等。全省多年平均降水量1789.3毫米，折合年均降水总量3145亿立方米。降水时程和地区上分布不均，年内降水主要集中在汛期4~10月，约占全年降水量的75%~95%；年际之间相差较大，全省最大年降水量是最小年的1.84倍，个别地区甚至达到3倍。全省多年平均水资源总量1830亿立方米，其中地表水资源量1820亿立方米，地下水资源量450亿立方米，地表水与地下水重复计算量440亿立方米。除省内产水量外，还有来自珠江、韩江等上游从邻省入境水量2361亿立方米。全省水能资源理论蕴藏量1137.2万千瓦，技术可开发量859.45万千瓦。此外，全省有温泉300多处，日总流量9万吨；饮用天然矿泉水145处，探明可采用储量全国第一。 *（广东省水利厅）*

矿产资源 广东省地处欧亚板块与太平洋板块交接处，成矿地质条件优越，矿产资源种类较多，优势矿种集中度高。至2013年底，全省发现矿产148种，查明资源储量的矿产101种。其中能源矿产7种、黑色金属矿产4种、有色金属矿产11种、贵金属矿产2种、稀有稀土及分散元素矿产15种、冶金辅助原料矿产8种、化工原料矿产9种、建材及其他非金属矿产41种、水气矿产4种。全省矿产资源储量居全国前10位的矿产61种，居全国前三位的矿产26种，居全国第一位的矿产7种，分别为铌钽矿、碲矿、高岭土、建筑用花岗岩、水泥用粗面岩、建筑用大理岩和泥炭。全省已开发利用的矿种主要有地下热水、矿泉水、铁、铜、铅、锌、锡、锑、稀土、金、银、硫铁矿、高岭土、陶瓷土、水泥用灰岩、大理岩等。 *（广东省国土资源厅）*

植被和生物资源 广东省光、热、水资源丰富，四季常青，动植物种类繁多。全省有维管束植物289科、2051属、7717种。其中野生植物6135种、栽培植物1582种。此外，真菌1959种，其中食用菌185种、药用真菌97种。在植物种类中，属于国家一级保护野生植物的有苏铁、南方红豆杉等7种。属于二级的有桫椤、广东松、白豆杉、樟、凹叶厚朴、土沉香、丹霞梧桐等48种；在植被类型中，有属于地带性植被的北热带季雨林、南亚热带季风常绿阔叶林、中亚热带典型常绿阔叶林和沿海的热带红树林，还有非纬度地带性的常绿—落叶阔叶混交林、常绿针—阔叶混交林、常绿针叶林、竹林、灌丛和草坡，以及水稻、甘蔗和茶园等栽培植被。香蕉、荔枝、龙眼和菠萝是岭南4大名果，经济价值可观。

广东省动物种类多样。陆生脊椎动物有774种，其中兽类110种、鸟类507种、爬行类112种、两栖类45种。此外，淡水水生动物的鱼类281种、底栖动物181种和浮游动物256种，以及种类更多的昆虫类动物。动物种类中，被列入国家一级保护的有华南虎、云豹、熊猴和中华白海豚等22种；被列入国家二级保护的有金猫、水鹿、穿山甲、猕猴和白鹇（省鸟）等95种。

广东省重视对动植物资源的开发利用和自然资源的保护。截至2013年底，全省建立林业类自然保护区270个、森林公园459处。重视绿化荒山，提高森林覆盖率，改善生态环境。 *（广东省林业厅）*

海洋资源 广东省海岸线长，

海域辽阔，海洋资源丰富。海洋生物包括：海洋动物和植物，全省有浮游植物406种、浮游动物416种、底栖生物828种、游泳生物1297种。远洋和近海捕捞，以及海洋网箱养鱼和沿海养殖的牡蛎、虾类等海洋水产品年产量约400万吨；可供海水养殖面积77.57万公顷，实际海水养殖面积20.82万公顷，是全国著名的海洋水产大省。雷州半岛的养殖海水珍珠产量居全国首位。沿海拥有众多的优良港口资源。广州港、深圳港、汕头港和湛江港成为国内对外交通和贸易的重要通道；大亚湾、大鹏湾、碣石湾、博贺湾及南澳岛等地还有可建大型深水良港的港址。珠江口外海域和北部湾的油气田已打出多口出油井。沿海风能、潮汐能和波浪能具有开发潜力。广东省沿海沙滩众多，气候温暖，红树林分布广、面积大，在大陆最南端的灯楼角有全国唯一的大陆缘型珊瑚礁，旅游资源开发潜力大。 *（广东省海洋渔业局）*

【环境质量】 大气环境质量　2013年，广东省城市空气中二氧化硫平均浓度为19微克/立方米，比上年上升11.8%，达到国家一级标准；二氧化氮平均浓度为30微克/立方米，上升11.1%，达到国家一级标准；可吸入颗粒物平均浓度为60微克/立方米，上升20.0%，达到国家二级标准。珠江三角洲地区二氧化硫平均浓度为22微克/立方米，达到国家二级标准，上升4.8%；二氧化氮平均浓度为42微克/立方米，略高于国家标准限值，上升13.5%；可吸入颗粒物平均浓度为70微克/立方米，达到国家二级标准，上升18.6%；2013年PM2.5（直径≤2.5微米的细颗粒物）平均浓度为47微克/立方米，未达到国家二级标准，其中下半年平均浓度为50微克/立方米，比上年下半年上升19.0%。

按照环境空气质量标准（GB3095－2012），珠江三角洲地区2013年空气质量指数（AQI）达标率66.8%~89.0%，平均75.1%，首要污染物主要是PM2.5（占首要污染物比例为46%），其次是臭氧（占27%）和二氧化氮（占18%）。珠江三角洲以外地区空气质量状况良好，空气污染指数（API）达标率96.4%~100%；除韶关和汕头，其余城市空气质量状况为优的天数均在50%以上；首要污染物主要是可吸入颗粒物。

2013年，全省49个测点降水pH均值5.20，pH均值范围在4.70（韶关）~6.75（汕尾）；酸雨（pH最小值<5.6）频率35.0%；81.8%的城市（18个）出现酸雨，54.5%的城市（12个）受酸雨污染（pH均值<5.6）。韶关、佛山和清远3个城市属于重酸雨区（pH均值<4.5；4.5≤pH均值<5.0且酸雨频率>50%），占13.6%。与上年相比，全省城市降水pH均值上升0.1个pH单位，酸雨频率下降2.2个百分点。

水环境质量　2013年，广东省对78个城市集中式饮用水水源水质每月开展常规监测，监测结果100%达标。全省优质水源（Ⅰ~Ⅱ类水质）供水量占比60.9%，良好水源（Ⅲ类水质）39.1%。与上年相比，水源水质均稳定达标，优质水源供水量占比与上年基本持平。

2013年，全省主要江河水质总体良好，124个省控断面中，85.5%的断面水质达到水环境功能区水质标准，78.2%断面水质优良（Ⅰ~Ⅲ类）；54.0%断面为Ⅰ~Ⅱ类优质水，24.2%为Ⅲ类良好水质，10.5%为Ⅳ类轻度污染水质，2.4%为Ⅴ类中度污染水质，8.9%为劣Ⅴ类重度污染水质。西江、北江、东江干流及部分支流、韩江干流和部分支流、螺河陆丰段、黄江河、漠阳江、袂花江、鉴江（茂名段、湛江段）、南渡河和珠江三角洲的主要干流水道水质优良；龙岗河、坪山河、深圳河、练江、小东江湛江段和寻邬水6个江段水质属重度污染，主要污染指标为氨氮、总磷和耗氧有机物。与上年可比断面相比，全省主要江河水质总体稳定，局部水域水质略有波动，水质优良断面比例下降0.8个百分点，达到水环境功能区目标要求的断面比例上升0.8个百分点，水质好转的有公庄河、横门水道、佛山水道、流溪河和九洲江5个江段，水质下降的有梅江、梅溪河和小东江茂名段3个江段，明显下降的江段为寻邬水。

2013年，在全省3个省控湖泊中，湛江湖光岩湖水质为Ⅱ类，营养状态为中营养；肇庆星湖、惠州西湖水质为Ⅳ类，均呈轻度富营养，由于两湖泊均是景观用水，其水质达到水环境功能区划目标。34个省控水库（其中28个为饮用水水源）水质优良，其中8个大型水库中，新丰江水库水质为Ⅰ类，流溪河水库、杨寮水库、枫树坝水库、白盘珠水库和飞来峡水库水质为Ⅱ类，水质优；鹤地水库和高州水库水质为Ⅲ类，水质良好。

2013年，全省跨市河流交接断面水质达标率82.7%，其中广州、云浮、河源、肇庆、江门、中山、珠海、韶关、清远和梅州10个城市交接断面水质完全达标；深圳和揭阳2个城市交接断面水质达标状况差，达标率分别为8.3%和0。与上年相比，全省跨市河流交接断面水质总达标率下降0.2个百分点。惠州和佛山交接断面水质达标率分别上升8.3和1.6个百分点；深圳和茂名达标率分别下降2.8和8.3个百分点。

全省有8条主要入境河流，分别是西江干流及支流贺江、北江上游浈江和支流武江、东江上游寻邬水和支流定南水（又名安远水）、九洲江、韩江支流汀江。从2013年监测显示：东江寻邬水赣粤省界断面（兴宁电站）水质为劣Ⅴ类，属重度污染，主要超标项目为氨氮；定南水赣粤省界断面（庙咀里）、西江桂粤省界断面（封开城上）、贺江桂粤省界断面（白沙街）、汀江闽粤省界断面（青溪）和武江湘粤省界断面（三溪桥）均为Ⅱ类水质，水质优；九洲江桂粤省界断面（石角）为Ⅲ类水质，水质良，但未达到水功能区划目标，主要超标项目为氨氮、总磷和耗氧有机物。与上年相比，武江湘粤省界断面水质明显好转，水质类别由Ⅳ类好转至Ⅱ类，九洲江桂粤省界断面水质有所好转，水质类别由Ⅳ类好转至Ⅲ类，寻邬水赣粤省界断面水质明显下降，水质类别由Ⅲ类降为劣Ⅴ类，其他省界断面水质无明显变化。

全省19条主要入海河流中，73.7%（14条）河口水质为Ⅱ~Ⅲ类，水质优良；15.8%（3条）为Ⅳ类水质，属轻度污染；10.5%（2条）水质劣于Ⅴ类，属重度污染。磨刀门水道、韩江、漠阳江、蕉门和洪奇沥河口水质最好，为Ⅱ类水质；深圳河和练江河口水质最差，均劣于Ⅴ类，主要污染指标为化学需氧量、氨氮和总磷。与上年相比，东江南支流河口水质下降，水质由Ⅲ类降为Ⅳ类，属轻度污染，主要污染指标为氨氮。其他入海河流河口水质保持稳定。

全省近岸海域水环境功能区水质达标率97.0%，除深圳81.8%外，其余12个沿海城市近岸海域水环境功能区均完全达标。全省67个近岸海域水环境功能区中，2个属重度污染，均位于珠江口海域，主要污染指标为活性磷酸盐和无机氮。全省近岸海域功能区营养程度总体为轻度富营养，呈贫营养状态的功能区有37个，占55.2%；轻度富营养状态11个，占16.4%；中度富营养状态16个，占23.9%；重度富营养状态1个，占1.5%；严重富营养化2个，占3.0%。与上年相比，全省近岸海水环境功能区水质达标率持平，营养程度总体持平。

声环境质量 2013年，广东省功能区噪声昼间达标率88.9%，韶关、珠海、惠州、梅州、汕尾、清远和揭阳7市达标率100%；夜间达标率75.7%，韶关、珠海、惠州、梅州和云浮5市达标率100%。

全省城市区域环境昼间噪声等效声级平均值为55.1分贝。52.4%的城市（11个）区域声环境处于一般水平，其余城市处于较好水平。城市区域环境噪声源构成以工业和交通类声源为主，分别占44.9%和26.1%。各城市道路交通昼间噪声等效声级平均值均小于70分贝，全省总平均值67.2分贝，总体属于好的水平。与上年相比，全省城市区域环境噪声等效声级上升0.1分贝，道路交通噪声达到好和较好以上城市比例保持100%，功能区噪声昼间点次达标率下降1.8%，夜间上升12.7%，全省城市声环境质量稳中有升。 *（周伟　何惠明）*

【人口与语言】 *人口* 截至2013年末，广东省常住人口10644万人，其中男性5548.72万人、女性5095.28万人，性别比（女性为100）108.90；常住人口比上年增长0.47%，增幅比上年减少0.38个百分点。2013年全省人口增长速度与往年相比虽有减缓之势，但受庞大人口基数影响，人口总量在一段时间内将继续保持增长态势。

2013年，广东省常住人口出生人数113.73万人，出生率10.71‰；死亡人数49.80万人，死亡率4.69‰；自然增长人数63.93万人，自然增长率6.02‰。与上年比较，全省出生人数及自然增长人数分别减少8.64万人和9.38万人，死亡人数略增0.74万人。

根据2013年人口变动情况抽样调查结果推算，广东省年末常住人口年龄结构如下：0~14岁1558.28万人、15~64岁8216.10万人、65岁及以上869.62万人，分别占常住人口总量的14.64%、77.19%和8.17%。人口年龄结构继续表现出“两头低、中间高”的特征，即少年儿童人口（0~14岁）和老年人口（65岁及以上）所占比重相对较低，而成年人口（15~64岁）的比重较高。究其原因是广东省社会经济发展吸纳大量省外劳动力，从而提高劳动适龄人口所占的比重，致使总抚养系数持续下降。2013年，全省少年儿童抚养系数18.97%、老年人口抚养系数10.58%、总抚养系数29.55%；少年儿童抚养系数与总抚养系数分别比上年下降1.76和0.35个百分点，而老年人口抚养系数则上升1.41个百分点。在全国属于劳动力人口资源丰富，抚养负担较低的省份。

截至2013年末，在广东省常住人口中，居住在城镇的有7212.37万人、居住在乡村的有3431.63万人，分别占常住人口总量的67.76%和32.24%；其中，粤东西北地区的城镇化率分别为59.22%、40.34%和45.85%，分别比上年提升0.17、0.62和0.55个百分点。截至2013年底，全省居住在城镇的人口比上年净增72.01万人，增长1.01%；与同期常住人口增长0.47%相比较，高0.54个百分点。 *（罗健波）*

语言 广东省语言状况复杂，除粤北、粤东有瑶、壮、畲语及粤北土语外，主要流行3种保留丰富的古汉语特点、又各有特色的汉语方言。

1. 粤方言。又称广州话、白话，省内可分：（1）粤海片（广府片），分布在广州、佛山、肇庆、深圳、南海、顺德、三水、高明、鹤山、怀集、广宁、四会、高要、云浮、封开、郁南、德庆、罗定、阳山、清远、佛冈、增城、从化、连州、连山、惠州、韶关、博罗、惠阳、惠东、海丰、仁化、乐昌、英德，以广州为代表，影响最大。（2）四邑片，分布在台山、开平、恩平、新会、斗门、江门及鹤山部分地区，以台山为代表。（3）高雷片，分布在湛江、茂名、阳江、阳春、高州、信宜、化州、吴川、电白、遂溪、廉江、雷州、徐闻，未形成权威代表。（4）莞宝片，通行于东莞及深圳宝安，以莞城为代表。（5）香山片，通行于中山、珠海（斗门除外），以石岐为代表。各片稍有差别，四邑与粤海差异最大。全省使用的人口近4000万人，但上述区域也掺杂小片客话和闽语。粤方言在海外华人社区如马来西亚吉隆坡，越南胡志明市，澳大利亚悉尼、墨尔本，美国纽约、三藩市，加拿大温哥华、多伦多等处广泛流行。

2. 客家方言。广东省是客话最重要的流行地，省内可分：(1) 粤东片，分布在梅县、蕉岭、平远、兴宁、五华、大埔、丰顺、揭西、紫金、惠阳、惠东、宝安，以及揭阳、饶平、普宁、惠来、潮阳、陆丰、陆河、海丰、深圳、东莞、增城、博罗、中山的一些地区。(2) 粤中片，分布在和平、连平、龙川、河源、新丰、龙门、佛冈，以及广州、顺德、南海、中山、珠海、斗门、三水、四会、清远、高明、鹤山、开平、新会、台山、恩平的部分地区。(3) 粤北片，分布在始兴、乐昌、曲江、连州、连南、乳源、阳山、翁源、英德，以及韶关、南雄、仁化、连山、怀集、广宁、郁南、德庆、云浮、罗定、新兴的部分地区。(4) 粤西片，分散于信宜、阳春、阳江、高州、茂名、电白、化州、吴川、廉江、遂溪、雷州、徐闻。省内各地有零星分布，如广州三元里、沙河。全省使用的人口约1500万人。客方言以梅州为代表，内部一致性较强。海外的印度尼西亚、毛里求斯等国华人社区和台湾地区，客家方言相当通行。

3. 闽方言。广东闽语属闽方言闽南一支，大致可分：(1) 潮汕片，以汕头、潮州为代表，流行于汕头、潮州、揭阳、澄海、南澳、饶平、揭西、潮阳、普宁、惠来、汕尾、陆丰、海丰。(2) 雷州片，流行于雷州、徐闻、遂溪，以及湛江、廉江、吴川、电白、茂名、高州、阳西的部分地区，以雷州为代表。全省使用闽语的人口约1700万人。广东闽语是泰国、柬埔寨、法国等华人社区的强势方言。

(陈晓锦)

【民族与宗教】 民族 广东省是56个民族成分齐全的省份。少数民族人口341.07万人，占全省总人口的3.0%。世居少数民族有壮、瑶、畲、回、满族。壮族主要分布在连山、怀集、廉江、信宜、化州、罗定等县（自治县、市）；瑶族主要分布在连南、连山、连州、阳山、英德、乳源、乐昌、仁化、曲江、始兴、翁源、龙门、阳春等县（自治县、市、区）；畲族主要分布在乳源、南雄、始兴、增城、和平、连平、龙川、东源、丰顺、饶平、潮安、海丰、惠东、博罗等县（自治县、市、区）；回族主要分布在广州、深圳、珠海、肇庆、汕头、佛山、东莞等市；满族主要分布在广州市。改革开放以来，因人才流动、婚姻、务工经商等迁移或暂住广东的少数民族流动人口260.62万人，主要集中在广州、深圳、佛山、东莞、中山等珠江三角洲地区各城市。全省有县级范围（含县级）以上少数民族社会团体24个。根据国家宪法和有关法律规定，广东省设立连南瑶族自治县、连山壮族瑶族自治县、乳源瑶族自治县3个自治县和连州市瑶安瑶族乡、三水瑶族乡，龙门县蓝田瑶族乡，怀集县下帅壮族瑶族乡，始兴县深渡水瑶族乡，阳山县秤架瑶族乡，东源县漳溪畲族乡7个民族乡。

宗教 广东省是佛教、道教、伊斯兰教、天主教和基督教5大宗教齐全的省份。至2013年底，全省宗教徒415.23万人，其中佛教徒259.64万人、道教徒44.12万人、穆斯林27.67万人、天主教徒31.84万人、基督教徒51.96万人。全省县级范围（含县级）以上宗教社会团体231个，其中全省性宗教团体5个、地市级范围宗教团体74个、县级范围宗教团体152个。宗教院校2所。

(吴成立)

【侨乡侨情】 广东省自古就是中国海上贸易和移民出洋最早、最多的省份，近代以后逐渐发展成为重点侨乡。

广东有3000多万名海外侨胞，遍及世界160多个国家和地区，主要分布在东南亚的印尼、泰国、马来西亚、新加坡、菲律宾、越南、柬埔寨，欧美的美国、加拿大、法国、英国，南美洲的秘鲁、巴拿马、巴西、委内瑞拉，大洋洲的澳大利亚、新西兰，非洲的毛里求斯、马达加斯加、南非、留尼汪等国家和地区。广东省内有10.17万名归侨、2000多万名侨眷，主要集中在珠江三角洲、潮汕平原和梅州地区。其中广府语系地区的归侨侨眷有800万人，潮汕语系地区归侨侨眷有700万人，客家语系地区的归侨侨眷有500万人。

广东籍海外侨胞、港澳同胞素有念祖爱乡的光荣传统，一向关注支持家乡的经济文化建设和社会发展。改革开放以来至2013年，海外侨胞、港澳同胞捐赠折合人民币498亿元，捐建道路、桥梁、学校、医院、图书馆、体育馆等逾3.7万项。侨资企业是广东省经济发展的重要支柱力量，全省侨资企业总数5.8万家，其中港澳投资在册企业5.3万家，华侨华人投资在册企业5000家，累计投资近2000亿美元，占全省实际吸收外资近七成。广东省以侨为桥引进大量海外人才、先进科学技术和现代化管理理念。全省留学回国华侨华人专业人士5万多人，创办企业3000多家，建成18个留学人员创业园，其中国家级4个。全省引进的“千人计划”人才183名，其中华侨华人174人，占95%；全省引进的四批创新科研团队91个，其中华侨华人团队76个，占84%；全省引进的四批领军人才74人，其中华侨华人58人，占78%。

华侨文化与侨乡本土文化的结合，形成独特的侨乡文化。华侨文化、侨乡文化是岭南文化的重要组成部分，世界文化遗产“开平碉楼与村落”、世界记忆遗产“侨批档案”是华侨文化和侨乡文化的典型代表。广东省的留学文化、商业文化、慈善文化等也都与华侨华人有密切联系。

中国近现代历史上许多著名人物是广东的华侨先驱。在政界方面，有康有为、梁启超、孙中山、叶剑英等；在实业界方面，有回国兴办第一家缫丝厂的南海籍华侨陈启沅，兴办“张裕葡萄酒公司”的大埔籍华侨张振勋，兴办新宁铁路的台山华侨陈宜禧等；在商业界方面，有创建上海永安百货公司的华侨郭乐、郭泉兄弟，创建先施百货公司的华侨马应彪等；在教育界，有开创中国留学教育先河的珠海籍华侨容闳等。此外，还有“洪门元老、一生爱国”的著名华侨领袖司徒美堂，集实业家、慈善家、领事、侨领一身的珠海籍华侨陈芳，为汕头市政建设做出贡献的泰国米业大王澄海籍华侨陈慈黉等。他们对中国近现代文明发展做出突出的贡献，他们的思想和精神是广东精神文明的重要组成部分。

在当代世界政治、经济、文化、科技发生深刻变化的大背景下，海外华侨华人社会亦发生许多新变化：华人新移民人数增多、实力增强、作用增大，对海外华社生态带来重大影响；华裔新生代、新华侨华人、社团新力量羽翼渐丰，各种商会组织、专业社团、校友会也日渐发展，逐渐成为华社主体和主导力量；华侨华人社团发展发生重大变化，逐步走向团结联合，国际化程度增强；华侨华人经济科技实力和政治影响力提高，对中国全面建设小康社会和拓展对外友好关系的作用加大；华侨华人与祖（籍）国和家乡关系更加紧密，合作发展愿望更加强烈迫切，内外依存度更高；华侨华人对祖（籍）国提出的新需求、新诉求增加，希望共享祖（籍）国改革发展成果，调整涉及其切身利益的法规政策；华侨华人对祖（籍）国的凝聚力、向心力增强，生存发展环境明显改善。

（广东省侨办）

【行政区划】 2013年，广东省按照《中华人民共和国宪法》和《国务院关于行政区划管理的规定》要求，严格审核各地上报的行政区划变更材料，对部分行政区划进行调整。经国务院批准，全省撤销2个县，设立2个市辖区；经省和市人民政府批准，全省撤销3个镇和7个街道办事处，设立9个街道办事处。

截至2013年12月31日，全省有21个地级市，23个县级市、37个县、3个自治县、58个市辖区，4个乡、7个民族乡、1128个镇、446个街道办事处。

2013年，广州市撤销越秀区东风、诗书、大新、广卫4个街道办事处；设立白云区云城、鹤龙、白云湖、石门4个街道办事处；撤销花都区雅瑶镇，设立新雅、花城、秀全3个街道办事处。佛山市撤销南海区罗村街道办事处。肇庆市撤销端州区城南、城北2个街道办事处。梅州市撤销梅县，设立梅州市梅县区。揭阳市撤销普宁市燎原、大南山2个镇，设立普宁市燎原、大南山2个街道办事处。潮州市撤销潮安县，设立潮州市潮安区，将原潮安县的磷溪、官塘、铁铺3个镇划归潮州市湘桥区管辖。

（何锋军）

2013年广东省行政区划情况

（截至2013年12月31日）

市名称	县（市、区）名称	辖乡、镇、民族乡、街道数
广州市（10区2县级市）	越秀区 海珠区 荔湾区 天河区 白云区 黄埔区 花都区 番禺区 南沙区 萝岗区 从化市 增城市	34镇136街道
深圳市（6区）	福田区 罗湖区 盐田区 南山区 宝安区 龙岗区	57街道
珠海市（3区）	香洲区 金湾区 斗门区	15镇9街道
汕头市（6区1县）	金平区 龙湖区 澄海区 濠江区 潮阳区 潮南区 南澳县	32镇37街道
佛山市（5区）	禅城区 南海区 顺德区 高明区 三水区	21镇11街道
韶关市（3区2县级市4县1自治县）	浈江区 武江区 曲江区 乐昌市 南雄市 仁化县 始兴县 翁源县 新丰县 乳源瑶族自治县	93镇10街道 1民族乡
河源市（1区5县）	源城区 东源县 和平县 龙川县 紫金县 连平县	94镇5街道 1民族乡
梅州市（2区5县1县级市）	梅江区 梅县区 兴宁市 平远县 蕉岭县 大埔县 丰顺县 五华县	104镇6街道
惠州市（2区3县）	惠城区 惠阳区 惠东县 博罗县 龙门县	52镇16街道 1民族乡
汕尾市（1区2县1县级市）	城区 陆丰市 海丰县 陆河县	44镇10街道
东莞市		28镇4街道

(续表)

市名称	县（市、区）名称	辖乡、镇、民族乡、街道数
中山市		18镇6街道
江门市（3区4县级市）	蓬江区　江海区　新会区　台山市　开平市　鹤山市　恩平市	61镇17街道
阳江市（1区1县级市2县）	江城区　阳春市　阳东县　阳西县	38镇9街道
湛江市（4区3县级市2县）	赤坎区　霞山区　麻章区　坡头区　雷州市　廉江市　吴川市　遂溪县　徐闻县	82镇37街道 2乡
茂名市（2区3县级市1县）	茂南区　茂港区　信宜市　高州市　化州市　电白县	87镇22街道
肇庆市（2区2县级市4县）	端州区　鼎湖区　四会市　高要市　广宁县　德庆县　封开县　怀集县	91镇12街道 1民族乡
清远市（2区2县级市2县2自治县）	清城区　清新区　英德市　连州市　佛冈县　阳山县　连山壮族瑶族自治县　连南瑶族自治县	77镇5街道 3民族乡
潮州市（2区1县）	湘桥区　潮安区　饶平县	41镇9街道
揭阳市（2区1县级市2县）	榕城区　揭东区　普宁市　揭西县　惠来县	61镇20街道 2乡
云浮市（1区1县级市3县）	云城区　罗定市　新兴县　郁南县　云安县	55镇8街道
全省合计	21个地级市，23县级市、37个县、3个自治县、58个市辖区，4个乡、7个民族乡、1128个镇、446个街道办事处。	

(何锋军)

住房和城乡建设发展概述

【新型城镇化发展】　2013年，广东省住房和城乡建设厅组织编制《广东省新型城镇化规划》，分析广东近35年城镇化发展历程特征，确立新型城镇化发展战略。为贯彻落实省委、省政府《关于进一步促进粤东西北地区振兴发展的决定》，省住房和城乡建设厅制订《推动粤东西北地区地级市中心城区扩容提质工作方案》《粤东西北地区地级市中心城区扩容提质目标体系及实施要点》《粤东西北地级市中心城区扩容提质建设规划编制导则（含技术指引）》，结合粤东西北地区各地级市的不同发展阶段和特点，明确全省各市中心城区扩容提质的地域范围、发展定位、目标任务、近期建设重点等内容。与农业银行广东省分行、国家开发银行广东省分行开展城镇化金融合作，引导各类资金支持广东省新型城镇化和粤东西北扩容提质建设，促成签约项目22个，贷款金额180亿元。与珠海、清远、梅州、汕尾等市签署推进城镇化合作框架协议，省市携手提高城镇化发展水平。完成“十二五”城镇化发展规划中期评估，总结评估实施绩效。在珠江三角洲城际轨道交通站点周边开展TOD综合开发规划，完成第二批7个站场TOD综合开发规划编制，创新区域空间发展模式。以珠海市斗门镇为省镇域城乡发展一体化规划编制试点，探索县域城乡发展一体化途径。推动信息化与城镇化协同发展，建设集智慧规划、智慧建造、智慧住房和智慧城乡基础设施于一体的广东省智慧城乡空间信息服务平台。全年城镇建设完成固定资产投资额18877.46亿元，全省城镇化率67.76%。

【城乡规划】　2013年5月1日，《广东省城乡规划条例》正式施行。广东省住房和城乡建设厅先后在广州、深圳、顺德、汕头、湛江等地开展多场专题宣传贯彻培训会，近2000名规划工作者参加；10月11日，省政府办公厅印发《广东省应急避护场所建设规划纲要（2013~2020）》，该纲要是全国第一个省级应急避护场所专项规划。年内，省住房和城乡建设厅会同省体育局印发《广东省社区体育公园试点实施方案》，编制《广东省社区体育公园规划建设指引》，推动社区体育公园建设。粤港澳三地继续深化规划合作，完成《澳门与珠江口西岸地区发展规划》《澳珠协同发展规划》编制。全年依法核发重大建设项目选址意见书63个；对各地上报的“三旧”改造方案进行规划审查，全年对近700个“三旧”改造项目提出规划审查意见；加强对产业转移园规划编制指导，完成10个省级产业转移工业园申报认定或规划调整的规划审核。

【宜居城乡建设】　2013年11月25

日，广东省人民政府与住房和城乡建设部签署全国首个省部合作协议《关于共建低碳生态城市建设示范省合作框架协议》。全省继续推动宜居城乡创建活动，全年创建广东省宜居社区925个、广东省宜居范例11个、广东省宜居示范城镇53个、广东省宜居示范村庄142个。新增51个村庄列入《中国传统村落名录》，广州市被住房和城乡建设部确定为全国村庄规划编制和信息化建设试点城市。截至年底，珠江三角洲累计建成绿道8298千米，粤东西北累计建成省立绿道1183千米。以创建园林城市为手段提升园林绿化水平，阳江、清远市被评定为“国家园林城市”；台山市被评定为“广东省园林城市”。是年，全省城镇建设完成固定资产投资额18877.46亿元，占全省固定资产投资额的82.7%；城市建设完成固定资产投资额750.70亿元；基础设施完成投资额5477.03亿元，占全省固定资产投资额的24%，比上年增长17.87%。全省城市人均公园绿地面积15.94平方米，建成区绿化覆盖率41.67%；城市供水综合生产能力3496.53万立方米/日，城市用水人口4567.73万人，城市人均日生活用水量242.02升，城市自来水普及率97.47%；城市燃气普及率96.89%，城市液化石油气年供气总量388.90万吨，城市天然气年供气总量123.17亿立方米。截止年底，全省建成运营污水处理项目383个，全省城镇污水处理能力2179.31万立方米/日，城市污水集中处理率92%。推广县域统筹、整县推进农村生活垃圾处理模式，全省68个县（市）开工建设或建成生活垃圾无害化填埋场（焚烧厂）、1029个建制镇均建成一座以上生活垃圾转运站、14万个自然村均建成一座以上生活垃圾收集点。

2013年广东省住房和城乡建设行业
主要经济指标占全省地区生产总值比重

单位：亿元

项　目	实　绩	占全省地区生产总值比重（%）	比上年增长（%）
建筑业增加值	2001.23	3.2	3.9
珠三角	1422.77	2.7	3.2
东　翼	164.77	3.6	5.3
西　翼	211.04	4.0	11.9
山　区	214.63	5.1	8.9
房地产业增加值	4207.46	6.8	11.2
珠三角	4294.72	8.1	–
东　翼	167.90	3.6	–
西　翼	177.44	3.4	–
山　区	229.13	5.5	–

（广东省统计局）

2013年广东省住房和城乡建设行业
主要经济指标占全省固定资产投资额比重

单位：亿元

项　目	实　绩	占全省固定资产投资额比重（%）	比上年增长（%）
中央投资	1498.35	6.6	8.6
地方投资	21339.31	93.4	19.0
重点建设投资	4908.00	21.49	17.87
基础设施完成投资额	5477.03	24.0	16.7
基础产业完成投资额	6578.24	28.8	16.6
城镇建设完成固定资产投资额	18877.46	82.7	18.4
农村固定资产投资额	3951.19	17.3	17.2
建筑业投资	66.75	0.3	71.7
房地产业投资	7659.21	33.6	17.5
房地产开发投资额	6489.59	28.4	21.2
保障性安居工程建设投资额	255.10	1.1	−7.6
建筑安装工程投资额	15262.61	66.9	19.3
设备工器具购置投资额	3982.71	17.4	18.3
其他费用投资额	3583.33	15.7	13.9

（广东省统计局）

【房地产业与住房保障】 2013年，广东省房地产业投资7659.21亿元，比上年增长17.5%，占全省固定资产投资额的33.6%；房地产税收收入1486亿元，增长16.8%，占全省地税收入的29%；房地产业增加值4207.46亿元，占全省地区生产总值的6.8%，比上年增长11.2%。商品房屋销售额8941.05亿元，占全国比重的11%。住房信息系统建设顺利推进，省、市房地产数据中心实现联网。推进住房保障制度改革创新，基本建立以公租房为主要保障方式的新型住房保障制度。截至年底，广东省累计实施住房保障49.3万户，其中实物配租40.5万套；基本建成各类保障性住房建设和棚户区改造53.6万套。是年，全省保障性安居工程新开工各类住房89683套，其中全年新增开工建设经济适用住房702套、公共租赁住房57525套、限价商品房10399套；华侨农场危房改造10524套、城市棚户区9812套、国有工矿棚户区721套；新基本建成各类保障性住房和棚户区改造143651套；新增租赁补贴8366户。截至年底，全省住房公积金缴存职工人数1139.38万人，新增81.89万人，住房公积金缴存率46.97%；缴存总额6109.10亿元，比上年增长15.97%；提取额810.83亿元，增长35.59%，占当年缴存额64.46%。个人住房公积金贷款发放总额2379.81亿元，累计发放91.82万笔，新增个人贷款634.26亿元，17.1万笔，分别比上年增长71.73%和35.39%。全年全省总增值收益38.08亿元，其中提取风险准备金13.10亿元、提取廉租房补充资金20.32亿元。

2013年广东省住房和城乡建设行业主要经济指标占全国比重

单位：亿元

指标名称	单　位	实　绩	广东省占全国比重(%)
建筑企业数	家	4977	6.3
建筑业总产值	亿元	7927.13	4.9
建筑业竣工产值	亿元	4044.70	4.1
建筑业从业人员	万人	204.79	4.5
签订合同额	亿元	17913.75	6.2
其中：本年新签	亿元	10060.22	5.7
建筑业施工建筑面积	万平方米	5239.72	4.7
其中：新开工面积	万平方米	21604.60	4.2
其中：投标承包面积	万平方米	30375.73	3.4
竣工建筑面积	万平方米	14439.13	3.4
建筑业竣工价值	亿元	2220.12	3.6
房地产开发投资额	亿元	6489.59	7.5
土地购置面积	万平方米	2250.96	5.8
土地成交价款	亿元	681.50	6.9
施工面积	万平方米	46480.47	7.0
其中：新开工面积	万平方米	14265.48	7.1
竣工面积	万平方米	6273.30	6.2
竣工房屋价值	亿元	1504.86	4.3
商品房屋销售额	亿元	8941.05	11.0
其中：住宅	亿元	7476.10	11.0
商品房屋销售面积	万平方米	9836.39	7.5
其中：住宅	万平方米	8830.95	7.6

（广东省统计局）

2013年广东省固定资产投资情况

单位：亿元

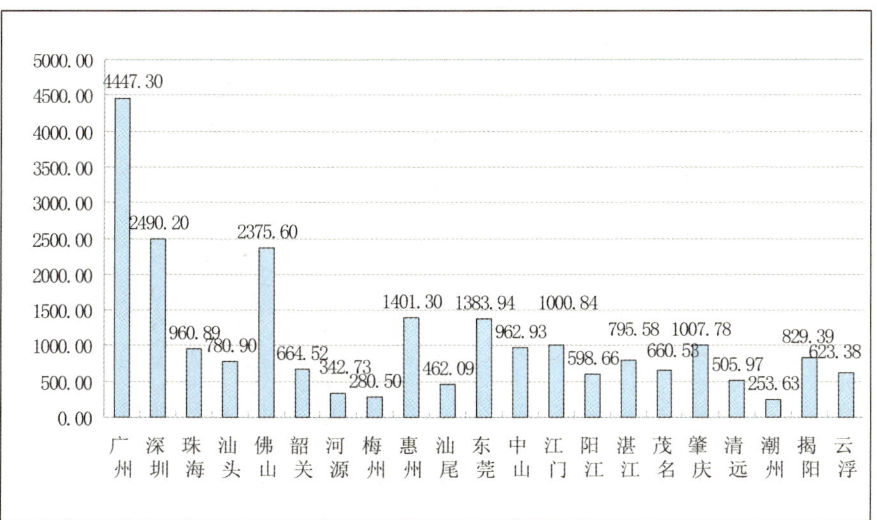

（广东省统计局）

【建筑业】 2013年，广东省有建筑业企业5391家，其中特级资质企业7家、一级资质企业822家。全省完成建筑业竣工产值4044.70亿元，占全国比重的4.1%；建筑业增加值2001.23亿元，占全省地区生产总值的3.2%，比上年增长3.9%；建筑安装工程投资额15262.61亿元，占全省固定资产投资额的66.9%，比上年增长19.3%；实现利税646.28亿元，比上年增长18.9%。省内建筑工程获“中国建设工程鲁班奖”6项、获“全国建筑工程装饰奖”52项、获“国家建设工程项目AAA级安全文明标准化诚信工地”22个、获“广东省建设工程优质奖”113项、获“广东省建设工程金匠奖”58项、获“广东省优秀建筑装饰工程奖”161项。省住房和城乡建设厅评选出2013年度“广东省省级工法”208项、10项工程完成新技术应用示范工程的专项验收、47个项目被列入《住房和城乡建设部2013年科学技术项目计划》，6项广东省建设行业地方标准发布。年内，省住房和城乡建设厅印发《全省建筑施工安全生产大检查工作方案》，组织全省住房城乡建设系统开展建筑施工安全生产大检查，全省各地检查工程12253项，发出限期整改通知书5164份、局部停工通知书587份。全省住房城乡建设系统发生建筑施工生产安全责任事故19起，死亡18人，未发生较大及以上生产安全事故，全省房屋市政工程施工生产安全责任事故死亡人数占省政府下达的安全生产控制指标的42.9%。

【建设科技与建筑节能】 2013年，广东省人民政府办公厅印发《广东省绿色建筑行动实施方案》。全省绿色建筑项目新增90个，建筑面积1143万平方米，全年新增节能建筑面积10818万平方米，形成102万吨标准煤的节能能力；既有建筑节能改造450.37万平方米；完成绿色建筑评价标识项目90个，新增绿色建筑面积1143万平方米；新增城镇太阳能光热建筑应用面积556.54万平方米，新增光电建筑应用装机容量68.1兆瓦；新型墙材应用总量125亿块标准砖，占墙体材料使用总量的80%；全年节约能源344.97万吨标准煤，减排二氧化碳896.92万吨。省住房和城乡建设厅组织完成各类建设科技成果鉴定266项。其中，“铰接双槽钢屈曲约束支撑的开发和应用”“明挖地铁站楼面板台车钢模体系施工关键技术研究”等11项科技成果达到国际先进水平。

【法制化营商环境】 2013年，广东省住房和城乡建设厅推进行政审批制度改革，取消、下放和转移行政审批事项13项，承接住房和城乡建设部下放审批事项1项。建设网上办事大厅，提高企业和个人办事电子化程度，由省住房和城乡建设厅办理的企业资质100%实现全过程网上申报和审批。推进立法工作，《广东省城乡规划条例》《广东省城镇住房保障办法》《广东省绿道建设管理规定》于2013年起实施，《广东省建设工程质量管理条例》经省人大常委会审议通过，将于2014年3月起实施，印发《广东省城乡规划督察办法》，新聘任11位规划督察员，将单一巡察的方式改为巡察和派驻相结合，实现规划督察范围覆盖全省。推进行政执法规范化建设，组织编制自由裁量权基准，对各地行政执法工作进行监督核查。组织专业法律法规培训考试，全省住房和城乡建设系统7665名执法人员参加培训考试，通过率94%。开展建材打假专项行动，立案查处359件，涉及金额4700万元，遏制假冒伪劣建材产品的生产、销售和使用。 *(周娟)*

城乡建设资金

【城市建设维护管理资金收入】 2013年，广东省城市（县城）市政公用设施建设维护资金总收入1674.37亿元，比上年增长58%。其中来源于中央财政拨款8.21亿元，增长17.62%；地方财政1666.16亿元（含省财政拨款4.85亿元），增长58.26%。全年主要收入是土地出让转让收入1159.92亿元，城市维护建设税225.05亿元，城市基础设施配套费83.05亿元，分别占全部收入的69.28%、13.44%、4.96%。珠江三角洲地区收入占全省的

2013年广东省城市市政公用设施建设固定资产投资资金来源收支情况

（单位：万元）

地区名称	城市（县城）市政公用设施建设维护管理财政性资金收入								
	合　计	中央预算资金	省级预算资金	市（县）级预算资金					
				合　计	城市维护建设税	城市公用事业附加	城市基础设施配套费	国有土地使用权出让收入	市政公用设施有偿使用费
广东省	16743729	82127	48493	16127086	2250517	266400	830491	11599226	455020
广州市	4183271	0	0	4153253	986503	81746	374897	2534572	57859
韶关市	547542	0	116	546059	37466	5734	15691	481519	5649
深圳市	182998	0	0	182998	1	0	0	0	9778
珠海市	3750704	76896	10000	3617421	228523	13545	0	3344491	8026
汕头市	66930	0	0	66930	66930	0	0	0	0
佛山市	1557394	0	0	1553451	194880	36568	75010	1144455	96894
江门市	769814	1931	455	767428	94659	20497	67923	558189	26060
湛江市	677149	0	8195	668954	33187	4749	28309	576368	16015
茂名市	123533	3300	2049	116804	41764	3620	10757	48970	9650
肇庆市	539494	0	1347	331203	21564	3478	15941	215446	12417
惠州市	587168	0	40	439261	54930	6853	58420	238190	13449
梅州市	303074	0	15121	284466	30777	2690	11914	234767	4318
汕尾市	20032	0	0	897	495	13	139	0	130
河源市	195206	0	3980	178595	9505	2382	15776	146475	4457
阳江市	4792	0	0	4792	333	0	4459	0	0
清远市	399678	0	70	399608	29381	2156	29067	285539	6029
东莞市	2267215	0	0	2267215	366606	69750	8696	1560647	167026
中山市	252074	0	0	244328	26366	2042	18800	81129	8822
潮州市	88511	0	7120	80691	0	8208	71640	0	643
揭阳市	63313	0	0	63313	17931	1550	16783	12542	5188
云浮市	163837	0	0	159419	8716	819	6269	135927	2610

（续表）

地区名称	城市（县城）市政公用设施建设维护管理财政性资金收入			城市（县城）市政公用设施建设维护管理财政性资金支出					
	污水处理费	垃圾处理费	其他资金	合　计	城乡社区规划与管理	市政公用行业市场监管	市政公用设施建设维护与管理	风景名胜区规划与保护	其　他
广东省	309844	125977	486023	10670319	524996	42785	6174356	245095	3683087
广州市	35695	9852	30018	3324094	211383	8634	2774498	21611	307968
韶关市	4202	1447	1367	21997	370	340	20437	850	0
深圳市	9778	0	0	177710	159998	0	0	3276	14436
珠海市	2135	0	46387	617432	20013	7596	495181	170	94472
汕头市	0	0	0	579184	0	0	579184	0	0
佛山市	80377	16517	3943	867144	6668	83	91607	0	768786
江门市	17348	8711	0	262442	7300	5966	104835	357	143984
湛江市	10538	5269	0	333083	4811	3103	231321	585	93263
茂名市	7075	2575	1380	79969	766	297	32395	120	46391
肇庆市	8684	3533	206944	670904	15565	5718	98995	197806	352820
惠州市	5400	7849	147867	539543	9239	2802	366384	3913	157205
梅州市	3483	833	3487	249630	574	130	233926	15000	0
汕尾市	0	0	19135	20032	31	30	19355	18	598
河源市	3126	1331	12631	168450	400	310	97757	0	69983
阳江市	0	0	0	51256	0	0	51256	0	0
清远市	4310	1719	0	47488	2510	157	36092	270	8459
东莞市	110213	56813	0	2267215	62868	0	634485	0	1569862
中山市	2375	6447	7746	220643	5037	6654	191179	0	17773
潮州市	0	643	700	85039	4424	0	77040	1119	2456
揭阳市	3632	1453	0	33124	7834	0	21448	0	3842
云浮市	1473	985	4418	53940	5205	965	16981	0	30789

注：本表为44个城市统计范围，深圳市数据为城管局提供的部分数据　　（冯育文）

84.15%，粤东、粤西地区占全省的6.23%，粤北地区占全省的9.62%。

【城市建设维护管理资金支出】 2013年，广东省城市（县城）市政公用设施建设维护资金总支出1067.03亿元，比上年增长21.57%。全年主要支出是市政公用设施建设维护与管理支出617.44亿元、城乡社区规划与管理支出52.50亿元、其他支出368.31亿元，分别占全部支出的57.87%、4.92%、34.52%。　（傅学燕）

粤港澳合作与对外交流

【概况】 2013年，粤港澳三地继续深化规划合作。广东省住房和城乡建设厅联合香港规划署、澳门运输工务司，推进《环珠江口宜居湾区重点行动计划》第二轮公众咨询活动筹备工作和《澳门与珠江口西岸地区发展规划》《澳珠协同发展规划》编制，举办第六期粤澳城市规划研习班，启动与世界著名智库美国兰德公司联合开展《评估生活质量指标，深化大珠江三角洲地区的可持续发展》研究，为实现大珠江三角洲区域一体化发展，提升区域竞争力奠定规划基础。　（曹滢）

【澳珠协同发展规划】 2013年12月13日，澳门运输工务司与澳门经济建设协进会在澳门举办港珠澳大桥通行——推动澳门与珠江西岸城市建设和合作研讨会，广东省人民政府和珠海、江门等市政府代表参加，对《澳珠协同发展规划》后续工作提出修改意见。截至年底，根据澳珠两地政府意见，规划单位修改完善规划内容，编制最终成果，并编制公众咨询读本，方便粤澳两地社会人士了解研究资料、咨询文件和公众参与活动的详情及研究情况。

《澳珠协同发展规划》从共建珠澳国际都会区的要求出发，以协调澳门和珠海两地密切相关的空间安排和建设项目为导向，就便利通关、产业合作、机场合作、绿道衔接等主要问题提出原则性和方向性建议，通过促进要素便捷流动和资源优化配置，拓展澳珠发展新空间，打造产业升级新平台，探索澳珠合作新模式，推进相关项目的落实，澳珠双方利用已有合作机制，提出深化本规划的实施具体细则和相关机制。编制《澳珠协同发展规划》为澳珠两地制定共同行动大纲提供协商沟通平台，促进澳门经济适度多元发展和珠海科学发展。

【澳门与珠江口西岸地区发展规划】 2013年8月7日，在香港大学和广东省城市规划协会联合举办的港珠澳大桥通车后珠江西岸暨大广海湾地区粤港澳合作前景展望研讨会上，粤港澳三地专家学者、专业团体和研究机构代表、政府代表、企业代表以及公众人士为《澳门与珠江口西岸地区合作与协调发展规划》出谋献策，从区域经济、公共服务、交通联系、生态环境、基础设施共建等方面对澳门与珠江口西岸地区合作与协调发展提出意见。规划成果于2013年底编制完成。

《澳门与珠江口西岸地区合作与协调发展规划》立足于共建粤港澳更具综合竞争力的世界级城市群，透过粤澳服务贸易自由化，全面深化粤澳互利共赢合作，推动两地经济融合，构筑共同市场，以获得地区间的经济互补和集聚效应。通过扩大两地文化和旅游合作领域，加强产业深度合作，推进跨境公共服务合作，推动多层次交通网络便捷连接，培育西岸地区生态环境，推进基础设施合作建设，加速澳门和西岸地区优质生活圈形成。

【环珠江口宜居湾区重点行动计划】 为贯彻落实《珠江三角洲地区改革发展规划纲要（2008~2020年）》《粤港合作框架协议》《粤澳合作框架协议》，推进“一国两制”框架下的区域合作创新，粤港澳三地政府于2010年4月联合开展《环珠江口宜居湾区建设重点行动计划》（简称《计划》）研究。经过粤港澳三地的牵头部门广东省住房和城乡建设厅、香港发展局、澳门运输工务司努力，《计划》于2011年初完成纲要初步成果。2011年12月9日，粤港澳三方工作协商会商讨确定《计划》最终成果。2013年，《计划》完成第一轮公众咨询，并经粤港、粤澳城市发展专责小组原则通过。应香港要求，《计划》于2014年开展第二轮公众咨询活动，粤港澳三方就公众咨询开展相关筹备工作和完善《计划》。

《计划》融合粤港澳三地优势，以建设“宜居区域”为目标，以培育生态低碳湾、优质生活湾、人文休闲湾、门户枢纽湾、高效服务湾、开放创新湾等为发展策略，通过建设绿网、篮网、绿色交通、地域魅力场所、低碳住区、文化村落、便捷通关和跨界环保合作等重点行动，推进各级政府有序落实规划要求。

（徐敏）

【大珠江三角洲地区生活质量指标评估】 2011年，广东省与美国著名智库兰德公司达成开展合作研究共识，明确由省住房和城乡建设厅牵头与兰德公司开展《评估生活质量指标，深化大珠江三角洲地区的可持续发展》（简称《发展》）合作研究。兰德公司于2013年3月向省住房和城乡建设厅提交服务建议书，双方于2013年7月签署咨询服务协议。

2013年，《发展》项目研究取得新进展。一是就合作具体内容和工作形式达成共识；二是确定北京大学深圳研究生院、广东省城乡规划设计研究院为技术协助单位；三是在珠江三角洲地区多次现场调研，搜集研究素材；四是深化各领域研究内容；五是明确深圳坪山新区作为研究试点。从区域、城市、社区等3个层面，在土地利用、交通、环境、经济、住房5个领域开展研究，开发反映生活质量的指标体系，通过对重点地区进行测试，提出改善和提升大珠江三角洲地区生活质量的政策建议。

（张莞莅）

【香港专业人士在粤注册执业法规测试】 2013年9月14日，根据《取得内地一级注册建筑师互认资格的香港建筑师在广东省注册执业管理办法》《取得内地一级注册结构工程师互认资格的香港结构工程师在广东省注册执业管理办法》，广东省住房和城乡建设厅在广州举办2013年度面向香港建筑师、结构工程师的法规测试，57名香港建筑师、结构工程师通过测试。

（李婉纯）

【深化粤港澳合作】 2013年，广东省住房和城乡建设厅推动粤港澳合作。与港澳和国家有关部门沟通，牵头编制《粤港澳服务贸易自由化规划》“建筑服务”和“公用事业”相关内容，在建设从业人员注册执业、房地产以及公用事业方面作服务贸易自由化规划。经住房和城乡建设部批准，对取得内地注册监理工程师、注册建筑师、注册结构工程师、注册土木工程师（港口和航道）、注册公用设备工程师、注册电气工程师等资格的香港、澳门专业人士可在广东注册执业，并可作为广东省内工程设计企业申报企业资质所要求的注册执业人员予以认定。

2013年，广东省住房和城乡建设厅与香港特别行政区政府发展局组织香港建筑师、结构工程师的法规培训测试。通过政策宣讲和推广，激发香港专业人士前来广东创业的热情。截至年底，在香港专业人士中，2名监理工程师、13名房地产估价师、11名建筑师、74名造价工程师在广东注册执业。

（何志坚）

【其他合作与交流】 2013年，广东省住房和城乡建设厅落实珠江三角洲“四年大发展”工作部署，推进广佛同城化，支持广州南沙、深圳坪山、珠海横琴、佛山中德工业服务区、东莞水乡特色经济区、中山翠亨新区、肇庆新区等战略平台规划和示范项目建设；与美国能源基金会接洽，就低碳生态城市建设寻求国际合作；组织全省规划建设部门管理人员和技术骨干赴英国伦敦大学参加可持续发展和宜居城市规划建设培训班，系统性学习英国城市规划和建设管理体系、大都市市区规划和管理、低碳城市建设、环城绿带建设、绿色交通、城市更新、滨水地区开发、历史文化遗产保护、后奥运时代的城市转型等。

（曹滢）

城乡规划

□ 省部合作共建低碳生态城市建设示范省

□ 绿道建设管理和生态控制线划定

□ 广东省新型城镇化规划专题研究

□ 《广东省慢行交通规划指引》编制

□ 绿道网规划建设向绿色基础设施升级

综　　述

【概况】　2013年，广东省积极推进新型城镇化建设，以提高城镇化发展水平和推进生态文明建设为主线，谋划全省新型城镇化发展战略。推进粤东西北地级市中心城区扩容提质，开展低碳生态城市建设，打造绿道升级版，全省城乡规划各项工作取得新成效。年内，省政府与住房和城乡建设部签署全国首个《关于共建低碳生态城市建设示范省合作框架协议》，促进全省低碳生态城市建设打开新局面；全省累计建成绿道9481千米，其中珠江三角洲累计建成绿道8298千米，粤东西北地区累计建成省立绿道1186千米。出台《广东省绿道建设管理规定》，推动绿道网规划建设向绿色基础设施升级。全年对近700宗“三旧”改造需完善历史用地手续的项目提出规划审查意见。广东省城镇化率67.76%，全省城镇化发展进入新阶段。但是当前全省城乡规划发展存在不足，区域发展不平衡问题突出，城乡建设模式粗放，城乡特色不够鲜明，公共服务和基础设施配套不足。

【共建低碳生态城市建设示范省合作框架协议】　2013年11月25日，广东省人民政府与住房和城乡建设部签署《关于共建低碳生态城市建设示范省合作框架协议》，明确双方在推动城乡规划创新转型、加强城市基础设施建设、实施绿色建筑行动计划、改革创新体制机制等领域全面深化省部合作，力争到2020年，广东省成为全国领先的低碳生态城市建设示范省。（曹滢）

【绿道建设管理和生态控制线划定宣传贯彻培训班】　2013年11月25~28日，广东省住房和城乡建设厅在广州市举办广东省绿道建设管理和生态控制线划定工作宣传贯彻培训班，宣传贯彻《广东省绿道建设管理规定》，就推动绿道网向绿色基础设施升级、生态控制线划定和管理、低碳生态城市建设等开展学习培训，并到广州、东莞等地实地踏勘。培训班特别邀请英国伦敦大学、荷兰代尔夫特理工大学和国内相关领域的9位专家授课，全省绿道网及生态控制线规划建设管理等相关部门负责人和专业技术人员200多人参加。

【全省社区体育公园规划建设现场会】　于2013年12月19~20日在珠海市召开。广东省副省长许瑞生出席并讲话，省体育局、住房和城乡建设厅、环保厅、国土资源厅负责人，以及参加全省第十五期市长(书记)城建专题研究班的各市市长和各市规划、建设、国土、体育主管部门负责人等170多人参加。许瑞生带领与会人员先后实地考察珠海市规划展览馆、华发健身广场、大镜山社区体育公园、碧涛社区体育公园，详细了解珠海社区公园建设进展情况，部署在全省全面开展社区体育公园建设。（夏依萍）

城乡规划编制与研究

【概况】　2013年，广东省住房和城乡建设厅开展系列规划创新工作，包括30多项专题研究，涵盖新型城镇化、珠江三角洲城乡规划一体化中期评估、慢行交通规划、空间发展权转移机制及低碳生态城市规划建设等方面。牵头开展《广东省新型城镇化规划》研究，主动对接国家新型城镇化规划，谋划全省新型城镇化发展战略；开展广东创建新型城镇化示范省专题研究，探索具有示范带动意义的新型城镇化发展道路；开展《广东省城镇化发展“十二五”规划》中期评估，组织开展新型城镇化评估指标体系研究，促进新型城镇化绩效考核；筹划组建广东省城镇化智库机构，为省委、省政府推进新型城镇化提供智力支持；组织开展城乡统一建设用地市场、构建空间规划体系、空间发展权转移、城市开发边界等专题研究，为落实中共十八届三中全会和中央城镇化工作会议精神提供借鉴；加快推进广东省智慧城乡空间信息平台立项，为全省城镇化发展提供空间信息支持。（曹滢）

【广东省新型城镇化规划专题研究】　2013年7月，广东省住房和城乡建设厅委托中国城市规划设计研究院组织国内近10个高水平的规划研究单位和高等院校开展广东省新型城镇化发展战略规划研究；形成9大专题研究报告，涵盖珠江三角洲世界级城市群国际竞争力研究、人口流动与市民化研究、海陆统筹研究、行政区划战略研究、地域文化与地域形态研究等相关内容。（苏西超）

【广东省城镇化“十二五”规划中期评估】　2013年，广东省住房和城乡建设厅组织开展广东省城镇化“十二五”规划中期评估。评估认为：规划实施以来，广东省城镇体系格局进一步优化，城镇拓展模式开始转型，以岭南文化复兴工程为代表的文化设施建设取得新进展。住房保障有所加强，宜居城乡建设水平提高，实现主要规划目标。但是全省区域差距仍然显著，城乡一体化任务艰巨，设施服务水平欠账较多，城镇化整体格局有待调整。评估提出调整相应指标和完善体制机制等建议。（杨宇）

【珠江三角洲城乡规划一体化规划中期评估】　2013年，广东省住房和城乡建设厅牵头组织珠江三角洲城乡规划一体化专责工作小组开展珠江三角洲一体化规划中期评估。评估认为《珠江三角洲城乡规划一体化规划》提出的8大任务25项近期重点项目绝大部分超额完成中期目标。下一步需要在推进全省城镇化战略研究，推动城际合作深度开展，提升城乡建设的绿色低碳水平，优化城乡规划建设管理等方面制定相应措施促进珠江三角洲城乡规划一体化全面落实。相关评估报告报送广东省规划纲要办公室。

（杨宇）

【广东省慢行交通规划指引】 城市慢行交通系统是低碳生态城市建设的重要内容，以步行和自行车交通为代表的城市慢行交通系统是预防和缓解交通拥堵、减少大气污染和能源消耗的重要途径，关系广大群众的生产生活和城市可持续发展。步行和自行车交通出行灵活、准时，是解决中短距离出行和接驳换乘的理想交通方式，是城市综合交通体系的重要组成部分。

2013年，广东省住房和城乡建设厅组织编制《广东省慢行交通规划指引》(简称《指引》)，于2013年9月完成初稿，广泛征求省直相关部门和全省各地市城乡规划、交通、环境等部门意见。截至年底，根据各部门提出的意见和建议，省住房和城乡建设厅对《指引》进行修改和完善。

【广东绿道规划设计和实践探索】 2013年9月，广东省住房和城乡建设厅组织编制《广东绿道规划设计和实践探索》，全面回顾广东省绿道网规划建设实施历程。通过梳理全省各地绿道的规划、设计、建设、管理、利用等历史细节，使社会各界人士全面了解绿道建设起源和中外绿道差异，为全国绿道网规划建设实践提供借鉴，促进绿道建设事业健康发展。（李鑫）

【空间发展权转移机制研究】 2013年，由广东省住房和城乡建设厅开展《关于建立空间权转移制度的规定》研究，探索建立空间保护机制和利益平衡机制。是年，省住房和城乡建设厅、深圳市规划和国土资源委员会、深圳市规划和国土发展研究中心联合组成工作组，到梅州、潮州、广州、佛山、江门等市调研，于2013年4月形成广东省建立空间权转移制度研究主报告和《国内外城市空间权政策及案例研究》《广东省空间权管理现状及问题》《空间权的内涵、作用理论研究》3个专题报告。研究在保障政府、业主和开发商多方利益的前提下，与现有《物权法》和城乡规划、国土、“三旧”改造制度衔接，探索发展权转移、容积率转移的政策机制，解决当前全省快速城镇化进程中部分城市开发强度失控、历史文脉消失、利益分配不均等问题，促进全省城乡规划整体目标实现，推动社会、经济、文化、生态等协调发展。

【低碳生态城市建设专项研究】 2013年，广东省住房和城乡建设厅组织编制《广东省低碳生态城市建设专项规划编制指引》《广东省低碳生态城市建设评价指标体系》《广东省绿色生态示范城区规划建设指引》《广东省低碳生态城乡规划管理规程》《广东省低碳生态社区评估标准》《广东省旧社区低碳生态化改造建设指引》《广东省低影响开发应用技术指引》《广东省慢行交通规划指引》《广东省生态控制线划定工作指引》《城市热岛效应技术指引》《建筑工程绿色施工评价标准》《广东省绿色建筑设计标准》《广东省城镇排水防涝设施普查数据采集与管理指引》等技术标准，为全省各市开展低碳生态城市建设提供指导。年内，以广州、深圳市为试点，探索在规划许可、土地出让、设计招标、施工图审查、施工招标与竣工验收等关键环节，建立从规划编制到实施全过程的低碳生态城市建设管理机制，将低碳生态主要目标和技术指标落实到各层次的法定城乡规划中。（曹滢）

【城市绿色基础规划设计专题研究】 2013年，广东省住房和城乡建设厅委托深圳市北林苑景观和建筑规划设计院有限公司开展《城市绿色基础设施规划设计导则》（简称《导则》）研究。《导则》以广东省现有绿道网规划建设为基础，以绿道升级工作为突破口，对全省各市市域范围内的绿色基础设施规划建设提供指导。《导则》促进全省各市开展市域层面的绿色基础设施规划建设和管理，切实保障区域生态安全，提升城市生态环境。

（王燕军）

规划实施与管理

【概况】 2013年，为提高广东省城乡规划统筹能力，推动经济发展方式转型，广东省住房和城乡建设厅进行系列探索：一是为推动《广东省城乡规划条例》实施，指导全省城乡规划建设系统解读条例新规定、新要求，在广州、深圳市，以及珠三角、粤东、粤西等划分片区设立培训点，统筹开展培训。截至年底，先后在广州、深圳、顺德、汕头、湛江等开展专题宣传贯彻培训，全省近2000名规划工作者参加。二是推进珠江三角洲城际轨道站场TOD开发模式。截至年底，牵头完成两批13个站场的示范性规划，安排第三批规划站点选取、编

·链接·　**低碳生态城市**

低碳生态城市指围绕能源消耗、经济模式、环境改善等方面，将低碳目标与生态理念融合起来，实现“人—城市—自然环境”和谐共生的复合人居系统。具有复合性、多样性、操作性、高效性、循环性、共生性、和谐性等基本特征，是城市发展可持续思想的具体化，是城市发展低碳模式和生态化的体现落实。

制完成站场周边土地控制性详细规划备案，根据低碳、集约、多样、高效和人性化理念，将站点周边地区打造成为新型城镇化的新载体和示范区，为统筹全省城乡区域发展、加快珠江三角洲一体化进程奠定基础。是年，指导全省各地市制定“三旧”改造规划，促进节约集约用地；规范省产业转移工作园规划认定，引导和推动省产业转移工作集约、节约、科学、发展；指导全省各地城乡规划科学实施管理，推动珠江三角洲城市从规模扩张转向存量挖潜，粤东西北地区城市做大做强中心城区；围绕“三促进一保持”（指促进提高自主创新能力、促进传统产业转型升级、促进建设现代产业体系、保持经济较平稳）目标要求，加强和完善重大建设项目选址管理等。

【城乡规划审查】 2013年，广东省住房和城乡建设厅加强城乡规划审查和管理。先后对《广州市城市总体规划（2011~2020）》《湛江市城市总体规划（2012~2020）》审查报批进行全程跟踪服务、监督和指导，保持与住房和城乡建设部、省直有关部门及全省各市的沟通协调；组织开展《汕尾市城市总体规划（2012~2020）》《肇庆新区城市总体规划（2012~2020）》《湛江市东海岛总体规划（2013~2030）》《雷州市城市总体规划（2010~2020）》《阳春市城市总体规划（2011~2020）》《兴宁市城市总体规划（2010~2020）》《开平市城市总体规划纲要（2011~2020）》《高要市城市总体规划纲要（2012~2020）》《四会市城市总体规划纲要（2010~2020）》等总体规划编制成果技术审查，对《梅州市城市总体规划（1993~2015）》《肇庆市城市总体规划（2010~2020）》《台山市城市总体规划（2010~2020）》《连州市城区总体规划（1993~2015）》《南雄市城市总体规划（2012~2020）》修改工作提出指导和审查意见。 *（曹滢）*

【重大建设项目规划选址】 2013年，广东省住房和城乡建设厅落实中央和全省“扩大内需、促进经济增长”有关政策，加快推进建设项目选址审批进度。将国家、广东省重点项目纳入“绿色通道”审批，采取与环保、国土、水利、地震、文物等专业主管部门并联审批办法，不以其他部门审批作为前置条件，缩短办理时间，加快重点项目选址审批进度，确保10个工作日内为国家和广东省重点项目核发选址意见书。截至年底，全年依法核发63个建设项目规划选址意见书。

【中心城区和新区规划建设】 中共广东省第十一次党代会作出“支持粤东西北地级市城区扩容提质、聚集发展、率先崛起”重要战略部署。2012年10月，省委、省政府印发《广东省促进粤东西北地区地级市城区扩容提质五年行动计划》，明确今后5年粤东西北各地级市做大做强的重点工作。在这一战略和行动计划的指导下，粤东西北各地级市从实际出发，掀起新一轮以加快产业、人口、城市“三个扩容”和产业、人口、城市、生活“四个提质”为重点的新型城市化进程。

2013年，粤东西北地区各地级市把城市新区和重点片区建设作为扩容提质的重要发展平台，坚持高起点规划、高标准建设，并统筹各类资源，增强城乡区域发展的辐射带动作用。截至年底，全省各市重点新区和重大平台建设均顺利推进。

在粤东，汕头谋划建设海湾新区，总规划面积约480平方千米，加快形成以东海岸新城、珠港新城、濠江滨海新城、中国皓城、澄海六合新城、粤东物流新城、南澳实验区等构成的“六城一区”七大功能组团的空间布局。2013年，汕头海湾新区项目经广东省批准上升为省级平台，新区建设迈出关键性步伐。

在粤西，湛江按照打造城市副中心的目标，加快海东新区建设步伐，统筹推进路网、电网、供水、生活污水和垃圾处理等市政设施建设，规划一批教育、居住、商贸和公共服务设施项目，推动湛江市城区向东拓展，打造更亮丽城市新名片。以广东省第十四届运动会主场馆建设为龙头，重点完善体育公园、游艇码头、东海岸观海长廊、桥东公园等配套设施建设。

在粤北，2013年，韶关以芙蓉新城建设为核心，推动城市和产业集聚发展，按照“一心五组团”（由老城区和芙蓉新城区组成的城市区，由马坝、韶大、白土、龙归、茨菇塘组成的五个组团）发展规划，明确各功能区的功能定位和布局，并以交通建设为先导，以大型产业园为依托，积极引导金融街、中央商务区、总部基地、专业市场、城市综合体等产业带动项目落户新城，加快城市各组团融入中心城区步伐。

粤东西北其他地级市因地制宜，在扩容提质上发力。潮州市推进韩东新区城市建设；揭阳市打造空港经济区；茂名市全力推进滨海新区建设；阳江市以“产业扩容、人口扩容、城区扩容”为目标，推进城区扩容；河源市以“一湖两江三园四山五城”（“一湖”指万绿湖；“两江”指东江和新丰江；“三园”指客家文化公园、恐龙文化公园、东江文化公园；“四山”指桂山、越王山、笔架山、梧桐山；“五城”指五个县城的旅游基础设施和配套设施）为重点，建设山水园林生态城市；梅州市按照“一核两轴三组团”（以梅州市区为核心、以梅江为纽带，从西到东打造产业发展轴、自北向南打造城市功能轴，以及畲江、梅城、雁丙三大组团）发展思路，规划建设江南新城；清远市加速打造广东省职教基地、燕湖新城、莲湖工业园三大平台；云浮市按照“一网一心三带四组团”（“一网”指山水格局的大生态绿网；“一心”指城市公共休闲、生产服务和行政服务一体的复合中心；“三带”指西江发展带、城市扩容带和产业提质带；“四组团”指云城组团、六都组团、都杨组团和腰古组团）规划理念格局，加快云浮新区建设。（曹滢）

【生态控制线划定】 为贯彻落实中共党的十八大精神，推进生态文明建设，构建科学合理、与新型城镇化相适应的生态安全格局，2013年10月10日广东省人民政府印发《关于在全省范围内开展生态控制线划定工作的通知》，广东省成为全国率先启动“生态控制线划定”省份之一，在生态文明建设方面继续先行先试。

为指导全省各地级以上市组织开展生态控制线划定，广东省住房和城乡建设厅组织编制《广东省城市生态控制线划定工作指引》，征询全省各地级以上市和省直有关部门意见。通过建立健全管理机制，加强城市生态控制线对城乡生产、生活、生态空间管制。《广东省生态控制线管理条例》于2013年8月13日通过省人大立法项目论证，纳入近年立法计划。（李鑫）

【珠江三角洲城际轨道TOD开发模式推行】 2013年，广东省住房和城乡建设厅组织相关规划设计单位技术骨干联合组成规划技术组，对珠江三角洲城际轨道第二批佛山西站、狮山站、张槎站、北滘站、陈村站、狮山工业园站、云东海站7个站场开展TOD综合开发规划。

TOD综合开发规划第二批第一组张槎、陈村两站于2012年9月底征求有关部门意见。广东省住房和城乡建设厅组织规划技术组开展第二批第二组北滘站、佛山西站、狮山站、狮山工业园站、云东海站5个站场TOD综合开发规划编制。2013年2月，第二组5个站场TOD规划形成初步方案，广东省住房和城乡建设厅组织召开多次多部门技术审查会议，对规划方案提出修改完善建议。为确保规划方案务实可行，组织规划技术组与佛山市跟站场所在的区、街道相关部门反复沟通，并协调佛山西站综合交通枢纽工程前期咨询、广佛环线北滘综合检修基地选址研究等具有重要影响的相关工作；2013年11月，省住房和城乡建设厅印发《关于征求珠三角城际轨道第二批站场TOD综合开发规划意见的函》，就第二批第二组TOD规划内容征求佛山市人民政府、省发展改革委、国土资源厅、交通运输厅、铁投集团、珠江三角洲城际轨道公司等有关部门意见，归纳、梳理27条建议和意见。同时，深入研究和合理吸纳有关意见，并与佛山市人民政府、顺德区人民政府、省铁投集团、珠江三角洲城际轨道公司等相关主体沟通协调，修改完成规划上报稿。

该轮规划是一个面向实施的规划，体现广东省人民政府对于推进城际轨道交通沿线土地综合开发的部署，取得以下效果：一是强化区域功能网络体系，明确各站场综合开发的功能定位；二是体现以人为本的原则，以步行距离为依据划定站场周边综合开发的核心区和协调

·链接·

TOD

TOD是指以公共交通为导向的开发模式，是英语“transit-oriented development”的缩写。TOD是国际上具有代表性的城市社区开发模式，是新城市主义最具代表性的模式之一，是规划一个居民或者商业区时，使公共交通的使用最大化的一种非汽车化的规划设计方式。这个概念由新城市主义代表人物彼得·卡尔索尔普提出，当时为了解决二战后美国城市的无限制蔓延而采取的以公共交通为中枢，综合发展步行化城区。其中公共交通主要指地铁、轻轨等轨道交通及巴士干线，以公交站点为中心，以400~800米（5~10分钟步行路程）为半径，建立集工作、商业、文化、教育、居住等为一体的城区，实现各个城市组团紧凑型开发的有机协调模式。目前，TOD模式被广泛应用在城市开发中，尤其是在城市尚未成片开发的地区，通过前期对规划发展区的用地以较低的价格征用，并导入公共交通，使之成为出售基础设施完善的“熟地”，政府再从土地升值的回报中回收公共交通的前期投入。

▲珠江三角洲城际轨道交通站场TOD综合开发规划——佛山西站核心区城市设计意象图（2013）

（广东省住房和城乡建设厅城乡规划处供稿）

·链接·　**广州市民国建筑金陵台、妙高台被开发商强拆事件**

民国建筑金陵台、妙高台位于广州市诗书街，于1946年由香港商人所建。诗书街在民国期间是达官贵人聚居的地方，妙高台和金陵台建筑结构均为两层半，每层约100平方米，内墙采用棕红色意大利进口涂料，内设酸枝家具，粤剧名家薛觉先曾在上世纪50年代初入住妙高台4号。

金陵台地块于1994年被征收，1996年开始开发，后因资金未到位，工程烂尾。2007 年，广州市翠桦置业有限公司竞拍得到该地块，开始拆迁工作。因与居民在拆迁赔偿安置问题上没有达成共识，双方僵持。2012年5月15日，网友呼吁保护妙高台金陵台民国建筑，称这些老建筑在“紧急拆除中”，引起政府部门和市民的普遍关注。此后，广州市规划局、国土房管局、越秀区文广局等相关政府部门采取各种措施，包括发出缓拆令，作出初步经济测算和收地方案，告知翠桦公司拟实施收地和不收地保留该民国建筑继续开发两个方案等。广州市规划局于2013年3~5月多次催促翠桦公司提交保留民国建筑继续开发的设计方案，但是翠桦公司一直拖延。截至2013年6月11日凌晨，翠桦公司悄悄违法拆除金陵台2号、4号与妙高台1号、3号的残留部分和尚完好的诗书路69号、69号之一，引起社会高度关注；6月18日下午，广州市市长陈建华主持召开市政府常务会议，决定成立调查组对该事件进行全面调查；7月5日，调查组召开新闻发布会公布调查结果，诗书路民国建筑被强拆事件被定性为“影响极坏”“情节恶劣的违法事件”，一是翠桦公司在没有与被拆建筑7/8产权业主签订拆迁补偿安置协议、未进行拆迁补偿的前提下进行强拆，二是在拆迁许可证过期失效并且没有获得批准延期的情况下拆房。调查组提出5条对广州翠桦公司的处理意见，其中包括要求翠桦公司复建582平方米的民国建筑、建设主管部门将对翠桦公司房地产开发资质依法进行处理以及翠桦公司将因“故意损毁公私财物”被移交司法机关等。

强拆事件发生后，广州市人民政府吸取教训，紧急排查出26宗“疑似历史建筑”，采取紧急保护措施。随后，广州市筹备开展地毯式的第五次文物普查和历史建筑，并对认定的历史建筑挂牌，实行对历史建筑的预保护。

区范围；三是探索集约紧凑布局、高品质开发的土地利用模式，明确站场周边土地综合利用功能布局；四是落实高效、人本、低碳的理念，构建零换乘综合交通体系；五是营造宜居、美观、活力的城市环境，规划设计高品质的公共空间；六是实现有利实施、区域整体利益最大化的目标，合理确定省市合作开发备选用地及其启动区的范围、控制指标和支持政策。同时规划成果协调平衡各方主体利益，有效指导各有关单位和各相关市开展站场TOD综合开发。（张莞莅）

【历史文化遗产保护】 2013年7月25~26日，广东省住房和城乡建设厅牵头联合省文化厅，组织省内6名专家对惠州市申报国家级历史名城进行初步技术审查，并组织符合条件的城市申报国家历史文化名城；7月29日，应广东电视台“权威访谈”栏目组邀请，省住房和城乡建设厅针对广州市民国建筑金陵台、妙高台被开发商强拆事件，结合广东省历史建筑保护现状和规划，向社会公众详细介绍，节目播出后社会反响良好；8月，省住房和城乡建设厅编写《关于进一步加强我省历史建筑保护工作的报告》，会同省文化厅、华南理工大学建筑学院研究制订《关于进一步加强我省历史建筑保护工作的意见》，向省政府提交开展广东省第四批历史文化街区评选申请。

【“三旧”改造】 2013年，广东省住房和城乡建设厅按照规划统筹、有序推进原则，积极稳妥推进“三旧”改造（指“旧城镇、旧厂房旧村庄”改造）专项规划实施管理。组织对全省各地上报的“三旧”改造方案进行规划审查，全年对近700个“三旧”改造需完善历史用地手续的项目提出规划审查意见，确保“三旧”改造符合规划要求。

（曹滢）

【产业与劳动力“双转移”】 2013年，广东省住房和城乡建设厅重视产业转移工业园规划审核，支持符合条件的省产业转移工业园申报和变更。按照《广东省产业转移工业园认定办法》，把好工业园规划审核关，对未满足相关要求的工业园规划，要求上报城市修改完善规划。全年完成10个省级产业园区规划审核。

2013年，广东省住房和城乡建设厅以实施《广东省产业园区规划制定的指导意见（试行）》为突破口，加强对产业转移园规划编制指导，引导工业园合理进行功能分区和空间布局，集约节约利用土地，统筹建设基础设施，注重与城市（镇）有机互动发展。提高全省各产业转移工业园规划成果质量，避免土地粗放利用，确保工业园集约和高效发展。

【“三规合一”机制】 2013年7月，住房和城乡建设部部长姜伟新带队到广东省调研，对广州市“三规合一”工作给予肯定，寄语在广州经验的基础上，在全国探索和推广“三规合一”的做法。副省长许瑞生高度关注“三规合一”推进情况，要求借鉴广州市“三规合一”经验和结合国家规范编制《广东省“三规合一”编制指南》。是年，省住房和城乡建设厅委托广州市“三规合一”工作领导小组办公室组织制定《广东省“三规合一”工作指南》，指导全省各地市形成“三规

·链接·　**“三规合一”**

“三规合一”指在理顺国民经济和社会发展规划、城乡规划、土地利用总体规划空间管理职能基础上，基于城乡空间布局的衔接与协调。具体讲是以国民经济和社会发展规划为指导，通过协调城乡规划与土地利用总体规划土地利用布局差异，确保“三规”在保护性空间、开发边界、城市规模等重要空间参数的一致性，并在统一的空间信息平台上划定城市增长边界控制线、产业区块控制线、生态控制线、基本农田控制线，优化城乡空间布局，有效配置土地资源，促进土地节约集约利用，提高政府行政效能。

合一”一张图，建立统一的信息平台和动态更新机制。（苏西超）

【南粤沙龙】　2013年，由广东省住房和城乡建设厅发起创办，广东省城乡规划设计研究院、广州地理研究所、深圳市蕾奥城市规划设计咨询有限公司等单位承办的“南粤沙龙”共计举办5期活动。来自省人大环资委、省住房和城乡建设厅，以及各地市规划管理部门、规划设计机构、高校等单位的领导、专家和规划设计人员参加。除第四期沙龙活动在深圳举行以后，其余各期沙龙活动均在广州举行。沙龙活动涵盖城市建设模式变迁、城市规划改革、珠江三角洲城市群空间形态优化和规划公众参与等主题。在沙龙活动中，嘉宾和专家们各抒己见，为提升城乡建设和管理水平提供前瞻性思路。（胡琼）

【绿道网建设升级】　2013年5月24日，广东省人民政府印发《绿道网建设2013年工作要点》，明确2013年全省绿道网建设工作重点是完善珠江三角洲地区绿道网络体系、加快绿道网综合功能开发和因地制宜推进粤东西北地区加快开展绿道网建设，推动绿道升级和系统建设绿色基础设施；7月，省住房和城乡建设厅委托省内规划设计机构开展关于生态安全格局、城镇化发展格局和绿道网建设升级规划研究。委托广州地理研究所撰写《广东省生态安全格局规划及政策研究》《基于生态文明的广东省生态安全格局与城镇化发展格局空间政策白皮书》，委托广东省城乡规划设计研究院撰写《基于生态文明的广东省城镇化发展格局规划及政策研究》，委托华南理工大学撰写《广东省优化镇生态安全格局和空间结构形态技术导则》，委托深圳市规划国土发展研究中心编制《广东省城市生态控制线划定工作指引》，委托深圳市北林苑景观及建筑规划设计院有限公司编制《城市绿色基础设施规划设计导则》，开展绿道升级专题研究和制定《广东省绿色基础设施建设总体规划纲要》；9月，由省住房和城乡建设厅带队，由广东省城乡规划设计研究院、北京大学深圳研究生院、深圳市规划国土发展研究中心、深圳市北林苑景观及建筑规划设计院有限公司和广州地理研究所组成的规划编制工作小组和专家组在东莞、梅州、湛江等地召开座谈会，就构建城乡生态安全格局、推动绿色基础设施建设、划定生态控制线等绿道网建设升级方面的基本情况、存在问题、发展诉求以及相应的对策、规划、构想等方面，听取当地规划建设部门汇报情况，并进行实地考察；10月10日，省政府印发《广东省人民政府关于在全省范围内开展生态线划定工作的通知》，明确全省各地级以上市生态控制线编制工作方案、划定成果提交时间、工作要求和保障措施；12月，《广东省城市生态控制线划定工作指引》和《城市绿色基础设施规划设计导则》完成初稿。（王燕军）

【2013年广东省岭南特色规划设计获奖项目选介】　中山市岐江河一河两岸（员峰桥至南外环段）滨水景观工程设计　中山市岐江河呈南北走向，全长39千米，河面宽80~200米，是石岐通往市内各镇，西、北江流域，以及往来港澳地区的主要航道。中山市岐江河一河两岸滨水景观工程位于北至员峰桥，南至南外环桥沿岐江河两岸的狭长区段，南北沿江总长度9千米，设计总面积25.53公顷。该项目由广东省城乡规划设计研究院景观工作室编制完成，获第二届“广东省岭南特色园林设计奖”铜奖。项目具有以下主要特色：(1) 挖掘文化和重塑历史。岐江河作为中山的“母亲河”，留下孙中山等众多革命先烈的足迹，也是商业发展起源地，有着浓厚的文化历史氛围。通过发掘中山历史文化，塑造城市空间和综合改造景观，展现岐江河厚重迷人的人文风情。(2) 完善设施和优化交通。重点完善综合交通、公园、广场和滨水护栏等设施建设。通过加建桥梁、优化路网、增加地下停车设施，加强两岸交通联系，缓解交通压力。(3) 拓展公共空间，打造特色水岸。通过开辟滨水开敞空间、重塑景观节点、完善公园建设等手段，改善滨水景观，营造特色水岸，为岐江游提供滨水景观。(4) 点亮光彩，营造创意空间。以先进科技和环保技术手段，点亮岐江沿岸光亮景观，展示中山作为灯饰之乡的特色风采。（余冰琼）

规划成果选介

【《广东省风景名胜区体系规划（2013~2030）》】　2013年3月，广东省住房和城乡建设厅委托省城乡规划设计研究院编制《广东省风景名胜区体系规划（2013~2030）》(简称《规划》)。《规划》提出发挥广东独特的自然和人文资源优势，对广东省风景名胜区体系等级、规模和空间分布进行重新梳理和统筹安排，建立规模更加合理、功能更加完备的风景名胜区体系发展格局；《规划》最终确定全省风景名胜区74处，其中新增风景名胜区48处，总面积0.33万平方千米，占全省国土面积比例1.84%，实现风景名胜区分布相对均衡布局，填补东莞市、珠海市、中山市、茂名市、揭阳市、河源市6市没有风景名胜区的空白。类型上在有资源条件的区域增加海滨海岛类、温泉类、生物景观类和地方文化类；让全省拥有除历史圣地类、壁画石窟类和陵寝类之外的其他11种类型的风景名胜区。规划在全省打造6条不同主题的、跨市域省域行政界线的风景旅游带，推动全省各地风景名胜区之间旅游协作发展。规划在管理体制方面提出建立自愿和指定相结合的申报体系，将风景名胜区申报建设纳入广东绿色GDP和粤东西北地区振兴发展等相关考核体系，将风景名胜区申报化被动为主动，推动地方参与风景名胜区体系建设。该项目于2013年10月8日通过省住房和城乡建设厅组织的专家评审。

（许玲）

【《汕潮揭城镇群发展规划（2013~2020）》】 该规划是汕潮揭同城化规划“1+6”（“1”指由广东省发展和改革委员会牵头制订推进同城化发展指导意见；“6”指由省交通运输厅牵头编制交通运输同城化发展规划，省发展和改革委员会牵头编制同城化重点项目建设规划，省经济和信息化委牵头编制同城化产业园区建设规划，省发展和改革委员会牵头编制基本公共服务同城化发展规划，省水利厅牵头编制水资源保护与利用规划，省住房和城乡建设厅牵头编制城镇群发展规划）规划体系中的重要规划之一。2013年3月，广东省城乡规划设计研究院开始编制《汕潮揭城镇群发展规划》（简称《规划》）。《规划》突出汕潮揭同城化导向，按照新型城镇化发展要求，通过优化空间格局和资源配置，构建资源共享、一体化融合发展的具有海洋和人文特色的汕潮揭城镇群，将其发展成为带动粤东地区发展增长极。《规划》提出“拓展发展腹地，深化区域合作”“明确职能分工，强化内部合作”“优化空间布局，推动绿色协同发展”“构建城际快速交通”“营造宜居生活空间”“塑造海滨邹鲁”（“邹鲁”指沿海文化昌盛之地）等6项主要任务，明确每项任务的实施措施和近期重点实施的战略性地区，并在共同编制规划、中心城区扩容提质、基础设施、公共服务、文化生态旅游、水资源保护与利用、生态环境整治等方面提出近期实施的重点项目。

（蔡穗虹　李宏志）

【《中新广州知识城主城区控制性详细规划》】 2013年8月，广东省城乡规划设计研究院和广东省建筑设计研究院受中新广州知识城管委会委托，联合编制《中新广州知识城主城区控制性详细规划》（简称《规划》）。《规划》明确中新广州知识城主城区的定位为中新合作的国家创新型区域核心区、珠江三角洲服务业对外开放创新区和科技金融中心、海内外优秀人才创新创业的重要基地、世界一流水平的生态宜居新城。《规划》突出环湖活力、世界地标、山水新城3大亮点：（1）塑造环九龙湖核心，营造滨湖活力区。以知识经济高端引领，环九龙湖布局科技研发、金融商务、文化创意、旅游休闲、生态居住五大功能，构建环湖活力功能带。（2）借鉴新加坡滨海湾经验，打造六大世界级地标。规划商务双塔、天际瀑布酒店、月亮桥博物馆、温室花园、莲花酒店、水上足球场六大世界级地标。（3）突出山水生态特色，构建蓝绿交融的山水新城。结合水系和山体布局形成3条生态廊道、6条滨水绿带，实现500米见绿的目标；以九龙湖为核心，向外扩散形成四通八达的水系网络，凸显岭南水乡特色。

（刘洁贞）

【《广东韶关芙蓉新区发展总体规划（2012~2030）》】 2013年6月，广东省城乡规划设计研究院受韶关市人民政府委托，编制《广东韶关芙蓉新区发展总体规划（2013~2030）》（简称《规划》）。《规划》明确芙蓉新区是韶关落实中心城区扩容提质、推动粤北地区振兴发展的重要突破口和平台，遵循“人本发展、绿色发展、工贸引领、产城融合、文化提升”的理念，打造国家老工业基地振兴发展与生态文明建设示范区、粤北地区中心城市核心区、粤湘赣现代商贸物流中心区，《规划》确定韶关芙蓉新区规划建设要点。（1）打造产城融合发展新格局，依托资源型城市转型、老工业基地振兴和“双转移”政策，构建“3+2”（“3”指发展三大现代特色工业：装备制造业、战略性新兴产业、传统优势产业；“2”指发展两大现代服务业：生产服务业和生活服务业）现代产业体系，发展关键基础零部件、循环型钢铁产业等装备制造业，加快发展商贸物流、职业教育培训等现代服务业，提升韶关对粤湘赣边界地区的服务辐射。（2）建设组团式现代化山水新区，以芙蓉新区为载体，疏解旧城功能和人口，改善旧城拥挤局面；以芙蓉新区为纽带，将韶关旧城、曲江城区联成一体，促进曲江融入主城区，打造新的韶关中心城区。（3）保护粤北绿色生态屏障，依托南岭生态优势和“三江六岸”（“三江”指武江、浈江和北江）自然山水格局，建设“青山环城、碧水连城、田园入城”的都市绿色生态景观，倡导低碳绿色生活方式，提高中心城区的承载力。该项目于2013年11月经省政府同意实施。

（陈昌勇）

城市基础设施建设与管理

□ 广东省城镇化建设项目金融合作

□ 广州地铁和深圳地铁线网总里程分别位居全国第三和全国第四

□ 全省环卫工作表扬会在广州市召开

□ 水质督察和四大流域水质预警系统建设

□ 农村生活垃圾处理设施建设纳入省政府十件民生实事

综　　述

【概况】 2013年，广东省加强城市基础设施建设，推动经济结构调整和发展方式转变。全省城镇建设完成固定资产投资额18877.46亿元，占全省固定资产投资额的82.7%；城市建设完成固定资产投资额750.70亿元；基础设施完成投资额5477.03亿元，占全省固定资产投资额的24%，比上年增长17.87%。建成区绿化覆盖率41.67%，城市人均公园绿地面积15.94平方米。城市用水人口4567.73万人，人均日生活用水量242.02升，城市用水普及率97.47%，城市燃气普及率96.89%，城市液化石油气年供气总量388.90万吨，城市天然气年供气总量123.17亿立方米。城市污水集中处理率92%，设市城市生活垃圾无害化处理率84.62%。全省建成城市地铁线路15条，总里程452.04千米。是年，广东省住房和城乡建设系统获"中国人居环境范例奖"1项、"广东省宜居环境范例奖"11项、"广东省岭南园林设计奖"12项。新增"国家园林城市"2个、"广东省园林城市"1个。全省城市基础建设不断发展，但是仍存在总量不足、标准不高和运行管理粗放等问题。

【城镇化建设项目金融合作】 2013年3月，广东省人民政府与中国农业银行签署《推进新型城镇化建设合作协议》，争取"十二五"期间农业银行向广东省提供1000亿元意向性信用额度，系统性支持城镇化建设项目；7月18日，国家开发银行广东省分行、中国农业银行广东省分行在广州分别与11个地级市签订粤东西北地级市中心城区扩容提质金融合作第一批项目贷款协议，涉及22个项目，总投资308.8亿元，贷款额度180亿元。项目覆盖棚户区改造、保障性住房建设、安置小区建设、土地储备、城市建设、园林开发、基础设施、县域旅游等新型城镇化建设领域；8月15日，省政府与国家开发银行签署《广东省政府国家开发银行开发性金融合作备忘录》，双方就开发性金融支持广东新型城镇化建设达成共识。根据合作备忘录，省政府和国家开发银行将在发展规划、项目建设、融资渠道、市场开发和风险防控等方面建立长期合作关系，促进全省经济转型升级，实现可持续发展；10月，省住房和城乡建设厅与汕尾市人民政府、国家开发银行广东省分行签署《加快中心城区扩容提质建设幸福美丽新汕尾新型城镇化开发性金融合作框架协议》三方签约，携手合作推进新型城镇化开发性金融合作项目。全年依据各市上报项目汇总形成892个资金需求，共4495.51亿元的新型城镇化建设项目库，并与广东省农行和国家开发银行及时对接，为助力全省各市新型城镇化金融贷款提供有力支持。

【《关于做好城市排水防涝设施建设工作的通知》贯彻落实】 2013年3月，国务院办公厅出台《关于做好城市排水防涝设施建设工作的通知》(简称《通知》)。《通知》明确提出2013年汛期前全省各地区要解决当前影响较大的严重积水内涝问题，避免因暴雨内涝造成人员伤亡和重大财产损失，要求在摸清现状基础上，编制完成城市排水防涝设施建设规划，力争用5年时间完成排水管网的雨污分流改造，用10年左右的时间，建成较为完善的城市排水防涝工程体系的目标任务。2013年，为提高全省城市排水防涝能力，广东省住房和城乡建设厅组织有关专家和部门研究落实，并代省政府起草贯彻落实意见，报省政府办公厅印发执行，明确近期全省城市排水防涝任务目标。同时专门部署几项重点工作，包括开展城市排水防涝设施现状普查、编制城市排水防涝专项规划、建设信息化管控平台、推行低影响开发建设模式、加强排水管理以及加快项目设施建设等。

【贺江水污染处置】 2013年7月，受广西贺州水污染事件影响，广东省肇庆市封开县境内的贺江段水质出现铊、镉指标超标，威胁贺江及下游西江流域群众饮用水安全。省住房和城乡建设厅迅速采取措施，召集广州自来水公司、深圳水务集团权威专家，分两组进驻肇庆市封开县江口水厂和南丰镇水厂，昼夜开展系列应急除铊技术试验。根据水厂设施老旧、虹吸过滤效率低的特点，量身定制取水泵房前移加药、更换混凝药剂等工艺改造方案并组织实施。经过改造，肇庆市封开县江口水厂、南丰镇水厂的出厂水和管网末梢水的铊、镉指标全部实现持续稳定，达到《生活饮用水卫生标准（GB-5749)》。省住房和城乡建设厅派驻专业技术人员坚守现场，直至贺江全线水质完全稳定和达标。

【《关于加强城市基础设施建设的意见》贯彻落实】 2013年9月，国务院出台《关于加强城市基础设施建设的意见》(简称《意见》)。《意见》明确当前加快城市基础设施升级改造重点任务。一是加强城市供水、污水、雨水、燃气、供热、通信等各类地下管网建设和改造，开展城市地下综合管廊试点。二是加强城市排水防涝防洪设施建设，解决城市积水内涝问题，用10年左右时间建成较完善的城市排水防涝、防洪工程体系。三是加强城市污水和生活垃圾处理设施建设。四是加强城市道路交通基础设施建设，发挥地铁等公共交通骨干作用。五是加强城市电网建设，推进城市电网智能化，提高电力系统利用率、安全可靠水平和电能质量。六是加强生态园林建设，提升城市绿地蓄洪排涝、补充地下水等功能。

广东省住房和城乡建设厅贯彻落实《意见》精神，分专题开展调研，分别组织专家技术组、地方主管部门、行业协会和企业召开不同类型的研讨会和座谈会，研究广东省加快城市基础设施升级改造的意见和措施。

【支援台风受灾地区城市基础设施建设】 2013年8~9月，广东省接连遭遇"尤特""天兔"等强台风袭击，全省出现大面积特大暴雨洪涝灾害，其中汕头、汕尾、惠州等地供排水管道部分受损，道路树木倒伏情况严重，淤泥垃圾成堆。省住房和城乡建设厅迅速启动应急响应，在台风"尤特"登陆期间分别组织供排水专家赶赴汕头、惠州支援救灾，指导维护修理排水管道；在台风"天兔"登陆期间，紧急从珠江三角洲各市调集垃圾压缩运输车、水车、转运车、绿化车等30多辆各种专业车辆以及一批树木切割粉碎设备，组织上百名专业人员赶赴汕头、汕尾协助当地清除垃圾和倒伏树木，在最短时间内恢复汕头、汕尾等市的交通和生活秩序。

【参加第九届中国（北京）国际园林博览会】 2012年1月，应北京市人民政府邀请，广东省人民政府组织珠江三角洲地区9市政府参加第九届中国（北京）国际园林博览会，并集中建设一个完整的岭南园林展区。经省住房和城乡建设厅组织协调，历经280天在北京市丰台区原垃圾填埋场上建起一座占地1.46万平方米的"岭南园"。"岭南园"是广东省参加历届园博会展园面积最大的园林展区。通过运用传统岭南园林的造园手法，营造"九曜春晓、月照名堂、南国红豆、雨打芭蕉、粤韵风华、渔歌晚唱、泮塘荷风、妆台绮绣、虹云飞韵、秋水龙吟"十景，体现岭南水乡特色，传承岭南园林的精髓和彰显岭南兼容、进取、务实、创新的文化精神。在展示期间，得到胡锦涛、李长春、汪洋等国家领导人的高度赞誉，受到专家和社会各界的广泛好评。2013年，根据住房和城乡建设部、北京园博会组委会的表彰通报，广东省获得17个奖项，11个单位和44人获奖，囊括该届园博会室外展园类的所有主要奖项，其中广东省人民政府获"突出贡献奖"，"岭南园"获第九届中国（北京）国际园林博览会最高奖项"室外展园综合大奖"。

【第二十个广东省环卫工人节】 2013年10月26日是广东省环卫工人节设立20周年纪念日。10月23日，全省环卫工作表扬会在广州市召开。省政府、省住房和城乡建设厅、人力资源和社会保障厅、总工会、财政厅等有关部门领导出席，130名广东省优秀环卫工人、25个全省环卫工作先进集体代表和各地环卫主管部门负责人约220人参加。会议内容包括贯彻落实党的群众路线教育，弘扬环卫工人吃苦耐劳、无私奉献的精神，营造全社会关爱环卫工人、关心环卫事业、尊重环卫工人劳动成果的良好氛围，切实提高环卫工人待遇，实现全省环卫事业健康发展。会议表彰25个广东省环卫工作先进集体和130名广东省优秀环卫工人，并向获"广东省环卫工作先进集体"称号的单位和获"广东省优秀环卫工人"称号的个人颁发荣誉证书。是日下午，继续召开全省环卫工人代表座谈会。围绕全省环卫工人待遇、环卫事业发展等问题进行研究讨论。在纪念广东省环卫工人节期间，省政府和全省各级政府开展慰问环卫工人的活动。 *(梁季红)*

2013年广东省城市建设设施水平与全国对比情况

指　标	全国城市平均设施水平	广东省城市平均设施水平	设施水平对比（+/-）
人口密度	2362（人/平方千米）	3066（人/平方千米）	+704（人/平方千米）
人均日生活用水量	173.51（升）	242.02（升）	+68.51（升）
用水普及率	97.56%	97.47%	-0.09%
燃气普及率	94.25%	96.89%	+2.64百分点
人均道路面积	14.87（平方米）	13.12（平方米）	-1.75（平方米）
污水处理率	89.34%	92.15%	+2.81百分点
污水集中处理率	84.53%	92%	+7.47百分点
生活垃圾无害化处理率	89.30%	84.62%	-4.68百分点
建城区绿化覆盖率	39.70%	41.67%	+1.97百分点
建城区绿地率	35.78%	37.2%	+1.42百分点
人均公园绿地面积	12.64（平方米）	15.94（平方米）	+3.3（平方米）

注：本表各项人均指标除人均日生活用水量外，均以城区人口和城区暂住人口合计为分母计算 *(冯育文)*

2013年广东省设市城市市政公用设施情况

地区名称	人口密度(人/平方千米)	人均日生活用水量(升)	用水普及率(%)	燃气普及率(%)	建成区供水管道密度(千米/平方千米)	人均城市道路面积(平方米)	建成区排水管道密度(千米/平方千米)	污水处理率		人均公园绿地面积(平方米)	建成区绿化覆盖率(%)	建成区绿地率(%)	生活垃圾处理率	
								(%)	污水处理厂集中处理率(%)				(%)	生活垃圾无害化处理率(%)
全　省	3066	242.02	97.47	96.89	17.65	13.12	6.9	92.15	92	15.94	41.67	37.2	93.02	84.62
广州市	7614	330.21	99.71	99.6	16.89	9.64	9.33	91.38	91.38	19.92	41.01	35.65	87.05	87.05
增城市	1361	248.4	100	60.81	10.93	8.05	8.41	99.99	99.99	17.9	39.59	36.6	48.9	48.9
从化市	570	210.13	90.85	100	22.95	8.54	8.16	55.57	55.57	14.8	29.16	28.32	100	100
韶关市	5963	249.68	96.5	93.59	22.76	13.27	5.49	81.46	81.46	12.14	46.11	43.14	98.12	98.12
乐昌市	217	123.38	95.09	87.16	10.09	6.03	0.3	67.11	67.11	10.7	27.91	24.24	100	100
南雄市	4622	118.3	86.36	57.27	5.82	7.7	4.96	76.36	76.36	10.91	28.13	15.69	49.47	0
深圳市	5323	227.08	100	100	18.3	10.82	0	96.22	96.22	16.7	45.07	39.18	98.36	98.36
珠海市	2079	282.59	99.66	99.56	23.68	29.89	11.31	88.52	88.52	18.5	64.64	53.08	100	100
汕头市	4130	204.34	92.51	98	10.67	9.96	6.73	91.95	91.95	13.9	41.81	40.13	80.62	80.62
佛山市	2934	320.11	100	99.85	27.89	15.42	15.21	94.28	94.28	12.13	39.7	37.33	99.36	99.36
江门市	2090	202.65	97.7	98.43	12.64	18.84	8.76	88.85	88.85	17.35	43.14	41.18	100	100
台山市	7782	255.09	94.94	90.03	23.52	12.18	9.46	89.23	89.23	13.75	36.42	32.29	100	100
开平市	1444	151.54	91.34	88.61	15.55	11.1	0.5	80.04	80.04	0	28.66	25.44	100	100
鹤山市	1619	461.29	100	95.07	17.78	31.38	11.97	86.36	86.36	13.13	29.71	28.22	100	100
恩平市	2085	148.42	95.97	91.17	28.5	13.47	5.93	79.6	72.47	15.04	36.75	29.12	100	100
湛江市	7821	200.35	97.55	99.17	11.23	11.29	5.73	89.96	89.96	12.93	40.76	36.81	100	100
廉江市	4888	187.12	88.11	92.25	50.59	9.46	7.57	55.04	55.04	29.34	39.28	38.94	100	0
雷州市	5583	113.66	80.36	70.42	10.39	7.15	3.6	92.68	92.68	7.79	24.63	24.19	100	0
吴川市	5491	173.34	87.61	72.51	14.48	10.66	7.41	61.71	61.71	12.88	34.04	32	98.49	0
茂名市	4200	260.8	99.84	99.18	8.83	10.99	3.56	86.7	86.7	12.58	32.41	30.55	93.81	93.81
高州市	2076	98.95	100	100	7.23	5.56	5.01	92.69	92.69	11.6	36.05	30.54	100	100
化州市	3827	127.63	100	99.52	5.53	4.47	2.87	75.97	75.97	4.21	29.23	25.09	100	100
信宜市	4658	94.06	100	100	9.17	4.16	4.58	87.26	87.26	8.73	38.54	29.67	0	0
肇庆市	1397	278.33	99.96	98.75	19.66	19.31	8.29	94.1	94.1	21.67	35.45	29.95	98.73	98.73
高要市	1804	157.57	91.3	94.01	3.97	13.09	4.9	81.58	61.17	18.52	38.25	36.58	100	100
四会市	4760	208.24	93.7	99.79	5.49	17.15	9.64	80.71	80.71	8.95	25.76	25.88	86.89	86.89
惠州市	1557	236.95	97.53	94.86	9.2	13.85	9.87	97.03	97.03	16.8	36	32.51	88.16	88.16
梅州市	2529	184.63	96.49	93.08	7.7	18	10.32	79.99	79.99	12.83	42.88	36.44	100	100
兴宁市	2182	171.91	92.42	90.53	11.33	11.89	15.89	48.96	48.96	11.55	39.67	31.01	100	100
汕尾市	825	186.55	93.44	93.44	30.17	11.15	15.44	86.01	86.01	13.21	41.99	40.84	80.04	80.04
陆丰市	3904	152.79	91.58	79.19	59.09	9.99	8.26	66.03	66.03	7.82	30.93	29.94	0	0
河源市	9294	279.05	100	100	27.01	13.8	12.18	89.39	89.39	12.36	44.32	40.8	100	100
阳江市	1115	214.83	100	95.2	16.66	16.38	8.34	81.81	81.81	11.51	38.3	35.25	100	100
阳春市	663	145.24	98.54	92.31	38.53	6.51	4.96	79.8	79.8	10.37	37.97	35.33	0	0
清远市	1231	320.91	98.79	98.37	35.86	31.4	9.56	83.81	83.81	15.94	40.59	35.53	100	100
英德市	997	140.02	99.46	89.7	10.24	21.54	11.6	96.11	96.11	18.22	36.22	34.89	100	0
连州市	1774	124.04	84.57	81.04	8.58	29.07	8.48	94.54	94.54	13.96	38.19	36.48	100	0
东莞市	2526	227.02	100	97.93	22.22	21.39	8.23	95.2	95.2	16.71	45.95	42.97	100	63.71
中山市	2652	134.18	100	100	15.36	15.05	9.94	90.7	90.7	17.41	40.62	33.71	100	100
潮州市	2366	214.82	100	100	13.48	12.02	7.87	86.27	86.27	13.08	44.27	39.9	100	100
揭阳市	2058	54.99	72.49	80.98	7.27	3.55	0.6	74.08	74.08	8.39	29.84	25.3	92.99	92.99
普宁市	4754	148.16	95.96	85.46	5.64	15.2	6.7	62.98	62.98	4.03	34.68	31.47	0	0
云浮市	2554	243.26	99.72	95.1	49.42	4.25	4.06	98.64	81.54	13.52	39.74	36.65	100	100
罗定市	4539	95.16	98.96	87.47	14.35	4.49	2.25	87.27	76.76	11.61	35.3	14.19	100	100

注：东莞市包含全行政区域范围数据，2005年全部列入城建统计范围，各县不列入统计范围　*（冯育文）*

2013年广东省城市市政公用设施建设固定资产投资资金来源情况

单位：万元

地区名称	本年实际到位资金合计	上年末结余资金	本年资金来源										各项应付款
			小 计	国家预算资金	单位自有资金	国内贷款	债 券	利用外资	中央预算资金	自筹资金	外商直接投资	其他资金	
广东省	7370642	481486	6889156	1406378	105020	2042615	612	86440	86440	2304105	309934	1049006	550604
广州市	3053476	194560	2858916	603037	86816	1681279	612	0	0	250394	151703	323594	20493
深圳市	2261526	223883	2037643	469323	0	6101	0	0	0	1534124	49537	28095	52
珠海市	302902	1316	301586	52727	803	24572	0	0	0	14974	14974	209313	8424
汕头市	73361	1625	71736	46382	5300	0	0	0	0	6444	1844	18910	80
佛山市	112811	2396	110415	9803	0	4342	0	0	0	51200	16008	45070	983
韶关市	9782	0	9782	7552	0	0	0	0	0	284	0	1946	120
河源市	33464	0	33464	1694	0	3000	0	0	0	13970	11010	14800	13655
梅州市	15155	0	15155	7858	0	0	0	0	0	7297	6447	0	0
惠州市	124484	7414	117070	19552	0	0	0	0	0	29174	0	68344	5290
汕尾市	30700	625	30075	0	0	0	0	0	0	21500	16400	8575	0
东莞市	303467	5215	298252	0	0	238575	0	0	0	54052	0	5625	55197
中山市	87575	619	86956	86337	0	0	0	0	0	619	619	0	366258
江门市	265592	30919	234673	11349	3101	67069	0	3000	3000	57855	23876	95400	40018
阳江市	37924	0	37924	26384	0	0	0	0	0	1500	0	10040	0
湛江市	8986	0	8986	4110	900	0	0	0	0	54	0	4822	4042
茂名市	47305	3943	43362	17844	8100	1800	0	3390	3390	13028	2648	7300	27573
肇庆市	259629	8795	250834	41841	0	15877	0	0	0	16670	8195	176446	4238
清远市	42937	0	42937	0	0	0	0	50	50	18310	3495	24577	1978
潮州市	5647	0	5647	0	0	0	0	0	0	0	0	5647	1959
揭阳市	290731	0	290731	0	0	0	0	80000	80000	210731	1956	0	0
云浮市	3188	176	3012	585	0	0	0	0	0	1925	1222	502	244

注：深圳市数据为深圳市城管局提供的部分数据

（冯育文）

2013年广东省城市公用事业价格和收费标准

地区名称	居民生活用水价格(元/立方米)	居民用人工煤气价格(元/立方米)	居民用天然气价格(元/立方米)	天然气汽车加气价格(元/立方米)	居民用液化石油气价格(元/公斤)	液化石油气汽车加气价格(元/升)	居民生活污水处理收费标准(元/立方米)	非居民生活污水处理收费标准(元/立方米)
广东省	1.64	20.7	4.44	34.92	8.25	7.13	0.78	0.99
广州市	1.98	0	3.45	0	14.5	0	0.9	1.4
增城市	1.25	0	0	0	0	0	0.7	0
从化市	1	0	4.6	0	7.1	0	0.7	0.9
韶关市	1.83	0	4.8	0	9.1	0	0.55	0.65
乐昌市	1.4	0	5.5	0	7.45	0	0.5	0
南雄市	2	0	0	0	8.5	0	0.6	0
深圳市	2.3	0	3.5	0	8.31	0	1.05	0
珠海市	1.38	0	4.9	0	19.3	0	0	0
汕头市	1.78	0	4.8	0	8.48	0	0	0
佛山市	1.37	0	3.65	0	8.23	0	0.94	1.22
江门市	1.42	0	3.5	9.93	8.66	6.25	0.7	0.9
台山市	1.42	20.7	0	0	8.3	0	0.6	1.1
开平市	1.75	0	3.5	0	8.55	0	0.7	0
鹤山市	1.17	0	0	0	–	0	0.65	0
恩平市	1.2	0	0	0	8.28	0	0.6	1.05
湛江市	1.5	0	4.5	0	7.6	0	0.82	0.26
廉江市	1.86	0	0	0	7.06	0	0.8	0.8
雷州市	1.6	0	0	0	7.64	0	0.72	0.97
吴川市	1.38	0	0	0	7.06	0	0.67	0.8
茂名市	2.05	0	4.98	0	8	0	0.69	0.87
高州市	2.92	0	0	0	8	0	0	0
化州市	1.51	0	0	0	2.4	0	0.72	0.72
信宜市	1.41	0	0	0	9	0	0.72	0.72
肇庆市	1.27	0	4.6	0	7.95	0	0.67	1.35
惠州市	2.25	0	5.09	0	8.24	0	0.78	1.54
梅州市	2.81	0	5.2	0	7.43	0	0.66	0
兴宁市	2.26	0	0	0	8	0	1	0
汕尾市	1.68	0	5.3	0	8.6	8	0.8	0
陆丰市	1.45	0	0	0	7.6	0	0.5	0
河源市	1.05	0	4.5	0	8.62	0	0.8	0
清远市	1.1	0	4.4	0	8.55	0	0.82	0
英德市	1.48	0	4.75	0	8.33	0	1	0.8
连州市	1.3	0	0	0	8.27	0	0.72	0
东莞市	1.58	0	3.6	0	7.9	0	0.75	0.88
潮州市	1.6	0	5.2	0	8	0	0.8	0
揭阳市	1.71	0	5.2	0	0	0	0.81	0.58
云浮市	1.95	0	4.6	0	8	0	0.8	0
罗定市	1.6	0	0	0	8	0	0.7	0.8

(冯育文)

城市园林绿化

【概况】　截至2013年底，广东省城市人均公园绿地面积15.94平方米，建成区绿化覆盖率41.67%，建成区绿地率37.2%，全年新增城市公园绿地面积4827.98平方米。坚持服务基层，指导全省各地开展以创园为手段提升园林绿化水平。是年，阳江、清远市顺利通过国家园林城市专家评审，其中阳江市的做法和经验获得住房和城乡建设部肯定，并作为创园典范宣传推广；台山市通过创建广东省园林城市专家评审。但是全省城市园林绿化存在新、老城区绿地分布不均衡，城乡结合部绿化水平有待提高等问题。

【城市公园管理专项检查】　2013年，广东省住房和城乡建设厅组织全省21个地级以上市和佛山市顺德区对城市公园内设置私人会所、高档餐馆深入检查，对存在问题的城市公园要求其采取关停并转的方式进行整改，并对整改对象严格跟踪。全省地级以上市城市公园原设有私人会所4处，于2013年1月中下旬全部关停；原设有高档餐馆5家，于2013年1月中下旬关停1家，转为大众消费4家。在取得阶段性成果的基础上，督促全省各地建立健全规范化监管制度，指导各地级以上市切实坚持城市公园的公益性，提升公园服务品质。

【国家园林城市创建】　2013年8月6~9日，住房和城乡建设部组织专家对广东省清远、阳江市创建国家园林城市进行现场考核验收。两市均通过验收并被命名为“国家园林城市”。至2013年底，全省有“国家园林城市”18个、“国家园林城镇”3个。

【广东省园林城市创建】　2013年12月26日，台山市被广东省住房和城乡建设厅评定为“广东省园林城市”。至2013年底，全省有“广东省园林城市”5个、“广东省园林城镇”6个。　*（郭淑红）*

【2013年国家园林城市选介】

阳江市　2013年，被住房和城乡建设部评定为“国家园林城市”。该市高标准推进园林绿化建设，加强城市基础设施建设和城市环境综合治理，取得明显成效。阳江市绿地系统规划编制、建成区绿地率、绿化覆盖率、人均公园绿地面积、城市生活垃圾无害化处理率和污水处理率6项否决项全部达标，其他各项指标基本达标，园林城市特色显著：一是突出绿色生态，园林绿化水平提高。阳江市通过乔灌花草的有机结合，使城市道路绿化层次更加丰富，绿量更加充盈。高起点、高标准改造建设鸳鸯湖公园和城市广场，把千家万户连接起来，让市民出门步行5分钟即可亲水见绿。控制大气污染，实施漠阳江水源保护、马南河污水管网综合治理、鸳鸯湖环境整治等工程，关闭沿江、沿湖周边的水泥厂、稀土厂等环境污染企业，改善城市生态环境。二是突出内涵，实现文化创园。定期举行城市公园音乐会、公园文化艺术节，利用金山植物公园的大草地，每年举行城市公园音乐会，公园文化艺术节。其间，举行居家插花、书法艺术长廊等民间艺术和大型城市图片展览、公园广场健身歌舞等活动，让市民参与。加强创园文艺创作，创作阳江创园主题曲，绘制阳江市区公园导游图，出版发行全国城市中第一本地域性实景照片园林景观图书《园林景观·阳江元素》，通过各种各样的创园文化活动和作品，为阳江创园工作增添独特的魅力。挖掘阳江历史文化，将阳江的风筝艺术、漆器、海上丝绸之路等文化内容融入创园中，新建东岳公园文化展馆、鸳鸯湖漠阳楼展馆、文化雕塑和石景，使创园独具地方特色。三是市政设施配套基本完善。重点实施市政道路建设和路网、水系、公园、广场的整治建设，城市功能大幅提升。新建改建完成53条城市主次干道，完善无障碍等道路配套设施及标识标牌，精心维护路灯、广告牌等各类设施，市区公共汽车候车亭安装实时播报天气和公交运行情况预报显示屏，市民出行方便。城市生活垃圾无害化处理率100%；实行雨污分流，污水处理率87.6%；公园公厕全部按AAAAA级旅游景区公厕标准升级改造，市区所有公园、公厕免费开放；市区道路、公园配套3000张便民座椅，市区交通渠化岛进行绿化的同时，全部安装舒适的座椅。

清远市　2013年，被住房和城乡建设部评定为“国家园林城市”。清远市注重生态资源保护和利用，突出历史文化特征，综合考虑清远市山体围合、水系发达的环境风

·链接·

国家园林城市

1992年，建设部启动创建国家园林城市活动。按照《国家园林城市申报与评审办法》和《国家园林城市标准》开展评选工作，国家园林城市评审每两年组织一次。《国家园林城市标准》包括综合管理、绿地建设、建设管控、生态环境、节能减排、市政设施、人居环境、社会保障8大类74项指标。

广东省园林城市

2006年，广东省建设厅启动创建广东省园林城市活动。按照《广东省园林城市（县城）申报与评审办法》和《广东省园林城市标准》开展评选工作。《广东省园林城市标准》包括综合管理、绿地建设、建设管控、生态环境、市政设施、人居环境、社会保障7大类64项指标。

2013年广东省城市园林绿化情况

单位：平方米

地区名称	绿化覆盖面积		园林绿地面积		公园绿地面积	公园个数（个）	公园面积
		建成区		建成区			
广东省	474212.41	218038.25	411977.67	194644.5	78856.98	3258	66775.01
广州市	142240	41983	131444	36496	21165	239	5141
增城市	1639	1498	1385	1385	621	13	621
从化市	557	557	541	541	440	7	390
韶关市	4246.73	4246.73	3973.19	3973.19	666.78	24	628.94
乐昌市	449	449	390	390	135	6	135
南雄市	471	346	193	193	120	6	107
深圳市	98635	39267	96697	34136	17750	869	21950
珠海市	33125	7992	8203.18	6562.26	2866.51	123	2315.29
汕头市	10344.3	10344.3	9926.65	9926.65	3491.07	28	1198
佛山市	9377.77	6243.77	8874.67	5870.67	2614.93	185	1955.08
江门市	11461	6825	11136	6514	2052	92	1668
台山市	1644	1016	1776	901	353	13	257
开平市	–	1432	–	1271	–	–	–
鹤山市	776	757	728	719	173	7	159
恩平市	1228	1195	959	947	276	5	280
湛江市	5799	4399	4007.08	3972.6	1112.48	31	1112.48
廉江市	1013.36	1001.7	1002.89	992.97	666	5	668
雷州市	964.63	687.75	682.05	675.3	171	6	143
吴川市	912	634.48	607.44	596.48	261	7	207
茂名市	3748.74	3348.74	3156.82	3156.82	613.26	18	562.76
高州市	1830	1190	1008	1008	378	11	338
化州市	885	885	759.66	759.66	96.66	5	127
信宜市	2710	925	2357	712	262	5	260
肇庆市	7447	3356	5335	2834.7	1192	18	3777
高要市	804	804	772	769	266	2	146
四会市	901	657	766	660	213	6	55
惠州市	8531	8531	7706	7706	2567	60	1663.75
梅州市	2340	2144	1913.65	1822.22	545	14	421
兴宁市	2163	966	1860	755	305	8	310
汕尾市	658	658	640	640	308	13	308
陆丰市	1906	625	755	605	171	1	3
河源市	1412	1412	1300	1300	366	20	366
阳江市	1915	1780	1816	1638	458	25	458
阳春市	960	765	862	712	220	6	338
清远市	2468.86	2468.86	2160.78	2160.78	712.43	21	642.77
英德市	955	955	920.01	920.01	305.92	15	297.69
连州市	545	545	520.5	520.5	198.07	10	142.27
东莞市	92189	41489	81427	38801	10404	1200	14288
中山市	4305.22	4305.22	3573.23	3573.23	1211.69	52	761.5
潮州市	1845	1845	1663	1663	471	18	471
揭阳市	3509.8	3252.7	3786	2757.59	1781	30	1342
普宁市	2534	1911	2086.18	1734.18	218.18	15	198.48
云浮市	1249	827	1022.69	762.69	290	15	345
罗定市	1518	1518	1285	610	369	4	217

注：东莞市包含全行政区域范围数据

（冯育文）

貌、城市格局和发展空间，通过营造结构合理、布局均匀、功能互补、层次分明、类型多样的绿地系统，构建山水与城市相互映衬、文化内涵与绿地景观紧密融合、人与自然和谐共处的生态城市，建设“山水环绕、绿荫满城、三江伴流、景色宜人”的“绿色湖城”。清远市的绿地系统规划编制、建成区绿地率、绿化覆盖率、人均公园绿地面积、城市生活垃圾无害化处理率和污水处理率6项否决项全部达标，其他各项指标基本达标，园林城市特色显著：一是城市园林绿化水平明显提升。按照“扩展景观、丰富内涵、提升品位、打造精品”要求，结合历史人文景观保护，新建和扩建公园、广场、游园，升级改造城市主次干道，形成覆盖全市和“四季有花、四季常绿”的自然生态廊道和林荫路系统；推进绿道网建设，根据“示范线引领、主线带动、支线逐步完善”原则，编织便民绿色走廊。加强新（改）建居住区绿地建设，通过增加植物配置和游憩健身设施，完善生态服务功能，推进绿色生态居住区建设，改善居民居住环境。全面开展城乡路边、山边、水边等“三边”整治增绿工程。实施全民护绿工程，发动市民参与添绿护绿、保护母亲河义务植树和绿地认建认养认管活动。二是注重城市景观营造与保护。利用自然山水禀赋，注重突出水文化，启动“湖城”工程建设，推进“三江三湖”（“三江”指北江、滨江、笔架河；“三湖”指凤城湖、飞来湖、大燕湖）的整治和建设，构建江河湖贯通的活水体系，营造“半城山色半城湖”的景观。市区初步形成展示人文、自然景观的开放式生态园林景观带和独具湿地特色的水岸休闲亲水风景带。修缮鳌头塔、飞来寺、藏霞洞等文物古迹；妥善保护市区15处省、市、区级文物保护单位，市区古树名木100%实现建档立卡并落实管养责任单位，促进文物保护与城市建设协调发展。三是市政设施配套基本完善。启动广清城际轨道建设，推进佛清从高速、二广高速、广乐高速、广清高速扩建等交通工程项目建设。实施市容环境整治、数字化城管、绿化亮化提升、建筑工地环境整治、公路治超治限、城市水环境保护6大城市综合管理提升工程，推进污水处理厂及截污管网、城市生活垃圾无害化填埋场建设。完成城市无障碍设施建设，主要道路、公园、公共建筑等公共场所均设有无障碍设施。

【2013年广东省园林城市选介】

台山市　2013年，被广东省住房和城乡建设厅评定为“广东省园林城市”。台山市以“建设幸福台山”为目标，努力改善城市环境质量，提高城市文明程度，推进各类城市绿地、市政基础设施、城市生态环境和城市景观建设，营造碧水蓝天、街绿城美的生态城市。台山市的绿地系统规划编制、建成区绿地率、绿化覆盖率、人均公园绿地面积、城市生活垃圾无害化处理率及污水处理率6项否决项全部达标，其他各项指标基本达标，园林城市特色显著：一是突出亚热带沿海城市特色，园林绿化水平明显提高。按照“一路一景，一路一树”原则，突出体现台山亚热带沿海城市特色，坚持绿化建设和道路建设同步，注重植物品种造型、色彩搭配，营造路路有特色，每路一骨干品种的景观效果，初步形成纵横交错的园林景观路和林荫路的道路绿化系统。合理规划布局公园和街头游园，在各个社区街道新建、改建小型公园绿地。升级改造综合性公园，通过改造林相、增植开花乔灌木、增设公园配套设施，提升公园景观性、功能性和文化性，新建扩建社区小游园50多处，为市民提供广阔和舒适的休闲空间。二是探索节约型园林绿化建设新模式。推广城市立体绿化，利用墙体、屋顶、桥梁、阳台等空间地域开展绿化美化，实施桥梁立体绿化工程，建设两条立体绿化示范街。保护城市绿地，优先使用成本低、适应性强、地方特色鲜明的乡土树种，保持城市地域自然风貌。利用城市中零散空间布点增绿，在旧城区推广“见缝插绿”工程。三是市政设施配套基本完善。开展台城污水处理系统建设，分两期建成污水处理厂和截污管网。建设台城下豆坑垃圾填埋场，该填埋场能容纳处理台山市除海岛以外的城乡生活垃圾。开展路网建设，新建市区主干道路20千米，升级改造14条市区街道，改造道路面积9万平方米，形成四通八达的道路网络。实施市政环卫设施建设，逐年完善压缩式垃圾中转站建设和公厕无障碍设施改造。

（郭淑红）

风景名胜区

【概况】　截至2013年，广东省有国家级风景名胜区8个、省级风景名胜区18个，总面积1350.2平方千米，占全省国土面积0.76%。开展全省城市公园管理专项检查，检查1924个公园，完成编制《广东省风景名胜区体系规划（征求意见稿）》，配合住房和城乡建设部完成对国家级风景名胜区专项检查，部署开展省级风景名胜区检查。全省各地风景名胜区平稳发展，但是全省各地风景名胜区保护、利用和管理水平有待提高。

【风景名胜区监督检查】　2013年，住房和城乡建设部组织检查组检查国家级风景名胜区制度建设、规划管理、建设管理、服务管理和形象宣传等方面的执法情况进行督查，并提出整改意见。广东省丹霞山、肇庆星湖风景名胜区均顺利通过抽查，其中丹霞山风景名胜区达到优秀等级。

【风景名胜区总体规划编制】 2013年，广东省住房和城乡建设厅指导湛江湖光岩风景名胜区总体规划编制，要求湛江市根据住房和城乡建设部办公厅《部际联席会议纪要》《关于规范国家级风景名胜区总体规划上报成果的规定（暂行）》对规划进行修改、调整和完善，确立“保护优先、开发服从保护”的原则，明确湖光岩风景名胜区规模、土地利用、旅游服务设施数量情况，为湛江湖光岩风景名胜区保护、利用和管理提供法定指导依据。 （郭淑红）

【特色风景名胜区选介】 白云山风景名胜区 国家级风景名胜区，全国AAAAA级旅游景区。白云山以南亚热带植被景观和“山瞰城景，城观山色”为特征，以自然生态保护培育和休闲游览为主要功能，具有丰富的景观资源。白云山风景名胜区主要划分为麓湖、飞鹅岭、三台岭、鸣春谷、柯子岭、摩星岭、明珠楼和荷依岭景区8大景区。鸣春谷景区景点众多，布局结构为星座型。主景为中国最大的一座天然鸟笼——“鸣春谷”和山顶公园，景观突出“人与自然交融、山与城交融”的主题，景区人文和自然景观兼备。摩星岭景区布局结构为沿东西两条车行道念珠状布局。主景为白云山最高峰摩星岭，以“自然山势、远眺景观”为特色，兼有人文和植物等景观。麓湖景区布局结构为星座型。主景是麓湖、大鸿鹄、广州艺术博览中心、白云仙馆和星海园，以水景、山景为主，兼有人文和植物景观等，形成“湖光山色”的特色。飞鹅岭景区布局结构为散点型。主景为雕塑公园，以园景为主，以山景为辅，突出“文化与自然交融”的主题。

2013年广东省风景名胜区情况

级 别	名 称	地 区	管理机构	面积（平方千米）	批准时间	升级时间
国家级风景名胜区	星湖风景名胜区	肇庆	星湖名胜区管理局	19.52	1982年	1982年
	西樵山风景名胜区	佛山	西樵山风景区管理局	20	1988年	1988年
	丹霞山风景名胜区	韶关	丹霞山风景名胜区管理委员会	319.45	1988年	1988年
	白云山风景名胜区	广州	白云山风景名胜区管理局	20.98	1989年	2002年
	惠州西湖风景名胜区	惠州	西湖风景区管理局	19.7	1989年	2002年
	罗浮山风景名胜区	惠州	罗浮山风景名胜区管理委员会	214.32	1989年	2004年
	湖光岩风景名胜区	湛江	湖光岩风景区管理局	13.6	1989年	2004年
	梧桐山风景名胜区	深圳	梧桐山风景区管理处	36	1993年	2009年
省级风景名胜区	清远飞霞风景名胜区	清远	飞霞风景区管理处	51.2	1989年	–
	梅县阴那山风景名胜区	梅州	梅县建设局	6	1989年	–
	江门圭峰山风景名胜区	江门	圭峰山风景名胜区管理委员会	55.1	1989年	–
	番禺莲花山风景名胜区	广州	莲花山风景区管理处	3	1989年	–
	汕头礐石风景名胜区	汕头	汕头礐石风景名胜区管理局	20.77	1989年	–
	乐昌金鸡岭风景名胜区	韶关	金鸡岭风景区管理处	30	1989年	–
	英德宝晶宫风景名胜区	清远	宝晶宫风景名胜管理处	14	1989年	–
	阳春凌霄岩风景名胜区	阳江	阳春市建设局	36.7	1989年	–
	阳江海陵岛风景名胜区	阳江	海陵岛海滨风景名胜区管委会	16.94	1989年	–
	从化温泉风景名胜区	广州	从化温泉镇政府	27.86	1989年	–
	九泷十八滩风景名胜区	韶关	乐昌市旅游局	90	1993年	–
	潮州西湖风景名胜区	潮州	潮州西湖风景名胜区管理处	4.6	1993年	–
	陆丰玄武山风景名胜区	汕尾	陆丰玄武山风景名胜区管委会	30	1993年	–
	云浮蟠龙洞风景名胜区	云浮	云浮蟠龙洞风景名胜区管理处	21.36	1993年	–
	封开龙山风景名胜区	肇庆	封开龙山风景名胜区管理处	25.34	1993年	–
	怀集燕岩风景名胜区	肇庆	怀集燕岩风景名胜区管理处	40.36	1999年	–
	五指石风景名胜区	梅州	平远县五指石风景名胜区管理处	13.2	1999年	–
	增城白水寨风景名胜区	广州	白水寨风景名胜区管理所	200.2	2005年	–

三台岭景区布局结构为散点状。主景为云台花园，以园景为主，山景为辅，突出植物观赏的主题。柯子岭景区布局结构为串珠状，通过步行道串联各景点。主景为景泰僧归、梁佩兰墓和婉贞抗英纪念亭，以史迹为主要特色，辅以良好的植被景观。明珠楼景区主景为明珠楼，以庭园楼阁、湖光山色、白云松涛为特色。荷依岭景区主景为云溪生态公园，以自然风景为主要特色，并体现与人工园林造景的有机结合。

丹霞山风景名胜区 国家级风景名胜区、国家级自然保护区、国家地质公园、国家AAAAA级旅游区，2010年被列入《世界自然遗产名录》。丹霞山是以丹霞地貌景观为主的自然风景区，由丹霞、巴寨、韶石、矮寨、锦江画廊5大景区组成。以赤壁丹崖之雄、阴阳元石之奇、巴寨之险、锦江之秀、翔龙湖之幽、韶石之韵、夏富之旷闻名。丹霞景区由长老峰、翔龙湖、阳元石、锦江等游览区组成；巴寨景区内巴寨、茶壶峰（巴石）、燕岩等雄浑大块的丹霞群峰与夏富小平原牧歌般的田园风光相互映衬，还有飞花水、王山坑壶穴溪风光；韶石景区由韶石顶、金龟岩、五马归槽、双阙石等韶石36峰组成，是韶文化的原生地。浈江及其支流锦江汇流处的五马归槽—太阳岩是浈江全流域中水流最险急、最深切、最曲折、沙滩最长、景色最美的河段；矮寨景区由风火岭、南蛇头、九年坑瀑布、狮脑山、伞山、凯旋门、石龙溪峡谷等组成。其中九年坑双瀑布高30多米。凯旋门一石成拱，独立于群峰之间，蔚为壮观。石龙溪峡谷深切超过200米，长4000多米，是丹霞山区域最深的峡谷；锦江画廊景区下游34千米河段自北而南纵贯丹霞山景区。两岸赤壁倒悬，翠竹拥江，溪瀑飞流，是一天山水相融的风景画廊。

罗浮山风景名胜区 国家级风景名胜区。罗浮山风景资源主要分为自然景源和人文景源两大类。景区最大特点是自然景源内容丰富，类型齐全，特色突出。罗浮山山体古老，结构属粤东地块，以主峰飞云顶为中心、周围432座大小山峰围绕的复杂地形，构成向四周辐射的网状山地。地势以主峰为中心向四周倾斜，形成雄伟壮阔的山岳型风景区。由于罗浮山山高坡陡，溪流比降大，形成大小980多处瀑布。著名的瀑布有白水门、白石漓、茶山观、黄龙洞、朝元洞、飞云溅雪等，新发现新溪坑、鹿角坑、仙女峰、黑潭角坜等处瀑布群。历史上著名的泉水有卓锡泉、长生井、酿泉、飞龙泉。罗浮山下建有显岗、莫洞、大洞、石坑、上门坑、尖峰、画媚垅、九牙洞、联和、酥醪10座水库。这些水库发挥蓄洪、农田灌溉、饮用水源等作用。优美的自然风景吸引历代无数僧、道在此建观筑寺，修炼参禅，大儒学者在此讲学兴办书院。罗浮山鼎盛时期达到九观十八寺、二十二庵和数十书院、精舍的盛况；优美的自然风景吸引众多文人雅士来此游赏，给罗浮山增添丰富的文化内涵，使罗浮山成为名副其实的名山。

(郭淑红)

轨道交通规划建设

【概况】 2013年，城市轨道交通在公共交通中的骨干作用日益明显，民生效益和社会效益都取得突出成效。截至年底，广州地铁建成开通1~5号线、6号线首期、8号线、APM线、广佛线首期等9条线路，总长260千米，日均客流量超过600万人次，承担广州市37%以上的公交客流运送任务，线网总里程位居全国第三，世界第九；深圳市投入运营的既有线路5条，总里程178千米，线网总里程位列全国第四；广佛线二期工程开展土建工程施工；东莞市在建城市轨道交通2号线一、二期工程全长37.8千米。

2013年，广东省完成珠江三角洲红线外开发布局，省铁路建设投资集团公司成立清远、珠海、佛山、肇庆、东莞、江门、中山7家省市合资开发公司，取得0.4万公顷新增用地规模重大支持。年内，形象进度完成103920成桥米，隧道58313双延米，桥梁、隧道、车站等实体工程完成80%，箱梁架设任务完成过半，部分重点桥隧控制性工程合龙贯通。厦深、茂湛铁路建成通车，赣韶广东段年底完成铺轨，贵广、南广广东段基本完成征地拆迁。全省轨道交通取得新成绩，但是参建人员素质和安全意识有待加强，行业安全技术标准有待完善。

(刘志坚)

【地铁规划建设】 广州地铁规划建设 截至2013年底，广州市建成开通地铁1~5号线、6号线首期、8号线、珠江新城APM线（旅客自动输送系统）和广佛线首通段（魁奇路—西朗）共9条线路、164座车站，形成覆盖广州八区、横跨广佛两市、总长260千米（含广佛线佛山段14.8千米）的轨道交通线网格局。在建轨道交通线路12条，共284千米。其中广州地铁6号线首期（浔峰岗—长湴段，24.3千米）全线除一德路和沙河站外，于12月28日开通试运营；6号线二期（长湴—香雪，17.6千米）土建工程累计完成40%；7号线一期（广州南站—大学城南，18.6千米）土建工程累计完成11%；8号线延长线（1.8千米）：凤凰新村至同福西区间暗挖竖井进行土方开挖；9号线一期（飞鹅岭—高增，20.1千米）土建工程累计完成42%；广佛线二期（西朗—沥滘，11.4千米）土建工程累计完成75%；4号线南延段（金洲—南沙客运港，12.6千米）、广州地铁8号线北延段（文化公园—白云湖，16.1千米）、13号线首期（鱼珠—象颈岭，26.7千米）、14号线一期（嘉禾望岗—街口，54.3千米）、知识城线（新和—镇

2013年广东省城市轨道交通规划建设情况

地区名称	地铁（建成）				地铁（在建）				地铁（规划）			
	条数（条）	长度（千米）	换乘站数(个)	配置车辆数（辆）	条数（条）	长度（千米）	换乘站数(个)	配置车辆数（辆）	条数（条）	长度（千米）	换乘站数(个)	配置车辆数（辆）
广东省	15	452.04	56	1409	14	357.02	51	1020	1	60.9	0	0
广州市	9	241.02	22	316	9	205.29	16	27	1	60.9	0	0
深圳市	5	178.86	13	1066	3	107.29	31	846	–	–	–	–
佛山市	1	32.16	0	27	1	6.70	–	27	–	–	–	–
东莞市	–	–	–	–	1	37.74	4	120	–	–	–	–

地区名称	轻轨(建成)			轻轨(在建)			轻轨(规划)	
	条数（条）	长度（千米）	车站个数（个）	条数（条）	长度（千米）	车站个数（个）	条数（条）	长度（千米）
广东省	–	–	–	3	195.54	8	–	–
广州市	–	–	–	1	41.08	–	–	–
深圳市	–	–	–	–	–	–	–	–
佛山市	–	–	–	–	–	–	–	–
东莞市	–	–	–	–	–	–	–	–
肇庆市	–	–	–	1	54.6	8	–	–
惠州市	–	–	–	1	99.86	–	–	–

（冯育文）

龙，21.9千米）、21号线（员村—增城广场，61.6千米）全线初步设计（预）审查、土建监理和施工招标均完成；海珠环岛新型有轨电车系统工程（万胜围—广州塔）完成新港东路段交通疏解和占道开挖手续办理，绿化迁移完成750米、施工围蔽750米，地基处理完成500米，进入车辆制造和组装阶段。

（曲振群）

深圳地铁规划建设　2013年，深圳市投入运营既有线路5条，包括：深圳地铁1号线（罗宝线）、2号线（蛇口线）、3号线（龙岗线）、4号线（龙华线）、5号线（环中线）。5条线路设车站118座（其中13座换乘站），总里程178.86千米，位列全国第四。全网共计187列列车上线服务。2011~2016年深圳市将建设6、7、8、9、11号5条地铁线路，总里程175千米，设102座车站。在建轨道线路3条，分别是深圳地铁7、9、11号线。截至2013年底，深圳地铁7、9、11号线完成投资144亿元，占年度计划120亿元的120%，除个别进场困难、前期工程复杂滞后的站点外，7、9、11号线围护结构分别完成96%、87%、100%，总计平均完成93%。深圳地铁6、8号线获国家发改委批准，开展前期研究；深圳市计划将深圳地铁10号线、9号线西延、2号线东延、3号线南延、4号线北延等8条线路84千米新增线路纳入三期修编，投资689亿元。

（雷霄）

佛山地铁规划建设　2013年，广佛线二期工程开展土建工程施工，截至2013年12月，澜石站—魁奇站区间隧道贯通，全线全年完成产值6.46亿元。佛山城市轨道交通2号线一期工程完成初步设计招标、BOT特许经营项目招标。南海新型公共交通系统试验段工程动工，线路全长13.108千米，设车站13座，计划2016年建成营运。年内，佛山城市轨道交通3号线工程开展各项前期工作。

（黄聪）

东莞地铁规划建设　2013年，《东莞市城市轨道交通近期建设规划（2013~2019年）》获批。12月，经国务院批准，国家发改委正式印发《东莞市城市轨道交通近期建设规划（2013~2019年）》，其中东莞地铁1号线一期工程、2号线三期工程和3号线一期工程纳入近期建设线路，线路总长126.9千米。是年，东莞市在建城市轨道交通2号线一、二期工程（东莞火车站—虎门火车站）全长37.8千米，设站点15座（地下车站14座，高架车站1座），完成投资39.45亿元，完成年度投资计划38.07亿元的103.6%，开工累计完成投资86.66亿元，完成概算投资180.12亿元的48.2%；12月26日，东莞地铁2号线首列车辆在南车南京浦镇车辆有限公司下线；为做好东莞市城市轨道交通2号线运营筹备，9月29日，东莞市轨道交通有限公司运营分公司揭牌成立，下设车务部、车辆部、维修工程部、技术安全部和综合部5个部门。

（黎锡波）

城市道路桥梁建设

【概况】 2013年，广东省建成城市道路总长度36761.96千米，道路总面积64888.1万平方米，其中人行道总面积13442.67万平方米，全省城市人均道路面积13.12平方米。全省建成城市桥梁6018座，其中立交桥393座。全省建立一桥一档桥梁管理制度，大部分城市实现城市桥梁信息化管理，城市桥梁定期检测评估制度日趋完善,部分地区对辖区特大桥建立健康监测和预警系统。深圳、惠州、广州、东莞市对辖区内的重要桥梁建立自动化的健康监测和预警系统，其他城市对大桥、特大桥布设长期变形监测点。但是当前桥梁主管部门权属不清、管养责任不明确、城市桥梁技术档案不规范、资料不齐全、城市桥梁养护维修资金不足等问题依然存在。

【城市桥梁监管】 2013年12月2~6日，广东省住房和城乡建设厅对全省城市桥梁安全情况进行抽查，针对深圳、惠州、广州、东莞、珠海、中山、清远、韶关、江门市和佛山市顺德区10个城市的桥梁安全管养情况进行抽查，抽查内容包括桥梁“一桥一档”建档工作、桥梁信息系统使用情况、桥梁常规定期检测、桥梁健康监测预警系统建立情况、桥梁养护维修计划及应急预案编制情况、桥梁各项经费落实情况等，并在每个城市现场抽查2~3座桥梁安全状况，抽查结果均符合要求。是年，广东省督导检查的城市基本建立桥梁技术档案，实施“一桥一档”的桥梁管理制度。除潮州外，广州、深圳市自行开发独立信息系统，其他18个地级市都纳入全省城市桥梁信息系统管理，部分地区对辖区特大桥建立健康监测和预警系统。编制城市桥梁养护、维修中长期规划和年度计划，安排桥梁维养、检测资金，制定城市桥梁安全抢险应急预案，设置标识牌和架设辅助物纳入常规管理，全省城市桥梁定期检测评估制度日趋完善。

【全国城市步行和自行车交通示范项目创建】 2013年，住房和城乡建设部开展城市步行和自行车交通系统示范项目创建。是年，深圳市在香蜜湖片区、福荣绿道片区、笔架山和中心公园片区建设68个自行车租赁点，投放1500辆公共自行车，按照示范项目创建标准，完成城市步行和自行车交通系统示范项目建议书各项指标建设。该项目闭合绿道总长度约62千米（暂时针对约40千米环状主线进行设计），建设内容包括绿道建设、驿站建设、梅林山郊野绿道、标识系统、小型休息补给点、部分绿化完善补植、个别路段借道画线等。2013年6月，省住房和城乡建设厅推荐深圳市步行和自行车交通系统示范项目上报住房和城乡建设部。经住房和城乡建设部组织专家审查和实地考查，深圳市步行和自行车交通系统项目通过示范验收。 *（刘志坚）*

2013年广东省城市道路和桥梁情况

地区名称	道路长度（千米）	道路面积（万平方米）		桥梁数（座）		
			人行道		大桥及特大桥	立交桥
广东省	36761.96	64888.1	13442.67	6018	643	393
广州市	7126.54	10241.38	1927.55	1356	464	187
增城市	109.13	279.31	61.5	13	0	0
从化市	150.68	253.92	94.09	12	0	0
韶关市	567.79	728.56	138.1	48	11	2
乐昌市	66.66	76.1	36.7	5	0	1
南雄市	61.93	84.75	20.33	8	0	0
深圳市	6363.84	11495.9	2299.18	2189	0	119
珠海市	2108.56	4632.69	542	376	55	2
汕头市	1325.65	2500.47	271.36	142	0	5
佛山市	1556	3325.23	590.08	201	8	32
江门市	1346.61	2228.05	452.76	178	0	0
台山市	268.9	312.81	43.53	15	3	0
开平市	128.49	243.63	94.28	14	0	0
鹤山市	256.4	413.64	173.23	12	6	0
恩平市	289.33	247.11	52.01	6	0	0
湛江市	477.16	971.67	310.73	47	0	3
廉江市	370.3	214.7	80	17	0	0
雷州市	99.6	156.9	54.65	15	0	0

(续表)

地区名称	道路长度(千米)	道路面积(万平方米)		桥梁数		
			人行道	(座)	大桥及特大桥	立交桥
吴川市	270.7	215.89	63.63	13	0	0
茂名市	241.43	535.64	125.76	35	0	2
高州市	88.52	181.04	48.09	15	0	0
化州市	89.5	102.7	37.5	0	0	0
信宜市	98.18	124.92	17.84	17	0	0
肇庆市	633.23	1061.8	340.86	61	4	3
高要市	122.83	188.03	72.98	2	0	2
四会市	226.9	408.08	125	0	0	0
惠州市	1431.56	2116.11	331.7	65	0	2
梅州市	483.7	764.74	185.1	39	5	1
兴宁市	430	313.8	84.5	5	0	0
汕尾市	194	260	63	10	0	0
陆丰市	83.02	218.4	53.2	24	0	0
河源市	142.84	408.54	165.02	29	0	0
阳江市	348.71	651.62	157.61	9	0	0
阳春市	80	138	10	0	0	0
清远市	937.77	1403.47	315	18	3	0
英德市	181.19	361.72	126.6	10	0	0
连州市	263	412.56	110.56	5	3	1
东莞市	6184.9	13322.47	3049.37	811	44	11
中山市	435.09	1047.49	261.2	140	25	20
潮州市	212.3	433	106	2	0	0
揭阳市	379.58	753.94	163.55	0	0	0
普宁市	411.73	823.46	131.76	42	0	0
云浮市	80.55	91.26	30.46	12	12	0
罗定市	37.16	142.6	24.3	0	0	0

注：东莞市包含全行政区域范围数据

(冯育文)

城市供水

【概况】 截至2013年底，广东省城市供水综合生产能力3496.53万立方米/日，城市用水人口4567.73万人，自来水普及率97.47%，人均日生活用水量242.02升。全省供水行业平稳发展，但是日趋严重的水污染降低水体使用功能，加剧水资源短缺矛盾，水质性缺水问题日益严峻；全省城市供水行业发展良好，但是仍面临水厂升级改造较慢、供水管网和二次供水问题突出，以及水质监测能力薄弱等问题。

【城市供水水质督查】 2013年6月，广东省住房和城乡建设厅委托国家城市供水水质监测网广州、深圳、珠海、佛山市监测站和广东省城市供水水质监测网汕头监测站开展全省供水水质督查，重点对广东省内县城的公共供水厂出厂水和管网水进行检测。该次督查对80个水厂、151个水样进行全面检测，对全省城市供水水厂水源水质、出厂水质、管网水质进行全面督察，检测结果良好。

【四大流域水质预警系统建设】 自2006年起，广东省逐步启动建设西江、东江、北江、韩江四大流域的原水水质监测与污染预警系统。至2013年底，四大流域水质监测和污染实现预警系统运营上线单位达到28个，设置水质监测点54个。其中西江流域沿线10家供水企业均上线，检测项目从原来的29项扩展到109项；韩江、东江、北江流域供水企业积极配合水质监测。

【城市供水企业选介】 东莞市茶山自来水公司 成立于1981年9月，2013年有员工153人，拥有一厂、二厂两家供水厂，日供水能力18.8万立方米，供水面积覆盖全镇45.1平方千米。供水一厂日供水能力3.4万立方米；供水二厂供水能力15.4万立方米。2013年供水量4226.43万立方米，日均供水量

2013 年广东省城市供水情况

地区名称	综合生产能力（万立方米 / 日）	供水总量（万立方米）				
		合　计	生产运营用水	公共服务用水	居民家庭用水	其他用水
广东省	3496.53	815410.17	208925.8	123207.24	302253.94	58637.51
广州市	663.5	196329.04	29626.34	38984.23	88721.73	3411.76
增城市	27.03	5343.26	918.21	492.46	2653.71	802.26
从化市	11	3522.18	869.54	205.13	1865.72	9.62
韶关市	36.5	8565	1285	194	4636	1389
乐昌市	5	855.4	33	66	474	94.53
南雄市	5	666.3	183.11	20	380.99	5
深圳市	674	159138	47693	33936	54160	2239
珠海市	102.21	33704	12929	5892	10016	634
汕头市	131.2	28945.69	6318.11	2898.03	14373.31	745.69
佛山市	283.59	46496.39	12196.03	7941.57	16870.46	4952.67
江门市	96.1	20792.07	5815.12	2463.36	6085.16	3587.18
台山市	13	3759	798	872	1398	41
开平市	27	2368	848	120	989	29
鹤山市	17	3491.01	706.2	634.8	1584.31	216.6
恩平市	6	1507.57	124	312	642	284.19
湛江市	48.2	12225.32	4235.66	206.36	5930.56	19.66
廉江市	15	2198	103	371	981	145
雷州市	5.4	1136.15	116.75	92.3	639.1	0
吴川市	10	1335	195	410	713	17
茂名市	34.9	5426.62	472.62	1568.1	3063.9	60
高州市	9	1522	140	289	888	140
化州市	5.5	1357.35	170.54	108.22	961.33	68.76
信宜市	5	1315	210	80	950	20
肇庆市	50.65	11320.01	3767.06	1853.24	3728.62	52
高要市	13.5	2067	1168	370	384	43
四会市	15	3621	796	525	1170	155
惠州市	115	26534.07	9556.04	3696.21	9192.2	359.82
梅州市	16	4340.5	393.5	628	2135	86
兴宁市	12	2408	144	105	1426	97
汕尾市	16.5	3053	817	167	1316	62
陆丰市	9	1647.9	446.8	216.5	900	52
河源市	19.1	5541.69	1697.11	566.78	2449.11	517.69
阳江市	26	4237	364	362	2758	422
阳春市	9	1909	261	143	965	0
清远市	31	7056.03	859.96	2264.7	2907.75	60
英德市	11	1800	426.5	113.5	740	14
连州市	6	985.52	308.18	32.99	510.31	0
东莞市	756.85	160831.23	58888.77	11160.98	40417.65	25388.03
中山市	20	14404.45	522.99	1257.21	2151.11	8848.91
潮州市	44	5178.82	356.1	522.18	2302.12	891.8
揭阳市	35.3	8322	972	434	2653	2524
普宁市	36.5	3054	242	161	2651	0
云浮市	15	2851.6	712.56	388.39	1510.79	43.34
罗定市	8	2249	240	83	1009	109

注：东莞市包含全行政区域范围数据

（冯育文）

11.58万立方米。公司加强精细化和标准化管理，为用户提供良好服务平台；实行ISO9001:2008质量管理体系、5S管理、精细化管理、标准化管理，推行厂务公开民主管理，规范企业管理。出厂水水质综合合格率、供水压力合格率、管网抢修、维修及时率均达到国家标准。

湛江市水务投资集团有限公司　成立于2010年7月，由湛江市自来水公司、湛江市城市污水处理公司合并组建，拥有湛江市自来水公司、湛江城市污水处理有限公司、湛江市麻章区自来水公司、湛江市坡头区自来水有限公司、湛江开发区东海岛自来水有限公司5个全资子公司。该公司是一家集自来水生产及输配业务、污水收集处理及排放业务、水务投资及运营、水务设施设计及建设、远程读表系统销售安装等业务于一体的综合水务服务商，是湛江市唯一集水务产业投融资、开发、建设和运营于一体的市政府直属国有独资企业。

截至2013年底，企业资产总值8.16亿元，净资产6.60亿元；拥有13间自来水厂，日供水能力44万立方米，供水服务区域面积约100平方千米，覆盖湛江市霞山区、赤坎区、麻章区、坡头区、开发区及东海岛部分近郊农村，服务人口约90万人；直径100毫米以上供水管道总长度528千米；拥有4间污水处理厂，日污水处理能力38万立方米。承担湛江市区自来水供应和生活污水处理任务。水质检测中心通过广东省技监局的资质认定，具备69项水质指标、19项净水剂指标的检测能力。分公司具有市政工程总承包二级资质，10万立方米/日以下的给水厂和各种市政管道工程的施工能力。各营业大厅实现“一站式”服务，开通24小时供水服务热线，建立企业网站，开通官方微博，为用户提供方便快捷、及时有效的服务信息。

“十二五”规划期间，湛江市水务投资集团有限公司承担系列水务工程项目融资和建设任务，包括东海岛25万立方米/日自来水厂工程、霞山25万立方米/日自来水厂工程、麻章7.5万立方米/日自来水厂工程、坡头9.5万立方米/日自来水厂工程、赤坎水质净化厂三期工程、坡头水质净化厂工程等，加上配套管网建设，总投资超过40亿元。 *(陈充)*

城市污水处理

【概况】　截至2013年底，广东省建成运营污水处理项目383个，总设计规模2090.01万立方米/日，累计处理水量62.1亿立方米。比上年新增污水处理项目13个，新增设计规模60.7万立方米/日。全省城镇污水处理能力2179.31万立方米/日，城市污水集中处理率92%。珠江三角洲地区9个城市实现所有中心镇全部建成污水处理设施，其中东莞、中山实现镇镇建成污水处理设施。是年，全省污水行业平稳发展，污水处理规模位居全国第一，有效控制污染物排放，遏制水环境持续污染势头。但是仍然存在配套管网建设滞后，污水处理场进水量不足、进水浓度偏低，污水处理效益不高，个别地区污泥处置不够规模，再生水利用设施建设停滞等问题。

【城市污水处理监管】　2013年，广东省住房和城乡建设厅加强对污水处理设施运行监管，组织建立全省污水处理管理信息系统，对建成运营污水处理厂的污水处理量、运行效率、进出水浓度和主要污染物削减总量等近60项指标进行全面监管，并与中国污水处理工程网对接。2011~2013年，全省市县建成的污水处理厂全部录入全省污水处理管理信息系统，每月催报督办，实现每月填报率100%，并成为中央财政补助广东省污水管网建设资金的重要依据。

【污水处理公司选介】　广州市猎德污水处理厂　广州市第二座大型污水处理厂，位于广州市天河区猎德村以东、华南大桥珠江北岸，占地面积39公顷，总设计总规模为日处理污水120万吨，服务面积141.5平方千米。2013年总污水处理能力64万吨/日，建成厂外配套提升泵站6座、污水收集管网150多千米。一期工程于1991年立项，1995年开工建设，1999年11月建成投产，设计处理能力22万吨/日，采用AB两段吸附降解生物处理工艺，该项目含1200万美元德国政府赠款，总投资14.00亿元；二期工程于2002年开工建设，2003年10月建成投产，设计处理能力22万吨/日，总处理能力44万吨/日，采用UNITANK（组合交替活性污泥法处理）工艺，计划总投资20.22亿元（含配套工程）；三期工程于2004年开工建设，2006年11月建成投产，设计处理能力20万吨/日，总污水处理能力64万吨/日，采用改良A2/O工艺，为世界银行贷款项目，计划总投资10.42亿元；四期工程于2009年9月开工建设，2010年9月建成投产，设计处理能力56万吨/日，采用改良A2/O工艺，尾水排放执行《城镇污水处理厂污染物排放标准（GB18918-2002）》一级A标准，计划总投资17.44亿元。

广州市大坦沙污水处理厂　广州市第一座大型污水处理厂，位于广州市荔湾区珠江桥中坦尾大街，占地面积25公顷，污水处理能力55万吨/日，建成厂外配套提升泵站14座，污水收集管网147.052千米。一期工程于1978年开工建设，1989年12月建成投产，设计处理能力15万吨/日，采用生物除磷脱氮活性污泥法（简称A2/O工艺），总投资1.51亿元；二期工程于1992年开工建设，1996年12月建成投产，设计处理能力15万吨/日，总处理能力30万吨/日，采用A2/O工艺，总投资2.72亿元。2000年，大坦沙污水处理厂完成挖潜改造工程，增加处理能力3万吨/日，总处理能力33万吨/日；三期工程于2002年开工建设，2004年6月建成投产，设计处理能力22万吨/日，总处理能力55万吨/日，采用倒置A2/O工艺，计划总投资23.48亿元（含配套工程）。 （陈充）

城乡生活垃圾处理

【概况】 2013年，广东省人民政府将建设农村生活垃圾处理设施纳入10件民生实事，将“实施农村清洁工程，形成连片区域的生活垃圾处理示范区”和“珠江三角洲地区、东西北地级市城区重点发展生活垃圾焚烧发电，逐步在珠江三角洲各相关城市开展垃圾分类收集运输处理”列入省政府重点督办工作。年内，省人大将加强农村生活垃圾管理列入重点督办工作内容。省住房和城乡建设厅指导全省开展城乡生活垃圾管理工作，推进全省城乡生活垃圾处理设施建设和开展生活垃圾分类。截至年底，全省建成生活垃圾无害化处理场（厂）76座，市县城区生活垃圾无害化处理规模6.2万吨/日，设市城市生活垃圾无害化处理率84.62%，比上年增加7座处理设施，处理规模增加0.8万吨/日。全省列入重点督办的71个县（市、区）垃圾处理场中，有68个开工建设，一半以上县（市）建有生活垃圾无害化处理场，“一镇一站”“一村一点”全部建成并投入运行。开展“美丽乡村，环卫先行”农村清洁工程专项活动，建设“一县一条示范带”“一镇一个示范片”，全省1029个建制镇均建成一座以上生活垃圾转运站、14万个自然村均建成一座以上生活垃圾收集点。

【推进城市生活垃圾分类与处理】 2013年，广东省人民政府将珠江三角洲城市逐步开展垃圾分类收集运输处理列入省政府重点督办工作。是年，省住房和城乡建设厅会同省科普志愿者协会开展“美丽城市，从垃圾分类做起”公益科普活动，在珠江三角洲城市巡回宣讲生活垃圾分类知识，向群众普及垃圾分类知识；联合日本振兴贸易机构举办城市生活垃圾分类讲座，邀请日本专家学者介绍日本推进垃圾分类的经验做法；全省各地通过电视广播、报刊杂志、公益广告等多种媒介开展生活垃圾分类宣传。广大市民积极参与垃圾分类活动，自觉分类投放垃圾和减少垃圾。

【《广东省城市环卫作业综合定额（2013）》】 2013年，广东省住房和城乡建设厅委托广东省建设工程造价管理总站编制《广东省城市环境卫生作业综合定额（2013）》（简称《定额》），并于12月正式颁布，于2014年4月1日施行。《定额》要求凡在2014年4月1日起经招标管理机构批准招标或非招标未签订合同的城市环卫作业工程，其费用计算须按《定额》执行；2014年4月1日前发出的招标文件或签订合同的城市环卫作业工程，有约定的按原约定处理，没有约定的按照《定额》执行。《定额》将全省划分为4个地区类别，一类地区包括广州、深圳；二类地区包括珠海、佛山、东莞、中山；三类地区包括汕头、惠州、江门、肇庆；四类地区：韶关、河源、梅州、汕尾、阳江、湛江、茂名、清远、潮州、揭阳、云浮。根据定额人工单价组成内容和相关文件规定，结合全省各地实际情况，测算出2014年第二季度全省各类地区环卫综合用工单价的参考标准如下：一类地区139元、二类地区114元、三类地区101元、四类地区95元。定额编制采用四类地区综合用工单价95元/工日，全省各地区水平差异和幅度差每季度通过省建设工程造价管理总站发布动态人工单价进行调整。

【城乡生活垃圾处理设施建设及机械设备使用技术交流会】 2013年5~6月，广东省环境卫生协会分别在汕头、清远市和江门台山市分片区召开广东省城乡生活垃圾处理设施建设及机械设备使用技术交流会，介绍设施设备选型要点，组织现场参观县垃圾处理场、乡镇垃圾转运站、垃圾收集点等项目，指导各市、县、镇主管部门解决设备选型和设施建设。全省15个地级市的市、县、镇三级的城乡生活垃圾管理部门领导和工作人员1000多人参加。

【国家餐厨废弃物资源化利用和无害化城市试点】 2013年，广东省推进国家餐厨废弃物资源化利用和无害化城市试点。年内，广州市成功创建餐厨废弃物资源化利用和无害化处理国家级试点城市，推进城市生活垃圾分类，按照“能卖拿去卖、干湿要分开、有害单独放”的分类原则，深化垃圾分类全民动员，完善垃圾分类收运配套，促进垃圾源头减量，扩大废旧商品回收利用，推动终端处理设施建设，完善垃圾分类法规制度，基本建成垃圾分类管理体系，初步实现垃圾处理设施规划建设目标。

【农村生活垃圾处理设施建设】 2013年，广东省人民政府将建设农村生活垃圾处理设施列入10件民生实事，明确提出“各县（市）全部开工建设生活垃圾无害化填埋场或焚烧厂，各建制镇建成1座生活垃圾转运站，各自然村建成1座以上生活垃圾收集点”目标任务。截至年底，全省列入重点督办的71个县（市、区）中有68个开工建设或建成生活垃圾无害化处理场（厂），其中35个县（市、区）垃圾处理场建成。全省列入重点督办1049个镇（街）全部建成“一镇一站”，14万个自然村全部建成“一村一点”。全省完成生活垃圾处理设施从点到站、到场的科学布局，初步建成城乡生活垃圾收运处理设施体系。

【广东省农村生活垃圾处理设施“一镇一站，一村一点”建设要求】 2013年3月，广东省住房和城乡建设厅印发《广东省农村生活垃圾处理设施“一镇一站，一村一点”建设要求》(简称《要求》)，并免费发放到全省各市、县、镇，规范乡镇转运站和村收集点。《要求》详细介绍乡镇转运站、村收集点设施建设标准，图文并茂，更易于被基层学习掌握。4月，组织省内行业专家组成4个宣讲小组，分别到全省21个地级以上市和佛山市顺德区进行专题宣讲，向市、县、乡镇基层干部现场讲解转运镇、收集点建设要求，切实提高全省各地设施建设水平。

【全省农村生活垃圾处理工作现场会】 2013年8月23日，广东省住房和城乡建设厅和云浮市人民政府在云浮罗定市召开广东省农村生活垃圾处理工作现场会。省住房和城乡建设厅、财政厅、云浮市人民政府负责人，以及各地级以上市农村生活垃圾处理主管部门负责人和各县（市、区）政府分管领导200多人参加。会议安排与会人员现场参观云浮罗定市罗平镇黄村垃圾收集点、罗平镇垃圾转运站、罗定市垃圾处理场，重点介绍云浮市、罗定市、罗平镇推进农村生活垃圾处理的具体做法和成功经验。

【城乡生活垃圾收费制度】 2013年5月，广东省物价局与广东省住房和城乡建设厅联合印发《关于规范城市建筑垃圾处置价格管理的指导意见》（简称《意见》），要求全省各地科学制定城市建筑垃圾处置价格，合理核算成本和确定利润水平，推行科学分类计价制度。《意见》首次提出探索农村生活垃圾处理价格管理机制，明确建制镇规划红线以外的农村地区，其生活垃圾处理价格可按照村民自治和一事一议原则进行管理。根据2013年调查统计，2012年广东省21个地级以上市城区均开征生活垃圾处理费，开征率100%；23个县级市城区开征生活垃圾处理费的18个，开征率78.3%；42个县开征生活垃圾处理费的20个，开征率47.6%。全年实际征收22.59亿元（含清洁卫生费），收缴率87.5%。

【城市垃圾焚烧发电】 截至2013年底，广东省建成生活垃圾焚烧厂21座，处理规模2.4万吨/日，占总处理规模的38.7%。2013年，住房和城乡建设部公布首次对生活垃圾焚烧厂进行无害化等级评价结果，全国有5座获评AAA级，其中广东省有3座获评AAA级，分别是广州市李坑垃圾焚烧厂第一分厂、深圳市宝安垃圾焚烧厂（一期）、佛山市南海垃圾焚烧发电二厂。全省生活垃圾焚烧厂建设运营管理位居全国先进水平。

▲2013年5月23日，深圳市盐田区沙头角街道启动垃圾减量分类

（深圳市盐田区城市管理局供稿）

【环卫科研】 2013年，广东省加大环卫科技研究投入。从环卫清扫保洁、垃圾处理、渗沥液处理、烟气处理、填埋气体应用等方面推广新技术应用，从建设环卫行业信用体系、加强环卫行业培训等方面加强行业管理创新。佛山市南海区首创建设包括10个中大型生活垃圾压缩转运站和一个中转集控调度中心的城乡一体化生活垃圾转运工程及集中控制系统项目，总转运规模4000吨/日。该项目是国内首个实现城乡一体集约化、智能化和信息化管理的生活垃圾压缩中转项目。年内，省环境卫生协会制定出台《广东省环卫行业企业信用评价办法》《广东省环卫服务企业等级评定管理办法》，在全省范围开展企业社会信用体系评价和企业等级评定，逐步建立全省环卫服务行业自律、企业竞争、市场准入和退出机制，加快提升环卫行业整体水平。

（伍琳瑛）

【城市垃圾焚烧发电厂选介】 广州市第一资源热力电厂二分厂 位于广州市白云区太和镇，总投资10.7亿元，于2013年6月建成并试运行，设计日处理生活垃圾2250吨，配备3台日处理能力为750吨的焚烧炉和2台25兆瓦的汽轮发电机组。该厂是国内规模最大的垃圾焚烧发电厂之一，由广州环保投资集团负责运营和监管。该厂在环保设施方面的投资约占项目总投入20%，环保投资比例处于国内领先水平。该厂是全国首家实行行业监管、环保监管、社会公众监管、周边居民驻厂监管的四层次全方位监管模式的垃圾焚烧厂。

（广州环保投资集团）

2013年广东省生活垃圾填埋场情况

序号	地　区	项目名称	处理方式	处理量（吨/日）	投　资（万元）
1	广州	兴丰填埋场	填埋	7000	68300
2		从化市城市废弃物综合处理场	填埋	200	3000
3		增城市棠夏垃圾填埋场	填埋	400	5195
4	深圳	下坪填埋场	填埋	4050	41700
5		宝安区老虎坑填埋场	填埋	3400	10700
6		坪山鸭湖垃圾填埋场	填埋	800	4150
7		坪西垃圾填埋场	填埋	1600	6000
8	珠海	珠海市西坑尾填埋场	填埋	1000	24600
9	汕头	雷打石填埋场	填埋	1200	8760
10		南澳县城填埋场	填埋	100	1000
11	佛山	高明区苗村白石坳填埋场	填埋	3300	56000
12		三水区白泥坑填埋场	填埋	500	26400
13		花拉寨填埋场	填埋	600	22000
14	韶关	新丰县岳城填埋场	填埋	100	1000
15		乐昌市垃圾填埋场	填埋	200	9000
16		乳源县垃圾填埋场	填埋	100	2500
17		始兴县垃圾填埋场	填埋	100	3600
18	河源	七寨垃圾填埋场	填埋	500	24500
19		东源县生活垃圾填埋场	填埋	100	1500
20	梅州	奇龙坑垃圾填埋场	填埋	500	16500
21		兴宁市黄泥坑垃圾填埋场	填埋	250	690
22	惠州	惠城区填埋场	填埋	300	8000
23		惠阳区山子顶填埋场	填埋	400	8000
24		博罗县垃圾填埋场	填埋	200	4100
25		龙门县垃圾填埋场	填埋	100	3000
26		惠东县垃圾填埋场	填埋	200	4000
27	汕尾	汕尾市区垃圾处理场	填埋	150	6000
28		陆河县生活垃圾卫生填埋场	填埋	300	4950
29		塘厦镇垃圾填埋场	填埋	500	5000
30	东莞	虎门镇垃圾填埋场	填埋	800	8115
31		樟木头镇垃圾填埋场	填埋	300	8993
32	中山	坦洲镇生活垃圾卫生填埋场	填埋	150	3000
33	江门	江门市旗杆石垃圾填埋场	填埋	1000	10300
34		鹤山市马山生活垃圾处理场	填埋	350	3914
35		台山市下豆坑垃圾填埋场	填埋	400	9998
36		开平市梁金山生活垃圾填埋场	填埋	400	2531
37		恩平市樟木坑生活垃圾填埋场	填埋	300	4080
38	阳江	阳江市奕垌填埋场	填埋	400	6000
39		阳西县生活垃圾填埋场	填埋	100	2989
40		阳春市生活垃圾填埋场	填埋	350	9600
41	湛江	湛江市区填埋场	填埋	700	10100
42		徐闻县垃圾填埋场	填埋	200	5608
43	茂名	化州市垃圾填埋场	填埋	170	3560
44		高州市垃圾填埋场	填埋	300	2500
45		电白县生活垃圾填埋场	填埋	300	6000

(续表)

序号	地　区	项目名称	处理方式	处理量（吨／日）	投　资（万元）
46	肇庆	肇庆市马安填埋场	填埋	500	7500
47		德庆县生活垃圾填埋场	填埋	100	2300
48	清远	清远市青山填埋场	填埋	580	8000
49	潮州	潮州市锡岗填埋场	填埋	750	12000
50	揭阳	揭阳市东径外草地填埋场	填埋	750	11900
51		揭西县生活垃圾填埋场	填埋	300	4800
52		大南山侨区生活垃圾卫生填埋场	填埋	50	2926
53	云浮	云浮市麻鸡坑填埋场	填埋	200	5000
54		新兴县垃圾填埋场	填埋	200	3000
55		罗定市生活垃圾填埋场	填埋	300	7215

(伍琳瑛)

2013年广东省生活垃圾焚烧厂情况

序号	地　区	项目名称	处理方式	处理量（吨／日）	投　资（万元）
1	广州	李坑生活垃圾焚烧发电一厂	焚烧	1040	72600
2		李坑生活垃圾焚烧发电二厂	焚烧	2000	107000
3		南山垃圾发电厂	焚烧	800	36300
4		盐田垃圾发电厂	焚烧	450	24600
5		宝安区老虎坑垃圾发电厂一期	焚烧	1200	56500
6	深圳	宝安区老虎坑垃圾发电厂二期	焚烧	3000	145547
7		龙岗区中心城区环卫综合处理厂	焚烧	300	11300
8		龙岗区平湖垃圾发电厂一期	焚烧	675	33000
9		龙岗区平湖垃圾发电厂二期	焚烧	1000	32000
10	珠海	市区焚烧发电厂	焚烧	1600	107377
11	佛山	南海区垃圾焚烧发电厂二期	焚烧	1500	65000
12		顺德区杏坛处理中心	焚烧	600	21400
13	惠州	惠城区焚烧发电厂	焚烧	1000	67000
14		市区环保热电厂	焚烧	1600	59200
15		横沥环保热电厂一期	焚烧	1200	30000
16	东莞	横沥环保热电厂二期	焚烧	1500	50000
17		厚街环保热电厂一期	焚烧	600	15600
18		厚街环保热电厂二期	焚烧	900	23400
19	中山	中心组团综合处理场	焚烧	1350	48000
20		北部组团综合处理场	焚烧	1200	82200
21	茂名	茂南区生活垃圾焚烧厂	焚烧	800	28900

(伍琳瑛)

城市燃气

【概况】 2013年，广东省LPG（液化石油气）年供气总量388.90万吨，天然气年供气总量1231701.68万立方米，城市燃气普及率96.89%。省内从事LPG零售业务和LPG分销业务的企业，除少数为国有和国有控股企业、外资企业外，绝大部分为民营企业。当前全省城镇燃气平稳发展，但是在瓶装气中黑气掺假问题仍然存在。

【燃气安全管理专项检查】 2013年11月22日，山东省青岛市青岛开发区秦皇岛路中石化管道储运分公司黄潍输油管线原油泄漏，造成特大安全事故。根据广东省委、省政府的要求，省安全生产委员会印发《关于迅速开展石油天然气输送管道安全生产专项检查的紧急通知》；12月，省住房和城乡建设厅发布《关于开展城市燃气安全管理排查的紧急通知》，要求各有关部门抓紧组织开展燃气安全排查，排查内容包括是否按照经批准的规划设计进行建设，是否严格执行操作规程和施工规范，是否建立安全管理制度并常抓不懈和真正落实，是否能够及时和正确处置隐患事故，是否定期对用户做安全用气知识宣传。通过专项排查，加强全省城镇燃气经营和安全管理，规范燃气市场秩序，确保燃气行业安全、稳定、健康发展。

▲广州燃气集团抢险队采用先进检测仪器巡查路面下面的燃气管道安全情况（2013）　（广东省燃气协会供稿）

【城市燃气企业选介】 广州燃气集团有限公司　广州发展集团有限公司的全资下属公司，经营范围主要包括燃气管网及设施建设和管理，燃气项目的投资、经营、设计、施工、监理和技术咨询、安装、维修、检测燃气用具，燃气的批发和零售，液化石油气气瓶充装及检验等。广州燃气集团有限公司作为广州市城市燃气高压管网建设和购销唯一主体，统筹广州市高压管网建设和上游气源购销。抓住"天然气入穗"的契机，公司全面推进广州市天然气利用工程建设。截至2013年底，公司拥有燃气输配管网3352千米，客户超过129万户，全年管道气销售气量超过9亿立方米。供气范围遍及广州中心城区、南沙、增城全部区域，花都、萝岗、番禺部分区域，保障广州市城市燃气稳定连续供应。

深圳市燃气集团股份有限公司　以城市管道燃气供应、液化石油气批发、瓶装液化石油气零售和燃气投资为主的大型燃气企业，成立于1982年，2009年12月25日在上海证券交易所挂牌上市。截至2013年底，公司总资产超过120亿元，营业收入85亿元；具有江西、安徽、山东、江苏、广西、广东、内蒙古等五省二区20个城市的管道天然气特许经营权，拥有管道天然气客户超过160万户，管道燃气销量13亿立方米，运营管线超过7500千米；公司拥有5万吨级海港码头，库容16万立方米的液化石油气低温常压储罐，年周转能力100万吨以上，进口液化石油气批发连续多年居中国领先。　（刘志坚）

2013年广东省城市燃气供气情况

地区名称	液化石油气（吨）				天然气（万立方米）			
	储气能力	供气总量	销售气量		储气能力	供气总量	销售气量	
				居民家庭				居民家庭
广东省	579472.76	3889033.24	3883907.06	1863313.86	3643.4	1231701.68	1224805.31	83343.65
广州市	40302.86	994646.16	994614.12	241617.58	522.33	132895.61	132864.95	23101.28
增城市	47.22	4379.32	4134.41	2771.11	50	1100.94	1088	379
从化市	1500	3420	3300	2395	16.5	831.4	831	437
韶关市	0	10810	10810	10810	0	3807	3734	1960
乐昌市	300	951	951	851	6.16	60.19	60.19	27.95
南雄市	245	1512.85	1510	1300	12.5	27.4	27	0.5

(续表)

地区名称	液化石油气（吨）				天然气（万立方米）			
	储气能力	供气总量	销售气量		储气能力	供气总量	销售气量	
				居民家庭				居民家庭
深圳市	84760	1114252.07	1114225	311428	286.3	874470.06	871116.3	23334.25
珠海市	224300	135000	135000	135000	53	4972.9	4972.9	413
汕头市	114500	193000	193000	149000	42	1813.86	1813.86	249.47
佛山市	12656.54	244223.71	242120.93	211834.01	54.56	84039.5	83833	6136.33
江门市	3254	77498.25	77498.25	57539.57	22.46	5054.92	5014.03	338
台山市	550	26215.28	26215	16658.45	2.5	2	2	0
开平市	1071	9174	9174	9174	1	35.5	31.5	0.36
鹤山市	411	15277.4	15276.59	10208.59	–	–	–	–
恩平市	200	4034.2	4033.7	3917	–	–	–	–
湛江市	8211	40100	40000	35000	96	8024	8024	5436
廉江市	1040	12535	11895	11895	–	–	–	–
雷州市	235	2802	2770	2690	–	–	–	–
吴川市	750	7240	7240	7233	–	–	–	–
茂名市	3405.15	33124	33124	8003	16	886.8	885	505
高州市	36500	22135	22135	15135	–	–	–	–
化州市	925	8524	8524	6952.3	–	–	–	–
信宜市	780	13700	13650	13450	–	–	–	–
肇庆市	1911	16070	16070	10100	81	5728.5	5607.5	653
高要市	75.63	2500	2500	2500	–	–	–	–
四会市	740	6849.8	6840	6826	50.3	230	230	69
惠州市	1895	84454.68	83994.11	61900.38	98.8	3581.98	3484.65	246.99
梅州市	605	21252.65	21250	21250	18	374.85	374.85	125.84
兴宁市	0	20636	20636	20636	–	–	–	–
汕尾市	205	18235	18235	16235	2.6	62.39	61.59	33.44
陆丰市	531	6753	6753	5095	–	–	–	–
河源市	1340.4	29010.84	28931.49	28552.02	–	–	–	–
阳江市	5245	118252	118207	8708	24	1221.71	1212.9	317.29
阳春市	6628.4	12818.43	11955.62	11955.62	6	110.9	110	110
清远市	3926	32335.14	32335.14	18329.71	73.5	4316.49	4303.51	750.91
英德市	738	3841.59	3841.59	2850	7	4.43	4.35	4.35
连州市	595	4753.8	4753.8	3620.8	–	–	–	–
东莞市	10702.56	291648.47	291525.71	223682.39	1846.14	60975.06	59129.76	15814.07
中山市	2845	34231	34231	22250	54	7803	7689	2194
潮州市	2290	75183	75173	10806.03	103.2	22525	21646	0
揭阳市	1000	70300	70120	64000	0.1	6075.47	5988.65	73.67
普宁市	406	50900	50900	47082	91.38	416.25	416.25	389.25
云浮市	1050	5233.6	5233.6	2852.3	6	248	243	243
罗定市	800	9220	9220	9220	0.07	3.97	3.97	0.1

注：东莞市包含全行政区域范围数据

(冯育文)

城市生态环境保护建设

【概况】 2013年，广东省主要污染物排放得到有效控制，水环境质量总体保持稳定，局部水质有所改善，集中式饮用水源地水质全部达标，省控断面水质基本稳定，优良率78.2%，水环境功能区水质达标率85.5%，比上年增加0.8个百分点；珠三角地区城市空气质量平均达标天数比例75.1%，比全国74个重点城市平均值高出20多个百分点。出台《关于促进粤东西北地区加快发展加强环境保护的意见》，印发实施《关于绿色升级示范工业园区创建的管理办法》；召开全省2013年减排工作会议，印发实施《广东省“十二五”后半期主要污染物总量减排行动计划》《广东省大气污染防治行动方案》《关于加强危险废物管理工作的意见》，制订《珠江三角洲区域大气重污染应急预案》《广东省环境保护厅突发环境事件应急预案》《广东省排污许可证管理办法》。全省地级以上市实现实时发布PM2.5等环境监测数据，提前两年完成国家任务。

【城市生态环境建设】 2013年，深圳、珠海、韶关、中山市和佛山市南海区5个全国生态文明建设试点城市（区）积极推进生态示范创建工作。深圳市罗湖区、珠海市香洲区分别被评定为“国家生态区”，两区被纳入国家生态文明建设试点。珠海市斗门区、金湾区分别被评定为“省级生态区”，珠海市被评定为“省级生态市”。截至年底，全省建成国家生态市、国家生态区6个、全国环境优美乡镇68个、国家级生态村6个、广东省生态示范村镇583个。通过生态示范创建，构建有利于节约资源和保护环境的空间布局、产业结构、生态方式和生活方式，为生态文明建设提供经验。

自然生态环境保护取得积极成效。截至2013年底，全省有自然保护区369个，其中国家级自然保护区14个、省级自然保护区64个；绿色系列创建取得新发展。全年全省各地建成3160千米生态景观林带，完成森林碳汇造林21.13万公顷，截至2013年底，全省有森林面积0.11亿公顷，森林覆盖率58.2%；建成广东省绿色学校1274所、广东省绿色社区260个、广东省环境教育基地94个、国际生态学校24所。肇庆鼎湖山保护区、广州市中学生劳动技术学校、广东实验中学分别获“全国中小学环境教育社会实践基地”称号。

【水环境整治】 2013年，广东省全面启动新一轮治水行动。省政府发布《南粤水更清行动计划》，提出“一年新进展，三年新突破，八年水更清”总体目标，全省将投入1187亿元实施联合治水、饮水安全、水源保护、设施提效、亲水景观、数字监管、全民爱水7大类工程项目；《行动计划》实施进展顺利，全省各市政府结合当地实际制订实施方案，“河长制”和激励考核机制逐步建立，“一年新进展”按期实现。组织有关单位对广佛跨界、茅洲河和练江流域现场核查，召开淡水河、石马河、练江污染整治等专题会议，淡水河、石马河水质继续改善，淡水河西湖村、上埗和石马河企坪断面综合污染指数分别比上年下降7.1%、20.5%和32.6%；饮用水源保护取得新进展。完成全省乡镇集中式饮用水源保护区划分，新丰江水库入选全国15个国家重点支持保护湖泊，启动地下水环境调查评估，制订2013~2015年工作方案和2013年实施方案，严格饮用水源保护区划定调整程序，开展调查评估和“十二五”规划中期评估。通报2012年跨地级以上市河流交接断面水质达标状况；开展全省产业转移园影响水域水质状况调查。全年全省新建污水处理厂19座，新增污水处理能力106.9万吨，累计建成污水处理设施415座、日处理能力2200万吨。全省所有县和珠江三角洲地区所有中心镇全部建成污水处理设施，城镇生活污水处理率超过80%。全省水环境质量总体保持稳定，局部水质有所改善。

【污染减排】 2013年，广东省强力推进污染减排工作，超额完成国家下达的主要污染物年度减排任务。组织制定全省2013年减排工作计划，2269个减排项目纳入年度工作计划，减排计划经省政府同意后印发实施。是年，省政府召开全省2013年减排工作会议，部署开展总量减排“十二五”中期评估及后半期减排工作。省长朱小丹专题调研火电厂污染减排。省环境保护厅联合公安厅、农业厅、住房和城乡建设厅对各地2013年重点减排工程项目建设和运行情况进行督办，向全省各地市政府通报当地减排工作情况。对减排进展缓慢的地区和项目，实行及时预警或进行现场督办。省财政新增安排污染减排专项资金9.13亿元用于减排“以奖促减”。全年全省新增污水处理设施19座、新增处理能力106.9万吨/日，新建成配套管网1952.6千米；116台12.5万千瓦以上燃煤火电机组（总装机容量4878万千瓦）全部建成脱硫设施，新增取消脱硫烟气旁路37个、合计规模1280万千瓦，新增脱硝设施机组29台、合计规模1409万千瓦；54条日产熟料2000吨以上的水泥生产线完成烟气脱硝治理工程，6台钢铁烧结机全部完成脱硫改造；清拆关闭禁养区猪场1万多个，完成规模化畜禽养殖场治理工程940个。年内，深圳市强化机动车减排，氮氧化物由升转降；中山市加大管网完善力度，减排成绩名列前茅。经环境保护部核定，2013年广东省化学需氧量、氨氮、二氧化硫和氮氧化物排放量分别比上年下降3.83%、3.47%、4.67%和7.61%，超额完成国家下达的主要污染物年度减排任务。

【雾霾治理】 2013年，广东省积极推进雾霾治理。印发实施《广东省大气污染防治行动方案》《珠江三角洲重污染天气应急预案》，新建成脱硝设施935万千瓦，取消脱硫烟气旁路机组2427万千瓦。年内，推进工业锅炉污染整治，建立广东省在用锅炉台账，印发《关于加快淘汰广东省10蒸吨以下高污染锅炉淘汰工作的通知》，根据《广东省工业锅炉污染整治实施方案（2012~2015年）》，检查各市完成情况；推进机动车污染防治，印发《广东省机动车排放污染物定期检测委托审批权下放有关事项的通知》。推动车用油品升级，实现全省范围供应国Ⅳ车用柴油和粤Ⅳ车用汽油，加快制定粤Ⅴ车用汽油标准。制定2013~2015年广东省注册运营黄标车淘汰时间表，加快淘汰营运黄标车，拟订运营黄标车提前淘汰省级财政补助方案，推动地市实施黄标车闯限行区电子执法。印发《广东省机动车排气检测数据管理系统联网接口规范》，逐步推动全省机动车排气检测数据联网；整治挥发性有机物（VOCs），印发《广东省泄漏检测与维修制度（LDAR）实施的技术要求》《广东省重点炼油与石化企业泄漏检测与维修技术（LDAR）工作实施方案》，印发木质家具制造和制鞋行业挥发性有机化合物排放系数使用指南，逐步更新珠江三角洲地区挥发性有机物（VOCs）重点监管企业名录，召开广东省包装印刷行业挥发性有机物（VOCs）污染治理座谈会和技术交流会；开展VOC排放总量控制、排污许可、清洁生产等政策研究，印发《广东省珠江三角洲地区大气污染防治“十二五”规划2013年度实施方案》。全年完成3623项治理任务，其中工业锅炉污染整治完成1953项，挥发性有机物污染治理完成806项，油气回收完成695项，火电、水泥、陶瓷大气污染治理完成169项，饮食油烟治理793项。截至年底，全省12个城市划定高污染燃料禁燃区，全省全面供应第四阶段车用成品油，珠江三角洲空气质量整体达标率69.8%，比全国74个大气污染防治重点城市空气质量达标率（55.8%）高出14.0个百分点，比京津冀（34.1%）高出35.7个百分点，比长江三角洲（58.3%）高出11.5个百分点；珠江三角洲PM2.5年平均浓度值为47微克/立方米，比全国74个重点城市（72微克/立方米）低34.7%，比京津冀（106微克/立方米）低55.7%，比长江三角洲（67微克/立方米）低29.9%。

【禽畜养殖和农产品产地污染防治】 2013年，广东省强化规模化畜禽养殖和农产品产地污染防治。开展畜禽养殖业禁养区、限养区和适养区“三区”划定。在完成“三区”划定后，督促各地开展畜禽养殖业清理整顿行动，关闭、搬迁一批规模化畜禽养殖场，从源头上遏制畜禽养殖废弃物污染饮用水水源行为。深入韶关、茂名、清远、云浮等地督促地方加快推进减排工程建设，指导地方对已有污染治理设施加强管理。截至年底，全省各地完成规模化畜禽养殖场污染减排工程建设项目约1000个。继续推动实施“以奖代补”政策，安排3969万元省农村环保专项资金用于奖励249个规模化畜禽养殖场实施污染治理，全省累计完成规模化养殖场（区）减排项目1001个，出栏量3000头以上的规模化养猪场治理率53%。

【珠江三角洲区域污染联防联治】 2013年，广东省继续推进珠江三角洲区域污染联防联治。印发《广东省珠江三角洲清洁空气行动计划——第二阶段（2013~2015年）空气质量持续改善实施方案》，完善区域空气质量监测网络，建立区域环境信息统一发布平台，每月公布珠江三角洲城市空气质量排名。在珠江三角洲电镀、制浆造纸、合成与人造革、制糖行业实行水污染物特别排放限值，对“两高一资”（高耗能、高污染、资源性）、产能过剩行业项目严格把关。开展工业园区绿色升级改造，推动建成佛山西樵纺织基地、江门银洲湖纸业基地、惠州大亚湾石化园区等一批省级绿色升级示范工业园区。强化珠江三角洲跨界河流综合整治，召开广佛流域污染整治现场会和东江水质暨饮用水源水质保护工作会议，推进广佛跨界区域和淡水河、石马河等重点区域流域江河整治。开展珠江三角洲区域大气污染联防联治，推进工业锅炉、建材行业和机动车污染治理，完成锅炉整治和油气回收等大气治理项目2644个，基本完成高污染燃料禁燃区划定工作。编制《广东省大气污染防治行动方案》和《珠江三角洲重污染天气应急预案》，深化区域大气污染联防联治。启动土壤环境保护工作，组织编制《珠江三角洲土壤污染综合治理方案》。推进珠江三角洲地区电镀、铅蓄电池等重点行业重金属污染整治，推动建成东莞麻涌等电镀园区，全面整治192家铅蓄电池企业。珠江三角洲环境质量持续改善。环境监测数据显示，2013年珠江三角洲地区集中式饮用水源水质维持稳定达标，重点流域水质有所好转，淡水河西湖村、上垟和石马河企坪断面综合污染指数分别比上年下降7.1%、20.5%、32.6%，茅洲河、佛山水道水质综合污染指数分别下降8.5%、24.2%，佛山水道水质由Ⅴ类升为Ⅳ类。是年，珠江三角洲地区空气质量平均达标天数比例75.1%，明显优于京津冀、长三角等重点区域以及全国重点城市平均水平，珠海、惠州、中山等城市空气质量多次进入全国前10名。

【排污权有偿使用和交易试点工作启动】 2013年，广东省启动排污权有偿使用和交易试点工作。年初，省环境保护厅和省财政厅联合印发《关于在我省开展排污权有偿使用和交易试点工作的实施意见》，正式拉开广东排污权有偿使用和交易试点序幕。广东省排污权交易试点因子为二氧化硫和化学需氧量两项污染物，分别由省环保部门和部份地市（县、区）组织开展排污权有偿使用和交易试点。广东省鼓励开展试点的地区增加试点污染因子、扩大试点范围和率先对已有排污单位征收排污权有偿使用费。按照尊重历史、新老划断的原则，试点期间，已有排污单位暂不征收有偿使用费，新建改建扩建项目一律到市场上购买取得相应排污权。为保障环境敏感区安全，设立交易限制条件：珠江三角洲地区作为国家大气污染联防联控重点区域，禁止作为受让方接受非重点区域的交易指标；供水通道和水质超标的河段禁止作为受让方接纳其他流域的排污指标。12月18日，广东省排污权有偿使用和交易试点工作启动仪式在南方产权中心交易大厅举行。江门市人民政府与广东国华粤电台山发电有限公司、新会双水有限公司，湛江市人民政府与广东京信电力集团有限公司、大唐国际发电股份有限公司广东分公司在仪式现场签署排污权交易协议。首批交易总成交金额2084万元。 （何惠明）

中国人居环境范例奖

【概况】 经中国人居环境奖领导小组办公室组织专家评审、第三方社会调查、现场考查和集中评审，并经中国人居环境奖工作领导小组研究批准，深圳湾滨海休闲带建设等项目获2013年“中国人居环境范例奖”。

【深圳湾滨海休闲带】 深圳湾滨海休闲带东起红树林海滨生态公园，西至深圳湾口岸南海堤，由东至西、南分为A、B、C三个区域，岸线长9.6千米，规划总面积108万平方米。主要建设内容包括岸堤填筑、景观工程、陆域形成、10kV外线、桥梁工程等。

▲深圳湾滨海休闲带项目获2013年“中国人居环境范例”

（深圳市人居环境委员会供稿）

该项目于2008年7月28日开工建设，2011年6月30日建成，2011年8月5日投入使用，总投资9.6亿元。项目规划有13个不同主题的区域公园，并通过完善的景观系统、步行系统、自行车系统和游憩设施系统将其串联在一起。

深圳湾滨海休闲带建设坚持节约优先、保护优先、自然恢复为主的方针，项目在优化国土空间开发格局、全面促进资源节约、加大自然生态系统和环境保护力度等方面成效显著，成为深圳市创建国家低碳生态城市的示范项目。深圳湾滨海休闲带项目获2013年“中国人居环境范例奖”。 （郭淑红）

广东省宜居环境范例奖

【概况】 2013年，经广东省住房和城乡建设厅评选，在全省11个市申报的30个项目中，“广州南沙滨海湿地景区生态保护”“广州市轨道交通5号线首期工程滘口至文冲段”“深圳市盐田区餐厨垃圾（含厨余垃圾）无害化处理和资源化利用”“深圳市仙湖植物园资源的保护和管理”“深圳市高科技产业园区可再生能源绿色生态生活区”“深圳市设计之都创意产业园三旧改造”“佛山市禅城区南风古灶历史文化遗产保护”“顺德绿道”“佛山市顺德区天富来国际工业城三旧改造”“惠州市金山河水清岸绿工程”“水清景美的连南县三江河”11个项目获2013年“广东省宜居环境范例奖”。

【2013年广东省宜居环境范例奖项目选介】 **广州市轨道交通5号线首期工程滘口至文冲段项目** 广州市轨道交通5号线于2009年12月28日开通试运营，西起荔湾区芳村滘口站，东至黄埔区文冲站，全长32千米，24座车站，与广州地铁3号线、4号线形成轨道交通的“廾字形”骨架，是广州市东西交通的主要走廊。项目把已有的客流聚集地串联成专业商圈，把广州旧城中心区和珠江新城中央商务区连接起来，为西部发展区和东部产业转移带提供便利交通条件，使天河购物商圈、广交会外贸商圈和天河东家居商圈融为一体。该项目获2013年“广东省宜居环境范例奖”。

深圳市盐田区餐厨垃圾（含厨余垃圾）无害化处理和资源化利用项目 该项目所在区域是深圳市盐田区，该区为旅游区，垃圾人均产生量高于全市平均水平。该项目依托现有的城区生活垃圾转运站、环卫工具房等环卫基础设施，建设餐厨垃圾前段处理站，配置油水分离机、高温生物降解机等设备，以此为节点就近处理周边大型酒楼、食街、工业区饭堂的餐厨垃圾和附近小区的厨余垃圾。自2012年7月试运行至2013年，建成海鲜街、环卫车队等9座餐厨垃圾无害化处理站，日处理餐厨固形物77吨、油污水50吨，基本达到覆盖全区餐厨垃圾无害化处理能力。截至2013年，签订餐厨垃圾收运合同550份，签订率100%，收运处理餐厨垃圾13351吨，生产生物质燃烧棒1509吨，提取废弃油脂500吨。项目以餐厨垃圾一体化处理为重点，基本实现处理全区每天产生的餐厨垃圾及厨余垃圾，斩断“潲水猪”食物链和杜绝“地沟油”生产，实现垃圾处理减量化、资源化、无害化。该项目获2013年“广东省宜居环境范例奖”。

惠州市金山河水清岸绿工程　金山河流经惠州市中心区，全长11.8千米，惠州市金山河水清岸绿工程总投资9.26亿元，工程在满足河流防洪排涝功能的同时，增强河水流动性，恢复河道自净能力，补充生态绿化，增加人文气息，提升景观环境，实现“河畅、路通，水清、岸绿，人悦、景美”，为沿河两岸8平方千米的城市建成区融自然风光、滨水空间和人文景观于一体的宜居环境空间，成为美丽惠州“生态文明”城市建设的一张名片。该项目获2013年“广东省宜居环境范例奖”。

(郭淑红)

·链接·

广东省宜居环境范例奖

广东省宜居环境范例奖是由广东省人民政府于2010年设立，每年评选一次，重点表彰各地政府在居民住房状况的改善、社区公共管理与服务、水环境治理、水资源的可持续利用、历史文化遗产保护、城市防灾与减灾、生态保护及城市绿化建设、推行建筑节能、建设节约型城镇、城市管理与市容环境治理建设、“三旧”改造等宜居环境建设方面10个主题的优秀项目。

广东省岭南特色园林设计奖

【概况】　2013年，广东省住房和城乡建设厅组织开展第二届“广东省岭南特色规划与建筑设计评优活动”。奖项包括：岭南特色建筑设计奖、岭南特色园林设计奖和岭南特色规划设计奖3个单项。其中，第九届中国（北京）国际园林博览会项目岭南园、深圳市紫荆山庄（原1130工程）环境设计、中新（广州）知识城展厅改造、莲塘名村中心区水环境及景观工程中心区村容村貌整饰、国家级都市果林湿地万亩果园湿地（海珠湿地）一期示范区规划设计、广州增城香樟墅环境工程设计、佛山新城滨河景观带、鹤山十里方圆住宅园林设计、广州棋院景观规划设计、华侨城欢乐海岸景观（含北湖湿地公园）规划设计、珠海横琴岛澳门大学新校区园林景观（含水景观湖）设计工程、中山市岐江河（员峰桥至南外环段）滨水景观工程设计12个项目获第二届“广东省岭南特色园林设计奖”。

【2013年广东省岭南特色园林设计奖项目选介】　深圳市紫荆山庄（原1130工程）环境设计　由深圳市北林苑景观及建筑规划设计院有限公司、广州园林建筑规划设计院、泛亚环境（国际）有限公司共同设计，位于深圳西丽湖南岸，紫荆山庄建筑采用新岭南现代建筑风格。山庄的园林设计以建设生态自然和谐园林为目标，实现传统岭南园林与现代建筑群体，现代岭南园林与原有山林背景，整个山庄与自然山水的完美融合。山庄结合建筑和工程土方创造丰富的地貌，配以自循环的水景体系，在重点部位着重突出香港的区花紫荆花，完美实现工程的预定目标。该项目获2010~2011年度“中国建设工程鲁班奖”（国家优质工程）和第六届“中国建筑学会建筑创作奖”；获中国风景园林学会授予2012年度“中国优秀园林工程大金奖”“亚洲都市景观奖”“全国优秀工程勘察设计奖”一等奖。2013年，该项目获第二届“广东省岭南特色园林设计奖”。

国家级都市果林湿地——广州市万亩果园湿地（海珠湿地）一期示范区规划设计　广州市在海珠区万亩果园建成“世界城市中心区面积最大的湿地公园”。作为示范工程的第一期，设计时采取“保留果林为主”的策略；在湿地的设计上，依据岭南果基鱼塘网状水域的肌理，提出泽涌如织的“织网”理念，极具岭南水乡特色。在建筑风格上，设计大门、牌坊、长廊、街市等典型传统岭南建筑群，并在湿地、水畔等地适量分布若干简洁小巧的新岭南风格服务建筑和游憩设施，营造湿地的基本格调。此外，湿地采用生态过滤水处理、污泥植物净化、动物进程等生态创新技术，使万亩果园的长远发展具有可持续性和引导性。2013年，该项目获第二届“广东省岭南特色园林设计奖”。

(郭淑红)

村镇建设

□ 完成农村固定资产投资额三千九百五十一点一九亿元

□ 实现全省中心镇总体规划全覆盖

□ 评选第一批广东省名镇名村

□ 举办农村住宅建设专题培训班

□ 完成中国传统村落档案建档

综　　述

【概况】　2013年，广东省住房和城乡建设厅开展改善农村人居环境等专题研究，推动农村危房改造、村镇规划编制试点、宜居示范村镇、名镇名村建设和传统村落保护，全省城镇化发展水平逐步提高。全省农村固定资产投资额3951.19亿元，占全省固定资产投资额的17.3%，比上年增长17.2%。全省有建制镇1029个，建制镇总体规划覆盖率85.71%。截至年底，全省有2784个中心镇，中心镇建成区总人口1403.82万人，国内生产总值（GDP）4688.40亿元，全省实现中心镇总体规划全覆盖。

2013年，全省村镇规划建设管理取得明显成效。开展第一批广东省岭南名镇名村申报认定，评选第三批广东省宜居示范城镇、村庄，建立“一村一档”的传统村档案，举办农村住宅建设专题培训班，推进全省村镇规划建设管理各项工作。但是村镇发展建设严重滞后于全省经济社会发展，村镇规划建设管理水平和质量严重滞后于城市发展，城乡差别较大、区域发展不平衡的问题仍然突出。部分村镇的“脏、乱、差”现象普遍存在，村镇建设法规严重滞后，各级村镇规划建设管理机构和人员严重不足，各级政府对村镇规划建设管理投入不足。

【农村住宅建设培训】　2013年11～12月，广东省住房和城乡建设厅分别在梅州、湛江、汕头、韶关等市举办农村住宅建设专题培训班，重点讲解农村住房建设要求，包括科学选址、抗震构造、防雷、房屋质量通病和防治、建筑施工安全、泥砖房改造模式和建筑景观塑造等，全省各市、县、镇村镇规划建设管理人员500多人参加培训。

【美丽宜居村镇建设】　2013年，广东省住房和城乡建设厅按照创建宜居城乡工作部署，发挥广东省宜居示范城镇和宜居示范村庄的示范带动作用，推进全省各市宜居村镇建设稳步发展。一是继续创建广东宜居示范城镇和宜居示范村庄。组织开展第三批广东省宜居示范城镇和宜居示范村庄认定。二是举办广东宜居示范村镇建设专题培训班。2013年10月30日至11月2日，省住房和城乡建设厅组织考察组赴浙江省考察，学习改善农村人居环境经验。考察组与浙江省住房和城乡建设厅有关部门进行座谈交流，实地考察杭州市桐庐县和湖州市安吉县的部分乡镇、村庄。年内，组织开展改善全省农村人居环境策略研究，找准全省农村人居环境建设、基础设施建设、住房质量存在问题，提出针对性策略，切实改善全省农村人居环境。

【村镇规划高级培训研讨班】　2013年，广东省住房和城乡建设厅在广州、韶关、湛江、肇庆等地举办村镇规划高级培训研讨班，重点介绍《广东省名镇名村示范村建设规划编制指引（试行）》《广东省宜居城镇（村庄）建设行动计划编制指引（试行）》，以及名镇名村和宜居村镇案例等，培训市、县、镇各级村镇规划建设管理人员和省村庄规划编制试点村村支书（村长）600多人。省住房和城乡建设厅提出全省村镇建设工作要求，明确全省名镇名村、宜居村镇规划建设方向。

（刘子健）

▲2013年12月2~5日，广东省住房和城乡建设厅在韶关市举办全省农村住宅建设专题培训班

（广东省住房和城乡建设厅村镇建设处供稿）

村镇规划

【概况】　截至2013年，广东省有建制镇1029个，建制镇建成区面积3030.74平方千米，建制镇建成区户籍人口1166.07万人，暂住人口379.09万人，全省建制镇总体规划覆盖率85.71%。是年，省住房和城乡建设厅推进中心镇控制性详细规划编制试点和省级村庄规划编制试点，组织编制《广东省县域城乡发展一体化规划编制指引》《广东省村庄规划编制指引》，并完成初步成果。

【建制镇总体规划编制】 2013年，广东省有1029个建制镇，实行建制镇总体规划编制的889个，总体规划编制覆盖率85.71%。建制镇总体规划和村庄规划均由县政府组织所在地镇编制的，并对县域城镇、村庄发展布局、资源保护和利用、重大设施布局等作出统筹安排。全年编制总体规划68个，编制镇总体规划投入21444.95万元。

【村庄规划】 村庄规划由镇政府组织编制，经村民会议或村民代表会议讨论同意后报上级人民政府审批。2013年，广东省有17699个行政村，村庄规划覆盖率54.9%；全省有153621个自然村，村庄规划覆盖率29.52%。村庄现状用地面积9360.30平方千米，村庄户籍人口4419.19万人，村庄暂住人口406.94万人。通过科学编制村庄规划，合理确定村庄的居住建筑、生产建筑、配套设施等用地，实现生活区与养殖区分离、居住区与工业区分离，优化村庄空间布局，发挥村庄规划对村庄建设的指导作用。

【全国村庄规划编制和信息化建设试点】 2013年，广东省住房和城乡建设厅指导广州市申报全国村庄规划编制和信息化建设试点城市，截至年底，广州市是住房和城乡建设部确定的唯一试点城市。

广州市以村庄整治为重点，以建设美丽宜居乡村为导向，探索符合当地实际的各种类型村庄规划理念、方法和内容，创新村庄规划编制和实施办法，推进城乡差异化统筹协调发展。通过“三规合一”、挖掘空心村低效用地等方式，探索解决村庄规划土地规模缺口大等难题，为全国村庄规划提供可供借鉴范本。广州市村庄规划编制首要目标是“可实施”“能落地”，通过“三规合一”办法，结合农村实际，使村庄规划编制能实实在在地引领农村发展，推动农村地区新型城镇化发展。

【新型村镇规划编制试点】 2013年，广东省住房和城乡建设厅在全省选择若干县、镇、村，开展城乡发展一体化规划和新型村庄规划编制试点，争取省财政安排专项资金支持试点。清远市佛冈县利用作为广东省新农村建设试验区和广东省名镇名村建设示范县的有利条件，结合全域风景化规划建设试点要求，在全县域统筹安排和推进落实项目建设；珠海市斗门镇域城乡发展一体化规划编制进展顺利；广州市白云区太和镇白山村按照新型村庄规划编制要求，统筹部署村庄生活、生产和生态保护，该规划被住房和城乡建设部列入第一批全国村庄规划示范。 *(刘子健)*

村镇建设

【概况】 2013年，广东省村庄建设总投入382.79亿元，村庄住宅建筑总面积1234.77万平方米，人均住宅建筑面积27.94平方米。全省有生活垃圾收集点的行政村15468个，集中供水的行政村10677个，对生活污水进行处理的行政村2697个。全省建制镇建设总投入565.1亿元，全省有生活垃圾中转站2647座，年生活垃圾清运量600.71万吨，污水处理厂20139个，年污水处理总量4.63亿立方米。

【中心镇规划建设管理】 2013年，广东省有278个中心镇，中心镇镇域总人口2926.27万人，国内生产总值（GDP）4688.40亿元，可支配财政收入总额406.28亿元。省住房和城乡建设厅把中心镇规划建设作为小城镇建设的着力点，使中心镇成为小城镇建设的排头兵和县域经济的主力军。截至年底，实现全省中心镇总体规划全覆盖。

【名镇名村建设】 2013年，广东省名镇名村建设被列入广东省提高城市化发展水平重点工作。“十二五”期间拟打造110个名镇、1900个名村。截至年底，全省启动2个示范县、42个名镇、362个名村、763个示范村建设规划编制。

【重点镇建设】 2013年，广东省住房和城乡建设厅联合省发展改革委等7个部门转发住房和城乡建设部等部门《关于开展全国重点镇增补调整工作的通知》，部署开展全国重点镇增补调整工作，指导全省各地按要求及时做好全国重点镇基础信息网上录入。经全省各地级市政府组织筛选、推荐和专家审查，征求省直相关部门意见，推荐广州市白云区江高镇等209个镇申报广东省全国重点镇。

【宜居示范城镇和宜居示范村庄评选】 2013年，广东省住房和

▲广州市番禺区沙湾镇（2013） *（广东省住房和城乡建设厅村镇建设处供稿）*

▲梅州市大埔县百侯镇（2013） （广东省住房和城乡建设厅村镇建设处供稿）

城乡建设厅推进广东省宜居村镇创建点规划设计，发挥创建指导点示范作用，争取广东省财政支持全省创建指导点项目建设。评选出第三批“广东省宜居示范城镇”53个、“广东省宜居示范村庄”142个。截至年底，全省有“广东省宜居示范城镇”173个、“广东省宜居示范村庄”562个。

【名镇名村申报认定】 2013年，广东省住房和城乡建设厅与省委农村工作办公室联合开展名镇名村申报认定。

“广东省岭南名镇名村”申报认定 与广东省委农村工作办公室联合制定广东岭南名镇、岭南名村审核认定标准，印发《关于开展第一批广东省岭南名镇名村申报认定工作的通知》，部署开展第一批广东岭南名镇、岭南名村认定工作。在全省各地初审和择优推荐的基础上，经过资料审查和实地抽样考察，认定广州市番禺区沙湾镇等37个镇和广州市海珠区琶洲街道黄埔村等256个村基本符合广东省岭南名镇名村认定要求。

“全国特色景观旅游名镇名村”创建 对广东省第一、二批全国特色景观旅游名镇名村潮州市饶平县新丰镇等7镇、东莞市茶山镇南社村等3村进行核心景观资源登记上报，并做好第三批名镇名村示范申报。全国特色景观旅游名镇名村认定标准分为特色景观、规划建设、旅游服务与发展3部分，其中，特色景观部分是全国特色景观旅游名镇名村认定的重要内容。

“广东名镇名村”评选 开展第一批广东名镇、广东名村审核认定。经全省各县（市、区）申报，地级市名镇名村建设联席会议初审，广东省住房和城乡建设厅与省委农村工作办公室抽样实地考察及组织专家评审，评选出广州市花都区梯面镇等“广东名镇”37个、广州市海珠区琶洲街道黄埔村等“广东名村”244个。

“中国历史文化名镇名村”申报 广东省住房和城乡建设厅部署历史文化名镇名村建设工作任务，组织省级历史文化名镇名村申报，对照《历史文化名镇名村保护规划编制要求（试行）》，审核申报村镇保护规划，对未符合规划编制要求的予以补充完善；联合广东省文物局，邀请广东省规划院对申报材料初审，重点审查保护规划成果是否符合《历史文化名镇名村保护规划编制要求（试行）》，对全部申报项目提出初审意见，现场指导广州、梅州、江门市历史文化名镇名村保护规划评审。6月20日，召开专家审查会，全面审查申报材料，并根据专家审查意见征求省文物局意见；联合省文化厅组织开展中国历史文化名镇、名村申报，在各地推荐的基础上，组织城乡规划和文物保护方面的专家，全面审查申报材料和实地考察，推荐符合申报条件的珠海市斗门镇等8个镇和广州市花都区炭埗镇塱头村等9个村申报第六批中国历史文化名镇名村。

（刘子健）

村镇历史文化保护

【概况】 2013年，广东省住房和城乡建设厅推进全省传统村落、历史文化名镇名村的保护规划编制、审核和申报把关。截至年底，全省确定推荐8个镇、9个村申报第六批中国历史文化名镇名村。

【传统村落保护】 2013年，广东省住房和城乡建设厅组织各地级以上住房和城乡建设部门完成中国传统村落档案建档工作，建立“一村一档”的传统村落档案。各市按照以下原则指导地区传统村落做好保护发展规划编制。对于已经编制保护规划的中国历史文化名村和省级历史文化名村，不需要重新编制传统村落保护发展规划，但是需要按要求补充完善传统村落档案。年内，省住房和城乡建设厅指导编制单位完成保护发展规划大纲和成果编制，会同省文化厅、财政厅组织对传统村落科学调查和建立档案情况验收，开展传统村落保护发展规划大纲和成果技术审查。

（刘子健）

2013 年广东省中心镇基本情况

地区名称	镇域总面积（平方千米）	镇规划区面积（平方千米）	镇建成区面积（平方千米）	镇域总人口（人）	镇域户籍人口（人）
广东省	46441.04	7657.86	3229.94	29262731	20962576
广州市	3197.34	1105.56	1030.37	2478851	1414686
珠海市	562.24	127.90	48.18	403911	234984
汕头市	543.43	194.87	84.93	1340932	1125227
佛山市	1648.05	907.38	100.37	1676599	878493
韶关市	5255.74	239.50	87.52	1193606	1150502
河源市	3896.56	447.73	125.78	1517163	1194988
梅州市	5631.92	337.77	91.23	1689096	1604339
惠州市	1912.84	418.43	72.24	906405	582762
汕尾市	1256.42	219.19	91.99	1282255	1138062
东莞市	1207.3	1047.46	535.497	4354801	831316
中山市	224.01	207.91	100.37	642182	273860
江门市	1646.17	448.57	113.72	968110	746460
阳江市	1726.68	162.73	76.04	1001553	854572
湛江市	3324.09	223.15	105.79	1998158	1809613
茂名市	1930.33	190.53	76.23	1612699	1523290
肇庆市	2840.85	247.45	98.36	1245446	1059445
清远市	6075.44	484.54	85.99	1936261	1619177
潮州市	443.35	152.98	64.89	599018	663415
揭阳市	1054.89	213.70	67.00	1582441	1284285
云浮市	2177.20	280.51	173.44	972058	920105
珠三角	13238.80	4510.66	2099.10	12477697	6022006
粤　西	6981.10	576.41	258.06	4672204	4240470
粤　东	3184.28	780.74	308.81	4804646	4210989
粤　北	23036.86	1790.05	563.96	7308184	6489111

地区名称	镇域暂住人口（人）	镇域非农户籍人口（人）	镇域就业总人数（人）	镇域外省就业人数（人）	镇域本省就业人数（人）
广东省	8145066	6589621	12974849	4772907	6965325
广州市	981663	335862	1022903	436359	608347
珠海市	168927	120471	128073	39329	89032
汕头市	166951	123152	481296	61365	369006
佛山市	798105	555030	1086344	561556	408655
韶关市	44962	371763	462571	67838	396189
河源市	327601	360540	482696	115973	412439
梅州市	89257	470655	638441	40566	589696
惠州市	329053	257205	550745	281561	270424
汕尾市	125745	430431	332413	159059	130980
东莞市	2965174	721255	2982629	2100872	487254
中山市	368322	86899	333822		
江门市	221650	103815	456612	201368	254601
阳江市	146981	337994	305524	37540	256772
湛江市	577324	436629	590224	93300	395884
茂名市	88604	361360	667861	92902	574959
肇庆市	187513	285205	742317	198440	533877
清远市	278033	400622	688223	148213	521661
潮州市	120953	255605	333876	76398	257898
揭阳市	83279	397799	304137	19218	112273
云浮市	68170	170830	356645	40650	258382
珠三角	6020407	2465742	7303445	3819485	2672888
粤　西	819708	1142482	1591106	224142	1243913
粤　东	496928	1206987	1451722	316040	870157
粤　北	808023	1774410	2628576	413240	2178367

(续表)

地区名称	镇建成区总人口(人)	镇建成区户籍人口（人）	镇建成区暂住人口(人)	村镇建设管理人员(人)	其中
					专职人员（人）
广东省	14038186	7954618	5303507	5428	2814
广州市	716843	270416	470276	630	418
珠海市	162564	81869	80744	91	46
汕头市	759175	671192	84409	214	94
佛山市	728478	346383	383355	335	207
韶关市	462663	377527	67456	250	112
河源市	866456	533579	220536	109	76
梅州市	582267	519267	65145	120	64
惠州市	389088	207847	170185	140	58
汕尾市	674700	715502	94101	139	101
东莞市	3596112	636717	2351929	1747	701
中山市	462948	203420	259528	178	129
江门市	231717	126309	105850	180	100
阳江市	440279	317969	123310	139	72
湛江市	586726	417919	113750	255	139
茂名市	558566	388733	169833	159	85
肇庆市	628051	419840	149712	129	81
清远市	773873	527155	213887	185	77
潮州市	510635	434826	71361	199	94
揭阳市	625528	524706	71715	121	61
云浮市	266519	220643	31715	108	99
珠三角	6915801	2292801	3971579	3430	1740
粤　西	1600569	1137420	407148	553	296
粤　东	2570038	2346226	321586	673	350
粤　北	2951778	2178171	603194	772	428

地区名称	镇域行政村个数(个)	完成规划编制的行政村个数（个）	镇域自然村个数(个)	完成规划编制的自然村个数（个）	镇域 GDP(万元)
广东省	4571	2364	31721	7686	46883964.64
广州市	533	487	2997	2594	11052000
珠海市	59	54	301	76	3540923
汕头市	260	72	258	29	3560557
佛山市	182	105	1595	452	16349599.95
韶关市	442	174	4823	330	1522611.44
河源市	340	104	3666	587	1492989.4
梅州市	555	416	3853	2165	2995470.36
惠州市	180	117	1609	807	3132293
汕尾市	233	45	1030	54	2514351
东莞市	247	217	710	437	24540499
中山市	30	30	–	–	4632832.487
江门市	240	188	2363	1426	7908789.2
阳江市	195	195	2323	1362	3466073
湛江市	398	290	3438	1685	3351621.38
茂名市	304	122	4186	952	2901960
肇庆市	335	161	3659	582	3511993.34
清远市	374	84	6180	388	4585358.1
潮州市	151	16	530	47	3955143
揭阳市	291	146	642	249	5400039
云浮市	273	234	2516	1457	1509938
珠三角	755	466	7631	2134	14553075.34
粤　西	897	607	592	246	4794432
粤　东	935	279	2460	379	15430090
粤　北	1984	1012	21038	4927	12106367.3

(续表)

地区名称	镇域工业总产值（万元）	镇域第一产业总产值（万元）	镇域第二产业总产值（万元）	镇域第三产业总产值（万元）	镇域工业用地面积（平方千米）
广东省	56300575	7246478.13	41867001.02	5398395.35	1117.43
广州市	26472471	1593520	17821098	8353548	165.84
珠海市	2970660	338564	3280807	375197	72.23
汕头市	6328358	307789	2677063	361832	28.75
佛山市	51379886.4	820554.00	44648225.33	5646571.85	176.76
韶关市	1025461.4	608181.58	615159.12	587584.8	88.64
河源市	3206230.6	999207	3090751.9	381249.7	92.18
梅州市	2378137	484062.36	2084716	443773	63.43
惠州市	6659137	237616	5911339	1960349	12042.87
汕尾市	1696964	598584.22	2144605	576984.85	43.77
东莞市	55453659	89990.07	14039101	7956219	182.21
中山市	2732027.3	60234.45	1018428.5	1065257.4	31.36
江门市	8232719.26	873403.9	8151713.76	577795.6	116.51
阳江市	2098132	1422569	2072054	1016718	38.41
湛江市	3032884.23	1248527.98	2475494.22	836487.38	86.44
茂名市	1356192	806306	1331445	785164	67.87
肇庆市	4642628	660488.34	3594372	859685	93.23
清远市	7965496	641085.63	7263707	1872092	264.34
潮州市	4735225	351431	3944133	559659	4084.79
揭阳市	3902034	485934	909711	55000	71.08
云浮市	2723842	512761	570019	233559	88.19
珠三角	19534485	1771508.34	17657425	271661	267.80
粤　西	2804342	485934	909711	55000	71.08
粤　东	16662581	1743738.22	9675512	1553475.85	181.79
粤　北	17299167	3245297.57	13624353.02	3518258.5	596.77

地区名称	镇域工业园区面积（平方千米）	地方性财政总收入（万元）	可支配财政收入（万元）	城镇维护建设资金财政收入（万元）	城镇维护建设资金财政支出（万元）
广东省	640.93	6420761.64	4062825.72	656032.32	711757.62
广州市	126.97	855610.45	391855.26	52490.18	56790.43
珠海市	49.98	210031	97317	3626	15190
汕头市	20.18	104370.34	45863.34	1676.9	2127.75
佛山市	125.09	1530470.43	1067485.53	160491.29	141483.78
韶关市	50.54	64046.64	22088.5	11817.9	11640.8
河源市	75.37	46547.4	14088.4	5360.5	7105
梅州市	42.70	24803.4	13392.65	3428.23	4263.4
惠州市	48.22	114109	26482	37553	37630
汕尾市	30.67	14229	10805	1648	2797.5
东莞市	105.90	2285216.85	1609805.85	139700.89	209696.93
中山市	25.50	241349	304429	44227	39737.73
江门市	61.88	201770.19	99911.92	7478.49	10581.7
阳江市	41.38	125396.9	90855.9	5333.3	5722.1
湛江市	34.91	54069.83	16535.27	12548.8	11244.5
茂名市	51.62	148730	16076.2	2113	1557.9
肇庆市	65.89	114967.39	41690.09	2450.1	2379.8
清远市	117.55	150956.04	120942.5	25081.38	10190.59
潮州市	7.58	45462.15	13976.11	1227.94	1221.8
揭阳市	27.68	38382.15	35405.15	5711	7196
云浮市	64.98	50243.48	23820.05	12080.42	13211.9
珠三角	175.99	5553524.31	3638976.65	568004.95	633478.38
粤　西	27.68	328196.73	123467.37	19995.1	18524.5
粤　东	86.11	202443.64	106049.6	10263.84	13343.05
粤　北	351.15	336596.96	194332.1	57768.43	46411.69

(续表)

地区名称	市政公用设施建设财政资金投入总额（万元）	其中	省级财政（万元）	地级财政（万元）	县级财政（万元）
		中央财政（万元）			
广东省	805611.13	26228.25	20664.05	60254.43	101941.98
广州市	99580.19	2228	2495	19345.86	25557.48
珠海市	32716.3	0	500	8500	8000
汕头市	2854.94	44.85	454.15	106.39	1473.3
佛山市	204813.54	0	500	0	7411
韶关市	26555.77	0	343	133	6044
河源市	46533.4	12162.4	4002	3700	4421
梅州市	6382.57	205	828	1157	1659
惠州市	13399	20	16	40	4412
汕尾市	6315	–	1345	230	805
东莞市	239862.39	0	0	22564.22	0
中山市	31053.05	–	–	1510.16	–
江门市	13942.5	0	256	173	1235.5
阳江市	14186.96	–	360	58	10861
湛江市	6841.6	0	2064	974	1526.6
茂名市	1865.8	–	350	302	791.6
肇庆市	5731.22	80	931	80	3020.55
清远市	12736.77	1100	669	20	20012.6
潮州市	2768.11	141	513.9	203.8	500.35
揭阳市	8150	–	–	–	832
云浮市	29322	10247	5037	1157	3379
珠三角	641098.21	2328	4698	52213.24	49636.53
粤　西	22894.36	0	2774	1334	13179.2
粤　东	20088.05	185.85	2313.05	540.19	3610.65
粤　北	121530.51	23714.4	10879	6167	35515.6

地区名称	镇级财政（万元）	镇级自筹（万元）	镇建成区公共绿地面积（平方米）	其中	镇建成区住宅建筑总面积（平方米）
				镇建成区公园绿地面积（平方米）	
广东省	579319.44	62502.41	244023234.5	100866071.7	407029186.3
广州市	30041.81	21376.69	13219070	6184841	47224834
珠海市	15716.3	500	3575406	1955540	15469688
汕头市	6944.38	277.35	5687607	782467	17276853
佛山市	204286.56	0	15780728.49	3703035.2	10375861.1
韶关市	1959.8	1433	4781380	1657139	10594990
河源市	3516	1937	1239223	13961869	8810183
梅州市	933.27	1600.3	8911138	3999446	22184742
惠州市	46884	5384	1073386	489120	32617473
汕尾市	715	4515	5799338	4192974	15388932
东莞市	215995.51	0	119074167	38425606	91832716.2
中山市	29542.89	–	13140300	8739800	12907200
江门市	7642	2483	5673852	1405311	8378909
阳江市	1827	1080.73	7220311	2194242	13503177
湛江市	1896.4	1675.5	5718822	631065	15318680
茂名市	948.2	1313	2942440	1959360	13908100
肇庆市	1412.72	1320.24	5142186	2580164	10388162
清远市	3230	7326.2	13595400	4406211	12729028
潮州市	562.6	338	1120495	1161190	7498283
揭阳市	2164	3541.4	4900282	295920	16557047
云浮市	3101	6401	5427703	2140771.5	24064328
珠三角	551521.79	31063.93	176679095.5	63483417.2	229194843.3
粤　西	4671.6	4069.23	15881573	4784667	42729957
粤　东	10385.98	8671.75	17507722	6432551	56721115
粤　北	12740.07	18697.5	33954844	26165436.5	78383271

(续表)

地区名称	镇域住宅建筑总面积（平方米）	市政公用设施投入合计（万元）	其中 银行贷款（万元）	财政划拨（万元）	企业赞助（万元）
广东省	839533587	788410.29	11940.1	659302.12	23584.34
广州市	120613027	73812.83	0.00	72770.83	1042.00
珠海市	25948270	28216.30	0.00	28216.30	0.00
汕头市	20970190	11997.76	80.00	2714.96	470.00
佛山市	30268015.1	199507.36	5799.00	179750.36	0.00
韶关市	44032640	9622.77	350.00	7913.60	558.00
河源市	17172408	52010.00	1266.00	48824.00	333.00
梅州市	40334301	8013.70	8.00	5988.50	1312.76
惠州市	13080592	27773.30	0.00	22354.80	20.00
汕尾市	23570749	787.82	15.00	305.00	2.00
东莞市	81888102.91	237599.33	0.00	189174.03	0.00
中山市	15416000	31053.05	–	31053.05	–
江门市	26491792	11259.36	0.00	10548.36	200.00
阳江市	26896762	14657.74	127.10	5420.86	9551.08
湛江市	52273044	8204.00	0.00	4680.00	1152.00
茂名市	57017900	4766.80	220.00	2924.10	762.50
肇庆市	28570820	6605.13	0.00	5665.33	250.00
清远市	41428275	17488.93	3175.00	12878.93	0.00
潮州市	14487786	6518.11	0.00	2059.11	400.00
揭阳市	27989178	4811.00	900.00	610.00	1528.00
云浮市	128823961	33705.00	0.00	25450.00	6003.00
珠三角	342276619	615826.66	5799.00	539533.06	1512.00
粤　西	138447480	27628.54	347.10	13024.96	11465.58
粤　东	87017903	24114.69	995.00	5689.07	2400.00
粤　北	271791585	120840.40	4799.00	101055.03	8206.76

地区名称	居民集资（万元）	公共服务设施投入合计（万元）	其中 银行贷款（万元）	财政划拨（万元）	企业赞助（万元）
广东省	8668.44	201615.35	2131.7	156719.64	13781.03
广州市	0.00	40049.16	0.00	32629.16	7300.00
珠海市	0.00	4926.00	0.00	4926.00	0.00
汕头市	1455.00	6042.00	–	2516.00	850.00
佛山市	0.00	34030.38	0.00	24138.38	0.00
韶关市	173.00	4480.80	100.00	4276.80	150.00
河源市	393.00	11205.00	876.00	7808.00	514.00
梅州市	704.44	5380.75	4.00	2388.12	2667.03
惠州市	370.00	7958.50	0.00	3958.50	0.00
汕尾市	0.00	363.75	0.00	260.00	0.00
东莞市	0.00	38777.45	0.00	36029.45	0.00
中山市	–	9634.52	–	9634.52	–
江门市	411.00	2828.03	0.00	2688.03	110.00
阳江市	158.50	455.00	51.70	243.20	113.50
湛江市	1949.00	7952.70	0.00	7411.97	185.50
茂名市	783.70	5669.00	900.00	2249.20	595.00
肇庆市	689.80	6117.50	0.00	5738.50	100.00
清远市	1.00	1732.70	0.00	1732.70	0.00
潮州市	700.00	2067.11	0.00	717.11	250.00
揭阳市	413.00	1540.00	200.00	200.00	160.00
云浮市	467.00	10405.00	0.00	7174.00	786.00
珠三角	1470.80	144321.54	0.00	119742.54	7510.00
粤　西	2891.20	14076.70	951.70	9904.37	894.00
粤　东	2568.00	10012.86	200.00	3693.11	1260.00
粤　北	1738.44	33204.25	980.00	23379.62	4117.03

(续表)

地区名称	居民集资(万元)	镇区道路长度(千米)	镇域道路长度(千米)	镇区公交站场数量(个)	镇域公交站场数量(个)
广东省	4046.31	15501.49	53970.23	4093	5522
广州市	120.00	1186.81	4417.17	40	113
珠海市	0.00	267.83	602.21	4	5
汕头市	826.00	894.63	1225.13	45	59
佛山市	0.00	675.73	1871.80	349	632
韶关市	23.00	538.49	3962.95	66	165
河源市	647.00	1686.80	3456.53	1030	268
梅州市	321.61	655.90	4914.48	86	237
惠州市	0.00	277.54	1260.94	22	73
汕尾市	0.00	1262.00	2252.60	14	60
东莞市	0.00	1451.23	2216.02	1604	1938
中山市	–	709.46	1102.54	332	363
江门市	30.00	569.69	1855.71	54	147
阳江市	46.70	745.28	2445.37	61	121
湛江市	228.00	769.73	5937.25	74	383
茂名市	296.00	764.00	5527.50	29	215
肇庆市	279.00	1070.96	2400.23	85	126
清远市	0.00	563.48	2903.96	82	391
潮州市	100.00	4483.14	21070.02	385	1383
揭阳市	650.00	534.91	1449.79	47	98
云浮市	479.00	455.30	3105.00	40	95
珠三角	429.00	6209.25	15726.62	2490	3397
粤　西	570.70	2279.01	13910.12	164	719
粤　东	1576.00	3113.27	5990.58	135	250
粤　北	1470.61	3899.97	18342.92	1304	1156

地区名称	镇自来水厂(个)	镇供水厂规模(万立方米／日)	镇区自来水普及率(%)	镇域自来水普及率(%)	镇区燃气普及率(%)
广东省	676	10666.72	24601.50	21325.26	23214.68
广州市	29	85.85	1200.00	1161.98	911.72
珠海市	2	3.90	202.00	201.99	300.98
汕头市	15	19.29	1091.90	1069.80	1062.00
佛山市	8	57.67	1000.00	960.50	903.30
韶关市	24	538.56	1999.55	1581.29	1713.54
河源市	57	10.51	1486.00	1434.00	1654.00
梅州市	37	19.85	2155.25	1792.25	2102.75
惠州市	108	11.96	900.00	737.00	895.00
汕尾市	10	23.10	675.90	628.75	676.05
东莞市	64	188.56	1200.90	1199.90	1094.78
中山市	5	58.60	300.00	300.00	300.00
江门市	16	188.83	1394.00	1347.00	1374.00
阳江市	10	26.65	1078.20	877.10	1068.00
湛江市	195	3179.01	1664.27	1027.05	1620.97
茂名市	19	31.59	1477.00	1021.20	1455.00
肇庆市	18	249.26	1652.10	1527.23	1493.80
清远市	27	47.83	2081.43	1807.91	1763.99
潮州市	285	3723.17	9347.00	7607.49	8775.76
揭阳市	8	8.90	1161.00	983.00	1082.00
云浮市	19	3021.33	1288.00	1109.30	1151.00
珠三角	250	844.62	7849.00	7435.60	7273.58
粤　西	224	3237.25	4219.47	2925.35	4143.97
粤　东	38	2946.77	3522.80	3239.55	3411.85
粤　北	164	3638.08	9010.23	7724.75	8385.28

(续表)

地区名称	镇域燃气普及率(%)	镇区生活污水排放量（万立方米）	镇区生活污水处理量（万立方米）	镇区生活污水处理设施数（个）	镇污水处理厂(个)
广东省	19997.94	103679.01	74123.78	682.00	158
广州市	862.32	8538.13	6800.86	96.00	20
珠海市	298.93	486.90	369.60	4.00	2
汕头市	947.50	2372.00	1114.00	2.00	1
佛山市	872.10	7491.25	7026.81	16.00	16
韶关市	1261.64	2894.77	2530.15	7.00	8
河源市	1527.00	885.90	298.46	401.00	11
梅州市	1921.04	3349.67	1798.00	5.00	5
惠州市	744.30	2542.93	1040.93	5.00	6
汕尾市	641.44	3160.02	519.00	2.00	1
东莞市	1081.86	40345.14	31355.26	25.00	20
中山市	300.00	7291.00	7184.00	4.00	2
江门市	1296.20	1384.52	1266.23	14.00	15
阳江市	893.00	2493.43	1603.00	7.00	7
湛江市	1044.21	1754.54	1471.38	34.00	6
茂名市	976.30	2216.16	627.84	6.00	0
肇庆市	1284.20	4151.00	1987.00	12.00	12
清远市	1466.90	6017.83	3430.71	11.00	11
潮州市	6960.81	18017.48	10386.15	84.00	1
揭阳市	1035.50	2153.88	695.00	12.00	3
云浮市	991.50	1224.45	1019.05	15.00	11
珠三角	6739.91	72230.87	57030.69	176.00	93
粤　西	2913.51	6464.13	3702.22	47.00	13
粤　东	3176.44	10611.40	4314.50	20.00	6
粤　北	7168.08	14372.62	9076.37	439.00	46

地区名称	镇污水处理厂规模（万立方米/日）	镇域生活污水排放量（万立方米）	镇域生活污水处理量（万立方米）	镇区生产污水排放量（万立方米）	镇区生产污水处理量（万立方米）
广东省	475.94	175964.33	99649.39	57563.76	44338.40
广州市	62.36	14051.19	9309.86	9112.51	8119.60
珠海市	7.00	886.00	571.30	672.00	469.10
汕头市	1.20	3622.00	421.90	753.20	18.70
佛山市	37.60	13534.62	10389.85	7598.46	6251.34
韶关市	5.66	11957.30	10115.00	1925.01	1658.75
河源市	103.50	2228.40	1076.85	1352.00	715.85
梅州市	1349.00	7487.55	1853.70	1382.06	515.70
惠州市	13.00	2811.85	1218.45	1498.93	953.93
汕尾市	1.50	3912.72	150.00	1499.00	101.00
东莞市	114.83	51788.84	40666.73	16981.90	12340.62
中山市	21.00	8342.00	7184.00	368.44	386.97
江门市	6.14	2479.06	1581.85	2165.15	1797.86
阳江市	16.50	4362.52	1130.00	1867.10	1161.83
湛江市	209.35	12023.00	954.26	1143.61	411.80
茂名市		8281.00	1599.00	2027.61	852.55
肇庆市	14.85	7779.25	2252.35	2292.04	1561.17
清远市	19.50	8626.90	4499.54	1890.69	4229.79
潮州市	8.00	3960.50	1919.05	1868.70	1833.90
揭阳市	1.00	3240.58	978.00	310.80	288.00
云浮市	11.80	4589.05	2399.95	853.04	668.94
珠三角	276.78	101672.81	73174.39	40689.43	31880.59
粤　西	17.87	24666.52	3683.26	5038.32	2426.18
粤　东	11.70	14735.80	2846.70	4433.20	2242.60
粤　北	169.59	34889.20	19945.04	7402.80	7789.03

(续表)

地区名称	镇区生产污水处理设施数（个）	镇域生产污水排放量（万立方米）	镇域生产污水处理量（万立方米）	镇区生活垃圾处理、中转设施数（个）	镇区生活垃圾处理量（万吨）
广东省	1187	71184.80	49925.96	2383	30186.24
广州市	132	14442.74	11079.53	108	380.78
珠海市	3	955.00	595.00	66	11.40
汕头市	23	1429.80	143.80	325	79.71
佛山市	8	6911.23	7665.23	95	56.28
韶关市	24	1088.24	596.39	53	64.93
河源市	27	749.67	128.46	431	23.22
梅州市	5	5204.34	1861.20	144	232.98
惠州市	10	3259.25	2317.05	17	21.71
汕尾市	16	1596.49	81.00	56	51.61
东莞市	624	13951.48	13882.47	425	218.71
中山市	47	435.44	453.97	44	40.90
江门市	16	1387.74	966.39	98	44.04
阳江市	7	3666.60	1140.83	15	16.95
湛江市	6	2503.15	720.75	25	360.90
茂名市	11	3201.00	1484.00	61	66.66
肇庆市	17	2514.60	1623.80	55	46.80
清远市	22	3479.32	1769.48	95	23.24
潮州市	30	2557.00	1881.50	64	19003.22
揭阳市	144	385.00	273.00	110	120.87
云浮市	15	1455.20	1258.50	96	9321.34
珠三角	857	43857.49	38583.45	908	820.62
粤　西	24	9370.75	3345.58	101	444.50
粤　东	213	5979.79	2382.90	555	19255.41
粤　北	93	11976.77	5614.03	819	9665.70

地区名称	其　中 镇区生活垃圾处理无害化处理量（万吨）	镇域家庭总户数（户）	镇域安装电话的家庭户数（户）	镇域安装电脑网络的家庭户数（户）	镇域参加养老、医疗、失业保险人数（人）
广东省	4821.24	5966480	4894985	2822895	23775479
广州市	361.17	496346	332702	190912	1225992
珠海市	10.81	102029	62232	33494	103102
汕头市	5.23	280337	256301	218221	1758401
佛山市	44.08	310559	236947	200552	827087
韶关市	53.55	334541	190257	103561	964516
河源市	3.68	291466	196428	170550	795988
梅州市	212.84	433002	313085	202798	1040410
惠州市	11.10	167220	127051	40824	422369
汕尾市	0.00	237245	171463	70365	748586
东莞市	217.71	371230	1170659	705115	7094764
中山市	40.90	74491	145984	162738	557946
江门市	39.66	230882	182373	100726	677179
阳江市	15.11	220067	135785	76284	631449
湛江市	29.45	432861	198677	61836	1771156
茂名市	1.98	558871	219127	115250	1349821
肇庆市	14.41	307380	218258	70869	553540
清远市	10.96	401336	192384	70268	1133991
潮州市	14.22	151270	152132	65490	470201
揭阳市	43.08	351066	268717	76767	772957
云浮市	3691.30	214281	124423	86275	876024
珠三角	739.83	2060137	2476206	1505230	11461979
粤　西	46.54	1211799	553589	253370	3752426
粤　东	62.53	1019918	848613	430843	3750145
粤　北	3972.33	1674626	1016577	633452	4810929

(续表)

地区名称	镇区完全中学数（所）	镇区在校学生总数（人）	镇区医院数（所）	镇区病床总数（张）	镇域大专以上户籍人口数(人)	镇域卫生技术人员总数（人）
广东省	551	2982414	513	61262	1685227	100117
广州市	24	186943	38	4395	110435	5882
珠海市	9	32116	6	820	31418	1109
汕头市	24	150519	14	1470	41270	2556
佛山市	25	152826	21	3684	108695	5466
韶关市	41	108083	34	2096	74929	3430
河源市	61	130702	34	2652	77337	5330
梅州市	50	198780	52	3534	186490	3448
惠州市	14	115170	24	2380	46349	1866
汕尾市	34	216845	15	1214	99880	3716
东莞市	37	386395	38	13250	85566	20862
中山市	8	103387	6	2360	25736	3435
江门市	15	85519	20	1555	48752	1727
阳江市	21	89075	22	1955	58933	4829
湛江市	30	195257	29	2823	141899	4543
茂名市	31	254777	26	4092	220528	8299
肇庆市	27	122860	34	3470	114073	6449
清远市	39	162652	45	4052	64587	4408
潮州市	12	90946	15	1613	34026	2331
揭阳市	25	106187	13	981	50108	5208
云浮市	24	93375	27	2866	64216	5223
珠三角	159	1185216	187	31914	571024	46796
粤 西	82	539109	77	8870	421360	17671
粤 东	95	564497	57	5278	225284	13811
粤 北	215	693592	192	15200	467559	21839

(冯育文)

2013年广东省建制镇基本情况

地区名称	建制镇个数（个）	镇域面积（公顷）	镇域户籍户数(户)	镇域户籍人口(万人)	镇域暂住人口(万人)	建成区面积（公顷）	建设用地面积(公顷)	建成区户籍户数(户)
广东省	1029	14240281.49	13129496	5344.08	750.93	303074.81	271407.59	2925033
广州市	31	476127.72	609917	202.81	113.83	27991.29	17365.4	125132
珠海市	9	74917.5	82808	31.43	17.15	6250.58	6490.69	31746
汕头市	29	143598.37	736860	288.32	21.34	14738.67	4652.53	283392
佛山市	21	233427	626930	206.91	183.34	20377.69	27307.87	217615
韶关市	84	1555455.88	542617	205.06	5.68	9928.83	22153.73	92515
河源市	88	1548888	664550	285.46	12.86	11840.68	22981.84	94340
梅州市	90	1406743.5	826975	368.27	6.96	14524.66	10803.25	161313
惠州市	50	852879.55	507391	196.89	56.66	20306.77	15209.38	117848
汕尾市	48	431766	533089	277.85	24.45	13991.19	12376.13	197094
中山市	19	150702.81	302612	115.85	135.48	31320.53	26715.9	139037
江门市	58	800306.75	680037	249.63	39.1	18404.02	13863.52	116163
阳江市	37	623529.4	533342	210.21	9.11	8961.75	6432.41	109962
湛江市	73	690039.46	1231477	536.34	17.87	15516.02	12625.49	188021
茂名市	85	908749.93	1371538	608.78	15.35	17322.02	9020.73	215790
肇庆市	88	1302825.89	842032	329.49	21.76	11286.79	11073.57	149987
清远市	71	1410437.49	765390	314.39	24.68	11516.6	8528.76	133701
潮州市	37	575193.22	438395	187.37	15.91	16938.18	21801.95	163827
揭阳市	60	365039.32	1264067	508.71	24.42	22336.79	5413.87	299764
云浮市	51	689653.7	569469	220.31	4.98	9521.75	16590.57	87786

(续表)

地区名称	建成区户籍人口(万人)	建成区暂住人口(万人)	村镇规划建设管理					
			设有村镇建设管理机构的建制镇(个)	村镇建设管理人员(人)	专职人员(人)	已编制总体规划的建制镇(个)	本年编制(个)	本年村镇规划编制投入(万元)
广东省	1166.07	379.09	961	7998	4907	882	68	21444.95
广州市	32.75	37.90	30	772	579	27	6	3065
珠海市	10.50	8.32	9	149	96	8	0	540
汕头市	131.62	14.08	29	269	134	28	2	61
佛山市	67.98	68.48	20	749	485	19	0	1634.69
韶关市	36.47	3.50	65	250	142	55	8	475.5
河源市	40.49	8.89	53	179	109	46	2	1047
梅州市	70.04	4.97	90	345	206	89	14	477.4
惠州市	42.35	30.48	49	534	269	45	0	6628
汕尾市	94.88	16.49	48	441	211	43	0	127.1
中山市	50.69	88.87	19	657	348	19	1	1765.73
江门市	39.30	22.19	58	565	329	58	5	1127.83
阳江市	42.01	6.08	36	318	207	34	1	438
湛江市	78.64	11.55	73	701	432	70	7	948.9
茂名市	87.44	10.68	84	478	352	61	12	249.2
肇庆市	53.95	15.33	88	402	231	88	1	297.6
清远市	51.12	13.00	68	292	161	61	1	282.8
潮州市	69.92	8.30	37	274	218	37	2	500
揭阳市	129.27	6.83	59	346	186	60	2	388
云浮市	36.67	3.15	46	277	212	34	4	1391.2

(冯育文)

2013年广东省建制镇建设投资情况

单位：万元

地区名称	合计	房屋					市政公用设施				
		小计	房地产开发	住宅	公共建筑	生产性建筑	小计	供水	燃气	道路桥梁	排水
广东省	5651014	4556855	2416844	3218363	518316	908459	1005897	89170	20305	397698	214793
广州市	1214790	1116202	905792	997041	33476	86507	97766	15255	1349	23273	17100
珠海市	158922	48940	19310	45797	6855	71991	34279	780	0	19373	3619
汕头市	115082	91372	11384	60215	7513	23645	23710	2737	668	7265	2740
佛山市	926144	582143	267733	367566	53124	161454	344001	25037	13223	168789	71980
韶关市	33032	24071	1740	16819	3903	3350	8962	1395	0	2914	524
河源市	52198	37382	1000	24306	7047	6029	14818	3203	402	4283	1443
梅州市	88858	62681	25371	46976	10783	4924	26180	3813	60	6364	3228
惠州市	61438	54017	5880	33874	9529	10614	7421	2983	198	1406	516
汕尾市	1248631	1101340	734195	787805	120768	192770	147290	5083	3151	42987	47827
中山市	587382	496053	232325	266378	116932	112743	91328	5866	300	34064	29392
江门市	245811	221171	75680	85016	11727	124428	24644	3093	134	5152	5541
阳江市	141659	100753	61344	50126	45332	5295	40907	762	100	27699	2937
湛江市	173434	146278	21159	101635	25673	18969	27159	2008	74	9476	8640
茂名市	95571	84109	9067	69106	11034	5817	9614	2021	176	3344	1292
肇庆市	77689	62021	5872	33590	10769	18141	15192	2831	28	4949	4005
清远市	142770	112951	21852	77142	12878	22931	29818	1912	90	14129	4943
潮州市	64210	44126	0	26500	5706	11920	20084	3063	0	6728	1985
揭阳市	108110	78450	4875	65495	12544	9835	20237	1694	200	10521	1254
云浮市	115283	92795	12265	62976	12723	17096	22487	5634	152	4982	5827

(续表)

地区名称	市政公用设施					财政性资金					
		园林绿化	环境卫生		其　他	合　计	中央预算资金	省级预算资金	地级预算资金	县级预算资金	镇（乡）本级预算资金
	污水处理			垃圾处理							
广东省	139757	96127	131777	68910	55013	597969	7980	26016	42124	64225	457632
广州市	12167	12579	14508	7792	13680	82257	2228	2495	14456	11368	51709
珠海市	1581	989	2790	1480	6727	20662	0	0	2229	5774	12659
汕头市	109	4744	3776	804	1779	6340	0	584	468	3181	2107
佛山市	48862	31757	31240	13021	1975	215139	30	730	5000	9789	199591
韶关市	219	855	2356	2098	915	5633	279	3359	160	965	871
河源市	450	999	2721	1783	1389	4590	305	1325	761	979	1220
梅州市	202	2034	6153	4142	4532	11004	1250	2008	1857	4096	1793
惠州市	0	475	982	404	863	1962	0	0	36	651	1275
汕尾市	33041	16428	31090	14582	727	125365	488	88	9605	0	115185
中山市	20164	9286	10151	5980	2273	50286	0	2225	1353	12907	33801
江门市	3779	2644	4266	2686	3818	16932	48	372	883	3438	12192
阳江市	718	6739	1745	874	928	5497	0	350	180	2575	2392
湛江市	6451	851	4100	2590	2003	11796	400	3508	2584	2582	2722
茂名市	230	618	1738	1153	426	5311	80	1180	335	1363	2353
肇庆市	2608	473	2063	913	840	9298	43	2304	464	2424	4065
清远市	3294	1734	4330	3463	2681	5887	0	736	341	771	4039
潮州市	1340	578	2912	2161	4820	5231	769	1452	628	319	2065
揭阳市	28	1569	3273	1961	1104	5317	395	2239	120	509	2055
云浮市	4514	775	1583	1023	3533	9462	1665	1061	664	534	5538

（冯育文）

2013 年广东省建制镇房屋建设情况

地区名称	住　　宅								公共建筑
	本年建房户数（户）		年末实有建筑面积（万平方米）		本年竣工建筑面积（万平方米）			人均住宅建筑面积（平方米）	年末实有建筑面积（万平方米）
		在新址上新建		混合结构以上		混合结构以上	房地产开发		
广东省	62077	44424	37358.05	30262.01	2242.27	1683.89	1246.55	32.04	8668.66
广州市	17910	13357	1925.5	1473	388.8	243.86	305.51	58.8	563.08
珠海市	780	703	459.37	433.58	17.64	15.41	6.65	43.76	56.99
汕头市	2262	1777	3433.77	2093.99	54.6	49.95	7.95	26.09	599.98
佛山市	9809	8255	2997.33	2869	283.18	181.51	165.71	44.09	626.58
韶关市	1021	470	1121.67	954.36	19.42	16.62	2.75	30.76	422.73
河源市	1484	773	1292.91	1083.09	24.66	22.39	1.15	31.94	182.38
梅州市	1528	1022	1955.12	1589.95	52.07	45.41	28.2	27.91	292.18
惠州市	2440	2028	1721.27	1321.06	199.89	176.41	96.47	40.64	492.41
汕尾市	3213	1330	1391.13	1262.18	21.7	21.06	3.2	14.66	220.74
中山市	2056	1273	5049.09	4799.73	655.07	451.15	501.76	99.6	1032.78
江门市	1535	872	1476.06	1377.04	70.4	61.02	46.04	37.56	717.15
阳江市	2005	1477	1314.35	1155.55	75.43	59.87	22.78	31.29	275.25
湛江市	2829	1840	2494.31	1708.96	102.09	89.24	19.63	31.72	530.43
茂名市	2417	1578	2484.46	2405.33	82.34	81.82	3.67	28.41	816.75
肇庆市	1706	1261	1631.62	1364.54	35.74	35.74	3.38	30.24	596.9
清远市	2026	1371	1375.71	1007.37	53.02	50.14	12.46	26.91	592.22
潮州市	2215	1498	1412.84	750.4	24.89	20.98	0	20.21	324.23
揭阳市	2842	2010	2607.37	1580.93	37.78	28.98	3.25	20.17	174.97
云浮市	1999	1529	1214.17	1031.95	43.55	32.33	15.99	33.11	150.91

(续表)

地区名称	公共建筑(万平方米)				生产性建筑(万平方米)				
	混合结构以上	本年竣工建筑面积	混合结构以上	房地产开发	年末实有建筑面积	混合结构以上	本年竣工建筑面积	混合结构以上	房地产开发
广东省	7422.71	442.29	315.2	92.63	16536.5	13310.72	846.31	763.97	59.74
广州市	541.15	15.59	9.01	4.69	646.91	513.15	28.83	28.19	4
珠海市	50.63	2.51	2.51	0	846.33	757.66	39.45	39.45	0
汕头市	473.57	7.74	4.38	0	931.8	677.05	25.89	23.99	0
佛山市	598.04	53.54	53.54	25.76	2237.94	2052.23	186.16	183.28	38.67
韶关市	341.38	3.64	3.34	0	287.54	188.84	4.05	3.97	0
河源市	159.55	8.02	6.6	0.24	79.92	61.87	4.54	2.54	0
梅州市	263.69	9.64	8.59	0.59	160.58	129.4	6.68	3.99	0.08
惠州市	428.96	60.75	58.3	0	909.75	782.77	81.88	72.64	0.56
汕尾市	208.31	6.08	6.08	0	382.81	372.99	8.38	8.38	0
中山市	777.99	149.06	53.62	33.98	2859.09	2779.78	197.43	177.98	5
江门市	626.19	14.96	12.96	2.55	2103.45	1849.46	134.36	121.88	3.98
阳江市	265.54	26.39	26.19	12.35	196.68	157.88	5.35	4.7	0.5
湛江市	429.6	28.34	22.65	11.09	442.45	372.83	25.35	22.75	0.86
茂名市	801.88	9.58	9.52	0.06	387.61	354.09	9.3	6.15	0.09
肇庆市	480.06	8.97	8.97	0	1156.81	729.94	15.7	15.7	0
清远市	440.27	9.42	8.27	0	522.98	404.45	29.17	13.09	0
潮州市	261.95	4.1	3.8	0	1737.66	765.06	9.48	8.28	0
揭阳市	141.77	9.49	4.28	0	244.31	207.1	3.93	2.12	0
云浮市	132.18	14.47	12.59	1.32	401.88	154.17	30.38	24.89	6

(冯育文)

2013年广东省建制镇排水情况

地区名称	污水年排放总量(万立方米)	对生活污水进行处理的建制镇		污水处理厂		污水处理装置	
		个数(个)	占全部建制镇的比例(%)	个数(个)	处理能力(万立方米/日)	个数(个)	处理能力(万立方米/日)
广东省	63583.06	155	15.06	130	171.85	495	151.85
广州市	231.82	19	61.29	41	0	115	12.37
珠海市	412.75	7	77.78	0	0	3	2.55
汕头市	242.06	9	31.03	1	1.2	1	3
佛山市	16157.29	19	90.48	30	68.05	55	61.06
韶关市	1098.53	1	1.19	0	0	2	1.04
河源市	123.8	3	3.41	0	0	10	2
梅州市	2313.74	1	1.11	0	0	0	0
惠州市	4033.81	18	36	13	17.2	33	18.81
汕尾市	15.37	1	2.08	1	2	0	0
中山市	23495.19	18	94.74	18	62	61	31
江门市	3454.24	21	36.21	21	7.68	73	5.15
阳江市	628.18	2	5.41	2	1.64	3	2
湛江市	158.32	3	4.11	1	0.1	15	0.1
茂名市	1325.3	7	8.24	2	0.08	6	0.56
肇庆市	1246.4	7	7.95	3	4	6	2.03
清远市	2314.74	5	7.04	0	7	14	8.68
潮州市	250.18	9	24.32	2	0.4	6	1.35
揭阳市	3799.84	1	1.67	0	0	0	0
云浮市	2281.5	4	7.84	1	0.5	92	0.15

(续表)

地区名称	年污水处理总量（万立方米）	污水处理厂集中处理量	排水管道长度（千米）	本年新增	排水暗渠长度（千米）	本年新增
广东省	46331.34	43345.01	12967.31	788.14	46955.12	398.02
广州市	0.27	0.25	662.67	9.43	613.06	3.75
珠海市	225.63	22.75	227.25	3	88.63	0
汕头市	242.06	242.02	989.33	15.8	433.93	12.1
佛山市	15952.09	15952.09	766.69	99.9	40205.72	69.27
韶关市	351.5	200	385.96	15.68	200.9	8.33
河源市	113.68	110	431.98	8.28	111.47	1.6
梅州市	0	0	425.42	18.4	321.83	18.91
惠州市	3090.48	2449.63	924.69	53.05	463.03	32.7
汕尾市	0	0	368.2	10.7	141.17	9.48
中山市	20770.18	20241.2	2332.45	258.54	857.48	46.89
江门市	2094.34	1841.93	1231.31	54.7	609.98	28.35
阳江市	503	271	501.16	38.43	244.84	28.57
湛江市	28.42	0.04	780.8	65.19	555.29	45.23
茂名市	165.99	29.86	576.16	38.01	225.52	11.64
肇庆市	687.5	435	743.27	33.15	537.22	17.44
清远市	1800.24	1480.24	404.16	19.02	584.85	17.28
潮州市	169.06	4	501.65	15.85	320.93	9.9
揭阳市	0	0	339.08	6.8	269.12	22.5
云浮市	136.9	65	375.08	24.21	170.15	14.08

（冯育文）

2013年广东省建制镇供水情况

地区名称	集中供水的建制镇		公共供水			自备水源单位	
	个　数（个）	占全部建制镇的比例（%）	设施个数（个）	水厂个数（个）	综合生产能力（万立方米／日）	个　数（个）	综合生产能力（万立方米／日）
广东省	987	95.92	1466	1026	1054.75	1952	170.75
广州市	30	96.77	55	44	112.6	34	26.65
珠海市	9	100	12	11	43.72	4	1.17
汕头市	28	96.55	51	40	55.22	31	15.02
佛山市	20	95.24	28	26	231.3	9	40.4
韶关市	82	97.62	110	71	9.11	150	3.42
河源市	81	92.05	112	79	18.64	114	5.36
梅州市	89	98.89	171	114	17.77	264	4.88
惠州市	47	94	84	72	120.25	38	3.34
汕尾市	47	97.92	76	38	25.56	25	2.63
中山市	19	100	37	21	196.35	6	12.45
江门市	58	100	84	68	47.98	127	8.54
阳江市	25	67.57	30	25	11.22	35	1.33
湛江市	73	100	137	80	13.1	387	7.88
茂名市	85	100	105	77	22.1	130	2.88
肇庆市	88	100	99	71	25.25	153	5
清远市	71	100	80	70	35.87	155	10.05
潮州市	35	94.59	58	34	31.42	155	10.99
揭阳市	49	81.67	58	27	24.6	19	1.91
云浮市	51	100	79	58	12.69	116	6.85

(续表)

地区名称	年供水总量(万立方米)	年生活用水量	年生产用水量	供水管道长度(千米)	本年新增	用水人口(万人)
广东省	183456.88	67951.96	98701.83	38465.19	1470.98	1327.75
广州市	14616.22	3352.34	8985.03	3879.29	44.97	67.9
珠海市	2848.46	1031.71	1600.26	748.84	2.62	17.25
汕头市	12497.52	5617.55	6557.2	1411.65	21.5	137.79
佛山市	38441.6	9810.34	27405.66	2655.05	79.33	121.55
韶关市	2657.63	1538.64	1042.5	1124.42	28.4	37.37
河源市	2553.53	1362.19	868.08	1570.76	33.39	38.4
梅州市	3843.9	2194.11	1081.12	2988.63	180.07	65.3
惠州市	8948.52	2777.17	5154.23	1905.59	127.29	64.13
汕尾市	9047.68	4877.07	4113.07	1542.06	16.16	89.27
中山市	38207.48	10339.84	20215.51	5634.91	197.66	139.55
江门市	9343.03	2829	6367.27	2441.78	121.73	55.97
阳江市	2326.91	1362.04	857.3	798.77	46.4	32.6
湛江市	4662.39	2672.32	1846.2	1959.47	109.77	74.32
茂名市	5945.79	4119.57	1553.37	1221.52	61.9	80.66
肇庆市	6382.25	2539.42	3130.88	1655.04	75.01	48.59
清远市	7940.98	3293.86	3937.88	1872.75	61.9	56.78
潮州市	4976.21	3252.02	1509.95	2192.18	96.72	71.05
揭阳市	5428.31	3684.98	1402.14	1213.57	47.24	94.68
云浮市	2788.47	1297.79	1074.18	1648.91	118.92	34.59

(冯育文)

2013年广东省建制镇园林绿化及环境卫生情况

地区名称	园林绿化(公顷)				环境卫生
	绿化覆盖面积	绿地面积	本年新增	公园绿地面积	生活垃圾年清运量(万吨)
广东省	45780.13	29426.47	752.48	4019.08	656.14
广州市	3151.81	2024.55	16.87	374.95	63.45
珠海市	542.6	407.88	9.38	86.45	7.82
汕头市	2554.93	1625.69	142.58	106.41	110.21
佛山市	3257.44	2528.4	114.39	674.53	77.03
韶关市	654.2	347.38	27.5	106.46	12.21
河源市	2243.36	1080.61	30.17	129.7	11.04
梅州市	1534.97	828.39	25.98	43.54	19.04
惠州市	4232.17	3430.97	65.2	89.51	22.83
汕尾市	1305.25	754	3.6	40.5	38.85
中山市	7707.67	5836.31	89.4	1185.03	106.21
江门市	3312.22	1688.36	49.25	281.14	23.64
阳江市	1667.46	1065.22	30.8	98.96	17.51
湛江市	1955.27	984.81	34.72	27.64	25.5
茂名市	1689.29	924.78	24.97	363.22	24.3
肇庆市	1003.53	542.99	16.06	141.73	18.83
清远市	799.44	456.61	25.11	106.17	23.6
潮州市	3728.43	2360.71	12.8	17.18	20.2
揭阳市	3029.93	1597.73	8.43	37.63	21.54
云浮市	1410.16	941.08	25.27	108.33	12.33

（续表）

地区名称	环境卫生				
	生活垃圾年处理量（万吨）	无害化处理量（万吨）	生活垃圾中转站（座）	环卫专用车辆设备（辆）	公共厕所（座）
广东省	613.57	292.95	2647	8506	7346
广州市	63.45	63.12	117	734	272
珠海市	7.59	7.21	69	239	56
汕头市	103.12	11.3	256	883	943
佛山市	64.83	64.83	121	1000	577
韶关市	11.65	1.29	117	403	167
河源市	10.29	3.93	97	194	140
梅州市	17.82	5.6	103	510	312
惠州市	21.87	6.17	136	360	222
汕尾市	36.74	0	40	403	591
中山市	106.21	106.11	117	878	365
江门市	23	11.13	218	468	380
阳江市	17.03	2.02	38	114	124
湛江市	24.3	0.63	99	374	428
茂名市	22.38	1.29	246	506	334
肇庆市	13.5	2.99	132	342	329
清远市	22.82	2.87	121	226	280
潮州市	17.19	0.28	226	408	938
揭阳市	18.6	2.18	328	334	553
云浮市	11.18	0	66	130	335

（冯育文）

2013 年广东省建制镇燃气和道路桥梁情况

地区名称	用气人口（万人）	道路长度（千米）	本年新增	本年更新改造	道路面积（万平方米）	本年新增	本年更新改造	桥梁座数（座）	本年新增	本年更新改造	道路照明灯盏数（盏）	本年新增
广东省	1055.1	27052.27	1144.57	607.33	21026.89	893.63	492.08	7042	224	121	649758	40973
广州市	36.55	1477.66	10.99	11.68	1528.75	6	41	512	31	5	51596	1428
珠海市	16.71	583.34	9.83	1	339.45	16.27	1.2	52	0	1	9035	802
汕头市	76.44	1942.11	22.28	5.03	1701.86	41.41	4.09	728	33	0	30878	1294
佛山市	46.42	1418.76	56.14	48.8	1427.54	101.03	79.06	249	13	3	153979	3682
韶关市	29.85	748.3	23.67	2.4	418.05	14.86	0.75	180	2	1	4633	337
河源市	31.01	1236.75	28	18.88	576.99	29.28	9.61	437	12	4	8924	1493
梅州市	52.75	1698.01	75.64	60.1	999.57	47.51	30.53	426	20	13	51387	5317
惠州市	55.52	1198.28	67.89	52.26	857.38	43.54	35.6	288	7	3	40409	3602
汕尾市	85.07	2112.44	21.5	4	1290.74	13.14	1.2	244	3	1	15912	710
中山市	139.55	2683.53	135.86	56.26	3424.04	189.16	55.04	1534	26	39	106840	4523
江门市	53.94	1543.75	46.55	39.36	1188.07	29	27.55	409	16	15	36072	2255
阳江市	25.63	793.12	46.25	25.76	689.17	31.76	22.15	89	0	1	13948	2306
湛江市	61.82	1748.39	88.91	25.5	1193.33	84.48	10.07	122	6	0	13141	2347
茂名市	76.82	1567.13	232.76	76.55	1346.29	93.58	40.45	237	8	3	14309	1564
肇庆市	43.24	1204.13	31.21	46.18	755.75	14.09	30.64	195	10	3	13919	820
清远市	39.38	1375	63.84	29.87	870.37	36.07	24.47	313	4	8	17864	1512
潮州市	64.76	1318.1	62.74	30.5	798.9	51.79	46.79	574	9	6	35809	2786
揭阳市	89.37	1346.3	43.95	49.1	1069.84	24.55	19.53	323	15	8	22378	3429
云浮市	30.27	1057.17	76.56	24.1	550.8	26.11	12.35	130	9	7	8725	766

（冯育文）

2013 年广东省村庄基本情况

地区名称	村庄现状用地面积（公顷）	村庄户籍户数（户）	村庄户籍人口（万人）	村庄暂住人口（万人）	行政村个数（个）				自然村个数（个）				
					合　计	500 人以下	500~1000 人	1000 人以上	合　计	200 人以下	201～600 人	601-1000 人	1000 人以上
广东省	936030.25	10357754	4419.19	406.94	17699	1452	2961	13158	153621	66342	58212	19190	9877
广州市	87286.63	677397	236.92	125.17	1018	34	96	868	5744	1582	2815	758	589
珠海市	15206.44	50897	20.94	8.41	109	7	9	93	373	10	234	71	58
汕头市	23445.57	410777	159.26	7.75	539	10	67	462	685	48	65	83	489
佛山市	62173.39	373824	130.72	105.56	399	9	55	335	3060	698	1314	380	668
韶关市	20562.09	461786	174.56	1.6	1058	188	251	619	11017	7177	3280	465	95
河源市	36736.08	572598	255.05	3.35	1171	75	225	871	10523	3649	4867	1617	390
梅州市	53549.63	713916	322.51	1.76	1873	147	390	1336	13517	6285	4645	1830	757
惠州市	39866.79	432909	185.89	33.76	953	156	182	615	8544	4005	3477	673	389
汕尾市	100973.66	337003	188.24	5.36	743	77	147	519	3222	363	864	1098	897
中山市	64533.67	163496	65.14	46.42	150	2	8	140	0	0	0	0	0
江门市	53774.27	563579	209.18	16.06	874	28	66	780	9839	5433	3483	689	234
阳江市	26295.84	431054	172.84	3	648	35	142	471	8061	4116	3207	590	148
湛江市	124501.24	1166181	526.19	7.67	1549	87	335	1127	13726	2473	6778	2906	1569
茂名市	62639.48	1156202	520.07	4.53	1541	64	157	1260	21058	9498	7386	2941	1233
肇庆市	25845.96	686746	273.59	5.52	1242	125	169	948	12310	6665	4543	765	337
清远市	26329.84	670165	297.02	14.95	1057	83	244	730	16918	9432	5834	1343	309
潮州市	53872.45	270071	117.34	7.54	788	161	148	479	2592	668	1145	436	343
揭阳市	38987.22	768494	384.74	7.01	1255	45	130	1032	3515	192	958	1317	1048
云浮市	19450	450659	178.99	1.52	732	119	140	473	8917	4048	3317	1228	324

地区名称	本年被合并自然村个数（个）	被合并到城镇建成区	村庄规划						村庄整治		
			已编制村庄规划的行政村个数（个）	本年编制	占全部行政村比例（%）	已编制村庄规划的自然村个数（个）	本年编制	占全部自然村比例（%）	已开展村庄整治的行政村个数（个）	本年新增	占全部行政村比例（%）
广东省	373	56	9717	1073	54.9	45348	5698	29.52	6601	853	37.3
广州市	0	0	905	295	88.9	3361	958	58.51	468	59	45.97
珠海市	0	0	87	16	79.82	21	13	5.63	32	7	29.36
汕头市	0	0	193	22	35.81	111	16	16.2	176	16	32.65
佛山市	1	1	251	17	62.91	1394	128	45.56	110	1	27.57
韶关市	0	0	324	84	30.62	744	233	6.75	194	35	18.34
河源市	0	0	397	72	33.9	1878	311	17.85	254	9	21.69
梅州市	7	1	1409	222	75.23	8124	2508	60.1	1190	179	63.53
惠州市	0	0	715	19	75.03	4881	67	57.13	446	63	46.8
汕尾市	0	0	324	8	43.61	435	9	13.5	100	2	13.46
中山市	0	0	150	5	100	0	0	0	150	1	100
江门市	0	0	682	78	78.03	2646	405	26.89	669	77	76.54
阳江市	0	0	648	6	100	4071	237	50.5	218	113	33.64
湛江市	41	0	1111	58	71.72	4913	341	35.79	601	67	38.8
茂名市	12	12	500	20	32.45	1848	28	8.78	363	44	23.56
肇庆市	0	0	730	36	58.78	3936	90	31.97	473	35	38.08
清远市	212	2	273	15	25.83	1760	91	10.4	269	40	25.45
潮州市	37	35	161	11	20.43	226	11	8.72	159	31	20.18
揭阳市	3	3	243	56	19.36	283	93	8.05	198	25	15.78
云浮市	60	2	614	33	83.88	4716	159	52.89	531	49	72.54

（冯育文）

2013年广东省村庄建设投资情况

单位：万元

地区名称	合　计	房　屋					市政公用设施				
		小　计	房地产开发	住　宅	公共建筑	生产性建筑	小　计	供　水	燃　气	道路桥梁	排　水
广东省	3827929	3133287	368082	2353525	176380	603382	694642	76264	8591	320801	100771
广州市	666908	522974	202673	446516	19124	57334	143934	19943	46	58117	21347
珠海市	67617	46365	0	33218	3307	9840	21252	373	0	13640	1215
汕头市	230701	204602	7500	178217	8557	17828	26099	3071	550	9924	3647
佛山市	352328	269414	27680	114818	20577	134019	82914	5626	3911	18073	11325
韶关市	57447	49666	0	45016	1669	2981	7781	1900	50	3836	441
河源市	117649	104025	150	87845	6622	9558	13624	2795	284	5265	967
梅州市	133345	58149	5388	47828	5345	4976	75196	4408	668	40096	9159
惠州市	256680	216223	47520	154500	13151	48572	40457	3412	204	24235	6159
汕尾市	48457	42733	0	33935	4438	4360	5724	2112	444	772	552
中山市	395429	330671	70967	143869	7292	179510	64758	4931	0	22444	23252
江门市	124741	96820	516	55380	9492	31948	27921	4464	76	13046	5234
阳江市	50723	43248	0	39503	2396	1349	7475	995	165	4825	258
湛江市	468510	398764	3115	354688	24770	19306	69746	3562	200	54419	4957
茂名市	318795	300113	903	275239	15752	9122	18682	3734	120	11513	1061
肇庆市	95361	77971	0	64775	6025	7171	17390	2981	25	9339	1537
潮州市	67410	55511	0	39236	4187	12088	11899	2876	187	4297	1421
揭阳市	114641	91264	0	71844	8479	10941	23377	2434	962	9134	4449
云浮市	129879	112854	1440	85778	8254	18822	17025	2880	699	8660	1367

地区名称	市政公用设施					财政性资金来源					
	污水处理	园林绿化	环境卫生	垃圾处理	其　他	合　计	中央预算资金	省级预算资金	地级预算资金	县级预算资金	镇（乡）本级预算资金
广东省	56530	65045	88448	38114	34651	353492	20006	34930	49234	46590	202732
广州市	17030	12264	19716	6673	12501	57667	0	0	22203	15212	20252
珠海市	500	1797	1597	518	2630	22492	711	1371	10326	6073	4011
汕头市	120	1538	6222	1783	1147	3971	0	946	593	443	1989
佛山市	9322	24889	18629	7517	461	84908	0	0	3000	3020	78888
韶关市	6	101	1053	908	400	3228	19	876	371	1112	850
河源市	82	296	2784	1421	1228	1767	0	415	315	460	577
梅州市	2373	8133	9012	4494	3720	40875	16058	16618	3125	3481	1593
惠州市	3421	1307	3575	2214	1565	21710	550	4125	3834	7377	5824
汕尾市	0	148	763	184	933	1576	27	0	56	700	793
中山市	22187	7765	5745	2984	621	73468	0	0	1773	0	71695
江门市	218	1539	2383	1189	1179	7019	8	912	329	2463	3307
阳江市	6	249	749	397	234	1250	0	540	100	422	188
湛江市	452	1475	2695	1639	2372	6471	568	2450	1253	1166	1034
茂名市	59	472	1329	862	453	3547	40	279	118	356	2754
肇庆市	20	228	2005	632	1275	5303	0	1068	691	1689	1855
潮州市	50	321	2454	1232	343	2548	341	1088	191	202	726
揭阳市	120	1433	3799	1066	1166	2466	150	947	90	498	781
云浮市	460	533	1659	1139	1227	6922	1534	2459	456	939	1534

（冯育文）

2013年广东省村庄房屋建设情况

地区名称	住宅								公共建筑
	本年建房户数(户)	在新址上新建	年末实有建筑面积(万平方米)	混合结构以上	本年竣工建筑面积(万平方米)	混合结构以上	房地产开发	人均住宅建筑面积(平方米)	年末实有建筑面积(万平方米)
广东省	121521	69534	123477.19	81028.42	2628.76	2288.97	216.04	27.94	5617.76
广州市	12252	4877	10494.83	6327.81	297.54	286.05	69.1	44.3	496.93
珠海市	1746	1447	609.72	441.27	27.3	23.66	0	29.12	40.34
汕头市	3270	2435	4088.44	1550.46	184.46	160.06	3.6	25.67	235.9
佛山市	4837	2200	5278.74	4014.8	202.98	201.93	55.41	40.38	212.02
韶关市	4818	1948	6684.66	2999.17	64.51	61.93	0	38.29	259.84
河源市	8958	4633	7147.21	5736.33	151.99	143.05	0.03	28.02	133.63
梅州市	2891	1773	8056.51	4719.73	58.87	46.57	3.41	24.98	219.67
惠州市	5591	4137	5780.27	3544.84	134.92	109.09	18.98	31.1	239.73
汕尾市	2917	756	2901.43	2427.84	16.58	16.42	0.39	15.41	92.17
中山市	1736	731	2570.3	2317.71	120.77	59.23	58.86	39.46	217.2
江门市	4252	2672	6621.44	5566.2	56.12	55.03	0	31.65	520.8
阳江市	2571	1449	3395.26	2035.42	179.97	66.92	0	19.64	94.87
湛江市	22319	15116	14198.94	7768.01	434.4	386.76	2.05	26.98	538.27
茂名市	13036	6736	15761.16	14242.67	283.68	281.31	1.1	30.31	1024.01
肇庆市	6248	3410	5886.37	3485.43	77.43	77.43	0	21.52	313.72
清远市	7004	3082	7655.54	3898.13	104.11	98.3	0.51	25.77	315.25
潮州市	4323	2775	2671.06	1603.65	43.37	38.79	0	22.76	269.74
揭阳市	6641	5218	7389.7	3594.76	64.78	56.66	0	19.21	196.08
云浮市	6111	4139	6285.61	4754.19	124.98	119.78	2.6	35.12	197.59

地区名称	公共建筑(万平方米)				生产性建筑(万平方米)				
	混合结构以上	本年竣工建筑面积	混合结构以上	房地产开发	年末实有建筑面积	混合结构以上	本年竣工建筑面积	混合结构以上	房地产开发
广东省	4442.21	164.41	129.58	17.62	13793.21	9756.43	687.04	582.68	13.25
广州市	407.9	13.57	12.23	1.68	2728.93	944.39	39.16	12.56	1
珠海市	39.11	6.59	5.49	0	142.86	142.83	4.96	4.96	0
汕头市	157.38	7.06	5.71	0	354.26	300.23	21.89	20.22	0
佛山市	205.57	16.29	16.29	0	2252.69	1825.12	196.31	182.9	0
韶关市	151.44	2.38	2.36	0	207.6	94.78	5.47	3.66	0
河源市	109.47	5.52	3.07	0.15	95.55	77.67	10.42	5.72	0.39
梅州市	199.72	5.67	3.07	0.77	204.44	126.87	6.34	4.37	0.28
惠州市	159.52	12.08	6.78	0	1161.92	803.81	50.1	39.41	0
汕尾市	86.31	2.74	2.59	0	62.61	59.43	2.5	2.45	0
中山市	207.85	12.58	2.57	9.48	2245.87	2198.35	208.44	186.31	6.18
江门市	443.03	9.09	8.77	0.2	835.22	759.42	32.44	30.74	0
阳江市	86.45	3.26	2.76	0	30.17	17.15	1.17	0.97	0
湛江市	411.38	22.74	15.89	3.75	486.17	317.05	15.9	13.5	0
茂名市	880.44	15.78	15.11	0.62	481.74	364.24	16.05	9.13	0.4
肇庆市	233.64	7.02	7.02	0	420.72	210.78	8.5	8.5	0
清远市	192.8	8.29	7.81	0.02	211.36	111.83	21.79	19.55	0
潮州市	158.49	3.73	2.88	0	1477.68	1149.77	12.87	9.47	0
揭阳市	157.21	1.82	1.37	0	219.19	170.12	5.72	3.87	0
云浮市	154.5	8.2	7.81	0.95	174.23	82.59	27.01	24.39	5

(冯育文)

2013年广东省村庄市政公用设施情况

地区名称	集中供水的行政村		村内自建集中供水设施的行政村		年生活用水量（万立方米）	供水管道长度（千米）		用水人口（万人）
	个数（个）	比例（%）	个数（个）	比例（%）			本年新增	
广东省	10677	60.33	2144	0	111880.79	51076.13	2427.37	3218.53
广州市	881	86.54	131	0	11460.51	5741.49	148.65	299.35
珠海市	109	100	16	0	1381.92	669.35	3.1	28.04
汕头市	400	74.21	41	0	4547.3	1180.15	20.15	153.1
佛山市	361	90.48	71	0	9084.93	4395.4	43.38	235.93
韶关市	534	50.47	33	0	2505.25	2349.63	83.4	107.81
河源市	686	58.58	90	0	4024.41	2654.93	156.7	135.52
梅州市	936	49.97	256	0	4088.47	3640.64	335.46	167.94
惠州市	613	64.32	54	0	4554.15	2504.7	146.75	129.28
汕尾市	394	53.03	1	0	3740.4	968.06	18.15	128.74
中山市	135	90	3	0	5968.67	2888.98	71.86	111.56
江门市	804	91.99	46	0	6747.06	4528.42	149.7	191.74
阳江市	151	23.3	42	0	1770.58	627.62	28.52	53.72
湛江市	881	56.88	495	0	10609.41	2436.1	373.39	314.04
茂名市	448	29.07	84	0	9956.82	2413.02	147.99	272.93
肇庆市	953	76.73	301	0	6598.56	2467.77	106.8	149.36
清远市	611	57.81	83	0	10634.27	3740.45	152.07	236.27
潮州市	602	76.4	189	0	3496.9	3076.74	117.02	110.57
揭阳市	675	53.78	22	0	5580.3	1951.82	134.57	242.69
云浮市	503	68.72	186	0	5130.88	2840.86	189.71	149.94

地区名称	供水普及率（%）	人均日生活用水量（升）	用气人口（万人）	燃气普及率（%）	村庄内道路长度（千米）			
						本年新增	本年更新改造	硬化道路
广东省	66.69	95.24	2204.99	45.69	108979.27	3528.63	1622.72	47505.99
广州市	82.67	104.89	131.8	36.4	7725.29	353.17	41.58	4188.35
珠海市	95.54	135.02	21.83	74.38	465.82	20.49	11.88	184
汕头市	91.67	81.37	97.96	58.66	1963.82	45.69	84.7	409.96
佛山市	99.85	105.5	132.09	55.9	2617.68	99.73	44.76	1065.89
韶关市	61.2	63.66	63.34	35.96	6463.83	140.89	9.82	2410.51
河源市	52.45	81.36	93.99	36.37	3934.83	116.75	144.7	2226.87
梅州市	51.79	66.7	114.55	35.33	8544.39	273.53	181.2	3424.77
惠州市	58.86	96.51	132.54	60.34	9086.32	301.14	62.88	5262.6
汕尾市	66.5	79.6	104.83	54.15	2079.67	28.95	7	698.59
中山市	100	146.58	111.56	100	2751.74	97.95	62.99	773.6
江门市	85.13	96.41	159.06	70.62	6380.41	100.55	99.66	3529.73
阳江市	30.55	90.3	58.53	33.29	4528.67	117.74	93.99	1662.1
湛江市	58.82	92.56	231.85	43.43	15084.92	822.23	185.44	5521.6
茂名市	52.03	99.95	197.48	37.64	11522.89	304.42	317.1	4810.38
肇庆市	53.51	121.04	110.05	39.43	7603.62	126.01	96.62	2921.6
清远市	75.73	123.31	90.25	28.93	4540.84	201.45	24.63	1583.97
潮州市	88.54	86.65	68.57	54.91	2003	45.23	11.57	344.22
揭阳市	61.95	63	164.25	41.93	3367.79	70.72	48.4	1702.29
云浮市	83.06	93.75	120.46	66.73	8313.74	261.99	93.8	4784.96

(续表)

地区名称	村庄内道路面积(万平方米)	本年新增	本年更新改造	硬化道路	排水管道沟渠长度(千米)	本年新增	对生活污水进行处理的行政村(个)	比例(%)
广东省	163883.68	50605.74	1190.5	79678.61	28384.8	1101.25	2697	15.24
广州市	5147.69	238.48	31.18	2488.71	2318.57	83.54	522	51.28
珠海市	915.66	12.91	5.96	414.96	136.04	2.88	96	88.07
汕头市	4065.82	134.24	36.6	297.02	738.45	22.4	29	5.38
佛山市	1834.73	88.72	41.71	1003.55	2080.95	118.49	253	63.41
韶关市	6373.08	89.36	50.02	3429.9	890.43	53.43	44	4.16
河源市	11851.81	357.93	88.9	1929.93	769.13	27.88	69	5.89
梅州市	53458.76	47458.06	140.75	49290.07	2754.88	72.47	28	1.49
惠州市	6474.81	308.07	110.55	4016.91	1242.08	75.59	229	24.03
汕尾市	1349.41	70.07	3.31	482.88	739.95	13.35	23	3.1
中山市	3242	145.06	116.7	485.88	718.87	99.51	100	66.67
江门市	3233.21	48.81	47.92	1812.45	3191.37	75.17	80	9.15
阳江市	2414.39	48.94	36.01	1123.53	632.9	52.7	27	4.17
湛江市	32652.9	872.18	106.35	3107.62	1933.75	121.74	100	6.46
茂名市	13746.47	183.53	208.5	4108.28	1555.32	38.31	48	3.11
肇庆市	5922.38	151.97	46.18	1421.39	2006.94	64.98	418	33.66
清远市	2919.77	96.51	12.89	772.49	1319.12	47.97	100	9.46
潮州市	2282.41	60.42	5.1	191.96	971.76	39.64	22	2.79
揭阳市	2347.44	47.27	42.26	1247.2	1751.9	9.21	227	18.09
云浮市	3650.94	193.21	59.61	2053.88	2632.39	81.99	282	38.52

地区名称	年生活垃圾清运量(吨)	有生活垃圾收集点的行政村		对生活垃圾进行处理的行政村		无害化处理	
		个数	比例(%)	个数	比例(%)	个数	比例(%)
广东省	6007126.76	15468	87.39	12097	68.35	2253	12.73
广州市	988267.9	994	97.64	879	86.35	477	46.86
珠海市	91067.74	109	100	107	98.17	102	93.58
汕头市	275033.2	374	69.39	264	48.98	34	6.31
佛山市	879430.29	390	97.74	371	92.98	288	72.18
韶关市	121771	860	81.29	631	59.64	29	2.74
河源市	121026.5	934	79.76	844	72.08	34	2.9
梅州市	369124.45	1806	96.42	1684	89.91	67	3.58
惠州市	390952	880	92.34	414	43.44	173	18.15
汕尾市	321164.38	684	92.06	539	72.54	0	0
中山市	508060.1	150	100	150	100	150	100
江门市	297673	836	95.65	800	91.53	370	42.33
阳江市	44450.63	629	97.07	359	55.4	54	8.33
湛江市	398425.52	1242	80.18	1096	70.76	61	3.94
茂名市	163404.35	1213	78.72	770	49.97	19	1.23
肇庆市	334551.28	1046	84.22	346	27.86	71	5.72
清远市	180370.2	904	85.53	716	67.74	60	5.68
潮州市	190445.37	679	86.17	562	71.32	0	0
揭阳市	161760.5	1115	88.84	1012	80.64	119	9.48
云浮市	170148.35	623	85.11	553	75.55	145	19.81

(冯育文)

重点工程建设

□ 安排重点工程项目二百八十项

□ 完成投资四千九百零八亿元

□ 五十九个项目建成投产

□ 一百一十个项目开工建设

□ 全省十四个重大项目获国家批准建设

综　述

【概况】　2013年，广东省安排省重点项目280个、子项目758个，年度计划投资4200亿元。全省重点项目建设成效显著，全年完成投资4908.42亿元，为年度计划投资的116.9%。新开工建设包头至茂名高速公路粤境段、广佛肇高速公路肇庆大旺至封开江口段、粤东（揭阳）液化天然气（一期）工程、中海油惠州炼化二期扩建项目和湛江晨鸣林浆纸一体化二期等项目110个；建成投产厦深铁路广东段、茂名至湛江铁路、广州至深圳沿江高速公路、湛江鉴江供水枢纽工程和佛山一汽大众30万辆轿车等项目59个。深圳机场新航站楼建成投入使用，全年新增铁路运营里程436千米、高速公路里程181千米，民航旅客吞吐能力900万人次，建成电源装机容量460万千瓦。获国家审批核准广东华厦阳西电厂一期3~4号机组扩建工程、粤东（揭阳）液化天然气（一期）工程、广东省信宜（桂粤界）至茂名公路、中国海油惠州炼化二期一体化和韩江（高陂）水利枢纽工程等重大项目14个，总投资1214亿元；获国家批准云浮华润西江电厂“上大压小”（上大发电机组，关停小发电机组）、大唐华银东莞三联热电“上大压小”热电联产新建工程、广东揭阳京信电厂新建工程和新疆煤制气外输管道（含广东段）等5个项目开展前期工作，总投资255亿元。但是，全省重点项目在建设中存在部分线状工程土地房屋征收进展缓慢、建设资金落实难等问题，影响项目建设进度。（梁翼）

▲2013年9月25日，佛山市一汽大众汽车30万辆轿车建设项目正式投产

（广东省发展和改革委员会重点项目处供稿）

【茂名至湛江铁路开通运营】　中国西部沿海高铁首段茂湛铁路于2013年12月28日正式开通运营。茂湛铁路南接粤海通道，北连洛湛线，东接广茂线，构成粤西与珠江三角洲地区的快速客货运干线。

茂湛铁路投入运营后，T202次（三亚至北京西）、K408次（海口至长沙）、K512次（海口至上海南）、K1122次（海口至哈尔滨）、K1168次（海口至西安）5趟进出海南列车改由该线路运行。

茂湛铁路被广东省列为“十二五”期间的重点项目。该线路为双线、国家Ⅰ级客货运共线铁路，设计时速200千米/小时，线路全长102.99千米，于2009年9月开工建设。

（广东省铁路建设投资集团有限公司）

【佛山一汽大众30万辆轿车项目建成投产】　佛山一汽大众30万辆轿车总投资133亿元，建设冲压、焊装、涂装、总装生产线、厂房及有关辅助配套设施，年产30万辆系列轿车，由一汽大众汽车有限公司佛山分公司负责建设，建设起止年限为2011~2013年。该项目于2013年9月25日正式投产。（梁翼）

2013年广东省重点项目完成投资情况

单位：万元

序号	项目名称	2013年投资计划	1~12月完成投资	1~12月完成投资比例（%）
	总　计	42000000	49084199	116.9
1	基础设施工程（129项）	22323000	23930664	107.2
	交通运输工程	14292000	15189411	106.3
	能源保障工程	7177000	7853240	109.4
	水利建设工程	854000	888013	104.0
2	现代产业体系工程（80项）	13942000	18189367	130.5
	平台项目	2057000	4004750	194.7
	战略性新兴产业项目	1654000	2416545	146.1
	先进制造业项目	3710000	4284283	115.5
	现代服务业项目	5440000	5998462	110.3

(续表)

序号	项目名称	2013 年投资计划	1~12 月完成投资	1~12 月完成投资比例（%）
	传统产业升级项目	950000	1364797	143.7
	现代农业项目	131000	120530	92.0
3	宜居城乡工程（10 项）	2047000	2821026	137.8
4	绿色发展工程（23 项）	829000	864036	104.2
	生态建设和环境保护项目	576000	502746	87.3
	资源节约和综合利用项目	253000	361290	142.8
5	社会事业建设工程（38 项）	2859000	3279106	114.7
	国民教育项目	510000	382650	75.0
	医疗卫生项目	325000	270131	83.1
	文化艺术项目	349000	267854	76.8
	居民保障项目	1675000	2358472	140.8

（梁翼）

2013 年广东省安排的部分重点项目情况

单位：万元

序号	项目名称	建设内容及规模	建设年限	总投资	2013 年投资计划
	城际轨道交通项目				
1	东莞至惠州城际轨道交通项目	轨道交通 99.8 千米	2009~2014	3155300	620000
2	佛山至肇庆城际轨道交通项目	轨道交通 84.8 千米	2009~2014	2138000	300000
3	广州至清远城际轨道交通广州北站至清远段	轨道交通 38.4 千米	2012~2016	1458900	270000
4	广（州）佛（山）环线佛山西站至广州南站段	轨道交通 35.8 千米	2013~2017	1888600	170000
5	佛山至东莞城际轨道交通广州南站至望洪站段	轨道交通 39.2 千米	2013~2017	1000000	20000
6	穗莞深城际轨道交通新塘至洪梅段	轨道交通 17.9 千米	2013~2017	769000	60000
7	穗莞深城际轨道交通洪梅至深圳段	轨道交通 56.3 千米	2008~2015	1575000	140000
8	广州至佛山城际轨道交通项目	轨道交通 32.2 千米	2007~2014	1451959	70000
9	广州至佛山城际轨道交通二期工程	轨道交通 6.7 千米	2012~2015	407773	80000
10	珠海市区至珠海机场城际轨道交通拱北至横琴段	轨道交通 17.2 千米	2013~2018	767800	120000
11	广州市城市轨道交通项目	地铁 79.7 千米	2005~2015	19143175	1236000
12	深圳市城市轨道交通项目	地铁 107.3 千米	2012~2017	9764656	1359000
13	东莞市城市快速轨道交通 R2 线	地铁 37.7 千米	2010~2015	1801200	295000
14	广州铁路枢纽佛山西站及相关工程（客专场）	建设 6 台 15 线车场、4.7 万平方米站房及 1 处动车运用所	2013~2017	763000	108000
	生态建设和环境保护项目				
1	城镇垃圾处理项目			401869	19000
	广州兴丰生活垃圾卫生填埋二场	垃圾处理能力 3000 吨 / 日	2013~2016	345943	6000
	汕头市中心城区污泥处置工程	污泥处理能力 300 吨 / 日	2013~2014	12000	6000
	江门市旗杆石生活垃圾卫生填埋场二期工程	垃圾处理能力 1000 吨 / 日	2012~2013	43926	7000
2	污水处理项目			982319	204000
	广州污水管网工程	建设广州增城市荔城污水处理系统三期截污管网工程、广州市石井污水处理系统管网工程石井东南片区一期、广州市猎德污水处理系统管网工程车陂涌片区一期，铺设截污管网 80.8 千米	2012~2015	117527	50000

(续表)

序号	项目名称	建设内容及规模	建设年限	总投资	2013 年投资计划
	珠海市污水处理项目	建设珠海市斗门区富山水质净化厂及配套管网工程（一期）工程、珠海市斗门区白蕉水质净化厂及其配套工程，日处理污水 8 万吨，铺设污水管网总长 64.1 千米	2011~2015	60584	32000
	汕头市南区污水处理厂濠江分厂	日处理污水 10 万吨及配套污水收集系统	2010~2014	71203	10000
	顺德区污水处理项目	日处理污水 19 万吨，建设顺德龙江污水处理厂二期及配套管网、容桂第二污水处理厂一期及配套管网、陈村污水处理厂二期及配套管网、勒流污水处理厂三期及配套管网、乐从污水处理厂二期及配套管网、容桂华口工业污水处理系统、龙江工业有机废水收集系统	2011~2015	213577	13000
	惠州污水处理项目	日处理污水 13.5 万吨，建设惠城汝湖、惠东二期、平海、博罗龙溪二期、长宁、龙华、永汉、大亚湾西方区、陈江二期等污水处理厂	2013~2014	49500	25000
	中山市雨污分流工程	建设中山市中心城区雨污分流项目、小榄镇雨污分流工程（二期）等项目，包括：主管干道 90 千米、污水提升泵站 9 座、市政污水管道 494 千米等	2012~2014	318587	11000
	江门市污水处理项目	日处理污水 19 万吨，建设杜阮污水处理厂、棠下污水处理厂首期工程	2011~2015	80025	27000
	茂名博贺新港区南部污水处理厂	日处理污水 6 万吨，铺设污水管网 15 千米	2011~2015	23400	6000
	清远市污水处理项目	日处理污水 8 万吨，建设横荷污水处理厂、东城污水处理厂	2011~2013	27000	24000
	揭阳揭东县县城污水处理厂及配套干管工程	日处理污水 4.5 万吨，铺设污水管网 56 千米	2010~2014	20916	6000
3	垃圾焚烧发电项目			142658	60000
	广州市李坑生活垃圾焚烧发电二厂	日处理垃圾 2000 吨焚烧发电厂	2009~2014	96328	45000
	汕头市澄海洁源垃圾发电厂项目	日处理垃圾 450 吨焚烧发电厂	2011~2014	17430	6000
	茂名市生活垃圾焚烧发电项目	日处理垃圾 1000 吨焚烧发电厂	2010~2014	28900	9000
4	广东生态景观林带工程	人工造林 6.9 万公顷，补植套种 13.7 万公顷，改造提升 10.4 万公顷，封山管护 22.7 万公顷	2012~2016	559119	20000
5	广东林木种质资源库	建设超低温保存库 1 个，种质资源迁地保存区 233.3 公顷，种质资源繁育圃 2 公顷	2010~2013	2400	1000
6	广东森林炭汇重点生态工程	人工造林 26.79 万公顷，补植套种 21.73 万公顷，更新改造 16.65 万公顷，封山育林 33.55 万公顷	2012~2015	652460	80000
7	南方森林标本馆和林木检验检测基地	建设森林标本馆、林木检验检测中心，总建设面积 3.97 万平方米	2011~2015	11920	9000
8	广州万亩果园湿地（海珠湿地）	建设集生态湿地、旅游景观、园林文化、历史名村、观光休闲、科普教育为一体的都市果林生态湿地	2012~2015	660000	105000
9	佛山云东海湖生态恢复工程	云东海生态养殖、观光农业基地工程、云东海湖景观节点工程、水系统综合整治工程等	2010~2014	200987	10000
10	顺德生态环保产业园区	建设杏坛水乡特色保护区、均安生态乐园	2010~2014	300000	40000
11	韶关粤北危险废物处理处置中心二期	年处理危险废物 44.7 万吨	2012~2016	87893	20000
12	清远市固体废物无害化处置和资源化利用中心	建筑面积 5.5 万平方米	2011~2014	35000	8000
	资源节约和综合利用项目				
1	循环经济建设工程			562366	53000

(续表)

序号	项目名称	建设内容及规模	建设年限	总投资	2013年投资计划
	广州开发区循环经济建设工程	包括科学城、九龙垃圾压缩中转站、西区、东区、永和、黄陂、九龙、镇龙、九佛及萝岗中心区水质净化厂及污水管网配套等环保环卫基础设施建设，中水回用系统建设，节能技术改造，污泥无害化处理，二氧化碳可降解材料等项目	2012~2015	400000	7000
	云浮循环经济工业园基础设施建设项目	建设园区道路、污水处理厂、六都泵站、供排水等基础设施	2011~2014	60000	20000
	云浮云安县循环经济硫化工示范基地（二期）项目	建设25万吨硫黄制酸项目、硫酸亚铁项目及6万吨氯化法钛白粉工程	2011~2015	75000	10000
	广州金发科技股份有限公司废弃物植物纤维/废弃塑料木塑复合材料产业化项目	建设年产5万吨废弃植物纤维/废弃塑料木塑复合材料生产基地	2012~2015	10500	6000
	肇庆市新荣昌环保产业基地资源循环利用项目一期工程	建设工业危险废液无害化处理车间及其配设施等	2011~2014	16866	10000
2	江门天保再生资源发展有限公司包装废弃物（塑料）再生资源加工利用项目	建设年产10万吨的再生塑料基地	2011~2014	12426	10000
3	肇庆再生资源产业基地	肇庆亚洲金属资源再生工业基地，建设污染处理区、科研实验区等，拆解产能200万吨/年；肇庆华南再生资源产业基地，年加工利用45万吨废旧塑料；肇庆四会市桂江再生资源交易中心	2009~2013	237000	28000
4	揭阳华力再生资源有限公司资源循环综合利用生产基地	建设全自动废钢破碎线1条、生产车间5座、综合楼1座，总建筑面积3.3万平方米	2012~2015	26000	15000
5	佛山广东科达清洁燃煤气化系统技术改造项目	主体厂房建设及相关设备采购	2010~2015	300000	20000
6	韶关乳源东阳光新型环保制冷剂建设项目	年产新型环保制冷剂4万吨	2012~2014	79596	30000
7	江门嘉洋节能环保材料生产项目	建设两条60万吨/年矿物材料精细加工生产线	2012~2013	19956	15000
8	阳江阳西博德精工建材有限公司投资经营年产800万平方米高科技环保陶瓷项目	建设陶瓷生产车间、熔块生产车间、研发中心等	2012~2014	200000	20000
9	广东云浮郁南广州虎头电池产业集群升级示范区建设项目	建设年产100亿只环保电池、12万吨电池材料、电池机械2500台套、其他配套的产品和项目的节能电源基地	2012~2015	100000	40000
10	梅州梅县航鑫科技节能清洁工艺改造项目	建设高锰酸钾、高锰酸钠生产车间、仓库，淘汰落后工艺，节能环保及减少污染物的排放	2012~2014	21450	12000
11	揭阳达华农业节能节水装备生产基地	建设年产灌溉面积6.67万公顷节水装备及年产6万套太阳能灭虫灯节能系统	2011~2015	47000	10000
	国民教育项目				
1	广州民航职业技术学院花都校区建设工程	教学设施建筑面积3.9万平方米	2012~2016	178600	7000
2	广东岭南职业技术学院清远校区	建设学生宿舍楼群、教学楼群、技术创新中心、办公服务楼群、餐厅、运动场地等	2012~2015	85000	12000
3	广东华立城市学院云浮分校项目	建设广东华立城市学院、中小学幼儿园、学术交流中心及配套设施等综合项目	2011~2015	231800	50000
4	省级职业技术教育基地（清远）首期工程	建设4所高职院校以及公共实训基地、公共管理服务设施，总建筑面积48万平方米，配套建设清远市第二水厂	2013~2015	293000	50000

(续表)

序号	项目名称	建设内容及规模	建设年限	总投资	2013年投资计划
5	汕头市潮南区职业技术教育中心（含汕头市潮南区示范性综合实践基地）首期工程	教学楼、实训楼、宿舍、食堂、运动场及其附属配套设施等总建筑面积53870平方米	2012~2014	25585	10000
6	广东顺德中山大学—卡内基梅隆大学国际联合研究院	建设教学研发大楼、教师公寓、学生公寓和食堂、值班室、体育运动场地、道路、绿化等工程，建筑面积4.1万平方米	2013~2015	20000	5000
7	广东酒店管理职业学院	教学设施等建筑面积37.4万平方米	2013~2015	75600	15000
8	广东技术师范学院新校区一期工程	教学设施等建筑面积157241平方米	2013~2015	94450	34000
9	暨南大学番禺新校区一期工程	教学设施等建筑面积41万平方米	2013~2015	167000	20000
10	广东食品药品职业学院钟落潭校区	教学设施等建筑面积5.5万平方米及校区配套道路长约800米	2013~2015	35500	10000
11	广东技术师范学院天河学院二期	教学设施等建筑面积27.7万平方米	2013~2015	43000	15000
12	广东白云学院北校区	教学设施建筑面积14.9万平方米	2013~2015	53100	30000
13	广州松田职业学院扩建项目	教学设施等建筑面积16.5万平方米	2013~2015	56000	15000
14	中等职业教育（技工教育）工程			1266226	218000
	广东省职业技能鉴定中心南海基地二期工程	建设教学设施，建筑面积6.6万平方米	2012~2015	130000	10000
	广东省技工教育示范基地	建设实教楼（含公共教学楼）、图书馆、行政楼、学生宿舍、学生食堂、学生公寓、人防地下室等，建筑面积18.8万平方米	2012~2015	90000	20000
	佛山市南海技师学院建设工程	建设实习车间、教学楼、饭堂、体育馆、学生宿舍、行政办公楼等，建筑面积20.8万平方米	2011~2014	58000	25000
	惠州市技师学院	建设学生宿舍楼、实训楼和图书馆等配套设施，建筑面积13.2万平方米	2012~2013	33380	21000
	惠州市商贸旅游高级职业技术学校	建设教学楼、专业实训楼、运动场及附属配套设施	2010~2013	88700	8000
	惠州市卫生高级职业技术学校	卫生学校校区建设及配套工程，建筑面积13.8万平方米	2011~2013	60786	6000
	河源市卫生学校新校区	教学设施建筑面积10万平方米	2011~2013	40200	8000
	湛江市职业教育基地	建设9所以上中、高职学校	2013~2015	543000	50000
	湛江幼儿师范高等专科学校	教学设施建筑面积23万平方米	2013~2015	57000	10000
	茂名职业技术学院新校区建设项目	教学设施建筑面积18.1万平方米	2013~2015	51188	15000
	清远市第一职业技术学校	建设教学楼、实验楼、综合楼、学生宿舍、饭堂、图书馆、运动场等，建筑面积12万平方米	2012~2013	43172	30000
	揭阳市技工学校建设工程	教学设施建筑面积10.2万平方米	2011~2015	20800	5000
	揭阳市金属职业技术学校一期工程	建设教学楼及配套设施等，可容纳学生2000人	2013~2015	50000	10000
15	足球学校			120000	15000
	清远恒大足球学校	建筑面积8.3万平方米	2011~2013	70000	10000
	梅州富力足球学校	建设1个有3200人座位比赛用足球场（内含1个标准塑胶田径场）、9个标准足球训练场、1幢可供600位运动员住宿的运动员宿舍、1幢可供250名职业运动员住宿的宾馆、1幢教学楼、1幢包含足球博物馆的综合楼	2012~2015	50000	5000
16	广东省教育考试命题及保密印刷基地	建筑面积3.1万平方米	2011~2013	16000	4000
	文化艺术项目				
1	广东演艺中心（含群众艺术馆）工程	建设广东歌舞剧院排练、演出、办公用房和广东省群众艺术馆培训、排练、演出、创作、展览、办公用房、地下车库等，建筑面积2万平方米	2008~2013	14527	3000

(续表)

序号	项目名称	建设内容及规模	建设年限	总投资	2013年投资计划
2	广东粤剧艺术中心演艺大楼工程	建设地下停车库及设备用房、剧场交流、博物展览、音像制作、排练培训、创作研究及办公等配套设施，建筑面积1.8万平方米	2009~2013	39363	5000
3	广州粤剧艺术博物馆	建设粤剧艺术展览用房、演出用房等，建筑面积1.5万平方米	2013~2015	26300	8000
4	广州报业文化中心	建设报业博物馆、报业采编、广告、报刊发行业务用房	2012~2015	176000	10000
5	广州珠江钢琴集团股份有限公司国家文化产业示范基地项目（一期）	建设珠江钢琴国家级企业技术中心增城研究院等产业基地，建筑面积7.5万平方米	2010~2013	29468	8000
6	广东南方广播影视创意基地（一期）项目	建设演播制作中心、多媒体展示楼、影视剧院、国际会议中心、配套设施等，总建筑面积51万平方米	2013~2015	683768	50000
7	珠海市南方影视文化产业项目	建设影视创作、拍摄、制作基地及AAAAA级综合旅游度假区	2012~2016	500000	10000
8	顺德孔雀廊原创（流行）音乐产业制作项目	艺术家之家、演艺培训院、多功能演播厅、制作集群中心	2011~2015	45000	5000
9	惠州数字出版基地项目	建设大型内容推送平台读者云图书馆，成立国内首家云计算工业化数据加工中心，搭建大型内容原创园区	2013~2015	200051	40000
10	第十四届省运会（湛江）体育场馆及配套设施	建设主体育场、游泳跳水馆、跳水训练馆、综合训练馆海上运动基地等场馆、调顺岛跨海大桥、龙王湾大桥、官渡海围大桥及沈海高速公路市区连接线（湛江大道）	2011~2014	892500	200000
11	云浮市西江新城文化艺术中心	建设奥威斯3D影视项目、群众文化娱乐中心、文化遗产保护中心、图书阅览销售中心、云浮美术画廊、游戏游艺中心、文化创意中心，建筑面积19.5万平方米	2013~2015	42742	10000
	居民保障项目				
1	保障性安居工程	各类城镇保障性住房79万套	2011~2015	9000000	1490000
2	粮油糖储备项目			428529	142000
	广州市粮食储备项目	建设广州市粮食储备加工中心	2010~2014	90834	20000
	汕头市粮食储备项目	广东省储备粮汕头直属库，建设8座浅圆仓，仓容5万吨	2012~2014	6189	4000
	佛山市粮食储备项目	建设佛山市市属粮库、佛山市南海区粮油储备库、佛山市三水粮库	2011~2015	149076	46000
	梅州市粮食储备项目	梅州市稻丰公司优质稻谷加工及储备仓库建设项目，建设5.2万吨仓容的标准粮食储备仓和年产6万吨大米的先进加工工艺生产线，日处理120吨粮食烘干生产线以及现代化大型综合粮食配套服务中心	2011~2015	18255	11000
	惠州市粮食储备项目	建设惠州市粮油储备直属库	2013~2015	24660	10000
	东莞市粮食储备项目	建设省储备粮东莞直属库粮食码头工程、东莞华南粮食配送服务中心、东莞城区粮食储备库	2010~2015	39515	21000
	湛江市食糖储备项目	湛江中央直属储备糖库及食糖物流中心，建设库容食糖7万吨及储备、物流、食糖交易中心	2013~2015	100000	30000
3	广东省集中式人力资源社会保障一体化项目	建设广东省人力资源市场、广东省集中式人力资源社会保障一体化信息系统项目	2013~2015	48149	10000

(续表)

序号	项目名称	建设内容及规模	建设年限	总投资	2013年投资计划
4	广东省公安民警训练基地	建设学员宿舍楼、学员食堂会议楼、警察技战术楼，建筑面积3.4万平方米	2013~2015	23279	13000
5	中国海监广东省总队维权执法基地和码头建设项目	建设中国海监广东省总队粤中维权执法基地扩建项目、粤东维权执法基地扩建项目和粤西执法码头建设项目	2011~2014	14643	10000
6	国家陆地搜寻与救护基地广东基地	建设综合楼、搜寻与救护中队用房、公寓住房、特种装备器材库及车库、训练用房，建筑面积3.8万平方米	2012~2014	26675	10000

(梁翼)

重点工程项目选介

【厦门至深圳铁路广东段】 厦深铁路广东段全长357.4千米，总投资317亿元，按Ⅰ级铁路标准建设，设计速度250千米/小时，途经潮州、揭阳、汕头、汕尾、惠州、深圳。由厦深铁路广东有限公司负责建设，建设起止年限为2008~2013年，2013年12月28日正式开通运营。

【大连至广州高速公路连平（赣粤界）至从化公路】 大连至广州高速公路连平（赣粤界）至从化公路全长182千米，总投资214亿元，途经广州、韶关、河源、惠州市。项目由广州大广高速公路有限公司负责建设，建设起止年限为2012~2016年。截至2013年底，累计完成投资60亿元，其中，2013年完成投资52亿元。

【台山核电厂一期工程】 台山核电厂一期工程总投资590亿元，装机容量2×175万千瓦，由台山核电合营有限公司负责建设，建设起止年限为2009~2015年。截至2013年底，累计完成投资540亿元，其中2013年完成投资109亿元。1号核岛土建施工处于收尾阶段，安装施工全面铺开；2号核岛进行土建施工，累计移交1729间；1号常规岛汽机厂房土建施工基本完成，进入主设备及附属设备安装阶段；2号常规岛汽机厂房处于各层结构平台及设备基础施工；1号HPX泵房主要系统安装完成，启动调试工作；2号HPX泵房处于相关设备安装施工。

【广州乐金显示第8.5代薄膜晶体管液晶显示器件】 广州乐金显示第8.5代薄膜晶体管液晶显示器件总投资252亿元，建设玻璃基板月投入量为12万片的第8.5代薄膜晶体管液晶显示器件（TFT-LCD）生产线，由乐金显示（中国）有限公司负责建设，建设起止年限为2013~2017年。截至2013年底，累计完成投资48亿元，其中2013年完成投资38亿元。厂房工程施工完成，洁净室施工完成82%，动力厂房CDA试运行完成，办公楼全部完成并投入使用。

【中海油惠州炼化二期扩建项目】 中海油惠州炼化二期扩建项目总投资507亿元，建设储油罐区，新增1000万吨/年炼油能力、100万吨/年乙烯能力，由中海石油炼化有限责任公司负责建设，建设起止年限为2012~2016年。截至2013年底，累计完成投资27亿元，其中2013年完成投资17亿元。项目全面开工，炼油区及公用工程区主干道路开工建设，工艺包设计和审查完成，马鞭洲原油罐区扩容及配套工程开始桩基施工。

(梁翼)

▲2013年12月，广东省阳江市台山核电厂1号核岛安装施工全面铺开

(广东省发展和改革委员会重点项目处供稿)

勘察设计

□ 完成工程勘察设计合同额三百七十二点三七亿元

□ 第二届广东省岭南特色规划和建筑设计评优

□ 全省勘察设计和设计施工一体化动态核查

□ 施工图审查机构管理制度改革

□ 超限高层建筑工程抗震设防审查专家委员会换届

综　述

【概况】　2013年，广东省勘察设计企业1826家，年末工程勘察设计行业从业人员37.57万人，全年营业收入2440.84亿元，比上年增长12%。全省勘察设计企业完成工程勘察设计合同额372.37亿元，其中工程勘察完成合同额51.36亿元、工程设计完成合同额321.01亿元。全年完成施工图设计投资额7904.41亿元，比上年增长33%。全省科技成果转让收入42.51亿元，企业累计拥有专利4094项、拥有专有技术1760项。全省企业获国家级、省部级奖项3467项，参与编制国家、行业、地方技术标准726项，编制国家、行业地方标准设计81册。全年勘察设计业务量与上年持平，但是勘察设计行业发展存在地区发展不平衡、省外境外业务拓展度不够、设计水平国际认可度不高、科技成果及科技成果转化收入减少等问题。

▲2013年3月13日，全国勘察设计同业协会秘书长工作会议在广州市召开

（广东省工程勘察设计行业协会供稿）

【全国勘察设计同业协会秘书长工作会议】　2013年3月13日，全国勘察设计同业协会秘书长工作会议在广州市召开。住房和城乡建设部工程质量安全监管司、广东省住房和城乡建设厅建筑市场监管处相关领导等参加。全国各省、市、自治区就加强人才队伍建设、行业宣传和信息共享平台开展交流。会议听取中国勘察设计协会2012年工作情况汇报，吸收新的理事单位21家，增补常务理事单位3家。根据工作需要，中国勘察设计协会秘书处重新调整调定6个职能部门，新成立施工图审查分会。

【《岭南近现代建筑》图册编辑】　2013年，广东省住房和城乡建设厅在全省范围内组织开展《岭南近现代建筑》图册编辑整理。全省22个分册（含佛山顺德区）的电子书均在省住房和城乡建设厅官方网站广东建设信息网发布。该图册囊括广东省内自鸦片战争到中华人民共和国成立以来全省21个地市和佛山顺德区的优秀建筑实例。图册系统载录广东省岭南近现代建筑发展现状，构建全省岭南近现代历史建筑保护目录档案，通过对不同地域、不同类型岭南近现代建筑实例创作背景和建筑形态的展现和分析，系统地反映“岭南建筑学派”形成的历史基础和历史轨迹，推动岭南建筑文化的传承和保护。

【第二届广东省岭南特色规划和建筑设计评优活动】　2013年，广东省住房和城乡建设厅印发《关于做好第二届广东省岭南特色规划与建筑设计评优活动组织申报工作的通知》，组织开展第二届岭南特色规划与建筑设计评优活动。第二届评优活动与首届相同，设置建筑、规划、街区、园林、乡村民居5个设计单项奖。由于街区和乡村民居设计奖申报项目不足，该届评比活动实际开展建筑、规划和园林设计3个单项奖评优。评优活动增设网络投票环节，由专家评审评分和网络投票结果决定最终评优结果，其中专家评分占60%、网络投票结果占40%。在评优活动中，收到申报项目78个，其中建筑奖40个、园林奖31个、规划奖7个。评出建筑奖金奖1个、银奖3个、铜奖7个；园林奖金奖2个、银奖4个、铜奖6个；规划奖银奖2个。由珠江外资建筑设计院设计的“广州气象监测预警中心项目”借鉴优秀岭南建筑应对

▲深圳市紫荆山庄环境设计项目获第二届“广东省岭南特色园林设计奖”金奖

（广东省住房和城乡建设厅城市建设处供稿）

2013年广东省勘察设计企业资质情况

单位：个

地区名称	企业个数	合计				工程勘察		工程设计		
		甲级	乙级	丙级	丁级	甲级	乙级	甲级	乙级	丙级
合计	1826	476	445	198	6	46	55	430	390	198
广州市	534	176	116	29	1	14	12	162	104	29
深圳市	445	189	66	1	0	13	2	176	64	1
珠海市	76	17	18	3	0	1	2	16	16	3
汕头市	43	10	23	4	0	1	2	9	21	4
佛山市	152	28	52	35	0	4	10	24	42	35
韶关市	17	3	6	7	0	1	2	2	4	7
河源市	31	2	7	13	1	2	3		4	13
梅州市	32	3	13	10	0	1	2	2	11	10
惠州市	64	8	23	6	1	2	2	6	21	6
汕尾市	11	0	6	4	1	0	2	0	4	4
东莞市	104	11	15	1	0	0	0	11	15	1
中山市	72	8	15	8	0	2	0	6	15	8
江门市	68	6	24	17	0	1	5	5	19	17
阳江市	23	1	8	8	0	0	1	1	7	8
湛江市	30	5	8	9	0	3	1	2	7	9
茂名市	34	3	12	11	0	0	2	3	10	11
肇庆市	30	3	12	8	0	1	4	2	8	8
清远市	25	1	10	7	2	0	0	1	10	7
潮州市	11	1	3	6	0	0	0	1	3	6
揭阳市	13	1	4	5	0	0	1	1	3	5
云浮市	11	0	4	6	0	0	2	0	2	6

地区名称	专项合计	其中		建筑装饰		环境工程		消防设施		建筑智能化
		甲级	乙级	甲级	乙级	甲级	乙级	甲级	乙级	
合计	337	170	154	79	50	14	32	29	10	28
广州市	102	62	39	17	7	12	12	15	2	10
深圳市	123	83	39	50	15	1	3	10	0	8
珠海市	16	6	10	2	3	0	3	1	1	1
汕头市	17	3	13	2	8	0	1	0	0	2
佛山市	31	7	19	6	6	0	5	0	1	3
韶关市	1	0	0	0	0	0	0	0	0	0
河源市	0	0	0	0	0	0	0	0	0	0
梅州市	3	0	3	0	0	0	3	0	0	0
惠州市	8	1	7	1	1	0	2	0	0	0
汕尾市	3	0	3	0	1	0	1	0	0	1
东莞市	12	5	7	0	0	0	0	3	4	2
中山市	8	2	5	0	5	1	0	0	0	0
江门市	4	1	3	1	0	0	1	0	1	1
阳江市	3	0	1	0	1	0	0	0	0	0
湛江市	1	0	1	0	1	0	0	0	0	0
茂名市	2	0	2	0	1	0	0	0	1	0
肇庆市	1	0	0	0	0	0	0	0	0	0
清远市	1	0	1	0	0	0	1	0	0	0
潮州市	0	0	0	0	0	0	0	0	0	0
揭阳市	1	0	1	0	1	0	0	0	0	0
云浮市	0	0	0	0	0	0	0	0	0	0

(续表)

地区名称	建筑幕墙		轻型钢结构		照明工程		风景园林		设计施工一体化
	甲 级	乙 级	甲 级	乙 级	甲 级	乙 级	甲 级	乙 级	
合 计	15	4	1	4	3	6	10	39	701
广州市	4	1	1	0	0	1	4	15	212
深圳市	7	0	0	2	3	2	5	16	189
珠海市	3	0	0	1	0	0	0	1	38
汕头市	0	1	0	0	0	1	0	1	6
佛山市	0	2	0	0	0	0	0	3	37
韶关市	0	0	0	0	0	0	0	0	1
河源市	0	0	0	0	0	0	0	0	8
梅州市	0	0	0	0	0	0	0	0	6
惠州市	0	0	0	0	0	2	0	2	26
汕尾市	0	0	0	0	0	0	0	0	–
东莞市	0	0	0	1	0	0	1	1	77
中山市	1	0	0	0	0	0	0	0	41
江门市	0	0	0	0	0	0	0	0	21
阳江市	0	0	0	0	0	0	0	0	6
湛江市	0	0	0	0	0	0	0	0	8
茂名市	0	0	0	0	0	0	0	0	8
肇庆市	0	0	0	0	0	0	0	0	7
清远市	0	0	0	0	0	0	0	0	5
潮州市	0	0	0	0	0	0	0	0	1
揭阳市	0	0	0	0	0	0	0	0	3
云浮市	0	0	0	0	0	0	0	0	1

(肖建鸣)

2013年广东省勘察设计企业登记注册情况

单位：个

地区名称	企业个数	企业经济类型												
		内资												
		合 计	国有企业	集体企业	股份合作企业	联营企业			有限责任公司		股份有限公司	私营企业	
						国 有	集 体	其 他	国有独资公司	其他有限责任公司		私营独资	私营合伙
合 计	1826	1785	229	37	7	1	1	1	10	694	104	15	30
广州市	534	521	89	1	3	1	–	1	5	154	27	4	8
深圳市	445	429	23	0	2	0	0	0	2	132	38	4	18
珠海市	76	71	6	0	0	0	0	0	1	61	1	0	0
汕头市	43	43	13	1	0	0	0	0	0	20	1	0	0
佛山市	152	147	3	0	0	0	0	0	0	92	9	0	1
韶关市	17	17	7	2	1	0	0	0	1	3	2	0	0
河源市	31	31	6	4	0	0	0	0	0	10	4	0	0
梅州市	32	32	8	2	0	0	0	0	0	13	2	0	0
惠州市	64	63	11	4	0	0	0	0	0	20	5	1	0
汕尾市	11	11	4	3	0	0	0	0	0	3	1	0	0
东莞市	104	104	1	2	0	0	0	0	0	33	3	3	–
中山市	72	71	3	2	0	0	0	0	0	44	2	2	1
江门市	68	68	6	4	0	0	0	0	0	42	–	1	0
阳江市	23	23	5	0	0	0	1	0	0	6	1	0	0
湛江市	30	30	14	1	0	0	0	0	1	6	–	0	1
茂名市	34	34	8	0	0	0	0	0	0	17	3	0	0
肇庆市	30	30	9	2	0	0	0	0	0	9	3	0	0
清远市	25	25	4	2	0	0	0	0	0	16	1	0	1
潮州市	11	11	5	1	1	0	0	0	0	2	0	0	0
揭阳市	13	13	3	2	0	0	0	0	0	6	0	0	0
云浮市	11	11	1	4	0	0	0	0	0	5	1	0	0

(续表)

地区名称	企业经济类型												
	内资			港、澳、台商投资企业					外商投资企业				
	私营企业		其他企业	合计	合资经营企业	合作经营企业	独资经营企业	投资股份有限公司	合计	中外合资经营企业	中外合作经营企业	外资企业	其他企业
	私营有限责任公司	私营股份有限公司											
合计	625	7	24	27	16	2	8	1	14	7	0	6	1
广州市	218	1	9	9	5	1	2	1	4	3	0	0	1
深圳市	204	2	4	12	9	1	2	0	4	2	0	2	0
珠海市	2	0	0	4	2	0	2	0	1	1	0	0	0
汕头市	7	0	1	0	0	0	0	0	0	0	0	0	0
佛山市	37	3	2	1	0	0	1	0	4	1	0	3	0
韶关市	0	0	1	0	0	0	0	0	0	0	0	0	0
河源市	6	0	1	0	0	0	0	0	0	0	0	0	0
梅州市	7	0	0	0	0	0	0	0	0	0	0	0	0
惠州市	19	0	3	0	0	0	0	0	1	–	–	1	–
汕尾市	0	0	0	0	0	0	0	0	0	0	0	0	0
东莞市	61	1	0	0	0	0	0	0	0	0	0	0	0
中山市	17	0	0	1	0	0	1	0	0	0	0	0	0
江门市	15	0	0	0	0	0	0	0	0	0	0	0	0
阳江市	9	0	1	0	0	0	0	0	0	0	0	0	0
湛江市	6	0	1	0	0	0	0	0	0	0	0	0	0
茂名市	5	0	1	0	0	0	0	0	0	0	0	0	0
肇庆市	7	0	0	0	0	0	0	0	0	0	0	0	0
清远市	1	0	0	0	0	0	0	0	0	0	0	0	0
潮州市	2	0	0	0	0	0	0	0	0	0	0	0	0
揭阳市	2	0	0	0	0	0	0	0	0	0	0	0	0
云浮市	0	0	0	0	0	0	0	0	0	0	0	0	0

(肖建鸣)

2013年广东省勘察设计企业人员情况

单位：人

地区名称	期末从业人员合计	期末专业技术人员合计	其中			期末注册执业人次合计	其中		
			高级职称人员	中级职称人员	初级职称人员		一级注册建筑师	二级注册建筑师	一级注册结构工程师
合计	375650	133103	20212	41965	47979	25617	2367	1242	2426
广州市	106058	45588	8418	14763	15559	9632	777	366	995
深圳市	181753	51699	6052	14226	18233	8216	963	207	772
珠海市	10034	4307	540	1290	1437	779	81	23	85
汕头市	2857	1750	406	705	602	341	32	17	46
佛山市	22294	6814	954	2525	2842	1812	126	175	149
韶关市	1286	699	177	348	169	186	5	29	19
河源市	1421	1104	172	379	514	134	0	14	6
梅州市	2213	1390	289	538	561	267	20	16	24
惠州市	6320	2569	403	1044	1017	459	34	43	44
汕尾市	446	307	96	129	75	43	2	12	2
东莞市	8178	2865	296	902	1433	737	30	24	40
中山市	6689	3135	382	1241	1368	843	49	37	51
江门市	5191	2530	415	947	832	671	154	87	59
阳江市	6651	1268	324	337	588	228	12	34	22
湛江市	4334	2463	285	800	1222	365	12	25	20
茂名市	3846	1759	323	614	754	339	25	31	26
肇庆市	2851	989	206	343	255	169	15	29	21
清远市	2056	864	226	381	234	182	16	22	23
潮州市	452	406	97	158	133	112	9	28	11
揭阳市	360	309	88	169	52	50	3	14	6
云浮市	360	288	63	126	99	52	2	9	5

(续表)

地区名称	其　中										
	二级注册结构工程师	注册土木工程师(岩土)	注册公用设备工程师	注册电气工程师	注册化工工程师	注册城市规划师	注册监理工程师	注册造价工程师	一级注册建造师	二级注册建造师	其他注册工程师
合　计	513	643	1060	934	97	903	655	1425	5852	5405	2095
广州市	122	308	470	395	57	407	214	583	2025	2000	913
深圳市	80	139	356	269	11	250	189	448	2760	1254	518
珠海市	10	14	25	31	0	20	21	33	193	178	65
汕头市	12	20	12	13	0	21	44	36	38	31	19
佛山市	70	49	57	78	19	48	22	85	287	509	138
韶关市	13	9	3	5	0	8	37	16	13	13	16
河源市	14	10	2	2	0	5	0	4	24	40	13
梅州市	11	5	7	5	0	17	16	7	34	104	1
惠州市	21	12	11	15	0	3	13	12	49	149	53
汕尾市	6	1	–	1	0	1	–	4	1	9	4
东莞市	12	6	24	30	0	21	5	29	85	372	59
中山市	24	4	24	28	0	19	45	41	122	269	130
江门市	34	24	20	17	0	22	5	33	55	102	59
阳江市	6	4	4	5	1	12	5	16	24	73	10
湛江市	14	12	9	8	0	11	7	23	76	124	24
茂名市	15	3	11	13	9	14	21	15	48	79	29
肇庆市	12	12	4	2	0	10	0	9	5	33	17
清远市	8	6	16	8	0	7	1	16	8	40	11
潮州市	15	1	2	7	0	5	10	9	1	2	12
揭阳市	9	3	3	2	0	2	0	0	0	8	0
云浮市	5	1	0	0	0	0	0	6	4	16	4

(肖建鸣)

2013 年广东省勘察设计企业业务完成情况

单位：万元

地区名称	工程勘察		工程设计						施工图
	新签合同额合计	完成合同额合计	新签合同额合计	其　中		完成合同额合计	其　中		完成投资额
				工程总承包中设计合同额	专项设计合同额		工程总承包中设计完成合同额	专项设计完成合同额	
合　计	517569	513563	3930968	511270	736344	3210145	420537	592944	79044122
广州市	298399	287463	1719547	206750	297548	1345429	148425	228419	36961086
深圳市	108492	114779	1797307	247264	358292	1355415	190962	273346	28471280
珠海市	9195	9579	69193	581	4204	66719	1056	8265	2443464
汕头市	4506	5001	24463	591	3467	24944	2760	4096	1036050
佛山市	26826	18464	116241	14733	38737	157197	20848	36495	2376592
韶关市	10801	11759	1951	437	1347	3984	912	1312	94022
河源市	1655	3150	2944	130	857	6044	1091	2227	47065
梅州市	2782	2584	10672	178	6674	12371	2120	7171	251031
惠州市	13036	13788	26966	9537	6438	57426	10518	8926	1707214
汕尾市	697	1262	1235	50	62	2132	142	209	51831
东莞市	223	268	31813	4520	1472	29311	11140	2684	711844
中山市	3875	4782	40046	4522	4041	41149	1941	4376	3227595
江门市	10996	10527	30682	0	3222	26081	0	5227	456419
阳江市	5299	6816	7623	2893	3122	8331	2976	3176	23892
湛江市	10328	9638	17002	9861	2661	17383	10653	1833	428752
茂名市	1086	1730	12782	5256	1720	24852	10934	3090	166312
肇庆市	4925	5835	8905	1817	1613	10646	1835	1168	229240
清远市	1230	2522	6564	1331	201	13111	1075	394	164481
潮州市	2302	2385	1695	742	0	2404	742	0	20975
揭阳市	328	408	2137	77	666	3765	407	530	86646
云浮市	588	823	1200	0	0	1451	0	0	88331

(续表)

地区名称	施工图	工程技术管理服务		工程总承包				境外工程	
	完成建筑面积(万平方米)	新签合同额合计	完成合同额合计	新签合同额合计	其中 境外	完成合同额合计	其中 境外	新签合同额合计	完成合同额合计
合　计	57777	292025	289294	19564358	870889	14884979	199890	743193	211364
广州市	26299	206651	198255	9868937	634485	6815521	134019	679914	164035
深圳市	20314	60377	53982	6814730	213239	5897672	54744	60526	44576
珠海市	1059	4920	4774	110712	0	166747	0	0	0
汕头市	512	103	250	43871	0	46012	0	0	0
佛山市	2933	8146	11737	644388	2493	1028962	0	0	0
韶关市	120	880	998	3023	0	1646	0	0	0
河源市	159	0	120	9093	0	9673	0	0	0
梅州市	418	86	168	7825	0	13893	0	0	0
惠州市	1459	600	784	65069	2753	122078	2753	2753	2753
汕尾市	31	210	186	1813	0	2178	0	0	0
东莞市	361	2345	1749	94772	11668	128165	0	0	0
中山市	2341	3294	2720	372873	0	183316	124	0	0
江门市	701	1820	3305	71489	0	94351	0	0	0
阳江市	157	852	675	73255	0	83312	0	0	0
湛江市	128	190	174	1082401	6251	217667	8250	0	0
茂名市	208	590	7914	260734	0	42471	0	0	0
肇庆市	203	0	311	20642	0	19413	0	0	0
清远市	245	410	407	18683	0	11854	0	0	0
潮州市	51	551	551	10	0	10	0	0	0
揭阳市	43	0	75	38	0	38	0	0	0
云浮市	35	0	159	0	0	–	0	0	0

（肖建鸣）

2013年广东省勘察设计企业科技活动情况

地区名称	科技活动费用支出总额(万元)	科技成果转让收入总额(万元)	企业累计拥有专利(项)	企业累计拥有专有技术(项)	企业获国家级、省部级奖(项)	其中	参加编制国家、行业、地方技术标准(项)	其中	参加编制国家、行业、地方标准设计(册)	其中
						国家级(项)		国家级(项)		国家级(册)
合　计	453265	425103	4094	1760	3467	1015	726	172	81	10
广州市	212117	145188	1747	566	1617	268	223	95	37	6
深圳市	210513	271390	1782	991	1552	716	475	67	29	4
珠海市	9783	15	177	27	38	2	11	6	2	0
汕头市	720	–	15	8	121	9	3	1	2	0
佛山市	10497	2948	150	57	60	9	5	–	5	0
韶关市	91	0	0	7	6	3	0	0	0	0
河源市	333	0	0	0	1	1	0	0	0	0
梅州市	280	5	12	15	0	0	0	0	0	0
惠州市	799	10	32	2	1	0	0	0	0	0
汕尾市	78	0	0	0	3	0	2	0	0	0
东莞市	1269	0	9	8	3	0	0	0	1	0
中山市	2016	10	38	39	23	3	5	2	1	0
江门市	1243	4810	11	3	7	0	0	0	4	0
阳江市	655	522	92	37	6	0	0	0	0	0
湛江市	604	1	27	0	28	4	2	1	0	0
茂名市	466	5	2	0	1	0	0	0	0	0
肇庆市	608	174	0	0	0	0	0	0	0	0
清远市	1026	25	0	0	0	0	0	0	0	0
潮州市	96	0	0	0	0	0	0	0	0	0
揭阳市	35	0	0	0	0	0	0	0	0	0
云浮市	36	0	0	0	0	0	0	0	0	0

（肖建鸣）

2013年广东省勘察设计企业财务情况

单位：万元

地区名称	营业收入合计	工程勘察收入	其中 境外工程勘察收入	工程设计收入	其中 境外工程设计收入	工程技术管理服务收入	其中 境外工程技术管理服务收入	工程总承包收入	其中 境外工程总承包收入
合　计	24408444	421783	5744	3116964	46853	222897	2868	9648159	154128
广州市	8411090	237090	5696	1273847	45425	167984	2713	2674559	127208
深圳市	11898905	73605	0	1358241	1409	34531	0	5337888	17103
珠海市	641653	9404	0	63806	0	3732	0	120698	0
汕头市	91596	6081	0	22002	0	596	0	16063	0
佛山市	1343705	25132	0	108816	19	7216	0	552646	0
韶关市	48044	11741	0	14916	0	700	0	16768	0
河源市	27380	3119	0	6821	0	120	0	15639	0
梅州市	43813	3459	0	13776	0	161	0	12630	0
惠州市	215728	9947	0	43674	0	202	0	85903	2753
汕尾市	4668	346	48	1759	0	99	0	1089	0
东莞市	261816	4409	0	31733	0	414	0	108935	0
中山市	502209	4852	0	38376	0	2480	155	372913	124
江门市	121034	8754	0	33858	0	1146	0	52072	0
阳江市	195220	2440	0	26108	0	612	0	121656	0
湛江市	328323	8982	0	19236	0	61	0	61050	6940
茂名市	71073	1547	0	21180	0	1933	0	25978	0
肇庆市	146100	5898	0	11674	0	114	0	58423	0
清远市	35712	1478	0	17627	0	12	0	13249	0
潮州市	7265	2427	0	3669	0	551	0	0	0
揭阳市	5071	440	0	4125	0	0	0	0	0
云浮市	8039	632	0	1720	0	233	0	0	0

地区名称	工程施工收入	其中 境外工程施工收入	其他收入	其中 境外其他收入	营业成本	营业税金及附加	利润总额	其中 应交所得税	净利润
合　计	9684484	8966	1314157	99	20534500	815838	1447692	292994	1154698
广州市	3234481	1505	823129	0	7001157	198152	396314	73861	322453
深圳市	4693188	6452	401452	27	9933905	460134	722887	151633	571254
珠海市	410040	0	33973	1	526770	16565	37886	9507	28379
汕头市	41503	0	5351	0	76621	1951	3721	1240	2481
佛山市	636326	0	13569	0	1198939	38391	79050	24010	55040
韶关市	3915	0	4	0	39793	930	3313	894	2419
河源市	1298	0	383	0	22255	922	2088	431	1657
梅州市	13272	0	515	0	32602	2355	4092	722	3370
惠州市	55866	0	20136	0	385143	9729	11279	3220	8059
汕尾市	1084	0	291	15	2910	152	401	892	-491
东莞市	104847	0	11478	0	202837	7571	18339	4833	13506
中山市	82767	1009	821	56	417169	18224	25421	7457	17964
江门市	24765	0	439	0	91732	5042	11808	2710	9098
阳江市	43990	0	414	0	76311	4258	106688	3284	103404
湛江市	238914	0	80	0	293580	40839	7489	1737	5752
茂名市	20090	0	345	0	62951	4570	7118	2008	5110
肇庆市	69324	0	667	0	125088	4592	6353	3716	2637
清远市	2889	0	457	0	28744	870	2463	526	1937
潮州市	0	0	618	0	6439	193	192	66	126
揭阳市	471	0	35	0	4203	135	166	65	101
云浮市	5454	0	0	0	5351	263	624	182	442

(续表)

地区名称	资产合计	其中		负债合计	所有者权益合计	营业利润	营业外收入	应付职工薪酬	人均营业收入
		流动资产	固定资产						
合计	27900763	21101244	1917680	17795742	10105021	1277103	55990	2948242	64.977
广州市	8263090	6687786	787847	5047535	3215555	376647	23143	825523	79.307
深圳市	11095035	9500109	574754	6895673	4199362	694887	20607	1573021	65.467
珠海市	1244090	1116521	67918	773695	470395	36326	1406	73987	63.948
汕头市	101005	84969	7188	60887	40118	3178	536	10904	32.06
佛山市	4522223	1704944	75777	3621430	900793	54963	3887	109525	60.272
韶关市	39744	32295	3263	24077	15667	3403	48	7923	37.359
河源市	45614	36091	4615	14661	30953	1878	1	2821	19.268
梅州市	84101	63794	16398	28560	55541	3052	0	5425	19.798
惠州市	362662	313395	34185	223352	139310	12794	250	24906	34.134
汕尾市	11382	9579	508	6885	4497	193	3	599	10.466
东莞市	295314	241896	39621	124670	170644	15537	440	34964	32.015
中山市	543552	477664	35324	264439	279113	28677	675	30696	75.08
江门市	118274	63963	35424	46050	72224	11277	1609	89004	23.316
阳江市	364200	51722	168591	300333	63867	9698	4	21562	29.352
湛江市	211441	196484	8929	147879	63562	7088	229	81077	75.755
茂名市	369478	318718	37139	81888	287590	9111	8	19919	18.48
肇庆市	108665	97188	9089	67219	41446	6085	2796	23764	51.245
清远市	103505	91668	8294	59173	44332	1434	348	4007	17.37
潮州市	6662	3713	1010	2844	3818	168	0	2639	16.073
揭阳市	5454	4692	706	2861	2593	209	0	698	14.086
云浮市	5272	4053	1100	1631	3641	498	0	5278	22.331

(肖建鸣)

地域环境、气候条件以及文化意境的设计手法，利用冷巷、天井通风，通过低技、乡土的建筑处理营造出静谧舒适的建筑环境与空间，具有浓郁的岭南文化韵味。是年，该项目获“广东省岭南特色建筑设计奖”金奖。 *(何志坚)*

勘察设计市场监管

【概况】 2013年，广东省各地住房和城乡建设主管部门推进勘察设计质量标准和管理体系建设，提高勘察设计技术水平；加强执法检查，完善市政诚信管理；加大市场清出力度，推进施工图审查机构改革，加强大中型建设项目初步设计审查，确保工程勘察设计质量。

【勘察设计质量标准和管理体系建设】 2013年，广东省推动勘察设计标准体系建设。广州市编制《广州市建筑工程初步设计技术审查要点》《广州地区绿色建筑技术应用指引》等地方技术规范和指引，完善本地化的技术标准体系；东莞市按照《东莞市住宅工程质量通病防治手册》（含勘察设计内容），对保障房项目、农民公寓等住宅建筑重点监管；深圳市建立勘察作业标准流程视频资料库和典型工程施工图设计案例示范图库，以新开工工程勘察项目为蓝本，委托技术精湛的勘察专业公司，采取实地实景和实人实物，并配有专业旁白解说。

【施工图设计审查】 2013年，广东省按照《房屋建筑和市政基础设施工程施工图设计文件审查管理办法》有关要求，加强全省施工图设计文件审查管理。年内，全省施工图审查机构进行精简。至12月，全省施工图设计文件审查机构精简至58个。其中拥有房屋建筑工程设计文件审查资格的54个、拥有市政基础设施工程设计文件审查资格的31个、拥有工程勘察文件审查资格的3个，同时拥有房屋建筑工程和市政基础设施工程设计文件审查资格的27个。施工图设计文件审查人员约1500人。

【大中型建设项目初步设计审查】 2013年，广东省住房和城乡建设厅贯彻落实《广东省建设工程勘察设计管理条例》，强化对大中型建设工程项目初步设计文件审查管理。全年完成广东电网生产调度中心等26个房屋建筑项目（建筑面积130万平方米）初步设计审批。批复广东电网公司和广州电网公司组织的电网初步设计审查项目29个。上述项目均为省属大、中型建设工程，由国家投资、关系公共安全和公共利益。审查重点是：对工程建设执行国家基本建设程序和相关工程建设技术标准情况进行严格把关，并对工程设计提出合理化建议和意见。

【勘察设计专项检查】 2013年5月，广东省住房和城乡建设厅组成检查督查组开展全省保障性安居工程和城市轨道交通工程质量监督执法检查，重点对部分城市的工程勘察设计质量进行监督检查。9月，印发《关于开展2013年度全省工程勘察和设计和施工图审查检查的通知》，布置开展全省勘察设计和施工图审查的专项检查。省住房和城乡建设厅根据各市自查情况，抽检韶关、汕尾、江门、阳江、湛江、茂名、清远、揭阳市的相关工作，发现大部分勘察设计单位能够严格执行国家工程建设标准强制性条文和勘察设计规范、标准，未发现无证、超资质等违法违规经营行为。经施工图审查的勘察报告内容条目齐全，重视基坑安全，审图机构基本上能按国家有关法律法规和强制性标准开展审查。是年，全省各地住房和城乡建设管理部门重视勘察设计监管，深圳、珠海、佛山、东莞、湛江等市不定期开展审图交叉互审，加强监督审图质量，通报违反规范、标准和强制性条文行为；清远市开展审图内容备案，将审图责任落实到具体的审图专家。部分单位勘察设计水平和审图质量有待提高。部分受检项目存在引用过期标准的现象，个别项目勘察设计文件的编写和校审存在不规范、不严谨情况。在建筑节能、无障碍设计、消防设计和结构计算方面存在执行标准不严甚至违反强制性标准情况。

通过开展勘察设计和施工图审查的专项检查，推动全省各地住房和城乡建设主管部门梳理本地勘察设计管理文件，对照国家和广东省的相关规定和标准，修改与国家和广东省管理规定不一致的管理文件，加强对施工图审查人员业务培训，把好勘察和施工图设计审查关，落实工程建设项目先勘察、后设计、再施工的基本建设程序。

【行业诚信体系建设】 2013年，广东省住房和城乡建设厅构建“广东省工程项目交易库”平台，对工程项目交易信息予以公布，基本实现对全省各地工程项目信息基础数据库的整合和发布，促进全省各地诚信信息互通、互用和互认。“广东省工程项目交易库”实现工程勘察设计企业及人员、招投标和工程管理信息全覆盖，推动全省勘察设计行业诚信建设。

2013年，广州、深圳、东莞、珠海等市健全勘察设计企业和注册人员诚信档案，通过公开企业和注册人员业绩等信息，加强互相监督和行业自律。珠海市落实从业主体诚信评估，对单项工程勘察设计质量实行诚信评分；东莞市加强对建设工地现场勘察、设计备案制和实名制管理，加强勘察作业现场监管核查，坚持先勘察后设计的原则，逐步完善施工图审查备案抽查制度，强化对图签规范化管理，杜绝代签名行为；深圳市建立企业人员信息系统和施工图审查信息系统，通过实施信息化管理，全面掌握全市各报建项目勘察设计质量情况，实现勘察设计行业“市场、现场、考场”管理三联动。

【施工图审查机构管理制度改革】 2013年4月27日，住房和城乡建设部出台《房屋建筑和市政基础设施工程施工图设计文件审查管理办法》；7月23日广东省住房和城乡建设厅转发住房和城乡建设部《关于实施〈房屋建筑和市政基础设施工程施工图设计文件审查管理办法〉有关问题的通知》，加强全省施工图审查机构管理。是年，广东省住房和城乡建设厅与各地市住房和城乡建设主管部门多次沟通，按照合理设置、满足需求、总量控制的原则，结合全省房屋建筑与市政基础设施建设需要和施工图审查实际情况，确定房屋建筑工程设计文件审查类的机构由77个精简至58个，并拟定全省实施新规定的细则，明确各地市审查机构数量和过渡期的管理要求，保证全省施工图审查工作顺利开展，减少新规定实施后对全

▲佛山市顺德区北滘镇文化中心项目获第二届“广东省岭南特色建筑设计奖”银奖

（广东省住房和城乡建设厅建筑市场监管处供稿）

省施工图审查机构和审查业务的影响，保证勘察设计第三方监管制度健康发展。

【资质许可动态监管】 2013年，广东省住房和城乡建设厅按照《建筑业企业（单位）资质许可后核查工作实施方案》，对全省勘察设计和设计施工一体化企业进行动态核查。抽查99家设计与施工企业，发现部分企业存在技术负责人、注册建造师数量、有职称的专业技术人员数量、社会保险参保证明、净资产、安全生产许可证等不符合资质标准要求、管理制度不健全和不在登记地址经营等问题。各市对核查中存在问题的企业印发整改通知书，责令其限期整改，大部分企业均按照整改要求完成整改。整改后复查结果如下：合格企业78家、不合格企业21家。针对复查不合格的企业，省住房和城乡建设厅采取暂停新承接工程业务和不得新申请资质的处罚措施。 *（何志坚）*

建筑工程抗震设防监管

【概况】 2013年，广东省住房和城乡建设厅推动超限高层建筑工程抗震设防专项审查专家库换届工作，要求全省各市住房和城乡建设主管部门加强对建筑工程抗震设防监管。一是要求建设单位严格按照现行抗震设防标准，委托有关单位设计、施工和监理；二是要求建筑工程初步设计审查和超限高层建筑工程抗震设防专项审查的重点包括学校、医院、影剧院、体育馆、商场、宾馆（饭店）等公共建筑及高层建筑、住宅小区、市政公用基础设施项目、其他重要生命线工程项目的抗震设防标准；三是要求设计单位要将抗震设防纳入质量管理的重点内容，施工图设计阶段严格执行抗震设防标准并落实初步设计审批意见；四是要求施工图审查机构严格按照抗震设防标准和初步设计审批意见审查；五是要求施工单位按照经审查合格备案的施工图设计文件和抗震设防标准组织施工；六是要求监理单位按照抗震设防标准、经审查合格备案的施工图设计文件要求和监理合同约定实施监理；七是要求建设工程质量监督机构将抗震设防纳入质量监督的重要内容，并严格按照经审查合格备案的施工图设计文件进行抗震设防质量监督。

2013年，由工程所在地地级以上市建设行政主管部门审批超限高层建筑工程抗震设防专项审查54项。建筑工程抗震设防审查主要针对超高（100米以上）或超限建筑工程的结构抗震设计实行专门审查制度。通过审查，从设计上确保建筑高度超规范规定、特别不规则或大跨度建筑的结构抗震安全。年内，广东省住房和城乡建设厅向省财政厅申请135万元抗震加固补助经费，用于补助潮州、揭阳、河源、梅州4地市9个项目的抗震加固。

【广东省超限高层建筑工程抗震设防审查专家委员会换届】 2013年，广东省住房和城乡建设厅推动广东省超限高层建筑工程抗震设防审查专家委员会换届，成立由57人组成的广东省第四届超限高层建筑工程抗震设防审查专家委员会。该次换届工作，在注重专家人选的专业理论水平和工程实践经验前提下，吸收一批40岁左右的中年青专家，充实全省超限高层建筑工程抗震设防专项审查专家队伍，保障超限高层建筑工程抗震设防审查顺利开展。 *（何志坚）*

勘察设计项目选介

【广州正佳广场西塔楼】 位于广州市天河路与体育东路交界，用地面积2200平方米，建筑面积94000平方米，建筑高度188.8米，总投资规模9亿元，获2013年“广东省优秀工程勘察设计结构专项工程设计奖”二等奖、“广东省优秀工程勘察设计奖”三等奖。

该项目由广东省建筑设计研究院独立设计完成，是集五星级酒店、高级公寓、名店城及总部办公等不同商业功能于一体的综合性超

▲广州正佳广场西塔楼项目获2013年度“广东省优秀工程勘察设计结构专项工程设计奖”二等奖

（广东省建筑设计研究院供稿）

▲广东省反腐倡廉教育基地项目获 2013 年度“广东省优秀工程勘察设计奖”三等奖

(广东省建筑设计研究院供稿)

高层建筑，与东塔楼、正佳商业广场组成整体建筑群体，综合考虑东、西两塔楼之间的建筑造型协调统一性，以及总平面上与商业广场裙房45度入口的空间组成趣味性等，强调两塔楼与商业裙房的联动性。同时将酒店、酒店式商务楼和名店城三个不同功能入口合理、有序地设置于西面的规划路段，将酒店人流、商务办公人流和商业人流有组织地分流，避免大量人流和车流路线相互交叉干扰。

该项目强调建筑组合空间，45度斜边的广场入口与西塔楼45度斜面整体的导向浑然一体，形成容纳百川之势，增加建筑群体雄伟大气的个性。立面造型新颖，引入弧线与竖线的对比玻璃幕墙从下而上贯穿，突出建筑高耸的时代特性。此外，建筑物顶部、中部、裙房避难层处设三段金色玻璃幕墙，彰显高贵气派。裙房下部采用与原裙房基本一致的材料和细部处理手法，与已建裙房和谐统一，并在六、七层立面巧妙地嵌入大型LED屏幕，使这一现代商业体必备元素与建筑融为一体。该项目在满足作为星级酒店客房所需建筑面积、模数的前提下，采用大柱网空间的形式，将建筑平面中部大胆挖空处理，运用非常规的手法满足各种功能和空间要求。首层至八层的南端通过减中间一跨柱营造有两层高、宽敞的入口大堂、酒店大堂、泳池空间；北端在三、四层减两跨柱为酒店提供专属的宴会厅，满足酒店对各个大型空间的要求；酒店客房层每五层做一个大型的花园式共享空间，提升酒店客房标准；商务公寓层每三层均有一个小型中空的中庭，每层电梯口均有一个公共客厅。同时酒店客房、商务用房均设置在采光、通风良好的建筑平面周边，使每一套房均具有良好的风景视线区域，能摄取周边得天独厚的城市美景，突出建筑地理位置的优越性。

【广东省反腐倡廉教育基地】 位于广州市番禺区番禺监狱内，用地面积1672.9平方米，建筑面积11060平方米，建筑高度29.3米，始建于2011年，竣工于2012年，总投资规模13700万元，获2013年度“广东省优秀工程勘察设计奖”三等奖。

项目由广东省建筑设计研究院独立设计完成，为广东构建反腐倡廉教育工作“基地化、网络化、经常化”新格局提供全新载体和平台，为全省党员干部接受廉政教育、加强党性锻炼搭建重要场所，填补省内纪律教育基地空白。1~4层为展厅，5层为350人大型会议厅，各展厅有序围绕4层中庭布置。

项目以“反腐倡廉、警钟长鸣”为主题，分为“风正帆扬、从严治党、贪腐鉴录、拒腐防变、风清气正”五个部分；外观庄严方正、大气质朴，如洪钟巨鼎巍然矗立；中庭一柄“利剑”造型的巨型吊灯悬于上方，以示“利剑高悬”之意；两面浮雕墙刻画古代岭南廉吏和当代勤廉典范，序厅正中悬挂国旗和党旗。

项目整体建筑立面设计融入中国古建筑元素，具有岭南现代建筑特色，整体威严、庄重、挺拔。项目外立面以神兽獬豸、入口过渡灰空间、岭南元素、荷花、警世钟等作为设计元素。神兽獬豸象征着公正、威严，造型古朴、玉质温润，将该造型用印章形式布置在入口正上方，与建筑特性吻合；门廊入口过渡灰空间通过中轴对称布置重复设计元素，通过大尺度竖向柱式的入口空间设计，给参观者强有力的震撼感，顶部厚实的造型，远看宛如一把法治的天平秤，同时柱式顶部设计以法律的传统符号为设计原形，象征法律面前人人平等。同时在入口过渡灰空间内增加岭南符号抽象元素“回”字形符号，突出岭南地方特色，两侧布置荷花池，使整体建筑宛如漂浮在书面，寓意纯洁、圣洁、祥和、太平、和谐；顶部主入口两侧布置警世钟，提醒参观者以思想道德和法律法规教育为重点，牢筑广大党员干部反腐倡廉的思想防线，常敲“警世钟”。

(郑志伟)

建筑业

□ 建筑业企业实现利税六百四十六亿元

□ 工程建设管理诚信体系建设

□ 开展房屋建筑和市政基础设施工程施工许可专项检查

□ 六个项目获『中国建设工程鲁班奖』

□ 全省散装水泥发展应用技术交流会在梅州市召开

综　述

【概况】 2013年，广东省有建筑业企业5391家，施工总承包企业3050家、专业承包企业1925家、劳务分包企业416家；特级资质企业7家、一级资质企业822家。从业人员期末人数237.73万人，比上年增长13.4%。签订合同额17237.6亿元，增长18.9%；完成建筑业总产值7722.28亿元，增长19.5%；建筑安装工程投资额15262.61亿元，占全省固定资产投资额的66.9%，增长19.3%；房屋建筑工程施工面积52909.21万平方米，增长24.4%；实现利润总额370.81亿元，增长18.1%；利税总额646.28亿元，增长18.9%。全省工程质量总体保持稳定，未发生质量事故。全省有6项工程获2012~2013年度“中国建设工程鲁班奖（国家优质工程）”、52项工程获“全国建筑工程装饰奖”、58项工程获“广东省建设工程金匠奖”、113项工程获“广东省建设工程优质奖”、161项工程获“广东省优秀建筑装饰工程奖”。评出广东省省级工法208项、广东省建筑业新技术应用示范工程立项126项，10项新技术应用示范工程通过专项验收评审。

2013年，广东省实行招标工程17920项，工程造价5608.98亿元。总体上看，全省建筑业呈现规模总量大幅增长。工程质量稳步提升，科技创新能力增强，企业结构优化，交易市场相对稳定。但是广东省建筑业产值规模与江苏、浙江等省份存在一定差距，建筑产业化程度不高，仍然处于传统状态，科技创新能力有待加强。

·链接·

GPA

GPA (Agreement on Government Procurement) 是世界贸易组织管辖的单项贸易协议，是各参加方对外开放政府采购市场，以实现政府采购国际化和自由化的法律文件。GPA强调三个原则：一是国民待遇原则和非歧视性原则，即各缔约方不得通过拟订,或者通过实施政府采购的法律、规则和程序，保护国内产品供应商，歧视国外产品或者供应商；二是公开性原则，即各缔约方有关政府采购的法律、规则、程序和做法应公开；三是对发展中国家的优惠待遇原则，即有关缔约方应向发展中国家，尤其是最不发达国家提供特殊待遇，比如提供技术援助，以照顾其发展、财政和贸易的需求。

2013 年广东省建筑业企业生产情况

地区名称	企业个数	从业人员期末人数（人）	签订合同额（万元）	建筑业总产值（万元）	房屋施工面积（平方米）
广东省	5391	2377284	172376044	77222786	529092118
广州市（含省直）	805	396933	59250844	18280506	140915784
深圳市	1245	750954	57766738	28064995	126897631
珠海市	184	66526	4463952	1876559	4623292
汕头市	216	157717	8348017	3672019	46674663
佛山市	594	122598	6402601	4510104	31078073
韶关市	94	74690	2139922	1820219	9080277
河源市	137	21444	633639	446820	2851589
梅州市	224	85386	4044170	1777231	15249069
惠州市	193	45299	2446590	1241499	13858873
汕尾市	49	12976	216003	148297	1265958
东莞市	314	55313	2295395	1242823	6769224
中山市	268	38451	1521389	851650	5791504
江门市	222	83199	3705518	2263812	23632421
阳江市	112	63737	1646183	1160754	11078773
湛江市	136	114998	5097806	2909162	31682510
茂名市	129	140683	5756952	3893027	33904635
肇庆市	106	43331	2064559	1008017	6364265
清远市	138	31887	2242902	775098	5646538
潮州市	60	15027	1072096	334367	5288580
揭阳市	122	38092	765397	645312	4089133
云浮市	43	18043	495373	300517	2349326

注：数据来源于企业上报的2013年广东省住房和城乡建设系统建筑业统计年报

（广东省建筑业协会）

2013年广东省建筑业企业主要财务指标情况

单位：万元

地区名称	主营业务收入	利润总额	利税总额
广东省	88067154	3708113	6462752
广州市（含省直）	27107427	993895	1578717
深圳市	30045565	1246768	2234126
珠海市	1702505	68263	132082
汕头市	3698799	155050	294440
佛山市	4478122	251348	382156
韶关市	1692565	76645	145109
河源市	434119	41658	63727
梅州市	1535466	99080	173689
惠州市	1266917	35212	80335
汕尾市	129778	3615	15381
东莞市	1252511	61532	104697
中山市	1173872	81713	113815
江门市	2243997	99417	184988
阳江市	1154021	151641	200214
湛江市	3440780	46288	173696
茂名市	3686091	165727	336140
肇庆市	1001774	35611	76135
清远市	799392	34186	62324
潮州市	310234	11411	26227
揭阳市	609492	30005	55993
云浮市	303724	19050	32376

注：数据来源于企业上报的2013年广东省住房和城乡建设系统建筑业统计年报

（广东省建筑业协会）

【建设工程政府采购协议（GPA）前期研究工作推进】 2013年，根据《广东省政府采购协议（GPA）研究工作编方案》，广东省住房和城乡建设厅联合省发改委向省直有关部门、全省各市住房和城乡建设及发展改革主管部门，全面收集全省各级财政投资或补助的建设工程资料。委托广州建设工程交易中心和水利部发展研究中心完成《加入GPA对广东省建筑产业发展的影响及对策研究》。该研究分析当前广东省建筑产业的政府采购制度、招投标制度与GPA的差路，提出有针对性政策建议，进一步推动全省建筑产业的对外合作和互利共赢。

【开展建筑业管理体制改革调研】 2013年8月，广东省住房和城乡建设厅组织调研组赴深圳市前海深港现代服务业合作区开展建设管理体制创新专题调研。调研组与深圳前海管理局、深圳市住房和建设局进行座谈，详细了解前海深港现代服务业合作区的总体规划建设和建设工程管理情况，并先后考察前海水廊道试验段、管线共同沟等施工现场。省住房和城乡建设厅与前海方面建立互动互联渠道，共同对工程建设管理创新进行课题研究，特别是在管理体制改革、信息化建设、工程招投标和BIM（建筑信息模型）技术研究应用等方面加强合作研究。

（何志坚）

建筑市场监管

【概况】 2013年，广东省住房和城乡建设厅开展建筑行业发展研究，坚持标本兼治、综合治理原则，制定和完善建设市场规章制度，加大建筑市场动态监管力度，查处建筑市场违法违规行为，解决工程建设中挂靠借用资质投标、违规出借资质等问题。是年，收到建筑市场监管投诉举报信件160多份。投诉内容主要集中在建设工程招标投标、拖欠工程款、违法施工、转包违法分包、执业资格注册等方面。其中投诉企业和人员资质资格23宗，投诉工程招标投标33份、投诉拖欠农民工工资和工程款15份、投诉违法施工13份、投诉包括入粤备案等问题28份、投诉职业资格注册22份、咨询问题26份。以上投诉均按照《信访条例》要求处理，其中55宗转地市核查处理。

截至2013年底，广东省住房和城乡建设厅工程建设领域项目信息公开专栏收录60多万条信息，初步实现全省范围内工程建设项目信息和信用信息的互联共享。年内，印发《关于开展全省工程项目中心数据库基础数据同步归集工作的通知》，启动全省建设工程交易项目数据库建设，在广东建设信息网构建“广东省工程项目交易库”平台，公布全省交易项目信息，公布中标项目5.6万个，逐步实现对全省各地工程项目信息基础数据库整合和发布，做到建筑市场与现场的联动、准入管理与清出管理并重，资质资格审批管理与后续动态管理并重，促进全省各地诚信信息互通、互用和互认，推动建立诚信激励和失信惩戒机制。

随着各地建筑市场诚信系统建设完善，全省建筑市场监管体系基本形成，各方主体行为基本规范，建筑市场秩序基本良好。但是全省各地监管体系仍然互为独立，未能互联互通。

【工程建设管理诚信体系建设】 2013年，广东省住房和城乡建设厅对广州、惠州、肇庆市分别进行守信激励失信惩戒诚信体系建设试点。针对3市在工程建设管理实际中的情况，尤其是工程招投标管理存在不同管理模式，分别指导3市在工程招投标和项目管理方面作出调整。广州市逐步调整诚信评分标准，降低对市外企业的进入门槛；惠州市改变过去建筑市场与招投票现场隔离管理的做法，加强工程招投标联动管理；肇庆市创新出台工程建设诚信信用管理办法，对建筑从业主体进行量化信用评分。6月13日，省住房和城乡建设厅印发《关于细化我省建筑市场各方主体不良行为信息公布期限的意见》，并根据《全国建筑市场各方主体不良行为记录认定标准》，明确各方主体各种不良行为记录信息的具体公布期限，引导全省建筑市场各方主体诚实守信。

【建筑业企业资质动态核查】 2013年，广东省住房和城乡建设厅分3批组织开展建筑业企业资质动态核查，分别对全省部分监理、设计与施工一体化、施工企业进行资质动态核查，核查企业238家，发出整改通知书185份。截至年底，撤回3家建筑施工企业资质。通过动态摸查，使全省建筑市场监管体系更加完善，市场各方主体行为逐步规范，全省建筑市场秩序明显好转。

【违法违规案件查处】 2013年，广东省各地住房和城乡建设部门严格查处建筑业企业违法违规行为，作出警告罚款处罚120家、通报批评617家、暂停招投标229家。是年，东莞市立案查处沙田镇立沙安置区农民公寓工程重、特大串通投标案，依法对参与串标的23家建筑企业分别作出1~2年内取消其在东莞市进行项目招标的行政处罚，并将涉嫌违法人员移交司法机关处理；广州市对2012年以来违法行为的15个工程项目进行立案查处，分别对28家建筑企业、11名人员作出行政处罚，处罚金额1749万元；深圳市对违法发包的4个建设单位（个人）进行行政处罚，处罚总金额79.89万元，对转包、违法分包的2个施工单位进行行政处罚，处罚金额15.25万元；东莞市对茶山镇超朗村农民公寓涉嫌工程转包和违法分包行为进行立案调查。

【建筑工程施工许可专项检查】 2013年，广东省住房和城乡建设厅印发《关于开展房屋建筑和市政基础设施工程施工许可和竣工验收备案工作专项检查的通知》，在全省开展房屋建筑和市政基础设施工程施工许可专项检查，根据各市自查情况，抽检韶关、汕尾、江门、阳江、湛江、茂名、清远、揭阳市的相关工作，抽查建筑工地32个。检查发现，全省各地住房和城乡建设厅主管部门基本按照《建筑工程施工许可管理办法》，制定办事指南，并及时在本地政府办事大厅的网站上公布，施工许可档案管理完善，逐步构建行政审批信息管理系统。年内，全省各市按照中央、广东省推进工程建设领域项目信息公开和诚信体系建设要求及时在网上公布建筑工作施工许可办事指南，建立质量安全监督制度，对施工单位、监理单位和其他参加单位管理班子到位及现场管理情况进行监督检查，并抽查工程项目分包情况。对项目管理不到位的责任主体采取安全动态扣分和责令停工整改等措施。

全省各市部分地区施工许可管理有待规范。个别项目存在先开工后补办手续，或边开工边补手续，甚至还存在个别项目未取得施工许可证仍在施工的现象；部分地区施工许可前置条件繁多，增设环保、计生等其他独立部门所设定的许可；部分地区质量安全措施没有依照规范编写，施工组织设计审批签字造假现象较多，主管部门审查缺乏针对性，流于形式；部分城市未能按照中央、省推进工程建设领域项目信息公开和诚信体系建设要求及时在网上公布。

通过专项检查，推动全省各地住房和城乡建设主管部门梳理本地区有关施工许可和项目管理文件，对照国家和全省建筑工程施工许可的相关规定和标准，修改与国家和全省管理规定不一致的管理文件。加强对施工许可管理和工程监管人员培训，重点落实建筑工程中标后的履约监管，落实建设工程项目质量和安全管理，加大对建筑市场各方主体在市场经营活动和现场管理中违法违规行为处罚力度，优化建筑营商环境。

【省外进粤建筑企业备案】 2013年，广东省对省外进入广东省行政区域从事城乡规划编制、房屋建筑和市政基础设施建设活动的建设工程企业和人员实施信息备案制度，打破以往“重准入、轻清出”的管理理念，建立“企业登记、省级备案、市级管理、一地清出全省清出”的动态联动管理机制。截至年底，在省住房和城乡建设厅备案平台办理备案的省外建设工程企业1921家，人员39062人。

【跨区经营企业和人员管理专项检查】 2013年，广东省住房和城乡建设厅转发住房和城乡建设部办公厅《关于开展规范建筑企业跨省承揽业务监督管理专项检查工作的通知》，在全省范围内开展对跨区经营企业和人员备案管理专项检查。根据全省各市自查情况，抽检韶关、汕尾、江门、阳江、湛江、茂名、清远、揭阳市的相关工作，抽查建筑工地32个。检查发现，自省住房和城乡建设厅对省外进粤建设工程企业和人员开展信息备案后，全省各地基本没有开展类似的重复备案，推进管理模式转变，重点构建适合本地区的诚信管理体系，落实外来企业和人员管理。但是部分地区仍然存在反复备案、设定分公司或子公司备案等情况，以及诚信评价体系具有较为浓厚的地方保护色彩，甚至要求跨区经营企业存储诚信保证金的情况。这些均违反住房和城乡建设部关于做好建筑企业跨省承揽业务监督管理工作的要求。

通过专项检查，推动全省各地住房和城乡建设主管部门梳理本地有关跨区经营管理的管理文件，对照国家和广东省的相关规定和标准，修改与国家和省管理规定不一致的管理文件。严格对外来施工企业项目管理班子人员到位履职情况监管，优化全省建筑营商环境。

【建设工程概算管理】 2013年，广东省住房和城乡建设厅组织制定《广东省建设工程概算编制办法》《广东省房屋建筑工程概算定额》。该编制办法和定额是建设工程计价标准，确定建设项目投资，指导建设工程概算编制和审查房屋建筑工程设计概算定额，有效编制投资计划、控制施工图设计和施工图预算，使设计方案科学合理化。

（何志坚）

工程招投标管理

【概况】 2013年，广东省有有形建筑市场95个，全年全省实行招标工程17920项，工程造价5608.98亿元。其中公开招标工程14972项，工程造价4501.44亿元。

2013年，广东省住房和城乡建设厅出台《关于加强建设工程交易中心规范化管理的意见》(简称《意见》)，编制《广东省建设工程交易工作规程（试行)》和《广东省建设工程交易场所设施设置标准（试行)》，为全省各地建筑工程交易市场规范化管理和提高服务质量提出标准要求。《意见》出台后，全省各地工程交易市场均按照意见的要求和工作规程及标准，完善自身软件和硬件建设，强化监督招投标行为。

2013年，全省各地主管部门加大有形建筑市场规范管理与监督力度，进一步规范和完善有形建筑市场，完善建设工程招投标制度，发挥有形建筑市场作用，从源头上防治腐败。但是仍存在管理体制未完全理顺、监督机制不够健全等问题。

【招投标制度建设】 2013年，广东省各地建设主管部门通过制度化建设，使建设工程招投标行为有章可循、有法可依，遏制工程招标中的违法违规行为。一是规范招标人行为。推广使用资格审查和招标文件示范文本，防止招标人设置资格审查文件时“量身定做”、编制招标文件时设置圈套。二是增加投标的不确定性。东莞、惠州市推行招标文件、招标图纸网上无记名免费下载和查阅。降低企业投标成本，增加企业竞标积极性；深圳、广州市实行不记名售卖标书和资格后审制度，将原来“面对面”投标改为“背靠背”投标，避免投标人信息披露。缩小围标、串标的操作空间，增加围标、串标的成本。三是改进评标办法，减少人为因素。对于具有通用技术、性能标准的一般工程项目，一般不再进行技术标评审，只进行商务标评审。对结构复杂、规模较大的工程项目，采用综合评估法进行评标，技术标评审一般采取合格性审查，以商务标评审结果推荐中标候选人。四是落实网上招标投标。珠海市对600万元以下工程实行网上招标投标制度，招标公告发布、投标、评标等环节均在网上进行；惠州市所有招标工程全部实行网上招标投标；广州、深圳、东莞、珠海市的部分建设项目试行网上招标投标。全省范围内基本搭建招投标工作电子信息化平台，推进建设工程招标投标信息公开，保障社会公众知情权和监督权。五是加强中标后的监督检查。全省普遍将中标后的监督检查作为监管重点。深圳市建立工程变更备案和结算审核披露制度，超过限额的工程变更上报造价管理机构备案，工程结算上报造价管理机构审查，结算价严重超出中标价的予以通报和披露。六是加强施工现场和建筑招投标市场两场联动。对中标人投标承诺实行动态跟踪检查，重点对工程承包合同执行情况、中标单位现场到位人员与投标承诺的人员是否一致，是否存在变更合同主要条款、违规签证现象进行检查。广州的企业诚信综合评价体系，通过将被评价市场主体的行为表现实行标准量化综合评分，并将综合评

▲2013年5月30日，广东省建设工程交易协会二届二次理事大会在广州市召开

（广东省建设工程交易协会供稿）

2013年广东省工程招标代理机构业务情况

单位：万元

地区名称	工程招标代理中标金额			
	合　计	房屋建筑和市政基础设施工程招标代理中标金额	招标人为政府和国有企事业单位	招标人为其他单位
广东省	47987475.79	41908354.25	36540798.68	11446677.14
广州市	30048488.12	26249238.36	23940564.02	6107924.12
深圳市	8429224.1	6792188.04	5655683.16	2773540.94
珠海市	1443622.28	1347537.54	1346095.13	97527.15
汕头市	342599	333625.95	191399.57	151199.43
佛山市	1910560.35	1850094.8	1512569.54	397990.81
韶关市	287662.6	248474.47	165904.99	121757.61
河源市	212904.32	212904.32	170722.87	42181.45
梅州市	145597.55	143774.76	98985.59	46611.96
惠州市	1594569.16	1309095.14	1194139.25	400429.91
汕尾市	97365.25	97365.25	89217.58	8147.67
东莞市	497667.43	462932.4	359297.63	138369.8
中山市	454217.92	437553.44	249850.83	204367.09
江门市	1060736.93	1053816.26	530843	529893.93
阳江市	245117.79	238324.69	112021.11	133096.68
湛江市	490428.32	474314.64	431845.48	58582.84
茂名市	290595.99	284353.05	124998.95	165597.05
肇庆市	217113.22	171256.79	172826.22	44287
清远市	77431.66	67201.92	67166.81	10264.85
潮州市	86099.16	78952.79	83111.85	2987.31
揭阳市	14566.99	14441.99	14441.99	125
云浮市	40907.65	40907.65	29113.11	11794.54

地区名称	承揽合同约定金额					
	合　计	工程招标代理	工程监理	工程造价咨询	项目管理与咨询服务	其他业务
广东省	1056046.68	107204.65	658007.33	119354.87	88845.2	82634.63
广州市	527002.05	65079.88	321407.22	41336.05	42971.83	56207.07
深圳市	394601.74	16429.92	266370.26	51674.39	42055.84	18071.33
珠海市	18828.27	3574.21	8972.78	5044.11	320.11	917.06
汕头市	7518.4	1188.68	4868.77	1460.95	0	0
佛山市	31990.57	5961.36	14814.04	7735.62	922.24	2557.31
韶关市	2114.16	1296.73	325.23	412.28	51.92	28
河源市	1528.88	647	340.3	365.3	176.28	0
梅州市	2863.77	866.02	1652.87	0	344.88	0
惠州市	10358.93	2699.45	3109.28	2980.16	390.63	1179.41
汕尾市	1454.84	551.64	684.05	219.15	0	0
东莞市	5107.79	1437.97	1350.24	2319.58	0	0
中山市	19726.43	1052.39	17617.11	389.13	607.8	60
江门市	15018.38	2243.23	8078.28	1035.86	787.01	2874
阳江市	2460.18	487.33	1621.85	351	0	0
湛江市	6688.16	1020.03	4580.97	1087.16	0	0
茂名市	1082.37	610.2	100.2	371.97	0	0
肇庆市	3119.95	802.49	1911.43	339.33	66.7	0
清远市	1980.77	377.95	0	1602.82	0	0
潮州市	2069.45	503.87	202.45	481.17	149.96	732
揭阳市	92.75	92.75	0	0	0	0
云浮市	438.84	281.55	0	148.84	0	8.45

（黄鸿钦）

2013年广东省工程招标代理机构人员情况

单位：人

地区名称	期末企业人员						项目管理与咨询服务人员	其他人员	期末正式聘用专业技术人员	
	合 计	正式聘用人员	临时工作人员	招标代理人员	工程造价咨询人员	工程监理人员			合 计	高级专业技术职称人员
广东省	60368	55880	4488	7921	6304	32303	5148	8692	49217	6984
广州市	29041	25285	3756	3358	2708	17026	1959	3990	21414	3256
深圳市	19198	19017	181	2031	1771	9001	2625	3770	17372	2366
珠海市	1864	1787	77	357	412	869	111	115	1608	221
汕头市	532	443	89	161	67	270	13	21	388	56
佛山市	2287	2188	99	492	426	1015	84	270	1944	267
韶关市	203	189	14	55	49	65	13	21	160	18
河源市	177	159	18	82	45	29	12	9	159	22
梅州市	176	168	8	55	21	80	11	9	147	25
惠州市	779	702	77	211	162	308	23	75	639	164
汕尾市	228	205	23	58	55	100	4	11	186	19
东莞市	1606	1597	9	267	167	1064	17	91	1462	75
中山市	1123	1123	0	112	60	793	98	60	1093	102
江门市	751	731	20	172	63	455	33	28	642	108
阳江市	123	120	3	31	16	70	0	6	120	20
湛江市	533	494	39	134	32	304	5	58	410	45
茂名市	1012	960	52	115	83	658	94	62	883	115
肇庆市	450	432	18	101	63	186	41	59	315	61
清远市	94	89	5	41	52	0	0	1	84	18
潮州市	112	112	0	37	34	10	5	26	112	17
揭阳市	54	54	0	26	18	0	0	10	54	7
云浮市	25	25	0	25	0	0	0	0	25	2

地区名称	中级职称人员	初级职称人员	其他人员	期末正式聘用人员中注册执业人员						
				合 计	注册造价工程师	注 册建筑师	注 册工程师	注 册建造师	注册监理工程师	其他注册执业人员
广东省	21567	11916	8750	10555	3837	31	231	1041	5275	140
广州市	9210	5557	3391	4483	1472	16	120	500	2324	51
深圳市	7462	3659	3885	3170	1063	7	58	320	1673	49
珠海市	753	374	260	472	231	0	0	33	200	8
汕头市	243	74	15	173	70	0	0	15	88	0
佛山市	820	535	322	483	280	0	2	32	158	11
韶关市	67	44	31	41	30	0	0	1	10	0
河源市	82	34	21	52	35	0	0	2	7	8
梅州市	82	31	9	48	18	0	0	8	22	0
惠州市	286	137	52	228	106	2	13	8	99	0
汕尾市	112	24	31	63	26	0	1	2	34	0
东莞市	752	439	196	312	123	3	25	25	136	0
中山市	466	329	196	236	46	1	2	27	158	2
江门市	259	206	69	175	66	2	2	20	76	9
阳江市	53	33	14	48	19	0	0	3	26	0
湛江市	216	112	37	151	72	0	0	8	71	0
茂名市	425	192	151	191	44	0	2	28	117	0
肇庆市	138	88	28	114	44	0	2	4	63	1
清远市	45	17	4	40	40	0	0	0	0	0
潮州市	51	21	23	45	28	0	4	0	13	0
揭阳市	26	7	14	19	14	0	0	5	0	0
云浮市	19	3	1	11	10	0	0	0	0	1

（黄鸿钦）

2013年广东省工程招标代理机构财务情况

单位：万元

地区名称	营业收入					
	合 计	工程招标代理收入	工程监理收入	工程造价咨询收入	工程项目管理与咨询服务收入	其他收入
广东省	2913965.64	133850.9	554395.96	157916.11	75735.71	1992066.96
广州市	655247.5	86983.11	285695.45	75445.48	41935	165188.46
深圳市	2069604.76	18051.99	171494.72	47781.99	23239.71	1809036.35
珠海市	28459.56	3613.66	16158.69	6354.73	356.71	1975.77
汕头市	6604.15	1056.57	4086.63	1460.95	0	0
佛山市	49449.17	8858.53	21812.11	9357.22	4705.63	4715.68
韶关市	2319.63	1380.47	389.39	469.06	53.59	27.12
河源市	1672.12	625.2	310.2	569.92	166.8	0
梅州市	2194.58	850.68	1115.07	0	228.59	0.24
惠州市	14994.47	2665.27	6985.22	3374.28	405.83	1563.87
汕尾市	1944.21	650.32	699.88	548.32	45.69	0
东莞市	16836.88	1697.6	5369.05	4085.54	1179.55	4505.14
中山市	16557.83	1135.09	12977.77	842.8	586.65	1015.52
江门市	15022.55	2110.05	8219.02	1025.86	774.01	2893.61
阳江市	2501.35	426.2	1420.85	351	0	303.3
湛江市	5603.85	1071.6	3239.92	1199.72	0	92.61
茂名市	11428.75	606.7	9905.9	912.1	1.5	2.55
肇庆市	7469.9	776.36	4313.64	678.03	1701.87	0
清远市	3031.04	377.95	0	2442.18	204.62	6.29
潮州市	2069.44	503.86	202.45	481.17	149.96	732
揭阳市	415.06	128.14	0	286.92	0	0
云浮市	538.84	281.55	0	248.84	0	8.45

地区名称	营业成本	营业税金及附加	营业利润	利润总额	
				合 计	所得税
广东省	2570983.47	69324.14	176643.77	161365.18	33668.95
广州市	578270.76	26449.96	80768.18	66936.83	15713.38
深圳市	1879033.58	30394.85	77549.34	78476.03	13994.6
珠海市	16995.87	2226.7	3273.16	2067.8	548.24
汕头市	5355.35	285.12	422.45	416.74	151.05
佛山市	23168.55	1805.85	4511.61	3877.24	1099.07
韶关市	1416.76	109.64	161.67	156.88	69.42
河源市	1235.86	47.64	158.41	158.01	14.32
梅州市	1570.18	127.64	358.94	358.92	56.73
惠州市	8357.12	541.1	1129.32	1401.31	259.86
汕尾市	1110	84.8	213.67	78.62	0.95
东莞市	15358.06	879.47	1242.21	872.58	221.02
中山市	9943.32	729.61	1136.49	776.84	229.63
江门市	9077.1	730.46	2022.65	1993.55	525.12
阳江市	296.44	125.96	668.96	527	55.69
湛江市	3108.98	188.49	602.56	893.58	162.02
茂名市	8417.8	4076.64	1408.03	1341.3	342.6
肇庆市	4798.76	378.1	638.72	654.11	142.52
清远市	1199.89	57.41	139.67	121.48	33.6
潮州市	1644.49	47.88	163.2	163.2	35.66
揭阳市	367.57	8.21	−19.8	0	0
云浮市	257.03	28.61	94.33	93.16	13.47

（黄鸿钦）

(续表)

地区名称	资　产			负债合计	所得者权益合计	固定资产原价
	合　计	固定资产	流动资产			
广东省	3665809.17	189409.75	3132723.83	2941392.26	724416.91	273293.82
广州市	718002.19	53448.74	637269.94	448835.43	269166.76	75029.28
深圳市	2611846.26	117844.74	2193207.57	2256762.9	355083.36	170620.75
珠海市	192437.2	2001.54	181556.8	180157.79	12279.41	3235.86
汕头市	8320.43	919.72	7400.71	2183.97	6136.46	897.59
佛山市	37440.67	3995.39	32327.25	15732.52	21708.15	5806.68
韶关市	3190.5	310.56	2879.94	1962.02	1228.48	374.68
河源市	1727.19	434.26	1288.93	532.02	1195.17	462.77
梅州市	2266.42	164.81	2101.6	784.35	1482.07	180.84
惠州市	12077.04	1704.38	10223.81	3696.31	8380.73	3082.54
汕尾市	1242.29	304.31	935.18	423.9	818.39	425.62
东莞市	12901.08	1187.57	11453.57	4169.47	8731.61	3176.88
中山市	10060.66	1316.03	8726.88	3516.28	6544.38	2844.62
江门市	21965.92	1806.86	17724.98	11550.17	10415.75	3397.24
阳江市	1718.95	350.93	1271.49	411.48	1307.47	234.23
湛江市	6884.73	420.17	5076.27	2219.47	4665.26	907.89
茂名市	11760.27	2130.09	8476.36	5148.72	6611.55	1740.68
肇庆市	7717.49	662.73	7044.25	1856.97	5860.52	417.31
清远市	1501.52	147.16	1269.71	478.12	1023.4	111.41
潮州市	1758.52	166.08	1592.44	825.24	933.28	148.51
揭阳市	529.09	29.27	499.81	118.47	410.62	122.51
云浮市	460.75	64.41	396.34	26.66	434.09	75.93

地区名称	本年折旧	销售费用	管理费用		
			合　计	税　金	差旅费
广东省	34037.73	45710.85	314840.27	6963.41	16660.54
广州市	10926.97	20243.71	139955.04	1376.38	9238.14
深圳市	18154.82	14218.03	126192.31	3080.24	4128.82
珠海市	608.45	296.49	8386.57	357.5	804.68
汕头市	68.55	117.17	1183.44	7.41	97.9
佛山市	1301.05	1300.32	13637.59	1127.22	580.5
韶关市	215.13	0	995.33	71.51	56.2
河源市	144.68	0	211.96	24.94	20.62
梅州市	31.02	0	125.78	63.21	4.21
惠州市	641.62	1339.5	4544.03	272.58	341.14
汕尾市	41.2	1.38	394.97	111.21	26.81
东莞市	634.63	6242.97	4314.78	12.21	150.21
中山市	221.12	1241.37	4365.52	279.34	250.16
江门市	307.37	83.66	3269.99	18.9	353.52
阳江市	122.29	0	1121.53	43	29.4
湛江市	191.62	200.27	1528.84	38.56	121.99
茂名市	145.16	115.91	2671.22	27.52	297.87
肇庆市	72.82	0	1327.87	50.13	42.28
清远市	139.37	0	363.62	0.2	64.17
潮州市	32.18	156.94	30	1	15
揭阳市	26.16	153.13	35.34	0.35	21.65
云浮市	11.52	0	184.54	0	15.27

(黄鸿钦)

分直接反馈到工程招投标活动中，实现建筑招投标市场和施工现场的联动，形成优胜劣汰的市场竞争格局。七是强化建设单位（招标人）负责制。深圳市借鉴香港工程招投标管理经验，结合本地实际，改革探索招投标制度，由现行“建设单位招标、社会专家评标、建设单位定标”逐步向“建设单位招标、评标和定标”过渡，实行“评定分离”制度，评标委员会的评审意见仅作为招标人定标的参考，招标人拥有定标的决策权。八是加强招标备案管理。重点审查评标方法、投标企业资质、项目经理资格、技术管理人员要求、招标范围等内容，从源头上保证招标文件质量，防止建设单位排斥潜在投标人的现象发生。为规范招标备案操作，各地制定相关意见和因地制宜地加强监管工作。九是实行招标代理机构动态核查。随着建设领域不断扩大，招标代理行业蓬勃发展，但随之出现良莠不齐现象。对于个别代理机构存在的招标文件编制质量低下、乱收费、恶意竞争、无原则迎合招标人意志设置门槛和排斥潜在投标人等行为，各级建设主管部门采取针对性监管措施，建立多层面、多方位的经常性行为监督和成果文件检查动态管理机制，企业和从业人员不良行为记录与代理资格挂钩，促使招标代理机构自律。

【工程招投标监管执法】 2013年，广东省各地建设工程招标投标监管机构通过审查备案资料、招标投标活动运行记录和信访投诉等渠道，发现违法违规行为线索，及时调查取证和严格执法，特别是对弄虚作假、围标串标等典型案件予以罚款和停止投标资格等行政处罚，并通报曝光。东莞市立案查处沙田镇立沙安置区农民公寓工程重特大串通投标案，对参与串标的23家建筑企业分别作出1~2年内取消其在东莞市依法必须进行招标项目的投标资格的行政处罚，并将涉嫌违法的人员移交司法机关处理；广州市受理招投标方面投诉举报106件、办结95件，其中41件为属实。调查核实17个项目的73名评标专家存在违规行为，查处涉嫌串通投标案件5件，涉案投标单位30个，涉及项目金额2.2亿元。查处涉嫌利用虚假企业业绩骗取中标案件12件，涉案投标单位5个，涉及项目金额4亿元。全年对存在招投标违法行为的单位处以罚款1386万元，进一步规范建设工程招标投标各方主体行为。

【交易平台建设专项检查】 2013年10月10日，广东省住房和城乡建设厅印发《关于开展工程建设交易平台和公共资源交易市场工程交易平台招投标行为专项检查的通知》，在全省范围内开展全面的工程招投标专项检查，要求各地建设主管部门针对本地区工程建设交易平台建设和招投标行为，开展自我清理和自我检查，暴露管理死角、改进管理方法和完善管理制度。根据各市自查情况，抽检韶关、汕尾、江门、阳江、湛江、茂名、清远、揭阳市相关工作。

专项检查发现广州、深圳、珠海、东莞、佛山等市建设工程交易中心建设比较规范，设立投标报名窗口、开标室、评标室、专家抽取通知室、监控室和档案室等专用场所，专用场地面积和数量基本满足要求。招投标过程从发布招标公告至评标、定标的程序和流程比较规范，符合工程招投标工作规程和管理要求。在招投标管理运用信息化技术方面具备基础。部分城市建成地方公共资源交易中心，与政府采购、地产、产权等几个要素市场集中在同一个平台。个别地区工程交易信息化建设相对滞后，报名和专家抽取等系统不能满足要求，大量工作依靠人工操作；部分交易中心与其他业务办公区混杂，封闭性较差；抽查部分项目，发现招投标程序存在与规定不符的情况，比如存在发售招标文件和接受投标文件时间少于规定，以及投标前组织技术交底会或集中现场踏勘，容易暴露潜在投标人信息等问题。

通过开展专项检查，促使全省各地住房和城乡建设主管部门梳理本地有关建设工程招投标的管理文件，对照国家和广东省的相关规定、标准，修改与国家和省管理规定不一致的文件。年内，加强对招投标监管人员培训，引导监管人员重点落实工程中标后的履约监管。

（何志坚）

建设工程质量管理

【概况】 2013年，广东省纳入质量监督的房屋建筑和市政基础设施工程39146项，建筑工程总建筑面积5.53亿平方米，市政工程总长度297.90万延米，分别比上年下降2.33%、增长20.05%、增长21.10%。竣工验收一次验收合格率100%，全省工程质量总体保持稳定，没有发生质量事故。全省有6项工程获“中国建设工程鲁班奖（国家优质工程）”、52项工程获“全国建筑工程装饰奖”、58项工程获“广东省建设工程金匠奖”、113项工程获“广东省建设工程优质奖”、161项工程获“广东省优秀建筑装饰工程奖”。

【法规制度建设】 2013年，广东省住房和城乡建设厅配合省人大完成《广东省建设工程质量管理条例》修订，修订后的《条例》于9月27日省十二届人大常委会审议通过，于2014年3月1日起施行；起草《广东省房屋市政工程施工质量动态管理办法》；印发《关于进一步加强保障性安居工程质量管理的通知》，提出进一步加强保障性安居工程质量管理的措施。通过法规制度文件的制定和实施，进一步加强建设工程质量监督管理，保障工程建设各方和用户的合法权益。

▲利通广场（左二）项目获2012~2013年度第二批“中国建设工程鲁班奖” （广东省建筑业协会供稿）

【工程质量安全监督执法检查】 2013年3月，广东省住房和城乡建设厅转发住房和城乡建设部办公厅《关于组织开展保障性安居工程和城市轨道交通工程质量安全监督执法检查工作的通知》，对全省开展保障性安居工程、城市轨道交通工程质量安全监督执法检查工作进行部署。在全省各地开展企业自查自纠与住房和建设行政主管部门督促抽查。全省各地抽查在建保障性安居工程402项、城市轨道交通工程71项，发现并督促整改质量安全隐患324项。6月4~8日，省住房和城乡建设厅组织5个督查组对广州、深圳等8市开展保障性安居工程和城市轨道交通工程质量安全监督执法检查工作进行督查，抽查工程20项，其中保障性安居工程16项、城市轨道交通工程4项，对检查发现的363项质量安全问题提出整改要求。 （赵航）

【全省在建工程质量安全监督巡查】 2013年，广东省建设工程质量安全监督检测总站组织开展全省在建工程项目工程质量和安全生产情况季度抽查。全年对21个地级市及其所辖县（区）和佛山市顺德区的88个在建工地进行监督抽查，发出安全整改建议书52份、安全生产动态扣分通知书55份、执法建议书1份。针对全省12个地区的项目钢筋力学性能、混凝土强度等存在的问题印发《2013年在建工程实体质量监督抽查情况反馈》。

针对2011年、2012年巡查发现的问题，对2013年全省工程质量巡查工作检查内容进行调整，从施工许可质量保障措施、施工现场质量保证体系建立情况、施工现场施工及监理单位质量行为、工程项目质量控制资料、工程项目安全和功能检验资料、质量通病防治情况、工程实体施工质量抽测7个方面入手，重点检查在建项目施工质量。同时，为提高巡查工作的针对性和专业性，对于危险性较大的建筑施工起重机械分部分项工程，组织有关单位专业技术人员制定《建筑起重机械检查专用表》，并为每个检查组配备专业的建筑起重机械检测技术人员。该次巡查对受检工程的建筑起重机械的技术档案、安全保护装置进行全面检查，全面掌握全省建筑起重机械安全管理现状和存在问题，督促全省各地加强监管。

【检测机构检测能力验证】 2013年5月，广东省建设工程质量安全监督检测总站组织开展全省建设工程质量检测机构检测数据比对试验。选定砂氯离子含量和混凝土结构实体钢筋保护层厚度检测两个检测比对试验项目，编制《砂氯离子含量检测能力验证作业指导书》《混凝土结构实体钢筋保护层厚度检测能力验证作业指导书》。

全省有149个检测机构参加混凝土结构钢筋保护层厚度能力验证，其中验证满意的检测机构101个，占全部参与验证检测机构总数的67.8%；基本满意的22个，占14.8%；不满意的26个，占17.4%。124个检测机构参加砂中氯离子含量能力验证，其中验证满意的检测机构100个，占全部参与验证检测机构总数的80.6%；存在问题的8个，占6.5%；不满意的16个，占12.9%。对验证结果为不满意的检测机构发出责令整改通知。

（李素华）

▲2013年9月26日，广东省建设工程质量现场观摩会在深圳悦澜山花园施工现场举行 （广东省建筑业协会供稿）

【"质量月"活动】 2013年8月，广东省住房和城乡建设系统组织开展以"打造经济升级版，实现质量强国梦"为主题的"质量月"活动。省住房和城乡建设厅会同省建筑业协会在深圳、揭阳、湛江3个市分别开展珠江三角洲及粤北片区、粤东片区、粤西片区建筑工程质量创优巡讲及现场观摩活动；公布近3年建筑施工企业获省级以上工程质量奖项的排名榜，宣传工程质量创优成绩突出的施工企业；编印《建筑工程质量标语100条》册子；联合《广东建设报》宣传工程质量法律法规，报道全省住房和城乡建设系统开展"质量月"活动情况。

(赵航)

建筑施工安全生产管理

【概况】 2013年，广东省纳入监管的房屋市政工程发生施工生产安全责任事故19起，死亡18人，生产安全责任事故与上年持平，死亡人数比上年下降25%，全年住房和城乡建设系统未发生较大及以上施工生产安全事故。全年全省有22项工程被评为"国家AAA级安全文明标准化工地"、170项工程被评为"广东省AA级安全文明标准化工地"、259项工程被评为"广东省建筑工程安全生产文明施工示范工地"。

2013年，全省住房和城乡建设系统深化政府监管方式改革，继续加强工程实体监督和工程建设各方主体行为监督，强化质量安全培训教育和引导，开展建筑施工安全生产领域"打非治违"行动，全省房屋市政工程质量总体水平稳步提高，施工安全生产形势稳定好转，但是仍然存在问题。一是建筑市场竞争激烈和优胜劣汰机制不健全；二是部分施工管理、监理人员业务知识和技能不能满足质量安全管理需要，部分一线作业人员缺乏专业培训，质量安全意识和作业技能水平较低；三是部分县（区）级工程质量安全监督机构专业技术力量薄弱，监督管理方式落后，不能适应全省工程建设发展形势要求。

(赵航)

【管理制度建设】 2013年，广东省住房和城乡建设厅印发《广东省房屋市政工程施工安全生产约谈制度》《广东省房屋市政工程施工安全生产问题突出地区挂牌督办制度（暂行）》，制定《广东省房屋市政工程建筑施工、监理企业及其施工工地安全生产红黄牌警示制度》《广东省房屋市政工程文明施工管理办法》。通过完善安全生产管理制度建设，督促工程建设各方责任主体落实安全生产责任，确保全省建筑施工安全生产。

▲*2013年6月24日，广东省建筑工程安全生产文明施工现场观摩会暨第三季度建筑施工防范较大及以上事故工作会议在东莞万科金域华府三期工地现场举行*

(东莞市住房和城乡建设局供稿)

【安全生产大检查】 2013年，广东省住房和城乡建设厅印发《全省建筑施工安全生产大检查工作方案》，组织全省住房和城乡建设系统开展建筑施工安全生产大检查，检查范围包括全省所有在建房屋市政工程，重点是大型公共建筑工程、大型房地产开发工程、保障性安居工程、城乡结合部（乡镇）和开发园（区）房屋市政工程以及城市轨道交通、桥梁、隧道等大型市政基础设施工程，重点检查建设、施工、监理单位落实安全生产主体责任情况，在建项目施工现场安全防护设施状况，以及制订和实施防范施工坍塌、建筑起重机械伤害、高处坠落等事故的措施情况。6月上旬，省住房和城乡建设厅派出4个督查组，对部分地区上半年开展施工安全生产大检查工作进行督查，抽查8个市的24项工程，发出整改通知书22份。6~9月，分两阶段组织开展两次建筑施工安全生产大检查综合督查。一是开展第一次综合督查，督查广州、惠州、茂名等8个地级以上市及所辖的24个县（县级市、区）开展安全生产大检查工作，随机抽查80家建筑施工企业、80项在建房屋市政工程，对其中19项安全隐患和管理问题较突出的工程项目的施工、监理企业及其相关责任人进行全省通报批评；二是开展第二次综合督查，对深圳、珠海、东莞等8个地级以上市住房和城乡建设系统进行安全生产大检查和开展安全隐患"回头查"工作督查，随机抽查40项在建房屋市政工程的高大模板支撑系统、建筑起重机械、人工挖孔桩、深基坑、地下暗挖、高层外脚手架等危险性较大的分部分项工程的安全隐患专项治理情况，对其中16项存在安全隐患和管理问题较突出的工程项目的施工、监理企业及其相关责任人进行全省通报批评。此外，12月2~10日，省住房和城乡建设厅派出5个督查组，对广州、深圳、珠海、韶关、惠州、东莞、中山、江门、清远市和佛山市顺德区开展建筑施工安全生产大检查、消防安全隐患整治等工作进行综合督查。

【专项整治】 2013年，广东省住房和城乡建设厅组织全省住房和城乡建设系统开展以预防高大模板支撑系统、深基坑坍塌、建筑起重机械伤害为重点的专项整治。全年各地检查在建工程12253项，发出限期整改通知书5164份、局部停工通知书587份。

【标准化建设】 2013年，广东省住房和城乡建设厅开展《建筑施工安全生产标准化考评机制研究》课题研究。为使全省建筑施工企业了解和掌握施工安全生产标准化的具体内容，根据住房和城乡建设部颁布实施的《施工企业安全生产评价标准》《建筑施工安全检查标准》，组织编写包含20多万字、350张插图的《广东省建筑施工企业安全生产评价操作手册》《广东省建筑施工安全检查操作手册》，并以可供手机、平板电脑下载的电子书和纸质书两种形式，免费派发给各有关单位和在建工地使用。

【施工安全生产动态管理】 2013年，广东省各地住房和城乡建设行政主管部门和施工安监机构严格执行《广东省住房和城乡建设厅建筑工程安全生产动态管理办法》，在监督检查过程中发现存在安全生产违法违规行为或重大安全隐患时，除了对安全生产各责任主体签发停工或整改执法文书之外，还对各责任单位和人员实施量化扣分。省住房和城乡建设厅坚持每季度通报一次各地扣分情况，促进全省加大实施施工安全生产动态扣分管理力度。全年全省各地作出动态扣分记录23626条，并对本省被扣满分的16名项目负责人和1名安全生产专职管理人员作出收回安全生产考核合格证书的处理，对被扣满分的外省12名项目负责人和4名安全生产专职管理人员作出暂停在本省工程项目上岗3个月的行政处罚，对被扣满分的9名注册监理工程师作出暂停上岗执业3个月的行政处罚。

【安全生产许可证管理】 2013年，广东省住房和城乡建设厅受理2485家建筑施工企业提交的安全生产许可证或办理安全生产许可证延期的申请，经审查予以许可和延期的有1696家，其中新申请862家、延期834家；不予许可的789家，通过率68.2%。同时加强对取得安全生产许可证的建筑施工企业管理，对2013年发生生产安全责任事故的11家广东省施工企业依法作出暂扣安全生产许可证30天的行政处罚，对广东省发生事故工程的5名项目负责人、5名专职安全员作出收回安全生产考核合格证书的处理，对发生生产安全事故的11家外省施工企业，提请其发证机关依法暂扣安全生产许可证。促进全省施工、监理企业和项目管理、监理人员增强责任意识，加强建筑施工安全生产管理。

【“安全生产月”活动】 2013年6月，在“安全生产月”活动期间，广东省住房和城乡建设厅组织全省住房和城乡建设系统开展以“强化安全基础、推动安全发展”为主题的“安全生产月”系列活动。一是组织学习安全生产法律法规和有关文件；二是通过广东建设信息网开展建筑施工安全生产知识有奖问答活动近600人参加活动；三是编印《建筑施工安全生产标语200条》；四是公布近3年在全省创建AAA安全生产文明施工标准化工地和广东省房屋市政工程安全生产文明施工示范工地（优良样板工地）名列前茅的建筑施工企业排行榜；五是在东莞市在建工程施工现场召开全省建筑安全生产文明施工现场会，参会人员600人；六是组织召开部分地区建筑施工安全监管工作座谈会。

（赵航）

装饰工程

【概况】 2013年，广东省完成建筑业总产值7722.28亿元，其中建筑装饰装修产值1188.02亿元，比上年增长17.7%，占全省建筑业总产值的15.4%。全省有61家企业入选“中国建筑装饰行业百强企业”、

▲2013年11月22日，广东省建筑装饰精品工程观摩交流活动在广州市举行

（广东省建筑业协会供稿）

12家企业入选“中国建筑幕墙行业50强企业”、23家企业入选“百家科技创新型企业”、69家企业获评“全国建筑装饰行业信用企业”、全省52项工程获“全国建筑工程装饰奖”、486人获“全国优秀项目经理”称号。全年全省建筑装饰企业获“广东省优秀建筑装饰工程奖”161项、“广东省建筑装饰行业科技示范工程”149项、“广东省建筑装饰行业科技创新成果”130项。但是全省建筑装饰行业区域性发展不均衡，没有充分体现具有地方民族特色和广东岭南特色建筑装饰的风格特点，在引领装饰市场消费、发展公共装饰和兼顾家庭装饰发展等方面仍有提升和调整的空间。

(张兵)

【装饰行业工业化】 2013年，为加快建立广东省装饰企业管理信息平台，推进企业标准化管理体系建设，提高企业竞争实力，全省装饰行业基本实现公共装饰工程构部件工厂化生产和现场装配施工模式，初步形成工业化雏形。尤其是玻璃幕墙、金属板幕墙、石材幕墙生产基本实现工业化。

全省建筑装饰产业园、构部件生产厂、研发中心发展势头良好。深圳市建筑装饰（集团）有限公司在安徽池州产业园投入5亿元，建成年产1万吨的钢结构厂，年产20万平方米单元式、构件式幕墙、30万平方米金属门窗的幕墙门窗厂。在33.33公顷的产业园区建起铝合金型材厂、木制品厂。此外，与南京、合肥等高校联合创办集产、学、研一体化的科研基地；深圳广田装饰集团股份有限公司在深圳松岗产业基地，新建成上千平方米重点实验室，近万平方米的中间试验车间投入使用，技术研发水平领先全行业；深圳市洪涛装饰股份有限公司在观澜投资建成一座现代化的产业园，在云浮投入5亿元建设一个大型石材加工基地。

(张兵 吴景辉)

中国土木工程詹天佑奖选介

【概况】 2013年，广东省辖区内获2013年度“中国土木工程詹天佑奖”项目5个，分别是广州珠江新城西塔、旧广州水泥厂社区改造项目（岭南新苑、财富天地广场）、深圳湾体育中心、广州国际体育演艺中心（NBA多功能篮球馆）、国道主干线广州绕城公路东段（珠江黄埔大桥）。

【广州珠江新城西塔】 广州珠江新城西塔又名广州国际金融中心，位于珠江新城核心金融商务区，集办公、酒店、休闲娱乐于一体的综合性商务中心。总用地面积31084平方米，建筑总面积454331平方米，建筑总高度440.75米，分为主塔楼、附楼、裙楼和地下室四部分。主塔楼103层，建筑高度440.75米。附楼由二座塔楼组成，塔楼28层，建筑高度99.8米。裙楼5层。地下室4层，局部5层。主塔楼（1~103层）工程结构为钢管混凝土斜交网格柱外筒+钢筋混凝土核心筒；附楼（1~28层）工程结构为框支剪力墙结构。基础类型为挖孔灌注桩。主塔楼1~66层为智能化超甲级写字楼，67~103层是白金五星级酒店四季酒店；附楼两座塔楼（6~28层）为公寓；裙楼为友谊商场和四季酒店宴会厅、会议中心；地下室是车库及设备用房。工程于2007年1月开工，2012年9月竣工。

广州珠江新城西塔是全球十大摩天大楼之一，在建筑和结构设计、绿色建筑、施工技术、科技创新、项目管理、施工速度等方面都实现行业突破，成为国际和国内同类工程的成功范例，该世界级地标在建筑史上创下5项“世界纪录”。该工程整体造型设计为光滑通透的水晶，加上五颜六色的LED灯光，使它成为广州花城广场一道亮丽的风景线，成为广州新的城市名片。

该工程从设计到项目建设，推广应用“四新技术”(指新技术、新材料、新设备、新工艺)、绿色施工技术和低碳环保技术。同时，创新应用项目管理信息系统，提高项目管理水平和降低施工成本，取得较好的经济和社会效益。该工程获2013年度“中国土木工程詹天佑奖”。

▲广州珠江新城西塔（右）工程获2013年度“中国土木工程詹天佑奖”

(广东省土木建筑学会供稿)

【深圳湾体育中心】 这是深圳市首个将体育场、体育馆、游泳馆一场两馆融于一体、把桥梁建筑融入体育场设计理念中的建筑。将体育场、体育馆、游泳馆置于一个白色的巨型网格状钢结构屋面之下，造型酷似一只春茧。工程于2009年6月开工，2011年4月竣工。

该工程推广应用建设部10项新技术，以项目为载体进行技术研究，探索与开发“建筑业10项新技术”中10大项29小项，其他技术10项。编写30多项新技术应用单项技术总结，推进新技术和新工法应用。申请受理实用新型专利4项；Q460GJD现场焊接施工工法和空间箱型弯扭构件地面拼装技术获得省级工法，深基坑超大玻璃钢化粪池施工工法获得中建三局局级工法。该项目获2011年“全国工程建设质量管理小组一等奖”“广东省科技示范工程”。工程新技术应用整体达到国内领先水平。该工程获2013年度“中国土木工程詹天佑奖”。

【广州国际体育演艺中心】 位于广州经济开发区新区，工程总建筑面积121371.7平方米。建筑高度34.5米，工程于2008年10月20日开工，2010年9月30日竣工。场馆外观线条充满生命律动感，内部结构设计合理，设有18000个座位，能满足亚运会篮球赛、NBA中国赛等大型国际赛事的要求，同时为各类演出提供国际水准的舞台设计空间和艺术创意享受空间。

该工程创新多项技术，创新技术达到国内领先水平，获2013年度“中国土木工程詹天佑奖”。

【国道主干线广州绕城公路东段(珠江黄埔大桥)】 该项目是经国务院常务办公会议通过、国家发展和改革委员会批准的重要建设项目。项目按远期八车道高速公路标准建设，总投资41.03亿元，主要结构工程包括：特大桥1座、大桥4座、互通立交5座、长隧道1座。项目于2004年12月开工，2008年12月建成通车，2013年3月通过交通运输部组织的竣工验收。

项目控制性工程为珠江黄埔大桥和龙头山隧道。其中，珠江黄埔大桥是广东省内规模最大的桥梁，全长7016.5米，必须通过工厂、码头、学校、公园、交通干线、高压线网和珠江主、辅航道等，大桥包括不等跨径、不对称纵坡（1%单向坡）的在建时国内最大跨度(383米）独塔斜拉桥；不等锚跨、不对称纵坡（1%和−2%)、超千米跨径（主跨1108米）的世界最宽(41.69米）整体式钢箱梁悬索桥；采用世界最大跨度（62.5米）移动模架施工的连续梁和连续刚构桥。龙头山隧道是国内第一座双洞八车道高速公路长隧道。

针对复杂条件大跨度斜拉桥、悬索桥、移动模架法施工梁式桥和双洞八车道高速公路隧道等工程设计、施工、制造、控制及管理，开展复杂条件大跨度公路桥隧工程建设与管理关键技术研究，并取得多项创新性成果。整体成果在珠江黄埔大桥项目建设中应用，并推广至国内多项重大工程的建设实践。该工程获2013年度“中国土木工程詹天佑奖”。

(李海强)

▲国道主干线广州绕城公路东段（珠江黄埔大桥）工程获2013年度“中国土木工程詹天佑奖”

(广东省土木建筑学会供稿)

工程造价管理

【概况】 2013年，广东省住房和城乡建设厅推进工程造价制度建设，加大工程造价市场监管力度，《广东省建设工程造价管理规定》修订工作取得实质性进展，开展以信息化手段编制与应用计价依据的关键技术和机制的相关研究，印发《房屋建筑与装饰工程量计算规范的实施意见》，颁布1部专业定额，举办2批工程造价员从业资格考试。

【工程计价依据体系建设】 2013年，广东省建设工程造价管理总站继续完善建设工程计价依据体系，编制《广东省建设工程设计概算编制办法》《广东省房屋建筑工程概算定额》，经省住房和城乡建设厅批准于10月21日颁布；编制《广东省城市环境卫生作业综合定额》，填补该项国内空白；编制《广东省建筑节能综合定额（安装分册）》，由省住房和城乡建设厅于10月印发，并向全省征求意见。

【工程定额人工动态单价管理】 2013年，在广东省政协第十一届一次会议，古少明等政协委员提交《“关于实时同步更新建筑业人工费标准，减少建筑工程领域劳资纠纷，推动行业健康持续发展”的提案》。从4月开始，广东省建设工程造价管理总站就解决定额人工单价与市场扭曲的问题，研究确定动态管理制度、典型工程取样、实例测算参数、建立测算模型；9月4日，省住房和城乡建设厅印发《关于加强建设工程定额人工动态单价管理的通知》，统一全省定额人工动态单价测定和发布规则，要求全省各地建设行政主管部门要密切关注建筑市场人工价格变化情况，通过劳务分包合同备案等多种方式，加强对建筑市场人工单价信息监测和管理，逐步构建建筑市场人工单价动态管理长效机制，实现信息化管理，引导建筑市场人工价格合理化。年内，由广东省建设工程造价管理总站开发的人工单价动态测算、发布和管理平台开启试运行。

【工程量清单计价及计量规范实施】 国家标准《房屋建筑与装饰工程工程量计算规范（GB50854-2013)》于2013年7月1日起实施。5月23日，广东省建设工程造价管理总站印发《关于实施〈房屋建筑与装饰工程工程量计算规范〉(GB50854-2013)》的若干意见，结合广东省计价依据，对规范内容进行补充，规范细化相关条文。

【工程人工成本信息发布】 2013年起，广东省建设工程造价管理总站配合住房和城乡建设部开展人工成本信息和住宅造价信息收集、测算和发布，实现每季度上报建筑工种人工成本（人工单价）、建筑工程实物量项目人工单价（实物量单价)。年内，每半年上报广州市住宅建安工程造价指标。

【工程造价管理机构信息统计制度】 2013年，广东省建设工程造价管理总站印发《造价管理机构基本情况统计表》《造价管理机构人员基本情况统计表》《工程项目备案审核情况统计表》《工程造价管理日常工作开展情况统计表》，实现年度数据统计常态化。截至年底，广东省有工程造价咨询企业319家，其中甲级141家、乙级178家；聘用人员16570人，其中注册造价工程师3383人、高级职称人员2200人、中级职称人员6268人；营业收入3507334.13万元。

【建设工程造价员管理办法实施】 2013年5月23日，广东省工程造价协会修订印发《广东省实施〈全国建设工程造价员管理办法〉细则》，明确全省建设工程造价员从业行为、权利、义务及对建设工程造价员实施规范管理。 *(张中)*

工程建设监理

【概况】 2013年，广东省有建设工程监理企业477家，其中综合资质企业13家、甲级资质企业237家、乙级资质企业157家。全年工程监理营业收入77.16亿元，比上年增长14.63%。通过工程建设监理，提高工程管理水平和投资效益，为保障工程质量安全发挥作用。是年，全省监理行业推进企业资质和个人执业资格改革，推进行业诚信体系建设。

【监理行为规范】 2013年9月，广东省住房和城乡建设厅组织开展2013年第三批建筑业企业资质动态核查。抽查90家监理企业，发现部分企业存在注册监理工程师人数或注册人员总人次数不足、技术负责人更换后未及时办理变更手续；部分技术人员没有社会保险参保证明；部分监理工程项目收费偏低、工程竣工后资料管理不完善、管理制度不健全；部分企业存在不在登记住所经营、无法联系等情况。

广东省各市对核查中存在问题的企业发出整改通知书，责令整改，大部分企业均能按照整改要求进行整改。整改后复查结果：合格企业76家、不合格企业14家。对于不合格的企业，省住房和城乡建设厅将按相关程序撤回其行政许可。

(何志坚)

【《建设工程监理规范》宣传贯彻培训班】 2013年7月26~27日，广东省建设监理协会在东莞召开新版《建设工程监理规范（GB/T50319-2013)》(简称《规范》)宣传贯彻培训班，全省130多家监理企业246人参加。《规范》具有编写时间长、修订内容多、突出解决行业问题、与政策法规相协调一致等特点。为贯彻执行《规范》，做到“四个结合”：一是结合监理工作实际贯彻执行；二是结合国家已经出台的法律法规贯彻执行；三是结合工程建设的合同文件贯彻执行；四是结合工程建设行业的其他标准贯彻执行。

【《建设工程监理实务》出版】 2013年，广东省监理从业人员教育培训教材《建设工程监理实务》(简称《实务》)由中国建筑工业出版社正式出版。

《实务》重点突出4个特点：一是“新”。按照2013新版《建设工程监理规范》政策法规和最新要求编写。二是“实”。突出内容实用性，结合建设工程监理现场实际情况，以实际开展的监理工作为主要内容，重点阐述工程监理工作程序、内容、方法和手段。三是“精”。在内容细化、全面充实的基础上精益求精。四是“操”。以工程监理实际操作为核心，具有可操作性，在监理实际运作中易于掌握和应用，方便一线监理从业人员快速熟悉监理业务。该书的编写得到全省建设行政主管部门，以及省建设工程质量安全监督检测总站、省建设工程造价管理总站的支持。全书分11章、113个专题、80余万字，另外以光盘刻录发行的附录内容合计28万余字。教材内容包括监理基本工作、工程质量控制、施工进度控制、工程造价控制、安全生产管理的监理工作、工程合同管理、绿色建筑及建筑节能监理、沟通与协调方法及案例、设备监造、监理信息及文件资料管理、监理工作用表填写实例及附录等。

【监理收费与招投标专题调研】 2012年6月至2013年8月间，广东省建设监理协会协助省住房和城乡建设厅就全省执行“监理收费新标准”与“监理招投标”两个专题情况开展调研。年内，组织座谈会11次，先后两次对99家监理企业、831个项目进行调查分析，其中收到调查问卷1168份、情况报告和案例性调研材料85份，并将调研结果形成调研报告。

在执行“监理收费新标准”方面，调研报告就监理收费新标准执行不力的成因和对监理行业的危害进行深入分析，并提出7个方面的对策和建议：(1) 加强对监理的宣传，让社会充分认识监理的地位和作用。(2) 重申严格执行监理收费新标准，明确政府指导价的法律地位。(3) 学习兄弟省市好的做法，加强对监理收费的监管力度。(4) 支持监理企业信息化建设和科技进步，全面提高监理质量和水平。(5) 加强对监理收费的监管，严肃查处违规压价行为。(6) 严格实施招标文件审查和备案制度，规范监理收费行为。(7) 把严格执行新的收费标准作为监理行业自律的重要内容，推进行业自律和行业监管。

在开展“监理招投标”方面，调研报告指出当前监理招投标存在招标文件中的监理合同霸王条款和处罚条款较多、对监理人员配备要求高、对监理招标文件缺乏有效的规范和审查、存在行业和地方保护等问题，并提出相应对策和建议。

（黄鸿钦）

2013年广东省工程监理企业资质情况

单位：家

地区名称	监理企业资质数量											招标代理资质	工程造价咨询资质	工程设计资质	工程咨询资质
	合计	综合	事务所	主营业务				非主营业务							
				小计	甲级	乙级	丙级	小计	甲级	乙级	丙级				
全省	477	13	0	464	237	157	70	525	173	296	56	244	81	19	81
省属	41	3	0	38	30	7	1	59	25	34	0	26	9	1	11
广州市	88	7	0	81	48	30	3	114	48	60	6	68	21	4	25
深圳市	105	2	0	103	77	21	5	143	53	83	7	59	16	7	17
珠海市	26	0	0	26	15	6	5	30	8	18	4	14	6	1	7
汕头市	9	0	0	9	5	2	2	10	3	5	2	5	0	1	0
佛山市	45	0	0	45	20	15	10	42	9	23	10	12	5	1	5
韶关市	8	0	0	8	1	5	2	7	0	5	2	2	1	0	1
河源市	7	0	0	7	0	4	3	4	0	3	1	1	2	0	2
梅州市	11	0	0	11	1	4	6	5	1	3	1	2	0	0	1
惠州市	28	0	0	28	8	18	2	23	6	14	3	7	5	1	3
汕尾市	7	0	0	7	0	2	5	4	0	2	2	5	3	0	1
东莞市	22	0	0	22	10	9	3	21	4	12	5	8	3	1	0
中山市	14	0	0	14	4	7	3	10	5	4	1	10	5	1	6
江门市	12	0	0	12	4	5	3	8	2	5	1	7	2	0	0
阳江市	4	0	0	4	1	1	2	4	1	1	2	1	0	0	0
湛江市	9	0	0	9	2	6	1	9	1	6	2	6	0	0	0
茂名市	12	1	0	11	4	6	1	11	3	8	0	5	1	1	1
肇庆市	8	0	0	8	2	4	2	6	1	5	0	5	1	0	1
清远市	7	0	0	7	3	1	3	4	1	2	1	0	0	0	0
潮州市	5	0	0	5	0	1	4	5	0	1	4	1	1	0	0
揭阳市	4	0	0	4	2	0	2	3	2	0	1	0	0	0	0
云浮市	5	0	0	5	0	3	2	3	0	2	1	0	0	0	0

（黄鸿钦）

2013 年广东省工程监理企业基本情况

单位：家

地区名称	企业个数合计	内资企业												
		小计	国有企业	集体企业	股份合作企业	联合企业				有限责任公司		股份有限公司	私营企业	
						国有	集体	国有与集体	其他	国有独资公司	其他有限责任公司		私营独资	私营合伙
全　省	477	474	31	3	0	0	0	0	0	19	280	22	0	0
省　属	41	41	8	0	0	0	0	0	0	0	19	2	0	0
广州市	88	86	7	0	0	0	0	0	0	3	39	3	0	0
深圳市	105	104	6	0	0	0	0	0	0	8	89	1	0	0
珠海市	26	26	1	0	0	0	0	0	0	3	13	0	0	0
汕头市	9	9	2	0	0	0	0	0	0	0	5	2	0	0
佛山市	45	45	0	0	0	0	0	0	0	0	25	5	0	0
韶关市	8	8	0	0	0	0	0	0	0	0	7	0	0	0
河源市	7	7	1	1	0	0	0	0	0	1	3	0	0	0
梅州市	11	11	1	1	0	0	0	0	0	0	6	1	0	0
惠州市	28	28	4	0	0	0	0	0	0	1	8	2	0	0
汕尾市	7	7	1	0	0	0	0	0	0	0	1	1	0	0
东莞市	22	22	0	0	0	0	0	0	0	0	14	0	0	0
中山市	14	14	0	0	0	0	0	0	0	0	9	1	0	0
江门市	12	12	0	1	0	0	0	0	0	2	5	0	0	0
阳江市	4	4	0	0	0	0	0	0	0	0	3	0	0	0
湛江市	9	9	0	0	0	0	0	0	0	1	6	0	0	0
茂名市	12	12	0	0	0	0	0	0	0	0	8	2	0	0
肇庆市	8	8	0	0	0	0	0	0	0	0	4	1	0	0
清远市	7	7	0	0	0	0	0	0	0	0	7	0	0	0
潮州市	5	5	0	0	0	0	0	0	0	0	2	1	0	0
揭阳市	4	4	0	0	0	0	0	0	0	0	4	0	0	0
云浮市	5	5	0	0	0	0	0	0	0	0	3	0	0	0

地区名称	内资企业			港、澳、台商投资企业					外商投资企业					个体经营	
	私营企业		其他企业	小计	合资经营企业	合作经营企业	独资经营企业	投资股份有限公司	小计	中外合资经营企业	中外合作经营企业	外资企业	外商投资股份有限公司	个体户	个人合伙
	私营有限责任公司	私营股份有限公司													
全　省	110	8	1	1	0	1	0	0	2	1	0	1	0	0	0
省　属	12	0	0	0	0	0	0	0	0	0	0	0	0	0	0
广州市	34	0	0	1	0	1	0	0	1	1	0	0	0	0	0
深圳市	0	0	0	0	0	0	0	0	1	0	0	1	0	0	0
珠海市	8	1	0	0	0	0	0	0	0	0	0	0	0	0	0
汕头市	0	0	0	0	0	0	0	0	0	0	0	0	0	0	0
佛山市	11	3	1	0	0	0	0	0	0	0	0	0	0	0	0
韶关市	1	0	0	0	0	0	0	0	0	0	0	0	0	0	0
河源市	0	1	0	0	0	0	0	0	0	0	0	0	0	0	0
梅州市	2	0	0	0	0	0	0	0	0	0	0	0	0	0	0
惠州市	13	0	0	0	0	0	0	0	0	0	0	0	0	0	0
汕尾市	3	1	0	0	0	0	0	0	0	0	0	0	0	0	0
东莞市	8	0	0	0	0	0	0	0	0	0	0	0	0	0	0
中山市	2	2	0	0	0	0	0	0	0	0	0	0	0	0	0
江门市	4	0	0	0	0	0	0	0	0	0	0	0	0	0	0
阳江市	1	0	0	0	0	0	0	0	0	0	0	0	0	0	0
湛江市	2	0	0	0	0	0	0	0	0	0	0	0	0	0	0
茂名市	2	0	0	0	0	0	0	0	0	0	0	0	0	0	0
肇庆市	3	0	0	0	0	0	0	0	0	0	0	0	0	0	0
清远市	0	0	0	0	0	0	0	0	0	0	0	0	0	0	0
潮州市	2	0	0	0	0	0	0	0	0	0	0	0	0	0	0
揭阳市	0	0	0	0	0	0	0	0	0	0	0	0	0	0	0
云浮市	2	0	0	0	0	0	0	0	0	0	0	0	0	0	0

（黄鸿钦）

2013 年广东省工程监理企业业务情况

单位：万元

地区名称	建设工程监理企业承揽合同额						
	合　计	工程监理合同额	勘察设计合同额	招标代理合同额	工程造价咨询合同额	项目管理与咨询服务合同额	其他业务合同额
全　省	1630383.8	1094526.29	66304.67	63224.79	66191.7	226765.77	113370.58
省　属	341090.91	218557.75	4230	16111.12	10779.95	15902.25	75509.84
广州市	550110.12	322614.07	5281.72	24535.63	29436.25	166593.55	1648.9
深圳市	470302.67	333723.55	43823.98	10207.89	16432.22	39081.42	27033.61
珠海市	47578.26	31863.79	10009.36	2353.95	2677.74	347.46	325.96
汕头市	6858.65	5786.34	223	849.31	0	0	0
佛山市	51506.72	43885.85	0	1706.88	2725.44	1223.85	1964.7
韶关市	3658.93	3209.97	158	215.96	65	10	0
河源市	4543.71	4138.01	0	185.2	85.1	135.4	0
梅州市	4680.79	4083.64	0	252.27	0	344.88	0
惠州市	25691.58	18010.26	2436.61	1694.14	1948.37	349.83	1252.37
汕尾市	1898.47	1046.63	0	549.19	302.65	0	0
东莞市	36475.8	29246.29	0	854.83	589.99	1179.55	4605.14
中山市	25239.68	21503.78	142	1053.29	916.42	760.22	863.97
江门市	12628.64	11336.28	0	1095.55	104.81	0	92
阳江市	3136.26	3033.93	0	102.33	0	0	0
湛江市	6164.19	5536.91	0	623.42	3.86	0	0
茂名市	21486.06	20324.17	0	277.12	63.98	746.7	74.09
肇庆市	6215.75	5674.43	0	418.75	55.87	66.7	0
清远市	7626.8	7626.8	0	0	0	0	0
潮州市	916.59	750.62	0	137.96	4.05	23.96	0
揭阳市	1323.3	1323.3	0	0	0	0	0
云浮市	1249.92	1249.92	0	0	0	0	0

地区名称	境外合同额	承揽境内建设工程监理项目投资额	境内新开工建设工程监理项目数量	境内在建建设工程监理项目数量			境外在建建设工程监理项目数量
				合　计	必须实行监理的项目数量	其他实行监理的项目数量	
全　省	8528.87	104235425.7	14736	30098	19562	10536	58
省　属	342.79	22550894.52	2020	11817	2518	9299	17
广州市	8186.08	32452506.23	2891	4424	4107	317	34
深圳市	0	26823573.03	4759	6382	6229	153	1
珠海市	0	2682588.1	736	806	767	39	0
汕头市	0	653992.62	149	237	138	99	0
佛山市	0	3829605.26	1085	1467	1283	184	0
韶关市	0	295814.74	194	247	229	18	0
河源市	0	254494.7	182	193	189	4	0
梅州市	0	405435.68	236	261	254	7	0
惠州市	0	1862033.2	313	573	565	8	6
汕尾市	0	106874.18	78	115	47	68	0
东莞市	0	2231610.38	185	415	413	2	0
中山市	0	1964343.03	395	532	517	15	0
江门市	0	1096813.95	643	961	873	88	0
阳江市	0	272925.5	104	231	145	86	0
湛江市	0	273600.65	225	248	246	2	0
茂名市	0	3302025.85	262	482	382	100	0
肇庆市	0	449383.37	111	240	238	2	0
清远市	0	2403523.14	25	189	189	0	0
潮州市	0	44201.96	10	14	8	6	0
揭阳市	0	154951.8	48	80	64	16	0
云浮市	0	124233.78	85	184	161	23	0

（黄鸿钦）

2013年广东省工程监理企业财务情况

单位：万元

地区名称	营业收入							其中
	合　计	工程监理收入	工程勘察设计收入	工程招标代理收入	工程造价咨询收入	工程项目管理与咨询服务收入	其他收入	境外收入
全　省	2988633.74	771550.42	45690.11	55590.65	54773.31	196307.04	1864722.21	9739.27
省　属	248786.04	145752.66	3230	9384.17	10967.79	9425.16	70026.26	340.19
广州市	428205.06	225058.59	1722.65	21883.64	23124.17	155474.54	941.47	8827.16
深圳市	2090303.31	224670.94	29216.05	12352.71	11359.83	27124.79	1785578.99	571.92
珠海市	38644.09	24327.02	8614	2389.79	2676.19	288.67	348.42	0
汕头市	5300.25	4316.82	258.5	724.93	0	0	0	0
佛山市	45624.23	40379.97	0	1456.26	2536.37	1239.63	12	0
韶关市	3400.23	2941.44	158	223.02	65	12.77	0	0
河源市	4164.07	3795.07	0	165.1	75.2	128.5	0.2	0
梅州市	4131.91	3666.15	0	236.93	0	228.59	0.24	0
惠州市	24064.81	16348.86	2437	1774.48	1854.77	349.83	1299.87	0
汕尾市	1735.82	931.27	0	501.9	302.65	0	0	0
东莞市	25505.53	17841.02	39.91	821.83	589.99	1179.55	5033.23	0
中山市	17643.96	14038.88	0	1073.08	955.81	620.65	955.54	0
江门市	11116.35	10074.74	0	927.19	94.81	0	19.61	0
阳江市	3570.29	3281.06	0	41.2	0	0	248.03	0
湛江市	4475.43	3500.56	14	849.03	19.23	0	92.61	0
茂名市	16035.13	15474.44	0	234.79	86.22	196.7	42.98	0
肇庆市	6029.21	5541.64	0	412.64	61.23	13.7	0	0
清远市	6759.31	6636.55	0	0	0	0	122.76	0
潮州市	860.58	694.61	0	137.96	4.05	23.96	0	0
揭阳市	1116.07	1116.07	0	0	0	0	0	0
云浮市	1162.06	1162.06	0	0	0	0	0	0

地区名称	营业成本	营业税金及附加	营业利润	净利润	利润总额	其　中	资产合计	其　中
						所得税		固定资产
全　省	2499824.9	68878.61	167805.98	121946.14	145756	32844.16	3459338.22	174038.67
省　属	165357.66	11461.7	26406.94	16458.32	21522.25	5054.92	161849.13	8821.73
广州市	318314.14	13739.76	39162.65	20059.12	26651.85	8332.18	324176.4	19288.19
深圳市	1884828.94	31673.21	79001.33	75220.15	82577.41	14423.81	2633862.26	123963.49
珠海市	25439.04	1683.98	4873.21	1396.99	1824.96	446.12	193873.04	3332.56
汕头市	3968.62	282.53	248.86	98.01	228.04	129.03	5268.4	712.33
佛山市	18781.69	2287.32	4851.95	2249.9	3108.36	997.09	31710.8	3734.21
韶关市	2015.25	170.1	334.03	232.23	333.01	100.98	2955.28	187.23
河源市	2382.68	149.17	1117.02	124.77	125.66	46.79	2977.52	589.48
梅州市	3211.81	192.16	724.8	620.8	339.3	77.49	4432.92	450.84
惠州市	14101.6	1594.32	1917.05	482.67	1636.86	1285.87	16846.6	2552.1
汕尾市	1189.18	94.44	212.02	74.54	76.97	−0.47	1184.51	349.91
东莞市	17409.51	1275.29	1229.75	942.18	1173.79	339.26	18690.32	2713.73
中山市	10892.35	785.05	1440.21	564.86	810.36	240.91	10917.79	1430.02
江门市	6474.18	593.1	2227.06	602.19	1615	428.41	14522.82	1141.71
阳江市	1056.38	189.67	886.36	661.91	735.47	83.52	3555.03	567.58
湛江市	2958.09	198.89	526.47	379.92	536.95	161.6	5697.58	337.23
茂名市	11157.75	1633.4	1589.72	1070.73	1388.21	374.9	14867.96	2381.58
肇庆市	3905.56	322.8	503.6	350.44	498.18	126.12	6277.74	578.49
清远市	4124.52	368.11	350.23	226.93	367.15	121.78	3363.32	578.54
潮州市	560.74	50.3	22.71	7.65	2.18	22.19	697.49	146.99
揭阳市	949.14	78.58	−11.85	−13.85	41.7	25	780.59	160.06
云浮市	746.07	54.73	191.86	135.68	162.34	26.66	830.72	20.67

(续表)

地区名称	流动资产	固定资产原价	本年折旧	销售费用	管理费用
全　省	2961071.65	276306.9	56103.6	46289.94	334298.92
省　属	149951.22	17814.55	2157.57	3331.69	48074.96
广州市	300204.61	35974.75	27346.1	9109.16	89584.55
深圳市	2208906.91	186707.92	18733.37	17833.96	128029.92
珠海市	182317.19	3694.09	827.64	691.61	14985.89
汕头市	4496.4	1134.28	85.63	117.17	1106.07
佛山市	26921.22	7271.89	1876.28	5334.75	16321.71
韶关市	2766.52	564.01	347.09	0	1337.74
河源市	2383.87	530.45	102.23	169.7	449.64
梅州市	2908.84	686.09	203.05	0	1110.66
惠州市	14036.89	3512.34	999.89	1777.5	6954.09
汕尾市	831.8	417.94	25.9	0	534.62
东莞市	14380.27	4273.86	486.35	4739.63	7182.21
中山市	8967.61	2770.03	335.89	1300.77	5422.61
江门市	13357.17	2170.23	338.66	626.86	2358.09
阳江市	1799.82	759.9	214.43	0	1163.12
湛江市	4353.55	883.56	240.69	200.27	1395.16
茂名市	12298.16	5352.89	1397.74	11.22	4465.42
肇庆市	5675.74	481.88	205.84	854	1630.94
清远市	2532.78	954.53	104.59	0	1284.98
潮州市	550.5	201.87	38.64	191.65	62.7
揭阳市	620.53	98.56	0.11	0	150
云浮市	810.05	51.28	35.91	0	693.84

地区名称	其中 税金	差旅费	应付职工薪酬	负债合计	所有者权益合计
全　省	6379.54	19160.65	591933.24	2771045.9	688292.32
省　属	630.58	4472.31	57408.74	75604.1	86245.03
广州市	514.97	5778.38	254125.75	202445.51	121730.89
深圳市	2875.45	3971.38	225341.77	2260458.28	373403.98
珠海市	320.89	683.09	13217.1	178650.23	15222.81
汕头市	7.33	53.23	963.31	1447.67	3820.73
佛山市	1455.74	1210.46	10743.38	13019.71	18691.09
韶关市	29.52	37.04	1431.15	1571.57	1383.71
河源市	35.93	42.37	854.57	1223.22	1754.3
梅州市	68.98	64.44	923.77	1337.31	3095.61
惠州市	105.01	1410.99	3145.78	5336.31	11510.29
汕尾市	16.42	37.56	579.65	400.63	783.88
东莞市	15.29	549.63	7384.94	5327.13	13363.19
中山市	84.71	262.21	6084.26	3603.64	7314.15
江门市	11.76	105.33	2871.36	8266.3	6256.52
阳江市	0.26	21.02	472.23	281.71	3273.32
湛江市	31.55	93.31	1594.19	1765.21	3932.37
茂名市	114.06	188.35	1477.39	5890.68	8977.28
肇庆市	1.6	41.78	561.87	1440.29	4837.45
清远市	5.64	82.52	2231.59	2065.24	1298.08
潮州市	8.25	2.07	158.88	92.92	604.57
揭阳市	0	10	14.97	331.91	448.68
云浮市	45.6	43.18	346.59	486.33	344.39

（黄鸿钦）

2013 年广东省工程监理人员情况

单位：人

地区名称	期末从业人员						其 中			期末专业技术人员		
	合 计	工程监理人员	招标代理人员	工程造价咨询人员	项目管理与咨询服务人员	其他从业人员	正式聘用人员	30 岁以下人员	31 岁 -60 岁人员	合 计	高级职称人员	中级职称人员
全 省	68608	43746	4543	3031	5330	11958	62293	24478	38147	61864	7622	25397
省 属	15807	8154	748	642	931	5332	14616	6621	7911	13662	1378	4594
广州市	13371	9192	1172	1068	983	956	12272	4705	7912	12207	1758	5099
深圳市	21152	12519	1382	591	2695	3965	20037	8347	11772	19620	2754	8545
珠海市	2775	1858	173	143	158	443	2546	876	1635	2398	300	990
汕头市	552	363	108	13	18	50	449	118	437	501	60	261
佛山市	3407	2731	154	148	131	243	2829	896	1851	3106	299	1237
韶关市	367	280	27	10	5	45	315	78	261	314	53	135
河源市	362	290	10	14	20	28	263	87	171	338	26	157
梅州市	433	351	25	12	15	30	425	107	308	413	61	161
惠州市	1823	1348	107	120	26	222	1395	478	1112	1658	257	762
汕尾市	248	125	54	47	6	16	175	38	113	194	19	116
东莞市	2374	1988	150	45	41	150	2238	770	1325	2164	114	1184
中山市	1330	931	93	73	158	75	879	166	630	1268	103	567
江门市	914	721	107	21	27	38	894	220	601	798	80	272
阳江市	235	192	25	0	0	18	182	64	110	192	23	82
湛江市	538	399	66	10	5	58	451	98	389	465	47	226
茂名市	1477	1155	73	41	74	134	1014	343	759	1300	181	580
肇庆市	445	312	49	15	20	49	431	136	296	365	41	131
清远市	531	457	0	0	9	65	456	195	250	456	33	125
潮州市	137	111	5	9	0	12	130	15	122	137	15	51
揭阳市	157	116	15	4	3	19	127	48	82	143	12	66
云浮市	173	153	0	5	5	10	169	72	100	165	8	56

地区名称	期末专业技术人员		其中	期末注册执业人员							
	初级职称人员	其他人员	新聘用人员	合 计	注册监理工程师	注册建筑师	注册工程师	注册建造师	注册造价工程师	注册咨询工程师（投资）	其他注册执业人员
全 省	15755	13090	7298	15401	10516	85	193	1627	2087	384	509
省 属	3777	3913	2048	1946	1327	11	15	178	258	64	93
广州市	3018	2332	1580	3530	2401	8	14	396	480	148	83
深圳市	4240	4081	2231	4646	3174	24	76	499	692	93	88
珠海市	707	401	202	716	479	15	15	58	105	19	25
汕头市	127	53	12	232	154	3	3	28	39	2	3
佛山市	990	580	209	925	662	3	3	108	117	10	22
韶关市	85	41	8	114	85	0	1	10	13	5	0
河源市	77	78	37	111	74	0	0	13	15	8	1
梅州市	106	85	19	132	91	1	0	20	12	6	2
惠州市	389	250	163	590	424	12	23	53	68	7	3
汕尾市	32	27	0	86	56	0	0	2	24	4	0
东莞市	640	226	362	622	472	3	29	56	57	0	5
中山市	378	220	31	326	227	1	0	36	45	12	5
江门市	335	111	49	240	156	0	0	34	31	0	19
阳江市	44	43	22	77	55	0	0	7	14	0	1
湛江市	151	41	25	167	114	0	0	20	32	0	1
茂名市	273	266	239	495	251	3	9	40	32	4	156
肇庆市	113	80	15	166	109	0	1	24	29	2	1
清远市	141	157	31	135	95	1	0	24	15	0	0
潮州市	54	17	0	39	33	0	0	5	1	0	0
揭阳市	41	24	8	67	49	0	0	11	7	0	0
云浮市	37	64	7	39	28	0	4	5	1	0	1

（黄鸿钦）

散装水泥

【概况】 2013年，广东省散装水泥、预拌混凝土、预拌砂浆、混凝土预制构件及制品行业不断优化。各级散装水泥主管机构开展“三禁”和企业登记备案检查，创造公平开放的行业发展环境；行业诚信体系建设逐步完善，预拌混凝土企业各批次信用评价和企业登记备案循序开展。

全年全省散装水泥推广应用取得新成效。完成散装水泥供应量7036.22万吨，预拌混凝土使用量1.69亿立方米，预拌砂浆使用量592.04万吨。但是全省散装水泥发展仍存在散装水泥使用率不高、预拌砂浆发展较为缓慢、部分地区企业登记备案率较低等问题。

【散装水泥推广应用】 2013年，全省完成散装水泥供应量7036.22万吨，预拌混凝土使用量1.69亿立方米，预拌砂浆使用量592.04万吨。其中，散装水泥比上年增长9.7%，水泥散装率52.53%；预拌混凝土使用量增加1344万立方米，增长8.6%；预拌砂浆使用量增加181.32万吨，增长44.15%。全省散装水泥在发展和应用领域节约标准煤156.20万吨，减少粉尘排放346.17万吨、二氧化碳520.66万吨、二氧化硫1.33万吨，综合利用工业固体废弃物3834.62万吨，节约优质木材211.67万立方米，创综合经济效益42.22亿元。完成全省预拌混凝土使用目标任务，在21个市和佛山顺德区中，有20个市、区超额完成目标任务。

【“三禁”和企业登记备案检查】 2013年9月5日，广东省散装水泥管理办公室印发《关于开展全省“三禁”和企业登记备案工作检查的通知》，在全省开展禁止使用袋装水泥、禁止现场搅拌混凝土、禁止现场搅拌砂浆（简称“三禁”）工作以及相关企业登记备案检查，检查采取各地自查、上报书面自查报告和全省抽查的方式；11月，省散装水泥管理办公室抽查汕头、江门、茂名、阳江、汕尾、河源、东莞、揭阳、云浮9个地级市和17个县（区、市）65个在建工程项目进行“三禁”和企业登记备案情况，走访11家预拌混凝土企业，召开汇报会、通报会59场次。对检查中发现问题的项目，检查组在现场取证后发出《责令整改通知书》，要求其限期整改，并向所在市的散装水泥主管机构反馈检查情况，同时责成所在市的散装水泥主管机构跟进整改。检查发现，全省预拌混凝土推广应用成效显著，预拌砂浆用量稳步上升，企业登记备案情况良好，但是仍存在部分地级市自查、核查不严，预拌砂浆推广不力，使用袋装水泥现场搅拌砂浆普遍，部分企业和地区备案率不高等问题。广东省散装水泥管理办公室对检查发现的基本情况、主要成效和存在问题以及今后工作要求进行全省通报。

【散装水泥专项资金征收和管理】 2013年，广东省征收散装水泥专项资金15199.48万元；返退1188.64万元，比上年增加63.06万元。全年投入费用1946.05万元，用于散装水泥行业专业设备购置和维修、技术研发与推广、宣传等。

【散装水泥技术标准编制】 2013年，为规范广东省预拌混凝土、预拌砂浆、预制构件和制品企业试验室管理，保障产品质量，结合广东

2013 年广东省散装水泥、预拌混凝土、干混砂浆物流设施装备情况

设施装备名称	单位	数量	容量或额定量		本年实际作业量	
			单位	数量	单位	数量
发放库	个	898	万吨	87.32	万吨	7036.22
中转库	个	394	万吨	44.36	万吨	1574.97
固定接收库	个	3188	万吨	99.90	万吨	4296.61
专用汽车	辆	1528	吨	53023	万吨	4485.32
专用船	艘	51	吨	54256	万吨	228.83
散装水泥罐	个	2398	吨	110359	万吨	1775.22
混凝土搅拌车	辆	14404	立方米	127774	万立方米	12648.12
混凝土泵车	辆	1417	立方米	111051	万立方米	9675.23
干混砂浆运输车	辆	199	吨	5948	万吨	144.84
干混砂浆移动筒仓	个	764	吨	24287	万吨	250.48
干混砂浆背罐车	辆	7	吨	134	万吨	4.22

省“建设社会信用体系，建设市场监管体系”需要，由省散装水泥管理办公室组织相关单位先后成立广东省标准《砂浆、混凝土及制品企业试验室管理规范》《预拌砂浆生产与应用技术管理规程》编制组，按计划开展规范编制。对全省预拌混凝土、预拌砂浆和混凝土预制构件及制品生产企业试验室的质量技术管理和预拌砂浆发展应用技术管理活动进行规范。

【预拌混凝土企业信用评价】 2013年，广东省散装水泥管理办公室委托省预拌混凝土行业协会开展2013年度三批次混凝土企业信用评价，先后对省内17家混凝土生产企业开展信用评价并予以授匾，在行业中产生积极的效应。

【水泥生产、中转以及混凝土预制构件企业登记备案】 2013年8月6日，广东省散装水泥管理办公室印发《关于加快水泥生产、中转以及混凝土预制构件企业在信息平台进行登记备案的通知》（简称《通知》），促进水泥生产、中转以及混凝土预制构件企业通过“广东省散装水泥发展应用监管信息平台”进行登记备案。《通知》将水泥生产及中转企业登记备案的省级初审委托广东省水泥行业协会承担；将混凝土预制构件企业登记备案的省级初审委托广东省质量监督水泥制品与混凝土外加剂检验站承担，并配合2013年底开展的“三禁”和企业登记备案检查，推进广东省散装水泥发展应用监管信息平台登记备案管理。

【全省散装水泥发展应用技术交流会】 2013年9月24~25日，广东省散装水泥管理办公室会同广东省预拌混凝土行业协会、广东省水泥行业协会和广东省建筑材料研究院在梅州市召开全省首次散装水泥发展应用技术交流会，省、市预拌混凝土、预拌砂浆、水泥及制品有关主管机构和行业协会负责人，以及专家学者和企业负责人、技术人员代表360人出席。会议就预拌混凝土、预拌砂浆、机制砂、外加剂、预制构件及制品、氯离子快速测定、绿色环保搅拌站建设、建筑废弃物再生利用、新型设备研制等散装水泥发展应用领域的热点和难点问题进行技术交流，邀请专家作主题发言和专题讲解，组织参会代表前往梅州市蕉岭县观摩新型机制砂设备生产线，推动全省散装水泥行业技术发展。

2012~2013年广东省散装水泥发展示意图

单位：万吨

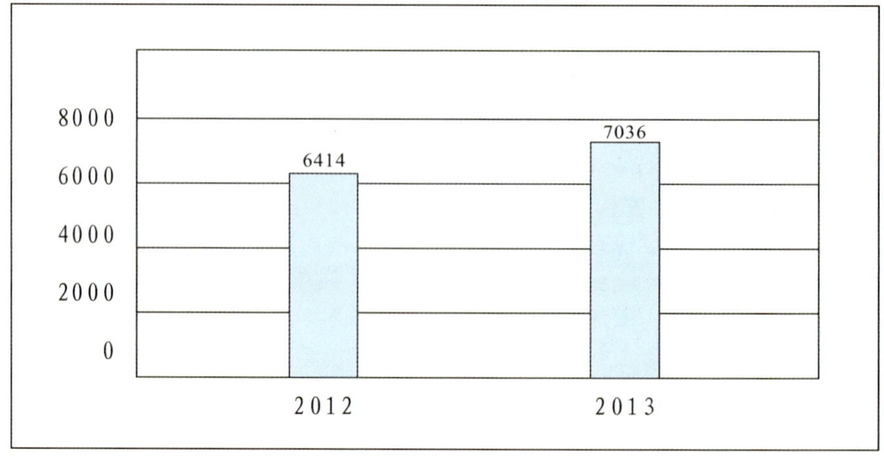

2012~2013年广东省预拌混凝土、预拌砂浆发展示意图

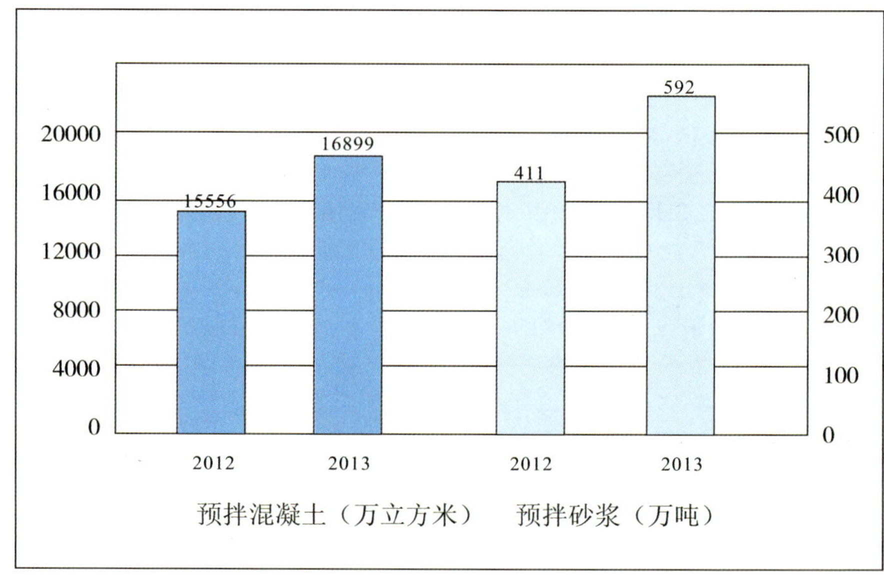

【散装水泥宣传周活动】 2013年6月15~21日，广东省散装水泥管理办公室组织开展“发展散装水泥，建设美丽家园”宣传周活动，全省各地散装水泥管理办公室采取各种措施开展宣传活动，宣传周形式多、声势大、效果好。其间，省散装水泥管理办公室联合广州、深圳和中山市散装水泥管理办公室与部分企业共同在《广东建设报》进行散装水泥宣传周专版报道。

（苏伟洵）

建设科技与建筑节能

- 二十三项成果获『华夏建设科学技术奖』
- 五项成果获『广东省科学技术奖』
- 完成建设科技成果鉴定二百六十六项
- 新增节能建筑面积一亿零八百一十八万平方米
- 完成九十个项目绿色建筑评价标识

综　述

【概况】　2013年，广东省在建设科技、建筑节能与绿色建筑、建设标准、信息化建设等方面工作取得显著成效。全年完成90个项目的绿色建筑评价标识，新增节能建筑面积10818万平方米，新建建筑国家强制性节能标准执行率99.3%，节能能力102万吨标准煤，新增绿色建筑面积1143万平方米，新型墙材应用总量125亿块标准砖，新增城镇太阳能光热建筑应用面积556.54万平方米，新增光电建筑应用装机容量68.1兆瓦，预计全年节约能源344.97万吨标准煤，减排二氧化碳896.92万吨。

全省全年财政设立建筑节能资金专项3000万元，省财政补贴绿色建筑、建筑能耗监管平台建设及可再生能源建筑应用示范等24个相关示范项目建设资金2830万元。各地通过加强与科研院校合作，提高建筑节能与绿色建筑水平。全省住房和城乡建设系统获“华夏建设科学技术奖”23项、“广东省科学技术奖”5项、通过广东省建设科技成果鉴定266项。

全省突破建筑节能地方立法和财政资金专项两大障碍，但是未设立省级建筑节能与墙改管理机构，全省大部分地市仍然存在建筑节能管理机构不健全，对建筑节能投入不足，缺乏有效激励政策和机制，以及全省建筑节能重点仅限于单体建筑，未能从绿色生态文明城市和城区层面上整体推进等问题。

【建筑节能专项资金设立】　2013年，广东省财政设立3000万元建筑节能专项资金。5月，省住房和城乡建设厅会同省财政厅出台《关于组织申报2013年度省节能专项资金（建筑节能）项目的通知》，完成2013年度省节能专项资金（建筑节能）专项申报、评审、项目计划公示和资金下达工作，支持绿色建筑、建筑能耗监管平台建设和可再生能源建筑应用示范等3大建筑节能重点领域工作，支持24个示范项目建设。省财政补贴资金2830万元，旨在推动珠三角和粤东西北地区建筑节能与绿色建筑发展。

【广东省绿色建筑行动实施方案】　2013年，广东省人民政府办公厅制定《广东省绿色建筑行动实施方案》(简称《方案》)。《方案》结合广东省建筑节能工作现状，提出10项任务，将每项任务具体分配到各个部门，明确全省建筑节能与绿色建筑发展政策导向，各地相继将绿色建筑行动的实施纳入节能减排、生态宜居以及新型城市化发展的重要内容，出台绿色建筑发展的政策文件。年内，广州市出台《广州市绿色建筑和建筑节能管理规定》；深圳市出台《深圳市绿色建筑促进办法》。全省绿色建筑快速发展，绿色建筑产业化迎来新的发展机遇。

（刘映）

建设科技

【概况】　2013年，广东省完成90个项目的绿色建筑评价标识，新增绿色建筑面积1143万平方米。组织完成各类建设科技成果鉴定266个，与上年相比，建筑节能、绿色建筑的建设科技成果增加，主要集中在屋面、外墙隔热保温及外墙饰砖项目。广州、深圳以外的地区和大型国企以外的企业申报的成果明显增多，其中有11个达到国际先进水平。全省住房和建设系统获“华夏建设科学技术奖”23项、“广东省科学技术奖”5项，完成一批省部科技立项，其中包括住房和城乡建设部科技立项47个、审核推荐省科技计划项目16个。全年科技支撑产业结构调整和增长方式转变的能力逐步提高，企业和科研机构对建设科技投入明显增长，但是全省建设科技工作仍然存在建设科技工作制度和激励措施有待完善、个别住房和城乡建设部科技计划项目不能如期结题等问题。

【建设科技计划项目】　2013年，广东省住房和城乡建设厅做好住房和城乡建设部科技计划项目立项工作，鼓励科研单位和企业加强重点领域技术研究，实施建设科技攻关，提高全省建设科技水平。全年完成住房和城乡建设部委托科技计划项目验收8个；审核推荐2013年住房和城乡建设部科技计划项目83个，其中47个项目被批准列入计划；审核推荐省科技计划项目16个。

【科技成果鉴定】　2013年，广东省住房和城乡建设厅组织完成各类建设科技成果鉴定266项。其中，“广州亚运城综合体育馆结构关键技术”“复杂地质条件下土压平衡盾构综合施工技术研究”等11项达到国际先进水平，部分技术达国际领先水平；达到国内领先水平项目152个；达到国内先进水平项目98个，达省内领先水平项目3个，达省内先进水平的项目2个。

【建筑业新技术应用】　2013年1月，广东省住房和城乡建设厅开展对全省施工企业完成新技术应用示范工程任务项目专项验收。会同工程所在地住房和城乡建设局、工程质量监督机构，于2013年5月和7月，先后组织多个专项工程验收组对广州、深圳、珠海、东莞、佛山、江门、中山、汕头、梅州市的10项新技术应用示范工程进行专项验收，10项新技术应用示范工程均通过专项验收评审。

【省级工法申报评审】　2013年1月，广东省住房和城乡建设厅部署开展2012年度省级工法评审，委托省建筑业协会组织专家评审，评出2012年度“广东省省级工法”208

项。11月，从全省2011~2012年度的358项省级工法中选出55项参加国家级工法评选。向住房和城乡建设部推荐广东省21名专家参加国家级工法评审。（何志坚）

【绿色施工】 2013年，广东省建筑装饰企业增强环保意识，积极推进绿色施工。从设计到施工均采用新型的节能和环保材料。各种节能灯具、节水厨卫设备、工厂化生产的木制品构件、干粉砂浆、轻质混凝土地板、陶土板等成为装饰行业施工中的新宠。

采用绿色施工新技术和新工艺，比如：干粉砂浆工艺、轻质墙身板材粘贴工艺、新型幕墙安装工艺、新型节能照明及其控制系统技术、温度控制与计量技术和建筑装饰智能化系统技术等。年内，由广东省建筑科学研究院研究的“夏热冬暖地区建筑围护结构节能关键技术研究与应用”获2013年“广东省科学技术进步奖”二等奖，“一种多功能组合式轻质混凝土幕墙及其制作方法”获国家发明专利；深圳广田装饰集团股份有限公司“建筑室内健康型建材产业技术与集成示范”获得国家“十二五”科技支撑计划项目，“轻质节能干粉砂浆关键技术研发”获得深圳市科技攻关项目。

【获奖科技项目选介】 2013年，广东省建设系统有5项成果获“广东省科学技术奖”，其中“夏热冬暖地区建筑围护结构节能关键技术研究与应用”获二等奖；“广州白云机场航站楼一期及一期扩建工程钢结构设计关键技术”等4项获三等奖。全省有23项成果获“华夏建设科学技术奖”，其中“高层建筑混凝土结构技术规程”（JGJ3−2010）等4项获一等奖；“通风与空调工程施工规范”（GB50738−2011）等4项获二等奖；“广交会综合楼超高层建筑主体结构综合施工技术”等15项获三等奖。

“广州白云机场航站楼一期及一期扩建工程钢结构设计关键技术” 属于土木建筑结构工程领域，涉及结构设计、建筑设计、建筑施工、建筑材料等学科，是一套应用于机场航站楼、车站站房、运动场馆、博物馆、展览馆等大跨度建筑的钢结构设计关键技术，包括大跨度立体空间管桁架结构成套技术、变截面空间组合钢管柱技术、超大跨度箱形压型钢板屋面板技术、钢结构复杂节点技术以及钢结构长效防腐保护技术。该项目经广东省住房和城乡建设厅鉴定，达到国际先进水平。该项目多年来在国家核心期刊发表论文9篇，论文被引用45次，被《美国工程索引》收录1篇；获授权专利3项，根据项目部分研究成果编制成《建筑结构施工图施工图设计设计图集》向全国发行。该成果成功应用于白云机场航站楼一期及一期工程、广州亚运自行车馆、2008北京奥运自行车馆、新建昆明南站等项目。运用该结构设计技术成果，通过施工图审查和设计咨询服务形式，为广州国际会议展览中心、新广州火车站站房、新建武汉站站房等工程的钢结构设计、施工提供技术支持。新白云机场航站楼工程被评为2005年“全国十大建设科技成就”“百年百项杰出土木工程”，获第五届“广东省土木工程詹天佑故乡杯”和被英国结构工程师学会评为2005年“中国结构奖”“结构特别奖”“结构材料素质专项奖”。

“广交会综合楼超高层建筑主体结构综合施工技术” 以广交会综合楼工程为背景，总结出内筒外框结构立体交叉施工体系、核心筒分片爬升式液压爬模技术、内节点板方形钢管柱混凝土施工技术、方形钢管柱高效制作技术、钢柱钢梁精确安装技术、分段渐变翻搭悬挑式外脚手架施工技术、高层建筑测量综合技术等多项具有创新性和先进性的施工技术。主要特点：(1)采用内筒外钢框多作业面立体交叉施工体系，实现主体结构4天1层的快速施工进度，解决多工种同时作业的矛盾问题，使整个施工过程安全、快速、有序；(2) 核心筒分片爬升式液压爬模技术创新性地采用分片爬升，改进传统爬模系统需要

2011~2012 年度广东省获认定的国家级工法情况

（认定单位：住房和城乡建设部）

工法类别	工法编号	工法名称	完成单位	完成人
国家一级工法	GJYJGF024−2012	单层多曲面网壳高空散装胎架施工工法	深圳市建工集团股份有限公司 中国建筑第二工程局有限公司	米本周 冯向东 孙顺利 石义维 熊小亮
	GJYJGF077−2012	大断面泥水平衡式矩形顶管施工工法	广东省基础工程公司	钟显奇 余剑锋 黎东辉 邹思源 林哲雄
	GJYJGF081−2012	深水逆作法钢板桩围堰施工工法	广州市市政集团有限公司 广州富利建筑安装工程有限公司	安关峰 刘添俊 张洪彬 吴炯晖 胡 斌

(续表)

工法类别	工法编号	工法名称	完成单位	完成人
国家二级工法	GJEJGF031-2012	地连墙导墙轮式移动大型钢模系统施工工法	广州机施建设集团有限公司 深圳市建工集团股份有限公司	何炳泉 丁昌银 秦健新 李 悦 张慧杰
	GJEJGF042-2012	高水头粉细砂层中锚杆施工工法	广东省基础工程公司	蒋学文 邹 疆 洪三金 钟国辉 许建得
	GJEJGF060-2012	钢筋混凝土框架高空间大截面结构柱施工工法	广东中城建设集团有限公司 深圳市建工集团股份有限公司	吴丙同 莫春宇 李 坚
	GJEJGF083-2012	滑模携带可升降组合贝雷架多功能平台施工工法	广州市第四建筑工程有限公司	陈 刚 冯文锦 江涌波 张景汉
	GJEJGF108-2012	薄壁双曲线冷却塔爆破拆除工法	广东宏大爆破股份有限公司	郑炳旭 傅建秋 王永庆 肖文雄 赵博深
	GJEJGF168-2012	棱锥玻璃幕墙三维活动节点施工工法	广州市恒盛建设工程有限公司 广州工程总承包集团有限公司	徐晓博 邓迎芳 李慧莹 张连录 成志辉
	GJEJGF176-2012	人造大理石地面胶泥粘贴施工工法	深圳市深装总装饰工程工业有限公司 深圳市华南装饰设计工程有限公司	胡庆红 岳献武 李旭光 杨志洲 张绮珊
	GJEJGF177-2012	大面积混凝土地面移动式导轨找平施工工法	深圳市建工集团股份有限公司 广东中城建设集团有限公司	周 杰 甘亦波 汪 燕 张进军 吴丙同
	GJEJGF198-2012	干挂壁山外墙挂板幕墙施工工法	广东省第一建筑工程有限公司 广东耀南建筑工程有限公司	邱秉达 陈汉长 陈俊生 李耀南 黄育鹏
	GJEJGF207-2012	超高层建筑自然伸缩冷冻立管施工工法	广东省工业设备安装公司	黄建麟 谢玉金 魏成权 刘小龙 吴睿力
	GJEJGF223-2012	钢筋混凝土烟囱折叠爆破工法	广东宏大爆破股份有限公司 深圳市建工集团股份有限公司	郑炳旭 傅建秋 刘 翼 魏晓林 李 坚
	GJEJGF224-2012	高等级公路高液限土处理施工工法	广东省长大公路工程有限公司	兰 青 孟亚锋 林炳潮 谢兼量 杨文亚
	GJEJGF379-2012	建筑物清洁爆破拆除工法	广东宏大爆破股份有限公司 广东耀南建筑工程有限公司	郑炳旭 李战军 赵博深 梁剑明 马荫贤
	GJEJGF399-2012	电厂脱硫吸收塔改造中段整体顶升安装施工工法	中国能源建设集团广东火电工程总公司 广东威恒输变电工程有限公司	王建荣 蔡少兵 欧文欣 刘 艳 谭显东

(广东省建筑业协会)

2013年广东省建设科技成果鉴定项目

(组织鉴定单位：广东省住房和城乡建设厅)

成果名称	完成单位	评价等级
铰接双槽钢屈曲约束支撑的开发和应用	广东省建筑科学研究院 广东省建科建筑设计院 湖南大学 广州大学 湖南金海钢结构股份有限公司	国际先进
铰接双槽钢屈曲约束支撑施工技术	广东建科建筑工程技术开发有限公司 广东省第一建筑工程有限公司 广东省建筑科学研究院	国内领先
运营地铁盾构隧道结构安全评估方法应用研究	广东省建筑科学研究院	国内先进
幕墙检测设备阀门系统改造	广东省建筑科学研究院	国内领先
混凝土质量追踪及动态监管技术研究与应用	广州市建设工程质量监督站 广州穗监工程质量安全检测中心 广州粤建三和软件有限公司 广东省建筑科学研究院	国内领先

(续表)

成果名称	完成单位	评价等级
高性能隔热保温陶瓷板	佛山市溶洲建筑陶瓷二厂有限公司 华南理工大学	国内领先
装饰保温结构板的研发与应用	广东松本绿色板业股份有限公司	国内先进
纤维增强塑料混凝土复合管	深圳市吉凌复合材料科技股份有限公司	国内领先
广州白云机场航站楼一期及一期扩建工程钢结构设计关键技术研究与应用	广东省建筑设计研究院	国际先进
广州市绿色建筑设计指南编制研究	广州市建筑科学研究院有限公司 华南理工大学建筑设计研究院 广州市建筑节能与墙材革新管理办公室 广州市设计院 华南理工大学建筑节能研究中心 广州市亮建节能科技有限公司	总体国内先进 部分国内领先
水溶性聚氨酯注浆堵漏复合止水施工技术	深圳市金润建设工程有限公司 中核华泰建设有限公司	国内先进
天花、墙体铝制阴阳护角施工技术研究	深圳市博大装饰工程有限公司 深圳市金润建设工程有限公司	国内先进
GRG 玻璃纤维加强石膏板施工技术研究	深圳市华南装饰设计工程有限公司 深圳市博大装饰工程有限公司 深圳市金润建设工程有限公司	国内先进
承插限位式副龙骨安装不弯边吊顶铝板施工技术	深圳市奇信建设集团股份有限公司	国内领先
广东省立中山图书馆改扩建项目一期工程建筑节能技术综合应用	广东省建筑工程集团有限公司 广东省立中山图书馆 广州市设计院	国内领先
JM 型建筑用门式起重机在逆作法工程中的应用研究	广东省建筑工程集团有限公司 广东省建筑构件工程公司	国内领先
超大型桩基静载试验装备与关键试验技术集成研究	广东省建筑科学研究院 佛山市顺德区建设工程质量安全监督检测中心 广东省建设工程质量安全监督检测总站	国际先进
地基平板载荷试验关键测试技术集成研究	广东省建筑科学研究院 广东省建筑工程集团有限公司 广东工业大学	国际先进
水平受荷基桩受力性能及测试技术研究	广东省建筑科学研究院 佛山市南海区建筑工程质量检测站	国内先进
CPT-2 抽屉式建筑悬挑卸料平台	佛山市南海保达建筑机械设备有限公司	国内先进
JY-2 散装式建筑悬挑卸料平台	佛山市南海保达建筑机械设备有限公司	国内先进
CRC 反应型防水卷材	广东科顺化工实业有限公司	国内领先
喷涂速凝液体橡胶防水涂料	广东科顺化工实业有限公司	国内领先
砂层地质抗浮锚杆施工技术	中国建筑第四工程局有限公司	国内先进
逆作法施工多层地下室钢管柱水平稳定层技术	中国建筑第四工程局有限公司	国内领先
逆作法施工土方开挖优化技术	中国建筑第四工程局有限公司	国内先进
复杂地质条件下土压平衡盾构综合施工技术研究	深圳市市政工程总公司 浙江大学 北方重工集团有限公司盾构机分公司 中铁隧道股份有限公司 深圳市地铁集团有限公司	国际先进 部分国际领先
横穿铁路顶管及退管施工技术与应用	广东省基础工程公司	国内领先
建筑能耗数据采集装置及建筑物节能监测管理信息系统	深圳市中电电力技术股份有限公司	国内领先
外墙保温装饰一体板系统	深圳市摩天氟碳科技有限公司	国内领先

(续表)

成果名称	完成单位	评价等级
反射隔热涂料	广东华兹卜化学工业有限公司（中山）	国内先进
混凝土复合自保温砖（砌块）	中山科盈利华节能技术开发有限公司 中山市顺兴新型建筑材料有限公司 中山市祥兴新型墙体建材有限公司 广东省建筑材料研究院	国内先进
深厚淤泥填石层长护筒、冲抓、旋挖钻孔灌注桩多工艺配套综合施工技术研究	深圳市工勘岩土工程有限公司 中建二局第三建筑工程有限公司	国内领先
倾斜、平移可调饰面石材干挂施工技术	深圳市深装总装饰工程工业有限公司	国内领先
隐框玻璃—干挂陶土板组合幕墙施工技术	深圳市深装总装饰工程工业有限公司	国内领先
装饰工程卫生间防水防渗漏施工技术	深圳市深装总装饰工程工业有限公司	国内先进
大规格法桐、圆冠榆在南疆园林绿化工程中的应用技术研究	广州市恒盛园林绿化工程有限公司 广州市恒盛建设工程有限公司	国内领先
南疆7种大规格果树苗木在风景园林工程中的应用	广州市恒盛园林绿化工程有限公司 广州市恒盛建设工程有限公司	国内领先
不平衡土压环境下双钢管斜对撑基坑支护施工技术	广州市恒盛建设工程有限公司 广州市第四建筑工程有限公司	国内先进
超高厚墙大体积普通防辐射混凝土无缝施工技术研究	广州市恒盛建设工程有限公司 广州铝质装饰工程有限公司 广州市宝盛建设实业有限公司	国内领先
提前预制整体安装现浇直形楼梯模板施工技术	韶关市住宅建筑工程有限公司 广州市恒盛建设工程有限公司	国内先进
60M直径四点胎架支撑式锥形钢屋盖施工关键技术	东莞市建安集团有限公司	国内先进
乳化沥青稀浆封层施工技术	深圳市鸿轩建筑工程有限公司 深圳市金世纪工程实业有限公司	国内先进
控制释放型抗菌涂料的研制	广东华润涂料有限公司	国内领先
超低VOC低排放水性内墙涂料	广东华润涂料有限公司	国内领先
自清洁反射隔热丙烯酸树脂涂层系统	广东华润涂料有限公司	国内领先
铝合金建筑隔热型材产品	广东新合铝业有限公司	国内领先
水工超大面积吹填造陆软弱地基浅层快速处理综合技术	中铁港航局集团有限公司 中铁港航局集团第一工程有限公司	国内先进
跨多层公路的斜拉桥钢箱梁架设技术	中铁港航局集团有限公司 中铁港航局集团第二工程有限公司	国内领先
超大型双壁钢围堰制造安装施工技术	中铁港航局集团有限公司 中铁港航局集团第二工程有限公司	国内领先
小半径通过硬岩段盾构掘进技术研究	中铁港航局集团有限公司 中铁港航局集团第三工程有限公司	国内领先
高陡峡谷桥基控制爆破及防护综合技术	中铁港航局集团有限公司 中铁港航局集团第三工程有限公司	国内领先
钻孔灌注桩桩端后注浆施工技术研究	潮州市第二建筑安装总公司	国内领先
专威特傲神外墙外保温系统施工工艺技术	深圳市金润建设工程有限公司 广东省建筑工程机械施工有限公司	国内先进
市政管网不停水开口施工技术	中核华泰建设有限公司 深圳市金润建设工程有限公司	国内先进
建筑屋面工程隔汽层施工技术	深圳市金润建设工程有限公司 广东省建筑工程机械施工有限公司	国内先进
危楼抢险爆破拆除安全监控技术	广东宏大爆破股份有限公司	国内领先
建（构）筑物爆破倒塌过程的摄影测量技术	广东宏大爆破股份有限公司	国内领先

（续表）

成果名称	完成单位	评价等级
带电更换 500kV 线路 V 串绝缘子	广东省输变电工程公司	国内领先
管母线环形切割	广东省输变电工程公司	国内领先
高精度强振动设备基础无收缩浇筑及预埋件施工技术	广东省工业设备安装公司	国内领先
狭窄空间玻镁复合板风管施工技术	广东省工业设备安装公司	国内领先
VRV 空调系统的安装与调试技术	广东省工业设备安装公司	国内先进
装配式支吊架安装技术	广东省工业设备安装公司	国内领先
并联管路 VAV 空调施工及调试技术	广东省工业设备安装公司	国内领先
钢套钢直埋蒸汽（热水）保温管道施工技术	广东省工业设备安装公司	国内先进
超高层水平二次结构预埋钢筋施工技术	中国建筑第八工程局有限公司	国内先进
超高超长低碱硫酸铝轻质条板隔墙施工技术	中国建筑第八工程局有限公司	国内先进
大跨预应力空间桁架马鞍形钢屋盖施工技术	中国建筑第八工程局有限公司	国内领先
砂土层中高压旋喷扩大头锚杆施工技术	中国建筑第八工程局有限公司	省内先进
高层悬挑转换结构支撑胎架施工技术	中国建筑第八工程局有限公司	国内先进
玻璃吊顶及其吊顶模块施工技术	深圳市美芝装饰设计工程股份有限公司	国内领先
微孔吸音板及其吸音模块施工技术	深圳市美芝装饰设计工程股份有限公司	国内先进
地下连续墙同步埋管后注浆施工技术	瑞华建设集团有限公司	国内先进
钢筋混凝土框架结构柱质量问题的处理技术	瑞华建设集团有限公司	省内先进
高注合金方箱预应力空心无梁楼盖施工技术	深圳市路安达工程有限公司 福建省九龙建设集团有限公司	国内先进
变压器套管 CT 特性测试方法的研究	广东威恒输变电工程有限公司	国内领先
利用惯性导航技术精确测定电缆顶管三维位置	广东威恒输变电工程有限公司 广东地建工程技术发展有限公司	国内领先
复杂组合曲面钢筋混凝土屋面的三维放样施工技术	广东省建筑工程集团有限公司	国内先进
外墙聚合物防水砂浆与内保温综合施工技术	广东省建筑工程集团有限公司	国内先进
厚砂层高水位复杂地质条件下旋挖机深挖孔桩基础施工技术	广东省第二建筑工程公司	国内先进
基于后植入法预制式钢筋挂网的石材湿挂施工技术	广东省第二建筑工程公司 广东省建筑工程机械施工有限公司	国内领先
一种灌注桩桩底后注浆施工技术	广东省第二建筑工程公司	国内领先
节能静音石材水幕墙施工技术	广东省建筑装饰集团公司	国内领先
人工制砂关键技术	广东省水利水电第三工程局	国内领先
洁净室围护结构改良施工工艺	广东建雅室内工程设计施工有限公司	国内先进
南丫大桥施工技术	广东省建筑工程机械施工有限公司	国内先进
塑料排水板联合袋装砂井处理大面积复杂场地综合施工技术	广东省建筑工程机械施工有限公司	国内先进
城市老旧建筑群下地铁隧道施工技术	广东省建筑工程机械施工有限公司 广东省第二建筑工程公司	国内领先
高精度直线电机检测轨（零轨）施工技术	广东省建筑工程机械施工有限公司	国内领先
潮汐影响下的水下不分散混凝土施工技术	广东省源天工程公司	国内先进
镀高尔凡格宾及雷诺护垫在抢险救灾工程中的施工技术	广东省源天工程公司	国内先进
平面闸门门叶制造焊接技术	广东省源天工程公司	国内先进
水电站 200 米垂直隧洞压力钢管安装施工技术	广东省源天工程公司	国内领先
灯泡贯流式水轮发电机组水导轴承径向振动超标处理技术	广东省源天工程公司	国内先进
利用搅拌桩机施工旋喷桩的技术	广东华隧建设股份有限公司	国内先进
富水圆砾地层地下连续墙施工技术	广东华隧建设股份有限公司	国内领先
地下连续墙施工的大循环泥浆处理技术	广东华隧建设股份有限公司	国内领先
大直径水平旋喷桩加固技术	广东华隧建设股份有限公司	国内领先

(续表)

成果名称	完成单位	评价等级
泥水盾构在岩溶地层中过高速公路施工技术	广东华隧建设股份有限公司	国内先进
盾构施工中地下爆破排障施工技术	广东华隧建设股份有限公司	国内先进
灰岩地区地下连续墙双轮铣槽机成槽施工技术	广东华隧建设股份有限公司	国内领先
泥水盾构渣土处理回收利用综合施工技术	广东华隧建设股份有限公司	国内领先
直径4350mm泥水盾构分体始发技术	广东华隧建设股份有限公司	国内先进
小半径曲线盾构带铰接始发施工技术	广东华隧建设股份有限公司	国内领先
盾构隧道底地层加固施工技术	广东华隧建设股份有限公司	国内领先
复合地基沉管灌注桩减少断桩的施工技术	广州市市政集团有限公司 中国铁建港航局集团有限公司 中铁建港航局集团勘察设计院有限公司	国内领先
限高条件下复合地基灌注桩地质钻机施工技术研究	广州市市政集团有限公司 中国铁建港航局集团有限公司 中铁建港航局集团勘察设计院有限公司	国内领先
城市跨河涌桥梁综合施工技术研究	广州市第三市政工程有限公司 广州市市政集团有限公司 广州市市政工程机械施工有限公司	国内领先
排水管道胸腔回填压实全机械化施工技术	广州市第三市政工程有限公司 广州市市政工程机械施工有限公司 广州市第二市政工程有限公司	国内先进
超长大地下结构底板U型槽变形控制技术研究	广州市市政集团有限公司 广州市市政工程机械施工有限公司	国内领先
厚砂覆盖层岩溶地质条件下群桩施工技术研究	广州市市政集团有限公司 广州市第三市政工程有限公司	国内领先
软土岩溶地区板梁式双排桩与止水帷幕复合支护施工技术	广州市市政集团有限公司 广州市第三市政工程有限公司 广州市市政工程机械施工有限公司	国内领先
预制梁场自动化生产系统技术研究	广州市市政集团有限公司 广州市第二市政工程有限公司	国内领先
灌注桩基础采用旋挖及冲孔联合方式成孔的施工技术研究	广州市第一市政工程有限公司 广州市市政集团有限公司	国内先进
岩溶地区临近旧桥基础的大直径冲孔桩施工技术研究	广州市第一市政工程有限公司 广州市第三市政工程有限公司 广州市市政工程机械施工有限公司	国内先进
小直径钢管桩解决偏孔灌注桩施工技术研究	广州市第一市政工程有限公司 广州市第三市政工程有限公司 广州市市政工程机械施工有限公司	国内先进
汽车试验场高速环道轻质泡沫混凝土施工技术研究	广州市第二市政工程有限公司 广州市第三市政工程有限公司 广州市市政工程机械施工有限公司	国内领先
装配式水上钢平台施工技术研究	广州市第二市政工程有限公司 广东长海建设工程有限公司	国内领先
垃圾填埋场加筋土垃圾挡坝综合施工技术研究	广州市市政工程机械施工有限公司 广州市第三市政工程有限公司 广州市第一市政工程有限公司	国内先进
垃圾填埋场调节池湿法加盖施工技术研究	广州市市政工程机械施工有限公司 广州市第二市政工程有限公司 广州市第一市政工程有限公司	国内领先

(续表)

成果名称	完成单位	评价等级
运动场 EPDM 塑胶面层施工技术研究	广州市市政工程机械施工有限公司 广州市市政集团有限公司 广州市第三市政工程有限公司	国内先进
直投式旧沥青混合料再生技术研究	广州市市政集团有限公司	国内领先
加气混凝土砌块夹芯楼板施工技术	中建三局第二建设工程有限责任公司华南公司 高德置地控股有限公司	国内领先
重型设备液压自行式安装技术	中建安装工程有限公司	国内领先
10kV 共箱全封闭母线安装施工技术	中建安装工程有限公司	国内先进
砂地接地降阻施工技术	中建安装工程有限公司	国内领先
地下室底板塑料排水板疏水层施工技术	广州市建筑置业有限公司 广州市恒盛建设工程有限公司	国内领先
EC-120 改性剂温拌沥青混合料施工技术	江门市政企业集团有限公司 深圳海川新材料科技有限公司 五邑大学	国内领先
变强度钉形水泥土搅拌桩施工技术	江门市政企业集团有限公司 五邑大学	国内领先
地铁保护范围内地下连续墙抓斗成槽、旋挖入岩、冲击修孔综合施工技术研究	深圳市工勘岩土工程有限公司	国内领先
装饰面板 U 型固定件式安装法施工技术	深圳市华南装饰设计工程有限公司	国内领先
KSPM-2012-01 智能液压爬升模板装置	广东信海建筑有限公司	国内领先
超大型连体群仓同步滑升控制技术	广州工程总承包集团有限公司 广州协安建设工程有限公司	国内领先
饱水砂层中旋挖成孔防塌孔控制技术	广州协安建设工程有限公司 广州市第二建筑工程有限公司 广州市恒盛建设工程有限公司	国内领先
筒仓内有限空间漏斗快速支模施工技术	广州协安建设工程有限公司 广州市第二建筑工程有限公司 广州市房屋开发建设有限公司	国内领先
锥形屋顶肋梁交汇部位模板施工关键技术	广州协安建设工程有限公司 广东电白建设集团有限公司	国内先进
可移动打凿炮机作业平台在深基坑混凝土内支撑破除中的应用技术	广州协安建设工程有限公司 广州市恒盛建设工程有限公司	国内领先
铝窗与飘板双凹槽对向连接施工技术	广州协安建设工程有限公司 广州市第二建筑工程有限公司 广州市恒盛建设工程有限公司	国内领先
滑模工程中钢筋分项工程安装质量动态控制技术	广州协安建设工程有限公司 广东电白建设集团有限公司	国内先进
曲线梁预应力钢绞线张拉伸长量控制技术	广州市房屋开发建设有限公司 广州市长源园林绿化工程有限公司 广州市黄埔建筑工程总公司	国内领先
沉井穿越卵砾石层施工技术	广东长海建设工程有限公司 广州市房屋开发建设有限公司 广州市黄埔建筑工程总公司	国内先进
软弱地质沉井超沉和干封底施工技术	广东长海建设工程有限公司 广州市黄埔建筑工程总公司 广州市房屋开发建设有限公司	国内先进
支护桩作为地下室外墙施工技术	中国建筑第四工程局有限公司	国内领先
复杂地质超大直径机械成孔灌注桩关键技术研究与应用	中国建筑第四工程局有限公司	国内领先

(续表)

成果名称	完成单位	评价等级
机械喷涂抹灰关键技术研究与应用施工工法	中国建筑第四工程局有限公司	国内领先
灌注桩内多层岩石原位超前爆破成孔施工技术	中国建筑第四工程局有限公司	国内领先
大直径锚杆施工应用技术	中国建筑第四工程局有限公司	国内先进
60mm 厚薄壁砌体施工技术	中国建筑第四工程局有限公司	国内先进
基坑自制小管井降水系统	中国建筑第四工程局有限公司	国内先进
端承桩桩底排渣注浆施工技术	中国建筑第四工程局有限公司	国内先进
钢管拱桥自密实混凝土顶升灌注技术研究应用	广东省基础工程公司	国内领先
临近地铁车站与隧道的深基坑施工技术研究	广东省基础工程公司	国内领先
斜拉桥中跨超长合拢段技术研究应用	广东省基础工程公司	国内领先
岩溶区强透水层灌注桩施工技术研究与实践	广东省基础工程公司	国内先进
地下连续墙工字钢接头清刷装置研究	广东省基础工程公司	国内领先
深基坑旋挖排桩与大跨度钢支撑围护结构综合施工技术研究	广东省基础工程公司	国内先进
地下连续墙潜孔锤辅助成槽施工技术研究与应用	广东省基础工程公司	国内先进
塔吊组合式基础施工技术的研究与应用	广东省基础工程公司	国内先进
含孤石群高边坡土石方开挖施工技术	广东省基础工程公司	国内领先
球形焊接网壳结构安装技术研究	广州市恒盛建设工程有限公司 广州机施建设集团有限公司 广州协安建设工程有限公司	国内领先
工业厂房大面积（钢纤维）混凝土地坪“槽钢导轨法”施工技术研究	广州市恒盛建设工程有限公司 广州协安建设工程有限公司 广州市第二建筑工程有限公司 广州城建职业学院	国内先进
装配式钢筋混凝土水下平台节点连接技术	广州市恒盛建设工程有限公司 广州市第四建筑工程有限公司 广东敦庆建筑工程有限公司	国内领先
高粘度透水沥青绿道疏水路缘石施工技术	广州市恒盛建设工程有限公司 韶关市住宅建筑工程有限公司 广州协安建设工程有限公司	国内先进
大面积屋面虹吸式雨水排放 HDPE 管悬吊安装施工技术	广东省第一建筑工程有限公司	国内领先
智能遮阳系统施工技术	广东省第一建筑工程有限公司 广东省建筑科学研究院 广东省建筑工程集团有限公司	国内领先
大面积仿砂岩外墙涂料施工技术	广东省第一建筑工程有限公司 广东信震建设工程有限公司	国内领先
钢结构屋面离心玻璃棉毡保温系统施工技术	广东省第一建筑工程有限公司	国内领先
自流平水泥 PVC 多层复合卷材地板施工技术	广东省第一建筑工程有限公司 广东信宏建设工程有限公司	国内先进
大型钢桁架上悬挂脚手架施工技术	广东省第四建筑工程公司 深圳市长润建设工程有限公司	国内领先
抛光饰面砖采用干挂石材胶和后置埋件铺贴施工技术	广东省第四建筑工程公司 深圳市中装建设集团股份有限公司 广东省第一建筑工程有限公司	国内领先
地下室逆作法钢筋混凝土梁柱钢套筒节点施工技术	广东省第四建筑工程公司 茂名市建筑集团有限公司	国内领先
钢筋桁架楼承板高差节点处理技术	广东省第四建筑工程公司 深圳市长润建设工程有限公司	国内先进

(续表)

成果名称	完成单位	评价等级
门座式起重机变轨移位施工技术研究	金中天集团港航有限公司 金中天集团建设有限公司 广东省金信路桥有限公司	国内领先
隧道冲沟露拱浅埋段盖挖法施工技术研究	金中天集团港航有限公司 金中天集团建设有限公司 广东省金信路桥有限公司	国内先进
粉砂地层小口径镀锌钢管井点降水施工技术研究	金中天集团建设有限公司 金中天集团港航有限公司 广东省金信路桥有限公司	国内领先
翻板式整体吊空楼梯钢模板施工技术研究	金中天集团建设有限公司 金中天集团港航有限公司 广东华恒建设工程有限公司	国内领先
大树移植原生态环境模拟施工技术研究	广东华恒建设工程有限公司 中国园林股份有限公司 金中天集团园林有限公司	国内领先
建筑门窗整体成型安装施工技术	广东华恒建设工程有限公司 中国园林股份有限公司 金中天集团建设有限公司	国内领先
繁华路段人行天桥钢箱梁快速安装施工技术研究	广东华恒建设工程有限公司 金中天集团建设有限公司 广东省金信路桥有限公司	国内先进
可移动式 PVC 片材地板铺装施工技术	广东华恒建设工程有限公司 金中天集团建设有限公司 广东省金信路桥有限公司	国内先进
明挖地铁站侧墙台车及配套大型钢模施工关键技术研究	广州机施建设集团有限公司 广州鑫桥建筑劳务有限公司	国际先进
高大异形外倾斜结构脚手架体系关键技术研究	深圳中海建筑有限公司 广州机施建设集团有限公司	国内领先
超厚粉砂层下预应力鱼腹梁装配式钢支撑施工关键技术研究	广州机施建设集团有限公司 上海强劲地基工程股份有限公司	国内领先
明挖地铁站楼面板台车钢模体系施工关键技术研究	广州机施建设集团有限公司 广州鑫桥建筑劳务有限公司	国际先进
多向超大型钢混凝土转换层节点施工关键技术研究	深圳中海建筑有限公司 广州机施建设集团有限公司	国内领先
穿越超厚淤泥质粉砂层旋喷搅拌加劲桩施工关键技术研究	广州机施建设集团有限公司 上海强劲地基工程股份有限公司	国内领先
高空双层大跨度钢结构连廊安装关键技术研究	广州机施建设集团有限公司 深圳市长润建设工程有限公司 广州市恒盛建设工程有限公司	国内领先
混凝土对撑梁工具式钢模板施工关键技术研究	广州机施建设集团有限公司 深圳市长润建设工程有限公司 广州鑫桥建筑劳务有限公司	国内先进
珠三角地区软硬交互地层三轴搅拌桩止水帷幕施工关键技术研究	广州机施建设集团有限公司 上海强劲地基工程股份有限公司	国内领先
新型抗菌玻纤复合风管系统制作与安装技术研究	深圳中海建筑有限公司 广州机施建设集团有限公司	国内先进
超高混凝土剪力墙木工字梁组合式悬臂模板体系关键技术研究	广州机施建设集团有限公司 广州市恒盛建设工程有限公司 深圳中海建筑有限公司	国内领先

(续表)

成果名称	完成单位	评价等级
直立锁边金属屋面种植绿化施工关键技术研究与应用	广州机施建设集团有限公司 深圳中海建筑有限公司 广州市恒盛园林绿化工程有限公司	国内领先
室内墙身大尺寸瓷砖湿作业施工技术研究	广州机施建设集团有限公司 广州市宝盛建设实业有限公司 广州市恒盛建设工程有限公司	国内领先
混凝土密封固化剂非金属耐磨骨料地坪施工关键技术研究	广州机施建设集团有限公司 广州市宝盛建设实业有限公司 广州市恒盛建设工程有限公司	国内先进
曲型混凝土屋面施工技术研究	广东电白建设集团有限公司 广东恒辉建设有限公司	国内先进
螺栓预埋成孔植筋施工技术研究	广东电白建设集团有限公司 广东恒辉建设有限公司	国内领先
市政道路即修即通喷洒热沥青修补施工技术研究	广东电白建设集团有限公司 广东恒辉建设有限公司	国内领先
空调风管尘垢清扫施工技术研究	广东恒辉建设有限公司 广东电白建设集团有限公司	国内领先
蒸压加气混凝土砖墙体裂缝控制施工技术研究	广东电白建设集团有限公司 广东恒辉建设有限公司	省内领先
阳台铝合金玻璃栏板施工技术研究	广东电白建设集团有限公司 广东恒辉建设有限公司 广东省电白建筑工程总公司	省内领先
消防疏散指示灯嵌墙安装施工技术研究	广东恒辉建设有限公司 广东电白建设集团有限公司	国内先进
加气混凝土块夹心楼板施工技术研究	广东恒辉建设有限公司 广东电白建设集团有限公司	国内先进
施工中降温防尘施工技术研究	广东恒辉建设有限公司 广东电白建设集团有限公司 广东省电白建筑工程总公司	国内领先
集中式循环管道玻璃钢化粪池施工技术研究	广东省电白建筑工程总公司 广东电白建设集团有限公司 广东恒辉建设有限公司	国内领先
高层建筑施工智能升降平台施工技术	深圳市鹏城建筑集团有限公司 深圳市特辰科技股份有限公司	国内领先
空气源热泵辅助供热太阳能热水系统施工技术	深圳市鹏城建筑集团有限公司	国内先进
同层排水系统施工技术	深圳市鹏城建筑集团有限公司	国内先进
外墙仿面砖质感涂料墙面施工技术	深圳市鹏城建筑集团有限公司	国内先进
装配式全钢架空防静电地板施工技术	深圳市鹏城建筑集团有限公司	国内先进
深基坑桩撑支护体系换撑施工技术	深圳市鹏城建筑集团有限公司	国内先进
通风空调风管直接连接施工技术	深圳市宝鹰建设集团股份有限公司 广东省六建集团有限公司	国内领先
异形板块双曲面玻璃幕墙施工技术	深圳市宝鹰建设集团股份有限公司 广东省六建集团有限公司	国内领先
高大桥梁特异造型花瓶墩施工技术	深圳市兴班建筑工程有限公司 汕头市潮阳第二建筑总公司	国内先进
雨水箱涵穿越地下管线保护装置施工技术	深圳市兴班建筑工程有限公司 深圳市硕鹏建筑安装工程有限公司	国内领先
电气化铁路防电棚技术	深圳广铁土木工程有限公司	国内先进

(续表)

成果名称	完成单位	评价等级
铁路道岔扣轨加固技术	深圳广铁土木工程有限公司	国内先进
房屋建筑工程模块化施工技术	广东建星建筑工程有限公司	国内先进
γ 辐照厂房辐射源防泄漏防护层施工技术	肇庆市建筑工程有限公司 肇庆市恒安建筑工程有限公司	国内先进
天花挂贴石饰面施工技术	肇庆市建筑工程有限公司 肇庆市恒安建筑工程有限公司	国内领先
深基坑大型垂直运输机配套施工技术研究	中建三局第一建设工程有限责任公司深圳分公司	国内领先
大截面双环混凝土内支撑施工技术研究	中建三局第一建设工程有限责任公司深圳分公司	国内先进
深基坑地下室外墙型钢单面支撑定型模板施工技术研究	中建三局第一建设工程有限责任公司深圳分公司	国内领先
厚砂层基础抗拔锚杆施工技术研究	中建三局第一建设工程有限责任公司广州分公司	国内领先
行走式塔吊结合建筑结构设置轨道基础施工技术研究	中建三局第一建设工程有限责任公司珠海分公司	国内领先
加气砌块砌体工程标准化施工技术研究	中建三局第一建设工程有限责任公司珠海分公司	国内先进
物联网无线智能混凝土远程测温施工技术研究	中建三局第一建设工程有限责任公司珠海分公司 深圳市华信智达科技有限公司	国内领先
盾构机台车拆顶始发施工技术	广州市盾建地下工程有限公司 广东电白建设集团有限公司	国内领先
回填砂土辅助盾构机通过矿山法隧道施工技术	广州市盾建地下工程有限公司 广东电白建设集团有限公司	国内领先
利用渣土预制浆进行即配式盾尾同步注浆技术研究	广州市盾建地下工程有限公司 广东电白建设集团有限公司	国内领先
大型平面钢桁架结构整体提升、分体安装施工技术	广州市第二建筑工程有限公司 中天建设集团有限公司 上海业升机电控制技术有限公司	国内领先
非对称大型悬挑钢结构整体提升施工技术	广州市第二建筑工程有限公司 广州协安建设工程有限公司 中天建设集团有限公司 上海业升机电控制技术有限公司	国际先进
内填网格式 T 型钢混凝土地坪施工技术	广州市第二建筑工程有限公司 广州协安建设工程有限公司 广州市恒盛建设工程有限公司	国内领先
钢结构基础柱模板的抗浮技术研究	广州市第二建筑工程有限公司 中天建设集团有限公司 广州协安建设工程有限公司	国内领先
装配式楼梯安装施工技术	中天建设集团有限公司 广州市第二建筑工程有限公司	国内先进
全现浇混凝土填充墙结构拉缝施工技术	中天建设集团有限公司 广州市第二建筑工程有限公司	国内先进
附着式升降脚手架（DM300）施工技术	中天建设集团有限公司 广州市第二建筑工程有限公司 广州市达蒙建筑技术有限公司	国内领先
双曲结构内表皮吊顶施工技术	中建三局装饰有限公司	国内领先
室外人造木塑板挂接系统施工技术	中建三局装饰有限公司	国内先进
多面体异型拉索幕墙稳定性与伸缩施工技术	中建三局装饰有限公司	国内领先
高跨空间三维可调反钩式安装铝板吊顶施工技术	中建三局装饰有限公司	国内先进
挂钩式竖向玻璃遮阳板施工技术	中建三局装饰有限公司	国内先进
曲面连贯玻璃幕墙施工技术	中建三局装饰有限公司	国内先进
海床下住宅超深集水井水下焊接封井施工技术	龙信建设集团有限公司	省内领先
大跨度异状重型钢梁在超高层屋面上的滑移施工技术	龙信建设集团有限公司	国内先进

(续表)

成果名称	完成单位	评价等级
供水管网爆漏抢修新技术研究	广州市自来水工程公司	国内领先
加气混凝土砌块厂蒸压釜及其配套轨道安装施工技术	广州市第三建筑工程有限公司 广东梁亮建筑工程有限公司 广州市市政集团有限公司	国内领先
锚杆静压桩基础加固施工技术	广州市第三建筑工程有限公司 广州市住宅建设发展有限公司 广州市房屋开发建设有限公司	国内先进
大面积工业厂房高空钢结构室外喷砂除锈及防腐施工技术	广州市第三建筑工程有限公司 广州市住宅建设发展有限公司 广州铝质装饰工程有限公司	国内领先
华南地区城市道路高温季节混凝土路面施工技术研究	广州市第三建筑工程有限公司 广州市住宅建设发展有限公司 广州市第四建筑工程有限公司	国内领先
珠江口咸水淡水交替地段红树林大面积种植施工技术	广州市第三建筑工程有限公司 广州市恒盛园林绿化工程有限公司 广州市市政集团有限公司	国内领先
地下建筑排风、排水联合处理回收利用技术	广州市第四建筑工程有限公司 广州市花都第二建筑工程有限公司 广州市第三建筑工程有限公司	国内领先
复杂地层空实桩施工技术	广州市第四建筑工程有限公司 广州市恒盛建设工程有限公司 广州市花都第二建筑工程有限公司	国内领先
旋挖桩机密排成孔施工地下连续墙技术	广州市第四建筑工程有限公司 广州市恒盛建设工程有限公司 广州市花都第二建筑工程有限公司	国内先进
岩溶地区桥涵桩基施工稳定及混凝土二次灌注技术	广州市花都第二建筑工程有限公司 广州市第四建筑工程有限公司	国内领先
建筑工程细部系列混凝土预制构件施工技术	广州市住宅建设发展有限公司 广州市第三建筑工程有限公司 广东梁亮建筑工程有限公司	国内领先
高低跨侧模快速定位施工技术	广州市住宅建设发展有限公司 广州市第三建筑工程有限公司	国内领先
多部位多类型护角件系列施工技术	广州市住宅建设发展有限公司 广州市第三建筑工程有限公司	国内先进
多维调节简易更换面板高性能隐框单元式玻璃幕墙施工技术	广州铝质装饰工程有限公司 广州市恒盛建设工程有限公司 广州市第三建筑工程有限公司	国内领先
孤石群中冲孔桩施工技术研究	广东梁亮建筑工程有限公司 广州市第三建筑工程有限公司 广州市住宅建设发展有限公司	国内领先
高大工业厂房钢丝绳悬吊安装风管施工技术	广州市机电安装有限公司 广州市第三建筑工程有限公司	国内先进
广州亚运城综合体育馆结构关键技术	广东省建筑设计研究院	国际先进
新型改性聚羧酸高性能减水剂的制备技术研究及产业化	广州市建筑科学研究院有限公司	国内领先
无机聚合物锚固植筋胶的研究与开发	广州市建筑科学研究院有限公司	国内领先
新型非水泥基无机人造石板材的研发与产业化	广州市建筑科学研究院有限公司	国际先进
深圳地铁安保区地下管线与地质资料三维信息管理系统	深圳市地铁集团有限公司 深圳市市政设计研究院有限公司 深圳市伟图科技开发有限公司	国际先进 部分国际领先

(广东省住房和城乡建设厅科技信息处)

等待上一层钢筋全部绑扎后才能整体爬升的方法，令整个爬模系统灵活、适用性强，还创新性地改进传统液压爬模初始安装技术，保证爬模体系快速准确地安装和爬升；(3)内节点板式方形钢管柱混凝土施工技术创新性地解决方形钢管混凝土柱内节点板范围混凝土施工密实度等施工难题；（4）通过优化、整合工艺路线和设备资源，采用三弧三丝高效焊接工艺和大截面构件VSR残余应力消减工艺，实现钢管柱高效制作；（5）采用钢柱门型定位板临时固定及无缆风校正技术、悬挑造型飘板结构高空无支撑整体就位技术、核心筒钢骨柱体系临时支撑加固等技术，实现钢结构精确、快速安装；(6) 分段渐变翻搭悬挑式外脚手架施工技术通过分段渐变悬挑解决建筑物外形扭曲引起的外脚手架如何搭设的技术难题，同时分段悬挑翻搭解决超高层结构施工外脚手架耗用材料量大的问题。这些成果在广交会综合楼工程结构施工中成功应用，解决了施工的关键技术难点，快速、优质、安全地完成主体结构施工，产生明显的经济效益和社会效益。 *(刘映)*

工程建设标准化体系建设

【概况】 标准化工作是一项系统性、阶段性工程，广东省结合国家新编和改编相关建设规范标准，完善地方标准。2013年，广东省发布《高层建筑混凝土结构技术规程》等6项广东省工程建设地方标准；下达《广东省桥梁结构健康监测系统技术规程》等17项工程建设地方标准制订（修订）任务，健全全省工程建设地方标准体系。

【《建筑工程绿色施工评价标准》发布】 2013年8月20日，广东省住房和城乡建设厅发布工程建设地方标准《建筑工程绿色施工评价标准(DBJ/T15-97-2013)》（简称《标准》），对广东省行政区域范围内新建、改建、扩建、拆除和加固的建筑工程的绿色施工评价方法进行规范。《标准》由主编单位广州建筑股份有限公司在调查研究、总结实践经验、参考国内外相关标准，以及组织多次讨论的基础上编制完成，分为11章124条，于2013年12月1日起实施。《标准》结合广东地区的施工环境和施工条件，建立具有地方特色的绿色施工评价体系，符合国家绿色施工要求。《标准》为省、市相关职能部门对建筑工程绿色施工提供客观、统一的评价依据，为政府职能部门制定相关政策法规提供理论支持。 *(刘映)*

2013 年广东省制定的标准设计图集情况

标准号	类 别	图集名称	主 编	完成时间
粤 13J/T001	广东省推荐图集	《复合发泡水泥（CFC）板保温建筑构造》	广东省建筑设计研究院	2013 年 7 月
粤 12J/138	广东省通用图集	《陶粒混凝土砖中空墙体和中空微通风墙体构造》	广东省建筑科学研究院	2013 年 7 月
粤 13J/T003	广东省推荐图集	《发泡陶瓷隔热保温板建筑构造》	广东省建筑科学研究院	2013 年 11 月
13ZJ605	中南地区标准图集	《室内装饰木门》	广东省建筑设计研究院	2013 年 9 月

(广东省住房和城乡建设厅科技信息处)

2013 年广东省住房和城乡建设厅发布的工程建设标准

标准名称	标准编号	实施日期	主编单位
高层建筑混凝土结构技术规程	DBJ 15-92-2013	2013.8.1	华南理工大学建筑设计研究院
民用建筑工程室内环境污染控制技术规程	DBJ 15-93-2013	2013.8.1	广州市建筑科学研究院、广州建设工程质量安全检测中心有限公司
静压预制混凝土桩基础技术规程	DBJ/T15-94-2013	2013.10.1	广东省土木建筑学会
现浇混凝土空心楼盖结构技术规程	DBJ 15-95-2013	2013.8.1	广东省建筑科学研究院、广东省建筑设计研究院
铝合金模板技术规范	DBJ 15-96-2013	2013.12.1	广东省建筑科学研究院、广东建星建筑工程有限公司
建筑工程绿色施工评价标准	DBJ/T15-97-2013	2013.12.1	广州建筑股份有限公司

(广东省住房和城乡建设厅科技信息处)

2013年广东省住房和城乡建设厅立项的工程建设标准

标准名称	制订/修订	起止年限	主编单位
广东省桥梁结构健康监测系统技术规程	制订	2013.08～2014.09	华南理工大学
采用大尺度废弃混凝土的组合结构技术规程	制订	2013.06～2014.11	华南理工大学
建筑种植工程技术规范	制订	2013.08～2014.12	广州大学
轨道交通运营隧道结构安全评估技术规范	制订	2013.09～2014.12	广东省建筑科学研究院
地下工程结构抗浮设计标准	制订	2013.09～2015.06	广东省建筑科学研究院
城市隧道设计规范	制订	2013.09～2015.12	广东省冶金建筑设计研究院
熔岩地区建筑地基基础技术规范	制订	2013.09～2015.02	广州市设计院
废旧集装箱及集装箱式房屋设计技术规程	制订	2013.09～2014.08	哈尔滨工业大学深圳研究生院
砂浆与混凝土及制品企业实验室管理规范	制订	2012.09～2014.09	广东省散装水泥管理办公室
居住区环境景观评价标准	制订	2013.09～2015.09	广东南方土木建筑科技研究院
建筑防水工程技术规程	修订	2013.09～2015.08	广州市鲁班工程技术有限公司
高液限土路堤填筑施工技术规范	制订	2013.06～2014.12	广东省长大公路工程公司、河海大学
广东省绿色建筑检验标准	制订	2013.06～2015.12	广东省建筑科学研究院
铝合金门窗工程设计、施工及验收规范	修订	2013.06～2015.12	广东省建筑科学研究院
预拌砂浆生产与应用技术管理规程	制订	2013.06～2015.12	广东省散装水泥管理办公室
广东省绿色校园评价标准	制订	2012.08～2014.08	广州大学筑博设计股份有限公司 广东省建筑科学研究院
广东省智能建筑工程施工与检测验收规范	制订	2013.06～2014.12	广东省建筑科学研究院 广东省工业设备安装公司

(广东省住房和城乡建设厅科技信息处)

建筑节能

【概况】 2013年，广东省新增节能建筑面积10818万平方米；完成既有建筑节能改造面积450.37万平方米；新增绿色建筑面积1143万平方米，新增城镇太阳能光热建筑应用面积556.54万平方米，新增光电建筑应用装机容量68.1兆瓦；新型墙材应用总量125亿块标准砖，占墙体材料使用总量80%；预计全年节约能源344.97万吨标准煤，减排二氧化碳896.92万吨。是年，全省建筑节能与绿色建筑政策措施逐步完善，新建建筑施工阶段节能标准执行率99.3%，绿色建筑规模化发展，可再生能源建筑应用示范稳步推进。但是全省建筑节能与绿色建筑发展不平衡，特别是粤东西北地区普遍缺乏有力政策措施，财政激励机制不足，地方积极性有待提高。

【科技促进建筑节能减排重大专项行动】 2013年，广东省住房和城乡建设系统开展科技促进建筑节能减排重大专项行动。省住房和城乡建设厅配合省科技厅推进《科技促进建筑节能减排实施方案》，完成2013年广东省省级科技计划项目（第六批）申报评审，设置6大专题专门支持建筑节能与绿色低碳技术研究发展；会同省科技厅开展第二批广东省绿色低碳技术和产品推广目录的申报、评审及发布工作，列入目录的低碳技术和产品共45项；联合省科技厅在广州举办面向普通民众、以“绿色建筑发展与建筑节能科技”为主题的普法宣传活动，印发建筑节能普法宣传手册及挂图，免费派发给广大市民及各地市住房和城乡建设部门，为提高全社会建筑节能意识发挥重要作用。

【新建建筑节能标准执行率提高】 2013年，广东省住房和城乡建设厅加强对新建建筑节能标准执行的监管；完善建筑节能设计、施工审查备案制度，强化对新建建筑节能执行率的把关；组织开展全省建筑节能与绿色建筑发展检查，抽查韶关、河源、梅州、惠州、阳江、湛江、茂名、肇庆、清远9个地级市。省、市检查组累计抽查工程项目1291个，建筑面积4420万平方米。对违反相关标准的76个项目发出执法建议书，占全部检查项目的5.8%。据统计，全省新建建筑节能国家强制性标准执行率99.3%。全年新增节能建筑面积10818万平方米，形成102万吨标准煤的节能能力。

【规划用地用电指标试点建设】 2013年，广东省住房和城乡建设厅贯彻落实《关于认真落实建设用地用电指标有关问题的通知》，在确立珠海、惠州、东莞为规划用地用电指标试点城市的基础上，新增梅州市、河源市、阳江市为规划用地用电指标试点城市。梅州市根据规划用地用电指标限额，开展深化设计和指标试行体系构建工作；阳江市会同电力部门颁布实施规划用地用电指标限额标准管理办法。

【政府办公建筑和大型公共建筑节能监管体系建设】 2013年，广东省住房和城乡建设厅根据住房和城乡建设部《关于印发〈民用建筑能耗和节能信息统计报表制度〉的通知》，组织全省各地建设主管部门在辖区范围内开展能耗统计和能效公示工作，确立广东省省级建筑能耗监测平台优化及推广应用、广州市公共建筑能耗监测平台建设、东莞市建筑能耗监测平台为省级平台建设示范，省财政补贴500万元资金。全省完成国家机关办公建筑和大型公共建筑能耗统计5137幢、能源审计1068幢、能耗公示3380幢，对604幢建筑开展能耗动态监测。其中，纳入住房和城乡建设部民用建筑能耗统计信息系统报送的国家机关办公建筑和大型公共建筑2662幢，总建筑面积10003.66万平方米。根据统计分析，全省各类建筑单位建筑面积能耗如下：国家机关办公建筑70.20千瓦时/平方米·年、写字楼建筑96.42千瓦时/平方米·年、商场建筑147.09千瓦时/平方米·年、宾馆饭店建筑132.86千瓦时/平方米·年。

【可再生能源建筑应用示范建设】 2013年，广东省住房和城乡建设厅指导梅州市、揭西县、蕉岭县推进可再生能源建筑应用示范市、县建设，梅州市、蕉岭县新增可再生能源建筑应用面积180万平方米。会同省财政厅完成2013年省节能专项资金（建筑节能）项目申报，确立15个省级可再生能源建筑应用示范项目，主要支持以太阳能热水、地热能在建筑中的应用，推动全省可再生能源建筑应用。通过合同管理等模式，采取政府发动、社会参与等方式，推进既有建筑节能改造。截至2013年11月底，全省完成既有建筑节能改造面积450.37万平方米。

【获奖节能项目选介】 *深圳南海意库3号楼* 属于国家三洋厂房改造示范性项目，启动改造后更名为蛇口南海意库3号楼。总建筑面积1.6万平方米，总投资1.2亿元。获“国家绿色建筑三星级设计标识奖”和2013年度“全国绿色建筑创新奖”一等奖。该项目立项时间为2005年3月，竣工时间为2008年6月。主要采用技术包括：(1) 采用温湿度独立控制空调系统、以地源热泵作为辅助热源的太阳能光热系统、太阳能光伏发电系统、太阳能拔风烟囱共同组成实现节能。(2) 采用雨污人工湿地处理回用技术。(3) 采用建筑外围护节能构造、建筑遮阳系统、节能光控系统、屋面绿化等绿色技术措施。(4) 采用无机房节能电梯、高效节能水器具、室外渗水地面等节电、节水办法。

万科中心（万科总部） 占地面积61729.7平方米，总建筑面积121286.5平方米，由深圳市万科房地产有限公司投资兴建，中建国际（深圳）设计顾问有限公司设计，获“国家绿色建筑三星级设计标识奖”和2013年度“全国绿色建筑创新奖”二等奖。该项目立项时间为2007年5月，竣工时间为2009年10月。主要采用技术包括：(1) 进行室外场地采光、通风、日照和噪声优化分析。(2) 场地内采用绿地、透水铺装、人工湿地、水景等改善场地热环境措施。(3) 运用围护结构节能：外墙主要采用加气混凝土砌块，幕墙玻璃采用双银中空LOW－E玻璃，屋面为绿化屋面，架空楼板主体为钢筋混凝土，底部为架空层，项目还采用铝合金可调遮阳板系统。(4) 项目综合统筹各种水资源系统，进行动态水系统规划设计。(5) 整体采用混合框架加拉锁结构体系，拉锁结构为国内房屋首次采用。(6) 项目采用首层架空设计。(7) 建立较为完善的节能、节水等资源节约与绿化管理制度。

广州国际体育演艺中心 位于广州市萝岗区，是第16届广州亚运会篮球比赛场馆。场馆总建筑面积12万平方米，周边配套有零售商店、娱乐中心、酒店、音乐厅等多功能商业娱乐设施，是融体育、演艺活动于一体的大型综合性场馆，获“国家绿色建筑二星级设计标识奖”和2013年度“全国绿色建筑创新奖”二等奖，该项目立项时间为2008年10月，竣工时间为2010年8月。采用技术如下：(1) 室内外环境研究和舒适调控技术应用。(2) 透水混凝土大规模应用。(3) 大面积的复层景观绿化以及维护结构节能应用。(4) 项目整体采用资源节约型钢结构体系，内部采用高效离心冷水机组以及排风热回收技术，中央空调配备节能控制技术。(5) 照明节能技术以及碗形屋面雨水回收系统，配备可再循环建筑材料，室内环形通道以及声环境模拟改善技术配备智能化的管理控制系统。

（刘映）

2013年广东省绿色建筑评价标识项目情况

序号	项目名称	申报单位	项目类型	评定星级
1	东莞万科翡丽山二期20~28号楼	东莞市万科置地有限公司	住宅建筑	★
2	东莞万科金域国际花园一期	东莞市万悦房地产有限公司	住宅建筑	★
3	东莞万科金域松湖一期三标项目	东莞市中万房地产开发有限公司	住宅建筑	★
4	东莞万科长安广场二期	东莞市长安万科房地产有限公司	住宅建筑	★
5	佛山市文化中心项目—佛山档案中心项目	佛山市新城开发建设有限公司	公共建筑	★★
6	珠海万科魅力之城	珠海市万汇房地产开发有限公司、深圳万都时代绿色建筑技术有限公司	住宅建筑	一星A

(续表)

序号	项目名称	申报单位	项目类型	评定星级
7	珠海万科城市花园	珠海市万润置业发展有限公司、深圳万都时代绿色建筑技术有限公司	住宅建筑	一星 A
8	广州万科东荟花园(扩展)C1~C3、C16~C18 号楼	广州市万尚房地产有限公司、深圳万都时代绿色建筑技术有限公司	住宅建筑	一星 A
9	广州万科东荟花园二期 A5~A6、A17~A19 号楼	广州市万怡房地产有限公司、深圳万都时代绿色建筑技术有限公司	住宅建筑	一星 A
10	越秀城建大学城住宅项目“星汇文宇”	广州市城市建设开发有限公司	住宅建筑	一星 A
11	越秀城建大学住宅项目“星汇文翰”	广州市城市建设开发有限公司	住宅建筑	一星 A
12	惠州市新华联广场(住宅)	惠州市新华联嘉业房地产开发有限公司、深圳市建筑科学研究院有限公司	住宅建筑	二星 B
13	惠州星河丹堤花园 E 区南区(7 组团)	惠州阳光新都房地产开发有限公司、深圳市建筑科学研究院有限公司	住宅建筑	一星 A
14	佛山碧桂园希尔顿酒店	佛山市禅城区碧桂园房地产开发有限公司	公共建筑	★
15	广州市天河区珠江新城商业、办公楼一幢 B2~10 地块(财富中心)	广州市城市建设开发有限公司、中国建筑科学研究院上海分院、华南理工大学建筑设计研究院	公共建筑	★★★
16	佛山万科广场 1~1 号楼	佛山市万科中心城房地产有限公司、中国建筑科学研究院上海分院	公共建筑	★★★
17	广州万科东荟花园三期 A7~A12 幢	广州市万怡房地产有限公司、深圳万都时代绿色建筑技术有限公司	住宅建筑	★★★
18	广州市华德工业有限公司二期工程	广州市华德工业有限公司、中国建筑科学研究院建筑环境与节能研究院、中国轻工业广州工程有限公司	工业建筑	★★
19	深圳雷柏科技工业厂区厂房	深圳雷柏科技股份有限公司、中国建筑科学研究院深圳分院、深圳市国际印象建筑设计院有限公司	工业建筑	★★
20	广东省阳江市海陵岛保利皇冠假日酒店	保利(海陵岛)房地产开发有限公司、建学建筑与工程设计所有限公司	公共建筑	★
21	广州保利紫林香苑 4、5、11、12 号楼	保利房地产(集团)股份有限公司	住宅建筑	★
22	东莞长安万达广场购物中心	东莞长安万达广场有限公司、深圳奥意建筑工程设计有限公司、北京清华同衡规划设计研究院有限公司	公共建筑	★
23	中山翠亨新区服务楼	中山火炬开发区临海工业园开发有限公司	公共建筑	★★★
24	深圳曦城商业中心 A122~0297 地块(北区)曦城会会所	深圳招商华侨城投资有限公司	公共建筑	★★
25	东莞长安万达广场住宅区(1~9 号楼)	东莞长安万达广场有限公司、广东建筑艺术设计院有限公司、北京清华同衡规划设计研究院有限公司	住宅建筑	★
26	深圳机场值班保障用房	深圳市机场(集团)有限公司	住宅建筑	★
27	深圳桃花园 D 区人才公寓	深圳蛇口工业区职工住宅有限公司	住宅建筑	★
28	深圳深房御府(西区)	深圳市经济特区房地产(集团)股份有限公司	住宅建筑	★★
29	深圳市观澜安居商品房 1~2 幢、4~14 幢	中国长安汽车集团深圳投资有限公司	住宅建筑	★
30	深圳市龙岗区 2010 年保障性住房(南约地块)项目	深圳市龙岗区建筑工务局	住宅建筑	★
31	东莞东城万达广场 C 区 7、8、10、11、13~16、18、19 号楼	东莞东城万达广场投资有限公司	住宅建筑	★
32	佛山南海万达华府(1~7 号楼)	佛山南海万达广场有限公司、浙江联泰建筑节能科技有限公司、悉地国际(深圳)设计顾问有限公司	住宅建筑	★

(续表)

序号	项目名称	申报单位	项目类型	评定星级
33	佛山万科沁园三期（3~5号楼）	佛山市顺德区万科城市花园房地产有限公司、深圳万都时代绿色建筑技术有限公司	住宅建筑	一星A
34	佛山万科金域国际花园一期（1～2）号楼	佛山市南海区万科乐恒置业有限公司、深圳万都时代绿色建筑技术有限公司	住宅建筑	一星A
35	佛山市智博丽海花园1期和2期	佛山市联诚银海豪园房地产投资开发有限公司、佛山绿建达科技有限公司	住宅建筑	一星B
36	佛山市季华五路办公大楼	佛山市季华新村房地产发展有限公司、中山大学	公共建筑	二星A
37	广州番禺万达广场－商业综合楼（原广州番禺万博CBD商业广场商业综合楼）	广州市万诺投资管理有限公司	公共建筑	★
38	广州市中惠璧珑湾（北地块）14幢	广州市粤锐恒星房地产有限公司	公共建筑	一星A
39	广州市中惠璧珑湾（北地块）13、15、16幢	广州市粤锐恒星房地产有限公司	住宅建筑	一星A
40	广州新电视塔	广州新电视塔建设有限公司	公共建筑	★★
41	佛山保利东滨花园4~9号住宅楼	佛山市保利鑫诚房地产开发有限公司、广东省建筑科学研究院	住宅建筑	一星B
42	佛山市敏捷房地产开发有限公司畔海御峰花园A区1~6号楼	佛山市敏捷房地产开发有限公司、深圳万都时代绿色建筑技术有限公司	住宅建筑	一星A
43	佛山市敏捷房地产开发有限公司畔海御峰花园A区商业、商铺1、商铺2	佛山市敏捷房地产开发有限公司、深圳万都时代绿色建筑技术有限公司	公共建筑	一星A
44	广州万科东荟花园三期A13~A16幢	广州市万怡房地产有限公司、深圳万都时代绿色建筑技术有限公司	住宅建筑	一星A
45	广州萝岗区图书档案大楼建设工程	广州永和建设发展有限公司	公共建筑	一星A
46	广州越秀·岭南山畔项目1~13号楼	广州市城市建设开发有限公司、华南理工大学建筑节能研究中心	住宅建筑	二星B
47	湛江西粤京基城二期二区7、8、9号楼	湛江市京基房地产开发有限公司	住宅建筑	二星B
48	广州碧桂园·山海湾项目（1～6、17～29号楼）	广州南沙经济技术开发区碧桂园物业发展有限公司、深圳市建筑科学研究院有限公司、广东博意建筑设计院有限公司	住宅建筑	★
49	佛山市文化中心项目—艺术村项目	佛山市新城开发建设有限公司	公共建筑	★
50	广州绿地金融中心二期	广州绿地房地产开发有限公司	公共建筑	二星A
51	惠州海伦.湖溪花园27~39座	惠州恒岳房地产有限公司	住宅建筑	一星A
52	深圳光明高新园区公共服务平台	深圳市光明新区新城开发建设办公室、深圳市越众绿色建筑科技发展有限公司	公共建筑	★★★
53	佛山南海万达广场写字楼（南1幢、南6幢）	佛山南海万达广场有限公司、浙江联泰建筑节能科技有限公司、悉地国际（深圳）设计顾问有限公司	公共建筑	★
54	佛山南海万达广场产权式酒店（南2幢、南3幢、南4幢）	佛山南海万达广场有限公司、浙江联泰建筑节能科技有限公司、悉地国际（深圳）设计顾问有限公司	公共建筑	★
55	惠州市博罗县双城峰景（一期）	博罗县金丰昌发展有限公司、广东远顺建筑设计有限公司、中国建筑科学研究院上海分院、杭州绿安建筑节能科技有限公司	住宅建筑	★
56	佛山·绿地尚品花园8、9号楼	绿地集团佛山顺德置业有限公司、中国建筑科学研究院上海分院、广州瀚华建筑设计有限公司	住宅建筑	★
57	深圳市光明锦鸿花园项目	深圳市福田房地产有限公司、深圳合大国际工程设计有限公司	住宅建筑	★
58	深圳市宏发上域9号楼项目	深圳市宏发房地产开发有限公司、深圳奥意建筑工程设计有限公司	住宅建筑	★

(续表)

序号	项目名称	申报单位	项目类型	评定星级
59	深圳市万科翡逸郡园C座保障房项目	深圳市广盛荣投资有限公司、深圳市建筑科学研究院有限公司、深圳市筑博工程设计有限公司	住宅建筑	★★
60	深圳市中信龙盛广场1幢1单元项目	中信（华南）集团深圳有限公司、中信建筑（深圳）设计研究院有限公司	住宅建筑	★
61	深圳市东城中心花园一期D幢项目	深圳市麟恒投资发展有限公司、深圳市清华苑建筑设计有限公司	住宅建筑	★
62	深圳市前海保障性住房（龙海家园）项目	深圳市地铁集团有限公司、深圳市建筑科学研究院有限公司、悉地国际设计顾问（深圳）有限公司、深圳市建筑设计研究总院有限公司	住宅建筑	★
63	深圳市宏发君域花园3幢C座项目	深圳市宏发房地产开发有限公司、深圳市骏业建筑科技有限公司、东南大学建筑设计研究院有限公司	住宅建筑	★
64	深圳市熙璟城豪苑项目	深圳市华兴广实业有限公司、香港华艺设计顾问（深圳）有限公司	住宅建筑	★
65	深圳市荷康花园4号保障性住房项目	深圳市荷康城房地产开发有限公司、深圳华森建筑与工程设计顾问有限公司、深圳市骏业建筑科技有限公司	住宅建筑	★
66	广州万科峯境花园	广州市万融房地产有限公司	住宅建筑	★★★
67	广州万科金色梦想花园G13~G15幢	广州市万轩房地产有限公司	住宅建筑	★★★
68	广州发展中心大厦	广州发展新城投资有限公司	公共建筑	★★
69	佛山新城商务中心一期工程	佛山市保利鑫诚房地产开发有限公司	公共建筑	二星B
70	一汽－大众汽车有限公司佛山工厂	一汽—大众汽车有限公司	工业建筑	★★★
71	深圳南海意库3号楼	深圳招商房地产有限公司、深圳市清华苑建筑设计有限公司、深圳市越众绿色建筑科技发展有限公司	公共建筑	★★★
72	深圳市海上世界酒店	深圳蛇口海上世界酒店管理有限公司	公共建筑	★★★
73	东莞长安万科中心8幢商业办公楼	东莞市长安万科房地产有限公司	公共建筑	★★★
74	广州万科峯境花园	广州市万融房地产有限公司	住宅建筑	★★★
75	深圳市盐田高级中学	深圳市盐田区政府	公共建筑	★★
76	深圳市深圳机场T3航站楼	深圳市机场（集团）有限公司	公共建筑	★★
77	深圳市玉龙九年一贯制学校	深圳市龙华新区建设管理服务中心	公共建筑	★
78	深圳市精细化工产业园坝光社区整体搬迁安置学校工程	深圳市大鹏新区建设管理服务中心、广东华玺建筑设计有限公司	公共建筑	★
79	深圳市观澜版画艺术博物馆项目	深圳市龙华新区建设管理服务中心	公共建筑	★
80	深圳市福田区侨香路保障性住房1～3幢	深圳一冶南方实业有限公司、	住宅建筑	★
81	深圳市宝和苑A、B幢塔楼	深圳市天健房地产开发实业有限公司	住宅建筑	★
82	深圳市源和苑	深圳市天健房地产开发实业有限公司	住宅建筑	★
83	深圳市招商锦绣观园	深圳招商房地产有限公司	住宅建筑	★
84	深圳市文澜苑	深圳市东部开发（集团）有限公司	住宅建筑	★
85	深圳市祥澜苑	深圳市东部开发(集团)有限公司	住宅建筑	★
86	深圳市民兴苑	深圳市东部开发(集团)有限公司	住宅建筑	★
87	深圳市文峰华庭1幢B座	深圳市南岭华业投资有限公司	住宅建筑	★
88	深圳市华盛盛荟名庭(2号楼塔楼)	深圳市祥盛房地产开发有限公司	住宅建筑	★
89	深圳市信义御城豪园4幢A座	深圳市信义房地产开发有限公司	住宅建筑	★
90	深圳市南山区茶光地块保障性住房项目	深圳市茶光投资有限公司	住宅建筑	★

(广东省住房和城乡建设厅科技信息处)

房地产业与住房保障

- □ 全省房地产开发投资六千五百一十九亿元
- □ 住房公积金缴存人数与缴存总额稳定增长
- □ 省政府出台首个关于住房保障的地方性规章
- □ 全省有物业服务企业七千三百多家
- □ 新增两个国家住宅产业基地

综　　述

【概况】　2013年，广东省贯彻国家各项房地产市场调控政策，在全国率先转发国务院办公厅《关于继续做好房地产市场调控工作的通知》，提出切实落实政府稳定房价的责任、坚决抑制投资投机购房需求、增加中小套型普通商品住房供应、加快保障性安居工程建设、加强房地产市场监管等措施，全省房地产市场平稳健康运行，各项指标创出历史新高。全年全省房地产开发投资额6519.47亿元，比上年增长21.8%，占全省固定资产投资额的29%；房地产业投资额7659.21亿元，比上年增长17.5%，占全省固定资产投资额的33.6%；全省房地产税收收入1486亿元，比上年增长16.8%，占全省地税总收入的29%，为地方政府财税收入提供重要支撑。全省新增房地产各项贷款2876亿元，占新增本外币各项贷款的35%。全省商品房销售额8941.05亿元，占全国比重的11%。商品房价格上涨10.4%，特别是广州、深圳商品住房价格较高，涨幅较大。广州、深圳市作为国家特大城市，公共基础设施较为完善，投资和就业机会较多，吸引大量人口和资金涌入，导致商品住房需求旺盛，商品住房价格上涨较快。虽然两市高度重视房地产市场调控和稳定房价，但是根据2013年12月国家统计局发布的70个大中城市新建商品住房价格指数，广州、深圳市新建商品住房价格比上年分别上涨20.4%和20.3%，位居70个大中城市中的第三和第四位。

2013年，广东省继续推进住房制度改革创新，制定和完善配套政策，开启全省住房保障工作“建管并重”新局面。全年全省保障性安居工程新开工各类住房89683套，新增基本建成各类保障性住房和棚户区改造143651套，新增租赁补贴

2013年广东省房屋基本情况

地区名称	年末实有房屋建筑面积（万平方米）	住　宅（万平方米）	私有住宅	年末成套住宅套数（套）	年末成套住宅建筑面积（万平方米）	本年房屋减少面积（万平方米）	住　宅（万平方米）
广东省	285451.18	185561.19	138185.25	14006433	152614.11	378.41	218.42
广州市	43016.84	23171.70	15174.50	2337041	16391.04	0	0
深圳市	38998.25	26825.42	19393.25	2548249	26825.42	7.47	0.50
珠海市	19450.98	11834.41	7687.84	994231	10954.41	18.70	6.14
汕头市	7839.78	5843.39	4179.47	437593	4534.79	9.09	0.65
佛山市	36465.97	21816.36	17541.91	1524530	19476.47	94.83	30.35
顺德区	10834.28	5620.88	216.30	283757	5404.58	11.16	3.23
韶关市	9066.68	6749.30	5302.97	547805	6494.16	22.61	20.64
河源市	4673.25	3169.66	2840.81	204214	2789.21	4.32	1.78
梅州市	5889.10	4962.40	4480.10	319524	4610.40	88.80	81
惠州市	18302.75	11296.83	8051.12	716601	9825.79	26.30	21.93
汕尾市	1631.40	1200.94	316.50	92507	1159.61	1.13	1
东莞市	3886.51	2479.84	2007.96	152417	2479.83	3.50	1.16
中山市	11800.05	10030.04	9127.33	58362	638.10	10.01	1.15
江门市	12925.10	7693.46	6615	703484	7148.19	2.55	0.63
阳江市	5753.73	4251.44	2963.20	189583	1672.45	1.22	0.86
湛江市	12255.33	8895.84	6288.24	561386	6508.96	34.22	23
茂名市	7408.61	5414.36	4848.45	388473	4334.40	3.03	2.03
肇庆市	10375.11	6313.37	4946.39	454912	4818.99	26.32	17.27
清远市	6678.62	4246.29	3566.02	291820	3751.07	9.36	2.86
潮州市	1508.82	1240.61	1193.38	151294	1203.40	0	0
揭阳市	12173.50	9801.51	9188.73	818780	9467.16	0	0
云浮市	4516.52	2703.14	2255.78	229870	2125.68	3.79	2.24

（冯育文）

8366户，完成保障性安居工程投资227.23亿元。住房公积金缴存人数与缴存总额稳定增长。截至年末，全省实际缴存职工人数1139.38万人。

2013年，肇庆市广宁御景国际（一期）等10个项目通过“广东省绿色住区”认定；广州市富力盈泰广场等10个项目被评为2013年度“全国物业管理示范住宅小区（大厦、工业区）”；广州市碧桂园凤凰城（凤馨苑）等47个项目被评为2013年度“广东省物业管理示范住宅小区（大厦、工业区）”。

【宜居社区建设】 2012年3月30日，中共广东省委办公厅、省政府办公厅印发《关于加强宜居社区建设工作的指导意见》，提出通过切实保障和改善民生，推进社会管理创新，使全省基本达到宜居社区标准。年内，省住房和城乡建设厅将深圳、东莞、湛江市作为全省宜居社区建设试点城市，探索建设具有广东地方特色的宜居社区，及时总结具有全省推广性和可借鉴性的先进经验，组织相关专家修订和规范广东省宜居社区评审标准。按照省委办公厅、省政府办公厅关于保留省级考核检查评比表彰项目规范设置和指标优化整合工作要求，广东省宜居社区创建工作纳入广东省城镇化工作绩效考核项目。

【宜居社区认定】 2013年，按照《关于开展2013年广东省宜居社区

▲广州市富力盈泰广场获2013年度“全国物业管理示范住宅小区（大厦、工业区）”称号

（广东省物业管理行业协会供稿）

2013年广东省房屋施工及销售情况

单位：平方米

项目名称	合　计	住　宅	90平方米及以下	144平方米以上	别墅、高档公寓	办公楼	商业营业用房	其他房屋
房屋施工面积	464804659	336906742	73640803	80124781	26826818	16757148	43238350	67902419
其中：本年新开工面积	142654768	101147526	22669168	17093104	6221431	5631998	14815841	21059403
本年房屋竣工面积	62732984	47482471	9626858	14237981	3966495	2645815	4691472	7913226
其中：不可销售面积	3174436	783065	281967	134040	100	259345	393539	1738487
本年住宅竣工套数	0	404602	133773	69104	17446	0	0	0
本年房屋竣工价值	21143801	15365265	3425302	4842561	1374940	1211656	2108878	2458002
本年批准预售面积	84188276	74588841	17231469	16280389	6414938	2109598	5290987	2198850
本年批准预售住宅套数	0	675138	236097	80947	33299	0	0	0
房屋出租面积	3185601	152342	44521	4882	24907	733030	1798187	502042
本年商品房销售面积	98363855	88309543	20811079	22549309	7324614	2568585	4336127	3149600
现房销售面积	22115106	17538764	3640321	6604818	1653617	1039978	1675685	1860679
期房销售面积	76248749	70770779	17170758	15944491	5670997	1528607	2660442	1288921
商品房销售额	89410531	74761038	19624512	23361273	8296583	5340643	6798146	2510704
现房销售额	19140431	13669625	3299784	6165741	1932384	2121072	2012044	1337690
期房销售额	70270100	61091413	16324728	17195532	6364199	3219571	4786102	1173014
商品住宅销售套数	0	790912	280392	117199	44334	0	0	0
现房销售套数	0	146307	50002	32892	6943	0	0	0
期房销售套数	0	644605	230390	84307	37391	0	0	0
待售面积	44695286	28449838	5506794	11288364	3638884	2080845	7001216	7163387
其中：待售1~3年面积	22965912	14514884	2943376	5874094	1744878	967308	3664570	3819150
其中：待售3年以上面积	4532760	1880707	405523	975668	638797	337237	1328362	986454

（张志军）

▲2013年5月31日至6月2日，珠江三角洲房地产博览会在广州市举行

（广东省房地产行业协会供稿）

评定工作的函》，为做好广东省城镇化工作绩效考核工作，省住房和城乡建设厅会同省民政厅、公安厅、环保厅、体育局组成广东省宜居社区评审领导小组开展宜居社区评审工作。广州、深圳市等20个地级以上市申报961个社区参评，经审查，实际符合资格的参评社区925个。是年，按照规定比例，从各市符合资格参评的社区中抽取148个社区进行现场评审。10月中旬至11月中旬，由省住房和城乡建设厅副厅长陈英松、副巡视员李运章，省公安厅治安局局长郑泽辉，省民政厅副巡视员吴平发，省体育局副局长曾晓红带队，由5个厅的有关人员和15名院校及研究机构相关专家组成6个宜居社区现场评审组分别进行现场评审。按照标准和程序，参加抽评的148个省级宜居社区材料和现场评审全部合格，各市通过率均为100%，全省评出宜居社区总数925个。

【珠江三角洲房地产博览会】 2013年5月31日至6月2日，珠江三角洲房地产博览会在广州市中国进出口商品交易会展馆举行。该届展会由广东省房地产行业协会主办，以“品牌力量，筑梦理想家园”为主题，羊城晚报报业集团作为战略合作媒体，参展地区涵盖广州、深圳、珠海、佛山、惠州、东莞、中山、肇庆市，汇集万科、保利、碧桂园、中海等大型房地产企业，特设上下游展区、海外项目展区、金融服务与项目推介展区、旅游休闲地产展区、珠三角轨道交通展区6大功能展区，全面覆盖房地产及相关产业链，为广大买家提供“一条龙”的置业服务。博览会最大的特点是开辟海外置业展区，来自美国、加拿大、澳大利亚、新加坡、葡萄牙、英国、德国、马来西亚、泰国、塞浦路斯、菲律宾等多个国家的近300个楼盘参展。 *（张志军）*

房地产市场

【概况】 2013年，广东省贯彻国家各项房地产市场调控政策，房地产市场平稳健康运行，各项指标创

2013年广东省商品房销售情况

单位：万平方米、亿元

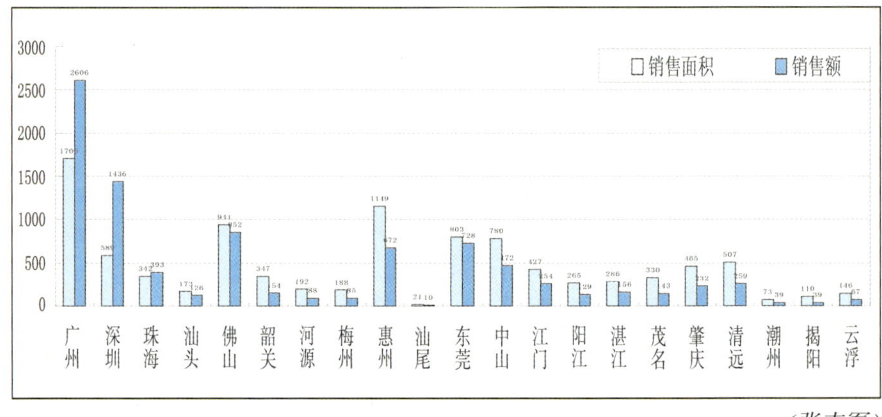

（张志军）

2013年广东省房地产开发投资情况

单位：亿元

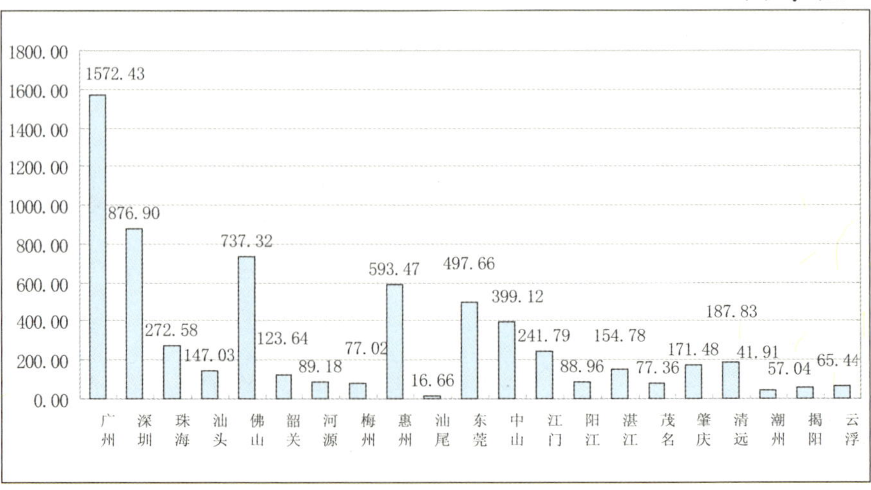

（张志军）

2013年广东、江苏、山东、浙江省房地产开发投资情况

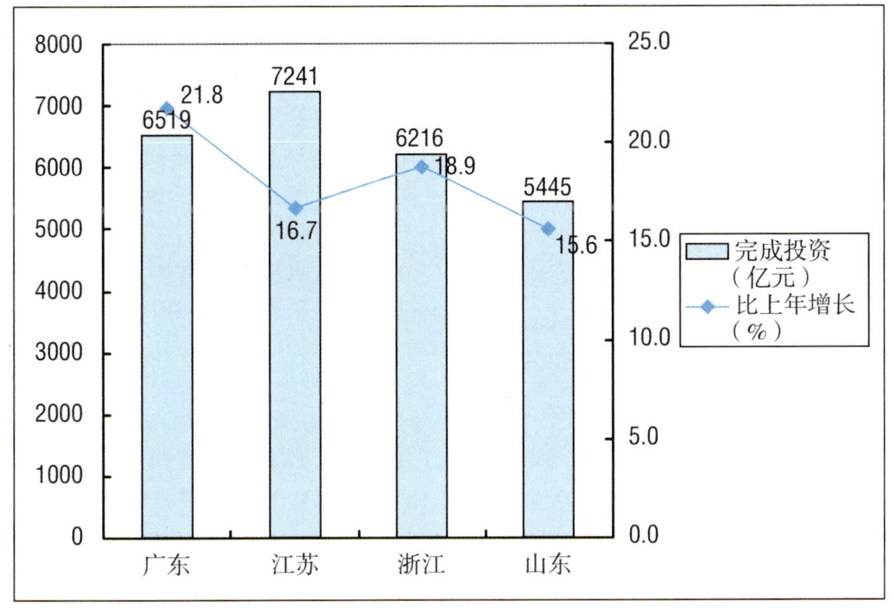

（张志军）

2013年广东、江苏、山东、浙江省商品房销售情况

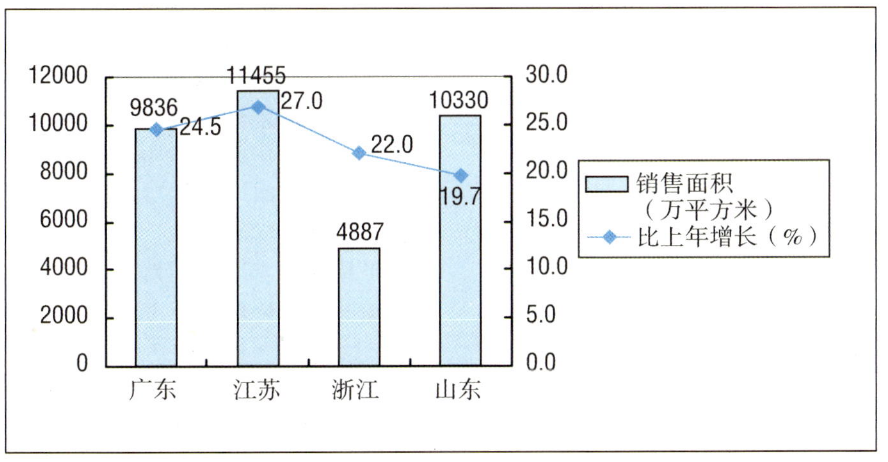

（张志军）

2013 年广东省房地产投资和销售情况

单位：万元

指标名称	实　绩	地　方	地市县属
计划总投资	384084161	367997279	365926226
自开始建设累计完成投资	248898801	239333342	238010338
本年完成投资	65194706	62962399	62575431
配套工程投资	781972	770252	768450
国有经济控股	6813402	4724845	4415245
内资企业	54047894	52048312	51677083
国有企业	1924525	1214479	1141414

出历史新高。3月25日，省政府转发《国务院办公厅关于继续做好房地产市场调控工作的通知》，提出落实政府稳定房价的责任、坚决抑制投资投机购房需求、增加中小套型普通商品住房供应、加快保障性安居工程建设、加强房地产市场监管5项措施；3月底，广州、深圳市政府分别印发《关于贯彻广东省人民政府办公厅转发国务院办公厅关于继续做好房地产市场调控工作通知的实施意见》和《深圳市人民政府办公厅关于继续做好房地产市场调控工作的通知》；7月，惠州市印发《惠州市人民政府办公室关于继续做好房地产市场调控工作的意见》；10月，深圳市房地产宏观调控领导小组联席会议提出稳定房地产市场的8项措施；11月15日，广州市印发《关于进一步做好房地产市场调控工作的意见》。

为保障部分城市住房限购政策的贯彻落实，防止通过民事诉讼、以房抵债规避住房限购政策的行为，广东省住房和城乡建设厅会同省高级人民法院、司法厅共同研究提出《在审判执行和办理公证中落实住房限购政策的意见》，完善相关诉讼程序和举证要求，堵塞法律漏洞。

2013年，针对广州、深圳市房价上涨较快情况，广东省住房和城乡建设厅指导广州、深圳市做好房地产市场调控和稳定房价工作。6月初，陪同住房和城乡建设部房地产市场监管司到广州、深圳市调研房地产市场运行情况，要求两市做好稳定房价工作；6月底，省住房和城乡建设厅副厅长陈英松约谈广州市国土房管局领导，要求广州市采取措施遏制房价上涨势头，并要求广州市作为全省建立健全房地产调控长效机制的试点城市，为全省乃至全国房地产市场调控工作探索经验。

做好市场监测分析，准确把握全省房地产市场运行情况。广东省住房和城乡建设厅收集全省各市房

(续表)

指标名称	实　绩	地　方	地市县属
集体企业	573160	573160	573160
股份合作企业	196064	196064	196064
联营企业	4384	4384	4384
集体联营企业	3978	3978	3978
其他联营企业	406	406	406
有限责任公司	30419226	29616538	29318374
国有独资公司	424720	216854	216854
其他有限责任公司	29994506	29399684	29101520
股份有限公司	2056552	1569704	1569704
私营企业	18400859	18400859	18400859
私营独资企业	1035716	1035716	1035716
私营合伙企业	116186	116186	116186
私营有限责任公司	16434485	16434485	16434485
私营股份有限公司	814472	814472	814472
其他企业	473124	473124	473124
港澳台商投资企业	7528000	7528000	7513579
与港澳台商合资经营企业	1688380	1688380	1688380
与港澳台商合资合作经营企业	1949706	1949706	1935285
港澳台商独资经营企业	3582444	3582444	3582444
港澳台商投资股份有限公司	173249	173249	173249
其他港澳台投资	134221	134221	134221
外商投资企业	3618812	3386087	3384769
中外合资经营企业	1074048	841323	840005
中外合作经营企业	284189	284189	284189
外资企业	2095912	2095912	2095912
外商投资股份有限公司	122193	122193	122193
其他外商投资	42470	42470	42470
按构成分：建筑工程	42872505	41377817	41139523
安装工程	5368707	5254920	5213381
设备工器具购置	655057	622705	610951
其他费用	16298437	15706957	15611576
其中：旧建筑物购置费	381579	381579	354593
土地购置费	9911115	9529872	9497801
住宅	45409794	43547809	43400951
其中：90平方米以下	12199966	11847227	11768688
其中：144平方米以上	11615146	11149928	11138321
别墅、高档公寓	5112930	5024676	5020279
办公楼	3478155	3409871	3287559
商业营业用房	7160226	7066951	7039583

地产、金融、税收和东部省份房地产数据，形成《广东省房地产市场运行分析报告》，每月向广东省委、省政府、省人大、省政协领导报送，为领导决策提供依据；每月参加广东省经济监测分析联席会议，向省政府汇报房地产市场对全省国民经济的影响和作用；参加国家发改委、财政部、统计局、中国人民银行等国家相关部门对宏观经济和房地产市场运行情况调研，提出广东省房地产市场监测分析意见。《广东省房地产市场运行分析报告》被住房和城乡建设部列入《全国房地产市场监测分析报告集》。

【住房制度研究】 2013年，由广东省住房和城乡建设厅编制的《广东省住房制度建设》被列入广东省经济监测分析联席会议6个重点课题，获得15万元的财政资金支持。年内，省住房和城乡建设厅委托省城乡规划设计研究院具体承接课题研究，并按时完成课题研究报告。报告通过借鉴国外发达国家和地区在快速城镇化过程中住房政策的先进经验，找出广东省房地产市场存在问题，并提出促进全省房地产市场平稳健康发展政策建议。在该报告基础上，根据党的十八届三中全会关于全面深化改革决定精神，省住房和城乡建设厅研究提出《关于健全住房保障和供应体系的政策建议》，作为近期房地产市场监管的工作重点。

【城镇住房发展规划编制】 2013年，广东省住房和城乡建设厅组织编制住房发展规划。4月组织全省各地级以上市住房和城乡建设、规划局部门参加全国住房发展规划编制工作会议；5月组织县级市住房发展规划编制人员参加全国住房发展规划编制培训班。督促全省各地级以上城市编制住房发展规划，提出“十二五”期间住房供应安排。是年，省住房和城乡建设厅委托省城乡规划设计研究院编《广东省城

(续表)

指标名称	实　绩	地　方	地市县属
其他	9146531	8937768	8847338
本年新增固定资产	28193318	27497454	27157017
一、本年资金来源合计	135702919	131995193	131447496
1. 上年末结余资金	30973476	30601993	30516603
2. 本年资金来源小计	104729443	101393200	100930893
(1) 国内贷款	21435911	20787934	20720487
银行贷款	20032347	19385882	19318435
非银行金融机构贷款	1403564	1402052	1402052
(2) 利用外资	362931	362931	362931
其中：外商直接投资	318747	318747	318747
(3) 自筹资金	27983353	27728469	27460836
其中：自有资金	12589233	12513378	12417892
股东投入资金	5384660	5327949	5261907
借入资金	4553524	4453911	4347806
(4) 其他资金来源	54947248	52513866	52386639
其中：定金及预收款	36382977	34514230	34471012
其中：个人按揭贷款	14746797	14389282	14383272
二、本年各项应付款合计	15879548	15611316	15510642
其中：工程款	9128746	8944525	8859136
项目规划占地面积	401722626	392035324	390135399
项目规划建筑面积	913766031	894692719	890696433
其中：住宅	669364125	656728096	653906407
商业营业用房	84873681	83259790	82905355
办公楼	30811184	29763199	29514489
其他	128717041	124941634	124370182
规划住宅套数	5987347	5898670	5876043
其中：90平方米以下	2044701	2018617	2007121
144平方米以上	994260	978441	976096
其中：别墅、高档公寓	410882	409226	408113
项目个数	6581	6515	6480
待开发土地面积	48660410	48618790	48456830
本年购置土地面积	22509647	22476590	22313129
本年土地成交价款	6814971	6811105	6750305
其中：拆迁补偿费	350588	347195	343933
土地使用权出让金	5646118	5646085	5594427
契税	149777	149747	144868

(张志军)

镇住房发展规划（2013~2015年）》，提出“十二五”期间广东省城镇住房发展目标和保障措施。

【《广东省城镇住房规划（2013~2015年）》】 《广东省城镇住房发展规划（2013~2015年）》(简称《规划》）主要目标是构建总量平衡和结构合理的多层次住房供应体系，保障各收入阶层住有所居。

以城市住房建设规划为抓手，构建以商品住房、安居型住房、公共租赁住房等住房类型为主体的多层次住房供应体系　推进进存量住房、住房租赁市场发展，构建“先租后买、先大后小、不断升级”的住房梯度消费格局；满足新进入城市居民基本住房需求和现有城市居民改善住房需求，继续抑制投资投机型住房需求。

建立完善以金融、税收等经济手段为主导的房地产市场长效调控机制，促进房地产市场平稳健康发展　按照国家要求，推进房地产税相关工作；继续实施差别化金融、税收政策，在核心城市继续坚持住房限购政策，抑制投资投机型住房需求；创新房地产金融制度，降低金融系统性风险；加强房地产市场监管，推进信息化建设。

促进房地产业转型升级，服务广东省新型城市化发展需求　推进住宅产业化发展，发展绿色低碳住宅。根据珠江三角洲和粤东西北地区城市化发展水平特点，促进不同类型房地产业发展，推动全省新型城市化发展。

【房地产中介市场专项治理】 2013年，广东省住房和城乡建设厅会同省工商局制订《广东省2013年房地产中介市场专项整治工作方案》，开展全省房地产中介机构专项治理。根据统计，全省备案经纪机构4610个、备案分支机构3500个，估计全省房地产经纪从业人员15万人。专项治理采取现场巡查、合同抽查、依法接受举报，并曝光典型案例等方式进行，重点查处房地产中介机构和经纪人员“诱导、教唆、协助购房人通过伪造证明材料等方式，骗取购房资格和规避限

2013年广东省房地产开发项目情况

单位：万元

地区名称	计划总投资	自开始建设累计完成投资	本年完成投资	其中	按构成分
				配套工程投资	建筑工程
广东省	384084161	248898801	65194706	781972	42872505
广州市	109057534	69797334	15796798	91301	9902546
深圳市	48980522	28856578	8877123	72687	5903449
珠海市	20260966	13907797	2725782	26116	1830593
汕头市	2815362	3004665	1507967	18191	1032249
佛山市	46921766	30369676	7453703	121204	4326716
韶关市	5423469	3901253	1236396	26550	868730
江门市	13812608	8359543	2417874	48758	1578275
湛江市	7372512	4416289	1547846	20754	1185556
茂名市	3346436	1974894	773575	33675	529515
肇庆市	10213963	5683233	1714816	22704	1141120
惠州市	31591695	19925212	5934706	70900	4409996
梅州市	3579497	1811187	770176	13945	494211
汕尾市	814335	672838	166609	7552	147050
河源市	3832022	2502992	891801	26014	691294
阳江市	5379332	2719406	889559	3575	691438
清远市	11690360	7638367	1878317	56750	1435708
东莞市	31017021	23439059	4976593	41168	3009306
中山市	20899781	15470241	3991156	56602	2535347
潮州市	2204564	1060592	419083	6510	238675
揭阳市	2874091	1905024	570446	8326	437713
云浮市	1996325	1482621	654380	8690	483018
珠三角	332755856	215808673	53888551	551440	34637348
东　翼	8708352	6643119	2664105	40579	1855687
西　翼	16098280	9110589	3210980	58004	2406509
粤北山区	26521673	17336420	5431070	131949	3972961

地区名称	按构成分	按构成分	按构成分	其中	其中	按工程用途分
	安装工程	设备工器具购置	其他费用	旧建筑物购置费	土地购置费	商品住宅
广东省	5368707	655057	16298437	381579	9911115	45409794
广州市	1285359	158527	4450366	65409	2548661	9501401
深圳市	1052759	103880	1817035	220732	988752	5941047
珠海市	202320	51006	641863	9329	380014	2096561
汕头市	58783	25590	391345	4150	221360	1052630
佛山市	546848	104846	2475293	12155	1671529	5049951
韶关市	80550	17468	269648	30179	124502	936760
江门市	145195	9086	685318	2183	449549	1738153
湛江市	136142	16945	209203	3163	113220	1203412
茂名市	45825	9044	189191	10	152935	598722
肇庆市	146062	12439	415195	4415	286514	1285673
惠州市	569476	38231	917003	7969	535259	4697816
梅州市	26694	8422	240849	267	154247	572073
汕尾市	9175	707	9677	0	5094	122919
河源市	89942	6352	104213	1845	71198	634738
阳江市	81313	14950	101858	12373	60959	652911
清远市	149040	10458	283111	2191	173844	1497926
东莞市	341844	41745	1583698	0	913764	3676823
中山市	285564	12094	1158151	2809	792483	2915844
潮州市	15593	200	164615	500	130005	287435
揭阳市	52814	6399	73520	1100	53499	477899
云浮市	47409	6668	117285	800	83727	469100
珠三角	4575427	531854	14143922	325001	8566525	36903269
东　翼	136365	32896	639157	5750	409958	1940883
西　翼	263280	40939	500252	15546	327114	2455045
粤北山区	393635	49368	1015106	35282	607518	4110597

(续表)

地区名称	其　中	其　中	其　中	按工程用途分：办公楼	按工程用途分	按工程用途分	本年新增固定资产
	90平方米以下	144平方米以上	别墅、高档公寓		商业营业用房	其　他	
广东省	12199966	11615146	5112930	3478155	7160226	9146531	28193318
广州市	2119772	3099247	677790	1763003	2090688	2441706	5797354
深圳市	3301404	1179318	558336	646323	902155	1387598	3959178
珠海市	485784	738828	47517	114864	182341	332016	1899914
汕头市	330963	199970	49005	36485	114623	304229	556036
佛山市	1239455	994584	586989	420966	768511	1214275	3326322
韶关市	144831	176317	56036	9312	142158	148166	683014
江门市	276253	400620	304196	14519	372930	292272	1146595
湛江市	440627	158601	19305	48040	125061	171333	773939
茂名市	42484	279711	80411	6367	57570	110916	371399
肇庆市	236744	235911	163341	28494	189432	211217	925036
惠州市	1376371	1516762	842072	119038	529592	588260	2242887
梅州市	57003	191997	34319	1294	58844	137965	436525
汕尾市	5461	44085	0	2118	15503	26069	139630
河源市	63749	247988	90709	20778	150860	85425	560032
阳江市	182644	162206	107334	13967	105064	117617	239751
清远市	284241	342601	273391	29675	186582	164134	855144
东莞市	886590	633236	1010747	157099	552446	590225	1597959
中山市	595207	505763	151457	38453	489377	547482	1807022
潮州市	56349	80922	0	10	16824	114814	181240
揭阳市	36674	324491	8233	22	37368	55157	433902
云浮市	37360	101988	51742	7328	72297	105655	260439
珠三角	10517580	9304269	4342445	3302759	6077472	7605051	22702267
东　翼	429447	649468	57238	38635	184318	500269	1310808
西　翼	665755	600518	207050	68374	287695	399866	1385089
粤北山区	587184	1060891	506197	68387	610741	641345	2795154

(张志军)

2013年广东省房地产开发企业资金情况

单位：个、万元

地区名称	项目个数	本年资金来源合计	上年末结余资金	本年资金来源小计	国内贷款	银行贷款	非银行金融机构贷款	利用外资
广州市	1185	29843013	6973844	22869169	4409807	4199979	209828	121140
深圳市	484	22556745	5687680	16869065	4410869	4174401	236468	1200
珠海市	287	7952970	1730693	6222277	1988609	1942097	46512	28230
汕头市	240	1586843	134670	1452173	86778	86108	670	0
佛山市	489	18122470	5481849	12640621	3023818	2956457	67361	61714
韶关市	305	2127867	393246	1734621	315458	223353	92105	0
江门市	315	5084181	914334	4169847	855836	837719	18117	23999
湛江市	143	2579032	363131	2215901	438131	432098	6033	0
茂名市	159	1581548	280087	1301461	117895	117860	35	0
肇庆市	314	3229925	756940	2472985	435665	423270	12395	6821
惠州市	658	10020259	2106730	7913529	1401819	1258277	143542	27508
梅州市	157	1013877	68801	945076	114175	113125	1050	0
汕尾市	22	292925	139789	153136	0	0	0	0
河源市	135	1390497	146068	1244429	222916	209945	12971	0
阳江市	227	1576447	260032	1316415	130349	124149	6200	11191
清远市	307	4066629	730295	3336334	684197	660098	24099	0
东莞市	435	11603099	2778678	8824421	1560931	1095483	465448	53617
中山市	504	8558583	1619423	6939160	993362	961482	31880	27511
潮州市	40	789808	185273	604535	48000	30000	18000	0
揭阳市	75	670937	33938	636999	95900	95900	0	0
云浮市	100	1055264	187975	867289	101396	90546	10850	0
珠三角	4671	116971245	28050171	88921074	19080716	17849165	1231551	351740
东　翼	377	3340513	493670	2846843	230678	212008	18670	0
西　翼	529	5737027	903250	4833777	686375	674107	12268	11191
粤北山区	1004	9654134	1526385	8127749	1438142	1297067	141075	0

(续表)

地区名称	其中 外商直接投资	自筹资金	其中 自有资金	股东投入资金	借入资金	其他资金来源	其中 定金及预收款	其中 个人按揭贷款
广州市	110526	5635406	2757194	1461351	546286	12702816	9173807	2439859
深圳市	1200	4569711	2236540	765090	531665	7887285	4896058	2424851
珠海市	28230	981626	397772	153611	162029	3223812	2169117	890034
汕头市	0	1134695	512629	163044	69813	230700	108798	43141
佛山市	33919	2940410	1198866	582629	566425	6614679	4291411	1909412
韶关市	0	573409	272378	81787	84521	845754	522672	293163
江门市	23999	855674	468660	112738	181893	2434338	1690737	611723
湛江市	0	680720	291543	110869	144303	1097050	677607	356997
茂名市	0	522852	231367	71684	147037	660714	409346	190190
肇庆市	6821	725095	261814	187556	158991	1305404	772863	430725
惠州市	27508	2345431	1123307	353101	452310	4138771	2930332	1042070
梅州市	0	445689	277988	61118	5151	385212	264514	89451
汕尾市	0	57438	22960	3387	6304	95698	42827	52871
河源市	0	531412	217247	127077	109543	490101	267684	215370
阳江市	5416	571189	219026	72449	71521	603686	389003	184617
清远市	0	763234	259836	174243	180885	1888903	1349182	452627
东莞市	53617	1684408	496833	397684	534481	5525465	3273602	1724199
中山市	27511	1928590	827352	375965	471937	3989697	2632788	1123118
潮州市	0	283109	90381	9466	62551	273426	179510	93871
揭阳市	0	474518	314179	16120	24758	66581	32140	11749
云浮市	0	278737	111361	103691	41120	487156	308979	166759
珠三角	313331	21666351	9768338	4389725	3606017	47822267	31830715	12595991
东　翼	0	1949760	940149	192017	163426	666405	363275	201632
西　翼	5416	1774761	741936	255002	362861	2361450	1475956	731804
粤北山区	0	2592481	1138810	547916	421220	4097126	2713031	1217370

地区名称	本年各项应付款合计	其中 工程款	待开发土地面积	本年购置土地面积	本年土地成交价款	其中 拆迁补偿费	土地使用权出让金	契税
广州市	1894840	1143218	3520913	1821840	1524850	81940	1370740	46218
深圳市	2437902	1511287	650911	1348667	736705	148770	561360	10500
珠海市	817195	424990	2696423	561278	130450	795	106614	3382
汕头市	76180	72702	315228	783824	266400	20591	92572	824
佛山市	2062563	1072999	4860106	1922592	1277271	7421	1206192	29379
韶关市	353996	150943	3025080	853670	127995	28860	93427	2375
江门市	512812	313145	4792359	1842285	312128	4165	268084	5382
湛江市	326266	223160	716003	1000154	151492	4138	115913	3689
茂名市	117965	83458	2581115	3115139	214263	332	182696	3931
肇庆市	499946	324655	1396157	1437846	291368	1319	216894	10424
惠州市	1866134	1070287	7423338	2222765	407107	14308	300243	6342
梅州市	163665	53734	705083	941747	232197	0	199869	5727
汕尾市	105151	52802	154758	20656	3243	0	0	0
河源市	397882	302108	467150	314627	50923	2350	24665	480
阳江市	259249	166099	3424616	370064	58391	3110	47344	806
清远市	629196	397345	4724560	1199078	164886	7839	142748	3218
东莞市	1854912	779842	3748807	980838	436604	13619	367158	6744
中山市	1060432	730896	2609230	890350	275022	10486	199007	6068
潮州市	83644	22055	115333	59444	22988	0	22988	547
揭阳市	62480	21687	76022	183554	40741	0	40202	1229
云浮市	297138	211334	657218	639229	89947	545	87402	2512
珠三角	13006736	7371319	31698244	13028461	5391505	282823	4596292	124439
东　翼	327455	169246	661341	1047478	333372	20591	155762	2600
西　翼	703480	472717	6721734	4485357	424146	7580	345953	8426
粤北山区	1841877	1115464	9579091	3948351	665948	39594	548111	14312

(张志军)

2013年广东省房地产开发投资及商品房销售情况

地区名称	本年完成投资		商品房销售面积		商品房销售额	
	实绩（万元）	比上年增长（%）	实绩（平方米）	比上年增长（%）	实绩（万元）	比上年增长（%）
广东省	65194706	21.8	98363855	24.5	89410531	39.5
广州市	15796798	15.3	16999830	27.5	26060033	48.5
深圳市	8877123	20.5	5885819	11.9	14362533	39.4
珠海市	2725782	12.6	3422488	36.2	3926118	46.2
汕头市	1507967	80.9	1729723	−8.9	1263436	10.2
佛山市	7453703	16.7	9407422	17.3	8524657	31.9
顺德区	1718378	−5.5	2997615	9.6	2310813	8.9
韶关市	1236396	35.4	3472134	33.7	1538307	32.2
河源市	891801	32.9	1924201	50.0	881128	75.5
梅州市	770176	74.8	1882338	26.3	848040	37.0
惠州市	5934706	23.1	11494568	39.0	6721088	40.5
汕尾市	166609	3.7	212366	−61.2	99970	−51.5
东莞市	4976593	31.9	8030891	25.7	7280663	34.2
中山市	3991156	15.2	7803388	19.3	4720825	31.2
江门市	2417874	67.3	4268137	21.6	2543227	31.3
阳江市	889559	15.3	2653645	40.2	1292470	45.5
湛江市	1547846	34.6	2862386	38.5	1562020	45.5
茂名市	773575	4.6	3298733	0.7	1429533	15.7
肇庆市	1714816	17.9	4653886	24.6	2315856	31.7
清远市	1878317	3.9	5065205	29.0	2590658	42.6
潮州市	419083	46.7	728962	51.1	388175	98.7
揭阳市	570446	1.1	1103681	−0.3	393436	6.5
云浮市	654380	84.9	1464052	71.7	668358	83.4
按经济区域分						
珠三角	53888551	20.2	71966429	25.0	76455000	40.3
东　翼	2664105	44.5	3774732	−6.5	2145017	11.8
西　翼	3210980	20.7	8814764	21.8	4284023	34.0
粤北山区	5431070	29.7	13807930	36.1	6526491	46.1

（张志军）

贷”等10种违法违规行为。省住房和城乡建设厅随住房和城乡建设部检查组到广州、深圳市进行实地检查。治理行动抽查经纪机构近3000个，查处违法违规机构150个，查处从业人员违法违规事件90多件，规范房地产市场交易秩序。

【房地产评估机构监管】 2013年，广东省住房和城乡建设厅与省房地产估价师学会共同建设广东省房地产估价管理系统，为全省房地产评估行业提供网上注册服务，将主要信息向社会公开。截至年底，全省房地产评估机构完成房地产评估面积3.72亿平方米，完成房地产评估值4.71万亿元。（张志军）

房地产权属登记

【概况】 2013年，广东省有房地产权属登记机构100余个，从业人员10000余人，完成房地产权属登记462万宗。通过规范房地产权属登记和开展房地产经纪人考核培训，提高全省房管部门和房地产经纪人员的业务素质和政策水平，为广大群众进行住房交易提供安全、便捷、高效的服务。由于国家拟开展不动产统一登记工作涉及国土、住房和城乡建设、林业、农业等不同部门，导致全省房地产权属登记工作面临主管部门不清晰等问题。

2013年广东省房地产交易情况

地区名称	本年商品房销售额（万元）	本年商品房销售面积（万平方米）	本年商品房销售均价（元/平方米）	本年存量房销售额（万元）	住房（万元）	本年存量房销售面积（平方米）	住房（平方米）	本年存量房销售均价（元/平方米）	本年存量住房销售均价（元/平方米）
广东省	79417509.13	9973.39	7963	32537587.43	26681182.46	5623.55	4262.24	5785.95	6260
广州市	15554160.62	897.25	17335	10086493.25	8453377.42	889.66	727.22	11337	11624
深圳市	16435023.19	672.48	24439	10946000	9456410	850.3	727.1	12873	13006
珠海市	3163725.37	300.49	10529	1261014.12	1071568.49	273.10	196.21	4617	5461
汕头市	1457483.41	191.43	7614	52991.76	347800.18	169.23	103.69	3132	3354
佛山市	2090791.44	978.59	2137	1833700.6	1376200.27	486.29	316.93	3771	4342
韶关市	1245858.38	287.61	4332	722608.91	601084.7	193.79	170.6	3729	3523
河源市	233957.56	7.14	32767	47135.24	45322.66	22.84	22.34	2064	2029
梅州市	1475574	347.7	4244	205485	184936	107.64	96.87	1909	1909
惠州市	6895134.67	1165.35	5917	793172.18	650417.31	270.08	217.36	2937	2992
汕尾市	442773.34	121.04	3658	171532.44	138187	65.71	52.78	2610	2618
东莞市	7742573.21	838.2	9237	1704086.97	1443550.18	532.51	408.97	3200	3530
中山市	5615314.86	934.2	6011	1145809.57	655637.69	434.33	233.08	2638	2813
江门市	2988087.56	530.7	5630	772889.03	397849.01	307.28	219.46	2515	1813
阳江市	1194359.18	262.4	4552	236747.8	203817.3	99.18	84.59	2387	2409
湛江市	1253292.83	189.73	6606	325586.82	295598.75	116.85	97.26	2786	3039
茂名市	1382242	319.51	4326	0	0	74.48	72.58	0	0
肇庆市	2885920.49	540.36	5341	930155.2	368035.2	198.58	117.96	4689	3120
清远市	2787191.37	595.04	4684	260113.05	197529.41	160.25	125.02	1623	1580
潮州市	440550	73.8	5970	10484	9720	2.31	2.16	1680	4538
揭阳市	950082	252.1	3769	92750	80770	46.1	40.83	2012	1978
云浮市	666174.03	145.67	4573	173624.55	156673.11	78.1	72.3	2223	2167
顺德区	2517239.62	322.6	7803	765206.94	546697.78	244.94	156.93	3124	3484

（冯育文）

2013年广东省房屋登记情况

地区名称	年末所有权已登记的房屋建筑面积情况(万平方米)									
	年末所有权已登记的房屋总建筑面积	年末国有土地范围内所有权已登记的房屋总建筑面积	住宅	成套住宅	私有住宅	非住宅	办公用房	商业用房	工业仓储用房	其他用房
广东省	412270.23	357994.89	224652.40	140777.47	112143.22	133342.49	24280.32	29184.42	32592.75	47285.00
广州市	145406.02	114868.54	69451.22	0.00	0.00	45417.32	11478.59	12756.49	6445.30	14736.94
深圳市	41199.94	41199.94	26709.76	26709.76	19296.00	14490.18	1324.93	2384.94	0.00	10780.31
珠海市	16302.49	16105.67	10537.93	9668.13	6826.13	5567.74	483.44	1116.30	3164.62	803.38
汕头市	9463.00	7417.93	5522.98	4535.83	3020.40	1894.95	132.92	188.00	1110.63	463.40
佛山市	42427.14	34642.02	21253.07	18919.39	16896.12	13388.95	527.72	2236.63	6978.15	3646.45
顺德区	17729.85	14447.09	7812.41	7802.13	6327.75	6634.68	25.03	892.79	3862.26	1854.60
韶关市	8720.08	8718.20	6781.98	5664.52	4705.14	1936.22	170.79	319.47	107.76	1338.20
河源市	4354.96	4298.70	2996.91	2705.37	2797.45	1301.79	230.74	276.76	600.49	193.80
梅州市	7160.36	7160.36	4362.04	4226.19	4135.85	2798.32	211.46	512.17	144.08	1930.61
惠州市	17775.84	17670.50	10772.23	9353.32	7581.83	6898.27	759.55	2114.72	1321.47	2702.53
汕尾市	1472.34	1472.34	1236.90	1014.26	222.64	235.44	58.86	141.27	35.31	0.00
东莞市	26025.05	17580.12	9553.59	9553.59	6722.95	8026.53	910.64	1047.23	4255.33	1813.33
中山市	0.00	0.00	0.00	0.00	0.00	0.00	0.00	0.00	0.00	0.00
江门市	13886.61	13274.71	7710.42	7496.82	6042.56	5564.29	473.53	1073.75	1466.63	2550.38
阳江市	6431.96	5699.92	3328.68	3131.77	2817.66	2371.24	1261.68	249.29	369.63	490.64
湛江市	8770.66	8770.63	5746.68	4427.75	3453.79	3023.95	425.64	667.68	358.81	1571.82
茂名市	7421.27	7260.47	5399.53	3917.07	0.00	1860.94	888.27	391.90	216.30	364.47
肇庆市	12113.60	12029.78	5314.73	4473.77	4062.86	6715.05	3581.84	734.03	889.00	1510.18
清远市	6803.02	6719.54	5341.62	4371.36	4461.14	1377.92	109.04	784.44	369.19	115.25
潮州市	2654.50	2654.50	2143.00	1940.50	1623.60	511.50	152.80	197.70	125.50	35.50
揭阳市	12173.50	12173.50	9801.51	9467.16	9188.73	2371.99	722.58	812.35	593.27	243.79
云浮市	3978.04	3830.43	2875.21	1398.78	1960.62	955.22	350.27	286.51	179.02	139.42

地区名称	年末所有权已登记的房屋建筑面积情况(万平方米)			年末所有权已登记的住宅套数情况(套)					本年登记房屋建筑面积情况(万平方米)
	年末所有权已登记的房屋总建筑面积								
	年末集体土地范围内所有权已登记的房屋总建筑面积	住宅	非住宅	年末所有权已登记的住宅总套数	年末国有土地范围内所有权已登记的住宅总套数	成套住宅	私有住宅	年末集体土地范围内所有权已登记的住宅总套数	本年登记房屋总建筑面积
广东省	54275.34	43912.68	10362.66	17220702	16201277	10428009	8316912	1019425	107266.06
广州市	30537.48	26899.05	3638.43	4726474	4543214	0	0	183260	16874.4
深圳市	0.00	0.00	0.00	2537262	2537262	2537262	1833001	0	8722.08
珠海市	196.82	130.63	66.19	958862	950721	908909	707070	8141	8097.15
汕头市	2045.07	781.10	1263.97	560568	525306	436122	315286	35262	7834.79
佛山市	7785.12	6269.36	1515.76	2035576	1673854	1474074	1315456	361722	11748.53
顺德区	3282.76	2654.18	628.58	806587	586926	514247	395987	219661	5181.91
韶关市	1.88	0.92	0.96	381356	374120	350455	296218	7236	2773.81
河源市	56.26	46.36	9.90	189787	186498	177386	174971	3289	1705.1
梅州市	0.00	0.00	0.00	289575	289575	245935	229948	0	1450.13
惠州市	105.34	100.69	4.65	729105	727656	671898	392743	1449	8469.85
汕尾市	0.00	0.00	0.00	95076	95076	0	0	0	343.97
东莞市	8444.93	5724.23	2720.70	622653	462898	462898	388496	159755	9466.14
中山市	0.00	0.00	0.00	0	0	0	0	0	5046.16
江门市	611.90	462.10	149.80	527433	502372	495275	453842	25061	4502.53
湛江市	0.03	0.03	0.00	494758	494757	295802	206708	1	3773.23
茂名市	160.80	134.03	26.77	196262	191473	150079	0	4789	1084.74
肇庆市	83.82	68.45	15.37	386292	382603	310357	338216	3689	2286.39
阳江市	732.04	457.44	274.60	233593	232664	168666	174322	929	1772.74
清远市	83.48	40.48	43.00	442942	440630	340048	310195	2312	3777.56
潮州市	0.00	0.00	0.00	16200	16200	14510	12800	0	311.77
揭阳市	0.00	0.00	0.00	784120	784120	753780	687750	0	944.73
云浮市	147.61	143.63	3.98	206221	203352	120306	83903	2869	1098.35

(续表)

地区名称	本年登记房屋建筑面积情况(万平方米)									
	本年登记房屋总建筑面积									
	本年国有土地范围内登记的房屋总建筑面积	所有权登记					抵押权登记			
			初始登记	转移登记	变更登记	注销登记		设立登记	在建工程抵押登记	注销登记
广东省	104509.01	33955.06	14184.30	14062.08	4912.33	796.35	54731.25	32355.01	4451.16	22376.24
广州市	16796.55	6693.35	2474.03	3450.67	694.73	73.92	6793.98	4293.22	497.95	2500.76
深圳市	8722.08	3581.71	1567.18	1564.06	450.47	0.00	5103.57	4516.39	0.00	587.18
珠海市	8081.75	1621.01	935.49	525.20	147.43	12.89	6091.23	507.78	38.94	5583.45
汕头市	7636.67	1109.60	562.97	246.09	208.89	91.65	887.28	596.23	0.00	291.05
佛山市	10833.84	3291.81	1114.52	1182.36	863.97	130.96	7044.54	4277.28	71.63	2767.26
顺德区	4875.19	1191.42	235.22	274.17	662.43	19.60	3683.75	3683.75	2149.57	0.00
韶关市	2773.71	663.69	190.05	333.07	59.92	80.65	699.66	445.47	106.69	254.19
河源市	1700.25	663.69	364.84	167.74	128.26	2.85	894.35	659.20	71.27	235.15
梅州市	1450.13	567.67	203.01	294.17	63.27	7.22	620.97	620.97	0.00	0.00
惠州市	8467.88	2997.16	1676.35	1112.12	182.37	26.32	4276.40	2774.61	591.95	1501.79
汕尾市	343.97	201.78	76.21	100.36	24.77	0.44	142.19	142.19	0.00	0.00
东莞市	8612.63	2740.76	1175.37	1213.23	286.14	66.02	5857.45	2273.11	206.02	3584.34
中山市	4990.52	1249.51	127.37	934.10	187.37	0.67	3740.37	1999.22	14.02	1741.15
江门市	4413.21	2269.71	1134.02	764.95	263.50	107.24	1753.03	1395.65	145.42	357.38
阳江市	1609.18	825.80	415.11	308.25	81.06	21.38	630.70	537.64	21.30	93.06
湛江市	3773.20	619.43	219.05	206.53	171.03	22.82	2937.36	755.32	332.21	2182.04
茂名市	1083.75	501.26	227.05	148.84	97.46	27.91	448.10	183.93	38.90	264.17
肇庆市	2244.84	1078.18	520.07	355.95	122.61	79.55	819.01	656.42	83.77	162.59
清远市	3765.78	1199.84	506.06	566.97	108.58	18.23	1395.53	1252.96	18.49	142.57
潮州市	311.77	226.67	156.87	39.60	30.20	0.00	85.10	85.10	0.00	0.00
揭阳市	934.42	208.43	108.56	91.86	7.88	0.13	373.53	373.39	0.00	0.14
云浮市	1087.69	452.58	194.90	181.79	69.99	5.90	453.15	325.18	63.03	127.97

地区名称	本年登记房屋建筑面积情况(万平方米)									
	本年登记房屋总建筑面积									
	本年国有土地范围内登记的房屋总建筑面积						本年集体土地范围内登记的房屋总建筑面积	所有权登记	抵押权登记	其他登记
	抵押权登记 注销登记 在建工程抵押登记	地役权登记	预告登记	预购商品房预告登记设立登记	更正登记	异议登记				
广东省	2863.13	1139.40	13090	4128	1577	16	2757	1790	874	92
广州市	434.25	0.00	2493	1164	815	1	78	78	0	0
深圳市	0.00	0.00	0	0	32	5	0	0	0	0
珠海市	0.00	0.00	327	202	43	0	15	15	0	1
汕头市	0.00	0.00	5639	48	1	0	198	70	127	1
佛山市	11.96	0.00	333	136	164	0	915	855	10	49
顺德区	1534.18	0.00	0	0	0	0	307	307	0	0
韶关市	18.95	1139.00	269	261	3	0	0	0	0	0
河源市	3.12	0.00	142	128	1	0	5	5	0	0
梅州市	0.00	0.00	228	228	33	0	0	0	0	0
惠州市	320.10	0.00	1183	510	11	0	2	2	0	0
汕尾市	0.00	0.00	0	0	0	0	0	0	0	0
东莞市	208.89	0.00	0	0	14	0	854	196	645	13
中山市	33.45	0.00	0	0	0	0	56	33	22	0
江门市	88.35	0.00	324	238	67	0	89	76	0	14
阳江市	0.73	0.00	152	152	1	0	164	99	64	0
湛江市	0.00	0.00	216	216	1	0	0	0	0	0
茂名市	157.93	0.00	134	134	0	0	1	1	0	0
肇庆市	34.65	0.00	319	229	20	8	42	40	0	1
清远市	16.50	0.40	809	27	361	0	12	2	0	10
潮州市	0.00	0.00	0	0	0	0	0	0	0	0
揭阳市	0.00	0.00	352	352	0	0	10	2	5	4
云浮市	0.07	0.00	170	104	12	0	11	11	0	0

(续表)

地区名称	本年登记工作量情况(件)								
	本年登记房屋总件数	本年国有土地范围内登记的房屋总件数	所有权登记					抵押权登记	地役权登记
				初始登记	转移登记	变更登记	注销登记		
广东省	4621465	4534697	2442743	642054	1491260	243941	65488	1391103	6598
广州市	1234469	1230799	566994	163930	378082	23034	1948	425202	0
深圳市	371703	371703	174797	2582	158145	14070	0	196344	0
珠海市	168312	167599	57130	700	50766	5207	457	50131	0
汕头市	73042	70842	42363	22644	15488	3323	908	20196	0
佛山市	313509	283980	140304	4472	114249	18086	3497	115934	0
顺德区	100109	84271	33787	1495	17372	13931	989	50484	0
韶关市	80082	80078	35564	3082	27620	3460	1402	18972	0
河源市	69008	68537	27977	10489	13882	3542	64	28580	0
梅州市	78818	78818	34034	8122	22285	3168	459	23061	0
惠州市	338916	338889	142998	40255	95128	6719	896	108926	0
汕尾市	18237	18237	12304	3234	7091	1945	34	5933	0
东莞市	309086	301137	201299	82846	112197	6087	169	99636	0
中山市	108520	107261	83495	1766	75119	6558	52	23734	0
江门市	208136	206453	111234	27728	73790	7112	2604	64004	0
阳江市	109264	88440	59195	21698	18198	14487	4812	12513	20
湛江市	90006	90005	40400	1409	20345	10870	7776	29802	0
茂名市	30129	30075	17060	1463	9453	4094	2050	9628	0
肇庆市	112315	111021	52174	5051	35929	5525	5669	28253	0
清远市	693460	692778	568326	223950	223268	89505	31603	50574	6578
潮州市	12032	12032	8622	5720	2482	420	0	3410	0
揭阳市	55943	55707	11031	1586	9195	244	6	17028	0
云浮市	46369	46035	21655	7832	11176	2554	93	8758	0

地区名称	本年登记工作量情况(件)								
	本年登记房屋总件数								
	本年国有土地范围内登记的房屋总件数					本年集体土地范围内登记的房屋总件数			
	预告登记			更正登记	异议登记		所有权登记	抵押权登记	其他登记
		住　宅	非住宅						
广东省	649319	544413	104906	44308	626	86768	76012	7548	3208
广州市	212015	167399	44616	26494	94	3670	3665	0	5
深圳市	0	0	0	402	160	0	0	0	0
珠海市	59386	29194	30192	927	25	713	666	6	41
汕头市	8246	7411	835	37	0	2200	1090	650	460
佛山市	27450	24373	3077	266	26	29529	27952	37	1540
顺德区	0	0	0	0	0	15838	15838	0	0
韶关市	25444	23481	1963	97	1	4	4	0	0
河源市	11972	8187	3785	8	0	471	471	0	0
梅州市	16421	14779	1642	5037	265	0	0	0	0
惠州市	86833	81279	5554	126	6	27	27	0	0
汕尾市	0	0	0	0	0	0	0	0	0
东莞市	0	0	0	197	5	7949	4531	3235	183
中山市	0	0	0	18	14	1259	1230	26	3
江门市	29426	25326	4100	1789	0	1683	1222	366	95
阳江市	16644	14939	1705	68	0	20824	17682	3142	0
湛江市	19736	18189	1547	62	5	1	1	0	0
茂名市	3387	3350	37	0	0	54	27	26	1
肇庆市	30199	27793	2406	373	22	1294	1160	0	134
清远市	59332	58957	375	7965	3	682	62	8	612
潮州市	0	0	0	0	0	0	0	0	0
揭阳市	27648	27562	86	0	0	236	50	52	134
云浮市	15180	12194	2986	442	0	334	334	0	0

(冯育文)

【不动产登记调研】 2013年，广东省住房和城乡建设厅组织开展不动产登记专题调研，对国内外不动产登记现状、存在问题和如何建立不动产统一登记制度开展研究，于5月底形成《关于建立不动产统一登记制度的调研报告》报送住房和城乡建设部。调研报告从广东省实际情况出发，分析建设部门统一归口不动产登记工作的重要性和可行性，提出房地产权管理与权属登记的区别和分离观点。12月初，省住房和城乡建设厅编制《关于不动产登记职责整合工作方案建议的报告》报住房和城乡建设部，为全国不动产统一登记制度建立提供参考。

【房地产权交易登记规范】 2013年，广东省住房和城乡建设厅对佛山市三水区、高明区等住房和城乡建设局申报广东省规范化管理单位进行实地检查。作为区级的房地产权交易登记机构，两局从窗口建设，到业务流程、内部档案管理、信息系统建设等方面均符合房地产交易与权属登记规范化管理各项要求。

【房地产经纪人协理培训考核】 委托为提高全省房地产中介从业人员业务水平和法律意识，保护房屋交易双方合法权益，促进二手房市场健康发展，2013年7~8月，广东省住房和城乡建设厅委托广东省房地产估价师和广东省房地产经纪人学会分别在广州、汕头、梅州、湛江市和佛山市顺德区组织全省1200多人开展培训；11月，分别在上述地区组织房地产经纪人协理资格考试，800余人参加，其中349人通过认定。 （张志军）

国有土地上房屋征收

【概况】 2013年3月，广东省住房和城乡建设厅印发《关于实施〈国有土地上房屋征收与补偿条例〉有关具体问题的通知》，对房屋征收补偿工作主体、优先给予住房保障、房地产价格评估机构确定、停产停业损失补偿、条例施行前拆迁项目的衔接等方面提出具体要求，规范房屋征收行为，保障被征收群

2013年广东省国有土地上房屋征收情况

地区名称	做出房屋征收决定情况					实际完成情况				
	项目个数（个）	建筑面积（万平方米）	住宅	户数（户）	住户	项目个数（个）	建筑面积（万平方米）	住宅	户数（户）	住户
广东省	88	516.80	321.60	20961	19459	48	192.04	31.80	3014	2269
广州市	8	6.12	6.06	782	779	5	5.60	5.50	192	189
深圳市	3	9.88	0	1249	1247	12	7.46	0.50	57	11
珠海市	1	15.42	4.37	341	288	0	0	0	0	0
汕头市	0	0	0	0	0	0	0	0	0	0
佛山市	9	141.53	4.25	886	712	2	142.30	2.05	290	205
顺德区	0	0	0	0	0	0	0	0	0	0
韶关市	16	20.74	12.82	1448	1239	11	15.63	10.21	1285	1096
河源市	2	2.04	0	296	266	2	0.91	0	74	67
梅州市	15	269.64	267.59	11917	11865	2	2.32	2.32	153	153
惠州市	1	2.55	0.41	16	7	1	2.55	0.41	16	7
汕尾市	0	0	0	0	0	0	0	0	0	0
东莞市	0	0	0	0	0	0	0	0	0	0
中山市	1	0.02	0.02	23	23	0	0.01	0.01	15	15
江门市	1	1.07	0.54	83	56	2	1.70	0.61	95	63
阳江市	0	0	0	0	0	1	0.67	0.51	18	15
湛江市	5	11.22	8.62	1581	1326	3	7.83	6.81	296	264
茂名市	0	0	0	0	0	0	0	0	0	0
肇庆市	2	3.76	2.25	245	225	1	0.81	0.27	7	6
清远市	18	20.11	9.07	1300	794	5	2.46	2.15	458	122
潮州市	0	0	0	0	0	0	0	0	0	0
揭阳市	1	0.38	0.38	42	42	0	0	0	0	0
云浮市	5	12.32	5.22	752	590	1	1.79	0.45	58	56

(续表)

地区名称	做出房屋征收补偿决定情况		司法强制执行情况		房屋征收实施单位及从业人员情况	
	件　数（件）	建筑面积（平方米）	户　数（户）	建筑面积（平方米）	房屋征收实施单位数量（个）	从业人员数量（人）
广东省	20378	83522.54	0	0	159	3789
广州市	11	962.44	0	0	54	1246
深圳市	0	0	0	0	13	266
珠海市	0	0	0	0	0	0
汕头市	0	0	0	0	0	0
佛山市	26	53766.56	0	0	19	263
顺德区	0	0	0	0	0	0
韶关市	0	0	0	0	8	27
河源市	0	0	0	0	7	150
梅州市	16	6593.33	0	0	8	1120
惠州市	0	0	0	0	1	30
汕尾市	0	0	0	0	0	0
东莞市	0	0	0	0	0	0
中山市	0	0	0	0	24	120
江门市	0	0	0	0	3	84
阳江市	0	0	0	0	3	50
湛江市	0	0	0	0	7	160
茂名市	0	0	0	0	0	0
肇庆市	186	22187.51	0	0	2	132
清远市	20133	0	0	0	7	101
潮州市	0	0	0	0	0	0
揭阳市	1	0.38	0	0	2	9
云浮市	5	12.32	0	0	1	31

（冯育文）

众合法权益。全省国有土地上房屋征收工作仍然存在部分房屋被征收人合法权益被侵害、房屋征收工作由于进展缓慢影响社会公共利益等问题。

【信息公开制度完善】 2013年7月，广东省住房和城乡建设厅印发《广东省国有土地上房屋征收与补偿信息公开指引》；10月转发住房和城乡建设部《关于进一步加强国有土地上房屋征收与补偿信息公开工作的通知》，指导全省各地按照规定公开项目、公开主体、公开范围、公开方式、公开时限做好房屋征收补偿信息公开工作，保障被征收人知情权和参与权。　（张志军）

物业管理

【概况】 截至2013年底，广东省有物业服务企业7321家，其中一级资质企业161家；从业人员725058人，其中物业管理师6000多人。物业管理项目20881个，管理面积14亿平方米。10月28日中国物业管理协会发布《物业管理行业发展报告》和物业管理行业综合实力TOP200企业名单，广东省物业服务企业数量、一级资质企业数量、从业人员数量、物业管理师数量等位居全国第一。在200强企业中，广东省企业有54家，其中深圳市39家，占200强企业的四分之一，万科物业发展有限公司、保利物业管理有限公司分别位居全国第一和全国第二位。

2013年，全省物业管理行业存在部分物业服务企业和业主委员会运作不规范、物业服务企业成本上涨和物业服务收费较低矛盾，以及物业管理矛盾纠纷增长较快等问题。

【物业管理改革创新试点】 2013年，广东省住房和城乡建设厅印发《关于配合开展物业管理改革创新试点工作的函》，选取广州市天河区作为全省物业管理改革创新试点地区，在行政管理体制、业主委员会成立和运行机制、矛盾纠纷调处

2013 年广东省房地产物业管理行业情况

地区名称	企业总数(家)	按属性等级分					按资质等级分			物业管理项目个数(个)
		国有企业	私营	外资企业	港澳台投资企业	合资、混合所有制企业	一级	二级	三级	
广东省	7321	252	5198	97	1628	111	161	449	6571	20881
广州市	1943	110	1657	38	35	103	50	132	1761	4820
深圳市	1748	30	104	48	1566	0	0	165	1472	5743
珠海市	338	9	329	0	0	0	8	10	320	1681
汕头市	189	29	153	1	3	3	4	6	179	691
佛山市	428	2	415	1	10	0	52	51	319	1493
顺德区	104	0	104	0	0	0	2	16	86	669
韶关市	129	0	129	0	0	0	0	2	127	515
河源市	124	7	117	0	0	0	0	1	123	243
梅州市	55	2	52	0	1	0	0	1	54	149
惠州市	589	39	543	3	4	0	7	2	557	1388
汕尾市	43	1	42	0	0	0	0	0	43	155
东莞市	293	1	250	1	4	2	10	25	258	167
中山市	384	0	382	2	0	0	4	15	365	1094
江门市	111	0	111	0	0	0	0	0	111	264
阳江市	98	0	98	0	0	0	0	0	98	140
湛江市	159	6	152	0	1	0	5	5	149	67
茂名市	80	0	80	0	0	0	0	2	78	252
肇庆市	149	3	145	0	0	1	0	2	147	312
清远市	201	5	190	1	3	2	15	9	177	408
潮州市	33	4	29	0	0	0	0	0	33	95
揭阳市	73	0	73	0	0	0	0	1	72	268
云浮市	50	4	43	2	1	0	4	4	42	267

地区名称	房屋建筑面积(万平方米)	住宅	房屋建筑面积	办公楼	房屋建筑面积	商业	房屋建筑面积	工业	房屋建筑面积
广东省	8763507.13	13519	7794227.11	3049	526170.91	1798	359691.63	1112	7600.48
广州市	28963.29	2486	230181.51	1052	2631.51	752	1514.75	190	613
深圳市	44862.39	3352	29196.28	940	3725.54	249	1009.8	630	3605.25
珠海市	9337.97	1308	4838.87	140	1073.7	96	1383.9	74	1730.8
汕头市	3743.94	466	3018.75	153	226.42	25	71.98	27	267.02
佛山市	12757.86	1199	11330.79	140	525.43	69	360.91	33	201.31
顺德区	4100.91	616	3828.85	9	13	19	134.15	9	38.91
韶关市	1989.37	283	1542.95	79	68.01	68	107.38	39	88.37
河源市	1320.59	185	1209.51	29	50.41	13	36.26	2	5.3
梅州市	708.85	95	623.62	25	44.59	15	19.05	1	7.7
惠州市	8186.46	1118	6813.38	112	780.12	108	263.93	10	193.46
汕尾市	287.58	47	222.08	32	38.03	21	15.27	0	0
东莞市	8624316.05	128	7481322.05	19	516526.4	8	353887.4	1	20.52
中山市	10323.28	810	9111.86	47	122.57	62	275.7	54	361.73
江门市	3235.02	201	2410.62	36	115.92	27	253.02	4	418.7
阳江市	1104	128	1074.52	3	12.35	5	9.03	0	0
湛江市	226.74	49	200.02	1	2.26	19	24.46	0	0
茂名市	805.14	176	714.12	31	38.13	39	48.68	3	2.03
肇庆市	1935.32	239	1818.02	44	49.57	20	42.83	2	9
清远市	3253.82	284	2952.62	51	46.44	35	113.81	17	22.55
潮州市	560.4	80	524.5	6	3.8	4	20.2	3	4.7
揭阳市	863.4	175	764.9	22	31.98	58	58.97	12	5.13
云浮市	624.75	94	527.29	78	44.73	86	40.15	1	5

(续表)

地区名称	学校	房屋 建筑面积	医院	房屋 建筑面积	其他	房屋 建筑面积	企业从业 人员总数 (人)	成立业主 大会数量 (个)	住宅物业成 立业主大会 数量(个)
广东省	297	238622.4	106	454.74	1017	43812.53	725058	3041	4434
广州市	162	845.71	46	209.22	132	131.03	132167	725	603
深圳市	0	0	0	0	572	7328.8	321596	0	1424
珠海市	37	234	15	32.7	11	43	35899	266	266
汕头市	7	15.3	7	28.58	6	115.89	9313	76	72
佛山市	25	167.89	4	17	23	154.56	44752	544	624
韶关市	16	86	0	0	0	0	18856	352	352
河源市	3	58.85	1	0.42	52	35.19	6296	84	84
梅州市	3	5.26	3	7.35	8	6.5	5043	63	54
惠州市	3	1.8	4	7.8	6	4.29	3059	23	20
汕尾市	2	56.92	8	54.8	30	25.85	32064	116	110
东莞市	1	0.25	1	1.42	53	10.53	1378	4	4
中山市	2	236962	0	0	2	35598	7520	250	250
江门市	22	88.37	6	50.65	93	312.4	48624	277	276
阳江市	2	22.76	0	0	1	14	9600	45	45
湛江市	0	0	4	8.1	0	0	3800	17	17
茂名市	0	0	0	0	0	0	20249	10	62
肇庆市	1	0.08	0	0	2	2.1	1760	46	46
清远市	1	0.69	2	9.8	4	5.41	5603	44	20
潮州市	8	75.3	5	26.9	8	16.2	8811	74	74
揭阳市	0	0	0	0	2	0	1750	0	6
云浮市	2	1.22	0	0	4	1.2	4660	2	2
顺德区	0	0	0	0	8	7.58	2258	23	23

(冯育文)

机制、物业服务企业收费调整机制、老旧小区物业服务机制5个方面进行创新，为全省物业管理工作摸索经验。

【住宅小区社区公共用房配套建设】 2013年，广东省住房和城乡建设厅与省民政厅联合制订《关于规范新建住宅物业配建社区公共服务用房的意见（代拟稿）》报省政府办公厅，明确社区公共服务用房建设标准、建设程序、确权管理等，旨在解决住宅物业社区公共服务用房配套不足问题，解决基层公共服务和社区居民自治建设。

【住宅物业供配电设施建设管理改革创新】 2013年，广东省住房和城乡建设厅会同省政府法制办、物价局、广东电网公司等单位在省内外开展新建住宅小区供电配套设施设备建设管理调研，形成相关调研报告和《广东省新建住宅物业供配电设施建设维护管理办法（送审稿）》，并将原来住宅物业供配电设施由开发企业建设、物业服务企业

▲2013年11月20日，广东省物业管理行业协会第四届第一次会员（代表）大会暨理事会换届会议在广州市召开
（广东省物业管理行业协会供稿）

维护的模式改革为由供电企业统一建设维护的模式，切实解决供配电设施维护和居民用电安全问题。

【广东省物业管理行业协会换届】 2013年，广东省物业管理行业协会举行换届。在全国首创四位执行会长每人轮值一年的制度，调动物业服务企业参与协会事务的积极性，促进广东省物业管理行业协会各项工作有序开展，提高全省物业管理行业自律水平。 *（张志军）*

住宅产业化

【概况】 2013年，广东省有2家企业获住房和城乡建设部授予“国家住宅产业化基地”称号，全省住宅产业化水平保持全国住宅产业化领先地位。截至年底，广东省有国家住宅化产业基地5个。全省住宅产业化工作存在住宅产业化科技水平提升慢、采取住宅产业化方式进行商品房建设规模小、相关税收财政优惠措施不够等问题。

【住宅产业化基地】 2013年，经广东省住房和城乡建设厅审核上报，广东万和新电器股份有限公司、深圳中建国际投资（中国）有限公司申请“国家住宅产业化基地”获住房和城乡建设部评审通过。其中深圳中建国际投资（中国）有限公司产业化程度和水平在全国处于领先地位，被香港房屋署、屋宇署、渠务署、路政署等多个部门确定为香港混凝土预制构件的合格供应商。

【绿色住区】 2013年，广东省河源、肇庆、江门、惠州、佛山、汕头、梅州等市17个项目申报广东省绿色住区。其中河源市碧桂园东江凤凰城住宅小区等10个项目通过广东省房地产行业协会组织的专家评审，通过广东省房协绿色住区认定委员会认定，获“广东省绿色住区”称号。截至年底，全省有绿色住区项目190个，覆盖全省19个地级以上市。《广东省绿色住区评价标准》被列入广东省地方标准修订计划，在全省范围内推广施行。 *（张志军）*

▲惠州方直君御花园（一、二期）通过2013年度“广东省绿色住区”认证

（广东省房地产行业供稿）

·链接· **国家住宅产业化基地**

由住房和城乡建设部批准建立的“国家住宅产业化基地”从2001年开始试行，2006年6月建设部印发并实施《国家住宅产业化基地试行办法》，国家住宅产化业基地主要分为开发企业联盟型（集团型）、部品生产企业型和综合试点城市型3种类型。建立国家住宅产业化基地是推进住宅产业现代化的重要措施，其目的是通过产业化基地的建立，培育和发展一批符合住宅产业现代化要求的产业关联度大、带动能力强的龙头企业，探索住宅建筑工业化生产方式，研究开发与其相适应的住宅建筑体系和通用部品体系，建立符合住宅产业化要求的新型工业化发展道路，促进住宅生产、建设和消费方式的根本性转变。通过建立国家住宅产业化基地，以点带面全面推进住宅产业现代化。

住 房 保 障

【概况】 2013年，广东省推进住房制度改革创新。通过落实住房保障工作责任目标制，加快保障性住房建设，解决低收入群众住房困难。根据《广东省城镇住房保障办法》，制定并完善有关配套政策，落实各项住房保障优惠政策。全年广东省保障性安居工程新开工各类住房89683套，新增基本建成各类保障性住房和棚户区改造143651套，新增租赁补贴8366户，完成保障性安居工程投资227.23亿元。年内，广东省对棚户区改造范围、适用对象、建设标准和责任主体、资

2013年广东省新增保障性安居工程开工情况

单位：套

地区名称	保障性安居工程开工总数	公共租赁住房	经济适用住房	限价商品房	城市棚户区	国有工矿棚户区	华侨农场危房	租赁补贴
广东省	89683	57525	702	10399	9812	721	10524	8366
广州市	18110	7438	392	4580	4967	0	733	3418
深圳市	17964	11288	0	5699	977	0	0	10
珠海市	3219	2419	0	0	0	0	800	0
汕头市	1300	1300	0	0	0	0	0	1200
佛山市	5589	4439	0	0	0	0	1150	0
顺德区	1270	1270	0	0	0	0	0	49
韶关市	2454	772	310	120	756	416	80	0
河源市	2025	1332	0	0	388	305	0	147
梅州市	1176	1156	0	0	0	0	20	399
惠州市	3385	2362	0	0	0	0	1023	141
汕尾市	1736	1136	0	0	0	0	600	65
东莞市	3386	3386	0	0	0	0	0	0
中山市	2968	2968	0	0	0	0	0	549
江门市	3348	3141	0	0	0	0	207	220
阳江市	1533	1333	0	0	0	0	200	0
湛江市	4209	2456	0	0	1603	0	150	910
茂名市	2303	1182	0	0	1121	0	0	647
肇庆市	5434	3188	0	0	0	0	2246	34
清远市	3114	999	0	0	0	0	2115	521
潮州市	1007	1007	0	0	0	0	0	31
揭阳市	3028	1828	0	0	0	0	1200	0
云浮市	1125	1125	0	0	0	0	0	25

（卓云峰）

金筹集、土地供应、税费减免、安置补偿等问题进行调研，为启动新一轮棚户区改造奠定基础；开展保障性住房执行绿色建筑行动调研，推动绿色建筑进程；开启广东省住房保障工作“建管并重”新局面。但是全省部分地区住房保障资金和土地供应配套不足、补偿安置协调困难，棚户区改造推进困难、保障房存在空置等问题影响全省住房保障工作进展。

▲2013年9月13~15日，广州住房博览会在广州市举行。图为市民参观政府保障性住房展区
（广州市国土资源和房屋管理局供稿）

【《广东省城镇住房保障办法》施行】 2013年1月29日，《广东省城镇住房保障办法》(简称《办法》)正式颁布，自2013年5月1日起施行。这是广东省人民政府出台的首个关于住房保障的地方性规章，标

2013年广东省新增保障性安居工程基本建成情况

单位：套

地区名称	保障性安居工程基本建成总数	公共租赁住房	经济适用住房	限价商品房	城市棚户区	国有工矿棚户区	华侨农场危房
广东省	143651	92969	12631	13573	16450	323	7705
广州市	31968	17564	5642	3912	4850	–	–
深圳市	42663	24620	3768	6945	7330	–	–
珠海市	5352	2991	1731	–	–	–	630
汕头市	3577	2085	–	1492	–	–	–
佛山市	7444	6494	–	–	–	–	950
顺德区	2324	1248	–	1076	–	–	–
韶关市	3252	1130	300	120	1622	–	80
河源市	2608	1520	258	–	507	323	–
梅州市	1036	1016	–	–	–	–	20
惠州市	9215	8015	150	–	–	–	1050
汕尾市	1200	799	–	–	–	–	401
东莞市	5463	5463	–	–	–	–	–
中山市	3705	3705	–	–	–	–	–
江门市	5003	4701	80	–	–	–	222
阳江市	1178	906	–	–	72	–	200
湛江市	3210	1453	–	–	1757	–	–
茂名市	2453	2141	–	–	312	–	–
肇庆市	3476	2033	320	–	–	–	1123
清远市	3429	1434	270	28	–	–	1679
潮州市	1490	1378	112	–	–	–	–
揭阳市	2408	1058	–	–	–	–	1350
云浮市	1215	1215	–	–	–	–	–

（卓云峰）

志广东省城镇住房保障进入有章可循、有法可依的新阶段。《办法》对城镇住房保障的机构建立、规划和建设、申请和轮候、监督和管理、法律责任等重点环节作出明确规定，指出城镇住房保障应当遵循政府主导、社会参与、以需定建、适度保障、公开、公平、公正的原则。

2013年，依据《办法》，全省各市、县级人民政府组织开展城镇居民住房状况调查，根据经济社会发展水平和住房保障的需求，组织编制住房保障规划和年度计划；开展多层次住房供应体系研究；建立住房保障土地储备制度，确保用地供应；创新引资模式，鼓励社会资金和社会机构参与建设保障房；向社会公告拟建设的保障房项目的选址地点、规划设计方案和配套设施，并征求公众意见。住房保障申请由申请人户籍或者就业所在街道办事处或者镇人民政府受理和初审，经住房保障实施机构会同民政等有关部门复审后，报市、县级住房保障主管部门审核。年内，颁布公共租赁住房轮候实施细则，建立住房保障轮候登记册（轮候数据库），将符合条件的申请人按照轮候规则，列入轮候登记册进行轮候，并将轮候信息在当地政府网站公开。

根据《办法》赋予的监管部门监管权力。2013年，全省各地住房保障主管部门和住房保障实施机构采取多项措施对采取不正当手段申请保障房或者租赁补贴进行处罚，全年清退实物保障1603户，租赁补贴3087户。

【住房保障信息公开】 2013年，广东省人民政府办公厅印发《关于进一步推进重点领域信息公开的意见》，将住房保障信息作为一项重点领域信息予以公开。省住房和城乡建设厅制订《关于贯彻推进重点领域信息公开实施方案》，转发住房和城乡建设部《关于推进住房保障信息公开工作的实施意见》；6月，印发《广东省住房保障信息公开指引》，明确全省住房保障信息公开范围、内容、发布格式、公开的时间节点、公开渠道等，使全省保障性住房信息公开规范化；10月，对照检查全省各地住房保障信息公开情况，适时在网上开展检

2013年广东省保障性安居工程建设资金投入情况

单位：万元

指标名称	合　计	中央补助	省级补助	地方债券	市县一般预算	土地出让净收益	住房公积金增值净收益
合　计	2272252.54	225954.29	30788.86	17570.2	339009.95	328891.64	102562.85
公共租赁住房	1421648.62	63264.89	15879.93	7390.96	234099.25	323325.1	12497.19
其中：新建改建	723914.51	59356.89	12749.43	6825.46	78615.94	253414.8	12447.19
购买	22975.12	326	2346.5	0	18383.95	1868.67	0
长期租赁	2995.19	246	0	0	392.56	194.63	0
经济适用住房	201067.92	2635	1925.18	3929.24	30036.7	1197.54	742.91
限价商品住房	343118	0	0	6250	18040	3827	0
城市棚户区	227597.6	1416	0	0	52772	542	0
国有工矿棚户区	12002	748	6487	0	58	0	0
国有林区（场）棚户区（危旧房）	1810.55	24.05	31.5	0	0	0	0
华侨农场危房改造	52084.85	5177.95	6464.75	0	4005	0	0
租赁补贴	59030.04	0	130.96	0	1290.37	11655.99	116.39

指标名称	企业、个人筹集	公积金贷款	银行开发金融机构融资	其他非银行	住户自筹	单位补助	其他投入
合　计	1212372.63	14490	187232	11137	32548	1567	130404.15
公共租赁住房	612442.73	14490	98416	9183	800	1266	39911.9
其中：新建改建	246794.73	14490	9590	9183	1254.7	1266	29183.9
购买	0	0	0	0	0	0	0
长期租赁	1440	0	0	0	0	0	722
经济适用住房	114880.8	0	8090	1954	0	0	35676.55
限价商品住房	297286	0	14745	0	210	0	2760
城市棚户区	56013.6	0	65981	0	300	0	50573
国有工矿棚户区	4100	0	0	0	800	161	0
国有林区（场）棚户区（危旧房）	1755	0	0	0	0	0	0
华侨农场危房改造	6894.5	0	0	0	30438	140	1482.7
租赁补贴	0	0	0	0	0	0	14.08

（卓云峰）

查，公布各地信息公开情况，并将住房保障信息公开检查情况向全省通报，同时要求各地对存在的问题进行整改。截至2013年12月20日，全省各地的整改落实基本到位，确保全省住房保障的信息公开工作规范开展。年内，全省各市、县级政府均按照要求公开住房保障政策，保障性安居工程建设，保障房房源、保障对象以及轮候、分配和退出信息。各地级以上城市均及时公开外来务工人员纳入当地住房保障范围的政策措施和实施情况。全省全年公开住房保障信息4500多条，条目内容清晰完整。

截至2013年底，广东省除利用各地政府网站、政府公报、新闻发布会以及报刊、广播、电视、政务微博等传播住房保障信息外，全省各地加快住房保障信息平台建设。是年，全省联网工作基本完善，通过广东省住房保障信息平台均可查询全省各地住房保障适时进展情况。

【保障性安居工程建设】 2013年，广东省供应保障性安居工程用地215.16公顷，完成保障性安居工程建设资金投入226亿元。新增工程项目281个、基本建成项目291个。全省保障性安居工程新开工各类住房89683套，其中新增开工建设经济适用住房702套、公共租赁住房57525套、限价商品房10399套；华侨农场危房改造10524套、城市棚户区9812套、国有工矿棚户区721套；新增基本建成各类保障性住房和棚户区改造143651套，新增租赁补贴8366户。

▲*2013年12月26日，广东省创新保障房建设和运营方式座谈会在珠海市召开。省住房和城乡建设厅副厅长陈英松（后排右二）出席*

（广东省住房和城乡建设厅住房保障处供稿）

【保障性安居工程审计及整改】 2013年，国家将保障性安居工程跟踪审计列入审计重点，明确连续五年进行跟踪审计。2012年是实施全省城镇保障性安居工程跟踪审计的第一年，2012年11月至2013年3月，审计署广州特派办、省审计厅对全省2012年城镇保障性安居工程（包括廉租住房、公共租赁住房、经济适用住房、限价商品住房和各类棚户区改造等）投资、建设、分配、后续管理和相关政策执行情况进行审计。

审计指出广东省保障性安居工程存在部分地区资金筹集不到位和拨付管理不规范、未能及时足额向保障对象发放租赁补贴，部分项目建设单位未严格履行管理责任，部分保障房闲置，个别地区未严格执行税费优惠政策、违规分配和使用保障房等问题。

广东省住房和城乡建设厅作为保障性安居工程主管部门，积极配合审计署驻广州特派办、省审计厅完成对全省各市落实中央住房保障政策情况专项审计。针对审计报告指出的保障性安居工程问题，及时落实省领导的指示精神，转发住房和城乡建设部要求落实审计发现问题的整改意见，按照省审计厅《关于落实审计整改责任及整改措施的函》要求，督促全省各地按照审计发现的问题进行调查核实，并逐项整改。成立专项督查组对有关城市进行督查，研究、归纳和分析存在问题的原因，提出整改意见和要求，督促各地加快整改工作。全省各地进一步完善制度建设，细化住房保障分配和退出管理办法，重新核查保障对象资格，通过启动行政处理和司法程序，追回违规享受租赁补贴，勒令腾退保障性住房。全省各市调整住房保障方式，取消违规保障对象资格，简化保障分配手续，及时拨付资金，基本解决审计发现的问题。

【公共租赁住房分配轮候制度建立】 2013年，广东省住房和城乡建设厅将建立公共租赁住房分配轮候制度作为体制改革的重要内容，列入广东省深化社会体制改革的一项重要任务，并以各种方式加强推动。一是督促全省各地落实《广东省城镇住房保障办法》，《办法》明确全省各地建立住房保障轮候登记册，将符合条件的申请人按照轮候规则，列入轮候登记册进行轮候，并将轮候信息在当地政府网站公开，轮候时间一般为3年，最长不超过5年。轮候超过一定期限的，住房保障实施机构应当对申请人是否符合规定条件重新审核。经审核，申请人仍然符合规定条件的，其原轮候次序不变。二是督促全省各地加快编制住房保障规划。各地在明确需求情况和不同群体住房保障需求结构的基础上，科学编制本地区2013~2017年住房保障建设规划，为实施住房保障规划提供可靠依据，为分配轮候制度执行奠定基础。三是及时修订《广东省住房保障工作目标责任量化考核评分细则》，明确建管并重的考核导向。将全省各地推进轮候制度的情况列入住房保障目标责任完成情况的考核，促使各地简化手续，提高效率，确保轮候制度落到实处。

2013年，全省大部分城市颁布公共租赁住房轮候实施细则，建立住房保障轮候登记册（轮候数据库），公布轮候计分办法，全面推进保障房轮候分配制度。各地住房困难家庭诚信申报；保障部门常态受理，并将符合条件的申请人按照轮候规则，列入轮候登记册进行轮候，同时将轮候信息通过当地政府网站予以公开，接受群众监督；加强政府动态核查，确保符合条件的住房困难群众享受保障房。全省公共租赁住房轮候期限最短2年，最长5年。通过轮候制度，提高保障房分配效率，住房困难群体均有合理的住房保障预期，分配工作有序，群众满意度提高。截至年底，全省13万户符合条件并列入轮候登记册，将在3~5年内全面解决住房问题。

【保障性安居工程建设与运营】 2013年，广东省着力打造保障性住房“建管并重”的新格局。一是完善有关政策文件。全省各地贯彻落实《广东省城镇住房保障办法》，制定相关配套政策，重点完善住房保障

▲广州市白云区龙归保障房小区（2013）　（广州市国土资源和房屋管理局供稿）

分配、轮候、退出规定。修订《住房保障工作目标责任量化考核评分细则》，突出建设和管理并重的发展思路，强化对保障性住房建设管理、分配和运营管理的考核。二是组织召开加强保障性住房建设和运营经验交流会议。12月26日，广东省在珠海市召开创新保障房建设和运营方式座谈会，由珠海、广州等市介绍经验和做法，有关城市开展探讨。现场观摩珠海华发人才公寓项目，参观学习项目建设和运营模式创新，以及执行绿色建筑标准、应用“四新”技术等经验做法。三是加强全程监管。广东省对保障性住房建设和运营实行动态监管，建立全省住房保障项目动态监管系统，使保障性住房从立项、建成、分配、使用均列入全程不间断监管范围。四是创新后续管理。对保障性住房小区，既可以通过招标等方式委托具有物业管理资质的公司实行统一物业服务，也可以落实辖区房管部门管理，还可以委托建设单位直接管理。住房保障部门通过不定期抽查和定期考核评价，加强保障性住房小区物业管理监督管理。

【棚户区改造】　2013年7月23日，住房和城乡建设部、国家发展改革委、财政部、国土资源部、农业部、国家林业局联合召开全国棚户区改造工作电视电话会议，贯彻落实《国务院关于加快棚户区改造工作的意见》，全面部署2013~2017年棚户区改造及相关工作。全国会议之后，广东省住房和城乡建设厅、发展改革委、财政厅、国土资源厅、林业厅、侨办、农垦总局联合召开会议贯彻落实，部署全省开展新一轮棚户区改造工作。

2013年3月和6月，广东省住房和城乡建设厅牵头，组织省财政厅、国土资源厅、人大选联工委、韶关市人民政府，就省人大阙定胜等代表提出的《关于加大力度支持韶关棚户区改造的建议》召开协调会，并开展深入调查；10月，省住房和城乡建设厅副厅长陈英松一行到广西考察棚户区改造事宜，学习借鉴广西棚户区改造先进经验，进一步充实完善广东省棚户区改造政策和规划。

截至2013年底，广东省人民政府完成《关于加快棚户区改造工作的实施意见》(简称《实施意见》)。《实施意见》明确全省棚户区改造范围、适用对象、建设标准和责任主体，着重解决资金筹集、土地供应、税费减免、安置补偿等问题。年内，编制完成《2013~2017年广东省棚户区改造规划和年度计划(初稿)》，全面推进全省棚户区改造。

【住房保障机构选介】

汕头市住房保障中心　2011年9月2日成立，属公益一类事业单位，机构主要职能：负责住房保障政策实施；承担汕头市廉租、经济适用保障性住房工作任务落实的基础工作；保障性住房申报资格初审、报批及后续管理；汕头市保障性住房资料、信息系统建设及相关

▲2013年竣工的佛山市禅城区惠海园保障房小区

（佛山市住房和城乡建设管理局供稿）

服务。2012~2013年，累计发放租赁住房补贴3154户（次）；制订公租房保障办法、住房保障工作方案、申请审核细则，轮候规则等系列配套制度；组织开展对新增申请对象和在册轮候对象的资格审核，强化保障对象资格管理；及时在汕头市住房保障网公开相关政策法规、保障性安居工程建设信息、保障性住房分配和退出信息。

【保障性住房小区选介】

佛山市禅城区惠海园保障房小区　位于禅城区中轴线季华二路以北的江海路，是禅城区政府投资建设的保障房项目，按照普通商品房标准规划建设。2010年12月动工建设，2013年初竣工分配，小区建有7幢17层住宅楼，共有保障房684套，建筑面积42336.26平方米，另还配建商业面积949.91平方米。住房以一厅两房户型为主，套型建筑面积58平方米。保障对象主要是禅城区内户籍低收入住房困难家庭。惠海园保障房实施小区物业管理，周边交通方便，生活配套设施完善，公交直达小区门口。截至2013年底安置入住654户，入住率96%。

汕头市华馨花园（暂定名）限价商品住房　位于汕头市华新城潮阳路西侧，新华园北侧。设有1层地下车库，东、南两侧配有2层商铺，社区服务中心、物业管理中心等配套设施齐全。毗邻华新城住宅小区，周边肉菜市场、超市、饭店、幼儿园、小学、银行、居委会、派出所、街道办等多项配套设施可与之共享。交通毗邻汕揭高速月浦出入口，汕头北区、东区和澄海区的市民可直接从汕揭高速泰山路出入口10分钟直达。从岩石大桥出发，沿西港路潮汕路到达项目也只需15分钟左右。途经该项目的公共汽车线路覆盖市区多个地点。花园小区坐北朝南，总套数1300套。花园中轴对称，园内采用人车分流，绿化面积大，拥有近40米的超宽栋距。一梯四户，公摊面积小，经济实用。户型方正，南北通透，在保证南北朝向的前提下，根据汕头人居住习惯和当地气候特点完成室内空间设计，各户型面积配比、开间和进深合理，室内功能关系紧凑齐全，动静分区明确，并力求使所有房型光线充足。　*（卓云峰）*

住房公积金监管

【概况】　2013年，广东省住房公积金事业发展良好。全省各地住房公积金管理中心在继续开展缴存扩面的基础上，坚持以民生需求为导向，在创新管理机制、完善管理制度、提高服务水平等方面进行探索，推进地区住房公积金管理再上新台阶。

住房公积金缴存人数与缴存总额稳定增长。截至2013年末，全省应缴职工人数2425.80万人、实际缴存职工人数1139.38万人，实缴人数增加81.89万人，比上年增长7.74%。住房公积金缴存率46.97%。全省缴存总额6109.10亿元，全年新增缴存额1257.81亿元，比上年增长15.97%。缴存余额2666.33亿元，全年新增余额446.98亿元，比上年下降8.1%。

个人贷款额与提取额继续增长。截至2013年末，全省住房公积金提取总额3442.77亿元，占住房公积金缴存总额56.35%；全年提取额810.83亿元，比上年增长35.59%，占当年缴存额64.46%。全省个人住房公积金发放贷款总额2379.80亿元，累计发放91.82万笔，占缴存总额38.96%，增幅分别为36.34%和22.89%。全年发放个人贷款634.26亿元，17.1万笔，占全年缴存额的50.43%，比上年增长71.73%和35.39%。个人贷款余额1634.73亿元，全年新增余额488.50亿元，比上年增长90.51%。个人贷款逾期率0.0175‰，比上年下降0.0004‰。

【住房公积金监督】　2013年3月和10月，广东省住房和城乡建设厅分两次召开珠江三角洲住房公积金座谈会，分别就珠江三角洲地区贷款合作协议、地方提取政策调整和资金流动性风险问题进行研讨并提出对策。年内，广州、东莞、中山、湛江等市调整住房公积金提取政策，保证资金运行的稳定。

2013年7月，由广东省人力资源和社会保障厅牵头，省直5个厅局共同参与制定《关于妥善解决当前劳资纠纷重点问题的通知》。其中省住房和城乡建设厅负责制定四个重点问题中“关于妥善处理职工住房公积金缴存问题”有关政策条文，该文件于8月正式印发，对指导地方下半年处理劳资纠纷起指导作用。

【住房公积金贷款支持保障性住房建设试点】　2013年，广东省佛山、江门两市作为住房公积金贷款支持保障性住房试点城市。试点工作开展以来，佛山、江门两市成立工作领导小组，由分管副市长担任组长。同时健全工作协调机构，制订开展项目贷款工作实施方案，稳步推进试点工作。确保试点工作程序合理合法，并做好房贷风险规避。截至2013年末，根据试点项目工程进度情况逐步拨付两市的项目资金1.87亿元，支持当地保障性住房建设。3月、7月和10月，住房和城乡建设部试点工作巡查组与全国住房公积金督察员到试点城市巡查项目进展情况和贷款发放情况。巡查组和督察员对广东省住房公积金贷款支持保障性住房建设试点工作开展情况给予好评。

【住房公积金管理机构选介】

珠海市住房公积金管理中心　珠海市住房公积金管理中心（简称珠海管理中心）成立于1994年，直属市政府管理，2012年调整为正处级事业单位。20年来，管理中心坚持服务大局，保障和改善民生，促进住房公积金各项业务稳健发展。2010~2012年连续三年获广东省住房公积金管理中心年度考核“优秀”；获2013年度“珠海市行政服务创新进步奖”，被评为“广东省建设系统精神文明建设先进单位”“珠海市直机关‘银星’先进基层党组织”“珠海市模范职工之家”。

截至2013年底，珠海市住房公积金缴存人数50.2万人，平均每3个常住人口中就有1个人缴存住房公积金，期末累计缴存总额2863465万元，人数和金额总量排名全省第五。期末累计缴存余额712165万元，累计提取总额2151300万元，累计发放个人购房贷款总额850822万元，累计发放个人购房贷款笔数46122笔。2011~2013年增值收益逐年攀升，分别为7760万元和10349万元、15137万元。

珠海市住房公积金信息系统于2011年11月28日上线运行，通过完善信息系统归集、提取、贷款模块的操作功能，减少资料重复录入，提高审批工作效率；网上查询平台推出，方便缴存职工对个人公积金账户查询；公积金联名卡推广旨在将日常行政审批简化为“网上申请—系统比对审核—联名卡内转账”，让群众足不出户办理住房公积金业务。

针对套取、骗取住房公积金的现象，制定日常稽核、专项稽核、个案稽核工作方案，定期到缴存单位、受托银行、房地产开发企业和中介机构等部门开展稽核。截至2013年，追回违规支取资金207万元。其中，2010年6月配合珠海市公安局刑警支队一大队对涉嫌利用假资料套取住房公积金进行立案专项整治，打击骗提住房公积金的违规行为，破获全省首宗套取住房公

2013年广东省住房公积金缴存情况

地区名称	缴存职工人数（人）		缴存率(%)	缴存总额（万元）	缴存余额（万元）	当年缴存额（万元）	占缴存余额(%)	增值收益（万元）
	应　缴	实　缴						
广东省	24257986	11393760	46.97	61091028.86	26663319.08	12578114.72	47.17	380773.57
广州市	4360316	2620917	60.11	27641007.55	9891391.10	4610339.43	46.61	155090.17
深圳市	9915300	3477591	35.07	7613029.63	5469083.77	2959499.28	54.11	59708.26
珠海市	532738	500244	93.90	2718287.80	689624.48	429021.78	62.21	15136.68
汕头市	507576	216418	42.64	1334163.88	811465.87	266818.66	32.88	7122.23
韶关市	214026	173637	81.13	1343984.78	568762.93	215106.89	37.82	8536.88
河源市	166004	125710	75.73	521137.09	228789.83	103761.98	45.35	3072.46
梅州市	237389	178461	75.18	740769.00	415007.00	128803.00	31.04	5290.32
惠州市	754854	439143	58.18	1723542.21	784631.31	399374.61	50.90	13448.70
汕尾市	89647	70234	78.35	236924.52	113271.15	55003.81	48.56	717.48
东莞市	4237045	882614	20.83	3508678.27	1664476.45	683281.63	41.05	26051.88
中山市	320142	343005	107.14	1278396.53	510690.70	250042.16	48.96	8621.37
江门市	518934	281141	54.18	1885689.83	832479.29	349756.15	42.01	14879.06
佛山市	581700	816182	140.31	3774550.30	1268510.84	763228.23	60.17	18097.29
阳江市	145900	103352	70.84	412061.15	220456.89	93489.75	42.41	2991.78
湛江市	420134	292778	69.69	1797192.05	877011.22	327686.03	37.36	11116.62
茂名市	369899	222750	60.22	1162178.06	609532.07	226347.57	37.13	11978.00
肇庆市	306016	205166	67.04	873904.54	465232.60	180129.37	38.72	5250.24
清远市	129025	115484	89.51	1058403.74	451670.91	221362.80	49.01	8036.77
潮州市	115873	82822	71.48	426017.14	251303.63	86420.59	34.39	1508.64
揭阳市	165800	146228	88.20	561018.05	297899.17	128750.41	43.22	0.00
云浮市	169668	99883	58.87	480092.74	242027.87	99890.59	41.27	4118.74
珠三角	21527045	9566003	44.44	51017086.66	21576120.54	10624672.64	49.24	316283.65
东　翼	878896	515702	58.68	2558123.59	1473939.82	536993.47	36.43	9348.35
西　翼	935933	618880	66.12	3371431.26	1707000.18	647523.35	37.93	26086.40
粤北山区	916112	693175	75.66	4144387.35	1906258.54	768925.26	40.34	29055.17

（郭苑娜）

2013年广东省住房公积金使用情况

地区名称	个人提取情况		个人贷款情况					
	提取总额（万元）	当年提取（万元）	累计发放额（万元）	当年发放额（万元）	贷款余额（万元）	个贷率（%）	累计发放户数（户）	逾期率（%）
广东省	34427709.78	8108283.95	23798074.97	6342595.28	16347268.46	51.65	918240	0.021
广州市	17749616.45	3538474.74	11710270.35	3145730.66	7698909.00	77.83	343547	0.024
深圳市	2143945.86	1158137.02	915133.10	835621.40	895909.91	16.38	19665	0.000
珠海市	2028663.32	392984.00	809333.91	138739.00	465849.71	67.55	44286	0.006
汕头市	522698.01	125156.65	273725.35	105589.80	225878.69	27.84	10467	0.000
韶关市	775221.85	169176.25	398691.89	94133.07	268060.74	47.13	36876	0.003
河源市	292347.26	72730.52	293188.50	51272.34	179022.37	78.25	21534	0.058
梅州市	325762.00	81924.00	450325.00	99792.00	303995.00	73.25	29769	0.000
惠州市	938910.90	252218.67	904831.75	248529.04	671081.70	85.53	50685	0.056
汕尾市	123653.37	31761.12	0.00	0.00	0.00	0.00	0	0.000
东莞市	1844201.82	425449.89	1785716.47	196031.19	1199663.19	72.07	55777	0.018
中山市	767705.83	173547.11	638612.13	84545.30	442017.12	86.55	24860	0.000
江门市	1053210.54	255619.54	729685.73	153899.20	479931.27	57.65	45839	0.005
佛山市	2506039.46	570672.62	1647002.27	283142.14	1074757.79	84.73	77045	0.017
阳江市	191604.26	51370.65	262444.00	76077.60	209651.87	95.10	11701	0.000
湛江市	920180.83	222423.58	935762.44	310781.50	716689.53	81.72	41217	0.000
茂名市	552645.99	137016.62	594725.48	152687.70	411472.35	67.51	28375	0.000
肇庆市	408671.94	98505.01	427643.25	93411.10	305332.80	65.63	26669	0.016
清远市	606732.83	157237.12	551828.49	107347.99	413912.55	91.64	27057	0.000
潮州市	174713.51	46675.85	83947.90	37205.80	72847.35	28.99	3189	0.000
揭阳市	263118.88	78626.81	136849.40	58668.80	117159.02	39.33	6299	0.000
云浮市	238064.87	68576.18	248357.56	69389.65	195126.50	80.62	13383	0.007
珠三角	29440966.12	6865608.60	19568228.96	5179649.03	13233452.49	51.74	688373	0.025
东　翼	1084183.77	282220.43	494522.65	201464.40	415885.06	20.23	19955	0.000
西　翼	1664431.08	410810.85	1792931.92	539546.80	1337813.75	62.40	81293	0.000
粤北山区	2238128.81	549644.07	1942391.44	421935.05	1360117.16	63.96	128619	0.016

（郭苑娜）

▲2013年，珠海市住房公积金管理中心被广东省住房和城乡建设厅授予“广东省建设系统精神文明建设先进单位”称号 （珠海市住房公积金管理中心供稿）

积金案件，抓获6名嫌疑人，追返违规提取资金72万多元。

健全服务机制，培育便民典型。上门服务，方便行动不便的困难人员、年老人员和部分高校教职工；预约服务、急事急办，方便工作繁忙的职工；延时服务、贴近群众，在每个工作日17：30~18：00和每周的星期三中午12：00~14：30开展不间断服务，解决部分群众上班时间无法外出办事、休息时间窗口不能办事的困扰；通过导办服务、指引办事流程、提前预审资料、合理分流业务等，为群众排忧解难。 （张文宇）

教育培训与执业资格

□ 全省有各类建设执业人员十一万五千人

□ 参加各类建设执业资格考试人数逾二十万

□ 全省一千五百四十九人被评为高级工程师

□ 举办第十五期市长（书记）城建专题研究班

□ 广东评审专家库动态更新扩容

综　　述

【概况】　2013年，广东省推进建设教育培训、建设执业资格注册和建筑建材专业技术资格评审制度建设。全年举办14期高新技术研修班，培训3893人；参加小型项目负责人培训5702人，参加考试4150人，合格率83.86%；通过培训取得职业资格证书16860人次；举办各类继续教育培训班93期，合计38731人。全年全省受理建设执业资格注册55651人次，一级建筑师等4个专业的变更注册、注销注册下方至广东省。截至年末，全省有各类建设执业资格注册人员115063人，比上年增长10.1%。是年，建成“广东省网上办事大厅建设执业资格注册窗口”，实现与广东省网上办事大厅、住房和城乡建设部相关注册管理系统对接。

【第十五期市长（书记）城建专题研究班】　2013年12月16~20日，广东省住房和城乡建设厅联合省委组织部、国土资源厅、环境保护厅在珠海市举办第十五期市长（书记）城建专题研究班。邀请英国、西班牙等外国专家到省内授课，参加培训的学员有各地级以上市和部分县级市市长（书记）、部分地级以上市辖区区长（书记）共39人。研究班突出“实施新型城镇化战略，建设美丽广东”主题，设置7个专题，分别由住房和城乡建设部城建司副司长李如生、英国伦敦市长顾问、伦敦大学教授和西班牙萨拉戈萨生态城负责人等7位领导和专家授课，并参观珠海市城市建设，使学员开阔视野、拓宽思维，提高省内各级党委、政府科学推进新型城镇化建设的理论水平和决策能力。（*李朝*）

教育培训

【概况】　2013年，广东省在珠海举办广东省第十五期市长（书记）城建专题研究班，全年举办高新技术研修班14期，培训3893人。是年，广东省建设教育培训和职业技能鉴定机构的软硬件建设、培训鉴定质量逐步提高，为建设事业发展提供人才保证和智力支持。但是全省建设教育培训仍存在问题，推行建设职业资格证书制度步伐有待加快，部分工种的技能培训鉴定不能适应建设事业快速发展需要。全省建设教育工作发展不平衡，珠江三角洲地区开展较好，粤东西北地区明显滞后，部分地区对建设教育工作重要性和紧迫性认识不够等。

【专业技术人员继续教育培训】　2013年，广东省住房和城乡建设厅委托省建设教育协会在广州、惠州、湛江和汕头等5个片区举办14期高级技术研修班，培训3893人。通过推进全省建设行业专业技术人员继续教育，提高全省建设行业专业技术队伍的整体竞争力。

【职业技能培训与鉴定】　2013年，广东省住房和城乡建设厅继续组织开展一线生产操作人员职业技能培训与鉴定，采取以发达地区带动相对落后地区的培养方式，呈现鉴定人数逐年增加、鉴定工种逐年增多、鉴定试题逐年完善的特点。全年通过培训取得职业资格证书16860人次，其中初级工5926人、中级工7987人、高级工2947人。全省建设职业资格证书制度推进逐步落实，鉴定力度逐年加大，全省建设行业工人队伍技术水平不断提高。

【全省职业技能鉴定质量管理检查】　2013年8月7日，广东省住房和城乡建设厅转发《广东省人力资源和社会保障厅关于开展职业技能鉴定质量管理检查的通知》，部署各职业技能鉴定站在8月16日前做好自查。8月27日至9月5日，由省住房和城乡建设厅、部分鉴定机构负责人和省建设教育协会专家组成检查小组，对广州、粤北、粤西部分鉴定站进行检查。通过检查，全省建设行业31个鉴定站中符合要求达到鉴定站质量管理合格标准25个、未达指标要求5个。对于未达指标要求的鉴定站，责成限期整改；有违规现象、建议撤销建设行业鉴定资质的1个。

【施工现场专业人员岗位培训】　2013年，广东省加强施工现场专业人员岗位培训管理，更新岗位培训相关教学大纲及试题库，规范考核及证书发放，全年考取各专业岗位培训证书26324人。（*李朝*）

【建筑工程专业一级注册建造师继续教育】　2013年，广东省推进建筑业建筑工程专业一级注册建造师继续教育工作。制订《建筑工程一级注册建筑师继续教育工作实施方案》，择优推荐广东省培训单位，选派优秀的师资参加中国建筑业协会师资培训。1月14日，建筑工程专业一级注册建造师继续教育培训示范班在广州市正式开讲。截至年底，全省6个定点培训单位累计完

2013年广东省建设行业职业技能培训与鉴定、专业技术人员继续教育、岗位培训情况

单位：人次

类　别	职业技能培训			职业技能鉴定			专业技术人员高新技术培训	现场专业人员岗位培训
	初级工	中级工	高级工	初级工	中级工	高级工		
合　计	8804	10057	5045	5926	7187	2947	3893	26324
建筑类	6320	8511	3903	4559	6144	2190		
市政类	2484	1546	1142	1367	1043	757		

（*李朝*）

成56期培训班，参加培训人数10532人，取得证书人数9861人。完成2007~2009年度内取得建筑工程专业一级注册建造师相应资格的建造师必修课和选修课的继续教育培训。

【全省小型工程项目负责人继续教育培训考核】 2013年，广东省参加小型工程项目负责人培训5702人，参加培训考试4150人，合格率83.86%。小型工程项目负责人培训内容包括建设工程法律法规知识、国家和省颁布的现行规范和标准、小型工程项目施工管理等相关知识，注重专业基础理论知识掌握，注重小型工程项目负责人施工实际管理能力培养，是全省建造师培训制度的重要补充政策。

根据《广东省小型工程项目负责人继续教育培训考核管理办法》有关规定，广东省小型工程项目负责人培训合格证书有效期3年，有效期满的必须参加继续教育培训（不少于60学时）；未按规定完成继续教育的，所取得的证书（含增项证书）自行失效。 *（张兵）*

【监督检测机构和人员业务培训】 2013年，为了全面提高广东省建设工程质量和安全监督人员执法能力和业务水平，提高全省检测人员业务素质和检测工作水平，省建设工程质量安全监督检测总站受省住房和城乡建设厅和省技术监督管理局委托，对全省建设工程质量和安全监督检测人员开展上岗培训和继续教育。监督人员培训内容包括建设工程质量安全有关的法律法规、规范性文件，建设工程设计、施工和检验等相关知识，旨在使学员通过培训，熟悉工程建设有关质量监督法律法规和业务知识，提高建设工程质量和安全监督业务水平；检测员上岗人员培训内容包括建筑地基基础、建筑结构施工质量、建筑材料、构配件、建筑电气、设备、室内环境和建筑节能等20多种涉及建筑工程质量有关的工程质量检测项目的技术规范标准和检测技术等，为提高全省建设工程质量监督和检测水平发挥重要作用。

2013年，广东省举办质量安全监督、建筑材料检测等项目检测人员上岗证考核培训及继续教育26期，培训人数7628人次。

【建筑施工企业安管人员安全生产考核】 为了加强房屋建筑和市政基础设施工程施工安全监督管理，全面提升全省建筑施工企业安全管理人员安全管理意识和管理水平，根据《中华人民共和国安全生产法》《建设工程安全生产管理条例》等法律法规，2013年，广东省住房和城乡建设厅对全省建筑施工企业安管人员、建筑企业负责人、项目经理和专职安全生产管理员开展安全生产考核。安全生产考核内容包括建筑施工安全的法律法规、规章制度、标准规范，建筑施工安全管理基本理论等。全年安排考前辅导班90个班次，42836人次。制作证书5.68万本，其中新领证2.43万本，变更换证4500本，延期换证2.8万本。 *（李素华）*

【建设工程造价员专业资格考试】 2013年，广东省工程造价协会于6月22日和10月12日分两批举办造价员专业资格考试，考试实行全省统一考试大纲、统一命题、统一考试时间、统一评卷，全省16个市18803人报考，其中建筑与装饰工程13232人，合格3324人；安装工程3948人，合格976人；市政工程1623人，合格362人。 *（张中）*

建设执业资格注册制度

【概况】 截至2013年末，广东省有各类建设执业资格注册人员115063人，比上年增长10.1%；各项建设执业资格考试报名人数209820人，增长13.52%；举办各类继续教育培训班93期，38731人参加。是年，广东省举办第三期取得内地资格互认的香港一级注册建筑师、一级注册结构工程师在粤注册执业的法律法规测试，57名香港建筑师、结构工程师通过测试。广东省承接国务院同意下放的一级注册建筑师、一级注册结构工程师和其他专业勘察设计工程师、一级注册建造师、注册监理工程师、注册房地产估价师、注册造价工程师、注册城市规划师的变更注册、注销注册工作，完成一级注册建筑师、一

2013年广东省建设专业执业资格注册情况

注册类别		初始注册	变更注册	延续注册	全年注册人次	注册总人数
注册建筑师	一级	117	124	532	850	1855
	二级	49	45	403	546	2452
注册结构工程师	一级	105	205	695	1105	2806
	二级	78	38	112	250	953
注册建造师	一级	3526	4128	–	8397	25732
	二级	5788	7218	5010	22815	48719
注册监理工程师		1666	1432	5833	9768	11693
注册造价工程师		402	1150	3120	5139	10174
房地产估价师		233	280	676	1308	3151
注册城市规划师		208	106	428	816	1791
注册土木工程师（岩土）		51	85	213	383	923
注册公用设备工程师		210	185	316	782	1457
注册电气工程师		124	127	185	480	1130
注册化工工程师		15	1	35	60	88
注册物业管理师		2139	–	–	2952	2139
合　计		14711	15124	17558	55651	115063

注：表中建筑师、结构工程师数据不含深圳市

（广东省建设执业资格注册中心）

2013年广东省建设执业继续教育情况

注册师类别	举办期数	培训人数
注册建筑师	5	1383
注册结构工程师	6	1724
注册造价工程师	5	1225
注册监理工程师	7	1161
二级注册建造师	13	4339
注册城市规划师	2	572
注册土木工程师（岩土）	2	496
“岭南建筑与城镇化建设”学术研讨会	1	146
《广东省城乡规划条例》宣贯培训学习班	10	2298
岭南特色建筑与规划设计主题培训班	1	83
在外地办班	36	10338
注册造价工程师网络教育	1	4349
注册二级建造师网络教育	3	9875
注册监理工程师网络教育	1	742
合　计	93	38731

（广东省建设执业资格注册中心）

级注册结构工程师和其他专业勘察设计工程师、一级注册建造师、注册造价工程师4个专业交接。开发建设广东省城乡规划条例宣贯管理系统，对二级注册师注册审批系统、港澳执业师在粤注册管理系统、继续教育系统进行维护和升级改造。是年，建成“广东省网上办事大厅建设执业资格注册窗口”，实现与广东省网上办事大厅、住房和城乡建设部相关注册管理系统对接。

【执业资格考试】 2013年，广东省组织19项建设执业资格考试，报名209820人，比上年增长13.52%，其中广东省建设执业资格注册中心受理考试报名85809人，增长13.97%，连续3年考生人数增长10%以上；24695人通过考试。2013年广东省选送27位专家参加全国评卷，组织773位专家参加省内评卷。

【建设执业资格注册审核与管理】 2013年，广东省受理建设执业资格注册55651人次，其中一级注册建筑师850人次、二级注册建筑师546人次、一级注册结构工程师1105人次、二级注册结构工程师250次（一、二级注册建筑师、结构工程师人数不含深圳市）。一级注册建造师8397人次、二级注册建造师22815人次、注册监理工程师9768人次、注册造价工程师5139人次、注册房地产估价师1308人次、注册城市规划师816人次、注册土木工程师（岩土）383人次、注册公用设备工程师782人次、注册电气工程师480人次、注册化工工程师60人次、注册物业管理师2952人次。（截至年底，一级注册建筑师、一级注册结构工程师和其他专业勘察设计工程师、一级注册建造师、注册造价工程师4个专业的变更注册、注销注册下放至广东省）。

【建设执业资格继续教育】 2013年，广东省组织建设执业资格继续教育培训38731人次。其中集中面授10900人、网络教育14966人、外地办班10338人、研讨班146人、主题培训班83人，结合《广东省城乡规划条例》实施，举办宣贯班10期，合计2298人参加培训。

（李婉纯）

专业技术资格评审

【概况】 2013年，广东省住房和城乡建设厅推进建筑建材专业技术资格评审制度建设，对评委库进行调整和扩容，严格评审程序、强化评审纪律。全年收到教授级高工申报材料146份、高级工程师2717份、中级工程师427份、助理工程师（初级）52份。10月，广东省住房和城乡建设厅在广州召开建筑建材专业教授级高级工程师专业组面试答辩及专业组评审会议，146人参加面试答辩并进入专业组评审79人通过专业组评审，通过率54.11%；12月在台山进行高级工程师的评审，1549人通过评审，通过率57.01%。由于受社会不良之风影响，业绩造假、论文抄袭雷同等弄虚作假现象时有发生。

【专业技术资格评审规范】 2013年，广东省住房和城乡建设厅严格执行广东省人力资源和社会保障厅《关于加强2013年度职称评审工作监督指导的通知》有关规定，落实“两指导、两监督”制度（“两指导”指对申报人申报评审材料审核和评委会日常工作部门职称评审政策进行业务指导；“两监督”指对在进行专业技术资格评审工作环节的评委库抽取评委和评审会议两个环节进行监督），创新评委通知方式，严守保密纪律，确保评审工作的公平公正。

【评审专家库动态更新扩容】 2013年，广东省住房和城乡建设厅在官方网站广东建设信息网发布《关于推荐省建筑、建材专业高级（含教授级）工程师资格评审专家库候选人的通知》，对广东省建筑工程第一高评委专家库的专家进行调整，动态增减东西两翼和粤北山区专家数量。粤东、粤西、粤北评委显著增加。同时根据评委平时工作态度和工作能力，对达到退休年龄、调离本行业，以及在评审期间有不良反映的评委剔除出专家库，增加年富力强、经验丰富、责任心强的专业技术人员进入专家库。（李朝）

2013年广东省建筑建材专业技术资格评审认定情况

类　别	教授级高级工程师		高级工程师	工程师		助理工程师	
	专业组初审	评审		评审	认定	评审	认定
参评人数	146	79	2717	424	3	20	32
通过人数	79	55	1549	337	3	18	32

（李朝）

行政审批

□ 全年受理企业申请资质二千四百六十三宗

□ 停止四项行政审批

□ 多项企业资质核准由部下放到省

□ 『建设行业企业申办部批资质一百计划』效果明显

□ 为申报特级和甲级资质的企业开设绿色通道

综　　述

【概况】　2013年，广东省住房和城乡建设厅行政审批工作以加快转变政府职能，深化行政审批制度改革为重点，在简政放权、规范简化审批程序、实现行政审批电子化、推进建设企业发展等方面取得成效。确定暂时停止实施行政审批事项4项、承接住房和城乡建设部委托下放行政审批事项7项。受理企业资质申报事项2463项，办理企业出省经营介绍信（含诚信证明）13912件、报部领取证书267件、企业资质变更业务762项、企业遗失补办证书业务67项，实现省级核准工程勘察、工程设计、施工总承包、施工专业承包企业资质等申报事项电子化申报。

▲2013年6月20日，住房和城乡建设部建筑市场监管司在广州市召开建设工程企业资质审查工作座谈会　　（广东省住房和城乡建设厅行政许可管理处供稿）

2013年，广东省住房和城乡建设厅行政审批工作主要特点：一是企业资质申报数量保持稳定，比上年增幅不足2%；二是通过住房和

2013年广东省住房和城乡建设厅实施的行政审批事项

类　别	序　号	行政审批事项名称及级别
行政许可事项	1	建筑工程施工图设计文件审查机构资格认定
	2	省管建筑工程施工许可证核发
	3	房地产估价机构二级资质核准
	4	建筑业企业施工总承包二级、专业承包一级资质核准
	5	工程监理企业乙级资质核准
	6	工程造价咨询企业乙级资质认定
	7	工程建设项目招标代理机构乙级、暂定级资格核准
	8	建设工程勘察设计单位资质核准 （含建设工程设计乙级资质和建设工程勘察乙级、丙级资质）
	9	城市规划编制单位乙级资质认定
	10	建筑施工企业安全生产许可证核发
	11	建设工程注册证核准，（含注册建筑师、勘察设计注册工程师、注册监理工程师、注册房地产估价师、注册造价工程师、注册城市规划师和注册建造师）
	12	物业服务企业二级资质核准
	13	建筑施工企业安全生产管理人员考核合格证核发
	14	建筑施工特种作业人员操作资格核发
非行政许可的行政审批事项	1	大中型工程建设项目初步设计审批
	2	国家和广东省发展改革委审批的建设项目的规划选址意见核发
	3	设立国家级、省级风景名胜区审核
	4	城市总体规划、市域城镇体系规划审查广东省住房和城乡建设厅实施的行政审批事项

（广东省住房和城乡建设厅人事处）

城乡建设部审批企业资质增幅显著，比上年增长近两倍（含资质延续），实施“建设行业企业申办部批资质100计划”效果显著；三是通过企业业绩核查，遏制企业虚假申报行为，严格建筑市场准入管理。当前工作存在问题：一是省住房和城乡建设厅行政许可涉及各有关单位联动工作效率有待提高；二是省住房和城乡建设厅对全省各地级以上市行政许可工作的指导监管有待加强。

【行政审批制度改革】 2013年，广东省住房和城乡建设厅落实加快转变政府职能，深化行政审批制度改革。2月7日，省政府转发国务院《关于执行〈全国人民代表大会常务委员会关于授权国务院在广东省暂时调整部分法律规定的行政审批的决定〉的通知》，省住房和城乡建设厅暂时停止办理4项行政审批，包括：工程建设项目招标代理机构乙级和暂定级资格认定；城乡规划编制单位乙级和丙级资质认定；工程监理企业专业乙级和丙级资质认定；二级注册建造师、二级勘察设计注册工程师、二级注册建造师资格注册核准，交由具备条件的行业协会实行自律管理，在3年内试行。对于实践证明可行的，继续完善有关法律；对于实践证明不宜调整的，恢复实行有关规定。

从2013年10月1日起，由住房和城乡建设部负责核准的建设工程企业（含勘察、设计、施工、监理、设计与施工企业及招标代理机构）资质资格延续审批工作委托至省级建设行政主管部门负责审批；11月24日，房地产估价机构一级资质下放至省级建设行政主管部门负责核准。为确保住房和城乡建设部委托和下放事项的顺利运行，广东省住房和城乡建设厅转发有关通知，编写“办理指南”指导企业网上申报，制定受理、审批、信息公开等相关审批制度，保证相关资质资格事项核准顺利进行。 （陈雷）

行政许可

【概况】 2013年，广东省住房和城乡建设厅受理企业资质申报2463件，其中准予许可1271件、初审同意上报住房和城乡建设部486件；不予许可487件、初审不同意上报住房和城乡建设部和不予受理等办结类型219件。全省施工企业升级获施工总承包一级资质27宗、获施工总承包二级资质100宗；设计企业获甲级资质11宗、获乙级资质134宗。办理企业出省经营介绍信（含诚信证明）13912件。其中窗口现场办理2102件、网上办事大厅办理3630件、委托广州市办理2258件、委托深圳市办理5922件。办理报部领取证书267件；办理企业资质变更业务762项；办理企业遗失补办证书业务67项；接听咨询电话超过3万人次，回复网络咨询3365件。

【企业资质申办审批电子化全面推行】 2013年，广东省住房和城乡建设厅重点推进企业资质电子化审批工作。从3月起，开展全省核准企业资质网上电子化审批研发工作，通过理清企业资质申办电子化工作法理依据，梳理各类型资质电子化申报材料清单，编制企业申报电子材料证照数据标准、申报材料和审批平台双电子目录，重新编写企业资质电子化申办网上指南，制定企业提供虚假电子证照行为处理流程，对“三库一平台”管理信息服务系统申报和审批平台进行全面改造升级；从11月15日起，全面实现由省住房和城乡建设厅负责核准的工程勘察、工程设计企业资质、建筑业企业资质网上申报审批电子化。企业通过网络上传的方式，将申请表和附件的电子材料直接报送省住房和城乡建设厅，无需向各地级市建设行政主管部门和省住房和城乡建设厅对外办事窗口报送纸质申请材料，网上申请信息无需经过属地建设行政主管部门提交省住房和城乡建设厅，并实现企业24小时、无地域限制申报。

2014年4月，广东省住房和城乡建设厅对外办事窗口办理企业外出经营介绍信和赴部领取资质证书介绍信2项，非行政许可事项均实行网上办理，实现建设企业资质申报事项网上办理率100%。

【“建设行业企业申办部批资质100计划”实施】 2013年，广东省住房和城乡建设厅制定并实施“建设行业企业申办部批资质100计划”，有针对性地为企业开展资质申报培训、指导和相关服务。通过提升建

▲ *2013年8月23日，广东省住房和城乡建设厅在广州市召开申报住房和城乡建设部审批施工企业资质首场培训交流会 （广东省住房和城乡建设厅行政许可管理处供稿）*

▲2013年8月29日，广东省住房和城乡建设厅在广州市举行“建设行业企业申办部批资质100计划”培训会 (广东省住房和城乡建设厅行政许可管理处供稿)

设企业资质竞争能力，促进全省住房和城乡建设各行业的快速发展。4月，省住房和城乡建设厅印发《2013年企业拟申报住房和城乡建设部审批资质事项情况登记表》，收集汇总全省建设企业申报企业资质资格情况；5月，召开各地级市主管部门和各相关行业协会座谈会，广泛听取意见和建议；8~9月，开展全省住房和城乡建设企业资质申报培训和交流活动，涵盖工程勘察设计、建筑业、工程监理、工程建设项目招标代理、设计与施工一体化、园林绿化、工程造价、房地产开发、物业管理、房地产估价、城市规划等11个行业，分11场次进行，参加培训交流企业代表近3000人次。截至年底，广东省建设企业升级（新申请）报部批资质通过127家、延续（核定）通过305家。

2013年，广东省住房和城乡建设厅重点扶持省内申报施工总承包特级资质、勘察设计综合甲级资质条件较为成熟的企业。先后到广州市政集团、广东金辉华集团和汕头达豪市政有限公司调研，从申报建筑业企业特级资质的资料准备、信息化建设和申报现场核查等环节予以指导，并开通“申特”（申报建筑业企业特级资质）服务绿色通道。

【企业业绩核查机制建立完善】 2013年，广东省住房和城乡建设厅积极优化审批流程，推进行政审批信息化建设。根据住房和城乡建设部办公厅《关于加强建设工程企业资质申报业绩核查工作的通知》，为进一步规范建设工程企业资质审批工作，加强对建筑市场准入的管理，重点核查建设工程企业资质申报业绩。一是公开企业申请信息，将企业申报的所有个人业绩、企业业绩在省住房和城乡建设厅申报网站广东建设信息网进行公开，接受社会监督；二是在考核个人业绩的企业材料中增加对“个人业绩证明”的核查，核实“个人业绩证明”的真实性，杜绝虚假个人业绩；三是通过核查函的方式，委托省内各地级市建设行政主管部门和省外住房和城乡建设主管部门对项目所在地的企业业绩进行核查；四是对核查反馈结果进行复查。是年，广东省申报住房和城乡建设部审批的勘察、设计、施工、监理、招标代理、设计与施工一体化企业资质资格均按要求完成企业业绩和个人业绩核查。通过加大对企业业绩和个人业绩的核查力度，有效遏制企业资质申报中的弄虚作假行为。

【对外办事窗口建设】 2013年，广东省住房和城乡建设厅对外办事窗口各项工作有序开展，政风行风评议工作效果突出，“为民服务，创先争优”工作得到社会各界认可。一是拓宽服务渠道，增设特级企业绿色办事通道；二是制作详细办事指南，帮助企业快速查找相关信息；三是增设多项网上办事内容，方便企业办事；四是设立5号窗口，现场听取解决企业反映的问题。省住房和城乡建设厅对外办事窗口坚持依法行政、依规办事，为省建设行业发展营造高效廉洁的政务环境。

2013年8~11月，广东省住房和城乡建设厅对外办事窗口组织办事群众和企业对服务满意度进行测评，满意率98.67%。省政府纠风办、省直行政监察专员办实施的信息网络技术对窗口服务满意度测评，满意率99.76%。对外办事窗口服务工作受到企业的赞扬，先后收到广东省重工建筑设计院有限公司、深圳市深装总装饰工程工业有限公司的两封感谢信以及佛山市吉盈建设监理有限公司“心系企业，作风务实”，广东创能科技有限公司“心系企业，高效务实”，广州珠江装修工程有限公司“办实事情系企业，抓服务共建和谐”的锦旗。

【行政许可廉政风险防控机制建设】 2013年，广东省住房和城乡建设厅多次组织召开企业、行业协会座谈交流会，研究进一步改进行政许可工作的办法和措施。通过网上办事大厅建设，通过厅长信箱、网上咨询、网上评议，式及时掌握行政许可工作人员在审批运行过程中廉洁自律情况，自觉接受社会监督。同时结合电子化工作的开展，重新梳理和查找审批办理全过程的廉政风险点，完善《企业资质审批风险点防控流程图及防控措施》，针对每个风险点的具体廉政风险表现，有针对性制定防控措施，将容易滋生商业贿赂和腐败的环节作为重点督查对象。坚持依法行政，确保行政许可的公开、公平、公正。

(陈雷)

广东建设行业排头兵

2013 年，广东省住房和城乡建设系统各单位围绕新型城镇化建设、珠江三角洲地区一体化发展和粤东西北地区中心城区扩容提质等中心工作，积极参与推动城乡一体化进程，落实重点工程建设和推进保障性住房建设。许多工程项目获得国家和省级各类奖项，涌现大批优秀的企、事业单位，充分发挥全省建设行业排头兵的作用，为全省住房和城乡建设事业发展作出新贡献。

项目名称：深圳蔡屋围京基金融中心二期工程
承建单位：中国建筑第四工程局有限公司

深圳蔡屋围京基金融中心二期工程获 2013 年“中国建设工程鲁班奖”。总建筑面积 60.24 万平方米，高 441.8 米，是集超 5A 甲级写字楼、国际商业 KK- MALL、铂金五星级酒店于一身的大型城市综合体。

承建单位中国建筑第四工程局有限公司成立于 1962 年，隶属中国建筑工程总公司，是中央驻粤建筑企业。具有建筑科研开发、勘察、设计、施工、检测为一体的国家房屋建筑工程总承包特级资质，业务涉及华南、西南、京津、闽皖等地。承建广州金融中心、深圳京基国际金融大厦、广州东塔，以及 200 米以上超高层 32 座。“十一五”期间，承接项目合同额 2321 亿元，完成营业额 767 亿元，上缴利税 52.23 亿元。连续 23 年被评为“全国守合同重信用企业”，被中国建筑业协会评为“首批全国建筑业 AAA 级信用企业”。

2013 年，新签合同额跨越千亿，企业营业额和利润额突破新高。推行绿色施工，举办首届科技大会，投入近 7000 万元资金用于科研课题立项及专利奖励。由公司承建或参建的广州金融中心（西塔）、深圳京基金融中心和贵阳会展中心工程获 2013 年“中国建设工程鲁班奖”。

1 深圳蔡屋围京基金融中心二期工程获 2013 年“中国建设工程鲁班奖”

2 深圳万科双月湾小区（2013）

3 贵州省贵阳国际会议会展中心 –C1 会议中心获 2012~2013 年“中国建设工程鲁班奖”

4 在建的广州东塔（2013）

5 广州纺织博览中心（效果图）（2013）

项目名称：广州利通广场工程
承建单位：中国建筑第八工程局有限公司

广州利通广场工程获 2013 年“中国建设工程鲁班奖”。占地面积 9915 平方米，总建筑面积 15.9 万平方米，地下 5 层，地上 59 层，设计总高度 302.9 米，是一幢多功能、国际标准超甲级的写字楼。

承建单位中国建筑第八工程局有限公司成立于 1952 年，是中国建筑业千亿级企业之一，具有房建、公路、铁路、市政、港航和水电等特级资质。重点发展房屋建筑、基础设施、设备安装、投资开发、工程设计 5 个业务板块，形成机场航站楼、会展博览馆、体育场馆、文化传媒、医疗卫生、高档酒店、城市综合体、轨道交通、公路、铁路、高速公路、石油化工和大型工业厂房等系列建筑产品。

2013 年，竣工工程 154 个，竣工面积 1480 万平方米，新签合同额 2308 亿元，实现营业收入 958 亿元，获国家级工程奖 14 项。主要承建天津周大福中心、韩国釜山海云台项目、广西金融投资中心、中国博览会会展综合体二标段、东营国际会展中心、重庆江北国际机场 T3A 航站楼、江苏大剧院、湛江人民医院、北京东坝东南亚文化商贸综合体、南京中电熊猫项目、中电芜湖电动汽车核心部件产业化基地等国内外工程。被评为“AAA 级安全文明标准化工地”18 项、省级安全文明工地 110 项。

1

1 广州利通广场工程获 2013 年“中国建设工程鲁班奖”

2 广州番禺万达广场（效果图）（2013）

3 广州中国南方电网公司生产科研综合基地（效果图）（2013）

4 深圳宝安体育场工程获 2013 年“中国土木工程詹天佑奖”

5 东莞篮球中心（2013）

6 深圳机场 T3 航站楼项目被评为 2011 年度“广东省房屋市政工程安全生产文明施工示范工地”

项目名称：广州珠江新城西塔工程
承建单位：广州建筑股份有限公司

广州珠江新城西塔工程获2013年“中国建设工程鲁班奖”。建筑总面积45.43万平方米，分主塔楼和附楼两部分。主塔楼103层，标准层高4.5米，屋顶设钢结构直升飞机停机坪。地下室4层，负一层局部有夹层，是集办公、酒店、休闲娱乐为一体的综合性商务中心。

承建单位广州建筑股份有限公司成立于2010年，总资产150多亿元，经营规模500亿元。具有资质种类36个，各类施工资质100多项。其中房屋建筑工程施工总承包特级资质12项、建筑行业（建筑工程）设计甲级资质1项，各类施工总承包一级资质25项。曾获“中国建设工程鲁班奖”18项、“中国土木工程詹天佑奖”8项、“中国市政金杯示范工程奖”22项、“国家优质工程奖”20项、“全国建筑工程装饰奖”9项。

2013年，完成建筑总包产值62亿元。承建的广州市电视台新址项目获2012年“中国钢结构金奖”，广州塔工程获第十一届“中国土木工程詹天佑奖”；“广东省优良样板工程”3项、“广东省房屋市政工程安全生产文明施工示范工地”4项、“AAA级安全文明标准化工地”1项、“广东省AA级安全文明标准化诚信工地”2项、“广东省优秀建筑装饰奖”1项、“广州市优良样板工程”6项、“广州市结构样板工程”5项、“广州市‘五羊杯’奖”2项。广州西塔项目主塔楼办公部分精装修工程获2013年“全国建筑装饰行业‘科技示范工程奖’”。

1

2

3

4

5

1 2 3 4 5 广州珠江新城西塔工程获 2013 年“中国建设工程鲁班奖”

6 广州广晟国际大厦（2013）

7 广州太古汇（2013）

8 广东省反腐倡廉教育基地工程获 2013 年“广东省建设工程优质奖”

项目名称：深圳观澜格兰云天大酒店工程
承建单位：中国华西企业有限公司

深圳观澜格兰云天大酒店工程获 2013 年“中国建设工程鲁班奖”。建筑面积 64634.67 平方米，地下 1 层，地上 3~11 层，由酒店主楼、宴会厅及配套设施组成，是一座集酒店、餐饮、娱乐、休闲、度假于一体的五星级国际商务酒店。

承建单位中国华西企业有限公司成立于 1982 年，具有国家房屋建筑施工总承包特级资质，是业务涵盖国内和国际市场的国有大型综合企业，年施工产值近 100 亿元。公司崇尚“秉德从道，善建天下”的企业精神，努力创建精品。承建的深圳体育场、深圳华为科研中心等 9 项工程获“中国建筑工程鲁班奖”。获“创鲁班工程特别荣誉奖”“创鲁班奖工程突出贡献奖”“国家优质工程奖”“国家土木工程詹天佑奖”“广东省金匠奖”“四川省天府杯金奖”“深圳市金牛奖”等国家及省、市级优质工程奖 180 多项；被评为“全国质量效益型先进企业”“全国优秀施工企业”“全国工程建设质量管理优秀企业”“全国建筑业 AAA 信用企业”“全国用户满意企业”“全国五一劳动奖状”“十一五全国建筑业科技进步与技术创新先进企业”“全国施工技术进步先进企业”“广东省百强企业”“深圳市百强企业”。

2013 年，实现营业收入 82 亿元，实现利润 1.03 亿元。竣工项目 24 个，竣工面积 141 万平方米。承建的深圳观澜格兰云天大酒店工程获 2012~2013 年度“中国建设工程鲁班奖”。是年，公司被评为“中国建筑业竞争力百强企业”“全国工程建设质量管理优秀企业”“全国工程建设质量管理小组活动优秀企业”“广东省最佳诚信企业”“深圳市百强企业”，获“深圳市质量事业贡献奖”。

2

3

4

5

1 深圳观澜格兰云天大酒店工程获 2013 年“中国建设工程鲁班奖”

2 深圳别样城（2013）

3 深圳汇通太古城（2013）

4 深圳御花苑三期工程（效果图）（2013）

5 深圳雍景湾（效果图）（2013）

项目名称：横琴岛澳门大学新校区发展项目中央行政楼、文化及交流中心

承建单位：广东耀南建筑工程有限公司

横琴岛澳门大学新校区发展项目中央行政楼、文化及交流中心工程获2013年“中国建设工程鲁班奖”。横琴岛澳门大学新校区发展项目中央行政楼、文化及交流中心、体育馆、体育场、科技学院、生命科学及健康学院等工程位于珠海市横琴岛新区，总建筑面积16.35万平方米，2012年底完工。该工程还被评为2012年度“全国建筑业绿色示范工程”，该工程的QC小组获2012年“全国工程建设优秀QC小组活动成果二等奖”。

承建单位广东耀南建筑工程有限公司成立于1998年，注册资金28128万元。具有房屋建筑工程施工总承包、市政公用工程施工总承包、机电安装工程施工总承包和钢结构工程等一级资质，以及园林古建筑等6个专业承包二级资质。承建项目工程优良率达到90%以上，多次获评省、市以上优良样板工程，连续14年被评为“广东省守合同重信用企业”。

2013年，完成工作量12亿元，上缴税费6000万元。全员劳动生产率15.28万元/人，竣工面积52.38万平方米，工程合格率100%，安全生产、文明施工合格率100%。获“中国建设工程鲁班奖”1项、“广东省AA级安全文明标准化诚信工地”1项、“广东省房屋市政工程安全生产文明施工示范工地”2项、广东省施工工法5项。实现全年施工安全生产，无发生重大质量安全事故，无重大环境投诉，保持企业生产平稳发展。

1

1 横琴岛澳门大学新校区发展项目中央行政楼、文化及交流中心工程获 2013 年“中国建设工程鲁班奖”
2 中央行政楼（2013）
3 横琴岛澳门大学新校区体育馆（2013）
4 会堂（2013）
5 文化交流中心（2013）
6 宴会厅（2013）
7 横琴岛澳门大学新校区生命科学及健康学院（2013）
8 体育场看台（2013）

项目名称：广州芳村花园二期工程施工总承包及总承包管理配合服务第一标段

承建单位：汕头市建安（集团）公司

广州芳村花园二期工程施工总承包及总承包管理配合服务第一标段工程获 2013 年“中国建设工程鲁班奖”。建筑面积 77327 平方米，地上三幢单体楼，分别是 28、30、31 层，地下一层，工程总造价 2.08 亿元。

承建单位汕头市建安（集团）公司成立于 1965 年。具有房屋建筑工程施工总承包、市政公用工程施工总承包、机电设备安装工程专业承包、建筑装饰装修工程专业承包等一级资质，地基与基础工程专业承包、体育场地设施工程专业承包等二级资质，钢结构工程专业承包三级资质，以及对外承包工程经营资格。年施工能力超过 100 万平方米。连续 23 年被评为“广东省守合同重信用企业”；被评为“全国建筑业先进企业”“全国建筑业 AAA 级信用企业”“创鲁班奖工程特别荣誉企业”；获“创建鲁班奖工程突出贡献奖（银奖）”。

2013 年，累计承建各类建筑工程 100 余项，总建筑面积 296 万平方米，完成施工产值 18 亿元。工程质量验收合格率 100%，用户满意率 90% 以上。截至年底，累计获“中国建设工程鲁班奖”9 项、“广东省建设工程金匠奖”4 项，被汕头市人民政府评为首批“总部企业”。

1

1 广州芳村花园二期工程施工总承包及总承包管理配合服务第一标段工程获 2013 年“中国建设工程鲁班奖”

2 惠州富力丽港中心住宅工程获 2012 年“中国建设工程鲁班奖”

3 广州力迅上筑住宅楼（2013）

4 广州科学城海格通信产业园工程获 2011 年“中国建设工程鲁班奖”

广东省建筑工程集团有限公司

成立于 1953 年，经营规模在 250 亿元以上，具有房屋建筑施工总承包特级资质及专业配套齐全的资质体系，经营范围包括房屋建筑、城市轨道交通、地基基础、市政公用、道路桥梁、水利水电、机电安装、建筑构件、建筑机械、科技研发等。

2013 年，全年新签合同额 333 亿元，实现营业收入 250 亿元，上缴税金 8 亿元。国有资本保值增值率 115%，净资产收益率 13%。工程质量合格率 100%，获“中国建设工程鲁班奖”3 项、“中国土木工程詹天佑奖”1 项、“华夏建设科学技术奖”5 项、“国家优质工程奖”2 项、“全国建筑工程装饰奖”6 项、“詹天佑故乡杯奖”2 项、“广东省科学技术奖 6 项、省级工法 37 项、省级新技术应用示范工程 4 项、专利授权 30 项。被评为“AAA 级安全文明标准化工地”1 项、“全国市政金杯示范工程”4 项。主编（参编）标准 5 项，完成科技成果鉴定 45 项。是年，下属单位广东华隧建设公司改制上市；广东省建筑科学研究院按照三星绿色环保标准设计的新实验大楼竣工；集团首个自主开发项目佛山南海珠水豪庭完成立项；继续推进沙特项目建设，完成产值约 1.58 亿元。

1

2

3

4

5

6

7

8

1 2013年12月30日，中共广东省委常委、省政府常务副省长徐少华（前左二）视察广州华隧威预制件有限公司。省建筑工程集团有限公司董事长、党委书记丘小广（前左一）陪同

2 2013年12月16日，广东省建筑工程集团有限公司董事长、党委书记丘小广（左三）在东莞散裂中子源项目部检查指导工作

3 2013年9月12日，广东省建筑工程集团有限公司举行新办公综合楼奠基仪式

4 由广东省建筑工程集团有限公司承建的东莞中国散裂中子源项目工程获2013年“全国工程建设优秀QC小组活动成果二等奖”

5 广东惠州白盆珠水电站（2013）

6 珠海乾务赤坎大联围加固达标工程应急项目南水沥堤段获2013年“广东省优质水利工程奖”

7 国家超级计算广州中心（效果图）（2013）

8 广州白云国际机场扩建工程T2航站楼（效果图）（2013）

9

10

11

12

13

9 中共广东省委党校、国家公务员教学综合大楼（2013）

10 沙特哈立德国王大学工程（2013）

11 清远狮子湖喜来登酒店工程获 2013 年“全国建筑工程装饰奖”和 2013 年“广东省优秀建筑装饰工程奖”

12 广东省妇幼保健院工程获 2013 年“全国建筑工程装饰奖”和 2013 年“广东省优秀建筑装饰工程奖”

13 中国铁建荔湾国际城 A 地块工程被评为 2013 年“广东省房屋市政工程安全生产文明施工示范工地”和“广东省 AAA 级安全文明标准化诚信工地”

14 2013 年 12 月 19 日，由广东华隧建设股份有限公司、日本三菱重工联合研制的两台直径为 6.26 米泥水土压双模式盾构机下线启用

15 2013 年 5 月 2 日，广东省源天工程公司在江西峡江电站进行 9 号发电机转子吊装

16 2013 年 3 月 31 日，北京地铁第一条采用泥水平衡盾构法施工的隧道——7 号线百子湾站至化工站盾构区间隧道右线贯通

17 广州生物岛——大学城隧道土建工程 B 标段项目被评为 2013 年度“全国市政金杯示范工程”

18 2013 年 5 月 29 日，广东省第一建筑工程有限公司龙归保障性住房项目部在“安全生产月”期间进行消防演练

19 2013 年 4 月 18 日，广东省工业设备安装公司佛山新城商务中心项目部举办培训班

项目名称：海南海口香格里拉国宾馆装饰工程
承建单位：深圳广田装饰集团股份有限公司

海南海口香格里拉国宾馆装饰工程获 2013 年“全国建筑工程装饰奖”。建筑面积约 7 万平方米，包括五星级酒店主楼和 3 层的总统套房楼，设有 1 层地下室，总投资约 5 亿元。

承建单位深圳广田装饰集团股份有限公司成立于 1995 年，注册资本 5.17 亿元，是集建筑装饰设计施工、绿色建材研发生产为一体的上市企业集团。具有建筑装修装饰施工专业承包一级、建筑装饰专项工程设计甲级、建筑幕墙工程专业承包一级、建筑幕墙专项工程设计甲级、城市园林绿化一级、建筑智能化工程设计与施工一级、消防设施工程设计与施工一级、机电设备安装工程专业承包一级、金属门窗工程专业承包一级等资质。获得包括“中国建设工程鲁班奖”在内的国家、省、市级工程奖项 500 多项，被认定为“全国建筑装饰行业产业化实验基地”“国家十二五科技支撑计划项目产业化示范基地”，连续 18 年获“广东省守合同重信用企业”。

2013 年，完成工作量 86 亿元，上缴税费 4.4 亿元。全员劳动生产率 345.99 万元／人，工程合格率 100%，安全生产、文明施工合格率 100%。承建的北京朔黄发展大厦工程获 2013 年“中国建设工程鲁班奖”，海口香格里拉国宾馆和广州正佳广场工程获 2013 年“全国建筑工程装饰奖”。

1

1 海南海口香格里拉大酒店装饰工程获 2013 年“全国建筑工程装饰奖”

2 北京朔黄发展大厦工程获 2013 年“中国建设工程鲁班奖”

3 广州正佳广场万豪酒店内景（2013）

4 湖北武汉万达嘉华酒店内景（2013）

5 浙江湖州喜来登温泉度假酒店内景（2013）

项目名称：中国检验有限公司三亚国际交流培训中心
承建单位：深圳市美芝装饰设计工程股份有限公司

中国检验有限公司三亚国际交流培训中心又名三亚福朋喜来登度假酒店，该项目获 2013 年“全国建筑工程装饰奖”。建筑面积 60404.5 平方米，建筑高度 99.8 米，设有 367 间客房和 38 间套房，有“东方夏威夷帆船酒店”之称。

承建单位深圳市美芝装饰设计工程股份有限公司成立于 1984 年，具有建筑装修装饰、机电设备、建筑智能化、建筑幕墙、安装工程、消防设施 5 项专业承包一级资质和建筑装饰设计甲级资质，为政府机构、大型企事业单位、交通运输机构、金融地产、高端酒店、文化产业等客户提供跨领域、综合型、全方位设计与施工服务。2012 年度名列中国建筑装饰行业百强企业第八名，2010、2012 年分别被评为“全国建筑工程装饰奖明星企业”。曾获“全国建筑装饰行业科技创新奖”“科技示范工程奖”。编制多项省、市级工法，是深圳市工程建设标准化试点企业。

2013 年，完成工程项目 150 多项，项目所在地有包括深圳、重庆、成都、南充、浙江、三亚、山东、上海等。承建装饰工程有深圳证券交易所、深圳 T3 航站楼、深圳宝安希尔顿花园酒店、四川锦江宾馆、湖州高铁客运站等。是年，中国检验有限公司三亚国际交流中心、清远狮子湖喜来登酒店和重庆长江国际丽笙世嘉酒店装饰工程获 2013“全国建筑工程装饰奖”，深圳证券交易所装饰工程分别获 2013 年“广东省建筑工程装饰奖”。

1

2

3

4

1 2 3 4 中国检验有限公司三亚国际交流培训中心（2013）

5 清远狮子湖喜来登酒店多功能会议室（2013）

6 重庆长江国际丽笙世嘉酒店大堂（2013）

7 深圳证券交易所内景（2013）

项目名称：深圳东海朗庭国际中心酒店室内装饰Ⅲ标段工程
承建单位：深圳市特艺达装饰设计工程有限公司

深圳东海朗庭国际中心酒店室内装饰Ⅲ标段工程获2013年“全国建筑工程装饰奖”。建筑面积46172平方米，地下4层，地上24层。是集住宿、会议、休闲、娱乐于一体的五星级酒店。

承建单位深圳市特艺达装饰设计工程有限公司成立于1994年，注册资本8000万元，具有建筑装饰装修工程设计甲级资质、施工一级资质，增项资质有建筑幕墙工程、机电设备安装工程、建筑智能化工程、钢结构工程等专业承包一级资质。拥有家具厂、石材厂、玻璃厂、金属厂等配套生产基地，生产厂房建筑面积22万平方米。曾获“国际五星级酒店装饰领军企业”“创鲁班奖工程特出贡献单位”“建筑装饰百强企业前十强”“广东省著名商标”“深圳知名品牌”等称号。

2013年，承接国际五星级酒店装饰工程20项，包括三亚君悦酒店、武汉联发半岛丽笙酒店、昆明海埂洲际酒店、桂林漓江假日酒店、广州增城万达嘉华酒店、潍坊万达嘉华酒店等。

1

2

3

4

1 2 3 4 深圳东海朗庭国际中心酒店室内装饰 III 标段工程获 2013 年“全国建筑工程装饰奖”

5 山西太原万达威斯汀酒店室内客房精装修 II 标段工程获 2013 年“全国建筑工程装饰奖”

6 深圳滨海医院行政楼、后勤楼装修工程获 2013 年“全国建筑工程装饰奖”（效果图）

7 清远狮子湖喜来登酒店室内装饰Ⅵ标段工程获 2013 年“全国建筑工程装饰奖”

8 陕西西安万达希尔顿酒店客房层 II 标段室内精装修工程获 2013 年“全国建筑工程装饰奖”

项目名称：江苏泰州文化中心博物馆外装饰工程
承建单位：广东世纪达装饰工程有限公司

江苏泰州文化中心博物馆外装饰工程获 2013 年“全国建筑工程装饰奖”。建筑幕墙工程造价 2186 万元，面积约 16800 平方米，通过有机的跌落、错位、挖缺、拼接等设计手法，形成独特的空间组合关系，强化建筑体量感，创造雕塑感强的博物馆整体形象，成为泰州市的新地标。

承建单位广东世纪达装饰工程有限公司成立于 1986 年，具有建筑装饰、建筑幕墙工程、金属门窗工程等专业承包一级资质，以及建筑装饰设计和建筑幕墙设计等甲级资质。在北京、上海、广州、南京、杭州、内蒙、新疆等地设立分公司 24 家。连续 12 年被评为“广东省守合同重信用企业”，获“全国建筑装饰行业‘AAA 信用等级’企业”“广东省著名商标”“广东省民营科技企业”以及地方优秀企业等称号。

2013 年，实现营业收入 30.02 亿元。承接的幕墙工程和装饰工程获“中国建设工程鲁班奖”1 项、“全国建筑工程装饰奖”2 项、“中国人民解放军建筑装饰行业（军鼎杯）”1 项，以及全国、省、市工程奖项 21 项。

1

1 江苏泰州文化中心博物馆外装饰工程获 2013 年“全国建筑工程装饰奖”

2 江苏南京金融城（效果图）（2013）

3 天津滨海国泰大厦（效果图）（2013）

4 河北石家庄太行国宾馆内景（2013）

5 肇庆福澳假日酒店大堂（2013）

6 广东数字出版大楼外观（2013）

广东省建筑科学研究院

成立于1958年，主要从事建设工程领域的科学技术研究和提供相关技术服务。业务范围包括科研、咨询、检测、鉴定、规划、勘察、设计、监理、专业施工和产品开发等，涉及房屋、市政、公路、铁路、轨道等。

2013年，承接的工程包括广州白云机场2号航站楼检测咨询项目等项目，组建“广东省院士专家企业工作站”“广东省南亚热带建筑共性技术工程技术研究中心”等科研平台，被评为“广东省土木建筑十佳创新企业”。获2013年度“广东省土木建筑学会科学技术奖”5项、“广东省科学技术奖”三等奖5项、“华夏建设科学技术奖”1项，以及“广东省优秀勘察设计奖”二等奖1项、三等奖5项，“广东省优秀工程咨询成果奖”2项，第五届“广东省土木工程詹天佑故乡杯奖”1项等。获批省级工法1项，完成主编(参编)国标、行标和省标8项，获实用新型专利14项、软件著作权9项。

1

2

1 2013 年 3 月 5 日，以色列驻广州总领事馆商务领事陶丹尼（左三）到广东省建筑科学研究院参观交流

2 2013 年 3 月 21 日，广东省委常委、常务副省长徐少华（左一）视察广东省建筑科学研究院

3 2013 年 11 月 20 日，中国土木工程学会荣誉理事长谭庆琏（左四）、中国建筑学会理事长车书剑（左五）、广东省人大环境与资源保护委员会原主任劳应勋（左三）到广东省建筑科学研究院指导工作

4 2013 年 3 月 15 日，广东省质量技术监督局到省建筑科学研究院调研

5 2013 年 7 月，广东省建筑科学研究院完成中国第一座大型建筑空气动力学专业风洞——CGB-1 风洞深层改造

6 2013 年 8 月 16 日，厦门大学专家学者为广东省建筑科学研究院作题为《光纤传感技术在土木工程监测中的应用》《大型土木基础设施结构健康监测》的学术报告

7 2013 年 9 月 6 日，广东省科学技术协会工作组对省建筑科学研究院申报“广东省院士专家企业工作站”事项考察调研

8 2013 年 12 月，广东省建筑科学研究院获批成为“广东省院士专家企业工作站”

CCCC GUANGZHOU DREDGING CO. LTD
9

10

11

CCCC
廣東海外
沙特哈立德國王大學城
一期工程（男子學院）
MC03
12

13

14

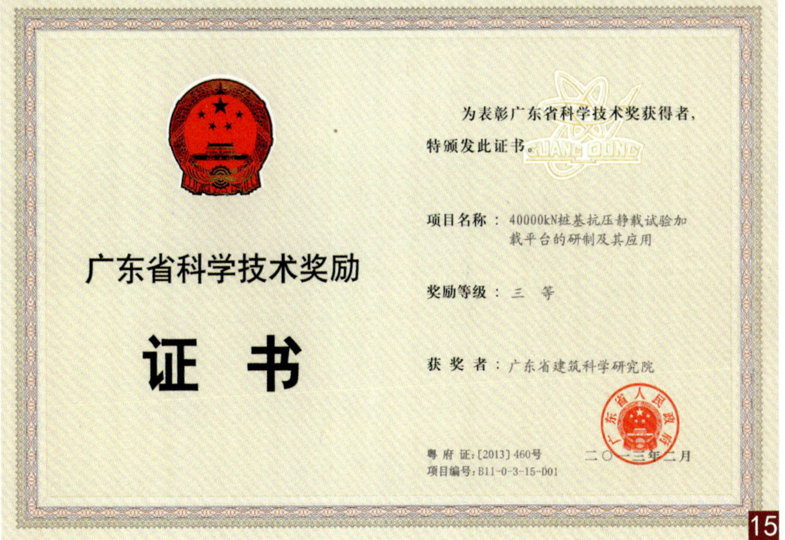
广东省科学技术奖励

证 书

为表彰广东省科学技术奖获得者，特颁发此证书。

项目名称：40000kN桩基抗压静载试验加载平台的研制及其应用

奖励等级：三 等

获 奖 者：广东省建筑科学研究院

粤 府 证：[2013] 460号

项目编号：B11-0-3-15-D01

二〇一三年二月

15

证 书

为表彰你单位在促进建设事业科学技术进步中做出的突出贡献，特颁发二〇一三年“中国城市规划设计研究院CAUPD杯”华夏建设科学技术奖励证书，以资鼓励。

获奖项目：有约束边界的堆载预压法加固软基机理研究及效果评价

获奖单位：广东省建筑科学研究院

奖励等级：三等奖

奖励年度：2013年

证 书 号：2013-3-6701

二〇一四年一月

16

9 中交集团南方总部基地（二期）设计项目（效果图）（2013）

10 广州市白云机场 2 号航站楼检测咨询项目（2013）

11 广州解放大桥定期检测和承载能力鉴定项目（2013）

12 沙特哈立德国王大学一期设计项目（2013）

13 中国南方电网有限责任公司超高压输电公司广州生产指挥中心检测技术服务项目（2013）

14 佛山里水医院门急诊医技楼一区迁建工程基桩高应变检测项目（2013）

15 “40000KN 桩基抗压静载试验加载平台的研制及其应用”获 2013 年“广东省科学技术奖”三等奖

16 “有约束边界的堆载预压法加固软基机理研究及效果评价”获 2013 年“华夏建设科学技术奖”三等奖

广东省建筑设计研究院

2013 年，签订各类设计合同 1452 项，合同总额 20.2 亿元。承接中新知识城等城乡规划项目 123 项，合同总额 1.16 亿元；承接南方钢厂二期等保障性住房项目勘察设计咨询 17 项、大田山餐厨垃圾处理示范工程等重大垃圾处理项目 3 项、广州番禺前锋污水处理厂三期扩建改造工程等重大污水处理项目 3 项、广州报业文化中心等绿色建筑前期咨询 4 项；组织编制《广州保障性住房设计指引（2013 版）》《广州市城市生活垃圾卫生填埋场绿色节能篇编写指引》《广州市城镇给排水工程绿色节能篇编写指引》《广州市排水控制性详细规划》《花都区污水详细规划》。

2013 年，获国家和省部级科技奖 82 项，取得实用新型技术专利 3 项，申报省部级科技立项 3 项，主编国家和地方级行业标准 4 部；获"全国工程勘察设计先进企业""创新型优秀企业"称号。入选《建筑时报》中国工程设计企业 60 强。全年投入河源市龙川县细坳镇半径村扶贫开发资金 50 万元、"扶贫济困日"捐款 13.03 万元、赈灾捐款 27 万元；派出 1 名科级干部赴西藏林芝建设局挂职，选派多名技术人员赴新疆西藏开展设计咨询服务；开展党的群众路线教育实践活动座谈会 39 场，收集意见 225 条，开展专项整治行动 15 个；完善制度 16 项，新建制度 6 项。是年，被评为"广东省扶贫开发'规划到户、责任到人'工作优秀单位"，下属深圳分院被评为 2011~2013 年度"广东省直机关文明单位"。

1

1 中新广州知识城核心区（2013）
2 广州萝岗绿地中心（2013）
3 广州北江引水工程（2013）
4 广州南方传媒影视基地（2013）
5 广州职业技术学院迁建工程（2013）
6 佛山禅城绿地金融中心（2013）
7 南方钢厂保障性住房（2013）
8 广州大沙东保障性住房（2013）

（以上项目均为效果图）

广东省城乡规划设计研究院

2013 年，承担政策研究和规划项目 70 余项，协助广东省住房和城乡建设厅推进全省绿道网建设、新型城镇化、宜居城乡、名镇名村、保障房建设、援疆援藏等工作。签订各类设计合同 421 项，其中规划类 283 项、建筑类 43 项、市政类 48 项、咨询类 63 项；获住房和城乡建设部批准科研立项 6 项；连续 9 年通过 ISO9001 质量管理体系认证；连续 5 年获“中国城市规划年会优秀组织者奖”；“滨水地段建筑系统”等 7 个项目获《国家专利证书》；“基于组件式 GIS 的交叉口规划系统”等 3 个项目获《国家计算机软件著作权登记证书》。

2013 年，获省级和行业奖 26 项。其中，“广东省优秀城乡规划设计”一等奖 5 项、二等奖 5 项、三等奖 3 项，“湖北省优秀城乡规划设计奖”二等奖 2 项，“广东省优秀工程勘察设计奖”二等奖 3 项、三等奖 1 项，“河南省优秀工程勘察设计奖”一等奖 1 项，第二届“中国风景园林学会优秀规划设计奖”一等奖 1 项，第一届“广东省土木建筑学会科学技术奖”三等奖 2 项，“华夏建设科学技术奖”二等奖 1 项、三等奖 1 项，“广东省岭南特色园林设计奖”铜奖 1 项；被授予“广东省工人先锋号”。

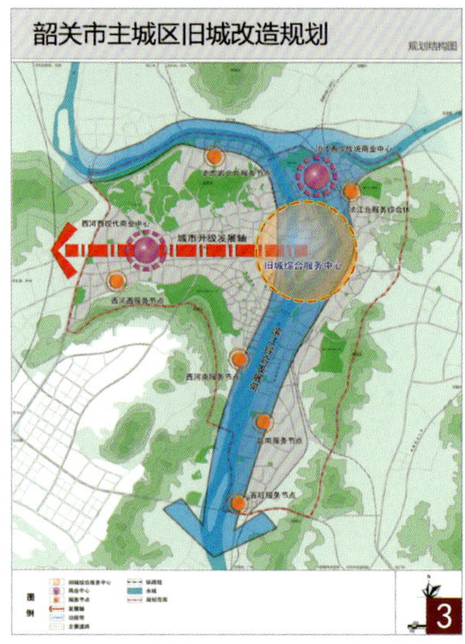

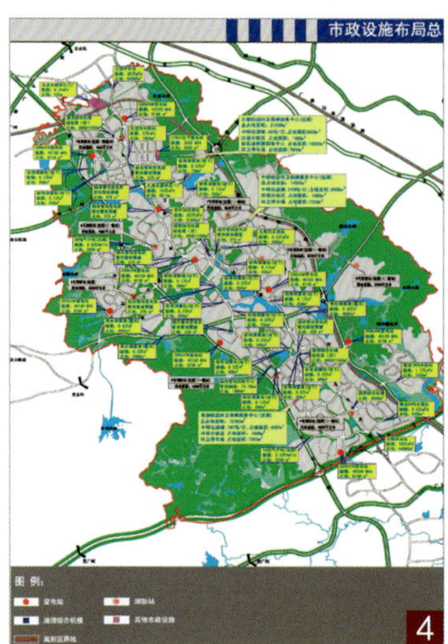

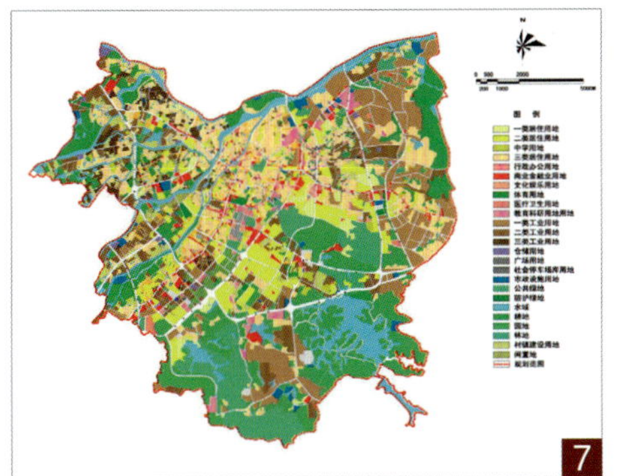

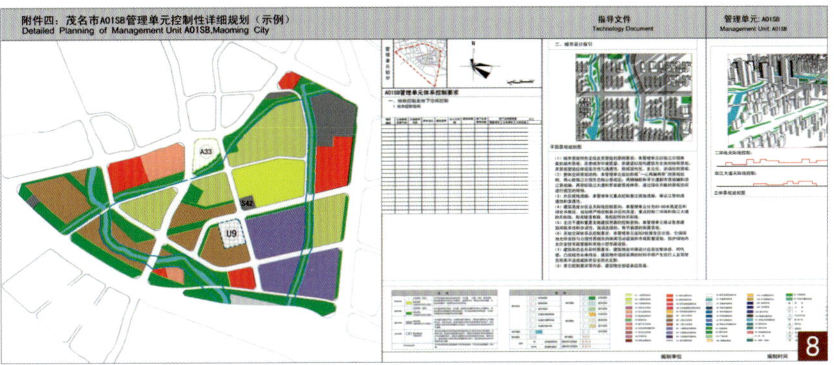

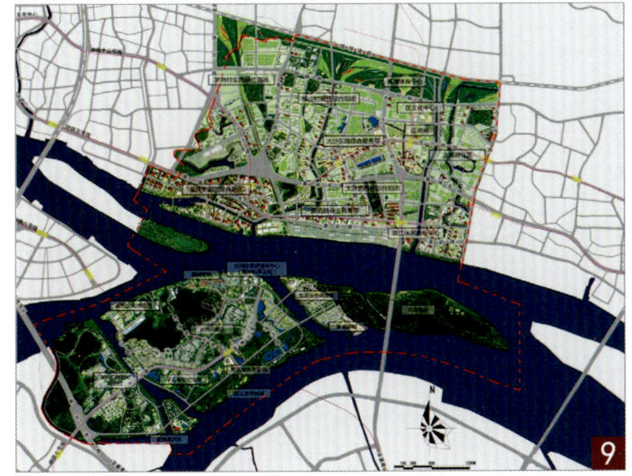

1《共建优质生活圈专项规划》获 2013 年“广东省优秀城乡规划设计奖”一等奖

2《丹霞山风景名胜区总体规划（2011~2025）》获 2013 年“广东省优秀城乡规划设计奖”一等奖

3《韶关市主城区旧城改造规划》获 2013 年“广东省优秀城乡规划设计奖”一等奖

4《广州知识城市政综合规划》获 2013 年“广东省优秀城乡规划设计奖”一等奖

5《佛山市高明区阮涌村古村落保护与开发规划》获 2013 年“广东省优秀城乡规划设计奖”一等奖

6《广东省创建宜居城乡工作绩效考核办法》获 2013 年“广东省优秀城乡规划设计奖”二等奖

7《东莞市城市总体规划（2000~2015）实施评估》获 2013 年“广东省优秀城乡规划设计奖”二等奖

8《茂名市城市控制性详细规划编制导则》获 2013 年“广东省优秀城乡规划设计奖”二等奖

9《广州市黄埔中心区控制性详细规划及城市设计》获 2013 年“广东省优秀城乡规划设计奖”二等奖

10《增城市小楼镇扶贫开发（名镇名村）建设规划》获 2013 年“广东省优秀城乡规划设计奖”二等奖

广东省建设信息中心

2013 年，参与广东省智慧城乡空间信息服务平台研发，完成平台深化设计及示范空间筹备；深化拓展“三库一平台”管理信息服务系统，完成广东省网上办事大厅住房和城乡建设厅窗口建设年度工作目标；完成广东省城乡生活垃圾管理信息系统、清远市建设行业市场监管和诚信管理系统等研发；初步完成全省工程项目中心数据库平台系统开发，基本实现全省房地产信息联网归集；完成广东建设信息网政务版和行业版的分设工作。是年，广东建设信息网获全省政府网站评比省直部门网站第一名。

1

2

1 2013 年 6 月 6 日，广东省住房和城乡建设厅长王芃（后排右二）、副厅长李台然（后排左二）、杜挺（后排右一）、巡视员陈承旗（后排左一）在省建设信息中心开展信息化调研

2 2013 年 8 月 29 日，广州城市建设信息中心参观广东省建设信息中心粤建通综合服务中心办事大厅

3 4 5 2013 年 12 月 30 日，广东建设信息网（简称“粤建网”）获“广东省政府网站评比省直属部门网站第一名”

6 “广东建设信息网”主页面（2013）

7 粤建通综合服务中心员工聚精会神地工作（2013）

广东省建设工程造价管理总站

2013 年，《广东省建设工程造价管理规定》修订取得新进展。编制《广东省建设工程设计概算编制办法》《广东省房屋建筑工程概算定额》《广东省城市环境卫生作业综合定额》，实施国家标准《房屋建筑与装饰工程工程量计算规范(GB50854-2013)》，建设工程人工单价动态测算、发布和管理系统平台试运行。

■1 2013 年 3 月 14 日，住房和城乡建设部调研组到广东省建设工程造价管理总站调研

■2 2013 年 7 月 22 日，广东省住房和城乡建设厅在省建设工程造价管理总站召开党的群众路线教育实践活动动员大会

■3 2013 年 10 月 31 日，广东省建设工程造价管理总站工作人员在施工现场调研

■4 2013 年 11 月 22 日，广东省住房和城乡建设厅副厅长李台然（左三）在省建设工程造价管理总站调研

广东省建设工程质量安全监督检测总站

2013 年，完成广东省建筑工程质量评价指标体系信息化平台开发；开展全省在建工程质量安全监督巡查和工程实体质量安全监督；建立工程质量监督工作试点，组织全省检测机构检测能力验证，开展监督检测机构和人员业务培训，以及三类人员安全生产考核；参编的 1 项行业标准、1 项地方标准分别通过评审；累计出版《建筑监督检测与造价》60 期；建立全省质量安全监督、检测专家库和网络答疑平台，推广使用建设工程质量安全监管公共云平台和移动执法系统等。由总站编制的《城市桥梁检测技术标准》获 2013 年度“广东省土木建筑学会科学技术奖”一等奖。

1

2

3

4

5

6

1 2013 年 5 月 24 日，广东省建设工程质量安全监督检测总站在广州市举行广东省混凝土结构实体钢筋保护层厚度能力验证

2 2013 年 7 月 13 日，广东省建设工程质量安全监督检测总站在广州市举办地基基础静载试验质量检测员考核培训班

3 2013 年 7 月 15 日，广东省建设工程质量安全监督检测总站对项目检测上岗培训班学员进行实操辅导

4 2013 年 7 月 22 日，广东省建设工程质量安全监督检测总站召开深入开展党的群众路线教育实践活动动员大会

5 2013 年 8 月 21 日，广东省开展在建工程质量安全监督巡查

6 截至 2013 年底，《建筑监督检测与造价》累计出版 60 期

广东省建设执业资格注册中心

2013年，完成国务院下放广东省的一级注册建筑师、一级注册结构工程师和其他专业勘察设计工程师、一级注册建造师、注册造价工程师的注册、变更事项交接工作；创新建设执业继续教育培训模式，开展《广东省城乡规划条例》宣传贯彻培训，出台《广东省二级注册建造师继续教育培训工作实施方案》，组织编写二级注册建造师继续教育培训教材；加强建设执业资格考试考务工作；推进各类建设执业人员的注册审核和管理，组织香港注册建筑师、结构工程师的内地法规测试。

全年受理执业资格考试报名85809人、执业资格注册申请55651人次；举办继续教育各类培训班99期，培训人数38731人次；截至年底，全省建设执业注册人员115063人，比上年增长10.1%。

1

2

3

4

5

6

1 2013 年 9 月 23~24 日，广东省建设执业资格注册中心在广州市举办首期《广东省城乡规划条例》宣传贯彻培训学习班

2 2013 年 9 月 7~8 日，广东省建设执业资格注册中心在深圳市举办香港建筑师、结构师法律法规测试试前培训班

3 2013 年 11 月 25~29 日，广东省建设执业资格注册中心在广州市召开造价工程师执业资格考试（广东考区）主观题评卷工作会议

4 2013 年 12 月 24~28 日，广东省建设执业资格注册中心在广州大学举办第十五期二级注册建造师第二注册周期继续教育必修课学习班

5 广东省建设执业资格注册中心办事大厅（2013）

6 广东省建设执业资格注册中心电话咨询工作人员接听群众来电（2013）

广东省散装水泥管理办公室

2013年，完成广东省散装水泥、预拌混凝土、预拌砂浆、混凝土预制构件及制品等优化管理，加强执法检查，在全省开展“三禁”和企业登记备案检查。召开全省散装水泥发展应用技术交流会，完善行业诚信体系建设，开展拌混凝土企业各批次信用评价，实施企业登记备案等信息化应用，加强散装水泥推广宣传方式创新。全省完成散装水泥供应量7036.22万吨，预拌混凝土使用量1.69亿立方米，预拌砂浆使用量592.04万吨。

1

2

1 2013 年 8 月 1 日，广东省住房和城乡建设厅厅长王芃（后左二）在省散装水泥管理办公室指导党的群众路线教育实践活动

2 2013 年 6 月 15~21 日，广东省散装水泥管理办公室开展“发展散装水泥，建设美丽家园”宣传周活动

3 2013 年 9 月 24~25 日，广东省散装水泥管理办公室在梅州市召开广东省散装水泥发展应用技术交流会

4 2013 年 9 月 24 日，广东省散装水泥管理办公室委托省预拌混凝土行业协会开展混凝土企业信用评价

5 2013 年 10 月 21 日，广东省散装水泥管理办公室被中国散装水泥推广发展协会授予 2011~2012 年度“全国散装水泥行业统计工作先进单位”，全省散装水泥行业 17 人被授予 2011~2012 年度“全国散装水泥行业统计工作先进个人”

6 2013 年 11 月，广东省散装水泥管理办公室开展“三禁”和企业登记备案工作检查。抽查全省 9 个地级市和 17 个县（区、市）65 个在建工程项目

广东省建筑科学研究院建筑节能研究所

成立于2007年，主要开展建筑节能及绿色建筑研究，是广东省亚热带建筑技术公共实验室组成部分。主编、参编多项国家、行业和地方建筑节能标准，主持国家“十二五”科研课题《夏热冬暖地区关键节能技术研究与应用》并承担10多项国家、省（部）级科研课题。重点开展绿色建筑、建筑节能咨询、节能检测（通过CMA认证、CNAS认可）、节能产品开发和节能改造等业务，具备为委托方提供全方位节能技术服务的能力。

2013年，建筑节能检测能力覆盖所有节能相关标准，近100个检测参数，是全省建筑节能检测的权威机构。发布主编广东省标准《既有民用建筑节能改造技术规程》等3项，获实用新型专利3项、软件著作权1项，“夏热冬暖地区建筑围护结构节能关键技术研究与应用”获“广东省科学技术奖”二等奖。

实用新型专利证书

1

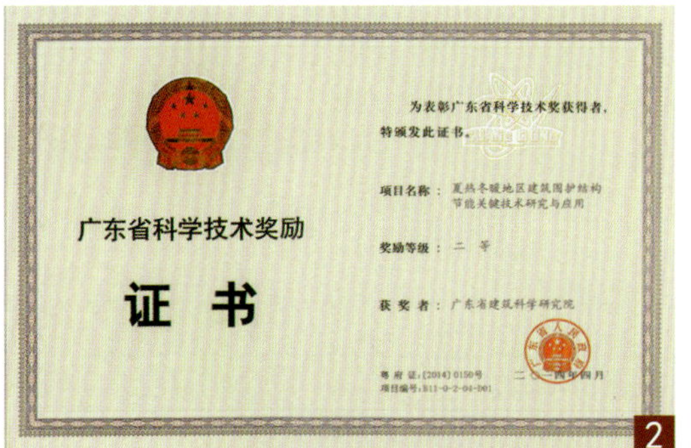
广东省科学技术奖励

证　书

为表彰广东省科学技术奖获得者，特颁发此证书。

项目名称：夏热冬暖地区建筑围护结构节能关键技术研究与应用

奖励等级：二　等

获奖者：广东省建筑科学研究院

粤府证：[2014] 0150号
项目编号：B11-0-2-04-D01

二〇一四年四月

2

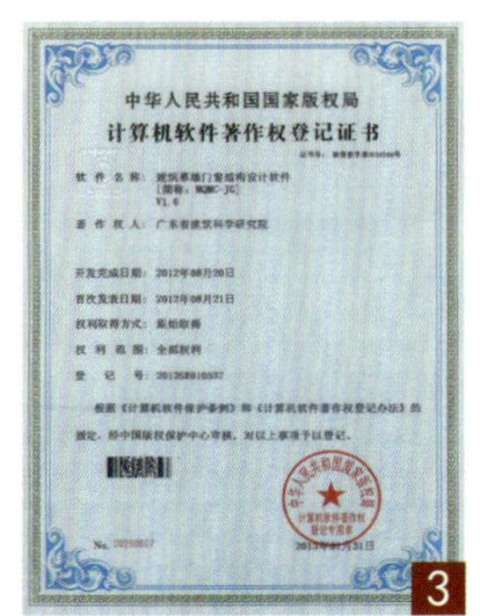
中华人民共和国国家版权局
计算机软件著作权登记证书

3

广东省标准

GD

DBJ 15-91-2012
备案号 J 12234-2012

既有民用建筑节能改造技术规程

Technical specification for the retrofitting of existing buildings on energy efficiency

2013-01-25 发布　　2013-04-01 实施

广东省住房和城乡建设厅　发布

4

5

6

1 2013年，“一种改善室内空气质量和湿环境的建筑微通风系统”获实用新型专利

2 2013年，“夏热冬暖地区建筑围护结构节能关键技术研究与应用”获“广东省科学技术奖”二等奖

3 “建筑幕墙门窗结构设计软件”获软件著作权

4 由节能所主编的广东省标准《既有民用建筑节能改造技术规程》

5 由节能所提供建筑建能服务的广州塔获2013年“国家绿色建筑二星级设计标识”

6 节能所向珠海横琴保利国际广场二期项目提供国家绿色建筑三星级设计咨询（2013）

建设事业信息化

□『十二五』建设事业信息化任务确定

□广东省智慧城乡空间信息服务平台启动建设

□全省十个城市被确定为国家智慧城市试点

□广东省城乡生活垃圾管理信息系统上线运行

□广东建设信息网获『省政府网站评比省直部门网站评比第一名』

综　　述

【概况】　2013年，广东省住房和城乡建设事业信息化工作取得显著成效。《广东省智慧城乡空间信息服务平台可行性研究报告》进入立项阶段，"三库一平台"管理信息服务系统深化拓展，组织全省10个城市开展国家智慧城市试点申报，各地房地产信息和建设工程交易信息完成全省联网、归集和21个功能点统计分析，开展建设行业诚信管理系统建设试点，完成省政府网上办事大厅窗口系统建设，广东建设信息网改版完成年度目标，全省建设行业管理和服务信息化水平逐步提高。从整体上看，制约全省建设事业信息化发展的主要因素是顶层设计和建设资金。通过顶层设计，整合省市现有信息资源和开展多层次协作与信息共享，成为今后信息化建设的首要课题。　（夏兰亭）

【网络数据安全】　2013年，根据国家计算机网络应急技术处理协调中心广东分中心对"三库一平台"管理信息服务系统的安全监测报告，广东省住房和城乡建设厅对"三库"数据库服务器性能进行分析和统计，完成动态扩容，优化系统管理，提高系统安全性和硬盘响应速度。是年，在托管服务器群增设千兆端口防火墙、应用级WEB防火墙、入侵检测设备和端口镜像日志服务器等；根据不同应用，通过交换机划分管理网、互联网和内联网，严格控制访问区域；对通信过程中的敏感信息字段进行加密和网络监视，提高网络数据安全性能。　（郭云峰）

【信息化制度顶层设计】　2013年，审议通过《广东省住房和城乡建设厅信息化工作方案》，确立以广东省智慧城乡空间信息服务平台建设为突破口，整合全省住房和城乡建设系统各类信息资源，构建全国领先、面向社会，集全省智慧规划、智慧建造、智慧住房和智慧城乡基础设施于一体的广东省智慧城乡空间信息服务平台，建立与广东省住房和城乡建设智慧政务信息平台相互支撑的信息化系统，为全省城镇化发展提供优质服务和技术支撑。

2013年，为加强和规范信息化项目管理，确保信息化项目建设工作协调有序开展，广东省住房和城乡建设厅颁布实施《广东省住和房城乡建设厅信息化项目建设管理办法》《"三库一平台"电子档案管理暂行办法》《"三库一平台"电子数据安全管理暂行办法》，确保企业信息库、人才信息库、法规标准信息库和行政服务平台电子档案真实性、完整性、安全性和可识别性，推进企业资质申办电子化，完善企业和个人电子档案信息管理流程。

【"十二五"重大信息化系统建设工程】　在"十二五"规划期间，广东省住房和城乡建设事业信息化系统建设包括：建立和完善广东省智慧城乡空间平台框架体系建设，初步完成全省住房和城乡建设系统信息资源整合工作；建立和完善信息化建设制度，引导全省住房和城乡建设系统信息化发展；建立和完善广东省智慧城乡空间平台建设数据标准和规范，推进数据共享和大数据中心建设；建成一批重点信息化示范工程，充实广东省智慧城乡空间平台建设内容；推进信息化基础设施建设，保障各类信息系统正常运行；推进广东省智慧政务信息平台建设，全方位地向社会提供优质、规范的服务，推动政府管理手段的变革。

2013年，广东省住房和城乡建设厅面向全省住房和城乡建设系统县级以上行政主管部门和事业单位开展信息化建设情况调查，对全省建设领域261个已建信息系统项目、59个在建项目和61个拟建项目的开发、建设需求、运行维护、存在问题进行专题研究，为推进全省建设系统信息化提供决策依据。

根据住房和城乡建设部办公厅《关于开展国家智慧城市试点工作的通知》，广东省住房和城乡建设厅加强对全省各市业务指导，促进智慧城市试点建设。2013年，珠海市、广州市番禺区、中新广州知识城（广州市萝岗区）、深圳市坪山新区、佛山市顺德区、佛山市乐从镇、佛山市南海区、中山市翠亨新区、肇庆市端州区、东莞市东城区10个城市（城区）被住房和城乡建设部确定为国家智慧试点城市。　（夏兰亭）

【全省房地产信息实现联网归集】　2013年，广东省住房信息系统实现21个地级市房地产登记数据至省数

▲广东建设信息网（2013）　（广东省建设信息中心供稿）

据中心同步归集，累计采集住房信息16000多万条，确认全省房屋坐落单元947万套，初步整理和统计全省各地市数据同步归集情况。通过综合地域覆盖和时间跨度等因素，分析全省房地产信息整体情况，形成《广东省住房信息系统各地数据质量情况》。

（夏兰亭　徐飞）

【广东建设信息网获省政府网站评比省直部门网站第一名】 2013年12月30日，广东省人民政府网站公共服务程度评测结果揭晓，广东建设信息网（简称“粤建网”）获“广东省人民政府网站评比省直部门网站第一名”，并获优秀奖和进步奖两大奖项。

该次评比有40个省直部门政府网站参评，“粤建网”由上一年的第十名跃居至第一名。网站在信息公开、网上服务、互动交流、网站建设等方面均取得好成绩，获“政府信息公开情况较完整、及时，网上办事功能强，专项服务内容整合程度高、便捷性强，互动交流形式多样”等评价。2013年，“粤建网”加大政府信息公开的深度和广度，提供更完整的一体化办事服务和丰富便捷的公共服务，以及满足行业需求的信息共享服务，网站采用移动政务、无障碍功能、智能搜索等新技术，体现以人为本的设计理念。年内，完成广东建设信息网政务版和行业服务版分设工作。政务版网站保留原有的主要栏目设置，参考省政府网站评比指标，以静态页面、手机APP、网页无障碍浏览等功能为特色，突出省住房和城乡建设厅信息公开、网上办事、网络问政等政务内容；行业服务版网站突显行业服务特色，以服务内容多元化、服务级别层次化为特点，通过新技术、新应用，把网站动态页面自动生成静态页面，提高用户体验和使用黏性。全面提升行业服务水平，为建设行业企业和从业人员提供丰富多样的行业资讯。（霍浩彬）

政务信息化

【概况】 2013年，广东省政务信息化建设取得新成效。完成广东省智慧城乡空间信息服务平台深化设计和6个示范项目建设；继续完善省级数据中心基础功能开发，全省住房信息基本实现联网；推进全省住房保障信息系统和公积金监管系统建设，向全省推广县区级住房保障信息系统建设；政务信息公开、网上办事和政民互动增量提质；广东省网上办事大厅窗口系统建设完成年度任务；各项工作在省直单位中名列前茅。企业网上办事平台完成改造升级，提高企业办事服务质量和用户满意度。全省政务信息化建设围绕“更加深入、更加便捷、更加及时”的宗旨，为全省建设系统各级行政管理部门、企业和社会公众提供优质服务。（夏兰亭）

【广东省智慧城乡空间信息平台】 2013年，广东省推动信息化与城镇化协同发展，着手建设集智慧规划、智慧建造、智慧住房和智慧城乡基础设施于一体的广东省智慧城乡空间信息服务平台。

2013年，广东省住房和城乡建设厅就广东省智慧城乡空间信息服务平台建设向省发展和改革委员会申报立项，就基础地理信息共享和广东省政务外网使用等问题与省国土资源厅、经济和信息委员会达成合作共识，通过省国土资源厅政务外网提供在线、实时的基础地理信息，包括提供多种比例尺矢量数据、多分辨率影像、各类建构筑物地名地址地理信息图，支持广东省智慧城乡空间信息服务平台项目建设。截至年底，省住房和城乡建设厅完成在广东省政务外网的网络环境下建立广东省智慧城乡空间信息服务平台原型系统，完成总体框架设计和示范项目建设，实现与房地产、保障房、风景名胜区、散装水泥、能耗监督等信息系统对接，并开通部分服务功能。（苏西超）

【全省住房信息基本联网】 2013年5月，广东省住房和城乡建设厅转发住房和城乡建设部《关于进一步加强城镇个人住房信息系统建设和管理的通知》，推进全省住房信息联网。全年累计外派100人次支持全省各地市信息联网，完成软件

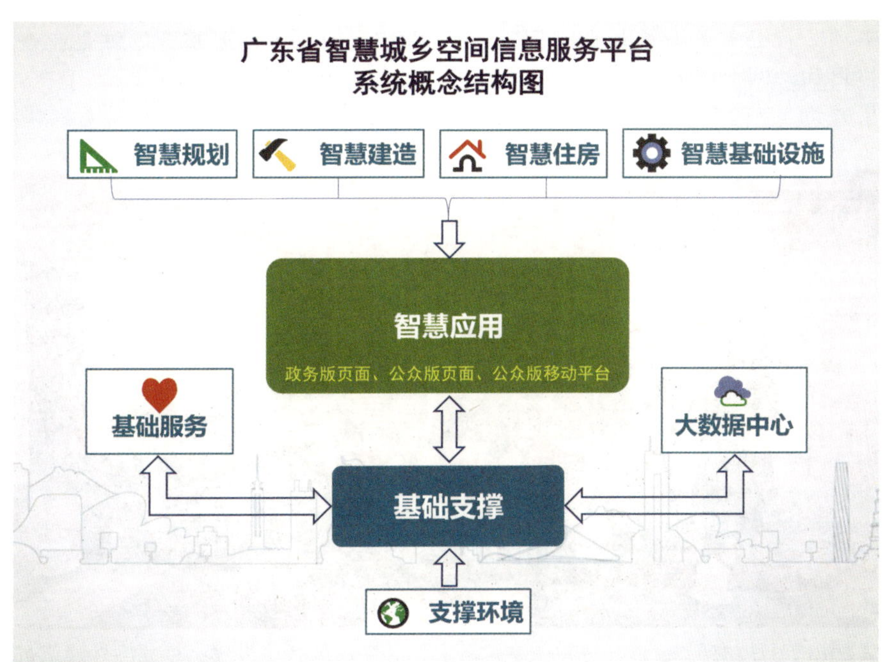

▲广东省智慧城乡空间信息服务平台——概念结构图（广东省建设信息中心供稿）

开发和数据处理工作量约160人·月。截至年底，全省21个地级以上市房地产业务信息系统通过政务外网与全省房地产数据中心基本实现系统联网和数据归集。

(夏兰亭　徐飞)

【住房保障信息系统建设】　2013年，广东省住房和城乡建设厅按照"省、市、区县三级联网管理"的总体部署，建立完整的全省住房保障基础数据。开展住房保障信息系统省级平台升级更新，增设公租房管理功能，优化人机互动界面，完善数据查询功能和系统整体性能。完成阳江、中山、江门、珠海、肇庆等市（区）住房保障业务管理系统升级。是年，启动全省住房保障电子档案系统建设，肇庆市成功实施并试运行。(叶智京)

【广东省网上办事大厅省住房和城乡建设厅窗口系统建设】　2013年，广东省住房和城乡建设厅网上办事大厅建设取得显著成效。按照广东省网上办事大厅建设规范，对全部37项办事指南、表格下载、办理流程、办事链接等栏目建设全面梳理和补充完善，优化升级"窗口首页""行政许可事项""非行政许可事项""社会事务服务事项"等固定栏目和"网上咨询""办事进度""结果查询""场景式服务"等模块设计；将"省管建筑工程施工许可证核发""大中型建设工程项目初步设计审查""国家和省发展改革委审批、核准的建设项目规划选址意见书核发"3个行政审批事项纳入广东省网上办事大厅公共受理和公共审批平台。是年，行政审批事项1~3级网上办事深度率分别为91%、64%和36%，社会事务服务事项网上办事率96%，各类网上办事大厅数据合计13894条。

【企业网上办事平台升级改造】　2013年，为提高企业办事服务质量和用户满意度，推进实施企业资质申办电子化，广东省住房和城乡建设厅对"三库一平台"管理信息服务系统企业网上办事平台模块进行升级改造。升级改造内容包括：一是重构用户界面，以用户为中心，增加"我的桌面""操作指引"等人性化设计；二是创建工作桌面，将申报信息以流水号为线索串联起来，使申报流程更顺畅；三是简化申请流程，精简电子材料目录，强化资源管理功能，实现自动化预检；四是优化制表操作，新增数据预排序功能，改进动态加载方法，提高数据加载速度；五是改进菜单设计，增设信息查询栏目，将与企业申报有关的信息整合后供企业查询，为企业申报提供方便。

(龙赛姗)

▲2013年3月15日，全省住房和城乡建设系统信息宣传联络员暨"粤建网"通讯员工作会议在广州市召开

(广东省建设信息中心供稿)

行业信息化

【概况】　2013年，广东省深化建设行业信息化建设。省住房和城乡建设厅与清远市人民政府开展信息化建设试点合作，实现省、市行业信息化协调发展；推进全省建设行业基础平台和行业数据中心建设，为建设行业监督管理提供支撑；启动广东省建设行业信息化标准建设，以标准统筹信息化建设成为下一阶段建设行业信息化发展的主要特点。

【行业信息化试点共建】　2013年，按照广东省住房和城乡建设厅与清远市人民政府签署的《加快中心城区扩容提质，建设美丽幸福新清远合作框架协议》，清远市建设行业市场监管和诚信体系管理信息系统被列为省住房和城乡建设厅与清远市人民政府共建项目。是年，以"三库一平台"管理信息服务系统数据资源为基础，以清远市住房和城乡建设局作为建设行业市场监管与诚信体系建设的试点单位，建设清远市建设行业市场监管和诚信管理信息系统。该系统以政府规范和行业诚信综合管理为核心，以清远市行政区域范围内从事建设行业经营活动的企业和人员的诚信信息为基础，整合企业在各管理部门的诚信纪录，建立对建筑企业、房地产企业、从业执业个人、建设工程项目和房地产项目的动态管理，提高建筑业、房地产业市场监管和诚信管理效率。系统功能包括：企业信用档案的申请与审批、企业信用档案的变更、加分申请和扣分管理，以及在清远承接业务登记等。年内，省住房和城乡建设厅指导业务系统建设，在清远市住房和城乡建设局充分应用的基础上，及时总结经验向全省推广。(夏兰亭)

【"三规合一"信息支撑系统建设】 2013年，广东省借鉴国内外城乡规划管理的先进经验，研究探索大都市区划管理机制和城乡发展一体化空间规划体系。是年，推广广州经验做法，按照"以功能定项目、以项目定指标、以指标定控规"原则，健全空间规划协调机制，加快完成全省"三规合一"信息支撑系统建设，提高全省城乡规划管理水平。（曹滢）

【全省工程项目中心数据库平台建设】 2013年，完成广东省工程项目中心数据库平台系统开发，全省21个地市和佛山市顺德区向广东省住房和城乡建设厅上传工程项目交易数据844万条，工程项目5万多个。广州市额外提供市管施工许可、工程报监、施工图文件审查等项目相关数据32万条。全省工程项目中心数据库平台发布19个地市的工程项目交易信息。其中，广州、深圳、梅州、惠州、东莞、中山市和佛山市顺德区数据全面实现实时上传。（夏兰亭 徐飞）

【广东省城乡生活垃圾管理信息系统正式上线运行】 2013年，广东省住房和城乡建设厅开展广东省城乡生活垃圾管理信息系统研发，于4月1日正式运行，实现全省各市、县（区）、镇生活垃圾数据网上填报和统计分析。截至年底，完成全省21个地市、145个县（区）、1661个镇（街）、2.2万个行政村的数据采集报送，收集各类指标数据（含收集点、转运站、处理厂和经济技术指标）86万条。（龙赛姗）

【质量安全监督信息化试点】 为加强全省房屋建筑和市政基础设施工程施工质量管理，贯彻住房和城乡建设部提出的"以巡查、抽查为主要手段，以行政执法为主要特征"和"差异化管理"的监督管理理念，广东省建设工程质量安全监督检测总站在佛山市顺德区试点工程的经验基础上，选定中山大学眼科中心医疗科研综合楼工程作为广州市试点工程。制订《中山大学眼科中心医疗科研综合楼质量安全监督信息化示范项目建设方案》，实施中山眼科中心工程信息化示范项目建设，通过整合"广东省建设工程质量安全监管公共平台""广东省质量安全监督移动执法系统""远程视频监控系统""二维码建筑材料质量全过程追踪管理系统""安全生产动态管理系统""建设工程检测管理系统""广州市混凝土质量追踪及动态监管系统""起重机械及特种作业人员管理系统""注册执业师管理系统"等已建成的信息化系统，实现工程质量安全全过程、全方位信息化监管。同时研究制定工程质量动态量化扣分管理办法，对该工程的勘察、设计、施工、监理单位和勘察设计工程师、建造师、监理工程师的不良行为进行量化扣分管理，通过创新机制和发挥信息化在工程中的应用，加强全省工程质量监督与管理。

【推广使用建设工程质量安全监管公共云平台和移动执法系统】 2013年，广东省建设工程质量安全监督检测总站在清远、惠州、阳江、广州、揭阳市分别举办5期广东省建设工程质量安全监管公共云平台系统使用培训班。全省各地住房和城乡建设行政主管部门、工程质量安全监督机构524人参加，其中，住房和城乡建设行政主管部门相关人员144人、工程质量和安全监督机构相关人员380人。年内，为全省232个工程质量、安全监督机构开通"公共云平台"系统使用账号。（李素华）

信息化服务

【概况】 2013年，广东省住房和城乡建设厅通过信息化手段，实现企业申报和行政审批过程电子化，以及省市各部门协同办公和全省信息资源共享，完善省政府网上办事大厅窗口系统建设，逐步建立信息公开机制。

【"三库一平台"管理信息服务系统深化拓展】 2013年，为推进行政审批制度改革，全面实施企业资质申办电子化管理，完善省政府网上办事大厅管理系统建设，广东省住房和城乡建设厅对"三库一平台"管理信息服务系统进行深化拓展。一是新增"出省经营介绍信及诚信证明""赴部领取资质证书介绍信"等2个社会事务服务事项的网上申请办理功能；二是继实现省级审批的"工程监理资质核准"和"房地产估价资质核准"等事项网上报送材料功能后，实现省级审批"建筑业资质核准""工程勘察设计资质核准""出省经营介绍信及诚信证明""赴部领取资质证书介绍信"等事项网上报送材料功能，并提供实时在线查询；三是完成甲级资质延续下放事项（不含建筑业企业资质延续）和工程勘察、工程设计资质申请分离等行政许可事项调整，实现工程勘察和工程设计资质个人业绩信息公开；四是实现信息对接和资源共享，增加对接共享数据与入库登记信息的比对查询功能。（龙赛姗）

【信息刊物编辑出版】 《广东规划简讯》 2013年，《广东规划简讯》编辑出版4期，及时载录中央和广东省城镇化有关内容和其他规划行业重大新闻，刊登各期"南粤沙龙"活动情况和嘉宾发言，载录广东省城乡规划设计研究院近期完成的地级市总体规划、水系规划、美丽乡村规划等规划专题内容，宣传交流全省城乡规划政策动态、专业技术和建设风貌，为全省城乡规划建设和全省新型城镇化建设服务。（胡琼）

《建筑监督检测与造价》 2013年，由广东省住房和城乡建设厅主管，省建设工程质量安全监督检测总站和省建设工程造价管理总站主办，在国内外公开发行的行业科技期刊《建筑监督检测与造价》(CN44－1644/TU，ISSN1674－2133)集政策性、技术性、学术性、实用性和权威性于一体，该刊为行业发展提供技术交流平台。刊登内容包括：国家政策法律法规及内容解读；建设工程领域热点问题探讨、行业动态报道；监督、检测、造价管理机构、建筑施工企业、监理公司、设计院、科研院校技术交流；现行标准规范介绍和应用交流；著名建筑欣赏和名人访谈；建筑业发展新技术和重要成果介绍等。该刊读者包括建筑业界从业人员，勘察、设计、施工、检测、监督、造价等技术人员和管理人员，以及科研院校师生等。年内，该刊出版发行6期。 *(李素华)*

城建档案管理

【概况】 2013年，广东省提高城建档案管理水平。全省各地市城建档案馆完善规范性文件和软件系统标准建设，优化工作制度和工作流程，完善建设工程档案审查验收程序。开展档案业务监督指导和宣传，提供档案查阅和咨询等服务，指导建设工程档案管理单位做好工程档案预验收和移交工作。

2013年，广东省录入竣工项目档案350个、54591卷，录入管理类档案241宗，接待档案查阅利用服务（含电子档案在线利用）64818人次，调档18527卷，为实施城乡规划、组织工程建设、调解社会纠纷，以及拆除违章建筑物等提供依据。全省城建档案仍然面临困难：一是人才短缺，影响城建档案事业健康发展。二是库房面积严重紧缺，难以满足日益增长的档案归集需求。三是城建档案信息化建设、建设工程电子档案接收和利用、馆藏优化、库房智能化管理等业务工作有待提升。 *(尹洪敏)*

【城建档案法规建设】 2013年5月1日，《广州市城乡建设档案管理办法》施行（以下简称《办法》）。《办法》突出优化档案管理服务，从建设工程规划报建开始，城建档案馆提前介入，详细告知建设单位有关城建档案报送内容和要求，在工程竣工前，通过预验收方式对档案资料查漏补缺，保证工程竣工后城建档案的顺利移交。同时，通过信息化管理和异地备份制度，加强城建档案管理，在遵守保密规定的前提下，按照信息公开规定提供档案利用服务。

2013年3月4日，《茂名市城乡建设档案管理办法》（以下简称《办法》）颁布，明确城乡建设档案管理的职能部门，对各级城建档案馆管理机构的职能提出要求，明确城乡建设档案的归档范围和质量要求，特别强调城乡各类地下管线档案是城乡建设档案的重要组成部分。《办法》规定各类城乡建设档案的归属流向，为茂名市城乡建设档案管理规范化建设提供依据，为茂名市城建档案管理法制化、规范化奠定基础。

【城建档案监督指导】 2013年，广东省各地城建档案馆加强对城建档案管理的监督和指导，为重点建设工程档案管理单位提供服务，做好城建档案的接收工作。年内，广州市城建档案馆加强对区县城建档案管理工作指导，开展“暖区暖企暖项目”档案服务。通过对各区，尤其是萝岗区（开发区）、南沙区、增城市、从化市等区（县级市）的联系交流和业务指导，确保城建档案管理从规范、流程等方面的全面对接。采取专人分区管理模式，对各区工程项目进行跟踪管理，加大指导和培训力度，联合各区规划分局，对所在区域的建设、施工、监理等单位进行业务指导。通过加强城建档案服务工作，广州市各区建设工程档案接收量逐步增加，部分区（县级市）在管线档案接收工作上实现零的突破；东莞市城建档案馆为加强城市建设工程档案预验收管理，对东莞各镇（园区）城建档案管理责任单位开展检查指导，与东莞各镇（园区）相关领导和档案员进行座谈，以及查看实档、库房；中山市雨污分流工程作为中山市人民政府2013年重点民生工程，工程量大、建设周期长，为保证工程档案的完整准确和及时归档，中山市城建档案馆加强监督指导，及时联系中山市市雨污分流工程指挥部和施工单位，提前告知工程档案管理的规定和质量要求，确保工程档案管理工作顺利开展。

【城建档案标准】 2013年，韶关市城市建设档案馆重新修订完善《韶关市建设工程声像档案拍摄、编辑、制作标准》，调整《建设工程竣工档案验收认可证》发放程序，制定《建设工程档案验收申请表》《建设工程声像和电子档案验收工作流程》《建设工程档案验收意见书》，规范建设工程档案预验收程序和工作流程，加强韶关市建设工程档案归集管理，保障建设工程竣工档案能及时、完整、准确地归档。

【城建档案培训】 2013年，广东省各市举办建设工程档案业务公开宣讲座谈会和培训会。通过集中交流和免费咨询服务等形式，分批次、分层次、分范围进行宣讲，指导和监督工程建设参建单位按规范要求做好建设工程档案的验收、归档和移交，保证建设工程档案的真实性、完整性和有效性。全年全省各地城建档案机构累计举办近30期城建档案业务培训班，培训人次3000人次。 *(周娟)*

法制建设与执法监察

□ 四部地方性建设法规颁布

□ 六项建设法规纳入省人大五年立法计划

□ 执法监察取得新进展

□ 联合普法活动效果明显

□ 办理行政复议案件九十件

综　　述

【概况】　2013年，广东省住房和城乡建设厅推进法制建设，营造良好法治环境。一是做好住房和城乡建设立法工作。纳入广东省第十二届人大常委会五年立法规划项目6个，占全部一、二类73个立法项目的8%，其中《广东省建设工程质量管理条例》经省人大修订后颁布。二是依法做好行政复议和行政诉讼。全年办理复议案件90件、行政诉讼案件4件，完成2008~2012年5年行政复议和行政诉讼工作分析报告，从司法审查角度查摆全省住房和城乡建设系统存在问题，对规范行政行为和优化行政复议制度提出建议。三是开展法制宣传活动。举办以“绿色建筑、低碳生活”为主题的大型户外普法宣传活动。四是创新城乡规划实施监督机制。聘请广东省第二批城乡规划督察员，采取巡察和派驻相结合的方式，实现对全省各地级市和顺德区的规划督察全覆盖。五是扎实推进行政执法规范化建设，抽查行政执法规范化建设情况和组织专业法律法规知识培训考试。六是专项执法和专案稽查有序开展，开展建材打假专项行动，查办一批违法违规案件。

当前全省住房和城乡建设系统法制建设和行政执法工作存在不足。一是制度建设不完善、约束机制执行力度不够，行政执法争议综合调解、重大行政决策听证、规范性文件管理等制度有待建立和健全。二是行政执法体系不健全，全省大部分行政主管部门尚未成立专门执法机构，影响行政执法工作顺畅开展。三是地方城市管理综合行政执法部门与建设系统各部门之间联动配合工作机制不够健全，造成行业监管和执法监察存在分段管理等脱节现象。　（黎志成　陈别）

【新法规和新规章出台】　2013年，广东省地方性法规《广东省城乡规划条例》《广东省城镇住房保障办法》《广东省绿道建设管理规定》颁布实施，《广东省建设工程质量管理条例》经省人大常委会审议通过。截至年底，由广东省住房和城乡建设厅印发的住房和城乡建设有效地方性法规20项、省政府规章15项。

（黎志成）

住房城乡建设立法

【概况】　2013年，广东住房和城乡建设厅推进住房和城乡建设行业立法工作。纳入广东省第十二届人大常委会2013~2017年立法规划的修订项目包括：《广东省建设工程质量管理条例》《广东省城乡生活垃圾分类与处理条例》《广东省城镇房地产权登记条例》，新制定项目有《广东省村庄规划建设管理条例》《广东省生态线管理条例》《广东省城市供水管理条例》；纳入省政府2013年规章计划制定项目包括：《广东省绿道规划建设管理规定》《广东省城乡建设档案管理办法》；地方性法规《广东省建设工程质量管理条例》完成修订并颁布；省政府规章《广东省绿道建设管理规定》《广东省城镇住房保障办法》正式施行。

【《广东省建设工程质量管理条例》颁布】　2013年9月27日，经广东省第十二届人民代表大会常务委员会第四次会议第一次修订通过并公布，自2014年3月1日起施行。《广东省建设工程质量管理条例》（简称《条例》）修订与上位法规定不一致的地方，新增国家近年出台的、与工程质量管理制度相衔接的内容，收录近年来广东省在工程质量管理实践探索的成功经验和做法，对建设工程质量管理制度、单位资质和人员义务、主管部门监督管理职责、工程质量法律责任等作出明确规定，《条例》是今后全省加强建设工程质量管理的重要法规依据。

【《广东省绿道建设管理规定》施行】　2013年8月8日，经广东省人民政府第十二届八次常务会议通过，自2013年10月1日起施行。《广东省绿道建设管理规定》在总结全省绿道规划建设的做法和借鉴国外经验的基础上，从绿道编制规划、实施建设、维护管理、开发利用等环节分别提出具体要求，明确相关部门职责，确保全省绿道建设管理工作规范和有序开展。

【《广东省城镇住房保障办法》施行】　2013年1月14日，经广东省人民政府常务会议审议通过，自2013年5月1日起施行。《广东省城镇住房保障办法》（简称《办法》）与住房和城乡建设部出台的《廉租住房保障办法》相比，在管理和监督方面的规定更为严格和细致。增加保障房轮候期限和回收条件的规定；赋予住房保障主管部门和实施机构更多的监管权力；对申请者采取不正当手段申请保障房或者租赁补贴等违法行为加重处罚。《办法》的颁布实施，对全省保障性住房规划建设、运营管理，以及对保障对象申请和退出的监督管理等提供法律保障。　（黎志成）

规范性文件合法性审查

【概况】　2013年，广东省住房和城乡建设厅制发规范性文件《关于细化广东省建筑市场各方主体不良行为信息公布期限的意见》，报省政府法制办合法性审核同意后由省政府颁布实施。截至年底，由省住房和城乡建设厅制发的现行有效的规范性文件32件。

2013年，广东省住房和城乡建设厅因规范性文件管理制度尚未健全，出现部分规范性文件没有严格按照全省行政机关规范性文件管理规定履行合法性审查程序，亟须出台《广东省住房和城乡建设厅规范性文件管理办法》。

【《关于细化广东省建筑市场各方主体不良行为信息公布期限的意见》出台】 2013年6月13日，广东省住房和城乡建设厅印发《关于细化广东省建筑市场各方主体不良行为信息公布期限的意见》，自2013年8月1日起施行，具体细化全省建筑市场各方主体不良行为记录信息的具体公布期限，为全省各地住房和城乡建设行政主管部门发布本辖区建筑市场各方主体不良行为信息和制订诚信体系管理制度提供参考依据，有利于规范全省建筑市场秩序，营造守信激励和失信惩戒的市场环境。 *（黎志成）*

行政复议和行政诉讼

【概况】 2013年，广东省住房和城乡建设厅依法办理行政复议、行政应诉案件，调解一批行政争议。全年办理复议案件90件，比上年减少15件；办理行政诉讼案件4件，增加2件。办理的行政复议和行政诉讼案件包括行政许可、行政裁决、行政处罚等执法种类，涉及房屋征收、城乡规划、工程建设3大类。

从行政复议和行政诉讼案件办理情况看，广东省住房和城乡建设系统行政管理存在问题包括：一是城镇房屋征收领域矛盾纠纷多发，政府部门矛盾纠纷化解和诉讼风险防范意识仍需加强；二是政府部门与行政相对人沟通不畅，案件和解情况不理想；三是政府内部衔接不顺畅，影响案件审理进度，甚至出现案件未在法定期限内办结就引发新的诉讼案件的情况。

【行政复议】 2013年，广东省住房和城乡建设厅与广州市越秀区法院联合开展课题研究，完成《完善行政复议制度，促进依法行政建设》，从司法审查角度查摆全省住房和城乡建设系统2008~2012年行政管理存在问题，并对规范行政行为、优化行政复议制度提出建议。全年办理行政复议案件90件，其中依法受理83件，不符合法定受案条件、决定不予受理3件，告知申请人属于其他复议机关受理4件。

2013年，广东省住房和城乡建设厅机关作为被申请人被省政府要求行政复议答复的案件1件，经审理，省政府依法驳回申请人行政复议申请。

【行政诉讼】 2013年，广东省住房和城乡建设厅被提起行政诉讼4件。其中原告以省住房和城乡建设厅没有履行查处违法行为职责为由提起诉讼2件，法院均裁定驳回原告起诉；原告不服省住房和城乡建设厅不予受理行政复议1件，法院判决驳回原告诉讼请求；原告不服省住房和城乡建设厅作出驳回行政复议申请决定1件，法院认为省住房和城乡建设厅遗漏原告复议请求事项，判决撤销复议决定和重新处理。 *（黎志成）*

法制宣传教育

【概况】 2013年是开展“六五”法制宣传教育工作的第三年。为贯彻党的十八大关于深入开展法制宣传教育、全面推进依法治国和依法行政精神，广东省住房和城乡建设厅联合省普法办、其他省直单位，面向公众和广大建筑工人举办普法活动。全省住房和城乡建设系统普法工作取得成效，但是各地区和各单位之间普法教育发展不平衡，存在应付检查的思想，缺乏学习自觉性和积极性；普法工作覆盖面不够广，没有全面开展“法律进社区、进工地、进企业”活动，尤其对全省建筑工人普法任重道远。

【联合普法活动】 2013年3月27日，广东省住房和城乡建设厅与省普法办联合印发《在我省住房城乡建设系统开展联合普法活动方案的通知》，针对不同的普法对象开展“法律进社区、进机关、进单位、进企业、进工地”活动；4~12月，通过安排9个具体普法项目，带动全省各地普法办、住房和城乡建设主管部门开展普法活动。

▲2013年11月21日，广东省住房和城乡建设厅与广州市越秀区法院举行《完善行政复议制度，促进依法行政建设》调研报告专家论证会。副厅长陈英松（后排中）出席

（广东省住房和城乡建设厅法规处供稿）

▲2013年12月20日，广东省住房和城乡建设厅在广州市举办“六五”普法法治讲座。副厅长陈英松（后排右）出席 （广东省住房和城乡建设厅法规处供稿）

【编印《广东省住房和城乡建设法律法规知识读本》】 2013年，广东省住房和城乡建设厅组织编印《广东省住房和城乡建设法律法规知识读本》，收录截至2013年5月现行有效的部分公共法律法规和住房和城乡建设领域相关的国家法律、行政法规、部门规章和地方性法规，作为全省住房和城乡建设系统行政执法人员学法用法的参考工具书。

【编制建筑节能普法宣传手册和挂图】 2013年，广东省住房和城乡建设厅组织编印以建筑节能为主题的普法宣传手册1万册和普法挂图3000套，免费向社会公众及各市住房和城乡建设主管部门派发。宣传挂图针对一般社会公众，可在小区、售楼处、工地等处使用；宣传手册针对行业内从业人员、主管部门工作人员，内容包括建筑节能相关科技和法规知识，开展《广东省民用建筑节能条例》普法宣传活动。

【“绿色建筑、低碳生活”户外普法宣传】 2013年6月15日，广东省住房和城乡建设厅联合省科学技术厅在广州举办以“绿色建筑、低碳生活”为主题的大型户外普法宣传活动。活动现场采取实物展示、图文解说、知识竞答、案例展示等方式，向公众普及建筑节能相关科技和法律知识，提升全省建筑及相关产业低碳节能技术水平，促进建筑节能技术在全省建筑工程中的推广应用。

【举办《劳动合同法》讲座】 2013年5月21日，为开展“六五”法制宣传教育，广东省住房和城乡建设厅举办以《劳动合同法》为主题的法制讲座，厅机关全体干部、直属单位中层以上领导和执法人员120人参加。厅机关法律顾问通过理论与案例分析相结合的方式，全面讲解修订后的《劳动合同法》，增强劳动者保护个人合法权益和用人单位风险防范的法律意识。

【举办“社会转型时期建设行政法治之路”讲座】 2013年12月20日，广东省住房和城乡建设厅举办“社会转型时期建设行政法治之路”法制专题讲座。由省住房和城乡建设厅副厅长陈英松主持，省高级人民法院法学专家林振华讲授。讲座围绕中共十八届三中全会提出的建设法治国家、法治政府、法治社会一体建设目标，从新时期建设行政机关面临的挑战、建设领域行政法治的新理念新思路、合法行政行为的构成和特点、司法审查原则、建设行政机关执法难点5大部分进行辅导与讲授。 （黎志成）

执法监察

【概况】 2013年，广东省住房和城乡建设厅执法监察工作取得新进展。一是城乡规划督察成效明显。出台《广东省城乡规划督察工作办法》，召开第二届城乡规划督察员聘任会议，督查督办一批案件，有效发挥事前事中监督作用；二是建材打假专项行动成绩突出。联合省公安厅、质监局等部门，督办查处一批违规生产销售使用假冒伪劣建材产品的行为；三是行政执法规范化建设扎实推进。组织行政执法规范化建设情况抽查和专业法律法规知识培训考试；四是加大专案稽查执法力度，依法查办一批重大违法案件。

【联动机制建设】 2013年3月11日，广东省住房和城乡建设厅与省公安厅联合印发《关于加强住房和城乡建设行政执法与公安刑事司法衔接工作的实施办法》，通过全省住房和城乡建设系统行政执法机关与公安机关联动执法，打击住房城乡建设领域欺行霸市行为，提高行政执法效率；9月26日，省住房和城乡建设厅与高级人民法院、发展和改革委员会、经济和信息化委员会、国土资源厅、工商行政管理局5个单位共同签订《关于共享被执行人失信信息共建失信被执行人惩戒机制的纪要》，建立通过广东省政务信息资源共享平台，共享拒不履行人民法院生效裁决的被执行人信息，建立对失信被执行人进行惩戒的机制；10月23日，省住房和城乡建设厅执法监察局与省公安厅经济犯罪侦查局签订《广东省打击侵权假冒工作信息共享合作备忘录》，建立双方之间执法、司法信息共享、联合打击等机制。

【城乡规划督察】 2013年，广东省住房和城乡建设厅加大城乡规划督察工作力度，健全城乡规划督察制度，扩展规划督察范围，创新规划督察方式，聘任陈醒钟等11人为第二届城乡规划督察员。全年开展巡察32次，勘察现场215个，核查图斑2162个，查处违法图斑353个，发出督察建议书2份。其中违法图斑中涉及“四线”的违法建设占地面积369.61万平方米，拆除建筑面积33.83万平方米，没收建筑面积74.57万平方米，罚款金额476.97万元。

【《广东省城乡规划督察工作办法》出台】 2013年12月25日，经广东省人民政府同意，省住房和城乡建设厅出台《广东省城乡规划督察工作办法》(简称《办法》),《珠江三角洲城乡规划督察员巡查办法（试行)》同时废止。《办法》明确城乡规划督察是上级政府对下级政府的督察，将督察范围从珠江三角洲城市扩展到全省21个地级市和佛山市顺德区，将规划督察方式从单一巡察改为巡察和派驻相结合，明确督察员不定期列席被督察城市（城乡）规划委员会会议，建立督察评估、与任免机关和监察机关联动等制度。年内，督察工作包括：(1)各地政府及有关部门实施《中华人民共和国城乡规划法》《广东省城乡规划条例》等国家和省有关城乡规划的法律、法规、规章、规范性文件以及国家强制性标准的情况；(2)各地政府及有关部门组织实施《广东省城镇体系规划（2012~2020)》《珠江三角洲城镇群协调发展规划(2004~2020)》等规划情况；(3)需报省级以上人民政府审批或审查的城市总体规划、省级以上历史文化名城保护规划和省级以上风景名胜区总体规划的制订、报批和修改是否符合法定程序；(4)特定地区城市总体规划、控制性详细规划、专项规划、近期建设规划等的制订、审批和实施，是否符合城市总体规划的强制性内容、省级以上历史文化名城保护规划和省级以上风景名胜区总体规划；(5)重点建设项目和公共财政投资项目的规划许可，是否符合法定程序和本条第（4）项所列各类规划，并依法办理选址意见书；(6)省级以上历史文化名城保护规划和省级以上风景名胜区总体规划的执行情况；(7)各地政府以及有关部门制止和查处各类违反城乡规划的行为是否及时、是否符合法律法规规定；(8)各地城市(城乡)规划委员会是否依法运作，制度是否健全；(9)群众举报和投诉以及媒体反映的城乡规划热点问题；(10)其他违反城乡规划的行为。

> ·链接·
>
> **城乡规划督察**
>
> 城乡规划督察是城乡规划领域贯彻落实中央精神的具体制度，是对政府规划行政行为的监督，具有层级监督、实时监督和专业监督的特点。目的是通过加强城乡规划实施的事前和事中监督，将矛盾和问题解决在早期，防患于未然，避免重大损失，发挥城乡规划对城乡建设的指导和调控作用，确保全省城乡建设健康有序发展。

【第二届城乡规划督察员聘任会议】 2013年12月26日，广东省住房和城乡建设厅在广州市召开第二届城乡规划督察员聘任会议。副省长许瑞生出席会议，为陈醒钟等11位新任督察员颁发聘书；住房和城乡建设部稽查办公室副巡视员杨丽坤肯定广东省城乡规划督察工作取得新进展。省住房和城乡建设厅厅长王芃、副厅长蔡瀛、厅执法监察局局长郭壮狮，以及住房和城乡建设部派驻广东的全体督察员、全省各地级以上市分管副市长、规划局局长出席会议。广东省聘任城乡规划督察员是广东省城乡规划督察员制度建立的标志，也是深化全省城乡规划监督检查管理体制改革的重要举措。全省城乡规划督察员制度的建立，对提高全省城镇化的发展水平和发展质量、落实城乡一体化规划实施、维护城乡规划的严肃性和权威性、创新城乡规划监督检查方式具有重要意义。城乡规划督察员肩负着省政府委托实施城乡规划督察工作的重任，是城乡规划依法实施的守护者，代表广大人民群众利益，代表国家利益，按照规划督察工作规程履行岗位职责，维护规划的严肃性和权威性。

第二届城乡规划督察员于2014年1月1日起正式开展督察工作，聘

▲2013年12月26日，广东省人民政府在广州市召开第二届广东省城乡规划督察员聘任会议。副省长许瑞生向11位新任督察员颁发聘书

（广东省住房和城乡建设厅执法监察局供稿）

▲22013年11月12~14日，广东省住房和城乡建设厅执法监察局在湛江、茂名市调研 （广东省住房和城乡建设厅执法监察局供稿）

期至2015年12月31日。

【建材打假专项行动】 2013年，广东省住房和城乡建设厅联合省公安、经信、交通运输、水利、质监和工商等部门，按照《2013年度深入开展全省建材打假专项行动实施方案》，以沥青、钢材（钢筋、钢绞线、锚具夹片）、水泥、预制管桩、商品混凝土、建筑用砂、安全网、橡胶支座、建筑水电器材、建筑涂料、土工合成材料等为重点整治产品，在全省开展打击生产、销售和在工程建设中使用假冒伪劣建材专项行动，整顿和规范建材市场秩序，提高建材行业管理水平，确保建设工程质量安全。9月和11月，省住房和城乡建设厅联合省公安厅、质监局、工商局等7个部门对全省建材打假专项行动工作进行督查，对广州、珠海、佛山等14个地级以上市建材打假专项行动的组织领导、日常监督检查、联合整治和机制建设等工作进行督查。建材打假专项行动依靠专业检测单位和技术，委托省建设工程质量安全监督检测总站、省建材产品质量检验中心抽检建材生产、销售及使用。抽检结果是：生产环节建材抽检不合格率7.5%、销售环节建材抽检不合格率12.8%、使用环节建材抽检不合格率6.3%。

2013年，全省接到8477条群众举报信息，出动执法人员27087人次，排查建材生产企业863家次、建材交易市场（商店）2077个，在建工程项目6599个次，抽检建材13740组（批），立案查处201件，涉案金额4174万元。

【行政执法规范化建设】 2013年是广东省住房和城乡建设系统开展行政执法规范化建设的第二个年头，省住房和城乡建设厅继续深化该项工作，督促全省各地各部门对执法主体、程序、文书、队伍建设、装备和制度建设等进行自查自评，对落实情况组织检查和通报。年内，省住房和城乡建设厅对全省12个市、32个部门行政执法规范化建设情况现场抽查，抽查600多份案卷，掌握被抽查单位的执法程序、执法主体适用法律等存在问题，向全省通报抽查情况。

2013年，广东省住房和城乡建设厅组织建设系统780个单位、7665人参加行政执法人员专业法律法规知识培训考试，7226人通过考试，通过率94%。其中工程建设和建筑管理类1664人、城乡规划管理类1173人、城市建设管理类992人、住房保障和房地产管理类1664人、城市管理综合执法类2506人、公积金管理类238人。自2012年以来累计15153人执法人员参加考试，14334人通过考试，通过率95%。

【案件稽查】 2013年，广东省住房和城乡建设厅执法监察局受理案件线索91条，其中住房和城乡建设部督办转办案件22件、其他转办案件8件、接收群众来信31件、厅长信箱30件。年内，依法对东莞市沙田镇立沙安置区农民公寓工程围标串标案等性质恶劣、影响较大的案件进行调处。 （陈别）

▲2013年6月29日，住房和城乡建设部保障性安居工程质量监督执法工作检查组在广州市检查保障性安居工程质量 （广州市国土资源和房屋管理局供稿）

机关建设

□开展党的群众路线教育实践活动

□贯彻落实中央『八项规定』效果明显

□『双到』『双援』成绩显著

□扶贫济困活动募集善款一百三十七万多元

□开展保障性安居工程建设劳动竞赛

综　　述

【概况】　2013年，广东省住房和城乡建设厅从改进工作作风、强化服务意识方面着手，发挥机关职能作用，为厅中心工作稳步推进提供政治动力和组织保证。加强机关党建工作，以党的执政能力建设、先进性和纯洁性建设为主线，以推动全省住房和城乡建设系统落实“三个定位、两个率先”为总目标，抓好中共十八大精神传达学习、党员队伍思想作风和形象建设、党组织的执政能力建设和党务工作的改革创新4个重点课题，促进机关作风转变，推进学习型、服务型、创新型党组织建设，党建工作科学化水平逐步提高。加强党风廉政建设，学习中共十八大以来党中央有关加强党风廉政建设的新思想、新观点、新要求，贯彻落实中央和广东省各级党委、政府的决策部署，推进预防和惩治腐败工作，为全省住房和城乡建设事业健康发展提供有力保证。深化人事制度改革，完成广东省住房和城乡建设厅部分内设机构职能调整，明确住房和城乡建设信息化管理职责。加强财务管理，做好资金保障、基层服务、内部管理与审计工作，提供良好资金环境。发挥工会的桥梁和纽带作用，推荐表彰一批全国和省级先进单位和个人；走访慰问25户困难职工，发放慰问金4.5万元；组织宣传贯彻中国工会第十六次全国代表大会精神。　（熊小玲）

【民主评议政风行风】　2013年4~12月，广东省住房和城乡建设厅开展民主评议政风行风工作；5月，成立以厅长王芃为组长的厅民主评议政风行风工作领导小组，负责对评议工作的部署安排，制订《广东省住房和城乡建设厅2013年民主评议政风行风工作实施方案》。领导小组下设评议办公室，具体负责评议工作计划、宣传报道、信息处理、情况上报、联络协调和检查考核。在广东建设信息网开通“民主评议政风行风”工作专栏，作为厅学习、宣传民主评议政风行风的阵地，同时作为与服务对象交流的重要渠道之一；编印民主评议政风行风简报13期，宣传报道厅和对外办事窗口开展政风行风民主评议工作动态，介绍其他省直单位和各地市情况；配合完成省政府纠风办安排省住房和城乡建设厅2013年“民声热线”；通过网上信箱、上门走访、召开座谈会、开展问卷调查等方式收集意见和建议48条，制定整改措施52条。　（廖建卫）

【党的群众路线教育实践活动】　根据中共广东省委的部署，2013年7月至年底，广东省住房和城乡建设厅机关及直属单位积极参加第一批党的群众路线教育实践活动（简称“教育实践活动”）。按照中共中央总书记习近平提出的“照镜子、正衣冠，洗洗澡、治治病”要求，以“为民、务实、清廉”为主题，以“反对形式主义、官僚主义、享乐主义和奢靡之风”为主要内容，以领导干部为重点，按照“学习教育、听取意见；查摆问题、开展批评；落实整改、建章立制”三个环节组织教育实践活动。全厅1181名党员参加教育实践活动、1名非党厅领导和19名入党积极分子列席参加相关活动。省委常委、珠海市委书记李嘉挂点联系和指导省住房和城乡建设厅开展教育实践活动，参加党组专题民主生活会，对教育实践活动给予充分肯定，并对认真做好住房和城乡建设工作提出了意见和要求。省委实践办向全省转发厅教育实践活动经验材料和建章立制经验材料。

工作成效　2013年，教育实践活动汇聚和传递正能量，营造催人奋进的良好氛围，取得显著成效。

工作效率提高。广东省住房和城乡建设厅举办全省住房和城乡建设工作会议，会议时间精简为半天，比上年缩短66.7%；减少印发文件120份，简报由过去的5种合并为1种，数量比上年下降50%。机关工作人员从忙碌的会议和文电中解脱出来，以更多的精力抓落实，提高工作效率和质量。

奢华之风刹住。广东省住房和城乡建设厅“三公”经费开支173.26万元，比上年下降18.08%。

▲2013年9月10日，广东省住房和城乡建设厅厅长王芃（右三）一行在汕头市开展党的群众路线教育实践活动，深入了解汕头市潮南区灾后恢复重建情况，听取基层部门意见
（广东省住房和城乡建设厅人事处供稿）

减少迎来送往和请客送礼；从严公款出国；叫停没有实质内容的庆典、晚会、论坛等活动；有效遏制讲排场、摆阔气，舌尖上的腐败与奢侈。

节俭之风兴起。领导下基层坚持轻车简从，严格按标准安排食宿；机关干部坚持低碳出行，上班乘坐公共交通或步行；从严管理办公用车、用电、用水、用纸、用墨。

干群关系融洽。通过教育实践活动，广东省住房和城乡建设厅领导班子求真务实、敢于较真和自我革新。厅党组成员与干部职工之间加强交流与沟通，增进理解；组织慰问老干部和生活困难党员，切实解决干部群众实际困难。

工作局面打开。广东省住房和城乡建设厅制定改革创新的总体方案和7个专题研究报告，促使住房和城乡建设部与广东省签订建设“新型城镇化建设示范省”“低碳生态城市建设示范省”合作协议，启动生态控制线划定，推动建筑业转型升级专项攻关，带动全省住房和城乡建设各项工作开创新局面。

活动特点 2013年，党的群众教育实践活动亮点纷呈，活动特点明显。

坚持大事大抓不马虎。一是成立领导小组，领导和推动教育实践活动。广东省住房和城乡建设厅厅长王芃任领导小组组长。下设办公室，副厅长杜挺兼办公室主任。二是加强计划和统筹。制订党的群众教育实践活动总体方案、各阶段方案和专题民主生活会方案，以及各类整改方案等。制定整改计划，建立整改台账，做到责任到人、领导到位。三是深入发动。动员大会后，每一环节均以一定形式开展动员。

坚持领导带头不含糊。广东省住房和城乡建设厅领导时时、处处、事事带头引领教育实践活动扎实推进。厅党组专题民主生活会带动提升直属单位专题民主生活会和党支部专题组织生活会质量。

坚持紧贴实际不务虚。在党的群众教育实践活动中，广东省住房和城乡建设厅梳理意见122条，每条均以事实为依据。班子成员联系工作和思想实际对照检查，梳理群众意见。每项整改内容均有具体整改方案和配套整改措施，年内，制度整改措施366条。

坚持问题导向不遮掩。在教育实践活动中，坚持以解决问题为目的，对问题绝不遮掩。广东省住房和城乡建设厅党组先后3次发动群众，广泛收集意见。在整改过程中，从行政管理、信息技术工作方式予以改进，通过完善制度等措施，整体推进各项工作。

坚持雷厉风行不拖延。将落实整改贯穿于教育实践活动全过程，立足于早部署、早推进、早整改，体现雷厉风行作风。坚持不观望兄弟单位整改进度，一门心思盯住自己的问题，力求尽快整改；不等上级出政策、拿主意，主动整改问题。对于办公用车、办公用房以及“三公”经费管理等问题，以政策文件为依据，果断实行“一刀切”。对于复杂问题的整改，实行整体谋划、统筹协调、联合推进。

（周群文）

行政机关建设

【概况】 2013年，广东省住房和城乡建设厅机关建设以中共十八大精神为指引，以党的群众路线教育实践活动为突破口，按照服务中心、建设队伍的要求，从改进工作作风、强化服务意识方面着手，加强党风廉政建设和精神文明建设，深化人事制度改革，加强财务管理，加强工会建设，为厅机关中心各项工作稳步推进提供政治动力和组织保证。

【人事管理】 2013年，广东省住房和城乡建设厅完成内设机构职能调整，明确住房和城乡建设信息化管理职责。协助省委组织部完成1名厅级干部的选拔和总工程师试用期满的正式任命，组织完成10名处级干部和4名科级干部的选拔，以及4名处级干部试用期满正式任命，完成接收安置2名军转干部和转任6名公务员。全面推进全省住房和城乡建设系统教育培训，组织158人次不同层次的干部参加各类培训班，举办14期高新技术研修班，组织第十五期市长（书记）城建专题

▲*2013年7月23日，广东省住房和城乡建设厅处级以上干部在厅对外办事窗口体验基层生活*

（广东省住房和城乡建设厅人事处供稿）

研究班，提高干部的执政能力和业务水平。继续选派干部驻外培养锻炼，选派6人分别参加援藏援疆、驻村扶贫和基层挂职。牵头推进党的群众路线教育实践活动开展，完成各个阶段工作任务。深化人事制度改革，完善干部绩效考核评价机制。 (王瑞斌)

【财务管理】 2013年，广东省住房和城乡建设厅为全省住房和城乡建设事业中心工作提供资金保障。年初，编制年度部门专项资金预算，向省财政申报落实重点工作项目专项预算资金。省财政安排省级专项预算资金8.44亿元，其中转移支付补助地级市县8.34亿元；为启动全省新型城镇化战略规划工作，争取省财政专门安排专项经费200万元；支持对口帮扶工作，配合筹措帮扶资金137.47万元，解决丰顺县埔寨镇埔西村对口帮扶经费，全年拨付77.43万元。

全年申报广东省财政直接分配地级市县公共租赁住房以奖代补资金3亿元、扶持农村危房改造补助资金2.5亿元、农村生活垃圾处理设施建设补助资金21186万元、省治污保洁（垃圾处理设施）资金2844万元、省建筑节能专项补助资金2743万元、省级村庄规划试点补助资金1280万元、宜居城乡规划和试点工作补助资金200万元、工程抗震加固补助资金135万元；落实中央“八项规定”和省委关于厉行节约决定，严格控制厅机关行政经费尤其是“三公”经费开支。2013年，厅机关行政经费节约考核指标交通费、出国费、会议费、办公费、招待费、培训费等比上年下降8.9%。

根据广东省人力资源和社会保障厅批复的工效挂钩工资清算和实行工资总额同自营产值挂钩方案，广东省住房和城乡建设厅帮助广东省建筑设计研究院、广东省城乡规划设计研究院完成2012年工资清算，制订和申报2013年继续实行工效挂钩方案。

2013年，广东省住房和城乡建设厅加强对厅直属事业单位财务监管实施《广东省住房和城乡建设厅直属事业单位财务监管试行办法》；严格报批和报备手续，对直属事业单位的资金筹集、预决算、工资奖金分配、项目安排、货物采购、建设工程、大额资金使用和对外投资等重大经济事项实行分类报批和报备监管；组织内部审计检查小组，抽查直属事业单位广东省建设信息中心、广东省工程质量安全监督检测总站2010~2012年财务收支等情况，针对审计检查发现的固定资产核算等问题，督促被审单位完善固定资产核算管理。 (傅学燕)

▲2013年6月7日，广东省住房和城乡建设厅副厅长杜挺（后中）主持召开扶贫济困日活动动员会 (何思权 摄)

【支援帮扶】 2013年，广东省住房和城乡建设厅以“扶贫济困，奉献爱心”为主题，结合扶贫开发“双到”工作，开展扶贫济困日活动，并取得新成效。除了厅机关120多名党员干部参加扶贫济困献爱心捐款外，还有6个直属单位、41个协（学）会及其会员单位开展扶贫济困捐款活动，募集捐款137.47万元，全部用于梅州市丰顺县埔寨镇埔西村的扶贫开发“双到”项目。

2013年，广东省住房和城乡建设厅新一轮扶贫开发“双到”工作帮扶单位是梅州市丰顺县埔寨镇埔西村。该村总人口1628人，288户。其中贫困户30户，贫困人口98人，常住人口约800人，以中老年人和儿童为主。全村年人均纯收入3823元，村集体经济收入不足1万元，村庄整体经济社会发展水平较低。是年，省住房和城乡建设厅从厅机关选派1名主任科员驻村开展帮扶工作，制订3年帮扶规划，投入各类帮扶资金177万元，完成村道、路灯工程和村学校教学点卫生间建设，整治村庄环境卫生，改善村民居住环境和学校卫生；完成5户农村危房改造；开展访贫问苦和各类慰问活动；举办种植农作物技术培训会和购销座谈会，动员广大贫困户选择合适的种植产业，以产业发展脱贫；投资60万元入股，每年以10%的投资收益作为村集体经济收入，强化村委服务村庄建设的经济基础；加强基层组织建设，改善村委办公条件，购买办公设备，扶贫开发“双到”工作取得新成效。

(何思权)

参与对口支援帮扶西藏林芝地区建设 2013年，广东省住房和城乡建设厅继续选派广东省建设工程造价管理总站副站长卢立明参加广东省第六批援藏工作队，挂任西藏林芝地区住房和城乡建设局党组副书记、副局长。6月，广东省住房和城乡建设厅选派广东省建筑设计研究院团委书记、工程师张健伟，广东省城乡规划设计研究院经济师黄志明参加广东省第七批援藏工作队。张健伟任西藏林芝地区住房和城乡建设局党组成员、工程质量和安全生产监督站站长，黄志明任西藏林芝县县长助理；7月5日，由广东省投入1.7亿元援建的西藏八一镇福清河景观带建设及周边民族特色改造项目通过竣工验收。组织力量对西藏林芝地区工程质量、安全生产和检测机构进行调研，印发《关于加强工程施工现场管理、规范工程质量安全的通知》，组织对工程建设质量行为专项检查和安全生产巡查、抽查，提出各项整改意见，初步建立建设单位负责、施工单位保证、监理单位控制、政府部门监督的质量保证体系。　（金芳）

▲2013年8月16日，广东省住房和城乡建设厅副厅长杜挺（前左二）到新一轮扶贫开发“双到”工作帮扶村——梅州市丰顺县埔寨镇埔西村调研　（何思权　摄）

2013年，广东省人民政府决定在西藏林芝地区建设鲁朗国际旅游小镇。根据省政府的安排，广东省住房和城乡建设厅选定广东省建筑设计研究院所属的广东建设工程监理有限公司承接西藏鲁朗国际旅游小镇项目建设监理工作。制订《鲁朗国际旅游小镇项目实施计划表》《鲁朗国际旅游小镇建设前期工作时间表》《鲁朗国际旅游小镇建设工作对接任务分解表》，截至年底，318国道改线工程完成路面铺设，公共建筑、商业街初步设计全部完成，鲁朗小学完成招标，场平工程加紧实施，小镇建设按计划推进。

（何志坚）

参与支援新疆发展　2013年，广东省住房和城乡建设厅继续选派正厅级干部张少康参加广东省第六批援疆工作，挂任新疆喀什地区行署副专员并担任广东省对口支援新疆工作前方指挥部成员、广东省对口支援新疆工作前方指挥部副总指挥。12月，选派正处级干部曾峥参加广东省第七批援疆工作，担任新疆喀什地区疏附县委委员、常委、副县长，前方指挥部驻疏附县工作队副队长。广东省全年投入资金12.58亿元，实施援建项目67个，其中建设类项目43个。年内，省住房和城乡建设厅继续以农村富民安居工程、城市棚户区改造和城乡基础设施建设为重点，协调各类援疆项目工程建设，保障援疆住房和城乡建设工作有序开展。协助新建农村安居富民房、城镇安居住房62876户。组织广东省城乡规划设计研究院、广州市城市规划勘探设计研究院、深圳市城市规划设计研究院等多个设计单位进疆，帮助当地编制县城总体规划、村镇体系规划等100多项，协助50多个广东省相关建设、施工单位进疆投资发展，全年实现广东省建设企业投资额55.87亿元。全省住房和城乡建设系统援建干部发挥特别能吃苦精神，树立广东援疆干部的良好形象，多次受到自治区和援疆前方指挥部的通报表彰。张少康先后被评为“自治区援疆先进个人”“优秀公务员”，一批援建干部被评为“优秀援疆干部人才”。

参与支持帮扶云南省迪庆藏族自治州建设　2013年，根据中共广东省委组织部的要求，省住房和城乡建设厅选派法规处处长章吉青参加中组部第13批博士服务团，挂任云南省迪庆藏族自治州副州长，承担迪庆州“松赞林寺—纳帕海旅游度假区”项目规划；围绕“世界高原旅游精品小镇，世界一流生态旅游区”的香格里拉发展目标，确定“一环二心五组团”的规划空间布局；编制香格里拉开发区“一园六片区”的项目调整规划，对园区片区功能重新定位；完成迪庆州电网改造升级；参与“8·28”“8·31”地震救灾，发动社会各界多次捐赠生活物资和药品等送到灾区。

支持大别山地区建设系统干部培训锻炼　2013年，住房和城乡建设部贯彻落实中央扶贫工作部署，计划从大别山集中连片特殊困难地区县（市）住房和城乡建设部门、乡镇政府选派优秀干部赴北京、天津、上海、江苏、浙江、福建、山东、广东省（市）培训锻炼。培训内容包括城乡规划、县城基础设施建设管理、小城镇规划建设管理、村庄人居环境整治和农房建设管理等，培训锻炼时间半年。住房和城乡建设部分配广东省6个名额，广东省住房和城乡建设厅将6名大别山片区干部安排到广州、珠海、佛山、中山、东莞和江门等市住房和城乡建设管理部门锻炼。　（金芳）

2013 年广东省住房和城乡建设厅职能

序号	职　　能
1	贯彻执行国家和省有关住房和城乡建设工作的方针政策和法律法规，组织起草有关地方性法规、规章草案，组织编制相关规划和年度计划，拟订相关政策、标准并指导和监督实施。
2	承担推进住房改革与发展和保障城镇低收入家庭住房的责任。指导全省住房制度改革工作，会同有关部门做好省级财政廉租住房保障资金安排并监督各地组织实施。
3	负责住房公积金监督管理，确保公积金的有效使用和安全。会同有关部门拟订住房公积金政策并组织实施，制定住房公积金缴存、使用、管理和监督制度，监督全省住房公积金和其他住房资金的管理、使用和安全。
4	承担规范房地产市场秩序、监督管理房地产市场的责任。指导城镇土地使用权有偿转让和开发利用工作，提出全省房地产行业发展规划和产业政策。
5	承担城乡规划监督管理的责任。指导全省城乡规划的编制、实施和管理工作，负责省人民政府交办的城市总体规划、市域城镇体系规划的审核报批和监督实施，参与土地利用总体规划等相关规划的审核，会同文物行政部门负责历史文化名城（镇、村）保护的监督管理工作。统筹落实和推进绿道网建设管理工作。
6	承担指导城市建设的责任。指导城市供水、节水、燃气、污水和生活垃圾处理等市政公用设施的建设、安全和应急管理，负责国家级、省级风景名胜区的审核报批和监督管理，组织审核世界自然遗产的申报，会同有关部门审核世界自然遗产与文化遗产双重遗产的申报。
7	承担规范、指导村镇建设的责任。指导村镇规划的编制、实施和管理工作，指导村镇建设和农村住房建设，指导小城镇和村庄人居环境的改善工作。
8	监督管理建筑市场，规范建筑市场各方主体行为。指导全省工程建设、建筑业的行业改革发展，制定和发布工程建设全省统一定额、工期定额和有关技术标准并监督和指导实施，负责推进工程勘察设计业的改革发展。
9	承担建筑工程质量安全监管的责任。负责全省工程质量和安全生产工作的指导和监督检查，指导编制工程质量安全事故应急救援预案，组织或参与重大工程质量安全事故调查和处理。
10	承担推进建筑节能减排和行业科技发展的责任。组织科技项目研究开发，指导建设科技成果转化推广，负责发展散装水泥和商品混凝土的管理工作，承担推进智慧城乡信息化工作，指导行业注册师执业资格管理工作，会同有关部门组织行业的职称改革及专业技术职称评审工作，组织制定地方工程建设标准、规范、规程并监督实施。
11	开展住房和城乡建设方面的对外经济技术交流与合作。
12	承办省人民政府与住房和城乡建设部交办的其他事项。

（广东省住房和城乡建设厅人事处）

2013 年广东省住房和城乡建设厅领导成员

职　务	姓　名/任　期	
党组书记	王　芃（2012 年 3 月～　　）	
厅　长	房庆方（2009 年 9 月～2013 年 3 月）	王　芃（2013 年 3 月～　　）
党组副书记	房庆方（2012 年 3 月～2013 年 3 月）	陈英松（2009 年 11 月～　　）
副厅长	陈英松（2009 年 9 月～　　） 蔡　瀛（2009 年 9 月～　　）	李台然（2009 年 9 月～　　） 杜　挺（2009 年 9 月～　　）
党组成员	蔡　瀛（2009 年 9 月～　　） 李锡洪（2009 年 9 月～　　） 陈承旗（2009 年 9 月～　　） 郭壮狮（2013 年 8 月～　　）	杜　挺（2009 年 9 月～　　） 陈天翼（2012 年 10 月～　　） 刘锦红（2009 年 9 月～2013 年 6 月）
省纪委（省监察厅）派驻省住房和城乡建设厅纪检组长（监察专员）	李锡洪（2009 年 9 月～　　）	
中共广东省住房和城乡建设厅直属机关委员会书记	杜　挺（2011 年 3 月～　　）	
总工程师	陈天翼（2012 年 10 月～　　）	
巡视员	陈承旗（2009 年 9 月～　　）	刘锦红（2009 年 9 月～2013 年 6 月）
副巡视员	李运章（2009 年 9 月～　　）	

（广东省住房和城乡建设厅人事处）

2013 年广东省住房和城乡建设厅各处室职能

处室名称 / 负责人及任期	职　　能
1.办公室 主任：黄维德（2009 年 11 月～　）	负责文电、会务、机要、档案等机关日常工作；承担安全、保密、新闻宣传、信访、督办、政务公开等工作；起草重要文稿；负责住房和城乡建设经济技术交流与合作；指导和协调住房和城乡建设系统城市建设档案工作。
2.法规处 处长：章吉青（2011 年 8 月～　）	组织起草有关地方性法规、规章草案；承担有关规范性文件的合法性审核工作；承担有关行政复议和行政应诉工作；负责行政许可实施的监督和评估；负责住房和城乡建设法律法规实施的评估；组织住房和城乡建设普法工作。
3.计划财务处 处长：张　平（2010 年 7 月～　）	指导住房和城乡建设系统行业信息统计工作；负责机关各项资金、国有资产的管理、使用和财务工作；承担住房和城乡建设系统行政事业性收费项目的立项、申报和管理工作，指导直属事业单位财务监督管理和审计工作。
4.住房发展与房地产市场监管处 处长：潘伟堂（2009 年 11 月～　）	拟订住房和房地产管理政策并监督实施；提出住房和房地产产业发展规划和产业政策；编制住房建设规划和年度计划并指导、监督实施；指导全省城镇住房制度改革与住房发展工作；指导城镇土地使用权有偿转让和开发利用工作。
5.住房保障处 处长：刘耿辉（2011 年 8 月～　） 6.住房公积金监管处 处长：余云枢（2009 年 11 月～　） （住房保障处与住房公积金监管处合署办公）	拟订本省城镇住房保障政策法规、编制住房保障发展规划和年度计划并监督执行；会同有关部门拟订本省住房公积金发展规划并组织实施；拟订住房公积金缴存、使用、管理和监督制度；会同有关部门做好省级财政廉租住房保障资金安排并监督各地组织实施；监督全省住房公积金及其他住房资金的管理、使用和安全；指导住房公积金业务网络管理系统的建立，管理住房公积金监督网络系统和举报投诉系统。
7.城乡规划处（珠江三角洲城镇群规划管理办公室、省绿道网建设管理办公室） 处长：邱衍庆（2010 年 11 月～　）	拟订城乡规划及城镇化发展的政策和法规、规章草案；组织编制和监督实施省域城镇体系规划、珠江三角洲城镇群规划及其他次区域规划；指导全省城乡规划的编制、实施和管理；承担省人民政府交办的城市总体规划、市域城镇体系规划的审核报批和监督实施；承担地级以上市控制性详细规划的备案管理工作；参与县以上土地利用总体规划等相关规划的审核；按规定权限核发建设项目选址意见书；承担历史文化名城及历史街区保护的监督管理工作；指导城市勘察、市政工程测量、地下空间开发利用和城市雕塑工作；监督管理城乡规划编制单位；统筹落实和推进绿道网建设管理工作。
8.城市建设处 处长：郭壮狮（2010 年 7 月～2013 年 8 月）	承担国家级、省级风景名胜区的审核报批和监督管理；指导城市市政公用设施的应急管理；指导城市供水、节水、燃气、市政设施、园林、市容环境治理等工作；指导城镇污水和生活垃圾处理设施建设和运行监管；指导城市规划区的绿化工作；指导城市地铁与轨道交通的规划和建设；承担世界自然遗产项目和世界自然与文化双重遗产项目的有关工作。
9.村镇建设处 处长：黄祖璜（2009 年 11 月～　）	拟订村镇规划建设的政策和法规、规章草案；指导村镇规划的编制、实施和管理工作；指导村镇建设和农村住房建设；参与村镇土地利用总体规划等相关规划的审核；指导小城镇和村庄人居生态环境的改善工作；会同文物行政部门负责历史文化名镇（村）保护的监督管理工作。
10.建筑市场监管处 处长：廖江陵（2009 年 11 月～　）	拟订工程建设、建筑业、勘察设计的行业发展政策、规章制度并监督执行；拟订规范建筑市场各方主体行为、房屋和市政工程项目招标投标、建设监理、施工合同管理、工程风险管理的规章制度并监督执行；监督施工企业、建设监理企业、工程建设项目招标代理机构、工程造价咨询机构、勘察设计咨询单位资质标准的执行；组织拟订建设工程全省统一定额、工期定额和工程造价技术标准并监督和指导执行；参与省重点工程项目建设的有关工作；监督房屋和市政工程抗震设防标准的执行；组织大中型工程项目初步设计审查；负责建筑工程施工图设计审查的监督管理；指导建筑节能设计、建筑工程设计招标投标工作。
11.工程质量安全监管处 处长：梁志华（2009 年 11 月～　）	拟订建筑工程质量、建筑安全生产规章制度和技术标准并监督执行；指导全省工程质量和安全监督、检测机构的监督管理和相关人员的考核工作；承担全省施工企业安全生产的监督管理和相关人员的考核工作；指导编制工程质量、安全事故应急救援预案；组织或参与工程重大质量、安全事故的调查处理。

(续表)

处室名称 / 负责人及任期	职　　能
12.科技教育处 (2009 年 8 月 ~2013 年 7 月) 科技信息处 处长：钟汉谋（2009 年 11 月～ ）	拟订住房和城乡建设行业科技、建筑节能、墙体材料革新以及散装水泥的发展规划和政策并监督执行；组织拟订工程建设标准、规范、规程并监督实施；组织科技项目研究开发，指导科技成果的转化推广；指导发展散装水泥和商品混凝土工作；承担推进智慧城乡信息化工作；组织编制本行业信息化发展规划，拟定本行业信息化技术标准并监督实施，协调本行业电子政务和重要信息系统、信息库的建设，促进本行业信息资源综合开发利用；协助推动全省智慧城市建设，负责智能建筑和智能市政领域的指导和建设工作。
13.行政许可管理处 处长：洪　冰（2009 年 11 月 ~2013 年 6 月） 吕洪清（2013 年 6 月～ ）	承办本厅直接实施和审查上报住房和城乡建设部的企业资质、个人执业资格类行政许可事项的审批、核准、审核、备案和变更工作。
14.人事处 处长：谢莉珍（2009 年 11 月～ ） 15.直属机关党委办公室 主任：谭龙海（2010 年 7 月～ ） (人事处与直属机关党委办公室合署办公)	负责机关和指导直属单位的人事管理、机构编制、劳动工资、离退休人员服务和党群等工作；指导行业从业人员继续教育、岗位培训和职业技能鉴定；指导行业注册执业资格管理工作；会同有关部门组织行业的职称改革及专业技术职称评审工作。指导全省住房和城乡建设系统精神文明建设工作。
16.执法监察局 局长：陈天翼（2010 年 3 月 ~2013 年 8 月） 郭壮狮（2013 年 8 月～ ）	监督有关住房和城乡建设法律法规、标准的执行；指导、监督、协调全省住房和城乡建设综合行政执法工作；承办住房和城乡建设领域重大纠纷和案件的有关工作，组织检查和处理相关违法违规行为。

(广东省住房和城乡建设厅人事处)

2013 年广东省住房和城乡建设厅各直属单位职能

处室名称 / 负责人及任期	职　　能
1.广东省住房和城乡建设工会委员会 主席：林兆雄（2011 年 5 月～ ）	领导厅机关及直属基层工会，指导全省建设系统工会。
2.广东省散装水泥管理办公室 主任：袁庆华（2011 年 9 月～ ）	贯彻执行国家和省有关发展散装水泥、预拌混凝土、预拌砂浆、混凝土预制构件的法律、法规、规章和政策，承担具体监督管理工作；编制散装水泥、预拌混凝土、预拌砂浆、混凝土预制构件的发展和应用规划、制定质量管理体系；按规定承担散装水泥专项资金的征收、使用和返退；承担散装水泥工作的信息交流、宣传教育、统计管理和新技术、新工艺、新设备的推广应用等。
3.广东省建筑设计研究院 院长：王　洪（2011 年 6 月～ ） 党委书记：李鸿辉（2004 年 3 月～ ）	贯彻执行党和政府关于住房和城乡建设、城镇化发展的方针政策，参与住房和城乡建设行业相关技术政策研究和建筑标准设计；开展政府和社会各类大中型建筑、市政与公用事业、基础设施、环境保护等工程设计、勘察、咨询工作；开展政府和社会各类建设工程技术以及建筑节能、环保、防火、抗震专项技术的研究开发、组织实施和推广应用工作；开展政府和社会各类建设工程的质量监测、检测、初步设计审查、施工图审查等工作；开展其他工程设计规划机构的技术帮带、技术骨干培养，以及业务指导、技术支持、人才培养等工作。开展国内外建设工程科技交流与合作。
4.广东省城乡规划设计研究院 院长：曾宪川（2010 年 11 月～ ） 党委书记：钱中强（2009 年 7 月～ ）	参与城乡规划政策研究；承担省级重大区域规划编制工作；参与城乡规划技术规范制定工作；为重大灾害应急和灾后重建规划提供技术支持；协助开展全省城乡规划编制和管理空间信息平台建设工作等。
5.广东省建设信息中心 主任：李健明（2008 年 10 月～ ）	承担全省建设系统信息资源开发、利用和管理；收集、整理建设市场信息；建立建设行业信息网络和数据库，指导建设行业信息工作。
6.广东省建设工程造价管理总站 副站长并主持工作： 刘宗孝（2011 年 9 月 ~2013 年 11 月） 站长：黄守新（2013 年 11 月～ ）	贯彻执行国家、省建设工程造价管理、工程建设定额和计价规范的方针政策和法规；受委托参与制定本省工程造价管理的法规、规章和管理制度；承担建设工程造价和工程建设定额的编制、修订、解释等具体工作；指导省工程建设定额的执行，指导编制建设工程估算、概算、结算，受省住房城乡建设厅委托发布工程造价信息，指导标底的编制审核工作，按规定参与建设工程招投标的审标、评标、定标工作。

(续表)

处室名称/负责人及任期	职　　能
7.广东省建设工程质量安全监督检测总站 站长：吴　松（2009年7月～　）	承担中央委托省管或者省属的大型工程以及石油化工建设工程的质量安全监督工作；在省住房城乡建设厅委托的范围内，对全省建设工程质量施工安全进行监督抽查；受委托对全省建设工程质量安全监督机构及人员的工作进行监督检查和业务指导、考核；组织质量监督、施工单位安全生产管理人员的安全生产考核和安全生产继续教育管理工作；参与调查处理全省重大质量安全事故。
8.广东省建设执业资格注册中心 主任：梁雄光（2008年4月～　）	执行国家有关执业资格注册的方针、政策，受委托承担住房和城乡建设行业执业资格注册类行政许可的有关辅助性工作；协助人力资源和社会保障部门做好建设执业注册资格考试人员资格审查、考核认定、考试组织和评卷等工作；承担建设执业资格注册审查、注册管理及注册后监督，推动执业人员诚信系统建设及信息公开服务；承担建设执业注册资格继续教育有关工作。

（广东省住房和城乡建设厅人事处）

【建设工会】 2013年，广东省住房和城乡建设工会委员会坚持“组织起来、切实维权”工作方针，发挥工会的桥梁和纽带作用，促进全省住房和城乡建设事业发展。

工会组织建设 根据广东省社工委《关于构建枢纽型组织体系的意见》《关于在全省社会组织中加强工会组织建设的意见》，2013年，省住房和城乡建设工会委员会结合省住房和城乡建设厅的实际工作情况，组织业务归属省住房和城乡建设厅的24个协会落实工会组织的归属。明确建立工会组织的要求和方式，解决建设工会机构设置职能定位和履行职责。对于人数多的单位，建议建立工会委员会，比如广东省预拌混凝土行业协会、广东省建设工程质量安全检测和鉴定协会、广东省建筑安全协会、广东省城市规划协会、广东省市政行业协会、广东省建筑业协会、广东省建设监理协会、广东省房地产行业协会8个协会；对于人数少的单位，建议建立工会小组，比如广东省风景园林协会、广东省工程勘察设计行业协会、广东省物业管理行业协会等16个协会；对于个别退休或借用人员明确组织关系归属原单位。是年，实现省住房和城乡建设厅、直属单位及所属协会基层工会组织全面覆盖目标，为协会工会开展工作提供有力的组织保障。

送温暖、走访劳模 2013年，广东省住房和城乡建设工会委员会赴云浮、肇庆市走访慰问25户困难职工，发放慰问金4.5万元，并就困难职工反映的住房、子女上学和就业等疑难问题，及时协调相关部门帮助解决，把党和政府的关怀送到困难群众家中；“五一”国际劳动节前夕，赴韶关市慰问全国先进环卫工人代表。年内，使用工会经费为厅机关127名干部职工购买3年“广东省职工医疗互助保险”，为21名女干部职工购买3年“广东省女职工安康互助保险”。

先进典型评选 2013年，在全国安居工程建设劳动竞赛先进评选中，广东省住房和城乡建设系统有1个单位获“优秀组织奖”、5个单位被评为“先进单位”、3个工程项目被评为“优秀工程项目”、5人被评为“优秀建设者”；在全国五一巾帼标兵的评选中，全省住房和城乡建设系统有1人被评为“全国五一巾帼标兵”；在全国和广东省五一劳动奖章、工人先锋号的评选中，全省住房和城乡建设系统有2个单位获“全国工人先锋号”、1个单位获“广东省工人先锋号”、2人获“全国五一劳动奖章”、1人获“广东省五一劳动奖章”。

文体活动 广东省住房和城乡建设系统依托“粤建俱乐部”开展经常性文体活动，促进机关和直属各单位文化交流，丰富干部职工文化生活，营造欢乐祥和的人际氛围。“粤建摄影俱乐部”成为广大干部职工愉悦身心的平台。2013年，组织摄影爱好者赴顺德采风，开展摄影沙龙；出版《粤建摄影俱乐部优秀摄影作品集（2012）》；举办“春花烂漫”摄影展，并编辑出版名为《春花烂漫》的影集。“粤建俱乐部”开展的球类活动丰富多彩，篮球、网球、羽毛球、乒乓球4个球类俱乐部每周定期组织开展1~2次常规球类训练活动；组织羽毛球俱乐部与省基础公司、省建科院和中建三局进行友谊赛；主办“中建四局羽毛球邀请赛”；组织篮球俱乐部与省基础公司、省代建局、佛山狮山镇进行友谊赛；组织乒乓球俱乐部与省安监局进行友谊赛；组织网球俱乐部参加越秀区网球赛。

劳动竞赛 2013年，广东省住房和城乡建设工会委员会组织开展全省保障性安居工程建设、燃气行业职业技能劳动竞赛和城镇污水处理厂节能减排绩效考核，激发职工创新活力，提高职工创新才能。

（晏烨）

党风廉政建设

【概况】 2013年，广东省住房和城乡建设系统各级主管部门和各直属单位学习中共十八大以来党中央有关加强党风廉政建设的一系列新思想、新观点、新要求，贯彻落实中央和广东省各级党委、政府的决策部署，加强作风建设，开展廉政风险防控，推进预防和惩治腐败工作，为全省住房和城乡建设事业健康发展提供保障。5月，中共广东省委常委、省纪委书记黄先耀到省住房和城乡建设厅开展党风廉政建设专题调研；11月，中央纪委派驻住房和城乡建设部纪检组组长杜鹃到广东省检查督导，对广东省住房和城乡建设系统党风廉政建设工作给予充分肯定。

【党风廉政建设责任制】 2013年，广东省住房和城乡建设厅推进党风廉政建设责任制工作，为全省住房和城乡建设事业健康发展提供有力保证。一是召开全省住房和城乡建设工作会议，对2012年全省住房和城乡建设系统推进党风廉政建设情况进行全面总结，根据上级有关部署和全省住房和城乡建设系统面临的形势以及承担的任务，对2013年加强党风廉政建设提出明确要求。二是印发《2013年广东省住房和城乡建设系统党风廉政建设工作要点》，从加强作风建设、深化廉政风险防控、推进行政审批制度改革、加强建设行政执法监察、开展反腐倡廉教育等9个方面提出要求，全面推进全省住房和城乡建设系统党风廉政建设。三是根据住房和城乡建设部、省纪委下达的党风廉政建设各项任务，制定《关于落实2013年党风廉政建设和反腐败工作部署分工的意见》，其中按分工独立负责的4个、共同负责的3个、配合项目的1个、厅党组决定的8个，对党风廉政建设和反腐败各项具体事项作出明确分工，把责任落实到相关厅领导和部门。驻厅纪检组负责检查、督促各责任部门按要求抓好落实。四是组织召开全省住房和城乡建设系统党风廉政建设工作经验座谈会，总结、交流全省住房和城乡建设系统各主管部门在解决当前重点、热点、难点问题过程中的好经验，明确当前和今后一个时期的工作重点和主要措施，推进党风廉政建设，为全省住房和城乡建设事业科学发展和实现全省“三个定位、两个率先”目标保驾护航。

【会员卡清退专项活动】 按照中共广东省纪委转发中央纪委《〈关于在全国纪检监察系统开展会员卡专项清退活动的通知〉的通知》和《〈关于在全省党员领导干部中开展会员卡专项清退活动的通知〉的通知》，2013年6月和11月，广东省住房和城乡建设厅对厅机关及直属单位处级以上党员领导干部、厅机关纪委委员、下属单位纪检监察干部和职工开展会员卡专项清退活动，所有应规范人员均按要求做到“零持有、零报告”。

▲2013年11月20~21日，广东省住房和城乡建设工会委员会传达贯彻中国工会十六大精神会议在江门市召开。省住房和城乡建设厅巡视员陈承旗（左三）出席

（广东省住房和城乡建设工会委员会供稿）

【廉政文化建设】 2013年，中共广东省住房和城乡建设厅党组重视廉政文化建设工作，通过多种形式对党员干部开展以理想信念教育、作风纪律教育、政治品质和道德品行教育为主要内容的宣传教育活动，弘扬廉洁理念、营造廉荣贪耻的氛围，提高广大党员干部廉洁自律的自觉性，促进机关作风建设。一是组织厅机关和直属单位党员干部近2000人开展形式多样的廉洁自律教育学习活动。制订专题活动方案，开展以“严纪律、正作风、促廉洁”为主题的七月纪律教育学习月活动，组织全体党员干部学习上级文件和反腐倡廉学习资料，到广东省反腐倡廉教育基地参观学习，参加省委党校教师和厅领导讲授的党课，观看反腐倡廉专题教育片和话剧《黑瞳》，参加第三届全省廉洁读书月活动，营造风清气正的良好氛围。二是每季度出版一期《住房城乡建设领域案件专刊》，摘录近期发生在住房和城乡建设领域的部分违纪违法案件，印发到厅机关各处（局、室）、直属各单位，以及各地级市住房和城乡建设行政主管部门，加强党风廉政工作宣传力度，以典型案件引导，推进廉政文化建设。

【信访举报和案件查办】 2013年，广东省住房和城乡建设厅做好信访举报工作，依靠自身力量或配合有关部门，查办发生在全省住房和城乡建设系统的滥用职权、贪污受贿、失职渎职等违法违纪案件。通过查办案件，警醒干部，完善相关制度，防范腐败问题发生和蔓延。是年，派驻厅纪检组收到各类信件167件，其中群众来信47件，比上年增加21件；网上投诉120件，增加90件。在属于纪检监察受理的各类来信中，涉及厅机关和直属单位党员干部7件，全部进行初查初核，初核率100%，办结5件，信访均按照“分级负责，归口管理”的原则转办或督办。

【廉政风险防控机制建设】 2013年，广东省住房和城乡建设厅将廉政风险防控机制建设列入年度重点工作，按照上年度确定的《全面开展廉政风险防控工作实施方案》，除了在厅机关各处室、受委托行使行政权力的4个直属单位中全面推进外，还选定保障性住房建设和公积金管理两个与民生密切相关的领域，制定《全省住房和城乡建设系统开展廉政风险防控建设的指导意见》。6月，汇编《广东省住房和城乡建设厅廉政风险防控工作手册》，印发厅机关及相关直属单位的干部人手一册，并根据省纪委的要求，将该手册发送给全省各市、县的建设行业主管部门。是年，广东省住房和城乡建设厅机关和直属单位着重抓好5项工作：一是全面清理权力事项；二是全面排查风险点；三是制定具体的防控措施；四是绘制廉政风险防控流程图；五是强化廉政风险防控教育。 *（廖建卫）*

【精神文明建设】 2013年，广东省住房和城乡建设系统推进精神文明创建活动，做好综治维稳工作。一是坚持把理论武装放在首位。各级党组织和领导机关组织干部职工学习理解中共十八大和中共中央总书记习近平系列重要讲话精神，把智慧和力量凝聚在实现中共十八大确定的宏伟目标和各项任务。二是坚持把学习贯彻中央关于改进工作作风、密切联系群众的“八项规定”，并作为转变机关作风的突破口，制定完善各项制度措施，印发《关于改进工作作风密切联系群众的若干规定》。三是坚持把深入开展道德领域突出问题专项教育治理活动作为推进社会主义核心价值体系建设的重要内容。全省住房和城乡建设系统200多个单位设立“道德讲堂”，开展活动490多场次，组织全系统先进典型事迹报告会135场次，接受教育的受众人数48300多人。四是坚持以构建和谐社会为目标，充实文明创建内容，提升文明创建活动水平。各市住房和城乡建设部门以建设“为民、务实、清廉”政府机关为目标，开展“文明单位（处、科、室）”“党员模范岗”“优秀公务员”“机关作风建设流动红旗”“服务窗口文明之星”等活动，逐步形成爱岗敬业、诚实守信、办事公道、服务群众、奉献社会的良好风尚。五是坚持把加强创新社会管理，做好综治维稳工作，解决损害群众利益、影响社会稳定的突出问题作为精神文明建设的重要内容，明确要求和落实措施。

（何思权）

【直属机关党委重要活动】 2013年，广东省住房和城乡建设厅直属机关党委开展的重要活动包括：一是开展党的群众路线教育实践活动。2013年7月15日至年底，组织参加第一批党的群众路线教育实践活动。以“为民、务实、清廉”为主题，以反对“四风”为主要内容，以领导干部为重点，按照“学习教育、听取意见，查摆问题、开展批评，落实整改、建章立制”3个环节组织实施，取得党风建设新成效，促进党建工作新发展，受到上级充分肯定。二是组织学习中共十八大报告和中共中央关于全面深化改革若干重大问题的决定；组织机关年轻干部参加省直中共十八大知识竞赛；开展“我为‘三个定位，两个率先’建言献策活动”。三是组织厅党组中心组5个专题理论学习。第一专题是学习习近平总书记视察广东的重要讲话；第二专题是学习全国“两会”精神；第三专题是围绕“三个定位，两个率先”，学习新型城镇化建设知识；第四专题是配合教育实践活动，学习党的群众路线理论；第五专题是学习党的十八届三中全会精神。四是抓好中央“八项规定”的贯彻落实。组织学习有关文件精神，贯彻落实中央“八项规定”和广东省“实施办法”结合实际制定《关于改进工作作风密切联系群众的若干规定》，以及厅党组的“八项承诺”。五是开展“三强化、三树立”活动。以党课形式开展强化理想信念、强化党性观念、强化道德修养的教育活动，印发《关于开展党性锤炼活动和建立党员思想情况分析制度的通知》，强化党员干部的思想素质，以群众路线教育实践活动为突破口，引导广大党员对照理想信念、党章、党纪自我检查和反思，重点在思想作风上进行整改，

▲2013年5月7日，中共广东省委常委、省纪委书记黄先耀（右二）在省住房和城乡建设厅检查指导工作 （广东省住房和城乡建设厅纪检监察室供稿）

树立为民务实清廉的形象。六是开展党支部“创三型、增三力”活动。将增强党组织的凝聚力、创造力和战斗力作为创建活动的落脚点，对党支部建设现状调查摸底，部署和开展创建活动试点。

(熊小玲)

【贯彻落实中央“八项规定”】 2013年，广东省住房和城乡建设厅贯彻落实中央“八项规定”和省委、省政府《贯彻落实〈十八届中央政治局关于改进工作作风、密切联系群众的八项规定〉的实施办法》，先后印发《关于改进工作作风、密切联系群众的若干规定》和《关于中央〈八项规定〉、省〈实施办法〉和厅〈若干规定〉执行情况督促检查工作机制》，取得较好成效。一是改进调研和检查工作方法。明确主题，合理安排调研内容。厅领导调研和检查轻车简从，主要领导陪同人员不超过3名，其他厅领导不超过2名。不安排超规格住宿，基本安排普通工作餐。二是密切联系基层。制订实施《广东省住房和城乡建设厅联系基层制度实施方案(2013~2015年)(试行)》，厅机关12个处室与粤东西北12个地级市建立联系制度，定期到各市调研，建立对口联系工作机制。为基层提供政策咨询、技术支持和业务指导，协助解决基层在工作中遇到的热点、难点问题。三是精简会议活动和新闻简报。坚持“务实高效”原则，从严控制会议次数、规模和人数。四是精简文件简报。严格控制文件发送范围、发文份数及加印、复印和翻印份数。是年，公款出国非经济类团组3批次12人次，批次比上年下降25%，人次下降62.5%；出访党政团组3批次7人次，批次比上年增长2倍，人次下降12.5%；非党政团组5人次，比上年下降79.2%；经费支出54.9万元，下降56.9%。六是厉行勤俭节约。制订《广东省住房和城乡建设厅机关节能管理办法》，建立处室节能员制度，教育干部职工自觉节电、节水、节约能源，杜绝铺张浪费。简化公务接待，公务接待经费比上年减少2.09万元，下降5.6%。严格执行车辆配备，全厅公务用车由办公室统一安排使用，公务用车购置和运行经费比上年减少21.71万元，下降17.9%。完善会议电脑系统，推进移动OA建设，实现会议无纸化，提高办公无纸化水平。七是加强监督检查。建立明确的分工负责机制和沟通协调机制，把每项规定要求落实到每项工作、每个环节。加大对来信来访举报违反“八项规定”的查处力度，加强整治庸懒散奢、公款大吃大喝及其他奢侈浪费行为的监督检查。2013年，纪检监察部门收到相关举报信件4件，其中立案查处1件、仍在调查1件，因情节轻微不予追究纪律责任、责令当事人作出书面检查2件。 (何思权)

▲2013年，广东省直属机关工委授予广东省建筑设计研究院深圳分院2011~2013年度“广东省直机关文明单位”称号 (何思权 摄)

【广东省建设系统政研会】 2013年，广东省建设系统政研会坚持以科学发展观为指导，学习贯彻中共十八大和全省住房和城乡建设工作会议精神，围绕中心、服务大局，不断创新和加强思想政治工作，为住房和城乡建设事业科学发展提供思想保证。一是深入学习贯彻落实中共十八大精神，推进社会主义核心价值体系建设。结合学习中共中央总书记习近平视察广东重要讲话精神，围绕省委、省政府落实“三个定位、两个率先”的工作部署和贯彻落实全省住房城乡建设工作会议精神，强化理想信念教育，牢固树立正确的世界观、权力观、事业观，把全体干部职工的智慧和力量凝聚到中共十八大和全省住房城乡建设工作会议提出的各项奋斗目标。二是做好重点课题研讨和论文编纂。是年，组织会员单位围绕“如何深入学习贯彻落实中共十八大精神”等12个重点课题，深入基层调研，撰写研究成果，择优选取45篇论文汇编成册。三是推进企业文化建设。推荐企业文化建设取得较好成绩的中信地产汕头投资有限公司和湛江市市政建设工程总公司为全国住房城乡建设系统第二批企业文化示范单位，并安排企业代表参加全国住房城乡建设系统第六届企业文化论坛会议学习交流。

(黄小燕)

各市建设

广州建设

【概况】 广州市位于广东省中南部，1984年为计划单列市，1994年升格为副省级市。土地面积7434.4平方千米。截至2013年末户籍人口832.31万人；常住人口1292.68万人，其中城镇人口1102.28万人。是年，全市地区生产总值15420.14亿元，完成固定资产投资4454.55亿元，比上年增长18.5%。2013年，广州优化提升一个都会区、创新发展两个新城区、扩容提质三个副中心。新一轮城市总体规划报送国务院审批，推进“三规合一”，完成“2+3+9”（“2”指广州市南沙新城、东部山水新城；“3”指花都、增城、从化三个副中心；“9”指广州金融城、海珠生态城、天河智慧城、广州国际健康产业城、空港经济区、广州南站商务区、广州国际创新城、花地生态城、黄埔临港商务区）平台核心区控制性详细规划，推进全市1142条村庄规划编制，实践共编共管共用规划编制机制，构建新型城市化规划体系。

推进同德围南北高架桥等59个路桥项目建设。建成海珠桥危桥抢修工程、临江大道东延长线、沙汕路等16个项目，新增道路长度26.4千米。地铁6号线首期开通运营，在建的5条地铁进展顺利，规划新建7条地铁前期工作全面展开，海珠环岛新型有轨电车试验段开工建设。开展白云机场扩建工程和噪音区治理工作，第三跑道土石方及排水工程通过竣工验收。推进电网、环卫、燃气设施建设，建成溪洛渡直流输电工程和500千伏木棉输变电工程。

推进生态城市建设。建成300千米绿道、156千米景观林带、陈田花园等4个岭南花园和帽峰山、火炉山森林公园对外开放；城镇和农村生活污水处理率分别达到90.89%和43%，石井河截污等河涌治理工程顺利推进，建成花都湖、金山湖，增城挂绿湖等工程加快建设；出台《广州市绿色建筑和建筑节能管理规定》，新增绿色建筑约700万平方米，广州获“全国十大绿色建筑标杆城市”称号。对广深高速等19条快速路及国省道环境景观进行“净化、美化、绿化”整治。

抓好民生实事工程建设。筹建保障性住房18110套，基本建成31968套。推进改造城市零散危房98873平方米、农村泥砖房和危房10598户。解决95个小区临电问题，盘活在册35宗“烂尾楼”。按照“幸福同德围、美丽金沙洲”建设目标，推进“9+1”重点工程（“9”指“地铁八号线北延线建设、同德中学建设、同德医院建设、同德公园建设、公厕建设、北环高速上步桥底人行涵洞整治、同雅东街通往石井河小路工程、鹅掌坦拉圾压缩站工程、广清高速庆丰收费站辅道工程”；“1”指同德围南北高架路工程），《人民日报》头版报道。推动完成全市14条市级美丽乡村试点村创建。实施高架桥静音工程，安装隔音屏7千米，隔声窗1.2万平方米。

加快实现房地产业、建筑业和勘察设计行业转型发展。完成房地产开发投资1579.67亿元，建筑业总产值2216.18亿元。推动建设工程项目并联审批和流程再造，审批

2013 年广州市住房和城乡建设主要经济产业指标

项　目	单　位	实　绩	比上年增长(%)
固定资产投资额	亿元	4454.55	18.5
建筑企业	个	882	12.2
建筑业总产值	亿元	2216.18	25.69
建筑企业利税总额	亿元	157.74	19.84
建筑企业期末从业人员	万人	37.56	-0.07
建筑企业劳动生产率	元/人	542086	0.07
房屋建筑施工面积	万平方米	8939.06	13.9
房屋建筑竣工面积	万平方米	1141.29	-11.6
商品房屋销售额	亿元	1555.42	2.4
商品房屋销售面积	万平方米	897.25	-7.44
房地产开发投资额	亿元	1579.67	15.3
建成区绿化覆盖率	%	41.0	1.2
人均公园绿地面积	平方米/人	15.8	1.9
人均城市道路面积	平方米/人	9.64	-0.32
城市用水人口	万人	1059.56	4.70
城市自来水普及率	%	99.71	0.01
城市燃气普及率	%	99.6	0.15
城市液化气供应总量	吨	994614.16	10.60
城市天然气供应总量	万立方米	132895.61	55.01
城市污水处理厂	座	30	3.45
生活垃圾无害化处理率	%	91.23	0.21
城镇化率	%	85.27	0.25
住房公积金缴存额	亿元	461.03	14.62
住房公积金贷款额	亿元	314.57	82.45
保障性安居工程	套	31968	-
绿色建筑面积	万平方米	349.78	451.39

（广州市城乡建设委员会）

时间压缩到145天，缩短60%以上。加强招投标和造价管理，编制《广州市市政工程主要项目概算指标和编制指引》。加强工程质量安全监管，开发地下工程和深基坑安全监测预警系统。全市建设工程获“中国建设工程鲁班奖”3项、国优奖1项、“广东省优质奖”28项、“广东省优良样板工程奖”9项、“五羊杯”等奖项121项。

以精细化、标准化、信息化推进城市管理。颁布实施《广州市违法建设查处条例》，开通违法建设信息管理平台，开展查控清拆违法建设“百日行动”，全年拆除违法建设140万平方米，比上年增长42.1%。生活垃圾分类工作全面深化，开展生活垃圾直收直运、生活垃圾按袋计量、厨余垃圾专袋投放、餐饮垃圾统收统运和生活垃圾分类计量收费试点，加强市容景观和环卫管理，新创建17条二星级卫生街道、30个“广东省卫生村”、84个“广州市卫生村”。

广州城市建设存在主要问题和困难是土地、拆迁、资金等制约部分项目进展，精细化管理水平还不高，城乡建设品质仍需提升，工程质量、安全生产监管仍待加强。

(唐双荣)

【城乡规划】 规划编制 2013年，广州市开创性地构建具有广州特色的规划新体系。全年开展1221项规划编制，总量分别是上年的7.5倍和2011年的23倍。主要规划包括：一是广州市城市总体规划于2013年7月29日报国务院转住房和城乡建设部审查。二是东部山水新城、从化副中心和增城副中心总体规划通过广州市政府审批。三是完成各区(县级市）及4个发展平台的建设方案，统筹制定各区（县级市）2012~2016年的100项重点项目实施计划，确保“123”城市发展战略的实施。四是“2+3+9”功能区控规全面通过审议，全面开展14个功能区核心区或启动区共计437平方千米建设用地的控制性详细规划，全部通过广州市规划委员会审议，其中，12项获广州市政府批准。

专项规划。2013年，广州市积极推进民生设施规划。应对老龄化挑战，编制《广州养老服务机构设施布局规划（2013~2020年）》，推进相关项目落地。规划新增养老设施选址邻近医疗设施、主干道及重要公共交通设施、公园绿地及健身设施等。

公益民生项目规划。2013年，广州市规委会审议通过涉及城市公共服务设施的民生公益项目106项，修订社区公共服务设施标准，调整同德围改造控规、西关广场、粤剧艺术博物馆等。解决保障房和拆迁安置房12979套；规划建设老人院4个，提供床位数1万张；中小学30所、幼儿园12所、社区服务中心21年、社区居委会27个、变电站14个、垃圾站12个、公厕24座、其他配套设施251处，

儿童公园规划。构建市、区两级儿童公园体系，规划落实14个儿童公园选址，用地面积162公顷。2013年有9个儿童公园开工建设。规划数量和规模全国第一。

广州教育城规划。广州教育城是继广州大学城之后的又一座教育新城。教育城位于增城朱村街和中新镇，面积20.20平方千米。规划建设24所职业学校和1处技能人才公共实训鉴定基地。规划结构为“一轴三带五组团，一核一廊多楔”，“一轴三带”指以白水山为生态核心，白水山为起点向南延伸的综合服务轴；“五组团”指：城市建设工程组团、交通运输组团、综合功能组团、城市服务组团和制造与信息化组团。教育城一期入驻学校13所，其中3所高职、10所中职。13所入驻学校分为4个组团，分别是：交通运输组团、城市建设工程组团、工业制造与信息化组团和其他组团。

三大交通枢纽规划设计和公交系统规划。完成北部交通枢纽规划、东部综合交通枢纽规划设计研究、南沙新区综合交通体系规划、广州市轨道线网深化规划、第二机场选址研究等。

文化设施规划。确定在新中轴线广州塔以南地块布局广州美术馆、广州博物馆新馆、广州科学馆、广州文化馆和岭南广场（“四馆一园”）。2013年完成“四馆一园”规划选址，用地面积55.5公顷。完成“三馆一场”和“一馆一园”设计国际竞赛的第一轮方案征集和专家评审等。《“四馆一园”控制性详细规划修改方案》通过广州市规委会审议。

历史文化名城保护规划。广州市自2003年11月开始组织编制《广州历史文化名城保护规划》（简称《保护规划》），并于2013年12月30日，经市政府常务会审议通过。规划期限为2011~2020年，《保护规划》核心内容纳入《广州市城市总体规划（2011~2020年）》。

村庄规划。落实村庄规划编制专项经费1.31亿元。完成4项工作指引文件和5大专题研究，28家规划编制设计单位600余名规划师驻村入户，自下而上绘制蓝图。在村庄规划编制实施工作的6个方面、19项工作中，完成10项，按计划推进9项；完成51个镇街村庄布点规划成果以及需要编制村庄规划的889个行政村（5257个自然村）的村庄规划初步成果。

“三规合一”。广州市在全国副省级城市中率先推动“三规合一”工作。经过两年努力，规划成果于1月9日经广州市“三规合一”工作领导小组审查通过。梳理协调29.4万个差异图斑，涉及面积935.8平方千米，划出全市统筹土地资源“一张图”，划定建设用地规模控制线、建设用地增长边界、生态控制线、产业园区控制线“四线”。盘活约128平方千米存量土地资源，保障2154个重点项目和1100余项公益性基础设施和民生项目的用地需求；划定95个、325平方千米的产

业区块控制线，统筹引导工业进园和集聚发展。首次在空间上明确全市约2440平方千米的增长边界；将约占市域总面积60%的4426平方千米的各类重要生态用地及其周边控制区域划定为生态控制线定界定量和底线控制。实现广州市发改委、规划、国土三个部门数据共享与信息联动，并与项目审批流程有效衔接，实行“一张图”管控，确保项目“选址一目了然、审批一步到位”。制定《广州市“三规合一”技术规定》《广州市“三规合一”控制线实施管理规定》《广州市“三规合一”运行管理实施方案》等。

规划管理　优化审批流程，实现审批提速。2013年4月，广州市制定《广州市建设工程项目优化审批流程试行方案》，优化7项涉及规划行政审批流程，将其中4项纳入并联审批，整体审批时间减少75%；将《建设项目选址意见书》的核发等7项业务调整为政务中心窗口办理，实现建设项目规划审批流程全方位变革。召开广州市城市规划委员会主任委员会11次，审议议题50项，其中规划编制类议题10项、政府公益类议题26项、政策研究类议题5项、其他类议题9项。确定在新中轴线广州塔以南地块布局广州美术馆、广州博物馆新馆、广州科学馆和广州文化馆。

2013年，全市办理各类业务案件14097件。全市核发《建设用地规划许可证》849件，审批建设用地面积2708.95万平方米，分别比上年增长46.4%和50.2%；审批《建设工程规划许可证》1435件，审批建设工程面积2825.31万平方米，增长24.1%。规划建设用地、建设面积呈上升态势。 *(董福强)*

【宜居城乡建设】　2013年，广州市推进生态城市建设。一是加强土地节约集约。实施城市生态用地差别化管理，开展低丘缓坡用地试点，有效拓展城市发展空间，全市单位建设用地产出率8.3亿元/平方千米，土地消耗率减至1.03公顷，获评国土资源部、省政府“建设节约集约用地试点示范省先进单位”。二是做好大气、水环境治理。划定高污染燃料禁燃区，完成对342家挥发性有机物重点监管企业治理，强化机动车污染防治，颁布《广州市环境空气重污染应急预案（试行）》，全市空气质量达标天数260天，达标天数比例71.2%，未出现重度污染。三是推进花城绿城水城建设。全面推进岭南花园和森林公园建设，陈田花园、花都花园，帽峰山、火炉山森林公园向社会推介开放，完成0.27万公顷碳汇林建设，全市绿化覆盖率约41%，人均公园绿地约16平方米，初步形成森林进城围城、绿道林带环绕、公园花园遍布的之生态美景。开展海珠生态城、东濠涌、猎德涌等重点河涌综合整治工程，全市新增污水管道75千米，污水处理能力470万吨/日，城市生活污水处理率90.89%。实施111个行政村生活污水治理，农村生活污水处理率43%。四是启动高快速路及国省道环节景观综合整治。以“净化、绿化、美化”为重点，对全市26条道（铁）路，沿线环境景观综合整治，种植绿化690万平方米，种植灌木、乔木126万株，立面整饰864幢、面积41万平方米；铁路红线外种植绿化21万平方米，灌木、乔木5.6万株，拆除违章6600平方米，清理垃圾5吨。五是打造“幸福同德围、美丽金沙洲”。推进同德医院、同德中学、地铁8号线北延线等基础配套设施建设。完成地铁6号线首期、北环高速人行涵洞和彩滨路2座人行过街隧道以及浔峰山公园首期等工程建设，建成金沙洲医院主体工程，开通运行水上巴士，改造5座河涌闸站，推进金沙洲大桥拓宽工程，完成总体计划48%。六是加快生活垃圾分类处理。全年新投放分类收集容器2万多个、采购垃圾分类收集容器5万多个、配发460多万个垃圾袋；配置分类收集、运输车辆252台，基本完成第一批36座分类压缩站升级改造，启动第二批59座垃圾压缩站升级改造前期工作；新增厨余垃圾收运线路45条、有害垃圾收运线路3条、大件垃圾收运线路2条；编制《广州市建筑废弃物消纳场布局规划》，建成7个临时消纳场，消纳总容量近2000万立方米。推动“一镇一站，一村一点”建设，28个镇建成垃圾压缩站，6268个自然村均设有一个以上生活垃圾收集点，4800个自然村完成收集点密闭化改造，初步建立“户分类、村收集、镇运输、市（区）处理”农村垃圾收运体系。是年，广州市被列入国家第三批餐厨废弃物资源化利用和无害化处理试点城市。 *(唐双荣)*

【城市基础设施建设与管理】　空港建设　广州白云国际机场扩建工程是列入国家“十二五”规划和《珠江三角洲地区改革发展规划纲要（2008~2020年）》中的重点项目，是国家发改委批准的国家、省、市重点工程。2013年，第三跑道完成用地报批及征地拆迁，土石方及排水工程通过竣工验收，道面及地基处理、助航灯光等机电工程分别于9月底和10月开工；2号航站楼桩基础工程于是年5月底开工，三个标段年内分别完成73%、75%、98%。 *(卢书桃)*

市政建设　城市轨道交通建设。截至2013年底，广州市建成开通地铁1~5号线、6号线首期、8号线、珠江新城旅客自动输送系统（即APM线）以及广佛线首通段（魁奇路—西朗）9条线路，164座车站，形成覆盖广州八区、横跨广佛两市、总长260千米（含广佛线佛山段14.8千米）的轨道交通线网格局。2013年，广州市在建轨道交通线路12条，合计里程284千米。其中地铁6号线首期，全线除一德路和沙河站外已于12月28日开通试运营。地铁6号线二期10座车站中，5座主体结构封顶，5座进行主体工程施工。10个区间中，6个区间正常掘进，4个区间进行前期准备工作，土建工程累计完成40%，萝岗车辆段进行地基处理施工和暗挖隧道施工。地铁7号线一期进行主体工程施工，1座受管线迁改影响未开工。土建工程累计完成11%。地铁8号线延长线凤凰新村至同福西区间暗挖竖井进行土方开挖，同福西站进行开工前期准备工作。地铁9号线一期主体结构封顶，进行主体工程施工，整个土建工程累计完成42%。广佛线二期主体结构封顶，土建工程累计完成75%。地铁4四号线南延段、地铁13号线首期、地铁14号线一期、知识城线、地铁21号线完成全线初步设计（预）审查、土建监理和施工招标。地铁21号线、海珠环岛新型有轨电车系统工程监理、轨道工程、信号设备、车辆、磨碟沙停车场、AFC、强弱电施工标完成招标并签订合同，进入新港东路段交通疏解及占道开挖手续办理、绿化迁移、施工围蔽和地基处理等环节，开始进行车辆制造和组装。（曲振群）

道路交通设施建设。2013年，建成海珠桥危桥抢修工程、临江大道东延长线工程、龙归城保障住房项目周边市政道路工程等16个项目。全年新增道路长度26千米，人行天桥2座，安装隔音屏约7千米，隔声窗1.4万平方米。

（廖丽萍　王超）

重点水务工程建设。2013年，完成荔枝湾三期第一段工程、猎德涌综合整治工程涌底管迁改工程建设，完成东濠涌二期综合整治工程总体进度62%、海珠生态城沙涌整治工程总体进度48%和长洲岛新担涌水闸工程总体进度50%。生态湖，番禺金山湖、花都湖如期完工并对外开放，增城挂绿湖一期完成总体进度93%，凤凰湖基本成形，天河智慧东湖总体进度约25%。湿地公园、南沙滨海湿地二期工程完工并对外开放，海珠湿地二期工程、番禺草河湿地和天河智慧城核心区东部湿地开工，增城湿地前期工作完成。沙滩泳场、从化人工沙滩广场完工，西郊沙滩泳场二期室外标准泳池2013年6月完工，恒温泳池施工招标开标，琶洲湾公共沙滩泳场进行施工。水博苑和水库工程，水博苑水利部分工程开工，牛路水库项目建议书待审批，沙迳水库设计招标完成，开展项目建设编制工作。在水利工程方面，完成珠江后航道洛溪岛北岸段、仓头段，前航道黄基涌下游段堤防加固工程3.67千米，安装珠江沿岸救生设施464套，同步开展亲水平台和临水设施的安全隐患整治，完成李溪拦河坝加固改造，建成千里海堤义沙围段等共8.27千米，完成万顷沙围堤防加固达标工程2座穿堤建筑物主体和珠江甘蔗厂至七沙水闸段建设。（黄玉玲）

广州国际金融城建设。项目位于广州市中心城区东部，珠江黄金水道北岸，毗邻珠江新城CBD商务区，与琶洲国际会展中心隔江相望，规划总面积约8平方千米，设置东、西两个金融核心区，核心区2.64平方千米。首先建设的是位于员村地区科韵路以东片区的起步区，2013年，完成起步区控制性规划、国有企业用地和集体土地收储、建设项目规划报建等前期工作，并全面启动开发建设，推进首批建设项目的地下空间土石方开挖和基坑支护工程建设，抓紧金融城二期工程控制性规划审批。

（廖丽萍）

广州南站商务区开发建设。2013年9月9日，广州市政府常务会议审议通过《广州南站商务区开发建设工作方案》《广州南站商务区建设方案》，10月31日审议通过南站核心区控规调整与城市设计优化。是年，编制完成土地收储方案和出让计划，完成核心区和石北围地块4.023平方千米土地储备，提出《华南商贸中心土地储备方案》；初步编制完成村综合改造方案，番禺区按照村征地拆迁和综合整治两种模式研究，开展摸查村民意向、研究改造模式、开展拆迁普查、研究安置选址，初步制定村综合改造方案，征求相关意见；推进核心区基础配套设施建设，落实推进地下空间、小学、社区管理服务中心等8项配套设施建设，其中南站地下空间试验段于10月30日动工，名优产品展贸中心和驻穗（商会）中心按“统筹规划、分期建设、市场主导、政府扶持”模式开展规划建设。

（刘德志）

珠江黄金岸线项目改造。截至2013年底，珠江黄金岸线范围内完成“三旧”改造项目审批24个，其中鱼珠旧城改造项目，采用成片重建改造模式，华南国际港航服务中心完成基坑70%的工程量。疏港道路体系建设，石化南路等一批项目开工建设。南海神庙项目完成景区头门抢修工程、清码头挡土墙修缮工程、东离岛移动木屋建设工程、文物库房搭建等工程建设项目。广州海事博物馆项目完成征地拆迁补偿和项目勘察、修建性详细规划、综合管线规划、基坑支护设计及初步设计工作。长洲岛新担涌水闸工程完成总工程量43%。广州国际金融城正式启动起步区建设工作。

（简颖思）

民生工程。2013年，完成白云机场噪音搬迁区人口、户数、建筑物数量和面积的详实数据摸查，噪音搬迁区、安置区和融资区的土地利用总体规划情况摸查；制定噪音区治理工作实施方案，简化合并立项、用地和规划等行政审批手续，完善总控计划；广州市政府审议通过项目选址、工作方案、资金筹措方案、控规调整方案等重大事项；取得广东省重点工程立项批复；广东省机场集团专项治理资金到位4亿元。（卢书桃）

儿童公园建设。市级、萝岗、番禺、黄埔、南沙、增城、海珠、白云、天河、花都、从化等11个儿童公园进入施工。广州市儿童公园选址白云公园，总占地面积31.88

万平方米，计划分三期建设，一、二期为现有白云公园用地，建设面积26.08万平方米，计划2014年基本建成并开放；三期建成后可容纳游人1.385万人。

城市园林绿化　截至2013年底，全市建成区绿地率35.65%，绿化覆盖率41.0%，人均公园绿地面积15.8平方米。2013年广州市城市园林绿化取得显著成绩。一是城乡绿道网逐渐完善。全市新建绿道300千米，绿道总里程2463千米，居全省第一。市、区联动、部门联防开展绿道专项整治，形成10条精品绿道线路。二是岭南花园建设有新突破。建成并开放陈田花园、花都花园、麓湖花园、海珠花园。香雪公园、火炉山广场完工，兰园、风云岭主题公园、莲花山名花园、白云花园、甘泉花园、深井花园、大沙河花园、挂绿荔枝园等进展顺利。白云区18个“一街（镇）一公园（花园）”完成6个，增城市11个镇街花园、从化市万花园等顺利推进。三是花文化建设凸显特色。完成帽峰山茶花园、流花湖紫薇园等19个城市花景及市区11条、46千米道路“一路一景”建设改造。举办第19届广州园林博览会、越秀灯会、郁金香节等特色花事节庆活动。第20届园博会顺利开闭幕。在广州大道、二沙岛等重要路段和景观节点布置时花4.62万平方米开展城区常年花卉布置。四是创新园林绿化管理方式。制定《广州市公园条例》，推进局属公园、景区23个建设项目，加快公园设施升级改造。建成广州市林业和园林局小额建设工程企业库，入库企业306家，同步开发小额库管理信息系统，推行小额建设工程交易电子化备案管理。强化信息化管理手段，广州数字绿化平台建设工程通过验收，公布全市第六批古树名木10404株。五是搭建社会参与绿化平台。组织公园、景区开展创文达标活动。

城市绿化养护。按照《广州市城市道路绿化养护巡查方案》，全面提升园林绿化管养水平。一是强化市、区、管养单位三级巡查，加强绿化整改。二是联合市交警支队、供电部门、各区（县级市）绿化管理部门组成“三方联动”应急抢险机制。市、区联动应急抢险1946次，处理断枝、倾斜、倒伏、危险树木4608株。三是开展专项整治。针对市内部分路段绿化植物枝叶积尘厚的情况，特别安排专人专车对绿化植物进行清洗。四是严格依照法定的权限、范围和要求实施行政许可。按照相关规定和条例进行砍伐、迁移、修剪树木审批以及因城乡建设、城乡基础设施维护需要临时占用绿地审批等工作。全年受理行政许可案件246件，无一投诉。五是加强古树名木保护管理。开展第六批古树名木挂牌保护工作。委托科研单位对全市古树名木及附属设施进行监测、诊治、维护和抢救复壮。对广州市管“八路一岛”开展大树危树健康检测。六是强化市管道路精细化养护。养护行道树12354株，绿化总面积1141.4万平方米。制定实施《广州市林业和园林局局管绿化养护管理措施》，建立路段养护队伍、养护管理单位、局业务处室三级巡查制度，完善养护管理质量考评体系，建立养护质量检查评分细则等办法，确保市管公共绿化的景观效果。七是开展常年花卉布置。在重要路段和景观节点地栽时花4.62万平方米；实施道路护栏挂花300多组。

岭南花园建设。打造陈田花园、麓湖花园、白云花园，项目总投资估算2.6亿元。陈田花园占地面积15.67公顷，于2013年2月6日开园。由广州市绿化公司、市花木公司、市园林建筑工程公司、市园林科学研究所捐资复建的广州展园和园林植物四大展区，成为园区主要景点。其中，麓湖花园（一期）位于麓湖公园聚芳园内，总用地面积16307平方米。

迎春花市。第20届广州园博会设海珠、萝岗两个会场，以“情系岭南水乡，再现瑶溪文化”“智慧萝岗，科城锦绣”为主题，共建设永久展园17个、临时园圃32个、公共景点50多组，主要展出艺术小园圃、艺术插花、盆栽花、盆景、摄影等。白云山康乃馨花展布展面积10万平方米，种植面积3000平方米，展出多个品种、近十万多株康乃馨花。越秀公园灯会以“璀璨广州情，幸福中国梦”为主题，展出彩灯62组。春节期间，市区各公园开展20多项花事活动，包括：花展、晚会、曲艺、书画展等，其中较有特色的有白云山桃花文化节、麓湖花园兰花展、文化公园元宵灯会、荔湾水上花市、增城新年晚会、客家山歌曲艺表演、从化花卉艺术造景、萝岗香雪文化节、海珠迎春花会等。

绿道建设　2013年，广州市建成绿道300千米，累计里程2463千米。加强绿道管理运营、部门联防联动开展绿道专项整治。健全绿道管养维护工作机制，出台《广州市绿道管养维护工作方案》，力促管理规范化。（吴茂林）

城市环境卫生　城区环境保洁。2013年，广州市市政道路清扫保洁面积1.14亿平方米，人行道保洁面积8850万平方米；水域保洁长度155.48千米，日清捞垃圾最高达230吨。中心城区一、二级道路机械化清扫率61%，城区每日夜间道路冲洗线2600千米，城区重要道路、景观工程和宾馆周边、开放口岸以及各大交通进出口等重点地段清扫保洁责任落实，保持“路见本色”。珠江广州河段114.03千米和市区231条河涌水面洁净，无漂浮垃圾。全市城区生活垃圾做到定时定点收运，清运率100%。2013年广州市城镇生活垃圾无害化处理率91.23%，比上年增长0.21%。创建30个容貌示范社区。加强全市市容巡查，全年检查98次，发现问题302件。

保障环卫工人权益。2013年5月1日，广州市政府颁布实施《广州市关于规范环卫行业用工的意见》，明确环卫工人福利待遇由两部分组成：一是工资待遇，包含基础工资、岗位津贴、高温津贴、加班工资、社保、住房公积金、环卫工人节和春节慰问金7个部分，并建立广州市环卫工人工资正常增长机制。二是保障环卫工人休假权和体检权。建立对不可预见性事件的保障经费，设立环卫工人困难救助基金。制定《广州市环卫保洁项目招标文件范本》《广州市环卫保洁项目合同范本》《广州市环卫保洁劳务合同范本》。2013年5月1日起，全面上调环卫工人工资，惠及全市4万多名环卫工人。

规范行政许可审批办理。通过明确权属、规范程序、完善流程等措施，实现各区、县级市城管部门城市生活垃圾（含粪便）经营性清扫、收集、运输和处置服务行政许可审批全流程规范有序办理。

环卫车辆设备配备。建立城市管理专用作业车辆和设备定期检测和审验制度，减少垃圾运输车辆滴漏二次污染。采购车辆252台，其中配置生活垃圾分类运输车辆及配套工具车200台，洒水车、扫路车、吸粪车等环卫作业车辆52台，配置20台LNG环卫车。规范环卫车辆运营管理，明确IC卡办理程序，合理分配使用闲置的环卫设备，加强环卫作业车辆报废管理工作，完成2013年广州市政府下达的黄标车更新任务。

垃圾压缩站升级改造。2013年，完成第一批36座分类压缩站升级改造，启动第二批59座垃圾压缩站升级前期改造。

井盖设施监管。完成汛期井盖设施隐患排查处置工作，出动18325人次排查，发现7128处隐患，全部得到维修或更换。推进井盖设施挂网设牌，安装防护网171733个，设标识铭牌388287个。在天河区花城广场周边，打造首个井盖设施建设管理质量示范区，全长1.6千米，更换不符合规范的井盖设施398个。完成中心城区和番禺区、萝岗区共计515平方千米范围内的井盖信息数据采集，为1191178个井盖建立包括编号、权属单位、抢修电话等信息在内的电子身份证。

人行道开挖占用审批管理。将人行道占用挖掘审批时限由5个工作日缩短至2个工作日。开展市区两级审批系统对接工作，优化、整合市区两级行政许可信息资源。编制《广州市城市道路人行道公共服务设施设置指引》，对人行道上所有公共服务设施的设置提出规范要求。全年累计受理占用申请案件19宗、挖掘申请案件34宗。

垃圾分类。开展生活垃圾直收直运、生活垃圾按袋计量、厨余垃圾专袋投放、餐饮垃圾统收统运试点，选取6个社区开展生活垃圾分类计量收费试点。启动社区和学校生活垃圾分类验收评价工作，全年检查验收合格社区1200多个，确认1379所学校为生活垃圾分类示范基地，创建107万个环境友好家庭。建立垃圾分类动态监督管理体系，开展垃圾分类执法，强化后续监督管理。完善垃圾分类收运体系，明确垃圾分类处理精细化、产业化规范流程，印发《建筑废弃物循环利用工作方案》。全年新投放分类收集容器2万多个、采购垃圾分类收集容器5万多个、配发460多万个垃圾袋。新增厨余垃圾收运线路45条、有害垃圾收运线路3条、大件垃圾收运线路2条。推进农村生活垃圾收运，推动“一镇一站，一村一点”建设，有28个镇建成垃圾压缩站，6268个自然村均设有一个以上的生活垃圾收集点，完成收集点密闭化改造的自然村4800个，初步建立起“户分类、村收集、镇运输、市（区）处理”农村垃圾收运体系，基本完成广州市与广东省政府签订的农村生活垃圾收运处理责任书目标任务。

城市废弃物处理设施建设。2013年，广州市有大型生活垃圾处理设施7座，生活垃圾基本做到日产日清，一般处理量1.4万吨/日，垃圾焚烧处理比例20%。“十二五”期间，广州市规划新建6座垃圾焚烧厂。广州市第一资源热力电厂二分厂建成投产，日处理生活垃圾2000吨，投资10.17亿元，年发电量2.6亿度，年上网电量2.1亿度，是目前国内规模最大的垃圾焚烧发电厂之一，也是广州市资源热力电厂的里程碑工程和样板工程，于2009年9月10日开工，2013年6月26

▲2013年6月26日，广州市第四资源热力电厂奠基仪式在南沙区大岗镇举行

（广州市城市管理委员会供稿）

日成功点火，进入试生产阶段，截至年底，完成所有调试工作，正式进入满负荷试运营阶段。位于南沙区大岗镇新联二村的广州市第四资源热力电厂项目顺利奠基、开工，项目首期设计处理规模2000吨/日，年处理生活垃圾73万吨，发电2.63亿度，主要负责处理广州市南部区域番禺区和南沙区的城市生活垃圾，兼顾处理部分佛山市顺德区生活垃圾，2013年项目完成环评并取得临时施工许可批复，6月26日举行奠基仪式，12月28日动工建设。

国家餐厨废弃物资源化利用和无害化城市试点。2013年9月6日国家发改委正式批复广州市为国家第三批餐厨垃圾资源化利用和无害化处理试点城市，确定增城市200吨和东部400吨餐饮垃圾处理项目纳入国家试点项目。增城市餐厨垃圾处理项目选址于增城区珠村教育城，项目前期工作启动。东部餐厨垃圾处理项目，东部固体废弃物处置中心项目选址位于萝岗区九龙镇福山村，完成选址、立项、概念性规划设计、控规调整和规划环评等前期工作。广州市餐厨废弃物循环处理试点项目正式开工，项目选址在广州市黄埔区大田山垃圾填埋场污水处理站地块，日处理餐厨废弃物200吨，采用高温耗氧微生物生化工艺，截至2013年底，项目工艺技术、设备BOT招标及特许经营协议签署工作均完成，施工单位进场施工。

爱国卫生运动。2013年，广州市定期开展病媒生物消杀统一行动，将病媒生物密度控制在不足为害的国家标准范围内，通过国家“四害”达标复查；全面开展卫生创建活动，全年新创建“一星级卫生街道”8条、“二星级卫生街道”17条、“三星级卫生街道”5条、“广东省卫生镇”6个、“广东省卫生村”56个、“广州市卫生村”177个；全市农村卫生厕所普及率98.79%，无害化卫生厕所普及率96.26%；建立控烟联席会议机制和讲评通报制度，全年开展联合执法16次，出动执法人员3581人次，检查各类场所3631个，对177名违法吸烟人员处罚，处罚违法场所6个，罚款2.6万元，印发整改通知书211份，创建“无烟单位”525个。

（肖岚）

城市生态环境保护建设　环境空气质量。2013年，天河区、番禺区、越秀区、萝岗区、海珠区、黄埔区、荔湾区完成“高污染燃料禁燃区”划定，天河区基本建成“无燃煤区”。342家挥发性有机物重点监管企业完成治理。强化机动车污染防治，对柴油车和重型汽油车实施国Ⅳ标准，实现机动车国Ⅳ排放标准全覆盖；对燃气汽车实施国Ⅴ标准；黄标车限行区面积达423平方千米，占建成区面积42%；使用电子警察开展黄标车限行执法，查处黄标车违规行为2.56万宗；对146.8万辆汽车进行排气检测，总合格率99.7%。是年，广州市政府出台《广州市餐饮场所污染防治管理办法》，完成250餐位以上大型餐饮业户排污许可证核发和污染整治；荔湾区、海珠区油烟污染整治经验在全市推广。实施7个领域59项监管措施，强化扬尘污染控制。同年市政府印发《广州市环境空气重污染应急预案（试行）》。全市空气质量达标天数260天，未出现重度污染。

江河水质整治。制定《广州市实施〈南粤水更清行动计划〉工作方案》，以黑臭河涌、广佛跨界水体整治为重点，实施51条河流河涌治理。完成全市乡镇集中式饮用水源保护区划分、171块饮用水源保护区标志牌设置及地下水基础环境状况调查评估。组织开展流溪河流域、饮用水源保护区、广佛跨界区域16条污染较重河流等专项执法检查。强化河涌水质监测，从5月开始，每月发布全市50条主要河涌水质监测信息。珠江广州河段全河段平均水质为Ⅳ类，主要江河水质基本保持稳定，城市集中式饮用水源地水质达标率保持100%。

污染物总量减排。印发实施《广州市2013年主要污染物总量减排计划》，推进28条减排措施、181个重点减排项目，完成2013年化学需氧量、氨氮、二氧化硫和氮氧化物总量减排任务。实施火电厂脱硫脱硝设施精细化管理，全市19家全口径火电企业48台机组全部建成脱硫脱硝设施，新增取消烟气脱硫旁路机组2825兆瓦。第二、三批114家影响环保类企业有70家从第二产业退出。加快污水处理设施及管网建设，全市47座污水处理厂，总处理规模470.18万吨/日，平均处理负荷78.69%。开展农业面源治理，摸查生猪养殖情况，完成10个规模化畜禽养殖场污染治理。

环境保护。广州市被列为全国首批城市环境总体规划编制试点城市，开展《广州城市环境总体规划(2012~2030年)》编制工作。印发《关于严格环保审批强化PM2.5污染源头控制的意见》。列入广州市重点建设项目的125个项目，有124个完成环评审批。2013年，共审批总投资3736.63亿元项目环评3302个，批准总投资843.09亿元竣工环保验收项目1833个，否决项目环评136个、验收38个。支持1家环保骨干企业在香港上市。

治理污染。检查企业85298家次，立案查处环境违法案件3619件，处罚金额5480万元，查处案件数与处罚金额分别比上年增长25%和1.5%，责令停产和停用企业1104家。制定落实2013年广东省挂牌督办环境问题工作方案，对由广东省挂牌督办的广佛交界区域水污染问题进行专项整治。公布67家重点监控企业名单，督促企业接受社会监督。贯彻环境污染犯罪“两高”(最高人民检察院、最高人民法院)司法解释，移送环境犯罪案件11件。强化辐射环境监管和固体废物、危险废物规范化管理，全面推行固体废物GIS管理信息系统，实现固体废物申报登记、危险废物转移计划报批、转移联单电子化。271家重点企业完成清洁生产审核。妥善处理16676件次环境信访投诉，处置广西贺江水污染等49宗突发环境应急事件。

防治污染。实施防治噪声污染12项工作、26个重点项目，开展高考等考场周边环境污染控制工作；城市区域声环境和道路交通噪声昼间平均等效声级为54.9分贝和68.8分贝；夜间为47.7分贝和59.9分贝，城市声环境质量保持稳定。制定《广州市土壤清洁行动计划》。完成白云区农田土壤重金属污染调查，逐步推进土壤污染摸查工作。推进电镀行业企业污染物深度处理，完成淘汰落后产能项目79个、清洁生产技术改造项目9个、污染源综合整治（新、扩建）项目10个，超额完成国家和省下达的重金属规划实施考核任务。强化区域污染联防联控，与东莞市共同推动火电厂脱硝，整治区域空气污染；与清远市共同整治乐排河至巴江河沿岸污染企业，互通交界水质信息，联合整治七星岗含镍水塘；与河源市互签环保合作协议。广州市环境保护局执法监察支队通过环境监察标准化一级验收，番禺、萝岗等8个区、县级市环保局通过一级或二级验收。环境监测与预警中心奠基，广州市废弃物安全处置中心一期工程投入试运行，在全市原有29个空气质量监测站的基础上，新建2个监测站和广州塔垂直自动监测3个梯度站。 *（杨凌）*

城市水环境建设　城镇污水治理。2013年，城镇生活污水治理新建污水管网约86千米；全市污水处理能力471万吨/日，全年城镇生活污水处理率90.89%。加快石井净水厂建设，确定选址，开展与白云区协调解决进场钻探、勘察等前期工作。组织污泥减量化试点，推进石井污水处理厂污泥处理试点建设。

农村生活污水治理。2013年，广州市下达补助资金18172.20万元（未包括美丽乡村建设），计划新建113个行政村的农村生活污水治理设施（包括美丽乡村建设），新增受惠人口34.73万人，续建115个行政村分散式农村生活污水处理系统，受惠人口28.04万人。新建项目53个行政村开工建设；续建项目65个行政村完成建设，40个行政村开工建设，10条行政村开展前期工作。农村生活污水处理率43%。

内涝治理。加快推进2011～2013年列入部门预算的79项排水改造工程。完成暨南大学片区、华贵路周边等排水改造工程50项；对没有列入部门预算计划的、交通影响大的内涝点，专项实施内涝抢险工程。2013年，完成市一医院强排泵站工程建设等。

“三防”工作。落实以行政首长负责制为核心的各项防汛责任制，组织核定2013年市、区（县级市）和重点水利工程防汛责任人名单，调整充实三防指挥机构，签订全市防洪责任书1402宗。全市12个区（县级市）、166个街（镇）、1026个村（社区）编制各类应急预案方案1398个。组织开展“穗防－2013”防汛防旱防风防冻应急演练，进行城市内涝抢险、水利工程（堤防漫顶）抢险、轻舟水上救援、干旱应急抢险、防风应急转移5种突发险情演练。全市建成防汛物资仓库21个，总面积1.29万平方米，基本实现区域储备、联合调度，市级投入330万元补充防汛抢险物资，市级三防抢险物资储备累计3300万元，区（县）级抢险物资储备累计5924.96万元，提高防汛抗旱现代化水平和城市防内涝应急处置能力。累计安排788.91万元专项资金支持汛期防暴雨内涝应急排水项目。加强镇（街）、村（社）应急体系建设，将暴雨预警落实到基层。全市查出159起水利防洪工程存在安全隐患，并制订度汛整改措施，其中51起列入重点应急度汛工程项目，市本级财政安排资金932万元对重点项目进行整改。广州市“三防”总指挥部提前部署，启动Ⅳ级以上应急响应39次，市级工作组8次赶赴防暴雨、内涝一线及时指导防涝救灾工作，市“三防”总指挥部先后发出26个防暴雨、台风紧急通知、防御短信42.2万条、“三防”快报41期。

2013年，广州市成功防御“5·15”“8·16”强降水和“尤特”“天兔”等强台风；出动排涝抢险队31249人次，抢险车辆2963辆，调遣抢险设备5205件（套），下拨应急抢险资金2029万元。全年市区共发布暴雨黄色预警信号31次、暴雨橙色预警信号4次，确保安全度过汛期。

农村水利建设。制定《广州市农田水利建设方案》和《广州市建立健全基层水利服务体系建设方案》，计划从2013年起用6年时间投资27.18亿元在全市实施约950宗农田水利工程建设。重点做好全市小水库、小水电安全隐患排查整改，全市审批生产建设项目水土保持方案160宗，完成25宗生产建设项目水土保持设施验收。

城市供水　2013年广州市10区有32家水厂，供水管道长17287千米，供水综合生产能力663.5万立方米/日。2013年全市农村自来水改造工程市级补贴总额8359.62万元，完成57个续建项目建设。新建248个项目中，完工2项，在建133项，其余113项完成前期工作准备开工。惠及1180个自然村48.56万人。同步推进供水企业达标改造，督促指导水厂优化整合和企业规模经营，是年，广州市供水水质综合合格率99.33%。

供水管理。编制出台水资源管理制度实施方案，广州市工业和生活用水量等“三条红线”指标考核在全省排名第一。将中心城区5240家用水大户纳入计划用水管理，完成节水器具安装4404套，建立国家、省、市和区（县）四级审批的取水户314家台帐。开展水生态文明城市建设试点，2013年7月，广州市成为全国水生态文明建设试点城市。加强水行政管理，行政许可审批精简至12项、备案1项、下放区（县级市）实施6项。全年受理各类行政许可、非许可审批和服务事项5904件，全部按时办结。全年下达移民项目资金6716万元，完成支付率100%。累计出动水事执法巡查人数1044人次，查处水事案件871宗，重点拆除27个珠江沿岸违法余泥装卸平台。（黄玉玲）

城市供气 2013年，广州市有燃气经营企业59家，各类燃气用户470万户，年销售气量折合天然气21亿立方米，燃气管道长度6697.2千米，用户145.8万户；瓶装液化石油气年销售量101.97万吨，用户320万户。严格实施燃气经营许可，全年受理各类燃气经营许可案卷49宗，其中准予许可39宗。组织开展燃气安全检查和整治，检查燃气经营企业70家次、各类燃气站点156站次、燃气使用单位320家次，发现燃气安全隐患716宗，发出整改通知书212份，督促完成整改619宗。燃气“同城同价”工作取得突破，南沙榄核、大岗、东涌三镇以及荔湾芳村地区居民用气实现“同城同价”，惠及4.2万户，近15万人口。《广州市2011~2020年城市燃气发展规划》正式实施，开展管道燃气用户普查工作，摸查居民用户数超过400万户，非居民用户数超过5万户。（肖岚）

城市综合管理 违法建设查处。组织开展查控清拆违法建设“百日行动”，查处新建在建违法建设。以爆破形式强拆太和镇大源村1.5万平方米违法建设和花都区国内最高违建花季公寓。对高快速路沿线30米以外、100米以内可视范围内的窝棚、棚架、违法户外广告进行全面清理整治。在全市组织开展楼顶乱搭建清理整治。出台《广州市查控违法建设累积记分和红黄牌提醒暂行办法》，制订《查控违法建设工作指引》。2013年，拆除违法建设140万平方米，比上年增长42.1%。审批和会审违法建设案件160宗，罚款及没收金额6896万元。

市容环境整治。对230个重点路段及严禁乱摆卖区进行梳理，筛选56个乱摆卖黑点，组织开展“市容环境专项行动月”“拔钉子”等市容环境专项执法行动。启动三级响应机制，高标准完成国家文明城市指数测评期间市容环境保障任务。集中精力解决无证烧烤、地铁出入口周边乱摆卖等市民投诉多、反映强烈的热点难点问题。做好春节等重要节日及春运等重大活动期间的市容环境服务保障。坚持管理与服务相结合，稳妥推进少数民族流动商贩管理。2013年，整治乱摆卖70.4万宗、占道经营38.7万宗，整治乱拉挂1.8万宗、乱张贴乱涂写7.4万宗、教育处罚乱丢乱吐7.3万宗。

建筑废弃物排放运输秩序专项整治。全年查处建设工地违法施工行为1926宗，查处违规排放运输余泥行为649宗，检查余泥运输车辆1.2万台次，纠正未密闭运输余泥行为1738宗，扣押违规余泥运输车辆203台。

违法户外广告和招牌整治。完成《广州市户外广告和招牌管理办法》修订，2013年12月30日经广州市政府常务会通过，将于2014年5月1日颁布实施。落实户外广告日常巡检机制，组织开展专项行动，全面摸查违法户外广告，从建筑主体、违法收入等方面寻找查处执法切入点，遏制违法设置户外广告行为。全年拆除违法广告4393宗，面积11.4万平方米；拆除违法招牌744宗，面积3379平方米。

开展燃气安全隐患专项治理。出台燃气执法配套指导意见，重点查处各类危害燃气管道设施安全、无证经营燃气业务以及违法使用燃气装置和设施的行为。2013年，发现燃气案件1492宗、立案29宗、处罚23宗、处罚金额29.6万元。

数字化城市管理。2013年，广州市16个执法分局全部上线运行并通过考核验收，完成与广州市电子监察系统对接，实现执法业务全过程数字化和公开化。开通违法建设信息管理平台，建立违法建设信息直报通道，采取24小时内录入制度，实现对立案、制止、处理、办结、反馈全过程跟踪管理，该系统在白云区试运行。工地管理和建筑废弃物排放运输秩序监管实现智能化，完成对30个试点工地安装使用监控系统。公安城管联席机制实现常态化暴力抗法事件降低。建设、规划、国土、工商、供水、供电协同执法成为常态化、制度化。

（高嵘）

【城镇村庄建设】 至2013年底，广州市3镇5村（沙湾镇、梯面镇、派潭镇；黄埔村、大岭村、朗头村、大稔村、坑头村）完成创建任务。推进第二批名镇名村项目建设，及时检查督办，争取补助资金落实，开展1镇41村的项目建设，组织2013年全国特色景观旅游名镇名村和第三批广东省宜居示范城镇、宜居示范村庄申报工作。

“美丽乡村”建设 第一批市级美丽乡村试点村建设中，广州市本级财政主要投资“七化”（道路通达无阻化、农村路灯亮化、供水普及化、生活排污无害化、垃圾处理规范化、卫生死角整洁化、通讯影视“光网”化）工程和“五个一”（一个综合服务中心、一个文化站，一个户外休闲文体活动广场，一个宣传报刊橱窗，一批无害化公厕）工程，以及必要的村容村貌综合整治建设。确定第二批27条市级美丽乡村试点村。2013年11月，在萝岗区九龙镇莲塘村实地举办美丽乡村项目验收预备会议，并从12月起逐个验收。

中心镇建设 2013年，广州市清查核查中心镇历年沉淀资金情况，及时掌握广州市17个中心镇2003~2012年十年来建设项目工程进度及历年财政资金使用情况，编制2013年项目计划。

规范农民建房　2013年，广州市逐步推进规范村民建房规划建设工作，举办“广州市美丽乡村暨农村村民住宅规划建设管理讲师培训班”，通过《广州日报》等新闻媒体刊发农村建房设计图集。实行试点先行，发放《乡村建设规划许可证》。（潘卓茵）

【房地产业与住房保障】　房地产开发　2013年，广州市房地产开发市场总体上增势较明显。全市全年完成房地产开发投资1579.68亿元，比上年增长15.3%。民间投资依然为房地产投资主体。2013年，民间投资849亿元，比上年增长26.8%，占全市房地产开发投资53.8%。住宅投资仍为房地产开发投资重点。2013年全市住宅完成投资950亿元，比上年增长14.8%，占房地产开发投资比重60.1%。

土地市场持续升温。2013年土地购置费254.87亿元，比上年增长60.2%；购置土地面积207.17万平方米，比上年增长44.9%；土地成交（合同）总价款153.35亿元，比上年增长108.1%；土地成交均价7402元/平方米，比上年增长43.6%。

企业资金充裕，其他资金来源（如定金预付款）仍为主要渠道。2013年全市房地产开发企业本年到位资金2324.2亿元，比上年增长24.4%。开发企业资金来源中，国内贷款占19%；自筹资金占24.3%；利用外资仅占0.5%；其他资金来源占56.2%。

房屋开发规模扩大。2013年全市房地产开发施工面积8939.06万平方米，比上年增长13.9%

商品房待售面积有所增长。截至2013年底，全市商品房待售面积704.98万平方米，比去年同期增加15.3%。（简颖思）

房地产市场管理　2013年，广州市中心6区监控商品房预售项目733个，与上年持平，预售商品房网签合同20932套，下降20.32%，预售合同房款总资金644.28亿元，下降10.45%。推进存量房网签，于6月底实现全市全覆盖，堵塞以“阴阳合同”骗贷或偷逃税费漏洞。办理存量房网上交易111488宗，其中中心六区75466宗、四区两市36022宗。

2013年，全市办理房地产中介机构备案614宗，其中总公司283宗、分支机构331宗；办理机构变更795宗、机构注销439宗；向2564名人员核发资格证书，对1955名从业人员进行注册登记和核发执业证；办理执业证变更3545宗、执业证年审20649宗。截至年底，全市具备房地产中介服务人员资格证52055名、持执业证人员22932名。

房地产市场运行　2013年，广州市出台《关于贯彻落实广东省政府办公厅转发国务院办公厅关于继续做好房地产市场调控工作通知的实施意见》《关于进一步做好房地产市场调控工作的意见》，提出房价控制目标为新建商品住房价格涨幅低于年度城市居民人均可支配收入实际增幅，综合采取增加普通商品住房和用地供应、税收、信贷等措施，稳定住房价格。调控政策措施包括：一是实行新建商品住房预售价格指导，要求新建商品住房按政府指导进行网上价格备案；二是从严执行非广州市户籍居民购房条件，将购房提供个人所得税或社会保险缴纳证明年限，由“自购房之日起算前2年内在本市连续累计1年以上”调整到“5年内在本市连续缴纳3年以上”；三是提高购买第二套房首付款比例，将向商业银行贷款购买第二套住房首付款比例从六成调高至七成。

2013年，广州市10区公开出让、转让土地191宗，比上年增长21.66%。

产权登记发证　2013年，广州市国土房管局印发《关于规范国有土地房地产权灭失后注销登记工作的通知》。印发《广州市房地产开发项目公共服务设施房地产权登记管理规定》。

2013年，广州市十区共核发房地产权证56.39万本，比上年下降12%。落实便民提效举措，具体包括：一是自6月1日起，市中心六区全面实施抵押、转移等五种交易登记业务提速，提速后登记案件减少2~15个工作日；二是实现全市所有登记业务无纸化审核，业务系统直接派案，带动流程变革，提升审核、归档效率；三是继续落实“111”服务（一套资料申请、一个窗口受理、一个窗口缴费），梳理

▲2013年5月23日，广州市住房保障部门举办公租房保障政策咨询活动

（广州市国土资源和房屋管理局供稿）

测绘、档案利用、估价、缴费等业务，优化业务流程；四是解决通收通发业务涉及税费问题，于9月1日实现市中心六区房地产交易登记全面通窗办理。截至年底，全市中心六区通窗受理案件24362宗。

物业管理 2013年，广州市国土房管局开展《广州市物业管理办法》立法工作，印发《关于规范我市业主委员会备案工作的通知》《市国土房管局2013年度物业管理行政执法检查工作方案》，对贯彻落实《物业管理项目巡查办法（试行）》、实施物业服务企业三级资质行政许可、行政备案等工作进行检查。截至年底，广州市物业服务项目4820个，覆盖面积2.89亿平方米。是年，全市物业专项维修资金归集金额32.17亿元；使用资金2883.32万元；3148个物业小区建立维修资金，176万户业主办理维修资金卡，全年追缴26家开发建设单位欠交资金2699万元。

直管房管理 2013年，全市有直管房11.1万套，面积491.7万平方米，主要集中在越秀、海珠、荔湾三区。全市直管房租金收入5.2亿元。2013年，广州市国土房管局印发《直管房产权登记工作指引（试行）》。提供244处、2.46万平方米直管房用于街道、社区卫生、养老等服务。全面清查管业范围内符合条件空置房源，安排121所、3.7万平方米直管房作为备用房源，支持社区服务。截至2013年底清理收回违规使用直管公房205所。

房屋租赁管理 2013年，广州市国土房管局制定《广州市房屋租赁合同网上备案规则》，于5月24日正式实施，有效期五年。截至年底，全市有出租屋419.2万套，出租面积21190.72万平方米。全市新办理房屋租赁登记备案66.68万件，登记备案面积6881.54万平方米。2013年，各用途租赁房屋租金均呈上涨态势。中心城区楼梯楼、电梯楼住宅租金分别比上年增长11.54%与17.71%，和上年增幅接近。

房屋征收管理。2013年，广州市国土房管局印发《房屋征收决定》《征收补偿决定》《房屋征收补偿方案》《广州市电网建设项目国有土地上房屋征收工作方案》《关于广州市集体土地上房屋征收补偿工作有关事项的通知》。制订《广州市国有土地上房屋征收与补偿办法（草稿）》，该办法被列入广州市2014年度地方性法规制定计划预备项目。

2013年，核发拆迁延期许可44件，办理拆迁结案4件。完成拆迁面积2.18万平方米，被拆迁户33户。全市55件项目开展征收工作，主要包括交通基础建设、旧城改造、住房保障等项目，涉及被征收人1600户，面积78.5万平方米。

2013年，制订《广州市国土房管局轨道交通建设征地拆迁实施方案》，将各项业务审批时间压缩50%以上；提出“先收购、后征收”概念，推进征拆工作；对轨道交通征拆涉及弃产后重新购房、产权注销等问题提出处理措施。截至年底，全市需征（借）地674.86万平方米，完成672.61万平方米；需拆迁72.7万平方米，完成63.85万平方米。

2013年，针对翠桦公司违反拆迁管理规定，擅自拆除金陵台、妙高台历史建筑行为，启动行政处罚程序，对317宗建筑进行排查，对涉及历史建筑保护38宗拆迁地块，要求用地单位不得进行拆除；召开联席会议，形成联防联控保护机制，印发《市国土房管局关于配合做好文物和历史建筑保护工作的通知》；要求各区、县级市房屋征收部门在开展房屋征收工作前与文广部门做好沟通，核查不可移动文物点、文化遗产保护线索等数据并上报区政府落实预保护。

危房改造工程 2013年，完成全市1万户农村泥砖房和危房改造任务。现场查勘从化、增城市集中改造示范点，打造泥砖房和危房改造亮点；开展“百人万户大巡查”活动，确保巡查工作全覆盖。截至年底，抽查8区（县级市）53个村泥砖房。全市全年完成9.88万平方米城市零散危房改造，完成率100%。截至年底，组织200人核查865套零散危房。广州市国土房管局依托“地楼房”信息平台，实现全市危房信息“一张图”式数字化管理，对9.88万平方米城市零散危房信息上图落地；加强管辖物业租赁管理信息系统建设，实现动态监控、科学管理。

保障性住房建设 2013年，广州市出台实施《广州市公共租赁住房保障制度实施办法（试行）》，廉租住房与公共租赁住房并轨管理，将经济适用住房供应对象纳入公共租赁住房保障范围，建立以公共租赁住房为主的保障性住房供应体系。是年，全市筹集保障性住房目标任务16736套，完成18110套；基本建成保障性住房目标任务31782套，完成31968套。全年完成57.86公顷保障性住房土地实物征收，实现“零上访、零投诉、零违纪”；完成6件、77.62公顷用地红线储备申请工作。全年筹集落实保障性住房建设资金49亿元。是年，新增解决6407户低收入家庭住房困难，其中新增发放住房租赁补贴3418户，新增供应2989套经济适用住房。首次推出分配6709套公共租赁住房，新增安排6162户家庭入住保障性住房。完成15189户住房保障准入审核，其中12874户审核通过；完成17037户经济适用住房分配前资格复核，取消45户家庭认购、44户家庭申购经济适用住房资格。全年共有16233户家庭申请公共租赁住房保障，其中申请住房租赁补贴1391户、申请承租公共租赁住房14842户。截至年底，广州市3779个单位实施住房货币分配，41.6万职工领取住房货币补贴，归集住房补贴资金152.31亿元，支取住房补贴资金113.62亿元，住房补贴资金归集余额38.69亿元，实施住房货币分配单位比上年增加153个，职工增加21972人。

房屋应急管理 2013年，广州市建立健全房屋应急抢险体系。全市有13支房屋应急抢险救援队伍、抢险人员411人；抢险仓库46个，总面积1.09万平方米。全年全市处置各类房屋突发事故61起，出动抢险队员890人次。广州市国土房管局在全市组织开展12场不预先告知时间、地点和演练内容的房屋应急抢险演练。广州市房屋应急抢险指挥部成立3个检查组，对防汛准备工作进行全面检查，实地抽查抢险物资储备仓库18个。广州市房屋应急抢险指挥部共编发预警信息12条。全年完成179个修缮工程，面积3.63万平方米，投入资金306.54万元，完成663幢29.73万平方米直管房消防整改。 *(何欣)*

住房公积金管理 2013年，广州市（含广铁分中心，番禺、花都、从化、增城4个办事处）净增住房公积金缴存单位0.73万个，比上年增长16.59%；净增缴存职工34.89万人，增长9.81%；新增缴存额461.03亿元（含结转利息），增长14.62%；截至2013年底，历年累计5.24万个单位、385.10万名职工缴存住房公积金，缴存总额2764.10亿元，缴存余额989.14亿元。

全年108.83万人次提取住房公积金353.85亿元，提取率76.75%，比上年增加提取90.67亿元；历年累计769.48万人次支取个人住房公积金1774.96亿元，占缴存总额64.21%。

2013年，广州住房公积金管理中心共向6.37万户职工家庭发放住房公积金个人贷款，比上年增长72.01%，发放金额314.57亿元，增长82.45%。截至2013年底，历年累计向34.35万户职工家庭发放住房公积金个人贷款1197.28亿元、贷款余额769.89亿元。

全年实现增值收益15.51亿元，比上年提高41.75%；截至2013年底，历年累计实现增值收益71.20亿元，上交市财政廉租住房建设补充资金36.93亿元。2013年，广州住房公积金管理中心下属广州市住房置业担保中心增设花都、增城营业部，推广住房公积金贷款担保“一站式”服务。截至2013年底，担保中心成功受理公积金贷款担保业务0.9万笔，担保金额45.89亿元，实现担保服务费收入0.25亿元。

(刘唯　沈焕明)

【“三旧”改造】 2013年，广州市加快推进“三旧”改造工作。截至年底，各区、县级市上报申请的156.65平方千米完善历史用地手续项目全部按计划完成报批材料审核，获批准完善历史用地手续面积148.82平方千米。批复“三旧”改造项目19个，涉及面积1.82平方千米。推进“三旧”改造土地出让。全年签订土地出让合同28份，合同价款84.8亿元，收取土地出让金85.1亿元（含违约金、利息0.3亿元）。截至年底，完成批复27个旧村改造项目中，基本完工2个、进入开工建设阶段13个、正办理用地报批或规划报建阶段9个；完成批复222个旧厂改造项目中，自行改造项目117个、公开出让项目102个和临时改造项目3个。其中，取得规划设计条件210个、缴交出让金157个、开工93个。完成批复旧城改造项目1个。 *(江奇)*

【建筑业】 *建筑市场管理* 截至2013年底，在广州市建立诚信档案的建筑企业2929家，2013年累计完成建筑业总产值2216.18亿元，比上年增长25.69%；房屋施工面积8939.06万平方米，比上年增长13.9%。

有形建筑市场管理。2013年，广州市工程交易中心完成招标项目6595项，交易总额2489.57亿元，比上年增长96.08%。其中公开招标5495项，交易额2033.46亿元，邀请招标1060项，交易额455.89亿元，中标价对比招标控制价下浮率4.68%。在招标环节，累计为国家节约投资112.32亿元。

行业管理。2013年受理申请建筑业企业资质行政审批案件581件、办理建筑业企业服务类案件1857件。

招投标监管。2013年，广州市受理招投标投诉和举报86件，其中35件为属实。查处涉嫌串通投标案件5件，涉案投标单位30家，涉及项目金额2.2亿元，其中市监管项目2宗。查处涉嫌利用虚假企业业绩骗取中标案件12件，涉案投标单位5家，涉及项目金额4亿元。

(曾令立)

建设工程质量安全管理 2013年，广州市在监工程5960项，总造价2845亿元。新报监工程1217项，总造价727.08亿元。办理竣工验收工程1061项，其中办理竣工备案525项。发出整改通知书11962份、局部停工通知书230份、行政处罚59宗。全市获“中国建设工程鲁班奖”3项、“国家优质工程银质奖”1项、“广东省建设工程优质奖”28项、“广州市建设工程质量五羊杯”奖8项、“广州市优良样板工程”50项、“广州市建设项目结构优良样板工程”44项。

工程质量监管。2013年，由广州市质监站监管工程316项，面积2100万平方米。全年办理工程竣工备案登记21项、组织竣工前检查82项，出具质量监督报告29份。对4项违法施工工程进行技术评估，立案调查违法施工工程3个，处以行政罚款116.6万元；对46个责任主体记录不良行为62次。处理质量问题94宗、处理质量投诉101宗。

(吕旭源)

工程安全监管。2013年，广州市安监站监管的在建项目238项，工程总投资608亿元。受理新报监项目74项，办理建筑施工起重设备备案登记396台次，安装告知239台次，办理使用登记牌217张。巡查工地1889项次，发出安全生产整改通知书349份，上报各类不良行为记录17项，实施省动态扣分63项，发出工程安全评价书41份，进行警

示约谈5次，作出处罚5宗，罚款金额90000元，全年未发生较大以上的安全生产责任事故。（胡博）

招投标管理　2013年，广州市完成招标文件备案1659项，其中公开招标1297个、邀请招标362个，内容涉及设计勘察招标项目284个、施工招标项目669个、监理招标项目245个、货物招标项目181个、其他服务类280个。发现并纠正招标公告、招标文件存在资质错误、限制竞争等问题69个。（苏明俊）

建设工程造价管理　2013年5月1日正式对广州市行政区域内的房屋建筑与市政基础设施工程施工合同实施网上备案，列为工程项目办理施工许可条件之一，备案包括：施工总承包合同、结算备案。全年办结合同备案1010宗，合同总金额395.18亿元。开展造价咨询行业诚信评价排名参与单位70多家，2013年审核上报业绩4123宗，通过3836宗，通过率93%，涉及金额767.29亿元。组织编制《广州市市政工程主要项目概算指标和编制指引（2013）》，指标包括造价指标和概算费用编制指引两项内容。发布2011年和2012年《广州市城市绿地常规养护工程年度费用估算指标》和《广州市市政设施维修养护工程年度费用估算指标》，加强工程造价行业动态管理，还直接指导广州市财政局进行城建维护资金拨付。（李祖军）

勘察设计行业管理　加强对进穗承接业务的勘察设计企业监管，完善勘察设计企业及施工图审查机构诚信档案，2013年累计办理勘察设计企业诚信档案登记818家。依法依规规范勘察设计招标投标市场，2013年完成房屋建筑和市政工程勘察设计招标506项，其中公开招标211项、邀请招标295项。2013年，完成项目设计技术评审755项，完成工程抢险及各类技术咨询41项。（方培育　葛家良）

【建设科技与信息化】　建筑节能和绿色建筑　2013年，广州市通过建筑节能专项检查和日常稽查等措施，确保新建建筑100%执行建筑节能标准，截至2013年底，完成新建建筑节能设计备案项目1825个，总建筑面积2796.31万平方米，新增国家绿色建筑设计标识项目349.78万平方米，全市累计约549.58万平方米项目通过标识认证，累计获得美国LEED认证和预认证的项目293万平方米。是年，广州市获全国“十大绿色建筑标杆城市”“十大建筑能效先锋城市”称号，广州国际体育演艺中心、广州岭南新苑项目C1~C11幢等两项工程获“全国绿色建筑创新奖”。

以政策法规体系建设为先导，率先规模化、区域化发展绿色建筑。2013年，广州市政府出台《广州市绿色建筑和建筑节能管理规定》。

以既有建筑能耗监管信息化为手段，推进既有建筑节能改造。2013年，全市完成1006幢政府办公建筑和大型公建的能耗统计，比上年增长50%；试点开展深度能源审计，挖掘既有公共建筑节能潜力；开展第三批公共建筑能耗监测试点，实施能耗监测的建筑数量拓展至70幢，开发建筑节能综合信息平台。以《公共建筑节能改造技术规范》为指导，以广州市设计大厦、广东迎宾馆等项目为试点，开展综合性节能改造探索；对涉及围护结构、空调和照明系统改造的装修项目强制实施节能标准，推进既有建筑的节能改造。

以加快培养绿色节能人才队伍为重点，推进绿色建筑产业发展。举办首期绿色建筑高级研修班，邀请北京、上海和深圳等地绿色建筑专家前来授课。全市6000多人参加基础性培训和高级研修班。先后组织市内部分业界人士参加“第四届中英建筑论坛”“第二届能源基金会建筑项目交流会”等活动。

以创新技术标准为前提，引领行业发展。组织编制《广州市绿色建筑设计指南》及其辅助软件；领先全国开展《房屋建筑立项评估阶段绿色建筑专篇编写指南》《修规设计中绿色设计指标体系研究及审批导则》编制并取得初步成果；广州市地方技术规范《居住建筑节能65%设计规范》颁布实施。2013年，广州市南越王宫博物馆建设工程（一期）、广州市国家档案馆新馆一期2项工程获“广东省建筑业新技术应用示范工程”。推荐周大福中心、萝岗区图书馆档案大楼等47个项目申报2014年“省级新技术应用示范工程”。（王海兵）

散装水泥推广使用　2013年，广州市本地企业散装水泥供应量548万吨，预拌混凝土产量2290万立方米，预拌砂浆供应量212万吨，预拌砂浆的推广工作位于全国副省级城市前列。全市使用散装水泥、预拌混凝土、预拌砂浆折算节约标准煤40.39万吨，减少向大气排放粉尘5.5万吨、二氧化碳24.66万吨、二氧化硫182.48万吨。编制《广州市预拌混凝土行业发展专项规划（2013~2020）》《广州市预拌混凝土企业绿色生产管理规程》及相应的达标考核办法；草拟《广州市预拌混凝土、预拌砂浆和混凝土预制构件原材料质量信息登记管理办法》，探索建立追踪溯源机制。（朱飞宇）

数字城建　2013年，广州市城乡建设委员会制定《关于进一步加强信息化建设工作的实施意见（2013~2015）》，提出以建立覆盖全建设行业、全建设系统、工程项目全建设过程的信息化应用体系为指导思想，在“十二五”期间完成“1124”信息化体系的建设，即一个基础资源中心、一个门户网站群、两套信息化标准管理体系和四大应用平台。

工程全建设周期数字化管理。开发村镇项目管理子系统，建立统一项目库，并应用电子报表技术，实现对广州市财政出资共建项目和区县财政、自筹资金、社会资金建设等项目的信息化管理；建立公共设施项目管理子系统，实现对同德围综合整治、金沙洲公共设施和电力设施等公共设施项目进行管理；建设环境项目管理子系统，实现对道路绿化建设、道路两侧建筑立面整治类项目的精细化管理要求，借助应用短消息、地理信息技术、电子报表等技术，实现项目信息填报、GIS地图标注、项目进度填报、处室审核、统计报表等功能。通过建设整合市政道路、桥梁、隧道、建筑、环境整治、村镇建设等项目信息化管理系统，建立横向覆盖全建设行业、纵向覆盖全建设过程的工程项目管理平台。

打造以市场监管体系、诚信体系为主体的行业管理智能平台。通过整合负责监管子系统，实现对工程现场质量安全的全景式监管。深化建设工程平安卡系统的应用，增加工地自动门禁、无线考勤等新技术应用。通过自动采集施工监理企业在建筑施工活动中的过程管理、行为管理和结果管理中的质量安全数据，实现对建设工程质量安全管理现场诚信评价的自动评分；实施劳务企业诚信系统，对建筑市场及工程现场守法履约情况进行量化评价；将评价结果应用于建筑业监督管理和用工活动中。

电子政务建设。建立并联审批系统，提高办事效率。建立行政审批子中心，统筹施工许可、竣工验收备案等环节其他部门审批结果，实现与广州市政务办工作相对接，并设立“广州市建设工程项目优化审批专项工作专栏”，建设网上办事大厅，实现与省、市网上办事大厅的连通，推进网上受理和在线审批，并在网上办事大厅系统录入共41个子项的要件信息注册和数据对接工作，网上办理率可达到100%，3级深度达到30%。实施行政处罚电子化。推进市区两级电子公文交换。搭建城乡建设企业信息库，实现业务操作网络化、数据和电子资料的收集和流转。

建立统领建设领域各管理信息的决策指挥平台。该平台建设启动，将于2014年年初投入使用。

(娄东军)

数字绿化　广州数字绿化平台于2013年9月通过专家验收，该平台集成园林绿化管理、森林资源管理等14个业务系统；以电子地图图文结合的方式建成覆盖全市10区2市的森林资源、绿地、绿道、行道树、公园、古树名木等53个林业专题数据库；采集330个公园绿地、484181棵行道树、5077棵大树（胸径80厘米以上）、1299条道路两侧绿地、9093个单位及居住区附属绿地的面积、植物种类、数量、生长状况及管理信息。应用涉及市级、区（县级市）林业园林管理部门和下属单位等多级部门，业务覆盖林业园林资源管理、行政审批、行政执法、工程项目管理、应急指挥等多个层面，形成全市林业园林行业的综合信息平台。

(吴茂林)

【广州市被授予2013年“中国十大绿色建筑标杆城市”和“十大能效先锋城市”称号】　在2013年7月召开的全国城市发展与规划大会上，广州市获2013年中国“十大绿色建筑标杆城市”和“十大能效先锋城市”称号。自2012年6月开始，广州市对四大类项目强制实施绿色建筑标准，比国家和省的要求提前一年半。全市按绿色建筑标准设计项目累计超过1700多万平方米，获得国家绿色建筑标识项目累计549万平方米，获得美国LEED认证和预认证项目累计300万平方米，岭南新苑等2个项目获国家绿色建筑创新奖。2013年，全市新建建筑100%执行节能强制性标准，新增新建建筑节能设计备案项目1825项、建筑面积2796.31万平方米。2013年，全市新增可再生能源建筑应用面积260.34万平方米，新增南沙东方电气、广交会展馆等多个光伏建筑应用项目，装机容量超过42兆瓦，应用量为历年来规模最大。全市累计完成16426幢居住建筑和中小型建筑、1006幢政府办公建筑和大型公建的能耗统计，累计开展145幢建筑能源审计、70幢建筑能耗监测，实施既有建筑节能改造面积207.15万平方米，南沙行政中心和番禺职业技术学院等第一批节约型公共机构创建示范单位通过国家和广东省验收。

(屠建伟)

【海珠桥修复开通】　广州市海珠桥抢修工程2012年2月动工，历经18个月紧张建设，于2013年9月1日修复开通。海珠桥是中国第一座钢桥和广州市第一座跨江桥梁，由德国工程师设计、美国公司兴建，并使用英国钢材，于1933年2月正式通车，其后经历两毁两建以及1995年的加固工程。此次大修以恢复1950年的历史原貌为基础，主桥由南、北边跨和中跨组成。维修后的海珠桥可承受20吨的汽车通过；桥面两侧曲线拉长，坡度更加平缓；主桥通航净高抬高至8.7米，与珠江上其他桥梁达到同样高度；边桥增加盲道，并设置记录海珠桥六大历史事件的12块景观墙。

(廖丽萍)

【广州市首次在专项工程中成立社会监督机构】　2012年2月23日，同德围咨监委正式成立，是广州市首次在专项工程中成立的专门社会监督机构，由广州市政协委员韩志鹏担任咨监委主任，成员有人大代表、政协代表、居民代表、企业代表媒体代表等，其中居民和原住村民29人，占总人数78%。同德围咨监委主要工作职能：征集意见、协调矛盾，对综合整治工作效果进行评价。公咨委由4名人大代表、4名政协委员、7名学者专家和10名市民代表组成常设委员。2013年5月28日召开成立大会，无记名投票产生主任、副主任和新闻发言人。是年，该模式在广州多领域推广。

【广州市建立重大城建项目公众咨询委员会】　2013年3月开始，广州市城乡建设委员会牵头筹备组建广州市重大城建项目公众咨询监督委员会（简称“公咨委”），6月23日，在广州市政府礼堂召开公咨委委员聘书颁发仪式，市长陈建华向各位委员颁发聘书。重大城建项目公咨委主要工作机制：通过座谈会、研讨会、论证会、现场调研和监督等形式沟通信息、征集民意、解释项目方案、研讨方案、提供决策依据，监督项目进展情况。

【广州市推进建设工程行政审批制度改革】 2013年，广州市借鉴天津、上海等地先进经验，制定《广州市建设工程项目优化审批流程试行方案》，按照“整合流程、一门受理、并联审批、信息共享、限时办结”新模式，将投资建设工程项目审批流程整合为立项、用地、规划、施工、验收5个阶段，整个审批时限压缩为37个工作日，整个流程由799工作日压缩为不超过145天。先后整合23个审批部门、51项审批事项，主动下放或委托60多项审批事项至区县。 *（唐双荣）*

附录：广州市住房和城乡建设管理部门主要领导

广州市城乡建设委员会
　建设工委书记、主任：侯永铨
广州市规划局
　党委书记、局长：李　明
广州市国土资源和房屋管理局
　党委书记、局长：李俊夫
广州市林业和园林局
　局长：王国如（任至2013年6月）
　党委书记：杨国权
广州市城市管理委员会
　党委书记、主任：危伟汉
广州市城市管理综合执法局
　党委书记、主任：危伟汉
广州市水务局
　党委书记、局长：丁　强
广州住房公积金管理中心
　主任：夏卫兵
　党委书记：冯　卫

深圳建设

【概况】 深圳市位于广东省中部珠江口东岸，与香港特别行政区一水之隔，1979年设立地级市，1980年设置经济特区。1981年深圳市升格为副省级市。1988年，国务院批准深圳市在国家计划中实行单列。市区面积1996.85平方千米。2013年末全市常住人口1062.89万人，其中户籍人口310.47万人。2013年，全市生产总值14500.23亿元，完成固定资产投资额2501.01亿元，其中，房地产开发项目投资887.71亿元，比上年增长20.5%；建筑业总产值2358.33亿元，比上年增长13%，全年基本建设投资中用于城市基础设施的投资617.28亿元，比上年增长26.1%。

加大保障性安居工程建设力

2013年深圳市住房和城市建设主要经济产业指标

项　目		单　位	实　绩	比上年增长(%)
固定资产投资额		亿元	2501.01	14
建筑企业		个	2314	26
建筑业总产值		亿元	2358.33	13
建筑企业利税总额		亿元	12.91	-73.6
建筑企业期末从业人员		万人	59.2	20
建筑企业劳动生产率		元/人	358600	0.3
建筑企业房屋建筑施工面积		万平方米	11502.80	18.19
商品房屋销售额		亿元	143.63	39.45
商品房屋销售面积		万平方米	776.66	19.2
房地产开发投资额		亿元	887.71	20.
商品房屋施工面积		万平方米	4003.49	24.46
建成区绿化覆盖率		%	45.07	0.01
人均公园绿地面积		平方米/人	16.7	0.1
人均城市道路面积		平方米/人	10.82	7.34
城市用水人口		万人	1060	1
城市自来水普及率		%	100	0
城市燃气普及率		%	100	0
城市液化气供应总量		万吨	148344.9	15.05
城市天然气供应总量		万立方米	928118.38	1.3
城市污水处理厂		座	30	2
生活垃圾无害化处理率		%	98.36	3.26
城镇化率		%	100	0
住房公积金缴存额		亿元	295.95	20.55
住房公积金贷款额		亿元	83.56	951.01
保障性安居工程	开工	套	17960	113
	竣工		22118	111
	供应		27000	108
绿色建筑面积		万平方米	1483	-

（深圳市住房和建设局）

度。2013年，计划开工1.5万套，竣工2万套，实际开工17964套，竣工22118套，任务完成率达111%。2013年计划供应2.5万套，实际供应2.7万套，超额完成计划。

住房公积金累计归集资金761.30亿元，累计单位开户9.83万家，个人开户近678.18万人，累计提取资金214.39亿元。累计发放贷款资金91.51亿元。

深圳城市建设存在问题包括：一是发展中不平衡、不协调的问题依然存在，加快特区一体化的任务还很艰巨；二是安全生产存在薄弱环节，城市公共安全保障能力有待提高；三是汽车尾气排放和部分河段污染等问题突出，灰霾天数反复，生态环境建设有待加强。

（黎俊）

【城市规划】 2013年，深圳市加强城市规划对城市发展的引领作用。推进综合规划编制，高水平完成前海、龙华综合规划及完成全市综合交通体系规划；交通一体化向纵深发展；推进生态文明建设；加强区域规划合作，强化边界地区的规划统筹；全面梳理规划管理体系，优化规划管理制度，提高法定图则审批效率和可实施性；城市公共空间更加人性化、特色化；地名管理更加精细化。

交通规划 2013年，完成《深圳市绿色交通规划研究及实施方案》《深圳市详规层面绿色交通规划编制指引》《关于加快推进新能源汽车示范推广工作有关建议的报告》；为配合完成深圳市政府2013年投放1700辆新能源汽车的任务，专题开展2013年新能源公交场站方案研究。

市政规划 2013年，深圳市编制完成《深圳市地面坍塌事故防范对策研究》《深圳市地面坍塌事故防范治理专项工作方案》。推进对12座余泥渣土受纳场规划用地手续办理工作。印发《关于推进附建式变电站规划建设相关工作的通知》《深圳市货运场站设施布局规划》《深圳市黄线规划》《深圳市蓝线规划》和《深圳市市政管线“一张图”规划数据整理》。

2013年，深圳市推进《前海深港现代服务业合作区综合规划》，该规划与《趣城·深圳美丽都市计划》获“深圳市第十五届优秀城乡规划设计奖”一等奖和“广东省优秀城乡规划奖”一等奖。《深圳湾超级总部基地控制性详细规划》通过市政府审议。《留仙洞总部基地详细规划》通过市政府审议；完成水晶岛项目规划设计及招拍挂条件研究。编制《深圳市森林（郊野）公园规划编制规定（试行）》，完成四个郊野公园规划审批。参与编制《梧桐山风景名胜区（国家级）总体规划》《深圳大鹏半岛国家地质公园规划》。完成《地铁三期7处地铁上盖综合开发规划设计》《下沙城市设计》等规划编制及《趣城·深圳建筑地图》项目初步工作。12月承办2013双城双年展（深圳）；12月27日，承办“质变——2013深圳公共雕塑作品展览”开幕。完成《深圳市危房拆除重建管理办法（暂行）》编写，7月正式发布。联合市发改委、民政局、残联印发《无障碍管理深圳市无障碍设施建设与改造规划（2011~2015）》。修订完成《深圳市关于既有住宅加装电梯指导意见》，12月发布实施。

地名管理及历史文化保护 2013年，深圳市在完成1：50000比例尺全国地名普查工作基础上，开展1：1000比例尺的地名普查二期工作，填写地名基本信息表1.5万个，地名属性信息表3.25万个，图上标注地名位置3.5万个，占全部普查地名点80%。除道路、桥梁、建筑物外的地名登记表填写和落图工作基本完成。开展次干道以下现状道路桥梁名称梳理规划，完成全市路桥现状调研和数据内业处理、90%新增道路上图处理、60%无名道路规划命名工作。开展《深圳市地名管理信息系统》研究，完成地名成果综合查询模块，实现地名普查成果、路桥疏理成果、地名规划成果、老地名故事、地名审批信息等数据集成查询。开拍《中国地名故事·深圳篇》。出版《鹏城街话》老地名丛书工作。

（王芳）

【宜居城市建设】 落实《深圳市创建宜居城市行动计划（2012~2013年）》，截至2013年底，落实60项重点任务。编制《深圳市宜居城市建设评估》，对全市教育、医疗、交通等重大宜居指标进行对比评价，委托第三方开展宜居城市民意调查，引导社区科学有序推进宜居创建。是年，278个社区获“广东省宜居社区”称号；深圳市深圳湾滨海休闲带建设项目获2013年“中国人居环境范例奖”；深圳市盐田区餐厨垃圾无害化处理和资源化利用、深圳市仙湖植物园资源的保护和管理、深圳市高科技产业园区可再生能源绿色生态生活区、深圳市设计之都创意产业园三旧改造项目4个项目获2013年“广东省宜居环境范例奖”，深圳市连续4年成为全省获奖项目最多的城市。 *（杨虹）*

【城市基础设施建设与管理】 市政工程建设 2013年，深圳市政府投资项目102项。其中完工项目22项、在建项目42项、前期项目38项。全年计划完成投资55.7亿元，实际完成投资56.1亿元。

香港中文大学（深圳）启动校区项目。该工程为旧改项目，原址为百达厂房，2011年改造为大运文化园，为加快香港中文大学（深圳）的筹建工作，将其改造为启动校区，启动校区用于一期校区完工前的行政楼、图书馆、教学楼、多功能厅和教职工宿舍等8幢建筑，总建筑面积55248平方米，投资概算2.4亿元。该项目于2012年10月开工，2013年12月完工。

文锦渡口岸项目。该项目是《粤港合作框架协议》确定的重点建设项目，投资概算2.9亿元，用

▲2013年11月15日，深圳市机场南路工程建成通车　(深圳市建筑工务署供稿)

地面积3.42万平方米，建筑面积4.76万平方米。该项目于2010年6月开工，2013年8月完工。

机场南路新建工程。项目为深圳市城市快速路，西起规划的海滨大道西侧的机场码头，东至广深高速公路鹤洲立交，连接机场南干道、宝安大道、107国道，道路全长约4.5千米，双向10车道，投资概算12.41亿元。包含机场立交、宝安大道立交和107国道立交三座大型立交和两座人行天桥。该项目于2012年3月开工，2013年11月完工。

儿童医院改扩建工程。位于儿童医院原有医疗综合大楼西侧，占地面积6510平方米，建筑面积10.32万平方米，投资概算6.49亿元，设计新增病床数450张。该项目于2010年10月开工，2013年6月完工。

深圳市第二人民医院内科综合楼项目。该项目位于深圳市第二人民医院院内，建筑面积6.85万平方米，设计病床数626张，投资概算3.51亿元。项目投入使用后，第二人民医院日门诊量可增至5000人次。该项目于2010年8月开工，2013年12月完工。

档案中心项目（一期）。位于深圳市福田区梅林中康片区，总用地面积1.85万平方米，建筑面积12万平方米，包括南区和北区，分两期建设。该项目于2010年6月开工，2013年10月完工。

皇岗口岸环境综合整治工程。该项目投资概算1亿元，整治区域61万平方米，整治建筑物、构筑物超百幢。配套景观绿化、设施及环境整治。建设内容包含新建联检楼、停车楼、出入境通道等。该项目于2011年3月开工，2013年6月完工。

深圳市高级中学初中部改扩建二期工程。该项目投资概算3750万元，主要建设内容为1幢艺术楼，建筑面积6870平方米；地下一层，地上四层，功能为停车库、艺术教学和剧场；改造原2号教学楼，拆除原有建筑面积920平方米，新建建筑面积1428平方米。该项目于2012年10月开工，2013年11月完工。

深康村保障性住房项目。位于南山区安托山片区，用地面积6.87万平方米，总建筑面积22.67万平方米。投资概算8.08亿元。主要建设内容包括13幢住宅楼以及商业配套设施等。该项目于2010年10月开工，2013年12月完工。

软件产业基地项目。位于南山区填海六区，用地面积10.41万平方米，总建筑面积63.12万平方米，投资概算24.27亿元。主要建设内容包括办公楼，宿舍，研发楼等。该项目于2010年9月开工，2013年12月完工。

深圳湾滨海休闲带补充完善工程。该项目投资概算3366.13万元，主要建设内容为南北观海栈桥，公安边防码头，及配套实施和绿化等。该项目于2013年6月1日开工，2013年12月完工。

大学城10号路市政工程。该项目位于南山区大学城，城市次干道，道路西起学苑大道，东接留仙大道，全长1.9千米，双向四车道，是出入南方科技大学主要市政道路，投资概算9581万元。该项目于2012年1月开工，2013年8月完工。

支一路至支六路、工业七路市政工程。该项目投资概算6417.84万元，为城市支路，位于南山区后海填海区。沿途与中心路、工业八路、招商路相交，道路全长约1.9千米，双向4车道。该项目于2012年11月6日开工，2013年12月基本完工。　(李森)

园林绿化　城市绿化建设。印发《美丽深圳绿化提升行动任务分解表》和《2013年深圳市城市绿化重点工作任务》，全市投入资金近25亿元用于绿化提升建设。全年完成改造提升重点道路绿化137条(含新建)。改造提升公园52个，各区新建公园28个。完成人行天桥改造46处，立交桥改造21处，屋顶绿化示范项目26个。深圳建成区绿化覆盖面45.07%，绿地率39.18%，人均公园绿地面积达到16.7平方米，森林覆盖率41.5%，各类公园总数869个。全年完成124.96千米、237.61公顷生态景观林带建设工作。出台落实新一轮绿化广东大行动纲领性文件。从2013年起，根据每年“美丽深圳绿化提升行动”绩效考评结果，对在城市绿化工作绩效考核优良的各区（新区）每年发放年度城市绿化补贴1亿元。

植树活动。全市直接参加义务植树2.37万人次，植树8.07万株，按劳动量折算、缴纳绿化费、认种认养等综合折算全市共参加义务植树57.48万人次，植树101.49万株，收缴绿化费约93.68万元。2013年，有37家企业通过市绿色基金会捐资37万元。

大鹏半岛国家地质公园。2013年12月26日正式开园，地质公园博物馆正式开馆，为"纯公益，全免费"公园。公园地质遗迹保护区管理范围50.87平方千米，海岸线长67.8千米。该公园被授予"深圳市科普教育基地""广东省国土资源科普基地"。

自然保护区建设及野生动植物保护管理。2013年，协调市森林防火指挥部做好安全生产、森林防火工作的部署和安排，没有发生重特大森林火灾和人员伤亡事故。协调深圳市野保处开展保护野生动物进社区宣传活动；推进红树林湿地修复工程；落实有害生物防控目标"双线"责任制，确保完成防控目标任务；加强薇甘菊防治力度，严控薇甘菊的蔓延；协调开展野生动植物行政执法和救护工作，严厉打击土沉香被盗伐事件。9月，《广东内伶仃福田国家级自然保护区示范保护区建设实施方案》获得国家林业局审批同意。

绿道建设。2013年，深圳市建成完善绿道105千米。完善绿道服务设施系统。开展各区（新区）省立绿道沿线危险边坡概算资料申报工作。

绿道管理。深圳市年初出台《深圳市城市管理局关于进一步加强绿道管护运营的意见》，完成全市绿道台帐资料调查。将绿道管护运营纳入市容环境综合试考核。建立专栏绿道网站，开通绿道微博，制作深圳市绿道地图，印发地图4万份。

绿道运营。建设绿道U站3个。组织开展绿道公共目的地专项规划纲要编制工作。

城市环境卫生 城市生活垃圾处理。2013年，深圳市生活垃圾处理量521.63万吨（14291吨/日），无害化处理量513.06万吨，无害化处理率98.36%。焚烧处理量292.11万吨，焚烧处理率56%，焚烧发电量11.6亿度。垃圾产生量由1979年的7.5吨/日增长到1.4万吨/日。

垃圾无害化处理。提出以焚烧为主、填埋为辅的垃圾处理技术路线，确立以清水河、老虎坑、白鸽湖、坪山4座环境园为基础的垃圾处理设施规划布局。全市已建成并投入运营的垃圾无害化处理场（厂）10座，其中垃圾焚烧发电厂6座，总处理能力7425吨/日；卫生填埋场4座，共剩余库容3920万吨，按每天进场7200吨计，仅可使用15年。此外有2座简易填埋场正在推进无害化升级改造工程。

垃圾分类与餐厨垃圾管理。深圳市527个单位（小区）参与垃圾减量分类示范单位（小区）创建，加快推进餐厨垃圾设施招募招标及设施建设。日收运处理废弃食用油脂61.5吨，占全市41%。

环卫基础设施建设。完成深圳市市政公厕增加无障碍设施的改造，新建的市政公厕配置无障碍设施，2013年改造提升的52个公园，均进行无障碍设施改造，完成更换10万盏LED路灯。

爱国卫生运动 2013年，深圳市开展第26个"清洁深圳月"活动期间，各区（新区）和市爱卫会各委员单位切实抓住开展病媒生物防控、环卫设施专项整治和积存垃圾清理等重点工作，组织人员4.87万人次，开展688场次清洁活动。

加强病媒生物防制，提高病媒生物防控水平。草拟《深圳经济特区病媒生物防控管理条例》初稿；快速妥善处置本地登革热病例。2013年，福田区发现深圳市近三年来首例本地登革热病例。经过市、区一系列有针对性的全覆盖式整治，将该区域原本高达48的布雷图指数控制在5%以下，遏止疫情蔓延传播。开展病媒生物预防控制有偿服务机构备案及备案公示工作。截至2013年11月底，受理备案申请48份、发放备案书37份。开展备案公示评审工作，已评审20家企业。2013年，全市新创建省级卫生村12个、市级卫生村11个、省级卫生村的创建数量223个、市级卫生村创建数量336个。完成对获得省（市）卫生村（社区）称号满3年以上的270个村（社区）全面复查。

（程晓宇）

城市生态保护建设 大气污染防治。2013年，深圳市环境空气质量继续保持良好，二氧化硫、二氧化氮和可吸入颗粒物平均浓度全部稳定达到新国标要求；细颗粒物

▲2013年12月9日，深圳市地铁7号线BT项目首台盾构始发

（深圳市轨道交通建设办公室供稿）

(PM2.5)平均浓度为39.6微克/立方米，接近新国标35微克/立方米的水平。

全面应用国Ⅳ柴油。对机动车登记注册全面执行国Ⅳ排放标准；推广新能源汽车，全市投放纯电动、混合动力等各类新能源汽车5701辆；加强环保检验机构监管，全市机动车排气污染定期检测有序开展；全年路检、抽检高污染车辆6.48万辆；实施第十七、第十八阶段黄标车限行措施及黄标车提前淘汰奖励补贴政策，疏堵结合淘汰黄标车29883辆；与周边城市联合开展跨境黑烟车、高排放车辆联合整治。

加强工业污染治理。深圳市严格新建项目环保审批，新建、改建锅炉全部使用天然气或电等清洁能源。在全国率先开展港口船舶污染治理，形成深圳市港口船舶岸电设施和船用低硫油使用补贴办法和推广方案的征求意见稿。出台《深圳市2013年扬尘污染整治工作方案》，组织开展全市扬尘整治联合执法。 (张琳)

河流环境污染治理。深圳市全面推行河长制，宝安区、坪山新区、福田区等6区120条河流纳入河长制管理。开展龙岗河流域南约河、观澜河流域大浪河等6条支流整治工程，实施沿河截污、河道清淤、两岸生态化改造。完成聚龙山人工湿地生态园（7万吨/日）建设并通水试运行，为坪山河实施生态补水，完成丁山河水质改善及低碳城段景观提升工程，整治河道4千米，建成运行日处理能力2.5万吨的污水处理站和占地2.9万平米的人工湿地。通过流域限批提高产业准入门槛，全年共否决项目517个，关停93家线路板、电镀等重污染企业，淘汰落后产能1136家，流域内产业结构进一步优化。顺利通过2013年省人大淡水河石马河污染整治第三方评估考核，在深莞惠三市中排名第一。 (杨凌云)

固体废弃物处置。2013年，对深圳市690家化学品生产企业开展电镀、线路板、医药制药、重金属等专项环境执法检查，全面提升危险废物产生企业的守法意识。全市危险废物经营单位全年收集、处理处置工业危险废物32.57万吨，医疗废物处置量为9944吨/年，比上年增加1226吨，危险废物安全处理率进一步提升。对全市10座垃圾处理设施开展环保专项检查。全年安全处置生活垃圾约520万吨，无害化处理量513.12万吨，无害化处理率98.36%。处置方式为焚烧和填埋，其中焚烧处理量255.34万吨，卫生填埋量257.78万吨，简易填埋量为8.57万吨。加强余泥渣土、建筑垃圾环境管理，采取措施防止余泥渣土处理设施的扬尘和垃圾扩散等环境污染。2013年，深圳市余泥渣土年产生量约4000万立方米，其中建筑垃圾1000万吨。 (李俞瑾)

环境立法。深圳市制订《深圳经济特区生态文明建设条例》，修订《深圳市污染物排放许可证管理办法》，出台《深圳市环境行政处罚裁量权实施标准》《深圳市大气环境质量提升补贴办法》《深圳市黄标车提前淘汰奖励补贴办法(2013~2015年)》《深圳市人居环境委员会关于机动车环保检验机构监督管理的暂行规定》，完成42项重点制度的立、改、废工作，推进与商事登记制度改革相配套的环保审批制度和监管制度建设。

环境政策。深圳市329家企业参加环境污染责任保险，保险金额3.9亿元。制定《深圳市电镀、印制电路板行业企业环境风险评估技术指南》，正式启动重点企业环境风险评估和等级划分工作，公布452家企业环境风险状况。依托深圳市环境科学研究院积极筹建环境损害鉴定评估中心，组建专家队伍，9月30日被环保部列为国家环境污染损害鉴定评估试点单位。继续推进排污权有偿使用和交易工作，加强与省排污权交易的衔接工作。 (张晓波)

污染减排。深圳市在水污染物减排方面共完成结构关停项目82个、工业治理项目3个、污水处理厂9个、畜禽养殖项目3个，合计减排化学需氧量3.3万吨，减排氨氮0.36万吨；大气污染物减排方面完成结构关停项目11个、工业治理4个、电厂脱硫脱硝项目8个，合计减排二氧化硫0.22万吨，减排氮氧化物1.31万吨。完成电厂降氮脱硝改造。完成妈湾电厂1、2、5、6号机组及盐田、宝安、南山垃圾电厂脱硝改造，截至年底，深圳妈湾燃煤电厂6台机组全部完成降氮脱硝和烟气脱硫治理。 (刘华)

生态文明宣传。深圳市开展“我为地球体检”等深圳环保原创歌曲获奖作品展演、市民环保奖、“舌尖上的环保”等环境宣教品牌活动。盐田污水处理厂、华侨城湿地通过考评，命名为2013年深圳市环境教育基地。 (杨虹)

城市水环境建设 水环境综合治理。深圳市全面推行河长制，实施鹏城水更清行动计划，提出8年内综合整治、设施建设等6大类123项工程，涉及投资343.9亿元。推进饮用水源保护区划调整，开展雨季行动等专项行动，出动执法人员7848人次，累计清理暴露垃圾近百处，清拆违章种养和乱搭建72820平方米，清理生猪6592头，确保饮用水安全。2013年13条主要河流中，深圳河、坪山河、福田河和大沙河等11条河流水质明显改善。

城市生活污水治理。深圳市新增污水处理能力10万吨/日，全市污水处理能力达到479.5万吨/日；年污水处理量14.4亿吨，比上年增加1.3亿吨，COD消减量32.8万吨，比上年增加2.9万吨。福田污水处理厂、布吉河水质净化厂、沙井二期等一批重要污水处理厂项目前期工作继续推进，沙井二期可行性研究报告完成；樟坑径FBR生态技术污水处理工程正开展选址工作。观澜二期、平湖二期等污水处理厂正式投运，横岗污水处理厂水质改善工程基本完成，公明污水处理厂试运行。上洋污泥深度脱水处理厂通过环保验收，投入商业运行，福永污泥填埋厂二期进泥调试，新增处理能力1000吨/日，上洋污泥焚烧厂完成过半工程量；开展污水管网零星接驳工程50多处，建成污水管网218千米。

水土保持。深圳市全面推动宝安、龙岗、南山、罗湖区开展水土保持监督管理能力建设示范县创建。盐田区成为深圳市第一个全国水土保持生态文明区。全市开展水土保持监督检查1400余次，检查项目940个，移交执法项目88个，组织完成206个项目的水土保持设施验收。全市饮用水源水库流域水土保持综合治理工程累计完成投资18078万元，治理面积1582公顷。

城市排水。深圳市移交“三不管”排水管网76条，实施改造46条，完成排水管网清源达标小区269个。全市排水管网总长度11472千米，征收污水处理费14.2亿元，污水处理费支出21.1亿元。抽检进、出水水质820厂次，加强污水处理设施运行监管，

防洪减灾。深圳市协调推进河流清淤清障、病险水库除险加固、海堤达标加固、排涝泵站更新改造等防灾工程建设，第二批98座小型水库除险加固一期38个项目完工，开工东部海堤重建（一期）工程，龙岗河深惠交界大松山段整治工程基本完工。以宝安区福永街道内涝整治为示范，加快内涝整治协调整治易涝点36个，加强对165座水库及89座水闸的安全检查，健全水库及水闸安全管理评估考核体系；全年防洪达标整治河道56.95千米，综合治理河长36.24千米。

城市供水　2013年，深圳市用水总量19.1亿立方米，比上年下降1.7%，主要供水企业自来水供水总量15.9亿立方米，下降0.9%，供水普及率100%。主要饮用水源水库水质连续5年达标率100%。全市共有主要供水企业22家，自来水厂55座，设计供水能力674.5万立方米/日。

2013年，沙头角水厂深度净化工艺工程完成，坂雪岗水厂完成土建施工，观澜茜坑水厂二期扩建、光明水厂新建完成形象进度70%。优质饮用水入户工程全面启动，第一期利用5年时间投资18.6亿元，改造全市漏损较严重的600个居民小区。继续推进原特区外社区供水管网改造工作。　*（杨群）*

城市供气　2013年，深圳市天然气消费量226万吨，其中，国家西气东输二线向深圳市供应天然气55万吨。2013年，深圳市新建市政中压燃气管道205千米，其中，原特区外新建市政中压燃气管道183千米。全市燃气管道长度达到4000千米，燃气管网覆盖率65%，原特区外地区燃气管网覆盖率52%。全市新增管道天然气居民用户11万户，总户数达到130万户。完成120个老旧住宅区约3万户居民用户燃气管道改造。　*（黎俊）*

城市综合管理　2013年，出台《深圳市建筑废弃物运输与处置管理办法》，查处余泥渣土案件2469宗，查处泥头车违法行为3565宗，应急清理量下降30.6%；开展“美丽社区，环卫先行”城中村专项清洁活动，全市确立10个区级环卫保洁示范带和53个街道示范片。查处私宰行为，查处及拆除非法养殖、私宰点357个，没收非法屠宰猪2865头。清拆乱搭建5702处、面积约120万平方米；开展乱摆卖及销售黑点整治，清理整治乱摆卖619206宗；查处售卖黑煤气窝点574处，依法没收黑煤气6256瓶。全年各区城管部门办理养犬登记上牌1465只，犬只年审840次，查处犬只数量3048只，立案77宗，暂扣犬只155只，收容流浪犬696只。

数字化城市管理　深圳市数字城管监督部门共受理城管案件130.25万件，立案125.5万件，结案124.24万件，结案率99.79%，均达到历史最高水平。

户外广告管理　2013年9月1日，深圳市修订颁布《深圳市户外广告管理办法》。修订出台《深圳市户外广告设置指引》。编制《深圳市户外立柱广告设置规划》并进入社会公示征求意见阶段。收回立柱广告21块，成功拍卖深南路5块立柱，上缴财政7160万元，在全国开创公共用地立柱广告取消审批、全面实现有偿拍卖的先河。发布24个主题批次的公益广告，其中立柱65块、电子屏100块，发布面积3.5万平方米。创建户外LED电子显示屏发布应急信息的相关机制。

（程晓宇）

【房地产业与住房保障】　*房地产开发*　2013年，深圳市房地产累计开发投资完成额887.71亿元，比上年增长20.5%，超额完成年初制定的831亿元的目标；2013年，全市固定资产总投资完成2501.01亿元，比上年增长14.0%；房地产开发投资比上年增速。

房地产一级市场管理　2013年，深圳市商品房累计批准预售面积和套数分别为776.66万平方米和7.98万套，分别比上年增长19.2%和17.8%；为2009年以来最高水平。

房地产二级市场管理　2013年，深圳市继续加强房地产市场监管工作。一是在全市范围内开展为期5个月的房地产经纪市场专项整治工作。建立全市房地产经纪机构台账，查处一批经纪机构违法违规行为。二是建立和完善房地产市场巡查制度，建立主管部门与行业协会联合巡查机制，各管理局与行业协会定人、定时、定点开展联合检查工作。三是开通“二手房自助交易合同打印系统”。2013年，全市商品房累计批准预售面积776.66万平方米，比上年增长19.2%；其中，商品住宅累计批准预售面积608.43万平方米，比上年增长20.5%。

房地产三级市场管理　2013年，深圳市新建商品房累计成交面

积527.60万平方米，比上年增长31.0%；其中，新建商品住宅累计成交面积437.63万平方米，增长21.2%，成交面积是2010以来的最高水平。二手房方面，2013年，二手房累计成交面积850.54万平方米，比上年增长43.6%；其中，二手住宅累计成交面积727.10万平方米，增长55.2%。

市场调控　2013年，深圳市严格执行国家各项房地产调控政策，多渠道增加住房用地供应，增加住房开工和供应规模，加强市场监管，提升服务水平，加强保障性安居工程建设，提高第二套住房贷款首付比例，严格执行差别化的房地产税收政策。

住房计划　2013年，深圳市计划供应商品住房用地90公顷，其中通过城市更新供应60公顷。根据《深圳市住房建设规划（2011~2015)》，2013年保障性住房建设计划指标为4万套左右。2013年供应保障性住房及其他安置房用地75公顷。其中，新安排安置房40公顷，保障性住房15公顷，城市更新配建折算保障性住房20公顷。（黎俊）

住宅产业化　截至2013年底，采用产业化方式建造的已建和在建商品房项目140万平方米。以示范基地打造新型住宅产业链，培育1个国家级示范基地及5个市级示范基地和项目。以住博会和明日之家宣传产业化技术，展示“保障房+工业化+绿色建筑”的产业化整体解决方案。（邓文敏）

保障性住房建设　2013年，计划开工1.5万套，竣工2万套，实际完成开工17964套，任务完成率达119%；竣工22118套，任务完成率达111%。2013年计划供应2.5万套，累计供应2.7万套，任务完成率达108%。2~6月开展首次轮候申请工作，接受申请2.8万份；《深圳市公共租赁住房轮候与配租暂行办法》于11月29日发布实施，于12月16日启动首次轮候申请工作。全面实施人才安居工程（民生实事）。市本级发放人才住房补贴5亿元，惠及人才7.5万人；配租配售人才住房0.88万套，惠及约3万人。

物业管理　2013年，深圳市全面推广物业管理电子投票，完成370余个小区业主信息批量注册；发展绿色物业管理，推进100个项目开展绿色物业管理试点；推进“智慧社区”建设，30个项目开展试点；推动物业管理标准化，编制18个标准文本。3个项目获国家示范项目，12个项目获省示范项目。全市核准资质的物业服务企业1710家，行业从业人员约30万人，在管物业项目9000余个，在管物业项目总面积8.3亿平方米。

公积金管理　2013年，《深圳市商业性住房按揭贷款转住房公积金贷款暂行规定》于9月16日正式实施。住房贷款的商转公业务正式上线，住房公积金各项业务全面铺开。9月27日，深圳住房公积金远程服务平台正式建成并对外运作，成为国内同行业中第一家实现让职工通过电话即可受理查询和直接办理业务的住房公积金服务平台。截至年底，累计归集资金761.30亿元，累计单位开户9.83万家，个人开户678.18万人，累计提取资金214.39亿元。累计发放贷款资金91.51亿元，为1.97万户家庭减轻购房压力。（黎俊）

【“三旧”改造】　2013年，深圳市审批通过两批次、28项城市更新单元计划，用地面积233公顷；审批通过城市更新单元规划56项，用地面积295公顷，规划批准建筑面积1155万平方米。全年签订城市更新项目土地使用权出让合同62项、新开工城市更新项目49项，实现供应用地200.56公顷，签合同更新项目落实商品住房建筑面积约290万平方米，配建保障性住房约1万套；全年实现投资额365.7亿元，比上年增长45.9%；全年城市更新项目供应商住用地104.8公顷，供应商品房约290万平方米，增长89%。2013年6月，深圳市再次获广东省政府授予的“全省‘三旧’改造考核单项奖”一等奖。（王芳）

【建筑业】　2013年，深圳市建筑业度完成建筑业总产值2358.33亿元，比上年增长13%，建筑业增加值407.79亿元，增长4.6%。建筑业增加值占深圳市本地生产总值的比重为3%左右，比上年减少0.1个百分点。全市登记注册的建筑类企业2646家，是年，华西企业、深圳市政工程总公司通过总部企业认定，中国建研院在深圳设立南方中心；4家市属特级企业申报特级资质就位，在全国装饰企业百强中，深圳占56家。2013年6月，开始实施省住房和城乡建设厅下放设计与施工一体化二级、三级资质，专业承包资质二级资质以及建设工程检测资质的审批权，全年受理及审查532家，比上年增长160%。分批对90家企业进行资质动态核查，责令28家企业整改、注销2家企业资质。

质量安全监管。2013年，深圳市1500多个在建项目监管未发生较大及以上建设工程质量安全事故。完成10万名建筑工人安全知识继续教育，发放第二代“平安卡”。制定《深圳市城市轨道交通工程文明施工管理办法》，推广车辆自动冲洗设施；开展保障性安居工程和城市轨道交通工程质量安全监督执法专项检查，重点抽查钢筋、混凝土等主要建材质量，消除质量安全隐患65项；对轨道交通三期工程3条线路已开工的96个工点进行文明施工专项检查。全年14个项目获国家级奖项。其中詹天佑奖6个、鲁班奖2个、国家优质工程奖6个。（黎俊）

【建设科技与信息化】　2013年，深圳市率先全国实行新开工项目执行绿色建筑标准。已建和在建绿色建筑总建筑面积1483万平方米。103个项目获得绿色建筑评价标识。

其中14个项目获国家三星级、6个项目获深圳市铂金级绿色建筑评价标识、3个项目获“全国绿色建筑创新奖”一等奖。2013年全年预计新增节能建筑面积1000万平方米，新增节能量60万吨标准煤；建节能建筑面积累计8050万平方米。

建筑减排　深圳市建成4个建筑废弃物综合利用项目，落实太阳能热水建筑应用项目700多万平方米；新增建筑废弃物处理能力50万吨，超额完成国家下达任务，全面推进建筑碳交易试点工作。（黎俊）

【深圳市举办首届国际低碳城论坛】　2013年6月17~18日，深圳市举行“低碳发展—探索新型城镇化之路”首届深圳国际低碳城论坛。住房和城乡建设部副部长仇保兴，中共广东省委常委、深圳市委书记王荣等出席论坛开幕式。该届论坛由住房和城乡建设部与深圳市人民政府共同主办，以“从绿色建筑走向绿色生态城区”为主题，持续关注国内外低碳生态城市规划建设的最新发展趋势，推动全国城市发展向绿色、低碳、生态化转型。来自国内外的多名专家学者围绕绿色建筑和绿色生态城区建设发表精彩演讲。（王芳）

【第五届“深港双城双年展”聚焦城市边缘】　2013年12月6日，主题为“城市边缘”的第五届深港城市建筑双城双年展开幕式在深圳市蛇口工业区举行，比利时王国玛蒂尔德王后，中共广东省委常委、深圳市委书记王荣，香港发展局局长陈茂波、招商局集团总裁李建红、深圳市常务副市长吕锐锋出席开幕式。该届双年展积极讨论城市的多元价值观、均衡发展以及城市社会地理学等诸多前沿话题，揭示未来城市空间和生活形态的多种可能性。来自21个国家的参展人带来135个展项和104场活动，观展人数超过19万人次。（王芳）

附录：深圳市住房和城市建设管理部门主要领导

深圳市住房和建设局
　党组书记、局长：李廷忠
深圳市规划和国土资源委员会
　党组书记、主任：王幼鹏
深圳市人居环境委员会
　党组书记、主任：刘忠朴
深圳市城市管理局
　党委书记、局长：蒙敬杭
深圳市建筑工务署
　党组书记、署长：杨胜军
深圳市轨道交通建设办公室
　主任：赵鹏林（兼任）
深圳市水务局
　党组书记、局长：张绮文
深圳市住房公积金管理中心
　党支部书记、主任：袁以立

珠海建设

【概况】　珠海市位于广东省南部，珠江口的西南部，1979年设立地级市。土地面积1701平方千米，其中市区面积1688平方千米；截至2013年末户籍人口106.01万人；常住人口159.03万人，其中城镇人口139.79万人。全市地区生产总值1662.38亿元，完成固定资产投资960.89亿元，比上年增长23%；

全年完成建筑业总产值291.33亿元，2007~2013年建筑业总产值平均增长速度36.71.%；建筑业增加值73.48亿元，占全省地区生产总0.12%；建筑安装工程投资额719.17亿元，占全省固定资产投资额3.15%；在建工程项目631个，总建筑面积1857万平方米，建筑面积532.65万平方米。建成区面积123.64平方千米，城区绿化率53.08%，人均公园绿地面积17.77平方米，城镇生活垃圾无害化处理率100%。

珠海市住房与城乡建设事业取得新成就。存在问题是政府服务效能有待提高，住房保障工作与上级要求和群众期盼尚有差距，规划编制、实施管理仍需优化，信息技术支撑平台有待完善，珠海市西部地区区域发展不平衡，城乡一体化发展水平有待进一步提高。

（邓质嫦　樊剑苡）

【城乡规划】　规划编制　2013年珠海市共开展132项规划项目，其中市住房和城乡建设局开展58项，包括全市域战略规划2项，重点区域概念规划5项，环境宜居重点规划项目13项，各类专项规划10项，法定详细规划4项和其他重点研究17项。完成刘太格领衔编制《珠海城市概念性空间发展规划》工作。推进《珠海市城市总体规划（2001~2020）修改》（2014年修订）编制和审批，并原则通过住房和城乡建设部召开的部际联席会审查。制定完成《中共珠海市委、珠海市人民政府关于提高环境宜居水平、建设美丽珠海的实施意见》和《美丽珠海行动（2013~2017年）》。

推进专项规划编制，完成九洲商贸中心城市设计，中心城区密度分区规划、产城融合规划、山体保护规划、水岸线保护利用规划、成年人校外活动场所规划等10项规划。

结合环境宜居重点项目规划设计要求，完成《珠海市环境宜居重点项目规划编制计划》制定工作。组织编制出台《关于加强城市建筑风貌管理的若干规定（试行）》。

规划管理　起草并完善《珠海经济特区城乡规划条例（修订）》，配合法规科完成审定。制定《关于进一步明确申请市规划委员会专业技术委员会审议项目上会条件的通知》。制定《珠海市城乡规划编制专项资金管理暂行办法》。完成《2013年珠海市城乡规划编制计划》。（邓质嫦）

【宜居城乡建设】　2013年，珠海市出台《中共珠海市委、珠海市人民政府关于提高环境宜居水平、建设美丽珠海的实施意见》。截至2013年底，完成规划设计、施工或基本完成的项目约占总项目三分之二。有序推进“一带一河、两轴两镇、三心三港”重点宜居项目的规划建设，编制《珠海市情侣浪漫风情海岸整体提升规划》《前山河“一河两涌地区概念规划及生态景观规划》《珠海市九洲动感活力轴概念性总体城市设计》《珠海市有轨电车上冲基地TOD小镇城市设计》《珠海市凤凰山旅游小镇城市设计》《九洲城城市之心城市设计》《拱北口岸地区整体改造城市设计》《珠海市九洲商贸中心深化设计及控制引导》《香洲渔港规划》《度假村——九洲港地区改造提升》《珠海洪湾中心渔港城市设计》。

编制《2013珠海公共艺术城市空间站工作方案》，开展空间站启动站公共艺术活动周系列活动。截至2013年底，建成56个社区体育公园，珠海市编制《广东省社区体育公园规划建设指引》，并在第十五届广东省市长（书记）城建研究班和省社区体育公园现场会上发布。

（邓质嫦）

【城市基础设施建设与管理】 市政道路建设 2013年，珠海市市政道路建设项目80项，完工50项，完成珠海主城区内6713米护栏安装、8个路口的交通信号灯及55座不符合国标的交通信号灯改造，对约32千米的道路改扩建。全年完成市政道路及相关配套设施投资约30亿元。

省道S272线市政配套二期。该项目位于珠海市斗门区，北起白蕉高速公路出口，南至珠海大道湖心路口，按城市主干道标准配套建设非机动车道、人行道、市政管网、照明及绿化等市政工程。

省道S366线珠海大道新增车行、人行地道项目。新增车行通道及人心地道工程，配套建周边路网及市政给排水管网、电缆沟、照明、安监等工程。

金凤路翠屏段市政道路工程。起点接梅华西路立交，终点至造贝工人村路，接南屏大桥设计起点，全长约5.1千米。

省道S365线中心涌至井岸二桥段工程。项目全长6.27千米，采用一级公路标准，设计行车速度为80千米/小时，双向八车道。

省道S365线西沥大桥改建工程。工程起于中山市神湾镇竹排沙岛，跨过西沥涌，终于珠海市斗门区白蕉镇白蕉收费站，全长1.35千米。项目按双向6车道一级公路标准，设计速度80千米/小时。

平沙新城工程。平沙新城西邻黄茅海，南至南水河十字沥，东至三虎大道，北至海泉湾用地边界，规划总用地分为南北两部分，北部称为“平沙新城起步区”，总用地面积735.99公顷，南部称为“装备制造区北部”，规划用地807.14公顷。

城市轨道交通建设 珠海市现代有轨电车1号线首期工程2013年开工建设，与梅华路道路实施同步改造，2013年完成投资2.8亿元。

珠海市现代有轨电车1号线首期线路全长8.722千米，设车站14座。线路起点为梅华东路，至翠屏

2013年珠海市住房和城乡建设主要经济产业指标

经济产业指标	单位	实　绩	比上年增长（%）
固定资产投资额	亿元	960.89	23
建筑企业	个	930	21.2
建筑业总产值	亿元	291.33	57.93
建筑企业利税总额	亿元	20.35	65.31
建筑企业期末从业人员	万人	9.45	173.12
建筑企业劳动生产率	元／人	358547	−45.41
房屋建筑施工面积	万平方米	1853.75	4.4
商品房屋销售额	亿元	392.61	46.2
商品房屋销售面积	万平方米	342.25	36.2
房地产开发投资额	亿元	272.58	12.6
房屋建筑面积	万平方米	2455.87	−3.18
建成区绿化覆盖率	%	57.13	4.89
人均公园绿地面积	平方米／人	17.77	10
人均城市道路面积	平方米／人	29.89	33.31
城市用水人口	万人	158.49	2.1
城市自来水普及率	%	99.66	0
城市燃气普及率	%	99.56	1.9
城市液化气供应总量	万吨	13.5	−15
城市天然气供应总量	万立方米	4973	76
城市污水处理厂	座	13	18.18
生活垃圾无害化处理率	%	100	0
城镇化率	%	–	–
住房公积金缴存额	亿元	42.9	2
住房公积金贷款额	亿元	13.87	123
保障性安居工程	新建任务(户) 基本建成(户)	3187 套 5944 套	6.44
绿色建筑面积	万平方米	32	470

（珠海市住房和城乡规划建设局）

路口转向南，终点为位于上冲车辆段西侧的上冲站。途经香洲、新香洲、上冲等城市片区。

梅华路道路改造工程。西起明珠路，东止于情侣路。道路改造长度8.43千米，双向六车道，为城市主干道。

港珠澳大桥建设　港珠澳大桥是集桥、岛、隧于一体的超大型跨海通道，东连香港，西接珠海、澳门，主体工程投资381亿元，总投资1050亿元，预计2016年建成通车。港珠澳大桥及珠海连接线将使珠海成为唯一同时与香港、澳门陆桥相连的城市。

截至2013年底，大桥主体工程东、西人工岛主要进行岛壁结构、救援码头和结合部非通航孔桥施工。沉管隧道主要进行沉管隧道基础、管节预制及安装、回填防护等施工，完成E1~E8管节的浮运沉放。东、西人工岛分别完成总工程量89%和85%，沉管隧道完成总工程量44%。钻孔灌注柱浇筑累计完成862根，墩台预制累计完成87座，墩台安装累计完成42座。钢箱梁板单元制造累计完成14.68万吨，占总工程量51%；钢箱梁总拼累计完成5.15万吨，占总工程量16%；组合梁板单元制造82478吨，占总工程量85%；组合梁桥面板预制累计完成2822块，占总工程量99%。累计完成投资143.23亿元，累计完成投资比率37.6%。

珠澳口岸人工岛填海工程于2013年11月28日交工验收。累计完成投资23.86亿元，累计完成投资比率100%。

港珠澳大桥珠海口岸完成初步设计审查、桩基础和基坑支护施工图设计，进入施工图全面设计阶段。人防、消防、防雷及勘测定界等工作同步推进。2013　年12月31日，珠海口岸工程一期基础工程开工。累计完成投资1.91亿元，累计完成投资比率3.6%。

珠海连接线拱北隧道主要进行连续墙、管幕顶管顶进，后续合同段隧道及桥梁基础施工。截至12月底，拱北隧道地连墙全部完成。

珠海连接线第二合同段桥梁桩基完成总工程量41%。第三合同段桥梁桩基完成总工程量24%，匝道桥梁桩基完成总工程量56%。

南湾隧道单洞累计完成开挖及初期支护270米，占总长3.6%。项目征地拆迁工作基本完成。项目永久用地征地工作完成96%，临时用地征地完成92%，房屋拆迁基本完成。累计完成投资37.76亿元，累计完成投资比率41.3%。

（王伟红）

城市园林绿化　城市园林绿化　编制生态规划。2013年，珠海市编制《新一轮绿化广东大行动“美丽珠海”绿化建设规划（2013~2020年）》《珠海生态控制线划定和管理研究》和《珠海市城市绿线规划》。

生态景观林带建设　2013年，珠海市与9家国内外风景园林机构签订《珠海市政府与风景园林设计研究机构战略合作协议》，并邀请国内外6位知名专家学者作为珠海市风景园林规划、设计及研究方面的专家顾问。开展对包括迎宾路、城轨沿线绿色风景线、机场路等8条道路绿化提升，金鼎森林之门、江珠高速鹤洲出入口等5个城市出入口绿化景观提升，拱北口岸、横琴大桥北桥头保税区外侧等2个重要节点及一个特色大花园，全市及各区完成49条道路绿化景观改造，道路及各类公园绿化面积860万平方米，完成建设生态景观林带96.1千米，林带连通率和成林率100%。

村居绿化美化工程。2013年在珠海市斗门区、金湾区等区选取25条村作为珠海市实施广东省生态文明“万村绿”行动的乡村。2009~2013年5年间，全市投入专项财政资金1000余万元，在万村绿工程规划设计的104个村庄种植绿化苗木40多种，50万株；完成山体碳汇造林工程1720公顷，造林成林率和成活率100%；建成大镜山文体公园、梅华社区山地公园、白藤山休闲公园等一批社区公园，推动建设金湖公园、小桂山公园、滨海湿地公园等。其中香洲主城区2012年~2013年建成社区公园56个。

绿道建设　2013年，珠海市建设省立绿道65千米；建设城市绿道23千米。建设淇澳驿站、白石驿站、红树林驿站、海霞驿站和海湾驿站。香洲区举办第三届元旦绿道“嘉年华”活动，斗门区开展该区首届“五一”节绿道嘉年华活动。

城市环境卫生　2013年，珠海市编制《珠海市垃圾处理行业发展规划》《珠海市城乡生活垃圾收运处理设施专项规划（2012~2020）》和《珠海市东、西部垃圾处理整体提升工作方案（2013~2030）》。

垃圾设施建设。珠海市生活垃圾处理环保工厂项目。选址于西坑尾垃圾填埋场原填埋C区，处理规模1000吨/天，以BOO模式与华新环境工程有限公司合作建设，总投资1.5亿元。2013年，完成场地平整工程进行施工报建。

西坑尾垃圾填埋场渗漏液处理工程。一期工程于2010年底竣工投产，二期工程处理规模每天660立方米，投资5800万元，2013年底完工试产。

中信生态环保产业园。首期生物质热电工程设计规模1200吨/天，投资6.25亿元，采取BOO模式与中信产业基金投资有限公司合作建设，基本完成项目征地，开展环评、立项等。

农村和海岛垃圾处理。珠海市制定并实施《“美丽乡村，环卫先行”农村清洁工程专项活动暨农村生活垃圾收运体系工作方案》，全市各区完成“一镇一中转站、一村一收集点”的工作任务，实现生活垃圾收运处理全覆盖。

明确海岛垃圾离岛处理的原则与方案，完成万山区桂山岛、外伶仃岛、大万山岛、东澳岛四个主要海岛的垃圾压缩中转站建设。

垃圾无害化处理。2013年珠海

市市区平均日产生活垃圾1825吨，全年生活垃圾产生量和无害化处理量66.6万吨，生活垃圾无害化处理率为100%。主要采用焚烧和填埋两种处理方式处理，珠海市现有满足国家标准的卫生填埋场1座，西坑尾垃圾填埋场，处理能力1300吨/天；垃圾焚烧发电厂1座，珠海市垃圾焚烧发电厂处理能力600吨/天。（樊剑苡）

城市生态保护建设　城市水环境建设。截至2013年底，珠海市建成污水处理厂13座，总设计规模66.4万吨/日。珠海市建成污水管网总长超800千米，建成投用北区污泥处置中心一期工程。2013年，全市污水处理总量2.09亿吨、COD削减总量3.33万吨，城市污水集中处理率88.5%。

污水厂建设。白藤水质净化厂于2013年6月28日通过环保验收并正试运行；富山水质净化厂于6月29日通过环保验收并正试运行；南区水质净化厂二期工程8月基本完工具备通水条件，正进水联动调试；万山海岛桂山污水处理厂正式运行；东澳南沙湾污水处理项目完工。启动污水处理厂提标改造及中水回用工程前期工作。

污水收集管网建设。横琴新区配套污水管网及泵站工程项目累计完成投资5973万元。白蕉配套管网一期工程分为6个标段，累计投资15562万元，总体形象进度93.14%。富山厂配套管网一期工程分为七个标段，累计投资金额14900万元，总体形象进度97%。启动全市污水管网投融资建设项目前期工作。

（陆军）

深化环保审批制度　2013年，珠海市环保审局10项行政审批（许可）事项的对外咨询、受理和审批进入行政审批科窗口；行政审批科窗口主动将下班时间延迟至18时；设立党员服务岗，每周三中午提供连续服务；提供包括周六、周日在内的预约服务。大幅度缩短环评审批事项办理时限。

实行危险废物网上申报。2013年，珠海市环保局全面实现企业网上申报年度危险废物制度，对危险废物运输车辆定位和运输轨迹监控等实行实时监控，危险废物全过程信息化监管，同时也方便企业网上一步到位走完审批程序。

拓宽环保信访投诉渠道。2013年3月1日起将环保投诉热线整合到“12345”热线，在环保公众网、腾讯和新浪环保官方微博等网站设投诉咨询平台，公布环保专用邮箱，专人负责收录答复网民信访咨询事项。

完善污染源在线监控系统建设。截至2013年12月，市环保局与企业建立污染源自动监控中心联网站点212个，包括163个由市环保部门负责建设的站点和49个企业自建站点。其中废水自动监控点180个、废气自动监控点32个，覆盖全市123家国控、省控及市控企业。

改革企业守法证明程序。企业办理守法证明整个流程原来一般需要5日，来往市区两级环保部门四次。设立企业守法证明绿色通道后，企业直接向市环保局提出申请，实现即来即办。（马海军）

城市供水　2013年，珠海市年总供水量4.38亿立方米，其中净化水3.34亿立方米，工业用原水1712万立方米，对澳门供原水8662万立方米。全市年总售水量2.95亿立方米，全市产销差率16.86%，水费回收率99.12%。全市建卡水表528506个。

2013年，珠海市主城区出厂水水质合格率100%，管网水水质合格率99.6%，饮用水水质合格率99.9%；按小型集中式供水标准统计，斗门、金湾、海岛等区镇出厂水水质合格率99.8%，管网水水质合格率99.6%，饮用水水质综合合格率99.7%；二次供水水质综合合格率95.9%。

是年，珠海市完成乾务水厂至高栏港输水干管工程（DN1200），高栏港经济区长期偏低的供水水源坟得到极大改善。

城市供气　燃气情况。截至2013年底，珠海市共有瓶装气经营企业8家，瓶装气用户约60万户；民用燃气（天然气）经营企业2家，管道燃气用户约12万户，其中天然气用户4.6万户；高压天然气管网公司3家。燃气气库10座，管道燃气气化站4座，市政中压燃气管线150多千米，上游高压长输天然气管线122千米。全市液化石油气年

▲2013年6月5日，珠海市举行环保公众开放日活动。现场的环保监测监控设备展示吸引广大市民
（珠海市环境保护局供稿）

供应量约13.5万吨，天然气供气总量4973万立方米。2013年完成投资1.9亿元，新建市政燃气管道50千米，天然气供气站6座。 *（樊剑苡）*

城市综合管理 违法建筑整治。2013年，珠海市加大力度整治违法建筑。一是坚持强制拆除和引导报建“疏堵结合”两手抓。在坚守违法建筑“零增长”红线的同时，引导、协助群众办理建房报建手续。二是抓重点整治重大案件。开展违法建筑重点整治行动。截至2013年12月底，全市整治拆除违法建筑9477宗，面积306万平方米，违法建筑“减存量”总体完成90.77%。

市容市貌整治。珠海市开展农贸市场及周边环境整治814次，出动执法人员1.3万人次，清理占道经营、乱摆卖1.7万宗，治理违反“门前三包”责任制行为427宗。开展户外广告设施专项整治。香洲主城区在昌盛路、南湾大道等道路建设12千米的广告招牌示范街。开展“创文”迎检市容整治行动，进一步规范口岸地区道路、广场等公共场所市容管理，清拆整治夜市、烧烤摊点，严禁乱堆乱放，制止沿街商铺乱倒污水垃圾和派发传单等行为。

理念机制创新。一是推动实施“双限治乱”（限定时间、限定地点引导流动商贩规范摆卖），坚持“堵疏结合”治理市容管理难题。，横琴、香洲、高新等地相继开展“双限治乱”试点。二是探索社区居民自治新模式。香洲区在拱北、梅华、狮山、前山、湾仔等辖区组建“市容劝导队”，对本辖区市容管理重点区域开展巡查劝导，成效明显。

落实城管体制改革创新。2013年，珠海市落实城管体制改革创新。一是加强城管执法司法保障。推进落实市、区公安机关领导兼任各级城市监督管理局党组副书记和党组成员等职务；加强与市公安局、中级人民法院等部门沟通；公安、城管基层单位紧密联系，信息共享；市中级人民法院行政庭业加挂城市管理审判庭牌子。二是与市公安、工商等部门合作，制订《珠海市公安机关配合和保障珠海市城市监督管理执法工作规定（暂行）》和《珠海市农贸市场联合执法工作制度》。

依法行政。2013年年，珠海市城市监督管理局起草《珠海市整治违法建筑“减存量”工作指导意见》《“减存量”统计口径标准》《珠海市违法建设举报奖励办法》《珠海市市区临时便民市场管理办法》；修改完善《珠海市城市管理行政执法局行政处罚自由裁量量化标准》。

局属机动执法支队、督察支队拆除市委领导督办的前山棕榈假日小区楼顶违法建筑，开展“两违”整治专项考核，重点督办香洲中珠九悦、澳洲山庄别墅、珠宾花园等一批违法建筑案件。机动执法支队开展噪音扰民专项执法行动，委托第三方检测机构，以专业检测数据为依据，首次对噪音扰民商户实施处罚。

公共关系建设。2013年，珠海市实现城管部门履行职责与社会公众期望良性互动。一是通过与珠海电视台开展“阳光政务”访谈节目，举办“城市治理市民谈”系列活动。二是开通官方政务微博（微信）。7月25日，在新浪网和腾讯网分别开通集政务宣传、投诉咨询、话题讨论、网民互动一身的官方政务微博。官方微博发出博文1100多条，微博粉丝数量突破13000人。

（曾丹）

【城镇村庄建设】 2013年，珠海市组织编制《唐家湾历史文化名镇保护规划》，斗门镇开展“中国历史文化名镇”申报工作。加快实施《珠海市幸福村居城乡空间统筹发展总体规划》，全市开展47个村居的幸福村居规划。 *（邓质嫦）*

【房地产业与住房保障】 2013年，珠海市房地产开发投资272.58亿元，比上年增长12.6%。在房地产开发投资中，商品房住宅投资209.66亿元，比上年增长15.3%。保障性住房投资3.20亿元，比上年下降60.3%。全年商品房施工面积1853.75万平方米，比上年增长4.4%，其中商品住宅1306.81万平方米，比上年下降0.6%。商品房竣工面积381.62万平方米，比上年下降5.2%，其中住宅300.09万平方米，下降8.8%。商品房销售面积342.25万平方米，增长36.2%，其中住宅307.55万平方米，增长33.3%。年末商品房待售面积163.43万平方米，比上年增长17.1%，其中住宅115.6万平方米，增长19.2%。

保障性住房建设 2013年，珠海市新建任务3187套（户）、基本建成5944套（户）。住房保障年度任务开工率115%、基本建成率100.3%，超额完成省下达的住房保障工作目标责任任务。廉租住房实物配租1034户、发放补贴746户，全年发放廉租住房补贴271.26万元。是年，珠海市颁布实施《珠海市公共租赁住房管理办法》。尝试合作建设宜居宜业保障性住宅示范小区。 *（邓质嫦）*

住房公积金管理 珠海市住房公积金缴存总额272亿元，累计缴存余额69亿元，累计提取总额203亿元，累计发放个人购房贷款总额81亿元，累计发放个人购房贷款笔数44286笔。2013年，珠海市全年缴存住房公积金人数50.02万人，比上年增长12%。全年住房公积金缴存额42.90亿元，比上年增长2%。全年住房公积金提取额39.30亿元，比上年增长18%。全年发放住房公积金个人购房贷款额13.87亿元，比上年增长123%。全年回收贷款5.27亿元，期末贷款余额46.59亿元。全年住房公积金实现增值收益1.51亿元，比上年增长46%。全年共发放住房公积金个人购房垡6509笔，批准职工提取公积金共39.30亿元，提取0.21亿元住房公积金增值收益作为珠海市廉租房

的建设补充资金，比上年增长39%。抓好监督稽核，全年追回违规支取资金21万元。 *(蒋婵婵)*

【“三旧”改造】 2013年，珠海市出台《珠海市城市更新工作议事办法（试行）》《珠海市城市更新项目申报审批程序规定（试行）》《珠海市临时改变旧工业建筑使用功能项目管理实施意见》。是年，珠海市纳入“三旧”改造的项目共59个，涉及用地307.23万平方米，年总投资额21.03亿元。其中，完成改造项目8个，涉及用地37.18万平方米，年总投资额2.61亿元；进行改造的项目51个，涉及用地270.05万平方米。 *(邓质嫦)*

【建筑业】 2013年，珠海市新开工房屋建筑和市政工程532项，开工建筑面积979万平方米，合同造价126亿元。截至年底，全市通过市建设工程交易中心建设工程交易平台招标的建设工程共919项，招标金额327.86亿元，成交金额307.01亿元，节省资金20.85亿元，平均中标降幅达6.36%，招标项目总数招标金额和成交金额分别比上年增长40.95%、24.41%和23.59%。

2013年，珠海市逐步建立健全建筑市场诚信体系和公平公正监管体系。建立企业库、从业人员库和工程项目库三大数据库；切实规范建设工程劳动用工行为；加强《珠海工程造价信息》发布工作及工程造价监督管理工作。落实安全生产责任主体的安全责任，加大检查和处罚力度，强化对建设工程重大危险源的管理，开展“打非治违”行动；深化和完善建筑工程质量通病防治措施，全面推行建筑工程质量样板引路，开展“拒绝海砂”“建材打假”等专项行动。

改革审批制度。落实行政审批改革要求，精简办事环节，与法定时限相比，规划建设业务承诺时限共节省157个工作日。推进建设工程行政审批改革。对一个审批阶段内事项采取“抄告相关、同步审批、限时办结”的方式，规范并联审批行为。 *(邓质嫦)*

【建设科技与信息化】 2013年，珠海市新建民用建筑节能设计标准执行率、建筑节能设计审查备案率、新建建筑施工阶段节能标准执行率均达到100%。

推进绿色建筑。2013年，印发《关于加快推进珠海市绿色建筑发展的通知》《珠海市2013年建筑节能暨绿色低碳建筑目标责任实施方案》，组织编制《珠海市绿色建筑建设规划和应用导则》，完善全市绿色建筑政策体系和技术指标体系。新增绿色建筑项目“万科魅力之城9~20号楼”和“万科城市花园1~11号楼”32万平方米。

促进可再生能源规模化应用。2013年制定发布《珠海市可再生能源建筑应用专项规划》《珠海市可再生能源资源评估》《珠海市太阳能热水系统与建筑一体化设计和验收导则》和《珠海市太阳能热水系统与建筑一体化图集》，安排可再生能源专项资金对珠海格力电器股份有限公司“太阳能光伏中央空调节能示范工程”“伟创力珠海工业园太阳能光伏电站项目（节能改造）”“兴业太阳能金鼎产业园光伏系统屋顶工程”“珠海塞纳科技打印机产业园宿舍楼热水工程”“珠海市红旗中学学生宿舍太阳能热水系统节能改造”等可再生能源应用示范项目进行补贴。

墙材革新。截至2013年底，珠海市确认或备案登记的新型墙体材料生产企业达28家，年生产规模超过20亿块标砖，形成混凝土空心砌块、加气混凝土砌块、轻质墙板、复合墙板的多品种、多系列的产品体系。2013年全市使用新型墙材2.8亿块标准砖，折合节约土地面积28.67公顷，节煤1.68万吨，市区新型墙体材料应用比例90%。

开展能耗统计，加强节能监管体系建设。2013年，完成80幢国家机关办公建筑的能耗统计、20幢居住建筑的能耗统计、15幢建筑的能源审计和能效公示，新增7个能耗监测示范工程，全市能耗监测平台的总监测项目17个。

规划建设管理信息化。形成“1123N”信息化成果体系，信息化成果多次为市重点项目提供辅助决策支持。制订包括控规成果、基础地形图、规划三维模型等数据标准化体系，完成全市域控规成果、航空影像、中心城区约100平方千米现状及审批档案、三维现状模型、规划地形图等数据的建库工作，横向覆盖城市用地“前世今生”的“一张图”管理，纵向实现地面“二三维一体化”的“多维度”管理。启动珠海智慧规划与建设发展规划研究，组织开展珠海市城乡规划统筹管理一体化信息平台，规划方案动态支持系统（三维）二期建设。 *(邓质嫦)*

推动住房公积金信息化建设，提升管理水平。2013年4月，推出住房公积金网上查询平台，提供全天候住房公积金账户明细查询服务；8月，启用、推广住房公积金联名卡，通过公积金联名卡、信息系统和中心官网的对接，将行政审批简化为“网上申请-系统比对审核-联名卡内转账”；11月，信息系统贷款审批功能模块上线运行。 *(蒋婵婵)*

数字城管。2013年，珠海市城市监督管理局根据“数字城管”覆盖主要镇区的原则，确定金湾、斗门、高栏港区88.82平方千米的新增覆盖面积，完成二期项目立项审批等；实现与公安机关视频监控资源共享，新增视频监控探头1000多个。 *(曾丹)*

【珠海市住房管理实现“三大突破”】 2013年，珠海市住房管理简政提效实现三大突破，获“珠海市行政服务创新进步奖”。一是租房支取“一折通”。凡在本市无房产者，凭人手一本的公积金存折便可支取公积金，将原来需在各部门花费1个月时间才能完成的事情，浓缩在3分钟内办结，受惠23万人。二是购房支取“一批三年”。直对购房三周年内可申请提取公积金，将“三年三批”压缩优化为“一批三年”。三是授权审批。通过授权企业附近开户银行，直接办理大批量外地户籍离职返乡人员公积金提取销户业务。 *（蒋婵婵）*

附录：珠海市住房和城乡建设管理部门主要领导

珠海市住房和城乡规划建设局
党组书记、局长：王朝晖
珠海市城市监督管理局
党委书记、局长：方小勇
珠海市市政园林和林业局
党组书记、局长：陈家平
珠海市海洋农渔和水务局
党委书记、局长：郭仲秋
珠海市住房公积金管理中心
党组书记、中心主任：卢仲强

汕头建设

【概况】 汕头市位于广东省东部，韩江三角洲南端。1930年为省直辖市，1949年改为地级市。汕头是中国最早开放的经济特区之一。汕头市土地总面积2179.95平方千米，其中市区面积1954平方千米。2013年末，全市总人口540.00万人，常住人口540.00万人，其中市区人口532.51万人。是年，全市生产总值1565.90亿元，完成固定资产投资额784.67亿元。

2013年，汕头市完成住房城乡建设各项任务。一是重点项目建设取得新进展。濠江污水处理厂一期管网连通通水，金凤西路一期主体工程基本完成，西堤路等一批民生道路改造升级，完成投资2.4亿元，新建改造道路16.45万平方米；潮人码头启动建设，成功代建管理市海滨路10号大院应急维修项目。二是千村环境卫生整治取得新进展，继续牵头开展农村垃圾、污水、畜禽污染、厕改等治理，累计建成垃圾转运压缩站55座、收集点5074个。三是建筑业改革发展迅猛。完成施工产值367.4亿元、增加值81.5亿元，创利税逾29.17亿元，其中转移外税逾4.6亿元，新签工程合同额超383亿元；建筑工程质量稳步提高，创“中国建设工程鲁班奖”3项，实现汕头创鲁班奖“八连冠”。四是宜居城乡创建取得新效果，创建一批“广东省宜居示范村庄”，41个社区被评为“广东省宜居社区”。五是民生事业建设取得新成就，筹集公租房1300套，发放租赁补贴1200户；管道燃气投资6000万元，新增用户1.2万户，中心城区管道燃气普及率突破20%；完成小公园片区200公顷规划范围内3.32万多户土地及其上盖物摸查；勘察设计、风景区、房地产管理等工作均取得新成绩。

但是，汕头资源环境制约日益突出，支撑经济持续较快增长的动力和后劲不足；底线民生保障不到位，与人民群众的需求差距仍然很大；城市管理的科学性、精细化水平亟须提高。 *（彭兰阶）*

【城乡规划】 规划审议 2013年，汕头市审议通过《汕头市“十二五”近期建设规划》《汕头市南澳县总体规划（2009~2020年）》《中信滨

2013年汕头市住房和城乡建设主要经济产业指标

项　目	单　位	实　绩	比上年增长（%）
固定资产投资额	亿元	784.67	28.2
建筑企业	个	243	5.65
建筑业总产值	亿元	367.4	22.6
建筑企业利税总额	亿元	29.17	39
建筑企业期末从业人员	万人	14.88	11
建筑企业劳动生产率	元／人	246970	12
建筑企业房屋建筑施工面积	万平方米	4659.11	57.6
商品房屋销售额	亿元	105.43	11.7
商品房屋销售面积	万平方米	152.7	−12.2
房地产开发投资额	亿元	91.10	8.2
商品房屋施工面积	万平方米	968.5	1.6
建成区绿化覆盖率	%	41.7	7
人均公园绿地面积	平方米／人	13.79	6.16
人均城市道路面积	平方米／人	9.92	0.4
城市用水人口	万人	236.4	−3.55
城市自来水普及率	%	100	0
城市燃气普及率	%	94.2	0.21
城市液化气供应总量	万吨	19.3	2.66
城市天然气供应总量	万立方米	1813.86	12.5
城市污水处理厂	座	8	14.29
生活垃圾无害化处理率	%	81.3	21.4
城镇化率	%	69.79	0.42
住房公积金缴存额	亿元	26.68	17.84
住房公积金贷款额	亿元	10.56	94.48
保障性安居工程	套	3577	−
绿色建筑面积	万平方米	−	−

（汕头市住房和城乡建设局）

海新城南滨片区控制性详细规划》等11个项目；审议通过《汕头市新东区14号片区控制性详细规划》《汕头市23街区北片区控制性详细规划》等23个项目；审议通过《汕头市历史文化保护区启动区建筑和景观工程设计》《汕头市泰山路—汕汾路立交规划设计方案》等4个项目；《厦深铁路潮阳站及周边片区控制性详细规划》《滨海旅游及海上运动专题规划研究》等市重点规划项目通过市政府审批。

汕头市城市总体规划　从2013年1月起，汕头市城市总体规划修编工作正式启动。项目组邀请来自美国、荷兰、比利时、以色列等8个国家不同研究领域的国际专家成立“汕头市城市规划专题研究国际专家组（Urban Planning Advisory Team，UPAT)”，并会同总体规划编制项目组同步进行调研和编制专题研究。

汕潮揭同城化　2013年，组织开展《汕头市“十二五”近期建设规划》，提出发挥汕头作为粤东中心城市的区位优势，在更大区域范围内优化资源配置，引领粤东地区整体发展水平提升，实现区域共赢。贯彻落实《推进汕潮揭同城化工作方案》。

汕头海湾新区规划　2013年，组织开展《汕头海湾新区空间规划研究》和《海湾新区基础设施专项规划》，完成空间规划研究初步方案。牵头组织制定《汕头市中心城区扩容提质实施方案》。

重点片区规划　2013年，汕头市推进重点片区规划，包括“濠江新城”和新东区分区规划、“珠港新城”控制性详细规划、“东海岸新城”和“一河两岸”控制发展规划等，以及“西部生态新城”规划、“粤东物流新城”规划。

城市设计评审会　2013年，以“老街区、新活力”为主题，组织开展汕头市历史文化保护区城市设计。委托北京大学陈可石教授设计团队开展小公园及周边片区约2平方千米范围的详细城市设计。9月3日，市政府召开《汕头市历史文化区详细城市设计》评审会，邀请国内外古建筑、文化、策划等领域知名专家组成专家组，对该设计进行评审。以“打造北回归线上的黄金海岸”为主题，组织开展汕头海湾新区东海岸新城城市设计国际竞赛。以国际城市与区域规划师学会为竞赛活动顾问单位，邀请荷兰、英国、美国3家公司国际团队开展东海岸新城城市设计竞赛，10月15~18日，汕头市政府组织召开《汕头海湾新区东海岸新城城市设计国际竞赛》评审会。

控制性详细规划　2013年，汕头市制订《汕头市中心城区控规全覆盖编制工作计划》《关于加快推进新东区控制性详细规划的工作方案》，推进《汕头市城市总体规划(2002~2020)》中未编制控规的建设用地的控制性详细规划编制，开展控制性详细规划编制片区19片，面积3145.319公顷。

专项规划　汕头市组织开展《汕头市中心城区核心片区交通改善规划》《汕头海湾新区基础设施专项规划》编制，配合相关部门完成《汕头市潮人码头文化园修建性详细规划》《汕头市绿道网建设规划》《汕头市泰山路——汕汾路立交规划设计方案》《汕头市东部城市经济带道路网规划优化》《汕头市公共交通发展规划》《汕头市儿童公园概念性设计方案》《汕头市西堤公园概念性设计方案》《珠港新城综合管廊专项规划》等项目的规划编制和审查。

新农村规划　2013年，汕头市推进中心城区《村庄整治规划》编制。金平、龙湖123个村居实现村庄规划全覆盖，帮助南澳县、村编制《深澳镇总体规划》《深澳镇金山村旅游专项规划》《关埠镇下底村编制保护与发展规划》。

重点项目　2013年，完成“广东—以色列理工学院”选址，出具海湾新区东海岸新城新津启动区首期市政道路和土地出、粤东物流新城南片区首期市政道路和土地出让规划条件和国瑞东区医院、汕头东方医院等用地规划条件；核发苏埃过海隧道等选址意见书。配合国土部门完成大洋水产等一批土地收储和出让，实现土地收储出让28亿元。

规划许可与审查　2013年，汕头市核发中国卫星广东汕头航天技术转化中心科研楼等3宗重点建设项目的《建设工程规划许可证》，审核汕头泰山物流中心、汕头市西港粮食物流中心2个重点建设项目建设工程设计方案，核发“三旧”改造项目《建设工程规划许可证》，审核华润万家综合体重点项目总平面设计方案。

规划立法。2013年，汕头市完成《汕头经济特区城乡规划条例》《汕头经济特区城市建设用地使用性质和容积率规划管理办法》《汕头市中心城区建筑物改变用途规划管理暂行》《规定汕头市村民住宅规划建设管理暂行办法》编制上报审批。

行政审批。2013年，核发《建设用地规划许可证》38宗、核发建设工程规划许可证43宗，规划许可建筑面积148.76万平方米。变更《建设工程规划许可证》许可内容24宗；核发《临时建设工程规划许可证》3宗；改变套型、改变使用功能4宗；审核建设工程设计方案和总平面37宗。组织、参加工程验线49宗、规划核实81宗。在城乡规划监督检查中，查获各项违法建设92宗，总建筑面积5.7万平方米。提请市行政执法部门进行依法处理92宗。

城乡测绘　2013年，汕头市启动中心城区北岸西片区1：1000地形图修测，地形图修测总面积113平方千米；结合扶贫开发“双到”工作，对潮南区鹅地村、南澳县深澳镇圆山村、红场镇苏林村进行全野外数字化地形图测量。

信息公开　2013年，汕头市实

施规划项目编制和审建设项目审批信息全部通过市住房与城乡建设局公众网站向社会公开。是年，市住房与城乡建设局办理政府信息公开事项720件，并组织征求意见11场次。

规划宣传　2013年，结合《汕头市城市总体规划》修编，开展系列城市规划专题宣传活动，通过汕头电视台、《汕头日报》、政府门户网站、规划局公众网站公示规划方案。对《汕头市历史文化保护区详细城市设计》评审会和《汕头海湾新区东海岸新城城市设计国际竞赛》评审会进行专题宣传，征求公众和社会各界的意见和建议。

（周建雄）

【宜居城乡建设】　2013年，汕头市开展省宜居示范城镇、村庄创建工作，澄海区溪南镇东社村、潮阳区西胪镇西凤村等8个村获第二批“广东省宜居示范村庄”称号，龙湖区外砂镇蓬中村获第三批“广东省宜居示范村庄”称号。推荐金平区滨港社区申报“广东省宜居环境范例奖”。澄海区澄华街道华冠社区等41个社区被评为“广东省宜居社区”。

（彭兰阶）

【城市基础设施建设与管理】　市政基础设施　2013年，汕头市完成珠港新城综合管廊规划编制并启动市政配套（一期）勘察设计招标，黄厝围片区完成市政道路勘察设计招标；濠江污水处理厂一期管网连通通水；金凤西路一期主体工程基本完成；东厦泵站、利安泵站投入使用；大华路、外马路、西堤路、汕揭梅高速泰山路出入口工程竣工通车。全年累计完成市政投资2.48亿元，新建改造道路面积16.45万平方米，新建下水道1万米，新建绿化面积6600平方米。成功代建管理市海滨路10号大院应急维修改造项目，为全面开展代建工作提供示范。编制完成礐石风景区东湖规划建设方案。

旧城改造　2013年，汕头市审议通过《汕头市国有土地上房屋征收工作规程（试行）》《汕头市国有土地上房屋征收风险评估实施办法（试行）》《汕头市国有土地上房屋征收与补偿资金管理办法（试行）》。对小公园历史文化街区约200公顷范围内3.32万户建筑物、构筑物的占地、层数、面积、结构、用途、建成年代、总用地等逐户逐宗丈量、登记，并开发“汕头市旧城改造摸查数据信息系统”。完成下涂坪片和杏花旅社片改造任务。全年旧城改造投资2.3亿元，竣工面积11万平方米。

（彭兰阶）

城市桥梁检测维护　2013年，完成金泰立交桥、珠泰立交桥桥梁检测和光华桥、汕樟南高架桥、金砂—汕樟立交桥专项监测，防撞设施初步设计方案和项目概算书。杏花桥维修加固工程于4月18日开工，该工程于2013年底全面竣工。

道路工程改造　2013年，汕头市完成汕樟北路龙湖区路段建设改造等。道路全长1395米，宽度按37~40米实施。该工程于2013年1月10日竣工验收并通车。金凤路路灯工程完成工程量约96%。杏花路、金湖桥维修加固及金湖路三个应急维修工程于2013年1月底通车交付使用。金砂东路改造配套续建人行天桥完成竣工验收。

城市园林绿化　“绿满家园”全民行动。2013年，汕头市完成儿童公园东园简易绿化及填土工程、衡山路三角岛绿化改造工程、中山路行道树整改工程，迎宾广场绿化岛、金砂东路等道路绿化提升工程、黄河路道路中央绿化带工程、嵩山路中央绿化带改造工程；完成嵩山路、衡山路等绿化工程项目。启动推进一批公园规划设计。开展市区主要道路路树缺株断线的清查和补种。补种乔木9895株、小叶桉树苗6000株，并发动社会各界认种认养认建绿化。

市政道路绿化维护改造　完成中山路、海滨路等20余条城区道路（路段）行道树以及市民休闲活动区域绿带、道路灌木、树穴的常规性修剪；截干重剪树木2586株；加强对步道树巡查，做好枯死危树清理工作。配合市区道路改造工作，完成大华路、海滨路、外马路等8条道路树木迁移。

（郑智敏）

风景名胜区管理　2013年，汕头市礐石风景区挖掘景区旅游文化资源，改造升级东湖；查纠制止违章行为800宗；全年接待150万人次，收入550万元。加强北山湾公

▲2013年2月2日，汕头市举行“潮人码头特许经营（BOT）项目签约仪式”。市长郑人豪（后排左五）等出席

（汕头市住房和城乡建设局供稿）

共海滨泳场管理。

绿道建设　2013年，《汕头市绿道网建设规划》经市政府常务会议审议通过。规划“一核、两带、八环”：“一核”指汕头内海湾核心廊道；“两带”指山体人文风光带、滨海特色风光带；“八环”指都市休闲环、牛田洋生态湿地环、东部新津—莲阳河绿堤掩翠环、莲阳—东里河潮汕民居环、小北山田园风情环、濠江山海风光环、大南山红色印迹环、南澳岛生态海岛环。2013年，汕头市完成省立绿道110千米的建设，兼顾生态型、郊野型、都市型三种类型。 *(彭兰阶)*

城市环境卫生　环卫设施配套建设。2013年，汕头市结合“千村环境整治”专项工作，推广市、区、街道三级共建环卫设施的模式，推进环卫设施尤其是城乡结合部、涉农社区垃圾转运站建设。中心城区建成普通小型垃圾转运站5座、环保公厕1座、将普通转运站升级改造为压缩式垃圾转运站2座。编制《汕头市城市环境卫生事业发展规划（2013~2020)(初稿)》《汕头市中心城区环卫设施专项规划(2012~2020)》。澄海区完成环卫设施专项规划编制并实施。2013年，全市城乡建成垃圾转运（压缩）站35座，累计建成55座；建成垃圾收集设施1074个，累计建成2381个，一批垃圾收集点正在建设或升级改造。

生活垃圾无害化处理设施建设。2013年，汕头市先后完成金陇、月浦等5座涉农社区垃圾转运站，1座环保公厕建设和1座转运站升级改造为压缩式垃圾转运站工作。更新增设果皮箱1199套、回收损毁果皮箱近579只。

城市环境卫生。2013年，汕头市环卫专业队伍落实对城区（含非中心区）1850万平方米道路的“一普扫二保洁”作业。全市年清运并处理居民生活垃圾78.74万吨；落实公共厕所、垃圾转运站、果皮箱等环卫设施的清洁及管理；清理汕头港水域垃圾杂物710余吨。中心城区市、区两级财政全年投入资金1435.94万元。完成市内海湾首艘自动化水面垃圾打捞船建造工作并投入试运行。

环境卫生管理机制建设。2013年，汕头市重新修订《汕头市环境卫生作业质量检查方案》《汕头市环境卫生作业质量检查评分标准》。印发《卫生质量检查通报》26份、环境卫生整改通知书9份；完成20家已取得环境卫生经营性服务资质单位的年审和抽查，1宗升级、2宗更名和9宗认定申请的检查审核。协助广东省住房和城乡建设厅、省环卫协会举办“广东省城乡生活垃圾处理设施建设及机械设备技术交流会”(粤东片区)。

推进环卫作业市场化进程。完成环卫清洁作业市场化第二轮招标；濠江区除达濠街道范围以外所有区域的道路清扫保洁、垃圾转运作业通过政府购买服务形式实行市场化运作，从2013年9月1日起实施；澄海区通过BOT运作模式完成洁源环保电厂主体建设，建立健全垃圾清运系统，完成15座生活垃圾压缩转运站建设配套和运营招投标。

环境卫生整治。2013年，汕头市协调督导各区环卫部门和直属各单位落实千村环境整治、城市管理重点区域环境卫生整治和潮南“8·17”洪灾以及强台风“天兔”灾痕清理工作，做好重要节日重大活动期间环境卫生保障。全年出动人员1.7万人次，车辆近9000车次，清运垃圾杂物、树枝淤泥等3.07万吨。在龙舟赛、侨博会等活动期间，布设移动公厕115座次、垃圾收集容器90个、海面拦污带900米。

(郑智敏)

城市生态环境保护和建设　城市污水治理。2013年，汕头市推进污水处理厂及配套管网建设。北轴污水处理厂厂外管网（泵站）工程2号泵站加紧施工小桥主体工程；南区污水处理厂濠江分厂厂区建成通水，厂外管网主要截污干管全线约12.12千米，完成11.87千米，完成河浦泵站土建施工，马滘泵站完成配电间屋面板混凝土和泵房沉井下沉封底，濠城泵站完成泵坑、泵房和配电间内部装饰等。

年内，组织编制《汕头市饮用水源保护区划调整可行性研究报告》，并通过专家评审，补充收集饮用水源保护区划调整。组织编制《汕头市创建国家环境保护模范城市规划》。开展《汕头市环境保护和生态建设“十二五”规划》编写。

实施环境综合监管。环境安全大检查。开展2013年环境安全大检查与废弃危险化学品和放射源环境安全检查督查专项行动；制定《汕头市废弃危险化学品和放射源环境安全检查督察专项行动工作方案》。

印染行业专项整治。2013年，汕头市推进印染行业污染整治，特别是加强潮阳、潮南两区印染整治的督查指导。确保印染行业定点基地建成之前，现有基地外的印染企业污染物达标排放，并纳入环保规范监管。市环保局加强对全市，督促两区全面开展对印染行业污染的集中清理和整治。

查处违法“小电镀”企业。2013年，实加大对澄海区开展违法“小电镀”整治督查指导力度，要求该区严格按照“断水断电、拆除设备、吊销执照、消除原料”的标准开展整治。列入关停取缔的非法小电镀基本按要求完成整治。

开展濠江区煤码头扬尘污染专项整治。2013年，汕头市环保主管部门督促有关单位完成出场运煤车辆冲洗系统技术改造，保证出港车辆清洁；加强对出港运煤车厢管理，防止煤炭撒漏，减少二次扬尘污染；加强煤堆场喷淋、覆盖、道路清洗；通报濠江区管辖多个无证经营煤场，严重污染环境等情况。

强化医疗废物环境管理。2013年，汕头市环对特废中心医疗废物收运工作核查，对其未及时向边远乡镇医疗机构收集医疗废物的行为下达限期改正通知。

推进机动车污染减排。2013年，汕头市《汕头市机动车环保标志限制通行管理工作实施方案》于2013年9月通过汕头市政府审批并印发实施。完成汕头市机动车“十二五”污染减排工作实施方案，落实市机动车检测机构与环保部门联网和检测数据上传。

开展贵屿污染综合整治。2013年5月，广东省副省长许瑞生召开贵屿污染综合整治工作会议，对汕头市工作提出新要求。汕头市协同中山大学项目组完成《汕头市贵屿地区电子废物污染综合整治方案》编制，通过市政府审查报省政府审批同意，由省环保厅印发实施。协同省土壤所完成《汕头市贵屿镇重金属污染典型土壤修复示范工程实施方案》编制并通过省环保厅批复同意。配合省环保厅做好TCL整机拆解项目申请资金补贴现场核查。

开展环境监测。2013年，汕头市做好市区空气质量和韩江水质自动监测。上报有效自动监测数据564884个。发布空气质量日报预报365期、水质周报51期、空气质量一周点评52期。完成贵屿镇环境空气重金属监测和莲花山尾矿监测。开展贵屿镇土壤环境质量调查、区域环境健康调查工作和贵屿镇区域环境监测。配合各部门开展监督性监测共387厂次。对全市6个空气质量监测子站进行全面升级改造，建设南澳空气质量监测子站，实现全市域空气质量自动监测，对公众公布监测结果。

城市水环境建设。2013年，汕头市加强饮用水源保护。一是继续加强中心城区饮用水源保护区定期检查和通报，确保中心城区饮用水安全；二是加强流域协作，从源头上确保饮用水源安全；三是完成2012年城市集中式饮用水源评估工作；四是成立汕头市环保局南粤水更清行动计划工作领导小组及办公室，着手制订汕头市南粤水更清实施方案。

推进练江污染整治。2013年，汕头市贯彻落实省、市练江污染综合整治方案，开展印染行业污染整治。实施《关于对练江流域汕头段实行建设项目环保限批的通知》，对练江流域暂停审批新建、扩建可能造成重大环境影响的重污染项目。依法关停一批造纸、印染和电镀企业；全面推进练江流域印染行业污染整治。先后完成对潮阳、潮南印染行业的全面清理和现场核查，至2013年底，潮阳、潮南两区清理印染企业350家，拟通过整治保留企业191家、关停159家；开展练江水质环境监测。及时掌握练江水质状况，为推进练江污染整治提供数据支持和决策参考。是年，从练江三个断面的水质监测结果看，练江水质依然为劣五类，尚未有实质性好转。是年汕头市潮阳区污水处理厂一期工程、潮南两英污水处理厂、峡山污水处理厂一期工程建成并投入使用。

水环境质量保持稳定。2013年度，汕头市区饮用水源水质保持良好，韩江梅溪河、新津河、外砂河、韩江东溪、河溪水库和秋风水库6个饮用水源地61项监测指标的月均值均符合国家规定的标准限值，水质达标率100%。各水源地水质的33项优选特定项目中均检出钡和钒2个项目，但所有优选特定项目检出值均未超标。

2013年度，韩江西溪大衙段和外砂河水质均为Ⅱ类，水质状况优；韩江东溪水质为Ⅲ类，水质状况良好；韩江梅溪河感潮河段水质为Ⅳ类，水质轻度污染，主要污染指标为石油类；榕江汕头段水质为Ⅳ类，水质轻度污染，主要污染指标为化学需氧量；练江汕头段水质为劣Ⅴ类，水质重度污染，主要污染指标为氨氮、五日生化需氧量、阴离子表面活性剂等。

城市噪音治理。2013年，汕头市根据《环境噪声监测技术规范城市声环境常规监测》要求，区域环境噪声和道路交通噪声在每个五年规划的第三年开展夜间监测，每五年1次，监测从夜间时间开始。2013年度，汕头市区声环境质量监测工作新增夜间监测，并参与评价。

区域环境噪声。2013年，汕头市区区域环境噪声昼间等效声级为55.5分贝，比上年下降0.2分贝；夜间等效声级为46.7分贝。符合国家2类标准。按照城市区域环境噪声总体水平等级评价，市区区域环境噪声昼间和夜间的水平等级均为一般。

道路交通噪声。2013年，汕头市区道路交通噪声昼间等效声级为67.6分贝，符合国家4a类标准，比上年下降0.5分贝；道路交通噪声夜间等效声级为62.7分贝，超标7.7分贝。按照道路交通噪声强度等级评价，昼间等效声级为好等级，夜间等效声级为较差等级。*(纪晓佳)*

城市供水　2013年，广东省住房和城乡建设厅城建处委托汕头市为民水质检测有限公司（加挂“广东省城市供水水质监测网汕头监测站”牌子），对河源市8家供水单位的出厂水和管网水进行水质督察，完成检测工作并将检测结果报送住房和建设部水质检测中心。2013年12月，汕头市水务局委托汕头市为民水质检测有限公司对汕头市辖区内10个水厂出厂水、7个管网水和15个水库水进行采样、检测，形成水质督察报告，对存在问题的水厂提出整改意见和整改措施。截至2013年底，汕头市启动中心城区居民多层住宅小区供水直抄到户，改造的居民住宅小区47个，完成改造32个，累计完成工程投资1050万元，铺设地下管道约16.68千米，完成小区泵房改造10座，实现供水直抄5992户。汕头市日供水规模97.6万吨，供水人口141万人。

(彭喜奎)

城市供气　2013年，汕头市有瓶装燃气企业56家，拥有气站57个。汕头市液化石油气储配站是粤东和闽赣南最大的液化石油气储运基地，向粤东地区及福建、江西等地区供气。中石油昆仑、暹罗燃气、大明等大型储配站供应整个粤东地区和福建省毗邻地区；气源以液化石油气为主，液化天然气为辅。中心城区有管道燃气企业2家，拥有气化站5个，管道燃气用户约8万户，建设燃气市政干管约110千米，管道燃气普及率18%。澄海区建有汕头市澄海燃气建设有限公司岭海气化站，气源为液化石油气，贮气能力150立方米，澄海区管道燃气用户2.8万户。潮阳区、潮南区、南澳县尚未建设管道燃气气化站，个别新建住宅区配套管道燃气瓶组间进行管道供气。

管道燃气建设。2013年，协调华润和新奥管道燃气企业整合；完善小区开发及市政道路燃气管道及配套建设。全年管道燃气建设投资6047万元，铺设市政管道28千米，新增管道燃气用户1.2万户，完成20多个住宅小区燃气管网建设。中心城区管道燃气普及率突破20%。

（彭兰阶）

城市综合管理　2013年，汕头市城管部门落实“绿满家园”全民行动、“千村整治”行动，推进城市管理考核和效能监督。

12319城管服务热线。2013年，汕头市印发《关于实施网格化执法管理的工作方案》，拟制《市12319城管服务热线增设服务渠道工作实施方案》，开通12319城管服务热线官方微博，增设移动手机和专用邮箱等接诉途径。

城市管理考核和效能监督。2013年，汕头市制订《汕头市城市管理工作日常检查通报实施方案》。调整市城管委和市城管办组成名单，将市城管执法局增列为考核单位。全年对中心城区各考核责任单位实施季度考核3次、年终考核1次、非中心城区三区一县半年和年终考核各1次。督办未办结事项154个，向承办责任单位发出《整改通知书》21份、《督办通知书》17份，办结事项104个。

城市环境综合整治。2013年，汕头市研究制定《小贩疏导工程工作方案》《启动小贩疏导工程试点工作方案》，编制《汕头市流动小贩临时疏导区域管理暂行办法（送审稿）》并上报市政府。印发《关于开展市容环境百日整治的工作方案》，组织全市各城管执法队伍开展市容环境百日整治行动；组织各级城管执法队伍协同相关职能部门开展为期半年的泥头车专项整治行动。全年组织大型整治行动40多场次，实施处罚各类违章行为3065件；拆除各类违法违章搭建物1.73万平方米，取缔人力三轮车147辆，取缔“私宰肉”2323.5公斤，清理各类违章广告及各类障碍物一批。编制《汕头市城管系统管理与执法部门联动配合工作制度》，组织开展10多场专项联动配合整治，参加。全年各部门请求联动42次，发出执法文书60份、罚款11500元，责令违法当事人补缴占道、挖掘道路修复费5宗共5.77万元；清理教育流动小贩138宗；拆除违章设置、破旧广告设施215处，面积约970平方米；清理金箔纸包裹树木208棵、水泥斜坡90处共计155米以及其他非法违章事项多件。

（郑智敏）

【城镇村庄建设】　2013年，汕头市编制《汕头市城市发展战略规划》《汕头市城镇化发展“十二五”规划》以及《汕头市贯彻广东省城镇化发展“十二五”规划实施意见（初稿）》。推荐澄海区前美村申报全国美丽宜居村庄；推荐澄海区隆都镇、潮阳区海门镇为全国特色景观旅游名镇；推荐澄海区莲下镇、东里镇、潮南区陈店镇和潮阳区谷饶镇为全国重点镇。

千村环境卫生整治　2013年，汕头市开展农村垃圾、农村污水、畜禽污染、厕改治理。全年累计投入3亿元；开展多轮专项抽查行动，检查镇街46个、村居668个，发出《督办整改通知书》12份；开展垃圾整治专项考核，南澳县、濠江区评定为优秀。启动编制《中心城区环卫设施专项规划》；新建垃圾转运（压缩）站35座，累计建成55座；新建垃圾收集点1074个，累计建成2381个。抓紧建设全市12个污水处理厂和配套管网；17个村居建成生活污水处理设施。建设7个生猪标准化养殖场、6个省级沼气项目；新建猪舍面积1.23万平方米，建成沼气池4300立方米；获中央补助480万元、省补助260万元。农厕

▲汕头市中泰立交夜景（2013）　（汕头市住房和城乡建设局供稿）

整治获中央、省市三级配套资金660万元，完成1.6万户改厕项目验收，累计完成3.54万个旧厕池填埋，新建三格无害化公厕460个。

（彭兰阶）

【房地产业与住房保障】 *房地产市场管理* 2013年，汕头市中心城区全年批准新建商品房上市面积109.62万平方米；核发《商品房预售许可证》20宗，建筑面积92.02万平方米；办理现房销售备案33宗，建筑面积72.18万平方米。办理中心城区房地产交易登记25575宗，建筑面积257.83万平方米，金额160.27亿元。2013年完成国有集体房产交易转让492宗，面积8.58万平方米，交易额1.56亿元；拍卖房产13宗，交易额约1400万元。

产权登记。2013年，汕头市金平、龙湖区共办理商品房初始登记67宗，建筑面积60.67万平方米，核发初始登记证明9758份；完成办理《房地产权证》26335份，办理转移预告登记6300份；办理房地产他项权登记15597件涉及企业、个人融资贷款担保金额115.03亿元；办理注销抵押登记（含按揭）10859件涉及担保金额76.46亿元，协助司法机关查封、续封、解封1940宗。

物业管理。2013年，汕头市宣传贯彻《汕头经济特区物业管理条例》，完善制定汕头市《前期物业管理招标投标管理规定》和《前期物业服务合同》《(临时）管理规约》《业主大会议事规则》全年办理暂定三级物业服务企业资质21家，向省住房和城乡建设厅申报二级物业服务企业资质1家；新增物业管理项目161个，面积1348万平方米；成立业主大会8个；归集住宅专项维修资金6876.72万元；培训物业管理员117人次；申报广东省物业管理示范项目3个、汕头市物业管理示范项目5个。

住房保障和房屋管理 2013年4月24日召开汕头市住房保障和房产管理工作会议，与各区县政府签订2013年度住房保障目标责任书。制定《汕头市2013年住房保障工作方案》《汕头市公租房保障资格申请审核细则》《汕头市市本级公租房保障对象租赁补贴操作规程》和《汕头市市本级公租房保障对象轮候规则》。向国家提出预算内投资补助的申请；向省提出省级公共租赁住房以奖代补专项资金申请。推进利用住房公积金贷款支持保障性住房建设试点。组织开展对在册住房保障对象的年度复核及新增申请对象的资格审核，取消和注销25户入住对象的住房保障资格，收回其承租的公租房。全年新开工保障性住房1300套，发放租赁住房补贴1200户，共2500套，占新开工任务100%。基本建成3577套，占广东省下达基本建成任务2236套的159.97%。

2013年，汕头市房产管理局在《汕头日报》和局网站再次发布《关于进一步加强危险房屋管理的通告》。开展2013年第11号台风“尤特”抗灾复产，做好职责范围内危房住户动员撤离和危房扶堵拆除等，并组织对受浸房屋进行鉴定，协助做好维修加固部署。全市直管公房安全无事故。

2013年，汕头市出台《关于调整市直属行政事业单位住房货币补贴发放有关事项的通知》，全面重启市直属行政事业单位住房货币补贴发放。全年审核单位申报住房货币补贴59宗，5146人次。全年解决房改购房等遗留问题3件，房改购房13套。

2013年，汕头市继续推进以查处“无证售房”为主要内容的商品房市场秩序整治工作，全年出动1127人次，发出《责令纠正违法行为通知书》53张、《行政告知书》39张，查处房地产市场违规行为，对发现的违规行为苗头及时督促整改，对查实发生违法违规行为的1家房地产开发企业和2家房地产经纪企业进行行政处罚。每两个月在《汕头日报》发布不可销售的商品房项目名单，联合市工商行政管理局开展房地产经纪市场专项治理。研究解决汕头市商品房“一房多证”办理交易、登记存在的问题；印发《关于在房地产交易、登记审核过程加强相关业务查询的通知》。

房地产评估。2013年，汕头市完成土地房产评估业务3479宗，总建筑面积30.68万平方米，总估值11.51亿元，评估费收入超400万元。

房屋安全鉴定和白蚁防治。2013年，配合汕头市政府厦深铁路工程重点项目建设，完成潮阳段沿线4个镇、8个村村民房屋受损鉴定。做好汕头开埠历史文化街区永平路启动项目的房屋安全鉴定；加快乌桥岛房屋安全鉴定，配合做好“8·17”特大水灾及“尤特”台风受损房屋质量鉴定；做好大学路周转房的质量鉴定。*（梁晞）*

住房公积金管理 2013年，汕头市完成财政补助行政事业单位职工住房公积金纳入财政预算工作，当年实际连续缴存人数21.64万人，比上年增长17.10%，实际缴存率42.64%；全市住房公积金缴存单位3352个，职工账户数27.69万户。全年住房公积金归集总额26.68亿元，比上年递增长17.84%；全年办理职工提取住房公积金2.92万人次，提取额12.52亿元，占当期归集额46.91%，比上年增长49.23%。历年累计归集额133.42亿元，归集余额81.15亿元。

2013年，汕头市发放个人住房公积金贷款3417宗，放款金额10.56亿元，分别比上年增长72.05%及94.48%。历年贷款宗数10467宗，放款金额27.37亿元，贷款余额22.59亿元。

2013年，汕头市实现住房公积金增值收益7122.23万元，可上缴市廉租住房建设补充资金5260.99万元，历年累计已上缴市廉租住房建设补充资金1.2亿元。

2013年3月27~28日，住房和城乡建设部陈大卫副部长在省住房和城乡建设厅刘锦红巡视员陪同下，莅汕头专题调研住房公积金管理工作。调研组在汕期间，分别召开市住房公积金管理中心干部和外来务工职工代表座谈会，听取基层职工对现行住房公积金管理制度的意见及建议。市政府徐凯副市长、王德声副秘书长及市房管局有关负责同志参加调研活动。 *(郭松)*

【“三旧”改造】 2013年，汕头市组织编制“三旧”改造专项规划补充规划，编制中心城区“三旧”改造控制性详细规划19项。 *(周建胜)*

【建筑业】 截至2013年底，汕头市拥有建筑业企业243家；其中，一级企业36家，是全省拥有一级资质企业最多的地级市。优化产业结构，10多家企业资质升级增项，企业综合竞争力增强，一级施工企业完成产值200亿元。

建筑业发展 2013年，汕头市建筑业发展态势良好，全年完成建安总产值367.4亿元，完成建筑业增加值81.5亿元；实现利税总额29.17亿元，签订建设工程合同额383亿元。汕头达濠市政签订造价超100亿元的广西桂林至三江公路工程；汕头建安集团承建的驻巴哈马使馆工程获中国驻巴哈马大使馆表彰。

建筑市场秩序 2013年，汕头市出台《关于明确施工企业诚信综合评价工作有关问题的通知》。完成招标投标项目61个，交易总金额22.41亿元，招标率和公开招标率均达到100%；完成总造价14.45亿元的招标控制价备案项目50个、17.36亿元的合同价备案项目47个。

建筑工程质量安全 2013年，汕头市创建一批国优、省优、市优工程。推进质量通病治理和住宅质量分户验收工作，妥善处理工程质量投诉；组织开展质量安全检查13次，发出整改通知书8份、执法建议书15份，实施动态扣分66次。

勘察设计市场管理 2013年，汕头市完成133个项目施工图设计文件及102个项目勘察报告的审查，提出4712条审查意见并及时督促整改；完成22个项目初步设计审查；组织3个项目超限高层建筑抗震设防专项审查；完成12个项目勘察设计招标备案；开展勘察设计质量和企业资质动态核查；开展工程创优评优活动，全市5个项目获“广东省优秀工程勘察设计奖”三等奖。加强工程档案管理，全年接收2946卷档案入库，提供利用档案1040卷。

保障性住房建设 2013年，汕头市完成安居工程6.27公顷、教师公寓2.53公顷和华新城限价房4.2公顷这三个住房保障项目工程建设。全年保障房开工2500套，竣工2236套。全年完成商品房投资额91.1亿元，施工面积968.5万平方米。

(彭兰阶)

【建设科技和信息化】 建设科技 2013年，汕头市申报12项国家专利，取得一批国家、省级工法和QC成果；组建全市建筑节能及绿色建筑专家库；出台《汕头市关于加快推广绿色建筑的通知》；严格实行建筑节能设计专项审查备案制度，做好LED照明产品推广应用工作，使用LED照明产品19604套，推广应用新技术、新材料、新工艺，全年使用散装水泥86.34万吨、商品混凝土218万立方米、新型墙材40.6万立方米。

信息化建设 2013年，汕头市推进“汕头政府在线”项目建设，不断整合政务流程，开发网上办事系统，着力抓好政务网站“汕头建设网”建设，构建全市住房和城乡建设系统统一的电子政务平台，“汕头建设网”年访问总量超过100万人次。

2013年，完成汕头市规划管理信息系统二期工程成果验收，规划管理信息系统网络配套工程安全等级保护建设工作。完成电子报批子系统的建设。完成规划管理信息系统三期工程建设方案设计、专家论证评审、项目立项、备案。完成与“汕头政府在线”的行政审批系统的接口对接与联网测试。

2013年11月，启动向广东省住房和城乡建设厅归集中心城区房地产交易登记数据的工作。完成对历年申请住房保障的保障对象家庭成员的房产登记和交易情况的清查工作；配合非中心城区的房地产主管部门推进房地产管理信息系统应用及房地产登记数据归集联网。

(周建雄　梁晞　彭兰阶)

【汕头市潮南区抗击“8·17”水灾】 2013年8月17~18日，汕头市受强台风“尤特”环流和强烈西南季风云系影响，汕头市潮南区各地出现暴雨到大暴雨、局部特大暴雨的强降水过程，造成严重洪涝灾害，潮南区11个镇（街道）全面受灾。汕头市城管局系统于8月21日7时出动30多人携首批支援物资赶赴潮南区陈店镇和司马浦镇，现场指导两镇相关工作人员开展灾后垃圾及病死禽畜无害化处理，印发《洪涝灾后应急垃圾处理工作指引》《灾后厕所、粪便处理工作指引》《灾后除臭工作指引》《灾后建筑垃圾处理工作指引》等，指导基层城管和环卫部门开展工作。汕头市城管系统运送生石灰约16吨、防护服50套、反光背心30个、彩条布4捆及消毒药品、手套、口罩等作业工具一批协助灾区开展病死禽畜无害化处理。

为加快推进灾区环境卫生清理，汕头市于8月22~27日间共出动市、区环卫部门和市园林部门180多人次，作业车辆20多车次，对324国道、潮南区陈店镇和司马浦镇的垃圾进行清理，清运垃圾36车次，约200吨。8月24日前往潮南区抢修国道324潮南段路灯线路，当天基本恢复送电亮灯。 *(郑智敏)*

【汕头市抗击超强台风“天兔”】 2013年9月22日，2013年第19号强台风“天兔”登陆广东，强台风

"天兔"强度大、来势猛，加上天文大潮的影响，对汕头市的市政设施、园林绿化、环卫设施以及市容秩序造成极大破坏。受强台风"天兔"和天文大潮引发的海水倒灌影响，汕头市老城区几乎全部受浸，水深80多厘米，多处停电，城管系统直接经济损失约6100万元。

为尽快救灾复产、恢复市容市貌，汕头市城管系统向广东省住房和城乡建设厅寻求援助，在省住房和城乡建设厅协调下，深圳、佛山、东莞等市城管、园林、环卫部门共抽调2台切枝机、1台吊臂货车、14台8吨垃圾压缩车、1台平板货车等专业设备于9月26、27日先后抵达汕头，协助汕头市清理倒伏路树及树木折枝，支援金平、龙湖区清理灾后垃圾。主动联系江门市园林局派出一支由10名高级绿化工组成的队伍，自带油锯、高枝锯等专业工具到汕头无私援助，厦门、漳州、普宁、饶平等兄弟市县也派出人员展开援助。

汕头市在救灾中出动干部职工、临雇工加上外来增援园林队伍、部队官兵8622人次，出动运输车辆1053台次，大型机械235台次，扶正重栽树木7535株，异地迁移种植大树795株，清运垃圾树叶折枝2796车次。拆除倒伏灯杆91杆，扶正拆除受损灯臂758支，安全处置受损路灯线路371处，整修更换灯具458套，修复线路故障63处，恢复照明送电44处，修复控制终端13台。出动清疏作业人员200多人次，高压冲洗车、真空吸污车等机械车辆近40台次，强行清通黄厝围电排站、珠池至衡山等受堵塞路段。

（郑智敏）

附录：汕头市住房和城乡建设管理部门主要领导

汕头市住房和城乡建设局

党组书记、局长：裴庆科

汕头市城乡规划局

党组副书记、局长：魏森新

党组书记、副局长：陈春松

汕头市城市综合管理局

党组书记、局长：李冰琳

汕头市水务局

党组书记、局长：谢宋彪

汕头市房产管理局

党组书记、局长：刘小钢

汕头市住房公积金管理中心

党总支书记、主任：洪　泓

佛山建设

【概况】 佛山市位于广东省珠江三角洲腹地，东倚广州，南邻港澳，地理位置优越。1982年设立地级市，土地面积3797.72平方千米，其中市区面积596.58平方千米，建成区面积112.49平方千米。2013年末户籍人口381.6万人；常住人口729.6万人，比上年增长10%。是年，全市地区生产总值7010.17亿元，完成固定资产投资2383.65亿元，比上年增长15%。

2013年，佛山市落实广东省和佛山市各项重点工作。完成新开工建设保障房5589套，基本建成7444套；加强房地产市场调控和监管，

2013年佛山市住房和城乡建设主要经济产业指标

项　　目	单　位	实　绩	比上年增长(%)
固定资产投资额	亿元	2383.65	15.0
建筑企业	个	423	-6.4
建筑业总产值	亿元	399.61	15.6
建筑企业利税总额	亿元	47.32	86.6
建筑企业期末从业人员	万人	8.71	-13.0
建筑企业劳动生产率	元／人	393000	12.6
房屋建筑施工面积	万平方米	3288.92	1.5
商品房屋销售额	亿元	852.47	31.9
商品房屋销售面积	万平方米	940.74	17.3
房地产开发投资额	亿元	745.37	16.7
房屋建筑面积	万平方米	11751.58	68.60
建成区绿化覆盖率	%	39.7	3.49
人均公园绿地面积	平方米／人	12.37	9.179
人均城市道路面积	平方米／人	17.60	-
城市用水人口	万人	729	1
城市自来水普及率	%	100	0
城市燃气普及率	%	38.73	1.68
城市液化气供应总量	万吨	17.93（不含顺德区）	-6.5
城市天然气供应总量	亿立方米	7.2（不含顺德区）	39.5
城市污水处理厂	座	54	0.2
生活垃圾无害化处理率	%	98	6
城镇化率	%	94.88	0.01
住房公积金缴存额	亿元	76.32	15.30
住房公积金贷款额	亿元	28.49	25.83
保障性安居工程	套	7444	89.9
绿色建筑面积	万平方米	195.15	171.91

（佛山市统计局、住房和城乡建设管理局、水务局、住房公积金管理中心）

保持房地产市场平稳，全市新建商品住房均价比上年提高8.06%；全年“三旧”改造项目佛山市新增改造项目110个、面积462.89公顷；强化建筑市场和施工现场“两场”联动，规范建筑市场秩序，确保工程质量安全；推进建筑节能和绿色建筑，全年在建监督工程5941项，建筑面积5196.18万平方米；各区基本完成“一县一场、一镇一站、一村一点”垃圾设施建设，全市生活垃圾无害化处理设施全年处理生活垃圾238万吨，城镇生活垃圾无害化处理率98%，城乡生活垃圾无害化处理率94%；推进公园绿地建设，全市新增公园141万平方米，城市人均公园绿地面积12.37平方米；城镇污水处理率88.94%。

2013年是佛山市城市管理取得实质性成效的一年。佛山市发挥各级城市管理委员会统筹协调作用，探索、推进城市管理体制机制建设，加强城市管理，改善基础设施，启动城区沿街景观长效管理实施项目“五位一体”整治工作数字城管系统处置能力提升；全市全年投入资金31.6亿元，为上年总投入的两倍；全市增加城市管理执法人员660人，增加“4050”市容环卫交通监督员410人。全年启动佛山市统筹项目99个，各区和佛山新城自行安排项目300个。推进宜居城乡创建和名镇名村建设推进，全市有3个城镇、17个村庄、101个社区获评广东省宜居示范城镇、村庄、社区；3个项目获评“广东省宜居环境范例奖”。推进网上审批和窗口服务，全年市级住建管理窗口办理行政审批事项6403件，网上受理和办理率均为100%。

但是佛山市城市管理总体水平与市民的期望值仍有差距，城市管理体制、机制仍需完善，城市管理投入仍需加强，黑点难点仍未全面解决。（张珍妮）

【城乡规划】 *规划编制* 2013年，佛山市国土规划局组织编制新一轮《佛山市城市总体规划》。编制完成《佛山市控制性详细规划编制单元划分》《佛山市城乡规划和土地规划“一张图”技术规范体系》《佛山建设低碳城市规划》《佛山市城市慢行系统规划》和《佛山市城市地下管线勘测成果数据建设（三期）》，启动轨道交通2、3号线站点TOD研究、珠三角城际轨道站场TOD综合开发、中心城区城市建设强度分区规划、控规成果入库等项目。完成《佛山市交通发展白皮书》发布及“实施工作责任书”签订。组织第二次全市居民出行调查，完成佛山市交通模型的动态维护，编制《2012年佛山市交通发展年度报告》和《佛山市2014年交通设施建设年度计划》。组织开展《佛山市绿线整合规划（2013~2020)》《佛山市轨道交通系统规划》《佛山市智慧交通中观交通模型开发》《佛山市中轴线实施悬挂式快速公交系统可行性论证》等。

组织编制《佛山祖庙功能及景观提升工程建筑设计方案》，包含《佛山市图书馆现址改造工程设计方案》和《孔庙片区景观提升工程设计方案》。

深化落实城市中轴线的规划设计方案，选取4个重要节点组织开展城市设计国际竞赛工作，确定深化实施方案。同步开展《佛山市中轴线地区控制性详细规划》编制工作。

推进控制性详细规划相关工作。印发《佛山市控制性详细规划编制单元划分》，修改《佛山市控制性详细规划管理工作规程》，指导各区加强控制性详细规划编制管理工作。完成23项控规的审查、上报工作。开展2013年控规成果入库工作，以GIS和数据库技术为手段，将已批准的控规成果纳入GIS平台。

城市升级 2013年，佛山市统筹项目实施。截至年底，市统筹项目99个，其中完工23个、开工73个、启动3个。全市各区和佛山新城自行安排的城市升级项目300个。

组团中心提升。佛山新城，禅城老城区改造、智慧新城，南海千灯湖片区、狮山的佛山高新区等片区建设，农贸市场和特色步行街区打造、组团中心交通改善等专项工作顺利开展。

交通基础设施。佛肇城际线、广佛轨道二期、佛开高速、广三高速扩建、广明高速西延、魁奇路东延、西延、禅西大道等重点项目按计划顺利推进，部分项目建成通车。

轴线和节点改造提升。沿江、沿路景观林带、城市绿道、城市公

▲*佛山市南海千灯湖（2013）* *（佛山市国土资源和城乡规划局供稿）*

园、城市出入口景观等方面建设的效果已经显现，禅桂中心区沿街建筑综合整治以及各区重点道路的“五位一体”整治顺利推进。

城乡环境整治。减排工作稳步开展，河涌治理和水环境提升的系统项目相继启动实施。

重点任务　高标准规划仁寿寺改造提升工程。组织开展仁寿寺重建建筑方案设计国际竞赛，择优确定仁寿寺建筑设计实施方案。

组织编制《佛山市禅桂中心区沿街建筑景观综合整治规划（2012~2014）》，整治道路39条，整治范围合计147.5千米。配套制定《佛山市禅桂中心区沿街建筑景观综合整治工作方案》，有步骤地开展沿街建筑景观综合整治。

开展全市地下空间利用开发研究工作。启动《佛山市地下空间开发利用管理暂行办法》项目。

开展历史文化名城专题图规划管理二期建设工作。启动《佛山历史文化名城专题图规划管理二期》项目。

启动名镇名村示范村规划成果专题库项目建设。以三维仿真技术结合二维平面图及属性数据、规划专题数据等多种方式展现规划编制的成果。

动态监管　2013年，佛山市加大监督检查力度。2013年，佛山市国土规划局印发《佛山市国土规划事权统筹管理考核实施细则（试行）》给各区国土、规划部门执行。

佛山市城市规划委员会组织召开1次全体会议、11次专业技术委员会会议。审议各类城市规划，向市政府提出审议意见。

推进行政职能清理。清理行政执法事项88项、社会服务类职能事项26项。（许伟）

【宜居城乡建设】　2013年，佛山市五区3个城镇、17个村庄获评“广东省宜居示范城镇和宜居示范村庄”；101个社区获评“广东省宜居社区”；3个项目（禅城区南风古灶历史文化遗产保护项目、顺德区天富来国际工业城三旧改造项目、生态休闲顺德绿道项目）获评“广东省宜居环境范例奖”；5个镇、70个村庄、42个社区分别获佛山市市级宜居城镇、宜居村庄、宜居社区称号。全市有6镇43村101社区为省级宜居示范城镇、宜居示范村庄、宜居社区，6个省级宜居环境范例奖；有8镇、110村庄、158社区成为市级宜居城镇、宜居村庄、宜居（示范）社区。南海区西樵镇松塘村、顺德区北滘镇碧江村、三水区乐平镇大旗头村，南海区桂城街道茶基村共4村落分别列入住房和城乡建设部公布的第一、二批中国传统村落名单；南海区烟桥村获得第一财经广播推出的“发现·2013中国最美村镇”评选活动的“传承奖”、顺德区逢简村获“典范奖”。（伍佩龄）

【城市基础设施建设与管理】　市政建设　城市道路建设。2013年，佛山市（除顺德区）城市道路1311条，总里程1256千米。全年完成城市道路建设投资33.79亿元。

城市轨道交通建设。2013年，广佛线二期工程开展土建工程施工，截至年底，澜石站至魁奇站区间隧道贯通。全线全年完成产值6.46亿元。城市轨道交通2号线一期工程完成初步设计招标、BOT特许经营项目招标。南海新型公共交通系统试验段工程动工，线路全长13.108千米，共设车站13座，计划2016年建成营运。城市轨道交通3号线工程开展各项前期工作。（李景钊）

城市园林绿化　2013年，佛山市城市人均公园绿地面积12.37平方米。新增城市绿道30.29千米。新建公园绿地44项，新增公园绿地面积141万平方米；改造公园绿地26项，改造公园绿地面积52万平方米。建成罗村孝德湖公园、龙江天湖体育公园等8个大型公园。（黄丽英）

城市环境卫生　2013年，佛山市4座生活垃圾无害化处理场（厂）处理生活垃圾238万吨，平均每日处理量为6521吨。佛山市城镇生活垃圾无害化处理率98%，城乡生活垃圾无害化处理率94%。全市基本完成“一县一场、一镇一站、一村一点”垃圾设施建设，其中南海区推进日处理能力为1500吨的南海垃圾焚烧发电一厂改扩建项目建设；顺德区启动160座村居垃圾收集站改造。全市累计开展生活垃圾分类试点156个。（雷婉宇）

城市生态保护建设　2013年，佛山市掀起新一轮治水治气、促进环境质量提升工作热潮，各项环境综合整治工作强势推进，总量减排、生态市创建、创模复核三大任务深入开展。

水环境整治。佛山市在全省率先出台《佛山市实施〈南粤水更清行动计划〉工作方案》。遴选271个重点工程项目，总投资128.64亿元。

加强对重点污染河涌整治工作统筹指导。佛山市组织编制《佛山市重点河涌“一河一策”工作方案》《佛山市重点河涌“一河一策”编制大纲》。为确保河涌整治工作落实到位，建立重点河涌涌长责任制。

强化检查督促和信息公开，确保佛山市治水工作按计划推进。一是制定《佛山市环境保护重点问题挂牌督办暂行办法》，8月初明确2013年市挂牌督办的十大水污染整治重点项目并向媒体公布；二是加强对重点项目、重点问题的督查督办；三是实施信息公开。从7月开始每月对广佛跨界区域40多条主干内河涌的水质进行监测，监测结果向社会公布。

加强饮用水源保护工作。推进佛山市乡镇以上集中式饮用水水源保护区划分可行性研究工作，完成2012年城市集中式饮用水源年度评估工作，启动三水大塘工业园、高明危废处置中心和南海万顷洋农艺园等6个项目开展地下水环境状况调查。

大气环境整治。2013年，佛山市印发《佛山市天更蓝三年行动计划（2013~2015)》，并将大气污染重点工作任务纳入《佛山市环境整治三年行动计划》，分解落实到各区各镇（街）各部门并实施考核。编制《佛山市关于实施国家大气污染防治行动计划的若干意见》。

以深化工业污染源治理为基础，实施多污染物协同控制。推进南海发电一厂降氮脱硝工程，推进工业锅炉燃料结构清洁化。2013年，佛山市提前淘汰（改造）4吨以下和使用8年以上的10吨使用高污染燃料的小锅炉，共计超过2700多台。开展挥发性有机物治理试点示范工程，完成全市343家挥发性有机物排放重点监管企业。组织编制《佛山陶瓷行业废气排放及治理情况调研报告》和《佛山陶瓷行业〈陶瓷工业污染物排放标准〉实施方案》。全市113家企业通过重点企业清洁生产评估、48家企业通过重点企业清洁生产验收，并对不按要求开展清洁生产审核的企业开出全省第一笔罚单，处罚金额45万元。

以机动车排气污染整治为突破口，推动移动源污染控制。2013年，全市累计淘汰黄标车7.6万辆，淘汰率37.2%。“以奖促治”推进提前淘汰车辆奖励补贴工作，受理申报奖励资金业务15451宗，累计发放奖励补贴资金1.6亿元。继续铁腕整治黑烟车，实施《佛山市公众举报黑烟车奖励暂行办法》，整治黑烟车专项行动累计检查车辆9548辆，不达标率29.4%。受理公众举报黑烟车712宗。全面推广使用粤Ⅳ标准车用汽油及国Ⅳ标准车用柴油。

以建筑扬尘控制为重点，出台《佛山市扬尘污染防治管理办法》。

污染减排。2013年，佛山市印发《佛山市2013年主要污染物总量减排计划》，列出150个项目为2013年减排的重点工程项目。组织编制《佛山市“十二五”总量减排中期评估报告》。重点对污水厂及配套管网完善、脱硝工程建设、减排设施运行、畜禽养殖污染治理项目进展实施督查督办，开展减排预警机制，对减排工作滞后、有可能影响全年减排目标完成的地区和单位实施预警。纳入2013年减排计划的重点项目全部完成。 *(姚瑾)*

污水处理 污水处理厂建设和管理。截至2013年底，全市54座污水处理厂投入运营，设计日处理规模226.5万吨/日，城镇污水处理率88.94%。全市污水处理厂处理工艺达到二级及以上处理级别，排放标准由环境影响评价确定，污水处理厂达标排放率100%。处理工艺大类为生物处理法，小类别包括氧化沟，A/O，A^2/O，CASS工艺等。

农村污水处理。2013年，佛山市40座污水处理厂位于镇街。推进分散式农村生活污水治理试点工作，其中禅城区和南海区重点是推进农村生活污水接入城镇污水处理厂集中处理，对部分较为偏远的农村建设小型污水处理装置。

污泥处理。2013年，佛山市开展全市生活污水处理厂污泥处理处置工作，督促污泥产生单位完善污泥管理制度，落实污泥稳定化、资源化、无害化、减量化的各项措施。其中，禅城区南庄污泥处理厂开始实施建设，通过招标确定污泥运输和处置的单位，确保生活污水厂污泥实现无害化处理；南海区污泥处置中心完成土建工程及设备安装，投入试运行；三水区与佛山市三水佳利达纺织染有限公司大塘热电厂达成初步协议，计划利用该公司现有的热电锅炉建设三水区污泥处理处置中心，完成环评并进行可行性研究；高明区计划建设处置规模为270吨/日的固废综合利用中心，项目可研报告通过专家评审会。

城市排水 提升城市排水能力。2013年，佛山市中心城区排水管网总长1516千米，大部分区域排水标准为一年一遇标准，部分重点区域为二年一遇标准。泵站工程566处，总装机流量4803.90立方米/秒，总装机功率398788.60千瓦，水泵总台数1662台。

加快城市排涝整治。2013年投入排水设施维护资金2757万元，加强排水黑点改造和清疏、提高排水建设标准、做好汛期城市应急排水等。全市共清疏排水管道805.5千米，进水口22500个，清理淤泥30930立方米，整治水浸黑点27处。

推行排水许可证制度。佛山市统一制订《城市排水许可证办事指南》，纳入全市联合验收办事指南汇编。从2013年起，佛山市推行建设项目竣工联合验收制度，凡新改扩建工程项目（包括新建楼盘和小区）未按规定办理《城市排水许可证》，不能验收和启用。

内河涌综合整治。2013年，佛山市结合城市升级三年行动计划，投入32.7亿元开展汾江河和全市内河涌综合整治建设。编制完成汾江河南岸连发沙场至化工厂段、丰收涌一河两岸、佛山涌禅城段整治规划，禅城区负责的市级统筹项目丰收涌综合整治工程示范段已建成，该工程是原城南区排涝的主要通道，河涌长2.75千米，对全河段进行修整清理堤岸，岸坡美化绿化，局部拓宽河涌断面，工程于12月完工。年内，禅城区完成截污工程14宗，完成活化水资源15宗，完成汾江河流域28家企业整治任务。南海区狮山镇罗村沙坑沙基头电排站工程。

城市供水 2013年，全市有水厂43家（含顺德区），总设计供水规模约556万吨/日，供水管道约9632千米。年度售水量约11.69亿立方米；日均供水量约355万吨，人均生活用水226升/日。城镇供水水源保证率、自来水普及率100%。

推进城乡供水资源整合，提升安全供水保障能力。2013年，佛山市整合关停水源条件差、规模小、工艺落后、水质不稳定的镇、村级水厂。置换供水规模为4.5万立方米/日。

全面实行水质月度公告制度。2013年6月起，佛山市水务局调整水质月度公告内容，是全国地级市中率先实行月度公布42项、年度公布106项水质检测数据结果的城市，为全国公布上述水质检测数据结果的五个城市之一。

农村供水设施建设和改造。2013年，佛山市投入7963万元对农村供水设施进行改造和实施“村村通自来水”工程，彻底解决南海区海寿岛、平沙岛，高明区明城镇苗村片区和三水区青岐片区等共计18000名农村居民的饮用水安全问题。

加强供水企业行业管理。2013年，佛山市有供水龙头企业3家，其中市水业集团有限公司负责禅城、高明和三水区3个区域的供水服务，瀚蓝环境股份有限公司负责南海区的供水服务，顺德水业控股有限公司负责顺德区的供水服务。佛山新城优质水厂，规模为0.5万立方米/日，采用“活性炭+浸没式超滤膜”深度水处理工艺的优质水厂，其余城乡自来水厂均是采用常规净水工艺。市内现有国家级水质监测站1个、省级监测站2个，均具备《生活饮用水卫生标准》出厂水106项指标的检测能力，并通过计量认证；区级的供水企业均具备超过42项指标的检测能力。（刘勇）

城市供气　2013年，佛山市禅城区、南海区、高明区、三水区液化石油气全年销量17.93万吨，天然气全年销量51.88万吨，天然气中低压管道合约1900千米；全市投产使用16座汽车加气站，其中LNG加气站3座、CNG加气站3座、L-CNG加气站10座。（雷婉宇）

城市综合管理　2013年，佛山市城市管理委员会重新修订《佛山市城市管理考核评比暂行办法》。是年全市城市管理资金投入31.6亿元，增加城市管理执法人员660人，增加“4050”市容环卫交通监督员410人，购置各类车辆446余辆，增加维护管养等各种设备240余台。开展城市绿化与景观提升工程47项；启动城区沿街景观长效管理实施项目整治工作，全市城区沿街景观长效管理实施项目30个，道路总长度45.6千米，计划总投资64692万元，平均每千米投资1418.7万元。（王俊恒）

2013年，全市城管执法系统受（处）理案件45万件，立案8348件，查处撒漏车辆1423辆。严控违法建筑，加大住房和城乡建设部利用卫星遥感技术辅助城乡规划督察中违法建设的查处力度，做好对一环和佛山水道违法建设的日常巡查工作。（卢兆华）

【城镇村庄建设】　建制镇建设　2013年，佛山市禅城区、南海区、高明区、三水区设建制镇15个；行政村292个，已编制村庄规划的行政村215个，占全部行政村比例73.6%。建制镇镇域面积18.38万公顷，镇域户籍人口144.14万人，暂住人口115.83万人。建制镇市政公用设施方面（含暂住人口），燃气普及率42.81%，人均道路面积15.09平方米，污水处理率98.36%，人均公园绿地面积5.80平方米，绿化覆盖率12.51%。

中心镇建设　2013年，佛山市禅城区、南海区、高明区、三水区共设中心镇7个，中心镇镇域总面积1404.4平方千米，镇域总人口91.85万人，镇域暂住人口36.65万人。中心镇建成区公共绿地面积403万平方米，公园绿地面积134.22万平方米，镇区道路长度428.51千米，镇域道路长度1510.80千米。（伍佩龄）

【房地产业与住房保障】　2013年，佛山市全年新建商品住房均价比上年上升8.06%，商品房市场调控取得实效；累计完成房地产开发投资745.37亿元，比上年增长16.7%。房地产开发企业本年资金来源1264.06亿元，比上年增长26.6%；房地产开发企业商品房施工面积4672.12万平方米，比上年增长21.4%，全年新开工面积1434.34万平方米，比上年增长21.6%。竣工面积604.42万平方米，比上年下降7.0%；商品房销售面积807.92万平方米，比上年增长20.22%；销售金额666.54亿元，比上年增长29.91%。

物业管理　自2003年以来，佛山市荣获“国家级优秀住宅小区或物业管理示范小区”2个、获“广东省物业管理示范小区”35个、获“佛山市物业管理示范项目”102个。截至2013年底，佛山市物业服务企业433家。

截至2013年底，佛山市住宅小区约1700个，除上世界90年代初形成的小区外，新建的1365个商品房项目均引入物业服务企业进行管理，占全市小区总数的八成，其中，成立业委会的有632个，组建率由上年的45.18%提升为46.30%，环比增长2.48%。（江飞）

房地产产权登记　2013年，佛山市已登记国有土地上的房屋总建筑面积3.46亿平方米，其中住宅2.12亿平方米、167.39万套，非住宅1.34亿平方米；已登记集体土地上的房屋总建筑面积0.78亿平方米，其中住宅0.63亿平方米、36.17万套，非住宅0.15亿平方米；佛山市禅城区、南海区、顺德区、高明区、三水区房屋登记部门共完成国有土地上房屋所有权初始登记1114.52万平方米，转移登记1182.36万平方米，变更登记863.97万平方米，注销登记130.96万平方米，抵押登记7047.59万平方米，预告登记333.1万平方米，其他登记164.39万平方米。（冯铭坚）

保障性住房建设　2013年，佛山市完成省下达的新开工建设保障房5500套、基本建成6833套目标任务，实际新开工保障房项目20个，共5589套，开工率102%，其中政府投资项目1887套、社会力量投资项目2552套、危房改造1150户（套）；基本建成项目33个，7444

套，完成率109%。（仇国强）

住房公积金管理　截至2013年末，佛山市新增缴存住房公积金职工14.39万名，净增加12.13万名，净增长率17.46%。

全年归集资金76.32亿元，比上年增长15.30%，累计归集资金377.46亿元，归集余额126.85亿元。

2013年，新增职工提取公积金购建住房2.68万套，比上年增长21.24%，累计提取20.37万套。

职工购房、建房等提取金额57.07亿元，比上年增长23.95%。至2013年末，历年累计提取250.60亿元。全年发放住房公积金抵押贷款10390笔（宗、户）、金额28.49亿元、比上年增长25.83%；累计发放贷款77045笔、金额164.88亿元，贷款余额107.65亿元。

住房公积金全年增值收益1.81亿元，比上年增长18.94%。在扣减贷款风险准备金、管理经费后，余额1.48亿元全部用于城市廉租房建设补充资金。从2007~2013年，市住房公积金管理中心累计提供廉租房建设补充资金6.48亿元。

2012年9月，国家正式批准佛山市成为公积金贷款支持保障性住房建设全国试点城市。截至2013年底，放款项目贷款金额1800万元，贷款资金的本息归还正常。

2013年7月1日，实行差别化贷款政策，佛山市住房公积金贷款最高限额调整为个人最高不超过30万元，即夫妻二人最高不超过60万元。（张丽蓉）

【“三旧”改造】　2013年，佛山市被国土资源部和广东省人民政府评为“建设节约集约用地试点示范省先进单位”。

2013年，佛山市三旧改造办公室（以下简称“市三旧办”）组织制订《关于加快推进“三旧”改造促进城市升级工作的补充意见》《佛山市高速公路沿线旧厂房专项整治改造工作的若干意见》。鼓励各区完善和优化现有政策，相继出台相关细则。如禅城区出台《禅城区“三大改造”项目财政扶持实施细则》，南海区出台《佛山市南海区城市更新（“三旧”改造）实施意见》。全年佛山市新增改造项目110个，面积462.89公顷，竣工改造项目57个，面积150.52公顷。投入改造资金98.85亿元。华南电源创新科技园认定为“中国电源学会现代电源产业基地”；欧洲工业园A区安德里茨双向拉伸中心5月投入使用；绿岛湖都市产业区吸引投资超过70亿元；佛山智慧新城2013年新入驻太平保险集团佛山分公司、广东省广播电视网络有限公司等知名企业62家；佛山新媒体产业园进驻企业150多家，获“2013年度推荐电子商务园区”大奖等。

截至2013年底，佛山市纳入“三旧”改造标图建库地块6429宗，总用地面积34688.3公顷；其中，旧城镇6279.29公顷、旧厂房22236.94公顷、旧村居6171.07公顷。全市累计启动改造项目966个，涉及土地面积6460公顷，竣工改造项目321个，795.14公顷。累计投入“三旧”改造资金1709.30亿元。建立三旧改造“标图建库”系统，并形成每年6月、12月定期动态调整机制。（许伟）

▲广东省建筑业新技术应用示范工程——佛山市南海区友邦金融中心（2013）

（佛山市住房和城乡建设管理局供稿）

【建筑业】　2013年，佛山市在建监督工程5941项，建筑面积5196.18万平方米，工程合计总造价1011.19亿元；佛山市禅城区、南海区、高明区、三水区新报建项目2164项，建筑面积2822.06万平方米，工程合计造价549.6亿元。新注册工程监督覆盖率、受监工程主体结构合格率、竣工验收工程一次验收合格率100%。

工程质量管理　佛山市加强对工程实体质量和参建各方主体质量的行为监督。

施工安全管理　2013年，佛山市禅城区、南海区、高明区、三水区分别获得广东省、佛山市房屋市政工程安全生产文明施工示范工地的项目22个和35个。全年发生建筑施工安全事故零起。佛山市、区组织包括建筑施工安全月（季）度巡查、节前建筑施工安全检查等各类专项重点检查，共检查建筑施工工程项目1260项，出动安全检查人员

1956人次，发出整改通知书342份。利用安全生产动态扣分手段，保持安全生产高压态势。开展危险性较大工程安全专项施工方案论证审查专家培训，对佛山市建筑施工企业负责人、项目经理、专职安全员等三类人员进行安全教育培训。

(关晔华)

勘察设计管理　2013年，佛山市禅城区、南海区、高明区、三水区、佛山新城完成岭南天地E地块项目等54项大中型建设工程初步设计审查，办理南海区翔海大厦项目等8项工程超限抗震设防专项审查批复工作。做好勘察设计企业违反强制性条文网上公示制度和通报工作，并按规定对责任单位进行诚信扣分，2013年公示4批共90个项目违强情况。开展市勘察设计行业专家库调整补充工作，确定48名专家入选第四批佛山市勘察设计行业专家库。开展勘察设计质量专项检查。(吴燕婷)

【建设科技与信息化】　2013年，佛山市南海区友邦金融中心项目顺利通过广东省住房和城乡建设厅组织的省建筑业新技术应用示范工程专项验收；全市公共文化综合体坊塔等11个项目组织申报2013年度省建筑业新技术应用示范工程立项。佛山市欧朗板业有限公司“新型轻质复合实心墙体”项目列入2013年度省建设行业科技成果推广项目。佛山市工程承包总公司“古建筑定向静压注浆处理地基技术”“古建筑修缮精细化施工技术”获2013年“全国建筑装饰行业科技创新成果奖”。

建筑节能　2013年，佛山市绿色建筑任务完成率位列全省第一。佛山市五全年创建绿色建筑18项，建筑面积260万平方米，其中获得设计评价标识13项，建筑面积195.15万平方米，超额完成省下达的80万平方米年度建设任务，其中佛山万科广场1-1号楼、一汽大众佛山工厂项目等2个项目获得住房和城乡建设部绿色建筑三星设计评价标识。佛山新城创建国家绿色生态城区工作经市政府批复同意组织实施，开展相关规划编制以及申报资料准备工作。佛山市禅城区、南海区、高明区、三水区、佛山新城全年预收新型墙体材料专项基金2.97亿元，返退基金0.11亿元。开展2013年度市级建筑节能示范项目组织申报和评审工作，季华五路办公大楼等4个项目通过项目评审及市政府审批，将获得157万元市级建筑节能发展专项资金补助。组织开展全市建筑节能专项检查工作，实地检查工程项目18项，现场发出整改通知书2份。完成2013年度国家机关办公建筑及大型公共建筑的能耗统计工作，统计126幢建筑，能源审计10幢建筑，建立5个能耗监测建筑。开展建筑节能材料和新型墙体材料登记备案工作，逐步建立及完善佛山市建筑节能材料和新型墙体材料目录，全年新办理墙体材料和建筑节能材料备案28宗。

2013年，佛山市住房和城乡建设管理局启动建立市级智能建筑能耗监测管理系统，9月完成项目招投标；10月与中标单位签订合同并进入系统建设阶段。(吴燕婷)

数字化城市管理信息系统建设　自2011年正式投入运营以来，基本完成数字城管全市全覆盖工作，覆盖面积627平方千米。2013年佛山市城市管理委员会办公室更新服务器和工作底图，将系统与城市管理考评联动。全市配置417名专职信息采集员，2013年，日均案件处置能力约1900宗，对比2012年日均处理400宗增加3倍多。

(潘钊鸿)

【佛山市开展“绿脚印，漫步幸福”家庭绿道缤纷游活动暨第四届家庭文化节】　2013年5月12日，由佛山市妇联、文明办、东平新城管委会和绿道办主办的“绿脚印，漫步幸福”家庭绿道缤纷游活动暨佛山市第四届家庭文化节启动仪式在佛山新城绿道上举办。活动安排妇女健身表演助兴，市开恩协太极拳会、木兰拳会等表演，并在绿道上举办义卖跳蚤活动，为佛山市单亲特困母亲家庭筹集善款。市人大常委会副主任黄建丰等与近千名市民通过骑自行车、滑轮、徒步、慢跑等方式畅游绿道，享受家庭活动。

(张珍妮)

附录：佛山市住房和城乡建设管理部门主要领导

佛山市住房和城乡建设管理局
　党组书记、局长：钟美恃
佛山市国土资源和城乡规划局
　党组书记、局长：柳玉斌
佛山市水务局
　党组书记、局长：李永生
佛山市住房公积金管理中心
　党总支书记、主任：冯　颢

顺德建设

【概况】　顺德区位于广东省佛山市东南部，2002年底撤市设区，2009年起享有地级市管理权限。土地面积806平方千米，其中建成区面积153.74平方千米。截至2013年末户籍人口125.94万人；常住人口249.34万人，其中城镇人口比重为98.51%。是年，全市地区生产总值2556.78亿元，完成固定资产投资499.24亿元，比上年增长14.0%。

2013年，顺德区完成城乡基础设施投资77.52亿元，投入城市管理资金15.10亿元。截至2013年底，全区通车里程数1803.2千米，大小桥梁877座，天然气市政管网730.27千米，供水管道3523.43千米，排水管道2585.45千米，城镇污水处理厂的总处理能力47.5万吨/日，全年污水处理量1.77亿吨，城镇生活污水处理率86.2%。房地产开发投资171.84亿元，新增保障性住房目标任务1270套，基本建成2324套。实施重点交通建设项目40

项，预算总投资超150亿元。

2013年，面临征地拆迁影响部分基础设施建设项目的推进进度，建筑施工企业忽视自身安全管理责任，政府安全监管压力大等问题。

（韦金凤）

【城乡规划】 2013年，顺德区推进城乡规划管理。一是改革创新：开展顶层设计，优化规划审批流程，联合消防、气象、人防、环保等相关部门，共同梳理优化规划报建阶段的审批事项流程；深化改革，编制《规划审批管理优化方案》；健全完善各项规划管理机制，制定规划审批标准及要求；启动"规划一张图"项目建设，提升信息化管理水平。二是规划统筹。2013年，顺德区开展76项规划项目编制（含跨年度项目），设计经费累计3162万元（含城市升级费用）。

2012年，顺德启动近现代建筑的普查登记工作，2013年，出版《广东省岭南近现代建筑图集——顺德分册》。

（张兆有）

【宜居城乡建设】 2013年，顺德区推进"宜居城乡"创建工作。大良、勒流街道被广东省环保厅推荐为"国家级生态乡镇"；生态休闲顺德绿道和顺德区天富来国际工业城三旧改造项目获"广东省宜居环境范例奖"；均安镇被评为"广东省宜居示范城镇"和"佛山市宜居城镇"；大良镇街道府又等31个社区被评为"广东省宜居社区"；北滘镇君兰等8个社区被评为"佛山市宜居社区"；杏坛镇逢简等10个村庄被评为"佛山市宜居村庄"。

（韦金凤）

【城市基础设施建设与管理】 市政建设 2013年，顺德区实施重点交通建设项目40项，预算总投资超150亿元，其中城市升级交通建设项目（含顺德新城计划）12项，其他重点项目28项。年内先后完成番村立交连接匝道等人行天桥9座。

城市园林绿化 2013年，顺德区全面推进绿化工程。全年投入4.48亿元，完成146项绿化工程项目建设，新增、改造绿化面积256.99公顷，完成义务植树70.08万株。截至年底，中心城区建成区绿地率38%，绿化覆盖率39.9%，人均公园绿地面积19.01平方米。重点推进东平河、顺德水道和潭洲水道等主要水道的生态景观林带建设，建成生态景观林带15千米，新增绿化面积40万平方米。大力推进"万村绿"示范村建设，由政府补助建设资金300万元，建成"万村绿"示范村20个，建设面积4万平方米，种植树木6000多株。

绿道建设 2013年，顺德区完成顺峰山公园公交换乘站建设和北滘潭洲水道沿岸绿道精品工程建设，建成均安沙滩园和北滘潭洲水道2个绿道"兴奋点"。

林业建设管理 2013年，顺德区开展林业有害生物薇甘菊防治工作，完成人工防治486.41公顷，化学防治45.85公顷，达到化学防治区残存率≤15%、攀树率为0的防治目标。完成《广东省佛山市顺德区林地保护利用规划（2010~2020年）》编制工作，于11月27日经广东省林业厅审核批准实施。

（韦金凤）

城市环境卫生 2013年，全区

2013年佛山市顺德区住房和城乡建设主要经济产业指标

项　目	单　位	实　绩	比上年增长(%)
固定资产投资额	亿元	499.24	14
建筑企业	个	224	-3.9
建筑业总产值	亿元	175.9	29.7
建筑企业利税总额	亿元	18.33	85.9
建筑企业期末从业人员	万人	3.29	-14
建筑企业劳动生产率	万元/人	5.35	50.8
建筑企业房屋建筑施工面积	万平方米	991	-12.8
商品房屋销售额	亿元	231.08	8.9
商品房屋销售面积	万平方米	299.76	9.6
房地产开发投资额	亿元	171.84	-5.5
商品房屋施工面积	万平方米	1460.36	2.6
建成区绿化覆盖率	%	39.9	0
人均公园绿地面积	平方米/人	19.01	0.01
人均城市道路面积	平方米/人	8.75	-0.02
城市用水人口	万人	254.94	0.03
城市自来水普及率	%	100	0
城市燃气普及率	%	100	0
城市液化气供应总量	万吨	6.14	-7.0
城市天然气供应总量	亿立方米	1.61	28.8
城市污水处理厂	座	11	0
生活垃圾无害化处理率	%	85.25	0
城镇化率	%	98.51	0
住房公积金缴存额	亿元	–	–
住房公积金贷款额	亿元	–	–
保障性安居工程	套	2324	243.8
绿色建筑面积	万平方米	114.26	–

（佛山市顺德区国土城建和水利局）

推行“大保洁”市政管理模式，统一收运标准和规范，至年底环境保洁专业化覆盖86%的村居，87%的村居完成垃圾收集站的改造提升工作。全年全区垃圾统收统运率及城镇生活垃圾无害化处理率均为100%。

城市生态保护建设 2013年，顺德区环境空气质量（AQI）优良天数236天，优良率66.9%，其中二氧化氮和可吸入颗粒物的浓度水平比上年均有不同程度上升，二氧化硫和臭氧的浓度水平有所下降。全年降水pH月平均值5.17，属轻度酸雨，酸雨频率46.3%，降水质量有所上升。全区各镇（街道）综合区域环境噪声昼间平均值58.3分贝，符合2类区（60分贝）标准，交通道路噪声昼间平均值67.5分贝，符合标准（70分贝），声环境质量维持稳定。水环境中，饮用水源地水质和主要河道水质从2012年“优”级别下降为“良好”级别，内河涌水质从2012年的“轻度污染”级下降为“中度污染”级。

污染源治理 2013年，顺德区加大机动车排气防治力度。一是对违规进入限行区域的黄标车实行电子监控、抓拍并作出处罚，年内抓拍“闯禁”黄标车2294宗。二是建立区镇两级机动车排气检测常态机制，路检点由原来的1个增至11个。三是淘汰公务类黄标车128辆，累计淘汰黄标车超过2.3万辆，约占全黄标车总数的35%；2000年底前登记营运类黄标货车全部取消营运资格。

加大工业污染源防治力度，完成302台10蒸吨以下工业锅炉的淘汰或改造，发放奖励资金420万元。完成26家挥发性有机物（VOCs）重点监管企业治理任务。以印刷、家具业为试点，委托科研机构开展VOCs治理技术研究，优选出5个最佳可行技术供40家试点企业选择建设。

城市水环境建设 2013年，顺德区实施水利工程13宗，总概算投资2.01亿元。截至年底，全区城镇污水处理厂的总处理能力47.5万吨/日，配套管网270多千米，全年污水处理量1.77亿吨，城镇污水处理率86.2%。

2013年，顺德区推进农村分散生活污水治理，出台《顺德区水环境综合整治项目建设规划》，年内建成14个项目，近60个项目进入建设、招标或可行性研究阶段。出台桂畔海、眉蕉河综合整治规划设计方案，各镇（街道）编制完成“一河一策”整治方案。出台《顺德区分散工业废水集中处理专题研究报告》，龙江镇有机废水集中处理试点项目动工建设。完成杏坛电镀城升级改造，加快推进容桂华口电镀城升级改造。

城市供水 2013年，顺德区容桂小黄圃水厂关停，龙江水厂扩建程动工建设，龙江排沙村等13个村（居）的二级供水改造工作陆续启动，勒流龙洲路至银城路给水干管工程及北滘至碧桂园园区给水干管工程开始实施。出台《顺德区供用水管理规定》并将于2014年2月起实施。

城市供气 2013年，全区新建天然气市政管网38.76千米，新增天然气用户约1.9万户，至年底全区管网730.27千米，用户数9.3万户，全年天然气销售量1.61亿立方米，比上年增长28.8%。是年，均安中石化加油加气站完工投入使用。

城市综合管理 2013年，顺德区继续推进“美城行动”，区、镇两级城市管理投入23.7亿元，考评范围从建成区扩展至各镇街的一半村居，覆盖面积350平方千米。全年查处市容环卫、城市规划、园林绿化、市政管理、生活环境噪声等污染、无照商贩占道经营、室内违建等案件4508宗。

2013年，勒流、容桂数字城管中心通过验收，数字城管覆盖各镇街中心城区，全区监管面积扩至111.65平方千米。数字城管系统全年立案26万宗，结案25.7万宗，结案率98.4%。

2013年，顺德区7条市级“五位一体”（包括道路交通、绿化环境、灯光亮化、管线铺装、建筑面外立面等五方面内容的道路景观综合整治提升）改造示范路基本完成改造。其中杏坛镇道路景观综合整治工程成为佛山市城区沿街景观“五位一体”长效管理机制范本。2013年验收通过改造道路22条，长度18.17千米，完成投资1.9亿元。

（翁国锢）

【城镇村庄建设】 至2013年底，顺德区打造出一批农村休闲旅游名村示范村，其中，均安镇获第一批“广东岭南名镇”称号，均安镇鹤峰、勒流镇江义、大良镇五沙获第一批“广东岭南名村”称号，杏坛镇逢简村获“中国最美村镇”典范奖，成为华南地区唯一获此奖项的村镇。

（张兆有）

【房地产业与住房保障】 *房地产市场* 2013年，顺德区房地产开发投资171.84亿元，比上年下降5.5%。全年办理预售房地产169宗，建筑面积390万平方米，用地面积91.3万平方米；办理房地产权初始登记528宗，变更登记1.27万宗，注销登记679宗。全年房地产市场延续上年的回暖走势，新建商品房成交量322.6万平方米，比上年增长5.8%；成交套数2.83万套，比上年下降8.4%；成交金额251.72亿元，比上年增长9.8%。其中新建商品住宅建筑面积288.35万平方米，比上年增长10.2%；成交套数2.3万套，比上年增长7.6%；按建筑面积交易均价为7497.92元/平方米，比上年下降9.7%。全年存量商品住宅房交易建筑面积为156.93万平方米，比上年增长44.6%；成交套数1.1万套，比上年下降45.6%。

物业管理 2013年，顺德区完成业主委员会备案71宗，累计成立业委会360个；完成住宅专项维修资金支取审批126宗，涉及金额300

▲2013年10月，佛山市顺德区杏坛镇逢简村获“中国最美村镇典范奖”

（佛山市顺德区国土城建和水利局供稿）

多万元，累计开立维修资金专户478个，资金余额16.37亿元。是年，建立物业管理与社区管理联动机制，设立两个社区创新观察点，从社会参与、小区社会组织发展和小区文化培育三个方面进行观察，探索转变物业管理行业监管模式，由行业协会出台《顺德区物业服务(住宅)项目分级管理准则》。

保障性住房建设　2013年，顺德区支出1.2亿元住房保障资金，其中发放租赁补贴支出282万元，政府长期租赁项目租金支出497万元，政府投资建设公租房项目支出1.1亿元。落实保障房建设用地6.9公顷，新增保障性住房1270套，基本建成保障性住房2324套，超额完成广东省政府下达的目标任务。通过发放租赁补贴、配租配售保障性住房等方式，保障中低收入住房困难家庭5061户，受益人群9406人。

（韦金凤）

【“三旧”改造】　2013年，顺德区修编《顺德区“三旧”改造专项规划》，划定“三旧”改造单元作为改造中观层面的管控依据，优化调整“三旧”改造审批流程，制定“三旧”改造项目财税奖补操作流程。截至年底，全区认定“三旧”改造项目146个，总改造用地面积723.49万平方米。（张兆有）

【建筑业】　建筑业管理　2013年，受房地产宏观调控的影响，顺德区新增开工面积有所萎缩，竣工面积与上年基本持平。全年核发施工许可320项，新开工面积740.71万平方米，造价127.6亿元；办理单位工程竣工验收备案347项，面积819.7万平方米，造价113.3亿元。

工程质量管理　2013年，顺德区强抓建设工程质量管理。一是加强混凝土结构实体质量监督管理，全区混凝土结构实体质量抽查合格率大幅提升；二是狠抓分户验收监督管理，重点对外墙淋水、天面蓄水等功能性试验进行把关；三是以房屋建筑工程质量样板引路、预拌混凝土交货检验、试件制作及标准养护工作等操作指引为内容，制作质量监督管理示范短片，帮扶企业提高质量管理水平；四是成立重点建筑工程、交通工程和市政基础设施工程督查专责组，加强对重点工程的督查。顺德区建设工程质量安全监督检测中心获“广东省水泥检验大对比物理性能检验全合格单位”称号。

施工安全管理　2013年，顺德区建设工程全年未发生一般或一般以上的质量安全事故。一是加强安全生产动态监管。实行广东省建筑工程安全生产动态管理信息系统与佛山市的建筑行业诚信管理平台联动扣分，全年对违规企业和人员执行动态扣分1007次。二是出台《顺德区建筑起重设备责任单位动态管理办法》，全年处理25家严重违规企业。三是落实建设工程安全信息提示制度，以短信方式将安全预警等信息及时发至在建工地项目负责人。四是落实对危险性较大分部分项工程的监管制度，全年对337项工程进行前期安全措施审查，确保全区的危险性较大分部分项工程管理处于可控状态。五是完成卸料平台和建筑起重机械专项整治，消除安全隐患。六是推进建筑施工安全措施标准化样板引路工作。七是印发《顺德区深基坑工程管理暂行办法》，确保深基坑和相邻建（构）筑物、道路、地下管线等工程的安全。

勘察设计管理　2013年，顺德区完成施工图审查项目1811项，其中勘察专业395项；建筑结构专业320项，面积720.6万平方米；给排水专业356项，面积976.32万平方米；电气专业357项，面积998.11万平方米；暖通空调专业128项，面积668.6万平方米；路桥专业197项；燃气专业58项。（韦金凤）

【建设科技与信息化】　建筑节能　2013年，顺德区审查节能设计工程项目172项，总建筑面积418.02万平方米。全年新建建筑设计阶段建筑节能标准执行率、民用建筑新型墙材应用率、建筑技能设计达标率均达到100%。

新型墙体标砖生产　2013年，顺德区5家新型墙材厂家生产灰砂砖1.8亿块，折合节约能源2.8万吨煤；1家新型墙材厂家生产混凝土实心砖4300万块，折合节约能源3100吨煤；4家新型墙材厂家生产蒸压加气混凝土砖块66.13万立方米，折合节约能源约2.8万吨煤。

散装水泥使用　2013年，顺德区预拌混凝土全年供应254.57万立方米，预拌砂浆6000吨，均超额完成省下达的指标任务。

科研获奖　2013年3月，顺德区建设工程质量安全监督检测中心《超大型桩基静载试验装备与关键试验技术集成研究》课题获“广东省建筑工程集团有限公司科技进步一等奖”。（韦金凤）

【顺德区杏坛镇逢简村获2013年“中国最美村镇典范奖”】　2013年10月，佛山市顺德区杏坛镇逢简村在“发现·2013中国最美村镇”评选活动中获“中国最美村镇典范奖”，成为华南地区唯一获此奖项的村镇。

顺德区杏坛镇逢简水乡投资2080万元，在水环境中大造文章，坚持以规划先行、文化引领、环境再造的保护开发战略实施，在2012年实施水质治理工程。同时，以“自然环境改造和历史文化保育”为理念推进岭南水乡文化创意公园村的改造工程。2013年，杏坛镇推出水乡·梦家园——杏坛镇逢简村社区综合发展项目，通过对逢简村建设试点，探索“理想村居”新模式。（韦金凤）

附录：佛山市顺德区住房和城乡建设管理部门主要领导

顺德区国土城建和水利局
　党委书记、局长：林胜初
顺德区发展规划和统计局
　局长：杨小晶
　党委书记：梁伟沛
顺德区环境运输和城市管理局
　党委书记、局长：陈浩斌

韶关建设

【概况】　位于广东省北部，1975年设立地级市。土地面积1.86万平方千米，其中市区面积2856平方千米。截至2013年末户籍人口328万人；常住人口289.27万人，其中城镇人口118.4万人。是年，全市地区生产总值1010.1亿元，完成固定资产投资664.5亿元，比上年增长21.2%；完成建筑业总产值180.72亿元，建筑业增加值67.96亿元，在建工程项目350个，总建筑面积1042.05万平方米，总造价136.5亿元；竣工工程51个，建筑面积125.56万平方米。完成房地产开发投资额123.64亿元，房地产行业增加值46.51亿元。

2013年，韶关市全年商品房销售面积347.21万平方米，市区房地产交易与权属登记36247宗，面积626万平方米，金额144亿元，分别比上年增长28.54%、22.45%和37.18%。代征土地出让金292.3万元，协助市财税征收约1.3亿元。公共资源交易中心交易成交工程共576项，累计成交金额总计达到76.56亿元。全市保障性住房完成新开工2454套，基本建成3252套。全市归集住房公积金21.5亿元。成功组织4个社区获得广东省宜居社区称号，组织2个镇1个村申报全国特色景观旅游名镇，1个镇被评为广东省宜居环境范例。

存在问题主要是：经济总量小，人均水平低；产业支撑力不强，创新能力弱；重大项目和骨干企业少，工业投资增长不快；城镇

2013年韶关市住房和城乡建设主要经济产业指标

项　目	单　位	实　绩	比上年增长（%）
固定资产投资额	亿元	664.5	21.2
建筑企业	个	135	22.73
建筑业总产值	亿元	180.72	32.65
建筑企业利税总额	亿元	8.8	32.73
建筑企业期末从业人员	万人	7.38	7.78
建筑企业劳动生产率	元／人	272	24.77
建筑企业房屋建筑施工面积	万平方米	277.32	43.4
商品房屋销售额	亿元	153.83	32.2
商品房屋销售面积	万平方米	347.21	33.7
房地产开发投资额	亿元	123.64	35.4
商品房屋施工面积	万平方米	125.56	89.50
建成区绿化覆盖率	%	36.01	−5.95
人均公园绿地面积	平方米／人	10.94	9.84
人均城市道路面积	平方米／人	11.1	13.85
城市用水人口	万人	105.3	−1
城市自来水普及率	%	100	0.93
城市燃气普及率	%	97.64	5.29
城市液化气供应总量	吨	38682.09	112
城市天然气供应总量	万立方米	4976.20	48.5
城市污水处理厂	座	11	0
生活垃圾无害化处理率	%	100	0
城镇化率	%	53.73	0.43
住房公积金缴存额	亿元	21.5	8
住房公积金贷款额	亿元	9.41	85.6
保障性安居工程	套	3252	15.44
绿色建筑面积	万平方米	8.15	815

（韶关市住房和城乡建设局）

化步伐还不够大，中心城区辐射带动力不强；资源环境承载压力加大，节能减排任务繁重；部门单位服务水平和办事效率还需提高，城乡社会经济环境建设需要进一步优化。 *(章程)*

【城乡规划】 规划编制 2013年，围绕韶关中心城市“扩容提质”，以规划韶关芙蓉新区、推进韶关芙蓉新城建设和旧城区改造升级为重点，加快规划编制与研究，完成《促进韶关市城区扩容提质五年行动纲要》和《韶关市中心城区扩容提质五年行动计划》初步成果；完成《韶关芙蓉新区发展总体规划》编制工作，并由省政府常务会议审议通过；完成《韶关芙蓉新城发展战略与控制性详细规划整合》；组织编制《韶关芙蓉新城市政专项规划》《韶关芙蓉新城绿地规划及水系专项规划》《曲江城区融入韶关主城区规划研究》《韶关芙蓉新城——曲江片区发展规划及重点地区控规》《韶关芙蓉新城滨江景观带规划设计》；完成《韶关市中心城区近期建设规划（2011~2015）》；完成《韶关市“三江口”地区城市设计》方案竞赛；完成韶关市区四大交通出口及上饶路沿线地区控规初步成果；对韶关市区交通节点进行梳理，完成韶关市区2个交通节点整治规划；《韶关主城区旧城改造规划及改造重点地区控规整合》《环丹霞山生态旅游产业园发展规划》通过专家评审；《韶关城市规划编制单元规划》《广乐高速公路韶关市区段桥隧预留及互通地区控规》《韶关市区慢行系统规划》等13个规划形成阶段性成果；完成《韶关市广富新街及升平路历史文化街区保护规划》初步成果；《韶关历史文化名城保护规划》和《韶关市区三年城建计划（2013~2015）》形成中间成果；组织《韶关旧城区交通节点第二批整治规划》编制；将城市规划研究运用到禅宗文化，组织申报《乳源正觉寺佛教禅宗文化保护与开发对策研究》获市社科联批准立项。

村镇规划 2013年，韶关市组织开展名镇名村示范村规划编制工作，完成296个名镇（村）规划编制和评审；编制完成100个试点村的村庄整治规划；完成市第五批中心镇控规编制试点镇（仁化董塘镇）控制详细规划初步成果；组织开展始兴县沈所镇石下村、新丰县马头镇潭石村古村落保护规划编制工作；开展市区镇村协调发展与规划研究。截至年底，全市镇总规覆盖率83%，村庄规划覆盖率8%。

规划管理 2013年，韶关市人民政府颁布实施《韶关市建设工程规划批后监督管理办法》；组织编写《韶关市规划项目编制组织操作细则和规程》《韶关市城乡规划编制项目招标采购与委托管理规定》《韶关市城乡规划技术管理规定》，并形成征求意见稿。

基础测绘 2013年，韶关市完成新丰县横江区域约7平方千米1:1000数字化地形图测绘，获“广东省优秀测绘地理信息工程奖”三等奖；为莞韶产业园甘棠片区基础设施供水管网工程建设提供地形图测量及地下管线探测1.5千米；完成新丰县产业转移园工业管理委员会33.33公顷区域的土方测量。

城建档案管理 2013年，韶关市完成50个建设工程项目1482卷纸质档案的预验收工作，审核接收建设工程档案92个项目；核发《建设工程竣工档案验收认可证》45份；向库房移交纸质档案3306卷、电子档案光盘48张；审核、接收、登记入库建设工程声像档案45个项目、照片档案89卷共4563张、光盘135张。 *(李冬辉)*

【宜居城乡建设】 2013年，韶关市推进宜居社区、名镇名村建设，全市有4个社区申报并获“广东省宜居社区”称号。成功组织乳源县必背镇、南雄市珠玑镇申报广东省岭南名镇和全市2个镇、14个村申报广东省岭南名镇名村，及2个镇、1个村申报全国特色景观旅游名镇。协助曲江区罗坑镇参与2013年广东省宜居环境范例奖申报。全市有11个镇向国家申报全国重点镇。 *(章程)*

【城市基础设施建设与管理】 市政建设 2013年，韶关市颁布实施《韶关市城市基础设施配套费征收管理办法》《韶关市区单位建筑面积参考造价》。完成工业西片区内涝整治工程、韶南大道延长段至百旺大桥至韶冶段南出口整治等19个项目的前期工作，并移交建设单位开工。全年完成市政基础设施建设投资金额近20亿元，同期开展上饶桥建设工程等其他27个项目的前期工作。乐昌峡水利枢纽工程于2013年1月29日首台机组发电，其余两台机组分别于6月14、6月26日发电。市区截污管网项目，完成规划、可研等前期工作。全年维护好市区道路次干道176条、总长159千米、面积412万平方米，维修道路沥青路面4.6万平方米、水泥路面1.1万平方米、人行道1.5万平方米，沥青灌缝125千米；清疏下水道渠779千米，清疏雨水井、污水井1.38万座，维修更换井环井盖、雨水格栅523件，更换“四防”装置3007个，冲洗“四防”装置3.77万个。全年，维护市区路灯4.3万盏、景观灯23千米，修复路灯线路合计3.2万米。灯饰亮灯率和设施安全率分别达到98%和99%。 *(章程 高涛)*

城市园林绿化 2013年，韶关市做好市区7个公园总面积345万平方米，120万平方米绿地以及5.9万棵路树管养，完成武江南路、韶南大道、滨江路等路段共计约1300棵的行道树修剪，处理危树70株。完成银山苗圃基地初期建设，共种植约2.27万棵苗木。完成春节、国庆等节日期间的市区摆花装饰工程。包括万寿菊、一串红、矮牵牛等25种花卉品种，共计46万盆。 *(高涛)*

绿道建设 2013年，韶关市实施《韶关市绿道网建设专项规划》《韶关市绿道建设工作方案》，年内建成绿道6.1千米。截至2013年底，建成百芙绿道、莲花山绿道、丹霞山绿道和韶州公园绿道，总长度82.5千米，总投资约2100万元。

（章程）

城市环境卫生 2013年，韶关市对小岛片区进行试点改造，关闭升平路和九曲巷现有2座垃圾中转站，并在小岛片新建一座环保型垃圾压缩站。重新选址在原木材厂"三旧"改造F地块内。组织全市负责农村生活垃圾处理的县（区）、镇二级120人参加全省农村生活垃圾处理技术巡回讲座。截至2013年底，市辖两区、乐昌市、始兴县、新丰县、乳源县均完成生活垃圾无害化填埋场建设；南雄市、仁化县、翁源县的填埋场项目全面开工。全市89个镇的生活垃圾转运站、12611个自然村的生活垃圾收集点的建设任务100%完成，全市611个行政村均建立保洁制度、配备固定的保洁人员。全年全市农村生活垃圾清运处理体系基本建立。

（高涛）

城市生态保护建设 韶关市严格环保准入。2013年，审批各类建设项目497个，总投资251.94亿元；办理建设项目环保设施竣工验收98个；办理排污许可证86份、建筑噪声排污许可证70份、危险废物转移审核133份、辐射安全许可证25份、辐射安全许可75份、汽车环保标志22773份。经审批的项目全部落实污染防治措施。2013年，在污染减排工作中，检查各类企业3100家次，推进翁源中源水泥厂等6项重点环保工程，升级改造5个环境空气自动监测站。全年全市环境质量总体保持稳定，空气环境质量达到国家二级标准。

城市水环境建设 2013年，韶关市监测饮用水源地109处，开展地表水以及废水、废气、噪声、辐射等监测工作，出具监测数据105936个。全市788家企业单位缴纳排污费，缴交总额4732.01万元。着手扩建第一污水厂、南雄市污水厂、始兴县污水厂等5家现有污水处理厂，新开工建设16家城镇污水处理厂。截至年底，全市城镇生活污水厂27家，污水处理规模达到每天41万吨。

（章程）

城市供水 2013年，韶关市南水水库供水工程通过审批立项。在城市水源方面，开发乐昌市坪石新水源工程项目，截至年底完成乐昌市武江河饮用水源置换工程水土保持方案的技术审查批复工作和乐昌市龙山水库水功能区划调整论证评审。集中式饮用水源地水质、地表水环境功能区水质，以及跨市河流交界断面水质达标率均为100%。在供水设施管理方面，全年完成维修956千米DN80以上供水主管，实现优质安全供水5745万立方米，新敷设管径DN80以上的供水主管13.44千米，"一户一表"改造工程完成工程施工11332户，累计完成改造67157余户。年内处理污水461万吨、处理生活污水461万立方米，处理生活垃圾18万吨，代收污水处理费3498万元、垃圾处理费1129万元。抢修不同管径管道1000多次。

城市供气 为缓解韶关市区新能源汽车加气难问题，引进曲江城区天然气汽车加气站项目。支持西气东送工程，建立翁源县天然气站和始兴县天然气站。做好348千米地下管网的管理养护，全年投入5013万元，完成旧管网改造17千米，新敷设地下管网29千米；发展各类用户1.2万户，实现销气量2331万立方，减少二氧化碳排放近9万吨、减少二氧化硫排放近1000吨，减少废渣排放9100吨；全年实现平稳、安全供气。

城市综合管理 2013年，韶关市审议通过《韶关市市区拆除违法建筑工作试行方案》《韶关市违法建筑管理暂行规定》《关于开展打击"两违"行动的通告》《韶关市对"两违"建筑不予提供水电等公共服务实施方案》并颁布实施。组织开展拆除"两违"建筑物行动。

城管综合执法 2013年，韶关市组织开展四次"城管开放日"。治理占道经营、乱摆卖等违章行为3万多宗，拆除乱拉挂900多宗，拆除无手续、违章设置广告牌209块，面积共计5139.8平方米。全年依法强拆市辖三区各类违法建筑298宗，面积263514平方米。

（高涛）

▲2013年6月7日，韶关市住房和城乡建设局在全民健身广场开展建筑安全与燃气安全知识宣传活动

（章程 摄）

【城镇村庄建设】 生态创建村镇建设 截至2013年底，韶关市有7个乡镇被命名为“国家级生态乡镇”，1个乡镇、2个行政村、6个自然村和4个生态园被命名为“省级生态示范镇（村、园）”，22个行政村、55个自然村被命名为“韶关市生态示范村”。

名镇建设 韶关市共有11个镇向国家申报全国重点镇。组织全市第三批韶关市宜居示范城镇和宜居示范村庄申报。组织乳源县必背镇、南雄市珠玑镇申报广东省岭南名镇工作。组织全市2个镇、14个村申报广东省岭南名镇名村。

（章程）

【房地产业与住房保障】 房地产市场监管 2013年，韶关市建立商品住房价格调控联席会议制度，会同财政部门调整市区普通住房单价标准，市区普通住房单价标准为5100元。全市商品房销售面积347.21万平方米，比上年增长33.7%。商品房网上签约10021宗，二手房成交收件5576宗，抵押注销登记4014宗；司法查封登记521宗；预售合同登记备案8481份，面积96万平方米，预售款审批660宗，金额53亿元，在建工程11宗，面积35万平方米；全年累计行政性、事业型收费3635万元，代征土地出让金292.3万元，协助市财税征收1.3亿元。

保障性安居工程建设 2013年，韶关市新开工各类保障性住房、棚户区改造住房、棚户区改造住房1889套（户），竣工2998套（户）。全市保障性住房完成新开工2454套，完成省下达韶关市的责任目标任务的130%；基本建成3252套，是目标任务108%。其中：新开工公共租赁住房（含廉租住房）772套，占目标任务138%；新开工经济适用房310套，占目标任务124%；新开工限价商品住房120套，占目标任务120%。年内制定《韶关市区保障性住房动态管理制度》《韶关市区保障性住房档案管理制度》，出台《韶关市区公共配租轮候配租实施细则》。加快公积金转贷保障性房建设试点申报。是年韶关市被列为住房公积金贷款支持保障性住房建设试点城市。

住房公积金管理 2013年，韶关市新增缴存单位144个，新增12704人；全市归集住房公积金21.5亿元，比上年增加1.6亿元；全市累计缴存住房公积金134.4亿元，比上年增加4.3亿元；全市累计发放住房公积金委托贷款27亿元。全市累计提供职工购房贷款36866户，比去年增加3.2亿元，主要用于个人购房；全市累计支取住房公积金77.5亿元，比上增长27%。

公房管理 2013年，韶关市房地产管理所租金（含廉租房）收入4340.76万元，租金收缴率99.42%；处置拍卖公房商铺面积969.23平方米，年减少租金134.26万元；办理租赁合同7802户；完成维修工程183宗，维修费279.95万元。上交公房租金4784.58万元；签订白蚁防治合同21宗，面积74万平方米，合同金额约80万元，完成灭治工程35万元。

（章程）

▲2013年6月8日，韶关市住房和城乡建设局组织物业企业经理、社区基层干部参加物业管理专题讲座 （章程 摄）

【“三旧”改造】 2013年，韶关市完成“三旧”改造地块标图建库动态调整，重点改造项目进度加快，百年东街项目、配件厂项目基本完成；木材厂项目第一期基本完成，第二期正在建设中；“万通城”项目完成投资近2亿元；完成十里亭油泵油嘴厂项目等9个项目审批和出让工作，为政府创造出让收益及保障性住房配建收益预计5亿元；加紧建设二棉厂项目、油泵油嘴厂、福苑大酒店项目。加快推进冶金机械厂、宏大齿轮厂、织布厂项目改造。3宗“三旧”改造涉及旧村庄用地报批项目获批复；完善历史用地项目4个，取得批复1个。

（章程）

【建筑业】 建筑市场建设 2013年，韶关市印发《关于加强外来建筑企业诚信登记和备案登记工作的通知》，并委托韶关市建筑协会办理登记，对登记企业施行日常动态监管，宽进严出。全年41家企业因一次未能签到通报批评、7家企业自愿退出韶关建筑市场。从2013年9月1日起，全面实施劳务分包制度，规范建筑劳务市场。全年累计开出外出承接工程诚信证明185份。依法办理施工许可证67件、竣工备案51件。

工程造价管理 2013年，韶关市落实《建设工程合同价款与预（结）算备案制度》。完成合同价款登记备案项目69个，其中招标项目44个，非招标项目25个，合计登记备案建筑面积154.207万平方米，工程造价约30.77亿元。参与

《2013计价规范工程量清单指引》编制工作，开展“全国建设工程造价员资格考试”及全国建设工程造价员执证人员继续教育和验证工作。举办国家2013计价规范、标准技术宣讲会。

工程质量管理　2013年，韶关市出台《关于加强全市房屋和市政工程用砂备案管理的通知》《关于加强预应力混凝土管桩质量监督管理的通知》。2013年，全市在建项目总面积1042.05万平方米，均办理质量监督注册手续。全年工程实体质量监督检查74项单位工程，回弹检测混凝土强度498个构件，合格率100%。钢筋保护层厚度检测砼构件214个，单位工程原材料监督抽查38项工程。6月和12月两次组织商品混凝土专项检查，抽查6家预拌混凝土企业和6个在建项目。从检查情况看，商品混凝土生产单位和建筑工程的施工、监理企业重视工程用砂质量，建立用砂台账和抽样送检制度，所抽检的建筑用砂氯离子含量均小于0.06%，符合行业标准要求。

施工安全管理　2013年，韶关市在建工程350项，全部办理安全质量监督手续，在监工程总面积1042.05万平方米，造价136.5亿元，实现连续六年零事故。2013年市区发放建筑工程施工许可证67件，建筑面积277.32万平方米，工程总造价43.49亿元，分别比上年增长43.4%和70.1%；房屋建筑工程和市政工程竣工验收备案51宗，建筑面积125.56万平方米，工程造价15.42亿元，同比分别增长89.50%和45.75%。

建设工程招投标管理　2013年，韶关市出台《韶关市政府投资重点建设项目廉政保障工作实施意见》《韶关市区政府投资项目BT模式建设管理暂行办法》，制定工程招标代理机构管理办法及工程招标代理机构诚信登记管理制度。全年进入各公共资源交易中心交易工程576项，累计成交金额总计76.56亿元，比上年增长91.74%。

加装电梯管理　2013年，韶关市出台《韶关市区既有住宅增设电梯经费筹集和财政补助的实施意见》，每台补助标准3万~5万元，全年完成电梯加装44台，超额完成20台的工作目标。　*（章程）*

【建设科技与信息化】　建筑节能　2013年，韶关市被评为“国家节能减排财政政策综合示范城市”。市区全年征收新型墙体材料专项基金建筑工程项目58个，征收金额2288.78万元。市区建筑工程办理新墙材专项基金返退项目38个，返退金额1492万元。市区办理建筑节能设计审查备案工程项目66个，建筑面积285万平方米，新开工项目全部通过节能设计专项审查，节能备案率100%，设计阶段建筑节能标准执行率达到100%；全市新墙材应用比例达到81%，其中市区新墙材应用比例达到99%，施工阶段建筑节能强制性标准执行率达到99%；全市全年完成散装水泥供应量259.24万吨，超额完成12.71%，比上年增长85.1%；完成预拌混凝土使用量361.96万立方；完成预拌砂浆使用量1.02万吨。　*（章程）*

数字城管平台　2013年5月完成“数字城管”指挥平台首期建设并投入试运行。

规划信息化建设　2013年，韶关市开发建设韶关市城乡规划电子报批系统，完成历史审批修规、建筑方案、规划设计条件、控制性详细规划及相关规划成果资料的搜集并安排资料规整入库，完成韶关市城乡规划电子报批系统试用培训，完成韶关市城乡规划信息网的改版和韶关规划信息中心门户网站建设。承建开发的“韶关市城市规划三维辅助决策系统”项目一期获2013年度广东省优秀城乡规划设计奖规划信息类三等奖。　*（李冬辉）*

【韶关市推动绿色建筑发展】　2013年，韶关市南枫碧水花城和金色江湾B地块（二期）两个项目共计58万平方米进行绿色建筑论证和评估。10月，韶关市通过财政部、发展改革委联合开展2013年节能减排财政政策综合示范城市竞争性评审，并被列入全国2013年节能减排财政政策综合示范城市。制定《关于推进全市既有建筑节能改造的实施意见》，编制《关于进一步加快推进我市可再生能源建筑应用的实施意见》，并委托广东省建科院编制《韶关市可再生能源评估报告》。2013年完成韶关市中医院门诊楼、急诊楼、住院大楼节能改造项目等12个项目既有建筑节能改造，改造总建筑面积6.25万平方米。设立韶关学院医学院学生宿舍楼等可再生能源建筑应用项目，面积3.06万平方米。　*（章程）*

【韶关市推进丹霞山风景名胜区旅游基础设施建设】　2013年，完成韶关市丹霞山加强旅游基础设施建设。阴元石步道改造及森林防火通道二期工程3.3千米路基路面建设。完善景区标志标牌等标识系统。建成4个公交候车廊。组织编制《环丹霞山生态旅游产业园发展规划（2012~2025）》《广东省韶关市丹霞山世界地质公园地质遗迹保护规划（2013~2025年）》《丹霞山国家地质公园总体规划》。完成景区8个村委会、76个村小组的村庄整治规划的现场调研和文本编制。完成和景酒店客房综合楼建设、中石化天然气管道景区内路径工程选线。

2013年，签订环丹霞山旅游产业园签订合作意向框架协议3宗，协议投资金额160亿元。截至年底，入驻环丹霞山旅游产业园5家企业、8个项目，协议总投资540亿元。建立规划建设项目库，启动环丹霞山水上观光、自行车观光体验、韶石景区开发等项目的前期研究。

景区全年接待游客300万人次，实现旅游总收入6.25亿元。2013年12月，丹霞山景区成为广东首个国

家生态旅游示范区。 (彭倩华)

【韶关市推进城镇化建设与城区扩容提质】 2013年，韶关市完成《韶关市城镇化发展调研报告》，出台《中共韶关市委韶关市人民政府关于加快推进新型城镇化的意见》。启动实施《促进韶关市城区扩容提质五年行动纲要》，该纲要规划期限2013~2017年。是年，城建重点工程进展顺利，项目数量和投资额均创历史新高。芙蓉新区及其管委会获准成立，芙蓉新区发展总体规划获省政府批准。老城区四大出口与工业西片区内涝整治等市政项目以及金色江湾、万通城等一批“三旧”改造项目进入快速建设阶段。 (章程)

【韶关市开展棚户区改造试点】 韶关市原曲仁矿棚户区改造试点工作步伐加快，截至2013年底完成投资约13亿元，占计划总投资的33.3%。引导住户根据实际情况选择新建、翻修等形式开展国有垦区棚户区改造，新开工城市棚户区改造756套，占目标任务的126%；新开工国有工矿棚户区改造416套，占目标任务的139%；新开工华侨农场危房改造80套，占目标任务的100%，做到“当年开工，当年完成”。 (章程)

【韶关市开展应急抢险救灾】 2013年，“温比亚”“尤特”“潭美”等多个热带风暴或超强台风先后袭击韶关市，由于及时启动防灾和应急预案，使在建工地未因恶劣天气受到重大损失。在“8·16”洪灾袭击中，武江源水浊度达到1万度以上，为历史上第一次，在合理调加净水剂后，仅7小时就恢复市区自来水供应，保障市区安全供水。受台风影响，市区多处路段出现内涝及塌方险情，部分危旧公房住户性命安全受到严重侵害，韶关市出台救灾复产重建家园工作任务分工方案，组织全市住房和城乡建设系统协助做好损毁房屋排查，指导各地开展损毁房屋重建工作。开展水毁水利工程修复，完成修复投资9966万元，修复堤防100处、山塘坡头177处、灌溉设施282处、饮水工程140处、电站176宗。 (高涛 章程)

附录：韶关市住房和城乡建设管理部门主要领导

韶关市住房和城乡建设局
　党组书记、局长：梁韶灵
　韶关市城乡规划局
　党组书记、局长：许险峰
韶关市丹霞山风景名胜区管理委员会
　党委书记、主任：许　红
韶关市城市综合管理局
　党工委书记、局长：周伟源
韶关市水务局
　党委书记、局长：曾宪波
韶关市住房公积金管理中心
　党委书记、主任：刘国红

河 源 建 设

【概况】 河源市位于广东省东北部，1988年设立地级市。2013年，全市土地面积1.57万平方千米，截至2013年年末户籍人口360.95万人，常住人口303.76万人。是年，全市地区生产总值680.33亿元，完成固定资产投资342.73亿元，比上年增长22%。

2013年，河源市住房和城乡建设系统围绕打造“广东绿谷”、建设“幸福河源”的总体要求，推进城市扩容提质，完善城镇基础设施、公共设施和民生工程建设，加强建筑和房地产行业的监督管理。但是城镇化发展水平偏低，中心城区辐射带动能力有待增强，发展特色不明显。 (张正才)

【城乡规划】 规划编制 2013年，河源市完成中心城区战略发展规划的研究论证和方案编制《江东新区城市总体规划》《江东新区控制性详细规划》，市区庄田片区、高塘片区、万绿湖大道两侧用地、城南客运交通枢纽的控制性详细规划，城南客运交通枢纽用地修建性详细规划和城市设计、河源市“十二五”住房建设规划、市区燃气专项规划、交通系统慢行规划、园林绿化规划、“两园一工程”（水产业园、稀土产业园、市区水源工程）规划的编制。完成《河源市太平街区保护与更新规划及街景立面设计》和太平街的市政管线、道路铺装、骑楼加固、骑楼立面整饰等施工图设计。东源、龙川、连平县进行县城总体规划修编。截至2013年，全市编制完成一般镇总体规划70个、村庄规划2651个，各县中心镇全部完成总体规划编制。

规划管理 2013年，河源市市区办理建设用地规划选址意见书11宗，建设用地规划许可证1457宗，建设工程规划许可证1246宗。审议规划、建筑设计方案60宗；审议规划、建筑设计方案105宗，审批规划方案72宗、报建施工图方案120宗。完成河源规划一张图综合管理平台建设并投入试运行。全年开展规划检查30余次。查处违法建设行为714宗，拆除504宗，拆除面积43955平方米，清理抢种果木面积38600平方米，集中开展违法建筑强制拆除行动8次。健全完善管理制度，制定出台《河源市区村民宅基地审批管理暂行办法》《河源市区建筑垃圾处置管理办法》。

(张正才)

【宜居城乡建设】 2013年，河源市推进宜居村镇“六个一”工程。东源、龙川、连平县进行新一轮县城总体规划修编。全市编制完成一般镇总体规划70个、村庄规划2651个，各县的中心镇已全部完成总体规划编制。2013年度开展宜居城镇建设试点镇4个，宜居村庄建设试点村30个，各县区以实施宜居村镇“六个一”工程为重点，加强城镇道路、排水排污、公园广场、路灯

2013年河源市住房和城乡建设主要经济产业指标

项目	单位	实绩	比上年增长(%)
固定资产投资额	亿元	342.73	22.0
建筑企业	个	104	1.96
建筑业总产值	亿元	25.54	14.0
建筑企业利税总额	亿元	3.92	71.9
建筑企业期末从业人员	万人	2.14	11.46
建筑企业劳动生产率	元／人	119345.79	2.3
房屋建筑施工面积	万平方米	435.34	11.5
商品房屋销售额	亿元	106.84	24.19
商品房屋销售面积	万平方米	247.09	17.47
房地产开发投资额	亿元	90.37	34.19
建成区绿化覆盖率	%	44.32	0
人均公园绿地面积	平方米／人	12.36	2.06
人均城市道路面积	平方米／人	13.8	1.99
城市用水人口	万人	300.5	11.11
城市自来水普及率	%	100	0
城市燃气普及率	%	100	0
城市液化气供应总量	吨	29010.84	−3.48
城市天然气供应总量	万立方米	0	0
城市污水处理厂	座	16	45.45
生活垃圾无害化处理率	%	100	0
城镇化率	%	45.8	0.8
住房公积金缴存额	亿元	9.41	12.56
住房公积金贷款额	亿元	4.7	1.95
保障性安居工程	套	2608	29.55
绿色建筑面积	万平方米	0	0

（河源市住房和城乡规划建设局）

绿化等工程建设。

农村清洁工程。2013年，河源市各县区以“一县一场”“一镇一站”为重点，加强农村生活垃圾处理设施建设。东源县城生活垃圾无害化填埋场基本建成，和平、龙川、紫金、连平县的县城生活垃圾无害化填埋场开工建设。全市95个乡镇全面建设生活垃圾中转站并投入使用。全市各自然村建设生活垃圾收集点10080个。（张正才）

【城市基础设施建设与管理】 市政建设　创新城市管理模式打造“春天绿”品牌公交站场建设。2013年，河源市完成市区公交2个综合站场、6个枢纽站、9个首末站的规划选址，市区新建32座公交站亭。推进重点市政工程建设，完成东江东路、客家文化公园西路、老城中山路“水浸街”整治工程、宝源一路跨铁路桥工程等城市路桥工程的规划设计、环评、立项等；兴源路、凯丰路、长堤中路及亲水步道升级改造全面竣工；全民健身广场、客家文化公园二期建成开放。改造维修道路桥梁设施，完成旺业路、旺福路、家乐街等工程的前期工作。解决“水浸街”问题，制定应急排涝抢险方案，明确市区26个易涝地点和各易涝点的责任人；购买管道机器人清疏车，对市区排水排污管道进行全面清疏；完善排涝设施。在市区易积水路段增设雨水进水井、接驳排水管道及安装新型雨水进水井盖，并在市区首创应用排水钢筋安全防护网。完成全民休闲健身广场建设。

城市园林绿化　创新城乡绿化模式，完成客家文化公园10万平方米社会公德林植树工程，种植万紫千红、秋枫、樟树等乔木760多株、勒杜鹃2万平方米；形成春夏秋冬花不落的景观。“河之源”景观瀑布工程年度向市民亮相。完成长堤路大树种植工程、迎客大道和滨江大道以及凯丰路、旺福路绿化提升工程。（朱锋）

绿道建设　2013年，编制《河源市绿道网建设总体规划》，推进省立绿道建设，东源县建成“滨江线仙塘镇至黄田镇段”绿道25千米，和平县建设“和平温泉线”绿道46千米。（张正才）

城市环境卫生　一是垃圾站场建设取得新成效。2013年，七寨生活垃圾卫生填埋场获“国家一级无害化填埋场”荣誉称号。二是提高垃圾清运能力。全年市区生活垃圾清运量20万吨。三是创新公共卫生间管理。实行组合包干制，加强日常监督管理。四是开展联合执法行动，建成使用万绿大道建筑垃圾消纳A场，处置建筑垃圾50820立方米。五是强化环卫考核。制订实施《河源市区环境卫生管理考核考评办法（试行）》。（朱锋）

城市生态保护建设　空气环境治理。2013年，河源市继续严把环保审批验收关，督促企业按照环保“三同时”（同时设计、同时施工、同时投产使用）要求完善废气治理设施，企业生产废气经有效处理后向高空排放。关闭5家大气污染企业，削减二氧化硫419吨，氮氧化物146吨。河源电厂2×600兆瓦机组完成取消脱硫旁路和脱硝改造工程。印发《河源市人民政府关于划定河源市区高污染燃料禁燃区的通告》。完成机动车检测数据联网报送工作，注销机动车2531辆，首次实现机动车排放量下降。

河源市完成市区空气质量自动监测系统升级改造工作，按照新标准要求对6项污染物实施监测，并与国家环境空气质量监测网进行数据联网，向社会公众实时发布河源市空气质量状况。

2013年，河源市空气质量优良天数达365天，空气质量功能区达标率100%，全市空气环境质量总体水平维持在国家一级标准，质量水平优良。

声环境治理。坚持在审批和验收环节把好关，督促生产经营时有噪声污染的企业按照环保“三同时”要求完善噪声治理设施。同时，对建筑工地实行夜间不定期巡查，对未经审批超时（夜间22：00~6：00，中午12：00~14：00）施工作业的建筑单位依法处理。

2013年，河源市市区区域环境噪声等效声级年均值为54分贝，声环境质量等级为较好（50.1~55.0dB（A））；交通噪声平均等效声级为68.7分贝，声环境质量等级为较好（68.1~70dB（A））；各类功能区的昼夜间等效声级（Ld、Ln）值均达到所属功能区声环境质量标准。

城市生活污水处理。河源市中心城区有河源市污水处理厂、河源市市区城南污水处理厂、源城区污水处理厂。2013年，分别处理水量2730万吨、827万吨和401万吨，合计3958万吨；2013年河源市中心城区污水排放量4261万吨，污水处理率92.89%。

河源市紫金县县城污水排放量1622万吨，处理量564万吨，污水处理率34.77%；龙川县县城污水排放量1353万吨，处理量614万吨，污水处理率45.38%；连平县县城污水排放量783万吨，处理量389万吨，污水处理率49.68%；和平县县城污水排放量731万吨，处理量448万吨，污水处理率61.29%；东源县县城污水排放量671万吨，处理量442万吨，污水处理率65.87%。

城市水环境建设　城镇生活污水治理。2013年，河源市政府办公室印发《河源市东江沿岸污水处理设施建设工作方案》，河源市环保局印发《关于贯彻落实〈广东省“十二五”城镇污水处理设施污染减排工作方案〉的实施意见》。2013年，河源市建设日处理能力5.145万吨的污水处理设施11个，建成8个、动工建设3个，建成污水管网52.22千米。在市区城南污水处理厂部分出水指标达到地表水Ⅲ类水标准的基础上，河源市投入7000万元启动市区城南污水处理厂处理工艺提标升级改造A、B线工程，2013年完成A线工程。

▲2013年，河源市区新建32座公交站亭，并维修和更新破损的公交站亭

（河源市住房和城乡规划建设局供稿）

截至2013年底，河源市共建成污水处理厂16座，污水处理能力达到24.665万吨/天，建成配套管网171.35多千米，其中新丰江水库库区6镇污水处理设施全部建成。

水环境综合整治。2013年，河源市政府与各县区政府、市高新技术开发区管委会签订《水环境综合整治责任书》；印发《河源市东江水环境综合整治工作实施方案》《河源市东江水环境综合整治工作指引（试行）》《河源市南粤水更清行动计划（2013~2020年）》和《2013年河源市南粤水更清行动重点目标和任务》。河源市委、市政府出台《关于东江水环境综合整治绩效评价及奖惩的意见》，将东江流域河源辖区47条支流50个断面水质纳入考核范围。从2013年起每年对每条Ⅳ类水质以下的河流拨付30万或50万元专项整治资金，每年度对达到整治目标要求的河流予以资金补助。

2013年度河源市东江水环境整治中，关闭养猪场101家、关闭和停业整顿餐饮场所39家，关停非法采矿点151个，建成生活垃圾压缩中转站60个，建成1.01万个自然村垃圾收集点，打捞水浮莲93万平方米、3.8万吨。河源市会同韶关市开展新丰江水库库区周边跨界区域的非法采选矿清理整治专项行动，取缔非法采矿点10个。完成东埔河下游截污管网提升改造和高埔小河水环境年度整治任务。

河源市辖区水环境质量总体维持优良，全市饮用水源水质达标率、地表水功能区水质达标率均为100%，其中新丰江、枫树坝两大水库的水质常年保持国家地表水Ⅰ类标准，东江干流河源段水质保持国家地表水Ⅰ~Ⅱ类标准，东江干流河源向惠州交接江口断面的水质达到国家地表水Ⅱ类标准。

饮用水源保护。2013年，河源市编制完成《新丰江水库生态环境保护总体方案》。

河源市开展城市集中式饮用水源、地下水基础环境状况调查评估，完成全市98个乡镇集中式饮用水源保护区划定。 （罗曦）

城市供水　建设和改造龙岭工业园、巴登大道、东源县供水主管、火车站广场路和永和东路等路段供水管网共计20.3千米。确定拟建城北和城南新水厂选址。制定解决供水不足的应急预案。

城市供气　2013年，河源市加大安全生产检查力度，全面检查局属各单位、燃气、供水企业的安全生产工作。加大燃气管理力度，通过举办安全用气知识咨询活动、开展餐饮业燃气安全专项整治、燃气安全联合执法检查、开展应急预案演练及冬季燃气入户安全大检查，提高处置救援能力。

城市综合管理　2013年，河源市成立广告管理科和广告中队，完成中山大道、大同路、兴源路、新风路、凯丰路等广告招牌整治工作。加大流动摊贩、占道经营、市场周边和城乡结合部脏乱现象的整治力度。 （朱锋）

【城镇村庄建设】　2013年，河源市开展村庄整治试点13个。东源县在县城新开发多个住宅小区，建设灯塔镇商业街，开展康禾镇名镇创建工作，实施硅产业聚集区和康泉18国际生态旅游城、东江源温泉度假村等项目建设，推进产城互动发展；和平县推进县城北扩规划，实施县城东山路改造等城建工程，在热水镇开展名镇创建工作；龙川县完成县城体育场和人民广场地下停车场改造、河堤改造、河梅高速公路龙川西出口路段改造等工程，开展县内公园的环境整治；紫金县重点实施县城金山大道改造工程、秋江中路贯通工程，升级改造一批城镇道路；连平县实施县城富民新区的主干道路、广场公园、亲水步道、人民影剧院、气象科技公园、体育馆、南山公园和洲龙山公园等重点市政工程建设和改造。 （张正才）

【房地产业与住房保障】　2013年，河源市完成房地产开发投资90.37亿元，比上年增长34.19%；全市商品房销售面积247.09万平方米，比上年增长17.47%，全市商品住房均价3940元/平方米，其中市区4865元/平方米，比上年增长3.14%。全市新增保障性住房建设用地7.25万平方米，筹集建设资金1.47亿元，新开工保障性住房、棚户区改造住房项目26个2125套，完成任务116%。新增基本建成各类保障性住房、棚户区改造住房2608套/户，完成目标任务105.2%。新增发放廉租住房租赁补贴147户，完成任务122.5%，累计发放1140户，累计发放补贴资金62.7万元。新增解决约5000个低收入家庭住房困难。

房地产市场管理　2013年，河源市编制完成《河源市区十二五住房建设规划》。加强商品房预售监管，执行差别化税率和购房贷款政策，遏制投机性投资，控制房价过快上涨。开展房地产市场专项检查。在全市评定12个住宅小区为“河源市宜居社区”，同时推荐申报“广东省宜居社区”。 （张正才）

房地产市场调控。2013年，河源市房地产管理局开展房地产各项登记管理工作。一是开展存量房交易价格评估，依法合理征收存量房交易中的各项税费；二是开展市场调查；三是引导房地产开发企业投资。在“河源市房管网”公开市区房地产市场运行报告；四是强化管理，稳定房价。

房地产中介市场专项整治。2013年，河源市房地产管理局和源城区工商分局组成的检查小组按路段分工，逐条街道进行查实，重点对《住房和城乡建设部工商总局关于集中开展房地产中介市场专项治理的通知》规定的十大行为开展专项检查和治理整顿。经检查，市区从事房地产经纪业务的企业76家，营业网点94个，从业人员418人，治理整顿期间，没有接到重点查处的违法违规行为的举报。 （李永上　曾金泉）

住房公积金管理　2013年，河源市共有2286个单位124196人参加住房公积金制度，比上年新增141个单位9256人。年度新增归集9.41亿元，比上年增加1.05亿元，增长12.56%，累计归集51.14亿元，归集余额22.78亿元。新增发放贷款2195笔4.7亿元，累计发放贷款28.89亿元，贷款余额为17.65亿元；新增办理提取34181笔6.4亿元，比上年增加1181笔1.55亿元，累计提取28.36亿元。

住房货币补贴。2013年，河源市有250个单位7799位职工按月实施住房货币补贴，年度发放补贴资金2040万元，累计发放补贴资金9127万元；新增办理提取1699笔1328万元，累计办理提取4647笔4427万元。

保障性住房建设　2013年，河源市新开工保障性住房、棚户区改造住房26个项目2125套，其中，新开工公共租赁住房1423套，新开工棚户区改造住房702户。新增基本建成各类保障性住房、棚户区改造住房2608套。新增发放廉租住房租赁补贴133户。专项补助资金5025万元。河源市被省政府考核为2012年住房保障工作目标责任优秀等级。2013年11月，连平县解决住房困难办公室唐水先获全国“五一劳动奖章”。

2013年2月27日，河源市住房保障服务中心成立。将河源市解决住房困难办公室更名为河源市住房保障办公室。 （叶小凡）

【“三旧”改造】　至2013年底，河源市上报广东省完善用地手续报批的“三旧”改造项目有39宗，面积1103.33公顷；广东省批复的项目6宗，面积42公顷。完成改造项目15

个，面积48.67公顷；完成改造区域内建筑面积增加17.66公顷，节约土地24.33公顷，节地率48.77%。(黄小巧)

【建筑业】 2013年，河源市办理公共建筑工程施工许可65宗，建筑面积178万平方米，建筑造价30亿元；办理私人施工报建177宗，面积6万平方米；办理工程竣工验收备案33宗，备案建筑面积72.3万平方米，建筑造价6.9亿元。

勘察设计。2013年，河源市办理施工图审查57项；组织大中型建设工程初步设计审查18项，审查建筑面积256.99万平方米；对12家勘察企业实行诚信手册管理，对跨地区营业的10家设计企业实行分支机构告知登记，对77项跨地区承接工程设计实行单项告知登记。开展全市保障房质量和工程勘察、设计、施工图审查质量检查，发出执法建议书5份，整改通知书3份，对3家设计企业和2家施工图审查机构进行通报批评。

建设工程招标投标管理。制定印发《河源市市级财政性资金投资建设项目管理办法》。2013年，全市进入建设工程交易市场的项目578项，造价93.94亿元。其中公开招标510项，造价50.44亿元；邀请招标68项，造价43.50亿元。(张正才)

建筑节能。2013年，河源市市区民用建筑工程节能审查备案率达100%，施工阶段节能标准执行率达到98%。开展建筑节能专项检查。检查建筑项目26个，对违反建筑节能法规和强制标准的6个项目下发执法建议书。开展绿色建筑创建，市区共创建绿色建筑试点项目4个，建筑面积29.3万平方米。对市区党政办公建筑和大型公共建筑136幢建筑进行能耗统计，并对单位面积能耗较高的15幢建筑进行公示。

工程质量和施工安全。河源市住房城乡规划建设局与各县区建设行政主管部门和各建筑施工企业，签订安全生产责任书。开展安全生产检查督查、建筑工地违规住人专项整治、工地板房专项整治、房屋市政工程消防安全大排查等专项行动。全面推行建筑工程主体结构实体检测，落实住宅工程分户验收制；对预拌混凝土企业生产现场实施远程视频监控，组织开展全市预拌混凝土生产企业资质和混凝土质量检查；开展打击假冒伪劣建材行动，加强日常监督抽查、专项检查和联动清查；开展工程质量安全创优活动，全市获评省建设工程优质奖1项、省安全生产文明施工示范工地12项。(张正才)

【建设科技与信息化】 2013年，河源市推广使用新型墙材，支持实施建筑屋顶太阳能光电一体化等节能技术项目。推进规划建设信息化管理，完成河源规划一张图综合管理平台建设，投入试运行。

(张正才)

【新丰江水库成功竞得全国湖泊保护项目】 2013年，新丰江水库代表广东省参加全国湖泊保护项目竞争，从全国54个参与竞争的湖库中脱颖而出，成为中央资金重点支持的15个生态环境保护湖泊之一，成功竞得中央5.93亿元扶持资金，新丰江水库生态环境保护被提升到国家战略生态建设规划层面。

(张正才)

附录：河源市住房和城乡建设管理部门主要领导

河源市住房和城乡规划建设局
党组书记、局长：黄庆源
河源市房地产管理局
局长：赖庆树
河源市城市综合管理局
局长：张金城
河源市水务局
局长：古敏生
河源市公积金管理中心
主任：傅运光

梅州建设

【概况】 梅州市位于广东省东北部，1988年设立地级市。土地面积15925平方千米，其中市区面积3053平方千米。截至2013年末全市户籍人口524.96万人；常住人口430.70万人，其中城镇人口198.12万人。是年，全市地区生产总值800.01亿元，完成固定资产投资280.50亿元，比上年增长27.5%。

2013年，梅州市深入实施市委、市政府“一园两特带动一精”(“一园”即全力推动梅州高新技术产业园建设；“两特”即发展文化旅游特色区和特色宜居城乡；“一精”即精致高效农业)发展战略，按照“建设有特色、有个性、让人记得住的城市”的要求，围绕“坚持统筹城乡，城乡互动，城是宜居区、乡是生态园，建设森林里的宜居城乡”的总体目标，全面推进新型城镇化建设并取得显著成效。但是仍然存在城镇化水平不高、城乡规划编制与管理水平亟待提高、城乡管理不够精细、基础设施建设总量相对不足等问题。(刘志军)

【城乡规划】 规划编制 2013年，梅州市加快完善城乡规划体系。一是加快总规修编，修改完善梅州市域城乡总体发展规划总报告初稿和梅州市城市总体规划纲要成果初稿；二是以国际招标方式，完成江南新城、丰顺新区和雁洋文化旅游特色区综合服务区等三大城市设计；三是推进江南新城详细规划、江南新城东升片区控规、江南新城和芹洋半岛安置区、梅州市实验小学、穗美市民广场、嘉应歌剧院、富港东汇城、监管场所等重点项目规划。推进嘉应新区规划和中心城区控规全覆盖、江南新城中轴线、剑英公园扩建修建性详细规划、梅州中心城区市政专项规划、芹洋半岛品牌战略发展区规划、黄塘片区

2013年梅州市住房和城乡建设主要经济产业指标

项　　目	单　位	实　绩	比上年增长(%)
固定资产投资额	亿元	280.50	27.5
建筑企业	个	272	1.87
建筑业总产值	亿元	184.67	8.36
建筑企业利税总额	亿元	24.68	-0.12
建筑企业期末从业人员	万人	8.61	36.08
建筑企业劳动生产率	元／人	259046	-6.14
房屋建筑施工面积	万平方米	1534.74	89.18
商品房屋销售额	亿元	99.2	74.92
商品房屋销售面积	万平方米	212.75	48.61
房地产开发投资额	亿元	77.02	74.83
房屋建筑面积（新开工）	万平方米	422.88	71.68
建成区绿化覆盖率	%	39.05	5.36
人均公园绿地面积	平方米／人	11.03	-3.16
人均城市道路面积（城区）	平方米／人	16.63	-9.6
城区用水人口	万人	131.71	-4.13
城市自来水普及率	%	95	0
城市燃气普及率	%	73.12	-7.17
城市液化气供应总量	吨	58510.65	-8.10
城市天然气供应总量	万立方米	522.89	-29.94
城市污水处理厂	座	10	0
生活垃圾无害化处理率	%	70.22	0
城镇化率	%	46	2.43
住房公积金缴存额	亿元	12.88	12.88
住房公积金贷款额	亿元	9.98	65.51
保障性安居工程	套	1176	-32.06
绿色建筑面积	万平方米	0	0

注：表中建成区绿化覆盖率、人均公园绿化面积、地区用水人口、城市燃气普及率、城市液化气供应总量、生活垃圾无害化处理率等项目数字为梅州城区和各县（市、区）城区，不含括乡镇　　*（梅州市住房和城乡建设局）*

控制性详细规划等规划编制；四是督导各县（市）推进县城总规修编、镇村规划和历史文化名镇名村规划编制。

规划管理　全面实行《关于加强梅州市区规划建设管理的意见》《梅州市城乡规划委员会章程》。加强地理信息中心建设，开通电子磁盘报批，打造“数字规划”信息管理平台，促进管理转型升级。完成客家博物馆临时规划展览建设厅，打造规划宣传培训基地。

规划审批　全年核发《建设用地规划许可证》33项，用地规划面积95.95公顷平方米，完成审批修建性详细规划59宗，核发《建设工程规划许可证》277宗，建筑面积194.2万平方米。对江南新城等三大项目方案、江南新城详细规划及剑英公园扩建修建性详细规划等重点项目规划向社会公示召开梅州市规委会4次，审议议题44个。

（黎为科）

【宜居城乡建设】　2013年，梅州市推进中心城区扩容提质，开展《梅州市中心城区“扩容提质”行动纲要》编制相关工作。印发《梅州市中心城区扩容提质行动计划（2013~2020年）》。

签订框架合作协议。2013年，梅州市政府与广东省住房和城乡建设厅、国家开发银行广东省分行在广州举行“加快新型城镇化　推动梅州振兴发展”三方合作框架协议签约仪式。合作内容包括规划编制、规划实施、城乡建设、投融资、政策支持、机制建设等方面，投融资项目主要涉及市政基础设施、棚户区改造、土地储备、文化医疗教育旅游设施、产业园区建设等重点领域。

实施“123”工程。“123”工程，指高起点规划建设一个县城，重点抓好两个特色镇，精心打造三个美丽乡村，以点带面，提升全市新型城镇化水平。各县（市、区）结合当地的资源禀赋和比较优势，制定实施方案。

加大城乡环境综合整治力度。梅州市人民政府印发《梅州市推进农村生活垃圾处理工作市级财政资金奖补方案》，市级财政安排2000万元专项资金，缓解农村生活垃圾处理资金紧张的局面。截至2013年底，住房和城乡建设管理部门联合新闻媒体开展暗访20多次，对存在“脏乱差”的镇、村进行曝光。全面推行“户收集、村集中、镇转运、县统筹处理”的农村生活垃圾收运处理模式，是年基本实现城乡生活垃圾处理全覆盖，兴宁、平远、蕉岭、大埔、丰顺、五华生活垃圾无害化处理场全部开工建设。

（谢汉奎）

【城市基础设施建设与管理】　市政建设　2013年，梅州市推进嘉应新区经济功能区与梅江区、梅县区有机衔接，重点完成客都大桥、程江大桥规划选址，组织编制渡江津桥修复方案。做好江南新城、芹洋半岛品牌战略发展区、城市综合体、产业园区配套市政基础设施建设。

市政路网更加顺畅便捷。全年

梅州城区新建、扩建道路长3.66千米，面积9.4万平方米，摊铺沥青道路3.98千米，新建排水沟0.44千米，年度投资1.9亿元。相继完成泮坑路、丽都西路及新中路沥青加铺、学院路加宽项目，以及治理老城区“水浸街”改造项目，加快推进在建工程。组织维修金燕大道、梅州大道等87条市政道路，累计修复路面（含人行道、广场）5.5万平方米，梅县区分别在汽车城、公园北路安置区等地新建4条市政道路；迁移改造新城西片区部分高压线路等。

城市照明建设力度加大。梅州市完成一江两岸秀兰桥至东山桥段、东山教育基地及芹洋片区夜间景观照明工程。投入5800万元，新建和改造道路、巷道照明线长56.72千米。新建改造广梅路、嘉应中路、新中路、丽都路、泮坑路、学院路等道路LED灯。全年解决城区17条8米以下巷道城市照明问题。路灯亮灯率达98%以上。

推进广东省绿色照明示范城市建设。截至2013年底，梅州城区累计安装节能灯具（LED灯及其他节能灯）近19652盏，城市照明节能灯具约占总灯盏数的60%。梅州城区主要道路已安装120多台三遥节能稳压箱，城区主要路段基本实现智能三遥节能控制路灯。

城市园林绿化　截至2013年底，梅州市城市建成区绿地率36.44%，建成区绿化覆盖率42.88%，城市人均公园绿地面积12.83平方米。全年投入资金3364万元，新建、改建公园绿地面积7.26公顷，新建道路绿地面积2.13公顷，种植乔木4363株、灌木2万株。新建改造火车站内广场、芹洋东堤外侧河滩等公共绿地；完成省立绿道8号线建设9千米，并对主次干道、公园广场、景观节点等场所实施增绿添花和景观提升。2013年梅州市城区5万多株行道树长势良好列入标准化管理的98万平方米公共绿地监管效能不断提升。剑英公园完成沿湖堤岸景观改造；扩大苗木繁殖培育。文化公园内湖清淤。文化公园、剑英公园、归读公园出入口设置“T”型限摩围栏，改善园区安全文明秩序。（黄慰慰）

绿道建设　推进省立绿道网建设。根据2013年梅州市完成省立绿道8号线梅县和大埔县段共计38千米建设任务，截至2013年底完成省下达任务慢行道里程21.3千米，绿化里程20千米。（谢汉奎）

城市环境卫生　2013年，梅州市城区生活垃圾处理量18.31万吨（含梅县区新县城和部分乡镇），生活垃圾无害化率100%。垃圾处理设施不断完善。完成梅州市奇龙坑垃圾卫生填埋场二期环场道路建设，以及垃圾挡坝工程项目立项等前期工作。奇龙坑生活垃圾卫生填埋场继续进行沼气并网发电和实施联合国CDM“清洁发展机制”项目，引进加拿大先进的环保3R技术，实现垃圾综合治理，年内建设2×500千瓦的沼气发电机组。梅州市政府组织城管、规划、国土、环保等部门开展城区首个建筑垃圾受纳场建设选址论证。梅州市垃圾处理场分别获中国城市环卫协会、省住房和城乡建设厅授予的“Ⅰ级生活垃圾填埋场”“广东省环卫先进集体”称号。梅县区新建垃圾压缩中转站3座，其中古塘垃圾压缩中转站建成投入使用；完成秋云桥等垃圾中转站改造，梅县区全面使用压缩运输车辆和压缩中转站。梅江区规范管理各类建筑工程152个，规范排放受纳各类建筑余泥渣土63.48万立方米，查处扬、撒、漏污染卫生行为312宗，查处乱倒乱推行为420宗，责令违章者清洗被污染路面约1.5万平方米，新配垃圾运输大斗20个，配合镇村在城中村、城乡结合部设置临时斗点29个。

梅州市启动环保能源（垃圾焚烧）发电项目，项目建设总规模1500吨/天，总投资4.37亿元，分两期实施，采用世界上垃圾焚烧应用最广的炉排炉工艺，实施BOT特许经营建设模式。（郑志尚）

城市生态环境保护和建设　2013年，梅州市水环境质量达标率保持100%，主要江河水质、城市集中式饮用水源地水质均达到Ⅱ～Ⅲ类水质，韩江潮州赤凤跨界断面水质稳定达到Ⅱ类标准，城市空气质量优良率100%，城市功能区噪声、区域噪声、城市道路交通噪声达标率保持100%。

建设项目环境管理。全年审批建设项目825个、否决项目7个。强化环评管理工作，对不符合环保法律法规、不符合有关规划和产业政策、不符合清洁生产要求、达不到

▲梅州市人行浮桥光亮工程建设（2013年）　（连志城　摄）

排放标准和总量控制目标的建设项目，一律不予批准。继续实施重点项目行政指导办法，并开展行政辅导对赛翡蓝宝石、珠江啤酒等企业和项目实施行政辅导。

环境整治与执法监管。2013年，梅州市制定《梅州市南粤水更清行动计划（2013~2020年）实施方案》《梅州市城区大气污染综合整治工作方案》《梅州市大气污染防治行动方案2014年度实施方案》《梅州市划定高污染燃料禁燃区实施方案》。出台《关于执行国家第四阶段机动车大气污染物排放标准的通告》，对全市范围内新注册登记、转入登记的机动车全面执行国Ⅳ标准。市区部分区域对持黄色环保检验合格标志及未取得环保检验合格标志机动车限制通行。开展部门联合执法，重点整治城区建筑工地施工扬尘、工业企业废气、饮食业油烟和各类噪声等污染问题。加强重金属污染防治。落实重金属污染源综合整治方案、重金属污染综合防治规划2013年度实施方案。完成62家企业跨市转移危险废物审批；加强对医疗废物集中处置；核发4家《辐射安全许可证》，完成90枚放射源收贮工作。全市出动执法检查人员16520人次，检查企业5850家(次)，立案查处环境违法案件80宗。

污染物减排。2013年，全市主要污染物排放量为化学需氧量6.95万吨、氨氮0.859万吨、二氧化硫4.03万吨、氮氧化物4.79万吨，完成国家和省下达的污染减排各项任务，2013年度总量减排考核被评为优秀。国家责任书项目梅州市清源水质净化中心二期工程基本完成，兴宁市、蕉岭县污水处理厂二期工程基本建成，梅县区、大埔县、丰顺县和五华县污水处理厂二期工程加紧建设。梅州金塔水泥有限公司等6家旋窑水泥企业脱硝工程全面建成调试运行，22个结构减排项目全部提前完成。列入广东省2013年减排计划的18个规模化畜禽养殖场项目完善治污设施。配合经信部门全年共淘汰立窑水泥产能624万吨、粉磨产能50万吨。

生态创建。2013年，梅州市出台《梅州市创建国家环境保护模范城市总体工作方案》，委托国家环科院编制《创建国家环境保护模范城市规划》。 *(陈冬雄)*

城市水环境建设　截至2013年，梅州市建成10座污水处理厂正常运行，污水日处理能力19.4万立方米，城市生活污水处理率79.43%。

2013年，梅州城区江南污水处理厂二期工程总规划规模为日处理污水15万立方米。首期投资概算1.05亿元，建设规模日处理污水5万立方米，施工单位进场开工。兴宁市污水处理厂二期，建设规模日处理2.5万立方米，总投资3939万元，于2013年12月底通水并试运行。蕉岭县污水处理厂二期，建设规模日处理1万立方米，总投资4933万元，于2013年12月底通水并试运行。

城市供水　2013年，梅州市、县两级8个供水单位共9家市政水厂采取多种措施保障供水安全，全市城市水厂供水能力为46万立方米/日。水源水质完全符合《地表水环境质量标准》Ⅱ类以上，供水水质基本达到生活饮用水卫生标准。

2013年，梅州城区及部分县(市）供水单位多方筹措资金进行供水设施改造、扩建。完善城区供水管网，其中配合205国道提升改造同步实施环市路供水管网改造，设计铺设管道15千米，计划投资3200万元，完成双向管网铺设13千米。开展江南自来水厂改造复产的前期准备工作。 *(曾维)*

城市供气　2013年，燃气供应保障能力增强。城区燃气普及率达93.08%，比上年增长0.31个百分点；天然气、液化石油气年供气总量分别为315.76万立方米和6000吨；液化石油气用户数有所减少，天然气年度新增用户6014户。全年完成天然气建设投资3000万元，新建庭院管网及市政管网长度56.42千米。天然气管网敷设基本实现梅州城区（含梅县新城）“一张网”的目标；江南片丽都路以北区域基本形成“环状供气”格局；推进管道天然气进入高新区及碧桂园小区建设。规范瓶装液化石油气管理，重点查处一批无证经营点，集中开展餐饮场所燃气安全整治。

梅州市首座天然气汽车加气站正式投产。该加气站位于梅城东升路，总投资1700万元，于2012年12月动工，2013年12月12日正式投产。

城市综合管理　2013年，梅州市深化环境综合整治规范城市管理。强化联合执法力度，努力治理城区“脏、乱、差”现象。一是着力解决建筑施工车辆“扬、撒、漏”污染路面和随意倾倒建筑垃圾现象。要求所有建筑工地“三车”(渣土车、混凝土搅拌车、动料车)出入通道必须硬化并配备必要的车辆冲洗设施；公安交警、交通、余泥渣土办对“三车”开展联合执法。现场教育处理存在违规行为的工地140宗次，纠正违规车辆525次，处罚违章车辆一批。二是整治违法建设和市容“五乱”现象。以江南新城规划控制区为重心，联合梅江区政府积极开展防“三抢”(抢装饰、抢建、抢种）工作，全年整治（拆除）违法建设714户，面积4.47万平方米；整治（拆除)过期临时建筑56户，面积3.1万平方米；处理乱搭建、乱摆卖、乱堆放、乱拉挂、乱贴画等市容“五乱”4.3万宗。三是开展一江两岸景观提升整治，拆除违章建筑、建设客家元素建筑外立面等措施。四是规范设置户外广告。五是数字化城管建设前期工作基本完成。梅州城区数字化城管建设项目完成立项，进入设计、监理招标阶段。

市政基础设施安全稳定运行。完善梅州市安全应急管理机制，市政基础设施抗风险能力增强。完成马鞍山桥、秋云桥限高限重及贤母桥动态称重系统工程。排除垃圾填埋区沼气含量过高带来的安全风险，采取工程措施解决场内山体滑坡问题；市场物业总站加强市场基础设施维护和升级，打造示范性样板市场；集贸市场有效防控H7N9禽流感疫情，完善农残检测制度。购买市政设施保险在减轻自然灾害损失方面发挥巨大作用。全年未发生重大安全责任事故。

行政审批优化提升。2013年，完成城市综合管理行政审批事项全部进驻网上办事大厅，实行行政许可公示和一个窗口对外制度，严格执行行政许可的各项规定，实现行政审批与市纪委联动在线监测。办理时限由法定的20工作日压缩到承诺7工作日。全年办理城市综合管理各项行政审批业务1555宗，即时办结率超过60%。 *(黄慰慰)*

【城镇村庄建设】 2013年，梅州市建制镇以上城镇建成区面积269.69平方千米，比上年减少13.09平方千米。

名镇名村示范村建设 2013年，梅江区城北镇、大埔县三河镇、五华县水寨镇和五华县水寨镇大沙村、大埔县西河镇车龙村获第三批“广东省宜居示范城镇、宜居示范村庄”称号。

规范农村建房 2013年，制订《梅州市规范农村建房管理实施办法（试行）》。

传统村落保护开发 2013年完成中国传统村落调查上报工作，梅江区城北镇玉水村等18个村被评为中国传统村落。截至2013年底，梅州市27个村列入名录，数量居全省之首。

开展其他镇村申报推荐。开展中国美丽宜居小镇、村庄示范申报工作，梅县松口镇、大埔县西河镇车龙村、梅县松口镇通过广东省的初评被推荐到住房和城乡建设部。开展全国重点镇增补调整工作，推荐上报梅江区城北镇、梅县区雁洋镇和松源镇等27个全国重点镇。推荐梅江区江南街道办事处新中社区、兴宁市兴田街道办事处金源社区等7个社区申报广东省宜居社区。推荐梅江碧桂园申报广东省宜居环境范例奖。开展第三批省宜居示范镇村推荐申报工作，推荐上报梅江区城北镇、兴宁市大坪镇等8个宜居示范城镇，梅江区城北镇玉水村、扎上村等18个宜居示范村庄。

中心镇建设 2013年，梅州市有22个中心镇，占全市建制镇总数21.15%。重点抓中心镇的总规修编和试点村镇规划编制，配合农村危房改造，编制部分新村规划及村庄整治规划，并定期举办镇、村干部规划管理培训班。 *(谢汉奎)*

▲2013年10月28日，梅州市学院路加宽工程建成通车

(梅州市城市综合管理局供稿)

【房地产业与住房保障】 *房地产开发* 2013年，梅州市房地产开发完成投资77.02亿元，比上年增长74.83%，商品住宅新开工面积361.4万平方米，比上年增长75.1%。商品住宅销售面积200.7万平方米，比上年增长53%，销售套数15377套，比上年增长54.3%。商品住宅全年销售均价为4476.8元/平方米，比上年增长17.4%。梅州城区（含梅县区）房地产开发完成投资41.6亿元，商品住宅销售面积102.8万平方米，销售套数8029套，梅州城区商品住宅全年网签均价为4829元/平方米。

房地产市场管理 完善梅州市商品房预售监管，对市区商品房预售资金实施监管；建立健全房地产估价机构管理制度；推进房地产经纪机构备案制度，规定外地房地产经纪机构在梅州市承接业务前，必须先成立分支机构，办理备案手续后方可开展业务；对全市物业管理从业人员进行上岗资格培训；出台《梅州市区住宅专项维修资金管理实施细则》，于2014年1月1日起实施；2013年11月1日起实施商品房屋租赁合同登记备案；出台《梅州市新建住宅小区供配电工程安装及维护管理办法》。 *(陈禄章)*

产权产籍管理 2013年，梅州市推进城市房地产信息系统建设，实现市、县系统联网。加强房产档案的信息利用和安全管理工作，进一步强化和健全档案查询、数据保密、数据安全等管理制度。积极贯彻落实《广东省城乡规划条例》涉及房屋登记的条款，进一步规范房屋登记的行为。

2013年，梅州市完成新建商品房成交10397套，比上年增长16%，成交面积121万平方米，增长28%，成交金额43.52亿元，比上年增长85%；完成存量房（二手房）交易8695套，比上年增长70%，成交面积96万平方米，比上年增长62%，成交金额18.49亿元，比上年增长86%；完成预购商品房和现房抵押登记29197件，比上年增长26%，抵押登记金额113.83亿元，比上年增长45%。梅州市区全年完成新建商品房成交3757套，比上年增长103%，成交面积45.9万平方米，比上年增长94%，成交金额23.5亿元，比上年增长149%；完成存量房（二手房）交易套数3468套，比上年增长66%，成交面积41.2万平方米，比上年增长61%，成交金额9.4亿元，比上年增长78%；完成预购商品房和现房抵押登记7536件，比上年增长10%；抵押登记金额71.04亿元，比上年增长69%；完成房地产权属登记8796宗。（丘加达）

保障性住房建设　2013年，梅州市实施《梅州市住房保障制度改革创新实施方案》，将低收入住房困难家庭、新引进高素质人才、新就业无房职工、在城镇稳定就业的外来务工人员纳入住房保障范畴。2013年，全共投入资金1.0369亿元，供应土地2.12万平方米，新开工保障性住房1156套，基本建成1006套。通过实物配租和货币补贴的方式累计保障中、低收入住房困难家庭4900户16800人。其中廉租住房保障1700户5600人、公共租赁住房保障3200户11200人。其中梅州城区投入资金0.34亿元，供应土地0.56万平方米，新开工保障性住房350套。通过实物安置和货币补贴的方式累计保障中、低收入住房困难家庭2020户7113人。其中：廉租住房保障604户共1993人、公共租赁住房保障1416户共5120人。市直单位发放住房货币补贴370.07万元，共185人，其中，财政拨款141.05万元，共71人，单位自筹资金229.02万元，114人。（徐汉章）

住房公积金管理　2013年，梅州市住房公积金归集12.88亿元，累计归集总额74.08亿元，归集余额 41.50亿元，全市缴存覆盖率75%。全年住房公积金提取8.20亿元，提取率63%；累计提取32.58亿元。发放个人住房抵押贷款9.98亿元；累计发放个人住房抵押贷款45.03亿元，个人贷款余额30.40亿元；全年新增贷款4236户，累计发放贷款29769户；个人贷款逾期率0.04‰；全市个人贷款率73%。

（王晌珍）

【“三旧”改造】　2013年，梅州市共实施“三旧”改造项目41个，面积62.01公顷，投入“三旧”改造资金8.05亿元，占当年全市固定资产投资总额2.87%。当年完成改造项目6个，面积2.92公顷。（吕庆文）

【建筑业】　2013年，梅州市建筑业总产值184.67亿元，比上年增长8.36%；建筑业增加值42.47亿元，增长8.34%；建筑业增加值占全市GDP的5.31%，增加0.05个百分点；全市建筑业上交税收9.20亿元，增长7.73%；建筑业税收占全市地方税收的13.97%，下降2.95个百分点。全年创梅州市安全生产文明施工示范工地10项、广东省示范工地4项、梅州市质量样板工程1项、广东省建设工程优质奖（金匠奖）1项、国家“AAA”安全文明标准化工地1项。

建筑市场管理　2013年，梅州市全市招投标项目915项，总投资金额86.77亿元，通过招投标交易节约投资3.9亿元。全年招标工程231项，其中公开招标141项、邀请招标90项。

开展建筑业企业资质动态核查。核查32家施工企业和4家工程监理企业资质，注销4家企业资质。开展挂靠借用资质投标、违规出借资质问题专项清理，对2012年1月至2013年8月以来新开工、投资额50万元以上的政府投资和使用国有资金的房屋建筑和市政公用工程项目进行系统排查，排查工程项目54个，发现问题要求企业限期整改。

加强造价从业人员队伍行业管理。为全市工程造价人员办理年检、变更和换证500多人。编制《梅州城区2008~2012年建安成本均价及人工费均价统计表》，编辑出版《梅州工程造价信息》。

工程质量监管　2013年，梅州市开展建设工程质量专项治理，重点对混凝土强度、楼板厚度、铝合金型材壁厚等主要质量指标进行检查。加强对预拌混凝土生产质量的监管抽检。组织2次全市范围的工程质量检查，检查在建工程项目36项，下达整改通知41份，整改意见161条。

建设施工安全监管　2013年，梅州市组织全市范围的建筑施工质量安全生产检查4次，检查工程54项，发出整改通知书47份，整改意见266条，实施动态扣分55项共164条。对未认真履行安全生产责任的6个责任主体和6名安全生产管理人员给予全市通报批评。

开展“安全生产月”活动。组织建筑施工安全监督机构人员、建筑施工和工程监理企业相关管理人员等800多人进行安全法规培训，免费向施工企业发放400多套《广东省建筑施工安全操作教育系列片》光盘。

对建筑工地开展消防安全、起重机械、深基坑、高支模、外墙脚手架等专项整治。对起重机械产权进行备案98项，安装告知、使用登记112次，检测141次。

市政府投资建设项目管理　2013年，梅州市实施代建项目51项共61个标段，总投资18.17亿元。其中当年新接收代建项目23项，总投资2.52亿元；当年竣工项目20项，总投资4.16亿元。通过招投标和工程科学管理，是年为政府节约资金9560万元，其中5项工程获2013年度“梅州市建设工程安全生产文明施工样板工地”称号。

2013年新接收代建项目23项，

总投资2.52亿元。竣工项目20项，总投资4.16亿元。验收合格率100%。 (刘志军)

【建设科技与信息化】 建筑节能 加强施工图节能审查工作，严格执行备案制度，严把建筑节能设计关，建筑节能设计达标率100%。推广可再生能源建筑应用，梅州市成功通过国家及可再生能源建筑应用示范城市申报，并获得国家财政5000万元的专项资金补助。出台《梅州市可再生能源建筑应用城市示范工作方案》。成立梅州市推进绿色建筑发展工作领导小组，出台《关于加快推进绿色建筑发展的实施方案》。推进墙材革新，推广电厂废物粉煤灰生产的粉煤灰烧结砖及加气混凝土砌块替代黏土实心砖，实现市区工程新墙材使用率达到100%。 (田万勇)

环境监测与科研 2013年，梅州市完成环境质量例行监测、环评监测、重点污染源监督监测、总量减排、环保专项行动、环境执法、环境应急等专项监测。完成长沙水站的升级改造，更新全部监测仪器，增加铜、锌等10个监测项目，实现两个省水质自动站数据同步上传，提高自动监测能力和监控水平。完成梅州市区3个空气自动站升级改造，新增PM2.5、臭氧和一氧化碳监测仪和城市环境摄影系统，12月23日起在广东省空气质量实时发布平台发布监测数据和AQI指数。完成铊、锑等重金属、苯系物等半挥发性有机物、辐射等5类47个项的扩项评审，提升环境监测分析能力。完成24个环评报告表、7个环评报告书和9个农村环境综合整治实施方案编制，完成24个项目技术评估和5家重点企业清洁生产审核。 (陈冬雄)

信息化建设 2013年，梅州市建设行业采用信息网络技术，不断提高行业管理的效率和水平。是年，梅州市环境保护公众网站在全省地市环保政府网站绩效评估中，列全省第七名、山区市第一名。 (刘志军)

【梅州市传统村落入选《中国传统村落名录》】 2013年9月，住房和城乡建设部、文化部、财政部公布第二批列入中国传统村落名录的村落名单，梅州市梅江区城北镇玉水村，梅县松口镇铜琶村，大埔县三河镇汇城村、百侯镇侯南村、西河镇车龙村，丰顺县汤南镇新楼村、埔寨镇埔南村、建桥镇建桥村、丰良镇邹家围，平远县东石镇凉庭村、上举镇畲脑村，蕉岭县南礤镇南礤村和蓝坊镇大地村、高思村，兴宁市石马镇刁田村、叶塘镇河西村、新陂镇上长岭村、刁坊镇周兴村等18个村落榜上有名。截至2013年，梅州市有27个村列入名录，数量居全省之首。

【梅州市实施城区一江两岸景观提升工程】 2013年，梅州市实施梅州城区一江两岸景观提升工程，对沿江建筑物屋面、外墙立面及相关配套设施进行综合整治，尤其是融入客家建筑文化元素设计的夜景灯光，成为美伦美奂的梅州一景。 (刘志军)

附录：梅州市住房和城乡建设管理部门主要领导

梅州市住房和城乡建设局
党组书记、局长：谢　航
梅州市城乡规划局
党组书记、局长：史斌斌
梅州市城市综合管理局
党委书记、局长：李庆明
梅州市水务局
党委书记、局长：陈伟建
梅州市住房公积金管理中心
党支部书记、主任：段　成

惠州建设

【概况】 惠州市位于广东省东南部，1988年设立地级市，全市土地面积11343平方千米，其中市区面积2672平方千米。截至2013年末，户籍人口343.37万人；常住人口470万人。2013年，全市地区生产总值2678.4亿元，比上年增长13.6%。完成固定资产投资1401.3亿元，比上年增长18.6%。

2013年，惠州市住房城乡建设部门围绕“尽快进入珠三角第二梯队”的总目标，促进中心区扩容体质，提升城镇化质量，保障和改善民生，建成保障性住房3245套，住房保障覆盖面逐步扩大。加大基础设施投入，城乡基础设施完善，生态环境质量提升。深化行政审批制度改革，提升网上办事大厅功能，行政审批实效提高50%以上。金山河水清岸绿工程项目获2013年度“广东省宜居环境范例奖”。

主要存在问题：城乡规划编制管理的信息化水平有待进一步提高；有形建筑市场和施工现场的“两场联动”管理有待进一步加强。 (赵丽霞)

【城乡规划】 城市规划编制 2013年，惠州市编制完成《惠州市城市近期建设规划（惠城组团）》；基本编制完成《环大亚湾新区空间发展规划》《惠州市一级空间管制区规划》；充实完善《惠州市城市总体规划（2006~2020年）》《汝湖镇总体规划》《马安镇总体规划》等5项宏观规划；组织编制《潼湖湿地公园总体规划》《潼湖智慧城总体规划》《稔平半岛发展建设总体规划》《客运北站TOD综合开发》等6项专项规划。

市区控制性详细规划 2013年，惠州市编制完成小金口金源片区、高新科技产业园南部片区、金山湖地区、江南地区等5项控制性详细规划；基本编制完成南部新城东区、三新村局部地块等地区5项控制性详细规划；组织编制火车西站地区、江北火车站地区、水口民营工业园南区等地区3项控制性详细规划。市区控制性详细规划覆盖率90%。

交通规划　2013年，惠州市编制完成《惠州市江南大道道路工程规划》《惠州市轨道交通规划修编》《惠州市火车西站永联路和新联北路道路工程规划》《惠州市金泉路和白石路道路工程规划》《惠州市南环人行天桥、鹅岭人行天桥、实中人行天桥规划方案》《惠州市东江大桥北桥头交通组织规划方案》6个重点规划项目，编制《惠州市高速公路与城市道路衔接规划研究》《惠州市平湖门人行地下通道工程规划》。推进《惠州市惠城中心区人行过街设施布点规划》《惠州市北环大道道路工程规划》《惠州市江南滨江景观规划》《惠州市（惠城中心区）停车场专项规划》《惠州市小金口小铁村片区路网规划方案》等专项规划编制。编制完成《惠博大道与惠河高速互通工程规划》《惠澳大道（惠大高速至三环路段）道路工程规划》等市政交通工程规划。

（赵丽霞）

【宜居城乡建设】　2013年，惠州市惠东县巽寮镇和博罗县石湾镇2个镇和惠城区三栋镇上洞村、惠城区汝湖镇南新村、惠城区芦洲镇岚田村、惠城区水口街道樟霞村、惠城区三栋镇坝山口村等12个村创建成为第三批广东省宜居示范城镇和宜居示范村庄。

惠东县巽寮滨海旅游度假区、博罗县石湾镇、龙门县南昆山生态旅游区3个城镇和惠城区马安镇新楼村、惠阳区平潭镇新圩村等28个村庄创建成为惠州市第三批宜居示范城镇和宜居示范村庄。（赵丽霞）

【城市基础设施建设与管理】　市政建设　2013年，惠州市改造完成惠州大道东段、机场路一期和三环路，打通市区17条连接路，新建4座人行天桥和文昌地下通道。新湖公园、文星公园建成开园。建成潼湖水厂主体工程和16宗农村饮水安全工程，市区供水一体化取得阶段性成果。推进5个大中城市城中村改造项目，全年完成投资计划的65%。

绿道建设　2013年，惠州市完成城市绿道64.34千米。截至年底，惠州市建成城市绿道345.2千米，绿道驿站16个，绿道标识1303个，安全设施2427个，环卫设施100个，停车场16个，自行车租赁点107个。（赵丽霞）

城市道路　2013年，惠州市惠城中心区建成使用的市政道路、桥梁总长233千米，总面积786万平方米，桥梁、隧道总数63座。全年市政道路桥梁设施管养维护累计投入资金2300万元，维修路面4.89万平方米，人行道8.17万平方米，市政道路桥梁设施完好率95%。（吴珊）

城市照明　2013年，惠州市组织实施文华二路北段路灯工程、市区主干道路灯灯杆夜景灯光工程等8项照明工程。安装路灯1454座3827盏，铺设线路12.1万米。至2013年底，城市照明线路总长1076千米，灯具总量82189盏，城市照明设施完好率、亮灯率达到98%。“数字市政”子系统之一的城市照明监控中心建成并投入使用；基本完成市区主要道路公共照明LED路灯节能改造，实现城市灯光照明系统的实时监测和实时控制。（吴珊）

城市园林绿化　2013年，惠州市区城市园林绿地面积7705.26万平方米，绿化覆盖率41.23%，绿地

2013 年惠州市住房和城乡建设主要经济产业指标

项　　目	单　位	实　绩	比上年增长（%）
固定资产投资额	亿元	1401.3	18.6
建筑企业	个	151	15.27
建筑业总产值	亿元	125.14	15.34
建筑企业利税总额	亿元	4.39	12.56
建筑企业期末从业人员	万人	4.5	7.14
建筑企业劳动生产率	元／人	278088	7.6
房屋建筑施工面积	万平方米	1396.89	11.67
商品房屋销售额	亿元	672.1	40.5
商品房屋销售面积	万平方米	1149.5	39.0
房地产开发投资额	亿元	593.5	23.1
房屋建筑面积	万平方米	2481.19	34.88
建成区绿化覆盖率	%	41.23	1.78
人均公园绿地面积	平方米／人	16.80	6.33
人均城市道路面积	平方米／人	13.85	0.21
城市用水人口	万人	130	41.3
城市自来水普及率	%	98	3.2
城市燃气普及率	%	92.12	−0.07
城市液化气供应总量	万吨	10.4647	0.55
城市天然气供应总量	万立方米	3581.98	0.15
城市污水处理厂	座	71	42
生活垃圾无害化处理率	%	100	0
城镇化率	%	66	2.1
住房公积金缴存额	亿元	39.92	20.64
住房公积金贷款额	亿元	24.85	10.78
保障性安居工程	套	3245	－
绿色建筑面积	万平方米	60.12	50.3

（惠州市住房和城乡规划建设局）

率37.24%，人均公园绿地面积16.80平方米。其中，惠城中心区园林绿地面积3966.12万平方米，绿化覆盖率43.62%，绿地率39.04%，人均公园绿地面积17.55平方米。园林绿地管护取得新进展。实施市场化养护绿地面积369.6万平方米，卫生保洁面积24.6万平方米，水域保洁面积11.6万平方米，行道树58155株；全年累计新增绿化管养面积20.3万平方米。查处各类投诉案件共63宗，组织实施园林风景建设维护项目20个，计划总投资6.71亿元，江北新湖公园和文星公园建成开放，金山湖公园(二期)成语公园正在建设。开工建设红花湖景区南入口和三环路绿化工程。培育苗木23个品种共6.9万株(袋)，西湖和红花湖景区接待游人1140万人次；下埔滨江公园文化广场举办各类晚会演出和公益活动58场。

西湖创AAAAA工作。编制《实施方案》《任务分解表》；公开征集惠州西湖宣传口号和标志设计方案，优选20条宣传口号和3个标志设计方案作为入围作品，组织专家学者研讨提炼，上报市政府常务会议审议通过；实施4个以提升景区综合环境质量和服务功能的土建项目；启动景区数字化建设；实施文化宣教项目14项；完成景区从业人员法律法规培训；重新规范景区经营，撤除有碍景观的经营项目。

(田少华)

城市环境卫生　2013年，惠州市提高环境卫生管理水平，确保惠城中心区大街大巷和“两江一河”(东江、西枝江市区段和新开河)水面每天保持干净整洁；32座垃圾中转站、78座公厕、9800多个果皮箱和垃圾桶每天正常运行、发挥作用；1644块路名牌、96座候车亭、540张座椅每天保持干净整洁。优化生活垃圾运输系统，升级改造垃圾焚烧发电厂，健全管理制度，惠城中心区1200吨生活垃圾日产日清，无害化处理率100%。在惠城中心区实施生活垃圾分类，取得初步成效。继续落实市县两级环境卫生质量检查通报制度，开展“美丽乡村·清洁先行”专项活动。利用各种宣传工具，加大环卫宣传力度。

环卫设施建设　2013年，引进北京首创公司对市垃圾焚烧发电厂进行重组、升级改造，4月动工，9月底全面完工，投资2000多万元，升级改造后的垃圾焚烧发电厂焚烧无黑烟、厂区无臭味。全面完成“一村一点、一镇一站、一街两站、一镇一辆、一县一场”农村垃圾收运设施建设目标。建立“户集中、村收集、镇运输、县区处理”垃圾收运处理模式。完成惠城中心区一批环卫基础设施建设和维修改造，高标准完成2座公厕和8座垃圾中转站的建设及升级改造；对全市76座公厕的残疾人蹲位和通道进行检查维修。市财政投入约170万元用于全市的改水改厕，全市完成6000户改厕任务，农村改水受益总人口约1万人。

生活垃圾处理　2013年，惠州市有1座垃圾焚烧发电厂和5座生活垃圾无害化填埋场建成投入使用，全市75个乡镇建成垃圾转运站71座，转运能力3767吨/日；全市1053个行政村，9866个自然村建成收集点12007个，全面完成“一村一点”建设；全市70%的乡镇配备一台以上环卫专用运输车辆。

惠城中心区建成使用一批垃圾处理设施。垃圾焚烧发电厂1座，处理能力600吨/日；无害化生活垃圾填埋场1座，库容70万立方米；垃圾渗滤液预处理场1座，处理能力600吨/日；垃圾渗滤液深度(膜)处理场1座，处理能力400吨/日，主要处理惠城区和仲恺高新区10个办事处及惠城区5个镇的生活垃圾，每天处理垃圾量约1200吨，无害化处理率100%。

惠阳区建成投入使用的垃圾处理设施包括：惠阳区山子顶生活垃圾无害化填埋场，处理规模500吨/日；惠阳区山子顶垃圾渗滤液深度处理场1座，处理能力100吨/日。博罗县城生活垃圾无害化填埋场，一期库容量43.8万立方。龙门县甘香生活垃圾无害化填埋场；惠东县生活垃圾无害化处理场，库容量150万立方。

(黄婉华)

城市生态保护建设　城市空气环境治理。2013年，惠州市推进火电和水泥行业大气污染防治，完成平海和国华电厂4台机组降氮脱硝和脱硫系统烟气旁路取消工作，建成全市8条2000吨以上水泥生产线的脱硝设施；强化工业锅炉和VOCs(挥发性有机化合物)重点企业的废气治理，淘汰或改造高污染燃料禁燃区内全部高污染锅炉51台，淘汰全市所有中小燃煤锅炉103台，完成全市10蒸吨以上锅炉脱硫改造42台，治理VOCs重点企业140家；加强机动车尾气防治，实行柴油车及重型汽油车国Ⅳ准入制度，规范机动车环保检验管理，全市机动车环保检测率达到80%以上、环保检验合格证发放率90%以上，制定黄标车淘汰奖励补贴方案，将黄标车限行趋于面积扩大到33.89%，淘汰老旧车辆10965辆，减排NOx(氮氧化合物)1822吨。

▲惠州市东江水源工程东江取水口(2013)　(惠州市环境保护局供稿)

城市噪音治理。加强饮食服务业监管，取缔噪声严重扰民的餐饮店；加强建筑施工噪声污染整治，对建筑施工实行多部门联合审批，大力整治违法超时施工，对重复违法施工单位实施限批。

城市生态建设。全年创建国家级生态镇8个、省级生态镇25个、市级生态村342个，建成农村生活污水处理设施112个。

城市水环境建设　污水处理设施建设。2013年，惠州市新建污水处理厂21座，新增污水处理能力14.4万吨/日，新建截污管网176千米。全市建有污水处理厂71座，处理能力144万吨/日，城镇生活污水处理率95.1%

畜禽养殖业整治。2013年，惠州市完成8家列入今年减排计划的养殖场治污工程建设，实施16家养殖场治污设施建设和改造，清拆非法养猪场240家，清理存栏生猪3万头。

重点流域整治。2013年，建成仲恺东兴污水处理厂并投入使用，建成大亚湾西区污水厂主体工程，动工建设惠阳城区第二污水厂二期，新建截污主干管网48千米、支次管网53千米，超额完成广东省下达任务。全年发现并清理反弹非法养殖场242家，清理生猪约3万头。推进流域内农村污染防治，全年投入5300万元，开展8个农村环境连片整治，新建成农村生活污水处理设施35个、在建12个、新建成镇级生活垃圾转运站18个、在建26个。推进流域重污染项目淘汰工作，关停重污染项目42个，年淘汰率30%。完成省下达的两河污染整治阶段性目标任务，平塘断面水质达到水质目标要求，淡水河紫溪口断面综合污染指数、氨氮和总磷浓度分别比上游西湖村断面低31.8%、28.7%和67.8%。（杨哲）

河涌综合整治。2013年7月，惠州市完成金山河小流域和水环境综合整治工程建设，并移交相关部门进行日常管理维护；10月，启动市区青年河综合整治，11月开始进入全面施工阶段，完成投资约4000万元。（梁家庆）

城市排水。2013年，惠州市污水收集输送总量11894万立方米，月均输送量991万立方米。全年累计组织Ⅰ级以上应急抢险排涝16次，出动应急排涝人员近1440人次，排除内涝积水365处。完成惠州工业园至金山污水厂、惠州大桥北桥头、南山大道等11条道路的排水设施移交工作，排水管道总长约62.7千米。完成市政排水设施巡查PDA管理系统升级，增设7个易积水点排涝视频监控点，市区13个易积水点全面覆盖；完成市区234条道路的27086座排水检查井内安装防坠网。（吴珊）

城市供水　水源水质。惠州市中心区取用东江水源，饮用水源水质良好，达到地表水Ⅱ～Ⅲ类标准。自来水水质检测达125项，其中包括《生活饮用水卫生标准》所要求106项，水质综合合格率为99.89%。继续加强二次供水管理，起草二次供水管理实施细则、技术导则和供水突发事件应急预案，开展中心城区二次供水专项检查。

供水设施建设。2013年，推进惠州市区供水一体化，惠城区供水管道工程开工；惠阳水厂东江引水应急工程建成通水；完成永湖镇、良井镇、平潭镇等水厂接管工作；推进稔平半岛供水工程建设的前期工作，接管铁涌镇、平海镇等供水资源。

供水能力建设。惠州市自来水公司下辖江北、桥东、河南岸3个水厂，总日供水能力70万吨，全年实现售水量12906万吨，总产值24940万元。铺设及改造管径100毫米以上管道27千米。潼湖水厂首期工程（20万吨/日）完成土建主体工程建设，新华大道供水主干管工程基本完工。（梁家庆）

城市供气　2013年，惠州市燃气气源主要采用液化石油气和天然气。瓶装气覆盖全惠州市；管道燃气覆盖惠城区、惠阳区、大亚湾经济技术开发区、仲恺高新技术开发区，惠东县、博罗县局部区域。城市燃气普及率92.12%，城市液化气供应总量10.46万吨，城市天然气供应总量3581.98万立方米。截至年底，全市有液化石油气储配站32座，库容3945.00吨；天然气气化站1座，库容90.41吨；临时瓶组气化站50多座，供应站616个，汽车加气站3个，供气管道总长度1478.12千米。全市液化石油气用户约40.16万户，液化石油气年用气量为9.2万吨。全市天然气用户约7万户，年用气量约840万立方米。

燃气管理。制定实施《惠州市燃气行业诚信行为管理办法》。开展餐饮场所燃气安全专项治理，检查餐饮场所6150家，对164家存在安全隐患的餐饮场所下发整改通知，工商部门依法取缔无证经营的餐饮场所25家。开展创建“平安燃气”专项工作、生产储存经营场所违规住人突出问题专项整治以及燃气管道安全专项检查。会同惠州市发展改革局拟定《惠州市天然气供应突发事件应急预案》报市政府审批。（赵丽霞）

城市综合管理　清拆违法建设。2013年，惠州市构建查违工作网络，摸底排查违法建设，惠城、仲恺两区范围内共拆除各类违法建设574宗19.9万平方米，其中“两违”整治行动拆除各类违法建设337宗11.5万平方米。

市容市貌管理。2013年，惠州市对龙丰市场、桥东市场、南门市场等市场周边市容环境开展整治行动。加大“六乱一跨”（乱摆卖、乱拉挂、乱张帖、乱堆放、乱搭建、乱设广告招牌和跨门店经营）、夜间大排档、泥头车污染路面等重难点问题的专项整治力度。全年开展各类集中整治行动3702次，清理“牛皮癣”83753处（张），拆除横幅标语17443条，教育规劝乱摆卖行为、流动摊档、占道经营行为22.24万人次。在“三乱两随”［乱丢纸屑、乱扔烟头、乱扔果皮、随地吐痰、随地便溺（含宠物）]整治行动中，累计教育规劝3256宗，处罚389宗。

工地管理和建筑废弃物排放运输秩序整治。2013年，惠州加强对建筑工地巡查管控力度。全年立案20件、不予立案3件、结案10件，罚款3.1万元。加大对城区关键路口、重要路段的市容秩序治理力度。全年立案查处违规案件共45宗、纠正教育共930宗。

户外广告招牌整治。2013年，惠州市查处清拆市区范围违法广告招牌5269块，拆除横幅标语17443条，清除“牛皮癣”4236处。

执法规范化建设。2013年，惠州市出台第一批75项城市管理行政处罚自由裁量权细化标准。完成《执法程序暂行规定》等69个内部规范性文件及规章制度的清理修订，全年立案1594宗、结案1013宗，结案率63.6%。年内，惠州市全面启动数字化城市管理信息系统项目建设。

流动商户疏导管理。2013年，惠州市加大“引摊入市”和临时疏导区（点）建设力度，完成疏导区（点）建设80个，疏导流动商户4700户18800人，疏导率约76%，加上原已形成的集中摆卖点（含早市、夜市）83个，疏导安置率86%。全年市流动商户之家接谈解答流动商户咨询483宗（次），召开流动商户座谈会32次，解决流动商户诉求和问题92批（次），走访慰问困难流动商户54人次。 *（余雪春）*

【城镇村庄建设】 2013年，惠州市组织开展惠城区芦州镇等镇总体规划修编和博罗县石湾镇等镇区控制性详细规划编制。组织墨园村等6个村开展新型村庄规划编制试点。

推进名镇名村规划建设。2013年，组织开展平潭镇、矮光村等名镇名村创建点的建设规划编制。完成惠东县巽寮全国特色景观旅游名镇核心景观资源的登记上报，组织指导博罗县龙华镇旭日村、惠城区横沥镇墨园村2个村开展第三批全国特色景观旅游名镇名村示范申报工作。惠阳区周田村、茶园村、龙门县绳武围3个村落被列入《第二批中国传统村落名录》，完成第一批中国传统村落档案成果登记和保护发展规划大纲编制。组织开展《惠州市传统村落保护规划研究》和墨园村等4个村历史文化名村保护规划编制，组织指导惠城区墨园村、博罗县旭日村2村申报全国历史文化名村。推荐上报惠东县吉隆镇、稔山镇等8个镇作为全国重点镇。 *（赵丽霞）*

【房地产业与住房保障】 *房地产开发* 2013年，惠州市新增经营性用地208宗，供应总面积610万平方米，比上年下降34%。全年完成房地产开发投资593.5亿元，占全市固定资产投资42.4%，比上年增长23.1%；其中完成住宅投资469.78亿元，占全市房地产投资比重79.2%，比上年增长40.3%。商品房施工面积5810.7万平方米，增长26.9%；新开工面积1467.38万平方米，增长33.8%；竣工面积634.8万平方米，增长24.7%。

房地产市场运行 2013年，惠州市商品房批准预售面积1388.72万平方米，比上年增长47.57%，其中，新建商品住房1259.36万平方米，比上年增长50.23%。截至年底，全市商品房累计可售面积981.86万平方米，比上年增长10.47%，全市全年新建商品房累计销售面积1149.5万平方米，比上年增长39.0%，销售金额672.1亿元，比上年增长40.5%，居全省第二位。全市新建商品房全年销售均价为5917元/平方米，比上年增长6.11%，其中新建住宅销售均价为5659元/平方米，比上年增长5.72%。是年，惠州市二手房市场较为活跃，全市全年二手房成交面积累计270.08万平方米，比上年增长31.4%，成交套数21154套，比上年增长44.85%，成交金额79.32亿元，比上年增长55.21%。

房地产市场管理 2013年，惠州市编制《惠州市房产测绘实施细则（试行）》，实现房产测绘成果无差错率98%以上。建立商品房预售资金管理系统，全年核拨预售资金1241宗。全面推行房地产经纪人员持证上岗制度，建立销售人员信息数据库，动态监控执业情况及信用行为，全年新登记备案经纪机构60家。启用二手房网上交易系统，截至年底，164家中介机构办理网上注册手续，从源头上防范“阴阳合同”“一房多卖”等违规行为发生。推进二手房交易资金监管工作，全年累计监管现金流4.54亿元。推进全市房产信息系统一体化工作，各县、区均取得阶段性成果。利用城房指数等现代技术成果，强化房地产市场监测，对普通住房价格标准形成常态化调整机制，稳定市场预期。加强房屋租赁市场管理，全年完成房屋租赁登记备案2813宗，面积50万平方米。

产权产籍管理 2013年，惠州市将房产交易所和房产交易中心整合组建为房产交易登记所，实行业务通窗受理、初审平行审批，推出企业厂房更名、过户10个工作日内办结等10项便民惠民措施，全年办发各类权证120543宗。

物业管理 2013年，惠州市全年新注册物业服务企业67家、核准三级资质企业64家，1家企业晋升为二级资质，变更资质企业36家、通过年检企业335家。截至年底，市区（惠城区、仲恺高新区）维修资金归集额度累计16.94亿元，全市物业服务项目856个，覆盖面积8026万平方米，覆盖率89%。

直管公房及保障性住房后续管理 2013年，惠州市完成公房维修798宗，消除房屋结构安全隐患36宗，对1097户砖木结构类公房配置消防灭火器。建立直管公房档案室，完善公房信息管理系统，全年收缴租金952.85万元，完成莞惠城轨西湖站项目征收拆迁的79户公房

住户的回迁安置工作。

2013年，惠州市房产管理部门以金石花园、惠祥花园、东安花园3个保障性住房小区为试点，探索保障性住房后续管理机制，制定《惠州市公共租赁住房后续管理实施细则》，调整新建保障性住房小区物业服务收费标准，完成亚婆田小区、金石花园、惠祥花园、东安花园4个保障性住房小区共137间商铺招租。是年审批支取住房基金451万元，用于13个单位改制、退市和职工宿舍共用部分维修等；审批支取个人住房补贴2366人次，共计2184万元。 *(王晓东)*

保障性住房建设　2013年，广东省下达给惠州市的住房保障工作目标责任任务为3165套，其中，新增建设任务为公共租赁住房2165套、华侨农房危旧房改造1000套。惠州市建设3245套保障性住房。年内，在惠城中心区开展两批公租房配租工作，2249户符合条件的家庭入住公共租赁租房，异地务工人员和城市新就业人员纳入保障范围。年内，为2271户住房保障家庭发放公租房租金补助522万元。

加强住房保障制度建设。2013年1月1日起，《惠州市公共租赁住房租赁市场管理规定》实施。出台《惠州市住房和城乡规划建设局关于经济适用住房后续管理规定》《惠州市住房货币分配资格互认方案》。拟定《惠州市住房保障档案管理办法》，上报惠州市政府审批。 *(赵丽霞)*

住房公积金管理　2013年6月19日惠州市住房公积金管理中心仲恺管理部成立，实现全市住房公积金的统一管理。惠州市政府印发《惠州市住房公积金贷款办法》，自2013年11月1日起，惠州市调整住房公积金贷款政策，重点是调低第二套住房申请住房公积金贷款的最高额度和未实现全员缴存单位的缴存职工申请住房公积金贷款的上限额度。

2013年，惠州市住房公积金归集覆盖面进一步扩大，全市新增开户单位717家，新增缴存职工人数8.93万人，完成年度新增人数计划的112%，全市住房公积金缴存单位总计6558户，缴存职工43万人，缴存人数比上年底增长17%，住房公积金覆盖率57%。惠州市住房公积金归集额39.92亿元，比上年增加6.83亿元；提取住房公积金25.21亿元，比上年增加6.4亿元；发放个人住房公积金贷款共10557笔，金额合计24.85亿元，比上年增加2.42亿元；历年累计发放贷款50685笔，累计发放贷款90.48亿元，年末委托贷款余额占住房公积金余额的比率为86%；住房公积金使用率为93%。全年实现住房公积金增值收益13449万元，支持全市廉租房建设9000万元。 *(陈呈)*

▲*惠州华贸中心工程获2012~2013年“国家优质工程奖”*

(惠州市住房和城乡规划建设局供稿)

【“三旧”改造】　截至2013年底，广东省核定确认惠州市符合“三旧”改造条件地块4652宗，拟改造地块总面积6706.67公顷。全市各县区共启动52个改造项目，项目用地总面积108.8公顷。完成改造项目39个。其中市本级启动改造项目22个，项目用地面积36.4公顷，完成12个。惠州市依托数字惠州地理空间框架建立“三旧”改造管理信息系统，进行全程监管。 *(赵丽霞)*

【建筑业】　建筑市场管理　2013年，惠州市市直39项工程施工招标，工程造价21亿元，25项工程进行监理招标，工程造价75.87亿元；受理并办结建设施工报建42宗，核发《建设施工许可证》42宗，报建面积222.45万平方米，涉及工程总造价42.19亿元；办理市直工程项目监理备案36项，建筑面积246.54万平方米，工程造价46.13亿元；办理市直房屋建筑工程竣工验收备案31宗，建筑面积177.19万平方米，工程结算价38.04亿元。

规范建筑市场行为　2013年，惠州市制定《惠州市建筑市场主体信用体系管理办法》。惠州市建筑业信用信息平台一、二期工程建成投入使用，并与市公共资源交易中心平台共享企业和人员信息，年内共登记482家建筑施工、监理、招标代理企业的信息，录入企业人员信息15415条。对18家建筑业企业开展资质动态核查。实施建筑工程标底备案制度，调整惠州市建设工程定额人工工资单价指导价。

工程质量管理　2013年，惠州市全年完成监督报建项目64项，建筑面积239.27万平方米，总投资

53.37亿元；监督竣工验收28项，建筑面积56.5万平方米，工程竣工合格率为100%，全年未发生质量安全事故。开展综合执法检查和专项检查，发出整改通知书27份。是年，采用动态管理模式对工程进行差别化质量监督，推进住宅工程质量分户验收制度和房屋建筑工程质量样板引路创优活动，富力丽港中心公寓项目获“中国建筑工程鲁班奖”、华贸写字楼工程获“国家优质工程奖”，2项工程获“广东省建设工程优质奖”，6项工程获“广东省优秀建筑装饰工程奖”。初步安装完成惠州市房屋建筑和市政基础设施工程质量检测监管信息系统，实现对混凝土全过程质量追踪和动态监管。开展全市预应力混凝土管桩质量大检查和建材打假专项督查，检查市区16家商品混凝土搅拌站，抽查9家预应力混凝土管桩生产企业及部分在建工程项目，排查企业（工程）1470多家次，抽检建材1180多组，立案查处77宗。

建筑安全管理 2013年，惠州市先后组织开展15次施工安全大检查和专项整治检查，检查在建工程161项，发出安全检查问题记录105份，整改通知书57份，暂时停止施工通知书26份，累计对10个市直建筑工地实施动态扣分。加强建筑施工安全预警，全市建筑工地未发生因自然灾害造成人员伤亡。截至年底，全市70206名建筑工人领取“平安卡”，1862个办理“平安卡”系统应用服务。2项工程被评为“广东省AA级安全文明标准化诚信工地”，5项工程被评为“广东省安全文明示范工地”，18项工程被评为“惠州市安全文明示范工地”。

规划勘测管理 2013年，惠州市累计完成规划勘测业务1172宗。完成地形图修测55宗，806万平方米；建筑物放线、验线241宗，674幢；规划竣工验收测绘442宗，512万平方米；市政道路、排水、放线34宗，30.6千米；处罚测绘65宗；规划用地拨地定桩46宗；计算总平面坐标209宗；坐标转换80宗。全部技术资料整理归档案卷186卷。完成惠州市区内控制点普查1109个，江北、江南片建成道路新建GPSE级控制点和二级导线点95个。

（赵丽霞）

【建设科技与信息化】 *建筑节能* 2013年，惠州市区新建建筑实行施工图建筑节能设计审查和备案项目121宗，建筑面积572.29万平方米，全市新建建筑设计阶段执行建筑节能标准比例100%，执行建筑节能标准比例及建筑节能信息公示率均为99%，施工阶段执行建筑节能标准比例99%。公示惠州市76幢国家机关办公建筑及大型公共建筑2012年能耗统计，完成金裕碧水湾居住建筑能耗统计。推广既有建筑节能改造和太阳能热水系统建筑规模化应用，市住房和城乡规划建设局办公大楼改造工程列为惠州市2013年既有建筑节能改造试点项目，市区26个新建项目设计安装太阳能光热或光电系统，太阳能应用面积占新建建筑面积比例7.2%。2个项目分别获得广东省设计类一星A级和二星B级绿色建筑评价标识。

散装水泥管理 2013年，惠州市完成散装水泥供应量665万吨和使用量410万吨，预拌混凝土使用量达705万立方米，散装水泥率68.6%，超额完成省下达的指标任务，实现节约标准煤10.09万吨，减少粉尘排放6.68万吨，减少二氧化碳排放29.93万吨，减少二氧化硫排放0.02万吨等指标，综合经济效益3.99亿元。科学布设预拌混凝土搅拌站和预拌砂浆生产站，防止重复建设和无序竞争，全市预拌混凝土企业42家，年搅拌生产能力750万立方。惠城区暂停设立预拌混凝土搅拌站审批，各县城区内严格控制预拌混凝土搅拌站审批。2013年审批的3家搅拌站均设置在镇一级，进一步平衡预拌混凝土搅拌站区域发展。

墙体材料革新 2013年，惠州市67家新型墙体材料生产企业，年生产能力近900万立方米，新型墙材总产量约占全省10%，其中节能效果较好的蒸压加气混凝土企业22家，年设计生产能力509万立方米。实现产品认定全覆盖。新型墙体材料使用占总墙体的比例98%，居全省先进行列。全市新墙材应用量达到27.61亿标准砖，实现年节约土地303.67公顷，节约能源17万吨标煤，减排二氧化硫3423吨，减排二氧化碳37万吨。

建设事业信息化 行政审批制度改革。2013年，惠州优化11项投资项目行政审批内外部流程图，修订22项非投资项目内外部流程图。拟订惠州市《大中型房屋建筑和市政工程投资项目初步设计技术审查实施细则》《建筑和市政基础设施工程项目并联验收办法（试行）》。压缩33项行政审批事项审批时间，并对业务办理达到总时限的2/3时黄灯警示，33项审批事项进入惠州市网上办事大厅服务事项，并上挂到广东省网上办事大厅惠州分厅。

深化政务公开。2013年，增设“规划公示公告”专栏。对各类规划图数据资料及时进行更新入库。全年办理道路红线图出图业务351宗；道路红线图更新入库26宗；办理提供数字地形图业务115宗；更新入库485幅1：500地形图；办理规划信息查询业务204宗；政务网站公示材料1256份；回复和处理网民意见和建议1380宗。电子监察系统上传数据，受理业务1291宗，办结业务1433宗。

（赵丽霞）

【金山河水清岸绿工程项目获2013年度“广东省宜居环境范例奖”】 金山河水清岸绿工程被列为惠州市2012年“十件民生实事”之首，该工程于2013年初基本完工，获2013年度“广东省宜居环境范例奖”，项目总投资9.26亿元，工程完成河道治理总长11.8千米，累计清淤32万立方米，沿河铺设截污管道15千米，新建机动车道17.2千米、绿道22千米、人行步道35千米、亲水栈道7.7千米、人行景观桥8座、车行桥6座、地下公共停车场2处，新增绿化面积35万平方米。为增强金山河水体流动性，上游新建激流坑水库，下游在金山湖入口处新建水闸和补水泵站各1座。实现“河畅、路通，水清、岸绿，人悦、景美”的综合成效。（赵丽霞）

【惠州市实施三项规范性文件】 2013年，惠州市推进规范性文件实施。《惠州市公共租赁住房租赁市场管理规定》2013年1月1日起实施，有效期3年；《惠州市勘察设计行业诚信行为管理办法》2013年5月9日出台；《惠州市燃气行业诚信行为管理办法》4月1日起实施，有效期5年。（赵丽霞）

【新湖公园和文星公园建成】 2013年12月，惠州市惠城区的新湖、文星两座公园开工建设，当月月底建成向市民开放。新湖公园位于惠城区江北14号小区，北侧为新湖一路，西侧为花园路，东侧为新沥路，面积4.25公顷，总投资2200万元。公园划分为迎宾广场区、亲水区、休闲草坪区、运动健身区、湿地体验区五大功能区。文星公园位于惠城区东江南岸，合生大桥南桥头下游200米处的河堤边，面积2.33公顷，总投资3800万元。公园设有文史游览区“三台晓日”“迴龙春柳”、地方民俗展示区“将军堤”、亲水休闲健身区“闻木樨香”和林下观江休闲区“碧波嶙峋”。（田少华）

附录：惠州市住房和城乡建设管理部门主要领导

惠州市住房和城乡规划建设局
　党组书记、局长：李德友
惠州市房产管理局
　党委书记、局长：陈力强
惠州市园林管理局、惠州市西湖风景区管理局
　党委书记、局长：陈茂良
惠州市市容环境卫生管理局
　党委书记、局长：杨　荣
惠州市公用事业管理局
　党委书记、局长：罗庆云
惠州市城市管理行政执法局
　党组书记、局长：钟朝阳
惠州市水务局
　党组书记、局长：马成辉
惠州市住房公积金管理中心
　党组书记、主任：兰德华

汕尾建设

【概况】 汕尾市位于广东省东南部，1988年设立地级市。土地面积4865平方千米，其中市区面积15.75平方千米，截至2013年末常住人口23.31万人。2013年，全市地区生产总值671.75亿元，完成固定资产投资462.09亿元，比上年增长22.3%；完成建筑业总产值14.64亿元，在建工程项目141个，总建筑面积290.3万平方米；竣工工程71个，建筑面积147.5万平方米。新建商品房销售面积116.68万平方米，销售额36.13亿元，住房公积金参储72186万人，归集余额5.5亿元。建成区面积15.75平方千米，城区绿化率41.78%，人均公园绿地面积13.21平方米，城镇生活垃圾无害化处理率88.19%，城镇生活污水集中处理率84.18%。

2013年，汕尾市各级政府和住房城乡建设部门深入实施“平安建设、招商引资、政务整治、形象提升”四大行动，实践生态文明、系统和谐的美丽发展模式。推进重点工程建设，全年完成市政建设投资约2.5亿元；全面完成保障性安居工程建设任务；打造宜居宜业宜游的现代化滨海城市，全市创建市级试点宜居城镇13个、宜居村庄29个、宜居社区17个；依法行政，健全机制，全面提高建筑行业管理水平；以行评促行风，推进政风行风新进步。当前存在问题主要是工程质量信息化管理的建设滞后，有待进一步加强。（蔡曙光　邹婷婷）

【城乡规划】 规划编制　2013年，汕尾市修订完善《汕尾市城镇体系规划》《汕尾市城市总体规划(2011~2020)》，报省政府审批。完成《汕尾市城市近期建设规划(2011~2015)》《汕尾市综合交通规划》《汕尾市埔边至罗马广场道路景观规划》《促进汕尾市城区提质扩容五年行动纲要》《汕尾市火车站片区控制性详细规划》《汕尾市红草工业园区启动区控制性详细规划》6项规划成果。

城市规划管理　2013年，汕尾市核批建设工程规划许可建筑面积约35万平方米；办理工程竣工规划验收建筑总面积33.92万平方米。

城市建设档案管理　2013年，汕尾市接城建收档案1506卷（件），其中工程竣工档案592卷、文书档案资料857件、规划报建审批档案

▲汕尾市慈云山公园（2013）　（汕尾市住房和城乡建设局供稿）

2013年汕尾市住房和城乡建设主要经济产业指标

项　目	单　位	实　绩	比上年增长(%)
固定资产投资额	亿元	462.09	22.3
建筑企业	个	57	1.79
建筑业总产值	亿元	14.64	-2.79
建筑企业利税总额	亿元	1.15	5.51
建筑企业期末从业人员	万人	1.26	11.5
建筑企业劳动生产率	元/人	123000	-11.51
房屋建筑施工面积	万平方米	126.6	24.15
商品房屋销售额	亿元	36.13	-25.69
商品房屋销售面积	万平方米	116.68	-25.65
房屋建筑面积	万平方米	118.4	-20.16
建成区绿化覆盖率	%	41.78	0.04
人均公园绿地面积	平方米/人	13.21	2.48
人均城市道路面积	平方米/人	13.06	7.8
城市用水人口	万人	81.4	0.6
城市自来水普及率	%	99	0
城市燃气普及率	%	94.39	0
城市液化气供应总量	万吨	3.6418	-5.4
城市天然气供应总量	万立方米	62.39	40
城市污水处理厂	座	6	0
生活垃圾无害化处理率	%	88.19	1.1
城镇化率	%	56.5	1.1
住房公积金缴存额	亿元	5.5	25.0
住房公积金贷款额	亿元	0	0
保障性安居工程	套	1701	27.4
绿色建筑面积	万平方米	0	0

(汕尾市住房和城乡建设局)

24卷、村庄规划设计文本21卷、竣工审批验收资料12卷；经消毒和整理分类入库上架的城建档案275卷、案卷级微机录入报建档案210卷。

(康微)

【宜居城乡建设】 截至2013年底，汕尾市创建市级试点宜居城镇13个、宜居村庄29个、宜居社区17个。其中海丰县海城镇北门社区、市城区新港街道立新社区2个区被授予省级宜居社区称号；陆河县螺溪镇、陆河县河田镇、陆河县河口镇、红海湾经济开发区遮浪街道4个镇（街）被评为“广东省宜居示范城镇”，陆河县水唇镇高塘村、陆河县新田镇参城村、陆河县河田镇共联村、陆河县新田镇丰山村等10个村被评定为“广东省宜居示范村庄”。 *(蔡曙光　邹婷婷)*

【城市基础设施建设与管理】 市政建设　2013年，汕尾市重点市政工程有市生活垃圾无害化处理中心项目首期工程、汕尾火车站站前广场及周边配套道路、新湖大道南段等7个市政工程项目，计划总建设规模为：城市道路总长10千米、生活垃圾无害化处理能力700吨/日的焚烧发电厂及配套设施、市区污水集污管网长5千米等，计划总投资14亿元。2013年度实际完成投资2亿元，其中完成站前广场土石方80万平方米、建成广场西路及火车站临时停车场，解决汕尾火车站与市区交通接驳问题；建成腾飞西路等城市道路2千米；改造奎山河两侧截流渠0.8千米，建成市区东区污水处理厂配套集污管道2千米。

(蔡曙光　邹婷婷)

城市园林绿化　2013年，汕尾市补种汕尾大道等路段面积1500平方米，种植乔灌木7000多株，草皮9300平方米；修剪汕尾大道等16条主干道（路段）的绿化，修剪乔灌木1.4万株，绿篱15.4万平方米，草坪35.5万平方米。清理垃圾杂物、除杂草绿地面积24.5万平方米，绿化施肥面积35.5万平方米，施药防虫害面积3.9万平方米。 *(翁炳东)*

绿道建设　2013年，由广东省住房和城乡建设厅下拨《汕尾市区绿道网专项规划》编制费用，汕尾市编制完成《汕尾市各县（市）区绿道网规划（2013~2016)》，规划研究的范围为汕尾市域（市区和各县市区）5271平方千米。汕尾市成立以市长为组长的市绿道网规划建设工作领导小组，实施该项规划。

(蔡曙光　邹婷婷)

城市环境卫生　建立环卫保洁市场化第三方监管机制。2013年，汕尾市区聘请广东省建筑科学研究院对环卫服务公司的作业情况进行全面量化监管考核。对日常巡检的各项数据、环卫设施情况、道路保洁情况等进行数字信息化管理、对环卫车辆实行GPS定位和轨迹查询、接受市民投诉建议等。向社会开通“汕尾市区环卫保洁第三方监管系统”。 *(吴秋菊)*

城市生态保护建设　空气环境。2013年，汕尾市区环境空气质量继续保持优良水平。空气中二氧化硫（SO_2）、二氧化氮（NO_2）年日均值分别为0.010毫克/立方米、0.011毫克/立方米，可吸入颗粒物（PM10）年日均值为0.046毫克/立方米。与2012年相比，空气中二氧化硫（SO_2）上升25%、二氧化氮（NO_2）下降27%、可吸入颗粒物（PM10）下降2.1%。以上三项指标均达到国家规定的《环境空气质量标准》(GB3096-1996）二级标准，并且SO_2、NO_2二项污染物年日均值均优于国家一级标准；降尘月均值为4.57吨/平方千米·月，比上年下降5.4%。全年空气污染指数（API）平均值为46，小于或等于50的天数为223天；API大于50小于或等于100的天数为142天。SO_2、NO_2、PM10和降尘四项指标污染综合指数为1.34，比上年下降4.3%，4项指标污染负荷分别为12.7%、10.5%、34.3%和42.5%。

城市降水。2013年实测降水总量1917.2毫米。全年降水pH值范围为6.05~7.41，pH值年均值为6.75，没有出现酸雨。

声环境。2013年市区声环境质量保持较好水平，市区昼间区域环境噪声平均等效声级为56.2分贝；夜间为46.7分贝，达到国家规定标准，昼间比上年上升0.3分贝；道路交通噪声昼间平均等效声级为66.3分贝；夜间平均等效声级为53.3分贝，达到国家规定标准，昼间比上年下降1.2分贝。

城市污染防治。根据广东省环境保护厅核定，汕尾市2013年主要污染物总量减排考核得分92.76分，考核结果优秀。2013年，汕尾市提高污染防治整体水平。一是加大重金属污染防治力度。建立涉重金属污染减排台账管理工作。对涉重金属企业重金属污染物排放情况以及周边环境空气质量、土壤重金属含量开展监测。开展重金属“十二五”污染防治中期评估工作。二是加强危险废物环境监管。全年转移处理处置危险废物16批（次），对6家国家、省级危险废物产生单位进行抽查，对1家市级危险废物产生单位进行规范化管理验收。将全市47家废塑料加工利用企业纳入重点环境风险监管企业名录。开展进口废物专项整治与医疗废物专项整治等专项行动，强化日常巡查监管，全面掌握固体废物处置现状。三是开展大气污染防治。督促广东红海湾发电有限公司完成1号、2号号机组脱硝工程以及1号、2号、3号号机组取消烟气旁路工程。督促全市共42家加油站建设油气回收工程。在市区实施黄标车、无标车区域限行措施，联合公安交警部门在黄标车、无标车限行区域组织进行执法检查。建成汽车排气检测机构检测数据与环保部门联网系统建设，初步实现机动车尾气检测机构检测数据与省、市环保局联网上报。四是做好环保专项资金申报工作。全年获得中央和省级环保专项资金5730.7万元。五是对3家清洁生产审核重点企业进行清洁生产审核评估和验收。

生态建设。印发实施《汕尾市贯彻〈南粤水更清行动计划（2013~2020年）〉实施方案》，完成《〈汕尾市环境保护规划纲要（2008~2020年）〉重点工作分工落实方案》。组织完成《汕尾市公平水库（含干渠）水资源保护规划》和《螺河水资源保护规划》专家评审工作。加强生态保护。一是加大水资源保护力度。对主要饮用水源实行定期监测监控，联合市水务局等相关职能部门对赤沙水库附近的畜禽养殖场进行清理清查。开展全市乡镇集中式饮用水源保护区划定工作，委托有关部门开展《汕尾市城区2013~2020年应急备用水源建设计划及供水预案》编制工作。二是推进农村环境保护。建立农村环境保护联席会议制度，落实“以奖促治”政策，努力争取环保专项资金支持农村连片环境综合整治。截至2013年底，全市有12个村（社区）完成整治工作；建成陆河县南万镇、螺溪镇、水唇镇、河田镇4个省级生态示范镇、13个省级生态示范村（园）、8个市级生态示范村。

建设项目环境管理。全年共审批建设项目47宗，对存在不符合环保法规政策和产业政策等要求、选址不适当等情况的8宗建设项目，予以否决或建议项目业主重新选址建设。

环境监察。2013年，汕尾市各级环保部门受理群众来信、来电、来访及网络投诉等600宗环保信访案件，其中市本级共受理289件，均妥善处置。开展安全生产领域“打非治违”专项行动，整治违法排污企业保障群众健康环保专项行动、全市环境安全专项行动。2013年5月份，对市区新地村大鹏山违法占地建设的11条石灰土窑生产线予以拆除取缔。全年全市各级环保部门共出动环境监察执法人员7150人（次），检查排污企业2379家（次），立案查处19宗，下达责令改正111宗，处罚金额64.1万元。2013年，市本级征收排污费67户，上缴金额1379.60亿元。市各级环保部门征收排污费612户，上缴金额1745.37亿元。

环保宣教。2013年，汕尾市各地围绕“保护生态环境，建设美丽汕尾”的宣传月活动主题，举办纪念“六·五”世界环境日专题报刊、“寻找最美品清湖”摄影大赛等宣传活动。汕尾市政府在世界环境日当天以“同在蓝天下，心手紧相连”为题，发表致全市人民的一封公开信；海丰县开展以“科学统揽，加强执法，当好环境卫士”为题的专题报道和举办环保论坛；陆河县专门制作《陆河环保》“六·五”宣传特刊。全市共新建环境文化宣传橱窗35个。截至2013年底，全市创建3所国家级绿色学校、17所省级绿色学校（幼儿园）、2处省级环境教育基地、26所市级绿色学校（幼儿园）。 *（张秋玲）*

城市水环境建设 2013年，全市建有6座污水处理厂，总设计规模为日处理污水25.5万吨，污水管网设计总长度51.42千米，服务人口约110万人。

城市供水 2013年，汕尾市公司购水总量4276万立方米，比上年增长9.97%；售水总量2361万立方米，比上年增长4.1%；实现总收入5072万元，比上年增长2.9%；供水水质综合合格率99.4%，水质指标完成符合国家新106项的饮用水标准。开工扩建新地水厂6000立方米清水池一座。是年，全面进行管网改造,《汕尾市区供水管网改扩建工程项目》立项，申请管网改扩建工程资金3500万元。

城市供气　至2013年底，汕尾市建成LNG气化站1座，市政管网建设14.65千米，其中2013年建成1.52千米；庭院管网建设27.37千米，其中2013年建成1.852千米；日供气量约4000立方米，市区已通气小区15个，累计通气用户3278户。（蔡曙光　邹婷婷）

城市综合管理　2013年，汕尾市开展“城市管理年”活动。一是整治市容市貌。市城市综合管理局多次组织行动，对通港路等主次干道进行集中整治，恢复人行道道路畅通。二是规范管理海滨大道。召集海滨大道27户大排档档主座谈，解释有关政策；清理整治10多户违章占道经营摊档。三是开展“查违拆违”行动，组织拆除新地村违建石灰窑，拆除海汕路、汕可路等违法建（构）筑物，特别是四马路中段19间乱搭建的铁皮屋，恢复道路畅通。四是整治户外广告。五是加强市政设施维护。加快对市区排水管道的清疏工作和管道井盖的维护，迅速应对处理“5·9”市区暴雨灾害，降低灾害损失。

整治道路交通秩序。2013年，汕尾市继续加大对无牌无证机动车辆的打击力度，开展二个阶段为期六个月的整治，查扣无牌无证机动车辆约1000辆，其中摩托车约700辆、三轮车约300辆。

加快LED路灯改造进度。一是汕尾市城市综合管理局和科技局参加省科技厅LED照明应用推广项目答辩，争取1000万元扶持资金；二是结合台风天兔过后路灯灾后复产工作，完成市区红海东路、海滨大道一期、香洲路、五马路等路段的LED路灯改造。推动城市管理行政执法体制改革。制订《汕尾市城市管理行政执法体制改革方案》。

（吴秋菊）

【城镇村庄建设】　2013年，协助陆丰市大安镇石寨村编制完成《陆丰大安镇石寨村保护规划》，将石寨村申请第六批中国历史文化名村资料报送评审；印发《关于加快推进建制镇和村庄规划编制工作的通知》，要求各县（市、区）在2015年完成建制镇规划和70%村庄规划的编制工作，并定期指导督办；市规划部门联合市扶贫办印发通知，要求各县（市、区）必须在2013年年底前完成2012年度贫困村的规划编制。（康微）

【房地产业与住房保障】　2013年，汕尾市新建商品房批准预售面积70.07万平方米，预售套数4444套，预售面积70.07万平方米，预售金额25.3亿元；新建商品房现售成交套数3319套，成交面积50.97万平方米，成交金额18.98亿元，均价3723.94元/平方米。房地产开发企业153家、物业服务企业46家。

（蔡曙光　邹婷婷）

房地产交易　2013年，汕尾市办理房地产初始登记2491宗，建筑面积35.99万平方米；办理房地产交易登记3231宗，建筑面积49.78万平方米，交易金额13.33亿元；办理房地产抵押登记2494宗，抵押面积46.13万平方米，设定抵押总额18.14亿元。到汕尾市房管局备案的本地评估机构3家、外地评估机构8家，纳入监督的开发项目有3个。（章锦芬　沈思彦）

保障性住房建设　2013年，汕尾市新开工建设公租房1036套，华侨农场危房改造600户，完成廉租住房租赁补贴65户，开工率103.09%；基本建成1200套（户），其中基本建成公租房799套，基本建成华侨农场危房改造401户，基本建成率119.4%。（蔡曙光　邹婷婷）

住房公积金管理　2013年，汕尾市住房公积金归集总额5.5亿元，个人提取总额3.18亿元，归集余额2.32亿元。全市截至2013年12月，汕尾市住房公积金缴存人数为72186人，住房公积金累计归集总额23.69亿元，个人提取累计总额12.37亿元，归集累计余额11.33亿万元，住房公积金使用率52.1%。新修订的《汕尾市住房公积金贷款管理暂行办法》于2013年12月16日出台。（辛颖晖　林海辉）

【“三旧”改造】　2013年，汕尾市全市标图建库的“三旧”改造地块1495块，面积8395.56公顷。上报广东省审批“三旧”改造项目16个，涉及改造面积60公顷。

（蔡曙光　邹婷婷）

【建筑业】　2013年，汕尾市建筑业总产值14.64亿元，房屋建筑施工面积126.60万平方米，劳动生产率人均12.3万元。一是加强招标项目备案检查和现场监督，净化招标投标交易市场。2013年全市应招标项目165项，工程预算总造价15.1亿元、中标价14.6亿元、节约资金0.5亿元，其中，房屋建筑和市政基础设施工程实行施工招标项目68项，工程预算总造价5.68亿元、中标价5.52亿元、节约资金0.15亿元。二是严格核发施工许可证，全市核发房屋建筑和市政基础设施工程施工许可证78项，建筑面积118.41万平方米，工程造价18.79亿元。三是以“两建”“打非治违”“建材专项打假”工作为核心，切实加强建设工程质量安全管理。全市住房和城乡建设系统监管的已竣工验收房屋工程项目71个，建筑面积147.5万平方米，一次性竣工合格率100%，全年建筑施工无发生人身伤亡事故。四是开展散装水泥管理工作。2013年全市建设行业使用散装水泥66万吨，比上年增长59%；预拌商品混凝土实际产量200万立方米，比上年增长64%。新增预拌商品混凝土企业和水泥预制品企业1家。

（蔡曙光　邹婷婷）

【建设科技与信息化】　办公信息化　2013年，汕尾市住房和城乡建设局第一批36项网上办事大厅服务事项全部录入系统，对外实现公众网上申请。简化办事程序，重新调整的《办事指南》在局门户网站公布，并印制小手册1200份发放。15项行政许可事项目录重新梳理完毕并经市监察部门在电子监察系统更新公布。

建筑节能　2013年，汕尾市加强对建筑节能的监管。全年可再生能源应用面积13.21万平方米；新型墙材推广方面，全市各县（市、区）达到“限粘禁实”的目标；节能改造方面，制订《汕尾市加快既有建筑节能改造实施方案》并监督实施，其中金湖路灯节能改造项目，完成后节省电耗193.92千瓦·小时；民用建筑能效信息公示方面，完成市直机关48幢建筑基本信息及能耗统计工作，对其中40幢的能耗情况进行公示。对市食药监局办公楼进行照明及空调用能节能改造。（蔡曙光　邹婷婷）

【汕尾市抗击超强台风“天兔”】2013年9月22日，受超强台风“天兔”正面袭击，汕尾市遭受严重破坏，市区道路两旁大树连根拔起，多处建筑工地塔吊倒塌，棚架、栏杆被损毁，全市交通、通讯、供电和供水一度中断，灾情严重。灾情发生后，汕尾市住房和城乡建设局立即组织5个工作小组开展救灾复产工作，深入现场进行技术指导。全市在建工地建筑施工设备重新检测合格还必须经当地的住建部门审核同意后方可复工。

汕尾市住房和城乡建设局及时将汕尾市受灾情况向广东省住房和城乡建设厅汇报，请求支援。9月23日，省住房和城乡建设厅组织技术专家工作组赶赴汕尾市现场指导城市供水、建筑工地起重机械安全拆除和使用等工作，并积极协调广州市、惠州市支援汕尾市灾后环卫保洁工作；9月26日，广州、惠州两市调派6部垃圾压缩车、3部洒水车、2部垃圾运转车抵达汕尾市并迅速投入灾后环卫保洁作业。

（蔡曙光　邹婷婷）

附录：汕尾市住房和城乡建设管理部门主要领导

汕尾市住房和城乡建设局
　党委书记、局长：陈辉南
汕尾市城乡规划局
　党组书记、局长：蔡东升
汕尾市房地产管理局
　党支部书记、局长：刘升河
汕尾市园林局
　党支部书记、局长：蔡珠文
汕尾市城市综合管理局
　党委书记、局长：彭超翔
汕尾市水务局
　党组书记、局长：陈永宁
汕尾市住房公积金管理中心
　党委书记、局长：辛颖晖

东莞建设

【概况】　东莞市位于广东省南部，珠江口东岸，1985年，国务院批准撤销东莞县，设立东莞市（县级），仍属惠阳地区管辖，1988年升格为地级市。土地面积2465平方千米，其中市区面积649.67平方千米。截至2013年末全市户籍人口188.93万人。全市常住人口831.66万人，其中城镇常住人口738.10万人。人口城镇化率为88.75%。2013年，全市地区生产总值5490.02亿元，比上年增长9.8%。固定资产投资1383.94亿元，比上年增长18.2%。

2013年，东莞市以建设“三区四城”为目标，继续围绕“打造建设管理精品、平安、阳光三大工程”的工作思路，积极构建“两大监管体系”(质量安全监管体系、企业诚信管理体系），持续促进东莞市建筑市场和房地产市场健康、有序、稳定发展，切实保障建设工程质量和施工安全，推进住房保障，服务“三重”项目。

2013年，东莞市编制完成《东莞市水乡特色发展经济区城乡总体规划》等一系列成果，启动《东莞市城市总体规划（2016~2030）》重新编制、编制《东莞市历史文化名城保护规划》等工作，推进黄旗山城市公园、东莞市植物园、东莞职教城等20多项重点工程的规划建设工作。全市有公园广场1200个、面积142.88平方千米，城市绿化覆盖率47.33%，城市人均公园绿地面积17.30平方米。

全年办理施工许可1973项，建筑面积1954万平方米，工程造价344.67亿元（比上年增长16.4%）。受监工程面积3000多万平方米；办理工程竣工验收备案1234项，建筑面积1027.3万平方米。近4年间实现安全生产责任事故零死亡。

中国散裂中子源被评为广东省AA级安全文明标准化工地、东莞市先进重大项目和“廉优共建”工程，规划展览馆等91个项目被评为市安全生产文明施工示范工地。全年有16个项目评为“广东省建设工程优质奖”，32个项目评为“广东省安全生产文明施工示范工地”。但是城乡发展不够均衡，村镇建设和管理水平有待提高，行业管理有待加强，行业服务效能仍需提高。

（吴维彬）

【城乡规划】　城市总体规划年限延长。2013年，东莞市重新编制的《东莞市城市总体规划（2015~2030）》由住房和城乡建设部等14个国家部委组成的城市总体规划部际联席会议审议通过，在107个由国务院审批城市总规的城市中，东莞市为首个将新一轮总体规划年限延长到2030年的城市。

水乡地区统筹发展。2013年，东莞市组织编制完成《东莞水乡特色发展经济区城乡总体规划》《东莞水乡特色发展经济区基础设施规划》《东莞水乡新城城市设计》等三大规划，其中《东莞水乡特色发展经济区城乡总体规划》获省政府通过；组织编制《十大示范片区协调

2013年东莞市住房和城乡建设主要经济产业指标

项　　目	单　位	实　绩	比上年增长(%)
固定资产投资额	亿元	1383.94	18.2
建筑企业	个	1296	1.8
建筑业总产值	亿元	176.71	15.2
建筑企业利税总额	亿元	16.56	54.19
建筑企业期末从业人员	万人	6.40	0.78
建筑企业劳动生产率	万元／人	31	10.3
房屋建筑施工面积	万平方米	732.96	-5.7
商品房屋销售额	亿元	728.07	34.2
商品房屋销售面积	万平方米	903.61	22.05
房地产开发投资额	亿元	497.66	31.9
房屋建筑面积	万平方米	2837.95	15.6
建成区绿化覆盖率	%	46	2.31
人均公园绿地面积	平方米／人	17.30	4.66
人均城市道路面积	平方米／人	21.39	0.1
城市用水人口	万人	622.72	4.3
城市自来水普及率	%	100	0
城市燃气普及率	%	97.63	0
城市液化气供应总量	万吨	29.1	0.69
城市天然气供应总量	万立方米	60975.06	11.11
城市污水处理厂	座	37	0
生活垃圾无害化处理率	%	63.71	17.05
城镇化率	%	–	–
住房公积金缴存额	亿元	68.33	14.3
住房公积金提取额	亿元	42.54	24.78
保障性安居工程	套	3386	–
绿色建筑面积	万平方米	61.1	44.1

(东莞市住房和城乡建设局)

规划和设计指引》《广深高速沿线景观整治规划指引》；开展《建筑风貌设计指引专题研究》。

交通规划研究。2013年，完成《东莞市轨道站场TOD规划建设工作实施方案》《公共交通走廊和以公共交通为导向的发展》《轨道交通对东莞城市空间演变的影响研究》，组织编制《望洪枢纽TOD一体化规划设计》，东莞火车站、虎门白沙站和望洪枢纽站综合开发规划，引导轨道站场周边土地的综合开发；研究东莞现代有轨电车规划建设；组织开展松山湖大道大朗段及康丰路段工程、鸿福路口改造工程等项目设计工作，组织编制东莞东站站前广场及相关配套设施工程项目建议书、市区人行天桥项目建议书、市区道路改善项目建议书，其中《关于加快实施市区立体人行过街设施的报告》提交请示市政府；《东莞交通模型》研究完成第一阶段报告成果。

历史文化名城规划。2013年启动《东莞市历史文化名城保护规划》编制工作。划定中兴路—中山路、兴贤里与象塔街等3个历史文化街区，形成《东莞市历史文化名城保护规划（基础资料汇编）》《东莞市历史文化名城保护规划(历史文化街区保护规划指引)》多项成果。编制完成《广东省岭南近现代建筑图集（东莞分册）》。

城市设计和地块包装。2013年，组织南城金融区启动区地块、寮步镇新中心区、东城世博地区等重点地块的地块包装研究工作，引导城市开发从注重形态向注重空间品质、功能的转变；参与《东莞市东城区黄旗山南地区综合发展规划研究》《东莞市鳒鱼洲地块综合规划研究》等。审查《寮步镇新中心区E09~01地块包装》等12个项目。

其他规划研究。完成《珠江口东岸现代产业集聚区统筹发展思路报告》《东莞市住房建设“十二五”住房建设规划》《加强研发用地管理促进科技和产业融合的专题研究》《如何通过规划促进工业用地的集约开发建设调研报告》《落实新型城镇化发展要求，创新两规合一工作思路》《东莞市地下空间利用的政策研究》和《工业房地产模式探索》等20多项规划研究。其中《轨道交通对东莞城市空间演变的影响研究》(住房和城乡建设部2011年科技立项课题）完成前期调研初步报告；《东莞市绿道管理服务平台》被列入“2013年住房和城乡建设部科学技术计划项目”；出版《2012年东莞市城乡规划成果精选》等4期《东莞规划》季刊。

深穗莞惠一体化。2013年，在城乡总体规划中设立“穗莞合作”专章。两市规划部门建立常态化的合作机制。加快落实《深莞惠地区城镇群协调发展规划》《深莞惠边界地区规划协调试点研究》等课题。

建立规范化管理的长效机制。2013年，修改《东莞市城乡规划局管理手册》（业务管理篇）；制定《东莞市城乡规划诚信管理规定》；修订《东莞市村镇管理规定》；补充《东莞市城市规划管理技术规定》；严格执行《建设项目设计绩效考核管理制度》；制定《东莞市城乡规划局财政性资金项目管理制度》；配合市政府完成市项目投资建设审批体制改革实施方案的制定。

开展规划行政审批改革。2013年修订涉及规划管理的项目审批流程再造方案；取消施工图审查、建筑设计方案的电子校核，制定统一建筑面积核算标准，开展规划核实测量工作，逐步建立监管体系，推进规划审批的“宽进严管”；加强规划手续预告知、批前公示、批后管理、巡查督导制度，全年完成批后规划条件核实323宗。

完善规委议事工作。3月28日，第三届东莞市城乡规划委员会成立，全年审议《东莞市控制性详细规划调整管理规定》和总体规划修改、控制性详细规划一般调整等109个项目。 *(黄惠谊)*

【宜居城乡建设】 2013年，东莞市成立东莞市宜居城乡名镇名村建设工作领导小组。拟定第二批宜居社区（村）和名村建设名单，其中宜居社区（村）50个，市级名村6个，镇级名村9个。制定《宜居社区（村）和名村建设工作指引》《宜居社区（村）和名村专项资金管理暂行办法》。推荐清溪镇等13个镇申报全国重点镇，推荐樟木头镇等两镇一村申报第三批全国特色景观旅游名镇名村。组织社区（村）参与“2013年广东省宜居社区”及“第三批广东省宜居示范村庄”评定工作。 *(吴维彬)*

【城市基础设施建设与管理】 市政道路养护 2013年，东莞市城管局采用第三方监理机制，落实市政道路养护制度，做好考检评分工作，把好施工质量关，对不符合规范要求的作业点及时进行整改；实行节假日及夜间值班制度。全年市直管道路维修沥青路面21.27万平方米、混凝土路面6173.99平方米、各类井盖1758套、人行道8587平方米，路面标线8.74万平方米。

照明设施养护 2013年，东莞市采用合同能源管理（EMC）模式，推进市直管路段LED路灯改造工作。及时对路灯进行翻新和清理，更换低压电缆2.32万米，翻新路灯及景观灯饰3.06万套次，清洗路灯及景观灯饰11万套次。保证城市亮灯率99%以上。

交通设施管理 2013年，东莞市完成莞樟路、东纵路和市第六中学附近等25个公交站点的站亭站牌建设，公交首末站（枢纽站）的设计工作，市人民医院新院站建设项目概算。

城市桥梁管理 2013年，完成莞龙路跨线桥等21座城市桥梁特殊检测；落实城市桥梁责任牌、桥名牌等标志牌的养护和完善工作；对东江大道立交桥、鸿福大桥及大圳埔跨线桥等3座桥梁增设限高龙门架设施；完成赤窖口河大桥加固维修工程；完成芦村特大桥和寒溪河大桥实时监测系统建设；做好东莞水道特大桥和大汾北水道特大桥健康监测及诊断维护；完成市直管262座城市桥梁“一桥一档”档案建设。

桥梁安全运行。2013年6月，《东莞市城市桥梁检测和养护维修管理办法》颁布实施。组织开展市直管城市桥梁安全安全检查及安全管理培训。 *(陈柳金)*

城市轨道交通规划建设 2013年，东莞市在建城市轨道交通为2号线一、二期工程（东莞火车站—虎门火车站），全长37.8千米，设站点15座（地下车站14座，高架车站1座），是年完成投资39.45亿元，完成年度投资计划38.07亿元的103.6%，累计完成投资86.66亿元，完成概算投资180.12亿元的48.2%；12座车站完成主体结构封顶，2座车站进行土方开挖和主体结构施工，1座车站进行桩基施工；7个区间完成双线盾构贯通，4个区间进行盾构掘进施工，2个区间进行矿山法隧道施工，1个高架区间进行桩基、承台、桥墩、节段梁拼装架设施工；盾构掘进累计完成20145双延米，占设计总量89%；矿山法隧道初支累计完成5551双延米，占设计总量96%；桥梁架设（浇筑）开累完成3024延长米，占设计总量83%；累计完成车辆设备等56个机电设备标招标工作；12月26日，2号线首列车辆在南车南京浦镇车辆有限公司下线。

《东莞市城市轨道交通近期建设规划（2013~2019年）》获国务院批准。其中1号线一期工程、2号线三期工程和3号线一期工程纳入近期建设线路，线路总长126.9千米。

东莞市轨道交通有限公司运营分公司成立。2013年9月29日，揭牌成立。 *(黎锡波)*

城市园林绿化 2013年，东莞市围绕“精细化管养”目标，加强日常巡查，落实整改措施，切实提高直管项目绿化养护水平。办好2013东莞迎春花市、“推进森林进城，打造绿色生态屏障”植树活动，落实市区节日摆花和渠化岛时花种养。抓好直管项目及市区七大公园安全生产工作，在节假日组织公园安全生产大检查。加强园林企业资质管理，核准、延续园林企业一级资质5家、二级资质19家、三级资质33家。凤岗、黄江、道滘3镇获“广东省园林城镇”称号。石排镇、樟木头镇创建省园林城镇通过广东省住房和城乡建设厅评审。《中心广场景观优化提升项目方案设计》经市政府批准完成招标并进场施工。中心广场南广场东南地块景观改造升级试点项目竣工。

绿道建设管理 2013年，东莞市对全市绿道网日常管理进行监督和考核，对存在安全隐患、市政设施损坏等问题的镇（街、园区）发出工作联系单177份，完成整改的工作联系单74份。更新各镇（街、园区）绿道地图，并绘制全市绿道地图。

城市环境卫生 存量垃圾治理。2013年，东莞市推进凤岗镇生活垃圾填埋场综合整治工程。落实中国和以色列合作生活垃圾填埋场渗沥液处理示范项目，拟选桥头大东洲填埋场作为试点项目选址。

垃圾分类试点。2013年，启动编制《东莞市生活垃圾分类收运处置规划》，完成对35个镇（街、园区）垃圾分类开展情况的调研。制定《关于进一步推进我市生活垃圾分类收运处置试点工作方案》，并报市政府审批。东莞市生态循环试验示范点完成建设并投入使用。增加垃圾分类试点，坚持按月单独收运和处置有害垃圾。印发垃圾分类宣传海报、制作公益广告、举行演讲比赛、举办培训课程。

环卫统筹管理。2013年，东莞市人民政府印发《东莞市城乡市容环卫统筹管理实施方案》，制定《东莞市城乡市容环卫统筹管理工作指引》。全市有30个镇（街）制定城乡市容环卫统筹管理工作方案，全市铺开率96%；有12个镇（街）完成统筹村级环卫管理事务，实现镇级城乡环卫“一体化”管理；超过60%村（社区）实现村级环卫支出零负担。

水乡环境整治。2013年，东莞市与10镇1港签订《城乡环境卫生专项整治责任书》，建立水乡经济区城乡环境卫生专项整治工作检评督促机制。全年水乡片清理卫生死角1821处，总面积5万多平方米，总量4000多立方米。

“美丽乡村，环卫先行”城乡清洁工程。2013年6~11月，在全市范围开展这一工程专项活动。

城市“牛皮癣”整治。2013年11月~12月，在市区和七个“省文明镇”创建单位铺开综合整治城市“牛皮癣”试点，出动执法人员2万多人次，清理城市“牛皮癣”5万多处。（陈柳金）

城市生态保护建设 2013年，东莞市政府印发实施《东莞生态市建设规划（2012~2020年）》。《东莞市创建国家生态市实施方案》。市委、市政府成立创建国家生态市工作领导小组，全面启动创建工作。累计创建国家生态镇10个、市生态村（社区）422个、绿色学校452所、绿色社区106个、省级“环保教育基地”8个。

推进清洁空气行动。2013年，东莞市环保局联合市有关部门印发实施《东莞市清洁空气行动计划——第二阶段（2013~2015年）空气质量持续改善实施方案》。

深化治污减排项目建设。2013年，全面完成42个大气污染物减排工程项目建设，包括6个取消脱硫旁路项目、10个降氮脱硝工程项目、13个工业锅炉改造治理项目和13个监管减排项目。推进集中供热改造，麻涌新沙港、中堂大唐华银三联热电、中电新能源热电冷联产、通明电力、樟洋电力等5个集中供热项目，其中市财政拟投入2004.6万元，对国家减排责任书项目——麻涌新沙港集中供热项目进行补贴。

▲2013年4月19日，东莞市在麻涌镇举行水乡地区整治城乡环境卫生工作启动仪式

（东莞市城市综合管理局供稿）

深入推进机动车污染防治，全年淘汰黄标车22798辆；12月15日起，全面实施第三阶段环保限行管理，限行区域142平方千米，建成23套固定式电子抓拍系统。

2013年，东莞市空气质量指数（AQI）在20~201之间。空气质量为优97天，良169天。

城市噪声治理 2013年，东莞市城市声环境基本保持稳定。城市区域环境噪声昼间等效声级平均值为56.0分贝，夜间等效声级平均值为49.0分贝，区域噪声环境质量总体水平等级为三级。影响区域声环境的主要声源构成为生活和交通源，分别占54.3%和31.4%。城市道路交通噪声昼间等效声级平均值为68.3分贝，夜间等效声级平均值为58.4分贝，道路交通噪声强度等级为二级。城市功能区噪声昼间各类功能区年均值均达标，夜间四类功能区年均值超标，一、二、三类功能区年均值达标。（吴根旺）

城市水环境建设 水环境治理。2013年，东莞市完成《东莞市污水处理费征收管理办法》《东莞市污水处理费征收管理办法实施细则》编制工作。完成11家污水处理厂的竣工验收，全市截污主干管网累计完成846.62千米，完成清淤项目17个。完成石马河流域建设配套截污次支管网126千米。组建“新治污工程项目银团”，融资规模46亿元。是年，全市37家污水处理厂处理污水量9.88亿吨，日处理规模270.77万吨，年削减COD（化学需氧量）11.28万吨，污水处理率达85.48%。制定《东莞市内河涌整治工作实施方案》，全市21条中小河流被水利部纳入全国中小河流治理重点县综合整治及水系连通试点项目范围，2013年获得国家财政补助5000万元。东莞市政府与省水利厅签订在水乡经济区共同创建省级水生态文明示范区合作备忘录，确立“水通、水动、水清、水美、水兴、水合”的“六水”治理目标。8月，东莞市被国家水利部批准为全国首批水生态文明试点市之一。启动挂影洲围中心涌水环境综合整治、北海仔河清淤工程等水乡治水项目建设。

水利防灾减灾。2013年，制定《东莞市水利工程注册登记办法》《东莞市水利工程规范化管理标准》。2011年至2013年度123宗市城乡水利防灾减灾工程有70宗开工，40宗完工，包括列入2013年市政府十件民生实事的30宗工程全部完成。省民生水利工程稳步推进，纳入省农村中型及重点小型机电排灌工程共12宗，其中11宗开工建设；重点海堤加固达标工程8宗项目开展前期工作，另外2宗工程按BT模式基本完工。

完善水环境治理体系。9月12日，东莞市印发实施《东莞市南粤水更清行动计划（2013~2020年）实施方案》，推进联合治水、饮水安全、水源保护、设施提效、亲水景观、数字监管、全民爱水等七大重点工程、576项子工程。

加强重点流域治理。2013年，东莞市印发实施《东莞市2013年度石马河污染综合整治工作方案》《东莞市茅洲河流域污染综合整治工作方案》，在水乡经济地区进行畜禽养殖业污染整治、黑烟囱和无证照污染企业整治、土壤环境治理等环境整治。石马河整治通过省政府阶段性考核；水乡经济区3项整治清理生猪18.6万头、家禽67.2万羽，整治黑烟囱污染企业43家、无证无照污染企业243家。

城市排水。2013年，完成《东莞市市区排水专项规划》《东莞市重要内涝地区和交通节点内涝整治应急工程初步方案》编制，加快各镇街（园区）属地排水专项规划编制工作，其中洪梅、凤岗等12个镇街（园区）完成规划初稿。市区内涝整治应急三期工程（新开河系统）北侧分流工程东纵路、罗沙路、新河北路完成排水管道铺设及路面恢复。市直管道路新建、更换各类排水管道3530米。

城市供水　2013年，东莞市江库联网工程水源配置一期工程累计完成投资18.81亿元，约占总投资89.6%。推进全市27个水库型重点饮用水水源地保护区划分工作，其中茅輋、契爷石、官井头、三坑4座水库水源地保护区划分工作完成。启动联网水库饮用水水源保护区围网隔离工程前期工作。启动编制《东莞市城镇供水专项规划（2012~2030）》以及污水处理厂再生水利用实施方案。2013年，全市供水企业93家，水厂108间；自来水年供水量16.08亿立方米，日平均供水量440万立方米，用水量19.75亿立方米（含微咸水）。印发《东莞市2013年供水行业水质监测方案》，处置4家不达标的水厂，整合1家村级水厂。完成5个源水在线监测站（桥头、东城、中堂、五点梅、横岗）和全市64个管网水在线监测点的选址、仪器设备安装工作。投入1.1亿元完成新增老化管网改造572千米。（柳晓生）

城市供气　燃气工程建设。2013年，东莞市组织石龙、莞长路扩建工程，大朗、茶山等13座天然气汽车加气站设计审查。全市累计有17座天然气汽车加气站建成使用。全年新增天然气管道110多千米；天然气供气量4.8亿立方米，市区燃气普及率100%，全市97.63%。

燃气安全　2013年，东莞市开展全市餐饮场所燃气安全专项治理督查工作。制定《东莞市城市综合管理局燃气安全和重大危险源监管工作方案（试行）》。通过联合行动，全年取缔无证照经营燃气行为22宗，收缴不合格燃气瓶3348个。

（陈佩珠）

城市综合管理　清理违建行动。2013年，东莞市完善巡查执法、部门联动、工作督导等工作机制，遏制违建行为。全市拆除违建828宗，总拆除面积49万平方米。

水乡“六乱”整治。截至2013年底，东莞各镇街和虎门港完成清理各类违法搭建物4885宗，清理面积32.65万平方米。

加大清拆力度。东莞市对窝棚清拆建立完善巡查执法、后续监管机制。部分镇街财政调拨大量资金，全力支持辖区水乡“六乱”整治工作。实行重点推进。按照“疏堵结合，严而不死，活而不乱”的原则和“主要道路严禁，次要道路严控，其他街巷有序”的管控要求整治乱摆卖。专责小组每周深入一个镇街督导并实行进度排名。

重点执法工作。2013年，东莞市深入开展查处城市“六乱”和违章广告、无证照生产经营食品、无证医疗机构、生活噪音等重点整治工作。全年出动执法人员27.86万人（次），出动执法车12.84万车（次），联合执法9630宗，教育纠正和查处各类违法行20.52万宗，处罚金额1443.54万元。

房屋征收管理。2013年，修订《东莞市公共基础设施建设项目征地拆迁补偿标准规定》，成立征地拆迁专责领导小组。

5月，东莞市对全市评估机构进行现场检查，有21家评估机构符合要求准予备案，并在《东莞日报》公告。（陈柳金）

重点工程项目建设　2013年，东莞市开展的重点工程项目有：网球中心工程。位于黄旗山公园南侧中部、八一路以北，总投资1.15亿元，占地9.3万平方米，建筑面积1.15万平方米，网球中心公园有24片场地、401个停车位。该工程于2011年3月开工，2013年11月完工，12月交付东莞市体育局。

篮球中心工程。位于东部快速路与松山湖大道交汇处，总投资7.1亿元，占地26.7万平方米，建筑面积约6万平方米，容纳1.5万名观众1747个车位。该中心以篮球活动为主，兼顾网球、羽毛球、体操、武术、举重等赛事以及演唱会场之用。工程于2009年11月开工，2014年1月完工。

龙湾湿地公园工程。位于万江

胜利、官桥滘社区，用地面积约34公顷，含市政道路和景观绿化工程两部分。其中市政道路工程投资1.1亿元，和谐路、龙湾路等5条共7千米市政道路，3座停车场等。于2012年12月开工，2014年1月完工；景观绿化工程投资约3000万元，面积约9万平方米。于2013年11月开工，2014年1月完工。

市区廉租房住宅小区（雅园新村）二期工程。位于东城九头村与南城雅园村交接处，在环城路牛山段旁。投资3.98亿元，总建筑面积18万平方米，包括3幢廉租房（721户）、8幢经济适用房（1502户）。该工程于2011年2月18日开工，2013年8月完工。

水乡大道改造提升工程。跨越麻涌、洪梅、望牛墩、道滘、厚街5个镇区，全长17.2千米，投资4.32亿元，由东莞大道延长线（6.6千米）和西部干道（10.6千米）组成，包括道路、人行天桥、园林绿化、园林建筑、给排水、照明、沥青路面和市政配套设施建设。该工程是于2013年7月15日开工，2014年1月15日完工。

虎门中学扩建校舍（一期学生宿舍和新实验楼）工程。座落在虎门镇教育路，包括1栋新实验楼和1栋学生宿舍楼，占地面积1764.73平方米，总建筑面积9717.84平方米。投资2329.56万元。该工程于2013年5月开工，2014年1月完工。

环城路与西南路交叉口改造工程。位于环城路与西南路平面交叉处，由环城路西侧辅道左转至西南路的匝道和1座人行天桥改造组成。投资2039.97万元。该工程于2013年5月开工，12月完工。

（唐立湖）

【城镇村庄建设】 2013年，东莞市对村镇规划实行项目“一书两证”管理，并建立校核人、审核人、责任人制度；制定《东莞市城乡规划局在市属园区推开简政强镇事权改革实施方案》和《东莞市城乡规划局在中心镇开展简政强镇工作实施方案》，向园区和中心镇下放核发建设用地规划许可；修建性详细规划方案审核；核发建设工程规划许可、建筑设计方案审批、施工图审核；建（构）筑物的验线、批后跟踪管理；建设工程规划核实；临时建设规划许可等六个方面的审批事项，着力构建镇区联网办公系统，加强放权工作的监督和管理。

东莞市完成各镇街总体规划的编制，镇域范围纳入规划区范围。东莞市建设用地的控制性详细规划覆盖率95.8%，其中，已批的控制性详细规划覆盖率84.82%。

（黄惠谊）

【房地产业与住房保障】 强化房地产市场监管。2013年，东莞市出台普通住房价格标准，从2013年起一年一调，使购房人更好地享受税收优惠政策。全年核准商品房销售（含预售现售）总面积903.61万平方米，其中商品住宅面积748.58万平方米。全年商品住宅成交均价为8766.90元/平方米，比上年增长5.97%。

强化商品房预售许可管理，明确商品住房交付使用条件。建立商品住房预售批后检查制度。强化预售资金监管，优先保证工程款和法定税费用款，保障预售款使用安全可控。对于存在资金紧缺、工程款纠纷、工程进度滞后等问题的房地产企业实行重点监控，防止发生工程烂尾、延期交付纠纷。

完善住房保障机制。东莞市印发《关于落实东莞市公共租赁住房建设和运营税费优惠的通知》。东莞市政府审定通过《东莞市公共租赁住房管理办法》。采取租赁补贴、房屋修葺、租金核减、实物配租等方式，完成632户低收入困难家庭住房保障工作。安排108户经适房保障户入住雅园新村。松山湖幸福花园项目3386套公共租赁住房动工建设。

（吴维彬）

房地产交易 2013年，东莞市办理新建商品房交易85754宗，比上年增长21.26%；二手房交易38675宗，增长39.62%，办理商品房备案85166宗，增长40.51%；商品房备案面积852.82万平方米，增长48.88%；商品房备案金额785.16亿元，增长57.87%；2013年，办理房产抵押登记70553宗，增长33.04%；抵押房产建筑面积为2605.94万平方米，增长10.14%；抵押金额为1109.19亿元，增长32.75%。2013年，共办理《房地产权证》146779份，增长23.56%；登记宗数124433宗，增长23.88%。

房改工作 2013年，东莞市核准初次申请住房津贴5342人，发放金额5973.53万元；核准变动津贴

▲2013年7月1~2日，住房和城乡建设部督查组到东莞市开展保障性安居工程和城市轨道交通工程质量安全监督执法督查 *（东莞市住房和城乡建设局供稿）*

共4499人；核准补办购买房改房501套，面积5.81万平方米，售房款6864.35万元。核准补办购买房改房501套。

房地产中介机构监管 中介机构和人员实行准入管理。东莞市办理中介机构备案登记及年审365宗、备案证变更56宗、经纪人资格证变更210份、经纪人上岗证1042份。对6家房地产价格评估机构进行年审换证。2013年，东莞市房管局巡查房地产经纪机构302家、作出信用扣分处理124家。

物业管理 2013年，东莞市核准三级及暂定三级物业服务企业115家、外市公司备案11家、二级资质初审11家，对8个业主委员会、153份物业管理委托合同进行备案登记。全年巡查物业管理项目198个，信用扣分的公司26家。

建立物业管理项目招投标制度。2013年1月，制定《东莞市房产管理局物业服务招标投标实施细则》，发出《东莞市房产管理局关于业主、业主大会实施物业服务招投标有关问题的通知》《关于东莞市房产管理局实施物业服务招标代理机构备案的通知》；6月，沙田镇锦江丽园等3个项目率先开展招投标。

开展物业示范小区评选活动。中信御园花园等16个项目被评为2013年度“东莞市物业管理示范住宅小区（大厦）”，塞纳嘉园、世纪豪门被评为2013年度“广东省物业管理示范住宅小区（大厦、工业区）”。 *（张敬东）*

住房公积金管理 2013年2月8日，东莞市对住房公积金贷款部分政策进行调整。职工必须正常缴存住房公积金满12个月，方可申请住房公积金贷款。住房公积金贷款额度在不超过原最高限额的同时，不高于申请人住房公积金账户余额的8倍。3月22日，东莞市个人住房商业贷款转公积金贷款业务在全市范围内推行。全年新增公积金开户缴存单位2063家，新增开户缴存人数30.74万人；开户单位16492个、个人账户106.3万个，实际缴存人数88.3万人，缴存覆盖率25.09%；全年归集资金68.33亿元，比上年增长14.3%。全年新增贷款19.6亿元、5417笔；累计发放住房公积金贷款178.57亿元，住房公积金资金使用率86.75%。

公积金提取持续增长。全年提取量50.67万人次、42.54亿元，比上年增长24.8%、24.78%，其中住房消费类提取为36万人次、30亿元。2013年实现增值收益2.61亿元，计提廉租住房建设补充资金2.26亿元。 *（张丽莉）*

【“三旧”改造】 2013年，东莞市“三旧”改造从短期试点上升为长期政策，印发《关于建立健全常态化机制加快推进“三旧”改造的意见》，已审查146份镇街上报的“三旧”改造方案和4个单元规划方案。在东城、万江、麻涌、茶山、樟木头等镇街启动成片改造试点。推进万江铭丰等第一批5宗“工改工”项目，启动小天才科研中心等第二批“工改工”项目18宗，出台《“三旧”改造产业类项目操作办法》。

2013年，形成《关于完善我市“三旧”改造工作的有关建议》报市政府审议，并在此基础上制定若干实施细则。制定《东莞市产业转型升级基地认定和管理试行办法》，经市政府审议通过。审查三旧改造等各项规划审查29宗，其中4份通过市城建领导小组审批。 *（黄惠谊）*

【建筑业】 规范建筑市场管理。加大市场监管和清出力度。2013年，东莞市为市内1568家建设行业企业建立信用档案，实行动态管理。其中勘察企业48家、设计255家、审图2家、施工909家、监理97家、造价39家、招标代理100家、预拌混凝土38家、安全鉴定29家、担保47家、混凝土预制构件4家。企业信用管理机制发挥存优汰劣作用，101家企业未通过复查被信用系统撤销；7家施工、监理企业因虚假行为被作出停牌处理；2家企业未设立办公场所被清出市场；3家设计企业因使用注册师克隆章被取消信用档案。

深化工程招投标制度改革。2013年，东莞市实行新一轮招投标制度改革。一是实施电子招投标；二是修订企业信用分值招投标差异化措施，突出择优；三是设立评审结果不合格企业申辩环节，实行评审结果、专家编码及个人评审情况主动公开、投标文件依申请公开。全年完成招投标610项，其中服务类项目158项，施工类项目452项。是年，市建设工程交易中心获“全国建筑市场与招标投标行业先进单位”称号。

合同履约监管。2013年，东莞市实行标准合同格式文本，规范合同表述形式。实行承包商履约评价制度，评价结果与信用分值挂钩。对严重不履约的承包商采取停牌措施；对拖欠工程款或不按约定进行结算的建设单位，采取约谈、暂停新项目手续办理和公示等处理措施。

施工企业用工管理。2013年，印发《建筑施工企业用工管理规定》。维护农民工合法权益，全年受理工人工资纠纷案件67宗，解决拖欠金额3279万元。

工程造价管理。2013年，东莞市住房和城乡建设局认真落实工程造价信息的采集、整理、测算和发布工作，引导市场合理定价。“东莞建设网”每月3次发布“主要建筑材料信息价”，《东莞造价信息》每月发布“建筑材料信息价”，全年发布建筑材料价格信息11959条。实行造价文件质量抽查和通报制度。办理招标工程最高限价备案147项、严重不平衡报价修正备案38项。

质量安全常规监管。东莞市严厉打击不按图纸和施工组织方案施工、“带病”强行施工行为，将发生过安全生产事故企业、存在重大安全隐患项目纳入重点监控。对4项存在重大施工安全隐患逾期未整改；5项强行违法施工工程采取联动机制；9家施工、3家监理企业被作出暂停使用信用管理手册处理。对59项未经许可擅自施工行为作出行政处罚决定，处罚金额2332.56万元。

勘察、设计质量抽查。发出质量监督执法文书1454份，安全监督执法文书1488份，执法文书及扣分通知即时上传。663项单位工程达到标准化评价施工进度。通过视频远程监控，对695项工程责任主体违规行为进行处理。开展建材打假专项行动，建立检测结果信息共享系统。进行高支模坍塌、盾构开仓作业突遇不明气体应急救援演练。法律法规、技术规范、岗位技能和平安卡等培训人数超过6万人。

工地现场管理人员实名制。2013年10月1日起东莞市建筑施工现场实施"实名制"管理，采取远程考勤措施。对700多个在建项目10041名管理人员信息采集。管理人员在施工日进行指纹考勤。市住房和城乡建设局每月份对考勤情况进行核查，对未核定出勤率要求的，依据相关政策措施进行处罚。

预拌混凝土质量管理。2013年，东莞市严格审查企业资质和人员配备。实行预拌混凝土质量备案管理，采取夜间突击检查等方式对建筑用砂进行监督抽检，监督企业现场制作立方体抗压试件，植入芯片后送检测中心作抗压强度检测。

组织质量安全现场观摩会。分别在万江等镇街组织质量安全现场观摩会和文明施工优良样板工程观摩会，样板工程10个，参观1.5万人次。2013年全省建筑安全生产文明施工现场观摩会在东莞市南城举行。 *(吴维彬)*

【建设科技与信息化】 建筑节能减排。2013年，东莞市住房和城乡建设局发布《东莞市发展绿色建筑工作指引》。是年东莞市获"国家星级绿色建筑设计评价标识"4项，总建筑面积61.1万平方米。全市新建建筑设计、施工阶段执行节能强制性标准的比例均达到100%。对207幢国家机关办公建筑和大型公共建筑能耗进行统计公示。各镇街（园区）建筑节能改造面积约120万平方米。新增太阳能集热板应用面积5.1万平方米。全面推广使用新型墙体材料，做好新墙材专项基金预缴与返退工作，全年预缴专项基金1.61亿元，返退专项基金1.14亿元。新型墙体材料生产企业56家，年总生产能力960万立方米。从2013年起设立"东莞市建筑节能专项资金"，总额3000万元，为期3年。印发《东莞市建筑节能专项资金管理办法》，明确建筑节能项目的资助（奖励）标准。

施工电梯运行监控系统试点。2013年，东莞市住房和城乡建设局研究开发施工电梯运行监控系统，在7个在建项目进行试点使用。

(吴维彬)

城建档案信息管理。2013年，市城乡规划局重新建设"东莞市城建档案馆公众网"，完善建设工程档案审查验收程序及制度规范。全年共验收工程155项；接收档案3100份；整理组卷上架7327卷；利用查档108人次，调阅案卷994卷。

(黄惠谊)

【岭南园获第九届中国（北京）国际园林博览会"室外展园综合大奖"】 2013年，广东省人民政府决定由广州等9个珠江三角洲城市共同出资建造"岭南园"。"岭南园"投资2000万元，于2012年2月启动，由省住房和城乡建设厅统筹协调，东莞市人民政府作为代业主负责组织建设，历时9个月完成。2013年，"岭南园"作为广东省代表团的参展项目参加第九届中国（北京）国际园林博览会评比，并获"室外展园奖"和展园设计等4项专项奖。住房和城乡建设部授予东莞市人民政府"特别组织奖"。

"岭南园"以岭南水乡为骨架，采用几何对称和自由开放相结合，内外空间相互渗透。园林建筑采用门楼、连廊、戏台、荫棚、楼阁、船舫、桥亭等形式，轻巧明快，玲珑通透。组景多运用花木灌丛和散石，植物以北方植物为主，局部运用岭南花木，营造南方热带植物景观。运用塑石、塑山、木雕、砖雕、灰塑、陶瓷等岭南工艺，结合岭南书画，营造10个反映粤韵歌谣、岭南文化意境的园林单元，彰显岭南园林文化。

2013年5月18日，北京园博会开幕，在180天展期内，岭南园共接待参观游客100多万人次。

(陈柳金)

【东莞市房产三维GIS平台通过验收】 东莞市"房产三维GIS平台"于2013年11月通过由住房和城乡建设部、广东省住房和城乡建设厅联合国家基础地理信息中心、中国科学院地理科学与资源研究所专家评审验收。该平台以三维景观形式展现城市空间格局，可查询统计具体的楼幢、房号的房产信息，实现网上看房的直观展示。 *(张敬东)*

附录：东莞市住房和城乡建设管理部门主要领导

东莞市住房和城乡建设局
　党组书记、局长：朱　川
东莞市城乡规划局
　党组书记、局长：欧阳南江
东莞市房产管理局
　党组书记、局长：张伟华（任至2013年2月）
　党组书记、局长：张俊阳（2013年2月任职）
东莞市城建工程管理局
　党组书记、局长：朱利民
东莞市城市综合管理局
　党组书记、局长：钟耀祥
东莞市城市管理综合执法局
　局长：郭显领
东莞市水务局
　党组书记、局长：张国平

东莞市住房公积金管理中心
党支部书记、主任：王海明

中山建设

【概况】 中山市位于广东省中南部，1988年升格为省辖地级市。土地面积1800.14平方千米，其中市区面积262.44平方千米。截至2010年末户籍人口142.3万人；常住人口312.09万人，其中城镇人口40.79万人。是年，全市地区生产总值2638.9亿元，固定资产投资962.93亿元，比上年增长15.2%；建筑业总产值324.34亿元；房地产开发投资额399.12亿元。建成区面积106平方千米，城区绿化率40.62%，人均公园绿地面积17.41平方米。

2013年，中山市城乡建设完成“十二五”规划中期评估，编制城市主体功能区规划。翠亨新区进入实质开发建设阶段，起步区基础设施建设加快推进。制定“十二五”后三年重要基础设施建设方案。深中通道上报国家立项，广中江高速中山段动工，东部外环高速、中开高速中山段及小榄支线纳入广东省高速公路建设计划和省重点项目。中环路建成通车，古神公路二期、十水线、翠亨快线、105国道改造等工程进展顺利。黄圃港区多用途码头建成运营。全市19条断头路接通14条，完成70座危桥改造。公路密度每百平方千米128千米。实现公交“一盘棋”。成为广东省统筹城乡土地综合整治试点，获得省节约集约用地考核二等奖、“三旧”改造考核二等奖。加强水体治理，雨污分流城区工程提前完成年度任务，镇区工程加紧推进。启动实施“南粤水更清”行动计划。建立重金属污染物排放总量前置审核制度，开展二氧化硫、碳排放等主要污染物综合防治。实现镇区垃圾转运站全覆盖。“秀美村庄”建设有序推进，投入13.5亿元建设783个农村项目。“绿化大提升”行动计划圆满完成。万元生产总值能耗下降3.9%，主要污染物总量减排、环境保护责任考核分获全省第二和第三。

2013年，中山市城市建设力度显著加大。该年度市住房和城乡建设局基建预算16.63亿元，完成工程投资额11.19亿元。2013年是建设事业健康平稳发展的一年。截至年底，中山市完成建设工程施工许可报建4006宗，比上年下降11.27%，总建筑面积2061.9万平方米，增长22.12%，总造价254.26亿元，增长41.42%。核准建设工程竣工验收备案3837宗，比上年下降15.87%，备案总建筑面积1398.58万平方米，增长5.54%，备案总造价111.87亿元，比上年下降8.15%。全市共开展招标投标362项，比上年下降24%，建筑面积207.2万平方米，工程造价80.62亿元，比上年下降22%，综合下浮率11.07%。

当前存在的主要问题：一是受征地拆迁、资金安排等原因影响，部分重点工程项目建设进度滞后，亟需加强重点工程建设计划统筹和前期工作；二是工程安全质量管理仍存挑战。施工企业安全生产责任制得不到落实，政府的监管力量薄弱，存在漏洞等；三是简政放权工作还要进一步完善，部分下放事项的承接不到位；四是作风和能力建设仍需加强，个别部门创新意识不

2013 年中山市住房和城乡建设主要经济产业指标

项　目	单　位	实　绩	比上年增长(%)
固定资产投资额	亿元	962.93	15.2
建筑企业	个	437	5.26
建筑业总产值	亿元	324.34	80.4
建筑企业利税总额	亿元	14.87	6.90
建筑企业期末从业人员	万人	5.50	8.69
建筑企业劳动生产率	元／人	312868	−17.73
建筑企业房屋建筑施工面积	万平方米	2258.19	33.75
商品房屋销售额	亿元	472.08	31.2
商品房屋销售面积	万平方米	780.34	19.29
房地产开发投资额	亿元	399.12	13.21
商品房屋施工面积	万平方米	1287.85	107.85
建成区绿化覆盖率	%	40.62	−13.6
人均公园绿地面积	平方米／人	17.41	17.7
人均城市道路面积	平方米／人	15.05	8
城市用水人口	万人	312.09	0
城市自来水普及率	%	100	0
城市燃气普及率	%	99	0.1
城市液化气供应总量	万吨	7.09	−4.4
城市天然气供应总量	亿立方米	1.98	15.1
城市污水处理厂	座	21	0
生活垃圾无害化处理率	%	100	0
城镇化率	%	88	9.09
住房公积金缴存额	亿元	24.11	15
住房公积金贷款额	亿元	8.45	23.74
保障性安居工程	套	2968	−31.5
绿色建筑面积	万平方米	11.01	2012 年无数据

（中山市住房和城乡建设局）

强、工作效率有待提高，服务基层，服务企业，服务群众的意识有待加强。 *(罗婕)*

【城乡规划】 规划编制与研究 2013年，中山市城乡规划局落实《珠三角纲要》，完成珠海、中山、江门三市合作编制的《珠中江城市空间协调发展规划》成果验收与备案工作，加快珠三角城际轨道站场TOD综合开发规划；推进《中山市城市总体规划（2010~2020)》审批进度。《中山翠亨新区总体规划(2012~2030年)》上报省政府审批，翠亨新区综合交通、电力工程、信息工程、燃气工程和给水工程专项规划上报市政府审批，编制完成20平方千米起步区控规。《中山市翠亨国际旅游小镇控制性详细规划》上报市政府审批；《中山翠亨新区起步区控制性详细规划》通过市规委会审查；《中山市岐江新城总部经济区概念规划与城市设计》报市政府审批，岐江新城分区规划完成专家评审，岐江新城南片区控规完成采购。

2013年，《中山市历史文化名城保护规划》上报省政府审批；完成《从善坊历史文化街区更新保护规划》专家评审和《从善坊历史文化街区更新保护规划》草案公示，开展《沙涌村历史文化街区保护更新规划》编制和《历史建筑和历史文化街区保护管理政策研究》；协助各镇、区编制紫线控制规划。

2013年，《中山市综合管廊工程专项规划》获市政府批准；开展《中山市公共服务设施专项规划》编制；《中山市中心城区低冲击开发规划》上报市政府审批；完成《中山市暴雨强度公式（修编）》初步成果。

2013年，完成4个名镇、6个名村、30个“秀美村庄”规划评审并上报市政府审批。年内，完成岐江河环境整治工程二期城市设计，港口、城南段高速公路城区入口城市设计的编制，完成长江路沿线地段城市设计（修编）编制前期相关工作。

规划管理 2013年，中山市制定《中山市城乡规划局重点项目督办工作考评办法》；发布《关于加强城市总体规划实施管理的通知》；《中山市控制性详细规划实施办法》报市法制局审查；制定《关于调整村镇规划审批职能的工作方案》，向各镇分局逐步下放规划行政审批权。

2013年，印发实施《关于城市道路占用房地产开发用地补偿的意见》《中山市建设用地分割工作指引》《中山市建设项目交通影响评价管理暂行办法》《中山市规划建设城市道路占用国有出让用地补偿办法》；《中山市建设用地规划指标调整工作指引》按市政府要求进行修改，《中山市城乡规划管理规定》《中山市地下管线管理办法》报法制局审查；基本完成《中山市中心城区房地产开发项目配套公建设施建设管理规定》；完成《中山市城乡规划行政许可公示听证工作制度》修订。 *(向锋)*

【宜居城乡建设】 2013年，中山市东升、神湾、横栏等3个镇被评为“中山市第四批宜居示范城镇”，神湾镇外沙村等32个村被评为“中山市第四批宜居示范村庄”，东区长江三溪社区等59个社区被评为2013年“中山市宜居示范社区”。 *(罗婕)*

【城市基础设施建设与管理】 市政建设 2013年，中山市推进岐江河环境整治二期项目建设。地点位于彩虹桥至长江大桥沿线一河两岸，主要是示范段建设。示范段为东明桥至康华桥北岸，分为悠闲人居段及滨水绿坡段两部分。悠闲人居段主体工程于10月完成，滨水绿坡段施工图纸中介预算送财政部门审核。

推进岐江桥改造工程。2013年6月中山市启动岐江桥改造工程，在保持旧桥原址原貌的前提下，改造加固，提高通行能力。改造范围长206.25米。该项目投资约3300万元。截至2013年12月底，工程量完成60%。

北外环道路综合整治工程动工建设。2013年11月20日北外环道南半幅阶段式封闭施工。2013年底完成约7300万元产值，占总价31.0%。

广丰工业大道（石岐段）通车。该项目是中山市政府重点治理“断头路”项目之一。道路全长686米，宽40米。该工程于2013年7月10日开工，2013年12月30日完工。

南部组团垃圾处理基地项目进展顺利。垃圾焚烧发电厂（BOT）项目于2011年获广东省环保厅和省发改委批准建设，2012年9月28日正式动工。2013年，该项完成桩基础和垃圾坑基础施工等10个子项工程；其余4个子项工程完成施工图设计，编制中介预算或施工招标。南部基地总投资10.14亿元，至2013年底，完成资6.6亿元。 *(罗婕)*

三宝水闸重建工程投入使用。该工程是中山市民众镇2012年度十大民生工程之首，工程投资5072.26万元，于2011年11月1日动工，2013年1月28日建成使用。重建水闸按50年一遇防洪潮标准设计，水闸总设计排水量455立方米/秒；新建船闸按Ⅷ级航道标准设计，船闸通航吨级为50吨。

福隆泵站工程完工。中山市三角镇福隆泵站工程属于广东省民生水利建设中重点易涝区整治规划工程，总投资8986万元。福隆泵站工程位于三角镇福隆涌出口永德围内，泵站设计流量为75.0立方米/秒，装机容量4000千瓦。排涝标准为10年一遇24小时暴雨产生的径流量一天排完不成灾，集雨面积27.5平方千米；泵站挡水建筑物设计防洪标准为重现期50年洪水。该工程于2011年2月10日开始动工兴建，2012年11月通过水下验收，2013年

4月28日投入试运行。（罗宇峰）

城市园林绿化　截至2013年12月，中山市建成区公园面积3.80平方千米，公园34个；建成区人均公园绿地面积13.9平方米。2013年，东明北路绿化改造升级主体工程完成；紫马岭公园南门片区改造，完成规划方案公示、施工图设计审查等；完成2013年城区园林绿化范围内公路危险路段整治；举办2013年孙文纪念公园“幸福和美中山”迎春花灯会，又名“中山市花欣赏会”。

绿道建设　2013年，中山市完成52.19千米中心城区绿道（二期）主体工程，新建镇区绿道75.08千米。

城市环境卫生　2013年，中心城区垃圾清运量为24.2万吨，中心、北部基地焚烧处理生活垃圾66.8万吨、填埋处理炉渣及不可焚烧的生活垃圾8.9万吨、处理污水28.6万吨、处理飞灰1.9万吨。发电总量2.5亿千瓦时，其中上网发电量2.1亿千瓦时。2013年征收生活垃圾处理费6043.5万元。市住房和城乡建设局制定《中山市市域生活垃圾处理应急预案》，编制《中山市中心城区环境卫生专业规划（2013~2020）》。是年，中山市环境卫生管理处被授予“广东省环卫工作先进集体”称号，中山市中心组团垃圾综合处理基地被评为“广东省城市生活垃圾处理优秀项目”。（罗婕）

城市生态环境保护建设　空气污染防治。2013年，中山市落实大气污染减排，划定全市高污染燃料禁燃区，禁止新建10蒸吨/小时以下（不含）使用高污染燃料的工业锅炉，全市670台锅炉完成改造或拆除。推动脱硫脱硝项目建设。中山火力发电有限公司脱硫项目停机整修30天，投资约500万元。中山国泰染整有限公司、广东三和管桩有限公司等6家工业脱硫项目实现减排申报。中山市联合鸿兴造纸有限公司完成2台75蒸吨电站锅炉的低氮燃烧改造和脱硝工程建设。中山市永发纸业有限公司、广兴（中山）纺织印染有限公司等企业完成脱硝工程建设。机动车减排方面，全市“黄标车”提前淘汰奖励措施实施初见成效，机动车氮氧化物排放量下降。204家VOCs重点企业中40家停产或关闭，137家安装治理设施，其余均有组织排放。6月1日起，在中山市环保局网站发布AQI（大气环境质量）日报，及时向社会发布具体空气质量监测情况。2013年中山空气质量为优良的天数252天，轻度污染87天，中度污染25天，重度污染1天。

城市水环境建设　水环境综合治理。2013年，中山市禁止在岐江河涉及水环境生态保护区的各镇区新建排污口、设置禁养区、严控重污染行业项目建设等；对需在中山市岐江河水环境生态保护区内设置排污口的建设项目和禽畜养殖项目不予审批。实施南粤水更清行动计划。全市地表水质达到环境功能要求，饮用水源水质高标准稳定达标，水生态系统逐步修复。推进镇区雨污分流工程建设截至12月底，完成主干管网105.73千米，支管网197.65千米。（邹丹）

中心城区雨污分流工程。中心城区雨污分流工程于2012年10月31日开始动工。2013年主干管网工程开工建设32项（含污水泵站4项），完成主干管道铺设40千米；市政污水管网开工建设13个片区，完成市政管道铺设117千米；支管到户工程开工建设30个片区，完成10个片区。

城市生活污水处理。2013年，中山市中心城区有2家污水处理厂。其中，中嘉污水处理厂设计日处理能力20万吨，珍家山污水处理厂设计日处理能力10万吨。是年，中嘉污水处理厂处理水量5770.50万吨（不含沙溪污水量），出水达标排放率100%，处理污泥量（含水率为80%）为2.36万吨；珍家山污水处理厂处理水量3238.52万吨（不含火炬11、12月污水量），出水达标排放率100%，处理污泥量1.05万吨（含水率为80%）。

中心城区内涝治理。2013年，对中心城区部分易积水的路段进行排水改造，加强对排水设施的检查及排水管道的清淤，更换新型井盖。（罗婕）

内河涌整治。2013年，中山市开展内河整治工程60多个。《中顺大围内河河网综合规划》完成编制。

推动“岐江河十里景观长廊”建设。岐江河滨水景观工程二期完成城市设计编制和测量，建成岐江公园、岐江夜游亮化工程，江边兴中广场文化商业区基本完工。东凤镇莺哥咀水文化公园开展设计、征地等前期工作；小榄水道旁金菊园进行前期设计，民众镇岭南水乡、横栏水印江南、横门伶仃洋游等项目初步成型；投资3亿元的东升十里堤岸、投资5亿元的磨刀门水文化旅游项目、投资3亿元的南朗海滨养生体育度假区和翠亨国际旅游小镇等一批项目加快实施。翠亨新区的智慧用海项目稳步推进。（罗宇峰）

城市供水　2013年，中山市城区有3家自来水厂，生产规模为100万吨/日，全年城区供水量为9219.56万吨、售水量为8026.83万吨，供水管总长度1204.58千米，新增65.58千米。居民自来水普及率100%。编制《中山市市域供水安全暨抗咸供水总体方案论证报告》。

城市供气　2013年，全市有燃气经营企业19家、瓶装液化石油气销售点135家，全市液化石油气设计储存能力6350立方米。全市及中心城区的气化率均为99%。全市液化石油气供应量7.09万吨、天然气1.98亿立方米。全市天然气用户265343户，其中工商业用户2449户，居民用户262894户，月天然气平均用量2923万立方米。全市累计建成市政燃气网总长度1313千米，新增362千米。2013年末，城区天然气（煤气）管线788千米，年新

增35千米，天然气用户普及率29%。（罗婕）

城市综合管理　户外广告整治。中山市发布《中山市人民政府关于加强城区户外广告（招牌）设施设置管理的通告》。全年查处违法户外广告案件5592宗，拆除违法户外广告（招牌）面积达3.52万平方米。

“门前三包”改革试点。2013年2月，中山市城管办拟定《中心城区市容境卫生责任区试点工作方案》，于10月8日至12月8日开展“门前三包”改革试点工作。其间，发出责令整治通知书80多份，教育责任单位不履行“门前三包”义务行为182宗，乱丢垃圾行为437宗，向石岐区、东区、西区的商户、群众等，派发8000份《中山市“门前三包”管理情况调查问卷》。市城管办向市政府提交《关于开展“门前三包”改革试点工作的情况报告》。

“泥头车”整治。2013年1月25日，中山市城管执法局牵头组织住房和城乡建设局、公安特勤、公安交警、交通执法等部门组成联合整治工作组，依法教育整治“泥头车”遗撒行为。3月，市城管执法局组建2个特勤中队，实行24小时值班，对城区主干道全天候巡查，加强对城区重点路段进行巡查，对中心城区（含火炬开发区、翠亨新区）165个在建工地重点巡查，发出《责令限期改正违法行为通知书》150份、《询问调查通知书》150份，查处“泥头车”遗撒行为近300宗，教育1800多宗。

流动摊档管理。2013年，中山市城管执法局联合交警、交通等部门，重点开展整治利用机动车流动摆卖专项行动。全市设置流动摊档疏导点102处，2873个摊位，已疏导1877档流动摊档入场经营。

综合整治市容环境。中山市开展“创全国文明城市”活动。一是开展城管志愿者活动，参与活动的志愿者9800人次。二是开展纠正不文明行为活动，城管执法人员在城区人流密集的重点区域和路段，纠正无照流动经营、占道经营、乱丢垃圾、乱堆乱放等不文明行为。三是开展公益宣传活动，在媒体播出《关爱家园》《勿乱扔垃圾》等公益宣传广告片。是年，市城管执法局牵头组织开展占道经营等12项专项整治。（李盈国）

【城镇村庄建设】　2013年，中山市全面推行“户收集、村集中、镇转运、市处理”的城乡生活垃圾收运处理模式。全市24个镇区投入2.7亿元开展并全面完成“一镇一站、一村一点”建设。

村容整洁工程取得成效。2013年，中山市各镇区清理路边4.17万千米、河边9475千米的垃圾，清理616个次池塘边、公共区域卫生黑点3140个。（罗婕）

【房地产业与住房保障】　*房地产市场调控*　2013年，中山市制订《2013年中山市房地产市场调控工作意见》，中山市一手住宅均价5740元/平方米，比上年上涨9.6%。（罗婕）

商品房交易　2013年，中山市商品房合同登记备案9.2万宗，面积934.2万平方米，金额561.5亿元，同比分别增长30.7%、30.3%、40.3%;；完成商品房抵押登记备案45089宗，面积501.7万平方米，金额185.4亿元，分别比上年增长24%、26.8%、40.4%；完成商品房登记发证50721宗，面积499.8万平方米，金额278.8亿元。至2013年底，全市通过网上登记备案系统审批预售项目377个，可售房屋6.98万套，可售面积801.82万平方米。全市通过网上登记备案系统销售商品房8.8万套，销售面积891.56万平方米，交易金额540.6亿元，占全市商品房登记备案宗数95.47%；通过商品房预售抵押登记网上申报系统办理商品房预售抵押登记业务4.27万宗，注销商品房预售抵押登记业务3379宗；协助处置问题楼盘10个，完成问题楼盘登记办证195宗，面积1.76万平方米，金额3147.99万元。

二手房交易　2013年，中山市完成二手房屋交易登记24398宗，面积434.3万平方米，金额114.6亿元，分别比上年增长47.5%、44.5%、68.7%；全年完成房地产交易登记发证76018宗，面积1419万平方米，金额454亿元，分别增长−2.9%、11.8%、14.8%。

房地产经纪行业管理　2013年，中山市办理新成立房地产经纪机构备案12家（宗），变更房地产经纪机构备案证书（含换证）178家（宗），注销备案证书7家（宗），全年累计办理执业登记房地产经纪人执业证从业人员数1300人，持有全国统考经纪人执业证324人。

房地产登记发证　2013年，中山市房地产权登记3.42万宗；抵押登记3.16万宗；抵押注销登记31545宗。商品房确权1449宗；缮证房地产证6.47万份。累计受理房地产登记审查环节绿色通道463宗。协调和解决东风糖厂80户职工住房产权历史遗留办证问题。9月1日起，启用新房地产登记申请书；房地产开发项目中开发商自留部分房屋单元办证业务实行网上申报；全面开通房地产注销抵押登记网上申报业务。全年查出房地产权属假证17宗27本。（陈万鑫）

公房管理　2013年，中山市审核批准公房住宅租赁申请670宗，其中公房住宅续租458宗、承租人更名24宗、调整136宗、租住政府周转房52宗。按属地管理原则，指导开展全市房屋安全大检查及危旧房治理，受检房屋8.13万间（幢），面积2606.91万平方米。查出危房1241间（幢），面积8.94万平方米，敦促业主和责任单位整改治理。对《中山市房屋安全管理办法》全面修订。“中山市房屋租赁与房屋安全管理信息系统”通过评审及立项申请。

房屋租赁管理 2013年，中山市办理房屋租赁登记备案2.98万宗，代税务部门征收房屋租赁税1.29亿元。公布实施《2013年中山市房屋租金参考价》。 *(罗婕)*

基准房价 2013年，中山市国土资源局定期对基准房价进行更新和维护，2013年，完成日常更新134宗；对评估机构提交的2013年基准房价初步成果中非单家独户1338个片区、单家独户1087个片区、车房572个片区进行审核，为验收工作做好准备。筹备开展2013~2014年度基准房价更新与维护的招投标工作。

征地拆迁 2013年，广中江高速公路项目征地面积175.33公顷，其中，征收农村集体土地153.33公顷，拆迁房屋372所，至2013年底，累计征收农村集体土地面积109.80公顷，完成率71.6%，交付使用土地58.12公顷。19条镇际未连接重点道路（又称“断头路”）建设涉及征地面积87.11公顷，拆迁房屋面积1.77万平方米，有14条“断头路”基本打通。完成雨污分流民生工程项目征地工作。孙文东路至学院路间市政道路项目建设涉及征地0.59公顷，征收房屋21所，并全部签约。在中山市征地拆迁总指挥部组织协调下，市土地房屋征收管理办公室协助市交通集团扫清市各干线公路征地拆迁工作的主要障碍，保障十水线、东部快线、中环路等项目建设。研发征地拆迁管理信息系统。制定《中山市征地拆迁工作规程》《中山市镇区征地拆迁工作考核问责办法》；修订《中山市国有土地上房屋征收评估管理暂行办法》。举办中山市（2013）土地房屋征收业务培训班，190人参加。 *(陈万鑫)*

物业管理 至2013年底，中山市有物业管理企业384家。盛景尚峰商务中心和丽景名筑住宅小区被评为2013年度“广东省物业管理示范单位”，中海翠林兰溪园等10个小区被评为“中山市物业管理示范小区”。选取远洋城小区作为全市物业小区开展志愿服务的示范点，于7月5日正式挂牌。 *(罗婕)*

住房公积金管理 截至2013年底，中山市住房公积金缴存单位3857个，缴存总人数34.30万人，累计归集总额127.84亿元，归集余额51.07亿元；全市累计发放贷款63.86亿元，贷款余额44.20亿元；累计提取额76.77亿元。 *(台晨亭)*

▲2013年7月5日，中山市在远洋城住宅小区成立第一个社区志愿服务站

(罗婕　摄)

房地产档案 2013年，中山市土地房产产权档案馆接收全市入馆各类档案42.88万宗。检核档案10.54万宗，整理档案14.97万宗，扫描档案11.74万宗，完成西区、黄圃、古镇、小榄、南头、三乡等镇部分蓝图扫描54.36万页。全年接待档案利用者12.27万人次，利用档案25.90万卷（宗）。2013年2月，中山市土地房产产权档案馆被授予“广东省巾帼文明岗”称号。 *(陈万鑫)*

保障性住房建设 2013年，中山市建设保障房2700套的任务，新增发放租赁住房补贴500户，基本建成保障房3000套。2013年，全市开工建设保障房2968套，新增发放租赁住房补贴549户，竣工3705套。中山市政府批准在《中山市住房保障管理暂行办法》的基础上，制定关于落实公租房建设和运营期间行政事业性收费减免政策、以及向符合条件的流动人员发放租金补贴等相关政策。通过深化积分制政策，将流动人员纳入住房保障范围。 *(罗婕)*

【“三旧”改造】 2013年，中山市按照“盘活存量，集约高效”原则，推进全市“三旧”改造。中山市国土资源局会同相关部门修订《中山市“三旧”改造实施细则》推进“三旧”项目实施改造，已动工建设的有紫马奔腾、金鹰广场、大信新都汇二期等24个项目。 *(陈万鑫)*

【建筑业】 2013年，中山市完成建设工程施工许可报建4232宗，报建建筑面积2258.19万平方米，造价305.83亿元，办理市政工程施工报建造价16.01亿元。受理建设工程竣工验收备案4533宗，建筑面积1837.28万平方米，总造价146.99亿元。全市有本地注册登记建筑业企业524家，外地进入登记建筑业企业907家。

创新工作方式，服务重点项

目顺利实施。2013年，全市重点建设项目金鹰广场、古镇利和广场及紫马奔腾工程等都具有建设体量大，施工组织要求高的特点，管理上按常规运作难以实现高要求。为适应工程建设特点，把工程。

招标投标市场监管　2013年，中山市房屋建筑和市政基础设施工程招标项目全部采用电子招投标方式。实现全过程网上招标、投标、评标及监管；制定并实施《中山市建设工程施工招标投标报价合理性评审办法》，设定建设工程施工招标投标报价警戒值，防止恶意低价中标；加强建设工程招标投标执法监察和惩处力度，依法查处招投标违法违规行为。

建设工程造价管理　2013年，中山市完成招标控制价备案322宗，备案金额89.3亿元，11月印发《中山市住房和城乡建设局关于调整建设工程招标控制价备案管理工作的通知》。围绕雨污分流等市重点建设工程项目开展工程造价材料信息价发布工作，2013年共调整信息价4527条，增加信息154条。在市建设工程企业管理和诚信平台上办理企业登记30项，办理造价员资格证验证、变更事项1326项，调解工程造价纠纷4项。

建筑安全管理　截至12月底，中山市累计受监工程701项，面积2785.98万平方米。完成施工安全、文明施工评价495项，面积1228.91万平方米。2013年组织开展建筑施工安全生产方面的定期和不定期检查10多次。加强全市房屋拆除工程管理，减少拆除工程中的伤亡事故；督促施工单位整治在建工地扬尘问题；做好全市雨污分流工程文明施工。

建筑工程质量管理　2013年，中山市重点对工程参建各方责任主体的质量行为、实体质量、验收程序进行严格监督。开展建筑打假活动，加强建筑材料的抽检，尤其对预拌混凝土质量的抽查。组织工程质量季度执法及节能、市政、安装工程的专项检查，对不良行为进行处理。加强对保障房及雨污分流、绿道二期等一批市政府重点工程的监管。做好房屋工程白蚁防治质量监督检查工作。加强对建设工程中标后的监督检查工作。进一步规范检测机构的行为。修订《建设工程质量监督管理手册》《建设工程质量监督工作程序》。

勘察设计　2013年中山市完成17项重大工程初步设计审查，审查面积共83.52万平方米；完成4项超限高层建筑工程抗震设防专项审查；监督完成113个项目深基坑支护设计审查。（罗婕）

【建设科技与信息化】　2013年，抓好建筑节能和科技推广应用。成立中山市住房和城乡建设局绿色建筑评价标识咨询工作小组，编写《中山市绿色建筑设计指南》《广东省绿色建筑和绿色小区评价标识（设计、运营）认定申报指南》。严格各项规章制度，定期开展建筑节能设计质量检查，扩大可再生能源在建筑中的应用规模，建立利用太阳能等可再生能源的示范性工程。继续开展公共建筑能耗统计、审计和监测工作。经市政府审批发布《中山市新型墙体材料产品认定备案办法》。2013年，全市新墙材的使用比例达到99%，生产新墙材10.6亿块标准砖，累计节约和保护耕地116.6公顷，节约6.58万吨标准煤，减少废气排放1600吨，利用工业废渣15.6万吨。

信息化建设。2013年，中山市重点完成建设工程企业诚信管理平台，初步搭建集审批、监管于一体的系统平台架构。（罗婕）

【中山市深化数字城管应用】　2013年，中山市完善数字城管指挥中心建设，完成门前三包、户外广告、泥头车等管理子系统。市城管执法局不断完善数字城管信息系统，全市24个镇区城管指挥分中心全部投入使用，建立市、镇区和村居三级城管监督员网络，城管监督员队伍扩大至1294人；火炬区、东区、小榄、沙溪等14个镇区完成数字城管进村居工作，实现数字城管全覆盖；修改完善《中山市镇区城市管理工作量化考核（试行）方案》，“一级监督，二级指挥，三级网络”的城市管理机制基本建立。2013年，市、镇（区）两级数字城管指挥中心受理各类城市管理问题55.76万宗，办结54.70万宗。完成户外广告管理子系统的设计与开发，通过基本的技术测试。户外广告的申请、审批流程完成设计，受理户外广告审批的窗口工作人员及相关管理制度已到位。市城管执法局与广东长宝信息科技有限公司沟通协商，将该公司与公安交警部门合作开发的具有实时传输等功能的GPS定位监控系统接入数字城管信息系统，如期完成泥头车管理子系统的开发工作。（李盈国）

【中山市城市生活垃圾收集转运设施规划建设标准出台】　2013年，中山市住房和城乡建设局和市城乡规划局联合出台《中山市城市生活垃圾收集转运设施规划建设标准》，规定进行住宅小区建设和旧区改造、市场建设、大型公用建筑开发建设时，把生活垃圾收集转运设施纳入规划报建和施工报建、竣工验收。（罗婕）

【中山市建筑市场诚信监管取得新成效】　2013年，中山市住房和城乡建设局继2012年出台《中山市建设工程企业诚信管理办法（试行）》后，印发《中山市建设工程诚信记分标准》，先后制定《市外建设工程企业进入本市经营管理办法》《监管市场主体差异化管理制度》。全年完成诚信信息登记企业932家。同时，依托建筑业诚信平台，加大建筑市场监管力度，采取诚信加分扣分，对56家建筑企业实施诚信扣分。（罗婕）

附录：中山市住房和城乡建设管理部门主要领导

中山市住房和城乡建设局
党委书记、局长：陆德华
中山市城乡规划局
党委书记、局长：张　珂
中山市国土资源局
党组书记、局长：吴伟强
中山市城市管理行政执法局
党组书记、局长：梁叶章（任至2013年5月）
党组书记、局长：杜俊强（2013年6月任职）
中山市水务局
党委书记、局长：郭建宏
中山市住房公积金管理中心
党支部书记、主任：赵国坚

江门建设

【概况】 江门市位于广东省中南部，1983年升格为地级市。土地面积9505.42平方千米，其中市区面积1785.84平方千米。截至2013年末户籍人口393万人；常住人口449.76万人，其中城镇人口288.3万人。是年，全市地区生产总值2000.18亿元，比上年增长9.8%；完成固定资产投资1000.84亿元，比上年增长17.7%。

2013年，江门市围绕建设幸福侨乡的核心任务，继续以“种树、搭桥修路、抓大项目”为工作重点，扎实推进经济社会加快发展和民生改善。其中重点项目完成投资434.1亿元，投资完成率达108.1%。完成建筑业总产值225.7亿元。完成房地产开发投资245.7亿元，商品房成交面积425.69万平方米，成交金额263亿元。新开工保障性住房3348套。全年归集住房公积金33.06亿元，住房公积金新开户人数56885人；发放住房公积金个人住房贷款6234笔，金额15.39亿元。村镇面貌进一步改善，有5个镇获得“广东省宜居示范城镇”称号；蓬江区荷塘镇、鹤山市共和镇获得“广东名镇”称号。全年投入绿化建设资金4.01亿元，种植乔（灌）木850多万株，全市建成区绿化覆盖率43.14%，绿化率41.17%，人均公园绿地面积17.35平方米。新建城市绿道33千米。城镇生活垃圾无害化处理率96.2%，城镇生活污水处理率87.21%。江门市存在的主要问题：新型城镇化发展水平有待提高，中心城区的综合承载力和辐射带动作用需进一步加强。　（黄彦）

【城乡规划】 2013年，江门市全年完成城乡规划业务案件2326宗。

规划编制　2013年，江门市组织编制《江门市城乡总体规划充实完善》《江门市城市空间发展战略规划研究》《江门市区轨道交通枢纽及周边地段规划》《江门市主城区地下管线综合管廊专项规划》《江会片区规划协调研究》《长堤历史街区保护规划》《蓬江、江海、新会规划协调研究》《蓬江河一河两岸景观规划》《圭峰山风景区总体规划修编》等。

加强重点项目的规划编制。组织编制《江门市主城区高速公路出入口布局规划》《江门市区高速公路出入口连接道路规划研究》《中江高速龙湾出入口与江门大道衔接规划》《滨江快速北环路-江中高速段选线》《荷海快线调整规划研究》《连海路路网调整规划研究》等交通规划。

推进控制性详细规划的编制。完成汽车城规划、白水带东南地

2013年江门市住房和城乡建设主要经济产业指标

项　　目	单　位	实　绩	比上年增长(%)
固定资产投资额	亿元	1000.84	17.7
建筑企业	个	333	8.8
建筑业总产值	亿元	225.7	22
建筑企业利税总额	亿元	16.10	13.14
建筑企业期末从业人员	万人	8.27	0.51
建筑企业劳动生产率	元/人	247	5.5
房屋建筑施工面积	万平方米	2279.52	25.6
商品房屋销售额	亿元	263.00	45.5
商品房屋销售面积	万平方米	425.69	30.8
房地产开发投资额	亿元	245.7	68.8
建成区绿化覆盖率	%	43.14	1.6
人均公园绿地面积	平方米/人	17.35	2.54
人均城市道路面积	平方米/人	17.45	-15.13
城市用水人口	万人	190.79	1.37
城市自来水普及率	%	97.7	-0.72
城市燃气普及率	%	95.35	0.65
城市液化气供应总量	万吨	13.22	-13.00
城市天然气供应总量	万立方米	5054.92	46.00
城市污水处理厂	座	32	3.23
生活垃圾无害化处理率	%	96.2	0.6
城镇化率	%	64.1	1.4
住房公积金缴存额	亿元	33.06	12.52
住房公积金贷款额	亿元	15.39	58.67
保障性安居工程	套	3348	-32.65
绿色建筑面积	万平方米	16.8	-

（江门市住房和城乡建设局）

段、棠下桐井东地段等控规编制工作。完成弓湾围地段等17项控规上报政府审批工作。

加强镇街村庄规划修编工作。江门市域完成857条行政村整治规划编制，新增110条村庄整治规划的目标。

重视提升全市规划设计水平。《台山市名镇名村（试点）建设规划》《北新区体育公园修建性详细规划》《江门市山体、水域保护及利用规划》分别获得2013年度全省优秀城乡规划设计评选活动一、二、三等奖。

城乡规划管理　2013年，江门市城乡规划管理工作进展顺利：一是制定《江门市城乡规划技术管理规定》，规范规划行政审批、土地开发强度控制、建筑退线、公共设施配置等规划管理实务；二是制定《江门市区“三旧”改造地块开发强度的管理规定》，全年办理“三旧”项目认定与改造方案38项；三是推进建筑单体电子报批软件的应用，实施《公共服务设施移交管理规定》《修建性详细规划建设工程设计方案修改规划管理规定》等规范性文件；四是推进地下管线信息化建设，普查地下管线1500千米，研发地下管线二期专网并投入使用。

是年，江门市政府完成重点项目规划选址和规划方案，抓好万达广场、时代广场、体育中心、新范罗岗小学等项目规划工作。配合相关部门做好深茂铁路选线及站点街选址，完成江门大剧院项目前期规划研究。完成胜利加油站侧、北苑小学西侧、福泉路、青少年宫侧、江沙工业园等5处的公交站场（枢纽站）的规划选址工作。组织开展帕佳图世家、海逸城邦、外海松仔山、元宝山体育公园三期、妇女儿童活动中心等规划项目的专家咨询会。

城乡规划监察　2013年，江门市开展城乡规划监察工作：举办住房与城乡建设稽查执法工作专题培训班、建设工程规划许可证后管理及竣工规划核实培训班；配合新闻媒体采访，向《中国建设报》《广东建设报》等多家媒体投稿。

是年，制定《江门市城乡规划督察工作配合制度》，配合住房和城乡建设部住城乡规划督察员完成第一、二期规划督察图斑核查。配合省住房与城乡建设厅城乡规划督察员每季度到各市、区开展规划巡察。（汤小檣）

【宜居城乡建设】　2013年，江门市着重抓好新会区古井镇等3个市级宜居城镇、蓬江区棠下镇良溪村委会等14条市级宜居村庄的试点创建工作。全年投入5727万元用于3个市级宜居城镇创建点的基础设施建设。

2013年，江门市蓬江区棠下镇等5个镇获得“广东省宜居示范城镇”称号。至2013年底，全市有荷塘镇等24个镇、五星村等56个村被评为“江门市宜居城镇”和“江门市宜居村庄”。其中，共和镇等12个镇被评为“广东省宜居示范城镇”，独联村、马降龙村等27个村被评为“广东省宜居示范村庄”。

（黄彦）

【城市基础设施建设与管理】　市政建设　市区市政重点工程项目建设。2013年，江门市区有城市重点工程项目47项。投资21.9亿元，完成投资17.05亿元。滨江新区华盛路（滨江大道至江沙路）等23项城市公共基础设施完成；滨江新区规划二路（江沙路—滨江大道）等14个项目在建；滨江新区侨顺路二期（江盛大道—江兴大道）等8项工程开展项目前期工作。

市区公共建筑项目建设。2013年，江门市区公共建筑项目38项。是年底，完工项目13项，实现投资1.89亿元；动工项目13项，投资10.52亿元；开展前期工作项目13项，总投资7.8亿元。

滨江新区建设　2013年，滨江新区重点工程项目有江门体育中心、保利城市综合体和启动区基础设施建设三大项目。截至12月底，完成总投资8.17亿元。路网等基础设施完善，配合广东银葵综合医院、范罗冈小学等城市配套项目建设供地工作。开展篁庄考场中心路、环湖路及天沙河桥等公建项目，配合做好江顺大桥、江门大道等BT项目前期建设的融资、合同签订及财务监督工作。（叶詠君）

城市园林绿化　2013年，江门市继续实施“森林围城、树林进城”绿色行动，全力推进“森林四进”、立体绿化和“园林下乡”工作，全年投入绿化建设资金共4.01亿元，种植乔（灌）木850多万株，参与种树活动70多万人次。截至年末，建成区绿化覆盖率43.14%，绿化率41.17%，人均公园绿地面积17.35平方米。

绿化重点工程建设。一是改造天沙河景观进行绿化；二是扩建丰乐山公园、元宝山体育公园和圭峰山“六户坪”景区；三是新建大石头公园、荔枝山公园、南湖公园等，并在东湖公园建设桂花园，在白水带风景区建设桃花园、茶花园和杜鹃园等主题园；四是对里村大道、龙湾路、西区工业路、江海路等道路以及平交节点等进行升级改造，主要加种樟树、秋枫和盆架子等乔木；五是改造礼乐、龙湾和外海等高速公路出入口的绿化；六是实施“增色添彩”工程，在滨江大道、发展大道、五邑路轻轨桥侧等种植绿化。

“森林四进”和立体绿化。对育德、怡福和怡康等4个社区、200多个家庭进行庭院绿化升级，完成丰乐路等8个试点单位立体绿化建设。

“园林下乡”。改造社区公园53个、新建改建村镇公园96个，升级镇道村道116条。截至2013年末，创建朗西镇等“生态园林示范镇”10个，浮月村等“生态园林示范村”66个。（陈飞）

绿道建设　2013年，江门市新建城市绿道33千米。继续完善绿道配套设施，市区天沙河绿道沿线还配套建设柱头灯、庭院灯。

2013年，滨江绿道沿线安装交通违章监控设备，对违规驶入绿道的机动车进行取证处罚。10月，规范相关单位工作用车驶入滨江绿道的管理。

开展多项绿道主题活动，建立绿道特色旅游、体育健身、科普教育、文化服务“四大绿道品牌”。

（黄彦）

城市环境卫生　2013年，江门市旗杆石生活垃圾卫生填埋场一期扩容建设工程、大推车山生活垃圾填埋场封场首期建设工程等完成建设，新会区镇级生活垃圾处理场编制项目建议书和进行规划拟选址现场考察；推行“户收集、村集中、镇转运、县处理”的农村生活垃圾收运处理模式，按照“一镇一站、一村一点”建立生活垃圾收运网络体系，建成镇级生活垃圾转运站57座，在建5座。全市11852个自然村设有生活垃圾收集点，其中生活垃圾密闭式收集点有2789个，城镇生活垃圾无害化处理率96.2%。

是年，江门市出台《推进有害垃圾分类收集工作方案》，把蓬江区仓后街道作为推进垃圾分类的先行区域，投放1000个红色有害垃圾收集桶，初步建立收运处置体系。通过各种方式加大生活垃圾分类工作的宣传。（杨丽贞）

城市生态保护建设　大气污染治理。2013年，江门市完成火电厂脱硫脱硝工程10项；完成18家企业锅炉、工业窑炉改造和整治；淘汰水泥生产线43条，产能403万吨；开展挥发性有机物整治。在全市全面供应粤Ⅳ车用汽油；蓬江区、江海区、新会区，开平市、鹤山市、恩平市实施“黄标车”限行措施。截至12月底，检测汽车超过24.5万辆，淘汰“黄标车”7574辆，新增核发汽车环保标志30万个。高污染燃料禁燃区范围扩大为市区建成区。是年，江门市市区空气质量达到二级标准的天数占全年71.0%，二氧化硫日均值、二氧化氮日均值、可吸入颗粒物日均值、一氧化碳日均值、臭氧最大8小时平均值及细颗粒物日均值达到二级标准的天数分别占全年100%、94.5%、93.4%、100%、89.0%、78.0%。降尘年月均值4.22吨/平方千米·月。

城市噪声治理。一是加大工业企业和建设施工工地噪声的监管整治，及时纠正和查处违法施工单位；二是对夜间施工的建筑工地严加监督，确保群众举报投诉办结率100%；三是配合教育部门开展中考、高考、研究生入学考试等全国类考试考场周边环境噪声监管监控工作；四是配合交警部门治理重点道路交通噪声。是年，江门市区昼间区域等效声级平均值54.9分贝，达到国家区域环境噪声2类区昼间标准。（吕婉静）

城市水环境建设　2013年，印发实施《关于潭江流域工业、农业、生活污染整治工作方案的通知》，加大潭江流域保护工作和投入力度。开展专项检查整治和后督察；加快推进城镇生活污染防治设施建设。推进棠下污水处理厂等工程的建设进度。是年，全市建成使用的城市生活污水处理厂共32家，总处理能力81.7万吨/日，其中配套污水管网260.68千米。全市共处理污水2.25亿吨，污水排放总量2.58亿吨，城镇生活污水处理率为87.21%。建成镇级污水处理厂20座。推进农业面源污染综合防治，开展规模化畜禽养殖执法检查，大力推广“测土配方施肥技术”、“统防统治”等措施，降低农业环境污染。是年，潭江干流水质总体保持在Ⅱ~Ⅲ类水平。

（吕婉静　杨丽贞）

2013年，西江干流和西海水道水质优，符合Ⅱ类水质标准；江门河和潭江干流水质良好，符合Ⅲ类水质标准；潭江新会区段水质轻度污染，符合Ⅳ类水质标准；天沙河水质重度污染，属劣Ⅴ类水体。近岸海域水质达标率100%。广海湾、黄茅海、镇海湾、海宴、上下川水质优，符合Ⅱ类标准；铜鼓湾水质良好，符合Ⅲ类标准。（吕婉静）

城市供水　2013年，江门市区有供水厂16座（含镇级供水厂）。市区供水规模96.10万立方米/日，供水管网长度1970.83千米，供水总量2.08亿吨。饮用水水源达到Ⅱ类水饮用标准。

2013年，组织编制江门市备用水源及第二水源建设方案和开展《江门市市区供水专项规划》修编工作，东方红水库为备用水源、台山市区合水上游备用水源泵站、鹤山市四堡水库和大坝水库为备用水源、恩平市备用水源等逐步建成，日供水量共35.4万吨。

城市供气　2013年，江门市新铺设市政燃气管72千米；新装管道燃气用户7500户；建成汽车加气站5座，有天然气管道235千米；安装天然气管道4.9万户，天然气供气量5054万立方米。定期对29家燃气企业进行燃气企业安全生产标准化认证现场评分工作和开展燃气行业安全生产检查工作，对管道燃气安全进行突击检查。加强餐饮等工商业用户燃气安全整治工作，制定《江门市深入开展餐饮等工商业用户燃气安全专项治理工作方案》，全市餐饮场所7278家，检查用户2609家，发现隐患1348家。

城市综合管理　2013年，江门市开展市政设施维修养护工作。维修破损混凝土路面0.68万平方米，维修破损沥青路面0.75万平方米，维修人行道0.37万平方米，导盲带1850米，维修安装侧石0.12万米，安装花岗岩约100条，维修河堤栏杆18卡；推进市区LED路灯节能升级改造，完成第一期127条道路12000盏LED路灯升级改造，完成城市照明自动化系统监控终端升级改造；加快道路停车位改造工作，完成胜利路、白沙大道局部路段试点的改造。完成江门大桥等加固维修及落实江门铁桥异地重建工作；完善江门大桥超重车辆动态监控系统。

2013年，印发《江门市区公共交通工具外表广告设置标准（试行)》《江门市区户外公益广告管理暂行规定》《江门市区户外广告设置专项规划》，设置60余个大型广告牌公益广告，总面积近2万平方米。清理拆除不符合安全、规划设置要求以及没报批的大型户外广告牌18个、户外广告牌4000多平方米和各类招牌共402个。

2013年，江门市制定《联合整治机动车违法占道和泥头车违规行驶、非法营运行动的工作方案》《江门市区土地使用与规划建设工程行政许可及违法建设信息通报制度》，加强整治机动车违法占道、商户违法占道、泥头车违规行为和住宅室内违法装修装饰等。城管部门建立市区14067户商铺档案资料。是年，江门市区拆除违法建（构）筑物3.78万平方米，拆除户外违法广告1.01万平方米；落实住房和城乡建设部规划督察卫星遥感图斑案件的查处工作，查处两批39宗案件；数字城管采集上报案件66603宗，办结65674宗，办结率98.6%。

(杨丽贞)

【城镇村庄建设】 2013年，江门市村镇建设总投资24.77亿元。镇区人均住宅建筑面积37.6平方米，农村人均住宅建筑面积31.7平方米；镇区道路1543.7千米，道路面积1188.1万平方米，农村实有道路6380.4千米，道路面积3231.9万平方米；镇区用水普及率91%，农村用水普及率85%；镇区液化气普及率87.7%，农村液化气普及率达到70.6%；镇区公园绿地面积281.1公顷，人均公园绿地面积4.57平方米；全市58个农村建制镇镇区建成区面积184.1平方千米。

2013年，江门市有715条村（占全市行政村总数68%）开展村庄整治，投资15878.9万元（不含规划编制经费）。开展村庄整治，推进试点村改水、改厕、改路、改灶、改房等民生工程。

名镇创建。2013年，江门市按照《江门市创建名镇名村示范村工作的实施意见》和《江门市名镇总体发展规划》，重点抓好台山市斗山镇试点创建工作，该镇被江门市政府命名为“江门市名镇”。

2013年，蓬江区荷塘镇、鹤山市共和镇获“广东名镇”称号。

(黄彦)

【房地产业与住房保障】 房地产业 2013年，江门市房地产市场全面走出调整期，总体呈现加速上行、持续回暖的态势，投资、建设、供应、销售都较为活跃，主要指标有所增长。但也存在一些问题，比如地方经济和财税收入对房地产的依赖度增加，区域市场发展不平衡，住宅和商业地产同质化竞争越趋严重，房地产开发企业利润率有所下滑等。

2013年，江门市房地产完成开发投资245.7亿元，比上年增长68.8%。房地产企业563家。是年10月1日，出台《江门市住房和城乡建设局关于市区商品房现售的管理办法》。6月，江门市住房和城乡建设局对房屋信息管理系统进行第一期的升级改造，搭建个人住房信息系统，实现与各市（区）之间的房屋信息数据上传。

住房保障 2013年，江门市住房保障范围由低收入家庭扩展到城市中等偏下收入家庭、新就业职工和外来务工人员。江门市区公共租赁住房保障人均住房面积14平方米以下、人均月收入1801元以下、人均财产7万元以下的符合资格家庭（人员）；廉租住房保障人均月收入684元以下、家庭财产净值人均4万元以下的符合资格家庭。

2013年，广东省政府下达给江门市政府的住房保障工作目标是：新开工保障性住房3021套，华侨农场改造207套，新增廉租住房补贴137户，基本建成公共租赁住房4258套，华侨农场危房改造完成222套。截至年末，江门市新开工保障性住房3348套，基本建成保障性住房4781套，新增廉租住房补贴户数220户，华侨农场危房改造新开工207套，华侨农场危房改造完工222套。完成或超额完成各项指标。

住房保障资金。2013年，江门市保障性住房投入资金4.67亿元。江门市争取到中央补助公共租赁住房专项资金0.93亿元、公共租赁住房省级专项资金0.14亿元。

保障性住房分配。2013年，江门市组织保障性住房公开摇珠活动

▲2013年12月27日，江门市举行市区第五批保障性住房公开摇珠分配活动

(江门市住房和城乡建设局供稿)

25次，分配1670套。是年，江门市区首次举办外来务工人员保障性住房分配专场，有44户外来务工人员分配到公共租赁住房。

住房保障管理制度建设。2013年3月，江门市出台《江门市社会力量投资建设公共租赁住房管理暂行办法》，鼓励和规范社会力量投资建设公共租赁住房。6月26日，江门市区开展公共租赁租房需求情况调查。9月，制定《江门市中心城区（蓬江、江海区）住房建设规划（2013~2015)》。

住房公积金管理　2013年，江门市归集住房公积金33.06亿元，住房公积金新开户人数56885人。发放住房公积金个人住房贷款6234笔，金额15.39亿元，累计发放住房公积金个人住房贷款45839笔，金额7.30亿元。发放保障性住房贷款1.7亿元。实现住房公积金增值收益1.49亿元。

物业管理　2013年，江门市有物业服务资质企业112家，物业管理项目253个，物业管理建筑面积2429.84平方米。海逸华庭住宅小区被评为“2013年江门市物业管理住宅小区示范项目”。

住宅专项维修资金管理。2013年，江门市区（蓬江区、江海区、新会区）新增住宅专项维修资金0.56亿元，使用住宅专项维修资金47597.24元，年末余额2.37亿元。是年，新会区住宅专项维修资金管理中心成立。

市区问题楼盘处置　2013年，江门市处置问题楼盘领导小组办公室跟进处理江会路等“问题楼盘”，涉及住户482户。（黄彦）

【“三旧”改造】　2013年，江门市办理“三旧”改造项目认定60宗，认定面积90.53公顷；办理“三旧”改造方案审批25宗，面积67.2公顷；办理“三旧”改造项目供地19宗，供地面积32.53公顷。全市完成改造项目15个、面积29.67公顷，正在改造项目63个、面积277.2公顷；开展和完成改造项目总投入资金24.34亿元，占2013年江门市固定资产投资的3.52%。是年，江门市通过“三旧”改造共节约土地15.79公顷，节地率72.76%。是年，江门市完成3个项目16.8公顷土地由第二产业向第三产业转变，改造后年营业收入达1.6亿元。全市纳入“三旧”改造范围的面积11615.03公顷。其中，旧村庄面积4377.6公顷，旧厂房面积5989.08公顷，旧城镇面积1248.11公顷，分别占改造范围总面积的37.7%、51.6%和10.7%。（李少硕）

【建筑业】　2013年，江门市落实建设工程主体质量安全管理责任，推进优质工程、双优示范工地评选活动。是年，全市累计完成建筑业总产值225.7亿元，比上年增长22%。

2013年，台山市长兴建筑工程有限公司、广东耀南建筑工程有限公司等8家建筑业企业获江门市建筑业突出贡献奖。

至2013年底，全市有资质的建筑业施工企业328家，注册建造师2408人。

建筑市场管理　至2013年底，江门市有503家建筑企业领取《江门市建筑业企业信用管理手册》，录入建筑企业信用评价信息1580条。

建设工程招投标　2013年，江门市建设工程招投标监督管理的项目496项，中标价74.23亿元。建设工程评标专家库的专家677名。

建筑工程质量管理　2013年，江门市纳入监管的房屋建筑和市政基础工程项目2815项，总造价362.32亿元。建筑工程总面积2571.36万平方米，比上年增长26.2%；市政工程总长度215847.09延米，增长8.6%。全年办理竣工验收备案项目952项，一次验收合格率达100%。全市建筑工程获广东省优质工程奖8项、省双优工地10项。由广东耀南建筑工程有限公司承建的澳门大学珠海校区工程成为广东省获得首个境外中国建设工程鲁班奖的建筑公司。

建筑施工安全管理　2013年，江门市无建筑施工死亡安全事故。截至年底，江门市累计45639名施工从业人员获得安全教育和考核“平安卡”，特种作业人员培训6200人。办理产权备案的建筑起重机械2779台。

2013年，江门市中心医院外科住院大楼建设项目等9个项目被评为广东省房屋市政工程安全生产文明施工示范工地，江门市新会区保障性安居工程1~8号楼等19项被评为江门市安全生产文明施工示范工地。

勘察设计　2013年，江门市有勘察设计单位70家，勘察设计行业从业人员共5191人。勘察设计行业完成合同额4.14亿元，比上年增长10.1%。办理资质备案的外地建筑设计单位有36家，完成项目136项，合同额8725万元，完成设计面积356万平方米。（黄彦）

【建设科技与信息化】　2013年，江门市台山10千伏配网架空线路抗风加固设计技术改造及应用研究获得“江门市科学技术奖”二等奖；广东省道S272肇珠线江门市区复线东华大桥工程被评为“广东省建筑业新技术应用示范工程”。

建筑节能　2013年，江门市太阳能光伏发电和风力发电应用规划化。开平市翠山湖新区工业园10兆瓦光伏发电项目、台山36.48兆瓦屋面光伏电站项目、江门13兆瓦并网屋顶光伏电站等项目获批为《国家金太阳示范工程》项目。9月，开平市翠山湖新区工业园10兆瓦光伏发电项目竣工，实现并网发电，成为广东省的2012年金太阳示范项目中第一个完成核准、南方电网第一个实现并网售电的项目。在台山市下川岛风电项目建成投产，总装机容量为42.8兆瓦。年发电量1亿千瓦时，减排约6万余吨二氧化碳。

绿色建筑　2013年，江门“星

汇名庭”一期（1~11幢，16.8万平方米）获住房和城乡建设部颁发的绿色建筑评价标识二星级认证；江门万达广场（21.45万平方米）申报绿色建筑评价标识认证；江门市体育中心、蓬江区时代广场、高新区光博汇等项目纳入绿色建筑试点。

预拌混凝土　2013年，江门市住房和城乡建设局经市政府同意印发执行《江门市预拌混凝土发展规划（2013~2015年）》。

是年，市住房和城乡建设局散装水泥办公室成立搅拌站生产用砂监督管理小组，对全市预拌混凝土生产企业进行涵盖原材料和混凝土拌合物的质量监督抽查，采用飞行检查方式抽取15家预拌混凝土生产企业进行专项质量检查。　*(黄彦)*

【横琴岛澳门大学新校区是广东省在港澳地区施工的首个“中国建设工程鲁班奖”项目】　2013年，由江门市本土企业广东耀南建筑工程有限公司承建的横琴岛澳门大学新校区发展项目位于珠海市横琴岛新区，规模宏大。横琴岛澳门大学新校区发展项目中央行政楼、文化及交流中心、体育馆、体育场、科技学院、生命科学及健康学院总承包工程，总建筑面积16.35万平方米，框架结构。工程于2011年6月20日开工，2012年11月30日完工。该工程先后获得2013年度中国建设工程鲁班奖、2012年全国建筑业绿色示范工程、广东省建筑业新技术应用示范工程、广东省优良样板工程、广东省AA级安全文明标准化诚信工地、广东省房屋市政工程安全生产文明施工示范工地等称号；此项目部成立的QC小组获得2012年全国工程建设优秀QC小组活动成果二等奖。中央行政楼、文化及交流中心工程获2012~2013年度“中国建设工程鲁班奖”，成为江门市乃至广东省获得首个港澳地区鲁班奖的建筑公司。　*(黄彦)*

附录：江门市住房和城乡建设管理部门主要领导

江门市住房和城乡建设局
　党委书记、局长：马克烈
江门市城乡规划局
　党组书记、局长：林健生
江门市城市综合管理局
　党委书记、局长：岑炳强
江门市水务局
　党组书记、局长：梁君明
江门市园林局
　党委书记、局长：陈健伟
江门市住房公积金管理中心
　党支部书记、主任：王逵昱

阳江建设

【概况】　阳江市位于广东省西南部，1989年设立地级市。土地面积8005.3平方千米，其中市区面积616.28平方千米。截至2013年末户籍人口285.13万人；常住人口247.9万人，其中城镇人口126.39万人。全市城镇化率48.87%。是年，全市地区生产总值1039.84亿元，完成固定资产投资598.66亿元，比上年增长23.8%；建筑业总产值114亿元。房地产开发投资额103.5亿元，新建商品房销售面积235.8万平方米，销售额121.5亿元。建成区面积187平方千米，城区绿化率38.3%，人均公园绿地面积11.51平方米，城镇生活垃圾无害化处理率78%，城镇生活污水集中处理率81.5%。

2013年，阳江市市区扩容提质加快，阳江滨海新区发展总体规划经省政府常务会议审议通过，阳东撤县设区开展前期工作，市区新江东路、金郊路等市政工程完成，马南河综合整治与市区雨污分流管网改造完工，市区排后村等“三旧”改造项目加快实施。中心镇建设扎实推进，4个镇、7个村分别获评省第二批宜居示范城镇、示范村。建成39个镇级垃圾中转站、7639个村庄生活垃圾收集池。三山至核电公路改造等一批交通项目建成，农村公路硬底化建设任务超额完成，21宗重点小（二）型水库除险加固完工，海堤加固达标工程建设顺利，500千伏蝶岭变电站扩建工程建成投产。造林6266.67公顷，建设生态景观林带202千米、碳汇林2466.67公顷。连续9年在全省环境保护责任考核中获得优良以上等次。在中国人民大学环境学院发布的《中国城市空气质量管理绩效评估》报告中，阳江在全国空气质量最佳城市16个市。全市60个重点项目完成投资232.75亿元。

2013年，阳江市的住房和城乡建设事业进入发展快车道，但区域发展不平衡的问题突出；城乡建设模式依然粗放，城乡特色不够鲜明，公共服务和基础设施配套不足；生态环境形势严峻，农村人居环境改善任重道远；建筑业转型升级缓慢，绿色发展理念和模式尚未确立。　*(王绍挺)*

【城乡规划】　2013年，阳江市编制完成《黄线、蓝线、紫线规划》及《阳江市中心城区近期建设规划》《阳江市城市绿地系统防灾避险规划》《阳江市地震防灾规划》《阳江市城市湿地保护与利用规划》《阳江市历史风貌保护规划》《阳江市生物多样性保护规划》《阳江市鸳鸯湖公园东南片区控制性详细规划》，启动《阳江市城市总体规划》《阳江市滨海新区城市总体规划》《阳江滨海新区基础设施规划》《阳江滨海新区生态环境保护规划》《长洲岛重要地区控规及城市设计》《阳江市城南新区滨水地区公共空间城市设计》《阳江市城南新区控制性详细规划》等编制工作。

2013年市区完成编制和审批控制性详细规划及法定图则27项，总面积310公顷；修建性详细规划58项，总面积388公顷。市区共核发建设项目选址意见书24份；建设用地规划许可证483份，用地面积

2013年阳江市住房和城乡建设主要经济产业指标

项　目	单　位	实　绩	比上年增长(%)
固定资产投资额	亿元	598.66	23.8
建筑企业	个	104	1.96
建筑业总产值	亿元	114	43.4
建筑企业利税总额	亿元	90	28.7
建筑企业期末从业人员	万人	6	21.13
建筑企业劳动生产率	元／人	21900	23.73
建筑企业房屋建筑施工面积	万平方米	1047.82	31.63
商品房屋销售额	亿元	121.5	51.3
商品房屋销售面积	万平方米	235.8	40.7
房地产开发投资额	亿元	103.5	69.4
商品房屋施工面积	万平方米	794.7	18.1
建成区绿化覆盖率	%	38.3	0.49
人均公园绿地面积	平方米／人	11.51	3.5
人均城市道路面积	平方米／人	19.54	6.9
城市用水人口	万人	126.39	23.61
城市自来水普及率	%	100	0
城市燃气普及率	%	95	1.06
城市液化气供应总量	万吨	13.05	34.5
城市天然气供应总量	万立方米	1221.71	8.6
城市污水处理厂	座	9	28.57
生活垃圾无害化处理率	%	78.8	1.03
城镇化率	%	48.8	1.67
住房公积金缴存额	亿元	9.35	19
住房公积金贷款额	亿元	7.61	50
保障性安居工程	套	1533	–
绿色建筑面积	万平方米	7.29	0

(阳江市住房和城乡规划建设局)

290.08万平方米；建设工程规划许可证595份，总占地面积101万平方米，总建筑面积630万平方米；建设工程项目验收744宗，总占地面积14.76万平方米；总建筑面积117.21万平方米；审查建筑工程设计方案580宗；一书两证发放率和准确率均100%。

中心城区扩容提质　阳江市推进中心城区扩容提质。一是成立阳江滨海新区，阳东县撤县设区由省政府报国务院。二是滨海新区规划编制工作全面推进。《阳江滨海新区发展总体规划》《阳江滨海新区社会风险评估报告》《阳江滨海新区规划环境影响报告书》已经省政府审议通过，《阳江滨海新区涉及土地利用总体规划调整方案》《阳江滨海新区生态环境专项规划》《阳江滨海新区基础设施建设专项规划》完成报批，《阳江市中心城区扩容提质建设规划》《阳江滨海新区城市总体规划》等抓紧编制。三是滨海新区基础设施和公共服务设施建设全面加快。滨海新区核心区的二环南路、南浦大道一期等一批主要道路正在加快推进建设。城南污水处理厂、银岭污水处理厂等一批环境工程项目正在建设当中。阳江市妇幼保健院新院项目、江城一小城南校区公共服务设施项目建设顺利推进。港口、码头建成1万至10万吨码头泊位10个，在建3000至10万吨泊位14个，2013年吞吐量突破2000万吨。新江南路、富康大桥、洛东大道、南浦大道东段等一批市政道路建设前期工作加快推进。

【宜居城乡建设】　2013年，阳江市重点抓好4个市级宜居城镇、10个宜居村庄示范点、2个县级宜居社区示范点的创建工作，其中阳东县合山镇等4个镇、阳春市马水镇新桥村等7个村被评为广东省第二批宜居示范城镇、示范村。开展4个名镇、70个名村、210示范村规划编制工作。在全市开展“美丽乡村，环卫先行”农村清洁工程专项活动。阳春市、阳西县、阳东县填埋场建设进展顺利，全市39个镇级垃圾中转站和7639个村庄收集池全面建成。全面完成2013年阳江市农村低收入住房困难户危房改造任务3340户，其中重点帮扶村内泥砖危房改造任务1122户。　*(王绍挺)*

【城市基础设施建设与管理】　市政设施建设　2013年，阳江市完成新江东路等改造工程建设，完成创建国家园林城市应急整治工程578项。推进东门南路等17个市政建设工程。

城市园林绿化　2013年10月，阳江市创建国家园林城市工作通过国家园林城市考查组的实地考查。考查组建议将阳江的经验列为典型向全省推广。是年，阳江市园林推动绿化建设。一是开展金山路、阳江大道、马曹路和环城河南段等市政园林整治重点项目，绿化整治面积47万平方米，增种绿化树888株，球类植物2.85万个。二是创园迎检线道路增砌花基、增种绿树及地被植物、拆违建绿、种植遮挡植物等整治项目208项。三是城区主干道、次干道、道路旁绿地绿化补植各类绿化树5800株，花灌木102万袋。四是开展城区义务植树活动，种植乔木500株。五是举行《园林景观·阳江元素》画册首发仪式。六是举办阳江市第三届公园艺术节。

绿道建设　2013年，阳江市完

成绿道示范段工程。绿道示范段以能源广场为起点，环绕共青湖水库和放鸡水库，在放鸡水库段设环山支线和通往金鸡寺支线，至海联刀具厂房为终点，全长9900米，绿道面积约4.4万平方米。

城市环境卫生 2013年，阳江市城市综合管理局负责市区清扫保洁道路57条，保洁面积728万平方米，全年清运生活垃圾13.71万吨，填埋处理生活垃圾总量35.2万吨(含县区)，生活垃圾无害化处理率100%。是年，环境卫生管理和基础设施建设不断完善。一是改革电瓶车收运生活垃圾管理模式，推行道路清扫保洁市场化运作试点工作，对北环路等路段的清扫保洁实行市场化管理；二是编制《阳江市城市环境卫生专项规划（2011~2020)》，解决奕垌垃圾综合处理场满容后垃圾处理等城市环境卫生设施建设与管理中存在的突出问题；三是在石湾路、新江北路等路段推行沿街投放垃圾收集生活垃圾点，投放垃圾桶700个；四是开展奕垌垃圾场二期扩容和新垃圾综合处理环境园的前期工作，逐步完善垃圾场防渗设施、填埋气体收集和处理系统。

城市综合管理 2013年，阳江市“12345”综合服务热线和网络问政等平台，受理市民群众投诉业务1866宗，办结率98%。

2013年，阳江市组建市容市貌管理综合执法大队上街督查，全年清理流动摊贩乱摆乱卖等“六乱”行为15240宗、违规广告牌8561块；清理整顿无证经营、污水横流的市区洗车场，核准符合开设条件的洗车场22家；加强违法建设防控整治，对排后村、城南东村、世纪公园等11处违章建设依法拆除，全年立案查处违法建设321宗，拆除面积40万平方米。 *(林伯福)*

城市生态环境保护和建设 在2013年度污染减排考核中，阳江市名列全省第4位，获得“优秀”等次，市区空气质量优良率为99.5%；饮用水源水质、地表水水质和入海河口水质达标率均达到100%；道路交通噪声平均值、城市区域环境噪声平均值保持在良好水平。9月，完成3个空气质量监测子站的站房建设和技术升级，从12月23日起各站点全面纳入国家空气监测网，实时发布阳江市空气质量状况。阳江市环境监测站达到《全国环境监测站建设标准》二级站标准，通过广东省环保厅组织的标准化建设达标验收。7月17日，广东省与阳江市、江门市联合举行阳江核电站首次应急演习，国家评估团评估为“优”。省环境辐射中心粤西分部建成，于12月26日竣工验收，正式挂牌运行。

城市水环境建设。编制完成《阳江市南粤水更清行动实施方案(2013~2020年)》，启动《漠阳江流域综合整治规划》。开展乡镇以上饮用水源保护区的划定及城市集中式饮用水水源环境状况评估，建立健全集中式饮用水水源地环境评估工作机制，督促阳西县加快完成县级饮用水水源保护区划定报批工作，推动各地建立起应急预案。以污水处理厂建设为重点，加快环境基础设施建设。一是加快推进马南河综合整治及市区雨污分流管网改造工程，切实改善马南河、漠阳江水质，总投入2.8亿元。二是正常运行中山火炬（阳西）产业转移园污水处理厂、广东阳东经济开发区污水处理厂等城市污水处理设施，筹建城南污水处理厂、城北污水处理厂。2013年全市城镇生活污水排放量7728.9万吨，生活污水处理量6325.9万吨，处理率81.8%。

大气污染防治。加大力度淘汰高排放“黄标车”，出台并实施高排放车辆区域限行政策，加强机动车环保定期检验和环保标志管理，督促加油站、油罐车、储油库加快开展油气综合回收。

污染减排。一是严格环保准入，严格执行环境影响评价和“三同时”制度，努力控制污染增量。二是加大投入力度，以污水处理厂建设和雨污分流管网改造为重点，加快环境基础设施建设，大力削减污染物排放总量。三是加强环境监管，督促污染企业落实和完善污染减排措施和设施，正常运转污染防治设施。四是开展废弃危险化学品、放射源、尾矿库和石油化工企业、石油库和油气装卸码头环境安全检查督查专项行动；开展城市河流型集中式饮用水源地专项执法检查工作，对河流型集中式饮用水源一、二级保护区内违法排污口、排放污染物的建设项目、网箱养殖等进行重点检查。全市立案查处违法案件39宗，关停企业6家。五是制

▲阳江市金山植物公园南门（2013） （袁丹心 摄）

定和实施《阳江市“十二五”农业源减排工作方案》，加强畜禽养殖业的环境监管。2013年阳江市二氧化硫排放总量1.81万吨、化学需氧量排放总量4.31万吨、氮氧化物排放总量4.58万吨、氨氮排放总量0.55万吨。 *（林杰喜）*

城市供水　2013年，阳江市第一水厂日供水能力为26万吨，供水人口60多万人。完成售水5668万立方米，经营总收入12740万元，上缴税收1102万元。

设施建设。2013年，完成16个项目建设和改造，总投资17384万元。至2013年底，除第二水厂在建设外，大部分项目已完成投产。

水源水质。2013年，阳江市饮用水源来自漠阳江，属国标二类水源，升级后的水质符合新国标常规水质指标检测要求，出厂水水质综合合格率100%。 *（吴贵贤）*

水资源管理。2013年，全市确界立碑的水功能区共138个，其中河流水功能区界碑41个，水库水功能区界碑97个。农村安全饮水工程投资3277万元，解决65.1万人饮水不安全问题。列入全省千里海堤加固达标工程建设任务的海堤15宗，其中开工5宗98.6千米海堤。

水库水资源管理。2013年阳江市水库水体水质Ⅱ类水质11宗，占52%，Ⅲ类水质7宗，占33%，Ⅳ类水质2宗，占9.5%，Ⅴ类水质0宗，劣Ⅴ类水质1宗，占5.5%。水质达标的水库有13宗，水质未达标的水库有8宗。

水资源开发利用。2013年，阳江市用水总量为14.098亿立方米，其中地下水开采量为0.746亿立方米，工业和生活用水2.405亿立方米，均在省下达指标范围内。用水效率控制达标，阳江市万元GDP用水量为135.58立方米，万元工业增加值用水量18.85立方米。阳江市饮用水源地水质达标率为100%。 *（许昂）*

城市供气　截至2013年底，全市有燃气用户55万户，燃气销售量1.4亿吨，比上年增长32%，销售额9.3亿万元，增长42%，实现税金1559.58万元，增长26.94%。

专项整治。一是开展阳江市餐饮场所燃气安全专项整治，检查餐饮经营场所1357家，发现安全隐患1540处，发出整改通知书516份，责令停业整改30家；举办燃气安全培训23场，培训餐饮从业人员1944人。二是开展全市生产储存经营场所违规住人专项整治工作。建立查出问题台账，依法取缔无证经营燃气“黑点”。三是开展燃气市场专项整治。四是排查燃气输送管道、消防防控及燃气设备设施等安全隐患。

管网建设。海陵高新区管道气项目特许经营权招标，与华润高新燃气有限公司签订《海陵、高新区管道气特许经营协议》。阳西县开展管道燃气招标，阳春市专项规划编制等工作。完成市区主干道天然气管网98千米，用户20337户，覆盖面积35平方千米。

应急处置措施。2013年6月25日，在阳江市晨熙气站组织开展灭火应急救援演练，全市燃气企业现场观摩。修编《燃气安全事故应急预案》，组织燃气应急预案专家评审。邀请北京大方安技术咨询有限公司对全市燃气企业进行安全评估。 *（王绍挺）*

【城镇村庄建设】　名镇名村示范村创建。2013年，阳江市建立市、县党政领导挂点联系制度，在全市105条行政村开展名村示范村创建活动。向广东省申报第一批名镇名村。投入资金9741万元到第二批名镇名村示范村建设中。开展幸福村居示范片区创建活动，启动“美丽乡村”建设，推进158个乡村绿化美化工程。

中心镇建设。2013年，阳江市14个中心镇的生产总值512.46亿元，建成区面积82.23平方千米，建成区人口45.2万人，城镇化率45.58%，是年，14个中心镇投入资金7.7亿元，推进“九个一”（改造或新建一条标准样板路、一条有特色的商业街、一个农贸市场、一个垃圾中转站、一个健身广场或生态公园、一个简易生活污水处理设施、一个标准的义务教育规范化学校、一个标准卫生院或社区卫生设施、一个文化体育中心）工程项目建设。全市完成农村公路硬底化366千米，累计建成农村公路6322千米，全市709个行政村和760个500人以上自然村通硬底化公路。 *（王绍挺）*

【房地产业与住房保障】　房地产市场　2013年，阳江市有房地产开发企业370家。累计完成房地产开发投资103.5亿元，比上年增长69.4%；施工面积794.7万平方米（其中本年度新开工面积393万平方米），增长18.1%；商品房销售面积235.8万平方米，增长40.7%；商品房销售额121.5亿元，增长51.3%；实现房地产税收17.8亿元，增长35%。举办第七届阳江房地产展销会。

2013年，全市商品住宅平均交易价格首次出现下降，从2012年的4104元/平方米下降到3889元/平方米。主要原因是县城和乡镇中低价位楼盘的上市拉低全市的交易价格。市区商品住宅平均交易价格有所上升，达到4668元/平方米，比上年上升5.9%。

商业地产销售额成倍增长。2013年，阳江市商业地产和旅游地产持续升温。全市商业地产（商铺、写字楼）销售面积19.5万平方米，销售额18.7亿元，分别比上年增长51%和101%。全市旅游地产主要集中在海陵区和阳西县，销售面积29.1万平方米，销售额27.8亿元共3806套，分别比上年增长127%、119%、105%。

房地产交易与房屋权属登记。2013年，全年市区完成各类房屋登记34334件，核发房地产权证29275份。房地产交易5896宗，交易面积82.67万平方米。商品房买卖合同

▲阳江市市区一河两岸绿道（2013） （范伟权 摄）

备案7284宗，建筑面积88.07万平方米，合同金额4.46亿元。

全年市区建立房屋登记簿2万宗，建立电子档案2.3万宗，提供档案利用咨询1.4万人次。

勘察测绘。2013年，市区完成1:500数字化地形测图项目富康路、新江东路等7个，共87万平方米；完成小型工程测量980宗；完成房屋测绘1.4万宗，测绘面积201.9万平方米。

保障性住房建设 2013年，广东省下达阳江市公共租赁住房目标责任为建设1200套，基本建成500套。是年，全市共启动公共租赁住房项目11个，共1333套保障房，建筑面积6.5万平方米，总投资1.36亿元。截至12月底，11个项目全部动工建设，开工率100%；基本建成978套。完成华侨农场危旧房改造200户。5月，完成市区富源公租房一期项目（330套）配租工作。修订完善《阳江市公共租赁住房实施细则》，出台《阳江市公共租赁住房租金标准及租赁补贴办法》。委托广州大学房地产研究所开展住房保障需求调查工作，编制《阳江市住房保障规划（2013~2015)》。

物业管理 2013年，阳江市物业服务企业有103家。制订《阳江市物业管理办法》和《阳江市物业服务招标投标实施细则》，征求意见。办结各类物业诉求件80件。2013年，市区纳入管理的住宅小区110个，81个楼盘缴存维修资金，业主户数7440户，归集总额6213万元，累计1.7亿元。

直管公房管理 2013年，阳江市对468间砖木结构公租房进行安全鉴定，投入公房维修资金636万元。建立市区公租房管理日常巡查制度。 （王绍挺）

房屋安全管理 2013年，阳江市区征收拆迁房屋372间，占地面积3.23万平方米，建筑面积5.585万平方米。2013年，完成市区房屋安全鉴定921宗，面积31.85万平方米，完成2013年房屋鉴定档案归类共921宗。贯彻实施《阳江市城市房屋白蚁防治管理办法》，全年市区实行房屋白蚁预防520宗。

（王绍挺 陈晓文）

住房公积金管理 2013年，阳江市住房公积金新增缴存单位174个、职工1.07万名，缴存人数比上年下降48%，缴存额增长19%。截至12月底，住房公积金累计缴存总额41.21亿元，缴存余额22.05亿元。全年提取住房公积金1.71万人次，金额5.14亿元。

2013年，全市向2807户职工家庭发放住房贷款7.61亿元，贷款人数和贷款金额分别比上年增长41%和50%。至2013年年底，全市累计向11701户职工发放住房贷款26.24亿元。在保证住房公积金提取、贷款发放和日常业务储备前提下，住房公积金的使用率达97.38%和运用率达95.1%。2013年全市实现增值收益2991.78万元。

住房货币分配。至2013年底，全市累计参加住房货币分配单位147个，人数8634人，累计发放住房补贴1.82亿元。 （王绍挺）

【“三旧”改造】 2013年，阳江市完成“三旧”改造项目36个，改造面积41.71公顷；完成改造项目的节地面积32.23公顷，节地率77.27%；投入改造资金34.06亿元，占全市固定资产投资比例5.93%；正在改造项目49个，涉及面积120.49公顷。

完善历史用地手续。2013年，阳江市上报完善历史用地手续项目77个，面积52.26公顷；经批准项目55个，面积29.40公顷。

更新改造项目加快推进。旧城改造方面，完成市区银泰酒店改造项目、东晖酒店改造项目、阳西县合兴房地产有限公司旧城镇等一批改造项目；上马建设松岗山（百利广场）、河堤北路、阳西旧城区“一河两岸”等一批重点改造项目，进一步完善城市配套。如阳西旧城区“一河两岸”改造项目总投资约50亿元，用地面积151公顷基本完成房屋征收工作，部分安置房封顶完工。旧厂房改造方面，完成名扬国际广场二期、嘉华尚城、阳春常春藤家具厂等改造项目；盈信广场(原友联鞋厂)、阳东县阳田幸福家园、阳春市新世纪星河湾和阳西阳泉纸厂等改造项目上马建设。旧村改造方面，市区南排排后村、石湾村、海陵那大村、北洛村等一批重点改造项目。其中市区南排排后村改造项目占地面积约9万平方米，总投资约10亿元，首期需拆迁420间房屋，占地面积4.5万平方米。

（陈晓文）

【建筑业】 *建筑市场管理* 2013年，阳江市有建筑业企业158家。全年建筑业总产值114亿元，比上年增长43.4%。建筑企业房屋施工面积1107万平方米，比上年增长50.4%。对全市39家进市年度备案企业，市区18个在建工程项目进行检查，对县（市、区）7个在建工程项目进行抽查。

开展建材打假专项行动。阳江市住房和城乡建设系统组成检查组对全市10家预拌混凝土生产企业和56个在建工程项目的预拌混凝土质量进行检查。5月21~23日，住房和城乡建设、工商、质监、公安联合组成检查组重点对市区8个在建公共和较大项目使用建筑钢材的情况进行抽查。

建设工程招投标。制订《关于进一步规范我市工程建设项目招标投标管理工作的通知》《对关于进一步做好私营企业投资工程建设项目发包工作的意见》《关于进一步做好工程建设流标项目管理工作的通知》《阳江市工程建设项目招标投标管理规定》《阳江市工程建设项目招标评标办法》等规范性文件，待市政府审批实施。2013年，阳江市新招标工程361项，工程总投资额107亿元，中标工程总造价94.72亿元，节约建设资金12.47亿元，工程总造价下浮率11.6%；公开招标212项，邀请招标149项；综合招标率及应公开招标工程公开招标率达100%。

建设工程质量管理　2013年，阳江市市区纳入质量监督工程112项，建筑面积352万平方米，工程造价50亿元，工程竣工验收49项，竣工验收合格率100%。阳江市住建系统组织开展工程质量监督执法检查、质量巡查，既有玻璃幕墙质量安全排查等排查活动，发出整改通知书52份。2013年，有12个工地被评为市级建筑施工安全生产、文明施工“双优工地”称号。广东海上丝绸之路博物馆工程项目获省建设工程金匠奖。

建设工程安全管理　2013年，全市纳入工程安全监管的项目总建筑面积280万平方米，总造价40.6亿元；工程竣工验收项目50项，竣工验收合格率100%。2013年，共检查在建项目365项/次，发出安全隐患整改通知书177份，消防专项整改通知书30份，发出执法建议书34份，发出建筑工程施工安全生产责任扣分通知书98份。

安全事故救援演练。2013年，修改完善《阳江市建设工程重大质量安全事故应急预案》《阳江市建筑工程重大质量安全事故应急救援预案》《阳江市天然气事故应急处理预案》。将6月份第4周定为安全生产“应急预案演练周”活动，于6月25日在鸳鸯湖洲际酒店项目施工现场举行安全生产文明施工现场观摩会，6月26日在海陵辖区敏捷.黄金海岸一期项目施工现场举办阳江市建筑施工应急救援演练现场会。

工程造价管理　2013年，整合阳江市建设工程造价站、阳江市交通工程造价站和阳江市水利水电工程造价机构资源，设立阳江市工程造价站。完成《阳江市工程造价信息》（期刊）改版。加强与广州同望软件有限公司的合作，做好“阳江工程造价信息网”和“广东造价在线”网站阳江信息频道的资源建设工作。加强工程造价人员的培训管理工作，全年完成全市173名学员的报名审查、考前培训工作。参与政府投资工程的造价管理，加强最高报价值（招标控制价）、施工合同的备案工作。全年完成备案业务66项。阳江市工程造价协会完成第二届换届选举工作。

勘察设计　2013年，阳江市有工程勘察设计企业18家。全年勘察设计企业营业收入1200亿元，比上年增长20%；实现利润总额400万元，增长10%。阳江市有施工图审查机构1家（二类）。全市审图机构（含跨市委托一类审图机构）完成审查工程项目397项，总投资88.97亿元。

建设人才培训　2013年，阳江市建设类培训中心先后开展建设行业职业技能鉴定培训一期43人次；举办小型项目负责人培训班二期348人次；举办各类安全知识继续教育培训班九期1786人次；协助省注册中心举办一期二级注册建造师继续教育班300人次；开展《施工现场人员入场安全知识教育》二十一期2171人次；举办《绿色建筑设计实践与应用讲座》一期138人次；举办《电子化招标投标系统上机操作培训班》四期316人次。

（王绍挺）

【建设科技与信息化】　建筑节能　2013年，出台《阳江市人民政府关于加快我市发展绿色建筑的通告》。市区共进行建筑节能设计备案35宗，建筑节能专项验收备案33宗。

墙材革新。2013年，全市散装水泥使用量为200万吨，预拌混凝土供应量为160万立方米，新型墙材完成2.7亿标准块，可保护耕地446亩，节约能源3.5万吨标煤。

建设事业信息化　2013年，阳江市投入310万元完成房地产业务信息系统的整合改造，市区、阳春、阳东、阳西、海陵住房信息统一集中市级中心管理维护。阳江市安排265万元专项资金，投入市直历史和新增房地产档案的数字化处理和数据核对及批量建立电子登记簿工作，完成11万卷馆存档案的数字化加工。数字城建档案馆项目已进行招投标阶段。建成工程建设领域项目信息公开和诚信体系平台，用以收集、整合、交换、保存本级政府有关部门需要公开发布或内部共享的“双信”信息，建立并向社会公开企业监管信息数据库。2013年，阳江市住房规划建设网站全年共发布信息3579条。阳江市住房规划建设局全年网上回复各种咨询、举报、投诉、建议等720件。

（王绍挺）

【中心城区历史文化街区复兴建设】　2013年，阳江市编制《太傅路古街改造规划》《阳江学官保护规划》《阳江市中心城区紫线、蓝线、黄线规划》。

2013年，阳江市启动中心城区的阳江学官和太傅路以及阳春市历

史文化街区复兴工作，复兴建设任务计划2015年完成。 (王绍挺)

【海陵岛入选“中国海洋十大宝岛”】 2013年3月底，世界文化地理研究院、世界遗产研究院、亚太环境保护协会、全球绿飘带行动联合会、中国城市研究院、中国城市旅游杂志社向全球发布“2013中国海洋宝岛榜”，阳江市海陵岛入选“中国海洋十大宝岛”。 (王绍挺)

【阳东县大澳渔村入选“中国古村落”】 2013年9月，阳东县东平镇大澳渔村被中国民间文艺家协会命名为“中国古村落（广东传统民居)”，成为阳江市首条国家级古村落，广东省第5条国家级古村落，也是中国现存为数不多的疍家古民居群。 (王绍挺)

【广东两阳中学新校区投入使用】 2013年12月25日，阳江市委、市政府举行广东两阳中学新校区落成揭牌仪式。由阳江市公共工程管理局代建的两阳中学新校区位于美丽的共青湖旁，总投资近3亿元，规划设计在校学生规模4200人、75个教学班。广东两阳中学新校区投入使用，推动阳江市高中教育优质发展。 (王绍挺)

【马南河综合整治项目投入使用】 2013年12月26日，阳江市马南河综合整治项目投入使用。该项目从2012年上半年正式开工，历时一年半，总投资2.8亿元。整治后，马南河河涌淤泥基本清除，河床进行水泥硬底化，周边一律进行美化绿化亮化。经过改造，马南河水质达到国家地表水四类水质标准，即景观用水的标准要求。 (王绍挺)

【阳江核电站1号机组并网发电】 2013年12月31日，阳江核电站1号机组首次并网成功，进入商运前试运行阶段。阳江核电站1号机组于2008年12月16日开工建设，6台机组工程建设进展状况良好。 (王绍挺)

附录：阳江市住房和城乡建设管理部门主要领导

阳江市住房和城乡规划建设局
局长：黄太健
党组书记：关则敢
阳江市城市综合管理局
党组书记、局长：关　石
阳江市水务局
党组书记、局长：梁成满
阳江市住房公积金管理中心
主任：崔丽平
党支部书记：吴名越

湛江建设

【概况】 湛江市位于中国大陆最南端雷州半岛上，地处粤桂琼三省区交汇处，东濒南海，南隔琼州海峡与海南省相望，西临北部湾，背靠大西南。市区（县）面积12279.17平方千米，其中市区面积1460平方千米。2013年末全市人口800.91万人，暂住人口20.32万人。全市生产总值2060亿元，增长12%。全市固定资产投资额795.57亿元，比上年增长39%。全市完成房地产开发投资154.78亿元，比上年增长34.6%，占全市固定资产投资的19.5%；其中湛江市区完成开发投资103.36亿元，比上年增长18.6%，占固定资产投资的13.0%。全市开发建设商品房481.16万平方米，比上年增长97.9%；实际完成商品房销售286.24万平方米，增长38.5%，商品房销售金额156.20亿元，增长45.5%。全市累计归集住房公积金179.72亿元，发放住房公积金个人住房贷款31.08亿元，比上年增长121.59%。累计发放住房公积金贷款41217笔，93.58亿元。全市建成区面积210.06平方千米，绿化率40.76%，人均公园绿地面积13.28平方米，城镇生活垃圾无害化处理率52.66%，城镇生活污水集中处理率82.53%。

湛江市赤坎环境卫生管理处被评为广东省环卫工作先进集体。有2项工程被评为“广东省房屋市政工程安全生产文明施工示范工地”。1项工程被评为“省房屋市政工程优质工程工地工程”。

城市扩容提质建设继续加快：海东新区总体规划获省政府批准，海东快线、恒大绿洲等一批项目和岸线滩涂综合整治工程动工。市政基础设施建设继续体现以人为本：渔港公园海滨浴场建成开放，城区公交实现Wi-fi全覆盖，湖光快线建成通车。生态环境继续保持优良：“创卫”通过国家爱卫办暗检，城市清洁水平明显提升。瑞云湖生态公园建成开放，建成森林公园绿道10千米，环境空气质量依旧保持全国领先水平。

存在的问题主要是资金问题，城市建设经费数额庞大，地方财政压力巨大，如鹤地水库环境综合整治工作，资金缺口大，影响工作进展；农村生活垃圾处理设施建设由于资金不足，致使部分垃圾处理设施建设还不够规范、标准较低。 (蔡一靖)

【城乡规划】 规划编制 2013年，湛江市推进《湛江市城市总体规划（2011~2020年)》报批工作，纲要成果于8月上报省政府审查。编制完成《湛江市城乡发展战略规划》。制定《湛江市城区扩容提质加快发展行动纲要》。编制《海东新区发展总体规划》，于12月通过省政府审批。组织编制《东海岛总体规划》并通过省住房与城乡建设厅组织专家评审。

加快专项规划编制。2013年，组织编制《东海岛总体规划》《湛江市奋勇经济区发展策划/总体规划和首期开发用地控制性详细规划》《湛江市南三镇总体规划》《湛江市海东新区和南调片区局部控制性详细规划调整》《湛江市西城新区

2013年湛江市住房和城乡建设主要经济产业指标

经济产业指标	单位	实绩	比上年增长（%）
固定资产投资额	亿元	795.57	39
建筑企业	个	125	0
建筑业总产值	亿元	284.86	21.39
建筑企业利税总额	亿元	5.8	-6.9
建筑企业期末从业人员	万人	11.13	2.46
建筑企业劳动生产率	元／人	255762	24
房屋建筑施工面积	万平方米	3107.2	5.6
商品房屋销售额	亿元	156.2	45.5
商品房屋销售面积	万平方米	286.24	38.5
房地产开发投资额	亿元	154.78	34.6
房屋建筑面积	万平方米	625	1.48
建成区绿化覆盖率	%	40.76	0.76
人均公园绿地面积	平方米／人	13.28	0.98
人均城市道路面积	平方米／人	10.81	-8
城市用水人口	万人	170.83	2.5
城市自来水普及率	%	91.19	-0.01
城市燃气普及率	%	87.81	0.88
城市液化气供应总量	万吨	8.91	0.33
城市天然气供应总量	万立方米	8024	2.4
城市污水处理厂	座	8	0
生活垃圾无害化处理率	%	52.66	-1.38
城镇化率	%	39.1	0.8
住房公积金缴存额	亿元	32.77	14.3
住房公积金贷款额	亿元	31.08	121.59
保障性安居工程	套	3285	57
绿色建筑面积	万平方米	24	24

（湛江市住房和城乡建设局）

分区规划》，编制《三大文化项目选址规划论证》《霞山法式风情街规划设计》等10项专项规划；组织编制《调顺岛控制性详细规划》等10项控制性详细规划；组织编制《湛江市城市综合交通规划优化修编项目》等5项市政专项规划；配合开展湛江机场迁建前期规划选址工作。

继续推进《湛江市“一湾两岸”（北部湾区）城市景观设计》《湛江港一区改造（港城原点广场）规划设计和跨海隧道可行性研究》工作，组织编制《湛江中央商务区发展策划与城市规划设计》《湛江市霞山渔人码头规划设计》，规划港城原点。

湛江规划展览馆2013年初建成，已接待各级领导、外宾和群众23.6万人次，二期工程进入招标阶段。

规划管理　一是推进制度创新。修订《湛江市城乡规划管理办法》；完成《湛江市城市规划管理技术规定》修订；制定《湛江市创建特色街区管理办法》《湛江市地下空间开发利用暂行管理办法》。二是推进规划管理创新。通过严格落实规划公示制度、信息公开制度、批后管理制度和信访制度，定期面向市民进行规划法规宣传和开展规划咨询现场会，聘请政风行风监督员等方式，扩大规划的影响力。加强对违法建设的巡查，全年发出违法建设告知函124份。

规划许可　2013年，按程序对21个“三旧”改造项目的改造方案出具意见，下达15个“三旧”改造地块的用地规划条件，总用地规模36.86公顷，总建设规模115.21万平方米，审查“三旧”改造单元规划39宗，面积405.53公顷。全年核发《建设项目选址意见书》33份，用地面积142.3公顷；下达规划设计条件95宗，用地面积1008.6公顷；核发《建设用地规划许可证》67份，用地面积472.76公顷；审批修建性详细规划方案35项，项目用地面积201.47公顷，建设规模589.14万平方米。核发《建设工程规划许可证》176宗，新开工建筑面积463.69万平方米。办理建设工程竣工规划核实72宗，建筑总面积约140万平方米。征收城市基础设施配套费2.2亿元。　*（辛辉）*

【宜居城乡建设】　2013年，湛江市组织推荐符合条件的社区上报“2013年广东宜居社区”评选。全年共有6个城镇、40个村庄和16个社区获2012年度湛江市宜居称号。会同湛江海洋大学课题组开展传统村落实地摸底调查工作。　*（蔡一靖）*

【城市基础设施建设与管理】　市政建设　市政设施建设维护。2013年，湛江市完成海滨大道改扩建工程，全长7.8千米，总投资3.5亿元。完成疏港公路二期道路排水工程，总面积25.44万平方米，总投资1.94亿元。洪屋路、东堤路、汉口路道路排水工程长1.38千米，投资2.80亿元，其中东堤路、汉口路道路年内全部完成，洪屋路因征地拆迁未完成，暂时搁置。采用BT模式建设完成社坛路道路排水新建工程，总面积3.96万平方米，总投资约7000万元。完成椹川大道南段道路改造工程，采用BT模式建设，全长2.6千米，工程总投资4682万元；

康宁路道路改造工程，全长3.2千米，道路宽度39.5米至42.5米，工程总投资约6992万元；康顺路道路改造工程，全长1.3千米，道路宽度37.75米至44米，工程总投资2476万元；机场路改造工程，全长1.9千米，宽度24.5米，工程总投资1594万元。这些道路工程均将原混凝土路面改建成沥青混凝土柔性路面。完成北桥河新云桥新建工程，桥面净宽36米（5米人行道+26米行车道+5米人行道），造价为482万。完成观海长廊（含月亮岛）防浪堤加固工程（包括修补加固工程、拆除新建工程、绿化工程和园灯修复工程等），总投资800万元。新湖大道新建工程，总面积34.30万平方米，总投资3.69亿元，年内第一、二标段均完成形象进度90%。三岭山森林公园环园路工程，全长10.3千米，道路宽度7.6米沥青路面，两侧4.25米的绿化共16米，按公路三级规划，总投资估算8147万元，完成总形象进度93%。完成霞山污水处理厂厂外截污管网（二期）工程，长2.3千米，投资7025万元。完成麻章污水处理厂厂外配套管网截污管网（一期）工程B段，长2.1千米，投资3000万元。坡头污水厂厂外截污配套管网工程长4.07千米，投资6725万元，分两标段实施，完成形象进度97%。年内完成全市117条小街小巷整治改造。完成中山一路、康顺立交桥、椹川大道北等3个片区“水浸街”整治工程。完成维修、补强市区道路面积6亿多平方米。年内启动规划建成区（除坡头区外）布点约500个，投入1万辆自行车，分两期建设，项目总投资0.9亿元，每年运营管理费1440万元，建成和投入使用公共自行车租赁点11个，投放自行车378辆。

城市亮化和景观照明建设。年内采用BT模式，总投资174.83万元，完成调顺路LED路灯建设；海湾大桥亮化工程BT项目，总投资600万元，年内完成形象进度为80%；2013年底市区有路灯2.87万盏，亮灯率均保持在95%以上。

（魏春喜）

重点项目建设 2013年，由湛江市代建项目管理局组织实施的代建项目总投资超140亿元。其中奥林匹克体育中心项目累计完成投资15亿元，约占工程总量70%；湛江中心人民医院（首期）迁建项目快速推进，全年完成工程投资3.6亿元；海东新区岸线和滩涂综合治理工程项目于2013年12月底开工建设。（蔡一靖）

城市园林绿化 完成三岭山森林公园266.67公顷生态复绿工程；2013年底湛江市城市建成区共有公园31个，小游园62个，公园绿地面积达1112.48万平方米，绿地率达36.81%，绿化覆盖率40.76%，人均公园绿地面积13.28平方米；完成湛江市渔港公园海滨浴场建设并免费开放。

绿道建设 建成市区绿道网建设示范段一期、森林公园绿道、绿塘河湿地公园至滨湖公园等绿道131.3千米。

▲湛江市经济技术开发区鸟瞰（2013）（湛江市档案局供稿）

城市环境卫生 湛江市生活垃圾处理场三期填埋区工程，总投资1.19亿元，填埋库容180万立方米，年内完成总工程量的95%。湛江市生活垃圾焚烧发电厂项目，采用BOT模式，总投资6.30亿元，规模为日处理1500吨，分两期建设，首期规模1000吨，投资5亿元，年内完成立项、征地工作。年内新建生活垃圾压缩中转站13座，升级改造生活垃圾压缩中转站8座、公厕141座（含公园公厕）。（魏春喜）

城市生态保护建设 完成《环境监测年鉴（2013）》《湛江市环境质量报告书（2012年度）》等编写工作。实施主要污染物排放总量前置审核制度，全市共审批建设项目环评文件710个，涉及项目总投资467亿元，其中环保投资27亿元。按照国家新标准，建成新的空气质量监测系统，开展空气质量监测工作，按时发布含PM2.5在内的6项环境空气实时监测数据，环境空气全年优良率100%。城市区域环境噪声等效声级平均值符合国家标准中的2类区昼间标准，噪声质量等级属“较好”。新增3个国家级生态乡镇。

编制实施《湛江市“十二五”主要污染物总量减排实施方案》和《湛江市2013年主要污染物总量减排计划》。全市建成投产的8座城市生活污水处理厂正常运行，日处理能力50万吨，城镇生活污水处理率86.71%。九洲江开发区污水处理厂建成投运，坡头区和东海岛污水处理厂建设基本完成，开发区平乐污水处理厂动工建设，赤坎水质净化厂三期工程前期工作有序开展。完成工业废水治理项目16个，湛江电力有限公司完成4台机组脱硫旁路取消改造和2台机组脱硝治理工程。

2013年，湛江市完成重污染减排关停项目29个，淘汰水泥熟料产能103万吨、造纸产能2.12万吨、印染产能600吨。全市51家重点污染源（2013年新增6家国控重点污染源）安装在线监控设备，并与市环境在线监控中心联网，确保对重点源的实时在线监控。完成畜禽养殖场污染整治项目37个。全市共发放环保检验合格标志近20万个，推进“黄标车”禁行工作。建设机动车在线监控管理系统，基本完成机动车检测数据与环保部门的联网。推进加油站、储油库和油罐车的油气回收综合治理，全市有120家加油站完成油气回收综合治理工作。

（吴小羿）

城市水环境建设　湛江市完成北桥河综合整治工程，全长2.25千米，总投资5300万元。完成赤坎水库青年运河鸭槽干渠截污工程，总长3800米。完成赤坎水库周边截污工程，管径D800，管长910米。总投资1192.98万元。（魏春喜）

河渠综合整治。2013年，开展南柳河等市区河渠整治，立案查处违法排污企业10家，限期整治水产加工场26个；配合霞山区政府清拆南柳河周边违法养猪场100多家、3万多平方米，非法加工厂10家。加强对南柳河断面的监测，及时掌握污染动态，责令限期整改企业2家，强制拆除1家，配合霞山区政府清拆养猪场22家。

水源保护。2013年，编制完成《湛江市饮用水源保护区划分及定界可行性研究》《饮用水源保护区管理标志设置工作方案》。饮用水源地污染源风险管理名录和危险化学品运输管理制度通过专家评审。成立鹤地水库综合整治工作指挥部，打击围库造塘、定置网具、库区抽砂等破坏饮用水源安全的违法行为，清网960多张，清塘35.33公顷。加强赤坎水库周边工业污染源的执法监管，责令停产关闭企业1家，限期整改超标排污企业4家；配合赤坎区政府清拆库区周边养猪场45家。（吴小羿）

城市供水　水源水质整体良好。2013年水质检测结果：全年累计市区（含霞山区、赤坎区和开发区）的管网水质综合合格率99.07%。

供水设施。2013年，湛江市及所辖5县（市）城市有6家供水企业，共21个水厂，日供水能力75.5万立方米，平均每日供水量49.1万立方米，供水总人口180万人。其中：湛江市区有14个水厂，日供水能力为45万立方米，平均每日供水量31.8万立方米，供水总人口84万人。5县（市）当中，徐闻县和吴川市有2个水厂外，其余各县（市）均为1个水厂。廉江市、吴川市、雷州市供水人能力、日供水量相对较大（供水人口均达到20万人以上），徐闻县、遂溪县相对较小（供水人口分别为12万人和15万人）。

供水能力。2013年湛江市城市用水人口84万人，供水面积约1460平方千米，城区供水能力44万立方米/日，自来水普及率97.5%，城市污水处理厂2座，集中供水厂14个。（杨媚）

城市供气　液化石油气方面。2013年，市区有瓶装液化石油气经营企业11家。储量11900立方米，瓶装液化石油气年销售量4.5万吨。

天然气方面。2013年，市中心城区现LNG储配站1座，建有100立方米LNG低温储罐10个，最大供气规模14万立方米/日，气化能力20890立方米/时。湛江市区建成4座L-CNG汽车加气站及1座CNG汽车加气站，日用气已达10多万立方米。市区天然气管网采用中压一级供应系统，设计压力为0.4MPa，供气压力为0.3MPa，已敷设中压管网500余千米。是年，湛江市中心城区有8万多民用户和400余家工商用户使用天然气，天然气年销售量约8447万立方米。（蔡一靖）

城市综合管理　创卫“六乱”整治。全市清理占道乱摆卖、跨门槛经营18.69万宗次，乱拉挂1.45万宗，拆除乱搭建6434宗面积136239平方米，清理拆除各类违法设置户外水牌、招牌和小广告牌7646宗，面积41453平方米，拆除大型违章户外广告牌127块，面积6540平方米。

深化开展城管体制改革。开展执法队员徒步执法制度；完善网格化管理制度，坚持从早上6点半到凌晨2点的工作制；实施日常维护与机动处置相结合的执法模式，组织快速反应机动中队；要求所有城管执法人员执行“首见首问责任制”；市一级组成40人的督察队伍，分组每天对五个区的大街小巷进行巡查。（凌云）

市区建筑垃圾管理方面。2013年，共核准处置建筑垃圾149.13万立方米，清理乱堆乱放的建筑垃圾约1.6万立方米，查处违章车辆387辆、组织水车冲洗道路735车次，办理运输准运证2121张。（蔡一靖）

【城镇村庄建设】　2013年，湛江市制定《湛江市开展“美丽乡村，环卫先行”农村清洁工程专项活动工作方案》，开展全市农村清洁工程专项整治活动。全力推进“一县一场”、“一镇一站”、“一村一点”建设。徐闻县2012年已建成生活垃圾卫生填埋处理场并投入运营；吴川市生活垃圾卫生填埋场土建工程完成75%；廉江市、雷州市和遂溪县动工建设。全市87个镇（街）的生活垃圾转运站建设基本完成，10711条自然村（队）全部建成垃圾收集点。

开展创建生态文明区城镇村工作。2013年，湛江市区一级重点开展小广告整治、小街小巷改造和居民院落环境卫生治理等活动；县一级按照创建工作考评指标要求完成道路改造或扩建、排污管道清理及改造等工作；完成第一批生态文明镇生活垃圾转运站建设，生活污水处理设施已全面开工建设，市政主要道路硬底化达80%。第一批生态文明村生活垃圾收集全部建设完成。（蔡一靖）

【房地产业与住房保障】　2013年，湛江市完成房地产开发投资154.78

亿元，比上年增长34.6%，占全市固定资产投资的19.5%。全市开发建设商品房481.16万平方米，比上年增长97.9%；实际完成商品房销售286.24万平方米，增长38.5%，商品房销售金额156.20亿元，增长45.5%。全市商品住宅销售均价5457元/平方米，比上年增长5.0%。

房地产行业监管服务 一是优化企业发展环境。与广发银行湛江分行召开协调会，为湛江鼎盛房地产公司、万达广场投资有限公司、恒大地产集团等企业开展上门服务13批次，协助企业解决重大问题16宗。二是引导市场合理消费。是年，湛江市房产管理局累计办理商品房交易10593宗，交易面积89.98万平方米，比上年增长36.1%，交易金额70.10亿元，增长44.0%；办理二手房交易5148宗，交易面积62.52万平方米，增长75.1%，交易金额18.65亿元，增长47.3%。三是加强市场巡查监管。查处捂盘惜售、不按规定明码标价销售等扰乱市场秩序行为。继续深化执行退订商品房摇珠再销售制度，有效抑制“一手改名”、期房转卖等商业炒作行为。四是加强商品房预售资金监管。湛江市房产管理局全年核拨商品房预售款1068宗共49.56亿元。

住房保障 2013年，湛江市全市落实保障房建设资金5.71亿元，保障房建设用地7.96万平方米。全年新开工建设保障房4193套，建筑面积29.54万平方米，发放廉租住房租赁补贴910户；完成湛江市霞山区建设路24号（一期）、霞山区椹川大道二路2号两个项目共479套廉租房的分配入住。

直管公房管理 2013年，湛江市房产管理局投入直管公房维修资金254万元，维修公房880幢（间），维修面积4.10万平方米；投入直管公房改造资金1912.80万元，拆除改建公房19幢，新增公房面积1.27万平方米。

物业管理服务 2013年，湛江市房产管理局归集住宅专项维修资金1.1亿元，审核使用维修资金92宗186万元；指导新成立业主委员会3个，换届选举业主委员会5个；核定物业服务企业暂定资质12家，叁级资质16家，办理资质资格延续41家；办理前期物业备案55家，备案面积156.9万平方米；指导物业小区安装视频监控镜头3140个。

房地产档案管理 2013年，湛江市房产管理局接收各门类档案4.26万卷，其中登记档案2.86万卷，抵押按揭档案1.30万卷，其他档案0.10万卷；接待社会各界查询档案5.58万人次，出具房地产档案资料证明5.86万份，其中配合税务、银行等部门出具个人住房信息证明1.82万份，协助司法部门办理查封、解封、续封2023份；完成房地产档案扫描7.87万卷，累计完成扫描23.87万卷，占总库存档案的51.8%。

房屋租赁管理 2013年，湛江市房产管理局办理房屋租赁登记备案2650宗，新增备案面积21万平方米；代征房屋租赁价格调节基金401.86万元，比上年增长25.54%；收取房屋租赁手续费133.13万元，增长28.01%。 *(钟金福)*

住房公积金管理 2013年，湛江市累计归集住房公积金179.72亿元，余额为87.70亿元。职工累计提取使用住房公积金92.02亿元。是年，发放住房公积金个人住房贷款31.08亿元，比上年增长121.59%。累计发放住房公积金贷款41217笔，93.58亿元，贷款逾期率为0。住房公积金管理进一步规范完善，资金流转运作安全高效，增值收益1.11亿元，其中住房公积金委托贷款利息收入2.60亿元，成为住房公积金增值收益的主要来源。 *(窦小磊)*

2013年，湛江市办理提取住房补贴1434人，提取金额1568.39万元；市区新增干部职工住房补贴资格申请单位327家、人数3012人；划拨2012年住房货币补贴资金的市直机关（事业）单位138家；审核批准单位使用住房维修基金9个，审批金额70.7万元；10个单位312户办理房改房和安居房购房确权办证手续。 *(蔡一靖)*

【“三旧”改造】 2013年，湛江市进行的改造“三旧”项目127个，涉及土地面积674.89公顷。市区已批复“三旧”改造方案60个，涉及改造面积345.69公顷，预计总投资329.68亿元，需配建公租房的有29个项目，项目建成后将建设公租房4548套，面积22.74万平方米。全年开工建设项目12个。 *(蔡一靖)*

【建筑业】 *建设行业管理* 2013年，广东建筑集团工程有限公司、中交四航局第三工程有限公司、廉江市第四建筑工程有限公司等3家建筑业企业通过住建部施工总承包一级资质审批，湛江市水利水电勘测设计院通过住建部水利行业设计乙级资质审批。4家企业通过省住建厅资质审批；29家企业通过市级资质审批；获省住房和城乡建设厅安全生产许可证审批26家。

工程质量和安全管理 2013年，编发《湛江市市政基础设施工程质量通病防治技术措施（城市道路篇）》等技术指引手册，设立湛江市建筑工程质量工艺及通病防治样板示范区，组织项目参建各方责任主体观摩学习。参加各类国家级和省级检测能力验证活动，对周边县（市、区）的质量检测工作量较同期增加14%。工程质量安全监管系统开始运行使用，全年市一级监管在建工程项目98项，总面积485万多平方米；房屋建筑项目竣工26项，面积58万平方米。全年市级监管的工程项目没有发生一起等级以上的质量和安全事故，工程竣工验收一次性合格率100%。

招投标管理。实行房建、市政、园林绿化项目监理电子招投标，协助成立湛江市公共资源招标投标协会，与湛江市监察局共同出台《湛江市建设工程招投标黑名单管理暂行办法》。将水利、公路工程评标专家纳入电子评标专家库作统一管理，共入库水利和公路工程评标专家400多人。全年进入湛江市建设工程交易中心招投标的项目189项，其中施工99项、监理43项、勘察设计32项、其他15项。施工项目总预算造价129.16亿元，中标价126.4亿元，下浮率2.13%。

燃气市场管理　发布《湛江市燃气发展规划（2010~2020）》。坚持燃气行业防范重特大安全事故每季度例会制度，开展燃气行业市场经营与管理调研，制定相关管理规定规范运作。检查全市燃气企业73家次（市区44家次、各县市29家次），发出限期整改通知书（或督办整改通知书）45份，限期整改的安全隐患147项，均完成整改。采取不告知性的“飞行”检查，消除安全隐患60多起。

工程造价管理　发布《湛江市房屋建筑工程经济指标（2013版）》。核查工程的安全文明施工措施93项，工程造价80.52亿元。接受工程的招标控制价备查任务46项，审核工程总造价41亿元。接受工程的施工合同备查任务46项，工程造价50亿元。开展第14届省运会主场馆工程项目的造价控制工作。

房地产市场管理。核准新成立的房地产开发企业39家。批准实施《关于烂尾楼土地使用年限延长问题的意见》。洪屋大厦烂尾楼基本完工；金山大厦烂尾楼重建规划经市规委会通过；海滨六路九层综合楼烂尾楼通过市工程质量检测站检测鉴定，进入准备装修阶段。

勘察设计管理　推行房屋建筑和市政基础设施工程勘察文件前置审查制度；实施施工图设计违反强条通报制度，及时发现和处理勘察设计违法违规行为；组织实施中科炼化项目安置小区等16个大中型建设工程项目初步设计审查、2项超限高层抗震设防专项审查；完成审查工程项目71项（其中地质勘察工程项目9项），面积309.77万平方米。市级企业获广东省2013年度优秀勘察设计一等奖1项、二等奖1项、三等奖4项。

▲2013年9月27日，广东省建筑工程质量创优巡讲会（粤西片区）在湛江市举行

（湛江市住房和城乡建设局供稿）

绿色建筑与节能　发布《湛江市建筑节能、绿色建筑设计说明专篇》；在指定区域强制实施绿色建筑标准，在新建建筑工程公共照明区域全面推广LED高效照明产品。组织科研单位对君豪酒店项目开展首次大型公共建筑能效测评。组织编制《湛江市太阳能光热建筑一体化应用技术指导意见》。禁止施工现场搅拌砂浆工作稳步推进。开展既有建筑节能改造项目9项，面积12万平方米，改造资金投入约8300万元。组织完成96幢国家机关办公建筑和大型公共建筑的能耗统计及公示工作。市区民用建筑节能设计审查备案单体工程60项，民用建筑节能分部工程质量验收备案工程28项。新型墙体建筑面积79.61万平方米，新型墙体材料使用比例100%，减少实心黏土砖使用9744万块。散装水泥供应量305.5万吨；预拌商品混凝土供应量286万立方；预拌砂浆供应量11万吨。（蔡一靖）

【建设科技与信息化】　2013年，湛江市在对建筑市场实施动态监管的基础上，把企业（单位）行为记入诚信档案，并通过网站和有形建筑市场公布，将不良行为较多的企业，列为重点监管对象。全年不良行为录入52条，良好行为录入2条。

2013年，工程质量安全监管系统开始运行使用，建筑工程质量检测信息平台完成对接，实现工程质量安全监督管理信息化，规范核对建筑工程质量安全网上报监办事流程。

2013年，广东星恒高效涂料开发有限公司研发的两个产品成功入选省级技成果推广目录，广东大城建设集团有限公司的“大面积超强双层硅钙板防裂天花施工工法”以及“双层铝板夹保温层轻质屋面施工工法”成功入选2012年省级工法。湛江西粤京基城二期项目7号、8号、9号楼成功申报省绿色二星B设计标识。（蔡一靖）

【雷州市4个村落入选《第二批中国传统村落名录》】　2013年8月26日，住房和城乡建设部公布《第二批中国传统村落名录》，湛江市共有4个村入选，全部集中在雷州市，分别是纪家镇周家村、南兴镇关新村、调风镇调铭村、英利镇青桐村。（蔡一靖）

附录：湛江市住房与城乡建设管理部门主要领导

湛江市住房和城乡建设局

党组书记、局长：罗滇南

湛江市城市规划局

党组书记、局长：李枝坚

湛江市房产管理局

党组书记、局长：陈　琼

湛江市城市综合管理局

党组书记、局长：江向阳

湛江市城市管理行政执法局

党委副书记、局长：李雄光

党委书记、副局长：李长合

湛江市水务局

党组书记、局长：刘耀辉

湛江市住房公积金管理中心

主任：莫植贵

茂名建设

【概况】 茂名市位于广东省西南部，1975年设立地级市。土地面积11459平方千米，其中市区面积487平方千米。截至2013年末户籍人口757.69万人；常住人口601.25万人。2013年，茂名市抢抓粤东西北地区振兴发展的重大机遇，全力推进各项重大规划编制工作，加强规划管理，完善城市基础设施建设，继续实施城区扩容提质，深入推进“城乡清洁工程”，加大城乡水环境建设力度，民生水利工程建设取得新进展。

2013年，全市地区生产总值2160.17亿元，完成固定资产投资660.53亿元，比上年增长54.56%；完成建筑业总产值325.38亿元。全市完成房地产投资77.36亿元，比上年增长4.6%。商品房屋施工面积1013.64万平方米，比上年增长10.94%。住房公积金参储22.63万人，归集余额60.95亿元；发放公积金个人贷款5292笔，贷款总额15.27亿元。建成区面积205.29平方千米，城区绿化率33.4%，人均公园绿地面积12.58平方米，城镇生活垃圾无害化处理率100%，城镇生活污水集中处理率86.7%。

2013年，茂名市住房和城乡建设局各项工作高效整体推进。特别是市委、市政府重点工作中由住房和城乡建设局牵头负责的2项工作：一是全市保障性住房建设工作，超额完成省、市下达的任务；二是城乡清洁工程，按原计划顺利完成各项工作目标，取得预期效果。

2013年，仍存在必须高度关注、认真研究解决的问题。一是实施“城乡清洁工程”和宜居城乡工作需继续深化。二是保障性住房建设进展较缓慢，个别县（市）还需加强落实保障性住房项目审批“绿色通道”。三是绿色建筑示范项目推进缓慢，建筑节能激励政策有待完善。 *（吴再泉　罗栋）*

【城乡规划】 规划编制　总体规划编制。2013年，《广东茂名滨海新区城市总体规划（2012~2030）》于12月16日提交茂名市城市规划委员会审议通过。继续做好《茂名市城市总体规划（2008~2020）》与《广东茂名滨海新区城市总体规划（2012~2030）》的对接工作。

专项规划编制。2013年，继续深化《茂名市综合交通体系规划》《茂名水东湾新城整体城市设计》《茂名市水东湾综合整治规划》等规划方案。修改完善《茂名市城区扩容提质行动纲要》及组织制定《茂名市中心城区扩容提质实施方案》。组织编制《茂名市城区排水

2013年茂名市住房和城乡建设主要经济产业指标

项　目	单　位	实　绩	比上年增长（%）
固定资产投资额	亿元	660.53	54.56
建筑企业	个	125	5.93
建筑业总产值	亿元	325.38	19.76
建筑企业利税总额	亿元	29.9	5.50
建筑企业期末从业人员	万人	13.7	37.00
建筑企业劳动生产率	元／人	309067	−9.98
建筑企业房屋建筑施工面积	万平方米	2933.13	3.26
商品房屋销售额	亿元	142.95	15.94
商品房屋销售面积	万平方米	345.63	5.47
房地产开发投资额	亿元	77.36	4.6
商品房屋施工面积	万平方米	1013.64	10.94
建成区绿化覆盖率	%	33.4	33.4
人均公园绿地面积	平方米／人	12.58	3.80
人均城市道路面积	平方米／人	10.99	0.46
城市用水人口	万人	148.89	0
城市自来水普及率	%	100	98.17
城市燃气普及率	%	100	99.13
城市液化气供应总量	吨	106430	−67
城市天然气供应总量	万立方米	5754	36
城市污水处理厂	座	5	25
生活垃圾无害化处理率	%	100	100
城镇化率	%	38.3	−
住房公积金缴存额	亿元	22.63	32.64
住房公积金贷款额	亿元	15.27	94.52
保障性安居工程	套	2453	−
绿色建筑面积	万平方米	0	0

（茂名市住房和城乡建设局）

及防洪排涝专项规划》《茂名市地下综合管廊专项规划》。

城市控制性详细规划编制。2013年12月31日，茂名市站南片区控制性详细规划获市政府批复；河东片区东北五小区、桂园、绿苑小区控制性详细规划方案经茂名市城市规划委员会审议通过；市民片区及格亨等16个小区控制性详细规划方案完成征询部门及公众意见程序；盐田等3个小区控制性详细规划形成初步成果方案；河东片区、羊角片区控制性详细规划（发展单元）、西城片区控制性详细规划(发展单元、管理单元）及东江等7个小区控制性详细规划完成政府采购并确定编制单位；《茂名水东湾新城南海片区分区规划和控制性详细规划》成果方案经专家评审会审议通过；继续修改完善《茂名市东组团（博贺湾新城）分区规划和近期建设用地控制性详细规划》。

规划管理　制度建设。2013年，印发《茂名市城乡建设档案管理办法》《茂名市建设用地规划条件核发变更管理办法》《茂名市建设用地增加容积率补交土地差价管理规定》《茂名市控制性详细规划编制导则》《茂名市建筑物退线控制管理导则》《茂名市城市控制性详细规划编制审批调整管理办法》。

制度改革。2013年3月，茂名市规划主管部门机构改革，撤销规划报建科和市政勘测科，增设工程规划科和审批服务科。

（雷海燕　吴昊）

【宜居城乡建设】　2013年，茂名市出台《2013年“城乡清洁工程”工作方案》《“城乡清洁工程”责任区划分与管理工作方案》《关于深入推进“城乡清洁工程”的实施意见》《城乡生活垃圾治理责任书》，组织召开“城乡清洁工程”现场会议。联合市委政研室、市委宣传部、团市委等部门，共同推进“城乡清洁工程”专题调研，在全市范围内开展“清洁家园”，并发起帮扶村庄实施《城乡清洁工程倡议书》等工作，编制《茂名市城乡垃圾综合处理回收系统项目可行性研究报告》。开展“环卫工人节”宣传活动，刊发“城乡清洁工程”各类稿件500多篇、专题报道30期。市财政安排专项资金2400万元，主要用于补助县（市、区、新区）、镇（街）垃圾收集处理设施建设，分两批奖补55个镇（街）共1836万元。获得省级首期专项资金2925万元，用于补助“场、站、点”项目建设。市生活垃圾焚烧发电项目、高州市填埋场投入使用，化州市填埋场、滨海新区（电白）填埋场基本建成待正式启用，信宜市填埋场抓紧建设。截至12月底，全市110个镇（街）建成垃圾转运（压缩）站的有106个（其中：66个建成使用，40个建成主体并安装调试设备），4个主体在建并已采购设备。建成村庄垃圾收集点21221个。逐级约谈8月底未开工建设“一镇一站”项目的县（市、区、新区）政府及镇（街）有关负责人。9月份起，提请市政府对仍未开工建设“一镇一站”项目的镇（街）公开通报批评、作出问责建议。

创建宜居示范城镇、村庄，推进绿道网建设。高州市大井镇等3个镇认定为第三批省宜居示范城镇，茂南区新坡镇车田村等2个村庄认定为第三批省宜居示范村庄。全市有7个镇获“广东省宜居示范城镇”称号，15个村获得“广东省宜居示范村庄”称号。督促指导茂南区鳌头镇等4个名镇试点打造地方特色省级名镇。信宜市镇隆镇文明村被列入第二批中国传统村落名录。全年全市绿道建设7.53千米，其中，省立绿道6.23千米、城市绿道1.3千米。

（吴再泉　罗栋）

【城市基础设施建设与管理】　市政建设　2013年，茂名市区全面实施道路网络优化和路灯节能亮化工作。实施中心城区主干道升级改造，完成光华路升级改造，全长1578米实施沥青罩面“黑底化”，新装LED路灯、护栏和绿化，新铺装人行道11276平方米。2013年2月17日开工建设，6月份全线通车。推进东北片城区路网建设。建成官渡四路，于2013年11月15日竣工验收；西粤北路于2013年11月动工建设；完成高凉北路勘察设计招标工作；推进文明北路勘察设计招标等工作。开始实施城市西出口改造。改造项目于10月16日进场施工。完成环评、立项、勘察、设计等前期工作，实施光华中南路、油城七八九路、人民南路、人民北路的黑底化改造工程。对新福四路、迎宾路、等人行道等进行铺装，全年完成铺装37468平方米。大部分人行道加装柱墩或护栏。2013年7月19日完成LED改造EMC模式联合体采购招标工作。开展全市路灯安全检查，共检修路灯11300盏次、配电控制柜230次，处理地下线路故障570次，全年路灯亮灯率和设施完好率98%以上。

城市园林绿化　2013年，完成官渡四路绿化工程等工程。对荔红小区闲置空地、福华小游园和双山憩园、官山公共绿地、福华公共绿地改造工程，合共面积近万平方米。继续南香公园景观完善工作。

是年，城市建成区绿地率39.51%，绿化覆盖率42.61%，人均公共绿地面积12.02平方米。市区有公园9个、广场3个、小游园12个。新增绿地约5万平方米，共种植乔木过万株、花灌木50万棵、草皮等地被植物5万多平方米；摆设鲜花20万盆。

（张汉雄）

城市环境卫生　环卫管理。2013年，茂南区实行“人工清扫保洁、机械化清扫、洒水降尘高压冲洗”三位一体全天候作业新模式，主干道实行16小时保洁。通过政府购买服务的形式，成功将茂名大道、茂南大道的清扫保洁推向市场。2013年清运垃圾总量14.6万吨。茂名市生活垃圾焚烧发电厂于2013年10月投产。全力推进城区垃

▲2013年7月15日，茂名市人大常委会召开"城乡清洁工程"工作评议动员大会
(茂名市住房和城乡建设局供稿)

圾综合收集系统项目，市区建成15座垃圾压缩站，建成龙岭垃圾压缩站。2013年1月1日起将市区居民住户生活垃圾处理费及环境卫生服务收费，一并托市自来水公司代收代缴。加强环卫监察执法，对卫生死角进行40多次清理，清理垃圾余泥3000多吨。

市容执法。茂南区城管局联合公安等职能部门对市区"七乱"行为全面整治。对合力花园楼下大排档占道经营、深夜扰民等违章行为进行整治，彻底端掉市区多处严重占道经营黑点。对高山市场等综合整治，全面清理流动摊档，基本实现市区15条主次干道入室经营。

规划执法。茂南区城管局一季度组织6台宣传车，展开为期一个半月的市容规划整治大宣传。协助袂花镇石浪村控制40多户村民抢建，联合开发区控制周屋村37户违法抢建，裁决处罚违法建设案件120多件。同时从事后查处转变为事前防控。2013年控制违建萌芽状态150多件。有68宗主动拆除，面积达5000多平方米；共处理违建542件，其中立案上报201件，控制停工145件，拆除300多宗面积3万多平方米。

广告审批。2013年，《茂名市市辖区户外广告设施设置管理暂行办法》出台。5月份至年底，共审批招牌设置115宗，活动设施设置88宗。设立广告管理巡查小组，5月下旬至年底，共查处违建广告设施396宗，拆除乱拉乱挂横幅标语共7000多条，清理乱张贴小广告10000多张。 (陈德任)

城市生态环境保护和建设 2013年，全市二氧化硫、二氧化氮、可吸入颗粒物的年均值达到《环境空气质量标准》二级标准，优良天数保持100%。全市共有18个水质监控断面，Ⅰ～Ⅱ类水质的断面比例38.9%，Ⅲ类水质的断面比例50.0%，Ⅳ类水质的断面比例11.1%，Ⅴ类水质、超过Ⅴ类水质的断面比例均为0。河流湖库水质保持稳定，鉴江、袂花江、高州水库、罗坑水库水质良好，饮用水源水质达标率保持100%；近岸海域水质均达到相应海域水质功能要求。全市机动车环保检验合格标志发放率≥90%，全年共淘汰机动车7747辆，共转出机动车1552辆。

污染治理。全市列入淘汰水泥企业4家，淘汰水泥产能77万吨。中石化茂名分公司炼油分部CFB锅炉烟气脱硫工程建成投入试运行，茂名热电厂5号机组脱硝工程建成投入试运行。对白沙河流域污染进行整治，共关停流域内32家皮革厂，同时安全处置白沙河沿岸1600.38吨含铬皮革碎料及300.17吨含铬污泥。畜牧、环保、监察三部门联合印发《关于加强畜禽养殖业污染减排重点项目督查管理工作的通知》，全面启动畜禽养殖业污染减排"一票否决"制。全年治理养殖场509个，通过上级部门核查305个。

饮用水源保护。2013年，茂名市委托广东省环境科学研究院编制《茂名市区及电白县饮用水源保护区调整方案可行性研究报告》并获省政府批复，委托国家环保部华南环境科学研究所编制《高州水库生态保护总体方案》，获省政府同意执行，争取国家专项资金支持2200万元。 (王磊)

城市生活污水治理。2013年，全市新增城镇生活污水处理厂3座，新增产业转移园污水处理厂2座，平山镇、深镇镇、东岸镇大潮生活污水处理厂建成投入使用，高州水库集雨区内的其余四镇生活污水处理厂在建设中；加快推进茂名市河西生活污水处理厂、茂南区生活污水处理厂，高州市金山开发区污水处理厂、茂南区金塘镇生活污水处理站等项目建设。建成投用茂南区高山镇蔡屋村50立方米/日污水处理示范工作，以点带面推动水库集雨区内近2000条自然村的生活污水处理和生态环境建设。在建城市污水处理厂2座。全市新增污水处理能力0.975万吨，新增建设污水管网长度65.6千米。茂名市城区全年共处理污水水量3663万吨；日均处理水量10.12万吨，污水处理率达95.5%，设备完好率97%；COD(化学需氧量)进水平均值为193毫克/升，出水平均值为23.7毫克/升，去除率87.7%，去除量6201吨；氨氮进水浓度为19.5毫克/升，出水氨氮浓度2.29毫克/升，氨氮去除率88%，去除量630吨；污泥(湿)产量11.47万吨。2013年，污泥处理处置项目完成工程土建、设备招投标、前期规划报建等工作。

(冯斌)

城乡水环境建设 2013年，茂名市先后发生4次较重大的洪涝灾害及4次台风影响，受灾范围涉及全市各地。台风“尤特”水毁水利工程修复项目共3537宗，需要修复资金6.88亿元。当年底，茂名市到位资金4.13亿元，累计完成投资4.13亿元。茂名市水务系统水毁水利设施修复重建开工项目2443宗，开工率69%；完工2199宗，完工率62%。

农村饮水安全工程建设继续推进。广东省核定茂名市新增饮水不安全人口10.26万人，其中：农村饮水不安全人口7.9万人，林场饮水不安全人口2.36万人。2013年，茂名市继续推进农村饮水安全工程建设，受益人口11.42万人，至11月底全部工程完工。茂南区全省“村村通自来水”工程建设示范县项目，总投资1.19亿元，10月3日开工建设，至11月底完成16.2千米的管沟开挖工作，安装供水管9.3千米，完成建安投资438.5万元。

编制完成《茂名市流域综合规划修编》和《广东茂名滨海新区水利基础设施建设规划》。规划建设项目4394宗，总投资430亿元，其中民生水利投资达366亿元，占总投资85%。编制《茂名市2014年中央水利建设投资计划》，总投资54.28亿元，申请中央投资16.75亿元；编制《茂名市2014年水利基建项目省级投资建议计划》，总投资59.49亿元，申请省级补助32.80亿元。茂名市落实前期工作经费1485万元，开展前期工作项目548宗，完成262宗。主要包括城市供水、大中小型灌区续建配套与节水改造、海堤加固达标工程、大中型病险水闸除险加固、中小河流治理、小流域综合治理、农村饮水等重点领域。

民生水利工程到位资金4.54亿元，累计完成投资6.26亿元，完成土方量947万立方米，石方量140万立方米，混凝土量28.95万立方米。

病险水库及病险水闸除险加固。茂名市列入规划的病险水库264宗，列入规划的病险水闸24宗，全部为四类大中型病险水闸，均须拆除重建，估算总投资为12.2亿元。2013年底，10宗水闸完成初步设计上报省水利厅审批。

海堤加固达标工程建设。茂名市海堤加固达标工程共14宗，堤围总长174.05千米，工程估算总投资13.92亿元。其中1宗海堤初设经市改发委批复，3宗送省发改委批复待立项，其余完成设计资料。

中小河流治理。茂名市列入全国重点地区中小河流治理建设规划的项目共37宗。其中2009至2013年度项目12宗，概算总投资2.91亿元，完成建设长度94.273千米，完成投资2.13亿元，工程形象进度96.08%；2013至2015年项目共25宗，8宗初步设计已批复，余下17宗进行前期工作。

依法治水管水力度不断增强。2013年全市全年查处水事违法案件153宗，办结132宗；水事纠纷案91件，办结90件。 (黄晓东)

城市供水 2013年，茂名市区供水量6919.6万立方米，比上年增长5.8%。售水量5404万立方米，比上年增长4.9%。出厂水水质综合合格率99.8%，管网水水质合格率99.8%，均优于国家饮用水卫生标准。

是年，茂名市先后完成市民大道片区供水工程、环水东湾旦场片区供水工程、市一中新校区供水工程、茂港区一中新校区供水工程、河东水厂第二条出水管第一标段工程等一批工程，改造河西水厂1号、2号脉冲澄清池，扩大供水规模。公司管网向东延伸至电白区旦场镇，向南延伸至原茂港区小良镇，向西延伸至茂南区金塘镇，向北延伸至原茂港区羊角镇，服务人口达65万人。 (柯艺)

城市供气 2013年，全市燃气行业无发生一般及以上事故，瓶装液化石油气销售106430吨，天然气销售5754吨。

2013年，茂名市燃气主管部门安全生产检（督）查。市级燃气主管部门共出动240多人次，检（督）查液化石油气储配站42家次，天然气气化站3家次，液化石油气瓶组站56家次，瓶装气供应站（销售点）29个次，发现隐患场所69个，安全隐患110多个，较大安全隐患场所5个，发出《安全隐患整改通知书》21份。市区燃气企业投入整改资金500多万元，整改安全隐患。

严厉打击燃气行业各类违法违规行为。市燃气主管部门在全市范围内开展“打非治违”专项行动，共出动150人次，查处无证经营、非法储存气瓶的个人或场所30起。其中开展打击“黑气”活动10次，查扣无危运证车辆10多辆，查扣各类气瓶1200个。

(吴再泉　罗栋)

【城镇村庄建设】 截至2013年底，全市有46个建制镇编制总体规划，覆盖率为52.9%。推进省级试点村庄规划编制工作。 (雷海燕　吴昊)

【房地产业与住房保障】 房地产市场管理 2013年，茂名市加强房地产市场调控。一是严抓预售监管。全面实行商品房预售款三方（房管局、银行、开发企业）共管制度。全年市区办结商品房预售许可60宗，核准预售商品房建筑面积75.03万平方米。二是严把行业准入关。截至年底，市区有房地产行业企业266家。三是严抓销售检查。全年全市商品住房销售均价为4328元/平方米，比上年增长5.3%，其中市区均价为5639.97元/平方米，比上年增长7.58%。

是年，全市完成房地产投资77.36亿元，比上年增长4.6%。商品房屋施工面积1013.64万平方米，比上年增长10.94%，商品房屋竣工面积72.74万平方米，商品房屋销售面积345.63万平方米，商品房销售总额142.95亿元。

保障性住房建设　2013年，茂名市按要求建立以公共租赁住房为主体、各类棚户区改造和住房租赁补贴为补充的新型住房保障体系，住房保障工作稳步推进。一是创新保障房建设渠道。广东茂化发展有限公司利用自有土地，建设公共租赁住房一期项目1203套。2013年新开工的旧塘村城市棚户区改造项目，计划建成935套棚改房。二是强化动态监管。2013年，市区取消不再符合廉租住房保障资格条件的住房租赁补贴家庭330户、实物配租家庭158户。三是严格实施责任追究制度。从2013年6月上旬开始，对各地保障性住房项目开工建设情况开展督查，对个别工作进度缓慢的责任单位负责人进行约谈。

2013年，广东省下达茂名市新开工建设保障性住房任务2153套；新增发放住房租赁补贴任务478户；基本建成保障性住房任务2196套。至年底，全市新开工建设保障性住房2303套，新增发放住房租赁补贴647户，基本建成保障性住房2453套。（吴再泉　罗栋）

房屋产权交易登记　2013年，茂名市市区（含茂南、茂港区）商品房交易成交量7589套、总面积97.81万平方米。其中，商品房住宅成交量为6114套，比上年增长43.99%；成交面积90.90万平方米，增长37.17%；成交均价达到每平方米5644元，上涨7.99%。商品房非住宅（含车房、车库、车位、写字楼）共成交1475套，成交面积6.90万平方米。

取消商品房预售监管服务收费。市区完成商品房预售项目备案67宗，合同备案7194份；审批商品房预售款435宗35.24亿元。完成房屋交易鉴证9332宗，面积108.63万平方米。

茂名市出台《茂名市市区已购经济适用住房上市出售管理规定》。市区办理经济适用住房上市手续279宗，办理房改房上市审批1813宗；办理房屋登记发证业务56459宗，比上年增长56.55%。

接收档案50573份，接待群众查档76816人次。其中，调阅档案4258份，出具房产证明和复印资料72558宗；免费为公检法等部门查询档案14921宗；协助住房保障申请房产情况调查2321户。

市房管局完成机房扩容调整，建成市房产数据中心。高州、化州、电白、信宜四县（市）的房管系统上线投入使用，全市房管系统实现联网。

物业管理　2013年，茂名市区增加12个配置登记物业管理服务用房的小区，面积1550平方米，物值850多万元。13个新增楼盘开设5336户住宅专项维修资金账户，开户金额3720万元，实际缴存4073万元，市区累计缴存金额1.7亿元。（萧晓红）

住房公积金　2013年，茂名市新增住房公积金缴存单位550个，新增缴存职工1.94万人。归集住房公积金22.63亿元，完成年度归集计划150.9%，比上年增长32.6%。至2013年末，全市住房公积金缴存单位达4371个，缴存人数23.24万人。累计归集住房公积金116.22亿元，归集余额60.95亿元。

全年为5292户职工家庭发放住房公积金个人住房贷款15.27亿元。至2013年末，历年累计为28375户职工家庭发放住房公积金个人住房贷款59.47亿元，贷款余额41.15亿元。

全年全市办理住房公积金提取业务8.34万笔，提取住房公积金13.7亿元，提取总额比上年增长46.5%。至2013年末，全市累计办理住房公积金提取34万笔，55.26亿元。

全年实现住房公积金增值收益1.2亿元，比上年增长30%。年内在2012年住房公积金增值收益中安排保障房建设补充资金5200万元，累计支持市保障房建设补充资金1.85亿元。（周志亮）

房屋租赁管理　2013年，代征房屋租赁税历史性突破1000万元，达到1120.2万元，同比增长39.3%；代征非住宅出租房屋价格调节基金225.9万元，同比增长65.3%。办理房屋租赁登记备案5772宗，同比增长18.6%。

市区公房管理和房屋安全鉴定　2013年，茂名市公房管理实现信息化和制度化，收租率100%。是年，开展房屋安全鉴定业务约3600宗，面积约80万平方米，排查消除学校、看守所等房屋安全隐患。（萧晓红）

▲广东茂化发展有限公司公共租赁住房一期工程（2013）
（茂名市住房和城乡建设局供稿）

【“三旧”改造】　2013年，茂名市

“三旧”改造重点放在市区河东、站南和羊角三个片区，同时兼顾各县（市、区）的改造。是年，全市上报“三旧”改造报件13宗，面积35.84公顷；获批准“三旧”改造用地22宗（含2012年上报2013年获得批准的），面积47.33公顷。

（雷海燕）

【建筑业】 2013年，茂名市共有建筑施工企业227家，完成建筑业总产值达325.38亿元，创利税总额29.9亿元；全市建筑企业在市外完成产值259.3亿元，占全市建筑业总产值84%。

建筑市场管理　引导和鼓励本市建筑业企业大力拓展外埠市场。2013年扶持建筑企业晋升一级总承包1家1项，晋升二级总承包4家4项，审批通过二级专业承包及施工一体化资质12家、26项。开展资质动态核查。从严办理投标企业资格审核、单项工程备案和年度备案等工作事项。对广东宾洋公司等4家企业进行动态核查，经整改均已达标。

工程质量安全管理　一是加快视频监控系统建设。2013年，辖区内在监工程200项，面积246万平方米。全年创2个省级、3个市级“安全生产、文明施工”示范工地。二是加强检测工作。新建立的检测信息监管系统实现市辖区全覆盖；成立茂名市建设工程质量安全检测和鉴定协会，整合全市检测资源。三是加强专项督查。全年出动执法检查人员2421人次，开展质量安全季度巡查、开展建筑施工“安全生产月”活动、建筑施工“打非治违”及建材打假专项行动，共抽查工程建设单位及商品混凝土生产厂18家，抽检建材产品133批次，查出不合格产品5批次。四是全面推行工程质量样板引路制度。“财富名门”等2项工程被评为省优良样板工程，“茂名学院学科实验楼”等6个工程项目被评为市优良样板工程。

2013年，茂名市建筑工程建设没有发生质量安全事故。施工生产质量安全责任事故数均未超过省、市下达的控制指标。

招投标管理　2013年，茂名市切实做好市重点工程“博贺新港区东、西防波堤和东阁岭开山造陆”项目、中石化润滑油茂名分公司润滑油脂扩能改造项目、“茂名水东湾综合整治开发项目”等项目招投标工作。全年全市招标投标工程项目503项，中标工程造价197.54亿元，比预算投资降低6.92亿元，平均下浮率3.38%，其中市区全年招标投标工程项目187项，中标工程造价137.87亿元，比预算投资降低4.14亿元，平均下浮率2.92%。

（吴再泉　罗栋）

【建设科技与信息化】 2013年，茂名市大力促进散装水泥、预拌混凝土、新型墙材和建筑节能发展。全市散装水泥供应量113万吨，比上年增长55%，完成年度目标108%。新增三级资质搅拌站4家。全市预拌混凝土供应量224万立方米，比上年增长57%，完成年度目标124%。市区新型墙材使用量约2亿块标砖。市区工程报建53项，面积108万平方米；预收墙材基金1080万元；墙体验收37项，验收面积118万平方米，返退墙材基金9项，面积16万平方米，返退金额163万元。

2013年，茂名市住建部门开展岗位培训，共举办各类培训班28班次，参加培训人员共7422人。

信息化　2013年，茂名市住房和城乡建设局编写《办公自动化系统操作手册》，同时，整合原“茂名市住房与房地产信息网”资源，着力推进房信网项目。完成服务器选购及安装调试。（吴再泉　罗栋）

规划信息化。2013年3月，茂名市规划电子报批系统上线试运行；4月，规划信息化一期工程通过验收；5月，对茂名市有关规划设计单位进行规划信息化修建性详细规划总平面图数据规整培训。启动“智慧城市”城乡规划信息化建设工作。2013年10月，市规划与国土部门签署《地理信息数据资源共建共享合作框架协议书》。

【茂名市“十大美丽村庄”揭晓】 2013年5月18日，茂名市在文化广场举行2012年度茂名市“美丽村庄”颁奖活动。评选出2012年度茂名市“十大美丽村庄”：茂南区镇盛镇彭村村委会流南村、鳌头镇飞马一村委会东村，茂港区沙院镇沙村村委会里铺仔村，信宜市钱排镇双合村委会四村，高州市南塘镇彭村村委会彭村中心村、谢鸡镇官庄村委会泽路村、石鼓镇合丫埒村委会大王岭村，化州市笪桥镇大沙田村委会高志塘村，电白县博贺镇港口村委会港口新村、沙琅镇尚唐村委会跃进村。（吴再泉　罗栋）

【包茂高速公路粤境段（茂名段）开工建设】 2013年6月25日，包茂高速公路粤境段（茂名段）正式开工建设。包头至茂名高速公路（简称“包茂高速”），是国家“7918”高速公路网中的第七纵，广东省“九纵五横两环”网的第九纵。起点内蒙古包头，途经陕西、四川、重庆、湖南、广西、广东，终点广东茂名，全长3130千米。包茂高速公路粤境段主线全长122.32千米，互通立交连接线7条共19.24千米，全部在茂名市境内。自广西岑溪接入茂名市，始经信宜市粤桂交界处的陈金顶，往南经信宜市、高州市、茂南区、茂港区、电白县、高新区共19个镇，终于电白县林头镇大昌口，与已建成通车的G15沈海高速公路相接。在茂名境内设置互通立交11处出口。

包茂高速公路粤境段的建设，将把茂名乃至粤西地区与中国中原地区紧密连接起来，扩大茂名港发展的经济腹地，使茂名成为中国中原地区陆路运输最近的出海口。

（吴再泉　罗栋）

【水东湾新城挂牌成立】 2013年7月5日，广东茂名水东湾新城正式揭牌成立。水东湾新城位于茂名市和广东茂名滨海新区的城市空间结构的重点地区南组团，是茂名市实施“滨海发展战略”的关键区域。

水东湾新城规划范围北临茂名高新技术开发区，西至工业大道，南至南海，东至王村，面积168平方千米。包括陈村—旦场、南海—高地两个重点开发区，面积98平方千米，此外为协调发展区，面积70平方千米。水东湾新城规划的空间发展格局为“一带、两环、五廊、五片”。一带为滨海发展带；两环为环水东湾的快速交通环和滨水步行路径形成的慢行游憩环；五廊为分隔城市片区的五条绿色通廊；五片为陈村、水东、高地、南海、旦场片区。 *(罗栋)*

【信宜市镇隆镇文明村列入《第二批中国传统村落名录》】 住房和城乡建设部、文化部、财政部于2013年8月26日联合公布《第二批中国传统村落名录》，信宜市镇隆镇文明村榜上有名。

信宜市镇隆镇文明村有1300多年历史，唐武德四年（621）置信义县，治所即设在此。民国时所建成的古民居多分布村落古街上。据史料记载，镇隆古城有国内罕见的由13所书院形成的古书院群（至今保存较为完整的尚有4所），以及7个公祠，两家公馆、冼太庙、中山公园等一批具有历史意义和文物价值的古建筑。有茂名市级文物保护单位红楼及省级文物保护单位大洪国王宫旧址。城内百年树龄以上古树木偶有所见。 *(吴再泉　罗栋)*

附录：茂名市住房和城乡建设管理部门主要领导

茂名市住房和城乡建设局

党组书记、局长：曹万里

茂名市城乡规划局

党组书记、局长：孙　波（任至2013年4月）

党组副书记、副局长：何远平（2013年8月任职，主持局全面工作）

茂名市房产管理局

党组书记、局长：张甲东

茂名市城市综合管理局

党组书记、局长：曾庆强

茂名市水务局

党组书记、局长：王伯昌（任至2013年5月）

党组书记、局长：冼奕辉（2013年5月任职）

茂名市住房公积金管理中心

党支部书记、主任：曾春盛

肇庆建设

【概况】 肇庆市位于广东省中西部，1988年设立地级市。土地总面积1.49万平方千米，其中肇庆城区（端州区、鼎湖区）面积706平方千米。截至2013年末，全市户籍人口429.82万人，常住人口402.21万人，其中城镇人口176.25万人。城区户籍人口51.96万人，常住人口65.86万人。

2013年，肇庆市地区生产总值1660.07亿元，固定资产投资1007.78亿元，比上年增长18.2%；建筑业总产值108.26亿元，2007~2013年建筑业总产值平均增长速度9.3%；建筑业增加值53.23亿元；建筑面积65.53万平方米。完成房地产开发投资171.48亿元，比上年增长17.9%。全市商品房施工面积为1889.83万平方米，比上年增长20%；住房公积金参储20.51万人，归集余额46.52亿元；发放公积金个人贷款4477笔，贷款总额9.34亿元。城区绿化率35.45%，人均公园绿地面积21.67平方米，城镇生活垃圾无害化处理率73%，城镇生活污水集中处理率77.96%。

存在的主要问题：一是民生工作推进力度不足；二是工程质量通病治理和监管有待加强；三是保障性住房建设经营机制需完善创新。 *(张允)*

【城乡规划】 规划编制　2013年，肇庆市编制完成《肇庆市城市总体规划（2010~2020）（修改评估论证报告）》《广东肇庆新区城市总体规划（2012~2030年）》《肇庆市城市绿地系统规划（2013~2020）》《肇庆市城市特色研究》《肇庆市中心区域消防专项规划（2012~2020）》《肇庆市端州区北岭片区控制性详细规划》《端州区太和路以西局部地段控制性详细规划》《肇庆市端州区双龙片区（现代服务业园区）城市设计及控制性详细规划》《肇庆市鼎湖山风景区新入口及周边地段城市设计及控制性详细规划》《肇庆市“一江两岸”修建性详细规划》；基本编制完成《肇庆新区重点地段城市设计与控制性详细规划》《肇庆新区市政工程专项规划》《肇庆新区能源规划（2012~2030年）》《肇庆新区水系及防洪排涝专项规划》；启动《肇庆星湖水质整治综合规划》《肇庆市中心城区管线综合专项规划》《肇庆市天然气高压管网规划》《鼎湖区旧城片区控制性详细规划》《七星岩风景名胜区北门广场规划设计》等规划编制项目，启动编制《肇庆市“两区引导两”发展总体规划》工作。

2013年，肇庆市城乡委员会会议审议《端州区太和路以西局部地段控制性详细规划》等24项议题；召开市建筑与环境艺术专业委员会会议3次，审议23项议题。肇庆市政府批复同意《肇庆市绿道网建设总体规划（2011~2015）》《关于肇庆市城市绿地系统规划（2013~2020）》《肇庆市龟顶山新城控制性详细规划（修改）》。

2013年，肇庆市编制完成《肇庆市主体功能区规划》，确定城市（城镇）发展空间与发展重点。肇庆新区中央绿轴生态城被住房和城乡建设部确定为“国家绿色生态示范城区”。

年内，结合绿道建设，推进羚

2013 年肇庆市住房和城乡建设主要经济产业指标

项　目	单　位	实　绩	比上年增长(%)
固定资产投资额	亿元	1007.78	18.2
建筑企业	个	189	87.12
建筑业总产值	亿元	108.26	4.3
建筑企业利税总额	亿元	8.43	33.4
建筑企业期末从业人员	万人	3.4013	1.15
建筑企业劳动生产率	元／人	318298	3.69
建筑企业房屋建筑施工面积	万平方米	772.31	1.54
商品房屋销售额	亿元	231.58	31.7
商品房屋销售面积	万平方米	465.39	24.6
房地产开发投资额	亿元	171.48	17.9
商品房屋施工面积	万平方米	1889.83	20
建成区绿化覆盖率	%	35.45	5.4
人均公园绿地面积	平方米／人	21.67	−4.41
人均城市道路面积	平方米／人	19.31	−0.20
城市用水人口	万人	54.98	4.94
城市自来水普及率	%	99.96	0
城市燃气普及率	%	98.75	3.30
城市液化气供应总量	万吨	3.6	−
城市天然气供应总量	亿立方米	0.5	4.64
城市污水处理厂	座	12	0
生活垃圾无害化处理率	%	73	1.46
城镇化率	%	43.82	2.82
住房公积金缴存额	亿元	18.01	19.59
住房公积金贷款额	亿元	9.34	49.05
保障性安居工程	套	4950	55.56
绿色建筑面积	万平方米	0	0

(肇庆市住房和城乡建设局)

山生态公园、鼎湖山新入口、北岭山麓等“山边”公共空间的规划建设。《肇庆市城市特色研究》《肇庆市下湾城市湿地公园规划设计》等分别获得2013年度广东省优秀城乡规划设计二等奖和三等奖。*(区惠怡)*

【宜居城乡建设】 2013年，肇庆市印发《关于开展2013年肇庆市宜居城镇、宜居村庄考核的工作方案》《关于开展2013年肇庆市宜居社区考核的工作方案》，评定鼎湖区沙浦镇等10个镇为2013年度“肇庆市宜居城镇”、鼎湖区沙浦镇沙四村等79个村庄为2013年度“肇庆市宜居村庄”、端州区城东街道前进社区等19个社区为2013年度“肇庆市宜居社区”。

2013年，肇庆市向省住房和城乡建设厅推荐端州区城西街道牡丹苑社区等20个社区申报“2013年度广东省宜居社区”。向省住房和城乡建设厅推荐德庆县官圩镇等8个镇申报“第三批广东省宜居示范城镇”，推荐高要市回龙镇松山村等18个村庄申报“第三批广东省宜居示范村庄”。累计建成名村示范村129条。*(刘石坚　区惠怡)*

【城市基础设施建设与管理】 市政建设　城市道路方面。2013年，肇庆市共有城市道路148条，道路总长144.12千米，道路总面积453.64万平方米。其中车行道296.11万平方米、人行道157.53万平方米。桥梁15座，桥梁总面积1.71万平方米。

路灯照明方面。年内，端州城区路灯合计2.63万盏，道路总长266.09千米，电缆总长854.99千米。投入资金355.4万元，改造、新装16条路段（街巷），安装路灯710基766盏，铺设输电线路44.88千米，总功率67.52千瓦。改造、替换LED路灯1.08万盏。路灯亮灯率和设施完好率保持98%以上。

城市园林绿化　2013年，对砚都南、星湖大道等城区绿化景观实施增绿提质美化改造工程，共改造绿地面积达2万平方米。实施信安路南侧支路绿化建设工程、湖景园前绿地绿化建设工程和东湖路延长线东调洪湖建设绿化迁移工程，种植、迁移乔灌木660株。肇庆端州城区绿地面积共135万平方米。

(崔廖)

绿道建设　2013年，肇庆市新建城市绿道慢行道118.7千米。建成绿道网“公共目的地”10个。编制实施《肇庆市绿道网建设总体规划（2011~2015）》，制订《肇庆市绿道网建设2013年实施方案》，印发《肇庆市绿道网管理维护运营方案》等文件。举办“2013广东旅游文化节肇庆分会场暨肇庆徒步旅游季”“美丽肇庆定向星湖—2013年邮储杯广东省肇庆星湖绿道（景区）定向运动邀请赛”等大型活动。

(区惠怡)

城市环境卫生　2013年，端州城区有垃圾中转站13座，日收生活垃圾350吨，年垃圾清运量超13万吨。对端州城区46个公共区域进行重点清理整治，共清理卫生死角862处，垃圾、建筑淤泥杂物6000吨。

全市待建设三座生活垃圾焚烧发电厂，其中高要市焚烧发电厂完成项目BOT投资人招标及项目建议书编制；四会市焚烧发电厂和肇庆西部焚烧发电厂选址初定封开县长安镇今宝村；生活垃圾无害化填埋场方面，建成市垃圾场和德庆县垃圾场，日处理能力分别为500吨和100吨。其中市生活垃圾无害化处理场完成扩一期容和渗滤液处理厂升级改造，获“南粤环卫三十佳”称号。市垃圾场开展扩容二期工程；在建的4座，四会市垃圾场于8月份正式动工，封开县、怀集县、广宁县垃圾场分别于12月动工。全市乡镇（街道）全部建成生活垃圾中转站，大部分安装压缩转运设备并投入运行；大部分自然村建成生活垃圾收集点，未建成垃圾收集点的自然村代以采购密封垃圾桶。德庆县在全省率先建成“一县一场”和“一镇一站”的农村垃圾收运、处理网络。 *(罗欢　崔廖)*

城市生态保护建设　空气环境质量。2013年，肇庆市端州城区空气质量二级以上的天数为252天。

声环境质量。2013年，端州城区道路交通噪声年均值为66.1分贝，属于好等级。端州城区区域环境噪声等效声级为54.8分贝，属于较好等级。

城市水环境建设　水质监控断面。2013年，水质功能类别为Ⅱ类的有15个，达标率100%；水质功能类别为Ⅲ类的有6个，达标率100%；水质功能类别为Ⅳ类的有4个，达标率100%。 *(姜涛)*

内湖、河涌综合整治。2013年，肇庆市政府将继续推进星湖水质整治工程列为十件惠民实事之一。星湖水质整治首期工程总投资5500万元，包括外坑渠清淤和星湖水质整治首期工程。其中，外坑渠清淤项目于2012年12月动工，2013年4月完工，共整治渠道2.76千米，完成工程投资550万元。星湖水质整治首期工程是建设2.1千米长的雨水箱涵和污水管，工程于2013年7月正式动工，至2013年12月底累计完成工程投资1150万元。星湖水质整治二期工程计划投资1.4亿元。8月，肇庆市启动星湖水质整治二期工程建设。2013年12月，怀集县城防洪工程。主体已具雏形，开始发挥县城防洪、水环境改造等多项功能。该工程设计建设混凝土堤11.8千米、土堤25.11千米、排水涵闸20座、调洪湖一座，防洪标准为50年一遇。

城镇生活污水治理。2013年，肇庆市全市城市污水处理厂12座，合计污水处理能力38万吨/日；乡镇污水处理厂9座，合计污水处理能力9万吨/日。2013年全市城市污水处理厂实际处理污水总量1.14亿吨，城镇生活污水处理率83.0%。

2013年，肇庆市政府与各县（市、区）政府签订城镇污水处理设施建设责任书，加快推进全市27宗的城市或建制镇污水处理厂和污水配套管网的启动建设，合计污水处理设计能力23.9万吨/日，超过8成的项目如期开工建设。

2013年竣工或启动的重大污水处理项目有：高新区第一污水处理厂二期工程（4万吨/日）竣工试运行；高新区第一污水处理厂尾水深度处理工程（10万吨/日）完成A、C区工程并投入运行；四会市城市污水处理厂三期（4万吨/日）、高新区第二污水处理厂首期工程（2.5万吨/日）等22宗污水处理设施项目动工建设。

城区内涝治理。在城市排水建设方面，2013年肇庆市城区新增建设雨水管道27.55千米、污水管道7.35千米，砚都大道、东湖路延长线、尚东康城小区东侧市政道路等路段的排水设施交付使用。

在城市排水管理方面，肇庆市城区渠网管理中心加强城区排水设施的日常清疏、维养，鼎湖区、广宁县、怀集县和封开县均成立渠网管理中心。

城市供水　水源水质。2013年肇庆市各县（市、区）城区供水厂的水源水质基本符合地表水环境质量标准Ⅱ类水质要求，水质达标率100%。7月6日起，肇庆市贺江受到广西上游非法采矿影响引起铊、镉金属元素超标的水污染。省、市有关领导成立水污染事件应急处置联合指挥部指挥应急处置工作。查明污染来源并控制污染源扩散，采取应急措施确保供水安全，抢抓应急水源工程建设，通过水量调度逐步消除水污染影响，事件没有造成人畜饮水安全事故。至7月21日，贺江和西江沿线恢复常态化供水，

▲*2013年11月23日，肇庆市在百花广场举行“美丽城市、从垃圾分类做起”现场会*
(肇庆市城市综合管理局供稿)

贺江水污染事件应急响应解除。

供水能力。2013年，肇庆市供水能力66万吨/日，全市城区供水普及率99%以上，供水水质合格率100%。

供水设施建设。2013年，肇庆市端州区新安装DN（公称直径）100以上供水管道27千米；封开县河南水厂至江口电厂新安装DN150供水管道3.3千米；鼎湖区永安水厂二期工程（4.5万吨/日）扩建项目年内开工建设；鼎湖桂城至莲花段供水管道工程（DN800市政管约20千米），年内开工建设；怀集县城区供水管网与改造工程项目正式实施，总投资4258万元，年内开工建设，旧城区部分管网于年底完成改造。 *（欧剑辉）*

城市供气　2013年，全市有液化石油气经营企业29家，设计储气能力达到4754吨，年供应3.6万吨（其中居民生活用气2.9万吨），全市城市（县城）液化石油气用气人口112万人。天然气经营企业共5家，已建成LNG（液化天然气）储存站3座、接气门站2座、汽车加气站4座，供气管道约400千米。液化天然气（LNG）设计储气能力78.6万立方米，年供气量近5000万立方米，改造使用天然气燃料车辆有：LNG公交车270辆、CNG（压缩天然气）出租车670辆、城际LNG大巴车100辆，日均加气超过2万立方米，全市天然气用气人口10万人。新建端州区中石化西郊站天然气汽车加气站1座、高新区新奥天然气接气门站1座。 *（罗欢）*

城市综合管理　市容市貌整治。2013年，对睦岗金丰广场及周边区域进行大规模集中整治；围绕防治H7N9禽病疫情工作，在城区开展以柑园北路、三鸟市场等核心区域为重点的规模性整治行动；针对“六乱”工作难点，结合“创文”“创卫”需要，展开专项整治行动。

是年，肇庆城区（含端州、鼎湖）发出检查通知书、停止建设通知书及整改通知书845份；立案361宗，建筑面积31.46万平方米，结案254宗，建筑面积17.34万平方米。全年接到来电来信来访投诉（含信访和举报案件）332宗，解决投诉案件302宗。

是年，肇庆城区（端州、鼎湖）共核发选址意见书77宗；核发“建设用地规划许可证”（含重核、补办）645宗，总用地面积539.34公顷；核发“建设工程规划许可证”（含私人住宅）704宗，总建筑面积327.09万平方米；核发“临时建设工程规划许可证”126宗，总建筑面积17.09万平方米；核发“建设工程规划验收合格证”（含私人住宅）802宗，总建筑面积221.67万平方米；核发市政管线“建设工程规划许可证”242宗，批出管线248宗，线路总长207.84千米，批出道路红线32宗，道路长度32.98千米。

年内，城东公园建设成为肇庆市“法治公园”。白沙公园原残旧游乐项目改建为休闲小广场。

（区惠怡　崔廖）

【城镇村庄建设】　2013年，肇庆市各中心镇陆续开展新一轮总体规划编制，高要市白土镇、德庆县悦城镇等镇编制完成新一轮总体规划并获得市政府批复实施。完成德庆县凤村镇、武垄镇等镇的总体规划编制工作，基本实现乡镇总体规划全覆盖。

是年，高要市回龙镇完成名镇建设规划，申报第一批广东省岭南名镇；鼎湖区永安镇、德庆县悦城镇名镇建设规划完成纲要成果。

确定鼎湖区凤凰镇南坑村等100条行政村为2013年度市级村庄规划编制试点，完成2012年度100条行政村村庄规划编制工作，村庄规划编制覆盖率提高到72%。

（区惠怡）

【房地产业与住房保障】　2013年，肇庆市房地产开发投资171.48亿元，比上年增长17.9%；商品房施工面积为1889.83万平方米，增长20%；商品房销售面积为465.39万平方米，增长24.6%；销售总额231.58亿元，增长31.7%；商品房销售均价4976元/平方米，商品住宅销售均价4654元/平方米。2013年，全市有房地产企业440家。

房地产行业管理　一是规范全市房地产市场交易秩序。组织检查组对市城区楼盘商品房销售情况进行专项检查，纠正检查中发现的不规范行为。二是举办和参加珠三角房博会。11月29日~12月2日在肇庆市体育中心荷花馆举办第十六届肇庆房博会。三是广宁御景国际一期、广宁万丰·现代城被认定为“广东省绿色住区”。

房地产交易管理。全年完成市直商品房交易监证1.2万宗，成交建筑面积122.47万平方米，成交金额62.04亿元。二手房交易监证3347宗，成交建筑面积50.43万平方米，成交金额16.77亿元，比上年增长93.8%。

商品房预售管理。全年完成市直商品房预售备案5559宗，备案登记建筑面积66.04万平方米，备案金额37.41亿元，监控账号审批拨款总额59.5亿元。

房地产中介管理。肇庆市住房和城乡建设局对肇庆市5家房地产评估机构进行审批；对城区13家《房地产经纪服务机构》办理登记备案。

物业管理　2013年，肇庆市有物业服务企业149家。肇庆市房地产行业协会联合广东省物业管理行业协会举办“广东省物业管理从业人员（管理员）岗位培训班”，全市202人参加培训。12月，星湖奥园（一、二期）期被评为“广东省物业管理示范小区”。

保障性住房建设　全市新增保障性住房4950套（户），其中新增公共租赁住房2920套，新增租赁补贴30户，完成华侨农场危房改造2000户；竣工（基本建成）3303套，其中华侨农场危房改造

▲2013年广东省宜居社区——肇庆四会市东城街道陶丽小区

(肇庆市住房和城乡建设局供稿)

1322户。2013年全市供应土地面积4.46万平方米，筹措落实建设资金2.59亿元，完成开工保障性住房5164套（户）（含34户租赁补贴），占总任务数4950套（户）的104.32%；基本建成（竣工）3556套，占基本建成（竣工）任务数3303套的107.66%。全市保障性住房建设项目共投入资金2.29亿元，完成年度重点项目计划投资2.03亿元的113%。

住房保障主要做法：一是肇庆市委、市政府连续四年将住房保障工作列入市政府十件惠民实事来抓；二是积极落实土地和资金、多渠道筹集房源；三是完善住房保障政策体系，出台《肇庆市人民政府关于肇庆市城区2013年公共租赁住房申请准入条件的通告》《市直已购经济适用住房上市交易有关问题的通知》。重新修编《肇庆市住房保障建设规划（2011~2015）》，草拟《肇庆市端州城区公共租赁住房申请、审核和管理实施细则（征求意见稿）》；四是落实机构，完善住房保障管理信息系统。

2013年5月23~24日，省住房保障联合考核组考核评定肇庆市2012年度住房保障工作为优秀。

住房公积金管理　2013年全市共缴存住房公积金18.01亿元，比上年增长19.59%，历年累计归集总额达87.39亿元；全市有3757个单位20.52万人参加住房公积金缴存，缴存余额为46.52亿元；全市有2.78万名职工提取住房公积金9.85亿元。历年累计26.8万人次支取住房公积金，支取总额40.87亿元。2013年发放贷款9.34亿元，比上年增长49.05%，个贷率为65.63%，运用率为65.63%，为4477户职工解决购房资金。全市历年累计发放个人住房抵押贷款42.76亿元，解决2.67万户职工的购房资金问题。已回收资金12.23亿元，贷款余额30.53亿元。2013年实现增值收益5250.24万元。历年共划拨廉租住房建设资金1.09亿元。

存在的问题：一是建设资金缺口较大，给推进落实工作带来一定影响；二是大部分县（市、区）是当年确定任务才申请建设用地，新建项目开工前期准备工作较紧张，全市上半年开工率也受到影响。　(张允　卢少媚)

【“三旧”改造】　2013年，肇庆市“三旧”改造1470宗，面积6253.36公顷；完善手续的历史用地面积976公顷；新动工项目40个，新增动工面积172公顷（含续建项目新增动工面积）。全市动工的“三旧”改造项目共149个，规划改造总面积1331.2公顷，完成改造面积167.2公顷，累计投入资金213.6亿元。

(陆彩华)

【建筑业】　2013年，肇庆市建筑业企业189家，其中一级资质企业3家，从业人员3.4万人。房屋建筑施工面积772.31万平方米，竣工房屋建筑面积554.19万平方米。完成建筑业总产值108.58亿元，建筑业增加值53.23亿元，占全市地区生产总值3.21%；建筑安装工程投资额487.06亿元，占全市固定资产投资额48.3%；建筑业企业劳动生产率30.71万元/人。主营业务收入105.11亿元；从承包工程完成情况看，全年自行完成施工产值107.36亿元，占建筑业总产值的99.2%；从建筑业总产值的构成看，建筑安装工程产值107.30亿元、其他产值0.96亿元。实现利润3.96亿元，比上年增长78.4%；实现利税8.43亿元，增长33.4%。

建筑节能设计标准：2013年，全市民用建筑节能审查面积709.08万平方米，新建建筑设计阶段建筑节能强制性标准执行率达到100%。

工程招标投标：2013年，肇庆市完成招标工程共428项，工程预算总造价64.20亿元，中标价62.92亿元，节约投资1.28亿元，中标价比预算造价下浮1.99%。

2013年肇庆市全市低资质的建筑业企业个数多，高资质企业个数少；房屋建筑工程类企业多，其他类别企业少，本地许多建筑工程由外地建筑业企业承包。全市建筑业企业科技含量普遍较低，普遍缺乏先进水平的工艺技术和工程技术；不注重技术开发和科研成果的应用，未能形成自己的专利技术和专有技术。

是年，获广东省建设工程金匠奖工程1项，广东省建设工程优质奖工程3项，广东省优秀建筑装饰工程奖工程1项；广东省安全生产文明施工优良样板工程5项。

(陈蔚宜)

【建设科技与信息化】 建设科技方面。2013年，肇庆市建设科技工作稳步推进。一是加强建筑行业技术培训。339人参加肇庆市首批工程勘察机长、记录员、安全员岗位考前学习班，2374人参加建筑施工企业主要负责人、项目经理、专职安全生产管理人员等“三类人员”安全生产知识继续教育培训班，119人参加一级注册建造继续教育培训班，501人参加市二级建造师继续教育必修课学习，邀请有关专家举办“建筑施工混凝土质量控制和材料送检管理”专题技术讲座。二是推进墙材革新工作，推广蒸压加气混凝土砌块和烧结页岩多孔砖的应用，设立示范工程，为施工企业提供技术指导；发展散装水泥，推广应用预拌混凝土和预拌砂浆。全市散装水泥生产企业6家，预拌混凝土生产企业30家，预拌砂浆生产企业2家。全市完成供应散装水泥量896.76万吨；预拌混凝土生产量293.56万立方米（未包括交通建设专项工程混凝土使用量）。三是推进建筑节能工作。全市新建建筑设计阶段建筑节能强制性标准执行率100%，施工阶段建筑节能强制性标准执行率99.23%。年内，出台《肇庆市民用建筑节能管理办法》《肇庆市发展绿色建筑实施方案》。全市太阳能光热应用面积73.31万平方米。对肇庆市城区74幢办公建筑和部分大型公共建筑2013年度能耗（水、电）情况进行统计及公示，对其中8幢建筑开展能源审计。开展建筑节能宣传周活动，组织建筑节能专题培训120人次。（张允）

【住房和城乡建设部廉政风险防控调研督查组到肇庆调研】 2013年11月6日，住房和城乡建设部党组成员、中央纪委驻住房和城乡建设部纪检组组长杜鹃率领住房和城乡建设部廉政风险防控调研督查组，深入肇庆围绕“信息化建设提升廉政风险防控水平”方面工作进行调研，肇庆市委常委、市纪委书记林晓明等陪同调研。会上，市住房和城乡建设局介绍信息化建设的使用情况。对肇庆市作为“广东省住房保障项目动态管理信息系统”运行试点城市，该系统投入使用后实现对保障性住房建设各环节的实时监察给予高度评价。（苏玉婷）

附录：肇庆市住房和城乡建设管理部门主要领导

肇庆市住房和城乡建设局
党组书记、局长：孟广生
肇庆市城乡规划局
党组书记、局长：汪国齐
肇庆市城市管理和综合行政执法局
党组书记、局长：陈六合
肇庆市代建项目管理局
党组书记、局长：梁伟雄
肇庆市水务局
党组书记、局长：梁　靖
肇庆市住房公积金管理中心
主任：黄志峰

清远建设

【概况】 清远市位于广东省北部，1988年设立地级市。土地面积19035.5平方千米，其中市区面积3649.7平方千米。截至2013年末户籍人口409.8万人；常住人口379.11万人，其中城镇人口181.97万人。是年，全市地区生产总值1093亿元，完成固定资产投资458.47亿元，比上年增长15.53%。

2013年，清远市全面铺开“一心两核”城市建设，燕湖新城主干路网征地拆迁基本完成，首批工程全面铺开，江滨公园等城市提质工程顺利建成，成功创建“国家园林城市”。是年，完成燕湖新城45平方千米的总体规划，基本完成起步区控制性详细规划和核心区详细设计。燕湖新城第一、第二批市政道路涉及的征地拆迁基本完成，34个总投资237.57亿元的项目全部完成前期工作。英德东岸新城4.59平方千米的起步区开工建设，2条主干道抓紧施工，5条主干道前期工作进展顺利。连州新区完成三江河以南控制性详细规划的编制，完成兴连大道主体工程。对市区各类绿地改造提升，完成飞来湖公园、江滨公园等一批园林景观工程改造。大力推进第二水厂建设和七星岗水厂取水口迁移工程，清城、清新供水实现一体化。抓好广清高速公路出口、广清大道沿线、白庙渔村、城西大道迳口段等重要节点的综合整治。建筑业总体呈良好的发展势头。

2013年，清远市推进中心城区扩容提质、美丽乡村建设、县城和中心镇建设、名镇名村示范村建设。

2013年，完成第一批行政审批事项23项内容的取消、下放、转移、委托手续。与相关行业协会签订10项转移事项的交接协议。改善住房和城乡建设行业营商环境。市场监管和诚信体系建设有进展。但是，整体工业投资总量仍偏低。城乡发展不够均衡，城市建设和村镇建设水平有待提高。（陈泳）

【城乡规划】 规划编制　2013年，清远市城乡规划局先后组织开展《清远市城市总体规划》《燕湖新区发展总体规划》《省职教基地控制性详细规划》等32项规划编制。其中，城市总体规划5项、专项规划9项、详细规划编制12项、市政工程规划编制6项。《清远市城市总体规划（2011~2020年）》《燕湖新区发展总体规划（2013~2020）》获省政府同意；《燕湖新城总体规划》《省职教基地总体规划》获清远市政府批准。清远市城乡规划局完成《燕湖新城防洪排涝、城市竖向及排雨排污专项规划》《岭南建筑资料册——清远分册》；完成省职教基地控制性详细规划、职教基地安置区方案、洲心安置区方案；完成清新区中山路以东片区黄坑桥以北段、以南段截污管施工图设计。

规划管理　2013年，市城乡规

2013年清远市住房和城乡建设主要经济产业指标

项　　目	单　位	实　绩	比上年增长(%)
固定资产投资额	亿元	458.47	15.53
建筑企业	个	155	124.64
建筑业总产值	亿元	73.70	13.68
建筑企业利税总额	亿元	3.32	−39.42
建筑企业期末从业人员	万人	3.01	21.37
建筑企业劳动生产率	元/人	244823	−8.81
房屋建筑施工面积	万平方米	912.96	8.39
商品房屋销售额	亿元	242.69	38.21
商品房屋销售面积	万平方米	501.15	21.4
房地产开发投资额	亿元	210	17.37
房屋建筑面积	万平方米	951.6	14.31
建成区绿化覆盖率	%	39.64	2.73
人均公园绿地面积	平方米/人	15.75	9.37
人均城市道路面积	平方米/人	26.51	38.36
城市用水人口	万人	136.75	5.3
城市自来水普及率	%	75.15	1.76
城市燃气普及率	%	91.67	1.24
城市液化气供应总量	万吨	5.1486	−12.88
城市天然气供应总量	亿立方米	0.432	36.47
城市污水处理厂	座	16	0
生活垃圾无害化处理率	%	67.5	31.1
城镇化率	%	48	0.07
住房公积金缴存额	亿元	23.55	25.13
住房公积金贷款额	亿元	11.34	4.22
保障性安居工程	套	7064	195.30
绿色建筑面积	万平方米	128	848.15

(清远市住房和城乡建设局)

划局共核发《建设项目选址意见书》14宗，办理“核发规划设计条件”事项219宗，办理“核发建设用地或征地红线图”事项140宗；规划许可总建筑面积680.8万平方米，建设项目规划验收建筑面积309万平方米。发出行政处罚告知书154份，行政处罚决定书130份。对市区内违法户外广告进行清理整治，共拆除违法广告465宗。总行政审批事项由17项调整为11项，所有行政审批事项总承诺时限由215个工作日缩减到86个工作日；项目报建流程由原来的110个工作日缩减到53个工作日；调整工业项目的办理流程总工作日时间由74个工作日缩短至23个工作日。

职能调整　2013年1月11日，设立清远市城乡规划局清新分局，为清远市城乡规划局派出机构。自9月1日起，清远市区范围户外广告设置审批职能由清远市城乡规划局下移至区级城市管理主管部门。

村镇规划　至2013年底基本完成市域101个村庄的测绘及规划编制工作；抓好石潭镇联滘村委会建庄等50个村庄布局规划调研工作。

(李艳环)

【宜居城乡建设】　2013年，清远市委办印发《清远市中心城区扩容提质五年行动计划》，市府办印发《清远市中心城区扩容提质五年行动计划纲要》。清远市政府与省住房和城乡建设厅签订《加快中心城区扩容提质，建设幸福美丽新清远合作框架协议》。印发《清远市加快县城和中心镇建设指导意见》，各县（市、区）制定相应行动计划和工作方案。“水清景美的连南县三江河”项目获得“2013年广东省宜居环境范例奖”。截至2013年，全市有16个镇获得市“宜居城镇”称号，14个镇获得省“宜居城镇”称号，20个村获得市“宜居村庄”称号，21个村获得省“宜居村庄”称号；14个社区获得市“宜居社区”称号，19个社区获得省“宜居社区”称号。

(陈泳)

【城市基础设施建设与管理】　市政建设　市政设施建设。2013年，清远市代建项目管理局承担政府投资工程项目约98项，总投资约378.46亿元，累计完成投资35亿元，其中2013年完成投资额35亿元，完工项目达12项。

(黄彦菲)

道路设施维护。2013年，修复沥青路面28976平方米，修复混凝土路面4098.72平方米，清除路面洒漏混凝土421平方米，更换人行地面砖6203平方米，更换、维修城市道路侧平石7419米，翻新标线66781.84平方米、标线箭头2034个，新增警示标志93套，更换和修复各类警示标志131套，更换各类检查井盖、雨水箅子、提升改造雨、污检查井、雨水井共389件。

路灯管理。2013年，清远市全年城市路灯亮灯率98%。清新区先后安装路灯133盏。受理路灯故障电话255次，累计完成抢、维修513班次，维修路灯1479盏次，更换各类光源电器1057套，更换电缆9086米。清城区路灯监控中心实行24小时运作，全年共处理群众保障来电126次，处理后台有效监控报警215起，处理紧急线路灯杆故障145起，处理被盗现场91次（立案58宗）。

城市园林绿化　2013年，清远

市绿化提升改造工程主要完成首批和第二批的绿化升级改造项目，工程总投资6636万元，升级改造绿化面积21.8万平方米。其中：首批公路绿化升级改造项目主要对会展中心南广场、武广高铁站前广场等15个分项目进行绿化提升改造，工程投资3995万元，改造面积18.5万平方米；清远市第二批公路绿化升级改造项目主要对凤翔中路等4个分项目进行绿化提升改造，工程投资2641万元，改造面积3.3万平方米。

是年，投入144万元实施每两月一次的凤城大桥挂花、换花工程，累计挂花、换花15.3万株；投资16万元，在中山公园、江滨公园和高新区进行苗木补种。实施笔架河西岸绿化整治工程，整理绿地面积6000平方米，种植细叶榕90株、黄榕球420株。投入70万元，完成凤城文化体育公园等地的基础设施维修工作；投入40万元制作各类不锈钢指示牌。增加休闲场所，其中飞来湖公园总面积约200公顷。

(刘卫平)

绿道建设　2013年，清远市住房和城乡建设局制定《清远市2013年绿道网建设实施意见》。2013年完成各级绿道建设224.47千米，年度建设总任务313.28千米，完成率71.7%；完成省立绿道建设111.78千米；完成市立绿道建设112.69千米。市区北江南岸绿道建设（升级改造）作为2013年清远绿道重点示范工程。

(陈泳)

城市环境卫生　建筑垃圾管理。2013年，处置建筑垃圾60多万立方米，收取建筑垃圾处置费348万多元；开展建筑工地环境卫生专项整治行动32次，印发整改通知书146份；组织执法行动200多次，检查散体物料运输车辆1500多车次，查处撒漏违章车辆655车次，查处未办证偷排装修余泥11宗；清理无主装修余泥近6000多立方米。

(刘卫平)

建筑工地环境整治。清远市住房和城乡建设局印发《关于进一步加强我市建筑工地施工现场保洁整治工作的通知》《补充通知》以及《建筑工地环境整治提升工程实施细则》。清远市工程建设安全监督站与125个建筑工地签订保洁责任书。

(陈泳)

▲清远市区远眺（2013）　　（清远市住房和城乡建设局供稿）

生活垃圾无害化处理工作。截至2013年12月15日，所有县、市垃圾无害化处理场均已动工建设。全年环卫清扫保洁作业面积780万平方米，全年清扫垃圾量19万吨；垃圾中转站运作正常，中山路垃圾中转站处理第一服务区生活垃圾95吨/日，飞水垃圾中转站处理第二服务区生活垃圾35吨/日。莲塘中转站于9月中旬全部竣工并开始投入使用。

(刘卫平)

城市生态保护建设　推进江河环境保护。2013年，清远市政府印发《清远市区城市综合管理六大提升工程总体工作方案》《清远市连江流域环境整治专项行动方案》。英德、连州、阳山三地政府也制定辖区内连江流域整治工作方案。清远市住房和城乡建设局起草制定《清远市南粤水更清行动计划(2013~2020)》《清远市区饮用水源保护区调整方案》《清远市乡镇集中式饮用水水源地保护区划分方案》。截至2013年底，全市建成污水处理厂16间，日处理能力达34.5万吨，正在建设4家（东城、横荷、乐排河、望埠污水处理厂），日处理能力11万吨。是年底，全市铺设污水管网约150千米。推进农业污染源减排，对市27家规模化畜禽养殖场进行污染整治，减少排放化学需氧量490吨、氨氮81吨。

开展大气污染防治行动。2013年，清远市环保局开展大气污染防治行动。一是强化水泥行业脱硝。完成省下达给市的11条2000吨以上水泥熟料生产线脱硝治理工程任务，新建脱硝工程总投入资金超过2400万元，水泥行业氮氧化物排放量比上年减少3575吨。二是加强机动车污染防治。清远市政府印发《关于清远市执行第四阶段国家机动车大气污染物排放标准的通告》。是年全市淘汰“黄标车”413辆，发放绿色环保标志52479个。三是推进落后产能淘汰和非电行业减排。是年市结构调整落后产能气污染物项目35个，减少氮氧化物排放663吨。推进森叶（清新）纸业有限公司、佛冈盈泰纺织品染整有限公司等工业锅炉脱硫工程。四是深化陶瓷行业综合整治。市政府印发《清远市陶瓷行业综合整治工作方案》，市住房和城乡建设局出台《清远市陶瓷行业执行阶段性污染物排放标准的指导方案》，全市有10家陶瓷企业完成综合整治，其中7家通过环保验收。

推进固体废物和重金属综合整治。2013年，清远市环保局推进固体废物和重金属综合整治。一是龙塘、石角电子废弃物污染环境综合整治工作取得进展。二是实施重金属污染防治规划，推进重金属污染减排。淘汰涉重金属落后产能企业（生产线）11家，完成铅蓄电池企业综合整治6家，连南15家小型铅锌矿山企业整合为4家，实行集中开采，集中治污等。三是加强固体废物规范化管理，实现危险废物经营许可网上申报及审批。截至2013年底，全市产生危险废物1吨以上的单位186家，产生转移出外市处理的危险废物15715吨，转入市处理（含本市产生）18980吨。

（陈智林）

城市水环境建设　污水处理。2013年，全市运行污水处理厂有16间，设计处理能力34.5万吨/日，实际污水处理26.22万吨/日，城市生活污水处理率87.65%。在建污水处理厂3间（清城区的乐排河、横荷、东城），设计处理能力10万吨/日，配套管网长度100.1千米。其中乐排河、横荷污水处理厂于年底建成并投入试运行。基本完成龙塘河、澜水河截污工程前期工作。

城市排水。2013年，出台《清远市城市排水管理办法》清远市区2013年建成排水管道486.5千米，其中：雨水管265.8千米，污水管220.7千米；治理内涝黑点6处，河道整治14.5千米。龙沥电排站、鸡乸岗排灌站于年底建成并投入使用。

河涌与内涝整治。2013年，清远市完成连州保安水、清城区龙塘围、阳山七拱河等中小河流综合整治工作；动工建设9宗中小河流综合治理工程；市区大燕河整治工程主体工程总体形象进度达到85%，闸坝工程、发电厂房、穿堤箱涵等基本完成；基本完成笔架河整治工程前期工作。

饮用水源保护。科学划定保护区，设立38个水功能区；修改完善《清远市进一步加强饮用水源保护工作的实施意见》《水资源综合规划》《清远市北江河流域规划》《清远市水功能区规划》；委托中山大学编制《清远市饮用水源保护区调整可行性研究报告》；加强对饮用水源地的监测；做好城市集中式饮用水水源环境状况评估工作。

城市供水　水源水质状况。一是饮用水源。清远市饮用水源地共设10个监测断面（包括水库），各县市饮用水源水质达标率在99%以上，绝大部分达100%，2013年全市饮用水源水质优；二是江河湖库。江河湖库水质保持上年水平，以Ⅱ类为主，Ⅲ类次之。总监测的17个江段（包括湖库）水质达标的有14个，占82.4%。年均值超标项目主要为氨氮。

供水设施与能力。全市城市（县城）供水企业共10家。自来水厂15座，自来水厂设计供水总量为73.7万立方米/日，实际供水总量51.87万立方米/日，管网主干管全长3660.81千米，供水人口162.59万人。9月底完成市区和清新太和管网连通工作，改善清城区供水状况。

（涂学军）

城市供气　2013年，市区坚持“打非治违”工作，配合各部门对其属地的黑气点进行排查、清理，收缴气瓶348个。开展石油天然气输送管道安全生产专项检查，清城区发现安全隐患5处，全部整改。清新区排查事故隐患58处。截至年底，全市管道燃气用户4.8万户，是年天然气销售量为3626吨，比上年增长29.5%；市区瓶装气用户10.8万户，其中清城区6.84万户、清新区3.96万户。

清远市城市规划委员会审议通过《清远市区加油加气站专项规划》。

城市综合管理　市容环境整治工作。2013年，重点开展内街小巷、集贸市场、户外广告等专项整治。结合“国际旅游文化节”，清理流动摊档936档，规范店铺超门槛经营6265档；将新城的三角市场等市场周边列为重点整治对象，开展53次综合整治，至旅游文化节前，开展市容市貌综合整治45次；出动执法人员2000多人；出动执法车辆96辆；发出“六乱”限期整改通知书1102份；清理流动摊档1231档；整治店外经营926档；清理违章广告牌95块（幅），清理乱拉乱挂86条，拆除违章搭建雨棚、铁棚318个，面积约9650平方米。

（刘卫平）

建筑工地管理。2013年，清远市印发《清远市市区建筑垃圾专业化密闭运输实施办法》。清远市工程建设安全监督站全面检查市中心区域存在建筑垃圾、余泥运输的在建项目，对63宗在建项目作出暂停施工的处置。

（陈泳）

【城镇村庄建设】　中心城区扩容提质　2013年，清远市人民政府与广东省住房和城乡建设厅签署《加快中心城区扩容提质，建设幸福美丽新清远合作框架协议》。清远市住房和城乡建设局委托深圳市蕾奥城市规划设计咨询有限公司为《清远市中心城区扩容提质五年行动计划》以及《清远市中心城区扩容提质五年行动计划纲要》的编制提供技术支持。其中行动计划于6月9日由清远市委办公室印发，行动计划纲要于9月27日由清远市府办公室印发。

中心镇建设　2013年，清远市有23个中心镇。清远市住房和城乡建设局印发实施《清远市加快县城和中心镇建设指导意见》，进一步完善城镇基础设施、配套设施、公共设施，落实公共服务均等化。

美丽乡村建设　清远市市委办公室印发《中共清远市委清远市人民政府关于推进美丽乡村建设的指导意见（试行）》和《清远市美丽乡村建设结对帮扶方案》。清远市住房和城乡建设局编印《清远市美丽乡村建设环境整治指引》，编制《清远市美丽乡村房屋建筑设计图集》。完成101条美丽乡村的建设规划工作，初步建立美丽乡村建设工程项目库。清远市住房和城乡建设局起草《清远市农村环境综合整治工作实施方案》，制定并上报市政府印发《清远市开展“美丽乡村，环卫先行”农村清洁工程专项活动实施方案》，分解落实农村清洁工程任务。是年2月，首批专项补助资金共3313万元下达到县级，其中，76个垃圾中转站补助资金1900万元，1013个行政村垃圾收集点补助资金1013万元。建成“一镇一站”垃圾中转站84个、“一村一点”垃圾收集点15790个，农村改厕普及率达82.2%。完成4条村的整村推进建设，新创建省级卫生村9条。根据建设规划，全市梳理建设和整治项目779个，投资框算1.36亿元。全市开工建设、整治项目402个，累计投资3611.95万元，开工率51.6%。全市拆除危旧泥砖房茅草房1900多间，面积7.1万平方米。全市到位美丽乡村建设资金3991.08万元。涌现出英德东华文南村马栏组、清新石潭西安村委会大洲村等一批不等不靠，积极整治环境的乡村。 *（陈泳）*

【房地产业与住房保障】 房地产开发　2013年，清远市房地产开发企业完成投资210亿元，其中清城区131.91亿元，分别比上年增长17.37%和13.38%。全市商品房施工面积912.96万平方米，其中清城区568.07万平方米，分别比上年增长8.39%和12.63%。全市商品房新开工面积711.47万平方米，其中清城区新开工面积457.82万平方米，分别比上年增长33.69%和42.02%。全市商品房竣工面积240.13万平方米，其中清城区156.57万平方米，分别比上年下降20.03%和11.55%。

2013年，全市批准预售单元56345个，批准预售面积657.42万平方米，其中清城区批准预售项目206个、35730单元，面积427.05万平方米。各县（市）批准预售项目206个、56345单元，面积657.42万平方米。全市商品房销售面积501.15万平方米，其中清城区278.75万平方米，分别比上年增长21.4%和45.47%。全市商品房销售额242.69亿元，其中清城区155.57亿元，分别比上年增长38.21%和49.33%。是年，清城区、英德市区和连州市区商品住宅交易全年均价分别为5345元/平方米、3038元/平方米和3318元/平方米，分别比上年增长6.03%、6.22%、7.41%。

房地产行业管理　2013年，清城区办理房地产开发企业资质年审284家，审批项目公司资质40家，计划投资总额49.94亿元。各县（市）审批项目公司资质43家，计划投资84.06亿元。是年，全市有房地产企业795家。是年，清远发生涉嫌一房多卖违法违规案件，清远市住房与城乡建设局成立应急处理小组，通过约谈涉嫌开发商、收回预售许可证、暂停楼盘预售、对涉案楼盘进行摸底调查等措施，配合清远市处理工作领导小组做好处理善后工作。清远市住房和城乡建设局对市区有房地产开发项目的106家企业开展全面检查加强房地产市场监管，完善预售款监管审批流程。

商品房预售款监管　2013年，审批市区楼盘112个，预售款提用申请4519笔，累计审核商品房预售款136.257亿元，办理取消商品房预售款监控楼盘11个。市区签订“清远市区商品房预售款专用账户监管协议书”335份，新签订开发预售人32个。

保障性住房建设　2013年，清远市制定《清远市落实2013年住房保障工作目标任务工作实施方案》。是年，中央、省共分配清远市保障性资金3880.35万元，其中中央公共租赁住房专项资金2920.35万元、公租房省级以奖代补专项补助资金960万元。是年，保障性安居工程开工3114套（其中公租房新建999套，华侨农场危房改造2115套）；基本建成3429套（其中廉租房基本建成217套，公租房基本建成1217套，经济适用住房基本建成270套，限价商品房基本建成28套，危房改造基本建成1697套）。入住1927套，其中公租房入住899套，危房改造入住1028套。发放新增廉租住房租赁补贴521户，金额39.2357万元。全市总任务完成率124.87%，新建项目开工率115.46%，其中公租房开工率108.94%，华侨农场危房改造开工率120.86%；基本建成完成率137.32%，其中公租房基本建成完成率193.09%，华侨农场危房改造基本建成完成率106.06%。新增廉租住房租赁补贴完成率105.68%。

物业管理　开展物业管理行业诚信体系建设工作，制订实施

▲*清远市北江两岸住宅群（2013）* *（李作描　摄）*

《物业服务行业企业不良行为扣分标准》和《物业服务行业企业优良行为加分标准》。市住房和城乡建设局与清城区住房和城乡建设局联合举办“清城区业主委员会备案培训班”。指导万科城等项目申请参加2013年清远市物业管理示范项目考评的项目开展创优工作。协助市物价局开展物业服务收费管理，规范物业服务收费行为。研究制定《清远市普通住宅物业服务等级及服务内容参考标准》。2013年，全市物业服务企业122个，市区归集专项维修资金7374.25万元，历年累计归集专项维修资金3.35亿元；使用专项维修资金53.77万元，历年累计使用专项维修资金102.47万元；专项维修资金总计3.37亿元。

（陈泳）

住房公积金管理 2013年，全市住房公积金归集额为23.55亿元，比上年增长25.13%，至2013年底住房公积金累计归集余额为45.16亿元，比上年增长16.55%。是年，全市办理住房公积金提退金额16.75亿元，比上年增长31.76%。2013年，全市住房公积金贷款金额11.34亿元，比上年增长4.22%。到2013年底全市住房公积金贷款累计余额41.39亿元，比上年增长20.65%，住房公积金个人贷款比率91.64%。2013年全市住房公积金贷款人数4131人，累计27057人享受住房公积金贷款。

房改业务 2013年，清远市新增货币分配1855人，核准新增发放资金0.69亿元，累计实施住房货币补贴人数20867人，核准发放资金3.68亿元。全市房改房上市交易比上年增加1409套，面积12.68万平方米，累计上市交易12733套，面积113.41万平方米。 *（李琳琳）*

【“三旧”改造】 2013年，清远市纳入标图建库的面积1.07万公顷，其中旧村庄面积0.54万公顷；旧厂房面积0.22万公顷；旧城镇面积0.31万公顷。全市“三旧”改造获省政府批准24宗，改造面积198.17公顷，约为全省的六分之一。其中旧厂房12宗面积35.03公顷，旧村庄12宗面积163.81公顷，全年完成“三旧”面积21.18公顷，投入资金23.4万元，占同期固定资产投资比例4.62%；节地率64%。 *（涂学智）*

【建筑业】 2013年，清远市建筑业报建量比上年增长较大，报建总宗数799宗，报建总面积1303.36万平方米，比上年增长86.24%，报建总造价223.22亿元，增长117.34%。市住房和城乡建设局直接办理的工程报建宗数149宗，报建总面积481.94万平方米，比上年增长131.26%，报建总造价102.58亿元，增长157.61%。全市获2013年度“广东省建筑工程优质奖”3项，获2013年度“广东省建设工程金匠奖”3项，获2013年度“广东省优秀建筑装饰工程奖”6项。

建设市场管理 加强建设市场资质监管和执法检查。2013年，全市建筑业企业155家；设计施工一体化企业10家；监理企业7家；建设工程质量检测机构单位5家；工程招标代理企业4家；工程造价咨询企业4家。核发建筑行业企业资质（含变更）113家，办理安全生产许可证申请（含变更）事项59宗；办理外来建筑业企业和外来监理企业单项工程备案共283宗。办理房屋建筑工程竣工验收备案110宗，总建筑面积248.28万平方米。开展建筑市场监督执法检查，共查处58宗违法违规行为，罚款金额共计334.26万元。

建设工程质量监督 2013年，清远市建设工程质量监督站将两个监督室分片区对建设工程实施质量监督，定期轮替。加强对商品混凝土质量的监管，成立混凝土监督室，试运行混凝土质量动态监管信息系统。实现质量监督与质量检测机构、人员分离，完善监督抽检，取缔加气混凝土砖等建筑材料“专门试件”。全年发出质量整改通知461份，扣分处理128人（次），对违法单位立案调查8宗，执行处罚金额138.49万元。

建设工程安全生产 2013年，清远市加强重大危险源的监控，成立起重设备监督室，定期专业督查，视频监控现场管理人员到岗管理状况。全年完成118宗工程资料审核，161宗专家论证，对37宗受监工程进行安全技术交底和重大危险源辨识，办理起重设备产权登记85台、安装告知391台、使用登记419台次、拆卸告知345台。制定《2013年清远市建筑施工安全生产督查工作方案》《清远市建筑行业2013年“安全生产月”活动方案》，检查93宗工程，印发37份整改书，对9家建设企业59名人员进行扣分处理。是年，全市发生施工安全事故1宗（阳山县科技图书综合馆项目），死亡1人。

建设工程质量检测 开通清远市重点建设项目、工业项目实施检测“绿色通道”，优化基础施工登记制度，提前检测工程157宗，其中政府工程47宗。投资近400万元购置、更新多台（套）试验仪器设备，在各县区增设3000吨检测加载用混凝土块和钢梁设备，增强检测试验能力。开发并启用“检测结果短信发布平台”“建材样品网上委托收样系统”“检测试验监管平台”等自动化办公系统。是年，完成各种建筑材料试验10.97万组，比上年增长2.6%，基础和结构实体检测工作量增长31%。

建设工程招标投标 2013年，印发《清远市区建设工程招标代理机构预选及考核管理暂行办法》《清远市区政府投资建设工程招标代理机构选取规则》《清远市市外工程招标代理机构诚信登记管理办法》。建立招标代理预选库和政府投资项目随机抽取招标代理机构制度。全年会审重点建设项目招标文件82份。进入清远市工程交易中心交易的工程项目312宗，工程预算价507.11亿元，工程发包价503.66

亿元。市区政府投资项目167宗，预算价405.12亿元。

勘察设计市场管理　2013年全市勘察设计企业30家，勘察设计从业人员2056人，将外来勘察设计单位的备案管理工作转移到勘察设计协会，市住房和城乡建设局逐步推行诚信信息登记管理制度，对外省（市）勘察设计进清单位进行诚信评价。取消勘察设计合同备案事项，建立施工图审查备案制度，办理施工图审查备案87宗，面积510万平方米，施工图变更审查备案14宗，面积35万平方米。加强勘察设计市场准入管理。是年，办理外来勘察设计企业单项备案155家（次），办理勘察设计企业年度备案22家；对24个工程项目94家勘察设计企业进行招投标前的资质核查。完成大中型初步设计审查133项。

工程造价管理　2013年，对25家工程造价咨询企业（含市外企业分支机构）进行评价，未发现违反《工程造价咨询企业管理办法》的不良行为，但部分企业清单成果存在不规范问题，未通过ISO质量认证。完成工程预算备案项目299个，工程总建筑面积559.58万平方米，工程总造价109.85亿元。完成工程计价依据解释、造价纠纷协调工作15宗，与省总站联合完成6宗。

行政审批制度改革　清远市住房和城乡建设局有23项行政审批事项纳入清远市政府公布的《2012年第一批行政审批制度改革事项目录》。第二批行政审批制度改革涉及清远市住房和城乡建设局事项为转移2项，委托1项。清远市住房和城乡建设局全部完成两批事项的取消、下放、转移、委托手续，并将相应信息于该局门户网站上向社会公开。（陈泳）

【建设科技与信息化】　2013年，清远市住房和城乡建设局全面推进新建建筑执行节能设计标准，加强设计、施工及验收各环节的监督检查。截至2013年底，共办理节能设计审查备案135宗，面积794万平方米；办理节能设计变更35宗，面积196.5万平方米；办理建筑节能竣工备案83项，面积299万平方米。

推动建筑节能科技发展　2013年6月，清远市住房和城乡建设局组织相关人员参加省住房和城乡建设厅建筑节能科技和普法宣传活动；9月，组织全市工程技术人员在清远万科华府工地召开现场观摩会，同时邀请环保节能制造商在现场设展位，推介建筑节能产品，举行大型节能宣传活动。

2013年，清远市印发实施《清远市促进绿色建筑发展暂行办法》。11月6日，清远市住房和城乡建设局与广东省建筑科学研究院签署绿色建筑合作框架协议，于“十二五”期间在清远市开展绿色建筑与建筑节能的战略性技术合作。是年底，时代倾城等13个项目128万平方米绿色建筑通过初步设计审查，其中9个项目94.8万平方米工程办理绿色建筑备案手续。是年，办理节能设计审查备案135宗，面积794万平方米；办理节能设计变更35宗，面积196.5万平方米；办理节能竣工备案83项，面积299万平方米。

2013年，清远市住房和城乡建设局对新增的15幢办公建筑和大型公共建筑开展能耗统计分析。对清远市所有新建财政或国有资本投资建设的项目照明工程在施工图设计文件审查时把关，要求全部必须使用LED照明产品。在全市范围推广太阳能供热系统、空气能热水系统改造及农村沼气应用等。（陈泳）

LED照明产品推广。2013年，市区LED路灯改造约51400盏（清城区42000，清新区9400），完成LED路灯改造总数的95%；完成市区亮化提升工程。各县（市）完成LED路灯改造总量的80%。（刘卫平）

散装水泥管理　2013年12月16日，清远市住房和城乡建设局印发《清远市商品混凝土质量监督管理实施办法》。年底，全市在信息平台登记并取得生产资质的预拌混凝土企业22家（市区14家），水泥企业2家，预制构件企业1家。全市供应散装水泥1372万吨，预拌混凝土生产379.51万立方米，自2012年9月放开市场，市区取得预拌混凝土生产资质投产企业由原来6家增至14家企业，生产能力是原来2.5倍。

新型墙体材料应用　2013年，清远市区建设工程100%使用新型墙材，征收墙体材料专项基金218宗，7397.35万元。返退墙体材料专项基金108宗，1885.52万元。严格执行建筑节能强制性标准，开发新型墙材。清远市住房和城乡建设局与广州大学共同合作研究“蒸压陶瓷抛光渣砖”项目，《蒸压陶瓷抛光渣砖》（广东省标准）于2013年通过省质监局发布实施。开展墙体材料专项检查验收工作，检查工地123宗，对未按要求进行墙体验收的工地进行通报。

市场监管和诚信体系建设　2013年，清远市住房与城乡建设局起草印发《清远市住房和城乡建设行业企业诚信信息管理办法》等14份规范性文件。与省住房和城乡建设厅对接，经清远市政府同意，开展清远市建设行业市场监管和诚信体系管理信息系统开发。

建设行业信息化管理　清远市对市区23条混凝土生产线实行远程监控，在混凝土试件中植入芯片，促使预拌混凝土价格下降的同时提高服务质量。利用视频监控系统，对104个在建项目进行视频点名。

房产信息化管理　实现与省厅联网数据上传；存量房网签工作完成前期准备工作，全面模拟测试；存量房资金托管工作基本完成。（陈泳）

【清远市建成全江景绿道】　2013年，清远市江心岛及南岸绿道工程江滨公园段，于2013年10月底全面竣工开通，作为清远市中心城区首批扩容提质重点工程和清远市十件民生实事工程之一。项目建安总投资2.7亿元，绿道全长13.8千米。南岸绿道以北江堤围为依托，向北江伦洲岛方向延伸，成为全程一线江景的特色绿道。截至年底完成北江一桥至凤城大桥段并投入使用。（陈泳）

【燕湖新区总体规划获省政府通过】 2013年11月14日，广东省省长朱小丹主持召开省政府常务会议，审议并原则通过《清远燕湖新区发展总体规划（2013~2030年）》。会议强调，要建设“后花园式”新城，把燕湖新区建设成为清远跨越发展引领区、广清一体化合作平台、珠三角新兴产业拓展区、岭南低碳生态示范区。（陈泳）

附录：清远市住房和城乡建设管理部门主要领导

清远市住房和城乡建设局
党组书记、局长：吴定移
清远市城乡规划局
党组书记、局长：朱　磊
清远市城市综合管理局
党组书记、局长：梁智威（任至2013年11月）
党组书记、局长：曹志明（2013年11月任职）
清远市代建项目管理局
党组书记、局长：张思成（任至2013年2月）
党组书记、局长：段　军（2013年8月任职）
清远市水务局
党组书记、局长：钟耀林
清远市住房公积金管理中心
主任：肖　宁

潮州建设

【概况】 潮州市位于广东省东部，1991年设立地级市，全市土地面积3146平方千米，其中市区面积152.47平方千米。截至2013年末户籍人口267.16万人；常住人口266.98万人，其中城镇人口64.5919万人。

2013年，潮州市完成地区生产总值780.3亿元，比上年增长11%；人均生产总值28837元，比上年增长10.5%；地方公共财政预算收入37.1亿元，比上年增长16.1%；固定资产投资253.6亿元，增长19.3%。

2013年，潮州市住房和城乡建设基础设施投入加快，累计投入59.96亿元，比上年增长45.9%。房地产开发持续高涨，实现投资25.5亿元，比上年增长5.81%；厦深高速铁路潮汕火车站商贸物流中心等57个市重点项目年度完成投资82.8亿元，占年度重点建设项目投资计划的91.2%。其中，厦深铁路潮州段、潮州恒大城、潮安区特色产业基地和名瑞集团新厂区等22个项目完成或超额完成年度投资计划，共完成投资60.7亿元，占年度投资计划134%。

2013年，潮州住房城乡建设各项事业稳步发展，但也存在一些不足，主要表现在：重点工程项目建设的投入不足，项目建设进度较慢；城乡垃圾无害化处理管理体制需完善，业务监管和服务有待进一步加强。（李旭伟）

2013年潮州市住房和城乡建设主要经济产业指标

项　　目	单　位	实　绩	比上年增长（%）
固定资产投资	亿元	253.6	19.3
建筑企业	个	82	-1.2
建筑业总产值	亿元	34	5.26
建筑企业利税总额	亿元	3.25	22.64
建筑企业期末从业人员	万人	1.46	26.96
建筑企业劳动生产率	元／人	232876.00	-17.09
房屋建筑施工面积	万平方米	531.1	15.2
商品房屋销售额	亿元	48.5	52.52
商品房屋销售面积	万平方米	75.2	22.28
房地产开发投资额	亿元	25.5	5.81
房屋建筑面积	万平方米	80	16.79
建成区绿化覆盖率	%	44.27	0
人均公园绿地面积	平方米／人	13.08	2.19
人均城市道路面积	平方米／人	12.02	5.53
城市用水人口	万人	36.02	-2.12
城市自来水普及率	%	100	0
城市燃气普及率	%	100	0
城市液化气供应总量	万吨	7.52	-30.39
城市天然气供应总量	万立方米	22525	9.56
城市污水处理厂	座	1	0
生活垃圾无害化处理率	%	90.32	0
城镇化率	%	63.15	-
住房公积金缴存额	亿元	25.13	19
住房公积金贷款额	亿元	3.72	0.4
保障性安居工程	套	1077	-30
绿色建筑面积	万平方米	-	-

（潮州市住房和城乡建设局）

【城乡规划】 规划编制 2013年，潮州市启动潮州新区起步区规划编制，完成潮州新区起步区概念性规划编制，完善用地布局、功能分区、道路网络等。中心城区控规全覆盖分为31个编制单元，古城控规单元《潮州市古城区控制性详细规划》经潮州市政府常务会审议通过；《中心城区用地控制性详细规划（全覆盖）》新编控规用地面积48.73平方千米，完成《韩东新城区（河内片区）控制性详细规划》（即D2、D3控规单元）初步成果并落实公示，完成17个单元控规初步方案编制工作。《潮州国家历史文化名城保护规划》上报省政府审批；《潮州市中心城区户外广告设置规划（修编）》《潮州市临街建筑招牌广告设置规划指引（修编）》《潮州市中心城区应急避护场所的建设规划》和《潮州市绿道网总体规划》由市政府批准实施；组织开展《潮州市交通综合研究（规划）》《城市交通现状调查与分析报告》《交通发展战略》和《近期建设规划》编制。

规划服务 2013年，潮州市完成湘桥区、枫溪区15个“三旧”改造单元的规划编制和13个“三旧”改造单元规划审查。服务重点项目，落实东兴北路截污管道工程、桥东污水处理厂进厂配套管网、三利溪阳渠段排水工程、美人城片区排水工程以及宾园路、北站二路、绿榕西路、金塘路、五斗山道路等一批建设工程的规划设计。2013年，为64宗建设用地出具用地规划条件，用地面积187.79万平方米。

规划管理 2013年，设立潮州市城乡规划局湘桥分局和枫溪分局。组织制定《潮州市规委会审议项目提交条件》《潮州市中心城区建设用地土地使用强度控制技术导则》，出台农村集体建设用地工程规划许可和规划核实办法，规范规划管理会审制度，建设项目实行批前公示、批后公告。

规划审批 2013年，潮州市取消改变地貌活动和城市规划编制单位丙级资质认定两项行政审批事项，剔除法律法规没有明确要求的行政许可前置条件，全面实现网上报建、网上审批。2013年，共受理各类项目规划许可108宗，办结108宗，收取城市基础设施配套费1.42亿元。

规划监察 2013年，潮州市纠正各类违章建设（含立面）81宗，面积3.83万平方米；对各类违法违规建设实施行政处罚34宗、处罚金额617万元；强制拆除违法建筑总面积约3300平方米。落实信访案件调处，受理各种途径来源的群众信访事项52宗，全部办结。 *（洪群钊）*

【宜居城乡建设】 2013年，潮州市提出以统筹城乡发展为主线，建设“宜业宜游宜居”现代化滨江城市的工作目标。饶平县黄冈镇河南社区和湘桥区城西街道新南社区被确认“广东省宜居社区”。 *（卓扬）*

【城市基础设施建设与管理】

基础设施建设 交通基础设施建设。2013年，潮州市新改建县乡公路52.2千米、通村公路215.7千米，厦深铁路潮汕站和饶平站完成建设配套，实现按期通车运营。潮惠高速公路、S222线、S232线、饶平环城北路、设韩江东西溪大桥、潮州大桥和韩江大桥维修工程等项目陆续开工建设。

市政道路建设。外环北路外环西路市区段改造工程计划总投资2.03亿元，完成投资1.88亿元（92.59%）。全长5.141公里，已完成通车2.3公里；枫韩线工程计划总投资6328万元，已完成投资3961万元（62.59%）。全长2.2公里，已完成1.6公里的道路建设。

排污治污工程建设。仙洲岛排污口人工湿地工程、东兴北路截污管道工程、潮枫路枫溪广场至三利溪排污管网工程基本建成；桥东污水处理厂进厂配套管网工程完成78%工程量。

市政设施维护管养。积极落实措施，确保市区在管道路完好、沟井齐全、道路亮灯率达标。开展对城区排水渠系的巡查和飘浮物打捞工作，组织对市区主要道路特别是易积水区域下水道的全面清疏，并对布街下水道和新春路路面进行改造，提高市区排水功能。市区推广应用LED照明改造项目完成施工图设计、审核、预算及审核等工作，并进入政府采购程序。

园区基础设施建设。2013年，潮州市完成径南工业园一期工程，已招商项目31个、总投资66亿元。加快临港产业园、潮安特色产业基地园区规划建设，分别被认定为省循环经济工业园和列为省现代服务业集聚区。

港口基础设施建设。2013年，潮州市逐步完善进港大道、亚太码头各项配套，潮州港口岸核心能力建设通过国家验收。

▲*2013年6月29日，潮州大桥工程开工建设* *（陈泽生 摄）*

水利能源建设。2013年，潮州市继续推进沟尾溪、内洋南总干、河内湖等涝区和中小河流综合整治，完成引韩济枫应急工程，除险加固5宗重点小型病险水库。强化光纤网络、电力设施等建设。推进实施节能降耗重点项目，单位生产总值能耗完成年度控制目标。

（卓扬）

城市园林绿化　2013年，潮州市国家园林城市绿化成果得到巩固。坚持每月组织一次检查。全年共补植乔木178株、补植灌木约7万株、绿化施肥29吨、病虫害防治用药300公斤；推进绿化认种认养工作，吸纳社会资金改造樟树121株，积极发动企业包点改造市区道路树木。落实各公园对园区绿化进行改造、补植。（彭静钿）

绿道建设　2013年，完成《潮州市中心城区绿道网近期实施修建性详细规划》编制，规划中心城区绿道网由省立8号绿道主、支线和城乡绿道组合而成，规划中心城区绿道网总长度为143.3千米，其中，省立绿道70.3千米、市立绿道73千米。潮州市中心城区绿道总长43.55千米，共12个路段。截至年底，完成9个路段绿道建设，总长31.4千米。（卓扬）

城市环境卫生　2013年，潮州市推行环卫保洁网格化管理，市政环卫所7条主干道和湘桥区城西街道环卫所相继开展网格化管理试点工作。加强对生活垃圾卫生填埋场的行业管理工作，市城区生活垃圾无害化处理率100%。（彭静钿）

城市生态保护建设　2013年，潮州市启动新一轮绿化潮州大行动，建成森林碳汇工程5120公顷、生态景观林带95千米。巩固提升韩江综合整治成果，实行河砂统采统销。新增市区垃圾压缩站5座，建成农村生活垃圾“一镇一站、一村一点”处理设施。新建镇级生活污水人工湿地3个，完成大唐电厂1~4号机组脱硝改造任务，划定高污染燃料禁燃区、高污染高排放机动车限行区和禽畜养殖区。（卓扬）

城市水环境建设　截至2013年，潮州市中心城区建成并投产的污水处理厂2座，分别是日处理污水能力10万立方米的第一污水处理厂和日处理污水能力6万立方米的桥东污水处理厂，全年中心城区集中处理生活污水3821万立方米，处理后各项出水水质指标均达到国家一级B排放标准。

2013年，列入潮州市计划建设的第二污水处理厂规划设计总规模为日处理污水能力17万立方米，首期建设日处理污水6万立方米规模，估算总投资2.77亿元，配套建设污泥处理中心（设计规模为日处理污泥100立方米）和长约5千米（DN1500~DN2000毫米）污水管网。该项目已完成立项，正加紧进行征地、BOT招标等前期工作。

城市供水　至2013年，潮州市区有3座自来水厂，日供水能力44万立方米，管网（DN75毫米以上）总长度562千米，用水人口60万人，全年售水量6109万立方米，市区用水普及率100%。针对近年韩江原水温度骤升的突发情况，供水部门研究制定《应对高浊度及高耗氯量的原水应急预案》，并加强对水源水、出厂水、管网水的水质进行日常检验、月度常规项目全分析和半年度非常规项目全分析，指导制水工作，供水水质符合国家标准。

2013年，潮州市政府启动中心城区给水工程专项规划。潮州市供排水管理中心多次召开专题调研会议，为编制单位广东省城乡规划设计研究院提供基础数据，年底，完成中心城区给水专项规划初步成果并组织专家进行评审。

（许曼忠　邱培）

城市供气　2013年，潮州市推进天然气供应“全市一张网”项目前期工作，饶平LNG储备站项目完成国土、规划选址等工作；门站、管线等配套工程项目开展可行性研究。组织开展燃气管道安全专项整治、餐饮企业燃气安全治理专项行动、燃气行业安全生产检查督查及安全生产“打非治违”等专项行动，不断强化燃气安全监管。加强与协办单位的协调配合，全年出动执法人员106人次，开展检查16场次，排查整改隐患43处；排查燃气管道421.05千米，查处违规建设并落实停止使用措施的燃气管道93.87千米，排查各类燃气安全隐患390处，发出限期整改通知书64份。全市燃气经营企业销售液化石油气（LPG）量311297吨；2013年度全市燃气经营企业销售液化天然气（LNG）量342936吨。（卓扬）

城市综合管理　2013年，潮州市落实市、区、街道（镇）三级城管部门责任。根据数字城管视频监控情况实时落实城市管理综合督察大队、绿化公用事业监察队对城区“六乱”现象进行综合整治。全年共清理占道经营6050多宗次，清除违章吊挂路树247宗。对该市户外广告牌的使用权出让首次进行拍卖，一次性收取八年使用权43.2万元。（彭静钿）

【城镇村庄建设】　2013年，潮州市加快村镇规划编制工作步伐，全市40个建制镇全部完成镇总体规划编制工作；893个行政村（2984个自然村）有261个行政村（770个自然村）完成村庄规划编制工作。

中心镇建设　2013年，在潮州市6个省级中心镇中，潮安区庵埠镇办理建设工程规划报建17宗，建筑面积2.22万平方米，征收城市基础建设配套费36万元；办理规划立项1宗；查处拆除违法违章建筑物和搭建物35宗。落实“一村一点”的农村生活垃圾处理设施建设；配合推进潮安区内洋南总干整治工程，完成城区示范段改造整治。2013年省药学会年会在庵埠镇召开，授予庵埠镇“广东省药包材(复合膜）专业镇”称号。潮安区彩塘镇完善道路交通专项规划编制，建成“三纵八横”主干道路网。落实村级垃圾收集点和镇级垃圾压缩转运站的建设。完成集体建设用地手续20宗。彩塘镇被中国五金制品协会授予“中国五金不锈钢制品产业基地”称号。潮安区古巷镇是中国卫生陶瓷第一镇、广东省乡镇企业百强镇，全镇有32家企业获得国家节水认证（含配件企业），占全国节水认证企业60%。是年启动中国潮瓷国际博览交易城、阜沙（中山）—古巷对口帮扶企业特色产品博览交易馆和卫生陶瓷特色产业园区规划建设，交易城建设完成规划成果网上公示。饶平县黄冈镇全年共审批建房89宗，总建筑面积12.02万平方米。完成县城新生活垃圾填埋场建设项目筹建申报工作。是年完成迎宾大道、黄冈河堤上林路段改建工程；投资650万元建设联埭灌区改造工程，完成工程90%。饶平县钱东镇是全国小城镇建设试点镇、广东省中心镇、广东省旅游特色镇、广东省城镇化技术集成应用试点镇。2013年6月，广东省科学技术厅批准钱东镇为广东省技术创新专业镇（盐焗食品类）称号；钱东镇是饶平县台商投资区的规划范围，组织对《饶平县钱东镇总体规划（2004~2020）》进行局部用地调整。厦深铁路饶平火车站进站公路1400米工程基本建成，镇区自来水管网改造工程列入中央预算内投资（840万元）项目，规划实施652.93公顷高标准农田建设，争取省级农综开发项目资金1240万元。饶平县三饶镇完成污水处理厂项目选址、可研、环评、节能评估报告、拆迁补偿和征地等工作。原三饶陶瓷玻璃工业园区被列为县级工业园区，更名饶北工业区。省级农田水利示范镇建设项目完成工程量70%；筹备建设用地面积约180公顷的饶平县饶北工业园前期工作。 *（洪群钊）*

2013年，潮州市全面启动农村生活垃圾处理设施建设工作，按照“政府拿一点、群众集一点、集体补一点、企业捐一点”的方式筹集资金，支持和参与农村生活垃圾处理设施建设。全年全市建成垃圾压缩站11座，施工建设垃圾压缩站30座，2465条自然村全部建成垃圾收集点或配置垃圾收集箱。潮安区垃圾焚烧发电厂项目、饶平县大湖山生活垃圾卫生填埋场项目完成前期设计工作。 *（卓扬）*

【房地产业与住房保障】 房地产业　2013年，潮州市从规范房地产市场入手，加强房地产市场调控，对均价超过市政府控制目标的，不予办理商品房预售许可证，潮州市商品房均价控制在政府调控价5750元/平方米以内。对已办理预售许可证小区房价在潮州建设信息网上公布。是年，潮州市加快建立以公租房为主体的新型住房保障制度，全市新增开工保障性住房1077套，占目标任务1000套的108%；基本建成保障性住房1490套，占目标任务400套的372.5%。 *（卓扬）*

【“三旧”改造】 2013年，潮州市城乡规划部门完成湘桥区、枫溪区15个“三旧”改造项目的规划编制和13个“三旧”改造项目规划审查。 *（洪群钊）*

【建筑业】 2013年，潮州市严厉查处、纠正从业人员挂靠、不到位、随意变更管理班子等现象。指导一批企业进行资质升级。加强对进潮建筑业企业及其人员的信息登记管理工作，办理进潮年度信息登记的企业累计100家（勘察设计21家、监理6家、施工73家）。开展施工质量安全专项整治及建筑节能专项验收活动，确保全市建筑施工质量安全生产形势的总体稳定。2013年，全市在建工程共72项，建筑面积约180万平方米；竣工项目57项建筑面积约110万平方米，未发生安全生产死亡事故；全市新建建筑设计阶段节能标准执行率达到100%。竣工工程施工阶段执行建筑节能标准比例基本达到99%。 *（卓扬）*

【建设科技与信息化】 2013年，由潮州市第二建筑安装总公司选送的“钻孔灌注桩桩端后注浆施工工法”通过广东省住房和城乡建设厅组织的专家评审，获2013年度“广东省省级工法”。是年，潮州市住房和城乡建设局于2013年1月1日启用公文办公应用系统，实现公文办公网络化、无纸化。 *（卓扬）*

【潮州市住房和城乡建设系统举办首届书画摄影及建筑艺术作品展】 2013年4月28日，潮州市住房城乡建设系统首届书画摄影及建筑艺术作品展在人民广场文化长廊举行。展出近200幅作品，集中展示潮州传统建筑艺术和潮州住房城乡建设成就。 *（卓扬）*

【潮州大桥工程动工】 2013年6月29日上午，潮州大桥开工仪式在潮州市仙洲岛举行，中共潮州市委书记、市人大常委会主任许光宣布潮州大桥开工。标志着潮州市加快城市东扩步伐，推行“城市拓展”战略正式拉开序幕。

潮州大桥以潮州大道与南较路交叉点为起点，向东南跨越韩江，在东岸的潮安县磷溪镇窑美村、埔涵村落地，与规划的韩东新城区中心主干道潮州东大道相接。大桥设计起止点总长约3000米，其中桥梁全长2420米，桥面面宽30.5米，双向六车道，东、西岸引道全长580米，主线设计行车速度60千米/小时，工程静态投资约7亿元。 *（卓扬）*

附录：潮州市住房和城乡建设管理部门主要领导

潮州市住房和城乡建设局

党组书记、局长：林建新

潮州市城乡规划局

党组书记、局长：苏树鹏

潮州市房地产管理局

党组书记、局长：肖逸生

潮州市城市综合管理局

党组书记、局长：陈少鹏

潮州市水务局
　党组书记、局长：黄方亮
潮州市住房公积金管理中心
　党支部书记、主任：谢　毅

揭阳建设

【概况】　揭阳市位于广东省东南部，1991年设立地级市。土地面积5240.5平方千米，其中市区面积1031平方千米。截至2013年末户籍人口682.68万人；常住人口599.47万人，其中城镇人口343.39万人。是年全市地区生产总值1605.35亿元，完成固定资产投资829.39亿元，比上年增长30.2%。2013年，揭阳市围绕建成粤东经济强市和粤东上善之区的目标，全面加强住房城乡规划建设管理。全市建筑业总产值为80.6亿元，在建工程项目72宗，总建筑面积586.6万平方米，总造价72.6亿元；竣工工程55宗，建筑面积251.4万平方米。全市完成房地产开发投资额40.91亿元，新建商品房销售面积252.1万平方米，销售额95.01亿元；揭阳市区市政工程累计完成投资64348万元。全市住房公积金参储人数14.62万人，归集余额29.79亿元；全年发放住房公积金个人贷款6303笔，贷款总额13.68亿元。至2013年底，全市城市（县城）建成区面积188.98平方千米，人均住宅面积37.4平方米，城区绿化覆盖率29.84%，人均公园绿地面积8.39平方米，生活垃圾无害化处理率71%；揭阳市区建成区绿化覆盖率28.96%，人均公园绿地面积8.6平方米，生活垃圾无害化处理率92.99%，污水处理率77.81%。

2013年，揭阳市加快推进城乡建设步伐，但是由于揭阳市社会经济基础较差，投入不足致使城乡公共服务设施建设落后，污水处理率和生活垃圾无害化处理率较低。

（许晓凯）

2013年揭阳市住房和城乡建设主要经济产业指标

项　目	单　位	实　绩	比上年增长（%）
固定资产投资额	亿元	829.39	30.2
建筑企业	个	191	10.4
建筑业总产值	亿元	80.6	10.7
建筑企业利税总额	亿元	22.43	131.48
建筑企业期末从业人员	万人	3.2	5
建筑企业劳动生产率	元/人	124200	10
房屋建筑施工面积	万平方米	586.6	28.5
商品房屋销售额	亿元	95.01	174
商品房屋销售面积	万平方米	252.1	126
房地产开发投资额	亿元	40.91	6
房屋建筑面积	万平方米	188.25	−11
建成区绿化覆盖率	%	29.84	11
人均公园绿地面积	平方米/人	8.39	7.6
人均城市道路面积	平方米/人	6.8	0.3
城市用水人口	万人	153.8	5.4
城市自来水普及率	%	72.49	−8.6
城市燃气普及率	%	80.98	−2.9
城市液化气供应总量	万吨	7.03	148.85
城市天然气供应总量	万立方米	6075.47	1445.2
城市污水处理厂	座	9	0
生活垃圾无害化处理率	%	71	0.3
城镇化率	%	50.03	1.03
住房公积金缴存额	亿元	29.79	20.2
住房公积金贷款额	亿元	13.68	370.1
保障性安居工程	套	1828	−25.8
绿色建筑面积	万平方米	0	0

（揭阳市住房和城乡建设局）

【城乡规划】　2013年，揭阳市共启动各层次规划编制8个，其中已完成规划成果2个，在编规划6个；督促、指导各县（市、区）完成规划9个；核发市区“一书两证”46宗，其中建设项目选址意见书1宗，建设用地规划许可证36宗；建设工程规划许可证7宗；市政工程规划许可证2宗；出具道路（绿化）红线图5宗。

城乡规划编制研究　2013年，揭阳市区规划编制工作取得历史性突破。启动市区总体规划评估修改，启动《揭阳市城市总体规划（2010~2030年）》评估修改工作、上报市政府，完成市区现状调研和资料收集等基础工作；控制性详细规划编制工作全面铺开。完成《榕城北片区控制性详细规划》初步规划方案、《蓝城磐东核心区控制性详细规划》《揭阳（锡场）电子商务产业园总体规划》方案成果；启动《榕城核心区东片区控制性详细规划》《榕城仙梅片区控制性详细规划》编制工作；《揭阳市域绿道网规划》《揭阳市中心城区公共自行车系统规划》上报市政府批准实施；全面完成中德金属生态城战略规划和总体规划。

由揭阳市城乡规划局领衔、揭阳市城乡规划设计院参与的《揭阳市（玉浦）文化生态城城市设计》

《揭阳市空港经济区管理实施体制研究》均获2013年度“广东省优秀城乡规划设计城市规划类三等奖”;《揭阳市空港经济区管理实施体制研究》和《“扩容提质”政策背景下的城乡空间战略——以广东省揭阳市为例》分别获揭阳市第三届（2011~2012年度）哲学社会科学优秀成果奖调研报告类一等奖和三等奖。

城乡规划管理　2013年，揭阳市指导完成揭阳海港经济区战略规划和大南海国际石化综合工业园发展总体规划编制工作；审核惠来县《葵潭镇总体规划》；指导揭西县县城总体规划评估和修编工作，推动广东揭阳大北山生态旅游产业园区总体规划组织编制并经市政府批复实施；推动普宁纺织产业生态城（漂染工业园）选址工作；指导完成华侨创意文化产业园概念规划，支持普侨区扩区工作；协助揭阳高新区（产业转移园）做好扩园工作和转型升级发展研究；指导揭东区在做好揭东新城定位研究的基础上，修编揭东区云路总体规划、玉窖镇总体规划、揭东河东新区控制性详细规划以及其他镇总体规划的评估修编工作等；指导蓝城区做好玉都新城的定位研究，推动蓝城区核心区规划编制。

城乡规划管理提升。在原《揭阳市城市规划管理规定》的基础上，制订《揭阳市城乡规划管理规定》。拟订《揭阳市城乡规划技术管理准则》《揭阳市区城市建筑景观规划管理规定》。

重点项目规划　2012年12月，国务院批准揭东撤县设区，揭阳市区面积从原来的181平方千米扩大到1031平方千米。揭阳市编制《广东揭阳新区发展总体规划（2013~2030年）》并于年底获广东省政府批准实施。

主动修编规划以适应扩容提质要求。开展市区规划研究，重点围绕区划调整后市区4个区的职能定位、发展方向、产业布局、基础设施整合、环境和资源保护利用、城镇化发展等方面，在城市总体规划框架内，引领市区形成“一体两翼、四轮驱动、组团发展”的空间发展格局；加紧编制重点地区控制性详细规划、修建性详细规划、城市设计等规划工作。依托榕城老城区向东西北方向拓展，规划建设以空港新城为核心区，以揭东新城和玉都新城为节点的揭阳新区，形成空港、揭东、蓝城三大板块。

打造3个特色城镇群。规划打造普宁市商贸与侨文化特色城镇群、惠来县滨海特色产业城镇群和揭西县生态旅游特色城镇群。

加强新区园区规划，促进产城融合。在新区规划建设中德金属生态城、高新技术产业开发区、揭东经济开发区、空港经济区临空型制造业产业园和转型升级产业园、蓝城区玉器文化产业创意园和南河湾生态科技产业园7个重点产业园区。

研究布局市区交通系统，打造“一环一纵一横”骨干路网和“五横六纵”市政干路网，构建市区快速交通网络，推进市区空间结构由“一主”到“一主多副”的跨越。同时，出具省道236线揭阳市区北平交至浦东平交段、揭惠高速连接线（仙桥段）等项目相关图纸；对万玉广场周边市政道路及其配套工程施工图进行规划技术审查。

（王勤华）

【宜居城乡建设】　2013年，揭阳市向省住房和城乡建设厅推荐上报揭东区玉湖镇、普宁市洪阳镇、揭西县京溪园镇3个镇，揭东区玉湖镇姑山村、揭东县锡场镇军埔村、普宁市洪阳镇宝镜院村、普宁市梅塘镇大东山村、揭西县河婆街道办事处溪西村、惠来县神泉镇溪东村6个村为第三批广东省宜居示范城镇和宜居示范村庄候选名单。向广东省推荐申报揭东区曲溪街道办事处港畔社区、惠来县惠城镇东郊社区、揭阳市榕城区东升街道华诚社区、普宁市流沙西街道锦绣园社区四个社区为广东省宜居社区。

（陈锡群）

【城市基础设施建设与管理】

市政建设维护　2013年，揭阳市利用城区扩容提质契机，加大市政公用设施建设力度。市区主要交通要道进贤门大道于9月通过竣工验收交付使用，东山截污工程于11月通水试运行，市文化中心周边道路工程、揭阳市文化广场、揭阳市博物馆等项目竣工投入使用。岐山翠园、晓翠路北段及周边小区道路工程等工程项目建设进展顺利。全年市区共新增道路长度22千米，新增道路面积114.8万平方米，新增截污干管28.5千米，新增公共绿地面积12.5万平方米。竣工工程验收合格率100%，在建工程无质量、安全事故。

加强市区市政设施的维修养护。严格巡查责任制，全年共复盖损缺检查井盖、集水井盖计312个次，查实其他管线单位损缺井盖

▲揭阳市榕江江滨建筑群（2013）　　（杨继斌　摄）

113个次。做好动态监督，严格修复质量管理。

城市园林绿化 2013年，揭阳市推进市区园林绿化建设，完成进贤门大道绿化建设，揭阳市区绿地面积增加约10万平方米；进一步加强绿化养护管理：对公共场地的灌木、草坪进行多次大型修剪并组织施各种化肥6000公斤、组织对病虫害防治共6次，并在防汛抗旱关键时期，进行垃圾清理、抗旱浇灌等工作；进行春季补缺补栽工作，在组织清理枯死乔灌木的同时组织补植；分季度对养护管理情况进行考核，对考核不过关的单位进行处罚并要求其进行立即整改；对市区各街道、主干道全面展开树木的刷白工作；全年出动巡查560人次，制止违章违法行为80宗，组织拆除乱挂广告牌120多块，清理乱插彩旗9820多支，发现查处乱砍伐树木、破坏园林绿化设施21宗；做好市区园林绿化“两费”收取；组织开展“大树下的幸福生活”创建工作。全市确定应在2013年创建完成的20个“绿色社区”、20个“绿色小区”绿地率均超过30%。

绿道网建设 2013年，编制《揭阳市域绿道网规划》并上报揭阳市政府。根据省绿道建设指引和揭阳市区二河四岸景观规划，建设省立绿道8号线（榕江线），截至2013年底，已建成的市区沿江绿化景观带、湿地公园的沿江步道21.78千米。结合市政道路建设基本形成“五横六纵”中心城区城市绿道主框架，环市北路、建阳路等城市绿道长35.45千米，与省立绿道8号线和黄岐山森林公园风景区郊野绿道相连接。

燃气行业管理 2013年，揭阳市多次组织燃气安全生产检查，抽查12家燃气经营企业的燃气储罐站(库)，针对相关气站（库）存在的问题，提出整改意见62条（项），发出《执法整改建议书》3份、《燃气安全检查记录表》12份。组织开展全市餐饮场所燃气安全专项治理工作、瓶装燃气销售点清理整顿及餐饮场所燃气安全专项治理工作。开展行业规范化管理考核活动。推进燃气经营企业安全生产标准化建设。组织全市燃气行业开展“安全生产月”活动。 *(陈锡群)*

城市供水 2013年，揭阳市区两家供水企业供水能力25万立方米/日，市自来水公司以三洲拦河闸引榕干渠水源为主用源水，榕江南河为备用水源，市第二自来水公司以新西河水库水为主用水源，榕江北河为备用水源。供水范围为榕城区、空港经济区，蓝城区月城、桂岭，揭东区新亨、锡场，覆盖面积180多平方千米，受益人口70多万人。

2013年，揭阳市自来水公司、第二自来水公司全年实现送水量7501万吨，水质综合合格率均达99%以上，优于国家规定的饮用水卫生标准。市区城市供水设施建设完成投资4207万元，其中，西湖水厂改造工程完成投资2010万元；市区供水管网改造完成投资2197万元，完成6个村（社区）的管网改造，安装水表5759个，改造管道长116.6千米。完成水质检验中心综合楼主体及外楼装修、高压送水泵房、高低压配电中心及新清水池桩基础和底板浇注等项目。市第二自来水公司铺设DN700管道横跨环市北河大桥作为连通东山片区和磐东片区的应急管道。 *(陈俊武)*

城市生态保护建设 环境状况。2013年揭阳市区城市环境空气全年监测365天，其中，达到城市环境空气质量优良天数为365天。日均值及年日均值均符合国家Ⅱ级标准，PM10、降尘为首要污染物。

饮用水源引榕干渠、新西河水库水质处于良好水平，达标率100%，水质均属于尚清洁。榕江干流南河达到Ⅱ类水质；一级支流北河、汇合河段达到Ⅲ类水质，污染趋势基本得到遏制；二级支流枫江劣于Ⅴ类水质，主要污染指标为氨氮、总磷、溶解氧。练江普宁河段下村大桥断面劣于Ⅴ类水质，主要污染指标为氨氮、总磷、高锰酸盐指数；龙江隆溪大道桥断面达到Ⅲ类水质。

2013年揭阳市道路交通噪声昼间平均等效声级67.7分贝，平均车流量752辆/小时；夜间平均等效声级52.9分贝，平均车流量76辆/小时。城市区域环境噪声昼间平均等效声级54.9分贝；夜间平均等效声级46.8分贝。城市功能区噪声1类、2类、3类、4类区昼夜等效声级分别为53.8、55.3、57.7、65.6分贝。与2012年比较，声环境质量无明显变化。

建设项目环境管理。制定《揭阳市环保局改进环评制度实施办法》《揭阳市环境保护局审批环境影响评价文件的建设项目名录（2013年本)》，全年全市环保部门共审批建设项目环评文件423个，验收132个。修订《揭阳市环境保护局重大建设项目审批制度》。组织《揭阳科技创意城详细规划》和《揭阳市华侨文化产业创意园规划》的环评审查。全力服务惠来电厂3~4号机组扩建工程、2号机组烟气脱硝工程等重点项目的环保竣工验收工作。协助推进电镀工业区规划建设，协调推进电镀园区环评工作，促进电镀酸洗园废水处理方案的制订，基本完成中德金属生态城首期工程（揭阳市电镀定点基地）环评。

环境监测。2013年，市环境监测站取得有效监测数据28611个。共完成污染源监测360家次。完成市区东湖、实验小学、仙滘三个测点24小时在线大气常规监测，监测项目包括二氧化硫、二氧化氮、PM10、降尘、降水5项，其中二氧化硫、二氧化氮、PM10采用自动监测方法，降尘采用连续监测方法，降水逢雨必测。完成榕江、练江、龙江12个监测断面、练江一个省控断面及龙江一个市控断面）逢单月的地表水水质常规监测，其中省控断面和交界断面从6月份开始每月监测，全年监测分别为6次和10次；抓好榕江南河的水质自动监测站的水质监测。完成市区引榕干渠、新西河水库两个饮用水源地每月一次的监测。完成金海湾旅游功能区、神泉港区和前詹二类功能区三个近岸海域功能区点位和1个质量点位的水质监测。完成市区功能区环境噪声、区域环境噪声和道路交通噪声监测。做好新环境空气质量标准的实施，投资780多万元，改造3个空气监测子站、新建1个空气监测子站，监测项目从3次扩充到6项，做好空气自动监测系统试运行管理、工程验收、技术培训等工作。

污染治理 2013年，揭阳市在抓好电镀酸洗污染、电子废物拆解污染、医疗废物污染整治的基础上，着力开展榕江污染整治，狠抓全市环境污染大整治。全市环境污染大整治进展顺利，环保部已对揭阳市“区域限批”解限；强化流域污染整治。榕江污染整治有序推进，43个重点区域垃圾乱堆乱放点（带）清运工作全部完成，关停、取缔、搬迁工业企业30家，完成17个榕江湿地工程规划编制的专家评审会；练江、枫江污染整治稳步开展，玉窖镇投入1280万元整治河道长度46千米，车田河片区市政景观综合工程–曲溪段沿河路砌石工程2013年投入2200万元，广东（粤东）纺织产业生态园正抓紧做好可行性研究、规划及环评编制等工作，普宁白坑湖水库重建工程投入资金1.25亿元、完成90%的排涝渠工程、环库搅拌桩等工程，对比监测数据，2013年7、9月份溶解氧指标出现历史性转变，练江流域污染趋势基本遏制。强化大气污染治理。制定印发《揭阳市PM2.5污染整治实施方案》《揭阳市高污染燃料禁燃区划定方案》。全力推进医疗废物污染整治，完成民康公司医疗废物处置设施的验收监测工作，日处理8吨的民康公司医疗废物处置二期工程于11月11日投入试运行。全市医疗废物处置能力达12吨/天，可彻底满足医疗废物集中处理。普宁市电子废物污染整治工作于6月13日通过现场验收。

环境监察 2013年，揭阳市强化“12369”环保投诉电话、环境问题网络舆情实时监控、环境信访渠道畅通，开展第10个年头的“整治违法排污企业保障群众健康”、环境风险源排查、电镀排查等环保专项行动，抓好自动监控系统管理，全面提升环境应急能力。全市环境监察部门出动执法人员8692人次，检查企业2841家，立案249宗，限期治理、整改84家，关闭企业15家；受理群众投诉案件1124宗，处理率100%，结案率94.7%；投资36万元，完成污染源监控平台二期建设及其验收工作，抓好13家国控企业自动监控系统建设管理，确保13家国控重点源数据传输有效率达到85%以上。

污染减排 2013年，揭阳市出台《揭阳市“十二五”主要污染物总量减排考核实施细则》《揭阳市环境保护责任考核指标体系》《揭阳市“十二五”农业源主要污染物总量减排实施方案》。实行每月不少于两次的现场督查，对普宁市区污水处理厂二期工程进行挂牌督办，对建设进展缓慢的榕城区仙梅污水处理厂、东山截污干管等工程多次进行预警，强化污染减排工作的制度化专项督查。执行机动车污染物总量减排、“黄标车”淘汰补贴奖励、高排放机动车限行、环保标准发放等措施、方案。是年，全市发放环保标志达11.6万份，发放率61%；全市减排重点工程59个，截至2013年底，全市38个减排计划项目完成34个，完成过半4个；在环境大整治中增加的21个项目，完成9个，完成过半12个。抓好农业源减排，跟踪、督促落实畜禽养殖业污染减排项目。

固体废物管理 2013年，揭阳市制定《揭阳市重金属污染综合防治2013年度实施方案》，加大危险废物尤其是涉重金属危险废物监管力度。制定严控废物处理许可证申请指南和申请资料清单，完成大南海危险废物处置中心和揭阳金属生态城两个产生危险废物重点项目的上报工作。全市共批准危险废物转移企业36家，转移危险废物890吨。制定《揭阳市危险废物专项整治实施方案》，完成危险废物规范化管理工作企业25家，2013年检查企业23家，规范化抽查合格率91%。

生态文明建设 2013年，揭阳市组织“广东省环境教育基地”、第八批“广东省绿色学校”创建工作，完成13个“揭阳市绿色学校”创建及命名工作，揭阳市区污水处理厂被授予“广东省环境教育基地”。开展环保宣传活动，组织“6·5”世界环境日环境保护宣传教育活动。通过媒体对环境管理、环保宣教、环保志愿者活动进行报道。举办“绿色出行我行动”环保图片巡回展，完成35个环境文化橱窗建设。

榕江水污染治理 揭阳市从整治工业污染、城镇生活污染、农业农村污染、河道污染、河涌污染五个方面入手，计划用三年左右的时间，通过行政、法律、工程等手段，综合整治榕江水污染，实现“一年大变化、两年水更清、三年水源优”的整治目标。截至2013年底，榕江流域共有735个自然村完成生活污水处理简易设施建设，建成32个农村生活垃圾转运站、2204个农村生活垃圾收集点；清运43个堆放点，关停畜禽养殖业12家，17个湿地项目工程规划编制通过专家评审会评审。 (侯林丽)

污水处理 揭阳市计划建设污水处理设施建设工程27宗，截至2013年，建成投入运营的污水处理厂9座，总设计规模27.3万吨/日，实际处理量22.1万吨/日。

2013年，揭阳市推进污水处理设施建设。建成市区东山截污工程10千米主干管，完成投资1.6亿元；市区污水处理厂二期工程配套管网北环城路2千米合流管在道路建设时已一并配套，完成投资约1200万元；普宁市区污水处理厂二期工程5万吨/日已建成投入使用，完成投资1.1亿元；基本完成榕城区仙梅污水处理厂一期工程2万吨/日，完成投资1.7亿元。（陈俊武）

生活垃圾处理　2013年，揭阳市制订《揭阳市开展“美丽乡村，环卫先行”农村清洁工程专项活动总体工作方案》报市政府批准，并印发各县（市、区）。截至年底，全市列入省建设计划的69座镇垃圾转运站和3372个自然村垃圾收集点全部建成。揭阳市区东径外草地垃圾处理场共消纳处理的生活垃圾总量为24.5万吨，处理垃圾渗滤液达标排放总量约6.4万吨。改进垃圾面覆盖方式，做好分区填埋、覆盖、压实、喷药灭蝇工作。做好填埋区的雨污分流工作。不定期清疏填埋区5条截洪沟，全年清疏25场次，减少雨水流入填埋区；全年14次对场区排洪沟排水沟进行清疏。此外，通过完善工艺，强化渗滤液处理，规范运营标准，确保垃圾渗滤液处理排放达标。（陈锡群）

城市综合管理　2013年，揭阳市区共规范沿街门市货物入室20022宗；清理流动摊点23707宗、乱堆放物品7409宗、乱倒垃圾杂土2421宗、乱拉挂4069宗；教育纠正或拆除违章布条、彩旗885宗；查处生活噪声360宗、乱排放污水127宗；教育制止人行道乱停放车辆23605宗。共立案查处违法建设查539宗，处罚金额670多万元。

整治市容市貌。2013年，揭阳市城市管理部门成立创建省文明城市工作领导小组及办公室，会同榕城区委、区政府及相关部门，开展清理“三边”环境和整治“五乱”问题为重点的榕城区城市环境卫生整治工作。开展整治湿地公园及市区沿江绿化带市容行动。开展户外广告专项清理行动，规范户外广告设置秩序。不定期开展占道经营、夜市烧烤、泥头车、噪声污染、乱焚烧垃圾等各项整治行动。在东升街道社区和汇景蓝湾小区开展城管进社区、进小区工作，更好实现与市民互动。组成女子市容巡查组，开展柔性执法。

建成数字城管系统。2013年，揭阳市与中国联通公司揭阳分公司联合建设揭阳市数字城管系统，10月份建成投入使用。揭阳数字城管系统由市局监督指挥中心平台、分局分平台，以及车载终端、手持终端和固定视频监控摄像头组成，具备市容实时监督、远程任务派遣、应急调度指挥、队风队纪监督、资料存储取证、推动量化考评六大功能。

查处违法建设。2013年，揭阳市开展市区违法违规建设清理清查专项行动，摸清情况，形成《关于市区违法建设情况的调查报告》，报市相关领导决策参考。是年，多次部署查违控违工作，及时制止在建违法建设。一是配合创建省文明城市、岭南特色水城、城市畅通工程、平安建设、榕江污染整治等工作，加大市容巡查和整治力度，做好迎检工作。二是配合各级党政及有关部门工作，形成工作合力。如联合榕城区政府、市公安局、市交通运输局、消防、供电、供水等部门，对粤东贸易广场内的违法搭设物进行全面强制拆除，共拆除违法搭设物、构筑物、建筑物4500多平方米。三是配合抗击自然灾害。在防御热带风暴“西马仑”带来的暴雨，以及抗击强台风“天兔”工作中，加强市容巡查，消除安全隐患，并投入抗灾复产工作。四是完成进驻市行政服务中心工作任务。

户外广告招牌整治。2013年，揭阳市开展户外广告招牌整治工作。共拆除广告布条2120条，拆除各种灯杆广告牌、绿化树木小广告牌、落地广告牌和立面广告牌925块，拆除广告布幅90面，行政处罚违法广告牌154宗。

城管宣传、信访工作。2013年，揭阳市利用各种载体开展宣传。设置户外城市管理公益广告牌，举行创建省文明城市咨询宣传活动。加强局政务网站的建设和管理。在揭阳广播电台“行风热线”节目上线，现场解答群众问题，受理群众投诉。全年共受理信访件125宗。做好网络舆情工作，全年处理问题29件。（林树欢）

【城镇村庄建设】　2013年，揭阳市全面开展宜居示范城镇和宜居示范村庄创建活动，推进城乡建设管理各项工作。完成中德金属生态城国家、省新型城镇化示范点的申报工作。完成揭阳市第三批广东省宜居示范城镇和宜居示范村庄的推荐工作。向省住房和城乡建设厅推荐揭东区玉湖镇、普宁市洪阳镇、揭西县京溪园镇3个镇，揭东区玉湖镇姑山村、揭东县锡场镇军埔村、普宁市洪阳镇宝镜院村、普宁市梅塘镇大东山村、揭西县河婆街道办事处溪西村、惠来县神泉镇溪东村6个村为第三批广东省宜居示范城镇和宜居示范村庄候选名单。向省推荐申报揭东区曲溪街道办事处港畔社区、惠来县惠城镇东郊社区、揭阳市榕城区东升街道华诚社区、普宁市流沙西街道锦绣园社区4个社区为广东省宜居社区。争取省住房和城乡建设厅聘请规划编制单位为普宁市洪阳镇宝镜院村编制发展规划，并在建设资金予以大力支持。推荐上报渔湖镇、炮台镇、云路镇、锡场镇、占陇镇、洪阳镇、惠城镇、葵潭镇、棉湖镇9个镇为全国重点镇。联合市旅游局推荐上报揭西县京溪园镇及京溪园粗坑村为全国特色景观旅游名镇名村。

（陈锡群）

【房地产业与住房保障】　房地产开发经营　截至2013年底，揭阳市共有房地产开发企业221家，物业管理企业78家，房地产评估机构7家。全市完成房地产开发投资额40.91亿元，比上年增长6%；竣工面积159.92万平方米，比上年增长

120%；新建商品房销售面积252.1万平方米，增长126%；新建商品房销售额95.01亿元，增长174%；新建商品房销售均价3719元/平方米；批准预售项目11个，批准预售面积75.21万平方米。

房地产市场管理 2013年，揭阳市组织制定《揭阳市“十二五”住房建设规划》。制定《揭阳市2013年房地产中介市场专项治理实施方案》，与市工商局联合开展专项检查，检查房地产经纪机构36家，发现有违法违规经营行为54项。对存在违法违规行为的28家企业发出《责令整改通知书》责令限期整改。组织开展防范打击非法集资宣传教育活动。抓好个人信息系统建设。启动全市住房信息系统建设，制订揭阳市房地产业务管理信息系统的初步技术方案，加快推进房地产业务信息系统采购和建设实施工作。做好房地产业矛盾纠纷工作，完成对投诉顺风地产合同违约、普宁市尚堤中央小区业主举报反映开发企业违规行为、顺达·兰溪庭苑业主反映“广东顺达金属公司违规收取小区公摊费”和关于紫宛茗邸及揭阳房产市场混乱的询问等问题的调解处理和答复；完成《关于江南新城一期12栋A梯602号住宅办理房产证及住宅漏水问题的情况反映》购房纠纷的化解工作；会同空港区国土房管局和炮台镇房管所对网友举报情况进行调查，并协助市国土资源局做好有关处理工作。

住房保障 截至2013年底，全市10个新增公共租赁住房建设项目均已开工建设，合计1828套，开工建筑面积8.8万平方米，投入资金16811.17万元，开工率101.6%。

房屋产权管理 全年共完成商品房初始登记4305件、面积50.48万平方米；转移登记（一手）2859件、面积共38.32万平方米；转移登记（二手）1589件、面积共17.81万平方米；预购商品房预告登记3232件、面积共49.55万平方米；预购商品房抵押预告登记3172件；其他抵押登记3681件；全年全局实现总收入1828万元（其中房地产租金收入608万元；办证交易收入925万元；商品房预售款监督管理费收入270万元；廉租住房租金收入25万元）；签订预防白蚁工程13宗、预防工程建筑面积67万平方米，合同金额92万元，灭治白蚁45宗，全年总收入164.88万元。

物业管理 2013年，揭阳市组织对市辖区内约35家进行物业年度考核评分，并落实企业按照考核时发现的问题进行整改。制订《揭阳市住宅专项维修资金管理暂行办法》并经市政府批准实施。配合市综治委做好住宅小区平安创建活动，组织申报市级“平安小区”。

公房管理 全年征收租金608万元。除追收欠租外，对长期拖欠公房租金且房屋闲置者收回出租的公房，办理租赁关系变更154宗。做好公房维修工作，落实勘查维修92宗，面积2760平方米，金额22.2万元，公房使用全年无事故。

住房公积金 截至2013年底，揭阳市全市住房公积金累计归集余额29.79亿元，缴存职工人数14.62万人，累计发放个人住房公积金贷款6303笔，累计贷款总额13.68亿元，贷款余额11.71亿元，个贷未出现逾期。强化归集、扩大住房公积金制度覆盖面。全面实行贷前调查、贷中审查和贷后跟踪管理，确保贷款及时回收，回收率100%。建立公积金支取稽核和督查机制，预防以虚假和欺骗等手段套取，危害住房公积金安全运作行为。

（陈锡群）

【“三旧”改造】 2013年，揭阳市投入“三旧”改造工作资金8.7746亿元，实施改造项目40宗95.43公顷，完成改造项目2宗1.87公顷，完成改造区域内建筑面积从1万平方米增加到5万平方米，节约土地1.49公顷，节地率为80%。研究制订《关于进一步规范和加快推进“三旧”改造工作实施方案》。按照省“三旧”改造标图建库调整机制的要求，2013年上半年共增补入库20宗，面积52.93公顷；下半年动态调整已上报省厅审查入库项目26宗，面积66.72公顷。全市上报省审批项目11宗，面积15.51公顷，已获省批准项目7宗9公顷。

（陈锡群）

【建筑业】 *建筑市场管理* 2013年，揭阳市完成建筑业总产值80.6亿元，比上年增长10.7%。全市有各类建筑施工企业191家，2013年批准三级企业18家，晋升二级企业2家，申报晋升一级企业1家。通过实施有效监管，全市工程质量总体良好、处于受控状态，建筑施工安全生产形势总体稳定。进一步完善招标投标工作，未出现招投标过程违法违规行为。2013年，建设工程招标投标共65宗，工程造价12.4716亿元。其中：公开招标64宗，造价12.4675亿元；邀请招标1宗，造价41.04万元。招标率100%。

施工安全管理 2013年，市住房和城乡建设局与各县（市、区）住房与城乡建设局、市直施工企业及外来施工企业签订施工安全管理目标责任书。制定和转发《2013年全市建筑施工“安全生产月”活动方案》。成立深化建筑施工安全专项整治工作领导小组，全年共开展专项检查5次，检查在建工程325宗，发出整改通知书153份，停工通知书1份，行政执法建议书2份。全市建筑安全生产监督部门组织实施安全生产动态管理量化扣分合计348条。市直工程共完成起重机械产权备案78台，安装告知41次，使用登记60次。全年20家施工企业通过安全生产许可证申报工作。全市共有危险性较大分部分项工程高支模5项，外脚手架7项，深基坑9项进行专家论证。印发《揭阳市建筑工程施工安全标准化图集》。

工程质量管理 2013年，揭阳

市加大工程质量检查巡查频率以及经常性抽查制度，贯彻落实工程质量管理法律、法规和施工强制性标准的监督管理。继续推行住宅工程质量分户验收，提高住宅工程整体质量水平。全年组织开展对商品混凝土生产企业、保障性安居工程、在建工程进行专项检查，检查15宗企业，发出整改通知书8份。制订《揭阳市区建筑余泥渣土治理工作实施方案》上报市政府批准。开展质量强市活动、“质量月”活动，组织全市30多家施工企业、监理企业，80多名技术人员参加深圳现场观摩活动。2013年受监工程一次竣工验收合格率100%，全市有6项工程获“揭阳市工程优质奖”，有3项工程推荐“广东省优良样板工程”。在建材打假的专项行动中，将“打、防、治、扶、建”多措并举，坚决遏制伪劣建材流入建筑市场，严格执行建筑材料取样送检见证制度，开展建筑钢材、混凝土原材料等样品抽检检测工作，不定期对在建工程建材的使用情况进行突击检查，建立健全建材使用监管机制，会同工商部门、质监局等有关职能部门，对市区建材销售网点、钢材生产企业、在建工程等建材产品开展联合抽查活动。

散装水泥和新型墙体材料 2013年，揭阳市推动散装水泥及新墙材推广使用，散装水泥使用量165万吨，使用率92%。继续推行新型墙体材料的应用，抓好市区禁止使用实心黏土砖工作。据统计全年新型墙材使用量0.85亿标砖，报建工程使用率100%。做好报建工程“二金”的征收使用管理工作，全年共征收“二金”19宗，征收率100%，征收金额1708.8万元（其中：墙改基金1566.8万元，散装水泥基金142万元）。办理墙改基金退款10宗，退款金额737.5万元，办理散装水泥退款9宗，退款金额42.5万元。

勘察设计 2013年，揭阳市发出《关于加强外来工程勘察设计企业跨地区经营管理备案的通知》《关于印发加强房屋建筑工程设计变更管理工作的通知》，转发省住建厅《关于实施〈房屋建筑和市政基础设施工程施工图设计文件审查办法的通知〉有关问题的通知》。组织开展工程勘察设计企业和施工图审查机构的检查。 *(陈锡群)*

【建设科技与信息化】 *建筑节能* 2013年，揭阳市政府印发《揭阳市加快发展绿色建筑实施意见》。市住房与城乡建设强化建筑节能专项检查工作，加强对建筑节能设计和施工图审查机构的监管。

建筑从业人员教育培训 2013年，揭阳市共举办小型工程项目负责人继续教育培训班128人；“三类人员”继续教育培训班10期2932人；“三类人员”安全考核279人；行政执法人员专业法律法规培训179人；燃气行业安全知识培训班81人；起重机特种作业人员继续教育二期356人；起重机特种作业人员安全技术一期172人；造价员继续教育475人；揭阳市综合评标专家培训班298人；二级建造师继续教育培训班437人。

建设网改版 2013年，揭阳建设网进行全新改版，在网页增加党的群众路线教育、创建广东省文明城市、计划生育、党务公开等专栏，公开投诉电话。 *(陈锡群)*

【进贤门大道东及环市东路道路工程竣工】 揭阳市进贤门大道及环市东路道路工程于2011年3月开工建设，2013年9月30日竣工交付使用。进贤门大道东及环市东路是连接榕城中心城区和东部新城区的交通干道，该工程道路全长7600米（其中40米宽路面长1400米，80米宽路面长6200米），建设内容主要包括道路路基、路面、人行道、给排水管道、截污管、路灯照明及绿化，引榕干渠整治等，工程概算造价为11.3亿元。 *(陈锡群)*

【榕城围北环城路市政道路工程完工】 榕城区北环城路市政道路工程于2012年5月6日开工，2013年1月30日完成。该工程位于揭阳市榕城区榕江北河南岸，为揭阳市区榕城围堤防工程综合配套工程项目，是榕城区的环城道路系统，道路等级为城市Ⅱ级主干路，设计车速为40千米/小时，交通等级重级。道路全长1.968千米（西起西凤桥K0+000，东至北河大桥K1+968），路面设计宽三十米（人行道4米+行车道22米+人行道4米），并设有过路箱涵三座，主要包括道路主体工程、箱涵和箱涵软基处理、供水、排水排污、园林绿化、电力照明、交通标线标牌等。 *(陈锡群)*

【东山截污工程项目建成】 揭阳市东山截污工程于2010年6月份开工，2013年12月20日建成并成功通水试运行。该工程项目是揭阳市委市政府实施榕江污染大整治、实现污染物减排目标一项重要的环境工程。项目投资估算金额1.6亿元，服务面积19.12平方千米，工程设计日处理污水流量7万立方米（1号泵站规模3.5−7×104立方米/日，2号泵站规模7−14×104立方米/日），管道沿原东山片区榕江北河北岸铺设，西起环市北路，东至沙港码头，长10千米，管径600~1500毫米，共设置截污井23个，将原东山片区污水引入截污干管，通过西凤大桥东侧1号提升泵站和梅东大桥2号提升泵站将污水输送至市区污水处理厂集中处理。 *(陈锡群)*

【莲花大道南段及望江北路东段完成路面改造】 揭阳市莲花大道南段及望江北路东段路面改造工程于2013年6月20日正式开工，11月30日全面完成路面改造并通车使用。该工程是揭阳市委市政府为进一步完善揭阳空港经济区基础设施建设，构建揭阳市区至潮汕机场快速通道，改善投资环境决定实施的一项重点工程。

该工程莲花大道南段（临江北路至进贤门大道东）路线1.54千米、望江北路东段（环市东路至国道206线砲台平交段）路线4.3千米，总长5.84千米。项目投资估算金额5145万元。建设内容主要包括机动车道沥青混凝土路面、非机动车道沥青混凝土路面、桥面沥青混凝土铺装，中央分隔带、边分隔带及绿化改造，榕东大桥及梅东大桥。 *（陈锡群）*

附录：揭阳市住房和城乡建设管理部门主要领导

揭阳市住房和城乡建设局

党组书记、局长：许汉焕

揭阳市城乡规划局

党组书记、局长：黄克新

揭阳市城市管理行政执法局

党组书记、局长：赖源凯

揭阳市水务局

党组书记、局长：王全录

揭阳市住房公积金管理中心

主任：林仕彬

云浮建设

【概况】 云浮市位于广东省中西部，1994年设立地级市。土地面积7785平方千米，其中市区面积761.8平方千米。截至2013年末户籍人口（常住人口）290.34万人，其中城镇人口104.43万人。2013年，全市地区生产总值602.3亿元，完成固定资产投资623.38亿元，比上年增长34.4%。是年，云浮市创建5个宜居城镇、80条宜居村庄、10个宜居社区。实施20多项园林绿化升级改造工程，绿化覆盖率40.32%，人均公园绿地面积13.36平方米。

2013年，云浮市完成房地产开发投资60.14亿元，施工面积234.9万平方米，商品房销售面积145.93万平方米，销售金额70.14亿元，均创历史纪录。全市房屋建筑和市政基础设施工程报建项目207项，建筑面积432.54万平方米，工程造价52.69亿元。到2013年底，全市正在动工改造的“三旧”项目29个，涉及土地面积1100.53公顷。市城区环卫服务面积562万平方米，市城区生活垃圾处理无害化处理率100%。全市城区年污水处理总量为4705.07万立方米，日平均污水处理总量为12.89万立方米。

2013年，云浮市住房和城乡建设事业呈现持续健康发展态势，但是也存在诸如农村生活垃圾治理和名镇建设资金压力较大，保障性住房融资及制度性建设仍存在困难，房地产市场不稳定因素依然存在；建筑市场管理水平有待提高等问题。 *（张鹏）*

【城乡规划】 城市总体规划 2013年，云浮市完善《云浮市城市总体规划（2012~2020）》，云浮市人大常委会会议于11月12日审议通过《云浮市城市总体规划（2012~2020）》成果，12月上旬，由云浮市政府上报省政府审批。

云浮新区规划 2013年8月8日，广东省政府常务会议审议并原则通过《云浮新区发展总体规划（2013~2030）》。省发改委于9月6日印发实施。9月11日，中共云浮市委、市政府在广州召开云浮新区新

2013年云浮市住房和城乡建设主要经济产业指标

项 目	单位	实绩	比上年增长（%）
固定资产投资额	亿元	623.38	34.4
建筑企业	个	43	0
建筑业总产值	亿元	30.05	18.07
建筑企业利税总额	亿元	3.79	19.94
建筑企业期末从业人员	万人	1.8	16.13
建筑企业劳动生产率	元／人	190725	-3.93
房屋建筑施工面积	万平方米	234.9	13.87
商铺房屋销售额	亿元	70.14	85.85
商品房屋销售面积	万平方米	145.93	75.87
房地产开发投资额	亿元	60.14	87.81
房屋建筑面积	万平方米	432.54	129.79
建成区绿化覆盖率	%	40.32	0.02
人均公园绿地面积	平方米／人	13.36	4
人均城市道路面积	平方米／人	9.5	0.1
城市用水人口	万人	100	8
城市自来水普及率	%	98.3	1.9
城市燃气普及率	%	92.6	0.9
城市液化气供应总量	万吨	2.49	-0.33
城市天然气供应总量	万立方米	251.97	27.2
城市污水处理厂	座	9	80
生活垃圾无害化处理率	%	100	0
城镇化率	%	36.9	2
住房公积金缴存额	亿元	9.96	21.33
住房公积金贷款额	亿元	6.93	42.71
保障性安居工程	套	1215	0.64
绿色建筑	万平方米	11.6	35

（云浮市住房和城乡建设局）

闻发布会。

中心城区相关控规。《云浮市城东片区控制性详细规划》经云浮市政府常务会议审议原则通过，提请云浮市规委会审议。《云浮市中心城区西片控制性详细规划》形成送审稿，提请云浮市规委会审议。

云浮新区相关规划。2013年，《云浮西江新城总体规划（2013~2030)》《云浮西江新城排水系统专项规划》《云浮西江新城竖向规划》根据西江新城建设项目业主单位反馈的意见进行研究。修改完善《云浮西江新城中央商务区城市设计》，编制六都组团分区规划。同时委托相关设计单位开展云浮西江新城相关片区控规和专项规划的编制工作。完成《云浮西江新城中央商务区控制性详细规划》，提请云浮市城乡规划委员会（简称云浮市规委会）审议。

2013年，开展《思劳腰古组团产业研究、分区规划和启动建设区控制性详细规划》《云浮西江新城水系规划》《佛山（云浮）产业转移工业园（云浮新城）电网规划》《云浮西江新城地名命名》《云浮市森林公园建设与发展规划编制（2012—2020)》《云浮市生态文明试验区森林围城规划》《云浮西江新城东山森林公园风景园林设计》《云浮西江新城凤凰山生态运动公园风景园林设计》等的编制报批工作。

村镇规划　2013年，云浮市开展9个名镇建设规划的编制及报批。云浮市城市规划设计院承担云城、罗镜、泗纶、南盛、连滩、建城6个镇（街）的规划编制任务。罗镜镇、泗沦镇名镇规划经罗定市政府批准实施，连滩、建城2个名镇规划已完成专家评审稿，待郁南县城乡规划建设管理局组织审查，云城、南盛、六祖、天堂4个名镇规划上报审批中，簕竹镇名镇规划编制中。

生态文明村建设规划。2013年，开展云浮市7个生态文明村和8个贫困村的地形测绘、规划编制，完成《云安县前锋镇增村村委增村生态文明村建设规划》《云城区腰古镇坪塘村委古郊生态文明村建设规划》《云安县高村镇石牛村委永进村生态文明村建设规划》《郁南县千官镇清二村委深步村生态文明村建设规划》。（欧俊来）

【宜居城乡建设】　2013年，云浮市21个示范镇基本完成总体规划和控制性规划，先期工程开始动工建设。全市计划开工项目159个，开工项目145个，计划投资308.2亿元，完成投资112.81亿元。

是年，云浮市累计投入建设资金2.22亿元，建成宜居城镇5个、宜居村庄80个、宜居社区10个，5个名镇申报省级验收。（张鹏）

【城市基础设施建设与管理】　市政建设　2013年，云浮市区道路贯通建设工程在2012年二期工程的基础上，实施三期工程，计划两年内逐步贯通金山路（南段）、绿屏路（南段）、富民路、罗斗岗路，升级改造牧羊路。至2013年底，市区道路贯通建设二、三期工程有7条道路取得不同程度进展。实施一系列市政建设工程，包括建设北路等8条城市道路改造、三河洲临时市场等9个临时市场建设。截至年底，总计共修复人行道9000平方米，修复路面5500平方米，云浮市城区道路总长89.6千米，完好率98.9%，人均道路面积9.5平方米/人。

城市园林绿化　2013年，云浮市中心城区园林绿化全年投入72万元，开展市区范围内绿化补植以及迎创国卫摆花、育华花坛换种植物等园林绿化工作。城区绿化覆盖率40.32%，人均公园绿地面积13.36平方米。城区有6个公园、广场以及15个街头小景。英东体育馆全民健身广场、蟠龙天湖广场在升级改造。

绿道建设　2013年，云浮市编制全市绿道网建设总体规划及实施方案，理顺已完成宜居项目的管理归属问题。推进省立绿道网及配套工程建设，顺利完成省下达云浮市的185千米绿道网建设任务，基本建成省一级绎站5个、户外活动中心4个，完善对南山河河道景观改造配套项目。应厦门市政府邀请，参加全球国际花园城市（社区）大赛，云浮市选报的参赛项目“龙山塘——一个愉快祥和的乐园”获得国际花园社区全球大奖和环境可持续发展项目银奖等奖项。

城市环境卫生　云浮市城区2013年筹措投入1400多万元添置完善环卫设备设施，2013年10月在都杨新城区建成并投入使用一座粪便无害化处理站。市城区全部垃圾实行机械压缩和密闭运输，环卫清扫

▲2013年10月29~30日，云浮市召开西江新城水景中轴线及滨江公园城市（景观）设计方案国际竞赛评审会（云浮市规划编制委员会供稿）

工作由“以扫为主”转变为“洗扫结合”，市城区生活垃圾处理无害化处理率100%。

城市公共照明　2013年，云浮市中心城区推进市城区路灯、灯饰的升级改造，市城区主次干道全面推广使用LED节能路灯。推进中心城区城中村路灯安装、升级工作，城市路灯完好率和亮灯率99%。

（陈宏略）

城市生态保护建设　空气环境。2013年，云浮市市空气质量保持在国家二级标准以上，市城区降尘量3.46吨/平方千米·月，市区空气质量优良率为100%，全优天数为88.2%，排名全省前列。

水环境。2013年，全市饮用水源水质达标率为100%，交界断面水质达标率100%；西江云浮河段水质保持Ⅱ类以上，水质状况为优；南山河、南江河、新偿江等主要河流水质保持上年Ⅲ类，水质状况良好。

农村环境综合整治。2013年，云浮市安排资金100万元对50条村实施环境综合整治“以奖代补”项目。制定实施2013~2015年养殖场治理计划方案。罗定市泗纶镇申报省级生态镇工作通过省专家评估。

（周振鹏）

城市供水　供水能力。截至2013年底，云浮市各县（市、区）城区共建成5座自来水厂，总供水能力为31.5万立方米/日。

2013年，云浮市各县（市、区）城区供水总量为7921.6万立方米，日平均供水总量为21.70万立方米。

供水设施。2013年，云浮市城区共投入828万元用于管网建设和输配水设备改造。其中云浮市自来水公司投入800万元完成市城区教育园区供水加压泵站建设；广东广业云硫矿业有限公司自来水厂投入28万元，完成冬城云硫大道长900米DN500供水钢管迁改。

截至2013年底，云浮市建成并上网的城镇污水处理厂有9座，云浮市城区年污水处理总量4705.07万立方米，日处理量12.89万立方米。

（刘刚）

城市供气　2013年，云浮市城区管道燃气累计完成投资9300多万元，建成中低压管网130千米、门站1个，储气能力6万平方米，安装及在册用户15587户、商业用户65户，全年实现供气280万立方米，运营安全稳定。2013年云浮中燃公司被中国安全生产协会授予“安全生产标准化三级企业”称号。

城市综合管理　2013年，云浮市城区以创建国家卫生城市和省级文明城市为目标，整改纠正车辆乱停乱放、违规施工、无证照经营和屠宰污染等各类违章行为500多宗，教育、纠正和查处城市“十乱”（乱倒乱运、乱丢乱扔、乱晾乱晒、乱栽乱种、乱贴乱画、乱堆乱放、乱摆乱卖、乱拉乱接、乱搭乱建、乱停乱放）违章行为1800多宗，整改存在污染的191间店铺、占道经营的50多家机械厂。编制完成相关市场规划，加快城区各类专业市场、综合市场、临时市场建设，在市城区范围内新规划建设7个临时肉菜零售市场和牧羊1个临时肉菜批发市场并投入使用。新设置京都、青少年宫灯光夜市，搬迁特色美食烧烤街。云城区城镇综合管理和执法局建立无缝衔接巡查打击制度，采用疏堵结合办法，对“十乱”违规现象先进行劝导教育，对屡劝不改的进行重点整治，共发出限期整改通知书1425份，违法工具暂扣单1316份，教育、处罚违法人员1600多人次，开出行政处罚单1130宗。

（陈宏略）

【城镇村庄建设】　2013年，云浮市办理业务案件1368宗，核发《建设工程规划许可证》361宗。征收城市基础设施配套费约3443万元。

农村生活垃圾治理。2013年，云浮市63个镇建成垃圾转运站，8788个自然村建成符合省要求的垃圾收集点，965个行政村（含居委）全面建立保洁清扫制度，镇（村）全部完成省政府要求的农村生活垃圾硬件设施建设任务。8月，省住房和城乡建设厅在云浮罗定召开全省农村生活垃圾治理现场会，推广云浮经验。

（梁圳惠）

【房地产业与住房保障】　2013年，云浮市完成房地产开发投资60.14亿元，商品房施工面积234.9万平方米，销售面积145.93万平方米，销售金额70.14亿元。其中，市区完成开发投资27.45亿元，商品房施工面积151.84万平方米，销售面积47.98万平方米，销售金额31.47亿元。

保障性住房建设　2013年，全市新建的保障房项目有10个、1150

▲2013年9月29日，云浮市举行第四届房地产博览会　（云浮市住房和城乡建设局供稿）

套（户），开工率101.77%；基本建成1215套，完成率136.98%；发放租赁补贴25户，完成率125%，超额完成省政府下达的1130套（户）目标任务。

住房保障制度改革　2013年，云浮市出台《云浮市住房保障制度创新实施方案》探索建立投资主体多元化机制。搭建政府性投融资平台，专项用于保障房建设项目。优先安排，建立保障房用地储备机制。按“可连片供多年开发，形成小区管理”的要求划拨建设用地。规定今后新建商品住房开发项目，必须按项目住宅总建筑面积10%比例配建保障房。摸清需求，建立“以需定建”的保障房建设规划导向机制。完善保障性住房的准入和退出机制，健全轮候配租制度，打造保障房运营管理的长效机制。

房改房和集资房上市。2013年，云浮市城区核准房改房和集资房上市320宗，住房基金增值收益约65万元。全市累计实行住房货币分配人数1.7万人，发放住房货币补贴2.4亿元。（张鹏）

住房公积金　2013年，云浮市住房公积金全年归集额9.96亿元，提取额6.86亿元，发放贷款额6.93亿元。截至年底，全市归集余额24.20亿元，贷款余额19.51亿元。全市新增缴存（单位230个）职工3369人，个人住房公积金账户11.49万个。（赵伟强）

【“三旧”改造】　截至2013年底，云浮市收缴土地出让税、出让金、补交地价款等税费2.1亿元。全市“三旧”改选动工项目有罗斗二岗改造项目、区屋大围村改造项目、原东方饮料厂改造项目、粤云新型石材厂改造项目等29个，涉及改造面积1100.53公顷。（梁圳惠）

【建筑业】　2013年，云浮市房屋建筑和市政基础设施工程报建项目207项，比上年增长19.65%；建筑面积432.54万平方米，比上年增长129.79%；工程造价72.72亿元，比上年增长151.2%。其中，市区工程报建工程26项，建筑面积113.24万平方米，工程造价17.56亿元。全市共374宗建设工程招标投标进入建设工程交易中心，比上年增长55.19%；工程总造价（中标价）52.69亿元，增长128.1%；工程标底价53.2亿元，增长123.25%，下浮率0.97%。其中，市区77宗，比上年增长108.1%；工程造价16.25亿元，增长873.5%，下浮率1.08%。应公开招标率和应招标率均达100%。（张鹏）

【建设科技与信息化】　2013年，云浮市整理现有地理信息数据，着重做好1：10000地形图矢量化工作，完成4个县（区）的等高线和高程点矢量化工作，开展罗定市矢量化工作；完成规划区内1：2000影像图的拼接纠正制作；完成云浮市规划区大比例尺地形图现状的调查，提出测绘方案和技术路线；通过收集各项规划及道路设计方案并入库，为规划审核提供技术支持。2013年1月17日，云浮市国土规划电子政务系统通过验收。截至2013年底，系统受理业务14380宗，办结14247宗，办理工作量98276人次。网上交易6宗，成交3宗，最大溢价近69%；土地登记9360宗。全面完成网上办事大厅建设和“双系统对接”，大部分网上办理事项比法定时限缩短5~20个工作日。（欧俊来　梁圳惠）

【设计方案国际竞赛评审会在云浮举行】　2013年10月29~30日，云浮市召开云浮西江新城水景中轴线及滨江公园城市（景观）设计方案国际竞赛专家评审会。经过专家评委会的评议，以“山水之城、岭南画卷”为核心内容的云浮西江新城水景中轴线及滨江公园项目设计方案为本次大赛优胜方案。

云浮西江新城水景中轴线及滨江公园城市项目位于云浮西江新城核心地区，毗邻规划的市民中心,规划范围南起强盛路，北临西江,西至河杨大道，东至滨河东路。规划用地总面积8.1平方千米，其中建设用地面积2.6平方千米，水域面积1.72平方千米，绿地面积3.78平方千米。

云浮西江新城水景中轴线及滨江公园城市（景观）设计方案于2013年8月正式启动国际竞赛以来，得到海内外众多设计单位的热烈响应。8月27日，云浮市举行资格预审会，审定棕榈园林股份有限公司、中外园林建设有限公司、深圳铁汉生态环境有限公司、广州普邦园林股份有限公司等4家公司符合参赛资格；10月15日，4家参赛单位按照规定提交规划设计成果文件。该次竞赛公告发布、报名、团队筛选等所有过程严密，参赛设计团队多次到云浮西江新城实地考察。

专家评审会结束后，云浮市根据评审委员会评审意见，确定来自棕榈园林股份有限公司的方案为后续设计单位，由该设计单位完成后续设计工作。后续设计单位将承担8.1平方千米城市（景观）设计深化任务，通过对其他参赛设计方案的比较分析，吸收其他方案优点并进行深化。（欧俊来）

附录：云浮市住房和城乡建设管理部门主要领导

云浮市住房和城乡建设局
　党组书记、局长：江卓君
云浮市规划编制委员会
　主任：黄汉棣（任至2013年11月）
　主任：朱国鸣（2013年11月任职）
云浮市国土资源和城乡规划管理局
　党组书记、局长：彭仲典
云浮市城市综合管理局
　党组书记、局长：陆景华
云浮市水务局
　党组书记、局长：林　德
云浮市住房公积金管理中心
　主任：冯杰焕

各市建设

2013年，广东省各地住房和城乡建设系统开展新型城镇化建设，推进珠三角优化发展和粤东西北地级市中心城区扩容提质，推进保障性住房建设和宜居城乡创建，开展农村人居环境整治，各市住房和城乡建设各项工作取得新进展。

2013年，广州市以新型城市化发展为契机，推进生态城市建设，加快道路交通基础设施和“2+3+9”重要平台建设，创建名镇名村和美丽乡村，城乡建设各项工作取得新成效。完成固定资产投资4454.55亿元，截至年底，全市建成城市道路7126.54千米、高快速路779.40千米，轨道交通形成9条线路、260.5千米的新线网，12条（段）新线建设同步开展；全市绿化覆盖面积142240公顷，建成区绿地率35.65%，绿化覆盖率41%，绿道总里程2463千米；推广岭南建筑文化，抓好建筑节能和绿色施工，获“全国十大绿色建筑标杆城市”称号。全市建设工程获“中国建设工程鲁班奖”3项、“国家优质工程奖”1项、“广东省优质工程奖”28项、“广东省优良样板工程奖”9项、“广州市建设工程质量五羊杯”121项。是年，芳村花园二期工程第一标段项目成为广东省首个获“中国建设工程鲁班奖”的保障性住房工程。

1

2

3

4

1 2013 年 6 月 26 日，广州市第一资源热力电厂二分厂举行点火仪式，广州市市长陈建华出席并讲话 （广州市城乡建设委员会供稿）

2 2013 年，广州市政务中心设立“建设工程项目联合审批区” （广州市城乡建设委员会供稿）

3 广州市大力推进河流河涌整治。图为 2013 年完工的荔枝湾三期工程 （广州市城乡建设委员会供稿）

4 广州市“美丽乡村”——广州市白云区白山村（2013） （广州市城乡建设委员会供稿）

5 2013 年 9 月 13~15 日，广州住房博览会在广州市举行，特设广州市保障性住房展区 （广州市国土资源和房屋管理局供稿）

6 广州芳和花园保障房小区（2013）（广州市国土资源和房屋管理局供稿）

7 8 建设中的同德围南北高架路和新化快速路（2013） （广州市城乡建设委员会供稿）

9 2013 年 12 月 28 日，广州地铁 6 号线首段开通 （广州市城乡建设委员会供稿）

2013 年，深圳市推动住房和城市建设稳定增长和可持续发展。推进生态文明建设和智慧城市建设，着力提高大气、水环境质量和绿化水平，建设宜居宜业的绿色家园。市民绿色福利持续提升，全面实施绿色建筑标准，绿色低碳成为城市新特质。加快国际低碳城建设，成功举办首届国际低碳城论坛。深圳机场新航站楼启用，轨道交通三期 7、9、11 号线加快建设，80 个片区交通综合改善工程完成。深圳北站综合交通枢纽等工程获“国家优质工程奖”6 项、“中国土木工程詹天佑奖”6 项和“中国建设工程鲁班奖”2 项。保障性住房开工 1.7 万套、竣工 2.21 万套、供应 2.7 万套，逐步建立安居型商品房、公共租赁住房轮候机制，安排人才安居货币补贴 10 亿元，人才住房和补贴惠及约 20 万人。

1

2

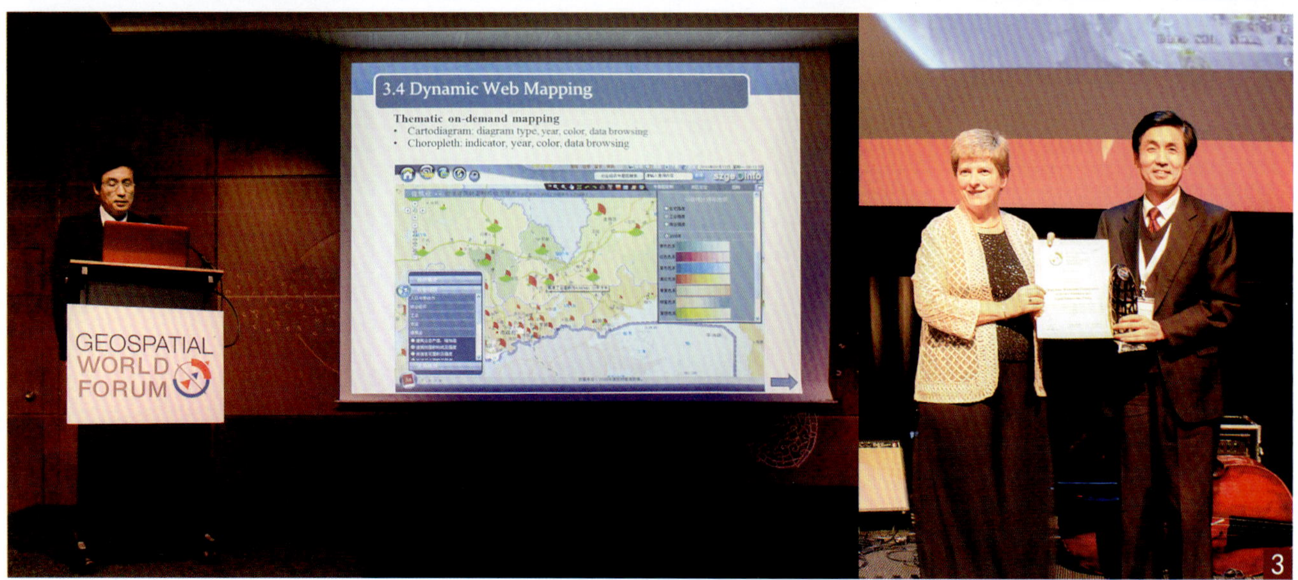

3

1 2013 年 4 月 1 日，第九届国际绿色建筑与建筑节能大会暨新技术与产品博览会在北京市举行。图为博览会深圳展区现场（深圳市住房和建设局供稿）

2 2013 年 12 月 6 日，广东省委常委、深圳市委书记王荣（前排中），比利时王后玛蒂尔德·都德肯达柯兹（前排左二）出席深港双城双年展（深圳）开幕式（徐文 摄）

3 2013 年 5 月 13~16 日，2013 年世界地理信息论坛在荷兰鹿特丹市举行。深圳市规划和国土资源委员会开发的中国第一个城市地理信息系统——城市地理信息技术应用项目获 2012 年度“世界地理信息杰出（应用）奖”，标志着中国城市地理信息技术应用水平跻身国际先进行列（深圳市规划和国土资源委员会供稿）

4 深圳南方科技大学（2013）（深圳市建筑工务署供稿）

5 深圳市大鹏半岛地质公园博物馆园区鸟瞰（2013）（深圳市城市管理局供稿）

6 深圳海滨公园和滨海栈桥（2013）（深圳市建筑工务署供稿）

7 2013 年 8 月 14 日，香港中文大学深圳校区建成启用（深圳市建筑工务署供稿）

8 深圳龙悦居三期保障房项目（2013）（深圳市住房和建设局供稿）

2013 年，珠海市以建设“环境宜居与欧美国家相媲美”的人文城市、智慧城市为总体要求，按照“蓝色珠海，科学崛起”战略决策，推动珠海住房和城乡建设各项事业发展。全市实现地区生产总值 1662.38 亿元，完成固定资产投资 960.89 亿元，比上年增长 23%；完成建筑业总产值 291.33 亿元 ，建筑安装工程投资额 719.17 亿元。城区绿化率 53.08%，人均公园绿地面积 17.77 平方米，城镇生活垃圾无害化处理率 100%。

1

2

3

1 2013 年 12 月 19 日，广东省副省长许瑞生（左一）视察珠海市城市建设 （珠海市住房和城乡规划建设局供稿）

2 3 2013 年 7 月 15 ~ 16 日，以“生态城镇、智慧发展”为主题的第八届城市发展与规划大会在珠海市召开 （珠海市住房和城乡规划建设局供稿）

4 2013 年元旦，珠海市长隆国际海洋度假区一期工程竣工。图为珠海长隆酒店远眺 （珠海市住房和城乡规划建设局供稿）

5 位于珠海市中心城区的珠海华发商都（2013） （珠海市住房和城乡规划建设局供稿）

6 2013 年，珠海市香洲区建成 34 个社区体育公园。图为珠海市吉大社区体育公园 （珠海市住房和城乡规划建设局供稿）

7 珠海市横琴新家园是横琴新区政府针对原岛上居民建设的安置房 （珠海市住房和城乡规划建设局供稿）

2013 年，汕头市推进新一轮城市总体规划修编，大特区城市规划建设全面铺开，形成“一湾两岸”城市核心圈和“一核多组团”大特区城市格局。海湾新区完成总体规划编制，在 36 平方千米的核心区内创办华侨经济文化合作试验区；东海岸新城累计投资约 70 亿元，建成陆域面积 20 平方千米、海堤 24 千米；南澳被认定为“广东省滨海旅游产业园”。加快城市更新步伐，启动建设潮人码头，改造大华路、西堤路等破旧道路 16.45 万平方米，累计建成绿道 110 千米。

1

2

3

1 2013 年 3 月 23 日，中共中央政治局委员、广东省委书记胡春华（前中）视察汕头礐石风景区

2 2013 年 8 月 23 日，广东省省长朱小丹（前中）指导汕头市抗洪救灾

3 2013 年 10 月 18 日，国际建筑设计大师保罗·安德鲁（右二）一行参加汕头市海湾新区东海岸新城城市设计国际竞赛

4 汕头市南澳赤石海湾（2013）

5 汕头市海滨花园鸟瞰（2013）

6 汕头市商品住宅小区（2013）

7 汕头市礐石风景区（2013）

8 汕头市中山东路绿道（2013）

（汕头市住房和城乡建设局供稿）

2013年，佛山市推进城市升级，提升城市形象。《佛山市城市总体规划（2012~2020年）》通过部、省联审，佛山城市中轴线规划通过国际竞赛确定实施方案；中心城区建设和改造提速，基础设施日益完善，中心城区公交分担率23.7%、城镇生活垃圾无害化处理率98%、城乡生活垃圾无害化处理率94%、城镇污水处理率88.94%；开展国家生态市创建，21个镇（街）成为国家级、省级生态乡镇；推进城市造林绿化，全市新增公园100.6万平方米，城市人均公园绿地面积12.37平方米。是年，佛山市被授予“全国绿化模范城市”称号；全市3个城镇、17个村庄、101个社区被评为广东省宜居示范城镇、宜居示范村庄、宜居社区；3个项目获“广东省宜居环境范例奖”。

1

2

3

4

5

1 2013年1月17日，佛山市召开城市管理工作暨城市景观改造现场会（佛山市住房和城乡建设管理局供稿）

2 2013年8月9日，佛山市水务局开展“共护碧水，创建幸福生态家园”自行车沿河宣传活动（佛山市水务局供稿）

3 顺德乐从文化公园（2013）（周春 摄）

4 佛山市南海区千灯湖（2013）（佛山市国土资源和城乡规划局供稿）

5 佛山新城（2013）（佛山市国土资源和城乡规划局供稿）

6 整治后的佛山新城荷村涌（2013）（刘勇 摄）

7 佛山市亚艺公园鸟瞰（2013）（容世椿 摄）

8 佛山市高明区秀丽河（2013）（佛山市国土资源和城乡规划局供稿）

9 佛山市禅城岭南天地是“三旧”改造项目。图为孩子们在岭南天地城市喷泉中嬉戏（2013）（佛山市国土资源和城乡规划局供稿）

10 佛山市丰收涌整治工程（2013）（刘勇 摄）

2013 年，韶关市抓住粤东西北地区振兴发展机遇，全力推动经济社会加快发展，以经济建设中心和转变经济发展方式为主线，加强区域合作，打造北江经济带，将韶关建设成为粤北经济中心城市。全年建筑业总产值增加 100 亿元。房地产业增加值比上年增长 11%，商品房销售面积增长 22%。完成各类保障性住房、棚户区改造住房，新开工 7347 套，基本建成 7212 套。建成区面积 92.1 平方千米，城区绿化率 46.1%，人均公园绿地面积 12.1 平方米，城镇生活垃圾无害化处理率 100%，城镇生活污水集中处理率 100%。

1

2

1 2013年1月4日，中共中央政治局委员、广东省委书记胡春华（前）视察韶关市城市规划（韶关市住房和城乡建设局供稿）

2 2013年8月6日，韶关市委书记郑振涛（左二）在韶关市曲仁矿棚户区改造工程施工现场检查工作（章程 摄）

3 韶关市市区建筑群（2013）（韶关市住房和城乡建设局供稿）

4 韶关市曲江新城一角（2013）（陈韶光 摄）

5 韶关市江口水电站（2013）（陈韶光 摄）

6 韶关市仁化双峰寨被评定为第六批“全国重点文物保护单位”（2013）（章程 摄）

2013 年，河源市以“打造‘广东绿谷’、建设‘幸福河源’”为总体目标，推进城市扩容提质。全市地区生产总值 680.33 亿元，完成固定资产投资 342.73 亿元，完成房地产开发投资 90.37 亿元。开展宜居城镇建设试点镇 4 个、宜居村庄建设试点村 30 个、村庄整治试点 13 个。编制《河源市绿道网建设总体规划》，推进省立绿道建设，东源县建成“滨江线仙塘镇至黄田镇段”绿道 25 千米，和平县建成“和平温泉线”绿道 46 千米，全市城乡面貌发生新变化。

1

2

3

4

5

1 2013年5月30日，广东省副省长许瑞生（左一）在河源市调研农村生活垃圾处理设施建设情况
（河源市住房和城乡规划建设局供稿）

2 改造后的河源市东源县义合镇客家风情街（2013）
（河源市住房和城乡规划建设局供稿）

3 河源市沿江路亲水步道远眺（2013）
（河源市住房和城乡规划建设局供稿）

4 河源市长堤路亲水步道（2013）
（河源市住房和城乡规划建设局供稿）

5 河源市区新丰江水道（2013） （河源市环境保护局供稿）

6 河源市区滨江大道（2013）
（河源市住房和城乡规划建设局供稿）

7 河源市全民健身广场（2013）
（河源市住房和城乡规划建设局供稿）

8 河源市万绿湖风景区（2013） （河源市环境保护局供稿）

9 整治后的河源市鳄湖（2013） （河源市环境保护局供稿）

2013 年，梅州市城乡建设事业快速发展。完成建筑业总产值 184.67 亿元，完成房地产开发投资 77.02 亿元。城市建成区绿地率 36.44%，建成区绿化覆盖率 42.88%，城市人均公园绿地面积 12.83 平方米，完成绿道慢行道里程 21.3 千米，绿化里程 20 千米。

1

2

3

4

5

6

7

1 2013年5月17日，梅州市委书记朱泽君（前左）、市长谭君铁（前右）在梅州市调研“一江两岸”景观提升工程建设情况（高讯 摄）

2 2013年8月22日至23日，广东省人大环境资源保护委员会主任陈耀光（右二）、副主任房庆方（右一）在梅州市开展城乡生活垃圾管理和立法调研（曾万水 摄）

3 梅州市丽都西路（2013）（连志城 摄）

4 梅州市梅县东山中学体育馆（2013）（梅州市住房和城乡建设局供稿）

5 2013年10月14日，梅州梅江公园众悦阁建成启用（曾万水 摄）

6 梅州市兴宁和山岩水库（2013）（洪小维 摄）

7 梅州市雁洋镇桥溪村（2013）（洪小维 摄）

2013年，惠州市围绕“尽快进入珠江三角洲第二梯队”目标，完善城乡基础设施。厦深铁路惠州段建成通车，莞惠城轨惠州段建设加快。建成潼湖水厂主体工程和16宗农村饮水安全工程，市区供水一体化取得阶段性成果。加大民生保障力度，建设保障性住房3385套。淡水河、潼湖流域污染整治继续深化，实施青年河综合整治。建成污水处理厂21座，截污管网176千米，城镇污水处理率95.1%。完成城市垃圾焚烧发电厂升级改造，惠城中心区推行垃圾分类处理，全面完成城乡生活垃圾处理设施年度建设任务。截至年底，惠州市连续6年获“全省环保责任考核优秀城市”，入选“中国十佳空气质量城市”“中国十佳宜居城市”。

1

2

3

4

5

1 2013年4月9日，惠州市惠城中心区举行生活垃圾分类试点启动仪式 （惠州市市容环境卫生管理局供稿）

2 2013年9月29日，惠州市举行市区垃圾焚烧发电厂改造升级项目竣工仪式 （惠州市住房和城乡规划建设局供稿）

3 2013年9月29日，惠州市住房公积金管理中心开展宣传活动 （惠州市住房公积金管理中心供稿）

4 2013年12月26日，惠州市物业管理改革发展20周年暨惠州市物业管理协会成立10周年总结大会在惠州市举行 （惠州市住房和城乡规划建设局供稿）

5 惠州市惠阳区叶挺纪念园（2013） （惠州市住房和城乡规划建设局供稿）

6 惠州市西湖风景名胜区远眺（2013） （惠州市住房和城乡规划建设局供稿）

7 惠州市金山河整治工程（2013） （曾惠新 摄）

8 惠州市惠城区都市型绿道（2013） （惠州市住房和城乡规划建设局供稿）

2013 年，汕尾市坚持经济、政治、文化、社会、生态文明“五位一体”建设。全年全市地区生产总值 671.75 亿元，固定资产投资总额 462.09 亿元，完成汕尾市重点建设项目投资 107 亿元。是年，《汕尾新区规划》获省政府批准；推进中心城区扩容提质，全面完成《全市综合交通规划》《市区火车站片区控规》《红草产业转移工业园控规》编制；加快建设环品清湖片区、火车站站前广场等市政配套设施。

1

2

3

4

5

6

7

8

9

1 2013年2月18日，中共中央政治局委员、广东省委书记胡春华（前右二）视察汕尾市城乡建设
（汕尾市住房和城乡建设局供稿）

2 2013年12月28日，厦深铁路汕尾站启用
（汕尾市住房和城乡建设局供稿）

3 汕尾大道和香城路交汇（2013）
（汕尾市住房和城乡建设局供稿）

4 汕尾市慈云山公园一角（2013）
（汕尾市住房和城乡建设局供稿）

5 绿色环保型电厂——广东红海湾发电有限公司远眺（2013）
（汕尾市环境保护局供稿）

6 汕尾市品清湖（2013） （汕尾市环境保护局供稿）

7 汕尾市陆城污水处理厂（2013）
（汕尾市住房和城乡建设局供稿）

8 汕尾市陆河县螺河堤围（2013）
（汕尾市住房和城乡建设局供稿）

9 晚霞中的汕尾市沙舌海滨（2013）
（汕尾市住房和城乡建设局供稿）

2013 年，东莞市完成水乡大道改造提升，以及环城路与西南路交叉口改造等 14 项工程。新开工松山湖大道救助站路口整治、篮球中心周边道路、社会福利中心改扩建等 7 项工程。东莞新火车站启用，地铁 2 号线 11 个站点主体封顶。完成高快速路、国省道和镇村联网路新建改造 105 千米。建筑业实现增加值 82.73 亿元，建筑企业总产值 176.71 亿元，房地产开发投资 497.66 亿元，市财政投资项目 32 亿元。中国散裂中子源项目被评为“广东省 AA 级安全文明标准化工地”“东莞市先进重大项目”和“廉优共建工程”。东莞市规划展览馆等 91 个项目被评为“东莞市安全生产文明施工示范工地”。全年 32 个项目被评为“广东省安全生产文明施工示范工地”、58 个建设项目被评为“东莞市建设工程优质奖”。

1

2

3

4

5

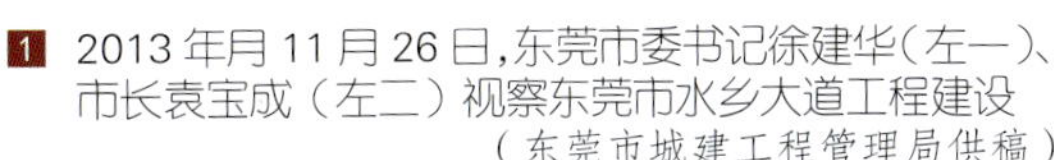

1 2013 年月 11 月 26 日，东莞市委书记徐建华（左一）、市长袁宝成（左二）视察东莞市水乡大道工程建设（东莞市城建工程管理局供稿）

2 2014 年 3 月 12 日，东莞市人大代表检查篮球中心和网球中心建设情况（东莞市城建工程管理局供稿）

3 东莞市大岭山森林公园绿道（2013）（黄惠谊 摄）

4 东莞市篮球中心（2013）（唐立湖 摄）

5 东莞市廉租房住宅小区（2013）（唐立湖 摄）

6 东莞市寮步镇香江公园（2013）（东莞市城乡规划局供稿）

7 东莞市万江区龙湾湿地公园（2013）（唐立湖 摄）

8 东莞市环城路与西南路交叉口改造工程（2013）（东莞市城建工程管理局供稿）

9 东莞市水乡大道改造提升工程(2013)（唐立湖 摄）

2013 年，中山市加强基础设施建设，发展生态文明，提升城市发展综合实力，建设宜居美好家园。全年完成建筑业总产值 324.34 亿元，房地产开发投资额 399.12 亿元，城区绿化率 40.62%，人均公园绿地面积 17.41 平方米，城镇生活垃圾无害化处理率 100%，城镇生活污水集中处理率 90.7%。中山市翠亨新区进入实质开发建设阶段，起步区基础设施建设加快推进。多用途码头建成运营，全市 19 条断头路接通 14 条，完成 70 座危桥改造。是年，中山市成为广东省统筹城乡土地综合整治试点城市，雨污分流城区工程提前完成，实现镇区垃圾转运站全覆盖。

1

2

3

4

1 2013 年 12 月 26 日，中山市首批异地务工人员参加公租房分配抽签仪式 （高隽 摄）

2 中山市中山路鸟瞰（2013） （向锋 摄）

3 整治后的中山市岐江（2013） （罗宇峰 摄）

4 中山市博爱路绿道（2013） （向锋 摄）

5 旧城改造项目——兴中广场（2013） （中山市城乡规划局供稿）

6 中山市三角镇三角村全貌（2013） （中山市住房和城乡建设局供稿）

7 中山市利和广场城市景观（2013） （向锋 摄）

8 中山市城市住宅与自然生态环境融为一体（2013） （中山市国土资源局供稿）

9 2013 年 12 月 30 日，中山市广丰工业大道石岐段通车 （洪喜鹏 摄）

2013年，江门市围绕建设幸福侨乡核心任务，以“种树、搭桥、修路、抓大项目”为重点，推进经济社会发展和民生改善。全年完成固定资产投资1000.84亿元，完成建筑业总产值225.7亿元，完成房地产开发投资245.7亿元。全市建成区绿化覆盖率43.14%，人均公园绿地面积17.35平方米，城镇生活垃圾无害化处理率96.2%，城镇生活污水处理率87.21%。全年5个镇被评定为“广东省宜居示范城镇”、2个镇被评定为“广东名镇”。

1

2

3

4

5

6

7

8

1 2013 年 11 月 6 日，江门市滨江新区管委会与广东南粤银行签署《融资合作协议》（江门市住房和城乡建设局供稿）

2 2013 年 10 月 25 日，江门市市区惠泽园保障性住房一期项目竣工（江门市住房和城乡建设局供稿）

3 2013 年 2 月 8 日，江门市胜利桥通车（江门市住房和城乡建设局供稿）

4 改造后的江门市东华大桥绿化带（2013）（江门市城市综合管理局供稿）

5 广东省宜居示范镇——江门台山斗山镇。该镇是中国第一条民办铁路缔造者陈宜禧的故乡（江门市住房和城乡建设局供稿）

6 江门市新会区石涧公园一角（2013）（江门市城市综合管理局供稿）

7 江门市天沙河岸（2013）（江门市城市综合管理局供稿）

8 江门台山市五福里（2013）（江门市住房和城乡建设局供稿）

2013 年，阳江市推进重点项目建设，60 个重点项目完成投资 232.75 亿元。全市建筑和房地产业持续发展，完成建筑业产值 114 亿元，房地产开发投资 103.5 亿元。城镇建成区总面积 187 平方千米，建成区绿地率 38%，城镇污水处理率 81.85%，城镇生活垃圾处理率 78.8%，全市城镇化率 48.8%。是年，阳江市被评定为“国家园林城市”。

1

3

2

4

1 2013 年 1 月 20 日，中共中央政治局委员、广东省委书记胡春华（右四）视察阳江市城乡建设（梁文栋 摄）

2 2013 年，阳江市被评定为“国家园林城市”。图为阳江市明珠气象公园（关勇军 摄）

3 阳江市商品住宅小区（2013）（范伟权 摄）

4 阳江市阳东县东平镇全貌（2013）（关勇军 摄）

5 阳江市“十大最美乡村”——阳东雅韶古建筑群（2013）（范伟权 摄）

6 阳江市大岭埂防护绿地（2013）（袁丹心 摄）

7 阳江市阳东东平镇大澳村远眺（2013）（关勇军 摄）

2013 年，湛江市加快城乡建设步伐，开展创建生态文明区城镇村 5 年行动计划，推进城市建设精细化管理。完成市区 117 条小街小巷整治改造，完成中山一路、康顺立交桥、椹川大道北 3 个片区“水浸街”整治工程。全年新开工建设保障房 4193 套，建筑面积 29.54 万平方米。4 个村落入选《第二批中国传统村落名录》，新增 3 个国家级生态乡镇。

1

2

3

4

1 2013年7月12日，广东省省长朱小丹（右一）视察湛江中科炼化项目建设情况 （周海涛 摄）

2 2013年11月5日，湛江市委书记刘小华（左一）调研湛江东海岛重点项目征地拆迁情况 （黎进明 摄）

3 2013年10月13日，湛江市市长王中丙（右二）视察市内企业 （周海涛 摄）

4 湛江市规划展览馆（2013） （湛江市城市规划局供稿）

5 2013年12月31日，湛江市社坛路改造工程竣工 （湛江市城市综合管理局供稿）

6 湛江市康宁路（2013） （湛江市城市综合管理局供稿）

7 湛江市机场路（2013） （湛江市城市综合管理局供稿）

8 2013，湛江市遂溪县城月镇红家村创建广东省宜居村庄。图为红家村村庄道路 （湛江市住房和城乡建设局供稿）

9 2013年3月13日，广东粤电湛江生物质电厂光伏发电项目通过复核。图为电厂控制室（湛江市住房和城乡建设局供稿）

2013 年，茂名市抓住粤东西北地区振兴发展机遇，推进各项重大规划管理和编制，科学引导城市建设，完善城市基础设施建设，实施城区扩容提质，致力将茂名打造成经济繁荣、宜业宜居的现代化滨海新城和可持续发展城市。全市环境空气质量达到二级标准，优良天数保持 100%。全市完成房地产投资 70.52 亿元，完成建筑业总产值 309.7 亿元，创利税总额 29.9 亿元。

1

2

3

4

1 2013 年 7 月 5 日，茂名市水东湾新城管理委员会成立。茂名市市长李红军（中）出席揭牌仪式
（茂名市住房和城乡建设局供稿）

2 2013 年 7 月 22 日，茂名市委、市政府召开全市城乡清洁工程现场会 （茂名市住房和城乡建设局供稿）

3 茂名市中心广场（2013） （曾强 摄）

4 茂名市市民公园远眺（2013） （丘立贺 摄）

5 茂名大道（2013） （丘立贺 摄）

6 茂名市市民大道（2013） （罗栋 摄）

7 茂名市水东湾新城远眺（2013） （丘立贺 摄）

8 茂名市市民活动中心（2013） （罗栋 摄）

2013年，肇庆市重点抓好城市扩容提质，着力优化宜居环境，城乡建设迈出新步伐。全年完成建筑业总产值108.26亿元，房地产开发投资171.48亿元。城区绿化率35.45%，城镇生活垃圾无害化处理率73%，城镇生活污水集中处理率77.96%。年内，肇庆新区成为广东省重大创新平台。产业发展、基础设施、低碳发展专项规划通过审批，中央绿轴生态城被住房和城乡建设部确定为“国家绿色生态示范城区”。全市新动工及续建“三旧”改造项目50个。通过创建幸福村居5年行动计划，乡镇总体规划实现全覆盖，村庄规划覆盖率72%。

1

2

3

1 2013 年 11 月 29 日，第十六届广东（肇庆）房地产博览会在肇庆市举行（肇庆市住房和城乡建设局供稿）
2 肇庆市城市远眺（2013）（肇庆市城乡规划局供稿）
3 肇庆市高新区远眺（2013）（肇庆市住房和城乡建设局供稿）
4 2013 年 10 月 27 日，肇庆市图书馆建成启用（肇庆市城乡规划局供稿）
5 2013 年 10 月 27 日，肇庆市第一人民医院建成启用（肇庆市城乡规划局供稿）
6 清代古建筑——肇庆市怀集县小竹司马第（2013）（肇庆市城乡规划局供稿）

2013 年，清远市全面铺开“一心两核”城市建设。清新撤县建区，标志着清远市中心城区扩容提质取得重大突破。中共广东省委、省政府印发《关于进一步促进粤东西北地区振兴发展的决定》，确定清远“两区两城”发展新定位；《清远燕湖新区发展总体规划（2013-2030 年）》获省政府通过。是年，清远市被评定为“国家园林城市”。

1

2

1 2013 年 11 月 8 日，清远市人民政府与广州长隆集团签署合作协议。广州长隆集团确定在清远市建设世界级森林旅游综合体 （王良珏 摄）

2 2013 年 5 月 28 日，清远市人民政府在清远市召开燕湖新城规划新闻发布会 （清远市城乡规划局供稿）

3 2013 年，清远市被评定为“国家园林城市”。图为清远市江心岛 （曾亮超 摄）

4 清远市城市设计小品（2013） （清远市住房和城乡建设局供稿）

5 清远市江滨公园扩建工程（2013） （清远市城市综合管理局供稿）

6 2013 年 10 月底，清远市江心岛及南岸绿道工程江滨公园段竣工启用。图为新建成的南岸绿道 （曾亮超 摄）

2013 年，潮州市以全面建设“富裕、美丽、文明、幸福潮州”为纲要，围绕提升城市辐射力，加快中心城区扩容提质，推进城乡区域一体化发展。编制韩东新城起步区概念性规划，推进韩江东岸综合开发和潮州—中山产业创新中心等项目建设。加快老城区改造，完成古城区控制性详细规划编制，开展古城区部分街巷改造，启动“潮州新天地”项目建设。完成部分县区行政区划调整，实现潮安撤县设区，市区面积扩大至 1414 平方千米。年内，深化与珠江三角洲地区的合作，并与厦门市缔结为友好城市，融入台湾海峡西岸经济区。推进宜居城乡建设，建成一批名镇、名村和生态示范村。

1

2

3

1 2013年6月29日，潮州市举行潮州大桥工程开工仪式（陈泽生 摄）

2 3 潮州市颐园（2013）（谢达虹 摄）

4 潮州市潮安区城市新貌（2013）（谢达虹 摄）

5 潮州市凤凰洲公园（2013）（谢达虹 摄）

6 潮州市开元寺（2013）（谢达虹 摄）

7 潮州市龙湖古镇民俗表演（2013）（潮州市住房和城乡建设局供稿）

2013年，揭阳市围绕“打造粤东发展极，建设幸福新揭阳”的核心任务，通过扩容提质加速城镇化进程。调整行政区划，启动城市规划和土地规划修改评估。《揭阳新区规划》获广东省人民政府批准，空港新城、揭东新城、玉都新城起步建设。创建广东省文明城市，建成数字城管系统和进贤门大道东段、莲花大道南段等市政项目。揭阳潮汕机场获批一类口岸，实现对台直航；厦深高铁建成通车，潮惠、汕湛、揭惠高速公路揭阳段动工建设。截至年底，全市城市（县城）建成区面积188.98平方千米，人均住宅面积37.4平方米，城区绿化覆盖率29.84%，人均公园绿地面积8.39平方米，生活垃圾无害化处理率71%，污水处理率77.81%。

1

2

3

1 2013年10月9日，揭阳市委书记陈绿平（前左三）到揭阳市城市管理行政执法局检查工作 （揭阳市城市管理行政执法局供稿）

2 2013年10月9日，揭阳数字城管正式启动 （揭阳市城市管理行政执法局供稿）

3 揭阳市市区远眺（2013） （杨继斌 摄）

4 揭阳市阳美玉都城市远眺（2013） （杨继斌 摄）

5 揭阳市榕江两岸（2013） （杨继斌 摄）

6 揭阳市高速公路（2013） （杨继斌 摄）

7 揭阳市湿地公园（2013） （杨继斌 摄）

2013年，云浮市按照广东省委、省政府促进粤东西北地区振兴发展部署，打好交通基础设施建设、产业园区建设和中心城区扩容提质三大战役，积极推进重点工程项目建设，力促转型升级。全市新引进合同项目252个，投资超10亿元的项目有17个。完成房地产开发投资60.14亿元，市政设施改造和建设累计投入20多亿元，创建国家卫生城市工作顺利，通过国家技术总评审。城镇生活污水集中处理率72.5%，城市生活垃圾无害化处理率80%。全年创建5个宜居城镇、80个宜居村庄、10个宜居社区。全市中心城区绿化覆盖率40.32%，人均公园绿地面积13.36平方米。

1

2

4

3

5

6

1 2013年1月19日，中共中央政治局委员、广东省委书记胡春华（前右二）视察云浮市规划展览馆（云浮市规划编制委员会供稿）

2 2013年6月25日，广东省省长朱小丹（前右二）、副省长许瑞生（前左二）视察云浮市新区建设（云浮市住房和城乡建设局供稿）

3 云浮市人民广场鸟瞰（2013）（云浮市住房和城乡建设局供稿）

4 云浮市扩容提质建设项目——云浮市郁南九星湖（2013）（云浮市住房和城乡建设局供稿）

5 改造后的云浮市蟠龙天湖风景区（2013）（云浮市住房和城乡建设局供稿）

6 广梧高速公路云浮段（2013）（云浮市住房和城乡建设局供稿）

7 云浮罗定市蔡廷锴故居（2013）（云浮市规划编制委员会供稿）

8 云浮罗定市大垌八角楼（2013）（云浮市规划编制委员会供稿）

9 云浮罗定市苹塘镇七冲金桔生态文明村（2013）（潘泽辉 摄）

10 云浮市云城街元眼根村百门大屋（2013）（云浮市规划编制委员会供稿）

11 云浮市云城区冲坑崇学堂（2013）（云浮市规划编制委员会供稿）

2013年，顺德区围绕“城市升级引领转型发展，共建共享幸福顺德”战略目标，统筹推进城市升级、产业转型、改革创新三大重点工作。全年完成城乡基础设施投资77.52亿元，投入城市管理资金15.10亿元。新增、改造绿化面积256.99公顷，建成生态景观林带15千米，中心城区建成区绿地率38%，绿化覆盖率39.9%；房地产开发投资171.84亿元，新增保障性住房1270套，基本建成2324套。顺德区大良、勒流街道被广东省推荐为“国家级生态乡镇”；杏坛镇逢简村成为华南地区唯一入选“中国最美村镇”；生态休闲顺德绿道项目和顺德区天富来国际工业城“三旧”改造项目获“广东省宜居环境范例奖”；均安镇获第一批“广东岭南名镇”称号；均安鹤峰等3个村居获第一批“广东岭南名村”称号。

1 2013年，顺德区杏坛镇逢简村获“中国最美村镇典范奖”（顺德区国土城建和水利局供稿）

2 顺德区北滘城区新景（2013）（顺德区档案馆供稿）

3 顺德区“万村绿”示范村——陈村（2013）（顺德区国土城建和水利局供稿）

4 顺德区德胜河一河两岸滨水绿化带（2013）（顺德区国土城建和水利局供稿）

5 顺德区新城主干道路绿化景观（2013）（顺德区国土城建和水利局供稿）

人物与荣誉

- □全国五一劳动奖章获得者
- □全国五一巾帼标兵获得者
- □全国荣誉
- □省级荣誉

全国五一劳动奖章获得者

骆仕群 女，1972年2月生，广东河源人，中共党员，大学本科学历。1990年3月参加工作，助理工程师，广东省建设工程质量安全监督检测总站技术教育科科员。立足本职，爱岗敬业，在平凡的工作岗位上，作出不平凡的业绩。在工作实践中，勤于思考，勇于探索，建立培训教师师资库，整合师资和专家资源，确保培训工作顺利开展；凭着多年积累的实践经验，协助开发对外教育科培训网上报名系统，实现网上自主报名、交费、核查和管理。2006年，骆仕群被共青团广东省直属机关工委授予“青年岗位能手”称号；2012年，被广东省总工会授予“南粤女职工建功立业女能手”称号；2013年，被中华全国总工会授予“全国五一劳动奖章”称号。

▲广东省建设工程质量安全监督检测总站骆仕群被中华全国总工会授予2013年“全国五一劳动奖章”称号 （广东省住房和城乡建设工会委员会供稿）

▲2013年6月27日，河源市连平县解决住房困难办公室总工程师唐水先（左一）向保障房国家督察员汇报棚户区改造情况 （广东省住房和城乡建设工会委员会供稿）

唐水先 1968年10月生，广东河源人，中共党员，大学本科学历。1987年7月参加工作，广东省河源市连平县解决住房困难办公室总工程师。多年来致力于连平县保障性安居工程建设，提出“四个结合”(解决保障性住房与土地储备相结合，解决保障性住房与企业改革相结合，解决保障性住房与公产房的改造、修缮、调整相结合，解决保障性住房与商品房开发相结合）和“三个转变”（供应方式由以售为主向以租为主转变，保障房项目由以建为主向建管并举转变，建设模式由政府单一向社会广泛参与转变）的思路和措施，通过优化资源配置，破解瓶颈。连平县保障性安居工程建设被誉为河源市“建设速度最快、工程质量最高、社会效益最好”的工程项目。2011~2012年，筹措资金约1.2亿元，建设保障性住房2110套，完成河源市政府下达

·链接·

全国五一劳动奖章

“全国五一劳动奖章”是中华全国总工会为奖励在社会主义各项建设事业中作出突出贡献的职工颁发的荣誉奖章，是中国工人阶级最高奖项之一。颁发范围包括工业交通、基本建设、农林水利、财贸金融、文化、教育、新闻、出版、卫生、科研、体育、公安、机关团体等各行各业的职工。一般由省、自治区、直辖市总工会和全国产业工会申报，经中华全国总工会审定批准。“全国五一劳动奖章”获得者的基本条件：政治坚定、思想先进、道德高尚、作风务实、学习努力、爱岗敬业、勤俭节约、勇于创新、服务人民、奉献社会，在本职岗位上取得突出成绩，为社会主义经济建设、政治建设、文化建设和社会建设作出突出贡献。

“全国五一劳动奖章”推选过程坚持严格把关，所推荐的企事业单位和企事业负责人均经过工商、税务、安全等部门审查。各地和各产业工会推荐上报的个人和集体均进行公示，接受社会监督。“全国五一劳动奖章”评选不是工会系统独家包干，是由劳动和社会保障部等20多个部委协同成立表彰筹备委员会，评选范围大大超过工会系统。由于劳动模范的主体为职工，表彰筹备委员会办公室设立在中华全国总工会，由中华全国总工会负责日常工作。

的目标任务。是年，河源市连平县解决住房困难办公室被评为“全国保障性安居工程建设劳动竞赛先进单位”；2013年，唐水先被评为“全国保障性安居工程建设劳动竞赛优秀建设者”，被中华全国总工会授予“全国五一劳动奖章”称号。

（广东省住房和城乡建设工会委员会）

全国五一巾帼标兵获得者

▲《广东建设年鉴》编辑部主任陈明明被中华全国总工会授予2013年“全国五一巾帼标兵”称号

（广东省住房和城乡建设工会委员会供稿）

陈明明 女，1968年5月生，广东广州人，中共党员，大学本科学历。1988年7月参加工作，《广东建设年鉴》编辑部主任。2009年，参与创办广东省住房和城乡建设厅官方刊物《广东建设年鉴》，提出“坚持政府主导，坚持科学发展观，实现年鉴事业可持续发展”的编纂指导思想，以编纂出版具有广东特色、时代特色和行业特色的专业年鉴为目标，遵循“突显特色、总体稳定、与时俱进”的原则，重视作为资料性工具书和政府官方刊物的规范性和严肃性，整合广东省年鉴界、出版界专家资源，聘请资深专家担任《广东建设年鉴》顾问和副主编，为《广东建设年鉴》编纂出版提供强有力的支撑，探索《广东建设年鉴》编纂出版新路子和新方法。

《广东建设年鉴》创刊以来，始终树立精品意识，通过精心组织、精选条目、规范编纂，确保《广东建设年鉴》较高质量出版。截至2013年底，该刊出版5卷，全面、系统、翔实地载录2008~2012年广东省城乡建设事业发展历史，为各级领导决策和行业管理提供依据与参考，为社会各界了解和研究广东城乡建设事业发展状况提供信息资料和数据。2010年，《广东建设年鉴(2009)》先后获第四届“全国年鉴出版质量评比一等奖”“全国地方志系统第二届年鉴评比专业年鉴一等奖”“广东省地方志系统第一届年鉴编纂质量专业年鉴一等奖”；2011年，《广东建设年鉴（2010)》获“中南地区人民出版社第32届优秀图书奖”。凭借多年对年鉴编纂理论和实践的探索，2013年，《广东建设年鉴》编辑部作为中国版协年鉴工委会地方专业年鉴工作部副主任单位，参与制定年鉴编纂标准、规范和发展规划，为推动全国年鉴改革和创新作出贡献。

2009年，陈明明被广东省住房和城乡建设厅授予“《广东建设年鉴》编纂工作先进工作者”称号；2010~2013年，连续4年被广东省建设信息中心授予“先进工作者”称号；2013年，被中华全国总工会授予“全国五一巾帼标兵”称号。

（广东省住房和城乡建设工会委员会）

·链接· **全国五一巾帼标兵**

2005年2月，中华全国总工会首次颁发“全国五一巾帼标兵”。由中华全国总工会设立的“全国五一巾帼标兵”从这一年起每年颁发一次，表彰积极参加“女职工建功立业工程”，在实现全面建设小康社会事业中作出突出贡献的女职工集体和个人。

“全国五一巾帼标兵”获得者的基本条件：(1)政治坚定、甘作表率。拥护中国共产党的领导，积极践行“三个代表”重要思想和科学发展观，遵纪守法，廉洁自律，在促进单位文明建设与构建和谐社会中发挥模范带头作用；(2)勤奋学习、作风优良。坚持勤奋学习，努力提高服务发展、服务岗位职责的本领。具有艰苦奋斗、求真务实，无私奉献、勇争一流的良好职业道德；(3)工作创新、业绩突出。爱岗敬业，开拓创新，在本职工作中成绩显著，有突出创新业绩。

全国荣誉

2013年广东省住房和城乡建设系统获“全国工人先锋号”称号单位

(授予单位：中华全国总工会)

荣誉名称	获奖单位
全国工人先锋号	广东省建筑工程机械施工有限公司东莞市城市快速轨道交通R2线东城车辆段项目部 广东省第四建筑工程公司广州市龙归保障性住房项目十一标段

(广东省住房和城乡建设工会委员会)

2013年广东省获“国家园林城市”称号城市

(授予单位：住房和城乡建设部)

荣誉名称	获奖单位
国家园林城市	阳江市　清远市

(广东省住房和城乡建设厅城市建设处)

2013年广东省获“中国人居环境范例奖”项目

(授予单位：住房和城乡建设部)

荣誉名称	项目名称	管理单位
中国人居环境范例奖	深圳市深圳湾滨海休闲带建设项目	深圳市人民政府

(广东省住房和城乡建设厅城市建设处)

2012~2013年度广东省获第二批“中国建设工程鲁班奖”(国家优质工程)项目

(授予单位：中国建筑业协会)

序号	工程名称	承建单位	参建单位
1	广州珠江新城西塔	中国建筑股份有限公司 广州建筑股份有限公司	中国建筑第四工程局有限公司 中建四局第六建筑工程有限公司 中建三局第一建设工程有限责任公司 中建四局安装工程有限公司 中建钢构有限公司 中建三局装饰有限公司 广州市第一建筑工程有限公司 广州市机电安装有限公司 江苏沪宁钢机股份有限公司 浙江精工钢结构有限公司 深圳金粤幕墙装饰工程有限公司 广州城建开发装饰有限公司 广州市安鑫消防工程有限公司 中国建筑装饰集团有限公司 深圳市亚泰国际建设股份有限公司 广州市城建开发集团名特网络发展有限公司
2	芳村花园二期工程施工总承包及总承包管理配合服务第一标段	汕头市建安(集团)公司	广东正升建筑有限公司

(续表)

序号	工程名称	承建单位	参建单位
3	深圳观澜格兰云天大酒店	中国华西企业有限公司	深圳市华西安装工程有限公司 深圳市华剑建设集团有限公司 深圳市宝鹰建设集团股份有限公司 深圳市美芝装饰设计工程股份有限公司
4	利通广场	中国建筑第八工程局有限公司	广东省工业设备安装公司 北京江河幕墙股份有限公司 江苏沪宁钢机股份有限公司 广州市第三装修有限公司 广东建雅室内工程设计施工有限公司 广州市安鑫消防工程有限公司 四川华西建筑装饰工程有限公司 中设建工集团有限公司
5	深圳蔡屋围京基金融中心工程二期	中国建筑第四工程局有限公司	中建四局第六建筑工程有限公司 中建四局安装工程有限公司 中建钢构有限公司 沈阳远大铝业工程有限公司 深圳市赛为智能股份有限公司 深圳市宝华利机电消防装饰工程有限公司 深圳市中深装建设集团有限公司 深圳市亚泰国际建设股份有限公司 深圳市中装建设集团股份有限公司 江苏沪宁钢机股份有限公司
6	粤湘高速公路(博罗至深圳段)水涧山隧道	中国中铁股份有限公司	中铁隧道集团一处有限公司

(广东省建筑业协会)

2012~2013 年度广东省建筑企业在省外获第二批“中国建设工程鲁班奖”(国家优质工程)项目

(授予单位:中国建筑业协会)

序号	工程名称	承建单位	参建单位
1	北京协和医院门急诊楼及手术科室楼改扩建工程	北京建工集团有限责任公司 中国建筑一局(集团)有限公司	深圳金粤幕墙装饰工程有限公司
2	巨华国际大酒店	内蒙古巨华集团大华建筑安装有限公司	深圳市亚泰国际建设股份有限公司 深圳市晶宫设计装饰工程有限公司
3	中国(太原)煤炭交易中心	山西八建集团有限公司 上海宝冶集团有限公司	深圳市奇信建设集团股份有限公司
4	中国大连高级经理学院工程	中国建筑第八工程局有限公司	深圳海外装饰工程有限公司 深圳市深装总装饰工程工业有限公司
5	淮北矿业(集团)工程建设有限责任公司科技大厦1号楼	淮北矿业(集团)工程建设有限责任公司	深圳市深装总装饰工程工业有限公司
6	逸景大酒店	安徽天筑建设(集团)有限公司	深圳市建艺装饰集团股份有限公司
7	河南省交通勘察设计研发中心(河南省交通规划勘察设计院有限责任公司南办公楼拆除重建工程)	泰宏建设发展有限公司	深圳市晶宫设计装饰工程有限公司
8	武汉市行政服务中心(市民之家)	武汉建工股份有限公司	深圳市中孚泰文化建筑建设股份有限公司 珠海市晶艺玻璃工程有限公司

(续表)

序号	工程名称	承建单位	参建单位
9	华润置地·万象城	华润建筑有限公司	深圳市华西安装工程有限公司
10	贵阳国际会议展览中心—C1会议中心	中国建筑第四工程局有限公司	中建四局安装工程有限公司 中建钢构有限公司 深圳森磊装饰设计工程有限公司
11	陕西宾馆18号楼、会议中心工程	陕西建工第一建设集团有限公司 陕西建工第五建设集团有限公司	深圳市深装总装饰工程工业有限公司 深圳城市建筑装饰工程有限公司 深圳远鹏装饰设计工程有限公司 深圳市洪涛装饰股份有限公司
12	中石油驻乌企业联合生产指挥中心基地生产办公区主楼及辅楼工程	中建三局建设工程股份有限公司	中建钢构有限公司
13	中央电视台新台址建设工程A标段	中国建筑股份有限公司	深圳市晶宫设计装饰工程有限公司 广州珠江装修工程有限公司 中建钢构有限公司
14	长沙黄花国际机场新航站楼及高架桥	中国建筑第八工程局有限公司 湖南省第四工程有限公司	深圳市晶宫设计装饰工程有限公司

(广东省建筑业协会)

2012~2013年度广东省建筑企业在港澳地区获第二批“中国建设工程鲁班奖”(国家优质工程)项目

(授予单位:中国建筑业协会)

序号	工程名称	承建单位	参建单位
1	横琴岛澳门大学新校区发展项目中央行政楼、文化及交流中心	广东耀南建筑工程有限公司	广东省工业设备安装公司 广东聚源建设有限公司 江西省城建建设集团有限公司 建峰建设集团股份有限公司

(广东省建筑业协会)

2013年度广东省获第十二届“中国土木工程詹天佑奖”项目

(授予单位:中国土木工程学会詹天佑土木工程科学技术发展基金会)

序号	项目名称	获奖单位
1	广州珠江新城西塔	中国建筑股份有限公司 广州建筑股份有限公司 中国建筑第四工程局有限公司 广州市城市建设开发有限公司 中建三局建设工程股份有限公司 广州越秀城建国际金融中心有限公司 华南理工大学建筑设计研究院 广州城建开发工程咨询监理有限公司 中建四局第六建筑工程有限公司 中建钢构有限公司 中建四局安装工程有限公司 广州市第一建筑工程有限公司 广州市机电安装有限公司 中建三局装饰有限公司 中国建筑装饰集团有限公司

(续表)

序号	项目名称	获奖单位
2	珠江黄埔大桥	广东省长大公路工程有限公司 广州珠江黄埔大桥建设有限公司 华南理工大学 中交公路规划设计院有限公司 江苏法尔胜股份有限公司 武船重型工程股份有限公司 中铁大桥局集团第三工程有限公司
3	深圳湾体育中心	中建三局建设工程股份有限公司 华润深圳湾发展有限公司 深圳市勘察研究院有限公司 北京市建筑设计研究院有限公司 深圳市中海建设监理有限公司 中建钢构有限公司 浙江精工钢结构有限公司 中建三局装饰有限公司
4	财富天地广场	广州市越汇房地产开发有限公司 广州瀚华建筑设计有限公司 广州建筑股份有限公司 广州市第三建筑工程有限公司 广州城建开发工程咨询监理有限公司 广州城建开发装饰有限公司 广东省工业设备安装公司 广州市第三市政工程有限公司
5	广州国际体育演艺中心	广州市第四建筑工程有限公司 广州开发区政府投资建设项目管理中心 广州市设计院 北京城建集团有限责任公司 广州铝质装饰工程有限公司 上海宝冶集团有限公司

(广东省土木建筑学会)

2013年广东省获“国家建设工程项目AAA级安全文明标准化诚信工地”称号项目

(授予单位：中国建筑业协会)

序号	工程名称	施工单位
1	翡翠绿洲十一期住宅楼工程（自编号T11~T25、M18~M25、N1~N4、地下车库5）	中建二局第三建筑工程有限公司
2	花都雅居乐107国道B地块4、5、6幢住宅土建及室内水电工程	广州市住宅建设发展有限公司
3	龙归保障性住房项目施工总承包（标段Ⅱ）	广州金辉建设集团有限公司
4	深圳机场航站区扩建工程机场酒店及停车场	中建三局第二建设工程有限责任公司
5	航天科技广场	中国建筑股份有限公司
6	壹海城一区	中国建筑第二工程局有限公司
7	东莞市城市快速轨道交通R2线工程2306标	中铁三局集团有限公司
8	万科.金域华府5号地下室叠桦轩3号楼、5~6号楼	裕达建工集团有限公司
9	荣耀国际金融中心	中国建筑第五工程局有限公司
10	佛禅（拍）2008-001地块、佛禅（挂）2011-012地块（商业、餐饮、办公楼）项目	佛山市汇博建设工程有限公司
11	汕头市潮阳区城南街道南中路西片改造区一期（1~7幢）	汕头市潮阳第一建安总公司
12	南方钢厂（第一期）保障性住房项目施工总承包（标段Ⅰ）	广东省建筑工程集团有限公司

(续表)

序号	工程名称	施工单位
13	经典名雅（1~7幢）工程	吴川市建筑安装工程公司
14	华发四季名苑主体建安工程三标段	广东建星建筑工程有限公司
15	高新区金鼎卫生院综合住院楼（改扩建项目一期）工程	珠海市建安昌盛工程有限公司
16	家和湾花园DE区（商住）	广东建粤工程有限公司
17	东莞检验检疫局综合实验用房	湖南长大建设集团股份有限公司
18	珠海出入境检验疫局综合实验楼	中国建筑第八工程局有限公司

(广东省建筑安全协会)

2013年度广东省获“全国市政金杯示范工程”称号项目

(授予单位：中国市政工程协会)

序号	工程名称	施工单位	建设单位	监理单位
1	深圳市北环大道路面修缮及交通改善工程	深圳市路桥建设集团有限公司	深圳市交通公用设施管理处	中国铁道科学研究院深圳研究设计院
2	珠海市金凤路凤凰山隧道工程设计—施工总承包	中交路桥建设有限公司	珠海路峰公路建设有限公司	云南省公路工程监理咨询公司
3	广州市轨道交通6号线浔峰岗停车场	广东省建筑工程机械施工有限公司	广州市地下铁道总公司	华铁工程咨询有限责任公司
4	广州市轨道交通4号线车黄盾构区间土建、车陂站土建及设备安装工程	广东水电二局股份有限公司 广东省基础工程公司 广东省工业设备安装公司	广州市地下铁道总公司	华铁工程咨询有限责任公司 广东至艺工程建设监理有限公司
5	深圳市下坪固体废弃物填埋场续建工程（一区）库区填埋工程	深圳市交运工程集团有限公司 深圳市胜义环保有限公司	深圳市下坪固体废弃物填埋场	深圳市建控地盘监理有限公司
6	深圳市沙河东路北延长段桥梁工程	汕头市达濠市政建设有限公司	深圳市南山区建筑工务局	深圳市启光建设监理有限公司
7	惠州大亚湾西四大道（西D-磨岭南路段）工程	惠州大亚湾市政基础设施有限公司	惠州大亚湾投资控股有限公司	惠州市工程建设监理有限公司
8	珠海市丰华路和明达路市政工程	广州市第三市政工程有限公司	珠海城市建设集团有限公司	珠海市城市开发监理有限公司

(广东省市政行业协会)

2013年广东省获“全国优秀工程勘察设计行业奖”项目

(授予单位：中国勘察设计协会)

工程勘察组

奖项等级	项目名称	主要参加单位
一等奖	广州市轨道交通五号线岩土工程勘察	广州地铁设计研究院有限公司 广东省地质物探工程勘察院 广东省建筑设计研究院 中国有色金属长沙勘察设计研究院有限公司
	广州市海心沙亚运工程岩土勘察与基坑支护设计	广州市城市规划勘测设计研究院
	深圳地铁2号线首期工程勘察	深圳市勘察测绘院有限公司
	深圳轨道交通4号线二期工程详勘	深圳市勘察研究院有限公司 太平洋洲际有限公司
	东莞市区地下综合管线普查二期工程普查探测项目包F	广州市城市规划勘测设计研究院

奖项等级	项目名称	主要参加单位
二等奖	京基蔡屋围金融中心工程	深圳市勘察测绘院有限公司
	广东烟草新大楼（珠江城）项目岩土工程勘察	广州市城市规划勘测设计研究院 广东有色工程勘察设计院
	广州珠江新城西塔	华南理工大学建筑设计研究院勘察工程有限公司
	深圳市布吉郁南、吉岗石场高边坡整治及场平整治工程	深圳市勘察研究院有限公司
	广州圣鑫国际商城基坑支护工程	广州市城市规划勘测设计研究院
	广州市猎德村旧村改造村民复建安置房项目岩土工程勘察与基坑支护设计	广东省建筑设计研究院
	深圳市大运中心岩土工程勘察	深圳市工勘岩土工程有限公司
	珠江流域重点区域（珠江干流中下游及珠江河口）统一高程系统	中水珠江规划勘测设计有限公司
	深圳地铁 2 号线工程控制测量检测项目	深圳市勘察研究院有限公司
三等奖	大观路与车坡路系统改善工程—奥体中心立交	广州市市政工程设计研究院
	广州市猎德大桥系统工程	广州市市政工程设计研究院
	深圳市丹平快速路一期工程详勘	深圳市勘察测绘院有限公司
	深圳市地铁 3 号线工程田贝站基坑支护设计	深圳市市政设计研究院有限公司
	下沙旧工商业区改造项目基坑支护工程设计	深圳市岩土工程有限公司
	太古汇商业、酒店、办公楼和文化中心岩土工程勘察	广州市设计院 广州市城市规划勘测设计研究院
	永九快速线——永龙隧道工程	广州市市政工程设计研究院
	广州地铁 1 号线长——陈区间隧道结构变形自动监测	广州地铁设计研究院有限公司
	广佛线工程（魁奇路—金融高新区）岩土工程勘察	广州地铁设计研究院有限公司 广东有色工程勘察设计院 广东省地质物探工程勘察院
	深圳地铁 11 号线工程控制测量、地形测量和地下管线探测	深圳市市政设计研究院有限公司 深圳市勘察测绘院有限公司 深圳市勘察研究院有限公司
	四会市贞山大桥工程	广州市市政工程设计研究院
	知识城地下管线普查项目	广州市城市规划勘测设计研究院
	深圳市东部华侨城（OCT）地下管线探测	深圳市工勘岩土工程有限公司

建筑组

类型	奖项等级	项目名称	主要参加单位
	一等奖	深圳市宝安体育场	华南理工大学建筑设计研究院
		广州珠江新城西塔	华南理工大学建筑设计研究院
		2011 年世界大运会运动员村国际区（信息学院北区）	深圳市建筑科学研究院有限公司 深圳市建筑设计研究总院有限公司
		汶川大地震震中纪念地	华南理工大学建筑设计研究院
		天津博物馆	华南理工大学建筑设计研究院
		毛泽东遗物馆	广州市设计院
		辛亥革命纪念馆	广州珠江外资建筑设计院有限公司
		大鹏地质博物馆	香港华艺设计顾问（深圳）有限公司 深圳市北林苑景观及建筑规划设计院有限公司

(续表)

类型	奖项等级	项目名称	主要参加单位
公共建筑	二等奖	湖南省人民会堂	广州市设计院
		西安大唐西市博物馆	西安建筑技术大学建筑设计研究院 深圳市科源建设集团有限公司
		呈贡新城会议中心建设项目	云南省设计院 深圳市建筑设计研究总院有限公司
		广深港客运专线广深段深圳北站	深圳大学建筑设计研究院 中铁第四勘察设计院集团有限公司
		深圳大学基础实验室工程（二期）	香港华艺设计顾问（深圳）有限公司
		武汉琴台文化艺术中心——琴台音乐厅	广州珠江外资建筑设计院有限公司
		东莞职业技术学院图书馆	华南理工大学建筑设计研究院
		李宁体育馆	华南理工大学建筑设计研究院
	三等奖	厦门航空综合开发基地二期工程	香港华艺设计顾问（深圳）有限公司
		佛山保利洲际酒店	广州市设计院 巴马丹拿国际公司
		深圳市大芬美术馆	深圳市新城市规划建筑设计有限公司 深圳市都市实践设计有限公司
		揭阳潮汕机场航站楼及配套工程	广东省建筑设计研究院
		广州市天河城广场（购物中心、写字楼、酒店）	广州市设计院 巴拿马建筑设计咨询（上海）有限公司
		深圳世界大学生运动会体育中心　游泳馆	深圳市建筑设计研究总院有限公司 德国 gmp 国际建筑设计有限公司
		深圳市大运中心体育场	深圳市建筑设计研究总院有限公司 德国 gmp 国际建筑设计有限公司
		海口市行政中心	香港华艺设计顾问（深圳）有限公司 北京市工业设计研究院
		三亚亚龙湾瑞吉度假酒店	筑博设计股份有限公司
		河源恐龙博物馆	广东省建筑设计研究院
		南沙体育馆	华南理工大学建筑设计研究院
		嘉里建设广场二期	深圳市建筑设计研究总院有限公司 艾奕康咨询（深圳）有限公司
		广东海上丝绸之路博物馆	广州瀚华建筑设计有限公司
		上海大学东区学院组团	华南理工大学建筑设计研究院
住宅	二等奖	龙湖大学城睿城	重庆市设计院 深圳市华汇设计有限公司
		三亚凤凰水城	深圳机械院建筑设计有限公司 （加拿大）HAC 建筑设计机构
	三等奖	芳村花园住宅小区二期工程	华南理工大学建筑设计研究院
		柳州盛天龙湾项目（一期）	广州伯盛建筑设计事务所 广东粤建设计研究院有限公司
		金山谷花园一、二、四期	广东省建筑设计研究院
		成都华侨城项目 A、B 地块二期工程	深圳市建筑设计研究总院有限公司
		凯德·泊宫（佛山东平路 6 号地块住宅项目）	广州瀚华建筑设计有限公司
		深圳星河时代花园	香港华艺设计顾问（深圳）有限公司

(续表)

<table>
<tr><th>类型</th><th>奖项等级</th><th>项目名称</th><th>主要参加单位</th></tr>
<tr><td>住宅</td><td></td><td>潜龙曼海宁花园（南区）</td><td>深圳市瀚旅建筑设计顾问有限公司
美国 SBA 建筑设计有限公司</td></tr>
</table>

市政组

<table>
<tr><th>类型</th><th>奖项等级</th><th>项目名称</th><th>主要参加单位</th></tr>
<tr><td rowspan="12">道桥</td><td rowspan="4">一等奖</td><td>佛山市南番大道建设工程</td><td>广州市市政工程设计研究院</td></tr>
<tr><td>广州铁路新客站地区市政道路及附属工程</td><td>广东省建筑设计研究院</td></tr>
<tr><td>国道 205 深圳段改建工程</td><td>中铁二院工程集团有限责任公司
深圳市市政设计研究院有限公司</td></tr>
<tr><td>红桂路——晒布路拓宽改造工程</td><td>深圳市市政设计研究院有限公司</td></tr>
<tr><td rowspan="4">二等奖</td><td>广州科学城天麓南路扩建工程</td><td>广东省建筑设计研究院</td></tr>
<tr><td>南北高架 1 号线及市政配套工程</td><td>深圳市市政设计研究院有限公司</td></tr>
<tr><td>深南路路面修缮及交通改善续建工程（深南路西段）</td><td>深圳市市政设计研究院有限公司</td></tr>
<tr><td>永龙隧道及道路市政配套工程</td><td>广州市市政工程设计研究院</td></tr>
<tr><td rowspan="4">三等奖</td><td>番禺大道工程方案设计 1 标</td><td>广州市市政工程设计研究院</td></tr>
<tr><td>广州白云新城核心区市政道路工程</td><td>广东省建筑设计研究院</td></tr>
<tr><td>广州市番禺区汉溪大道工程</td><td>广州市市政工程设计研究院</td></tr>
<tr><td>揭阳潮汕机场航站区市政工程</td><td>广东省建筑设计研究院</td></tr>
<tr><td rowspan="7">给排水</td><td>一等奖</td><td>广州市京溪污水处理厂工程</td><td>广州市市政工程设计研究院</td></tr>
<tr><td rowspan="4">二等奖</td><td>横岭污水处理二期工程</td><td>中国市政工程东北设计研究院总院
深圳市水务规划设计院</td></tr>
<tr><td>石井污水处理厂（30 万立方米 / 日）和厂外收集系统工程</td><td>广东省建设设计研究院
中国市政工程西南设计研究院</td></tr>
<tr><td>广州亚运城真空垃圾收集工程（含垃圾处理站）</td><td>广州市市政工程设计研究院</td></tr>
<tr><td>广州市南岗污水处理系统工程——东区水质净化厂二期工程</td><td>广州市市政工程设计研究院</td></tr>
<tr><td rowspan="2">三等奖</td><td>珠海吉大水质净化厂一期增加除磷脱氮改造工程</td><td>深圳市市政设计研究院有限公司</td></tr>
<tr><td>广州市危险废弃物安全处置中心一期工程</td><td>广东省建筑设计研究院</td></tr>
<tr><td rowspan="6">轨道交通</td><td rowspan="2">一等奖</td><td>广州市轨道交通 2、8 号线延长线工程</td><td>广州地铁设计研究院有限公司
中铁第四勘察设计院集团有限公司</td></tr>
<tr><td>南京地铁 2 号线工程</td><td>北京城建设计研究总院有限责任公司
中铁第一勘察设计院集团有限公司
中铁隧道勘测设计院有限公司
广州地铁设计研究院有限公司
江苏省交通规划设计院股份有限公司
中铁电气化勘测设计研究院有限公司</td></tr>
<tr><td>二等奖</td><td>广州市珠江新城旅客自动输送系统</td><td>广州地铁设计研究院有限公司</td></tr>
<tr><td rowspan="3">三等奖</td><td>城际轨道交通广佛线首期工程</td><td>广州地铁设计研究院有限公司
中铁第四勘察设计院集团有限公司</td></tr>
<tr><td>广州市轨道交通 3、5 号线换乘站珠江新城站</td><td>广州地铁设计研究院有限公司</td></tr>
<tr><td>广州市轨道交通 3 号线北延段（机场线）工程</td><td>广州地铁设计研究院有限公司</td></tr>
<tr><td>园林景观</td><td>一等奖</td><td>深圳湾公园（深圳湾滨海休闲带）设计</td><td>中国城市规划设计研究院深圳分院
深圳市北林苑景观及建筑规划设计院有限公司
美国 SWA GROUP 集团</td></tr>
</table>

(续表)

类型	奖项等级	项目名称	主要参加单位
园林景观	一等奖	深圳大学生运动会体育中心景观设计	深圳市北林苑景观及建筑规划设计院有限公司
	二等奖	广州铁路新客站地区公共绿化和广场景观工程	广东省建筑设计研究院
		海心沙亚运公园景观设计	广州园林建筑规划设计院 广州市城市规划勘测设计研究院
	三等奖	广州国际生物岛绿道工程	广州园林建筑规划设计院
		广州市荔枝湾及周边社区环境综合整治(一期)(二期)工程	广州市城市规划勘测设计研究院 林德景观设计公司 广州市思哲建筑有限公司 深圳清华苑建筑有限公司 广州市象城建筑设计咨询有限公司
		华侨城欢乐海岸景观规划设计	深圳市北林苑景观及建筑规划设计院有限公司 美国 SWA GROUP 集团
		三亚市海棠湾南区水系工程(一期景观工程)	深圳市市政设计研究院有限公司

标准组

类型	奖项等级	项目名称	主要参加单位
	二等奖	《变形缝建筑构造》	广东省建筑设计研究院
	三等奖	《室外装修及配件》	华南理工大学建筑设计研究院

工程勘察设计计算机软件组

类型	奖项等级	项目名称	主要参加单位
	二等奖	建筑结构弹塑性静力和动力分析软件 GSNAP	广东省建筑设计研究院 深圳广厦软件有限公司
	三等奖	轨道交通土建工程信息平台	广州地铁设计研究院有限公司 广州火蓝信息科技有限公司

结构专业组

类型	奖项等级	项目名称	主要参加单位
	一等奖	广州西塔	华南理工大学建筑设计研究院
	二等奖	深圳市宝安体育场	华南理工大学建筑设计研究院
		深圳市大运会体育场	深圳市建筑设计研究总院有限公司

建筑环境与设备专业组

类型	奖项等级	项目名称	主要参加单位
	一等奖	珠江新城西塔	华南理工大学建筑设计研究院
	二等奖	京基·蔡屋围金融中心建筑环境与设备设计	深圳华森建筑与工程设计顾问有限公司
	三等奖	揭阳潮汕机场航站楼及配套工程建筑环境与设备设计	广东省建筑设计研究院
		广州市轨道交通5号线工程(滘口—文冲段)集中供冷系统	广州市设计院

建筑智能化组

类型	奖项等级	项目名称	主要参加单位
	一等奖	中国2010年上海世博会中国馆	华南理工大学建筑设计研究院 上海建筑设计研究院有限公司

(续表)

类型	奖项等级	项目名称	主要参加单位
	一等奖	广东全球通大厦（新址）	中国建筑设计研究院 广东省建筑设计研究院
	二等奖	湖南省人民会堂智能化系统设计	广州市设计院
		广州市中山大道快速公交（BRT）试验线工程LED智能照明系统	广州地铁设计研究院有限公司
	三等奖	广州珠江新城西塔	华南理工大学建筑设计研究院
		中山大学附属第三医院岭南医院	广州市城市规划勘测设计研究院

（广东省工程勘察设计行业协会）

2013~2014年度广东省第一批"全国建筑工程装饰奖"项目

（授予单位：中国建筑装饰协会）

一、公共建筑装饰类

序号	工程名称	承建单位
1	广州珠江新城西塔项目	中建三局装饰有限公司 广东省装饰有限公司 深圳市亚泰国际建设股份有限公司 中国建筑装饰集团有限公司 广州建筑股份有限公司 广州市第四装修有限公司
2	广州市天河城西塔楼装修工程	深圳市深装总装饰工程工业有限公司 深圳广田装饰集团股份有限公司 中国建筑装饰集团有限公司
3	深圳市中航广场室内精装修工程	深圳市建筑装饰（集团）有限公司 深圳市建威装饰设计工程有限公司
4	广东省妇幼保健院（另址）新建项目室内装修工程	广东建雅室内工程设计施工有限公司
5	荣超商务中心B座公共区室内精装修	深圳市卓艺装饰设计工程有限公司
6	揭阳潮汕机场航站楼公共区、办公区、贵宾区精装修工程	广东省装饰有限公司
7	广州正佳广场西塔室内装修工程	深圳广田装饰集团股份有限公司
8	欢乐海岸蓝汐精品酒店室内装饰工程	深圳长城家俱装饰工程有限公司
9	东海国际中心酒店室内装饰工程	深圳市晶宫设计装饰工程有限公司 深圳市特艺达装饰设计工程有限公司
10	深圳观澜格兰云天大酒店装修工程	深圳市宝鹰建设集团股份有限公司 深圳市华剑建设集团有限公司 深圳市美芝装饰设计工程股份有限公司
11	利通广场装修工程施工专业承包	广州市第三装修有限公司 广东建雅室内工程设计施工有限公司 广东爱富兰建设有限公司 四川华西建筑装饰工程有限公司
12	金发科技股份有限公司12号办公楼工程	广州市景龙装饰设计有限公司
13	清远狮子湖喜来登酒店室内装饰工程	苏州金螳螂建筑装饰股份有限公司 深圳市奇信建设集团股份有限公司 深圳市嘉信装饰设计工程有限公司 深圳市美芝装饰设计工程股份有限公司 广东省建筑装饰工程有限公司 深圳市特艺达装饰设计工程有限公司
14	江门市城市规划展览馆布展项目	深圳洲际建筑装饰集团有限公司

(续表)

序号	工程名称	承建单位
15	深圳市滨海医院精装修工程	深圳市洪涛装饰股份有限公司 深圳市华剑建设集团有限公司 深圳市特艺达装饰设计工程有限公司
16	劲嘉科技大厦装饰工程（一期）	深圳市中装建设集团股份有限公司
17	惠州·凯宾斯基酒店装修工程	深圳市浪威装饰设计工程有限公司
18	深圳市绿景NEO纪元大厦办公室装饰工程	深圳市浪威装饰设计工程有限公司
19	深圳观澜湖骏豪酒店装修、机电改造工程	深圳市坐标建筑装饰工程有限公司
20	皇庭V.HOTEL酒店客房装饰工程	深圳市建筑装饰（集团）有限公司
21	深圳市皇室派对量贩式KTV室内装饰工程	深圳市鹏润装饰工程有限公司
22	深圳安宏基办公楼室内精装修工程	深圳市中深装建设集团有限公司
23	核电学院长湾项目装饰工程	深圳市美芝装饰设计工程股份有限公司 中建三局装饰有限公司
24	中共广东省委党校国家公务员教学综合大楼工程	广东省第四建筑工程公司
25	辛亥革命纪念馆空间视觉设计及布展 辛亥革命纪念馆陈列施工专业承包	广州市美术有限公司 广东省装饰有限公司
26	太古城商业中心精装修工程	深圳广田装饰集团股份有限公司 深圳瑞和建筑装饰股份有限公司
27	深圳轨道交通4号线二期工程施工合同编号431-龙华车辆段精装修	深圳市科源建设集团有限公司
28	利丰办公室室内装饰工程	深圳市维业装饰集团股份有限公司
29	深圳驰宝宝马汽车5S店（精装区域）建筑装修及机电工程	深圳市极尚建筑装饰设计工程有限公司

二、公共建筑装饰设计类

序号	工程名称	设计单位
1	广州正佳广场西塔室内装修工程设计	深圳广田装饰集团股份有限公司
2	皇庭V.HOTEL酒店客房装饰工程	深圳市建筑装饰(集团)有限公司
3	深圳安宏基办公楼室内精装修工程设计项目	深圳市中深装建设集团有限公司
4	清远狮子湖喜来登酒店室内装饰工程	深圳市美芝装饰设计工程股份有限公司

三、建筑幕墙类

序号	工程名称	承建单位
1	广晟国际大厦幕墙工程	深圳金粤幕墙装饰工程有限公司
2	深圳综合热工水力与安全实验室项目幕墙工程	深圳市中装建设集团股份有限公司
3	深圳湾体育中心项目Ⅲ标段幕墙工程	深圳市三鑫幕墙工程有限公司
4	深圳市滨海医院幕墙工程Ⅰ标段	深圳市深装总装饰工程工业有限公司
5	深圳市滨海医院幕墙工程Ⅲ标段	深圳市科源建设集团有限公司
6	深圳市滨海医院幕墙工程Ⅱ标段	深圳市华南装饰设计工程有限公司
7	香港大学深圳医院幕墙工程	深圳市三鑫幕墙工程有限公司
8	金安大厦幕墙工程	广东世纪达装饰工程有限公司
9	江南中心商住楼(续建)幕墙工程	珠海兴业绿色建筑科技有限公司
10	嘉里建设广场二期幕墙工程	深圳市方大装饰工程有限公司
11	惠州华贸中心商场幕墙工程	珠海兴业绿色建筑科技有限公司
12	海雅广场幕墙工程	深圳市瑞华建设股份有限公司
13	广州新图书馆幕墙工程	深圳市科源建设集团有限公司
14	广州市正佳广场西塔楼商务大厦幕墙工程	深圳市深装总装饰工程工业有限公司
15	广东省妇幼保健院幕墙工程	广州铝质装饰工程有限公司 广州工程总承包集团有限公司

(续表)

序号	工程名称	承建单位
16	动漫及网游产业基地综合楼幕墙工程	广东爱得威建设(集团)股份有限公司
17	大鹏半岛国家地质公园揭碑开园建设项目幕墙工程	深圳市科源建设集团有限公司
18	保利威座大厦幕墙工程	深圳金粤幕墙装饰工程有限公司
19	“华为新科研中心项目”幕墙及铝合金分包工程	深圳华加日铝业有限公司

(广东省建筑业协会)

2013 年广东省获“华夏建设科学技术奖”项目

(授予单位：住房和城乡建设部华夏建设科学技术奖励委员会)

序号	项目名称	主要完成单位	获奖等级
1	《高层建筑混凝土结构技术规程》JGJ3-2010	中国建筑科学研究院 北京市建筑设计研究院 华东建筑设计研究院有限公司 广东省建筑设计研究院 中建国际（深圳）设计顾问有限公司 上海市建筑科学研究院（集团）有限公司 清华大学 广州容柏生建筑结构设计事务所 北京建工集团有限责任公司 中国建筑第八工程局有限公司	一等奖
2	索穹顶结构设计与施工关键技术研究	中国航空规划建设发展有限公司 北京市建筑工程研究院有限责任公司 北京纽曼帝莱蒙膜建筑技术有限公司 北京工业大学 浙江精工钢构有限公司 广东坚朗五金制品股份有限公司	一等奖
3	居住区与室内光环境优化保障技术研究	中国建筑科学研究院、天津大学 上海市建筑科学研究院（集团）有限公司 中国建筑设计研究院 浙江大学 深圳高力特通用电气有限公司 江西联创博雅照明股份有限公司	一等奖
4	《混凝土质量控制标准》GB50164-2011	中国建筑科学研究院 北京中关村开发建设股份有限公司 甘肃土木工程科学研究院 西安建筑科技大学 深圳大学 中建商品混凝土有限公司 贵州中建建筑科研设计院有限公司 中国建筑第二工程局深圳分公司 建研建材有限公司 北京天恒泓混凝土有限公司	一等奖
5	《多联机空调系统工程技术规程》JGJ174-2010	中国建筑科学研究院 北京市建筑设计研究院 上海建筑设计研究院有限公司 珠海格力电器股份有限公司 大金（中国）投资有限公司 青岛海尔空调电子有限公司 青岛海信日立空调系统有限公司	二等奖

(续表)

序号	项目名称	主要完成单位	获奖等级
6	《公共浴场给水排水工程技术规程》CJJ160-2011	中国建筑设计研究院 杭州萧宏建设集团有限公司 华东建筑设计研究院有限公司 福建省建筑设计研究院 深圳华森建筑与工程设计顾问有限公司	二等奖
7	《埋地塑料排水管道工程技术规程》CJJ143-2010	住房和城乡建设部科技发展促进中心 汕头市达濠市政建设有限公司 北京市市政工程设计研究总院 上海市政交通设计研究院有限公司 广东联塑科技实业有限公司	二等奖
8	《通风与空调工程施工规范》GB50738-2011	中国建筑科学研究院 北京住总集团有限责任公司 湖南省工业设备安装有限公司 北京市设备安装工程集团有限公司 广州市机电安装有限公司 新奥能源服务有限公司 中国建筑第八工程局有限公司 广东省工业设备安装公司	二等奖
9	薄壁筒体300m超高层绿色智能建筑综合施工技术	中国建筑第八工程局有限公司 广东省工业设备安装公司	三等奖
10	广交会综合楼超高层建筑主体结构综合施工技术	广东省建筑工程集团有限公司	三等奖
11	大跨度钢结构拆撑、滑移、顶(提)升不同步施工技术的研究与应用	中国建筑股份有限公司 中建钢构有限公司 中国建筑第八工程局有限公司	三等奖
12	深圳湾体育中心超长大跨度复杂结构体系关键技术研究	北京市建筑设计研究院有限公司 深圳大学 中国建筑科学研究院 华润深圳湾发展有限公司	三等奖
13	农村住宅建筑节能关键技术研究	江苏建筑职业技术学院 江苏江中集团有限公司 龙信建设集团有限公司 江苏省建筑节能工程技术研究开发中心	三等奖
14	有约束边界的堆载预压法加固软基机理研究及效果评价	广东省建筑科学研究院 广州市地下铁道总公司 广东省建筑工程机械施工有限公司 广东珠三角城际轨道交通有限公司	三等奖
15	珠江新城地下空间建设关键技术研究与应用	广州大学 广州市城市规划勘测设计研究院 广州市建设科学技术委员会办公室 广东省基础工程公司	三等奖
16	广州市猎德污水处理厂清洁生产技术研究	广州市污水治理有限责任公司 华南理工大学 广州大学	三等奖
17	山体边坡生态修复综合技术研究与应用	深圳市万信达环境绿化建设有限公司 深圳市中科院仙湖植物园	三等奖
18	《建设项目交通影响评价技术标准》CJJ/T141-2010	中国城市规划设计研究院 同济大学 南京市城市与交通规划设计研究院有限责任公司 成都市规划设计研究院 深圳市城市交通规划设计研究中心有限公司	三等奖

(续表)

序号	项目名称	主要完成单位	获奖等级
19	江西省建筑设计研究总院能效信息监测系统	江西省建筑设计研究总院 珠海派诺科技股份有限公司	三等奖
20	建筑工程施工安全辅助设计系统 V4.0 的研发与应用	广州建筑股份有限公司 广州市第一建筑工程有限公司 广州粤建三和软件有限公司 广州一洲信息技术有限公司	三等奖
21	建筑结构弹塑性静力和动力分析软件 GSNAP	广东省建筑设计研究院 深圳市广厦软件有限公司	三等奖
22	东莞市城市空间格局发展演变及“十二五”空间整合对策研究	东莞市地理信息与规划编制研究中心 中山大学地理科学与规划学院	三等奖
23	我国房地产市场政策仿真实验室的构建与开发	深圳市房地产评估发展中心	三等奖

(广东省住房和城乡建设厅科技信息处)

2013 年广东省获“全国物业管理示范住宅小区（大厦、工业区）”称号项目

（授予单位：住房和城乡建设部）

荣誉名称	住宅小区（大厦、工业区）
全国物业管理示范住宅小区	广东省广州市保利西子湾 广东省珠海市格力广场（一期 A 区） 广东省佛山市顺德雅居乐花园（一期） 广东省深圳市金地上塘道花园 广东省深圳市绿景中城天邑花园 广东省东莞市财富新地花园
全国物业管理示范大厦	广东省广州市富力盈泰广场 广东全球通大厦 广东省广州市珠海区机关办公楼 广东省深圳市大族科技中心大厦

(广东省物业管理行业协会)

2013 年度广东省获“全国城镇污水处理厂节能减排绩效考核达标竞赛十佳达标单位、优秀达标单位和单项先进单位”称号单位

（授予单位：中国城镇供水排水协会）

荣誉名称	类　型	单位名称
十佳达标单位(7 个)	≥40 万吨 / 日	广州市猎德污水处理厂 广州市大坦沙污水处理厂 广州市沥滘污水处理厂
	≥10 万吨 / 日<40 万吨 / 日	广州市京水水务有限公司西朗污水处理厂 深圳首创水务有限责任公司福永污水处理厂 中山市小榄水务有限公司污水处理分公司
	>4 万吨 / 日<10 万吨 / 日	佛山市驿岗污水处理厂
优秀达标单位(5 个)	≥10 万吨 / 日<40 万吨 / 日	广州市深水大通水务有限公司番禺前锋净水厂 江门市新会区龙泉污水处理有限公司 珠海市城市排水有限公司拱北水质净水厂
	>4 万吨 / 日<10 万吨 / 日	阳春市水质净化有限公司 珠海力合环保有限公司吉大水质净化厂
单项先进单位	节能减排先进单位	广州市京水水务有限公司西朗污水处理厂
	技术创新先进单位	中山市小榄水务有限公司污水处理分公司 珠海力合环保有限公司吉大水质净化厂

(广东省市政行业协会)

2013 年广东省获“2011~2012 年度全国散装水泥行业统计工作先进单位”称号单位

(授予单位：中国散装水泥推广发展协会)

荣誉名称	获奖单位
2011～2012 年度全国散装水泥行业统计工作先进单位	广东省散装水泥管理办公室
	广州市散装水泥管理办公室
	深圳市住房和建设局
	茂名市散装水泥管理办公室
	肇庆市散装水泥管理办公室
	汕头市散装水泥办公室
	阳江市散装水泥办公室
	韶关市散装水泥管理办公室
	清远市散装水泥管理办公室
	湛江市散装水泥管理办公室
	佛山市南海区散装水泥办公室
	惠州大亚湾经济技术开发区散装水泥管理办公室

(广东省散装水泥管理办公室)

省级荣誉

2013 年广东省住房和城乡建设系统获“广东省工人先锋号”称号单位

(授予单位：广东省总工会)

荣誉名称	获奖单位
广东省工人先锋号	广东省城乡规划设计研究院城市发展研究中心

(广东省住房和城乡建设工会委员会)

2013 年“广东省宜居环境范例奖”项目

(授予单位：广东省住房和城乡建设厅)

获奖项目	获奖项目
广州南沙滨海湿地景区生态保护项目	深圳市设计之都创意产业园三旧改造项目
广州市轨道交通 5 号线首期工程滘口至文冲段项目	佛山市禅城区南风古灶历史文化遗产保护项目
深圳市盐田区餐厨垃圾(含厨余垃圾)无害化处理和资源化利用项目	生态休闲　顺德绿道项目
深圳市仙湖植物园资源的保护和管理项目	佛山市顺德区天富来国际工业城三旧改造项目
深圳市高科技产业园区可再生能源绿色生态生活区项目	惠州市金山河水清岸绿工程项目
	水清景美的连南县三江河项目

(广东省住房和城乡建设厅城市建设处)

2013 年广东省园林城市

(授予单位：广东省住房和城乡建设厅)

荣誉称号	城　市
广东省园林城市	台山市

(广东省住房和城乡建设厅城市建设处)

2013 年广东省环卫工作先进集体

（授予单位：广东省住房和城乡建设厅）

获奖单位	获奖单位
广东省环境卫生协会	东莞市新恩园林绿化有限公司
广州市生活废弃物管理中心工会委员会	中山市环境卫生管理处
广州市环境卫生机械设备厂技术开发部	江门市蓬江区环境卫生管理局
深圳市环境卫生管理处	阳江市环境卫生管理中心
深圳市福田区环境卫生管理所	湛江市赤坎环境卫生管理处
珠海市斗门区环卫管理所	高州市环境卫生管理处
汕头市生活垃圾卫生处理场	肇庆市生活垃圾无害化处理场
佛山市南海区大沥镇市政管理办公室	清远市清城区环境卫生管理所环卫车队
韶关市翁源县环境卫生管理所	饶平县黄冈镇环境卫生管理所
河源市城市综合管理局公厕管理队	揭阳市市区垃圾处理场
梅州市垃圾处理场	云浮市云城区河口街环卫管理所
惠州市市容环境卫生管理局	佛山市顺德区大良街道办事处市政管理处
陆河县河城环境卫生管理站	

（广东省住房和城乡建设厅城市建设处）

第二届广东省岭南特色规划与建筑设计评优活动获奖项目

（授予单位：广东省住房和城乡建设厅）

奖项	项目名称	申报单位	获奖等级	主创人员
岭南特色建筑设计奖	广州市气象监测预警中心	广州珠江外资建筑设计院有限公司	金奖	陈　杰 黄皓山 梁耀昌 许菲茵 李敏茜
	太古汇	广州市设计院	银奖	马震聪 李子刚 杨焰文 李倩娱 常　煜
	北滘镇文化活动中心	广州市建工设计院有限公司 嘉柏建筑师事务所	银奖	邓良石 陈誉瑾 梁永彦 陈永强 余啸峰
	广州市国家档案馆新馆一期工程	广东省建筑设计研究院	银奖	张　展 陈宇凡 孙礼军 李先冬 杨新生
	广东纺织职业技术学院新校区一期工程	广东省建筑设计研究院	铜奖	洪　卫 徐达明 迟敬鸣 黄永贤 胡景聪
	珠江城	广州市设计院	铜奖	马震聪 黄惠菁 侯则林 关少梅 蔡礼邦
	越秀财富天地	广州瀚华建筑设计有限公司	铜奖	许　迪 张瑞良 黄娘新 邓永伦 胡江平
	方圆从化明月山溪花园商务中心项目	广州市方圆建筑设计有限公司	铜奖	龚贵林 冯肖春 邓奋彪 成文胜 林兆章
	佛山市高明区职业技术学校新校区工程设计	佛山市顺德建筑设计院有限公司	铜奖	陈霖峰 罗振韶 黄燕珍 邱　蓉 何天朗
	叶问纪念馆	佛山市房屋建筑设计院有限公司	铜奖	邓元方 张　苗 姚伟军 彭智昌 李菊明
	东莞职业技术学院图书馆	华南理工大学建筑设计研究院	铜奖	何镜堂 刘宇波 梁海岫 陈　勇 张春意
岭南特色园林设计奖	第九届中国（北京）国际园林博览会—岭南园	广州园林建筑规划设计院	金奖	陶晓辉 李　青 吕　晖 梁曦亮 林兆涛
	深圳市紫荆山庄（原 1130 工程）环境设计	深圳市北林苑景观及建筑规划设计院有限公司、泛亚环境（国际）有限公司、广州园林建筑规划设计院	金奖	宁旨文 刘兴达 李　远 郑建汀 李　青 吴　斌 杨　理

(续表)

奖项	项目名称	申报单位	获奖等级	主创人员
岭南特色园林设计奖	中新(广州)知识城展厅改造	广州园林建筑规划设计院	银奖	李青 金海湘 林兆涛 胡爽 杨振宇
	莲塘名村中心区水环境及景观工程中心区村容村貌整饰	棕榈园林股份有限公司	银奖	张文英 肖星军 黄文烨 邵星 吕兆球
	国家级都市果林湿地——万亩果园湿地(海珠湿地)一期示范区规划设计	广州市城市规划勘测设计研究院	银奖	张晶 高艳 陈丹 阳敏 萧志维
	广州增城香樟墅环境工程设计	广州普邦园林股份有限公司	银奖	黄庆和 全小燕 梁斌 刘俊辉 陈振山
	佛山新城滨河景观带	棕榈园林股份有限公司	铜奖	张文英 陈艳间 焦建美 陈乐乐 张小花
	鹤山十里方圆住宅园林设计	广州普邦园林股份有限公司	铜奖	黄庆和 卓永桓 黄鹤清 刘华平 胡勋
	广州棋院景观规划设计	广州园林建筑规划设计院	铜奖	李青 李晓雪 姚俊 邹思茗 田彤
	华侨城欢乐海岸景观(含北湖湿地公园)规划设计	深圳市北林苑景观及建筑规划设计院有限公司	铜奖	王涛 夏媛 肖洁舒 杨政华 李勇
	珠海横琴岛澳门大学新校区园林景观(含水景观湖)设计工程	深圳市北林苑景观及建筑规划设计院有限公司	铜奖	邓涵 黄玉 叶清 刘煜 杨政华
	中山市岐江河（员峰桥至南外环段)滨水景观工程设计	广东省城乡规划设计研究院	铜奖	杜玲 陈坚 孙毅 叶汝华 刘宜慎
岭南特色规划设计奖	广州国际金融城起步区岭南建筑特色城市设计专项研究	华南理工大学建筑设计研究院	银奖	何镜堂 吕传廷 郭卫宏 叶青青 王峰
	中山六路骑楼街保护规划	广州市城市规划设计所	银奖	王玉 王霖 张磊 汪进 余倩雯

(广东省住房和城乡建设厅建筑市场监管处)

2013 年广东省住房和城乡建设系统获“广东省科学技术奖”项目

(授予单位：广东省科学技术厅)

序号	项目名称	完成单位	获奖等级
1	夏热冬暖地区建筑围护结构节能关键技术研究与应用	广东省建筑科学研究院	二等奖
2	广州白云机场航站楼一期及一期扩建工程钢结构设计关键技术	广东省建筑设计研究院	三等奖
3	三低三高低碳绿色混凝土的研究应用	中国建筑第四工程局有限公司 贵州中建建筑科研设计院有限公司 中建四局第六建筑工程有限公司 中建三局第一建设工程有限责任公司 广州天达混凝土有限公司	三等奖
4	地基平板载荷试验关键测试技术集成研究	广东省建筑科学研究院 广东省建筑工程集团有限公司 广东工业大学	三等奖
5	受损混凝土桥墩钢套管加固技术	广东省建筑工程机构施工有限公司 广东工业大学 广东省建筑工程集团有限公司	三等奖

(广东省住房和城乡建设厅科技信息处)

2013年度“广东省建设工程优质奖”（房屋建筑工程、专业工程）项目

（授予单位：广东省建筑业协会）

序号	工程名称	承建单位
广州市		
1	广州珠江新城西塔	中国建筑股份有限公司 广州建筑股份有限公司
2	利通广场项目主体施工及施工总承包管理与配套服务	中国建筑第八工程局有限公司
3	安利22号、23号楼工程	广东浩和建筑股份有限公司
4	新建商业、办公、住宅综合楼工程	广州市第四建筑工程有限公司
5	商业、办公、住宅楼2幢（自编A1、A2幢）	中国建筑第四工程局有限公司
6	天河方圆商务酒店	中建四局第六建筑工程有限公司
7	广州雅居乐花园A02地块二期24~30幢、车库A区、A04地块五期综合楼	中天建设集团有限公司
8	广州市国家档案馆新馆一期工程	广州工程总承包集团有限公司
9	广东省反腐倡廉教育基地	广州建筑股份有限公司
10	箭牌糖果（中国）有限公司永和工厂一期工程	广州市第三建筑工程有限公司
11	广州南沙游艇俱乐部会所工程	广州市第三建筑工程有限公司
12	滨海花园8期高层住宅（2~25幢）、地下室、会所（自编8-1—1幢）及垃圾房（自编8-1—27幢）工程	广州市第二建筑工程有限公司
13	老干部活动中心综合楼施工总承包	广州市第二建筑工程有限公司
14	商务办公酒店工程（自编云来斯堡酒店、商务大厦）	广东梁亮建筑工程有限公司
15	商业、住宅楼工程19幢（自编G区、幼儿园工程）（芳村花园二期工程施工总承包第六标段）	广州机施建设集团有限公司
16	商业、住宅楼工程19幢（自编F区、小学工程）（芳村花园二期工程施工总承包第七标段）	广州市第四建筑工程有限公司
17	广州科技贸易职业学院综合大楼	广东电白二建工程有限公司
18	广州日立工机有限公司建设项目	广东捷荣建筑安装工程有限公司
19	公交枢纽站大楼1幢	广州市第二建筑工程有限公司
20	办公楼1幢（自编科技综合楼二期）（中山大学）	广州市第二建筑工程有限公司
21	商业、住宅楼工程19幢（自编B区）（芳村花园二期工程施工总承包第Ⅱ标段）	广州市建筑集团有限公司
22	5层设计骨灰楼工程1幢（自编骨灰楼A幢）	广州市住宅建设发展有限公司
23	商业、住宅楼工程19幢（自编C区）（芳村花园二期工程施工总承包第Ⅲ标段）	广州协安建设工程有限公司
24	芳村花园二期工程施工总承包及总承包管理配合服务第一标段	汕头市建安（集团）公司
深圳市		
25	星河时代花园高层住宅（B1~B10幢）	中国建筑第五工程局
26	嘉里建设广场二期	中建三局第一建设工程有限责任公司
27	农科绿洲办公楼	深圳市金世纪工程实业有限公司
28	香山里花园一期1区、2区	江苏省华建建设股份有限公司 深圳特区华侨城建筑安装工程公司
29	蔡屋围京基金融中心二期	中国建筑第四工程局有限公司
30	华为新科研中心D1、D2、D3、D4、D10、D11号楼	中国建筑第八工程局有限公司
31	深圳观澜格兰云天大酒店	中国华西企业有限公司
32	龙悦居三期5~6号楼	深圳市鹏城建筑集团有限公司

(续表)

序号	工程名称	承建单位
33	龙悦居三期 1~4 号楼	中建三局第一建设工程有限责任公司
34	深圳市电子技术学校教学楼拆建工程	深圳市鹏城建筑集团有限公司
35	深圳湾体育中心	中建三局建设工程股份有限公司
36	国家超级计算深圳中心	中建三局第二建设工程有限责任公司
37	深圳市滨海医院施工总承包工程Ⅰ、Ⅱ、Ⅲ、Ⅳ标段	深圳市建工集团股份有限公司 中国建筑第二工程局有限公司 中铁建工集团有限公司 深圳市第一建筑工程有限公司

珠海市

序号	工程名称	承建单位
38	仁恒星园二期（Ⅱ标段）工程	龙信建设集团有限公司
39	怡泰雅苑2号楼	珠海市建筑工程有限公司
40	格力广场一期B区Ⅰ标段、Ⅱ标段10号楼、Ⅲ标段工程	广东省广弘华侨建设投资集团有限公司 珠海市建安集团有限公司 中国建筑第四工程局有限公司
41	珠海港商业中心工程	广东省建筑工程集团有限公司
42	珠海茂丰纺织有限公司厂房二期工程	珠海市建安昌盛工程有限公司
43	香樟美筑建安工程（Ⅰ、Ⅱ标段）	广东省广弘华侨建设投资集团有限公司 广东省第四建筑工程公司
44	碧溪丽城S1区13幢及地下室工程	珠海市建安昌盛工程有限公司
45	华发新城六期C区250~253号楼	广东建星建筑工程有限公司
46	格力新元龙生产基地一期1号厂房	中建三局第一建设工程有限责任公司

韶关市

序号	工程名称	承建单位
47	韶关市矿山救援基地工程（综合楼）	广东省第五建筑工程有限公司
48	广东烟草南雄市有限公司经营业务用房	韶关市第一建筑工程公司

汕头市

序号	工程名称	承建单位
49	汕头市金山中学教学楼、实验综合楼、体艺馆、宿舍楼	汕头市龙华建筑总公司

佛山市

序号	工程名称	承建单位
50	佛山岭南天地D地块公寓式酒店	中天建设集团有限公司
51	天安南海数码新城-4幢工业厂房（天安科技大厦）	广东省六建集团有限公司
52	欧浦皇庭	广东省六建集团有限公司
53	联华大厦	广州市房屋开发建设有限公司
54	可罗食品（广东）有限公司生产综合车间、门卫室	广东捷荣建筑安装工程有限公司
55	中国移动通信集团广东有限公司三水数据中心（华南大区物流中心）工程	中余建设集团有限公司

江门市

序号	工程名称	承建单位
56	星河路廉租住房和经济适用住房建设项目（Ⅱ标段）	广东耀南建筑工程有限公司
57	星河路廉租住房和经济适用住房建设项目（Ⅰ标段）	广东金辉华集团有限公司
58	海伦堡住宅二十三号楼60~62座	广东金辉华集团有限公司

湛江市

序号	工程名称	承建单位
59	西粤·京基城首期7号楼	湛江市建筑工程集团公司

(续表)

序号	工程名称	承建单位
茂名市		
60	电白县标准训练比赛场馆	广东电白二建工程有限公司
61	财富名门 C 区 C2 幢	茂名市建筑集团有限公司
62	财富名门 C 区 C3 幢	茂名市建筑集团有限公司
63	御水古温泉旅业楼	广东永和建设工程有限公司
64	茂名学院学科实验楼	茂名市茂南建安集团有限公司
肇庆市		
65	四会市农村信用合作联社综合业务楼	广东省第四建筑工程公司
66	肇庆学院第四学生食堂	肇庆市恒安建筑工程有限公司
惠州市		
67	别样城二期	中国华西企业有限公司
68	华贸中心写字楼	中建三局建设工程股份有限公司
梅州市		
69	梅县人民体育场和梅县文体中心工程	广东宝丽华建设工程有限公司
河源市		
70	深业·塞纳湾（会所）	中建保华建筑有限责任公司
阳江市		
71	广东海上丝绸之路博物馆工程	广州市第三建筑工程有限公司
清远市		
72	清远宏美 H21001、H21002、H21003、H21004、H21005 地块项目一期（自编号 B8、B7、B6）	中天建设集团有限公司
73	云山诗意花园盈竹居 4 号（C4 幢）	中建三局第一建设工程有限责任公司
74	狮子湖阿拉伯会议酒店	中建二局第三建筑工程有限公司
东莞市		
75	凤岗卧龙山花园（二期）半山区住宅楼 3、4、5、6 幢	湖南望新建设集团股份有限公司
76	东田丽园富田居 18~19 幢住宅楼	东莞市建工集团有限公司
77	万科麓湖花园 81~111 号楼	广东省广弘华侨建设投资集团有限公司
78	南方工厂员工宿舍及配套设施 26 号、27 号楼（配套公建）	中国建筑第五工程局有限公司
79	山河印象花园 1 号地下车库、1 幢	东莞市建安集团有限公司
80	万科·松山湖 1 号花园龙湖居 1～40 幢	中国对外建设有限公司
81	龙泉豪苑地下室 3、4、5、6 号楼	中国建筑第五工程局有限公司
82	万科·紫台 1、3 幢	深圳市广胜达建筑工程有限公司
83	丰泰·东海城堡一区 3 幢住宅楼	东莞市虎门建设发展有限公司
84	金众·葛兰溪谷（五期）地下室、34 幢	深圳市建工集团股份有限公司
85	御花苑天珑湾地下室、4、5、6、7 幢	中国华西企业有限公司
86	万科·金域华府 3 号地下室、叠桦轩 2 号楼	裕达建工集团有限公司
87	万科·金域华府 3 号地下室、品桂轩 2 号楼	中建三局第一建设工程有限责任公司
88	亨美黄金花园 C 区——亨美商业大厦	湖南星大建设集团有限公司
89	东骏·朗晴居商住楼	东莞市恒泰建筑工程有限公司

(续表)

序号	工程名称	承建单位
90	鼎峰尚境2幢	广东鸿高建设集团有限公司

中山市

序号	工程名称	承建单位
91	凯茵新城A03区一期（C3、C5、C6幢及地下车库）高层住宅工程	宏润建设集团股份有限公司
92	雅居乐世纪新城三期L3~1、L3~2、G3~1、G3~2幢、3~4号电房及地下车库住宅小区工程	中天建设集团有限公司
93	中山国际金融中心	中国建筑第五工程局有限公司

云浮市

序号	工程名称	承建单位
94	云浮凤凰酒店工程	佛山市业兴建筑工程有限公司

广东省建筑工程集团有限公司

序号	工程名称	承建单位
95	增城市新塘汽车客运站工程	广东省第一建筑工程有限公司
96	住宅楼（自编3～28号楼）及地下室C1、C2	广东省第二建筑工程公司
97	广州天银国际商贸大厦	广东省第四建筑工程公司
98	红山汽车修配厂工程	广东省第一建筑工程有限公司
99	华润水泥（封开）有限公司6×4500吨/日熟料水泥生产线石灰石输送长皮带廊(一期)土建工程P8标段	广东省水利水电第三工程局
100	住宅楼工程1幢（利海假日轩）	广东省第二建筑工程公司
101	芳村花园二期工程施工总承包及总承包管理配合服务第八标段工程	广东省第四建筑工程公司
102	广东省立中山图书馆改扩建项目一期工程（C区）	广东省建筑工程集团有限公司
103	芳村花园二期工程施工总承包配合管理服务第五标段	广东省建筑工程集团有限公司
104	广东女子职业技术学院第四期工程	广东省第四建筑工程公司

珠海横琴经济开发区澳门大学项目

序号	工程名称	承建单位
105	横琴岛澳门大学新校区发展项目体育场、体育馆、科技学院、生命科学及健康学院	广东耀南建筑工程有限公司
106	横琴岛澳门大学新校区发展项目中央行政楼、文化及交流中心	广东耀南建筑工程有限公司

广州市援建新疆项目

序号	工程名称	承建单位
107	喀什疏附广州新城一期工程08-A地块、08-B地块、10地块	广州建筑股份有限公司

电力行业

序号	工程名称	承建单位
108	220kV科城变电站工程	广州市电力工程有限公司
109	肇庆500kV玉城变电站工程	湖南省送变电工程公司
110	220kV利铁变电站工程	茂名市粤能电力股份有限公司
111	110kV东华输变电工程	广东运峰电力安装有限公司
112	110kV中坑变电站工程	广东省输变电工程公司
113	110kV纪豪变电站工程	广东汇盈电力工程有限公司

(广东省建筑业协会)

2013年第五届“广东省土木工程詹天佑故乡杯”项目

（授予单位：广东省土木建筑学会）

序号	项目名称	获奖单位
1	广州珠江新城西塔	中国建筑股份有限公司 广州建筑股份有限公司 中国建筑第四工程局有限公司 广州市城市建设开发有限公司 中建三局建设工程股份有限公司 广州越秀城建国际金融中心有限公司 华南理工大学建筑设计研究院 广州城建开发工程咨询监理有限公司 中建四局第六建筑工程有限公司 中建钢构有限公司 中建四局安装工程有限公司 广州市第一建筑工程有限公司 广州市机电安装有限公司 中建三局装饰有限公司 中国建筑装饰集团有限公司
2	珠江黄埔大桥	广东省长大公路工程有限公司 广州珠江黄埔大桥建设有限公司 华南理工大学 中交公路规划设计院有限公司 江苏法尔胜股份有限公司 武船重型工程股份有限公司 中铁大桥局集团第三工程有限公司
3	深圳湾体育中心	中建三局建设工程股份有限公司 华润深圳湾发展有限公司 深圳市勘察研究院有限公司 北京市建筑设计研究院有限公司 深圳市中海建设监理有限公司 中建钢构有限公司 浙江精工钢结构有限公司 中建三局装饰有限公司
4	财富天地广场	广州市越汇房地产开发有限公司 广州瀚华建筑设计有限公司 广州建筑股份有限公司 广州市第三建筑工程有限公司 广州城建开发工程咨询监理有限公司 广州城建开发装饰有限公司 广东省工业设备安装公司 广州市第三市政工程有限公司
5	广州国际体育演艺中心	广州市第四建筑工程有限公司 广州开发区政府投资建设项目管理中心 广州市设计院 北京城建集团有限责任公司 广州铝质装饰工程有限公司 上海宝冶集团有限公司
6	广州港南沙港区粮食及通用码头粮食仓库工程	广州建筑股份有限公司 广州市恒盛建设工程有限公司 广州协安建设工程有限公司 中交第四航务工程勘察设计院有限公司 广州港工程管理有限公司

(续表)

序号	项目名称	获奖单位
7	西洲水厂技术改造项目—生物预处理工程	广州市自来水公司 上海市政工程设计研究总院（集团）有限公司 河南省建设集团有限公司
8	广州市番禺区市桥河雁洲水（船）闸工程	广州市番禺区市桥河水系综合整治工程指挥部 长江勘测规划设计研究有限责任公司 德州黄河建业工程有限责任公司 佛山市科诚工程监理有限公司
9	城市动力联盟(6号商铺办公楼)	广东南海国际建筑设计有限公司 佛山市南海区永顺建筑工程有限公司
10	广汽本田汽车有限公司黄埔工厂PO车间屋面抗震系统改造安装工程	广东建科建筑工程技术开发有限公司 广东省建筑科学研究院 广汽本田汽车有限公司

(广东省土木建筑学会)

2013年度广东省市政优良样板工程

(授予单位：广东省市政行业协会)

序号	工程名称	承建、参建单位	建设单位	监理单位
1	猎德大桥系统工程北延线金穗路—黄埔大道节点第四标段	中铁十六局集团有限公司	广州市新光快速路有限公司	广州市市政工程监理有限公司
2	广州市轨道交通6号线盾构8标段【天河客运站—元岗站盾构区间】土建工程	中铁二局股份有限公司	广州市地下铁道总公司	广州轨道交通建设监理有限公司
3	广州市轨道交通6号线浔峰岗停车场	广东省建筑工程机械施工有限公司	广州市地下铁道总公司	华铁工程咨询有限责任公司
4	金山大道延长线改造工程（国贸大道至龙港路段南半幅）	广州市第一市政工程有限公司 广州市建协建设有限公司	广州市番禺区基本建设投资管理办公室	广东铁路建设监理有限公司
5	广州市兴丰生活垃圾卫生填埋场第六区工程施工总承包	广州市市政工程机械施工有限公司	广州环保投资有限公司	广东重工建设监理有限公司
6	新光快速路—南洲立交工程土建二标	广州市市政工程机械施工有限公司	广州市新光快速路有限公司	广州市穗高工程监理有限公司
7	广州新客站地区市政道路及相关附属工程施工总承包【标段Ⅰ】	广州市市政集团有限公司 广州市市政工程机械施工有限公司	广州市土地开发中心	广州珠江工程建设监理有限公司
8	新塘水厂技术改造项目—生物预处理建安工程	国基建设集团有限公司	广州市自来水公司	广州建筑工程监理有限公司
9	从化地区污水处理厂工程厂区及厂外泵站土建施工【标段Ⅱ—从化市中心城区污水处理厂工程厂区及厂外泵站土建施工】	广州市第二市政工程有限公司 广东明兴建筑集团有限公司	广州市污水治理有限责任公司	广州市富华工程建设监理有限公司
10	深圳市地铁1号线机场站接驳设施工程	深圳市金润建设工程有限公司	深圳市机场(集团)有限公司	深圳市天创健建设监理咨询有限公司
11	深圳市大工业区锦绣东路市政工程	中铁三局集团有限公司 深圳市天恒泰建筑工程有限公司	深圳市大工业区管理委员会	深圳市龙城建设监理有限公司

(续表)

序号	工程名称	承建、参建单位	建设单位	监理单位
12	深圳市大工业区人民东路市政工程施工	深圳市天恒泰建筑工程有限公司 福建省九龙建设集团有限公司	深圳市大工业区管理委员会	深圳市兆业工程顾问有限公司
13	宝龙工业城炳坑水库下游小区市政工程第Ⅱ标段	深圳市承翰建筑工程有限公司	深圳市龙岗区建筑工务局	深圳市恒浩建工程项目管理有限公司
14	龙峰三路市政工程	厦门中联建设工程有限公司 深圳市建工建设工程有限公司	深圳市龙华新区大浪办事处	深圳市中行建设监理有限公司
15	北环大道路面修缮及交通改善工程	深圳市路桥建设集团公司	深圳市交通公用设施管理处	中国铁道科学研究院深圳研究设计院
16	深圳市龙岗区仙岭路市政工程第Ⅰ标段	深圳市交运工程集团有限公司	深圳市龙岗区建筑工务局	深圳市建星项目管理顾问有限公司
17	深圳市下坪固体废弃物填埋场续建工程(Ⅰ区)库区填埋工程	深圳市交运工程集团有限公司 深圳市胜义环保有限公司	深圳市下坪固体废弃物填埋场	深圳市建控地盘监理有限公司
18	深圳市南坪快速路二期主线工程(A段)	中铁一局集团有限公司 深圳市兴班建筑工程有限公司	深圳高速公路股份有限公司	北京逸群工程咨询有限公司
19	大运场馆配套道路路面修缮及交通工程Ⅰ标段之爱心路、沙园路、青松路	深圳南海岸生态建设集团有限公司	深圳市龙岗区建筑工务局	深圳市霍克建设监理有限公司
20	丰华路和明达路市政工程	广州市第三市政工程有限公司	珠海城市建设集团有限公司	珠海市城市开发监理有限公司
21	珠海市金凤路凤凰山公路隧道工程设计—施工总承包	中交路桥建设有限公司	珠海路峰公路建设有限公司	云南省公路工程监理咨询公司
22	港湾北路中珠渠桥梁工程	西安市政道桥建设有限公司	珠海市高新建设投资有限公司	深圳市恒浩建设工程项目管理有限公司
23	金海岸大道东段道路改造工程	广东省基础工程公司	珠海市金湾区政府投资建设工程管理中心	广东建设工程监理有限公司
24	金海岸大道西段道路改造工程	广州市市政工程机械施工有限公司	金湾区政府投资建设工程管理中心	珠海市工程监理有限公司
25	珠海市金岛路道路改造工程	广州市第二市政工程有限公司	珠海市金湾区政府投资建设工程管理中心	珠海市城市开发监理有限公司
26	中山市南区东环路(大风车段)道路排水改造工程	中山市宏信路桥工程有限公司	中山市市政工程建设中心	珠海市工程监理有限公司
27	开平市东兴大道(325国道—苍江桥头)改造工程	江门市政企业集团有限公司	开平市公用事业管理局	江门市建设监理顾问公司
28	开平市梁金山生活垃圾卫生填埋场无害化改造工程	广东金辉华集团有限公司	开平市环境卫生管理处	广州市财贸建设开发监理有限公司
29	省道S272肇珠线江门市区复线东华大桥工程	广东省基础工程公司	江门市政府投资工程建设管理中心	广州市穗高工程监理有限公司
30	江门市旗杆石生活垃圾卫生填埋场一期工程	江门市政企业集团有限公司	江门京环环保科技有限公司	武汉市政建设监理有限公司
31	佛山市高明区沿江路(富逸湾段)道路工程施工	佛山市市政建设工程有限公司	佛山市高明西江新城建设开发有限公司	佛山市建怡工程监理有限公司

(广东省市政行业协会)

2013年度“广东省土木建筑学会科学技术奖”项目

（授予单位：广东省土木建筑学会）

序号	项目名称	完成单位	完成个人	获奖等级
1	广州塔主被动复合调谐控制技术研究	广州大学 哈尔滨工业大学 广州新电视塔建设有限公司 广州市设计院 香港理工大学 奥雅纳工程咨询（上海）有限公司深圳分公司 广州广船国际股份有限公司	谭　平　滕　军　梁　硕　潘汉明 周福霖　欧进萍　周　定　倪一清 刘彦辉　李　惠　汪　洋　沈朝勇	一等奖
2	跨海大桥大型箱梁整孔预制吊装成套施工技术	中交四航局第二工程有限公司 中交四航局港湾工程设计院有限公司	王定武　符　平　杨胜生　梁国栋 方长远　王小平　邹　刚　刘金伟 钟如进	一等奖
3	广东省标准《城市桥梁检测技术标准》DBJ/T15-87-2011	广东省建筑科学研究院 华南理工大学 广东省建设工程质量安全监督检测总站 广州市市政工程安全质量监督站 广州市市政工程维修处 广州市建筑科学研究院 广东省建筑设计研究院	徐天平　吴太成　杨国龙　苏　成 李素华　王大通　黄彦虎　谭学民 李　健　王卫锋　曹旭华　陈敏杰	一等奖
4	广州市电视台新址工程施工关键技术研究	广州建筑股份有限公司 广州市第一建筑工程有限公司 中建钢构有限公司	苏建华　胡志桥　吴祥威　关而道 高俊岳　许建锋　蔡荣根　吴瑞卿 梁荣湛　张　磊　梁艺铭　符志文	一等奖
5	大断面泥水平衡式矩形顶管技术研究与应用	广东省基础工程公司 华南理工大学	钟显奇　邹思源　余剑锋　黎东辉 林哲雄　莫海鸿　房营光　陈俊生 张四忠　张新化　张国强　郭荣观	一等奖
6	广州城市建设的岩土工程条件评价	广州市市政工程设计研究院	刘良贵　李　伟　伊颖锋　李承海 林春秀　李广平　张德波　杨　军 付冬平　彭功勋　郑利松　赵　华	一等奖
7	大抗拔力可滑移球铰支座技术	广东省建筑设计研究院	李恺平　李桢章　廖旭钊　梁子彪 陈应专　劳智源	一等奖
8	建筑工程施工安全辅助设计系统V4.0的研发与应用	广州建筑股份有限公司 广州市第一建筑工程有限公司 广州粤建三和软件有限公司 广州一洲信息技术有限公司	高俊岳　吴瑞卿　胡志桥　黄　俭 关而道　邓侃章　潘伟杰　凌文轩 林国华　苏毅明　彭润桃　林楚明	一等奖
9	广东省（夏热冬暖地区）建筑节能构造标准设计系列图集	广东省建筑设计研究院	孙礼军　郭伟佳　杨仕超　孟庆林 李鸿辉　黄照明　江　刚　李惠红 蔡晓宝　莫广英	一等奖
10	受损混凝土桥墩钢套管加固技术	广东省建筑工程机械施工有限公司 广东工业大学 广东省建筑工程集团有限公司	麦国文　付梦求　邓　军　梁剑明 何德清　谢云建　郑元沁　黄秋筠 钟根全　鲁　伟　李　辉	一等奖
11	布吉污水处理厂主体及附属工程	深圳市市政工程总公司 深圳市天健市政安装工程有限公司	邓亚军　黄　雷　陈德贵　龚　颖 于　芳　江　建　陈　俭　尹剑辉 张文科　王绿俊　周保生　胡　巍	一等奖
12	岭南建筑学派的研究	广州大学建筑设计研究院	王　河	一等奖
13	分段套装、抽出式整体提升施工技术研究	广州建筑股份有限公司	邵　泉　关而道　胡志桥　钟文深 林正栋　李敏健　杨锋杰　朱　骏	二等奖
14	深圳市大运中心体育场结构设计关键技术研究	深圳市建筑设计研究总院有限公司	刘琼祥　刘　臣　郭满良　张建军 王启文　卢　斌　林文明　崔博彦	二等奖

(续表)

序号	项目名称	完成单位	完成个人	获奖等级
15	大型折叠升降LED显示屏风帆架关键技术研究	广州机施建设集团有限公司	丁昌银 何炳泉 雷雄武 余建洲 黎 丁 吴锦伟 谢伟峰 黄东阳	二等奖
16	新建海南东环铁路沉降变形观测评估预测方法研究及评估系统开发应用	广州铁路(集团)公司科学技术研究所 海南东环铁路有限公司	陈向前 林镇洪 银健民 钱春阳 周 勇 高至飞 黄应州 罗志权	二等奖
17	飘带状空间多维曲面铝板幕墙关键技术研究	广州机施建设集团有限公司	丁昌银 何炳泉 伦伟清 柯德辉 何登甲 张永雄 谭国湘 吴锦伟	二等奖
18	高水头砂层锚索施工关键技术研究与应用	广东省基础工程公司 广州大学	蒋学文 邬 疆 洪三金 钟国辉 许建得 黄江林 宋全良 廖 原	二等奖
19	加固改造、托换纠倾领域绿色技术的创新研究与工程应用	广州市胜特建筑科技开发有限公司	吴如军 曾春航 唐 颖 陈 曦 胡前丽 王胜忠 唐业清	二等奖
20	硬岩及软硬不均地层顶管施工过程控制技术	广东省基础工程公司 华南理工大学	邹思源 钟晓晖 黎东辉 陆修欣 赵 超 莫海鸿 房营光 陈俊生	二等奖
21	钢筋混凝土结构预制装配整体式施工技术与应用	中建三局一公司华南公司深圳经理部	刘洪海 寇广辉 邹 勇 戎春春 陈 勇 舒 浩 陈 亚 何凌波	二等奖
22	广东海上丝绸之路博物馆大跨度全混凝土结构、耐腐蚀混凝土结构设计	广州瀚华建筑设计有限公司	陈 军 姚永革 陈福熙	二等奖
23	广州京溪污水处理厂工艺设计及技术研究	广州市市政工程设计研究院	隋 军 汪传新 陈贻龙 李 胜 周建华 邱 维 杨先华 陈小芳	二等奖
24	68m大悬挑拉索曲膜开敞式屋盖钢顶蓬施工技术研究	广州机施建设集团有限公司 中建钢构有限公司	丁昌银 何炳泉 蒋 礼 黎 丁 雷雄武 彭文海 黄东阳 李仕许	二等奖
25	大面积水隐舞台施工关键技术研究	广州机施建设集团有限公司	雷雄武 何炳泉 丁昌银 黎 丁 吴锦伟 黄东阳 彭文海 周 岳	二等奖
26	基于TransCAD系统公路OD调查数据整理及分析模块开发	广东省公路勘察规划设计院股份有限公司	王子明 游锦龙 胡郁葱 向前忠 梁立农 王 强 李 岚 吴如龙	二等奖
27	大跨度超厚钢—砼组合结构空心楼板关键技术研究	广州建筑股份有限公司 广州市第一建筑工程有限公司	杨永全 张志军 陈华盛 焦绍怀 林国华 吴碧怡 林伟斌 陆流钧	二等奖
28	新型组合塑料模板和高效模板支撑施工技术	广州建筑股份有限公司 开平市鹏峰金属棚架厂 广州毅昌科技股份有限公司	吴瑞卿 赖泽荣 张元斌 凌文轩 李冠尧 梁苏珊 冼 燃 梁德荣	二等奖
29	昆明市主城二环快速系统改扩建工程	广州市市政工程设计研究院	熊正元 魏立新 宁平华 李伟强 杨 勇 郭建民 童恺旻 丘文彬	二等奖
30	大跨重型钢厂房施工关键技术研究	广州市恒盛建设工程有限公司 广州市建筑集团有限公司 博思格建筑钢结构(广州)有限公司	徐晓博 邓迎芳 成志辉 苏剑良 李慧莹 赵自亮 陈卫文 赵 倩	二等奖
31	城市居住建筑集成技术研究	香港华艺设计顾问(深圳)有限公司	林 毅 蒋 昱 钱 欣 张晓民 谢 华 郑文国 傅勇平 吴志清	二等奖
32	地下室逆作法钢管柱施工新技术	广东省第四建筑工程公司	温 文 邱 黎 何汉林 张富森 张 雅	二等奖
33	新能源发电并网技术标准研究	中国能源建设集团广东省电力设计研究院	王 路 孙景强 陈志刚 樊 扬 耿 静	二等奖
34	薄浆干砌自保温墙体	中山市诚盛建材开发有限公司 广东省建筑设计研究院 广东顺景实业有限公司 广东中山建筑设计院有限公司	黄照明 孙礼军 郭伟佳 李俭青 杨绍祺 罗国选 欧剑河 黄 操	二等奖
35	双热源热水加热系统	广州市设计院	赖海灵 赵力军	二等奖

(续表)

序号	项目名称	完成单位	完成个人	获奖等级
36	大截面多层水平肋板钢组合梁混凝土施工技术	广东省第四建筑工程公司	张富森　何汉林　邱　黎　钟自强　赖伟雄	二等奖
37	高大柔结构中轻质整体式节能墙板施工技术研究	广州机施建设集团有限公司	雷雄武　邓恺坚　何炳泉　庄鑫城　洪　城　张　权　黄进雄	二等奖
38	超深三轴搅拌桩一杆成桩施工关键技术研究	中交四航局第一工程有限公司 中交第四航务工程局有限公司	袁求武　陈国良　吴瑞大　荣劲松　吴文峰	三等奖
39	抱箍板自动成型焊接生产线	广东建华管桩有限公司	谷忠生　刘晓飞　陈清林	三等奖
40	填海区复杂环境下地铁施工综合技术研究及应用	广东省基础工程公司 广东华隧建设股份有限公司	钟国辉　龚　胜　傅伟强　易　觉　黄喜雄	三等奖
41	用于桥梁维修护养的液压桁架式移动挂篮及其施工方法	广东省煤炭建设（集团）有限公司 广东省高速公路有限公司河源分公司	乔国华　康瑜德　张志强　周海波　罗哲坤	三等奖
42	盾构机穿越“孤石群”综合施工技术	广州市盾建地下工程有限公司	古　力　黄恒儒　冯文成　柯亨有　林　军	三等奖
43	佛山市南番大道海怡特大桥工程设计及技术创新	广州市市政工程设计研究院	宁平华　孙叔禹　谢尉鸿　杨　勇　魏立新	三等奖
44	幕墙检测设备阀门系统改造	广东省建筑科学研究院	何　瑄　赖燕德　廖　拓　丘　榆　刘丹妮	三等奖
45	冲孔桩基础与钢管混凝土柱一体化施工技术	广东省第四建筑工程公司	吐尔洪太　潘海尔丁　罗耀海　邱　黎　钟自强	三等奖
46	万科中心绿色施工技术研究与应用	中建三局第一建设工程有限责任公司	刘洪海　寇广辉　陈　亚　戎春春　邹　勇	三等奖
47	新型外墙保温装饰一体化施工技术	广东省第四建筑工程公司	彭登峰　李　文　邱　黎　温志平　邬龙飞	三等奖
48	超大管棚与改良袖阀管复合预加固和大断面隧道拱形支架模板体系研究	广州机施建设集团有限公司	黎　丁　何炳泉　秦健新　黄平宇　李　悦	三等奖
49	螺栓球桁架升降机整体提升大跨度穹顶网架施工技术	广州市第三建筑工程有限公司 广州市房屋开发建设有限公司 广州建筑股份有限公司	刘付亚福　刘志强　赵晓彬　劳锦洪　林　谷	三等奖
50	广州亚运城市政道路项目	广州市市政工程设计研究院	李伟强　童恺旻　李　翔　牛　樱　欧键灵	三等奖
51	广晟国际大厦设计综合技术	广州瀚华建筑设计有限公司	冼剑雄　梁敏全　严仕基　顾太华　丘　陵	三等奖
52	大型多仓型连体群仓整体滑模施工技术	广州协安建设工程有限公司	刘佳武　吴才伍　文勉聪　唐旭林　林维杰	三等奖
53	强夯挤淤碎石墩（墙）基坑支护技术研究及应用	广东省基础工程公司	龚　胜　钟国辉　黄喜雄　傅伟强　邵孟新	三等奖
54	沉管隧道接口段混凝土钻孔咬合桩止水施工技术	广东省源天工程公司	杨飞虎　刘少跃　杨　峻　金世国　何玉婷	三等奖
55	干挂壁山外墙挂板幕墙施工技术	广东省第一建筑工程有限公司	邱秉达　陈汉长　孙旭敏　黄育鹏　林海澜	三等奖
56	特长公路隧道复杂通风系统关键设计参数研究	广东省公路勘察规划设计院股份有限公司 长安大学	温玉辉　梁淦波　聂玉文　李国安　谢永利	三等奖
57	深厚地基排水强夯处理施工技术	广东省第一建筑工程有限公司 广州大学土木工程学院	邱秉达　陈守辉　孙旭敏　林本海　满　毅	三等奖

(续表)

序号	项目名称	完成单位	完成个人	获奖等级
58	鄂州市城乡总体规划(2011~2020)	广东省城乡规划设计研究院	王　浩　马向明　任庆昌　莫宁波　董嘉雯	三等奖
59	镀铝锌彩钢板复合外墙施工技术	广东省第四建筑工程公司	刘柳炼　邱　黎　何汉林　林培东　杨曲波	三等奖
60	紫金县文化活动中心再生混凝土技术应用和研究	深圳市建筑设计研究总院有限公司	刘琼祥　吴　波　蔡庆雄　刘　伟　许　喆	三等奖
61	新型工业化节能环保幕墙	深圳市方大装饰工程有限公司	曾晓武　杨全新　徐　皓　吴金雄	三等奖
62	高强混凝土外包薄层及其对柱的加固方法	广州市鲁班建筑集团有限公司	李国雄　谷伟平　李小波　何小菱	三等奖
63	自平衡法基桩抗拔静载试验在轨道交通中的应用技术研究	广东省建筑科学研究院	李超华　何玮山　毛良基　宋露露　于继来	三等奖
64	复杂地质条件下的深厚地下连续墙施工技术应用研究	广东省基础工程公司	唐　程　谭代强　梁国江　黄　考　李龙送	三等奖
65	盾构机姿态的定位测量技术研究	广州市盾建地下工程有限公司	钟　坚　李国华　张厚美　黎　寿　冯文成	三等奖
66	企业知识管理和应用平台（越秀地产产品研发平台）	广州城建开发设计院有限公司 维衡浩建科技（深圳）有限公司	郑爱军　邱　敏　匡海峰　陈希阳　蔡天赐	三等奖
67	南方水网地区农村污水处理技术研究	广东省城乡规划设计研究院	凌　霄　陈　满　张志坚　杨高华　徐东川	三等奖
68	广东省生活垃圾收运设施建设技术指引	广东省建筑科学研究院	杨国龙　陈　群　王素梅　张培进　李木桂	三等奖
69	基于耐久性的沿海地区既有建筑物剩余寿命评估和加固技术的应用研究	汕头市建筑工程质量监督检测站	陈志远　袁继雄　吴健康　郑达武　吴　庞	三等奖
70	基于BP神经网络的建筑监理质量安全管理评价体系技术应用	广东省建筑工程监理公司 广东华禹工程咨询有限公司 广东省现代农业装备研究所	陈朝恩　邱重生　梁　玉　陈朝旭　朱燕云	三等奖
71	聚合物压力型锚杆技术	广州市鲁班建筑集团有限公司	谷伟平　李国雄　何小菱　黄君毅　于　军	三等奖
72	广州市市政工程设计研究院综合办公集成管理系统	广州市市政工程设计研究院	隋　军　宁平华　王　爽　邓新穗　熊正元	三等奖
73	一种新型消防水泵自动巡检设备	香港华艺设计顾问（深圳）有限公司	傅勇平　谢　华	三等奖
74	基于影像测量技术的三维变形测量研究与应用	广东省建筑科学研究院	李　健　刘志峰　张　亮　王旭东　李　杰	三等奖

（广东省土木建筑学会）

2013年度“广东省市政行业协会科学技术奖”项目

（授予单位：广东省市政行业协会）

一等奖项目

序号	项目名称	项目类别	主要完成单位
1	菱形挂篮设计改良与制作技术	技术开发	广州市第三市政工程有限公司 广州市市政集团有限公司 广州市市政工程机械施工有限公司

（续表）

序号	项目名称	项目类别	主要完成单位
2	深水逆作法钢板桩围堰综合成套技术	技术开发	广州市市政集团有限公司 广州富利建筑安装工程有限公司 广州市第三市政工程有限公司
3	高水头粉细砂深基坑综合支护技术研究与实践	技术开发	广东省基础工程公司 广州大学
4	大直径土压盾构施工技术研究与应用	技术开发	广东华隧建设股份有限公司

二等奖项目

序号	项目名称	项目类别	主要完成单位
1	悬浇连续箱梁临时固结体系施工技术	技术开发	广州市市政集团有限公司
2	钢筋混凝土连拱桥非对称施工技术研究	技术开发	广州市市政集团有限公司 广州市第二市政工程有限公司 广州市第一市政工程有限公司
3	松散破碎地层中非开挖定（导）向钻进铺管技术研究	技术开发	广州市恒盛建设工程有限公司 中南大学 广州协安建设工程有限公司
4	复合式路面改造二阶反应型防水黏结材料贴缝施工技术	技术开发	深圳市路桥建设集团公司
5	大跨度钢—混凝土组合箱梁预应力体外索施工技术	技术开发	汕头市达濠市政建设有限公司
6	排水管道二程式螺旋钻法顶管施工工法	技术开发	广州市市政工程机械施工有限公司 广州市市政集团有限公司 广州市第三市政工程有限公司
7	毗邻建筑物及复杂地质条件下的深基坑低扰动止水施工技术	技术开发	广州市第二市政工程有限公司 广州市市政集团有限公司 广州市第三市政工程有限公司
8	建筑施工企业管理软件 V2.0	软科学	广州市市政工程维修处

三等奖项目

序号	项目名称	项目类别	主要完成单位
1	DMF/DMAc，HEC（羟乙基纤维素）、季铵盐类物质工业废水集成处理技术	技术开发	中山市子源生物环境科技有限公司 中山市规划设计院
2	双层大跨度贝雷桁架现浇箱梁支架施工工法	技术开发	广州市市政工程机械施工有限公司 广州市第二市政工程有限公司
3	深基坑缺位支护结构综合处理技术研究	重大工程	广州市第一市政工程有限公司 广州市市政集团有限公司 广州市市政工程机械施工有限公司
4	城市隧道大尺寸轻质环保板材内饰施工技术	技术开发	广州市第二市政工程有限公司 广州市市政集团有限公司 广州市市政工程机械施工有限公司
5	复合式路面改造同步碎石防水应力吸收层施工技术	技术开发	深圳市路桥建设集团公司
6	斜拉桥索塔开窗式模板翻模施工技术研究应用	应用技术	广东省基础工程公司
7	斜拉桥主梁箱体钢筋拆分预制和组合安装施工技术	应用技术	广东省基础工程公司
8	长距离定向钻穿越砾石层施工技术	技术开发	广州市市政集团有限公司 广州市第二市政工程有限公司 广州市第一市政工程有限公司
9	一种浆叶及应用其的压差式沉砂机	技术开发	深圳市中邦（集团）建设总承包有限公司

(续表)

序号	项目名称	项目类别	主要完成单位
10	素水泥石粉砂浆桩复合地基处理施工技术研究	技术开发	广州市第二市政工程有限公司 广州市市政集团有限公司 广州市第三市政工程有限公司
11	一种固定化微生物CASS同步脱氮除磷污水处理系统	技术开发	中山市子源生物环境科技有限公司 中山市规划设计院

(广东省市政行业协会)

2011~2012年“广东省建设工程监理优质奖”项目

(授予单位：广东省建设监理协会)

序号	项目名称	承监企业
1	从化市省道355线城区段升级改造项目	广东海外建设监理有限公司
2	金山谷花园地块（三）四期（A1、A2、A7、A8、A9、A10、A11、A12幢商住楼、地下车库、垃圾中转站及变配电房5、变配电房6）	广东省城规建设监理有限公司
3	暨南大学华文学院学生宿舍楼	广东宏茂建设监理有限公司
4	锦龙花园	深圳市龙城建设监理有限公司
5	佛山市公园西侧A地块安置小区1~6号楼	佛山市建诚监理有限公司
6	南方报业传媒产业基地2号厂房、仓储楼A工程	佛山市建诚监理有限公司
7	佛山职业技术学院三水新校园区建设工程	广东工程建设监理有限公司
8	广州市番禺区番禺大道改造工程（罗家至沙湾大桥段）	广东工程建设监理有限公司
9	广州亚运城赛时媒体村自编南区	广东工程建设监理有限公司
10	滨江新区天沙河路（江沙路—新南路）工程第二标段	江门市建设监理顾问公司
11	海景明珠商住小区C幢	广东正茂工程管理有限公司
12	太古汇商业、酒店、办公楼和文化中心工程	广东重工建设监理有限公司
13	广州市西江引水工程—输水管线工程施工监理项目第一标段（佛山三水段）工程	广东重工建设监理有限公司
14	利通广场	广州珠江工程建设监理有限公司
15	江高—石井污水处理系统一期厂区工程	广州珠江工程建设监理有限公司
16	深圳大运中心Ⅱ标段工程	广州珠江工程建设监理有限公司
17	中国科学院广州生物医药与健康研究院科研园区建设一期工程	广东华工工程建设监理有限公司
18	仁恒.星园（二期Ⅰ标）工程	广东华工工程建设监理有限公司
19	酒店、商业、办公楼、社区文化中心工程（自编南国商苑A—E幢）	广东建设工程监理有限公司
20	肇庆大道（前林路—端州八路）拓宽改造项目	广州万安建设监理有限公司
21	中国移动通信集团广东有限公司三水数据中心（华南大区物流中心）工程	广东省建筑工程监理公司
22	海珠体育中心	广州市城市建设工程监理公司
23	江门星汇名庭一期1~14~1~19幢	广州城建开发工程咨询监理有限公司
24	生物岛—大学城隧道工程	广州市市政工程监理有限公司
25	大观路与车陂路系统改造工程—奥体中心立交土建工程监理	广州市穗高工程监理有限公司
26	增城荔湖大道改造工程	广州市穗芳建设咨询监理有限公司
27	猎德村旧村改造村民复建安置房工程［标段Ⅱ］	广州建筑工程监理有限公司
28	广东全球通大厦（新址）	广州市广州工程建设监理有限公司
29	东越雅居商住楼	广州市财贸建设开发监理有限公司
30	国家超级计算深圳中心工程	深圳市深龙港建设监理有限公司
31	福田河综合整治工程	深圳市深水水务咨询有限公司
32	深圳市松坪村三期经济适用房	深圳市东部建设监理有限责任公司
33	深圳信息职业技术学院迁址新建项目监理Ⅰ标段	深圳市华西建设监理有限公司

(续表)

序号	项目名称	承监企业
34	深圳市光明新区公明文化艺术中心和体育中心工程	深圳市鲁班建设监理有限公司
35	新东路市政工程及大鹏半岛桔沙片区污水管网工程（监理）	深圳市合创建设工程顾问有限公司
36	中粮锦云花园	深圳市恒浩建工程项目管理有限公司
37	卓越皇岗世纪中心项目 1 号楼及裙楼配套	深圳市恒浩建工程项目管理有限公司
38	深圳市大工业区人民东路市政工程	深圳市兆业工程顾问有限公司
39	东莞市大运城邦花园一区二期工程	深圳市兆业工程顾问有限公司
40	龙悦居三期	深圳市邦迪工程顾问有限公司
41	珠海十字门中央商务区横琴片区市政基础设施（道路）一期工程监理Ⅰ标段	广东建浩工程项目管理有限公司
42	珠海城市职业技术学院工科（重型）实训楼工程	珠海森茂工程项目管理有限公司
43	金茂广场居家办公楼部分 1~4 号楼项目	广东立德建设监理有限公司
44	达濠华侨中学教学楼 A、B 幢及连廊、消防地下水池	广东恒胜建设监理有限公司
45	万科麓湖花园 1~6 号、11~16 号、21~80 号及商业中心工程	东莞市大业建筑技术咨询有限公司
46	中源名都三期	肇庆市资信工程建设监理有限公司
47	莲兴大厦工程	广东中山建设监理咨询有限公司

（广东省建设监理协会）

2013 年广东省建筑业新技术应用示范工程

（授予单位：广东省住房和城乡建设厅）

第一批

序号	所属地区	工程名称	施工单位
1	深圳	嘉里建设广场二期工程	中建三局第一建设工程有限责任公司
2		龙悦居三期 5、6 号楼	深圳市鹏城建筑集团有限公司
3		龙华扩展区 0008 地块保障性住房工程	中建三局第一建设工程有限责任公司
4		深圳观澜格兰云天大酒店工程	中国华西企业有限公司

第二批

序号	所属地区	工程名称	施工单位
1	广州	广州市南越王宫博物馆建设工程（一期）	广州市建筑集团有限公司
2		广州市国家档案馆新馆一期	广州工程总承包集团有限公司 广州市水电设备安装有限公司
3	深圳	合正荣悦府一期	中国核工业华兴建设有限公司
4	汕头	汕头市龙湖 40 街区（香域春天）商品房 2~5 幢	汕头市达濠市政建设有限公司
5	佛山	友邦金融中心	中建三局建设工程股份有限公司
6	江门	省道 S272 肇珠线江门市区复线东华大桥工程	广东省基础工程公司

（广东省住房和城乡建设厅科技信息处）

2013 年“广东省绿色住区”项目

（授予单位：广东省房地产行业协会）

序号	项目名称	申报单位
1	肇庆广宁御景国际（一期）	广宁县悦景实业发展有限公司
2	河源碧桂园·东江凤凰城（一、二期）	河源市碧桂园房地产开发有限公司
3	肇庆广宁万丰·现代城	广宁县华鸿房地产开发有限公司
4	梅州平远宜华·金色华府（一期）	梅州市宜华房地产开发有限公司
5	江门开平瑞丰宏都水岸（一期）	开平市瑞丰房地产开发有限公司

（续表）

序号	项目名称	申报单位
6	惠州方直君御花园（一、二期）	惠州方好实业有限公司
7	惠州光耀荷兰小城（一期）	惠州市光耀物业服务有限公司
8	佛山三水雅居乐花园（一期）	佛山市三水雅居乐房地产有限公司
9	汕头泰安·锦绣江南	汕头市龙湖区泰安房地产开发有限公司
10	汕头大洋·红树湾	汕头大洋（集团）公司

（广东省房地产行业协会）

2013年度广东省物业管理示范住宅小区（大厦、工业区）

（授奖单位：广东省物业管理行业协会）

序号	项目名称	类　型	物业公司
1	广州市碧桂园凤凰城（凤馨苑）	小区	广东碧桂园物业服务有限公司增城分公司
2	星汇云锦	小区	广州城建开发物业有限公司
3	金碧华府	小区	广州市金碧华府物业有限公司
4	万科金域蓝湾	小区	广州市万科物业服务有限公司金域蓝湾物业服务中心
5	亚运城运动员村（一、二区）	小区	广州利合物业管理有限公司
6	南沙滨海水晶湾	小区	广州城建开发物业有限公司
7	中石化大厦	大厦	佳兆业物业管理（深圳）有限公司广州分公司
8	富力盈信大厦	大厦	广州天力物业发展有限公司
9	保利中心	大厦	保利物业管理有限公司
10	广州民生大厦	大厦	民生（林芝）物业管理有限公司
11	广垦商务大厦	大厦	广东新时代物业管理服务公司
12	广东省立中山图书馆	大厦	广州粤华物业有限公司
13	东山紫园商务大厦	大厦	广州市德昇物业管理有限公司
14	粤财大厦	大厦	广东华信物业管理有限公司
15	总部经济区 A_1~A_3 幢	大厦	广州凯云物业管理有限公司
16	首地容御花园	小区	深圳市首地物业管理有限公司
17	幸福里·雅居	小区	深圳华润物业管理有限公司幸福里管理处
18	水榭春天花园	小区	深圳市莱蒙物业服务有限公司
19	深圳市龙岗区万象天成花园	小区	深圳市大众物业管理有限公司万象天成管理处
20	宏发美域花园	小区	深圳市宏发物业服务有限公司
21	宏发雍景城小区	小区	深圳市宏发物业服务有限公司
22	深圳紫荆山庄	大厦	深圳市维旅酒店物业管理有限公司
23	深圳长虹科技大厦	大厦	四川长虹物业服务有限责任公司深圳分公司
24	鸿隆世纪广场	大厦	深圳市港隆物业有限公司
25	鼎丰大厦	大厦	深圳中旅联合物业管理有限公司鼎丰大厦管理处
26	文锦广场	大厦	深圳市华佳宏物业投资集团有限公司
27	深圳市西乡中学（高中部）	大厦	深圳市嘉诚物业管理有限公司
28	珠海市华发绿洋山庄二期	小区	珠海华发物业管理服务有限公司
29	珠海格力香樟小区	小区	珠海格力地产物业服务有限公司
30	塞纳嘉园	小区	东莞市福好物业服务有限公司
31	世纪豪门	小区	东莞市三正物业服务有限公司

(续表)

序号	项目名称	类　型	物业公司
32	天安南海数码新城（一、二、三期）	大厦	深圳天安物业管理有限公司佛山市分公司
33	佛山市卓远国际商务大厦	大厦	佛山市卓远物业管理有限公司
34	星湖奥园一、二期	小区	广东粤垦物业管理有限公司肇庆分公司
35	富力丽港中心	小区	广州天力物业发展有限公司惠州分公司
36	方直·珑湖湾(一期)	小区	广东方直物业管理服务有限公司
37	惠州市奥林匹克花园一期别墅	小区	上海中体奥林匹克花园物业管理有限公司惠州分公司
38	德威大厦	大厦	惠州市德威物业管理有限公司
39	澄海中信金城花园	小区	汕头中信物业服务有限公司
40	阳光海岸	小区	广东龙光集团物业管理有限公司汕头分公司
41	星湖豪景	小区	汕头市长平物业管理有限公司
42	丽景名筑	小区	中山市丽景物业管理有限公司
43	盛景尚峰金融商务中心	大厦	中山市迪兴物业管理有限公司
44	西粤京基城首期商住小区	小区	湛江市西粤京基城物业服务有限公司
45	龙光水悦城邦	小区	广东龙光集团物业管理有限公司顺德分公司
46	嘉信帝苑	小区	广东金发策划管理有限公司
47	保利合园	小区	保利物业管理有限公司顺德分公司

注：排名不分先后

(广东省物业管理行业协会)

2013年度广东省城镇污水处理厂节能减排绩效考核评比获奖单位

(授予单位：广东省市政行业协会)

荣誉名称	类　型	名　称
十佳城镇污水处理厂	40万立方米/日及以上的污水处理厂	广州市大坦沙污水处理厂 广州市猎德污水处理厂 广州市沥滘污水处理厂
	10万立方米/日及以上的污水处理厂	广州市京水水务有限公司西朗污水处理厂 中山市小榄水务有限公司污水处理厂 深圳首创水务有限责任公司福永污水处理厂
	10万立方米/日以下的污水处理厂	佛山市驿岗污水处理厂(一期) 珠海力合环保有限公司吉大水质净化厂
优秀运营单位	10万立方米/日及以上的污水处理厂	广州市深水大通水务有限公司番禺前锋净水厂 珠海市城市排水有限公司拱北水质净化厂 佛山市镇安污水处理厂 江门市新会区龙泉污水处理有限公司 佛山市东鄱污水处理厂 佛山市城北污水处理厂 广州开发区水质净化管理中心东区水质净化厂 江门市碧源污水治理有限责任公司文昌沙水质净化厂
	10万立方米/日以下的污水处理厂	广州开发区水质净化管理中心西区水质净化厂 阳春市水质净化有限公司 珠海市城市排水有限公司三灶水质净化厂 珠海市城市排水有限公司平沙水质净化厂 佛山市西樵污水处理厂

(广东省市政行业协会)

统计资料

□ 全省固定资产投资额二万二千八百二十八点六五亿元

□ 全省国有经济固定资产投资总额五千三百九十三点八四亿元

□ 全省基础设施完成投资额五千四百七十七点零三亿元

□ 全省施工建筑面积七亿四千二百九十三点六四万平方米

□ 全省房地产业新增固定资产三千七百三十九点八五亿元

固定资产投资总额

单位：亿元

年份	投资总额	按城乡分		
		城镇	房地产开发	农村
1978	27.23	20.51	–	6.72
1979	28.29	20.65	–	7.64
1980	38.29	26.81	–	11.48
1981	60.40	39.15	–	21.25
1982	84.73	57.34	–	27.39
1983	88.71	62.11	–	26.60
1984	130.37	89.86	–	40.51
1985	184.59	149.71	–	34.88
1986	216.50	179.49	10.00	37.01
1987	251.01	208.87	16.29	42.14
1988	353.59	315.06	21.96	38.53
1989	347.34	294.95	48.15	52.39
1990	381.47	309.86	32.70	71.61
1991	478.20	391.75	49.75	86.45
1992	921.75	702.59	125.57	219.16
1993	1629.87	1307.33	316.53	322.54
1994	2141.15	1734.91	404.13	406.24
1995	2327.22	1935.97	563.89	391.25
1996	2327.64	1945.72	528.85	381.92
1997	2298.14	1899.22	528.31	398.92
1998	2668.13	2224.24	602.72	443.89
1999	3027.56	2553.41	710.20	474.15
2000	3233.70	2710.57	858.61	523.13
2001	3536.41	3003.72	972.34	532.69
2002	3970.69	3343.46	1115.25	627.23
2003	5030.57	4235.14	1233.52	795.43
2004	6025.53	5121.45	1355.84	904.08
2005	7164.11	6038.77	1591.90	1125.34
2006	8132.37	6618.77	1843.51	1513.60
2007	9596.95	7525.46	2519.13	2071.49
2008	11165.06	8789.19	2932.34	2375.87
2009	13353.15	10395.03	2961.32	2958.12
2010	16113.19	12870.09	3659.69	3243.10
2011	16843.83	14111.53	4809.91	2732.30
2012	19307.53	15937.34	5352.79	3370.18
2013	22828.65	18877.46	6489.59	3951.19

注：1. 1993 年以前房地产开发投资主要是商品房建设投资

2. 2011 年起固定资产投资项目统计起点由 50 万元提高至 500 万元，并且不含农村农户投资；2010 年以前为全社会固定资产投资

固定资产投资主要指标

单位：亿元、万平方米

项　目	1995 年	2000 年	2005 年	2010 年	2012 年	2013 年
投资完成额	2327.22	3233.70	7164.11	16113.19	19307.53	22828.65
按城乡分						
城镇	1935.97	2710.57	6038.77	12870.09	15937.34	18877.46
房地产开发	563.89	858.61	1591.90	3659.69	5352.79	6489.59
农村	391.25	523.13	1125.34	3243.10	3370.18	3951.19
按登记注册类型分						
内资	1874.41	2676.65	5368.63	13759.62	16369.79	19869.06
国有	1122.84	1219.19	1858.90	5152.60	4129.75	5393.84
集体	363.67	393.23	328.17	735.49	872.63	1133.36
股份合作	–	19.43	66.56	49.91	118.89	145.26
联营	–	47.78	56.36	15.05	48.42	20.71
其他有限责任公司	–	366.63	1221.77	3393.58	5804.88	6082.64
股份有限公司	–	153.58	377.11	869.46	1045.92	1286.29
私营	17.22	207.67	1107.61	2212.44	3497.50	4749.81
个体	249.78	248.51	295.86	909.02	252.63	287.38
其他	120.90	20.63	56.29	422.07	599.17	769.77
港澳台投资	197.93	416.34	1081.10	1489.78	1716.85	1636.73
外商投资	254.88	140.71	714.39	863.78	1220.88	1322.86
按构成分						
建筑安装工程	1507.92	2103.78	4520.62	10396.22	12794.53	15262.61
设备工具器具购置	464.75	597.29	1593.83	2966.13	3366.14	3982.71
其他费用	354.55	532.63	1049.67	2750.84	3146.85	3583.33
按三次产业分						
第一产业	14.27	23.40	28.72	181.83	274.28	354.13
第二产业	682.40	768.82	2868.44	5241.53	6544.31	7423.12
第三产业	1630.55	2441.48	4266.94	10689.83	12488.93	15051.40
按财务拨贷款合计	2509.38	3396.79	7948.02	18864.04	22656.13	27561.74
国家预算资金	26.98	56.80	69.13	411.16	1002.17	1173.87
国内贷款	376.11	584.34	1366.09	3171.76	3255.23	4147.42
利用外资	465.13	357.05	786.05	630.48	599.17	683.35
自筹资金	941.71	1456.24	4300.92	10668.57	12925.48	15019.94
其他资金	699.45	942.35	1425.83	3982.07	4874.07	6537.15
房屋建筑面积						
施工面积	21364.88	23520.91	38351.76	57221.79	62648.42	74295.64
竣工面积	10689.48	13492.94	17053.80	20420.60	14411.55	16199.46
住宅	7308.18	8888.66	9633.54	12267.54	5677.81	5667.31
实际销售商品房屋面积	1000.41	2259.95	5038.91	7321.76	7898.99	9836.39
住宅	850.44	2009.34	4546.32	6552.81	7157.63	8830.95

注：1. 2011 年起固定资产投资项目统计起点由 50 万元提高至 500 万元，并且不含农村农户投资；2010 年以前为全社会固定资产投资

2. 2011 年起，原国家预算内资金改为国家预算资金

按资金来源和构成分之固定资产投资

年　份	按财务拨贷款资金来源分				按构成分		
	国家预算内资金	国内贷款	利用外资	自筹和其他资金	建筑安装工程	设备工具器具购置	其他费用
投资额（亿元）							
1985	15.02	45.70	19.00	104.87	138.31	32.71	13.57
1990	12.92	73.92	61.07	261.60	246.56	103.97	30.94
1995	26.98	376.11	465.13	1641.16	1507.92	464.75	354.55
1996	22.52	347.75	494.70	1573.54	1507.04	498.79	321.81
1997	21.75	296.54	477.70	1605.60	1511.58	464.55	322.01
1998	46.53	414.58	394.44	1971.60	1688.14	546.06	433.93
1999	60.95	549.97	323.63	2167.05	1960.22	588.35	478.99
2000	56.80	584.34	357.06	2398.59	2103.78	597.29	532.63
2001	58.10	592.65	361.09	2680.24	2293.93	698.49	543.99
2002	73.58	749.21	439.31	3040.07	2548.91	783.70	638.08
2003	90.23	950.98	568.95	3996.32	3201.16	977.70	851.71
2004	72.39	1132.08	655.75	4864.42	3784.12	1247.82	993.59
2005	69.13	1366.09	786.05	5726.75	4520.62	1593.83	1049.67
2006	105.55	1659.26	865.58	6662.41	5221.87	1796.20	1114.29
2007	179.42	1755.86	984.01	8494.11	6088.11	1979.44	1529.39
2008	253.16	1877.90	779.48	9293.86	7140.54	2264.31	1760.21
2009	379.74	2695.36	682.36	12131.70	8800.83	2467.73	2084.60
2010	411.16	3171.76	630.48	14650.64	10396.22	2966.13	2750.84
2011	412.55	2827.15	574.03	15797.27	11019.16	3022.94	2801.72
2012	1002.17	3255.23	599.17	17799.55	12794.53	3366.14	3146.85
2013	1173.87	4147.42	683.35	21557.09	15262.61	3982.71	3583.33
构成（%）							
1985	8.1	24.8	10.3	56.8	74.9	17.7	7.4
1990	3.2	18.1	14.9	63.9	64.6	27.3	8.1
1995	1.1	15.0	18.5	65.4	64.8	20.0	15.2
1996	0.9	14.3	20.3	64.5	64.7	21.4	13.8
1997	0.9	12.3	19.9	66.9	65.8	20.2	14.0
1998	1.6	14.7	14.0	69.7	63.3	20.5	16.3
1999	2.0	17.7	10.4	69.9	64.7	19.4	15.8
2000	1.7	17.2	10.5	70.6	65.1	18.5	16.5
2001	1.6	16.1	9.8	72.6	64.9	19.8	15.4
2002	1.7	17.4	10.2	70.7	64.2	19.7	16.1
2003	1.6	17.0	10.1	71.3	63.6	19.4	16.9
2004	1.1	16.8	9.8	72.3	62.8	20.7	16.5
2005	0.9	17.2	9.9	72.1	63.1	22.2	14.7
2006	1.1	17.9	9.3	71.7	64.2	22.1	13.7
2007	1.6	15.4	8.6	74.4	63.4	20.6	15.9
2008	2.1	15.4	6.4	76.1	64.0	20.3	15.7
2009	2.4	16.9	4.3	76.4	65.9	18.5	15.6
2010	2.2	16.8	3.3	77.7	64.5	18.4	17.1
2011	2.1	14.4	2.9	80.6	65.4	17.9	16.6
2012	4.4	14.4	2.6	78.6	66.3	17.4	16.3
2013	4.3	15.0	2.5	78.2	66.9	17.4	15.7

注：1. 1986年及以后的资金来源为财务拨贷款数，各项相加不等于投资总额

2. 2011年起固定资产投资项目统计起点由50万元提高至500万元，并且不含农村农户投资；2010年以前为全社会固定资产投资

3. 2011年起，原国家预算内资金改为国家预算资金

按构成分之固定资产投资
(2013年)

项目	单位	投资	城镇	房地产开发	农村
建设项目个数					
施工项目	个	31082	21484	–	9578
全部建成投产项目	个	19896	13013	–	6883
计划总投资	亿元	91060.73	83910.97	38206.81	7149.76
自开始建设累计完成投资	亿元	56570.31	51182.13	24855.00	5388.18
本年投资总额	亿元	22828.65	18877.46	6489.59	3951.19
住宅	亿元	4849.44	4778.61	4530.63	70.83
按隶属关系分					
中央	亿元	1489.35	1461.74	223.23	27.60
地方	亿元	21339.31	17415.72	6266.36	3923.58
按构成分					
建筑安装工程	亿元	15262.61	12841.58	4809.49	2421.02
设备工具器具购置	亿元	3982.71	2908.32	65.47	1074.39
其他费用	亿元	3583.33	3127.56	1614.63	455.77
财务拨贷款合计	亿元	27561.74	23605.66	10472.94	3956.08
国家预算资金	亿元	1173.87	1067.69		106.18
国内贷款	亿元	4147.42	3904.23	2143.59	243.19
利用外资	亿元	683.35	561.82	36.29	121.53
自筹资金	亿元	15019.94	11791.81	2798.34	3228.12
其他资金	亿元	6537.15	6280.10	5494.72	257.06
新增固定资产	亿元	14976.47	11892.34	2819.33	3084.13
房屋建筑面积					
施工面积	万平方米	74295.64	66769.61	46480.47	7526.02
竣工面积	万平方米	16199.46	12576.01	6273.30	3623.45
住宅	万平方米	5667.31	5406.79	4748.25	260.52

注：施工项目个数不含房地产开发

各市固定资产投资额

单位：亿元

市 别	2000 年	2005 年	2007 年	2008 年	2009 年	2010 年	2011 年	2012 年	2013 年
全省总计	3233.70	7164.11	9596.95	11165.06	13353.15	16113.19	16843.83	19307.53	22828.65
广 州	923.67	1514.01	1858.64	2101.45	2659.85	3263.57	3412.20	3758.39	4447.30
深 圳	677.12	1182.32	1345.00	1464.32	1709.15	1944.70	2060.92	2314.43	2490.20
珠 海	95.08	218.23	339.32	351.32	410.51	501.55	637.39	787.62	960.89
汕 头	112.48	154.14	206.69	261.36	291.90	361.68	438.15	611.92	780.90
佛 山	198.96	741.43	1052.23	1230.64	1470.56	1719.63	1933.96	2128.33	2375.60
顺 德	64.11	185.04	269.33	301.74	342.60	392.75	416.11	449.88	499.24
韶 关	56.82	139.75	217.59	283.79	356.50	433.73	472.20	548.48	664.52
河 源	26.54	111.10	232.09	174.79	198.15	242.74	237.34	278.59	342.73
梅 州	44.45	97.66	125.00	140.54	162.98	195.52	197.65	230.14	280.50
惠 州	77.41	352.37	486.91	588.74	758.97	894.02	1024.21	1208.68	1401.30
汕 尾	36.21	101.86	175.08	206.27	289.43	366.99	329.65	391.56	462.09
东 莞	102.89	592.20	841.21	943.07	1094.08	1114.98	1079.31	1180.35	1383.94
中 山	109.95	320.92	399.22	444.95	545.61	660.37	766.95	893.43	962.93
江 门	104.34	228.87	316.64	378.22	492.07	631.77	741.79	850.41	1000.84
阳 江	33.23	82.25	135.16	171.70	239.49	329.20	400.66	483.67	598.66
湛 江	68.94	168.00	242.83	295.32	393.23	526.57	490.76	572.28	795.58
茂 名	73.57	147.72	130.71	145.74	180.01	244.54	214.51	427.37	660.53
肇 庆	75.29	178.01	270.57	326.31	462.77	625.21	710.03	852.60	1007.78
清 远	48.37	222.42	483.40	703.47	841.24	996.92	486.07	437.95	505.97
潮 州	30.70	97.59	120.83	128.31	162.98	182.78	198.94	224.16	253.63
揭 阳	68.43	115.16	203.19	265.79	393.50	564.07	658.08	663.51	829.39
云 浮	32.98	103.44	129.19	142.76	240.19	312.66	353.08	463.66	623.38
按经济区域分									
珠三角	2364.71	5328.37	6909.74	7829.03	9603.55	11355.80	12366.76	13974.24	16030.78
东 翼	247.82	468.75	705.79	861.73	1137.80	1475.51	1624.81	1891.15	2326.01
西 翼	175.74	397.97	508.70	612.76	812.73	1100.32	1105.92	1483.32	2054.77
山 区	209.16	674.38	1187.27	1445.35	1799.06	2181.56	1746.34	1958.82	2417.10

注：1. 2008 年前全省总计中含不分区部分

2. 2011 年起固定资产投资项目统计起点由 50 万元提高至 500 万元，并且不含农村农户投资；2010 年以前为全社会固定资产投资

各市按城乡分之固定资产投资
(2013年)

单位：亿元

市　别	投　资	城　镇	房地产开发	农　村
全省总计	22828.65	18877.46	6489.59	3951.19
广　州	4447.30	4248.02	1572.43	199.28
深　圳	2490.20	2490.20	876.90	–
珠　海	960.89	947.64	272.58	13.25
汕　头	780.90	724.21	147.03	56.69
佛　山	2375.60	1234.23	737.32	1141.37
顺　德	499.24	331.88	171.84	167.36
韶　关	664.52	639.90	123.64	24.62
河　源	342.73	285.82	89.18	56.91
梅　州	280.50	243.30	77.02	37.20
惠　州	1401.30	1243.53	593.47	157.77
汕　尾	462.09	406.31	16.66	55.78
东　莞	1383.94	1141.07	497.66	242.87
中　山	962.93	697.42	399.12	265.51
江　门	1000.84	748.15	241.79	252.69
阳　江	598.66	524.96	88.96	73.70
湛　江	795.58	521.07	154.78	274.51
茂　名	660.53	502.82	77.36	157.71
肇　庆	1007.78	575.61	171.48	432.17
清　远	505.97	410.20	187.83	95.77
潮　州	253.63	143.44	41.91	110.19
揭　阳	829.39	604.15	57.04	225.24
云　浮	623.38	545.43	65.44	77.95
按经济区域分				
珠三角	16030.78	13325.86	5362.75	2704.92
东　翼	2326.01	1878.11	262.64	447.90
西　翼	2054.77	1548.85	321.10	505.92
山　区	2417.10	2124.65	543.11	292.45

注：2011年起固定资产投资项目统计起点由50万元提高至500万元，并且不含农村农户投资；2010年以前为全社会固定资产投资

国有经济固定资产投资主要指标

项　目	单　位	1995 年	2000 年	2005 年	2010 年	2012 年	2013 年
建设项目个数							
施工项目	个	6748	8934	7095	8669	8208	8933
全部建成投产项目	个	3217	4070	3062	4659	3993	4683
投资总额	亿元	1122.84	1286.91	2062.31	5152.6	4712.82	5393.84
住宅	亿元	193.93	185.38	54.08	171.36	268.06	272.30
按构成分							
建筑安装工程	亿元	680.01	835.63	1365.02	3558.7	3413.78	3841.22
设备工具器具购置	亿元	254.30	222.31	345.90	741.84	594.81	719.06
其他费用	亿元	188.53	228.97	351.41	852.06	704.23	833.57
按建设性质分	亿元						
新建	亿元	685.99	635.88	1220.11	3291.99	3387.02	4033.18
扩建	亿元	258.41	280.76	478.22	684.71	446.83	506.06
改建	亿元	101.85	128.62	262.00	844.39	742.66	684.30
按资金来源分							
国家预算资金	亿元	19.31	48.77	58.78	366.85	922.39	1055.21
国内贷款	亿元	186.84	275.53	558.68	1111.67	1087.13	1093.32
利用外资	亿元	142.71	55.08	9.28	35.97	54.35	48.24
自筹资金	亿元	550.53	743.32	1282.55	3303.88	2499.28	3022.67
其他资金	亿元	223.45	164.21	153.02	533.65	440.29	521.56
新增固定资产	亿元	634.07	1022.34	1195.42	3305.85	2940.55	4101.68
房屋建筑面积							
施工面积	万平方米	7425.60	5010.21	3878.94	5043.04	6260.86	6777.11
竣工面积	万平方米	2486.51	2062.14	1592.14	1261.43	1197.18	1590.57
住宅	万平方米	1385.38	1024.44	343.53	231.48	299.83	276.14

注：1. 建设项目个数、投资总额按建设性质分不含房地产开发部分

2. 2011 年起固定资产投资项目统计起点由 50 万元提高至 500 万元，并且不含农村农户投资；2010 年以前为全社会固定资产投资

3. 2011 年起，原国家预算内资金改为国家预算资金

基础产业和基础设施完成投资额

单位：亿元

年　份	基础产业	基础设施	电力、燃气及水的生产和供应业	交通运输和邮政业	信息传输、互联网和相关服务业	水利、环境和公共设施管理业
1990	139.95	132.62	24.73	46.77	28.75	32.37
1995	779.53	738.70	137.77	260.49	160.13	180.31
2000	1159.40	1098.68	204.91	387.43	238.16	268.18
2001	1187.24	1049.32	225.93	340.61	247.38	235.40
2002	1237.56	1127.94	300.13	348.87	242.34	236.60
2003	1655.29	1426.24	338.85	473.57	264.35	349.47
2004	2221.66	1858.46	548.32	627.93	267.91	414.30
2005	2612.47	2154.45	691.16	675.40	241.07	546.82
2006	2800.36	2392.07	714.76	820.49	218.37	638.45
2007	2989.95	2462.09	636.07	891.56	214.35	720.11
2008	3559.61	2935.03	749.57	1106.76	242.05	836.65
2009	5151.98	4488.32	1222.37	1664.65	278.46	1322.84
2010	5981.47	5394.68	1332.84	1908.64	239.17	1914.02
2011	5314.74	4544.10	934.31	1657.06	343.39	1609.34
2012	5642.85	4693.66	1063.32	1700.77	298.32	1631.25
2013	6578.24	5477.03	1133.46	2243.47	268.04	1832.06

注：2011 年起固定资产投资项目统计起点由 50 万元提高至 500 万元，并且不含农村农户投资；2010 年以前为全社会固定资产投资

按行业分城镇投资主要指标
(2013年)

行　　业	投资额(亿元)	施工项目个数(个)	全部建成投产项目个数(个)	新增固定资产(亿元)
全省总计	18877.46	21484	13013	11892.34
农、林、牧、渔业	153.02	569	426	118.94
农业	53.99	175	124	36.32
林业	19.87	80	66	16.88
畜牧业	17.42	71	44	11.45
渔业	21.54	99	81	18.35
农、林、牧、渔服务业	40.20	144	111	35.94
采矿业	132.33	127	70	25.36
煤炭开采和洗选业	0.09	–	–	0.09
石油和天然气开采业	89.34	7	4	0.66
黑色金属矿采选业	5.65	12	4	1.35
有色金属矿采选业	12.61	21	12	5.20
非金属矿采选业	22.59	81	44	15.63
开采辅助活动	1.29	4	4	1.90
其他采矿业	0.76	2	2	0.52
制造业	3833.42	7791	4898	2760.09
农副食品加工业	95.74	269	163	65.76
食品制造业	91.87	207	144	67.15
酒、饮料和精制茶制造业	60.33	96	51	39.93
烟草制品业	8.72	10	5	2.63
纺织业	129.86	297	251	116.92
纺织服装、服饰业	202.32	506	389	173.56
皮革、毛皮、羽毛及其制品和制鞋业	59.90	224	171	49.65
木材加工及木、竹、藤、棕、草制品业	45.05	126	77	25.76
家具制造业	65.99	142	85	34.86
造纸和纸制品业	62.27	154	106	39.90
印刷业和记录媒介复制业	73.67	219	163	60.28
文教、工美、体育和娱乐用品制造业	118.98	304	242	101.63
石油加工、炼焦及核燃料加工业	136.89	148	40	30.83
化学原料及化学制品制造业	233.61	474	269	175.45
医药制造业	93.61	205	111	68.46
化学纤维制造业	5.82	12	8	5.38
橡胶和塑料制品业	161.61	483	338	141.61
非金属矿物制品业	357.21	872	485	241.21
黑色金属冶炼及压延加工业	60.90	64	44	36.50
有色金属冶炼及压延加工业	65.69	94	45	45.36
金属制品业	184.55	453	326	193.96
通用设备制造业	133.57	266	159	105.84
专用设备制造业	165.99	361	222	108.23
汽车制造业	201.76	146	74	87.43

注：1. 施工项目个数不含房地产开发

2. 2011年起固定资产投资项目统计起点由50万元提高至500万元，且不包含农村农户投资

(续表)

行业	投资额（亿元）	施工项目个数（个）	全部建成投产项目个数（个）	新增固定资产（亿元）
铁路、船舶、航空航天和其他运输设备制造业	48.84	72	35	54.31
电气机械及器材制造业	277.89	589	338	209.29
计算机、通信和其他电子设备制造业	591.60	737	386	411.48
仪器仪表制造业	40.19	88	47	26.19
其他制造业	27.93	68	37	17.10
废弃资源综合利用业	20.08	86	77	17.44
金属制品、机械和设备修理业	11.02	19	10	5.99
电力、热力、燃气及水生产和供应业	1014.15	1256	545	601.41
电力、热力生产和供应业	810.05	794	295	449.20
燃气生产和供应业	82.41	86	33	52.94
水的生产和供应业	121.69	376	217	99.27
建筑业	66.75	118	53	43.46
房屋建筑业	8.65	20	15	5.80
土木工程建筑业	29.73	53	13	15.87
建筑安装业	2.68	4	2	1.22
建筑装饰和其他建筑业	25.68	41	23	20.56
批发和零售业	486.78	968	729	345.10
批发业	199.13	345	251	144.65
零售业	287.65	623	478	200.45
交通运输、仓储和邮政业	2220.26	1225	560	1758.07
铁路运输业	180.26	36	11	41.92
道路运输业	1393.97	836	394	1115.96
水上运输业	127.85	97	42	100.91
航空运输业	329.12	19	4	408.90
管道运输业	2.84	3	1	2.04
装卸搬运和运输代理业	33.28	51	30	18.01
仓储业	138.77	151	55	59.99
邮政业	14.17	32	23	10.33
住宿和餐饮业	321.56	577	383	204.29
住宿业	262.15	414	250	155.36
餐饮业	59.42	163	133	48.92
信息传输、软件和信息技术服务业	337.27	977	849	355.95
电信、广播电视和卫星传输服务	226.44	753	717	265.99
互联网和相关服务	38.37	110	69	29.93
软件和信息技术服务业	72.46	114	63	60.03
金融业	71.92	64	31	23.68
货币金融服务	21.29	42	27	15.38

(续表)

行　业	投资额 (亿元)	施工项目个数 (个)	全部建成投产项目 个数（个）	新增固定资产 (亿元)
资本市场服务	17.61	12	3	7.76
保险业	31.22	7	–	–
其他金融活动	1.80	3	1	0.53
房地产业	7659.21	1805	1236	3739.85
房地产业	7659.21	1805	1236	3739.85
租赁和商务服务业	193.49	203	107	109.67
租赁业	1.54	5	4	1.54
商务服务业	191.95	198	103	108.12
科学研究、技术服务业	138.54	213	102	92.36
研究与试验发展	54.56	74	31	33.69
专业技术服务业	40.66	84	39	26.06
科技推广和应用服务业	43.33	55	32	32.61
水利、环境和公共设施管理业	1459.14	3430	1809	1075.63
水利管理业	194.86	632	351	120.40
生态保护和环境治理业公共设施管理业	50.60	140	73	45.99
居民服务、修理和其他服务业	1213.68	2658	1385	909.24
居民服务业	33.41	99	67	27.55
机动车、电子产品和日用产品修理业	17.77	57	40	16.10
其他服务业	13.11	25	18	9.76
教育				
教育	2.53	17	9	1.70
卫生和社会工作	300.44	864	493	283.08
卫生	300.44	864	493	283.08
社会工作	172.24	415	224	147.26
文化、体育和娱乐业	156.15	341	184	136.22
新闻出版业	16.09	74	40	11.03
广播、电视、电影和影视	189.23	417	241	110.73
录音制作业	3.61	5	3	4.39
文化艺术业	7.76	32	21	4.83
体育				
娱乐业	81.87	197	94	41.43
公共管理、社会保障和社会	53.45	103	60	32.25
组织	42.54	80	63	27.83
中国共产党机关	94.30	366	190	69.87
国家机构				
人民政协、民主党派	5.05	4	2	4.83
	70.73	286	136	52.38
社会保障				
群众社团、社会团体和其他成员组织	1.35	10	8	1.20
基层群众自治组织	14.07	46	29	8.72
国际组织	3.11	20	15	2.74

投资效益指标

项 目	单 位	2005年	2009年	2010年	2012年	2013年
固定资产交付使用率						
本年完成投资	亿元	7164.11	13353.15	16113.19	19307.5251	22828.65
本年新增固定资产	亿元	4668.97	7926.97	10744.63	13034.40	14976.47
固定资产交付使用率	%	65.2	59.4	66.7	67.5	65.6
建成项目投产率						
本年施工项目	个	23472	45646	50626	28825	31082
本年建成投产项目	个	10680	31420	36926	17438	19896
建成项目投产率	%	45.5	68.8	72.9	60.5	64.0
房屋建筑面积						
本年房屋施工面积	万平方米	38351.76	49419.17	57221.79	62648.42	74295.64
本年房屋竣工面积	万平方米	17053.80	18736.95	20420.60	14411.55	16199.46
房屋面积竣工率	%	44.5	37.9	35.7	23.0	21.8
建设周期						
计划总投资	亿元	26335.04	48414.85	62193.20	79749.39	91060.73
本年完成投资	亿元	7164.11	13353.15	16113.19	19307.53	22828.65
建设周期	年/月	3/8	3/8	3/10	4/2	4/0

注：2011年起固定资产投资项目统计起点由50万元提高至500万元，并且不含农村农户投资；2010年以前为全社会固定资产投资

新增主要生产能力或效益

指　标	单　位	2005年	2010年	2011年	2012年	2013年
石油加工						
蒸馏设备能力	处理万吨/年	300	–	30.00	–	3
裂化设备能力	处理万吨/年	10	102	120	–	4.6
加氢精制设备能力	处理万吨/年	120	200	60	–	–
钢材	万吨/年	–	–	–	203.05	293.95
热轧钢材	万吨/年	280.35	103.60	93.50	–	–
冷轧（拔）钢材	万吨/年	377.55	75.45	309.15	–	–
铜冶炼	吨/年	25477	155000	250000	10200	1500
铝加工材	吨/年	119780	184230	208860	505436	404317
铜加工材	吨/年	–	–	–	406800	–
发电机组装机容量	万千瓦	526.93	763.96	1198.79	1164.53	501.07
水力发电	万千瓦	37.32	108.39	119.43	676.00	32.18
火力发电	万千瓦	433.57	580.00	868.30	423.38	264.60
输电线路（11万伏及以上）	千米	4066.05	6996.95	5463.29	3438.37	2581.96
水泥	万吨/年	1792.15	1750.50	1873.00	1838	1033
塑料树脂及共聚物	吨/年	32999	340713	120360	289918	236100
内燃机	台/年	–	–	–	120000	380
	万千瓦/年	–	–	–	1284	734
轿车制造	辆/年	–	–	–	240000	100000
电视机	万部/年	–	–	–	205	5
新建公路	千米	1860.61	3028.90	1249.13	1482.10	2809.09
高速公路	千米	187.86	508.70	156.34	255.49	112.40
改建公路	千米	5379.79	4253.65	1660.54	2745.62	3975.84
一级公路	千米	309.70	237.85	196.59	124.83	121.18
新建独立公路桥梁	延长米	13032.38	22739.2	6043.50	13799.00	12061.60
	座	118	48	13	29	37
新（扩）建港口码头	年吞吐量：万吨	3158.00	3516.00	2244.00	1938.00	2600.00
	泊位：个	13	28	19	12	9
新（扩）建客、货运站	个	29	22	13	15	13
	平方米	90564	221957	205782	73926	211283
程控交换机（指安装能力	万线/年	81.87	–	10.1	42	–
飞机购置	架	–	–	–	31	38
城市自来水供水能力	万吨/日	359.41	62.77	22.3	20.27	29.70
城市污水处理能力	万吨/日	124.46	506.88	65.7	67.65	34.36

注：2011年起固定资产投资项目统计起点由50万元提高至500万元，并且不含农村农户投资

建筑业企业主要指标

年 份	建筑业企业单位数（个）	建筑业企业总产值（亿元）	建筑业企业增加值（亿元）	建筑业企业利税总额（亿元）	建筑业企业从业人员（万人）
1978	178	5.47	–	0.20	14.78
1979	188	6.32	–	0.23	16.27
1980	204	8.88	–	0.32	19.45
1981	224	13.44	–	0.49	24.29
1982	246	19.66	–	0.72	29.94
1983	269	24.51	–	0.90	36.23
1984	357	36.83	–	1.31	47.12
1985	462	50.45	–	1.54	54.47
1986	448	57.14	–	1.28	58.24
1987	492	65.96	–	1.56	59.08
1988	596	86.74	–	2.74	66.56
1989	646	125.65	–	3.62	71.88
1990	686	113.40	–	3.12	67.22
1991	705	137.30	–	4.33	67.71
1992	910	216.56	–	9.65	84.80
1993	1766	459.95	–	23.03	144.12
1994	1587	535.75	–	31.29	150.05
1995	1618	635.83	–	39.47	135.56
1996	2031	632.16	182.74	35.74	146.56
1997	2399	732.97	170.13	38.26	143.89
1998	2961	800.00	176.70	43.11	142.82
1999	3283	954.44	199.50	53.06	144.78
2000	4593	944.61	205.89	58.24	141.46
2001	3699	1179.03	266.00	84.51	147.07
2002	4019	1418.41	363.65	88.95	150.12
2003	4488	1702.87	364.20	127.48	161.48
2004	4166	1901.86	794.88	143.75	152.10
2005	4182	2200.58	855.87	164.38	166.78
2006	4172	2594.04	930.40	191.62	169.33
2007	4326	3005.32	1029.08	256.59	179.13
2008	4601	3282.55	1197.41	289.23	172.54
2009	4508	3826.83	1324.14	329.00	179.34
2010	4551	4742.09	1551.81	393.87	196.32
2011	4589	5804.21	1797.78	470.75	190.28
2012	4637	6564.37	1888.10	517.82	198.31
2013	4977	7927.13	2001.23	653.70	204.79

建筑业企业生产情况

项　　目	单　位	2012 年合计	国有及国有控股企业	2013 年合计	国有及国有控股企业
企业个数	个	4637	527	4977	520
建筑业合同情况					
签订的合同额	亿元	16088.31	8106.38	17913.75	9415.51
上年结转合同额	亿元	7657.96	3720.85	7853.53	4564.30
本年新签合同额	亿元	8430.37	4385.56	10060.22	4851.21
承包工程完成情况					
直接从建设单位承揽工程完成产值	亿元	6838.34	3034.34	8247.12	3552.67
自行完成施工产值	亿元	6274.90	2569.92	7549.18	3074.53
分包出去工程的产值	亿元	613.22	474.63	697.93	478.14
从建设单位以外承揽工程完成产值	亿元	289.47	101.73	314.62	140.33
建筑业总产值	亿元	6564.37	2671.65	7927.13	3218.10
装饰装修产值	亿元	1069.65	167.72	1251.52	192.59
在外省完成的产值	亿元	1610.22	802.74	2054.84	1151.52
建筑工程产值	亿元	5735.27	2470.31	6905.13	2950.05
安装工程产值	亿元	635.79	149.94	804.22	206.46
其他产值	亿元	193.31	51.40	217.77	61.59
竣工产值	亿元	3537.64	1238.60	4044.70	1434.24
房屋建筑施工面积	万平方米	42431.74	17833.69	52397.21	25608.26
新开工面积	万平方米	16118.27	6085.22	21604.60	9206.59
实行投标承包面积	万平方米	25523.38	14027.62	30375.73	17895.81
新开工面积	万平方米	10471.26	5097.09	13495.93	6927.74
劳动人员情况					
劳动生产率平均人数	万人	187.65	59.79	218.68	69.76
期末从业人数	万人	198.31	55.26	220.91	62.76
工程技术人员	万人	25.79	6.78	30.17	7.79

各市建筑业企业个数

单位：个

市别	2000年	2005年	2007年	2008年	2009年	2010年	2011年	2012年	2013年
全省总计	4593	4182	4326	4601	4508	4551	4589	4637	4977
广　州	757	764	755	801	804	779	781	786	882
深　圳	447	604	746	812	801	808	814	822	898
珠　海	143	165	163	156	161	144	151	170	309
汕　头	271	199	193	218	209	212	197	191	186
佛　山	248	502	464	508	496	497	452	443	424
顺　德	70	243	227	268	252	262	234	233	224
韶　关	110	66	72	74	76	76	93	99	101
河　源	117	82	86	99	94	85	103	102	104
梅　州	154	111	120	135	130	146	149	155	153
惠　州	241	124	119	120	115	111	118	112	121
汕　尾	100	43	43	39	37	38	37	37	36
东　莞	183	361	438	414	404	444	448	473	502
中　山	385	273	264	295	304	314	315	315	327
江　门	342	156	150	168	160	165	165	158	160
阳　江	122	91	90	95	94	95	111	123	117
湛　江	238	125	96	113	106	106	108	122	128
茂　名	146	100	99	115	100	97	114	118	125
肇　庆	136	122	131	127	120	119	122	101	98
清　远	136	74	74	74	68	80	71	69	72
潮　州	139	90	90	90	87	83	82	80	77
揭　阳	121	84	90	101	96	107	114	117	112
云　浮	57	46	43	47	46	45	44	44	45
按经济区域分									
珠三角	2882	3071	3230	3401	3365	3381	3366	3380	3721
东　翼	631	416	416	448	429	440	430	425	411
西　翼	506	316	285	323	300	298	333	363	370
山　区	574	379	395	429	414	432	460	469	475

各市建筑业企业总产值

单位：亿元

市别	2000年	2005年	2007年	2008年	2009年	2010年	2011年	2012年	2013年
全省总计	944.61	2200.58	3005.32	3282.55	3826.83	4742.09	5804.21	6564.37	7927.13
广州	256.13	633.99	753.16	879.04	1023.66	1296.19	1578.38	1763.21	2216.18
深圳	153.02	545.62	857.64	923.35	1184.47	1460.99	1858.96	2103.05	2422.26
珠海	33.11	52.48	67.71	83.58	80.70	100.81	121.64	184.47	291.45
汕头	80.67	127.78	159.78	173.33	188.66	219.12	252.49	292.37	361.31
佛山	73.08	154.68	209.77	254.55	262.38	315.42	350.60	338.54	403.17
顺德	30.62	59.42	88.12	107.55	115.31	159.18	145.50	135.57	173.42
韶关	24.14	29.25	48.98	57.11	69.28	102.76	130.15	166.07	213.94
河源	5.74	17.01	23.49	18.40	18.26	20.68	30.88	33.90	39.37
梅州	15.14	54.81	76.81	96.02	100.91	125.91	158.32	169.66	185.37
惠州	20.35	46.94	54.23	51.89	52.87	69.83	86.93	93.74	103.28
汕尾	5.49	6.95	15.25	9.58	12.20	15.44	15.08	11.54	9.64
东莞	40.45	84.35	112.94	108.94	99.40	122.06	131.71	157.57	187.90
中山	26.20	73.41	87.08	97.19	118.10	133.70	141.81	160.08	160.84
江门	47.18	56.06	66.37	73.66	90.29	119.18	171.60	173.33	203.59
阳江	18.80	32.97	42.62	47.61	53.35	66.18	72.41	81.60	115.08
湛江	45.61	75.96	109.21	123.34	146.67	168.08	203.88	248.75	334.52
茂名	39.05	92.14	141.73	93.79	104.75	134.67	185.74	271.70	325.38
肇庆	15.40	39.99	63.51	65.76	78.58	99.40	101.04	103.71	108.58
清远	11.49	20.19	39.52	37.31	39.97	52.78	66.70	64.83	73.35
潮州	12.71	18.99	19.24	23.56	23.99	25.98	30.61	30.75	34.70
揭阳	12.24	21.78	39.31	51.74	61.18	75.06	92.89	91.36	107.11
云浮	8.61	15.20	16.95	12.78	17.16	17.85	22.40	24.13	30.10
按经济区域分									
珠三角	664.92	1687.53	2272.42	2537.97	2990.45	3717.58	4542.68	5077.70	6097.24
东翼	111.11	175.50	233.58	258.21	286.03	335.60	391.07	426.03	512.76
西翼	103.46	201.08	293.56	264.74	304.77	368.93	462.03	602.04	774.99
山区	65.12	136.47	205.75	221.62	245.58	319.98	408.44	458.59	542.14

各市建筑业企业利税总额

单位：亿元

市别	2000年	2005年	2007年	2008年	2009年	2010年	2011年	2012年	2013年
全省总计	58.24	164.38	256.59	289.23	329.00	393.87	470.75	517.82	653.70
广州	15.17	45.42	69.52	85.98	93.25	118.16	123.81	129.12	154.74
深圳	13.79	39.76	68.15	61.80	80.35	105.09	141.93	166.61	183.80
珠海	1.43	4.16	5.46	8.20	7.20	7.44	9.03	12.31	20.35
汕头	4.14	9.86	13.63	13.99	17.30	17.64	21.39	22.11	28.86
佛山	4.70	14.31	27.34	26.16	24.95	30.47	26.19	24.65	47.72
顺德	2.17	5.17	17.91	12.57	13.70	17.48	14.22	11.77	20.39
韶关	2.00	1.57	3.27	3.92	5.37	6.66	8.76	12.35	16.95
河源	0.53	1.23	2.62	2.02	1.78	2.08	2.39	3.67	5.53
梅州	0.81	6.47	8.86	14.87	18.13	13.70	24.70	24.71	24.68
惠州	1.02	3.63	4.47	3.59	4.61	4.96	6.06	5.56	7.53
汕尾	0.58	0.58	1.03	0.90	0.93	1.43	1.40	0.77	0.58
东莞	2.25	6.36	8.14	7.46	9.99	9.80	9.77	10.74	16.56
中山	1.53	6.09	6.85	7.92	12.89	13.71	14.25	13.91	14.87
江门	2.37	3.79	4.30	7.26	8.41	9.61	15.69	14.23	16.10
阳江	1.15	3.24	5.03	6.10	5.01	6.26	6.30	7.87	10.32
湛江	1.69	3.80	7.45	10.87	10.96	10.69	12.03	14.40	16.26
茂名	1.82	5.97	7.48	8.69	8.17	10.01	17.67	28.34	45.53
肇庆	0.77	2.55	3.80	3.99	5.08	6.32	6.71	6.23	8.45
清远	0.40	1.20	2.93	5.32	3.70	6.24	5.38	5.48	5.18
潮州	0.66	1.17	1.35	1.79	2.05	2.12	2.94	2.50	4.09
揭阳	0.73	2.09	3.53	7.46	7.23	9.48	12.16	9.69	22.43
云浮	0.70	1.13	1.36	0.94	1.64	1.98	2.17	2.55	3.19
按经济区域分									
珠三角	43.03	126.06	198.04	212.35	246.73	305.57	353.45	383.36	470.12
东翼	6.11	13.70	19.54	24.14	27.52	30.68	37.90	35.08	55.95
西翼	4.66	13.01	19.97	25.67	24.14	26.96	36.00	50.62	72.11
山区	4.44	11.61	19.05	27.07	30.61	30.66	43.39	48.76	55.52

各市建筑业企业期末从业人员

单位：万人

市　别	2000年	2005年	2007年	2008年	2009年	2010年	2011年	2012年	2013年
全省总计	141.46	166.78	179.13	172.54	179.34	196.32	190.28	198.31	204.79
广　州	26.40	30.80	33.16	35.04	38.30	39.65	39.14	40.25	37.56
深　圳	20.15	26.85	37.09	33.18	36.91	45.59	44.55	52.26	47.76
珠　海	3.55	3.24	3.54	4.20	3.84	4.36	2.90	3.46	9.45
汕　头	14.29	12.63	13.25	12.78	13.06	14.35	13.02	13.02	15.47
佛　山	8.62	13.71	12.22	11.87	12.29	11.02	10.34	11.66	8.71
顺　德	3.14	7.12	5.85	5.51	6.16	5.33	4.34	3.83	3.39
韶　关	4.46	3.69	4.82	4.49	6.08	5.71	5.92	7.10	9.04
河　源	1.74	2.09	2.30	1.80	1.69	1.72	1.86	1.69	1.77
梅　州	3.58	7.27	6.88	8.06	7.63	9.13	7.78	7.01	7.90
惠　州	3.33	3.94	3.88	3.23	3.12	3.24	2.96	3.34	3.61
汕　尾	1.25	1.28	1.24	1.09	1.12	1.31	0.95	0.78	0.72
东　莞	6.65	7.78	7.84	6.18	5.38	5.73	6.07	6.35	6.40
中　山	3.71	5.75	4.71	4.77	4.90	5.32	5.45	5.06	5.50
江　门	10.26	10.58	7.98	7.20	7.43	8.50	11.29	7.26	6.89
阳　江	3.54	4.54	4.85	5.34	5.37	5.49	5.22	5.23	6.45
湛　江	8.03	7.87	7.86	9.00	9.63	10.29	8.92	9.79	10.62
茂　名	8.92	10.44	11.56	8.56	7.86	8.27	8.68	10.00	11.88
肇　庆	3.61	3.70	4.56	3.96	4.06	4.12	2.78	3.05	3.40
清　远	2.74	2.46	3.30	3.15	2.59	3.43	2.88	2.48	3.18
潮　州	2.10	2.17	1.92	1.79	1.37	1.46	1.49	1.45	1.57
揭　阳	2.88	3.86	3.88	4.84	4.65	5.75	6.26	5.42	5.13
云　浮	1.65	2.13	2.29	2.00	2.09	1.85	1.84	1.65	1.78
按经济区域分									
珠三角	86.28	106.35	114.98	109.63	116.21	127.54	125.47	132.68	129.26
东　翼	20.52	19.94	20.28	20.51	20.20	22.88	21.73	20.67	22.90
西　翼	20.49	22.86	24.27	22.89	22.86	24.06	22.82	25.02	28.96
山　区	14.17	17.64	19.59	19.51	20.07	21.84	20.27	19.93	23.68

各市建筑业企业劳动生产率

单位：元/人

市别	2000年	2005年	2007年	2008年	2009年	2010年	2011年	2012年	2013年
全省总计	66780	132049	166377	187538	212420	239595	290806	356696	362507
广州	91086	204454	226900	249920	271428	315033	357975	506773	542086
深圳	107549	183515	223577	266221	291311	300502	365620	350511	340574
珠海	85936	162503	182939	185645	203730	228342	351646	656863	358547
汕头	56057	99266	125230	136651	147170	159623	199497	253241	261516
佛山	86795	115051	163044	213343	226936	285616	368172	417531	492072
顺德	97509	84095	137153	191715	214870	301529	327837	435826	590269
韶关	57743	83704	107603	122454	130287	189045	212203	328545	326916
河源	33395	82741	103738	103593	110034	121383	175090	230341	239005
梅州	44258	78866	114178	115770	135454	141903	211947	275983	259046
惠州	60374	119974	142800	158081	174962	217933	279815	357245	332841
汕尾	46496	51367	115186	89504	115906	116927	175038	170432	174520
东莞	64176	108136	146017	173813	184034	218052	208933	309757	285850
中山	73597	119772	156854	194817	223833	249502	271956	380332	312868
江门	49612	64418	81276	95319	118329	147038	197196	259535	347379
阳江	59689	78360	92475	101186	110279	123368	111674	189791	230866
湛江	57160	98452	140362	138348	156933	173336	226382	262224	311805
茂名	46992	90457	124612	114007	136748	170522	224550	343345	309067
肇庆	46380	107435	147678	179047	211363	257334	344042	306971	307105
清远	42073	90596	129029	126604	156001	158598	221388	268486	250075
潮州	57817	91838	93579	114444	146613	146120	170587	261483	261170
揭阳	40672	57368	95972	97677	125337	131884	148945	190814	246950
云浮	49773	74640	71930	59042	86311	101721	130305	198521	190725
按经济区域分									
珠三角	82426	156714	193115	226140	251417	283028	338546	397550	399713
东翼	53458	87357	115435	122316	140285	149042	181481	234253	255941
西翼	55234	90945	123536	121179	139523	160692	194444	277491	295332
山区	47252	81395	108503	111672	129410	151686	203225	281286	272995

各市建筑业企业房屋建筑施工面积

单位：万平方米

市 别	2000年	2005年	2007年	2008年	2009年	2010年	2011年	2012年	2013年
全省总计	16333.82	26886.00	32631.10	30295.65	30126.96	33140.39	38604.41	42431.74	52397.21
广 州	3161.25	5311.14	5951.92	6156.62	6190.86	7135.48	8439.12	9119.66	15055.70
深 圳	1999.65	4800.07	5875.60	5263.99	5690.62	5980.34	7505.14	9731.89	11502.80
珠 海	733.57	625.51	647.47	730.49	728.52	877.39	980.71	1004.81	1270.67
汕 头	1477.16	2176.29	2433.69	2355.81	2243.67	2381.63	2697.29	3016.58	3478.43
佛 山	1763.57	2782.45	3394.09	3348.91	3225.96	3335.62	3405.59	3240.44	3288.92
顺 德	652.00	809.73	1368.11	1305.96	1442.69	1248.00	1271.10	1136.34	989.82
韶 关	362.44	424.57	772.22	723.08	751.88	781.78	950.89	1031.84	1145.51
河 源	79.80	294.41	303.54	222.38	217.42	218.83	265.33	247.43	252.72
梅 州	273.56	776.23	853.93	1052.29	1146.44	1315.80	1239.34	1299.41	1340.77
惠 州	366.05	772.13	1059.76	988.51	839.73	942.90	1010.97	1073.02	1410.92
汕 尾	127.42	114.77	165.79	166.72	149.15	175.11	168.34	127.50	92.78
东 莞	1217.56	1234.98	1298.63	964.27	739.73	733.44	756.01	777.57	790.43
中 山	400.99	945.60	824.34	707.94	640.83	601.02	704.94	757.35	573.77
江 门	1329.02	1585.95	1376.90	1326.39	1377.80	1640.13	1917.19	1713.24	2119.12
阳 江	270.81	525.95	618.21	678.88	699.48	825.31	761.45	820.89	1109.02
湛 江	857.19	1399.47	1557.29	1709.60	1724.16	1943.66	2427.94	2971.01	3187.28
茂 名	734.43	1395.55	2827.31	1607.76	1458.04	1770.78	1898.70	2840.62	2933.13
肇 庆	386.93	531.11	828.16	690.83	696.23	728.47	773.93	760.58	772.31
清 远	249.02	466.45	871.33	576.95	572.66	632.87	727.12	645.76	613.31
潮 州	217.15	206.67	347.85	351.78	356.79	373.12	460.99	531.09	629.79
揭 阳	193.91	277.75	411.33	515.74	488.99	559.41	572.49	526.15	595.67
云 浮	132.34	238.96	211.73	156.71	187.99	187.29	213.27	194.90	234.18
按经济区域分									
珠三角	11358.59	18588.94	21256.88	20177.94	20130.30	21974.80	25493.61	28178.56	36784.63
东 翼	2015.64	2775.47	3358.67	3390.05	3238.61	3489.27	3899.10	4201.31	4796.66
西 翼	1862.43	3320.97	5002.81	3996.24	3881.67	4539.75	5088.09	6632.53	7229.42
山 区	1097.16	2200.62	3012.74	2731.41	2876.39	3136.57	3395.96	3419.34	3586.49

各市建筑施工及竣工面积
(2013年)

市　别	施工建筑面积（万平方米）	住　宅	竣工建筑面积（万平方米）	住　宅
全省总计	74295.64	36326.92	16199.46	5667.31
广　州	13959.31	5753.99	3683.50	897.97
深　圳	6459.18	3097.46	931.11	231.54
珠　海	2455.87	1316.36	598.93	308.25
汕　头	1960.44	842.51	621.89	147.92
佛　山	6909.48	3505.55	1873.19	525.80
顺　德	554.97	38.13	270.00	31.03
韶　关	2128.38	981.07	461.93	218.95
河　源	1218.77	628.96	216.72	165.98
梅　州	929.32	644.16	214.85	155.50
惠　州	9366.72	4617.68	1353.42	610.66
汕　尾	801.72	431.07	489.40	247.11
东　莞	4187.95	2166.42	440.73	220.20
中　山	5221.75	2887.47	1003.68	472.86
江　门	3434.78	1487.51	862.08	276.66
阳　江	1523.89	833.99	323.49	89.65
湛　江	2659.16	1138.48	422.13	174.52
茂　名	1813.40	944.60	372.53	117.62
肇　庆	2423.97	1524.30	554.19	256.03
清　远	2765.68	2013.56	313.53	237.50
潮　州	581.49	387.22	146.07	77.53
揭　阳	2598.88	733.59	1208.28	172.42
云　浮	895.50	390.99	107.83	62.64
城镇总计	66769.61	35797.09	12576.01	5406.79
广　州	13235.21	5673.52	3199.06	824.29
深　圳	6459.18	3097.46	931.11	231.54
珠　海	2416.33	1316.36	589.88	308.25
汕　头	1871.65	840.99	566.98	147.92
佛　山	5231.74	3434.41	769.28	469.07
顺　德	268.81	32.92	90.25	29.03
韶　关	2085.25	963.71	444.25	211.99
河　源	1134.33	617.62	211.05	165.11
梅　州	886.26	642.30	212.84	155.50
惠　州	8944.35	4599.54	1146.86	601.93
汕　尾	689.09	404.62	439.37	233.16
东　莞	3448.25	2072.19	332.60	217.85
中　山	4371.53	2867.65	769.65	459.80
江　门	2783.73	1483.61	520.59	273.06
阳　江	1499.57	832.60	304.73	89.65
湛　江	2242.85	1117.43	317.24	165.62
茂　名	1524.63	904.84	242.70	101.86
肇　庆	2176.65	1500.43	391.55	235.79
清　远	2552.46	1923.60	272.69	208.40
潮　州	531.15	385.50	114.25	76.38
揭　阳	1857.53	728.10	698.44	167.21
云　浮	827.85	390.60	100.89	62.42

房地产开发主要指标

项　目	单　位	2000 年	2005 年	2010 年	2012 年	2013 年
土地开发及购置						
本年土地购置面积	万平方米	1942.30	2894.12	1726.31	1805.44	2250.96
本年完成投资额	亿元	858.61	1591.90	3659.69	5352.79	6489.59
住宅	亿元	593.74	1065.74	2539.03	3704.98	4530.63
经济适用房屋	亿元	19.52	2.86	24.66	–	–
资金来源小计	亿元	1064.51	2233.60	7426.13	7918.27	10472.94
国内贷款	亿元	228.53	385.75	1256.11	1507.53	2143.59
利用外资	亿元	39.16	37.16	90.85	29.06	36.29
自筹资金	亿元	287.71	702.33	1582.94	2414.64	2798.34
房屋建筑面积						
施工面积	万平方米	9922.12	15110.04	29301.36	39296.27	46480.47
住宅	万平方米	7400.38	11399.99	22253.76	29253.24	33690.67
经济适用房屋	万平方米	301.75	70.80	151.15	–	–
竣工面积	万平方米	3161.39	4385.16	5659.10	6356.12	6273.30
住宅	万平方米	2598.52	3476.73	4589.22	4918.16	4748.25
经济适用房屋	万平方米	180.42	33.86	50.74	–	–
商品房屋销售额	亿元	729.50	2238.66	5480.77	6407.81	8941.05
住宅	亿元	597.36	1886.39	4589.82	5488.39	7476.10
经济适用房屋	亿元	14.83	4.70	25.78	–	–
商品房屋销售面积	万平方米	2259.95	5038.91	7321.76	7898.99	9836.39
住宅	万平方米	2009.34	4546.32	6552.81	7157.63	8830.95
经济适用房屋	万平方米	106.74	33.96	69.34	–	–

注：2010 年国家取消该年度土地开发面积指标；2011 年取消经济适用房相关指标

各市房地产开发投资情况
(2013年)

单位：亿元

市别	完成投资额	住宅
广州	1572.43	950.68
深圳	876.90	590.48
珠海	272.58	209.66
汕头	147.03	102.47
佛山	737.32	500.52
顺德	171.84	119.24
韶关	123.64	93.68
河源	89.18	63.47
梅州	77.02	57.21
惠州	593.47	469.78
汕尾	16.66	12.29
东莞	497.66	367.68
中山	399.12	291.58
江门	241.79	173.82
阳江	88.96	65.29
湛江	154.78	120.34
茂名	77.36	59.87
肇庆	171.48	128.57
清远	187.83	149.79
潮州	41.91	28.74
揭阳	57.04	47.79
云浮	65.44	46.91
按经济区域分		
珠三角	5362.75	3682.76
东翼	262.64	191.30
西翼	321.10	245.50
山区	543.11	411.06

各市房地产开发竣工房屋建筑面积及价值
(2013年)

市别	房屋建筑面积(万平方米)			竣工房屋价值(万元)	
	施工面积	竣工面积	住宅		住宅
广州	8159.31	1141.30	709.60	3736910	2269103
深圳	4003.49	353.55	196.33	2749875	1512005
珠海	1853.75	381.62	300.09	1441414	1157009
汕头	1117.89	191.19	144.60	502218	337923
佛山	4672.12	604.42	439.11	2729512	1932863
顺德	1460.36	205.08	165.09	821258	634935
韶关	1198.95	223.87	189.22	558892	459600
河源	743.95	154.89	142.08	432932	378676
梅州	732.56	163.40	146.87	371186	324211
惠州	5810.67	634.77	506.10	1825822	1442244
汕尾	176.30	42.22	35.23	95951	82251
东莞	2837.95	264.94	191.31	1138633	894110
中山	3712.86	558.84	443.63	1568486	1273530
江门	1994.66	321.89	272.41	905256	772129
阳江	1109.83	108.61	89.21	221617	174084
湛江	1369.82	188.49	152.10	615083	464837
茂名	1028.13	102.92	85.09	202410	167850
肇庆	1889.83	272.69	220.47	715868	580861
清远	2291.77	240.14	200.56	575903	477601
潮州	470.72	80.48	74.99	159968	143498
揭阳	803.99	163.97	147.01	405493	370886
云浮	501.90	79.12	62.23	190372	149994
按经济区域分					
珠三角	34934.65	4534.02	3279.05	16811776	11833854
东翼	2568.91	477.85	401.84	1163630	934558
西翼	3507.78	400.02	326.41	1039110	806771
山区	5469.13	861.41	740.96	2129285	1790082

各市商品房屋销售情况
(2013年)

市别	商品房销售面积（万平方米）	住宅	商品房销售额（万元）	住宅
广州	1699.98	1398.47	26060033	19514542
深圳	588.58	527.16	14362533	12349964
珠海	342.25	307.55	3926118	3436032
汕头	172.97	159.14	1263436	1112859
佛山	940.74	789.02	8524657	6972635
顺德	299.76	244.17	2310813	1940045
韶关	347.21	327.38	1538307	1367828
河源	192.42	183.21	881128	801700
梅州	188.23	174.01	848040	764590
惠州	1149.46	1092.76	6721088	6138971
汕尾	21.24	20.30	99970	87722
东莞	803.09	723.96	7280663	6325059
中山	780.34	698.35	4720825	4049656
江门	426.81	387.67	2543227	2274756
阳江	265.36	245.26	1292470	1109235
湛江	286.24	275.44	1562020	1475402
茂名	329.87	309.81	1429533	1308796
肇庆	465.39	414.67	2315856	1930059
清远	506.52	482.99	2590658	2400493
潮州	72.90	71.03	388175	365233
揭阳	110.37	107.96	393436	373240
云浮	146.41	134.82	668358	602266
按经济区域分				
珠三角	7196.64	6339.61	76455000	62991674
东翼	377.47	358.43	2145017	1939054
西翼	881.48	830.51	4284023	3893433
山区	1380.79	1302.41	6526491	5936877

(广东省统计局)

领导讲话

在广东省第十五期市长（书记）城建专题研究班结业典礼上的讲话

广东省副省长　许瑞生

（2013年12月20日）

同志们：

历时五天的第十五期市长培训班即将结束，在这里我要代表省政府对省住房和城乡建设厅，环保厅，国土厅，组织部共同来组织这项具有广东品牌效应的市长培训班所付出的努力，对珠海市委、市政府为本次培训班提供一个良好的场地还有活生生的样板，再有就是非常细致的会务服务表示衷心的感谢！作为市长培训班到今天已经十五期了，刚才两位学员作了非常好的发言，他们也讲述了作为学员的心声，因为已经十五期每次我最害怕的一件事情就是炒冷饭，一炒冷饭，生命力就衰竭，因为从刚才他们的发言包括徐市长和江书记都讲到的这次学习班有很多务实、可操作的做法，包括西班牙一些发达国家的城市里头，尽管西班牙的经济不怎么样但它毕竟还是一个发达的国度，并且在欧盟里头在这个项目里头都是非常典型的项目，这些都可以借鉴参考而不是从纸面上去讨论这个问题。所以你们感觉到得到了很多启发，又结合了社区体育公园来做这件事情，使我们的学习班内容更加丰富，而平时的市长培训班只是市长们，而今天又有体育局长、规划局长、建设局长，我想这个学习班是组织得非常好，而且，这个学习班更重要一点，是在中央城镇化工作会议刚刚召开不久，我们在进一步贯彻落实中央城镇化工作会议的精神，将这个精神落实到我们地方的具体操作，而这样举行的学习班，我们这样的学习班可以通过这么具体的学习来贯彻落实中央的城镇化工作会议精神。同样，我也是不炒冷饭，我回顾我去年在市长班的讲话，我大概讲了这么几件事情，去年我讲了改革三十年广东城镇化的进程，我讨论了城市的增长边界，我举了世界上十大著名的大都市的市长在2011年、2012年在城市建设的施政理念给大家参考，同时我也跟在座的讲了以广州为例讲市政府是如何产生的，因为我们当副市长当市长，当了半天不知道市长这个名词是怎么来的，我是以广州为例，如果大家记得的话我是讲了这些东西。今年，我不想炒冷饭，我去年还讲了一些历史建筑的保护和农村城乡规划的问题，所以今年我的讲话分两部分：第一部分是谈如何领会中央城镇化会议的精神，如何传承优秀的岭南生态文化，简要阐述一下欧洲城市化的实践，提出有关简易实效又结合现实的一些改善城市环境的行动，第二部分谈一下社区体育公园，就是我们在珠海所看到的这些东西。那么我就谈这两部分意见，首先，关于第一部分意见：

一、将以人为本，优化布局、生态文明、传承文化原则落到实处

（一）认真学习，深刻领会中央城镇化工作会议的重要精神。

中央城镇化工作会议明确城镇化的基本原则是：以人为本、优化布局、生态先行、传承文化。习总书记讲，我们可以讲很多种原则，可以无限制地延续下去，但是这是在我们现历史阶段最重要的一个原则。同时会议强调，这次城镇化工作会议的目的在哪里呢？不是要搞大跃进，而是强调在城镇化这个命题上如何选择正确方向，不要走偏，不要刮风，因为往往一开完大会贯彻落实就会掀起一个你追我赶的大好局面，但是这次会议强调是说城镇化是一个历史的自然进程，并不是大干快上的结果，城镇化更需要的是正确的方向。同时，习近平总书记在自己的讲话中也谈到了城市应该如何跟与山水相融，如何能够看到近郊的山山水水，如何能够利用到近郊的菜地对城市的消费的供应，在我们中央的文件里还出现了可以看到“想到乡愁”这么通俗的词语，“乡愁”是习近平书记的原话。同时会议也指出，目前我们城镇化中有两个陷阱或者误区需要给予重视的，一个是摊大饼的现象在全国各地不断出现，也就是盲目扩大城市规模；另一个陷阱或者误区是空城现象出现，很多城市新区建完了以后缺乏对居民的考虑、对人口迁移的考虑而成为了空城。会议还提出了对传统计划经济下，大城市50万这样的一个概念来定义以后应该结合国情合理调整，我们这个概念是建立在模仿苏联体系所建立的城市等级分级的概念，而今天我们东莞的长安镇就已经是大城市了，所以要切合实际的进行界定大城市的定义和概念。同时会以强调要解决棚户区建设，解决基本公共服务的均等化，解决农民工的市民化，城镇化的目的是要达到一个这样的目的，而农民工的市民化是有选择的逐步的安置，让具有能在城市生存稳定下来的这批农民工在城市里稳定的就业、居住和生活，而不是盲目的推动新一轮的移民潮。对特大城市，在广东来讲就是广州、深圳，城市的规模要限制。农民工或外来务工人员的落户鼓励的是在中等城市，而大城市要认真研究进入的标准，这次会议确定的很务实的这些原则，这些原则都对我们的工作提出了方向。

具体在广东应该如何落实，我省推动城镇化，不应一哄而上，而应科学规划，从容建设。无论新区的开发，还是中心城区的扩容提质，需要遵循现实和历史规律。城市，是为人服务的，城市建设需要紧密地与人口的迁移、居住、就业状态有机地结合起来，而不是空洞地去谈那条中轴线，空洞地去谈那个伟大的地标性建筑，我们的城市是需要有人的。我们要研究分阶段分类的本地居民和外来务工人员基本公共服务均等化的需求；所谓分类分阶段，不论那个阶段我们对全体市民开空头支票，也不能超越了我们的发展阶段，我们必须遵循目前的发展阶段来满足本地市民的基本公共服务，同时，也满足外来务工人员的基本公共服务，使这种基本公共服务均等化，恰恰今天我们社区体育公园在这一点上能充分体现到这样一种追求。我们要对岭南优秀的建筑文化传承，通过采取适应亚热带的气候特点的工程规划措施来创造城市空间，等一下我会把这方面再展开讲一下，用生态红线、区域绿地建设作为保留城郊的农业空间的手段，防止城市盲目扩张；要以人为本，改善城市步行与公共交通设施，这些都是我们可以具体按照中央城镇化会议精神落到实处、采取措施的有效的做法。

（二）针对亚热带地理气候条件，传承岭南优秀的城镇建造传统，因地制宜地推进低碳生态城市示范省建设。低碳生态是目前时尚的提法，但在这个时尚的提法下我们来反观和回顾一下岭南先人们所创造的辉煌，同样也有生态文明的案例，今天潘安来了，他是研究广东古建筑客家民居的一个专家，在这方面我们有非常优秀的传统：

1. 根据地形地貌合理分区分类。

（1）我们讲生态低碳不能一锅端的去讲就是模仿时尚的提法，首先岭南、广东历史上形成了多种农业耕作类型。我们要从农业的方面来认识，广东的地形地貌、土壤条件、水系差异造就了广东农耕文化的差异。广东历史上根据土壤特点形成了不同的耕作分区，分异出不同的农业生产耕作方式。包括桑基鱼塘区、水稻区、稻蔗果桑鱼塘区，不同的经济作物和不同的农作物，其中在岭南农业生产跟商业活动结合最紧密至今都富有借鉴意义的是桑基鱼塘，顺德南海一带的桑基鱼塘，桑基鱼塘对水面的养殖田埂农作物的种植还有整个生态系统能源的循环有机地结合起来，而恰恰在我们现代化的今天，我们在丢弃甚至忘掉了老祖宗非常聪明的生态耕作模式。桑基鱼塘也促使了农作物、工场手工业和对外贸易三者有机结合，广州作为海上丝绸之路起点之一有桑基鱼塘的耕作方法来支持对外贸易。把栽桑、养蚕和养鱼三者有机结合起来，以充分利用它们之间的物质和能量循环，是水网条件下的生态利用方式。今天尽管我们在座没有搞农业的，但是在大谈生态的今天我们不妨回顾一下这些事情，我们的分管城建的副市长，规划局长，建设局长们，相信你们通过这个回顾会得到如何综合利用，如何真正生态利用的传统方法的传承。

（2）水系多元化、密集。无论是城市还是农村，择址建筑首选条件就是临近水系，这是生存的前提。改革开放三十年，我们对水系的依赖改变了一种方式，把水系变成了最简便的排污沟和垃圾填埋场，这样一种非常反差的现象也造成了江河的污染。广东粤东西北与珠三角水系有不同的特点，珠三角水网最为密集。宋代之前水利未兴，耕作粗放。在北宋时期，三角洲开始修筑堤围捍卫农田，因为农耕文化是我们必须依赖生存的一种文化，一种生存手段。这一时期的水利兴起也是珠三角开发的开始，也推动人口聚集。通过历史资料看到，明代嘉靖年间，三角洲16县圩镇已发展到176个，清代筑堤加强农业灌溉系统，清代的广州府的耕地面积增加至1062.32万亩，增加33%。通过筑堤和围垦，形成基塘，水域形成利用主体。养鱼业收入甚至高于稻田，甘蔗、水果等经济作物生产也随之兴旺。这是珠三角农业和城镇化互动的历史关系，而粤东西北，以东江、北江、西江、韩江为主干流来依赖它的发展，有异于珠三角，其干流仍然是饮用水源的保护区，部分航运功能在产业升级转型中仍发挥作用，防洪排涝依然是目前治水的重要目的。连江的这次台风教训就是在于我们忽略了对连江本身的防洪排涝功能的保护而造成了这样的蔓延，我们忽略了城镇密集以后整个水利系统的修复，导致这样的一种结果。今天各级政府均强调治水，需要知道自己城市水系的前身今世，知道历史才能梳理，梳理就是要顺着来才能不违反自然的规律，这就是我为什么要讲这一点。同时我们的引用水源基本上还是靠这些水系来维护城市的生存，农业灌溉有不少地方还是要靠这样的水源来进行灌溉，这就是为什么要了解水系的特点。

（3）丘陵的地理特征突出。广东丘陵山地约占总面积70%，主要土壤是红壤和砖红壤。除了珠三角比较肥沃以外其他地区都必须进行改良，在历史上，粤东北部为适应山区地理环境，主要在盆地种植水稻，更多地开发山地，但历史上也引起了严重的水土流失，因为河流的畅通的保障要靠山体水土的稳定，而在某个历史阶段我们更多地去开采更多的在山坡进行种植，既有好的一方面产生了很多农业土地也造成了水土流失，我要讲这一点是要说近期部分城市享用了低丘缓坡的土地政策，现在关键是如何利用地形地貌，创造缓坡的城市空间还是工业区，而不是一味推平低丘缓坡，这是讲自然的现象，第二点我要讲人工的现象。

2. 继承岭南民居祠堂等传统建筑适应气候、场地而建的优良传统。

在座的很多人或者我们的父辈有自己的老宅，老宅都有非常优良的传统。广东的古代村落的选址是充分考虑地理环境因素的结果，不是盲目的选址。首先，传统的村落多利用后山种植树木对水源进行长远的保护，让村落有水喝所以有所谓的风水山，这是古人在选址时要考虑的问题。祠堂前半月池既起到景观的作用，也是夏季调整温度的降温调节器，起到小气候调整的作用。在池塘后面所有的民宅整个的水系排到池塘来，跟村落的排水系统是紧密相连的，所以池塘不是简单的池塘，它有排水功能，聚水功能，生态方面降温降热的功能，同时池塘与周边的河涌有紧密的联系。在广东民居，无论是建筑构件还是建筑形式本身，还是平面布局、空间布局均将通风隔热的需求作为首要任务，我为什么要讲到这么老土的东西，我们不是谈生态低碳吗？生态低碳首要就是节能，节能就要从我们老祖宗学起，这些就是节能，就是低碳，就是生态，不要把那些东西讲得太玄乎。

广东传统民居的平面组合也是适应气候的，西关大屋的趟栊门也叫三重门，就是适应气候的特点，一重门是低矮的为了让小孩不要出来外面；第二重门是趟栊，是有格子的，风可以进来；第三重门是可以关闭的，防盗安全的。所以我把广州西关大屋这个趟栊门做成模型作为一个重要礼物送给联合国教科文组织，现在摆在联合国教科文组织里头，人家很惊讶我们的先人有这么聪明的想法。广东的民居是强调平面组合紧凑，着力于适应气候特点，解决通风、防热、防潮、防风的问题。空间形式呈现外封闭、内开敞、密集方形的平面和空间布局。为取得开敞凉透的效果，厅堂通常是开敞的，多天井有利于自然通风，减少外界热辐射。歌谣《月光光》里所描写的场景就是老奶奶坐在天井里看着天空给孙子唱的民谣，讲的就是这样的民间生活习俗，从这样的民间生活习俗也体现了广东岭南民居优美的意境。

广东的园林有别于中原皇室园林，着重起居、游憩、景观的结合，不是为了园林而园林，跟生活密切相关，广府园林借廊贯通，以冷巷分隔，与宅屋可合可分，这样的园林起到了调节气候的作用，而不是简单的观赏作用，所以先人们留下了灿烂的生态文明。再有岭南植物的选择也多以遮阳纳凉为要，也是非常考究的有特点的做法。

谈广东城镇的生态文明的时候不要忘掉传统，要传承我们的文化，不是一味地去模仿西方的做法，而是要将生态低碳的做法和历史文化传承紧密地结合起来。

（三）认真总结并继续深入开展广东生态绿地体系建设实践。

绿地建设至今已成共识，这种共识是通过百年的实践而形成的，在百年前清朝时期种树可能是在庙宇官衙里种的行道树，而因为近代我们对西方城市模式的学习才有了城市绿地的概念，但是我们先人在选址的时候有意识地将绿地纳入到城市，以广州为例，青山半筑城，白云山嵌在广州城里，这是先人选址的优越，但绿地的实践还是百年的历史，广东百年绿地发展过程，兴衰百年，中间出现了几次停顿阶段：自然灾害——1959~1961年困难时期；政治运动——“文化大革命”；战争——抗日战争及解放战争。绿地在解放后得到了很大的发展，绿地建设需要形成全民的社会运动，成效方见显著。再以广州为例。始于1959年的挖湖公园建设的义务劳动，50年代末所产生的一系列公园系统是为了解决广州城的防洪排涝的问题，而不是像今天的许多城市为了简单盲目的为了景观需要造一个美丽的抄袭日内瓦的湖，建湖是要跟城市的功能结合起来的。始于1981年，《关于开展全民义务植树运动决议》就是全民运动成效使得广东绿地建设上升到一个新的台阶，借用大型城市活动契机，如广州的六运会，九运会和亚运会等是凝聚力量进行绿化活动的良机。

城市不同发展阶段关注绿地建设的重点不同：民国时期，更多关注的是美化、景观的功能，如果将种树和建骑楼比，在20年代更注重的是种树而不是建骑楼；解放后建设绿地隔离带，是为了生产的防护，促进了区域绿地的发展；绿化荒山的活动强调的是水土保持的功能；改革开放后绿地重视的是景观和公共空间增加；现阶段绿地的拓展是与空气质量、与防止城市蔓延联系在一起，近十年强调的是区域绿地概念并将区域绿地作为城市化中防止生态恶化、改善区域生态的重要途径。而“绿道”的建设，更全面发挥绿地为人服务的功能，近期广东省结合“绿道”构成人行、自行车交通体系，又是新的一种发展，我们将机动车体系和慢行体系分离。而今天，我们推动在中心区利用闲置边角地建设社区体育公园，是基本公共服务均等化和精明增长的具体体现。精明增长主要提的就是土地的综合利用，利用率的提高，精明增长有很多的定义解释，也有很多反对的声音，说精明增长或是划定生态红线将绿地放到城外去，百姓享受不到，而城市中心更需要绿地，而恰恰社区体育公园就回应了这样的怀疑声音，精明增长或生态红线划定可以互补，我们的绿化空间、公共活动空间可以继续扩大。从20年代学习西方的“公园”到近5年“绿道”的建设，再回归到社区体育公园，整个绿化公共空间绿地的意义更为深远。其实在这个过程中，从1995年就开始做这个工作，从编制《珠江三角洲城市群发展规划》开始到开敞绿地绿环这一系列的出台，再由珠三角的再次编制规划上升到人大的法律层面把区域绿地的概念确定下来，我们走过了十年的实践。可以自豪地说，广东在理论的探索和实践方面是走在前面的，见到了成效。今天的珠三角相对而言灰霾天气正在减少，PM2.5比其他城市群低是我们多年努力的结果，也跟区域绿地分不开。今天这个会议发了社区体育公园的指引，“指引”也是当年我们学习英国的做法，因为国家层面有很多的刚性规范和编制办法太过简单和刚性，当时我们就采取了学习英国规划体系指引的做法来指导城市建设，后来就出现了一系列的指引，区域绿道的指引、村镇的指引等直到今天社区体育公园的指引。我想回顾一下这段历史，让我们把绿地的建设做得更有目的性。

（四）借鉴欧洲城市化进程经验与教训，科学合理地选择城镇化道路。

总体而言，欧洲城市、城邦的产生源于古希腊，欧洲的历史可以称为都市欧洲的历史。城邦是古希腊文明重要的产物，两千多年来欧洲的城市管理的制度与空间发展不断变化，但基本上是在古希腊雅典的城邦组织管理机构和城市公共空间模式基础上，逐步完善和发展的。雅典君主制最终在公元前683年被废止，取而代之是贵族政府。贵族，即主要由地主组成的重要家族。设立执政官，建立公民议会，设议事厅议事会厅。出现了市政广场也称阿戈拉，是公民集会的地方，这是雅典城邦政治、社会和宗教中心。无论是市政广场、议事会厅的建设，还是公民议会、执政官的城邦管理制度，或是城区和郊区一体的关系，当今欧洲及我们的城市化进程中均可寻找到相应的影子。在古希腊文明其后罗马帝国兴起，制定法律治理国家、工程技术的迅猛发展，这是罗马帝国时期的重要特征。尤其罗马时期的工程技术，长远地影响着城市建设的各方面的工程技术。古希腊、古罗马的文明延续了数千年，包括当时创造的古典柱式，在现在模仿西式的建筑里，无论是科林斯还是爱奥尼都是来自于此。

在11世纪至14世纪，出现了城市发展的黄金时期。在13~14世纪，在欧洲的西部、南部和北部出现了1000多个城镇。不少城市通过君王或统治者的许可，获得自治的权利。这一时期的城市发展，部分地区是以城邦的形式出现，如佛罗伦萨、米兰等意大利城市。相对而言，英、法采用抑制的方法。相对于古希腊和古罗马时期城市的开放结构，在中世纪变得封闭和具有防御功能，城堡、城墙就是封闭和防御功能的体现。城墙围合形成了限定的，独立的城市空间，城内的居民享有一定的自治和自由的权利。城镇特征之一是自主权和法定组织，在中世纪时期在欧洲已经形成，而亚洲缺乏这一重要的城镇特征。我们在模仿学习欧洲的时候需要了解欧洲城市化的历史，真正城市化的历史是很短的时间。

城市自治制度的产生逐步需要一个类似市政厅之类的城市组织管理机构产生，自治市获得权利需要使管理机构能更加有效地处理事务，所以就开始选择了特殊的人赋予权力，也即首席执行官。

古罗马时期不少欧洲城市是进行严格规划的，自中世纪自治市的出现这过渡阶段，帝国管理逐渐瘫痪，教会扮演了管理者的角色，城市的空间产生了不少变化，在教会作为最主导力量的时候，城市产生了新的公共中心，就是大教堂、主教府邸、城堡，城市形成以这些教堂等为中心的放射状的结构，今天我们去欧洲看为什么中心是这样的放射结构，它是这样慢慢演变过来的，我们不要只看到表面的教堂，而是要看到产生的历史演变过程。

在18世纪和19世纪工业活动开始发挥重要的作用。18世纪前后，欧洲呈现了乡镇工业活动活跃的局面。前期，欧洲的城镇聚集在港口城市，尤其是地中海一带，海上运输贸易促进了城镇的繁荣。1500~1800年，城市的制造业充当重要角色。这时的制造业就慢慢形成了一个聚集的类似工业区的概念，在1800年左右出现。这些工业区选择在良田沃土旁边，这样的变化让我们可以看到阿尔卑斯山下的瑞士手表、德国中部金属制品，今天都可以看到从乡镇工业慢慢集聚发展起来的痕迹。在这个过程中又出现了以矿业为主导的，煤矿开采矿场的比如鲁尔地区的发展，煤矿发展后又在转型人口聚集，消费加强城市膨胀，从矿业城市转变成了消费城市。另外一种情形是在工业竞争中被淘汰，去工业化。有些城镇没有基础就消亡了。在欧洲的工业革命前后大概是这样的一个过渡。

随着工业化的到来，城市发展迅猛扩展，移民浪潮出现高潮。美国学者霍恩伯格在《都市欧洲的形成》一书中讲到：“两大事件标志着1848年是不平静的一年：《共产党宣言》的出版和英国第一个卫生条例的颁布，虽然只有其中之一被广为传诵，但两者均有划时代的意义。”虽然这一比喻有些夸张，尤其是对中国而言。在这一阶段19世纪中期英国已经是两个英国人有一个居住在城镇，发展非常蓬勃，工业革命产生了人口的聚集和公共卫生的问题，在《1848年公共卫生法》强调政府在供水、垃圾处理、排污和住房供应方面应该有所作为，中央应该更加集权而不是让城市盲目自治。在公共卫生领域弱化地方自治的权力，加强政府和中央的干预。在这个阶段城市规划建设开始关注地下排水系统、饮用水源保护、居住条件的改善、公园的建设等提上了日程。所以说把它称之为一个革命性的阶段也不为过，影响到后面城市规划的编制等。再后来，汽车的出现改变了城市的交通系统，在19世纪末出现了拆城墙建林荫大道的热潮。奥地利最为明显，拆除了城墙，成为林荫大道，这一范例还影响到广州20年代效仿欧洲的拆城墙行为，变成了电车道和城市道路。这样的范例还影响了近代的中国。

在20世纪初，政治、服务、工业活动的结合，造就了欧洲的大都会。欧洲大城市成为经济发展的驱动力，像伦敦、巴黎、柏林成为文化艺术、科技发明的中心。随着社会的改良运动兴起，霍华德在综合付立叶、欧文等思想家的思想基础上，形成了“花园城市”的概念，强调了城镇与乡村交融平衡的理想人居环境。随着第一、第二次世界大战，战争摧毁了欧洲不少城市，重建工作引发了新一轮的建设运动，使城市规划制度与城市观念发生了新的变化，包括华沙的重建和英国的新城运动。

20世纪80年代初，可持续发展理论框架在各国形成共识，一系列的城市规划理念，包括精明增长、城市更新、宜居社区、生态低碳等等不断产生。刚才就非常简要地说了欧洲的城市史。

(五) 若干务实有效的实际行动。

很多工作提起来很多人会说有诸多困难，我本人在欠发达地区工作过，也在广东最大的城市化的地区工作过，比较起来很多事情都是我们主动性的问题，观念的问题，很多事情其实是很简单但是很有实效的事情。

1. 体验市民日常活动路径，改进交通系统。

无论是规划局规划管理者，还是市的领导，应该尝试一下用现场体验的办法，从城市老百姓最集中的聚居地到工作区，体味步行、搭乘公共交通，了解市民日常工作通勤的时间和存在的困难。在这过程中哪里有障碍，哪里人行道不平，哪里有电线杆阻住了，哪里公交车站转换时缺一个书报亭，我们去体验一下，体验是一个规划师必备的东西，而我们现在浮躁的规划就是缺乏体验，缺乏现场的观察和思考，我希望我们规划部门的同志，市领导走一趟平民百姓的路，看他们是如何上班，如何送孩子，如何买菜，晚上如何找一些运动场所，体验了自然就会改善很多东西，钱不用多，力所能及。另一种方法是建设部门牵头，会同交警、交通、规划等部门，集体乘坐车辆，检查路标设置的合理性，以驾驶员的眼光判别标识是否清晰明了，科学有效。不妨做一个很具体的事情，难的是我们不是为自己做而是为广大市民做，我们不妨从外地开车进入广州，从河源、汕尾、惠州来到广州如何去找广州的路标，看看有多少人进入广州以后进入了迷城，有没有为驾驶员考虑。我说的事情都是钱不多的事情。

2. 因地制宜建设社区体育公园。

这也是今天的主题，利用边角地、空置地因地制宜建设社区体育公园，既满足全民健身工作的号召，又发挥广东室外适宜运动时间长的优势。这也有利于切实满足推进农民工享用基本公共服务的权利，我非常高兴昨天在场地里头跟一位在带小孩的来自海南的外来务工人员交谈，她带着小孩在玩滑梯，她享用的就是平等的社区设施。社区体育公园有利于集约节约用地，也回应减少犯罪率，加强邻里交流并增强年轻一代市民的身体素质，延长老年人的寿命这一系列的社会命题。这是我对社区体育公园的意义的判断，具体怎么做已经有了指引，你们提提意见，因地制宜的、节省的办法去做这个事情。

3. 建立历史建筑目录，立牌说明。

我们各个城市都有很多优秀的历史建筑，暂时没有钱去修整，我只要求先把这些历史建筑列出来，评出来，然后我们建设规划部门主动跟文物部门一起立一块牌，将历史文献写在上面。这个牌可能是石头、木头也可能是一块简单的板，也是钱不贵，但是体现了有没有想保护历史建筑和历史文脉的心态，希望我们把这个事情做起来。汕头市正在进行的“世界记忆侨批纪念地”，侨批是潮汕地区、梅州地区、四邑五邑地区传统中华美德的体现，侨批是在家乡生存不下去的家人漂洋过海后寄钱回到家乡给家属，有很多信封寄回来，这个已经成为世界记忆目录，立块牌讲清楚这个道理把侨批刻在后面，使得我们能记住广东有这么优秀的传统，我们有这样的一个中国传统优良的文化。关键是把这个文献在空间上固定下来也达到了对历史文献保护的目的。

4. 划定生态红线。

关键就是城府有没有去动，首先就是由住建规划部门会同环保、水利、林业、农业等部门，划定生态红线，住建厅在抓这个事情，希望大家配合。从城乡总体规划入手，然后进入到现场的踏勘来制定相关规定，明确生态用地可以兼容的内容，我们中国的法律法规一味的讲不准，没有讲可为，我们应该研究可为什么，生态用地里并不是啥都不能进去，昨天我们看到的例子就是最佳范例，珠海选择了泄洪区这样的一个特殊敏感用地，如果按照水利法泄洪区不能进行任何的人工建设，按照环保法饮用水源保护区不得进行任何的建设，我们应该是可为，这个就是节约集约用地很典型的范例，我感到很振奋人心，所以我们划定红线也要考虑可为什么，比如野营地结合社区体育公园设施等不伤害生态而有利于生态的活动。

5. 合理运用立法权。

十八大三中全会明确要“逐步增加有地方立法权的较大的市数量”。这句话是有含金量的，我们要想好现在有立法权的是我们的特区：珠海、深圳、汕头，而广州立法以后要到省人大备案审查，意味着要把大城市和立法两者结合起来理解，各地市委市政府要跟市法制办、市发改委、市人大来研究，越多城市争取资金的立法权越好，我们有了立法权可以干什么？我们不是像欧洲自治城市独立，我们是为了解决城市管理建设中的问题，需要立法突出城市突出的特征特点；另一方面，三个已有立法权的城市要考虑如何利用好立法权，权利放在手里没用好也是问题。这里需要我们合理运用，通过地方立法可以增加城市有针对性的管治，突出本城市的建设特点，而不是千城一面。各级发改委会同市法制办主动与市人大沟通，及时呼应国家发改委的有关大城市的定义。

我就提出了以上五点经济实惠的要求和提法，这是我讲的第一方面。

二、全面推动全省社区体育公园建设

刚才大家讲了很多，介绍也非常好，在珠海市的介绍里有几句话非常好，一个是“以人的尺度”，我们不能空洞的谈以人为本，珠海为什么做得这么好，就是香洲区区长、区委书记以人的尺度，自己晚上老是去逛街，不是逛商店，而是逛哪里有地方可以给老百姓架一个篮球架，这是他们讲的以人为本。社区体育公园是综合利用，不是单一的体育功能，可能还作为一些街区的小聚会、集会、讨论公共事务的地点。第三他们谈到了邻里的温情，下一步要将历史文化民俗的一些内容融合进去，我感觉他们讲得很好。刚才在休息时间，各位市长都跟我说他们回去以后都要认真的学习，来学珠海这个经验。将社区体育公园建设与基本公共服务均等化、提高城镇化质量工作有机结合。其意义在于：一是体现基本公共服务均等化；二是体现市民之间的交流；三是宜居环境的标志；四是集约节约用地的模式。

（一）将社区体育公园建设与基本公共服务均等化、提高城镇化质量工作有机结合。其意义在于：一是体现基本公共服务均等化；二是体现市民之间的交流；三是宜居环境的标志；四是集约节约用地的模式。

（二）总结经验，理清思路，把握好社区体育公园建设的关键环节。

一是主动作为、利民惠民。某种意义上来讲这是一项自下而上的工作。来自于社区，来自于香洲区的自下而上，上面的市委书记、市长高度重视，来配合做这个事情。二是技术与行政措施紧密结合。建设前期的行政机构和后期的管理，发动多方的积极性。三是注重人性化和细节。珠海在这方面做得很细致，昨天我们看到有些网太疏了，他们就做了隔板，改成了硬板或者混凝土墙。在球门区后面加固，增加了一些指示牌，调整了指示牌的位置，这些都是细节，珠海做得很好。四是综合社会效益佳。珠海的社区体育公园成为重大节日举办群众活动的场所。五是管理维护好。珠海在在规划时就将建设和管理统筹考虑。

各城市学习借鉴珠海的先进经验后回到各地区要进一步推广，要因地制宜创造性地依照规划指引，务求实效。这个规划指引是一个概念，我跟编制规划指引的珠海市规划院、广东省规划院讲要通俗易懂，要给领导和市民都能看明白。但我们要因地制宜按照指引来创造我们自己的社区体育公园，无论是场地的大小，还是设施的齐全，没有必要全部学全，要根据自己的特点。总体来讲，尽量在节省的前提下做到完整，昨天说到他们有两个排球场，香洲区也是正在尝试并没有急于推广，看看下一步打排球的人多不多，有没有一窝蜂，香洲区总结现在是足球场、篮球场最热闹，所以这些场地提供的比较多，所以希望各地要因地制宜。另外一点，在规范里要尽量突破的就是绿地率和绿化率的问题，不要说一搞这个就认为是破坏绿化，刚才我讲了百年绿地的过程，我们的绿地是要给人用的绿地，是要享用的绿地，不是来看伟大成就的绿地，各地要考虑绿地率怎么来计算，住建厅也要继续抓好指引的编制。二、要以人为本，着眼后期管理。三、要重视设计水平和文化品位，提升城市空间品质。

（三）推动社区体育公园建设全面开展。

一是充分调研、合理选址。要尊重居民意愿，市民日常有推荐的、不扰民的，或者有些废弃地多年没用的，可以和绿道结合起来的，所以要充分调研。

二是确保工程质量。运动场地受损率非常之高，维护成本也很高。在建设初期就要抓工程质量，因为运动场地是要给老百姓用的，所以要抓好质量。

三是建立机制、规范管理。

四是综合利用、发挥效益。可以作为重大节日的活动等。

我想社区体育公园，珠海为我们树立了很好的样板，其实广东省很多城市都有做，无论是惠州、肇庆、广州、深圳，但是有没有做到这么系统，自下而上的去做？我估计没有，所以我们要向珠海学习，珠海是中国改革开放的前沿阵地，也是近代向西方学习文明的前沿，这里产生了很多了不起的人，这里的容闳带领中国的一批幼童远赴美国去学习美国的先进技术，这样才有了詹天佑这样伟大的铁路工程师，唐绍仪这样杰出的政治家。还有一个更重要的人物容国团，他有一句话：“人生难得几回搏”，我们要做好城镇化的工作，做好社区体育公园的工作，所以我也引用这句话希望大家搏一搏！谢谢大家！

在第二届广东省城乡规划督察员聘任会议上的讲话

广东省副省长　许瑞生

（2013年12月26日）

同志们：

今天，我们在这里隆重举行聘任会议，正式聘任第二届广东省城乡规划督察员，这对于进一步提升我省城乡规划水平、推进新型城镇化建设具有重要意义。刚才，我们也给获聘督察员颁发了证书，两位督察员代表作了发言，住建部稽查办杨丽坤同志也对我们省的规划督察工作作了重要指导，讲得很好，我都非常赞成。下面，我谈两点意见：

一、总结经验，发挥规划督察员在城市规划管理机制中的作用

城乡规划督察是推进新型城镇化的重要保障，是强化依法行政的必然要求，也是预防腐败的重要保证。2003年，住建部开始试点建立规划督察员制度，2006年正式向全国主要城市派驻城乡规划督察员。截至目前，住建部共向全国103个由国务院批准城市总体规划的城市派驻规划督察员，我省有广州、深圳、珠海、汕头、佛山、江门、湛江、惠州、东莞、中山等10个市位列其中。在住建部的支持帮助下，我省也积极开展城乡规划督察工作，取得了明显的成效，为今后工作的开展探索了有益经验。具体体现在四个方面：

（一）注重沟通协调，探索建立省级城乡规划督察工作制度。我省认真落实住建部的部署要求，并结合广东实际，建立了广东省的城乡规划督察工作制度，2011年聘任第一届城乡规划督察员6名，派遣到珠三角城市开展规划督察工作，这一做法走在了全国前列。两年来，在被督察城市政府及相关部门的大力支持下，省城乡规划督察员积极工作，依法督察，及时协调沟通，通过列席地方重要规划会议、调查研究、查阅资料、约见有关人员、查看建设项目现场等方式，强化了对城乡规划工作的监督检查，维护了规划的权威性。

（二）注重事前事中监督，提升了地方政府规划管理水平。省城乡规划督察员通过及时发现规划编制、审批、修改和实施过程中存在的问题，并与地方政府和规划部门进行沟通，及时提醒警示，督促纠正违法行为，提高了地方规划水平。在巡察工作中，规划督察员坚持调研和督察相结合，深入基层，了解掌握各地城乡规划编制、管理和实施过程中的创新模式、成功经验和碰到的热点、难点问题，提出了有建设性的指导建议。如对深圳市总体规划调整原因进行研究，听取规划编制过程中存在的困难；在东莞、肇庆市，重点调研了违章建筑查处机制；在中山市重点调研规划部门在历史文化名城保护方面采取的措施；对广州市白云山、韶关市丹霞山、惠州罗湖山等风景名胜区，结合卫星遥感图斑对景区进行巡察，有效地保护了不可再生的风景名胜资源。

（三）注重建立投诉举报机制，督查督办了一批案件。省规划督察员通过关注媒体、接受群众投诉举报、借用卫星遥感图斑核查信息等方式开展督察，对于发现的违规建

▲2013年12月26日，第二届广东省城乡规划督察员聘任会议在广州市举行

（广东省住房和城乡建设厅执法监察局供稿）

设，积极督促规划执法部门进行查处。如发现的江门台山市川岛镇一大型违法建筑，以及《南方日报》等媒体报道的东莞市常平镇某工业区内13栋违章别墅等问题，都积极督促查处，促使相关问题得到妥善解决。据统计，住建部派驻我省规划督察员开展工作以来，共对我省地级以上市发出了4份督察建议书，今年省规划督察员也发出了2份督察建议书。

（四）注重树立规划权威，理顺了地方规划管理体制。两年来，省规划督察员与地方政府和规划主管部门建立了良好的沟通协调机制，与住建部派驻的督察员建立了联合督察机制，通过开展督察工作，促使地方主要领导增强对规划权威性、严肃性的认识，强化了自觉执行规划的意识。同时也为规划主管部门依法行政增强了保障，减少了压力，进一步理顺了地方规划管理体制。

长期以来，我省的规划编制、管理工作都走在全国前列，集中体现在以下几个方面：一是率先提出了城市群的理念。1995年，我省基于珠三角文化共同性以及各个城市之间经济往来需要，提出了城市群的发展理念，并将其列入了城市化工作会议。二是最早建立城市规划委员会制度。在深圳规划实践以及学习借鉴香港规划委员会制度的基础上，我省在全国最早建立城市规划委员会制度，推动领导、专家、公众共同有序参与规划决策。三是率先出台控制性详细规划等规划编制办法和相关条例。2000年，我省出台规划指引，更有针对性地指导各地建设。与此同时，我省较早引进区域化这个概念，出台广东省控制性详细规划等编制办法。总而言之，改革开放30多年来，我省在规划编制、管理方面先行先试，走在了全国前列，城乡规划督察工作作为城乡规划工作中的一项重要创新，对我们今后城市建设工作具有重要意义，希望大家全力以赴做实做好。

二、深化并健全城市规划制度，完善我省城乡规划督察工作

开展城乡规划督察工作，是贯彻落实十八届三中全会和中央城镇化工作会议精神的关键之举，对于提高城乡规划的科学性和权威性，提升城镇化发展质量具有重要意义。党中央、国务院和省委、省政府历来高度重视城乡规划工作。在中央城镇化工作会议上，习近平总书记多次强调规划工作的重要性，并提出了今后重点推进农业转移人口市民化、提高城镇建设用地利用效率、优化城镇化布局和形态等六个方面的任务，这六个任务，都需要依靠科学的规划来加以推进。李克强总理明确要求，各地区要以《国家新型城镇化规划》为指导，结合实际制定和实施本地区的城镇化规划；并完善相关法规。同时强调要保证地方城镇化规划和城市规划的科学性、权威性和严肃性，不能换一个领导就改一次规划，不能“翻烧饼”、瞎折腾。春华书记和小丹省长也高度重视城镇化规划工作，小丹省长反复强调，城镇化工作要科学规划、从容建设。大家要深刻学习领会领导讲话，切实认识规划工作的重要性，在规划编制前要充分调研、广泛听取意见建议，确保科学合理，规划编制后要严格落实。城乡规划督察有利于实现对规划事前事中监督，确保规划落实到位，维护规划的权威性、严肃性。因此，我们要深刻认识规划督察的重要意义，进一步提高责任感、使命感，全力做好相关工作。

当前，我省城乡规划督察工作面临着新形势、新任务、新机遇。一方面，我们面临着诸多挑战。(1) 地方规划的连续性有待加强。个别地方领导单凭个人意志爱好去决定城市的发展，而不是建立在科学分析、定位的基础上，导致“一届领导，一个规划”，对城市发展极为不利。(2) 公众专家有序参与治理城市机制有待进一步的完善。部分地方规划委员会存在领导决断、专家附和的现象；部分地方对规划委员会不够重视，会期一拖再拖，开会流于形式，这些都导致规划委员会本身职能难以发挥。(3) 程序的合法性有待增强。部分地方在规划时存在违规现象，今后在城乡规划督察中，要始终严格检查程序是否符合法律规定。另一方面，我们也面临着新机遇。 (1) 城乡规划督察工作有新保障。在新修订的《广东省城乡规划督察工作办法》中，第二条明确指出“城乡规划督察，是指上级人民政府对下级人民政府及其有关部门在编制、审批、修改及实施城乡规划过程中进行的监督检查”，这为我省城乡规划督察工作的顺利开展提供了有力保障。(2) 城乡规划督察范围有新扩展。在总结珠三角规划督察工作经验做法的基础上，为进一步推动我省城乡规划督察工作，促进粤东西北地区规划管理，经省政府研究，决定将规划督察员制度推广至全省21个地级以上市，建立覆盖全省的城乡规划督察工作体系。(3) 督察方式有新变化。根据我省的具体情况以及部、省督察员初步形成的联动工作机制，我省将采取巡察和派驻相结合的形式，选择肇庆、汕头、阳江3个市派驻督察员，其他珠三角8市派遣巡察督察员，剩下粤东西北10市以督察组为单位开展巡察，合理利用行政资源，发挥巡察工作机动性强和派驻工作深入的优势，确保督察效果。(4) 督查工作制度有新完善。督察员列席督察城市规划委员会会议以及督察评估制度不断完善。其中督察评估要坚持一年一评估，形成督察评估报告报省政府。另外，《广东省城乡规划督察工作办法》规定，在督察过程中发现的城乡规划违法违纪行为，视情节严重程度，要抄送任免机关或监察机关。这些都为今后工作的开展提供了有力的制度支撑。

下面，我分别对省城乡规划督察员、各地、各部门提几点建议：

首先，对省城乡规划督察员而言，一方面，要更新知识，切实提升履职能力。在座的各位督察员都是规划方面的专家，有的还是在规划行政管理部门工作过的老领导，对城乡规划工作都很熟悉，兼有行政和技术能力，大家在今后的工作中，要认真学习。

中央城镇化工作会议以及城乡规划法律、法规，充分借鉴国内外规划督察工作的先进经验。要加强对土地相关法规政策、生态建设及环境保护、地方历史民俗文化的学习，注重信息化手段的运用。要突出事前预防和事中制止作用，及时发现、制止和纠正违法违规行为。要注重廉政建设，自觉抵制诱惑，依法依规开展督察，行使好手中的监督权，接受社会的监督，树立起规划督察员的良好形象。另一方面，要注意处理好四个关系。(1) 处理好与地方的关系。督察员要准确把握"到位不越位、监督不包办、参与不决策"的原则，依法依规，公平公正，对市、县（市、区）城乡规划工作进行监督，同时，注意自身定位，城乡规划督察不妨碍、不替代城市人民政府和城乡规划主管部门正常的行政管理工作。(2) 处理好与督察组关系。根据《办法》规定，督察工作实行督察组组长领导下的督察员负责制。督察员既要明确个人责任，11名督察员各自对口督察一个城市，切实负起责任，又要在督察组组长的协调安排下，联合兼顾巡察其他城市。(3) 处理好与部派驻规划督察员的关系。部、省规划督察员工作目的是一致的，都是为了保障我省城乡规划的顺利实施，维护我省有限资源，保障我省城乡规划工作健康可持续发展。部、省规划督察员要密切联系，形成合力，提高督察效果。四是处理好与城市规划委员专家及公众代表的关系。要善于利用各种机会，加强与各规划委员会专家、公众代表的沟通，争取他们对规划督察工作的支持。

其次，对各地方政府而言，要贯彻落实中央城镇化会议精神，一方面，在编制城市规划时，要由扩张性规划逐步转向限定城市边界、优化城市空间结构的规划，城市规划要保持连续性，不能政府一换届、规划就换届。要积极探索经济社会发展、城乡、土地利用规划的"三规合一"或者"多规合一"，形成一个县(市) 一本规划一张蓝图，持之以恒加以落实。另一方面，要高度重视和大力支持规划督察工作，通过建立会议通报制度，尤其是要确保省规划督察员不定时列席城市规划委员会会议；要积极向督察员通报有关情况，提供必要的办公条件和生活保障；督察员因工作需要，提出约见被督察城市政府负责人的，请大家给予支持。各地级以上市可根据《广东省城乡规划督察工作办法》制定相关规定。

最后，对省直有关单位而言，各相关单位要继续大力支持城乡规划督察工作。省住房和城乡建设厅要切实履行职责，制定年度督察工作计划，抓好省规划督察员的遴选、聘任、管理、服务和评价工作，支持和保障督察员正常开展工作，做好与部派驻督察员的联络、沟通工作。财政厅要继续把省城乡规划督察经费纳入省财政预算，根据督察员人员数量和工作覆盖面的调整，相应增加工作经费，保证规划督察工作必要经费。编办要继续大力支持，为了有利于管理和开展工作，研究在住建厅加挂"广东省城乡规划督察员办公室"牌子，不增加编制。监察厅、人社厅要继续配合做好督察员遴选以及有关违法违规行为查处、责任追究等工作。

同志们，城乡规划督察工作责任重大，任务艰巨。各地各部门以及各位督察员要统一思想，提高认识，密切配合，真抓实干，充分发挥自身职能，切实做好城乡规划督察工作，为推动广东新型城镇化建设，为我省实现"三个定位，两个率先"总目标作出新的更大贡献！

·链接·

城乡规划督察员督察制度

城乡规划督察员督察制度是城乡规划领域贯彻落实中央精神的具体制度安排，对政府规划行政行为监督，具有层级监督、实时监督和专业监督特点。目的是通过强化城乡规划实施的事前、事中监督，将矛盾和问题化解在萌芽状态，避免出现重大损失，发挥城乡规划对城乡建设的引导和调控作用，确保城乡建设健康有序发展。城乡规划督察员督察事项包括：(1) 各地政府和有关部门实施《中华人民共和国城乡规划法》《广东省城乡规划条例》等国家和省有关城乡规划法律、法规、规章、规范性文件，以及国家强制性标准的情况；(2) 各地政府和有关部门组织实施《广东省城镇体系规划（2012~2020）》《珠江三角洲城镇群协调发展规划（2004~2020）》情况；(3) 需报省级以上人民政府审批或审查的城市总体规划、省级以上历史文化名城保护规划和省级以上风景名胜区总体规划的制订、报批和修改是否符合法定程序；(4) 特定地区城市总体规划、控制性详细规划、专项规划、近期建设规划等的制订、审批和实施，是否符合城市总体规划的强制性内容、省级以上历史文化名城保护规划和省级以上风景名胜区总体规划；(5) 重点建设项目和公共财政投资项目的规划许可，是否符合法定程序和上述第4项所列各类规划，并依法办理选址意见书；(6) 省级以上历史文化名城保护规划和省级以上风景名胜区总体规划的执行情况；(7) 各地政府以及有关部门制止和查处各类违反城乡规划的行为是否及时、是否符合法律法规规定；(8) 各地城市（城乡）规划委员会是否依法运作，制度是否健全；(9) 群众举报和投诉以及媒体反映的城乡规划热点问题；(10) 其他违反城乡规划的行为。

在全省住房城乡建设工作会议上的报告

广东省住房和城乡建设厅厅长　王　芃

（2014年2月17日）

同志们：

新年伊始，我们在这里召开全省住房城乡建设工作会议，我代表厅党组向大家致以新春的诚挚问候，祝全省住房城乡建设系统全体干部职工马年全面吉祥，家庭深化幸福，工作改革顺利。

2013年，省委、省政府和住房城乡建设部对住房城乡建设工作给予了高度重视。胡春华、朱小丹、徐少华、许瑞生等省领导先后多次听取我厅关于新型城镇化发展、粤东西北地级市中心城区扩容提质的专题工作汇报。住房城乡建设部姜伟新部长两次到广东调研，并到省厅看望了全体干部，对广东住房城乡建设队伍给予了高度肯定，这是对全省住房城乡建设系统的巨大鼓舞。许瑞生副省长对过去一年我省住房城乡建设系统取得的成绩也给予充分肯定。

下面，我代表省住房城乡建设厅作工作报告。

一、过去一年的主要工作

2013年，我省住房城乡建设系统认真贯彻党的十八大精神和习近平总书记视察广东重要讲话精神，围绕实现“三个定位、两个率先”的目标，以提高全省城镇化发展水平为主线，以促进粤东西北振兴发展和珠三角优化发展为重点，探索绿色低碳发展模式，加快推进住有所居，提高建筑业综合实力，努力开创了我省住房城乡建设工作新局面。

（一）研究实施新型城镇化战略，推动协调发展

落实党的十八大精神，结合广东实际，省厅组织编制了《广东省新型城镇化规划》，分析广东近35年城镇化发展历程特征，确立了新型城镇化发展战略。与农业银行广东省分行、国家开发银行广东省分行开展了城镇化金融合作，引导各类资金支持我省新型城镇化和粤东西北扩容提质建设，已促成签约22个项目，贷款金额180亿元。与珠海、清远、梅州、汕尾等市签订了推进城镇化合作框架协议，省市携手提高城镇化发展水平。省出台了《推动粤东西北地区地级市中心城区扩容提质工作方案》，明确了中心城区扩容提质的主要任务，并就中心城区如何统筹空间发展、推进重点项目建设等提出了具体工作要求。清远市作为省的试点，扩容提质工作进展顺利、成绩显著，2014年1月13日在清远召开了粤东西北地区地级市中心城区扩容提质现场会。在珠三角开展城际轨道交通站点周边TOD综合开发规划，完成了第二批7个站场TOD综合开发规划编制工作，创新了区域空间发展模式。以珠海市斗门镇为省镇域城乡发展一体化规划编制试点，探索县域城乡发展一体化的途径。推动信息化与城镇化协同发展，着手建设集智慧规划、智慧建造、智慧住房和智慧城乡基础设施于一体的广东省智慧城乡空间信息服务平台。

（二）提高低碳生态建设水平，推动美丽发展

省政府与住房城乡建设部于2013年11月签订了全国首个省部合作《关于共建低碳生态城市建设示范省合作框架协议》。深圳光明新区、肇庆新区在创新低碳生态规划管理机制、推进低碳生态试点示范项目建设等方面已取得了不少好经验。在全国率先启动生态控

▲2014年2月17日，全省住房城乡建设工作会议在广州市召开

（广东省住房和城乡建设厅办公室供稿）

制线划定工作，坚守生态屏障，严控城市建设用地增长边界。完善绿道网络体系，着力打造绿道网“公共目的地”。至2013年末，珠三角共建成绿道8298公里，粤东西北累计建成省立绿道1183公里。以创建园林城市为手段提升园林绿化水平，全省城市人均公园绿地面积达14.7平方米。阳江、清远市被评为国家园林城市，台山市被评为省园林城市。“岭南园”参展第九届中国（北京）国际园林博览会获社会广泛好评。开展水质督察和四大流域水质预警系统建设，提升了供水安全防范能力。继续推动宜居城乡创建活动，全年全省共创建925个宜居社区，11个宜居范例，53宜居示范城镇、142宜居示范村庄。新增51个村庄列入中国传统村落名录。全省村庄规划覆盖率达55%。广州市被住房城乡建设部确定为全国村庄规划编制和信息化建设试点城市。推广县域统筹、整县推进农村生活垃圾处理模式，全省68个县（市）已开工建设或建成生活垃圾无害化填埋场或焚烧厂，1049个建制镇已全部建成一座以上生活垃圾转运站，14万个自然村已全部建成一座以上生活垃圾收集点。

(三）推进住有所居，推动和谐发展

贯彻落实国家各项房地产市场调控政策，对房地产市场运行进行了监测分析，促进房地产市场平稳运行。开展了住房制度研究，探索建立全口径的住房供应政策体系。全省房地产开发投资6519亿元，同比增长21.8%，占全社会固定资产投资比重29%；房地产税收收入1486亿元，同比增长16.8%，占全省地税收入的29%。住房信息系统建设顺利推进，省、市房地产数据中心实现了联网。开展住房保障需求调查，完善以需定建的决策机制，广州、深圳、中山等市推进较快。全省新开工建设保障性安居工程8.81万套，新增发放租赁补贴9138户，基本建成保障性住房13.89万套，分别完成国家年度任务的112.4%、181.7%和119.4%。推进住房保障制度改革创新，基本建立以公租房为主要保障方式的新型住房保障制度。规范保障性住房分配管理，各地不断健全准入和退出制度。印发实施《广东省棚户区改造实施意见》，启动新一轮棚户区改造工作。完成了国家下达我省的3万户农村危房改造年度任务，推进以船为家渔民上岸安居工程。促进住房公积金缴存扩面，全省缴存职工人数达1139万人，新增82万人，住房公积金覆盖率达46.97%。全省缴存总额为6109亿元，新增1258亿元；缴存余额为2666亿元，新增447亿元。全省个人住房公积金发放贷款累计为92万缴存职工解决住房问题提供了支持。

(四）提升建筑业综合实力，推动转型发展

研究以部品化、集成化、智能化为方向，重构建筑业产业体系，推动建筑业向高新科技产业转型。完善建筑节能制度体系，省发布了《广东省绿色建筑行动实施方案》，全省绿色建筑项目新增90个，建筑面积约1143万平方米。组织开展“岭南近现代建筑”资料册的编辑整理，开展了第二届岭南特色规划和建筑设计评优活动，引导各地加强对岭南特色建筑的保护，传承城乡历史文脉。出台了《关于加强建设工程交易中心规范化管理的意见》，强化对建设工程招标投标活动的监管。以广州、惠州、肇庆为试点开展守信激励失信惩戒诚信体系建设。发布了《广东省建设工程概算编制办法》和《广东省房屋建筑工程概算定额》等，完善建设工程概算管理。全年全省在建房屋市政工程共发生施工生产安全事故19起，死亡18人，为省政府下达的房屋市政工程施工安全生产控制指标（42人）的42.9%，没有发生较大及以上施工安全事故。建设科技水平不断提高，评出208项省级工法，10项工程完成新技术应用示范工程的专项验收，47个项目被列入《住房和城乡建设部2013年科学技术项目计划》，发布了6项广东省建设行业地方标准。

(五）加快审批制度改革和立法，强化执法监察，优化法治化营商环境

推进行政审批制度改革，取消、下放和转移行政审批事项共13项，承接住房城乡建设部下放我厅审批事项1项。建设网上办事大厅，企业和个人办事电子化程度大幅度提高，由省厅审批的企业资质100%实现全过程网上申报审批。积极推进立法，《广东省城乡规划条例》、《广东省城镇住房保障办法》、《广东省绿道建设管理规定》于2013年起实施，《广东省建设工程质量管理条例》已经省人大常委会审议通过，将于2014年3月起实施。认真做好行政复议、行政应诉和法制宣传教育工作。加强建设执法监察，促进全系统依法行政。省出台了《广东省城乡规划督察办法》，新聘任11位规划督察员，将规划督察范围覆盖全省，将单一巡察的方式改为巡察和派驻相结合。深入推进行政执法规范化建设，组织编制自由裁量权基准，对各地行政执法工作进行了监督核查。组织专业法律法规培训考试，全系统共7665名执法人员参加了培训考试，通过率为94%。省厅查办、转办案件30宗，震慑了违法违规行为。开展建材打假专项行动，立案查处359宗，涉及金额4700万元，有效遏制假冒伪劣建材产品的生产、销售和使用。

(六）密切联系群众，切实改进工作作风

省厅作为第一批党的群众路线教育实践活动单位，厅党组高度重视，率先垂范，深入开展活动，召开了专题民主生活会，积极查摆问题，深度剖析，坚持问题导向进行专项整治，解决了一批实事，提高了工作效率，兴起了节俭之风，融洽了干群关系，进一步打开了工作局面。制定了《广东省住房城乡建设厅联系基层制度实施方案（2013~2015年试行)》，帮助解决粤东西北各市行业发展中存在的问题和困难。印发了《关于贯彻十八大精神，实现住房城乡建设事业新发展

的指导意见》。开展民主评议政风行风工作，参加“民声热线”，提高政务服务水平。开展廉政风险防控工作，加强监督检查，推进了党风廉政建设和反腐败工作。精神文明工作取得新进展。

二、新形势，新认识

党的十八届三中全会和中央城镇化工作会议，以及省委十一届三次全会的召开，赋予了住房城乡建设系统新的历史重任。我们一定要认清形势，把握机遇，迎接挑战，有所作为。我们清楚，广东住房城乡建设事业在取得成就的同时也存在着一系列发展不足的问题。主要表现在：对新型城镇化发展模式的认识还不清晰，区域发展不平衡的问题依然突出；城乡建设模式依然粗放，城乡特色不够鲜明，公共服务和基础设施配套不足；生态环境形势严峻，农村人居环境改善任重道远；住房供应体系和住房保障体系尚不健全；建筑业转型升级缓慢，绿色发展理念和模式尚未确立；住房城乡建设不少领域改革滞后，市场配置资源的决定性作用还存在体制机制障碍等等。

中央城镇化工作会议是建国以来中央第一次专门部署城镇化工作的重要会议。会议明确提出推进城镇化的指导思想、主要目标、基本原则和重点任务，既是住房城乡建设工作的重要遵循，更与住房城乡建设系统的主要工作息息相关。省委十一届三次全会是关系广东未来20年改革发展的重要会议。会议提出要在“五个突破”继续走在全国改革前列，增创广东发展新优势，即突破思想观念的束缚、突破发展升级的瓶颈、突破对外开放的局限、突破社会转型的难题，突破利益固化的藩篱。会议通过的《中共广东省委贯彻落实〈中共中央关于全面深化改革若干重大问题的决定〉的意见》，提出了15个重点领域、共52项具体改革任务及时间表。要落实好全面深化改革和城镇化发展这两大任务，首先还是认识问题。我今天提出三个问题：一是如何认识新型城镇化的核心是以人为本；二是如何破解城市建设的路径依赖；三是如何看待住房城乡建设系统转变政府职能。

三、2014年主要工作

2014年，我省住房城乡建设事业发展总的指导思想是：贯彻落实党的十八大、十八届三中全会、中央经济工作会议、中央城镇化工作会议和省委十一届三次全会精神，以全面深化改革为主题，以推进新型城镇化为主线，以增进民生福祉为依归，更加注重区域协调发展，更加突出城乡统筹，践行绿色建设，推进住有所居，推动建筑业转型升级，增创住房城乡建设事业发展新优势。

（一）积极稳妥推进新型城镇化，再创区域发展新优势

一是创建国家新型城镇化示范省。朱小丹省长在省第十二届人大第二次会议上的《政府工作报告》中明确提出“积极创建国家新型城镇化示范省”，这是省委、省政府的重大战略部署。以城市群为主体形态推进城镇化，实施都市区一体化的新型城镇化战略，是实现区域协调发展的新课题。建立跨行政区的、以城市群（都市区）为发展单元的生产力布局和市场组织体制机制，增创广东区域空间发展新优势。健全省城乡规划委员会制度，充分发挥其统筹新型城镇化示范省建设的作用。筹备召开全省新型城镇化工作会议，报请省委、省政府出台《广东省新型城镇化规划》、《关于贯彻中央城镇化工作会议精神的若干意见》等。

二是推进珠三角地区优化发展。开展珠三角城市升级行动，加快一体化提质进程，建设与国际先进城市媲美的怡人城市和综合实力更强的现代化国际化大都市区。提请编制《大珠三角2049年远景发展战略规划》，深化粤港澳规划合作，打造世界级城市群的珠江模式，谋划长远发展。构建“广佛肇+清远、云浮”，“深莞惠+汕尾、河源”，“珠中江+阳江”三大新型都市区，推进珠三角核心区与环珠三角城市一体化发展。推进珠三角轨道交通一体化、公交化和站点周边土地TOD综合利用。研究制定城市存量土地空间发展权转移机制的政策指引，并在珠三角试点推进。

三是促进粤东西北地区加快发展。实施《推动粤东西北地区地级市中心城区扩容提质工作方案》，增强粤东西北地区中心城区的综合实力和辐射带动力。粤东西北地区各地级市要尽快编制中心城区扩容提质近期建设规划，筹划扩容提质的专项行动、具体项目及建设时序，着力抓好重点任务推进和重大项目建设，合理拓展中心城区发展空间，积极吸引人口集聚，推进绿色建设，提高城市综合承载力。以清远、茂名、云浮等市为试点，创新中心城区扩容提质重点领域的开发建设模式。协调省直有关部门落实支持政策，指导珠三角在规划、项目建设等方面对口帮扶粤东西北，提供更加实质性的支持。

四是推动区域、城乡基础设施一体化和基本公共服务均等化。通过城镇群、区域城镇规划，推动区域性基础设施和重大公共服务项目向粤东西北倾斜。破除城乡二元结构，城乡统筹推进城乡建设规划、产业布局、基础设施、公共服务等一体化。将市辖区的村镇基础设施配套建设纳入城市基础设施专项规划统筹考虑、同步推进；加大市、县财政对县域村镇建设的反哺支持力度，推动形成县域村镇基础设施建设资金的合理分担机制，大力发展农村公共事业。

五是加大历史文化保护力度和传承岭南文化。报请省政府出台《关于进一步加强我省历史建筑保护工作的实施意见》。组织开展历史建筑的保育活化政策、修缮维护技术等研究。各市要落实《广东省城乡规划条例》有关历史文化保护规定，建立历史文化保护区和历史建筑保护名录，在城乡规划建设中注重自然山

水和历史文化的保护传承，形成城市风貌特色。出版《广东岭南近现代建筑》。以岭南特色评优活动为载体，营造繁荣岭南建筑文化的舆论氛围。开展历史文化名城名镇名村、历史文化街区和传统村落的认定、规划编制及保护工作。

六是深度开展对外交流与合作。以全球视野，对标先进城市发展质量、城镇化模式、地区特色和区域协调体制机制，研究建立广东加强与国际发达地区的全方位交流、合作机制。落实粤港澳共建优质生活圈专项规划，推动环珠江口宜居湾区建设行动计划实施。加强与中国市长协会的合作，继续办好市长班，组织我省市长参加中欧城市论坛。开展国际交流和合作，就都市区协调机制、低碳生态城市建设、城乡规划管理、城市历史文化保护等方面搭建高水平开放式机制平台。

（二）探索低碳生态发展模式，树立广东绿色建设新标杆

一是推进国家低碳生态城市示范省建设。确立绿色生态城区、绿色生态社区、绿色基础设施以及绿色建筑、绿色施工、绿色能源运用、绿色物业管理等全领域的绿色建设模式，打响广东“绿色建设”品牌。以实施省部共建低碳生态城市建设示范省合作框架协议为契机，提请省政府印发《广东省人民政府关于推进低碳生态城市建设工作的若干意见》，建立符合广东实际的低碳生态城市规划建设指标体系，健全从规划编制到建设实施全过程的低碳生态城市建设管理机制。各市要开展低碳生态城市建设专项规划编制，建立低碳化城乡规划管理和实施机制，积极打造省级绿色生态示范城区。推动有条件的城镇申报国家绿色生态示范城区和国家绿色低碳重点小城镇试点示范。

二是延伸绿道网构建绿色基础设施体系。继续推动绿道网建设，加强绿道管理和综合利用。有序延伸绿道网，构建由区域绿地、城乡公园、植物园、河湖湿地等生态板块和河道走廊、海岸线、绿道等生态廊道构成的生态网络体系。对接国家公园创新理念，探索建立我省国家–省立–市立公园体系和绿色基础设施支持系统。积极规划建设城市步行和自行车“绿道”，改善居民出行环境。

三是落实生态控制线划定工作。在珠三角和粤东西北地区各选取1~2个城市进行试点，及时总结推广经验。加强督导，确保各市按要求完成生态控制线划定工作任务。加快《广东省生态控制线管理条例》立法。

四是先地下后地上推进城市基础设施建设。出台加强城市基础设施建设、排水防涝设施建设等政策文件。开展城市地下管线现状调查研究，推广地下管线综合管廊建设。以推动排水防涝、地下管网、污水和垃圾处理、生态绿地、公交和慢行交通等建设为重点，提升城市综合承载能力。

五是规模化发展绿色建筑。开展“绿色建设”适用技术研究，突出解决建筑节能和绿色建筑发展的重大技术问题，建立绿色建设全过程的标准体系。实施建筑能效测评标识制度，全面开展一、二星绿色建筑评价标识。全省大型公共建筑、政府投资的公益性建筑、广州和深圳的保障性住房以及全省所有城市新区建筑要全面执行绿色建筑标准。鼓励科研单位和生产企业开展绿色建材的研究和生产，定期公布建筑节能绿色低碳产品推广目录。开展城市降温行动，从城市规划环节把关，做好城市建筑通风、遮阳、采光和用电指标的审核。稳步推进既有建筑改造，推广可再生能源建筑应用集中连片示范建设。

六是推动绿色施工。加强施工的科学策划和过程管理，转变粗放型的施工方式，提高建筑施工节材、节水、节能水平和技术含量，有效控制施工扬尘和噪声，促进建筑垃圾减量和再利用，节约施工用地，减少施工对环境的负面影响。以部品化、集成化、智能化为方向，逐步改变建筑的生产方式。

七是深入开展宜居城乡创建活动。继续开展“宜居城镇”、“宜居村庄”、“宜居社区”和“宜居环境范例奖”的示范和评选工作，发挥典型带动效应。按照住房城乡建设部部署，创建“美丽宜居小镇”、“美丽宜居乡村”示范点。

（三）加快城乡一体化进程，不断改善农村人居环境

一是开展农村人居环境综合整治。以推广简易适用技术、保护生态和农村特色、传承乡土文化为原则，以推进农村泥砖房改造为契机，开展农村人居环境综合整治。大力推进新型村庄规划编制，全面提高村庄规划编制质量和覆盖率。开展农村生活垃圾分类试点建设和农村生活污水分类处理试点，建立县域统筹的农村生活垃圾收运处理体系和农村生活污水处理系统，实现全省农村生活垃圾、污水处理“三年大变样”。

二是指导做好农村住房建设工作。报请省政府出台实施《广东省解决农村泥砖房问题实施方案》。推进农村危房改造，实施以船为家渔民上岸安居工程，逐步规范农村住房设计和施工建设管理。开展农村新型社区建设，将农村住房建设与农村社区规范化建设、营造乡村特色景观风貌有机结合。

三是推进城乡规划一体化。以开展城乡发展一体化规划编制为抓手，探索建立城乡发展一体化的规划管理和实施机制。抓好县（市）域城乡发展一体化规划编制和实施试点。探索以规划为依据，明确建设用地的功能布局、性质用途和开发强度，确定交易的基本条件，推动建立城乡统一的建设用地市场。推动国家重点镇、省中心镇加快发展。

四是加强村镇规划建设管理。用改革要求检视现状村镇规划建设管理体制机制，系统研究提出改革措

施。完善乡镇建设管理员队伍建设，加强村镇规划实施管理和农房建设指导与监管。在粤东西北和珠三角地区各选取一个县（市），试点推进乡村建设规划许可证制度和农村房屋产权确权登记颁证。

（四）完善住房保障和住房供应体系，加快推进住有所居

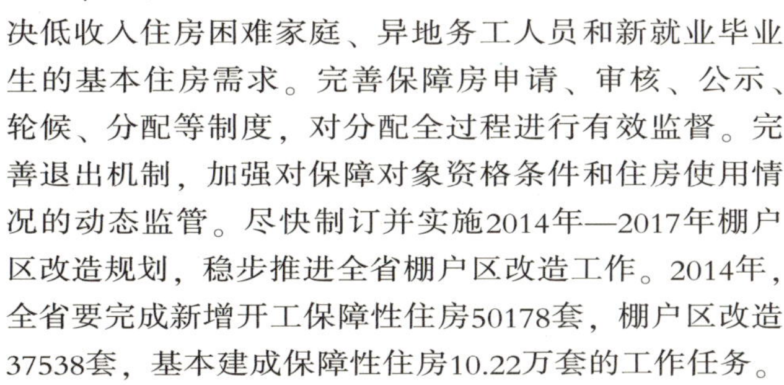

一是建立以公共租赁住房为主要保障方式的住房保障体系，逐步扩大住房保障范围。适应新型城镇化发展要求，确立以需定建原则，将廉租房、公租房等多种住房保障方式逐步统一为以公共租赁住房为主要保障方式。通过供应公共租赁住房、提供租赁补贴等方式逐步解决低收入住房困难家庭、异地务工人员和新就业毕业生的基本住房需求。完善保障房申请、审核、公示、轮候、分配等制度，对分配全过程进行有效监督。完善退出机制，加强对保障对象资格条件和住房使用情况的动态监管。尽快制订并实施2014年—2017年棚户区改造规划，稳步推进全省棚户区改造工作。2014年，全省要完成新增开工保障性住房50178套，棚户区改造37538套，基本建成保障性住房10.22万套的工作任务。

▲广州市广氮花园保障房小区（2013）　（广州市国土资源和房屋管理局供稿）

二是构建总量平衡、结构合理的全口径住房供应体系，保障居民住有所居。以城市住房建设规划为抓手，构建商品住房、共有产权住房、公共租赁住房等类型为主体的多层次住房供应体系。通过金融税收等经济手段，鼓励自住型住房消费，遏制投资投机型住房消费，促进房地产市场平稳健康发展。根据国家的部署，探索共有产权住房模式，根据定价标准及个人出资数额，确定个人和政府持有住房产权的相应比例产权。

三是加强住房公积金监管，扩大缴存覆盖面。坚持把资金安全作为重点加强住房公积金的监管。建设全省住房公积金监管信息系统。指导各地对缴存人群进行调查摸底，进一步落实住房公积金制度，扩大缴存覆盖面，充分发挥住房公积金制度在解决缴存职工自住房问题中的作用。

（五）实施创新驱动战略，加快建筑业转型升级

一是制定广东省建筑业发展规划。建筑业作为我省经济的支柱产业和民生保障的基础产业，在推动新型城镇化、吸纳就业等方面发挥重要作用。为此，要制定全省建筑业发展规划，建立促进建筑业转型升级的制度政策体系，提升建筑业创新能力，构筑建筑业核心竞争力；重视珠三角城市更新和粤东西北扩容提质的发展契机，探索资本带动项目、项目组合开发、开发服务发展的绿色建设集合生产方式，拓展建筑业产业链和事业面，培育创新型企业组织和新型骨干龙头企业。

二是创新建筑市场监管模式。最大限度减少政府对建筑市场的干预，让市场在建筑资源配置中发挥决定性作用。逐步取消建设工程中介咨询服务机构资质行政审批，由行业协会组织自律管理，强化从业人员资格的市场监管。取消社会私营以及部分政府工程项目的强制监理，强化建设单位项目管理责任。改革招投标制度，推行公开和透明的工程招投标管理制度，明确建设单位在招标过程中的主体地位和法律责任。建设全省建设工程项目信息数据库，建立市场诚信体系。制订工程初步设计、施工图设计节能篇的标准范本和施工图节能审查意见的标准范本，规范勘察设计市场。

三是提高建筑科技含量。推动建筑工业化和标准化体系建设。发挥我省在装备制造领域的人才、技术优势，鼓励有条件的地区整合引进装备制造、建材生产、设计咨询、资金物流等资源要素，支持鼓励低碳环保型和智能科技型建筑产业项目建设，推动建筑业的创新驱动和高新技术转型。引导建筑设计单位、施工企业加快推进建筑工业化进程，运用先进适用技术，以构件预制化生产、装配式施工为生产方式，以设计标准化、构件部品化、施工机械化为特征，整合设计、生产、施工等整个产业链，实现建筑产品节能、环保、全生命周期价值最大化的可持续发展。

四是强化建筑工程质量安全管理。完善建设工程质量安全管理制度和机制，规范工程质量安全监督行为，落实工程质量安全主体责任和监管责任。全面推行质量样板引路制度，强化对工程质量检测行为的监管。开展建筑施工安全生产标准化达标创建活动，加强工程质量安全教育培训，提高事故预防和应急处置能力。充分应用信息技术强化对建筑工程质量安全的

监管，促进全省建筑工程质量水平提高和施工安全生产形势稳定好转。

（六）深化住房城乡建设领域改革，充分发挥市场配置资源的决定性作用和更好发挥政府作用

一是转变政府职能。市场能调节的交给市场，政府该引导和监管的明晰到位。实现审批式向服务型转变，继续精简审批事项，进一步释放市场活力。优化审批流程，压减前置审批环节，推行并联审批等方法。完善网上办事大厅，大力推行行政许可电子化申办审批。研究创新建设市场资质管理模式，建立个人执业资格终身负责制，建设开放统一的建设市场体系。

二是推进规划体制改革。以强化城市开发边界、生态控制线的空间管制为切入点，推进城市规划管理由扩张性向限定城市边界、优化空间结构的转变。按照“一张蓝图干到底”的要求，理顺各类空间规划的关系，构建协调统一的空间规划体系。强化城乡规划对空间配置的综合调控作用和公共政策属性，切实加强对城乡生产—生活—生态空间管制、战略性资源节约集约利用、关键性公共服务和基础设施布局建设的有效统筹。推广广州市经验，创新“三规融合”体制机制，探索经济社会发展规划、城乡规划、土地利用规划的“三规融合”及“多规融合”。创新与新型城镇化相适应的城乡规划建设管理机制，加强和改进“一书三证”规划行政许可机制，优化规划审批流程，提高规划管理效能。建立城乡规划实施监测与评估机制，加强规划效能监察。加快建设“智慧城乡空间信息服务平台”，并通过卫星遥感技术等手段动态监测城乡规划的实施，定期公布监测评估报告。

三是建立城镇化建设多元可持续资金保障机制。开展城市基础设施建设投融资机制研究，针对不同类型的城市基础设施分类提出投融资模式指引。拓宽民间投资的领域和范围，对各类投资主体实施同样的价格、税收、土地政策和政府补贴。指导各市建立我省城市基础设施建设项目库，搭建项目建设与社会资本对接平台。推动建立省级城市基础设施融资平台，用市场化方式融资，带动民间资本投入，实现对粤东西北城市建设规模化投资支持。推进城市建设项目金融创新，灵活应用BT、BOT、TOT、PPP等多种融资方式，推动发行债券、基金股权融资、资产租赁等直接融资。配合金融主管部门探索设立政策性住房银行，鼓励优质商业地产开展投资信托基金业务。开展住房抵押贷款证券化试点，缓解银行短存长贷矛盾。推广房地产项目配建、开发企业代建等多种模式，鼓励社会资金投入保障性住房建设。

四是制定行业负面清单和部门权责清单。推动建立并落实内外资、国有民间资本统一待遇的法律法规制度。制定行业负面清单，明确禁止类和限制类产业，落实“非禁即入”原则，消除隐性准入障碍，清理、修改、废除与负面清单管理方式改革要求不相适应的地方性法规、规章和规范性文件。各级行政主管部门要按照省的部署，研究制定横向和纵向权责清单，做到职权清晰，责任明确，“非许即禁”，减少对市场的干预。

五是加强法制建设。继续完善住房城乡建设法规体系，开展《广东省城乡生活垃圾管理条例》、《广东省生态控制线管理条例》、《广东省建设工程造价管理规定》等立法调研和修订工作。研究制定《广东省建设执法监察工作规定》。

六是强化执法监察。整合执法主体，着力解决交叉、多头执法问题。理顺城管执法体制，提高执法和服务水平。完善行政执法程序，规范执法自由裁量权。创建执法规范化示范市、示范单位和示范项目，深化执法规范化建设，提高全系统执法队伍整体水平。加大城乡规划督察力度，提升督察权威。加大重大案件查办力度，开展违法建筑、建设工程领域招投标围标串标分标、使用假冒伪劣建材、违规使用公积金等问题专项稽查执法。

（七）党的建设和队伍建设一起抓，增强创造力凝聚力战斗力

全面深化住房城乡建设事业改革必须加强党的建设，需要有力的组织保证和队伍建设支撑。全系统党组织要按照思想建设、组织建设、作风建设、制度建设和反腐倡廉建设“五位一体”党的建设总体布局，善于用改革的办法和创新的思路提高领导水平、发展水平、创新能力和执行能力。要切实把思想和行动统一到省委全面深化改革工作的总体部署上来，认真履行对本地区本部门改革的领导责任，完善科学民主决策机制，正确对待利益格局调整，确保中央和省委政令畅通，坚定不移落实改革决策部署。要充分发挥基层党组织的战斗堡垒作用和共产党员的先锋模范作用，不断提高推动改革的实践能力，以问题为导向，做出改革具体部署、具体规划、具体要求，把各项改革举措落到实处，全力以赴完成省委、省政府交办给我们系统的各项任务。要深化干部人事制度改革，建立集聚人才机制，拓宽选人视野和渠道，让各类人才都有施展才华的舞台。注重培养和选拔住房城乡建设事业改革所需的领导干部和专门人才，适应新形势新挑战和改革新任务新要求，使勇于且善于改革的人才脱颖而出。此外，对腐败现象要零容忍，要将反腐败工作作为党建工作的底线、队伍建设的红线、事业发展的生命线。

同志们，做好今年住房城乡建设各项工作，任务艰巨、责任重大。让我们以更加坚定的信心、更加扎实的作风和更加高效的执行力，不断谱写我省住房城乡建设事业改革发展的新篇章，为实现广东“三个定位、两个率先”目标作出新的贡献！

法规文件

广东省建设工程质量管理条例

（广东省第八届人民代表大会常务委员会第二十四次会议1996年9月25日通过，广东省第十二届人民代表大会常务委员会第四次会议2013年9月27日第一次修订，自2014年3月1日起施行）

第一章　总　则

第一条　为了加强建设工程质量管理，保证建设工程质量和安全，保障公民、法人和其他组织的合法权益，根据《中华人民共和国建筑法》、《建设工程质量管理条例》等法律、行政法规，结合本省实际，制定本条例。

第二条　本条例适用于本省行政区域内建设工程的新建、扩建、改建等活动以及对建设工程质量的监督管理。

本条例所称建设工程，是指土木工程、建筑工程、线路管道和设备安装工程及装修工程。

第三条　建设工程质量应当符合法律、法规、规章和技术标准的规定，满足合同约定和设计文件的要求。

建设单位、勘察单位、设计单位、施工单位、监理单位依法对建设工程质量负责；施工图设计文件审查单位、工程质量检测单位、商品混凝土生产单位、混凝土预制构件生产单位依法承担相应质量义务。

第四条　县级以上人民政府住房城乡建设主管部门负责本行政区域建设工程质量监督管理。

交通运输、水行政等主管部门负责本行政区域交通运输、水利等专业建设工程质量监督管理。

公安消防、环境保护、质量技术监督、工商行政管理、人民防空、气象等相关部门按照职责分工，负责建设工程质量的相关监督管理。

各级人民政府应当为建设工程质量监督管理工作提供保障。

第五条　工程质量监督机构根据住房城乡建设主管部门或者交通运输、水行政等主管部门的委托，依据法律、法规和工程建设强制性标准实施建设工程质量监督管理。

第六条　各级人民政府鼓励建设单位、勘察单位、设计单位、施工单位、监理单位等采用先进科学技术和管理办法，提高建设工程质量水平；鼓励金融、保险机构开展工程质量担保和工程质量保险业务；鼓励建设单位、勘察单位、设计单位、施工单位、监理单位等实行工程质量担保和工程质量保险。

第二章　质量义务

第七条　建设单位应当依法加强建设工程质量管理，承担下列质量义务：

（一）采购的建筑材料、商品混凝土、混凝土预制构件、建筑构配件和设备应当符合产品质量标准、设计要求和合同约定，有产品出厂质量合格证明文件，国家实行生产许可证管理、强制性产品认证管理的应当具有相应证书，属进口的应当具有商检部门签发的商检合格证书；

（二）对拟采用的无现行工程建设强制性标准的新技术、新工艺、新材料，组织技术论证，按照规定报相关主管部门核准后采用；

（三）委托具有相应资格的施工图设计文件审查单位或者按照规定报有关行政主管部门组织施工图设计文件审查，经审查合格后再用于施工；

（四）按照有关规定组织制定工程质量检测方案，委托具有相应资质的工程质量检测单位进行工程质量检测，见证或者委托监理单位见证取样送检、现场检测；

（五）发生工程质量事故时，在接到事故现场报告后一小时内向事故发生地县级以上住房城乡建设主管部门或者交通运输、水行政等主管部门报告，并采取措施防止事故扩大，配合有关部门做好事故调查处理工作；

（六）按照技术标准、国家有关规定组织工程质量验收和工程竣工验收。

第八条　勘察单位应当依法开展建设工程勘察工作，承担下列质量义务：

（一）按照国家有关建设工程勘察文件编制深度要求，编制真实、准确的工程勘察文件；

（二）参加建设单位或者监理单位组织的勘察设计交底和文件图纸会审，对编制的工程勘察文件以书面形式向建设单位、设计单位、施工单位、监理单位作出详细说明；

（三）按照技术标准、国家有关规定及合同约定参加工程质量验收和工程竣工验收；

（四）参加相关工程质量问题和质量事故处理，对因勘察造成的质量问题、质量事故提出相应技术处理方案；

（五）参加处理工程施工中出现的与勘察有关的其他问题。

第九条 设计单位应当依法开展建设工程设计，承担下列质量义务：

（一）按照国家有关建设工程设计文件编制深度要求，编制工程设计文件；

（二）参加建设单位或者监理单位组织的勘察设计交底和文件图纸会审，对编制的工程设计文件以书面形式向建设单位、施工单位、监理单位作出详细说明；

（三）按照技术标准、国家有关规定及合同约定参加工程质量验收和工程竣工验收；

（四）参加工程质量问题处理和质量事故处理，对质量问题、质量事故提出相应技术处理方案；

（五）对设计采用新材料、新技术的工程，按照国家有关规定向工程施工现场派驻设计代表；

（六）参加处理工程施工中出现的与设计有关的其他问题。

第十条 施工单位应当依法开展建设工程施工，承担下列质量义务：

（一）建立健全工程项目质量管理体系，确定项目的负责人、技术负责人、施工管理负责人，配备相应数量的职业技术人员；

（二）建立健全质量责任制，由项目负责人全面负责施工现场质量管理工作，变更项目负责人的，按照有关规定办理变更手续；

（三）采购的建筑材料、商品混凝土、混凝土预制构件、建筑构配件和设备应当符合产品质量标准、设计要求和合同约定，有产品出厂质量合格证明文件，国家实行生产许可证管理、强制性产品认证管理的应当具有相应的证书，属进口的应当具有商检部门签发的商检合格证书；

（四）对采用的建筑材料、商品混凝土、混凝土预制构件、建筑构配件和设备等，经自检合格后报建设单位或者监理单位核验签字确认，对国家和省规定应当实行抽样检测的建筑材料、商品混凝土、混凝土预制构件、建筑构配件和设备等，在建设单位或者监理单位见证下取样送检，经检测合格后使用；

（五）根据工程施工进度，告知建设单位委托的工程质量检测单位进行工程质量检测；

（六）根据技术标准和工程施工进度，对工程质量进行自检，报请建设单位或者监理单位组织工程质量验收，经验收合格后进行后续施工；

（七）建立健全施工人员教育培训考核制度，未经考核或者考核不合格的人员，不得上岗作业；

（八）制定工程质量事故应急预案，组织应急演练；

（九）发生工程质量事故，立即向建设单位报告，情况紧急时应当直接向事故发生地县级以上住房城乡建设主管部门或者交通运输、水行政等主管部门报告；

（十）参加处理相关工程质量问题和质量事故。

第十一条 监理单位应当依法对建设工程实施监理，承担下列质量义务：

（一）成立项目监理机构，配备相应数量的监理人员；

（二）不得指定建筑材料、商品混凝土、混凝土预制构件、建筑构配件和设备的生产、供应单位；

（三）发现勘察设计文件不符合工程建设技术标准的，及时责令施工单位停止执行，告知建设单位由建设单位处理，发现违反法律、法规和工程建设强制性标准问题的，报住房城乡建设主管部门或者交通运输、水行政等主管部门处理；

（四）发现建筑材料、商品混凝土、混凝土预制构件、建筑构配件和设备存在质量问题的，及时要求施工单位停止使用；

（五）发现施工单位不按照审查合格的施工图设计文件施工或者有其他违法违规行为的，及时予以制止；

（六）不得执行建设单位发出的违反法律、法规和工程建设强制性标准的指令；

（七）按照技术标准和国家有关规定组织或者参加工程质量验收和工程竣工验收；对涉及结构安全和主要使用功能的重要部位、重要环节的隐蔽工程验收，提前报告有关行政主管部门或者其委托的工程质量监督机构；

（八）按月向有关行政主管部门或者其委托的工程质量监督机构提交工程质量监理报告。

第十二条 施工图设计文件审查单位应当依法对建设工程施工图设计文件进行审查，承担下列质量义务：

（一）不得以其他单位名义或者允许其他单位、个人以本单位名义承揽审查业务；

（二）使用符合相关行业管理规定条件的审查人员；

（三）按照有关法律、法规对施工图设计文件涉及公共利益、公众安全和工程建设强制性标准的内容进行审查，出具真实、准确的审查结论；

（四）对审查不合格的施工图设计文件，向建设单位一次性书面告知审查认定不合格的事实与依据，并提出修改后重新送审要求；

（五）对审查合格的施工图设计文件逐页加盖单位审查专用章，出具审查合格书并报住房城乡建设主管

部门或者交通运输、水行政等主管部门备案;

(六)建立项目审查档案,完整归档保存;

(七)发现违反法律、法规和工程建设强制性标准问题的,报住房城乡建设主管部门或者交通运输、水行政等主管部门处理。

第十三条 工程质量检测单位应当依法对建设工程质量进行检测,承担下列质量义务:

(一)在资质证书许可的范围内承揽检测业务;

(二)不得以其他单位名义或者允许其他单位、个人以本单位名义承揽检测业务;

(三)使用符合相关行业管理规定条件的检测人员;

(四)按照技术标准进行检测,出具真实、准确的检测数据和检测报告;

(五)建立检测事项台账,并将工程主体结构安全和主要使用功能检测的不合格事项及时报告有关行政主管部门或者其委托的工程质量监督机构;

(六)建立项目工程质量检测档案,检测合同、检测原始记录、检测报告应当连续编号,不得抽撤和涂改;

(七)建立工程质量检测信息系统,及时向住房城乡建设主管部门或者交通运输、水行政等主管部门的工程质量检测监管信息系统上传检测信息。

第十四条 商品混凝土生产单位、混凝土预制构件生产单位承担下列质量义务:

(一)在资质证书许可的范围内承揽生产业务;

(二)不得以其他单位名义或者允许其他单位、个人以本单位名义承揽生产业务;

(三)按照技术标准对生产的商品混凝土、混凝土预制构件及其使用的原材料进行检验,不得使用未经检验或者检验不合格的原材料,不得供应未经检验或者检验不合格的商品混凝土、混凝土预制构件;

(四)为出厂的商品混凝土、混凝土预制构件出具质量合格证明文件;

(五)在出厂的混凝土预制构件上镶嵌注明产品名称、规格型号、生产日期、生产单位的标牌;

(六)参加处理相关工程质量问题和质量事故。

第十五条 建设单位、勘察单位、设计单位、施工单位、监理单位、施工图设计文件审查单位、工程质量检测单位、商品混凝土生产单位、混凝土预制构件生产单位的有关人员,按照国家有关规定在工程设计使用年限内承担相应的工程质量义务。

前款所述单位的法定代表人对本单位的质量管理负全面责任,技术负责人对本单位的质量管理负技术责任,项目负责人对所承担项目的质量负管理责任,注册执业人员等专业技术人员对所承担的工作负专业质量责任,其他人员对所承担的工作负相应责任。

第三章 工程质量控制与验收

第十六条 建设单位不得肢解发包工程,勘察单位、设计单位、施工单位不得转包或者违法分包所承揽的工程,监理单位、施工图设计文件审查单位、工程质量检测单位、商品混凝土生产单位、混凝土预制构件生产单位不得转让所承揽的业务。

第十七条 建设工程应当坚持先勘察,后设计,再施工的原则,禁止边勘察、边设计、边施工。

勘察文件经施工图设计文件审查单位或者依法按其他有关规定审查合格后,方可作为建设工程设计的依据。

施工图设计文件经施工图设计文件审查单位或者依法按其他有关规定审查合格后,方可作为建设工程施工的依据。

第十八条 施工图设计文件中涉及公共安全、公共利益和工程建设强制性标准的内容发生变更的,应当重新送施工图设计文件审查单位或者依法按有关规定审查,经审查合格后方可用于工程施工。

第十九条 建设工程施工现场应当建立建筑材料、商品混凝土、混凝土预制构件、建筑构配件和设备进场检验制度,明确进场检验工作负责人和进场检验人,建立进场检验台账,根据技术标准严格进行进场检验。对技术标准规定进行抽样复试的,应当进行抽样复试。对进场检验和抽样复试的,应当经监理工程师检查签字认可。

各工序应当按施工技术标准进行质量控制,每道工序完成后,应当进行检查并形成记录。相关各专业工种之间,应当进行交接检验。未经监理工程师或者建设单位技术负责人检查签字认可,不得进行下道工序施工。

第二十条 监理工程师应当按照工程监理规范的要求,采取旁站、巡视和平行检验等形式,对建设工程实施监理。

对施工过程中出现的质量缺陷,专业监理工程师应当及时下达监理工程师通知,要求承包单位整改,并检查整改结果。

监理人员发现施工存在重大质量隐患,应当向建设单位报告,并通过总监理工程师及时下达工程暂停令,要求承包单位停工整改。

第二十一条 从事建设活动的注册执业人员应当在法定的范围内执业。

注册执业人员应当在所注册的单位执业,不得允许他人以自己的名义执业。禁止执业人员出租、出借执业证书和印章,从事非法执业活动。

第二十二条 从事建设工程活动,应当严格执行基本建设程序,尊重客观规律,保证合理造价、合理工期。

任何单位和个人不得随意压缩建设工程的合理工期。

建设工程施工标准工期定额由省住房城乡建设主管部门或者省交通运输、水行政等主管部门另行制定。

第二十三条 建设工程应当分阶段进行工程质量验收，未经阶段验收或者阶段验收不合格的，不得进入下一阶段施工和竣工验收。

第二十四条 建设工程实行竣工验收制度。

建设工程竣工后，应当由建设单位组织勘察、设计、施工、监理等有关单位进行竣工验收。建设工程竣工验收合格后，方可交付使用。

住宅建设工程，应当在竣工验收前按照规定组织质量分户验收。住宅建设工程质量分户验收合格后，方可进行工程竣工验收。

交通运输、水利等专业建设工程竣工验收，国家和省另有规定的，从其规定。

第二十五条 县级以上住房城乡建设、交通运输、水行政等主管部门或者其委托的工程质量监督机构对建设工程竣工验收的组织形式、程序和依据的标准实施现场监督，发现违法违规行为应当责令改正。对于拒不整改的，可责令中止竣工验收。

第二十六条 建设工程交付使用前，建设单位应当在工程明显部位设置永久性标牌，载明建设单位、勘察单位、设计单位、施工单位、监理单位等工程质量责任主体的名称和主要负责人姓名。

第二十七条 建设工程竣工验收合格后，建设单位应当在规定的时间内到颁发施工许可证的住房城乡建设主管部门办理工程竣工验收备案，住房城乡建设主管部门对不符合备案条件的，应当责令改正。

交通运输、水利等专业建设工程的竣工验收备案，按照国家和省有关规定执行。

第四章 工程质量保修

第二十八条 建设工程实行质量保修制度。

建设工程质量保修范围和保修期限执行国家和省的有关规定；国家和省未作规定的，可由建设单位和施工单位在合同中约定。

建设工程质量保修期限，自工程竣工验收合格之日起计算。

第二十九条 建设工程在保修范围和保修期限发生质量问题的，由原施工单位负责保修；属勘察、设计等其他方责任的，由责任方承担保修费用。

住宅建设工程项目在保修范围和保修期限内发生质量问题的，由建设单位先行履行保修义务，建设单位在履行保修义务后，可以向造成质量问题的责任方追偿。

不可抗力、使用不当或者第三方造成的工程质量问题不属于保修范围；使用方或者第三方应当对所造成的质量问题承担修复责任，造成财产损失或者人身伤害的，还应当承担赔偿责任。

第三十条 建设工程质量保修由建设单位或者产权所有人通知原施工单位。

原施工单位未按照保修书承诺予以维修的，建设单位或者产权所有人可以另行委托其他施工单位维修，相应责任由原施工单位承担。

第三十一条 鼓励原施工单位对超出保修范围或者保修期限的建设工程，提供有偿维修服务。

第五章 监督管理

第三十二条 县级以上人民政府住房城乡建设、交通运输、水行政等主管部门应当建立健全建设工程质量监督管理体系，加强建设工程质量安全教育，依据法律、法规和工程建设强制性标准，对工程实体质量和工程质量行为实施监督检查，督促相关单位落实质量安全主体责任。

第三十三条 从事工程质量监督的机构应当经省住房城乡建设主管部门或者交通运输、水行政等主管部门依照国家和省的规定进行考核。经考核合格后，依照住房城乡建设、交通运输、水行政等主管部门的委托履行工程质量监督职责。

工程质量监督机构的质量监督员应当经省住房城乡建设主管部门或者交通运输、水行政等主管部门依照国家和省规定的标准考核合格，持证上岗。

第三十四条 住房城乡建设主管部门实施工程质量监督管理应当包括下列内容：

（一）抽查勘察文件、设计文件质量；

（二）抽查涉及主体结构安全和主要使用功能的工程实体质量；

（三）抽查主要建筑材料、建筑构配件质量；

（四）抽查有关单位和人员的工程质量行为；

（五）对工程竣工验收进行监督；

（六）组织或者参与工程质量事故的调查处理；

（七）定期对本地区工程质量状况进行统计分析；

（八）建立建设工程质量诚信制度；

（九）依法对违法违规行为实施行政强制和处罚；

（十）检查法律、法规和工程建设强制性标准的其他执行情况。

交通运输、水利等专业建设工程的质量监督管理内容，国家和省另有规定的，从其规定。

第三十五条 县级以上人民政府住房城乡建设、交通运输、水行政等主管部门应当建立健全监督检查台账制度，通过抽查、巡查等方式加强日常监督，并对发现的问题督促整改。

住房城乡建设、交通运输、水行政等主管部门进行监督检查，应当制作监督检查记录，如实记载监督检查的情况和处理结果等内容。监督检查人员应当在监督检查记录上签名。

第三十六条 县级以上人民政府住房城乡建设、交通运输、水行政等主管部门应当将工程质量监督中发现的涉及主体结构安全和主要使用功能的重大工程质量问题及整改情况，及时向社会公布。

第三十七条 县级以上人民政府住房城乡建设、交通运输、水行政等主管部门应当对下列违法行为实施专项查处：

（一）转包或者违法分包所承揽的勘察、设计、施工工程的；

（二）转让所承揽的监理、施工图设计文件审查、检测、生产业务的；

（三）围标、串标或者操纵招标投标的；

（四）无资质或者超越资质等级和业务范围承揽业务的；

（五）以其他单位的名义承揽业务或者允许其他单位、个人以本单位名义承揽业务的；

（六）执业人员出租、出借执业证书和印章，从事非法执业活动的；

（七）其他社会危害性较大的工程质量违法行为。

第三十八条 县级以上人民政府住房城乡建设、交通运输、水行政等主管部门履行监督检查职责时，有权采取下列措施：

（一）进入被检查单位工作场所和工程现场进行检查；

（二）要求被检查单位提供有关工程质量文件、资料并对有关情况作出说明；

（三）查封、扣押进入工程现场的假冒伪劣或者涉嫌假冒伪劣的建筑材料、商品混凝土、混凝土预制构件、建筑构配件和设备，并依法作出处理；

（四）发现存在影响工程质量问题的，责令改正或者停工整改。

第三十九条 县级以上人民政府住房城乡建设、交通运输、水行政等主管部门应当建立工程质量信用档案，并向社会公布相关信息。对于良好信用记录的单位，建立激励制度；对于不良信用记录的单位，建立惩戒制度。

勘察、设计、施工、施工图设计文件审查、工程质量检测、监理等单位的违法记录应当纳入资质升级、增项和延续审查范围。

第四十条 县级以上人民政府住房城乡建设、交通运输、水行政等主管部门应当将因建设工程质量违法行为的行政处罚决定有关信息，及时通过政务网站或者其他方式公开。

第四十一条 建设工程质量责任主体和有关单位注册所在地不在本省行政区域的，省住房城乡建设、交通运输、水行政等主管部门应当将该单位的违法记录通知其注册所在地省、自治区、直辖市住房城乡建设、交通运输、水行政等主管部门。

第四十二条 县级以上人民政府住房城乡建设、交通运输、水行政等主管部门应当按照国家和省的有关规定，根据有关单位和人员的信用信息记录等情况实施分类监管。

有关单位和人员多次违法或者违法行为情节恶劣的，县级以上人民政府住房城乡建设、交通运输、水行政等主管部门应当将其列入重点监管对象名单，在监管过程中增加检查和抽检频次，并可以责令其定期报告质量管理情况。

第四十三条 县级以上人民政府住房城乡建设、交通运输、水行政等主管部门应当将重点监管对象名单通报同级发展改革、财政、税务、卫生、环保、科技、质监、工商、经济和信息化、金融等部门。

第四十四条 鼓励单位和个人对工程质量违法行为进行举报。

县级以上人民政府住房城乡建设、交通运输、水行政等主管部门应当建立建设工程质量举报、投诉制度，公布举报、投诉电话、通信地址和电子信箱。接到举报、投诉后，应当及时、完整地进行记录并妥善保存。举报、投诉的事项属于本部门职责的，应当受理，并及时依法进行核实、处理、答复；不属于本部门职责的，应当转交有权处理的部门，并告知举报人、投诉人。

建设工程质量事故的调查、处理程序，按照国家和省的相关规定进行。

第四十五条 行业协会应当建立健全守信表彰、失信惩戒的行业自律机制，引导会员依法经营、履行社会责任、维护会员合法权益。

行业协会发现行业内建设工程质量违法行为，应当及时报告监督管理部门。

第六章 法律责任

第四十六条 有违反本条例第八条，第九条第一项、第二项、第三项、第五项，第十条第一项、第二项、第六项、第八项，第十一条，第十二条第一项、第四项、第五项、第六项、第七项，第十三条第一项、第二项、第三项、第五项、第六项、第七项，第十四条第一项、第二项、第四项、第五项、第六项，第十九条规定行为的，责令改正，处一万元以上三万元以下罚款。

第四十七条 违反本条例规定，有下列行为之一的，责令改正，处五万元以上十万元以下罚款：

（一）违反第七条第四项，委托没有相应资质的工程质量检测单位进行工程质量检测的；

（二）违反第十条第五项，未根据工程施工进度告知检测的；

（三）违反第十二条第二项，使用不符合规定条件的审查人员的；

（四）违反第十二条第三项，出具虚假的审查结论的；

（五）违反第十三条第四项，出具虚假的检测数据和检测报告的。

第四十八条 违反本条例第十四条第三项规定，使用未经检验、检验不合格的原材料，或者供应未经检验、检验不合格的商品混凝土、混凝土预制构件的，处十万元以上二十万元以下罚款。

第四十九条 违反本条例规定，有下列行为之一的，责令改正，处二十万元以上五十万元以下罚款：

（一）违反第七条第一项、第十条第三项，采购、使用不合格的商品混凝土、混凝土预制构件的；

（二）违反第七条第二项，未经论证核准采用无现行建设强制性标准的新技术、新工艺、新材料的；

（三）违反第七条第三项和第十八条，施工图设计文件未经审查或者审查不合格，擅自施工的；

（四）违反第七条第六项，未按技术标准和国家有关规定进行工程竣工验收的。

第五十条 有违反本条例第十条第三项、第五项，第十三条、第十四条规定行为，情节严重的，依法责令停业整顿、降低资质等级或者吊销资质证书。

第五十一条 违反本条例规定，注册执业人员因过错造成工程质量事故的，责令停止执业一年；造成重大质量事故的，吊销执业资格证书，且五年以内不予注册；情节特别恶劣的，终身不予注册。

第五十二条 依照本条例规定，给予单位罚款处罚的，对单位直接负责的主管人员和其他直接责任人员处单位罚款数额百分之五以上百分之十以下的罚款。

第五十三条 本条例规定的降低资质等级和吊销资质证书的行政处罚，由颁发资质证书的机关决定；其他行政处罚，由住房城乡建设、交通运输、水行政等主管部门依照法定职权决定。

第五十四条 工程质量违法行为构成犯罪的，依法追究刑事责任。

住房城乡建设、交通运输、水行政等主管部门依法查处工程质量案件，发现违法行为涉嫌犯罪的，应当在七日内移送公安机关或者检察机关查处。移送案件时，应当将调查材料和查封扣押财物一并移送，不得将涉案人员和财物分开处理。

接到移送的案件后，公安机关或者检察机关应当在案件移送书的回执上签字，决定立案的，应当将立案决定书面告知移送部门；不予立案的，应当将理由书面告知移送部门。

公安机关或者检察机关依法查处工程质量违法犯罪行为，发现尚不构成犯罪的，应当移送住房城乡建设、交通运输、水行政等主管部门依法给予行政处罚。

第五十五条 国家机关工作人员在建设工程质量监督管理工作中有下列行为之一的，依法给予处分；构成犯罪的，依法追究刑事责任：

（一）未履行监督检查职责的；

（二）违法审批的；

（三）对应当受理的投诉、举报案件不受理或者拖延的；

（四）泄露举报人信息或者对举报人进行报复、陷害的；

（五）干扰和妨碍查处工作的；

（六）包庇违法行为或者帮助违法行为人逃避查处的；

（七）滥用职权，给公民、法人和其他组织的合法权益造成损害的；

（八）其他玩忽职守、滥用职权、徇私舞弊的行为。

第七章 附 则

第五十六条 抢险救灾工程、临时性建设工程、军事建设工程、农民自建低层房屋建筑工程，不适用本条例。

第五十七条 本条例自2014年3月1日起施行。

广东省绿道建设管理规定

（广东省人民政府第十二届8次常务会议2013年8月8日通过，自2013年10月1日起施行）

第一章 总 则

第一条 为了加强绿道规划、建设和管理，发挥绿道的综合功能和效益，保护生态环境，改善人居环境，根据《广东省城乡规划条例》、《广东省城市绿化条例》等有关规定，结合本省实际，制定本规定。

第二条 本省行政区域内绿道规划、建设、管理和开发利用，适用本规定。

本规定所称绿道，是指以绿化为特征，沿着滨水地带、山脊、林带、风景道等自然和人工廊道建立的，可供行人或者非机动车进入的线形绿色开敞空间和运动休闲慢行系统。

第三条 绿道建设应当坚持统一规划、分步实施、因地制宜、量力而行的原则，体现地方自然风貌和历史人文特色。

第四条 县级以上人民政府应当将绿道建设纳入国民经济和社会发展规划、城市总体规划和土地利用总体规划，并保障其实施。

第五条 绿道属公益性基础设施，县级以上人民政府应当在立项、建设、土地等方面予以支持。

市、县（区）人民政府应当将绿道规划、建设、管理、宣传推广等工作经费纳入财政预算，保障绿道工作的正常开展。属于基本建设投资的，应当纳入政府建设投资计划。省财政对经济欠发达地区绿道建设予以扶持。

市、县（区）人民政府应当制定优惠政策，鼓励和支持社会资金参与绿道建设。

第六条 省住房城乡建设主管部门负责统筹协调、指导和监督本省绿道工作，组织实施本规定。

市、县（区）人民政府应当明确绿道管理部门，确定其工作机构和人员。绿道管理部门负责组织开展本行政区域绿道工作；其他有关部门按照各自职责，做好绿道工作。

第七条 绿道管理部门和相关部门应当利用信息化手段，加强绿道规划、建设、管理和开发利用工作。

第八条 鼓励公民、法人和其他组织参与绿道建设、管理和开发利用，建立政府主导、社会参与的多元化绿道建设、管理和开发利用机制。

第二章　绿道规划

第九条 绿道建设应当符合绿道规划要求。编制绿道规划应当以城镇体系规划和城市总体规划为依据，综合考虑自然环境、人文因素、公众意愿和经济社会发展需要，体现提高生态环境和人居环境质量的总体要求，并与相关规划相衔接。

绿道规划包括全省绿道总体规划和城市绿道总体规划。

第十条 省住房城乡建设主管部门组织编制全省绿道总体规划，报省人民政府审批。

全省绿道总体规划应当确定省立绿道建设目标、空间布局和建设标准，明确绿道控制区划定要求和各地级以上市省立绿道建设任务。

本规定所称绿道控制区，是指为保障绿道的基本生态功能、营造良好的景观环境、维护各项设施的正常运转，沿绿道慢行道缘线外侧一定范围划定并加以管制的空间，主要包括绿廊系统和为设置各类配套设施而应保护和控制的区域。

第十一条 地级以上市绿道管理部门组织编制本行政区域城市绿道总体规划，经本级人民政府批准后，报省住房城乡建设主管部门备案。

城市绿道总体规划应当符合全省绿道总体规划的要求，确定本行政区域绿道建设目标、空间布局和建设内容，划定绿道控制区并提出控制要求，明确绿道分期建设任务，制定规划实施保障措施。

第十二条 绿道规划应当委托具有相应资质的规划设计单位编制。全省绿道总体规划应当由具有城市规划甲级资质的单位编制，城市绿道总体规划应当由具有城市规划乙级资质以上单位编制。

第十三条 绿道规划报送审批前，应当征求有关部门的意见，并采取论证会、听证会或者其他方式征求专家和公众的意见。

经批准的绿道规划，应当在政府网站、新闻媒体或者专门场所公告，并在政府网站上长期公布。

第十四条 经批准的绿道规划不得随意修改。确需修改的，不得减少绿道总长度和控制区总面积，不得影响区域生态结构、绿道连续性和服务功能，并按照规划编制和审批的程序执行。

修改后的绿道规划应当向社会公布。

第十五条 新区建设、旧城改造以及涉及绿道建设的城乡建设项目，应当在编制规划或者设计方案时，统筹安排绿道建设内容。

第三章　绿道建设

第十六条 市、县（区）人民政府应当按照绿道规划制定绿道建设年度实施计划，并组织实施。

第十七条 绿道建设应当利用和依托现有设施，或者与村庄整治、农林水利工程、环境治理工程、园林绿化工程等相结合，节约资源，避免对自然生态环境和历史人文资源造成破坏。

绿道建设项目应当按照基本建设程序的有关规定组织建设。

第十八条 绿道及其配套设施建设主要包括以下内容：

（一）绿化保护带和绿化隔离带等绿色生态基底形成的绿廊系统；

（二）步行道、自行车道或者综合慢行道形成的慢行系统；

（三）停车设施、绿道与其他交通系统的接驳设施等形成的交通衔接系统；

（四）管理设施、商业服务设施、游憩设施、科普教育设施、安全保障设施、无障碍设施、环境卫生设施等形成的服务设施系统；

（五）信息标识、指路标识、警示标识等形成的标识系统；

（六）与绿道相衔接、能够满足居民多种户外活动需求的公共目的地。

第十九条 绿道原则上应当与公路、城市道路保持一定的隔离空间。为保持绿道连通，需借用公路或者城市道路的，应当在公路或者城市道路上设置标识牌、减速带，按照道路标准设置交通标志线、交通信号灯，限制机动车车速。

第四章 绿道管理

第二十条 绿道实行属地管理，可以采用政府监管和市场化运作相结合的管理方式。

市、县（区）绿道管理部门应当统筹做好绿道及其配套设施的管理维护工作，并在绿道投入使用前明确绿道管理单位。

第二十一条 绿道管理部门和管理单位应当建立绿道管理维护制度和安全巡查制度，按照相关技术标准对绿道进行管理维护，加强绿道安全管理，在存在安全隐患的地方设置警示标识，落实防范和应急措施，确保绿道安全和正常使用。

第二十二条 绿道及其控制区内禁止下列行为：

（一）通行与绿道工程建设和管理无关的机动车；

（二）乱丢垃圾、乱张贴等破坏绿道环境卫生及整体景观的行为；

（三）乱搭乱建、占道经营、占道停车、堆放杂物、破坏绿道及其配套设施等影响绿道正常使用的行为；

（四）建设与绿道开发利用无关的建筑物、构筑物；

（五）破坏绿道控制区内的自然生态环境和历史人文资源；

（六）从事对绿道环境和公共安全可能造成不良影响的其他各类活动；

（七）法律、法规禁止的其他行为。

第二十三条 任何单位和个人不得擅自占用、挖掘绿道及其配套设施。因建设确需临时占用、挖掘绿道及其配套设施的，相关主管部门审批前应当征求绿道管理部门的意见。已占用的应当限期归还，并恢复绿道的使用功能。

第二十四条 绿道管理部门应当建立健全绿道档案管理制度，对经批准的绿道规划、施工建设和竣工验收资料等进行整理归档，并报送城市建设档案馆存档。

第二十五条 绿道管理部门应当会同相关部门，向公众宣传和推广绿道。

第五章 绿道开发利用

第二十六条 绿道开发利用应当坚持生态优先、便民惠民原则，发挥绿道的环境改善、休闲旅游和经济带动功能，引领绿色健康生活方式。

第二十七条 绿道管理部门应当会同有关部门，制定绿道开发利用总体目标，根据绿道周边自然生态环境和历史人文资源，结合城市广场、公园等公共空间体系和非机动交通系统建设，确定绿道功能定位，促进绿道使用功能的多样性，提高绿道使用率。

第二十八条 鼓励利用绿道开展体育健身、休闲旅游、文化展示、科普教育等活动。

第二十九条 绿道慢行系统和体育健身、科普教育等公共服务设施应当免费向公众开放。餐饮、购物、自行车租赁等商业服务设施可以实行市场化经营。

第六章 监督检查

第三十条 各级绿道管理部门应当组织有关部门，加强对绿道规划、建设、管理和开发利用情况的监督检查，并定期向本级人民政府报告检查结果。

第三十一条 公民、法人或者其他组织有爱护绿道及其配套设施的义务，对于破坏绿道及其配套设施、影响绿道及其配套设施使用的行为有权劝阻、投诉和举报。

第三十二条 绿道管理部门应当建立绿道规划、建设、管理和开发利用公众意见反馈机制，并可以聘请社会监督员对绿道规划、建设、管理和开发利用情况进行监督。

第七章 法律责任

第三十三条 县级以上人民政府有下列行为之一的，由上级人民政府责令改正，通报批评；对直接负责的主管人员和其他直接责任人员依法给予处分：

（一）未按照规定审批、公布绿道规划的；

（二）未按照绿道规划制定绿道建设年度实施计划并组织实施的。

第三十四条 绿道管理部门及相关部门有下列行为之一的，由本级人民政府或者上级主管部门责令改正，通报批评；对直接负责的主管人员和其他直接责任人员依法给予处分：

（一）未按照规定组织编制和修改绿道规划的；

（二）未按照经批准的绿道规划组织建设的；

（三）未建立绿道管理维护制度和安全巡查制度，或者未按照规定进行管理维护和安全巡查的；

（四）未按照规定对经批准的绿道规划、施工建设和竣工验收资料等进行整理归档的。

第三十五条 违反本规定第二十二条、第二十三条规定的，由有关主管部门依法予以处罚。

第八章 附 则

第三十六条 本规定自2013年10月1日起施行。

广东省城镇住房保障办法

（广东省人民政府第十一届110次常务会议2013年1月14日通过，自2013年5月1日起施行）

第一章 总 则

第一条 为了建立健全城镇住房保障制度，保障城镇住房困难居民基本居住需求，根据《中华人民共和国城市房地产管理法》等有关法律法规，结合本省实际，制定本办法。

第二条 本办法适用于本省行政区域内城镇住房保障的规划、实施和监督管理工作。

第三条 城镇住房保障应当遵循政府主导、社会参与、以需定建、适度保障、公开、公平、公正的原则。

第四条 本办法所称城镇住房保障，是指符合条件的住房困难家庭或者个人通过申请租住保障性住房（以下简称保障房）或者领取住房保障租赁补贴，满足基本居住需求。

第五条 住房保障是各级人民政府的重要职责。省、市、区（县）人民政府统一领导、组织、协调住房保障工作。

县级以上人民政府住房保障主管部门负责本行政区域内城镇住房保障的组织实施、监督管理和指导协调等工作，建立健全申请、审核、轮候、退出等制度。

发展改革、公安、民政、财政、社保、国土资源、价格、金融等相关部门按照各自职责，协助做好住房保障工作。

街道办事处或者镇人民政府和社区居民委员会应当协助有关部门和机构，做好城镇住房保障相关工作。

第六条 市、县级人民政府可以设立住房保障委员会，成员由政府部门、人大代表、政协委员、专家学者、群众代表等人员组成，行使住房保障工作的决策权。具体职责由委员会章程规定。

第七条 市、县级人民政府可以设立或者明确城镇住房保障实施机构，也可以委托社会组织或者向市场购买服务。涉及工程发包与承包、货物采购事宜的，应当遵守《中华人民共和国招标投标法》、《中华人民共和国政府采购法》等法律法规规定。

住房保障实施机构具体承办本行政区域内下列城镇住房保障事务：

（一）住房保障需求的调查、分析、统计；

（二）住房保障申请的审核；

（三）保障房选配、收回、回购和租赁补贴发放、调整、终止等事务的执行；

（四）保障房的运营管理和维修养护；

（五）保障房入住、退出和使用情况的登记和检查；

（六）建立健全住房保障服务网络；

（七）其他住房保障有关事务。

第二章 规划与建设

第八条 市、县级人民政府应当定期组织开展城镇居民住房状况调查，根据经济社会发展水平和住房保障的需求，组织编制住房保障规划和年度计划。

住房保障规划应当明确住房保障的目标任务、总体要求、建设和供应规模、土地和资金安排、规划实施措施和工作机制等内容，应当符合土地利用总体规划和城乡规划，并纳入国民经济和社会发展规划。

住房保障年度计划应当明确计划年度内住房保障资金安排、保障房建设用地安排、项目建设用地选址、供应规模及主要政策措施等内容。

第九条 市、县级人民政府应当根据住房保障需求建立住房保障土地储备制度，确保用地供应。

城乡规划部门编制城乡规划时，应当明确保障房的空间布局。国土资源主管部门会同住房保障主管部门根据城乡规划和土地利用规划，编制住房保障用地储备规划，明确保障房建设的具体地块。在符合城市规划控制指标的前提下，保障房用地可以适当提高容积率。

市、县国土资源部门编制住房用地供应计划时，应当对保障房用地供应计划单列。对其中需要使用新增建设用地的，在下达各市、县新增建设用地计划指标中单列，保障房用地供应计划应当与年度土地供应计划相衔接，用地供应后，非经法定程序不得改变用地性质。

第十条 县级以上人民政府应当建立与住房保障需求相适应的资金保障机制，将住房保障资金和住房保障工作经费纳入财政预算。

县级以上人民政府可以按下列渠道筹集住房保障资金：

（一）中央和省安排的专项补助资金；

（二）当地财政年度预算安排资金；

（三）提取贷款风险准备金和管理费用后的住房公积金增值收益余额；

（四）每年提取土地出让净收益10%以上的资金；

（五）通过创新投融资方式和公积金贷款筹集的资金；

（六）出租保障房和配套设施回收的资金；

（七）按照国家规定发行的企业专项债券；

（八）社会捐赠的资金；

（九）可以纳入的其他资金。

第十一条 县级以上人民政府应当加强住房保障政策研究，创新引资模式，鼓励社会资金和社会机构参与建设保障房。

鼓励银行机构发放住房保障中长期贷款，鼓励保险机构积极参与建设项目的保险、再保险。鼓励各类金融机构支持符合条件的企业发行中长期债券筹集资金，专项用于保障房建设和运营。

第十二条 保障房来源包括：

（一）政府投资建设、购买、租赁或者依法收回、回购、没收的住房；

（二）政府委托企业或者其他组织建设、配套建设的住房，企业或者其他组织按照与政府约定建设、配套建设的住房；

（三）单位自筹建设的住房；

（四）产业园区集中配套建设的住房；

（五）社会赠予政府的住房；

（六）其他途径筹集的住房。

第十三条 保障房建设实行集中建设和配套建设相结合。

保障房与商品房配套建设的，国土资源主管部门应当在建设项目用地出让条件中明确配套建设的保障房总建筑面积、分摊的土地面积、单套建筑面积、套数、套型比例、建设标准、房屋权属等事项，并在土地出让合同中约定。

保障房与商品房配套建设的，应当同时规划、设计、施工，并同时交付使用。商品房分期建设的，保障房应当与首期商品房同时建设和交付使用。竣工时应当对照土地出让合同进行验收。

第十四条 住房保障实施机构应当向社会公告拟建设的保障房项目的选址地点、规划设计方案和配套设施，并征求公众意见。

第十五条 保障房项目开发建设，应当符合基本建设程序，严格执行住房建设标准以及建筑工程质量安全、节能和环保等标准，并按照城市规划要求配套建设道路交通、学校、医院、文体等基础设施、公共服务设施和商业服务设施，同期交付使用。

第十六条 省住房和城乡建设主管部门应当依照国家有关工程标准及技术规范，制定保障房的相关工程建设地方标准。鼓励保障房项目开发建设应用节水节能等设备，以及生活用水循环利用技术、太阳能等新能源。

市、县住房保障主管部门应当按照省住房和城乡建设主管部门制定的保障房工程建设地方标准，合理确定保障房项目的建筑面积、套型结构、室内装饰装修标准和配套设施。

第十七条 新建的保障房交付使用前，建设单位应当按照环保、节能、经济适用的原则完成室内装饰装修。以其他方式筹集的保障房在出租前，应当参照新建保障房室内装修标准作相应修缮。

第三章　申请与轮候

第十八条 申请租住保障房或者领取租赁补贴，应当符合以下条件：

（一）在本地无住房或者住房面积低于规定标准；

（二）收入、财产低于规定标准。

申请人为异地务工人员的，在本地就业达到规定年限。

具体标准由市、县级人民政府住房保障主管部门根据本地区实际情况确定，定期调整，报本级人民政府批准后实施，并向社会公布。

第十九条 住房保障由申请人向户籍或者就业所在地街道办事处或者镇人民政府提出申请。各类产业园区的异地务工人员可以由其所在企业统一申报。

第二十条 申请住房保障应当提交下列书面证明材料：

（一）家庭成员及其户籍状况；

（二）收入状况；

（三）住房、存款和其他财产状况；

（四）住房保障主管部门规定的其他材料。

申请人对申请材料的真实性负责。按照规定需要由有关单位或者个人出具证明材料的，有关单位和个人应当出具，并对材料的真实性负责。

第二十一条 住房保障申请，由申请人户籍或者就业所在街道办事处或者镇人民政府受理和初审，经住房保障实施机构会同民政等有关部门复审后，报市、县级住房保障主管部门审核。

第二十二条 住房保障主管部门和实施机构可以通过入户调查、邻里访问、信函索证、信息查证等方式，对申请人及其家庭成员的收入、车辆、存款、有价证券等有关财产情况进行调查核实。公安、银行、证券、国土、房管、税务、工商等部门根据各自职责，依法向住房保障主管部门和实施机构出具申请人有关财产证明。

第二十三条 住房保障申请的审核结果，由受理的街道办事处或者镇人民政府和住房保障实施机构，在办公场所并通过门户网站予以公示，公示期限不少于20日。公示期内，对公示内容有异议的单位和个人，应当以书面形式提出。街道办事处或者镇人民政府、住房保障实施机构应当对异议进行核实，并公布核实结果。

拒不配合审查、经审查不合格或者因公示期内有异议经核实成立的，由街道办事处或者镇人民政府和住房保障实施机构退回申请，并书面说明理由。

第二十四条 市、县级住房保障主管部门应当制定轮候规则，报市、县人民政府批准后执行。住房保障实施机构应当建立住房保障轮候登记册，将符合条件的申请人按照轮候规则，列入轮候登记册进行轮候，并将轮候信息在当地政府网站公开。轮候时间一般为3年，最长不超过5年。

轮候对象中享受国家定期抚恤补助的优抚对象、孤老病残人员等按照规定应当优先照顾的住户，优先安排保障房。行动不便的残疾人、老年人等享有优先选择出入方便、楼层较低保障房的权利。

依法被征收个人住宅且被征收人符合住房保障条件的，不受轮候限制，作出房屋征收决定的市、县级人民政府应当优先给予住房保障。

单位建设、产业园集中配套建设的保障房，筹建单位和产业园内部保障对象享有优先分配权。

第二十五条 在轮候期间，家庭成员及其户籍、收入、财产和住房等情况发生变动的，申请人应当主动向住房保障实施机构申报。申请人因情况发生变化不再符合规定条件的，住房保障实施机构应当取消其轮候资格，并书面告知。

轮候超过一定期限的，住房保障实施机构应当对申请人是否符合规定条件重新审核，申请人应当予以配合。经审核，申请人仍然符合规定条件的，其原轮候次序不变。

第二十六条 轮候到位的申请人在提供选择的保障房范围内，按照轮候规则选定保障房；放弃选择的，则重新轮候，由排在其后的申请人依次递补。

第二十七条 申请人选定具体的住房或者选择租赁补贴后，应当在规定的时间内，与住房保障实施机构签订保障房租赁合同或者租赁补贴协议，明确双方的权利义务。

申请人拒签、逾期未签租赁合同或者租赁补贴协议的，视为放弃住房保障的权利。再次申请的，应当重新轮候。

第四章 管理与监督

第二十八条 保障房及其附属设施、物业共用部分、共用设施设备的运营管理和维修养护，由出租人承担。

未经住房保障和城乡规划主管部门同意，承租人不得擅自改建、重建保障房及其附属设施。

政府投资建设的保障房小区的物业服务，由住房保障实施机构主导，公开选聘物业服务企业提供服务。

第二十九条 保障房的租金实行政府定价或者政府指导价，具体标准由市、县级价格主管部门会同同级住房保障主管部门提出，报同级人民政府批准后执行。

保障房的租金价格应当根据当地社会经济发展状况、物价变动情况和住房保障水平适时进行调整。

第三十条 符合低收入条件的住房保障对象按照分档补贴的原则，依申请由政府给予租赁补贴。保障对象领取租赁补贴后可以申请承租政府提供的公共租赁住房，也可以通过市场租赁住房或者充分利用现有住房资源等途径解决基本居住需求。

租赁补贴标准按照人均保障建筑面积、家庭人口、补贴标准、收入水平、区域等因素确定，并实行动态化管理。

低收入条件和具体补贴办法由市、县人民政府确定。

第三十一条 保障房应当自住，不得转让、出租、闲置、出借、抵押。

第三十二条 住房保障对象有下列情形之一的，应当按照合同约定支付违约金，住房保障实施机构应当根据合同约定或者法定情形，解除合同并收回保障房：

（一）无正当理由连续6个月以上未在保障房内居住的；

（二）无正当理由连续2个月或者累计6个月以上未缴纳租金的；

（三）擅自互换、出借、转租、抵押保障房的；

（四）将保障房用于经营性用途或者改变使用功能的；

（五）因故意或者重大过失，造成租赁的保障房严重毁损的；

（六）存款、股票基金等资产价值超过规定数额或者经审核不再符合保障条件的；

（七）法律、法规规定或者合同约定的其他违法、违约情形。

第三十三条 保障房租赁合同期限一般为3至5年。租赁期满符合条件的可以申请续租。

保障房租赁合同或者租赁补贴协议期限届满需要续期的，申请人应当在期满3个月以前提出延续申请，住房保障实施机构审核后应当公示，公示时间不少于20日。

通过审核公示无异议或者有异议但经核实不成立的，申请人可以重新签订租赁合同或者租赁补贴协议。

经审核不符合条件的，住房保障实施机构应当在原租赁合同或者租赁补贴协议期限届满之日，收回保障房或者停止发放租赁补贴。

第三十四条 住房保障实施机构应当定期核查申请人有关情况，对不再符合保障条件的，收回保障房或者停止发放租赁补贴，并办理相关手续。

第三十五条 保障房被收回的，原租赁保障房的家庭或者个人，应当自收到解除合同或者终止合同通知之日起30日内搬迁，并办理相关手续。

有正当理由无法按期搬迁的，可以申请最长不超过6个月的延长居住期限。延长期内，按照同期同区域同类型住房的市场租金收取租金。

无正当理由逾期不搬迁的，住房保障实施机构应当责令其搬迁，拒不执行的，可以依法申请人民法院强制执行，并按照同期同区域同类型住房的市场租金的2倍收取租金。

第三十六条 县级以上人民政府应当公开城镇住房保障规划、计划、实施、资金、用地指标、管理使用以及保障对象等情况。

第三十七条 县级以上人民政府住房保障主管部门应当建立城镇住房保障信息系统，记载并公开保障房规划、建设、审核、轮候等相关信息；记载并公示有关当事人违法、违约等不良行为，同时将公示内容告知当事人所属单位和征信机构。

公安、民政、社保、金融等信息平台应当与城镇住房保障信息系统建立信息共享机制。

第三十八条 市、县住房保障主管部门应当加强城镇住房保障档案管理，建立健全保障房建设项目档案和住房保障对象档案，详细记录申请人申请、审核、公示、轮候、配租、合同、房屋使用、调换、续租、退出及相关失信、违纪、处罚等情况。

第三十九条 上级人民政府应当建立对下级人民政府城镇住房保障工作实施情况的监督考核制度。

县级以上人民政府住房保障主管部门和住房保障实施机构应当加强对保障对象遵守住房保障法律、法规、规章规定情况的监督检查。

住房保障主管部门和住房保障实施机构实施监督检查，有权采取以下措施：

（一）询问与核查事项有关的单位和个人，并要求对与核查事项相关的情况作出说明、提供相关证明资料；

（二）依法检查住房使用情况；

（三）查阅、记录、复制保障对象与住房保障工作相关的资料，了解保障房住户家庭成员、家庭收入和财产状况；

（四）对违反住房保障相关法律、法规、规章规定的行为予以制止并责令改正。

有关单位和个人应当配合监督检查，如实提供与住房保障有关的资料。

住房保障主管部门、住房保障实施机构及其工作人员，对工作中知悉的公民个人信息应当保密，但按照规定应当予以公示的个人信息除外。

第四十条 住房保障主管部门和其他主管部门，住房保障实施机构及其工作人员行使职权，应当接受社会和公民的监督。

住房保障主管部门应当公开投诉、举报的渠道和方式。接到举报、投诉，应当依法及时核实、处理。

第五章 法律责任

第四十一条 县级以上人民政府住房保障主管部门、住房保障实施机构、镇人民政府或者街道办事处有下列情形之一的，由本级人民政府或者相关主管部门、上级人民政府住房保障主管部门责令改正，给予通报批评并依法追究主要负责人和直接责任人的责任：

（一）未依法编制住房保障规划和年度计划的；

（二）未按照规定向社会公布申请保障房条件的收入标准和住房困难标准的；

（三）未依法向符合规定条件的申请人提供保障房、发放住房租赁补贴的；

（四）未依法公示住房保障信息、建立保障房建设项目档案和住房保障对象档案的；

（五）向不符合规定条件的申请人提供保障房、发放住房租赁补贴的；

（六）擅自改变住房面积保障标准、装饰装修标准、租金、租赁补贴标准或者住房保障形式的；

（七）发现保障对象违反本办法规定的行为，不予查处或者接到举报后不依法处理的；

（八）未依法履行本办法规定的其他职责的。

第四十二条 县级以上人民政府有关主管部门有下列情形之一的，由本级人民政府或者上级人民政府有关部门责令改正，通报批评，并依法追究主要负责人和直接责任人的责任：

（一）发展改革部门未将住房保障计划纳入国民经济和社会发展计划的；

（二）以配套建设方式建设保障房的，国土资源主管部门和住房保障主管部门未将配建套数、建设标准、回购价格、收回条件等内容纳入建设用地划拨决定书、建设用地使用权出让合同的；

(三) 财政部门未按规定对住房保障资金的筹措、使用进行监管的；

(四) 国土资源主管部门未对保障房用地单列计划，未对保障房土地使用情况进行监管的；

(五) 物价部门未按规定制定、调整保障房租金的；

(六) 有关单位未依法出具按规定需由本单位出具的收入、户籍等证明材料，或者未依法提供申请人有关情况的。

第四十三条 房地产开发企业未按照土地出让合同的约定配套建设保障房的，由县级以上人民政府住房保障主管部门责令限期改正，不予批准其新的开发项目，并处3万元以上10万元以下的罚款，并可停止开发项目房地产预售、登记手续。

第四十四条 保障房开发建设单位未按保障房标准开发建设保障房项目的，由县级以上人民政府住房保障主管部门责令限期改正，并处3万元以上10万元以下的罚款。

第四十五条 不符合条件的申请人隐瞒或者虚报人口、户籍、年龄、婚姻、收入、财产和住房等状况，或者采取不正当手段，申请保障房或者租赁补贴的，由县级以上人民政府住房保障主管部门驳回申请，并处1千元以下罚款，自驳回申请之日起10年内不予受理其住房保障申请。

符合条件的申请人有上述违法行为的，由县级以上人民政府住房保障主管部门驳回其申请，并处1千元以下罚款，自驳回申请之日起3年内不予受理其住房保障申请。

第四十六条 县级以上人民政府住房保障主管部门查明有关当事人以弄虚作假、贿赂等不正当手段获取保障房或者租赁补贴的，应当解除保障房租赁合同或者租赁补贴协议，收回保障房或者补贴资金，除按照本办法第四十五条的规定追究法律责任外，并按照同期同区域同类型普通商品房的市场租赁价格，补收租金或者按照银行同期贷款利率补收补贴资金的利息。

申请人故意隐瞒、虚报或者伪造有关信息骗取城镇住房保障，构成犯罪的，依法追究刑事责任。

第四十七条 有关单位和个人为住房保障申请人出具虚假证明材料的，由县级以上人民政府住房保障主管部门予以公示，对责任单位处以2万元以上5万元以下罚款，并对主要负责人和直接责任人处以2千元以上5千元以下罚款。构成犯罪的，依法追究刑事责任。

第四十八条 住房保障对象违反本办法第三十二条规定的，由县级以上人民政府住房保障主管部门责令改正，没收违法所得，并处1千元以下罚款；情节严重的，自处罚决定之日起5年内不再受理其住房保障申请。

第四十九条 住房保障对象违反本办法第二十八条规定，擅自改建、重建保障房及其附属设施的，由县级以上人民政府住房保障主管部门责令限期改正，予以警告，并处500元以上1千元以下罚款。

违反本办法第三十九条规定，不配合监督检查，情节严重的，由住房保障主管部门取消其住房保障资格。

第五十条 住房保障主管部门及其他相关主管部门、住房保障实施机构工作人员有下列行为之一的，由任免机关或者监察机关按照管理权限依法给予处分；构成犯罪的，依法追究刑事责任：

(一) 挪用、截留或者私分住房保障资金的；

(二) 玩忽职守、徇私舞弊、滥用职权的。

第六章 附 则

第五十一条 本办法下列用语的含义是：

(一) 公共租赁住房，是指由政府主导投资、建设和管理，或者由政府提供政策支持、其他各类主体投资建设、纳入政府统一管理，限定建设标准和租金水平，向符合条件的住房困难家庭和新就业职工、异地务工人员出租的保障房。

(二) 租赁补贴，是指政府按照市场租金分档补贴原则，向符合条件的住房保障申请人发放现金补贴，以增强其承租住房的能力。

第五十二条 本办法规定需制定具体办法、轮候规则以及相关标准、条件的，县级以上人民政府或者其住房保障主管部门应当自本办法施行之日起1年内制定。

第五十三条 各市、县人民政府可以根据本办法制定实施细则。

第五十四条 本办法自2013年5月1日起施行。

关于贯彻十八大精神，实现住房城乡建设事业新发展的指导意见

（广东省住房和城乡建设厅　2013年5月27日印发）

各地级以上市住房和城乡建设局（委）、规划局、房管局、城管局（委）、市政园林局、水务局、住房公积金管理中心，深圳市人居环境委，佛山市顺德区发展规划和统计局、国土城建和水利局、环境运输和城市管理局：

党的十八大报告为住房城乡建设事业的发展指明了方向。为深入贯彻落实十八大精神，现就我省住房城乡建设事业今后一段时期的发展提出如下指导意见：

一、深刻认识十八大报告对住房城乡建设事业提出的新要求和新任务

（一）五位一体、科学发展

十八大报告提出建设中国特色社会主义总布局是经济建设、政治建设、文化建设、社会建设和生态文明建设五位一体。这是科学发展观理念的不断深化和拓展。广东改革开放三十年经济社会发展取得了巨大成就，同时也存在发展的不协调、不平衡和不可持续等结构性问题。深入践行以人为本的全面、协调、可持续的科学发展观，是广东深化改革开放总的指导思想，更为住房城乡建设事业发展指明了方向，提供了巨大的发展空间。

（二）生态文明、美丽发展

十八大报告提出大力推进生态文明建设，实现绿色发展、循环发展、低碳发展，形成节约资源和保护环境的空间格局、产业结构、生产方式和生活方式。改革开放三十多年，粗放型经济增长方式和外延式城市建设模式使广东资源环境的承受能力变得脆弱，资源环境约束日益突出。新时期亟需树立绿色、智慧、包容、人本的新理念，探索具有广东特色的美丽、宜居、可持续发展能力强的城镇化道路。

（三）四化同步、协调发展

十八大报告提出坚持走中国特色新型工业化、信息化、城镇化、农业现代化道路，推动信息化和工业化深度融合、工业化和城镇化良性互动、城镇化和农业现代化相互协调，区域协调发展机制基本形成。广东依托于外向型经济和农村工业化的传统城镇化道路，单一强调了工业化进程，城镇化、农业现代化滞后，成为经济社会发展的短板，并影响到全省的协调发展。推进四化同步、协调发展，是广东新时期突破发展瓶颈的关键抉择。

（四）城乡一体、公平发展

十八大报告提出加快完善城乡发展一体化体制机制，着力在城乡规划、基本设施、公共服务等方面推进一体化，促进城乡要素平等交换和公共资源均衡配置。广东经济总量虽然位居全国第一位，但城乡差距、区域差距、贫富差距较大，已经到了迫切需要更加重视公平，实现改革成果和发展利益普惠共享的阶段。

（五）民生保障、创新发展

十八大报告提出加快形成政府主导、覆盖城乡、可持续的基本公共服务体系和社会保障体系，到2020年基本公共服务均等化总体实现，社会保障全民覆盖，住房保障体系基本形成。提出不断推进理论创新、制度创新、科技创新、文化创新以及其他各方面的创新。住房城乡建设事业与民生息息相关，必须实施创新驱动发展战略，才能开创发展新局面。

我省面临着全球城市化发展模式的转变和第三次工业革命浪潮的冲击，全面推进新型城镇化，努力建设永续美丽广东，机遇和挑战并存，任重而道远。

二、明确我省住房城乡建设事业的发展目标

（一）总体目标

坚持五位一体全面推进新型城镇化，构建区域协调发展新格局。加强粤港澳合作，建设珠三角大都市区世界级城市群，建设粤东城镇群、粤西沿海城镇带，粤北地区绿色崛起。城镇综合承载力显著增强，绿色循环低碳理念得到推广，城乡空间品质和居住质量明显提高，城乡居民幸福感不断提升。传统建筑业向现代建筑业转变。全省住房城乡建设呈现“区域协调、城乡一体、集约高效、宜居适度、山清水秀”的新局面。

（二）具体目标

——大都市区化区域协调发展格局尽快形成。以大珠三角世界级城镇群，三大新型都市区（广佛肇+清远、云浮，深莞惠+汕尾、河源，珠中江+阳江）、三大区域增长极（粤东汕潮揭城镇群、粤西湛茂都市区、粤北韶关及清远北部都市区）为发展单元的大都市区化发展格局得以确立，省对于大都市区化发展的统筹力度进一步加大，大都市区内部协调机制进一步

健全，大都市区的统计、考核制度初步建立。

——探索制定我省新型城镇化评价指标体系。总结广东改革开放先行先试现代化发展经验，研究国内外经验教训模式标准等，为广东下一步优化、加快发展，率先探索新型城镇化模式道路提供指引。

——全省城镇化水平逐步提高。其中，珠三角城镇化率已达83%，重在提质增效；粤东西北地区城镇化率每年提高1个百分点以上。全省城镇化率2015年达到70%，继续稳居全国前列。

——城乡通达度进一步提升。在珠三角和粤东西北地区规划建设以干线铁路、城际轨道和高快速路为骨架的交通网络。到2015年，全省基本实现县县通高速公路，并贯通出省通道。城际轨道交通与城市重要交通枢纽及公共交通实现无缝衔接，运量达城际公共交通客运的25%。城市空间组织形式的TOD（公交导向型）特征逐步显现，重点依托珠三角城际轨道站场建成一批高品质的TOD综合开发示范点。

——县域综合实力显著增强。到2015年，县域经济占全省地区生产总值的比例提高到25%以上；全省5万人以上的中心镇数量达到120个；打造110个名镇、1900个名村；实现基本公共服务全域覆盖。

——生产空间集约高效。到2015年，全省土地开发建设比率控制在11%以内，工业用地占全省城镇建设用地的比例控制在20%左右，单位建设用地产出率与“十一五”期末相比有较大增长。

——生活空间宜居适度。到2015年，全省保障性住房覆盖面达20%左右；完成200条“城中村”的更新改造；建成1800个以上宜居社区。全省市、县、镇的文化设施建设全部达标，其中珠三角文化设施达全国一流水平；全省复兴岭南特色历史文化街区95处以上；全省绿色建筑面积达到4000万平方米以上。

——生态空间山清水秀。到2015年，全省城市人均公园绿地面积达15平方米以上，实现“300米见绿、500米见园”，形成覆盖全省的绿道网络；新建和改造水厂规模达到1500万立方米/日以上，新建和更新改造供水管网达到2万公里以上；城镇污水处理率达到85%以上，其中珠三角90%以上、其他地区75%以上；生活垃圾无害化处理率达到85%以上，其中珠三角90%以上、其他地区75%以上。

——建筑业综合实力得到显著提升。到2015年，全省建筑业总产值和增加值分别达到10000亿元和3000亿元，均比2010年翻一番，建筑业总产值保持每年14%的增长、增加值保持每年12%的增长。年产值100亿元以上的建筑企业超过15家，年产值500亿元以上的建筑企业超过2家。建筑企业对外承包工程营业额年均增长20%以上。工程勘察设计企业营业收入年均增长15%以上。工程监理、造价咨询、招标代理等工程咨询服务企业营业收入年均增长20%以上。施工特级企业数量达到15家，勘察设计综合甲级企业数量达到15家。

三、加快建设大珠三角世界级城市群，引领全省经济社会发展

（一）珠三角融合发展，率先建成代表国家参与全球竞争的世界级城市群

在CEPA和粤港、粤澳合作框架下，加强珠三角与港澳的深度合作，率先实施新一轮开放改革，着眼参与国际竞争和引领国家发展，积极培育金融合作区、信息数据区、贸易转型升级示范区等特殊政策地区，强化先进生产功能和高端服务功能，建成国际事务管理和交流中心，打造充满活力的世界级城镇群。近期重点联合港澳推进重点合作区建设，积极探索区域联合创新区、现代服务业合作区、旅游合作区及生活合作区的建设模式。开展打造世界级城市群的研究，积极推动粤港澳合作建设、各城市联动开发，共同提升大珠三角融合发展的水平。

（二）深化珠三角三大都市区的分工与合作

发挥广州、深圳作为国家和区域中心城市的要素集聚作用，培育自主创新能力，提高国际化程度，大力发展生产服务业和高端生活服务业。珠三角中部都市区（包括广州、佛山、肇庆）要优化布局分工，发展成为珠三角辐射能力最强的综合服务中心和国际竞争力最强的产业中心之一。东岸都市区（包括深圳、东莞、惠州）要发挥毗邻香港的优势，实现功能互补和结构性对接，发展成为具有国际影响力的现代制造业基地和生产服务中心。西岸都市区（包括珠海、中山、江门）要抓住港珠澳大桥建设的契机，加强与香港、深圳的联系，推进珠澳一体化和通道对接，成为珠三角加快发展的重点地区。

（三）构筑共建共享的一体化区域公共基础设施体系

加快现代综合交通承运体系、清洁安全可靠能源保障体系、人水和谐滨水水工体系以及便捷高效信息网络体系等区域基础设施建设。立足粤港澳作为全国、国际战略通道的定位，以海港和空港共同形成的“海空组合港群”为链接点，将连通内陆的高速公路网、快速铁路网和高等级航道网组成的“内际交通网”，与联系海外的远洋运输线和国际航线组成的“海空运输网”连为一体，形成多式联运、综合立体的对外交通体系。尽快建成珠三角城际轨道交通网络，大力推进轨道站点周边土地综合开发（TOD）。建设政府信息资源共享平台，统筹珠三角基础地理及城乡规划建设空间信息资源的开发利用。

（四）完善粤港澳区域协作治理体制，共建环珠江口优质生活圈

建立健全深港、珠澳跨界基础设施、环境保护、邻接地区土地利用等协调机制。制定工作准则和行动纲领，推进三地基础设施的共建共享，加强灰霾治理、污水垃圾处理等方面的合作，划定区域绿地，完善动

态检测，共同维护和保障生态安全。落实粤港澳三地《共建优质生活圈专项规划》和《环珠江口宜居湾区建设重点行动计划》，在环境生态、低碳发展、文化民生、优化区域土地利用及绿色交通组织等五个主要领域深化合作。围绕环珠江口湾区推动高端服务功能集聚，提升湾区的人居环境质量和空间品质，将湾区建成区域创新基地、多元文化融合区和生态良好的优质生活圈的精华区。

(五) 加强泛珠三角区域合作与发展

加快泛珠三角区域基础设施的衔接，推进跨省区、内陆省区通向沿海及出境的铁路及高速公路建设与改造，形成泛珠三角经济圈发达的陆运、水运、海运体系。加强产业的合理分工布局和区域产业协作。开展生态环境保护、污染防治、环境监测、环保产业等方面的全方位合作，建立分别监测、相互通报、信息共享、共同防污治污为基础的跨界污染治理协调机制。鼓励泛珠三角区域非官方（包括中介机构、民间组织等）组织和相关协调机制的建立。

四、实施区域差别化发展，优化城乡一体化新格局

(一) 加强跨界地区合作和战略性新区开发建设

培育环珠江口湾区、汕潮揭空港经济区、东江下游流域合作区、西江流域合作区等跨界重点合作区。坚持科学规划，高水平打造广州南沙、深圳前海、珠海横琴以及广州中新知识城、佛山中德工业服务区、东莞台湾高科技园、中山翠亨新区、惠州环大亚湾经济区等重大战略平台，提升珠三角发展水平；加快汕头海湾新区、湛江东海岛工业新城、韶关芙蓉新城、茂名滨海新区、阳江滨海新区、深圳汕尾特别合作区、顺德清远（英德）经济合作区、清远市莲湖产业园、燕湖新城、云浮新区等建设，推动粤东西北地区发展。

(二) 实施城市联盟计划，推动粤东汕潮揭城镇群

粤东地区以提质聚力为重点，加强基础设施建设，优化空间布局，加快“汕潮揭”同城化，大力推进汕潮揭城镇群建设。破除区域合作壁垒，构建“城市联盟”，推行产业合作、环境共同治理、公共服务共建共享、基础设施一体化等区域共同制度，强化区域的规划建设协调机制。积极融入海峡西岸经济区建设，深化对台经贸合作，强化闽粤赣经济联系。

(三) 开展多边合作，发展粤西湛茂阳沿海城镇带

粤西地区以扩容聚力为重点，加强陆海统筹、区域统筹和产业统筹，提升“湛茂阳”临港经济圈，推动粤西沿海城镇带协调发展，建设具有国际影响力的重化产业基地和全省海洋经济示范区。开展多边合作，围绕石化、能源、钢铁等龙头项目延伸产业链，融入北部湾经济区及中国—东盟自由贸易区，增强粤西地区在更大区域集聚资源和引领服务的能力。研究设立雷州半岛国家级新区的可行性。

(四) 融入珠三角，增强粤北山区特色化发展

粤北山区以保护南粤绿色生态屏障为重点，积极发展绿色经济，依托传统和自然禀赋，做大做强特色种植业和养殖业，重点开发自然奇景、森林山地景观等生态旅游资源，推进县域特色化发展。强化韶关、清远、河源、云浮等地缘优势，融入珠三角城市化进程，增强中心城市综合承载力，打造广东面向中南地区的重要门户。积极推动区域生态补偿机制的建立，支持欠发达地区特色发展。

(五) 加快中心镇和名镇名村建设，带动农村一体化发展

研究出台政策推动以中心镇为重点的小城镇加快发展，实现人口本地城镇化。以名镇名村示范村建设为切入点，加大村庄整治力度，推进村镇建设工作，打造一批名镇、名村、示范村。研究制定市、县、镇、村四级公共服务体系，依托特色产业推进“一镇一策”、“一村一品”。制定“生态、生产、生活”三生结合的村镇规划指引，试点推进“规划师下乡”，全面提高村庄规划编制率和编制水平。利用农村危房改造的契机，推进村镇农房建设管理员队伍建设。

五、树立绿色循环低碳发展理念，建立“美丽发展”新模式

(一) 全面开展宜居城乡创建活动

推进宜居、低碳城市建设，重新审视原有“集中式的、机械的、大规模的”城市更新改造方式，摒弃工业文明时代的大功能分区、大路网、大尺度构筑物、长距循环等传统做法，遵循“微降解、微能源、微冲击、微更新、微交通、微绿地”的新理念，实现生态低碳时代的城市转型。探索生态低碳城市的规划管理方法和工作机制，提出低碳生态城市的评价指标体系。启动城市现有排水设施普查，制定并实施城市排水与暴雨内涝防治专项规划。加大城市供水设施建设和改造的投入，重点提高供水管网和二次供水设施建设质量。全面提升水质检测能力和应急供水保障能力，保障城市供水水质安全。创建节水型城市，切实提高城市用水效率。继续开展“宜居城镇”、“宜居村庄”、“宜居社区”、“宜居环境范例奖”、“中国人居环境奖”的示范和评选，发挥典型带动效应。启动美丽小镇、美丽乡村示范。

(二) 完善珠三角绿道网，因地制宜建设粤东西北绿道网

大力发挥珠三角绿道网生态、休闲等效应和综合性功能，重点打造“旅游服务、体育健身、科普教育、文化服务”等四大绿道品牌产品。以“点”带“线”，建设绿道“公共目的地”，培养新的休闲生活方式，让绿道更加贴近群众和生活。粤东西北地区近期以城市建成区为重点，因地制宜、量力而行地开展绿道建设，并打造绿道示范段。依托绿道网，开展城市步行和自行车慢行交通系统规划建设，更好地发挥绿道效益。

（三）推动绿色基础设施建设

制定全省绿色基础设施规划，划定生态线，确定全省生态安全和城镇化发展格局，建设以公园体系、绿道和雨水花园（生态斑块—廊道—踏脚石）为主体的绿色基础设施，打造生态化、系统化、区域化、规模效益明显的绿色空间。统筹城乡绿化，规划建设生态园林圈、环城绿带、城乡公园等，促进全省城乡绿化成网。统筹珠三角园林城市群绿地系统规划建设，打造珠三角园林城市群。深入推进创建生态园林城市、园林城市（县城、城镇）。按照“300米见绿，500米见园”加快各类公园绿地建设，推广立体绿化，构建城市空中绿廊。编制全省风景名胜区体系规划，引导景区内重点保护资源，景区外围合理有序开发，实现风景资源永续利用。

（四）加快垃圾污水处理和回收循环利用

以市、县域为单元统筹规划、组团式建设生活垃圾无害化处理设施，实施城乡垃圾一体化处理。大力推广“户收集、村集中、镇转运、县处理”的农村生活垃圾收运处理模式。落实村镇垃圾保洁队伍，开展农村清洁工程专项行动，实施连片整治，创建“一县一条示范带”、“一镇一个示范片”的保洁先进片区，发挥示范带动效应。总结广州、深圳市垃圾分类的经验，在珠三角城市推广并逐步在全省推开垃圾分类收集运输处理体系建设，实现垃圾减量化、资源化、无害化处理。继续推进城镇污水处理设施和配套管网建设，研究推广适合城镇化分散地区的小型污水处理设施，重视污水处理厂污泥处理，推进污水处理和循环利用。大力推广适用于农村的生活污水处理的工艺和技术，集中与分散处理相结合，解决农村生活污水处理问题。

（五）大力推动建筑节能

完善具有广东特色的建筑节能标准体系，建立规划、设计、施工、监管、运营（使用）五位一体的建筑节能管理机制。大力推广绿色建筑、绿色建材和绿色物业管理。实施建筑能效测评标识制度，鼓励科研单位和生产企业开展绿色建材的研发生产，定期公布绿色节能产品推广目录。以公共建筑为重点，鼓励企业采取合同能源管理等模式，加快既有建筑节能改造。会同有关部门研究出台财政、税收和发电上网等激励措施，加大太阳能、风能、地热能等可再生能源在建筑中推广利用。启动绿色生态城区示范建设，开展城市降温行动试点。

（六）保护性开发利用历史文化街区、村落

深入挖掘城市历史文化内涵，复兴岭南历史文化街区。历史文化街区以及与其相互依存的自然景观、周边环境和非物质文化元素应当实施整体保护，保持其传统格局、历史风貌和空间尺度。严格控制历史文化街区、传统村落保护范围内的土地利用和各项建设，探索建立空间发展权转移制度。扩大申请和使用好国家历史文化保护专项资金，争取设立省级、市级历史文化保护专项资金。各市要建立历史文化保护区、优秀历史建筑和传统村落名单和档案，明确管理单位。

六、建立市场配置和政府保障相结合的住房制度，加快推进住有所居

（一）构建以公租房为主体的住房保障体系，逐步覆盖外来常住人口

坚持政府主导、政策扶持、社会参与、适度保障的原则，按照问需于民、以需定建、分步实施、轮候解决的思路，合理确定住房保障范围、保障方式和保障标准，建立以公共租赁住房为主体、可持续、能循环的新型住房保障制度。逐步把符合条件的外来常住人口特别是有稳定职业的外来务工人员纳入保障范围。健全住房保障分配、退出机制，提高住房保障公信力。

（二）加强住房政策研究和顶层设计，促进房地产市场平稳健康发展

充分发挥房地产业的国民经济重要产业地位和为社会生产生活提供基本载体的重要作用，研究探索产业转型升级的有效途径。通过定点监测房价运行和市场供需规律，定期开展房地产市场运行分析，深化住房政策研究，引导住房梯度消费，探索促进房地产市场平稳健康发展和健全住房供应体系的长效机制。继续推动个人住房信息系统建设，为住房政策研究和宏观调控决策提供基础数据支撑。把加强房地产市场监管作为建立市场监管体系和社会信用体系的重要内容。

（三）加大住房公积金监管力度，扩大住房公积金使用范围

以资金安全运行作为重点，以帮助缴存职工解决自住房为目标，进一步加强住房公积金监管。推进缴存扩面工作，提高资金的使用效率。探索扩大住房公积金使用范围等新思路，帮助中低收入家庭更好地使用住房公积金。扩大住房公积金支持保障性住房建设的城市试点。

七、发展新建筑业，促进传统产业向创新型产业的转变

（一）重新定位建筑业，确立建筑业在国民经济中的基础性、支柱性产业的战略地位

建筑业的人文理念、科技水平与产业形态决定着现代文明和城乡建设的形态，建筑业在加快转型升级、建设幸福广东中具有重要意义。开展建筑业转型升级及优化建筑业营商环境的课题研究，探索基于科学发展理念与科学技术进步的建筑业产业转型升级、产业链重构的方向，提出建筑业管理体制改革的思路和措施。

（二）以部品化、集成化、智能化为方向，重构建筑业产业体系

变革高能耗、高污染、低效率、低效益的传统建筑生产方式，构建以构件工业化生产、装配式施工为

生产方式，以设计标准化、构件成品化、施工机械化、管理信息化为特征，整合设计、生产、施工、维护、保养等整个产业链，实现建筑产品节能环保、全生命周期价值最大化的新型建筑生产方式。从建筑功能设计，建筑施工方式、管理方式创新，以及中介服务体系重构等方面，吸纳智慧理念和智慧技术，推动建筑业成为智慧产业。以管理创新、信息化等手段提高建设工程质量和施工安全管理效能，以先进技术、工艺和标准强化质量安全保障机制。

(三) 壮大龙头骨干企业群体，大力培育专业承包企业和劳务市场，建设建筑强省

按照扶优扶强、扶专扶精、提高产业集中度的原则，以高水准的大型综合性设计和施工企业为龙头，扶持优质企业发展。支持鼓励大型设计、施工企业采取多种方式，向关联度较高的上下游产业延伸，拓展产业功能，走投资、开发、科研、设计、咨询、施工管理一体化的路子，发展成综合性企业集团，形成一批广东建筑业知名企业、品牌企业、骨干企业。支持中小企业向专业化、技术型发展或多专业一体化发展，做强专业品牌企业。培养完善建筑劳务分包市场，加强对建筑一线工人的技能培训。

(四) 以推广岭南建筑和绿色建筑为抓手，加快建筑业转型升级

推广岭南建筑设计理念，推进岭南文化与建筑的融合共生，创新具有岭南文化特色、融汇世界先进文化成果的建筑文化艺术，使建筑业成为建设文化广东的重要产业。引导企业顺应绿色化和智慧化的发展趋势，组织力量开展新技术、新工艺、新材料、新设备的开发与应用，特别是在低碳建筑、绿色施工、节能减排等领域开展工法、发明专利创新及研发。加大资源节约型、生态环保型化学建材、新型墙体材料及太阳能建筑一体化、热泵技术和产品的推广应用力度，以此推动建筑业向高新科技产业转型。

(五) 加大融资投入和知识产权保护，提升建设科技含量和水平

推动银企合作，加大金融机构对建筑业企业授信额度、投标保函、质押融资、贷款发放等方面的支持力度。推进大型建筑业企业上市，增强资本运营能力。加强知识产权保护，建立以专利、专有技术权属和有偿转让为动力的技术创新机制。鼓励引导企业加强技术创新，开发拥有自主知识产权的专利、专有技术和工法。健全技术咨询市场，促进建筑技术资源的优化配置。

八、坚持市场经济和法治导向，全面深化体制机制改革

(一) 探索与新型城镇化相适应的城乡规划工作机制

研究建立大都市区化和城乡全覆盖的空间规划管治体系，创新各类空间规划统筹协调的管理体制，凸显城乡规划在推进新型城镇化中的统筹先导作用。研究县（市）域城乡整体规划编制体系，推动空间资源配置和管理由城乡二元向一元化转变。探索城乡规划规模控制以及公共服务设施水平的规划标准，满足基本公共服务均等化的要求。完善省、市城市规划委员会制度，健全省、市城乡规划督察员制度，逐步形成全域的规划监督网络。

(二) 创新城市综合管理体制，推动城市运行开放包容有序

提高对外来务工人员、流动商贩等弱势群体的关爱，树立“服务+管理”的工作理念。把外来常住人口纳入各级政府人口管理与社会发展规划之中，在就业、社会保障、教育等方面享受同等市民待遇，推动外来常住人口融入城市。探索数字化、人性化、精细化的城市管理模式，促进城市管理向服务百姓生活转变，全面提升城市日常和应急管理水平。开展城市地下综合管廊规划和示范建设，集中敷设和管理电力、通信、供水、燃气等地下管线，探索地下管线统一经营管理模式。重视城建档案的收集和数字化利用，发挥其加强城市管理和服务的基础性作用。

(三) 探索与新型城镇化发展相适应的投融资体制机制

以省为平台，加强与大型金融机构的合作，设立广东省城镇化建设基金，重点投向粤东西北地区地级市中心城区扩容提质的重要平台、重要项目，包括基础设施和市政公共服务设施、新区开发、旧城改造、生态保护、现代农业、农村社区建设等项目，将其作为撬动新型城镇化的“杠杆”。以实施省政府与中国农业银行《推进新型城镇化建设合作协议》、省住房城乡建设厅与国家开发银行广东省分行《开发性金融合作备忘录》等为切入点，遵循市场化运作方式，形成大型金融机构支持我省新型城镇化建设合力。多途径吸纳我省丰厚的民间资本投入城镇化建设，鼓励民间资本采取独资、合资合作、资产收购、购买地方政府债券、设立投资基金等方式进入城市建设领域。

(四) 构建智慧城乡空间信息平台，推动信息化与城镇化融合

加快推进省级城乡规划空间信息平台的立项和开发，在此基础上研究开发广东省智慧城乡空间信息平台，归集城乡规划建设、住房和建筑业大数据。实现城乡建设信息的共享和实时公布，并对城乡各类空间规划的实施进行动态监控。逐步推进空间信息与人口、产业经济、基础设施、公共服务、社会管理等城镇化发展相关领域信息的整合。推动三网融合，大力发展物联网和云计算，促进城市建设重点领域智能技术应用，加强城市形态的智能型生态设计。

(五) 以改革招投标制度为突破口，建立建设市场监管体系和信用体系

探索建立与国际接轨、符合市场规则的建设工程招标投标管理机制。实施“五公开”，即公开招标条件、公开招标内容及标后公开评标专家、公开评标过程、公开评审结果，使投标人、招投标监管人员与社会公众一起监督评标专家的行为，建立评标专家不良行为信息公示制度，促使其自我约束。加大对参与围标、串标等违法违规行为的企业及注册人员的处罚力度，记入信用记录，直至市场禁入。

（六）加快行政审批制度改革和法制建设，营造法治化国际化营商环境

加快政府职能转变，减少审批事项，扩大政务公开范围，构建行政监管、行业自律、社会监督、公众参与的综合监管体系。完善网上办事大厅，大力推行行政许可电子化申办审批。全面检讨行政审批（资质）标准，逐步由审批制改为备案制，加强动态监管，完善清出制度。加快住房城乡建设领域的立法，健全法规制度框架。大力推进法治宣传教育和依法治理、依法办事，加强执法机构和队伍建设，加强行政执法监察，规范行政执法，营造法治环境。

九、实施十大示范行动计划，实现住房城乡建设事业新发展

按照“树示范、带全局、促落实”的思路，选择某些关键领域从示范点、线、网的创建入手，形成点、线、面结合的发展格局。

（一）跨界合作示范行动计划

增强粤港澳经济圈的辐射带动能力，依托广州南沙、深圳前海、珠海横琴三大平台，推动更多粤港澳专项合作区的建设。粤东、粤西部分地区分别纳入海西经济区、泛北部湾经济区和西江流域经济区的范围，划定若干新兴战略性合作示范区。推动省内相邻城市有条件区域发展跨界合作，如广佛交界地区、广佛肇合作区、珠中交界合作区、深莞惠交界合作区、湛茂临港交界合作区和汕潮揭空港经济合作区等。

（二）宜居城乡示范行动计划

到“十二五”期末，全省树立3-5个宜居示范城市。省、市每年评选一批宜居城镇、宜居村庄、宜居社区和宜居环境范例奖，评选一批“美丽小镇”、“美丽乡村”。

（三）绿色基础设施行动计划

开展城乡公园、各类保护区等“区域生态斑块”公园化的建设，推进绿道功能完善、自然人文廊道建设、生态景观链接、城乡水网连接等“链接系统”项目；全面铺开城市立体绿化、雨水花园、低冲击设施等一系列“踏脚石”建设，建立完善的绿色基础设施网络。各市在上述领域各抓若干个试点，作为完善绿道建设的“升级版”，探索推动绿色基础设施建设。

（四）生态园林城市（县、镇）示范行动计划

“十二五”期间，全省创建3个国家生态园林城市和6个国家园林城市，实现所有地级以上市全部建成国家园林城市；创建一批园林县城、园林城镇。打造2个立体绿化试点城市，建设一批立体绿化示范项目。

（五）城乡一体化示范行动计划

以县域为单元，以城乡一体化规划为统筹，以县人民政府为责任主体，以县级财政为整合资金的平台，以省中心镇、历史文化名镇名村、国家绿色低碳重点小城镇、国家（省）园林城镇、国家特色景观旅游名镇名村为关键节点，推进“产业发展、基础设施、生态保护、公共服务”城乡一体化，建设一批示范县。

（六）城乡垃圾综合整治示范行动计划

加快城乡生活垃圾无害化处理设施建设。各市建设一座无害化焚烧厂，各县（市）建成一座以上生活垃圾无害化处理场，各建制镇建成一座以上生活垃圾转运站，各自然村建成一座以上生活垃圾收集点。建立健全覆盖城乡的“户收集、村集中、镇转运、县处理”的生活垃圾收运处理网络体系。推进广州、深圳餐厨垃圾收运处理系统建设，创建全国垃圾分类示范城市。省、市各抓一批“户收集、村集中、镇运转、县处理”城乡生活垃圾收运处理体系的示范点。

（七）住房保障制度创新示范行动计划

推进广州、中山住房保障制度改革创新试点。“十二五”期间，各地在保障性住房的问需于民、轮候解决、退出机制、投融资模式、住宅产业化成套技术、工程质量监管、建筑节能等各方面各抓一批试点、示范点。

（八）绿色建设示范行动计划

“十二五”期间，全省打造1000栋具有岭南特色的绿色低碳建筑示范。从2014年开始，全省新建大型公共建筑（2万平方米以上）和政府投资的国家机关、学校、医院、博物馆、科技馆、体育馆等建筑以及广州、深圳的保障性住房强制实施绿色建筑标准，鼓励其他建筑按绿色建筑标准建设。开展绿色低碳建筑技术集成研究，指导全省绿色低碳建筑的发展。

（九）绿色低碳生态城（园）区示范行动计划

“十二五”期间，全省打造10个绿色低碳生态城（园）区。从全省现有已立项的各类新城、经济开发区、工业园区、科技园区、产业转移园等城（园）区中，通过自主申报集中评审的方式，选出10个符合条件的城（园）区，采取省市共建模式，引导城（园）区按照绿色、生态、低碳理念进行规划设计，打造绿色低碳生态城（园）区。

（十）智慧城市（镇）示范行动计划

做好珠海市、广州番禺区、广州中新知识城、深圳光明新区和坪山区、顺德区和乐从镇等国家智慧城市（镇）试点建设。“十二五”期间从智慧城市、智慧城镇、智慧社区3个层面分别选择若干个典型作为省、市试点，并积极申报国家试点，推动智慧城市（镇）建设全面提速。

主 题 索 引

说 明

1. 本索引采用主题分析法，款目按汉语拼音字母（同音字按声调）顺序排列
2. 书中的篇目题、类目题、分目题用黑体字标明，其余用宋体字排印
3. 索引款目后的括号为说明项，款目后的数字表示内容所在的页码，数字后面的拉丁字母（a、b、c）表示栏别（即版面的1、2、3栏）
4. 同一主题在书中多处出现的，在其款目后用不同的页码注明；同一主题在各市建设篇目中的不同城市出现的，在同一款目下另起行退一字排列
5. 本索引对《大事记》《领导讲话》《法规文件》等篇目不做主题分析

数字

A

B

C

D

E

F

G

H

R

S

X

Y

Z

General List

Table of Contents

Pictures

Features

Calendar of Events

Overview of Guangdong Province Construction Development

Urban and Rural Planning

Urban Infrastructure Construction and Management

Towns and Villages Construction

Major Constructions

Survey and Design

Construction Industry

Construction Science & Technology, Energy Saving Construction

Guarantee Housing and Real Estate Industry

Administrative Approval

Construction Industry Informationization

Legislation Construction and Law Execution Supervision

Construction Administrative Organs

Municipal Buildings in Different Cities

Honor Roll

Statistics

Leaders' Speeches

Laws, Regulations and Documents